2025国家统一法律职业资格

快刷题

随时 ~ 随地 ~ 随身练　　①民法

拓朴法考　组编

中国法治出版社

CHINA LEGAL PUBLISHING HOUSE

U0461036

图书在版编目（CIP）数据

2025 国家统一法律职业资格考试攻略. 快刷题. 1,
民法 / 拓朴法考组编. -- 北京 ： 中国法治出版社，
2025. 4. -- ISBN 978-7-5216-4810-2

Ⅰ. D920.4

中国国家版本馆 CIP 数据核字第 20241GD516 号

责任编辑：李连宇（lilianyu@zgfzs.com）　　　　　　封面设计：拓　朴

2025 国家统一法律职业资格考试攻略. 快刷题 .1，民法
2025 GUOJIA TONGYI FALÜ ZHIYE ZIGE KAOSHI GONGLÜE. KUAISHUATI. 1，MINFA

组编 / 拓朴法考

经销 / 新华书店

印刷 / 河北翔驰润达印务有限公司

开本 / 787 毫米×1092 毫米　32 开　　　　印张 / 5　字数 / 170 千

版次 / 2025 年 4 月第 1 版　　　　　　　　2025 年 4 月第 1 次印刷

中国法治出版社出版

书号 ISBN 978-7-5216-4810-2　　　　　　总定价：108.00 元（全八册）

北京市西城区西便门西里甲 16 号西便门办公区

邮政编码：100053　　　　　　　　　　　　传真：010-63141600

网址：**http：//www. zgfzs. com**　　　　编辑部电话：**010-63141811**

市场营销部电话：010-63141612　　　　印务部电话：**010-63141606**

（如有印装质量问题，请与本社印务部联系。）

本书二维码内容由拓朴法考提供，用于服务广大考生，有效期截至 2025 年 12 月 31 日。

目 录 《CONTENTS

民 法

扫一扫,"码"上做题

微信扫码,即可线上做题、看解析。
多种做题模式:章节自测、单科集训、随机演练等。

第一编 总 则

专题一 民法概述

考点1 民法的调整对象

1. 2016/3/1/单①

根据法律规定,下列哪一种社会关系应由民法调整?②

A. 甲请求税务机关退还其多缴的个人所得税

B. 乙手机丢失后发布寻物启事称:"拾得者送还手机,本人当面酬谢"

C. 丙对女友书面承诺:"如我在上海找到工作,则陪你去欧洲旅游"

D. 丁作为青年志愿者,定期去福利院做帮工

2. 2016/3/10/单

甲单独邀请朋友乙到家中吃饭,乙爽快答应并表示一定赴约。甲为此精心准备,还因炒菜被热油烫伤。但当日乙因其他应酬而未赴约,也未及时告知甲,致使甲准备的饭菜浪费。关于乙对甲的责任,下列哪一说法是正确的?③

A. 无须承担法律责任

B. 应承担违约责任

C. 应承担侵权责任

D. 应承担缔约过失责任

---

① 指 2016 年/试卷三/第1题/单选——编者注。 ② B ③ A

3. 法考回忆题/单

某宿舍六人在学期开始时约定,在学期结束时由获得奖学金的人请宿舍的人聚餐,在学期结束时甲乙获得了一等奖学金。六人在学期末如约到酒店就餐,其间甲愤然离席,乙随后也离开了酒店。对此,下列哪一项说法是正确的?①

A. 甲、乙的行为构成戏谑行为不产生法律关系

B. 应由甲、乙均分分担餐费

C. 宿舍六人的协议产生了法律关系

D. 餐馆应找六人共同承担餐费

考点2 民法基本原则

4. 2017/3/1/单

甲、乙二人同村,宅基地毗邻。甲的宅基地倚山、地势较低,乙的宅基地在上将其环绕。乙因琐事与甲多次争吵而郁闷难解,便沿二人宅基地的边界线靠己方一侧,建起高 5 米围墙,使甲在自家院内却有身处监牢之感。乙的行为违背民法的下列哪一基本原则?②

A. 自愿原则　　　　　　　B. 公平原则

C. 平等原则　　　　　　　D. 诚信原则

5. 法考回忆题/单

甲、乙婚后育有一女小花。小花 3 岁时,甲、乙协议离婚,甲、乙在离婚协议中约定:"离婚后小花由乙抚养。为保护小花的利益,若乙再婚,再婚后乙不得生育子女。"该约定违背了下列哪一民法原则?③

A. 自愿原则　　　　　　　B. 公平原则

C. 诚信原则　　　　　　　D. 公序良俗原则

考点3 民事法律关系

6. 2009/3/1/单

甲被乙家的狗咬伤,要求乙赔偿医药费,乙认为甲被狗咬与自己无关拒绝赔偿。下列哪一选项是正确的?④

A. 甲乙之间的赔偿关系属于民法所调整的人身关系

B. 甲请求乙赔偿的权利属于绝对权

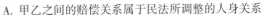

① D　② D　③ D　④ C

C. 甲请求乙赔偿的权利适用诉讼时效

D. 乙拒绝赔偿是行使抗辩权

7． 2010/3/1/单

下列哪一情形下,乙的请求依法应得到支持?①

A. 甲应允乙同看演出,但迟到半小时。乙要求甲赔偿损失

B. 甲听说某公司股票可能大涨,便告诉乙,乙信以为真大量购进,事后该只股票大跌。乙要求甲赔偿损失

C. 甲与其妻乙约定,如因甲出轨导致离婚,甲应补偿乙 50 万元,后二人果然因此离婚。乙要求甲依约赔偿

D. 甲对乙承诺,如乙比赛夺冠,乙出国旅游时甲将陪同,后乙果然夺冠,甲失约。乙要求甲承担赔偿责任

8． 2014/3/1/单

薛某驾车撞死一行人,交警大队确定薛某负全责。鉴于找不到死者亲属,交警大队调处后代权利人向薛某预收了 6 万元赔偿费,商定待找到权利人后再行转交。因一直未找到权利人,薛某诉请交警大队返还 6 万元。根据社会主义法治理念公平正义要求和相关法律规定,下列哪一表述是正确的?②

A. 薛某是义务人,但无对应权利人,让薛某承担赔偿义务,违反了权利义务相一致的原则

B. 交警大队未受损失而保有 6 万元,形成不当得利,应予退还

C. 交警大队代收 6 万元,依法行使行政职权,与薛某形成合法有效的行政法律关系,无须退还

D. 如确实未找到权利人,交警大队代收的 6 万元为无主财产,应收归国库

考点4 民事权利与民事责任

9． 2005/3/6/单

甲在乙经营的酒店进餐时饮酒过度,离去时拒付餐费,乙不知甲的身份和去向。甲酒醒后回酒店欲取回遗忘的外衣,乙以甲未付餐费为由拒绝交还。对乙的行为应如何定性?③

A. 是行使同时履行抗辩权　　B. 是行使不安抗辩权

① C ② D ③ C

C. 是自助行为　　　　　　　D. 是侵权行为

10. 〔2008/3/51/多〕

关于民事权利,下列哪些选项是正确的?①

A. 甲公司与乙银行签订借款合同,乙对甲享有的要求其还款的权利不具有排他性

B. 丙公司与丁公司协议,丙不在丁建筑的某楼前建造高于该楼的建筑,丁对丙享有的此项权利具有支配性

C. 债权人要求保证人履行,保证人以债权人未对主债务人提起诉讼或申请仲裁为由拒绝履行,保证人的此项权利是抗辩权

D. 债权人撤销债务人与第三人的赠与合同的权利不受诉讼时效的限制

11. 〔2013/3/51/多〕

甲以 20 万元从乙公司购得某小区地下停车位。乙公司经规划部门批准在该小区以 200 万元建设观光电梯。该梯入梯口占用了甲的停车位,乙公司同意为甲置换更好的车位。甲则要求拆除电梯,并赔偿损失。下列哪些表述是错误的?②

A. 建电梯获得规划部门批准,符合小区业主利益,未侵犯甲的权利

B. 即使建电梯符合业主整体利益,也不能以损害个人权利为代价,故应将电梯拆除

C. 甲车位使用权固然应保护,但置换车位更能兼顾个人利益与整体利益

D. 电梯建成后,小区尾房更加畅销,为平衡双方利益,乙公司应适当让利于甲

专题二　自然人

考点5 自然人的民事权利能力

12. 〔2008/3/60/多〕

王某与李某系夫妻,二人带女儿外出旅游,发生车祸全部遇难,但无法确定死亡的先后时间。下列哪些选项是正确的?③

A. 推定王某和李某先于女儿死亡

---

① ABCD　② ABD　③ ABCD

B. 推定王某和李某同时死亡

C. 王某和李某互不继承

D. 女儿作为第一顺序继承人继承王某和李某的遗产

考点6 自然人的民事行为能力

13. 2009/3/14/单

小刘从小就显示出很高的文学天赋,九岁时写了小说《隐形翅膀》,并将该小说的网络传播权转让给某网站。小刘的父母反对该转让行为。下列哪一说法是正确的?①

    A. 小刘父母享有该小说的著作权,因为小刘是无民事行为能力人

    B. 小刘及其父母均不享有著作权,因为该小说未发表

    C. 小刘对该小说享有著作权,但网络传播权转让合同无效

    D. 小刘对该小说享有著作权,网络传播权转让合同有效

14. 2010/3/2/单

甲十七岁,以个人积蓄1000元在慈善拍卖会拍得明星乙表演用过的道具,市价约100元。事后,甲觉得道具价值与其价格很不相称,颇为后悔。关于这一买卖,下列哪一说法是正确的?②

    A. 买卖显失公平,甲有权要求撤销

    B. 买卖存在重大误解,甲有权要求撤销

    C. 买卖无效,甲为限制行为能力人

    D. 买卖有效

15. 2011/3/2/单

乙因病需要换肾,其兄甲的肾脏刚好配型成功,甲乙父母和甲均同意由甲捐肾。因甲是精神病人,医院拒绝办理。后甲意外死亡,甲乙父母决定将甲的肾脏捐献给乙。下列哪一表述是正确的?③

    A. 甲决定将其肾脏捐献给乙的行为有效

    B. 甲生前,其父母决定将甲的肾脏捐献给乙的行为有效

    C. 甲死后,其父母决定将甲的肾脏捐献给乙的行为有效

    D. 甲死后,其父母决定将甲的肾脏捐献给乙的行为无效

① C ② D ③ D

16. 2017/3/2/单

肖特有音乐天赋,16 岁便不再上学,以演出收入为主要生活来源。肖特成长过程中,多有长辈馈赠:7 岁时受赠口琴 1 个,9 岁时受赠钢琴 1 架,15 岁时受赠名贵小提琴 1 把。对肖特行为能力及其受赠行为效力的判断,根据《民法典》相关规定,下列哪一选项是正确的?①

A. 肖特尚不具备完全的民事行为能力

B. 受赠口琴的行为无效,应由其法定代理人代理实施

C. 受赠钢琴的行为无效,因与其当时的年龄智力不相当

D. 受赠小提琴的行为无效,因与其当时的年龄智力不相当

17. 法考回忆题/单

小琴从小天赋异禀,甚得其祖父喜爱。6 岁时,祖父将其珍藏的一幅价值百万元的名画赠与小琴,其母亲表示拒绝。8 岁时,祖父又将其价值 8 万元的名表一块赠与小琴,其母亲知道后也表示拒绝。对此,下列哪一项说法是正确的?②

A. 关于画的赠与,因纯获利而有效

B. 关于画的赠与,效力未定,因乙的拒绝而无效

C. 关于表的赠与,有效

D. 关于表的赠与,效力未定,因乙拒绝接受而无效

考点7 监护

18. 2013/3/2/单

关于监护,下列哪一表述是正确的?③

A. 甲委托医院照料其患精神病的配偶乙,医院是委托监护人

B. 甲的幼子乙在寄宿制幼儿园期间,甲的监护职责全部转移给幼儿园

C. 甲丧夫后携幼子乙改嫁,乙的爷爷有权要求法院确定自己为乙的法定监护人

D. 市民甲、乙之子丙 5 周岁,甲乙离婚后对谁担任丙的监护人发生争议,丙住所地的居民委员会有权指定

19. 2014/3/2/单

张某和李某达成收养协议,约定由李某收养张某 6 岁的孩子小

---

① B ② C ③ A

张;任何一方违反约定,应承担违约责任。双方办理了登记手续,张某依约向李某支付了10万元。李某收养小张1年后,因小张殴打他人赔偿了1万元,李某要求解除收养协议并要求张某赔偿该1万元。张某同意解除但要求李某返还10万元。下列哪一表述是正确的?①

    A. 李某、张某不得解除收养关系

    B. 李某应对张某承担违约责任

    C. 张某应赔偿李某1万元

    D. 李某应返还不当得利

20. （法考回忆题/多）

    小学生甲极具表演天赋,参加多部影视剧拍摄并攒下存款若干。为让甲存款保值,甲父在某城市以甲的名义购买多套房屋,未料周边房价均上涨,唯独该城市房价下跌,导致严重亏损。下列哪些说法是正确的?②

    A. 房屋买卖合同无效,可追回本金加利息

    B. 购房保值行为不属于监护人职责范围

    C. 房屋买卖合同有效,但监护人应承担赔偿责任

    D. 甲对甲父的赔偿请求权在其成年前不受3年诉讼时效的限制

21. （法考回忆题/多）

    甲乙婚后育有一子小甲,小甲10岁时,甲乙离婚,小甲由乙抚养。后乙经常殴打小甲,并将小甲祖父赠与小甲的一只价值5万元的玉佩在赌博中输掉。对此,下列说法正确的是:③

    A. 甲可向法院申请撤销乙的监护资格

    B. 乙应当对小甲进行赔偿

    C. 小甲向乙主张损害赔偿的诉讼时效自年满18周岁时起算

    D. 小甲主张抚养费的权利不受诉讼时效限制

22. （法考回忆题/单）

    老刘65岁时丧妻,独自生活,子女均已成年。后认识比其小30岁的秦某,迅速交好,相谈甚欢。于是老刘与秦某签订书面协议,在老刘丧失生活自理能力后,由秦某作为其监护人履行监护职责;若秦某履行义务的,老刘死后,其遗产的一半由秦某继承。对此,下列说法正确的是:④

    A. 该监护协议因为老刘有子女作为法定监护人而无效

---

   ① D ② BCD ③ ABD ④ B

B. 该协议在老刘丧失生活自理能力时生效

C. 约定财产继承部分无效

D. 老刘子女可申请撤销该协议

考点8 宣告失踪与宣告死亡

23. 2009/3/51/单

关于宣告死亡,下列哪一选项是正确的?①

A. 宣告死亡的申请人有顺序先后的限制

B. 有民事行为能力人在被宣告死亡期间实施的民事行为②有效

C. 被宣告死亡的人与其配偶的婚姻关系因死亡宣告的撤销而自行恢复

D. 被撤销死亡宣告的人有权请求依《民法典》取得其财产者返还原物或给予适当补偿

24. 2017/3/52/多

甲出境经商下落不明,2015 年 9 月经其妻乙请求被 K 县法院宣告死亡,其后乙未再婚,乙是甲唯一的继承人。2016 年 3 月,乙将家里的一辆轿车赠送给了弟弟丙,交付并办理了过户登记。2016 年 10 月,经商失败的甲返回 K 县,为还债将登记于自己名下的一套夫妻共有住房私自卖给知情的丁;同年 12 月,甲的死亡宣告被撤销。下列哪些选项是正确的?③

A. 甲、乙的婚姻关系自撤销死亡宣告之日起自行恢复

B. 乙有权赠与该轿车

C. 丙可不返还该轿车

D. 甲出卖房屋的行为无效

25. 法考回忆题/单

家住甲市乙区的梁某乘坐马航飞机从马来西亚回国,途中飞机失联,至今下落不明。梁某妻子言某欲将儿子小梁送养,梁某的父母不知如何是好,向律师咨询。关于律师的答复,下列说法正确的是:④

A. 梁某的父母、妻子申请宣告其死亡,有先后顺序的限制

B. 梁某的父母申请宣告死亡,妻子言某申请宣告失踪,乙区区法院应根据父母的申请作出死亡宣告的判决

C. 如果乙区区法院宣告梁某死亡,则判决作出之日为死亡日期

---

① D(原答案为 AD) ② 《民法典》将"民事行为"改为"民事法律行为",请按民事法律行为作答。全书同。 ③ ABC ④ B

D. 如果乙区区法院宣告梁某死亡但实际并未死亡的,在被宣告死亡期间梁某实施的法律行为效力未定

专题三　法人和非法人组织

考点9 法人

26. 2008/3/2/单

德胜公司注册地在萨摩国并在该国设有总部和分支机构,但主要营业机构位于中国深圳,是一家由台湾地区凯旋集团公司全资设立的法人企业。由于决策失误,德胜公司在中国欠下 700 万元债务。对此,下列哪一选项是正确的?①

A. 该债务应以深圳主营机构的全部财产清偿

B. 该债务应以深圳主营机构和萨摩国总部及分支机构的全部财产清偿

C. 无论德胜公司的全部财产能否清偿,凯旋公司都应承担连带责任

D. 当德胜公司的全部财产不足清偿时,由凯旋公司承担补充责任

27. 2010/3/4/单

根据我国法律规定,关于法人,下列哪一表述是正确的?②

A. 成立社团法人均须登记

B. 银行均是企业法人

C. 法人之间可形成合伙型联营

D. 一人公司均不是法人

28. 2011/3/3/单

王某是甲公司的法定代表人,以甲公司名义向乙公司发出书面要约,愿以 10 万元价格出售甲公司的一块清代翡翠。王某在函件发出后 2 小时意外死亡,乙公司回函表示愿意以该价格购买。甲公司新任法定代表人以王某死亡,且未经董事会同意为由拒绝。关于该要约,下列哪一表述是正确的?③

A. 无效　　　　　　　　　　B. 效力待定

C. 可撤销　　　　　　　　　D. 有效

---

① B　② C　③ D

29． 2013/3/52/多

下列哪些情形下,甲公司应承担民事责任?①

A. 甲公司董事乙与丙公司签订保证合同,乙擅自在合同上加盖甲公司公章和法定代表人丁的印章

B. 甲公司与乙公司签订借款合同,甲公司未盖公章,但乙公司已付款,且该款用于甲公司项目建设

C. 甲公司法定代表人乙委托员工丙与丁签订合同,借用丁的存款单办理质押贷款用于经营

D. 甲公司与乙约定,乙向甲公司交纳保证金,甲公司为乙贷款购买设备提供担保。甲公司法定代表人丙以个人名义收取该保证金并转交甲公司出纳员入账

30． 2014/3/3/单

甲公司和乙公司在前者印制的标准格式《货运代理合同》上盖章。《货运代理合同》第四条约定:"乙公司法定代表人对乙公司支付货运代理费承担连带责任。"乙公司法定代表人李红在合同尾部签字。后双方发生纠纷,甲公司起诉乙公司,并要求此时乙公司的法定代表人李蓝承担连带责任。关于李蓝拒绝承担连带责任的抗辩事由,下列哪一表述能够成立?②

A. 第四条为无效格式条款

B. 乙公司法定代表人未在第四条处签字

C. 乙公司法定代表人的签字仅代表乙公司的行为

D. 李蓝并未在合同上签字

31． 2015/3/1/单

甲以自己的名义,用家庭共有财产捐资设立以资助治疗麻风病为目的的基金会法人,由乙任理事长。后因对该病的防治工作卓有成效使其几乎绝迹,为实现基金会的公益性,现欲改变宗旨和目的。下列哪一选项是正确的?③

A. 甲作出决定即可,因甲是创始人和出资人

B. 乙作出决定即可,因乙是法定代表人

C. 应由甲的家庭成员共同决定,因甲是用家庭共有财产捐资的

D. 应由基金会法人按照程序申请,经过上级主管部门批准

---

① ABCD ② D ③ D

32. **2015/3/86/不定项**

甲公司、乙公司签订的《合作开发协议》约定,合作开发的 A 区房屋归甲公司、B 区房屋归乙公司。乙公司与丙公司签订《委托书》,委托丙公司对外销售房屋。《委托书》中委托人签字盖章处有乙公司盖章和法定代表人王某签字,王某同时也是甲公司法定代表人。张某查看《合作开发协议》和《委托书》后,与丙公司签订《房屋预订合同》,约定:"张某向丙公司预付房款 30 万元,购买 A 区房屋一套。待取得房屋预售许可证后,双方签订正式合同。"丙公司将房款用于项目投资,全部亏损。后王某向张某出具《承诺函》:如张某不闹事,将协调甲公司卖房给张某。但甲公司取得房屋预售许可后,将 A 区房屋全部卖与他人。张某要求甲公司、乙公司和丙公司退回房款。张某与李某签订《债权转让协议》,将该债权转让给李某,通知了甲、乙、丙三公司。因李某未按时支付债权转让款,张某又将债权转让给方某,也通知了甲、乙、丙三公司。

关于《委托书》和《承诺函》,下列说法正确的是:①

A. 乙公司是委托人

B. 乙公司和王某是共同委托人

C. 甲公司、乙公司和王某是共同委托人

D.《承诺函》不产生法律行为上的效果

33. **2017/3/53/多**

黄逢、黄现和金耘共同出资,拟设立名为"黄金黄研究会"的社会团体法人。设立过程中,黄逢等 3 人以黄金黄研究会名义与某科技园签署了为期 3 年的商铺租赁协议,月租金 5 万元,押 3 付 1。此外,金耘为设立黄金黄研究会,以个人名义向某印刷厂租赁了一台高级印刷机。关于某科技园和某印刷厂的债权,下列哪些选项是正确的?②

A. 如黄金黄研究会未成立,则某科技园的租赁债权消灭

B. 即便黄金黄研究会未成立,某科技园就租赁债权,仍可向黄逢等 3 人主张

C. 如黄金黄研究会未成立,则就某科技园的租赁债务,由黄逢等 3 人承担连带责任

D. 黄金黄研究会成立后,某印刷厂就租赁债权,既可向黄金黄研究会主张,也可向金耘主张

---

① AD ② BCD

专题四　民事法律行为

考点10 有效的民事法律行为

34. 法考回忆题/单

12岁的甲是某中学学生,常去学校篮球场打篮球。一天,甲去篮球场打球路上买了一瓶可乐,打完篮球后,喝了一半,将剩有一半可乐的瓶子放在了篮球架边离去。后拾荒者乙捡走了可乐瓶。对此,下列说法正确的是:①

A. 甲与乙之间成立赠与合同关系

B. 甲的行为是单方抛弃

C. 甲的行为不需要意思表示

D. 可乐瓶属于遗失物

考点11 附条件、附期限的民事法律行为

35. 2008/3/6/单

甲与乙打算卖房,问乙是否愿意购买,乙一向迷信,就跟甲说:"如果明天早上7点你家屋顶上来了喜鹊,我就出10万块钱买你的房子。"甲同意。乙回家后非常后悔。第二天早上7点差几分时,恰有一群喜鹊停在甲家的屋顶上,乙正要将喜鹊赶走,甲不知情的儿子拿起弹弓把喜鹊打跑了,至7点再无喜鹊飞来。关于甲乙之间的房屋买卖合同,下列哪一选项是正确的?②

A. 合同尚未成立

B. 合同无效

C. 乙有权拒绝履行该合同

D. 乙应当履行该合同

36. 2009/3/6/单

甲将300册藏书送给乙,并约定乙不得转让给第三人,否则甲有权收回藏书。其后甲向乙交付了300册藏书。下列哪一说法是正确的?③

A. 甲与乙的赠与合同无效,乙不能取得藏书的所有权

B. 甲与乙的赠与合同无效,乙取得了藏书的所有权

---

① B　② C　③ D

C. 甲与乙的赠与合同为附条件的合同,乙不能取得藏书的所有权

D. 甲与乙的赠与合同有效,乙取得了藏书的所有权

37． 2014/3/59/多

刘某欠何某 100 万元货款届期未还且刘某不知所踪。刘某之子小刘为替父还债,与何某签订书面房屋租赁合同,未约定租期,仅约定:"月租金 1 万元,用租金抵货款,如刘某出现并还清货款,本合同终止,双方再行结算。"下列哪些表述是错误的?①

A. 小刘有权随时解除合同

B. 何某有权随时解除合同

C. 房屋租赁合同是附条件的合同

D. 房屋租赁合同是附期限的合同

考点12 可撤销的民事法律行为

38． 2010/3/5/单

某校长甲欲将一套住房以 50 万元出售。某报记者乙找到甲,出价 40 万元,甲拒绝。乙对甲说:"我有你贪污的材料,不答应我就举报你。"甲信以为真,以 40 万元将该房卖与乙。乙实际并无甲贪污的材料。关于该房屋买卖合同的效力,下列哪一说法是正确的?②

A. 存在欺诈行为,属可撤销合同

B. 存在胁迫行为,属可撤销合同

C. 存在乘人之危,属可撤销合同

D. 存在重大误解,属可撤销合同

39． 2011/3/1/单

甲公司在城市公园旁开发预售期房,乙、丙等近百人一次性支付了购房款,总额近 8000 万元。但甲公司迟迟未开工,按期交房无望。乙、丙等购房人多次集体去甲公司交涉无果,险些引发群体性事件。面对疯涨房价,乙、丙等购房人为另行购房,无奈与甲公司签订《退款协议书》,承诺放弃数额巨大利息、违约金的支付要求,领回原购房款。经咨询,乙、丙等购房人起诉甲公司。下列哪一说法准确体现了公平正义的有关要求?③

A.《退款协议书》虽是当事人真实意思表示,但为兼顾情理,法院应当依据购房人的要求变更该协议,由甲公司支付利息和违约金

---

① ABD　② B　③ C

B.《退款协议书》是甲公司胁迫乙、丙等人订立的,为确保合法合理,法院应当依据购房人的要求宣告该协议无效,由甲公司支付利息和违约金

C.《退款协议书》的订立显失公平,为保护购房人的利益,法院应当依据购房人的要求撤销该协议,由甲公司支付利息和违约金

D.《退款协议书》损害社会公共利益,为确保利益均衡,法院应当依据购房人的要求撤销该协议,由甲公司支付利息和违约金

40. `2011/3/53/多`

关于意思表示法律效力的判断,下列哪些选项是正确的?①

A. 甲在商场购买了一台液晶电视机,回家后发现其妻乙已在另一商场以更低折扣订了一台液晶电视机。甲认为其构成重大误解,有权撤销买卖

B. 甲向乙承诺,以其外籍华人身份在婚后为乙办外国绿卡。婚后,乙发现甲是在逃通缉犯。乙有权以甲欺诈为由撤销婚姻

C. 甲向乙银行借款,乙银行要求甲提供担保。丙为帮助甲借款,以举报丁偷税漏税相要挟,迫使其为甲借款提供保证,乙银行对此不知情。丁有权以其受到胁迫为由撤销保证

D. 甲患癌症,其妻乙和医院均对甲隐瞒其病情。经与乙协商,甲投保人身保险,指定身故受益人为乙。保险公司有权以乙欺诈为由撤销合同

41. `2012/3/3/单` 新法改编

下列哪一情形构成重大误解,属于可撤销的民事行为?②

A. 甲立下遗嘱,误将乙的字画分配给继承人

B. 甲装修房屋,误以为乙的地砖为自家所有,并予以使用

C. 甲入住乙宾馆,误以为乙宾馆提供的茶叶是无偿的,并予以使用

D. 甲要购买电动车,误以为精神病人乙是完全民事行为能力人,并与之签订买卖合同

42. `2012/3/54/多`

甲委托乙采购一批电脑,乙受丙诱骗高价采购了一批劣质手机。丙一直以销售劣质手机为业,甲对此知情。关于手机买卖合同,下列哪些表述是正确的?③

    A. 甲有权追认   B. 甲有权撤销

---

    ①   CD   ②   C   ③   ABC

C. 乙有权以甲的名义撤销　　D. 丙有权撤销

43. 〔2013/3/3/单〕

下列哪一情形下,甲对乙不构成胁迫?①

A. 甲说,如不出借1万元,则举报乙犯罪。乙照办,后查实乙构成犯罪

B. 甲说,如不将藏獒卖给甲,则举报乙犯罪。乙照办,后查实乙不构成犯罪

C. 甲说,如不购甲即将报废的汽车,将公开乙的个人隐私。乙照办

D. 甲说,如不赔偿乙撞伤甲的医疗费,则举报乙醉酒驾车。乙照办,甲取得医疗费和慰问金

44. 〔2013/3/4/单〕

甲用伪造的乙公司公章,以乙公司名义与不知情的丙公司签订食用油买卖合同,以次充好,将劣质食用油卖给丙公司。合同没有约定仲裁条款。关于该合同,下列哪一表述是正确的?②

A. 如乙公司追认,则丙公司有权通知乙公司撤销

B. 如乙公司追认,则丙公司有权请求法院撤销

C. 无论乙公司是否追认,丙公司均有权通知乙公司撤销

D. 无论乙公司是否追认,丙公司均有权要求乙公司履行

45. 〔2015/3/2/多〕

甲以23万元的价格将一辆机动车卖给乙。该车因里程表故障显示行驶里程为4万公里,但实际行驶了8万公里,市值为16万元。甲明知有误,却未向乙说明,乙误以为真。乙的下列哪些请求是错误的?③

A. 以甲欺诈为由请求法院变更合同,在此情况下法院不得判令撤销合同

B. 请求甲减少价款至16万元

C. 以重大误解为由,致函甲请求撤销合同,合同自该函到达甲时即被撤销

D. 请求甲承担缔约过失责任

46. 〔2016/3/3/单〕

潘某去某地旅游,当地玉石资源丰富,且盛行"赌石"活动,买者购买原石后自行剖切,损益自负。潘某花5000元向某商家买了两块原石,切开后

① D　② B　③ AC(原答案为C)

发现其中一块为极品玉石,市场估价上百万元。商家深觉不公,要求潘某退还该玉石或补交价款。对此,下列哪一选项是正确的?①

    A. 商家无权要求潘某退货

    B. 商家可基于公平原则要求潘某适当补偿

    C. 商家可基于重大误解而主张撤销交易

    D. 商家可基于显失公平而主张撤销交易

47． 2016/3/59/多

甲隐瞒了其所购别墅内曾发生恶性刑事案件的事实,以明显低于市场价的价格将其转卖给乙;乙在不知情的情况下,放弃他人以市场价出售的别墅,购买了甲的别墅。几个月后乙获悉实情,向法院申请撤销合同。关于本案,下列哪些说法是正确的?②

    A. 乙须在得知实情后一年内申请法院撤销合同

    B. 如合同被撤销,甲须赔偿乙在订立及履行合同过程当中支付的各种必要费用

    C. 如合同被撤销,乙有权要求甲赔偿主张撤销时别墅价格与此前订立合同时别墅价格的差价损失

    D. 合同撤销后乙须向甲支付合同撤销前别墅的使用费

48． 2017/3/3/单

齐某扮成建筑工人模样,在工地旁摆放一尊廉价购得的旧蟾蜍石雕,冒充新挖出文物等待买主。甲曾以 5000 元从齐某处买过一尊同款石雕,发现被骗后正在和齐某交涉时,乙过来询问。甲有意让乙也上当,以便要回被骗款项,未等齐某开口便对乙说:"我之前从他这买了一个貔貅,转手就赚了,这个你不要我就要了。"乙信以为真,以 5000 元买下石雕。关于所涉民事法律行为的效力,下列哪一说法是正确的?③

    A. 乙可向甲主张撤销其购买行为

    B. 乙可向齐某主张撤销其购买行为

    C. 甲不得向齐某主张撤销其购买行为

    D. 乙的撤销权自购买行为发生之日起 2 年内不行使则消灭

49． 2017/3/10/单

陈老伯考察郊区某新楼盘时,听销售经理介绍周边有轨道交通

---

    ① A   ② ABCD   ③ B

19 号线,出行方便,便与开发商订立了商品房预售合同。后经了解,轨道交通 19 号线属市域铁路,并非地铁,无法使用老年卡,出行成本较高;此外,铁路房的升值空间小于地铁房。陈老伯深感懊悔。关于陈老伯可否反悔,下列哪一说法是正确的?①

　　A. 属认识错误,可主张撤销该预售合同

　　B. 属重大误解,可主张撤销该预售合同

　　C. 该预售合同显失公平,陈老伯可主张撤销该合同

　　D. 开发商并未欺诈陈老伯,该预售合同不能被撤销

50.　法考回忆题/单

　　钱某有一幅祖传名画,市值百万元。高某欲低价购入,联合艺术品鉴定家李某欺骗钱某说是赝品,价值不超过 10 万元。钱某信以为真,但是,未将画卖给高某,而是以 15 万元的价格卖给了不知情的陈某。对此,下列哪一个说法是正确的?②

　　A. 因陈某乘人之危,故钱某可撤销与陈某的买卖合同

　　B. 因高某受欺诈,钱某可撤销与陈某的买卖合同

　　C. 属于重大误解,钱某可撤销与陈某的买卖合同

　　D. 属于显失公平,钱某可撤销与陈某的买卖合同

51.　法考回忆题/多

　　甲家中有一块祖传玉佩,某大学教授乙颇为喜爱,几次欲向甲购买均被甲拒绝。2016 年 3 月 1 日,丙因为自己孩子上大学之事有求于乙,故暗中找到甲,称如果不将玉佩卖给乙,就将甲正上高一的儿子的腿打断一条。甲心生恐惧,遂主动找到乙,将玉佩以 8 万元的价格卖给了不知情的乙。2018 年 3 月 1 日,甲的儿子顺利去英国留学,不再因丙的威胁而感到恐惧,故向法院起诉,欲撤销买卖合同。3 月 10 日,法院经查,甲祖传的玉佩为赝品,市价仅为 800 元,甲出卖时对此不知情,乙此时方获悉自己购买的玉佩为赝品。对此,下列哪些说法是错误的?③

　　A. 因为乙对于胁迫不知情,故甲不能撤销与乙之间的买卖合同

　　B. 乙可以欺诈为由撤销买卖合同

　　C. 甲以受到胁迫为由撤销合同的权利因为超过了 1 年的除斥期间而消灭

　　D. 乙以重大误解撤销合同的权利应在 2018 年 6 月 10 日前行使

---

① D　② C　③ ABCD

52. 法考回忆题/单

前程公司法定代表人范某被大洋公司派人极力劝酒灌醉后,大洋公司在其意识模糊之时乘机与其签订合同,合同内容违背前程公司商业规划且对前程公司严重不利。前程公司可以何种理由主张撤销合同?①

A. 恶意欺诈 　　　　　　　　B. 重大误解

C. 乘人之危 　　　　　　　　D. 显失公平

53. 法考回忆题/不定项

甲见一家餐馆生意很好,在餐馆吃饭时,乘机将事先做好的一张付款二维码粘贴在餐桌原有的付款二维码上。乙到这家餐馆用餐后,扫描了甲粘贴的二维码,向甲支付了500元餐费。对于本案,下列说法错误的是:②

A. 餐馆可向甲主张侵权责任或不当得利

B. 乙的意思表示未生效

C. 乙可基于重大误解撤销所订立的餐饮合同

D. 甲构成无权代理

54. 法考回忆题/单

张某到某地旅游,在朱某经营的路边店铺购买豆浆时,发现朱某用来盛放豆浆的小碗花色古朴,甚是好看,遂提出购买留作纪念,双方约定价款为20元。张某的朋友谭某是古董专家,一次到张某家做客时看到该小碗,疑是古董,后经鉴定为明代某官窑出土的古董。朱某得知后,欲起诉撤销合同。关于朱某起诉撤销合同的事由,下列哪一选项是正确的?③

A. 重大误解 　　　　　　　　B. 显失公平

C. 欺诈 　　　　　　　　　　D. 胁迫

考点13 效力待定的民事法律行为

55. 2011/3/58/多

下列甲与乙签订的哪些合同有效?④

A. 甲与乙签订商铺租赁合同,约定待办理公证后合同生效。双方未办理合同公证,甲交付商铺后,乙支付了第1个月的租金

B. 甲与乙签署股权转让协议,约定甲将其对丙公司享有的90%股权转让给乙,乙支付1亿元股权受让款。但此前甲已将该股权转让给丁

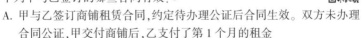

①　D　②　BCD　③　A　④　ABCD(原答案为ACD)

C. 甲与乙签订相机买卖合同,相机尚未交付,也未付款。后甲又就出卖该相机与丙签订买卖合同

D. 甲将商铺出租给丙后,将该商铺出卖给乙,但未通知丙

56. 甲公司与乙公司约定,由甲公司向乙公司交付 1 吨药材,乙公司付款 100 万元。乙公司将药材转卖给丙公司,并约定由甲公司向丙公司交付,丙公司收货后 3 日内应向乙支付价款 120 万元。

张某以自有汽车为乙公司的债权提供抵押担保,未办理抵押登记。抵押合同约定:"在丙公司不付款时,乙公司有权就出卖这汽车的价款清偿自己的债权。"李某为这笔货款出具担保函:"在丙公司不付款时,由李某承担保证责任"。丙公司收到药材后未依约向乙公司支付 120 万元,乙公司向张某主张实现抵押权,同时要求李某承担保证责任。

张某见状,便将其汽车赠与刘某。刘某将该汽车作为出资,与钱某设立丁酒店有限责任公司,并办理完出资手续。

丁公司员工方某驾驶该车接送酒店客人时,为躲避一辆逆行摩托车,将行人赵某撞伤。方某自行决定以丁公司名义将该车放在戊公司维修,为获得维修费的八折优惠,方某以其名义与戊公司相关的庚公司为该车购买一套全新座垫。汽车修好后,方某将车取走交丁公司投入运营。戊公司要求丁公司支付维修费,否则对汽车行使留置权,丁公司回函请宽限一周。庚公司要求丁公司支付座垫费,丁公司拒绝。请回答第(1)、(2)题。

(1) 2011/3/86/不定项
关于乙公司与丙公司签订合同的效力,下列表述正确的是:①

A. 效力待定

B. 为甲公司设定义务的约定无效

C. 有效

D. 无效

(2) 2011/3/91/不定项
关于座垫费和维修费,下列表述正确的是:②

A. 方某应向庚公司支付座垫费

B. 丁公司应向庚公司支付座垫费

C. 丁公司应向戊公司支付维修费

D. 戊公司有权将汽车留置

57. 2014/3/86/不定项

张某、方某共同出资,分别设立甲公司和丙公司。2013 年 3 月 1 日,甲公司与乙公司签订了开发某房地产项目的《合作协议一》,约定如下:"甲公司将丙公司 10% 的股权转让给乙公司,乙公司在协议签订之日起三日内向甲公司支付首付款 4000 万元,尾款 1000 万元在次年 3 月 1 日之前付清。首付款用于支付丙公司从某国土部门购买 A 地块土地使用权。如协议签订之日起三个月内丙公司未能获得 A 地块土地使用权致双方合作失败,乙公司有权终止协议。"

《合作协议一》签订后,乙公司经甲公司指示向张某、方某支付了 4000 万元首付款。张某、方某配合甲公司将丙公司的 10% 的股权过户给了乙公司。

关于《合作协议一》,下列表述正确的是:①

A. 是无名合同

B. 对股权转让的约定构成无权处分

C. 效力待定

D. 有效

58. 2015/3/89/不定项

顺风电器租赁公司将一台电脑出租给张某,租期为 2 年。在租赁期间内,张某谎称电脑是自己的,分别以市价与甲、乙、丙签订了三份电脑买卖合同并收取了三份价款,但张某把电脑实际交付给了乙。后乙的这台电脑被李某拾得,因暂时找不到失主,李某将电脑出租给王某获得很高收益。王某租用该电脑时出了故障,遂将电脑交给康成电脑维修公司维修。王某和李某就维修费的承担发生争执。康成公司因未收到修理费而将电脑留置,并告知王某如 7 天内不交费,将变卖电脑抵债。李某听闻后,于当日潜入康成公司偷回电脑。

关于张某与甲、乙、丙的合同效力,下列选项正确的是:②

A. 张某非电脑所有权人,其出卖为无权处分,与甲、乙、丙签订的合同无效

B. 张某是合法占有人,其与甲、乙、丙签订的合同有效

C. 乙接受了张某的交付,取得电脑所有权

D. 张某不能履行对甲、丙的合同义务,应分别承担违约责任

① ABD ② BCD

考点14 无效的民事法律行为

59． 2012/3/52/多

下列哪些情形属于无效合同？①

A. 甲医院以国产假肢冒充进口假肢,高价卖给乙

B. 甲乙双方为了在办理房屋过户登记时避税,将实际成交价为100万元的房屋买卖合同价格写为60万元

C. 有妇之夫甲委托未婚女乙代孕,约定事成后甲补偿乙50万元

D. 甲父患癌症急需用钱,乙趁机以低价收购甲收藏的1幅名画,甲无奈与乙签订了买卖合同

60． 2014/3/54/多

杜某拖欠谢某100万元。谢某请求杜某以登记在其名下的房屋抵债时,杜某称其已把房屋作价90万元卖给赖某,房屋钥匙已交,但产权尚未过户。该房屋市值为120万元。关于谢某权利的保护,下列哪些表述是错误的？②

A. 谢某可请求法院撤销杜某、赖某的买卖合同

B. 因房屋尚未过户,杜某、赖某买卖合同无效

C. 如谢某能举证杜某、赖某构成恶意串通,则杜某、赖某买卖合同无效

D. 因房屋尚未过户,房屋仍属杜某所有,谢某有权直接取得房屋的所有权以实现其债权

61． 2015/3/3/单

张某和李某设立的甲公司伪造房产证,以优惠价格与乙企业(国有)签订房屋买卖合同,以骗取钱财。乙企业交付房款后,因甲公司不能交房而始知被骗。关于乙企业可以采取的民事救济措施,下列哪一选项是正确的？③

A. 以甲公司实施欺诈损害国家利益为由主张合同无效

B. 只能请求撤销合同

C. 通过乙企业的主管部门主张合同无效

D. 可以请求撤销合同,也可以不请求撤销合同而要求甲公司承担违约责任

62． 法考回忆题/单

甲乙协议以500万元转让房屋,为避税签署了两份房屋的转让合

① BC　② ABD　③ D

同,第一份约定为 500 万元,交易价格以该份合同为准;第二份合同为网络备案合同,约定为 300 万元。以下说法正确的是:①

A. 两份合同都无效

B. 第一份合同有效,第二份合同部分无效

C. 第一份合同部分无效,第二份合同有效

D. 两份合同都有效

专题五 代 理

考点 15 代理的概念与类型

63. 2008/3/3/单

甲委托乙购买一套机械设备,但要求以乙的名义签订合同,乙同意,遂与丙签订了设备购买合同。后由于甲的原因,乙不能按时向丙支付设备款。在乙向丙说明了自己是受甲委托向丙购买机械设备后,关于丙的权利,下列哪一选项是正确的?②

A. 只能要求甲支付

B. 只能要求乙支付

C. 可选择要求甲或乙支付

D. 可要求甲和乙承担连带责任

64. 2011/3/4/单

甲委托乙销售一批首饰并交付,乙经甲同意转委托给丙。丙以其名义与丁签订买卖合同,约定将这批首饰以高于市场价 10% 的价格卖给丁,并赠其一批箱包。丙因此与戊签订箱包买卖合同。丙依约向丁交付首饰,但因戊不能向丙交付箱包,导致丙无法向丁交付箱包。丁拒绝向丙支付首饰款。下列哪一表述是正确的?③

A. 乙的转委托行为无效

B. 丙与丁签订的买卖合同直接约束甲和丁

C. 丙应向甲披露丁,甲可以行使丙对丁的权利

D. 丙应向丁披露戊,丁可以行使丙对戊的权利

65. 2012/3/53/多

下列哪些情形属于代理?④

---

① B ② C ③ C ④ ABC

A. 甲请乙从国外代购 1 套名牌饮具,乙自己要买 2 套,故乙共买 3 套一并结账

B. 甲请乙代购茶叶,乙将甲写好茶叶名称的纸条交给销售员,告知其是为自己朋友买茶叶

C. 甲律师接受法院指定担任被告人乙的辩护人

D. 甲介绍歌星乙参加某演唱会,并与主办方签订了三方协议

66． 2015/3/4/单

甲公司与 15 周岁的网络奇才陈某签订委托合同,授权陈某为甲公司购买价值不超过 50 万元的软件。陈某的父母知道后,明确表示反对。关于委托合同和代理权授予的效力,下列哪一表述是正确的?①

A. 均无效,因陈某的父母拒绝追认

B. 均有效,因委托合同仅需简单智力投入,不会损害陈某的利益,其父母是否追认并不重要

C. 是否有效,需确认陈某的真实意思,其父母拒绝追认,甲公司可向法院起诉请求确认委托合同的效力

D. 委托合同因陈某的父母不追认而无效,但代理权授予是单方法律行为,无需追认即有效

67． 法考回忆题/不定项

甲偷了乙的电动自行车,告知了丙实情并委托丙进行出售,获利平分。丙将该车以甲的名义卖给了不知情的丁,丁按照市场价格付了款。对此,下列说法不正确的是:②

A. 丙的行为构成无权处分

B. 丙的行为构成无权代理

C. 丁对该车构成善意取得

D. 对于乙的损失,甲与丙应承担连带责任

考点 16 代理权及其限制

68． 2016/3/4/单

甲公司员工唐某受公司委托从乙公司订购一批空气净化机,甲公司对净化机单价未作明确限定。唐某与乙公司私下商定将净化机单价比正常售价提高 200 元,乙公司给唐某每台 100 元的回扣。商定后,唐某以甲公司

---

① D ② ABC

名义与乙公司签订了买卖合同。对此,下列哪一选项是正确的?①

    A. 该买卖合同以合法形式掩盖非法目的,因而无效

    B. 唐某的行为属无权代理,买卖合同效力待定

    C. 乙公司行为构成对甲公司的欺诈,买卖合同属可变更、可撤销合同

    D. 唐某与乙公司恶意串通损害甲公司的利益,应对甲公司承担连带责任

考点 17 无权代理

69. 〔2009/3/4/单〕

下列哪一情形构成无权代理?②

    A. 甲冒用乙的姓名从某杂志社领取乙的论文稿酬据为己有

    B. 某公司董事长超越权限以本公司名义为他人提供担保

    C. 刘某受同学周某之托冒充丁某参加求职面试

    D. 关某代收某推销员谎称关某的邻居李某订购的保健品并代为付款

70. 〔2015/3/9/单〕

甲去购买彩票,其友乙给甲 10 元钱让其顺便代购彩票,同时告知购买号码,并一再嘱咐甲不要改变。甲预测乙提供的号码不能中奖,便擅自更换号码为乙购买了彩票并替乙保管。开奖时,甲为乙购买的彩票中了奖,二人为奖项归属发生纠纷。下列哪一分析是正确的?③

    A. 甲应获得该奖项,因按乙的号码无法中奖,甲、乙之间应类推适用借贷关系,由甲偿还乙 10 元

    B. 甲、乙应平分该奖项,因乙出了钱,而甲更换了号码

    C. 甲的贡献大,应获得该奖项之大部,同时按比例承担彩票购款

    D. 乙应获得该奖项,因乙是委托人

71. 〔法考回忆题/单〕

甲谎称自己是乙,以乙的名义向丙借款,借期一年,让丙将借款打入其指定的账户。丙觉得既然是借给乙,且自己知道乙的银行卡号,为省事,丙直接将钱款打入乙的账户。乙正好缺钱,收到丙的钱后对甲、丙表示感谢。对此,下列说法正确的是?④

    A. 甲的行为构成无权代理

    B. 甲的行为构成无因管理

    C. 甲的行为使乙、丙间成立不当得利

D. 约定的期限届满后,丙有权请求乙偿还借款

考点18 表见代理

72. 2014/3/52/多

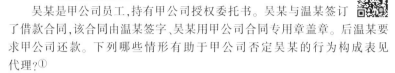

吴某是甲公司员工,持有甲公司授权委托书。吴某与温某签订了借款合同,该合同由温某签字、吴某用甲公司合同专用章盖章。后温某要求甲公司还款。下列哪些情形有助于甲公司否定吴某的行为构成表见代理?①

A. 温某明知借款合同上的盖章是甲公司合同专用章而非甲公司公章,未表示反对

B. 温某未与甲公司核实,即将借款交给吴某

C. 吴某出示的甲公司授权委托书载明甲公司仅授权吴某参加投标活动

D. 吴某出示的甲公司空白授权委托书已届期

73. 2015/3/87/不定项

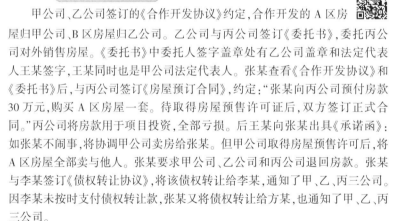

甲公司、乙公司签订的《合作开发协议》约定,合作开发的A区房屋归甲公司、B区房屋归乙公司。乙公司与丙公司签订《委托书》,委托丙公司对外销售房屋。《委托书》中委托人签字盖章处有乙公司盖章和法定代表人王某签字,王某同时也是甲公司法定代表人。张某查看《合作开发协议》和《委托书》后,与丙公司签订《房屋预订合同》,约定:"张某向丙公司预付房款30万元,购买A区房屋一套。待取得房屋预售许可证后,双方签订正式合同。"丙公司将房款用于项目投资,全部亏损。后王某向张某出具《承诺函》:如张某不闹事,将协调甲公司卖房给张某。但甲公司取得房屋预售许可后,将A区房屋全部卖与他人。张某要求甲公司、乙公司和丙公司退回房款。张某与李某签订《债权转让协议》,将该债权转让给李某,通知了甲、乙、丙三公司。因李某未按时支付债权转让款,张某又将债权转让给方某,也通知了甲、乙、丙三公司。

关于《房屋预订合同》,下列说法正确的是:②

A. 无效

B. 对于甲公司而言,丙公司构成无权处分

C. 对于乙公司而言,丙公司构成有效代理

D. 对于张某而言,丙公司构成表见代理

① CD　② B

专题六 诉讼时效与期间

考点19 诉讼时效

74. 2009/3/5/单

诉讼时效因当事人一方提出要求而中断,下列哪一情形不能产生诉讼时效中断的效力?①

- A. 对方当事人在当事人主张权利的文书上签字、盖章的
- B. 当事人一方以发送信件或数据电文方式主张权利,该信件或数据电文应当到达对方当事人的
- C. 当事人一方为金融机构,依照法律规定或当事人约定从对方当事人账户中扣收欠款本息的
- D. 当事人一方下落不明,对方当事人在下落不明当事人一方住所地的县(市)级有影响的媒体上刊登具有主张权利内容的公告的

75. 2009/3/52/多

关于诉讼时效的表述,下列哪些选项是正确的?②

- A. 当事人可以对债权请求权提出诉讼时效抗辩,但法律规定的有些债权请求权不适用诉讼时效的规定
- B. 当事人不能约定延长或缩短诉讼时效期间,也不能预先放弃诉讼时效利益
- C. 当事人未提出诉讼时效抗辩的,法院不应对诉讼时效问题进行阐明及主动适用诉讼时效的规定进行裁判
- D. 当事人在一审、二审期间都可以提出诉讼时效抗辩

76. 2010/3/52/多

某公司因合同纠纷的诉讼时效问题咨询律师。关于律师的答复,下列哪些选项是正确的?③

- A. 当事人不得违反法律规定,约定延长或者缩短诉讼时效期间、预先放弃诉讼时效利益
- B. 当事人约定同一债务分期履行的,诉讼时效期间从最后一期履行期限届满之日起计算
- C. 当事人在一审期间未提出诉讼时效抗辩的,二审期间不能提出该抗辩

---

① D ② ABC ③ ABD

D. 诉讼时效届满,当事人一方向对方当事人作出同意履行义务意思表示的,不得再以时效届满为由进行抗辩

77. 2011/3/5/单

关于诉讼时效中断的表述,下列哪一选项是正确的?①

A. 甲欠乙10万元到期未还,乙要求甲先清偿8万元。乙的行为,仅导致8万元债务诉讼时效中断

B. 甲和乙对丙因共同侵权而需承担连带赔偿责任计10万元,丙要求甲承担8万元。丙的行为,导致甲和乙对丙负担的连带债务诉讼时效均中断

C. 乙欠甲8万元,丙欠乙10万元,甲对丙提起代位权诉讼。甲的行为,不会导致丙对乙的债务诉讼时效中断

D. 乙欠甲10万元,甲将该债权转让给丙。自甲与丙签订债权转让协议之日起,乙的10万元债务诉讼时效中断

78. 2012/3/5/单

关于诉讼时效,下列哪一选项是正确的?②

A. 甲借乙5万元,向乙出具借条,约定1周之内归还。乙债权的诉讼时效期间从借条出具日起计算

B. 甲对乙享有10万元货款债权,丙是连带保证人,甲对丙主张权利,会导致10万元货款债权诉讼时效中断

C. 甲向银行借款100万元,乙提供价值80万元房产作抵押,银行实现对乙的抵押权后,会导致剩余的20万元主债务诉讼时效中断

D. 甲为乙欠银行的50万元债务提供一般保证。甲不知50万元主债务诉讼时效期间届满,放弃先诉抗辩权,承担保证责任后不得向乙追偿

79. 2014/3/5/单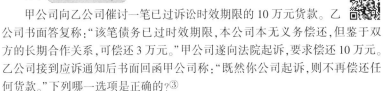

甲公司向乙公司催讨一笔已过诉讼时效期限的10万元货款。乙公司书面答复称:"该笔债务已过时效期限,本公司本无义务偿还,但鉴于双方的长期合作关系,可偿还3万元。"甲公司遂向法院起诉,要求偿还10万元。乙公司接到应诉通知后书面回函甲公司称:"既然你公司起诉,则不再偿还任何货款。"下列哪一选项是正确的?③

A. 乙公司的书面答复意味着乙公司需偿还甲公司3万元

---

① B ② C ③ A

B. 乙公司的书面答复构成要约

C. 乙公司的书面回函对甲公司有效

D. 乙公司的书面答复表明其丧失了 10 万元的时效利益

80. 2014/3/53/多

下列哪些请求不适用诉讼时效?①

A. 当事人请求撤销合同

B. 当事人请求确认合同无效

C. 业主大会请求业主缴付公共维修基金

D. 按份共有人请求分割共有物

81. 2017/3/4/单

甲公司开发的系列楼盘由乙公司负责安装电梯设备。乙公司完工并验收合格投入使用后,甲公司一直未支付工程款,乙公司也未催要。诉讼时效期间届满后,乙公司组织工人到甲公司讨要。因高级管理人员均不在,甲公司新录用的法务小王,擅自以公司名义签署了同意履行付款义务的承诺函,工人们才散去。其后,乙公司提起诉讼。关于本案的诉讼时效,下列哪一说法是正确的?②

A. 甲公司仍可主张诉讼时效抗辩

B. 因乙公司提起诉讼,诉讼时效中断

C. 法院可主动适用诉讼时效的规定

D. 因甲公司同意履行债务,其不能再主张诉讼时效抗辩

82. 法考回忆题/多

某日,甲未经邻居乙同意,将其平时作业用的大型油罐车停在了乙家的院了里,并骑走了乙家未上锁的自行车。3 年后,针对乙的下列哪些请求权,甲可以主张诉讼时效抗辩?③

A. 停止侵害

B. 消除危险

C. 返还财产

D. 损害赔偿

① ABCD ② A ③ CD

第二编 物 权

专题七 物权概述

考点20 物权变动的含义

83. [2008/3/10/单]

下列哪一选项属于所有权的继受取得?①

A. 甲通过遗嘱继承其兄房屋一间

B. 乙的3万元存款得利息1000元

C. 丙购来木材后制成椅子一把

D. 丁拾得他人搬家时丢弃的旧电扇一台

考点21 基于法律行为的不动产物权变动

84. 甲继承了一套房屋,在办理产权登记前将房屋出卖并交付给乙,办理产权登记后又将该房屋出卖给丙并办理了所有权移转登记。丙受丁胁迫将房屋出卖给丁,并完成了移转登记。丁旋即将房屋出卖并移转登记于戊。请回答(1)、(2)题。

(1) [2008/3/95/不定项]

关于甲、乙、丙三方的关系,下列选项正确的是:②

A. 甲与乙之间的房屋买卖合同因未办理登记而无效

B. 乙对房屋的占有是合法占有

C. 乙可以诉请法院宣告甲与丙之间的房屋买卖合同无效

D. 丙已取得该房屋的所有权

(2) [2008/3/96/不定项]

关于戊的权利状态,下列选项正确的是:③

A. 戊享有该房屋的所有权

B. 戊不享有该房屋的所有权

C. 戊原始取得该房屋的所有权

D. 戊继受取得该房屋的所有权

---

① A ② BD ③ AD

85. 2015/3/5/单

甲与乙签订《协议》,由乙以自己名义代甲购房,甲全权使用房屋并获取收益。乙与开发商和银行分别签订了房屋买卖合同和贷款合同。甲把首付款和月供款给乙,乙再给开发商和银行,房屋登记在乙名下。后甲要求乙过户,乙主张是自己借款购房。下列哪一选项是正确的?①

A. 甲有权提出更正登记

B. 房屋登记在乙名下,甲不得请求乙过户

C.《协议》名为代购房关系,实为借款购房关系

D. 如乙将房屋过户给不知《协议》的丙,丙支付合理房款则构成善意取得

考点 22 基于法律行为的动产物权变动

86. 2008/3/9/单

甲将自己收藏的一幅名画卖给乙,乙当场付款,约定5天后取画。丙听说后,表示愿出比乙高的价格购买此画,甲当即决定卖给丙,约定第二天交货。乙得知此事,诱使甲8岁的儿子从家中取出此画给自己。该画在由乙占有期间,被丁盗走。此时该名画的所有权属于下列哪个人?②

A. 甲　　　　　　　　　　B. 乙

C. 丙　　　　　　　　　　D. 丁

87. 2012/3/89/不定项

甲公司将1台挖掘机出租给乙公司,为担保乙公司依约支付租金,丙公司担任保证人,丁公司以机器设备设置抵押。乙公司欠付10万元租金时,经甲公司、丙公司和丁公司口头同意,将6万元租金债务转让给戊公司。之后,乙公司为现金周转将挖掘机分别以45万元和50万元的价格先后出卖给丙公司和丁公司,丙公司和丁公司均已付款,但乙公司没有依约交付挖掘机。

因乙公司一直未向甲公司支付租金,甲公司便将挖掘机以48万元的价格出卖给王某,约定由乙公司直接将挖掘机交付给王某,王某首期付款20万元,尾款28万元待收到挖掘机后支付。此事,甲公司通知了乙公司。

王某未及取得挖掘机便死亡。王某临终立遗嘱,其遗产由其子大王和小王继承,遗嘱还指定小王为遗嘱执行人。因大王一直在外地工作,同意王某遗

---

① A ② A

产由小王保管,没有进行遗产分割。在此期间,小王将挖掘机出卖给方某,没有征得大王的同意。

甲公司与王某签订买卖合同之后,王某死亡之前,关于挖掘机所有权人,下列选项正确的是:①

A. 甲公司   B. 丙公司

C. 丁公司   D. 王某

88. <u>2017/3/5/单</u>

庞某有 1 辆名牌自行车,在借给黄某使用期间,达成转让协议,黄某以 8000 元的价格购买该自行车。次日,黄某又将该自行车以 9000 元的价格转卖给了洪某,但约定由黄某继续使用 1 个月。关于该自行车的归属,下列哪一选项是正确的?②

A. 庞某未完成交付,该自行车仍归庞某所有

B. 黄某构成无权处分,洪某不能取得自行车所有权

C. 洪某在黄某继续使用 1 个月后,取得该自行车所有权

D. 庞某既不能向黄某,也不能向洪某主张原物返还请求权

89. <u>2017/3/57/多</u>

2016 年 8 月 8 日,玄武公司向朱雀公司订购了一辆小型客用汽车。2016 年 8 月 28 日,玄武公司按当地政策取得本市小客车更新指标,有效期至 2017 年 2 月 28 日。2016 年底,朱雀公司依约向玄武公司交付了该小客车,但未同时交付机动车销售统一发票、合格证等有关单证资料,致使玄武公司无法办理车辆所有权登记和牌照。关于上述购车行为,下列哪些说法是正确的?③

A. 玄武公司已取得该小客车的所有权

B. 玄武公司有权要求朱雀公司交付有关单证资料

C. 如朱雀公司一直拒绝交付有关单证资料,玄武公司可主张购车合同解除

D. 朱雀公司未交付有关单证资料,属于从给付义务的违反,玄武公司可主张违约责任,但不得主张合同解除

90. <u>法考回忆题/单</u>

甲丢弃其所有的旧衣服时,由于用力过猛手表滑落,与衣服一起

---

① D   ② D   ③ ABC

掉进垃圾桶,甲没有发现。乙捡到衣服和手表,卖给了丙。对此,下列说法正确的是:①

A. 无论甲是否撤销,丙均可取得衣服与手表的所有权

B. 甲无须经过任何形式的撤销行为,可直接请求丙返还手表

C. 甲有权撤销其抛弃手表的行为,但须向丙作出意思表示

D. 甲有权撤销其抛弃手表的行为,但其撤销无须向相对人为之

---

91. (法考回忆题/多)

包大姐把房屋出租给小张,屋内家具为小张购买,电器为包大姐所有。租期届满前两个月,小张提议把屋内家具以 2000 元的价格出卖给包大姐,包大姐当即表示同意。租期届满后,包大姐认为小张的家具不值 2000 元,遂仅向小张支付了 1000 元。对此,下列表述哪些是正确的?②

A. 若包大姐不支付剩余的 1000 元,小张有权留置屋内包大姐所有的电器

B. 若包大姐不支付剩余的 1000 元,小张有权行使同时履行抗辩权拒绝交付租赁房屋和屋内电器

C. 包大姐、小张关于家具的买卖合同已经生效

D. 包大姐已经取得了屋内家具的所有权

---

92. (法考回忆题/单)

古某的儿子小古喜欢鸽子,于是古某找到村民李某购买鸽子。古某付了钱,在李某向小古交付时,小古由于害怕未能接住,鸽子飞走了。下列哪一项说法是正确的?③

A. 鸽子所有权已属于古某　　B. 鸽子所有权仍属于李某

C. 鸽子所有权已属于小古　　D. 该案与物权关系无关

考点 23 非基于法律行为的物权变动(另见所有权的特别取得方法)

93. (2008/3/8/单)

中州公司依法取得某块土地建设用地使用权并办理报建审批手续后,开始了房屋建设并已经完成了外装修。对此,下列哪一选项是正确的?④

A. 中州公司因为享有建设用地使用权而取得了房屋所有权

B. 中州公司因为事实行为而取得了房屋所有权

---

① B　② CD　③ B　④ B

C. 中州公司因为法律行为而取得了房屋所有权

D. 中州公司尚未进行房屋登记,因此未取得房屋所有权

94. 2008/3/94/不定项

甲继承了一套房屋,在办理产权登记前将房屋出卖并交付给乙,办理产权登记后又将该房屋出卖给丙并办理了所有权移转登记。丙受丁胁迫将房屋出卖给丁,并完成了移转登记。丁旋即将房屋出卖并移转登记于戊。

在办理继承登记前,关于甲对房屋的权利状态,下列选项正确的是:①

A. 甲已经取得了该房屋的所有权

B. 甲对该房屋的所有权不能对抗善意第三人

C. 甲出卖该房屋未经登记不发生物权效力

D. 甲可以出租该房屋

95. 2011/3/9/单 新法改编

潘某与刘某相约出游,潘某在长江边拾得一块奇石,爱不释手,拟带回家。刘某说,《民法典》规定河流属于国家所有,这一行为可能属于侵占国家财产。关于潘某能否取得奇石的所有权,下列哪一说法是正确的?②

A. 不能,因为石头是河流的成分,长江属于国家所有,石头从河流中分离后仍然属于国家财产

B. 可以,因为即使长江属于国家所有,但石头是独立物,经有关部门许可即可以取得其所有权

C. 不能,因为即使石头是独立物,但长江属于国家所有,石头也属于国家财产

D. 可以,因为即使长江属于国家所有,但石头是独立物、无主物,依先占的习惯可以取得其所有权

96. 2011/3/55/多

吴某和李某共有一套房屋,所有权登记在吴某名下。2010 年 2 月 1 日,法院判决吴某和李某离婚,并且判决房屋归李某所有,但是并未办理房屋所有权变更登记。3 月 1 日,李某将该房屋出卖给张某,张某基于对判决书的信赖支付了 50 万元价款,并入住了该房屋。4 月 1 日,吴某又就该房屋和王某签订了买卖合同,王某在查阅了房屋登记簿确认房屋仍归吴某所有

---

① ACD ② D

后,支付了50万元价款,并于5月10日办理了所有权变更登记手续。下列哪些选项是正确的?①

　　A. 5月10日前,吴某是房屋所有权人

　　B. 2月1日至5月10日,李某是房屋所有权人

　　C. 3月1日至5月10日,张某是房屋所有权人

　　D. 5月10日后,王某是房屋所有权人

97. 〔2013/3/6/单〕

　　甲、乙和丙于2012年3月签订了散伙协议,约定登记在丙名下的合伙房屋归甲、乙共有。后丙未履行协议。同年8月,法院判决丙办理该房屋过户手续,丙仍未办理。9月,丙死亡,丁为其唯一继承人。12月,丁将房屋赠给女友戊,并对赠与合同作了公证。下列哪一表述是正确的?②

　　A. 2012年3月,甲、乙按份共有房屋

　　B. 2012年8月,甲、乙按份共有房屋

　　C. 2012年9月,丁为房屋所有人

　　D. 2012年12月,戊为房屋所有人

98. 〔2016/3/5/单〕

　　蔡永父母在共同遗嘱中表示,二人共有的某处房产由蔡永继承。蔡永父母去世前,该房由蔡永之姐蔡花借用,借用期未明确。2012年上半年,蔡永父母先后去世,蔡永一直未办理该房屋所有权变更登记,也未要求蔡花腾退。2015年下半年,蔡永因结婚要求蔡花腾退,蔡花拒绝搬出。对此,下列哪一选项是正确的?③

　　A. 因未办理房屋所有权变更登记,蔡永无权要求蔡花搬出

　　B. 因诉讼时效期间届满,蔡永的房屋腾退请求不受法律保护

　　C. 蔡花系合法占有,蔡永无权要求其搬出

　　D. 蔡永对该房屋享有物权请求权

99. 〔法考回忆题/单〕

　　潘某路过肖某的菜园时拾取到一小块陨石,肖某知道后向其索取,被潘某拒绝。以下说法哪一项是正确的?④

　　A. 陨石归潘某所有

　　B. 陨石归肖某所有

　　　① BD　② C　③ D　④ A

C. 潘某拒绝归还肖某陨石的行为不受民法调整

D. 陨石归国家所有

考点24 预告登记、异议登记、更正登记

100. 〔2009/3/8/单〕

甲公司开发写字楼一幢,于 2008 年 5 月 5 日将其中一层卖给乙公司,约定半年后交房,乙公司于 2008 年 5 月 6 日申请办理了预告登记。2008 年 6 月 2 日甲公司因资金周转困难,在乙公司不知情的情况下,以该层楼向银行抵押借款并登记。现因甲公司不能清偿欠款,银行要求实现抵押权。下列哪一判断是正确的?①

A. 抵押合同有效,抵押权设立

B. 抵押合同无效,但抵押权设立

C. 抵押合同有效,但抵押权不设立

D. 抵押合同无效,抵押权不设立

101. 〔法考回忆题/单〕

甲向乙房地产公司购买了一套商品房,双方在《商品房买卖合同》中约定:若房屋实际面积不足 140 平方米,甲可选择退款。甲办理交房与房屋所有权转移登记后发现,不动产登记机构颁发的不动产权属证书中记载的房屋面积为 130 平方米。后经法定的鉴定机构鉴定,确认该商品房的面积为 140 平方米。对此,下列哪一说法是正确的?②

A. 甲有权单独申请更正登记

B. 甲和乙公司应共同申请更正登记

C. 甲有权不申请更正登记并请求乙公司退款

D. 甲有权以不动产权属证书记载的面积不足为由请求乙公司退款

考点25 物权的保护

102. 〔2011/3/8/单〕

物权人在其权利的实现上遇有某种妨害时,有权请求造成妨害事由发生的人排除此等妨害,称为物权请求权。关于物权请求权,下列哪一表述是错误的?③

A. 是独立于物权的一种行为请求权

---

① C ② A ③ D

B. 可以适用债权的有关规定

C. 不能与物权分离而单独存在

D. 须依诉讼的方式进行

103. 〔2012/3/56/多〕

甲将1套房屋出卖给乙,已经移转占有,没有办理房屋所有权移转登记。现甲死亡,该房屋由其子丙继承。丙在继承房屋后又将该房屋出卖给丁,并办理了房屋所有权移转登记。下列哪些表述是正确的?①

    A. 乙虽然没有取得房屋所有权,但是基于甲的意思取得占有,乙为有权占有

    B. 乙可以对甲的继承人丙主张有权占有

    C. 在丁取得房屋所有权后,乙可以以占有有正当权利来源对丁主张有权占有

    D. 在丁取得房屋所有权后,丁可以基于其所有权请求乙返还房屋

104. 〔2013/3/9/单〕

张某遗失的名表被李某拾得。1年后,李某将该表卖给了王某。再过1年,王某将该表卖给了郑某。郑某将该表交给不知情的朱某维修,因郑某不付维修费与朱某发生争执,张某方知原委。下列哪一表述是正确的?②

    A. 张某可请求李某返还手表

    B. 张某可请求王某返还手表

    C. 张某可请求郑某返还手表

    D. 张某可请求朱某返还手表

105. 〔2013/3/55/多〕

叶某将自有房屋卖给沈某,在交房和过户之前,沈某擅自撬门装修,施工导致邻居赵某经常失眠。下列哪些表述是正确的?③

    A. 赵某有权要求叶某排除妨碍

    B. 赵某有权要求沈某排除妨碍

    C. 赵某请求排除妨碍不受诉讼时效的限制

    D. 赵某可主张精神损害赔偿

---

① ABD ② C(原答案为D) ③ ABC

专题八　所有权

考点26 建筑物区分所有权

106 . 2008/3/58/多

王某有一栋两层楼房,在楼顶上设置了一个商业广告牌。后王某将该楼房的第二层出售给了张某。下列哪些选项是正确的?①

A. 张某无权要求王某拆除广告牌

B. 张某与王某间形成了建筑物区分所有权关系

C. 张某对楼顶享有共有和共同管理的权利

D. 张某有权要求与王某分享其购房后的广告收益

107 . 蒋某是 C 市某住宅小区 6 栋 3 单元 502 号房业主,入住后面临下列法律问题,请根据相关事实予以解答。请回答(1)~(3)题。

（1）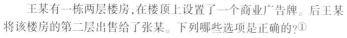2017/3/86/不定项

小区地下停车场设有车位 500 个,开发商销售了 300 个,另 200个用于出租。蒋某购房时未买车位,现因购车需使用车位。下列选项正确的是:②

A. 蒋某等业主对地下停车场享有业主共有权

B. 如小区其他业主出售车位,蒋某等无车位业主在同等条件下享有优先购买权

C. 开发商出租车位,应优先满足蒋某等无车位业主的需要

D. 小区业主如出售房屋,其所购车位应一同转让

（2）2017/3/87/不定项

该小区业主田某将其位于一楼的住宅用于开办茶馆,蒋某认为此举不妥,交涉无果后向法院起诉,要求田某停止开办。下列选项正确的是:③

A. 如蒋某是同一栋住宅楼的业主,法院应支持其请求

B. 如蒋某能证明因田某开办茶馆而影响其房屋价值,法院应支持其请求

C. 如蒋某能证明因田某开办茶馆而影响其生活质量,法院应支持其请求

D. 如田某能证明其开办茶馆得到多数有利害关系业主的同意,法院应驳回蒋某的请求

---

① ABCD　② C　③ ABC

（3）**2017/3/88/不定项**

对小区其他业主的下列行为,蒋某有权提起诉讼的是:①

A. 5 栋某业主任意弃置垃圾

B. 7 栋某业主违反规定饲养动物

C. 8 栋顶楼某业主违章搭建楼顶花房

D. 楼上邻居因不当装修损坏蒋某家天花板

108. **法考回忆题/多**

绿波公司是某小区业主选聘的物业公司。未经许可,绿波公司分别将物业专用房和绿化地租用给外人。下列哪些说法是正确的?②

A. 租用物业专用房的行为侵害了业主的建筑物区分所有权

B. 租用绿化地的行为侵害了业主的建筑物区分所有权

C. 除去合理成本,剩余租金应归全体业主共有

D. 业主若找了新物业公司签订物业服务合同,则该小区业主与绿波公司的合同终止

考点27 **所有权的特别取得方法:善意取得**

109. **2008/3/13/单**

甲、乙结婚后购得房屋一套,仅以甲的名义进行了登记。后甲、乙感情不和,甲擅自将房屋以时价出售给不知情的丙,并办理了房屋所有权变更登记手续。对此,下列哪一选项是正确的?③

A. 买卖合同有效,房屋所有权未转移

B. 买卖合同无效,房屋所有权已转移

C. 买卖合同有效,房屋所有权已转移

D. 买卖合同无效,房屋所有权未转移

110. **2008/3/59/多**

甲为乙的债权人,乙将其电动车出质于甲。现甲为了向丙借款,未经乙同意将电动车出质于丙,丙不知此车为乙所有。下列哪些选项是正确的?④

A. 丙因善意取得而享有质权

B. 因未经乙的同意丙不能取得质权

---

① D ② ABC ③ C(原答案为B) ④ ACD

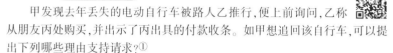

C. 甲对电动车的毁损、灭失应向乙承担赔偿责任

D. 对电动车毁损、灭失，乙可向丙索赔

111． 2009/3/53/多

甲发现去年丢失的电动自行车被路人乙推行，便上前询问，乙称从朋友丙处购买，并出示了丙出具的付款收条。如甲想追回该自行车，可以提出下列哪些理由支持请求？①

A. 甲丢失该自行车被丙拾得

B. 丙从甲处偷了该自行车

C. 乙明知道该自行车是丙从甲处偷来的仍然购买

D. 乙向丙支付的价格远远低于市场价

112． 甲有一块价值一万元的玉石。甲与乙订立了买卖该玉石的合同，约定价金11000元。由于乙没有带钱，甲未将该玉石交付与乙，约定三日后乙到甲的住处付钱取玉石。随后甲又向乙提出，再借用玉石把玩几天，乙表示同意。隔天，知情的丙找到甲，提出愿以12000元购买该玉石，甲同意并当场将玉石交给丙。丙在回家路上遇到债主丁，向丙催要9000元欠款甚急，丙无奈，将玉石交付与丁抵偿债务。后丁将玉石丢失被戊拾得，戊将其转卖给己。根据上述事实，请回答（1）~（3）题。

（1） 2009/3/91/不定项

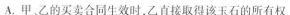

关于乙对该玉石所有权的取得和交付的表述，下列选项正确的是：②

A. 甲、乙的买卖合同生效时，乙直接取得该玉石的所有权

B. 甲、乙的借用约定生效时，乙取得该玉石的所有权

C. 由于甲未将玉石交付给乙，所以乙一直未取得该玉石的所有权

D. 甲通过占有改定的方式将玉石交付给了乙

（2） 2009/3/92/不定项

关于丙、丁对该玉石所有权的取得问题，下列说法正确的是：③

A. 甲将玉石交付给丙时，丙取得该玉石的所有权

B. 甲、丙的买卖合同成立时，丙取得该玉石的所有权

C. 丙将玉石交给丁时，丁取得该玉石的所有权

D. 丁不能取得该玉石的所有权

---

① ABCD ② BD ③ C

（3）**2009/3/93/不定项**

关于该玉石的返还问题,下列说法正确的是:①

A. 戊已取得了该玉石的所有权,原所有权人无权请求返还该玉石

B. 该玉石的真正所有权人请求己返还该玉石不受时间限制

C. 该玉石的真正所有权人可以在戊与己的转让行为生效之日起两年内请求己返还该玉石

D. 该玉石的真正所有权人可以在知道或者应当知道该玉石的受让人己之日起两年内请求己返还该玉石

113. **2015/3/6/单**

甲将一套房屋转让给乙,乙再转让给丙,相继办理了房屋过户登记。丙翻建房屋时在地下挖出一瓷瓶,经查为甲的祖父埋藏,甲是其祖父唯一继承人。丙将该瓷瓶以市价卖给不知情的丁,双方钱物交割完毕。现甲、乙均向丙和丁主张权利。下列哪一选项是正确的?②

A. 甲有权向丙请求损害赔偿

B. 乙有权向丙请求损害赔偿

C. 甲、乙有权主张丙、丁买卖无效

D. 丁善意取得瓷瓶的所有权

114. **法考回忆题/多**

陆某与韩某婚后用共同积蓄购买了一套房屋,登记在陆某名下,后夫妻感情不和分居,韩某打算离婚析产。陆某得知后,用自己与情妇蔡某的合照伪造结婚证,并伙同蔡某以夫妻名义将该房屋以市价出卖给不知情的孙某,并为孙某办理了过户登记。下列说法中哪些是正确的?③

A. 房屋出卖前为陆某与韩某的夫妻共同财产

B. 该房屋买卖合同无效

C. 孙某已经取得该房屋的所有权

D. 韩某有权要求蔡某承担侵权责任

115. **法考回忆题/单**

因甲要出国,将一幅价值百万元的古画委托好友乙保管。保管期间,乙病故,其子丙继承了乙的财产,以为该画是乙购买的仿品,后将该画以2000元卖给了丁。两年后甲回国,发现古画已被出售的事实。对此,下来哪

一说法是正确的?①

  A. 丙构成无权处分,合同无效

  B. 丙有重大误解,合同可撤销

  C. 丙构成善意取得

  D. 丁构成善意取得

考点28 **所有权的特别取得方法:拾得遗失物、发现埋藏物**

116. 〔2009/3/13/单〕

一日清晨,甲发现一头牛趴在自家门前,便将其拴在自家院内,打探失主未果。时值春耕,甲用该牛耕种自家田地。其间该牛因劳累过度得病,甲花费 300 元将其治好。两年后,牛的主人乙寻牛来到甲处,要求甲返还,甲拒绝返还。下列哪一说法是正确的?②

  A. 甲应返还牛,但有权要求乙支付 300 元

  B. 甲应返还牛,但无权要求乙支付 300 元

  C. 甲不应返还牛,但乙有权要求甲赔偿损失

  D. 甲不应返还牛,无权要求乙支付 300 元

117. 〔2017/3/6/单〕

甲遗失手链 1 条,被乙拾得。为找回手链,甲张贴了悬赏 500 元的寻物告示。后经人指证手链为乙拾得,甲要求乙返还,乙索要 500 元报酬,甲不同意,双方数次交涉无果。后乙在桥边玩耍时手链掉入河中被冲走。下列哪一选项是正确的?③

  A. 乙应承担赔偿责任,但有权要求甲支付 500 元

  B. 乙应承担赔偿责任,无权要求甲支付 500 元

  C. 乙不应承担赔偿责任,也无权要求甲支付 500 元

  D. 乙不应承担赔偿责任,有权要求甲支付 500 元

118. 〔法考回忆题/单〕

陈某丢失一台高精微型设备,被周某捡到并交到派出所,派出所及时发布招领公告。同时,陈某在报纸上发布悬赏公告,承诺捡到并送回者给 1 万元奖励金。后陈某通过招领公告领回该设备。下列哪一说法是正确的?④

  A. 因周某已将设备交派出所,派出所有权获得 1 万元

  B. 基于悬赏公告,陈某应向周某支付 1 万元

---

① B ② B ③ B ④ B

C. 基于招领公告,陈某无须向派出所支付任何费用

D. 基于招领公告,陈某无须向周某支付任何费用

考点29 所有权的特别取得方法:孳息及其归属

119. （法考回忆题/单）

苏某为庆祝其喜得贵子,邀请胡某等到酒店聚餐。苏某从顾某处购得一超大海螺,将海螺带到酒店交给厨师时,从中剖得一颗硕大的橙黄色椭圆形珍珠,市值1万元。关于该珍珠的归属,下列哪一项说法是正确的?①

A. 归苏某、胡某等共有　　　　B. 归酒店所有

C. 归顾某所有　　　　　　　　D. 归苏某所有

考点30 所有权的特别取得方法:添附

120. （法考回忆题/多）

甲是雕刻家,乙是奇石古玩收藏家。某日,甲借用乙收藏的一块价值3万元的太湖石和一块价值1万元的汉白玉把玩。后来,甲在装修自家房屋时,将太湖石镶嵌在客厅摆放电视的背景墙中。装修完成两日后,突发创作欲望,将汉白玉雕刻成了精美的"老子骑牛"雕像(估价5万元)。对此,下列说法正确的是:②

A. 太湖石已经与墙壁发生附合,应归甲所有

B. 甲应当就太湖石向乙进行补偿

C. 雕像应当归甲所有

D. 甲应当向乙补偿汉白玉的价值

121. （法考回忆题/多）

更生公司租用了百灵公司所有的临街商铺,并经百灵公司同意将该商铺临街的墙面改造为落地玻璃墙。某日,霍某醉酒驾车在街上横冲直撞,导致店铺的落地玻璃墙被撞坏。对此,下列说法正确的是:③

A. 更生公司为玻璃墙所有权人

B. 百灵公司为玻璃墙所有权人

C. 更生公司可向霍某主张损害赔偿

D. 百灵公司可向霍某主张损害赔偿

---

　　① D　② AB　③ BCD

考点31 共有

122. 2009/3/54/多

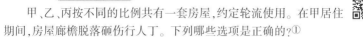

甲、乙、丙按不同的比例共有一套房屋,约定轮流使用。在甲居住期间,房屋廊檐脱落砸伤行人丁。下列哪些选项是正确的?①

A. 甲、乙、丙如不能证明自己没有过错,应对丁承担连带赔偿责任

B. 丁有权请求甲承担侵权责任

C. 如甲承担了侵权责任,则乙、丙应按各自份额分担损失

D. 本案侵权责任适用过错责任原则

123. 2010/3/7/单

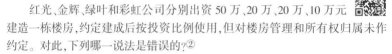

红光、金辉、绿叶和彩虹公司分别出资 50 万、20 万、20 万、10 万元建造一栋楼房,约定建成后按投资比例使用,但对楼房管理和所有权归属未作约定。对此,下列哪一说法是错误的?②

A. 该楼发生的管理费用应按投资比例承担

B. 该楼所有权为按份共有

C. 红光公司投资占 50%,有权决定该楼的重大修缮事宜

D. 彩虹公司对其享有的份额有权转让

124. 2012/3/6/单

甲、乙、丙、丁共有 1 套房屋,各占1/4,对共有房屋的管理没有进行约定。甲、乙、丙未经丁同意,以全体共有人的名义将该房屋出租给戊。关于甲、乙、丙上述行为对丁的效力的依据,下列哪一表述是正确的?③

A. 有效,出租属于对共有物的管理,各共有人都有管理的权利

B. 有效,对共有物的处分应当经占共有份额2/3以上的共有人的同意,出租行为较处分为轻,当然可以为之

C. 无效,对共有物的出租属于处分,应当经全体共有人的同意

D. 有效,出租是以利用的方法增加物的收益,可以视为改良行为,经占共有份额 2/3 以上的共有人的同意即可

125. 甲公司将 1 台挖掘机出租给乙公司,为担保乙公司依约支付租金,丙公司担任保证人,丁公司以机器设备设置抵押。乙公司欠付 10 万元租金时,经甲公司、丙公司和丁公司口头同意,将 6 万元租金债务转让给戊公司。之后,乙公司为现金周转将挖掘机分别以 45 万元和 50 万元的价格先后出卖

① ABCD ② C ③ B

给丙公司和丁公司,丙公司和丁公司均已付款,但乙公司没有依约交付挖掘机。

因乙公司一直未向甲公司支付租金,甲公司便将挖掘机以 48 万元的价格出卖给王某,约定由乙公司直接将挖掘机交付给王某,王某首期付款 20 万元,尾款 28 万元待收到挖掘机后支付。此事,甲公司通知了乙公司。

王某未及取得挖掘机便死亡。王某临终立遗嘱,其遗产由其子大王和小王继承,遗嘱还指定小王为遗嘱执行人。因大王一直在外地工作,同意王某遗产由小王保管,没有进行遗产分割。在此期间,小王将挖掘机出卖给方某,没有征得大王的同意。

请回答(1)、(2)题。

(1)　2012/3/90/不定项

王某死后,关于甲公司与王某的买卖合同,下列表述错误的是:①

A. 甲公司有权解除该买卖合同

B. 大王和小王有权解除该买卖合同

C. 大王和小王对该买卖合同原王某承担的债务负连带责任

D. 大王和小王对该买卖合同原王某承担的债务按其继承份额负按份责任

(2)　2012/3/91/不定项

关于小王将挖掘机卖给方某的行为,下列表述正确的是:②

A. 小王尚未取得对挖掘机的占有,不得将其出卖给方某

B. 小王出卖挖掘机应当取得大王的同意

C. 大王对小王出卖挖掘机的行为可以追认

D. 小王是王某遗嘱的执行人,出卖挖掘机不需要大王的同意

126.　2014/3/6/单

张某与李某共有一台机器,各占 50% 份额。双方共同将机器转卖获得 10 万元,约定张某和李某分别享有 6 万元和 4 万元。同时约定该 10 万元暂存李某账户,由其在 3 个月后返还给张某 6 万元。后该账户全部款项均被李某债权人王某申请法院查封并执行,致李某不能按期返还张某款项。下列哪一表述是正确的?③

A. 李某构成违约,张某可请求李某返还 5 万元

B. 李某构成违约,张某可请求李某返还 6 万元

---

① 　ABD　② 　BC　③ 　B

C. 李某构成侵权,张某可请求李某返还 5 万元

D. 李某构成侵权,张某可请求李某返还 6 万元

127． 2016/3/6/单

甲被法院宣告失踪,其妻乙被指定为甲的财产代管人。3 个月后,乙将登记在自己名下的夫妻共有房屋出售给丙,交付并办理了过户登记。在此过程中,乙向丙出示了甲被宣告失踪的判决书,并将房屋属于夫妻二人共有的事实告知丙。1 年后,甲重新出现,并经法院撤销了失踪宣告。现甲要求丙返还房屋。对此,下列哪一说法是正确的?①

    A. 丙善意取得房屋所有权,甲无权请求返还

    B. 丙不能善意取得房屋所有权,甲有权请求返还

    C. 乙出售夫妻共有房屋构成家事代理,丙继受取得房屋所有权

    D. 乙出售夫妻共有房屋属于有权处分,丙继受取得房屋所有权

128． 2016/3/8/单

甲、乙二人按照 3:7 的份额共有一辆货车,为担保丙的债务,甲、乙将货车抵押给债权人丁,但未办理抵押登记。后该货车在运输过程中将戊撞伤。对此,下列哪一选项是正确的?②

    A. 如戊免除了甲的损害赔偿责任,则应由乙承担损害赔偿责任

    B. 因抵押权未登记,戊应优先于丁受偿

    C. 如丁对丙的债权超过诉讼时效,仍可在 2 年内要求甲、乙承担担保责任

    D. 如甲对丁承担了全部担保责任,则有权向乙追偿

129． 2016/3/53/多

甲、乙、丙、丁按份共有一艘货船,份额分别为 10%、20%、30%、40%。甲欲将其共有份额转让,戊愿意以 50 万元的价格购买,价款一次付清。关于甲的共有份额转让,下列哪些选项是错误的?③

    A. 甲向戊转让其共有份额,须经乙、丙、丁同意

    B. 如乙、丙、丁均以同等条件主张优先购买权,则丁的主张应得到支持

    C. 如丙在法定期限内以 50 万元分期付款的方式要求购买该共有份额,应予支持

    D. 如甲改由向乙转让其共有份额,丙、丁在同等条件下享有优先购买权

① B ② D ③ ABCD

130． 2017/3/54/多

甲、乙、丙、丁按份共有某商铺,各自份额均为25%。因经营理念发生分歧,甲与丙商定将其份额以100万元转让给丙,通知了乙、丁;乙与第三人戊约定将其份额以120万元转让给戊,未通知甲、丙、丁。下列哪些选项是正确的?①

A. 乙、丁对甲的份额享有优先购买权

B. 甲、丙、丁对乙的份额享有优先购买权

C. 如甲、丙均对乙的份额主张优先购买权,双方可协商确定各自购买的份额

D. 丙、丁可仅请求认定乙与戊之间的份额转让合同无效

131． 法考回忆题/不定项

甲、乙、丙均是爱狗人士,三人分别出资2000元合买了一条纯种金毛犬,约定轮流饲养。轮到甲饲养时,因为要出国留学,便将其份额转让给了乙。待轮到丙饲养时,丙才知道甲向乙转让了份额。下列说法正确的是:②

A. 甲有权转让其份额　　　　B. 乙有优先购买权

C. 丙有优先购买权　　　　D. 甲构成无权处分

考点32 相邻关系

132． 法考回忆题/多

某小区底层商铺新开了一家重庆火锅店,租住在火锅店楼上的杨某对辣椒过敏,不堪其扰。经相关机关检测,该火锅店的排烟等标准都符合有关规定。对于杨某可采取的措施,下列哪些说法是错误的?③

A. 有权请求火锅店采取更好的排风过滤措施

B. 有权就其过敏请求火锅店赔偿

C. 有权基于建筑物区分所有权起诉

D. 有权请求火锅店停止使用辣椒

专题九　用益物权

考点33 土地承包经营权

133． 2010/3/55/多

关于土地承包经营权的设立,下列哪些表述是正确的?④

---

① BC　② A　③ BCD　④ BC

A. 自土地承包经营合同成立时设立

B. 自土地承包经营权合同生效时设立

C. 县级以上地方政府在土地承包经营权设立时应当发放土地承包经营权证

D. 县级以上地方政府应当对土地承包经营权登记造册，未经登记造册的，不得对抗善意第三人

134. 2014/3/56/多

季大与季小兄弟二人，成年后各自立户，季大一直未婚。季大从所在村集体经济组织承包耕地若干。关于季大的土地承包经营权，下列哪些表述是正确的？①

A. 自土地承包经营权合同生效时设立

B. 如季大转让其土地承包经营权，则未经变更登记不发生转让的效力

C. 如季大死亡，则季小可以继承该土地承包经营权

D. 如季大死亡，则季小可以继承该耕地上未收割的农作物

135. 2017/3/7/单

村民胡某承包了一块农民集体所有的耕地，订立了土地承包经营权合同，未办理确权登记。胡某因常年在外，便与同村村民周某订立土地承包经营权转让合同，将地交周某耕种，未办理变更登记。关于该土地承包经营权，下列哪一说法是正确的？②

A. 未经登记不得处分

B. 自土地承包经营权合同生效时设立

C. 其转让合同自完成变更登记时起生效

D. 其转让未经登记不发生效力

136. 法考回忆题/多

甲签订了土地承包经营合同，承包了本村集体土地 100 亩，其中 30 亩土地与其他土地不相邻。为了便于耕种，甲用这 30 亩土地与同村乙的土地进行了交换，换取了相邻的 25 亩土地，但没有进行登记。其后，甲又将 50 亩土地的经营权出租给丙公司，租期 10 年，也没有进行登记。下列哪些选项是正确的？③

A. 交换土地前，甲对 100 亩土地享有承包经营权

B. 交换土地后，甲对 95 亩土地享有经营权

---

① AD　② B　③ AB

C. 由于未登记,甲对交换来的 25 亩土地不享有承包经营权

D. 由于未登记,丙公司未取得 50 亩土地的经营权

考点34 地役权

137. 2010/3/9/单

某郊区小学校为方便乘坐地铁,与相邻研究院约定,学校人员有权借研究院道路通行,每年支付一万元。据此,学校享有的是下列哪一项权利?①

A. 相邻权　　　　　　　　　B. 地役权

C. 建设用地使用权　　　　　D. 宅基地使用权

138. 2013/3/56/多

2013 年 2 月,A 地块使用权人甲公司与 B 地块使用权人乙公司约定,由甲公司在 B 地块上修路。同年 4 月,甲公司将 A 地块过户给丙公司,6 月,乙公司将 B 地块过户给不知上述情形的丁公司。下列哪些表述是正确的?②

A. 2013 年 2 月,甲公司对乙公司的 B 地块享有地役权

B. 2013 年 4 月,丙公司对乙公司的 B 地块享有地役权

C. 2013 年 6 月,甲公司对丁公司的 B 地块享有地役权

D. 2013 年 6 月,丙公司对丁公司的 B 地块享有地役权

考点35 居住权

139. 法考回忆题/多

李某准备转让自己的房子,但转让后无处居住,遂在将房子转让给王某的时候约定,在办理房子过户的时候一并为李某设立居住权登记直到李某去世。后李某和王某办理了房子的过户登记,但因故居住权登记未能办理。后李某要求王某办理居住权登记,王某拒绝。下列哪些说法是正确的?③

A. 李某可以主张王某继续履行办理居住权登记的义务

B. 居住权因未登记没有设立

C. 李某对该约定享有的为债权

D. 李某可向王某主张迟延履行的违约责任

140. 法考回忆题/不定项

2023 年 1 月 1 日,甲和乙签订《房屋买卖合同》,甲将自有的一套

---

① B　② AB　③ ABCD

商品房转让给乙,约定乙应于合同签订后 1 个月内付清全部购房款,之后便可随时向甲要求办理不动产过户登记。2 日,为保证乙的物权实现,甲和乙在登记机关办理了预告登记。15 日,甲在该商品房上为其母亲设立了居住权,但未办理登记。16 日,乙付清全部购房款。5 月 5 日,甲又在该商品房上为其父亲设立了居住权,并办理登记。而乙直至当年年底,也未要求甲办理不动产过户登记。对此,下列说法正确的是:①

A. 甲的母亲取得了居住权

B. 甲的父亲未取得居住权

C. 5 月 5 日,预告登记已失效

D. 乙已经取得了房屋所有权

专题十 担保物权

考点36 共同担保

141. 陈某向贺某借款 20 万元,借期 2 年。张某为该借款合同提供保证担保,担保条款约定,张某在陈某不能履行债务时承担保证责任,但未约定保证期间。陈某同时以自己的房屋提供抵押担保并办理了登记。请回答(1) ~ (3)题。

（1）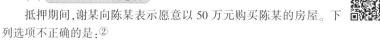 2008/3/91/不定项

抵押期间,谢某向陈某表示愿意以 50 万元购买陈某的房屋。下列选项不正确的是:②

A. 陈某将该房屋卖给谢某应得到贺某的同意

B. 如陈某将该房屋卖给了谢某,则应将转让所得价款提前清偿债务或者提存

C. 如陈某另行提供担保,则陈某的转让行为无须得到贺某同意

D. 如谢某代为偿还 20 万元借款,则陈某的转让行为无须得到贺某同意

（2） 2008/3/92/不定项

如果贺某打算放弃对陈某的抵押权,并将这一情况通知了张某,张某表示反对,下列选项正确的是:③

A. 贺某不得放弃抵押权,因为张某不同意

B. 若贺某放弃抵押权,张某仍应对全部债务承担保证责任

---

① C ② ABCD(原答案为 C) ③ D

C. 若贺某放弃抵押权,则张某对全部债务免除保证责任

D. 若贺某放弃抵押权,则张某在贺某放弃权利的范围内免除保证责任

（3） 2008/3/93/不定项

关于贺某的抵押权存续期间及张某的保证期间的说法,下列选项正确的是:①

A. 贺某应当在主债权诉讼时效期间行使抵押权

B. 贺某在主债权诉讼时效结束后的两年内仍可行使抵押权

C. 张某的保证期间为主债务履行期届满之日起六个月

D. 张某的保证期间为主债务履行期届满之日起二年

142. 2011/3/87/不定项

甲公司与乙公司约定,由甲公司向乙公司交付 1 吨药材,乙公司付款 100 万元。乙公司将药材转卖给丙公司,并约定由甲公司向丙公司交付,丙公司收货后 3 日内应向乙支付价款 120 万元。

张某以自有汽车为乙公司的债权提供抵押担保,未办理抵押登记。抵押合同约定:"在丙公司不付款时,乙公司有权就出卖该汽车的价款清偿自己的债权。"李某为这笔货款出具担保函:"在丙公司不付款时,由李某承担保证责任"。丙公司收到药材后未依约向乙公司支付 120 万元,乙公司向张某主张实现抵押权,同时要求李某承担保证责任。

张某见状,便将其汽车赠与刘某。刘某将该汽车作为出资,与钱某设立丁酒店有限责任公司,并办理完出资手续。

丁公司员工方某驾驶该车接送酒店客人时,为躲避一辆逆行摩托车,将行人赵某撞伤。方某自行决定以丁公司名义将该车放在戊公司维修,为获得维修费的八折优惠,方某以其名义与戊公司相关的庚公司为该车购买一套全新座垫。汽车修好后,方某将车取走交丁公司投入运营。戊公司要求丁公司支付维修费,否则对汽车行使留置权,丁公司回函请宽限一周。庚公司要求丁公司支付座垫费,丁公司拒绝。

关于乙公司要求担保人承担责任,下列表述正确的是:②

A. 乙公司不得向丙公司和李某一并提起诉讼

B. 李某对乙公司享有先诉抗辩权

C. 乙公司应先向张某主张实现抵押权

D. 乙公司可以选择向张某主张实现抵押权或者向李某主张保证责任

---

① AC ② D(原答案为BD)

143. 2014/3/8/单

甲公司欠乙公司货款 100 万元,先由甲公司提供机器设备设定抵押权、丙公司担任保证人,后由丁公司提供房屋设定抵押权并办理了抵押登记。甲公司届期不支付货款,下列哪一表述是正确的?①

A. 乙公司应先行使机器设备抵押权

B. 乙公司应先行使房屋抵押权

C. 乙公司应先行请求丙公司承担保证责任

D. 丙公司和丁公司可相互追偿

144. 2016/3/55/多

甲对乙享有债权 500 万元,先后在丙和丁的房屋上设定了抵押权,均办理了登记,且均未限定抵押物的担保金额。其后,甲将其中 200 万元债权转让给戊,并通知了乙。乙到期清偿了对甲的 300 万元债务,但未能清偿对戊的 200 万元债务。对此,下列哪些选项是错误的?②

A. 戊可同时就丙和丁的房屋行使抵押权,但对每个房屋价款优先受偿权的金额不得超过 100 万元

B. 戊可同时就丙和丁的房屋行使抵押权,对每个房屋价款优先受偿权的金额依房屋价值的比例确定

C. 戊必须先后就丙和丁的房屋行使抵押权,对每个房屋价款优先受偿权的金额由戊自主决定

D. 戊只能在丙的房屋价款不足以使其债权得到全部清偿时就丁的房屋行使抵押权

145. 2016/3/91/不定项

甲、乙双方于 2013 年 5 月 6 日签订水泥供应合同,乙以自己的土地使用权为其价款支付提供了最高额抵押,约定 2014 年 5 月 5 日为债权确定日,并办理了登记。丙为担保乙的债务,也于 2013 年 5 月 6 日与甲订立最高额保证合同,保证期间为一年,自债权确定日开始计算。

乙于 2014 年 1 月被法院宣告破产,下列说法正确的是:③

A. 甲的债权确定期届至

B. 甲应先就抵押物优先受偿,不足部分再要求丙承担保证责任

C. 甲可先要求丙承担保证责任

---

① A ② ABCD ③ ABD

D. 如甲未申报债权,丙可参加破产财产分配,预先行使追偿权

146. 2017/3/56/多

2016 年 3 月 3 日,甲向乙借款 10 万元,约定还款日期为 2017 年 3 月 3 日。借款当日,甲将自己饲养的市值 5 万元的名贵宠物鹦鹉质押交付给乙,作为债务到期不履行的担保;另外,第三人丙提供了连带责任保证。关于乙的质权,下列哪些说法是正确的?①

A. 2016 年 5 月 5 日,鹦鹉产蛋一枚,市值 2000 元,应交由甲处置

B. 因乙照管不善,2016 年 10 月 1 日鹦鹉死亡,乙需承担赔偿责任

C. 2017 年 4 月 4 日,甲未偿还借款,乙未实现质权,则甲可请求乙及时行使质权

D. 乙可放弃该质权,丙可在乙丧失质权的范围内免除相应的保证责任

147. 2017/3/91/不定项

甲服装公司与乙银行订立合同,约定甲公司向乙银行借款 300 万元,用于购买进口面料。同时,双方订立抵押合同,约定甲公司以其现有的以及将有的生产设备、原材料、产品为前述借款设立抵押。借款合同和抵押合同订立后,乙银行向甲公司发放了贷款,但未办理抵押登记。之后,根据乙银行要求,丙为此项贷款提供连带责任保证,丁以一台大型挖掘机作质押并交付。

如甲公司未按期还款,乙银行欲行使担保权利,当事人未约定行使担保权利顺序,下列选项正确的是:②

A. 乙银行应先就甲公司的抵押实现债权

B. 乙银行应先就丁的质押实现债权

C. 乙银行可选择就甲公司的抵押或丙的保证实现债权

D. 乙银行可选择就甲公司的抵押或丁的质押实现债权

148. 法考回忆题/不定项

甲公司向乙公司借款 1000 万元,丙公司在借款协议"保证人"栏下盖章,但未载明保证方式,丁以自有房屋为该债务设立担保并办理抵押登记。借款到期后甲公司未偿还,乙公司拟向丙公司和丁主张权利。下列说法正确的是:③

A. 丙公司应按一般保证承担保证责任

B. 丁承担责任后,有权向丙公司追偿

---

① BCD ② A ③ ACD

C. 丁承担责任后,有权向甲公司追偿

D. 丙公司承担保证责任后,有权向甲公司追偿

考点37 抵押权的设立

149. 〔2013/3/57/多〕

甲向乙借款,丙与乙约定以自有房屋担保该笔借款。丙仅将房本交给乙,未按约定办理抵押登记。借款到期后甲无力清偿,丙的房屋被法院另行查封。下列哪些表述是正确的?①

A. 乙有权要求丙继续履行担保合同,办理房屋抵押登记

B. 乙有权要求丙以自身全部财产承担担保义务

C. 乙有权要求丙以房屋价值为限承担担保义务

D. 乙有权要求丙承担损害赔偿责任

150. 〔2013/3/58/多〕

甲向乙借款,欲以轿车作担保。关于担保,下列哪些选项是正确的?②

A. 甲可就该轿车设立质权

B. 甲可就该轿车设立抵押权

C. 就该轿车的质权自登记时设立

D. 就该轿车的抵押权自登记时设立

151. 〔2015/3/7/单〕

甲乙为夫妻,共有一套房屋登记在甲名下。乙瞒着甲向丙借款100万元供个人使用,并将房屋抵押给丙。在签订抵押合同和办理抵押登记时乙冒用甲的名字签字。现甲主张借款和抵押均无效。下列哪一表述是正确的?③

A. 抵押合同无效

B. 借款合同无效

C. 甲对100万元借款应负连带还款义务

D. 甲可请求撤销丙的抵押权

152. 〔2015/3/53/多〕

甲向某银行贷款,甲、乙和银行三方签订抵押协议,由乙提供房产

---

① ACD(原答案为CD) ② AB ③ D

抵押担保。乙把房本交给银行,因登记部门原因导致银行无法办理抵押物登记。乙向登记部门申请挂失房本后换得新房本,将房屋卖给知情的丙并办理了过户手续。甲届期未还款,关于贷款、房屋抵押和买卖,下列哪些说法是正确的?①

A. 乙应向银行承担违约责任

B. 丙应代为向银行还款

C. 如丙代为向银行还款,可向甲主张相应款项

D. 因登记部门原因未办理抵押登记,但银行占有房本,故取得抵押权

153. 法考回忆题/单

甲借给乙100万元,为提供担保,甲与丙签订了不动产抵押合同,丙以其一套住房为借款提供担保。其后,丙经甲多次催告无故不办理抵押登记。借款合同到期后,乙没有按时还款。对此,下列哪一项说法是正确的?②

A. 丙无故不办理抵押登记,视为抵押权已经设立

B. 抵押合同成立后抵押权已经设立

C. 抵押合同效力待定

D. 丙应在抵押物的价值范围内承担违约责任

考点38 抵押物的转让

154. 2009/3/55/多 新法改编

甲公司向某银行贷款100万元,乙公司以其所有的一栋房屋作抵押担保,并完成了抵押登记。现乙公司拟将房屋出售给丙公司,通知了银行并向丙公司告知了该房屋已经抵押的事实。乙、丙订立书面买卖合同后到房屋管理部门办理过户手续。下列哪些说法是正确的?③

A. 不论银行是否同意转让,房屋管理部门应当准予过户,但银行仍然对该房屋享有抵押权

B. 如丙公司代为清偿了甲公司的银行债务,则抵押权消灭

C. 如果银行能够证明乙将房屋转让的行为可能损害其抵押权,则可请求乙将转让所得的价款向抵押权人提前清偿债务或者提存

D. 若乙转让房屋得价款80万元,乙应当按照抵押合同再补充剩余的20万元

---

① AC　② D　③ ABC

155. 法考回忆题/单

魏某成立一个体工商户,主营棉花加工和销售。因向银行借款100万元,魏某将一批棉花抵押给银行,并办理了抵押登记。后在经营活动中未经银行同意,魏某将棉花以市场价出卖给温某,但未告知温某该批棉花已经抵押的事实,温某向魏某支付了全部价款。银行因魏某届期无法清偿债务欲行使抵押权,始知魏某将棉花出卖于温某的事实。此时,魏某已破产,无其他财产可供清偿,该批棉花也已被温某消耗殆尽。对此,下列哪一项表述是正确的?①

A. 银行的抵押权自登记之日起取得

B. 温某没有取得对棉花的所有权

C. 银行对棉花的抵押权已经消灭

D. 温某应赔偿银行的损失

考点39 抵押权的顺位

156. 2008/3/11/单

黄河公司以其房屋作抵押,先后向甲银行借款100万元,乙银行借款300万元,丙银行借款500万元,并依次办理了抵押登记。后丙银行与甲银行商定交换各自抵押权的顺位,并办理了变更登记,但乙银行并不知情。因黄河公司无力偿还三家银行的到期债务,银行拍卖其房屋,仅得价款600万元。关于三家银行对该价款的分配,下列哪一选项是正确的?②

A. 甲银行100万元、乙银行300万元、丙银行200万元

B. 甲银行得不到清偿、乙银行100万元、丙银行500万元

C. 甲银行得不到清偿、乙银行300万元、丙银行300万元

D. 甲银行100万元、乙银行200万元、丙银行300万元

157. 法考回忆题/单

甲向乙借款,以自己的房屋设定了抵押权。后甲又向丙借款,又以该房屋设定了抵押权。两次抵押均办理了抵押登记。后来甲乙之间签订了关于该房屋的买卖合同,并办理了过户登记。对此,下列说法正确的是:③

A. 乙的抵押权消灭　　　　B. 丙的抵押权消灭

C. 乙丙的抵押权均未消灭　　D. 甲乙之间的房屋买卖合同无效

---

① C　② C　③ C

考点40 抵押权人的权利

158. （2012/3/57/多）

甲以自有房屋向乙银行抵押借款,办理了抵押登记。丙因甲欠钱不还,强行进入该房屋居住。借款到期后,甲无力偿还债务。该房屋由于丙的非法居住,难以拍卖,甲怠于行使对丙的返还请求权。乙银行可以行使下列哪些权利?①

A. 请求甲行使对丙的返还请求权,防止抵押财产价值的减少

B. 请求甲将对丙的返还请求权转让给自己

C. 可以代位行使对丙的返还请求权

D. 可以依据抵押权直接对丙行使返还请求权

考点41 动产浮动抵押

159. （2008/3/12/单）

个体工商户甲将其现有的以及将有的生产设备、原材料、半成品、产品一并抵押给乙银行,但未办理抵押登记。抵押期间,甲未经乙同意以合理价格将一台生产设备出卖给丙。后甲不能向乙履行到期债务。对此,下列哪一选项是正确的?②

A. 该抵押权因抵押物不特定而不能成立

B. 该抵押权因未办理抵押登记而不能成立

C. 该抵押权虽已成立但不能对抗善意第三人

D. 乙有权对丙从甲处购买的生产设备行使抵押权

160. （2017/3/89/不定项）

甲服装公司与乙银行订立合同,约定甲公司向乙银行借款300万元,用于购买进口面料。同时,双方订立抵押合同,约定甲公司以其现有的以及将有的生产设备、原材料、产品为前述借款设立抵押。借款合同和抵押合同订立后,乙银行向甲公司发放了贷款,但未办理抵押登记。之后,根据乙银行要求,丙为此项贷款提供连带责任保证,丁以一台大型挖掘机作质押并交付。

关于甲公司的抵押,下列选项正确的是:③

A. 该抵押合同为最高额抵押合同

B. 乙银行自抵押合同生效时取得抵押权

C. 乙银行自抵押登记完成时取得抵押权

---

① AB ② C ③ BD

D. 乙银行的抵押权不得对抗在正常经营活动中已支付合理价款并取得抵押财产的买受人

161. 法考回忆题/不定项

甲公司因为借款需要提供担保,将现有及将有的生产设备、原材料、成品、半成品抵押给乙银行,办理了抵押登记。后来,甲公司把其中一台生产设备卖了丙公司,丙公司支付了合理价款,甲公司按约定交付了生产设备。借款到期后,甲公司未向乙银行还款,乙银行欲实现抵押权。对此,下列说法正确的是:①

A. 丙公司获得该设备的所有权

B. 由于办理了抵押登记,乙银行可就该生产设备行使优先受偿权

C. 由于丙公司是正常经营活动中的买受人,乙银行不能就该生产设备行使优先受偿权

D. 若乙银行在主债权诉讼时效经过后行使抵押权,不能获得支持

考点 42 最高额抵押

162. 2015/3/54/多

2014 年 7 月 1 日,甲公司、乙公司和张某签订了《个人最高额抵押协议》,张某将其房屋抵押给乙公司,担保甲公司在一周前所欠乙公司货款 300 万元,最高债权额 400 万元,并办理了最高额抵押登记,债权确定期间为 2014 年 7 月 2 日到 2015 年 7 月 1 日。债权确定期间内,甲公司因从乙公司分批次进货,又欠乙公司 100 万元。甲公司未还款。关于有抵押担保的债权额和抵押权期间,下列哪些选项是正确的?②

A. 债权额为 100 万元

B. 债权额为 400 万元

C. 抵押权期间为 1 年

D. 抵押权期间为主债权诉讼时效期间

163. 甲、乙双方于 2013 年 5 月 6 日签订水泥供应合同,乙以自己的土地使用权为其价款支付提供了最高额抵押,约定 2014 年 5 月 5 日为债权确定日,并办理了登记。丙为担保乙的债务,也于 2013 年 5 月 6 日与甲订立最高额保证合同,保证期间为一年,自债权确定日开始计算。

请回答第(1)、(2)题。

---

① ABD　② BD

（1）**2016/3/89/不定项**

水泥供应合同约定,将2013年5月6日前乙欠甲的货款纳入了最高额抵押的担保范围。下列说法正确的是:①

A. 该约定无效

B. 该约定合法有效

C. 如最高额保证合同未约定将2013年5月6日前乙欠甲的货款纳入最高额保证的担保范围,则丙对此不承担责任

D. 丙有权主张减轻其保证责任

（2）**2016/3/90/不定项**

甲在2013年11月将自己对乙已取得的债权全部转让给丁。下列说法正确的是:②

A. 甲的行为将导致其最高额抵押权消灭

B. 甲将上述债权转让给丁后,丁取得最高额抵押权

C. 甲将上述债权转让给丁后,最高额抵押权不随之转让

D. 2014年5月5日前,甲对乙的任何债权均不得转让

164． **法考回忆题/多**

甲公司与长期向其供货的乙公司订立书面协议,约定甲公司以其价值3000万元的厂房作为协议生效后3年内甲公司对乙公司所负债务的抵押物,设立最高额抵押权,担保债权最高金额为2500万元。下列哪些说法是正确的?③

A. 如乙公司对甲公司的厂房实现抵押权时其债权余额为3500万元,则乙公司只能就2500万元债权优先受偿

B. 该最高额抵押权设立前成立的乙公司对甲公司的债权,不得纳入最高额抵押担保的债权范围

C. 3年期限届满前,甲公司可与乙公司通过协议将抵押担保债权最高金额变为3000万元

D. 在债权确定前,经当事人约定,乙公司转让其部分债权时,最高额抵押权可随之转让

---

① BC　② C　③ ACD

考点 43 动产质权

165. 2015/3/8/单

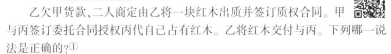

乙欠甲货款,二人商定由乙将一块红木出质并签订质权合同。甲与丙签订委托合同授权丙代自己占有红木。乙将红木交付与丙。下列哪一说法是正确的?①

A. 甲乙之间的担保合同无效

B. 红木已交付,丙取得质权

C. 丙经甲的授权而占有,甲取得质权

D. 丙不能代理甲占有红木,因而甲未取得质权

166. 法考回忆题/多

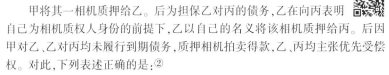

甲将其一相机质押给乙。后为担保乙对丙的债务,乙在向丙表明自己为相机质权人身份的前提下,乙以自己的名义将该相机质押给丙。后因甲对乙、乙对丙均未履行到期债务,质押相机拍卖得款,乙、丙均主张优先受偿权。对此,下列表述正确的是:②

A. 若经过甲同意,丙优先于乙

B. 若经过甲同意,乙优先于丙

C. 若未经甲同意,丙优先于乙

D. 若未经甲同意,乙优先于丙

考点 44 权利质权

167. 2009/3/7/单 新法改编

根据《民法典》的规定,下列哪一类权利不能设定权利质权?③

A. 专利权 B. 应收账款债权

C. 可以转让的股权 D. 房屋所有权

168. 2012/3/7/单

甲对乙享有 10 万元的债权,甲将该债权向丙出质,借款 5 万元。下列哪一表述是错误的?④

A. 将债权出质的事实通知乙不是债权质权生效的要件

B. 如未将债权出质的事实通知乙,丙即不得向乙主张权利

C. 如将债权出质的事实通知了乙,即使乙向甲履行了债务,乙不得对丙

———————————

① C ② AC ③ D ④ D

主张债已消灭

D. 乙在得到债权出质的通知后,向甲还款 3 万元,因还有 7 万元的债权额作为担保,乙的部分履行行为对丙有效

169. 〔2013/3/7/单〕

甲公司为乙公司向银行贷款 100 万元提供保证,乙公司将其基于与丙公司签订的供货合同而对丙公司享有的 100 万元债权出质给甲公司作反担保。下列哪一表述是正确的?①

A. 如乙公司依约向银行清偿了贷款,甲公司的债权质权仍未消灭

B. 如甲公司、乙公司将出质债权转让给丁公司但未通知丙公司,则丁公司可向丙公司主张该债权

C. 甲公司在设立债权质权时可与乙公司约定,如乙公司届期不清偿银行贷款,则出质债权归甲公司所有

D. 如乙公司将债权出质的事实通知了丙公司,则丙公司可向甲公司主张其基于供货合同而对乙公司享有的抗辩

170. 〔2014/3/7/单〕

甲公司通知乙公司将其对乙公司的 10 万元债权出质给了丙银行,担保其 9 万元贷款。出质前,乙公司对甲公司享有 2 万元到期债权。如乙公司提出抗辩,关于丙银行可向乙公司行使质权的最大数额,下列哪一选项是正确的?②

A. 10 万元　　　　　　　　B. 9 万元

C. 8 万元　　　　　　　　D. 7 万元

171. 〔法考回忆题/多〕

张三对李四享有应收账款债权,因张三对王五有债务,张三于是将其对李四享有的该应收账款债权出质给王五,与王五订立质押合同,并办理了质押登记。后张三又将该应收账款债权转让给不知情的马六。对此,下列说法正确的是:③

A. 该质权在登记前生效,登记后可以对抗第三人

B. 张三、王五质押合同自成立时生效,不以办理出质登记为生效要件

C. 若王五不同意张三转让债权,则王五可以主张张三债权转让行为无效

D. 若王五同意张三转让,王五可以主张以该债权转让所得价款优先受偿

---

① D　② C　③ BCD

考点45 留置权

172. 2010/3/10/单

辽东公司欠辽西公司货款 200 万元,辽西公司与辽中公司签订了一份价款为 150 万元的电脑买卖合同,合同签订后,辽中公司指示辽西公司将该合同项下的电脑交付给辽东公司。因辽东公司届期未清偿所欠货款,故辽西公司将该批电脑扣留。关于辽西公司的行为,下列哪一选项是正确的?①

A. 属于行使抵押权　　　　B. 属于行使动产质权

C. 属于行使留置权　　　　D. 属于自助行为

173. 2015/3/55/单

下列哪一情形下权利人可以行使留置权?②

A. 张某为王某送货,约定货物送到后一周内支付运费。张某在货物运到后立刻要求王某支付运费被拒绝,张某可留置部分货物

B. 刘某把房屋租给方某,方某退租搬离时尚有部分租金未付,刘某可留置方某部分家具

C. 何某将丁某的行李存放在火车站小件寄存处,后丁某取行李时认为寄存费过高而拒绝支付,寄存处可留置该行李

D. 甲公司加工乙公司的机器零件,约定先付费后加工。付费和加工均已完成,但乙公司尚欠甲公司借款,甲公司可留置机器零件

174. 2015/3/91/不定项

顺风电器租赁公司将一台电脑出租给张某,租期为 2 年。在租赁期间内,张某谎称电脑是自己的,分别以市价与甲、乙、丙签订了三份电脑买卖合同并收取了三份价款,但张某把电脑实际交付给了乙。后乙的这台电脑被李某拾得,因暂时找不到失主,李某将电脑出租给王某获得很高收益。王某租用该电脑时出了故障,遂将电脑交给康成电脑维修公司维修。王某和李某就维修费的承担发生争执。康成公司因未收到修理费而将电脑留置,并告知王某如 7 天内不交费,将变卖电脑抵债。李某听闻后,于当日潜入康成公司偷回电脑。

关于康成公司的民事权利,下列说法正确的是:③

A. 王某在 7 日内未交费,康成公司可变卖电脑并自己买下电脑

B. 康成公司曾享有留置权,但当电脑被偷走后,丧失留置权

---

① C ② C(原答案为CD) ③ BC

C. 康成公司可请求李某返还电脑

D. 康成公司可请求李某支付电脑维修费

175. 2016/3/7/单

甲借用乙的山地自行车,刚出门就因莽撞骑行造成自行车链条断裂,甲将自行车交给丙修理,约定修理费100元。乙得知后立刻通知甲解除借用关系并告知丙,同时要求丙不得将自行车交给甲。丙向甲核实,甲承认。自行车修好后,甲、乙均请求丙返还。对此,下列哪一选项是正确的?①

    A. 甲有权请求丙返还自行车

    B. 丙如将自行车返还给乙,必须经过甲当场同意

    C. 乙有权要求丙返还自行车,但在修理费未支付前,丙就自行车享有留置权

    D. 如乙要求丙返还自行车,即使修理费未付,丙也不得对乙主张留置权

176. 法考回忆题/单

朴某是枫蓝公司的业务经理。公司为方便朴某工作,特将公司的一辆特斯拉Model3批给朴某无偿使用。后来,朴某因为违反公司的管理制度,在开展业务过程中收受客户回扣,被公司解职。由于公司没有依约向朴某支付应付提成奖金20万元,朴某遂对枫蓝公司的该特斯拉汽车主张留置权,不予返还。关于朴某行使留置权的主张,以下哪一项说法是正确的?②

    A. 朴某有权主张留置权以扣留该汽车

    B. 朴某无权就该汽车主张留置权

    C. 朴某有权随时将该汽车拍卖,并就价款优先清偿自己的提成奖金

    D. 朴某有权在两个月后将该汽车拍卖,并就价款优先清偿自己的提成奖金

考点46 担保物权的竞合

177. 2011/3/7/单

同升公司以一套价值100万元的设备作为抵押,向甲借款10万元,未办理抵押登记手续。同升公司又向乙借款80万元,以该套设备作为抵押,并办理了抵押登记手续。同升公司欠丙货款20万元,将该套设备出质给丙。丙不小心损坏了该套设备送丁修理,因欠丁5万元修理费,该套设备被丁留置。关于甲、乙、丙、丁对该套设备享有的担保物权的清偿顺序,下列哪一排

---

① C ② B

列是正确的?①

    A. 甲乙丙丁   B. 乙丙丁甲

    C. 丙丁甲乙   D. 丁乙丙甲

178. 2013/3/8/单

    甲公司以其机器设备为乙公司设立了质权。10 日后,丙公司向银行贷款 100 万元,甲公司将机器设备又抵押给银行,担保其中 40 万元贷款,但未办理抵押登记。同时,丙公司将自有房产抵押给银行,担保其余 60 万元贷款,办理了抵押登记。20 日后,甲将机器设备再抵押给丁公司,办理了抵押登记。丙公司届期不能清偿银行贷款。下列哪一表述是正确的?②

    A. 如银行主张全部债权,应先拍卖房产实现抵押权

    B. 如银行主张全部债权,可选择拍卖房产或者机器设备实现抵押权

    C. 乙公司的质权优先于银行对机器设备的抵押权

    D. 丁公司对机器设备的抵押权优先于乙公司的质权

考点47 非典型担保

179. 法考回忆题/单

    曾某将自己的名牌包卖给罗某并交付,双方约定:罗某向曾某支付 10 万元,3 个月后曾某向罗某返还本金 10 万元及利息,否则该名牌包归罗某所有。后曾某到期未偿还本息。关于罗某享有的权利,下列哪一说法是正确的?③

    A. 对名牌包享有质权   B. 取得名牌包所有权

    C. 有权就该名牌包优先受偿   D. 对名牌包享有抵押权

专题十一　占　有

考点48 占有

180. 2012/3/8/单

    甲、乙是邻居。乙出国 2 年,甲将乙的停车位占为己用。期间,甲将该停车位出租给丙,租期 1 年。期满后丙表示不再续租,但仍继续使用该停车位。下列哪一表述是错误的?④

    A. 甲将乙的停车位占为己用,甲属于恶意、无权占有人

---

① D ② C ③ C ④ D

B. 丙的租期届满前,甲不能对丙主张占有返还请求权

C. 乙可以请求甲返还原物。在甲为间接占有人时,可以对甲请求让与其对丙的占有返还请求权

D. 无论丙是善意或恶意的占有人,乙都可以对其行使占有返还请求权

181. 2014/3/9/单

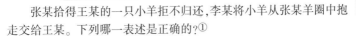

张某拾得王某的一只小羊拒不归还,李某将小羊从张某羊圈中抱走交给王某。下列哪一表述是正确的?①

A. 张某拾得小羊后因占有而取得所有权

B. 张某有权要求王某返还占有

C. 张某有权要求李某返还占有

D. 李某侵犯了张某的占有

182. 2014/3/58/多

某小区徐某未获得规划许可证和施工许可证便在自住房前扩建一个门面房,挤占小区人行通道。小区其他业主多次要求徐某拆除未果后,将该门面房强行拆除,毁坏了徐某自住房屋的墙砖。关于拆除行为,下列哪些表述是正确的?②

A. 侵犯了徐某门面房的所有权

B. 侵犯了徐某的占有

C. 其他业主应恢复原状

D. 其他业主应赔偿徐某自住房屋墙砖毁坏的损失

183. 2015/3/56/多

甲拾得乙的手机,以市价卖给不知情的丙并交付。丙把手机交给丁维修。修好后丙拒付部分维修费,丁将手机扣下。关于手机的占有状态,下列哪些选项是正确的?③

A. 乙丢失手机后,由直接占有变为间接占有

B. 甲为无权占有、自主占有

C. 丙为无权占有、善意占有

D. 丁为有权占有、他主占有

---

① D　② BD　③ ABCD

184． 2016/3/9/单

甲、乙就乙手中的一枚宝石戒指的归属发生争议。甲称该戒指是其在 2015 年 10 月 1 日外出旅游时让乙保管,属甲所有,现要求乙返还。乙称该戒指为自己所有,拒绝返还。甲无法证明对该戒指拥有所有权,但能够证明在 2015 年 10 月 1 日前一直合法占有该戒指,乙则拒绝提供自 2015 年 10 月 1 日后从甲处合法取得戒指的任何证据。对此,下列哪一说法是正确的?①

A. 应推定乙对戒指享有合法权利,因占有具有权利公示性

B. 应当认定甲对戒指享有合法权利,因其证明了自己的先前占有

C. 应当由甲、乙证明自己拥有所有权,否则应判决归国家所有

D. 应当认定由甲、乙共同共有

185． 法考回忆题/单

某大学学生甲在教室备考复习,把教材放在教室去吃饭,准备吃完饭回来继续复习。乙见甲离开教室,便翻看其教材,感觉非常受益,遂将教材带走占为己有。对于甲对教材的占有,下列哪些说法是正确的?②

A. 甲离开教室即失去对教材的占有

B. 乙翻看教材时甲即失去对教材的占有

C. 乙将教材带出教室,甲即失去对教材的占有

D. 甲对教材的占有不因乙受影响,甲不曾失去对教材的占有

第三编 债 权

专题十二 债权法概述

考点49 债的分类

186． 2009/3/9/单

甲对乙说:如果你在三年内考上公务员,我愿将自己的一套住房或者一辆宝马轿车相赠。乙同意。两年后,乙考取某国家机关职位。关于甲与乙的约定,下列哪一说法是正确的?③

A. 属于种类之债　　　　　　　B. 属于选择之债

---

① B ② C ③ B

    C. 属于连带之债　　　　　　　D. 属于劳务之债

187． 2011/3/10/单　新法改编

    甲公司向银行贷款 1000 万元,乙公司和丙公司向银行分别出具担保函:"在甲公司不按时偿还 1000 万元本息时,本公司承担保证责任。"关于乙公司和丙公司对银行的保证债务,下列哪一表述是正确的?①

    A. 属于选择之债　　　　　　　B. 属于连带之债

    C. 属于按份之债　　　　　　　D. 属于简单之债

188． 2013/3/12/单

    甲、乙与丙就交通事故在交管部门的主持下达成《调解协议书》,由甲、乙分别赔偿丙 5 万元,甲当即履行。乙赔了 1 万元,余下 4 万元给丙打了欠条。乙到期后未履行,丙多次催讨未果,遂持《调解协议书》与欠条向法院起诉。下列哪一表述是正确的?②

    A. 本案属侵权之债

    B. 本案属合同之债

    C. 如丙获得工伤补偿,乙可主张相应免责

    D. 丙可要求甲继续赔偿 4 万元

考点50 债的发生原因

189． 2008/3/56/多

    婷婷满一周岁,其父母将某影楼摄影师请到家中为其拍摄纪念照,并要求影楼不得保留底片用作他途。相片洗出后,影楼违反约定将婷婷相片制成挂历出售,获利颇丰。本案中存在哪些债的关系?③

    A. 承揽合同之债　　　　　　　B. 委托合同之债

    C. 侵权行为之债　　　　　　　D. 不当得利之债

专题十三　单方允诺

考点51 单方允诺之债

190． 2013/3/13/单

    方某将一行李遗忘在出租车上,立即发布寻物启事,言明愿以

---

  ① D(原答案为 B)　② B　③ ACD

2000元现金酬谢返还行李者。出租车司机李某发现该行李及获悉寻物启事后即与方某联系。现方某拒绝支付2000元给李某。下列哪一表述是正确的?①

A. 方某享有所有物返还请求权,李某有义务返还该行李,故方某可不支付2000元酬金

B. 如果方某不支付2000元酬金,李某可行使留置权拒绝返还该行李

C. 如果方某未曾发布寻物启事,则其可不支付任何报酬或费用

D. 既然方某发布了寻物启事,则其必须支付酬金

专题十四　无因管理、不当得利

考点52 无因管理

191. 2009/3/12/单

张某外出,台风将至。邻居李某担心张某年久失修的房子被风刮倒,祸及自家,就雇人用几根木料支撑住张某的房子,但张某的房子仍然不敌台风,倒塌之际压死了李某养的数只鸡。下列哪一说法是正确的?②

A. 李某初衷是为自己,故不构成无因管理

B. 房屋最终倒塌,未达管理效果,故无因管理不成立

C. 李某的行为构成无因管理

D. 张某不需支付李某固房费用,但应赔偿房屋倒塌给李某造成的损失

192. 2011/3/20/单

刘某承包西瓜园,收获季节突然病故。好友刁某因联系不上刘某家人,便主动为刘某办理后事和照看西瓜园,并将西瓜卖出,获益5万元。其中,办理后事花费1万元,摘卖西瓜雇工费以及其他必要费用共5000元。刁某认为自己应得劳务费5000元。关于刁某的行为,下列哪一说法是正确的?③

A. 5万元属于不当得利　　　B. 应向刘某家人给付3万元

C. 应向刘某家人给付4万元　　D. 应向刘某家人给付3.5万元

193. 2011/3/90/不定项

甲公司与乙公司约定,由甲公司向乙公司交付1吨药材,乙公司付款100万元。乙公司将药材转卖给丙公司,并约定由甲公司向丙公司交付,

---

① D　② C　③ D

丙公司收货后 3 日内应向乙支付价款 120 万元。

张某以自有汽车为乙公司的债权提供抵押担保,未办理抵押登记。抵押合同约定:"在丙公司不付款时,乙公司有权就出卖该汽车的价款清偿自己的债权。"李某为这笔货款出具担保函:"在丙公司不付款时,由李某承担保证责任"。丙公司收到药材后未依约向乙公司支付 120 万元,乙公司向张某主张实现抵押权,同时要求李某承担保证责任。

张某见状,便将其汽车赠与刘某。刘某将该汽车作为出资,与钱某设立丁酒店有限责任公司,并办理完出资手续。

丁公司员工方某驾驶该车接送酒店客人时,为躲避一辆逆行摩托车,将行人赵某撞伤。方某自行决定以丁公司名义将该车放在戊公司维修,为获得维修费的八折优惠,方某以其名义在与戊公司相关的庚公司为该车购买一套全新座垫。汽车修好后,方某将车取走交丁公司投入运营。戊公司要求丁公司支付维修费,否则对汽车行使留置权,丁公司回函请宽限一周。庚公司要求丁公司支付座垫费,丁公司拒绝。

关于汽车维修合同,下列表述正确的是:①

A. 方某构成无因管理　　　B. 方某构成无权代理

C. 方某构成无权处分　　　D. 方某构成表见代理

194． `2013/3/21/单`

下列哪一情形会引起无因管理之债?②

A. 甲向乙借款,丙在明知诉讼时效已过后擅自代甲向乙还本付息

B. 甲在自家门口扫雪,顺便将邻居乙的小轿车上的积雪清扫干净

C. 甲与乙结婚后,乙生育一子丙,甲抚养丙 5 年后才得知丙是乙和丁所生

D. 甲拾得乙遗失的牛,寻找失主未果后牵回暂养。因地震致屋塌牛死,甲出卖牛皮、牛肉获价款若干

195． `2014/3/20/单`

甲的房屋与乙的房屋相邻。乙把房屋出租给丙居住,并为该房屋在 A 公司买了火灾保险。某日甲见乙的房屋起火,唯恐大火蔓延自家受损,遂率家人救火,火势得到及时控制,但甲被烧伤住院治疗。下列哪一表述是正确的?③

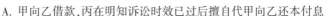

① AB ② D ③ D

A. 甲主观上为避免自家房屋受损,不构成无因管理,应自行承担医疗费用

B. 甲依据无因管理只能向乙主张医疗费赔偿,因乙是房屋所有人

C. 甲依据无因管理只能向丙主张医疗费赔偿,因丙是房屋实际使用人

D. 甲依据无因管理不能向 A 公司主张医疗费赔偿,因甲欠缺为 A 公司的利益实施管理的主观意思

考点53 不当得利

196. 2011/3/19/单

下列哪一情形不产生不当得利之债?①

A. 甲向乙借款 10 万元,1 年后根据约定偿还本息 15 万元

B. 甲不知诉讼时效已过,向债权人乙清偿债务

C. 甲久别归家,误把乙的鸡当成自家的吃掉

D. 甲雇用的装修工人,误把邻居乙的装修材料用于甲的房屋装修

197. 2012/3/20/单

甲将某物出售于乙,乙转售于丙,甲应乙的要求,将该物直接交付于丙。下列哪一说法是错误的?②

A. 如仅甲、乙间买卖合同无效,则甲有权向乙主张不当得利返还请求权

B. 如仅乙、丙间买卖合同无效,则乙有权向丙主张不当得利返还请求权

C. 如甲、乙间以及乙、丙间买卖合同均无效,甲无权向丙主张不当得利返还请求权

D. 如甲、乙间以及乙、丙间买卖合同均无效,甲有权向乙、乙有权向丙主张不当得利返还请求权

198. 2013/3/20/单

下列哪一情形产生了不当得利之债?③

A. 甲欠乙款超过诉讼时效后,甲向乙还款

B. 甲欠乙款,提前支付全部利息后又在借期届满前提前还款

C. 甲向乙支付因前晚打麻将输掉的 2000 元现金

D. 甲在乙银行的存款账户因银行电脑故障多出 1 万元

---

199. 2015/3/61/多

甲遗失其为乙保管的迪亚手表,为偿还乙,甲窃取丙的美茄手表和4000元现金。甲将美茄手表交乙,因美茄手表比迪亚手表便宜1000元,甲又从4000元中补偿乙1000元。乙不知甲盗窃情节。乙将美茄手表赠与丁,又用该1000元的一半支付某自来水公司水费,另一半购得某商场一件衬衣。下列哪些说法是正确的?①

A. 丙可请求丁返还手表

B. 丙可请求甲返还3000元、请求自来水公司和商场各返还500元

C. 丙可请求乙返还1000元不当得利

D. 丙可请求甲返还4000元不当得利

200. 2015/3/90/不定项

顺风电器租赁公司将一台电脑出租给张某,租期为2年。在租赁期间内,张某谎称电脑是自己的,分别以市价与甲、乙、丙签了三份电脑买卖合同并收取了三份价款,但张某把电脑实际交付给乙。后乙的这台电脑被李某拾得,因暂时找不到失主,李某将电脑出租给王某获得很高收益。王某租用该电脑时出了故障,遂将电脑交给康成电脑维修公司维修。王某和李某就维修费的承担发生争执。康成公司因未收到修理费而将电脑留置,并告知王某如7天内不交费,将变卖电脑抵债。李某听闻后,于当日潜入康成公司偷回电脑。

如乙请求李某返还电脑和所获利益,下列说法正确的是:②

A. 李某向乙返还所获利益时,应以乙所受损失为限

B. 李某应将所获利益作为不当得利返还给乙,但可以扣除支出的必要费用

C. 乙应以所有权人身份而非不当得利债权人身份请求李某返还电脑

D. 如李某拒绝返还电脑,需向乙承担侵权责任

专题十五　保证和定金(债权性担保)

考点54 定金

201. 2010/3/14/单

甲、乙约定:甲将100吨汽油卖给乙,合同签订后三天交货,交货

---

① AD　② D(原答案为BCD)

后十天内付货款。还约定,合同签订后乙应向甲支付十万元定金,合同在支付定金时生效。合同立立后,乙未交付定金,甲按期向乙交付了货物,乙到期未付。对此,下列哪一表述是正确的?①

  A. 甲可请求乙支付定金

  B. 乙未支付定金不影响买卖合同的效力

  C. 甲交付汽油使得定金合同生效

  D. 甲无权请求乙支付价款

202. （ 法考回忆题/不定项 ）

  李某有一清代瓷盘,急欲出售。刘某得知魏某想要以 5 万元求购该瓷盘,遂抢先找到李某购买,双方以 1 万元成交,约定 3 日后交付,刘某向李某支付了 5000 元定金。其后,刘某与魏某达成协议,刘某将瓷盘以 5 万元出售给魏某,魏某先行支付了 1 万元定金。3 日后,在交付瓷盘时,李某失手把瓷盘摔坏了。下列选项说法正确的是:②

  A. 刘某应向魏某就 1 万的定金双倍返还

  B. 李某应向刘某就 5000 元的定金双倍返还

  C. 李某不需要就刘某支付的定金承担双倍返还的责任

  D. 刘某可以请求法院减少双倍赔偿金额

考点 55 保证合同的成立及保证方式

203. （ 2008/3/53/多 ）

  甲向乙借款 5 万元,乙要求甲提供担保,甲分别找到友人丙、丁、戊、己,他们各自作出以下表示,其中哪些构成保证?③

  A. 丙在甲向乙出具的借据上签署"保证人丙"

  B. 丁向乙出具字据称"如甲到期不向乙还款,本人愿代还 3 万元"

  C. 戊向乙出具字据称"如甲到期不向乙还款,由本人负责"

  D. 己向乙出具字据称"如甲到期不向乙还款,由本人以某处私房抵债"

204. （ 2011/3/11/单 ）

  甲乙双方拟订的借款合同约定:甲向乙借款 11 万元,借款期限为 1 年。乙在签字之前,要求甲为借款合同提供担保。丙应甲要求同意担保,并在借款合同保证人一栏签字,保证期间为 1 年。甲将有担保签字的借款合同交给乙。乙要求从 11 万元中预先扣除 1 万元利息,同时将借款期限和保证期

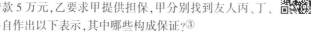

---

  ① B   ② A   ③ ABC

间均延长为 2 年。甲应允,双方签字,乙依约将 10 万元交付给甲。下列哪一表述是正确的?①

    A. 丙的保证期间为 1 年

    B. 丙无须承担保证责任

    C. 丙应承担连带保证责任

    D. 丙应对 10 万元本息承担保证责任

205． `2011/3/59/多`

    甲公司与乙公司签订 10 万元建材买卖合同后,乙交付建材,甲公司未付建材款。甲公司将该建材用于丙公司办公楼装修,丙公司需向甲公司支付 15 万元装修款,其中 5 万元已经支付完毕。丙公司给乙公司出具《担保函》:"本公司同意以欠甲公司的 10 万元装修款担保甲公司欠乙公司的 10 万元建材款。"乙公司对此并无异议。后,甲公司对乙公司的债务、丙公司对甲公司的债务均届期未偿,且甲公司怠于向丙公司主张债权。下列哪些表述是正确的?②

    A. 乙公司对丙公司享有应收账款质权

    B. 丙公司应对乙公司承担保证责任

    C. 乙公司可以对丙公司提起代位权诉讼

    D. 乙公司可以要求并存债务承担人丙公司清偿债务

206． `2014/3/15/单`

    张某从甲银行分支机构乙支行借款 20 万元,李某提供保证担保。李某和甲银行又特别约定,如保证人不履行保证责任,债权人有权直接从保证人在甲银行及其支行处开立的任何账户内扣收。届期,张某、李某均未还款,甲银行直接从李某在甲银行下属的丙支行账户内扣划了 18 万元存款用于偿还张某的借款。下列哪一表述是正确的?③

    A. 李某与甲银行关于直接在账户内扣划款项的约定无效

    B. 李某无须承担保证责任

    C. 乙支行收回 20 万元全部借款本金和利息之前,李某不得向张某追偿

    D. 乙支行应以自己的名义向张某行使追索权

207． `2015/3/13/单`

    方某、李某、刘某和张某签订借款合同,约定:"方某向李某借款

---

    ① B ② BC ③ D

100 万元,刘某提供房屋抵押,张某提供保证。"除李某外其他人都签了字。刘某先把房本交给了李某,承诺过几天再作抵押登记。李某交付 100 万元后,方某到期未还款。下列哪一选项是正确的?①

A. 借款合同不成立　　　　　　B. 方某应返还不当得利

C. 张某应承担保证责任　　　　D. 刘某无义务办理房屋抵押登记

208. (法考回忆题/单)

甲公司向乙公司借款,丁公司在不超过 2200 万元的范围内对该借款承担担保责任。在约定期限内,甲公司一共向乙公司借款 2015 万元。核算完毕后,乙公司表示,免去其中的零头 15 万元,甲公司未作任何表示。经查,甲公司将借款中的 500 万元送给了丙公司,用来资助丙公司的项目运营,但未通知丁公司。下列哪一项说法是正确的?②

A. 丁公司对 2015 万元承担保证责任

B. 丁公司对 2000 万元承担保证责任

C. 丁公司对 1500 万元承担保证责任

D. 甲公司将 500 万元送给丙公司未经过丁公司的同意,无效

考点56 保证人及其权利

209. (2011/3/54/多)

甲公司从乙公司采购 10 袋菊花茶,约定:"在乙公司交付菊花茶后,甲公司应付货款 10 万元。"丙公司提供担保函:"若甲公司不依约付款,则由丙公司代为支付。"乙公司交付的菊花茶中有 2 袋经过硫磺熏蒸,无法饮用,价值 2 万元。乙公司要求甲公司付款未果,便要求丙公司付款 10 万元。下列哪些表述是正确的?③

A. 如丙公司知情并向乙公司付款 10 万元,则丙公司只能向甲公司追偿 8 万元

B. 如丙公司不知情并向乙公司付款 10 万元,则乙公司会构成不当得利

C. 如甲公司付款债务诉讼时效已过,丙公司仍向乙公司付款 8 万元,则丙公司不得向甲公司追偿

D. 如丙公司放弃对乙公司享有的先诉抗辩权,仍向乙公司付款 8 万元,则丙公司不得向甲公司追偿

———————

① C　② B　③ ABC

考点57 共同保证

210． 2012/3/55/多

甲公司向乙银行借款 100 万元,丙、丁以各自房产分别向乙银行设定抵押,戊、己分别向乙银行出具承担全部责任的担保函,承担保证责任。下列哪些表述是正确的?①

A. 乙银行可以就丙或者丁的房产行使抵押权

B. 丙承担担保责任后,可向甲公司追偿,也可要求丁清偿其应承担的份额

C. 乙银行可以要求戊或者己承担全部保证责任

D. 戊承担保证责任后,可向甲公司追偿,也可要求己清偿其应承担的份额

211． 法考回忆题/多

甲向乙借款 1000 万元,丙在借款合同中的保证栏签字,但没有约定保证方式,丁以自有的房屋对甲的借款向乙进行了抵押。下列说法正确的是:②

A. 丙承担责任后可以向甲追偿

B. 丙以一般保证承担保证责任

C. 丁承担责任后可以向甲追偿

D. 丁承担责任后可以向丙追偿

考点58 保证期间与保证债务的诉讼时效

212． 2013/3/88/不定项

材料①:2012 年 2 月,甲公司与其全资子公司乙公司签订了《协议一》,约定甲公司将其建设用地使用权用于抵偿其欠乙公司的 2000 万元债务,并约定了仲裁条款。但甲公司未依约将该用地使用权过户到乙公司名下,而是将之抵押给不知情的银行以获贷款,办理了抵押登记。

材料②:同年 4 月,甲公司、丙公司与丁公司签订了《协议二》,约定甲公司欠丁公司的 5000 万元债务由丙公司承担,且甲公司法定代表人张某为该笔债务提供保证,但未约定保证方式和期间。曾为该 5000 万元负债提供房产抵押担保的李某对《协议二》并不知情。同年 5 月,丁公司债权到期。

材料③:同年 6 月,丙公司丧失偿债能力。丁公司查知乙公司作为丙公司的股东(非发起人),对丙公司出资不实,尚有 3000 万元未注入丙公司。同年

---

① AC(原答案为 ABC) ② ABC

8月,乙公司既不承担出资不实的赔偿责任,又怠于向甲公司主张权利。

材料④:同年10月,甲公司股东戊公司与己公司签订了《协议三》,约定戊公司将其对甲公司享有的60%股权低价转让给己公司,戊公司承担甲公司此前的所有负债。

关于《协议二》中张某的保证期间和保证债务诉讼时效,下列表述正确的是:①

A. 保证期间为2012年5月起6个月

B. 保证期间为2012年5月起2年

C. 保证债务诉讼时效从2012年5月起算

D. 保证债务诉讼时效从2012年11月起算

213. 2014/3/10/单 新法改编

甲公司与乙公司达成还款计划书,约定在2012年7月30日归还100万元,8月30日归还200万元,9月30日归还300万元。丙公司对三笔还款提供连带责任保证,但未约定保证期间。后甲公司同意乙公司将三笔还款均顺延3个月,丙公司对此不知情。乙公司一直未还款,甲公司仅于2013年3月15日起诉要求丙公司承担保证责任。关于丙公司保证责任,下列哪一表述是正确的?②

A. 丙公司保证担保的主债权为300万元

B. 丙公司保证担保的主债权为500万元

C. 丙公司保证担保的主债权为600万元

D. 因延长还款期限未经保证人同意,丙公司不再承担保证责任

第四编　合　同

专题十六　合同概述

考点59 合同的相对性

214. 2008/3/5/单

神牛公司在H省电视台主办的赈灾义演募捐现场举牌表示向S

省红十字会捐款 100 万元，并指明此款专用于 S 省 B 中学的校舍重建。事后，神牛公司仅支付 50 万元。对此，下列哪一选项是正确的?①

    A. H 省电视台、S 省红十字会、B 中学均无权请求神牛公司支付其余 50 万元

    B. S 省红十字会、B 中学均有权请求神牛公司支付其余 50 万元

    C. S 省红十字会有权请求神牛公司支付其余 50 万元

    D. B 中学有权请求神牛公司支付其余 50 万元

215. 2014/3/88/不定项

    张某、方某共同出资，分别设立甲公司和丙公司。2013 年 3 月 1 日，甲公司与乙公司签订了开发某房地产项目的《合作协议一》，约定如下："甲公司将丙公司 10%的股权转让给乙公司，乙公司在协议签订之日起三日内向甲公司支付首付款 4000 万元，尾款 1000 万元在次年 3 月 1 日之前付清。首付款用于支付丙公司从某国土部门购买 A 地块土地使用权。如协议签订之日起三个月内丙公司未能获得 A 地块土地使用权致双方合作失败，乙公司有权终止协议。"

    《合作协议一》签订后，乙公司经甲公司指示向张某、方某支付了 4000 万元首付款。张某、方某配合甲公司将丙公司的 10%的股权过户给了乙公司。

    2013 年 5 月 1 日，因张某、方某未将前述 4000 万元支付给丙公司致其未能向某国土部门及时付款，A 地块土地使用权被收回挂牌卖掉。

    2013 年 6 月 4 日，乙公司向甲公司发函："鉴于土地使用权已被国土部门收回，故我公司终止协议，请贵公司返还 4000 万元。"甲公司当即回函："我公司已把股权过户到贵公司名下，贵公司无权终止协议，请贵公司依约支付 1000 万元尾款。"

    2013 年 6 月 8 日，张某、方某与乙公司签订了《合作协议二》，对继续合作开发房地产项目做了新的安排，并约定："本协议签订之日，《合作协议一》自动作废。"丁公司经甲公司指示，向乙公司送达了《承诺函》："本公司代替甲公司承担 4000 万元的返还义务。"乙公司对此未置可否。

    关于 2013 年 5 月 1 日张某、方某未将 4000 万元支付给丙公司，应承担的责任，下列表述错误的是:②

    A. 向乙公司承担违约责任

    B. 与甲公司一起向乙公司承担连带责任

---

① C   ② ABCD

C. 向丙公司承担违约责任

D. 向某国土部门承担违约责任

216. (法考回忆题/多)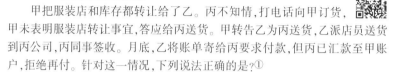

甲把服装店和库存都转让给了乙。丙不知情,打电话向甲订货,甲未表明服装店转让事宜,答应给丙送货。甲转告乙为丙送货,乙派店员送货到丙公司,丙同事签收。月底,乙将账单寄给丙要求付款,但丙已汇款至甲账户,拒绝再付。针对这一情况,下列说法正确的是?①

A. 乙可向丙主张不当得利　　B. 丙可拒绝付款给乙

C. 乙可请求甲支付相应货款　　D. 丙已取得货品所有权

217. (法考回忆题/单)

甲欠丙100吨钢材,为偿还该债务,甲与乙订立了100吨钢材的买卖合同,约定由乙向丙直接交付钢材,丙也可以直接向乙请求履行,丙对此知情,也未拒绝。以下说法哪一项是正确的?②

A. 如乙不交付,丙可请求其履行且要求承担违约责任

B. 甲对乙已经没有任何义务

C. 乙不能向丙主张其对甲的抗辩

D. 因合同相对性,丙不能直接向乙请求履行交付义务

专题十七　合同的订立

考点60 合同的成立及效力

218. (2008/3/54/多)

喜好网球和游泳的赵某从宏大公司购买某小区商品房一套,交房时发现购房时宏大公司售楼部所展示的该小区模型中的网球场和游泳池并不存在。经查,该小区设计中并无网球场和游泳池。下列哪些选项是正确的?③

A. 赵某有权要求退房

B. 赵某如要求退房,有权请求宏大公司承担缔约过错责任

C. 赵某如要求退房,有权请求宏大公司双倍返还购房款

D. 赵某如不要求退房,有权请求宏大公司承担违约责任

① BCD　② A　③ ABD

219． 2014/3/51/多

甲房产开发公司在交给购房人张某的某小区平面图和项目说明书中都标明有一个健身馆。张某看中小区健身方便,决定购买一套商品房并与甲公司签订了购房合同。张某收房时发现小区没有健身馆。下列哪些表述是正确的?①

A. 甲公司不守诚信,构成根本违约,张某有权退房

B. 甲公司构成欺诈,张某有权请求甲公司承担缔约过失责任

C. 甲公司恶意误导,张某有权请求甲公司双倍返还购房款

D. 张某不能滥用权利,在退房和要求甲公司承担违约责任之间只能选择一种

220． 2010/3/11/单

张某和李某采用书面形式签订一份买卖合同,双方在甲地谈妥合同的主要条款,张某于乙地在合同上签字,李某于丙地在合同上摁了手印,合同在丁地履行。关于该合同签订地,下列哪一选项是正确的?②

A. 甲地　　　　　　　　B. 乙地

C. 丙地　　　　　　　　D. 丁地

221． 法考回忆题/多

甲公司打算从乙公司采购一批办公桌椅,由甲公司总经理程某负责相关事宜。乙公司明确告知了程某这种办公桌椅的销售价格。7月2日,程某告知乙公司将于7月15日之前回复是否决定购买。后程某经过研究,认为乙公司的产品符合甲公司要求,打算购买,将写好承诺的文件和其他待发文件放在了一起,但尚未决定是否发出。7月13日,程某的秘书照常将程某的待发文件发出,其中包括程某写好承诺的文件。因为有了更好的产品选择,程某发现承诺文件被发走后,立即告知秘书撤回。关于合同成立问题,下列哪些说法是不正确的?③

A. 程某写好承诺文件时,合同即已成立

B. 由于秘书发出承诺文件未经程某明确指示,承诺即使到达,合同也不成立

C. 若撤回通知先于承诺到达或与承诺同时到达,合同不成立

D. 若撤回承诺的通知晚于承诺到达,构成承诺的撤销,合同效力待定

---

① AB　② C　③ ABD

222. （法考回忆题/单）

甲与乙在餐厅就餐,闲聊时甲提出想把自己的车以 8 万元的价格卖了换成新能源车。在临近餐桌就餐的丙听到后对甲说"愿以 8 万元的价格买你的车",甲说考虑一下。几分钟后,丙让甲赶紧签合同,甲说不卖了,与乙一起离开餐厅。对此,下列哪一说法是正确的?①

A. 甲作出了要约

B. 甲作出了承诺

C. 丙作出了要约

D. 丙作出了承诺

考点61 格式条款

223. （2008/3/7/单）

甲手机专卖店门口立有一块木板,上书"假一罚十"四个醒目大字。乙从该店购买了一部手机,后经有关部门鉴定,该手机属于假冒产品,乙遂要求甲履行其"假一罚十"的承诺。关于本案,下列哪一选项是正确的?②

A. "假一罚十"过分加重了甲的负担,属于无效的格式条款

B. "假一罚十"没有被订入到合同之中,故对甲没有约束力

C. "假一罚十"显失公平,甲有权请求法院予以变更或者撤销

D. "假一罚十"是甲自愿作出的真实意思表示,应当认定为有效

224. （2017/3/11/单）

甲与乙公司订立美容服务协议,约定服务期为半年,服务费预收后逐次计扣,乙公司提供的协议格式条款中载明"如甲单方放弃服务,余款不退"(并注明该条款不得更改)。协议订立后,甲依约支付 5 万元服务费。在接受服务 1 个月并发生费用 8000 元后,甲感觉美容效果不明显,单方放弃服务并要求退款,乙公司不同意。甲起诉乙公司要求返还余款。下列哪一项是正确的?③

A. 美容服务协议无效

B. "如甲单方放弃服务,余款不退"的条款无效

C. 甲单方放弃服务无须承担违约责任

D. 甲单方放弃服务应承担继续履行的违约责任

---

① C ② D ③ B

考点 62 缔约过失责任

225. 2010/3/12/单

甲、乙同为儿童玩具生产商。六一节前夕,丙与甲商谈进货事宜。乙知道后向丙提出更优惠条件,并指使丁假借订货与甲接洽,报价高于丙以阻止甲与丙签约。丙经比较与乙签约,丁随即终止与甲的谈判,甲因此遭受损失。对此,下列哪一说法是正确的?①

A. 乙应对甲承担缔约过失责任

B. 丙应对甲承担缔约过失责任

C. 丁应对甲承担缔约过失责任

D. 乙、丙、丁无须对甲承担缔约过失责任

226. 2017/3/12/单

德凯公司拟为新三板上市造势,在无真实交易意图的情况下,短期内以业务合作为由邀请多家公司来其主要办公地点洽谈。其中,真诚公司安排授权代表往返十余次,每次都准备了详尽可操作的合作方案,德凯公司佯装感兴趣并屡次表达将签署合同的意愿,但均在最后一刻推脱拒签。其间,德凯公司还将知悉的真诚公司的部分商业秘密不当泄露。对此,下列哪一说法是正确的?②

A. 未缔结合同,则德凯公司就磋商事宜无需承担责任

B. 虽未缔结合同,但德凯公司构成恶意磋商,应赔偿损失

C. 未缔结合同,则商业秘密属于真诚公司自愿披露,不应禁止外泄

D. 德凯公司也付出了大量的工作成本,如被对方主张赔偿,则据此可主张抵销

专题十八　合同的履行

考点 63 合同履行与债的清偿

227. 2013/3/86/不定项

材料①:2012 年 2 月,甲公司与其全资子公司乙公司签订了《协议一》,约定甲公司将其建设用地使用权用于抵偿其欠乙公司的 2000 万元债务,并约定了仲裁条款。但甲公司未依约将该用地使用权过户到乙公司名下,

---

① C ② B

而是将之抵押给不知情的银行以获贷款,办理了抵押登记。

根据材料①,关于甲公司、乙公司与银行的法律关系,下列表述正确的是:①

A. 甲公司欠乙公司 2000 万元债务没有消灭

B. 甲公司抵押建设用地使用权的行为属于无权处分

C. 银行因善意取得而享有抵押权

D. 甲公司用建设用地使用权抵偿债务的行为属于代为清偿

228. 2014/3/13/单

胡某于 2006 年 3 月 10 日向李某借款 100 万元,期限 3 年。2009 年 3 月 30 日,双方商议再借 100 万元,期限 3 年。两笔借款均先后由王某保证,未约定保证方式和保证期间。李某未向胡某和王某催讨。胡某仅于 2010 年 2 月归还借款 100 万元。关于胡某归还的 100 万元,下列哪一表述是正确的?②

A. 因 2006 年的借款已到期,故归还的是该笔借款

B. 因 2006 年的借款无担保,故归还的是该笔借款

C. 因 2006 年和 2009 年的借款数额相同,故按比例归还该两笔借款

D. 因 2006 年和 2009 年的借款均有担保,故按比例归还该两笔借款

229. 2014/3/57/多

2013 年 2 月 1 日,王某以一套房屋为张某设定了抵押,办理了抵押登记。同年 3 月 1 日,王某将该房屋无偿租给李某 1 年,以此抵王某欠李某的借款。房屋交付后,李某向王某出具了借款还清的收据。同年 4 月 1 日,李某得知房屋上设有抵押后,与王某修订租赁合同,把起租日改为 2013 年 1 月 1 日。张某实现抵押权时,要求李某搬离房屋。下列哪些表述是正确的?③

A. 王某、李某的借款之债消灭

B. 李某的租赁权可对抗张某的抵押权

C. 王某、李某修订租赁合同行为无效

D. 李某可向王某主张违约责任

230. 2016/3/56/多

王某向丁某借款 100 万元,后无力清偿,遂提出以自己所有的一幅古画抵债,双方约定第二天交付。对此,下列哪些说法是正确的?④

A. 双方约定以古画抵债,等同于签订了另一份买卖合同,原借款合同失

① A ② A ③ ACD ④ BCD

效,王某只能以交付古画履行债务

B. 双方交付古画的行为属于履行借款合同义务

C. 王某有权在交付古画前反悔,提出继续以现金偿付借款本息方式履行债务

D. 古画交付后,如果被鉴定为赝品,则王某应承担瑕疵担保责任

231. `法考回忆题/不定项`

甲向朋友乙借款。第一笔借款 30 万元,2018 年 4 月 1 日到期,年利率为 20%,有足额担保。第二笔借款 30 万元,2018 年 5 月 1 日到期,年利率 6%,没有担保。甲一直未还钱。2018 年 5 月 6 日,甲委托丙代其向乙还第一笔借款,丙随即向乙转账 30 万元,转账时注明偿还第一笔借款。乙不同意,收到后表示这是还的第二笔借款。对于丙偿还的是哪一笔借款甲乙之间发生了争执,若不考虑产生的利息,下列说法正确的是:①

A. 甲乙可以事后协商偿还的是哪一笔借款

B. 若甲乙事后不能达成协议,应认定为偿还的是第一笔

C. 若甲乙事后不能达成协议,应认定为偿还的是第二笔

D. 若甲乙事后不能达成协议,应认定为偿还的是两笔借款各还 15 万元

232. `法考回忆题/多`

甲公司因经营不善而歇业,欠司机潘某 10 万元工资尚未支付。潘某讨要未果,私自将甲公司名下的一辆面包车开走。甲公司的母公司乙公司知道后,替甲公司偿还了 8 万元给潘某。对此,下列哪些说法是正确的?②

A. 甲公司还欠潘某 10 万元　　B. 甲公司还欠潘某 2 万元

C. 乙公司构成无因管理　　D. 潘某属于自助行为

考点64 合同履行中的第三人

233. `2012/3/12/单`

甲公司对乙公司负有交付葡萄酒的合同义务。丙公司和乙公司约定,由丙公司代甲公司履行,甲公司对此全不知情。下列哪一表述是正确的?③

A. 虽然甲公司不知情,丙公司的履行仍然有法律效力

B. 因甲公司不知情,故丙公司代为履行后对甲公司不得追偿代为履行的必要费用

---

① AB　② BC　③ A

C. 虽然甲公司不知情,但如丙公司履行有瑕疵的,甲公司需就此对乙公司承担违约责任

D. 虽然甲公司不知情,但如丙公司履行有瑕疵从而承担违约责任的,丙公司可就该违约赔偿金向甲公司追偿

234. 〔法考回忆题/不定项〕

甲公司将某商品房开发项目发包给乙公司,工程款到期后甲公司无力支付,遂与乙公司签订《抵债协议》,约定甲公司将开发项目中的A楼卖给乙公司,以购房款折抵工程款。此前甲公司已将A楼出租给丙公司并交付,租期为10年,但甲公司并未告知乙公司。甲公司与乙公司办理A楼所有权转移登记后,丙公司拒不支付租金。据查,甲公司并未告知乙公司A楼的租赁情况。对此,下列说法正确的是:①

A.《抵债协议》于办理A楼所有权转移登记时生效

B. 甲公司应向乙公司承担违约责任

C. 丙公司应向甲公司支付剩余租金

D. 甲公司应对乙公司无法收取的租金承担连带保证责任

考点65 合同履行中的抗辩权

235. 〔2008/3/57/多〕

某热电厂从某煤矿购煤200吨,约定交货期限为2007年9月30日,付款期限为2007年10月31日。9月底,煤矿交付200吨煤,热电厂经检验发现煤的含硫量远远超过约定标准,根据政府规定不能在该厂区燃烧。基于上述情况,热电厂的哪些主张有法律依据?②

A. 行使顺序履行抗辩权

B. 要求煤矿承担违约责任

C. 行使不安抗辩权

D. 解除合同

236. 〔2009/3/10/单〕

甲公司与乙公司签订服装加工合同,约定乙公司支付预付款一万元,甲公司加工服装1000套,3月10日交货,乙公司3月15日支付余款九万元。3月10日,甲公司仅加工服装900套,乙公司此时因濒临破产致函甲公司表示无力履行合同。下列哪一说法是正确的?③

---

① B ② ABD ③ C

A. 因乙公司已支付预付款,甲公司无权中止履行合同

B. 乙公司有权以甲公司仅交付 900 套服装为由,拒绝支付任何货款

C. 甲公司有权以乙公司已不可能履行合同为由,请求乙公司承担违约责任

D. 因乙公司丧失履行能力,甲公司可行使顺序履行抗辩权

237． 2010/3/13/单

甲、乙订立一份价款为十万元的图书买卖合同,约定甲先支付书款,乙两个月后交付图书。甲由于资金周转困难只交付五万元,答应余款尽快支付,但乙不同意。两个月后甲要求乙交付图书,遭乙拒绝。对此,下列哪一表述是正确的?①

A. 乙对甲享有同时履行抗辩权

B. 乙对甲享有不安抗辩权

C. 乙有权拒绝交付全部图书

D. 乙有权拒绝交付与五万元书款价值相当的部分图书

238． 2011/3/14/单

2011 年 5 月 6 日,甲公司与乙公司签约,约定甲公司于 6 月 1 日付款,乙公司 6 月 15 日交付"连升"牌自动扶梯。合同签订后 10 日,乙公司销售他人的"连升"牌自动扶梯发生重大安全事故,质监局介入调查。合同签订后 20 日,甲、乙、丙公司三方合意,由丙公司承担付款义务。丙公司 6 月 1 日未付款。下列哪一表述是正确的?②

A. 甲公司有权要求乙公司交付自动扶梯

B. 丙公司有权要求乙公司交付自动扶梯

C. 丙公司有权行使不安抗辩权

D. 乙公司有权要求甲公司和丙公司承担连带债务

239． 2014/3/12/单

甲公司向乙公司购买小轿车,约定 7 月 1 日预付 10 万元,10 月 1 日预付 20 万元,12 月 1 日乙公司交车时付清尾款。甲公司按时预付第一笔款。乙公司于 9 月 30 日发函称因原材料价格上涨,需提高小轿车价格。甲公司于 10 月 1 日拒绝,等待乙公司答复未果后于 10 月 3 日向乙公司汇去 20 万元。乙公司当即拒收,并称甲公司迟延付款构成违约,要求解除合同,甲公司

---

① D ② C

则要求乙公司继续履行。下列哪一表述是正确的?①

 A. 甲公司不构成违约

 B. 乙公司有权解除合同

 C. 乙公司可行使先履行抗辩权

 D. 乙公司可要求提高合同价格

240. （2015/3/10/单）

 甲与乙公司签订的房屋买卖合同约定:"乙公司收到首期房款后,向甲交付房屋和房屋使用说明书;收到二期房款后,将房屋过户给甲。"甲交纳首期房款后,乙公司交付房屋但未立即交付房屋使用说明书。甲以此为由行使先履行抗辩权而拒不支付二期房款。下列哪一表述是正确的?②

 A. 甲的做法正确,因乙公司未完全履行义务

 B. 甲不应行使先履行抗辩权,而应行使不安抗辩权,因乙公司有不能交付房屋使用说明书的可能性

 C. 甲可主张解除合同,因乙公司未履行义务

 D. 甲不能行使先履行抗辩权,因甲的付款义务与乙公司交付房屋使用说明书不形成主给付义务对应关系

241. （法考回忆题/多）

 甲公司向乙公司购买一批货物,约定6月30日交货,甲公司支付货款500万元。同时还约定,任何一方履行迟延,需要向对方支付10万元的违约金,货物由乙公司负责办理托运。后乙公司未能在6月30日交货,甲公司也未支付货款。7月30日,乙公司将该批货物交给承运人丙公司承运,运输途中,遭遇山体滑坡,货物全部损毁。下列哪些说法是正确的?③

 A. 乙公司有权要求甲公司支付10万元迟延履行的违约金

 B. 甲公司不需要承担迟延支付货款的违约责任

 C. 对于货物损毁,甲公司无权请求乙公司承担赔偿责任

 D. 丙公司应将收取的运费退还乙公司

考点66 情势变更

242. （2012/3/11/单）

 甲与乙教育培训机构就课外辅导达成协议,约定甲交费5万元,

乙保证甲在接受乙的辅导后,高考分数能达到二本线。若未达到该目标,全额退费。结果甲高考成绩仅达去年二本线,与今年高考二本线尚差20分。关于乙的承诺,下列哪一表述是正确的?①

A. 属于无效格式条款

B. 因显失公平而可变更

C. 因情势变更而可变更

D. 虽违背教育规律但属有效

243. （2012/3/60/多）

甲公司与乙公司签订商品房包销合同,约定甲公司将其开发的10套房屋交由乙公司包销。甲公司将其中1套房屋卖给丙,丙向甲公司支付了首付款20万元。后因国家出台房地产调控政策,丙不具备购房资格,甲公司与丙之间的房屋买卖合同不能继续履行。下列哪些表述是正确的?②

A. 甲公司将房屋出卖给丙的行为属于无权处分

B. 乙公司有权请求甲公司承担违约责任

C. 丙有权请求解除合同

D. 甲公司只需将20万元本金返还给丙

专题十九　合同的保全

考点67 合同的保全:债权人代位权与债权人撤销权

244. （2010/3/58/多）

甲对乙享有2006年8月10日到期的六万元债权,到期后乙无力清偿。乙对丙享有五万元债权,清偿期已届满七个月,但乙未对丙采取法律措施。乙对丁还享有五万元人身损害赔偿请求权。后乙去世,无其他遗产,遗嘱中将上述十万元的债权赠与戊。对此,下列哪些选项是正确的?③

A. 甲可向法院请求撤销乙的遗赠

B. 在乙去世前,甲可直接向法院请求丙向自己清偿

C. 在乙去世前,甲可直接向法院请求丁向自己清偿

D. 如甲行使代位权胜诉,行使代位权的诉讼费用和其他费用都应该从乙财产中支付

---

① D　② BC　③ AB

245. 〔2012/3/15/单〕

甲公司在 2011 年 6 月 1 日欠乙公司货款 500 万元,届期无力清偿。2010 年 12 月 1 日,甲公司向丙公司赠送一套价值 50 万元的机器设备。2011 年 3 月 1 日,甲公司向丁基金会捐赠 50 万元现金。2011 年 12 月 1 日,甲公司向戊希望学校捐赠价值 100 万元的电脑。甲公司的 3 项赠与行为均尚未履行。下列哪一选项是正确的?①

　　A. 乙公司有权撤销甲公司对丙公司的赠与

　　B. 乙公司有权撤销甲公司对丁基金会的捐赠

　　C. 乙公司有权撤销甲公司对戊学校的捐赠

　　D. 甲公司有权撤销对戊学校的捐赠

246. 〔2013/3/90/不定项〕

　　材料①:2012 年 2 月,甲公司与其全资子公司乙公司签订了《协议一》,约定甲公司将其建设用地使用权用于抵偿其欠乙公司的 2000 万元债务,并约定了仲裁条款。但甲公司未依约将该地使用权过户到乙公司名下,而是将之抵押给不知情的银行以获贷款,办理了抵押登记。

　　材料②:同年 4 月,甲公司、丙公司与丁公司签订了《协议二》,约定甲公司欠丁公司的 5000 万元债务由丙公司承担,且甲公司法定代表人张某为该笔债务提供保证,但未约定保证方式和期间。曾为该 5000 万元负债提供房产抵押担保的李某对《协议二》并不知情。同年 5 月,丁公司债权到期。

　　材料③:同年 6 月,丙公司丧失偿债能力。丁公司查知乙公司作为丙公司的股东(非发起人),对丙公司出资不实,尚有 3000 万元未注入丙公司。同年 8 月,乙公司既不承担出资不实的赔偿责任,又怠于向甲公司主张权利。

　　材料④:同年 10 月,甲公司股东戊公司与己公司签订了《协议三》,约定戊公司将其对甲公司享有的 60% 股权低价转让给己公司,戊公司承担甲公司此前的所有负债。

　　根据材料①、材料②和材料③,如丁公司向甲公司提起 3000 万元代位权诉讼,甲公司认为丁公司不能提起代位权之诉的下列抗辩理由中不能成立的是:②

　　A. 甲公司对乙公司的债务是过户建设用地使用权,而非金钱债务

　　B.《协议一》有仲裁条款

　　C. 乙公司多次发函给甲公司要求清偿债务

---

① 　C 　② 　ABCD

D.《协议一》的 2000 万元数额低于乙公司出资不实的 3000 万元

247. `2016/3/58/多`

乙向甲借款 20 万元,借款到期后,乙的下列哪些行为导致无力偿还甲的借款时,甲可申请法院予以撤销?①

A. 乙将自己所有的财产用于偿还对他人的未到期债务

B. 乙与其债务人约定放弃对债务人财产的抵押权

C. 乙在离婚协议中放弃对家庭共有财产的分割

D. 乙父去世,乙放弃对父亲遗产的继承权

248. `法考回忆题/多`

甲公司欠乙公司和丙公司的债务均无法全部偿还。经查,甲公司名下有一辆汽车和一套房屋。乙公司派公关人员到甲公司,找到甲公司负责人,说干脆就将房屋与汽车都抵押给乙公司,正好还乙公司的债务,不然也是要被丙公司拿去。甲公司同意,并与乙公司签订了抵押合同。后来,甲公司无法清偿债务,乙公司主张实现抵押权。对此,下列哪些说法是正确的?②

A. 甲、乙公司之间的抵押合同因未办理登记而不生效

B. 甲、乙公司之间的抵押合同无效

C. 丙公司可撤销甲、乙公司之间的行为

D. 汽车和房屋的所有权依然属于甲公司

249. `法考回忆题/不定项`

甲公司欠乙公司 1 亿元货款即将到期,由于担心公司的重要财产被执行,遂和丙公司合谋,将价值 9000 万元的公司资产以 4000 万元的价格转让给丙公司。关于乙公司的救济,下列说法正确的是:③

A. 乙公司有权请求法院撤销甲公司与丙公司之间的买卖合同

B. 乙公司有权请求确认甲公司与丙公司之间的买卖合同无效

C. 如果乙公司起诉撤销甲公司与丙公司之间的买卖合同,应当自撤销事由发生之日起的 1 年内起诉

D. 如果乙公司请求确认甲公司与丙公司之间的买卖合同无效,则不受 3 年诉讼时效的限制

---

① ABC ② BCD ③ ABD

专题二十 合同的变更、转让和权利义务终止

考点68 合同的变更

250. 2014/3/90/不定项

张某、方某共同出资,分别设立甲公司和丙公司。2013 年 3 月 1 日,甲公司与乙公司签订了开发某房地产项目的《合作协议一》,约定如下:"甲公司将丙公司 10%的股权转让给乙公司,乙公司在协议签订之日起三日内向甲公司支付首付款 4000 万元,尾款 1000 万元在次年 3 月 1 日之前付清。首付款用于支付丙公司从某国土部门购买 A 地块土地使用权。如协议签订之日起三个月内丙公司未能获得 A 地块土地使用权致双方合作失败,乙公司有权终止协议。"

《合作协议一》签订后,乙公司经甲公司指示向张某、方某支付了 4000 万元首付款。张某、方某配合甲公司将丙公司的 10%的股权过户给了乙公司。

2013 年 5 月 1 日,因张某、方某未将前述 4000 万元支付给丙公司致其未能向某国土部门及时付款,A 地块土地使用权被收回挂牌卖掉。

2013 年 6 月 4 日,乙公司向甲公司发函:"鉴于土地使用权已被国土部门收回,故我公司终止协议,请贵公司返还 4000 万元。"甲公司当即回函:"我公司已把股权过户到贵公司名下,贵公司无权终止协议,请贵公司依约支付 1000 万元尾款。"

2013 年 6 月 8 日,张某、方某与乙公司签订了《合作协议二》,对继续合作开发房地产项目做了新的安排,并约定:"本协议签订之日,《合作协议一》自动作废。"丁公司经甲公司指示,向乙公司送达了《承诺函》:"本公司代替甲公司承担 4000 万元的返还义务。"乙公司对此未置可否。

关于张某、方某与乙公司签订的《合作协议二》,下列表述正确的是:①

A. 有效　　　　　　　　　　B. 无效

C. 可变更　　　　　　　　　D.《合作协议一》被《合作协议二》取代

考点69 合同权利的概括转移

251. 2009/3/3/单

甲公司分立为乙丙两公司,约定由乙公司承担甲公司全部债务的

---

① A

清偿责任,丙公司继受甲公司全部债权。关于该协议的效力,下列哪一选项是正确的?①

    A. 该协议仅对乙丙两公司具有约束力,对甲公司的债权人并非当然有效

    B. 该协议无效,应当由乙丙两公司对甲公司的债务承担连带清偿责任

    C. 该协议有效,甲公司的债权人只能请求乙公司对甲公司的债务承担清偿责任

    D. 该协议效力待定,应当由甲公司的债权人选择分立后的公司清偿债务

252. `2013/3/59/多`

债的法定移转指依法使债权债务由原债权债务人转移给新的债权债务人。下列哪些选项属于债的法定移转的情形?②

    A. 保险人对第三人的代位求偿权

    B. 企业发生合并或者分立时对原债权债务的承担

    C. 继承人在继承遗产范围内对被继承人生前债务的清偿

    D. 根据买卖不破租赁规则,租赁物的受让人对原租赁合同的承受

考点70 债权转让与债务承担

253. `2010/3/57/多`

甲向乙借款 300 万元于 2008 年 12 月 30 日到期,丁提供保证担保,丁仅对乙承担保证责任。后乙从甲处购买价值 50 万元的货物,双方约定 2009 年 1 月 1 日付款。2008 年 10 月 1 日,乙将债权让与丙,并于同月 15 日通知甲,但未告知丁。对此,下列哪些选项是正确的?③

    A. 2008 年 10 月 1 日债权让与在乙丙之间生效

    B. 2008 年 10 月 15 日债权让与对甲生效

    C. 2008 年 10 月 15 日甲可向丙主张抵销 50 万元

    D. 2008 年 10 月 15 日后丁的保证债务继续有效

254. `2011/3/12/单`

甲公司对乙公司享有 10 万元债权,乙公司对丙公司享有 20 万元债权。甲公司将其债权转让给丁公司并通知了乙公司,丙公司未经乙公司同意,将其债务转移给戊公司。如丁公司对戊公司提起代位权诉讼,戊公司下列哪一抗辩理由能够成立?④

    A. 甲公司转让债权未获乙公司同意

---

    ① A   ② ABCD   ③ AB   ④ B

　　B. 丙公司转移债务未经乙公司同意

　　C. 乙公司已经要求戊公司偿还债务

　　D. 乙公司、丙公司之间的债务纠纷有仲裁条款约束

255. （2012/3/13/单）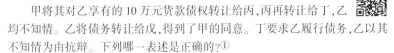

　　甲将其对乙享有的 10 万元货款债权转让给丙,丙再转让给丁,乙均不知情。乙将债务转让给戊,得到了甲的同意。丁要求乙履行债务,乙以其不知情为由抗辩。下列哪一表述是正确的?①

　　A. 甲将债权转让给丙的行为无效

　　B. 丙将债权转让给丁的行为无效

　　C. 乙将债务转让给戊的行为无效

　　D. 如乙清偿 10 万元债务,则享有对戊的求偿权

256. （2012/3/88/不定项）

　　甲公司将 1 台挖掘机出租给乙公司,为担保乙公司依约支付租金,丙公司担任保证人,丁公司以机器设备设置抵押。乙公司欠付 10 万元租金时,经甲公司、丙公司和丁公司口头同意,将 6 万元租金债务转让给戊公司。之后,乙公司为现金周转将挖掘机分别以 45 万元和 50 万元的价格先后出卖给丙公司和丁公司,丙公司和丁公司均已付款,但乙公司没有依约交付挖掘机。

　　因乙公司一直未向甲公司支付租金,甲公司便将挖掘机以 48 万元的价格出卖给王某,约定由乙公司直接将挖掘机交付给王某,王某首期付款 20 万元,尾款 28 万元待收到挖掘机后支付。此事,甲公司通知了乙公司。

　　王某未及取得挖掘机便死亡。王某临终立遗嘱,其遗产由其子大王和小王继承,遗嘱还指定小王为遗嘱执行人。因大王一直在外地工作,同意王某遗产由小王保管,没有进行遗产分割。在此期间,小王将挖掘机出卖给方某,没有征得大王的同意。

　　在乙公司将 6 万元租金债务转让给戊公司之后,关于丙公司和丁公司的担保责任,下列表述正确的是:②

　　A. 丙公司仅需对乙公司剩余租金债务承担担保责任

　　B. 丁公司仅需对乙公司剩余租金债务承担担保责任

　　C. 丙公司仍应承担全部担保责任

　　D. 丁公司仍应承担全部担保责任

---

　　① D　② AB

257. 2013/3/5/单

甲公司与乙银行签订借款合同,约定借款期限自 2010 年 3 月 25 日起至 2011 年 3 月 24 日止。乙银行未向甲公司主张过债权,直至 2013 年 4 月 15 日,乙银行将该笔债权转让给丙公司并通知了甲公司。2013 年 5 月 16 日,丁公司通过公开竞拍购买并接管了甲公司。下列哪一选项是正确的?①

A. 因乙银行转让债权通知了甲公司,故甲公司不得对丙公司主张诉讼时效的抗辩

B. 甲公司债务的诉讼时效从 2013 年 4 月 15 日起中断

C. 丁公司债务的诉讼时效从 2013 年 5 月 16 日起中断

D. 丁公司有权向丙公司主张诉讼时效的抗辩

258. 材料①:2012 年 2 月,甲公司与其全资子公司乙公司签订了《协议一》,约定甲公司将其建设用地使用权用于抵偿其欠乙公司的 2000 万元债务,并约定了仲裁条款。但甲公司未依约将该用地使用权过户到乙公司名下,而是将之抵押给不知情的银行以获贷款,办理了抵押登记。

材料②:同年 4 月,甲公司、丙公司与丁公司签订了了《协议二》,约定甲公司欠丁公司的 5000 万元债务由丙公司承担,且甲公司法定代表人张某为该笔债务提供保证,但未约定保证方式和期间。曾为该 5000 万元负债提供房产抵押担保的李某对《协议二》并不知情。同年 5 月,丁公司债权到期。

材料③:同年 6 月,丙公司丧失偿债能力。丁公司查知乙公司作为丙公司的股东(非发起人),对丙公司出资不实,尚有 3000 万元未注入丙公司。同年 8 月,乙公司既不承担出资不实的赔偿责任,又怠于向甲公司主张权利。

材料④:同年 10 月,甲公司股东戊公司与己公司签订了《协议三》,约定戊公司将其对甲公司享有的 60%股权低价转让给己公司,戊公司承担甲公司此前的所有负债。请回答第(1)、(2)题。

(1) 2013/3/87/不定项

根据材料②,如丁公司主张债权,下列表述正确的是:②

A. 丁公司有权向张某主张

B. 丁公司有权向李某主张

C. 丁公司有权向甲公司主张

D. 丁公司有权向丙公司主张

（2） 2013/3/91/不定项

根据材料④,关于《协议三》中债务承担的法律效力,下列表述正确的是:①

A. 如未通知甲公司债权人,对甲公司债权人不发生效力

B. 如未经甲公司债权人同意,对甲公司债权人不发生效力

C. 因戊公司、己公司恶意串通而无效

D. 对戊公司、己公司有效

259. 2014/3/91/不定项

张某、方某共同出资,分别设立甲公司和丙公司。2013 年 3 月 1 日,甲公司与乙公司签订了开发某房地产项目的《合作协议一》,约定如下:"甲公司将丙公司 10%的股权转让给乙公司,乙公司在协议签订之日起三日内向甲公司支付首付款 4000 万元,尾款 1000 万元在次年 3 月 1 日之前付清。首付款用于支付丙公司从某国土部门购买 A 地块土地使用权。如协议签订之日起三个月内丙公司未能获得 A 地块土地使用权致双方合作失败,乙公司有权终止协议。"

《合作协议一》签订后,乙公司经甲公司指示向张某、方某支付了 4000 万元首付款。张某、方某配合甲公司将丙公司的 10%的股权过户给了乙公司。

2013 年 5 月 1 日,因张某、方某未将前述 4000 万元支付给丙公司致其未能向某国土部门及时付款,A 地块土地使用权被收回挂牌卖掉。

2013 年 6 月 4 日,乙公司向甲公司发函:"鉴于土地使用权已被国土部门收回,故我公司终止协议,请贵公司返还 4000 万元。"甲公司当即回函:"我公司已把股权过户到贵公司名下,贵公司无权终止协议,请贵公司依约支付 1000 万元尾款。"

2013 年 6 月 8 日,张某、方某与乙公司签订了《合作协议二》,对继续合作开发房地产项目做了新的安排,并约定:"本协议签订之日,《合作协议一》自动作废。"丁公司经甲公司指示,向乙公司送达了《承诺函》:"本公司代替甲公司承担 4000 万元的返还义务。"乙公司对此未置可否。

关于丁公司的《承诺函》,下列表述正确的是:②

A. 构成单方允诺

B. 构成保证

C. 构成并存的债务承担

---

① BD ② AC

D. 构成免责的债务承担

260. 2015/3/12/单

甲、乙两公司签订协议,约定甲公司向乙公司采购面包券。双方交割完毕,面包券上载明"不记名、不挂失、凭券提货"。甲公司将面包券转让给张某,后张某因未付款等原因被判处合同诈骗罪。面包券全部流入市场。关于协议和面包券的法律性质,下列哪一表述是正确的?①

A. 面包券是一种物权凭证

B. 甲公司有权解除与乙公司的协议

C. 如甲公司通知乙公司停止兑付面包券,乙公司应停止兑付

D. 如某顾客以合理价格从张某处受让面包券,该顾客有权请求乙公司兑付

261. 2015/3/88/不定项

甲公司、乙公司签订的《合作开发协议》约定,合作开发的 A 区房屋归甲公司、B 区房屋归乙公司。乙公司与丙公司签订《委托书》,委托丙公司对外销售房屋。《委托书》中委托人签字盖章处有乙公司盖章和法定代表人王某签字,王某同时也是甲公司法定代表人。张某查看《合作开发协议》和《委托书》后,与丙公司签订《房屋预订合同》,约定:"张某向丙公司预付房款30 万元,购买 A 区房屋一套。待取得房屋预售许可证后,双方签订正式合同。"丙公司将房款用于项目投资,全部亏损。后王某向张某出具《承诺函》:如张某不闹事,将协调甲公司卖房给张某。但甲公司取得房屋预售许可后,将 A 区房屋全部卖与他人。张某要求甲公司、乙公司和丙公司退回房款。张某与李某签订《债权转让协议》,将该债权转让给李某,通知了甲、乙、丙二公司。因李某未按时支付债权转让款,张某又将债权转让给方某,也通知了甲、乙、丙三公司。

关于 30 万元预付房款,下列表述正确的是:②

A. 由丙公司退给李某   B. 由乙公司和丙公司退给李某

C. 由丙公司退给方某   D. 由乙公司和丙公司退给方某

262. 2017/3/9/单

甲经乙公司股东丙介绍购买乙公司矿粉,甲依约预付了 100 万元货款,乙公司仅交付部分矿粉,经结算欠甲 50 万元货款。乙公司与丙商议,由

---

① D ② A

乙公司和丙以欠款人的身份向甲出具欠条。其后,乙公司未按期支付。关于丙在欠条上签名的行为,下列哪一选项是正确的?①

A. 构成第三人代为清偿　　B. 构成免责的债务承担

C. 构成并存的债务承担　　D. 构成无因管理

考点71 合同的消灭:合同解除

263. （2009/3/11/单）

关于合同解除的表述,下列哪一选项是正确的?②

A. 赠与合同的赠与人享有任意解除权

B. 承揽合同的承揽人享有任意解除权

C. 没有约定保管期间保管合同的保管人享有任意解除权

D. 中介合同的中介人享有任意解除权

264. （2011/3/13/单）

甲公司与乙公司签订并购协议:"甲公司以1亿元收购乙公司在丙公司中51%的股权。若股权过户后,甲公司未支付收购款,则乙公司有权解除并购协议。"后乙公司依约履行,甲公司却分文未付。乙公司向甲公司发送一份经过公证的《通知》:"鉴于你公司严重违约,建议双方终止协议,贵方向我方支付违约金;或者由贵方提出解决方案。"3日后,乙公司又向甲公司发送《通报》:"鉴于你公司严重违约,我方现终止协议,要求你方依约支付违约金。"下列哪一选项是正确的?③

A.《通知》送达后,并购协议解除

B.《通报》送达后,并购协议解除

C. 甲公司对乙公司解除并购协议的权利不得提出异议

D. 乙公司不能既要求终止协议,又要求甲公司支付违约金

265. 张某、方某共同出资,分别设立甲公司和丙公司。2013年3月1日,甲公司与乙公司签订了开发某房地产项目的《合作协议一》,约定如下:"甲公司将丙公司10%的股权转让给乙公司,乙公司在协议签订之日起三日内向甲公司支付首付款4000万元,尾款1000万元在次年3月1日之前付清。首付款用于支付丙公司从某国土部门购买A地块土地使用权。如协议签订之日起三个月内丙公司未能获得A地块土地使用权致双方合作失败,乙公司有权终止协议。"

---

① C　② C　③ B

《合作协议一》签订后,乙公司经甲公司指示向张某、方某支付了 4000 万元首付款。张某、方某配合甲公司将丙公司的 10% 的股权过户给了乙公司。

2013 年 5 月 1 日,因张某、方某未将前述 4000 万元支付给丙公司致其未能向某国土部门及时付款,A 地块土地使用权被收回挂牌卖掉。

2013 年 6 月 4 日,乙公司向甲公司发函:"鉴于土地使用权已被国土部门收回,故我公司终止协议,请贵公司返还 4000 万元。"甲公司当即回函:"我公司已把股权过户到贵公司名下,贵公司无权终止协议,请贵公司依约支付1000 万元尾款。"

2013 年 6 月 8 日,张某、方某与乙公司签订了《合作协议二》,对继续合作开发房地产项目做了新的安排,并约定:"本协议签订之日,《合作协议一》自动作废。"丁公司经甲公司指示,向乙公司送达了《承诺函》:"本公司代替甲公司承担 4000 万元的返还义务。"乙公司对此未置可否。请回答第(1)、(2)题。

(1) 2014/3/87/不定项

关于 2013 年 6 月 4 日乙公司向甲公司发函,下列表述正确的是:①

 A. 行使的是约定解除权 B. 行使的是法定解除权

 C. 有权要求返还 4000 万元 D. 无权要求返还 4000 万元

(2) 2014/3/89/不定项

关于甲公司的回函,下列表述正确的是:②

 A. 甲公司对乙公司解除合同提出了异议

 B. 甲公司对乙公司提出的异议理由成立

 C. 乙公司不向甲公司支付尾款构成违约

 D. 乙公司可向甲公司主张不安抗辩权拒不向甲公司支付尾款

考点 72 合同的消灭:其他方式

266. 2012/3/14/单

乙在甲提存机构办好提存手续并通知债权人丙后,将 2 台专业相机、2 台天文望远镜交甲提存。后乙另向丙履行了提存之债,要求取回提存物。但甲机构工作人员在检修自来水管道时因操作不当引起大水,致乙交存的物品严重毁损。下列哪一选项是错误的?③

 A. 甲机构构成违约行为

---

 ① AC ② A ③ D

B. 甲机构应承担赔偿责任

C. 乙有权主张赔偿财产损失

D. 丙有权主张赔偿财产损失

专题二十一　违约责任

考点73　违约责任的构成与免责

267. （2009/3/57/多）

孙女士于 2004 年 5 月 1 日从某商场购买一套化妆品,使用后皮肤红肿出疹,就医不愈花费巨大。2005 年 4 月,孙女士多次交涉无果将商场诉至法院。下列哪些说法是正确的?①

A. 孙女士可以要求商场承担违约责任

B. 孙女士可以要求商场承担侵权责任

C. 孙女士可以要求商场承担缔约过失责任

D. 孙女士可以要求撤销合同

268. （2015/3/58/多）

赵某从商店购买了一台甲公司生产的家用洗衣机,洗涤衣物时,该洗衣机因技术缺陷发生爆裂,叶轮飞出造成赵某严重人身损害并毁坏衣物。赵某的下列哪些诉求是正确的?②

A. 商店应承担更换洗衣机或退货、赔偿衣物损失和赔偿人身损害的违约责任

B. 商店应按违约责任更换洗衣机或者退货,也可请求甲公司按侵权责任赔偿衣物损失和人身损害

C. 商店或者甲公司应赔偿因洗衣机缺陷造成的损害

D. 商店或者甲公司应赔偿物质损害和精神损害

269. （法考回忆题/多）

张大爷有一养育多年的宠物狗,感情颇深。因为搬家,张大爷与甲公司订立了宠物托运合同,甲公司又与乙快递公司订立了运输合同。乙快递公司员工朱某为了节省成本擅自改变了运输方式导致宠物狗死亡,张大爷因伤心过度致心脏病复发住院一周。关于张大爷可采取的救济方式,下列哪

---

① AB　② ABCD

些说法是正确的?①

  A. 要求甲公司承担违约责任

  B. 要求乙公司承担违约责任

  C. 要求朱某承担赔偿责任

  D. 请求违约赔偿,也可以一并主张精神损害赔偿

270. （法考回忆题/单）

甲因参加某自行车比赛,在乙处购买自行车,约定由乙运输。乙在运输途中遭遇山洪暴发,道路完全阻断,抢修数日后才通行。乙运输到目的地时,自行车比赛已经结束。对此,下列哪一说法是正确的?②

  A. 甲有权以合同目的无法实现为由解除合同

  B. 乙应承担迟延履行的违约责任

  C. 不可抗力是乙应承担的商业风险

  D. 乙无权因不可抗力主张免除违约责任

考点74 违约责任的形式

271. 甲公司与乙公司签订了一份手机买卖合同,约定:甲公司供给乙公司某型号手机 1000 部,每部单价 1000 元,乙公司支付定金 30 万元,任何一方违约应向对方支付合同总价款 30% 的违约金。合同签订后,乙公司向甲公司支付了 30 万元定金,并将该批手机转售给丙公司,每部单价 1100 元,指明由甲公司直接交付给丙公司。但甲公司未按约定期间交货。请回答（1）~（3）题。

（1）（2010/3/91/不定项）

  关于返还定金和支付违约金,乙公司向甲公司提出请求,下列表述正确的是:③

  A. 请求甲公司双倍返还定金 60 万元并支付违约金 30 万元

  B. 请求甲公司双倍返还定金 40 万元并支付违约金 30 万元

  C. 请求甲公司双倍返还定金 60 万元或者支付违约金 30 万元

  D. 请求甲公司双倍返还定金 40 万元或者支付违约金 30 万元

（2）（2010/3/92/不定项）

  关于甲公司违约时继续履行债务,下列表述错误的是:④

  A. 乙公司在请求甲公司支付违约金以后,就不能请求其继续履行债务

---

  ① AD ② A ③ D ④ AC

B. 乙公司在请求甲公司支付违约金的同时,还可请求其继续履行债务

C. 乙公司在请求甲公司继续履行债务以后,就不能请求其支付违约金

D. 乙公司可选择请求甲公司支付违约金,或请求其继续履行债务

(3) 2010/3/93/不定项

关于甲、乙、丙公司间违约责任的承担,下列表述正确的是:①

A. 如乙公司未向丙公司承担违约责任,则丙公司有权请求甲公司向自己承担违约责任

B. 如乙公司未向丙公司承担违约责任,则丙公司无权请求甲公司向自己承担违约责任

C. 如甲公司迟延向丙公司交货,则丙公司有权请求乙公司承担迟延交货的违约责任

D. 如甲公司迟延向丙公司交货,则丙公司无权请求乙公司承担迟延交货的违约责任

272. 2012/3/1/单

张某从银行贷得 80 万元用于购买房屋,并以该房屋设定了抵押。在借款期间房屋被洪水冲毁。张某尽管生活难,仍想方设法还清了银行贷款。对此,周围多有议论。根据社会主义法治理念和民法有关规定,下列哪一观点可以成立?②

A. 甲认为,房屋被洪水冲毁属于不可抗力,张某无须履行还款义务。坚持还贷是多此一举

B. 乙认为,张某已不具备还贷能力,无须履行还款义务。坚持还贷是为难自己

C. 丙认为,张某对房屋的毁损没有过错,且此情况不止一家,银行应将贷款作坏账处理。坚持还贷是一厢情愿

D. 丁认为,张某与银行的贷款合同并未因房屋被冲毁而消灭。坚持还贷是严守合约、诚实信用

273. 2013/3/14/单

甲乙签订一份买卖合同,约定违约方应向对方支付 18 万元违约金。后甲违约,给乙造成损失 15 万元。下列哪一表述是正确的?③

A. 甲应向乙支付违约金 18 万元,不再支付其他费用或者赔偿损失

---

① BC ② D ③ A

B. 甲应向乙赔偿损失 15 万元,不再支付其他费用或者赔偿损失

C. 甲应向乙赔偿损失 15 万元并支付违约金 18 万元,共计 33 万元

D. 甲应向乙赔偿损失 15 万元及其利息

274． 2017/3/13/单

甲、乙两公司约定:甲公司向乙公司支付 5 万元研发费用,乙公司完成某专用设备的研发生产后双方订立买卖合同,将该设备出售给甲公司,价格暂定为 100 万元,具体条款另行商定。乙公司完成研发生产后,却将该设备以 120 万元卖给丙公司,甲公司得知后提出异议。下列哪一选项是正确的?①

A. 甲、乙两公司之间的协议系承揽合同

B. 甲、乙两公司之间的协议系附条件的买卖合同

C. 乙、丙两公司之间的买卖合同无效

D. 甲公司可请求乙公司承担违约责任

275． 法考回忆题/多

王某在李某的手机店内购买一部新手机,使用一个月后出现故障,遂去张某的维修店维修,发现该手机在购买前有使用记录,属于翻新机。对此,王某的下列哪些做法是正确的?②

A. 请求李某返还部分手机款

B. 解除手机买卖合同

C. 基于显失公平撤销手机买卖合同

D. 基于欺诈撤销手机买卖合同

专题二十二　转移财产权利合同

考点75 买卖合同的成立与风险负担

276． 2013/3/61/多

甲乙约定卖方甲负责将所卖货物运送至买方乙指定的仓库。甲如约交货,乙验收收货,但甲未将产品合格证和原产地证明文件交给乙。乙已经支付 80% 的货款。交货当晚,因山洪暴发,乙仓库内的货物全部毁损。下列哪些表述是正确的?③

---

① D ② ABD ③ AB

A. 乙应当支付剩余 20% 的货款

B. 甲未交付产品合格证与原产地证明,构成违约,但货物损失由乙承担

C. 乙有权要求解除合同,并要求甲返还已支付的 80% 货款

D. 甲有权要求乙支付剩余的 20% 货款,但应补交已经毁损的货物

277． 2016/3/57/多

甲公司借用乙公司的一套设备,在使用过程中不慎损坏一关键部件,于是甲公司提出买下该套设备,乙公司同意出售。双方还口头约定在甲公司支付价款前,乙公司保留该套设备的所有权。不料在支付价款前,甲公司生产车间失火,造成包括该套设备在内的车间所有财物被烧毁。对此,下列哪些选项是正确的?①

A. 乙公司已经履行了交付义务,风险责任应由甲公司负担

B. 在设备被烧毁时,所有权属于乙公司,风险责任应由乙公司承担

C. 设备虽然已经被烧毁,但甲仍然需要支付原定价款

D. 双方关于该套设备所有权保留的约定应采用书面形式

考点76 一物多卖

278． 2013/3/11/单

甲有件玉器,欲转让,与乙签订合同,约好 10 日后交货付款;第二天,丙见该玉器,愿以更高的价格购买,甲遂与丙签订合同,丙当即支付了 80% 的价款,约好 3 天后交货;第三天,甲又与丁立合同,将该玉器卖给丁,并当场交付,但丁仅支付了 30% 的价款。后乙、丙均要求甲履行合同,诉至法院。下列哪一表述是正确的?②

A. 应认定丁取得了玉器的所有权

B. 应支持丙要求甲交付玉器的请求

C. 应支持乙要求甲交付玉器的请求

D. 第一份合同有效,第二、三份合同均无效

279． 2016/3/12/单

甲为出售一台挖掘机分别与乙、丙、丁、戊签订买卖合同,具体情形如下:2016 年 3 月 1 日,甲胁迫乙订立合同,约定货到付款;4 月 1 日,甲与丙签订合同,丙支付 20% 的货款;5 月 1 日,甲与丁签订合同,丁支付全部货款;6 月 1 日,甲与戊签订合同,甲将挖掘机交付给戊。上述买受人均要求实际履行合同,

---

① AC ② A

就履行顺序产生争议。关于履行顺序,下列哪一选项是正确的?①

  A. 戊、丙、丁、乙　　　　　　　B. 戊、丁、丙、乙

  C. 乙、丁、丙、戊　　　　　　　D. 丁、戊、乙、丙

考点77 特种买卖合同

280. 2009/3/59/多

  曾某购买某汽车销售公司的轿车一辆,总价款 20 万元,约定分 10 次付清,每次两万元,每月的第一天支付。曾某按期支付六次共计 12 万元后,因该款汽车大幅降价,曾某遂停止付款,经催告后,依然不履行。下列哪些表述是正确的?②

  A. 汽车销售公司有权要求曾某一次性付清余下的 8 万元价款

  B. 汽车销售公司有权通知曾某解除合同

  C. 汽车销售公司有权收回汽车,并且收取曾某汽车使用费

  D. 汽车销售公司有权收回汽车,但不退还曾某已经支付的 12 万元价款

281. 2012/3/9/单

  甲将其 1 辆汽车出卖给乙,约定价款 30 万元。乙先付了 20 万元,余款在 6 个月内分期支付。在分期付款期间,甲先将汽车交付给乙,但明确约定付清全款后甲才将汽车的所有权移转给乙。嗣后,甲又将该汽车以 20 万元的价格卖给不知情的丙,并以指示交付的方式完成交付。下列哪一表述是正确的?③

  A. 在乙分期付款期间,汽车已经交付给乙,乙即取得汽车的所有权

  B. 在乙分期付款期间,汽车虽然已经交付给乙,但甲保留了汽车的所有权,故乙不能取得汽车的所有权

  C. 丙对甲、乙之间的交易不知情,可以依据善意取得制度取得汽车所有权

  D. 丙不能依甲的指示交付取得汽车所有权

282. 2016/3/61/多 新法改编

  周某以 6000 元的价格向吴某出售一台电脑,双方约定五个月内付清货款,每月支付 1200 元,在全部价款付清前电脑所有权不转移。合同生效后,周某将电脑交给吴某使用。其间,电脑出现故障,吴某将电脑交周某修理,但周某修好后以 6200 元的价格将该电脑出售并交付给不知情的王某。对

---

  ① A　② ABC　③ B

此,下列哪些说法是正确的?①

A. 王某可以取得该电脑所有权

B. 在吴某无力支付最后一个月的价款时,经催告后合理期限内不履行的,周某可行使取回权

C. 如吴某未支付到期货款达 1800 元,经催告后合理期限内不履行的,周某可要求其一次性支付剩余货款

D. 如吴某未支付到期货款达 1800 元,经催告后合理期限内不履行的,周某可要求解除合同,并要求吴某支付一定的电脑使用费

283. 法考回忆题/多

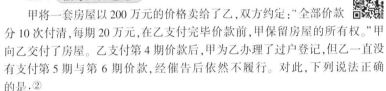

甲将一套房屋以 200 万元的价格卖给了乙,双方约定:"全部价款分 10 次付清,每期 20 万元,在乙支付完毕价款前,甲保留房屋的所有权。"甲向乙交付了房屋。乙支付第 4 期价款后,甲为乙办理了过户登记,但乙一直没有支付第 5 期与第 6 期价款,经催告后依然不履行。对此,下列说法正确的是:②

A. 房屋所有权人依然是甲

B. 乙已经取得房屋的所有权

C. 甲有权请求乙一次支付剩余的全部价款

D. 甲有权解除房屋买卖合同,并请求乙返还房屋

考点78 商品房买卖合同

284. 2012/3/10/单

甲公司未取得商铺预售许可证,便与李某签订了《商铺认购书》,约定李某支付认购金即可取得商铺优先认购权,商铺正式认购时甲公司应优先通知李某选购。双方还约定了认购面积和房价,但对楼号、房型未作约定。李某依约支付了认购金。甲公司取得预售许可后,未通知李某前来认购,将商铺售罄。关于《商铺认购书》,下列哪一表述是正确的?③

A. 无效,因甲公司未取得预售许可证即对外销售

B. 不成立,因合同内容不完整

C. 甲公司未履行通知义务,构成根本违约

D. 甲公司须承担继续履行的违约责任

---

① ACD　② BCD　③ C

285． 2016/3/13/单

2013 年甲购买乙公司开发的商品房一套，合同约定面积为 135 平米。2015 年交房时，住建部门的测绘报告显示，该房的实际面积为 150 平米。对此，下列哪一说法是正确的？①

A. 房屋买卖合同存在重大误解，乙公司有权请求予以撤销

B. 甲如在法定期限内起诉请求解除房屋买卖合同，法院应予支持

C. 如双方同意房屋买卖合同继续履行，甲应按实际面积支付房款

D. 如双方同意房屋买卖合同继续履行，甲仍按约定面积支付房款

考点79 供用电、水、气、热力合同

286． 2017/3/55/多

九华公司在未接到任何事先通知的情况下突然被断电，遭受重大经济损失。下列哪些情况下供电公司应承担赔偿责任？②

A. 因供电设施检修中断供电

B. 为保证居民生活用电而拉闸限电

C. 因九华公司违法用电而中断供电

D. 因电线被超高车辆挂断而断电

287． 2014/3/60/多

甲公司与小区业主吴某订立了供热合同。因吴某要出国进修半年，向甲公司申请暂停供热未果，遂拒交上一期供热费。下列哪些表述是正确的？③

A. 甲公司可以直接解除供热合同

B. 经催告吴某在合理期限内未交费，甲公司可以解除供热合同

C. 经催告吴某在合理期限内未交费，甲公司可以中止供热

D. 甲公司可以要求吴某承担违约责任

考点80 赠与合同

288． 2014/3/4/单

宗某患尿毒症，其所在单位甲公司组织员工捐款 20 万元用于救治宗某。此 20 万元存放于专门设立的账户中。宗某医治无效死亡，花了 15 万元医疗费。关于余下 5 万元，下列哪一表述是正确的？④

---

① B　② ABCD　③ CD　④ D

A. 应归甲公司所有　　　　　　B. 应归宗某继承人所有

C. 应按比例退还员工　　　　　D. 应用于同类公益事业

289.　**2014/3/61/多**

甲公司员工魏某在公司年会抽奖活动中中奖,依据活动规则,公司资助中奖员工子女次年的教育费用,如员工离职,则资助失效。下列哪些表述是正确的?①

A. 甲公司与魏某成立附条件赠与

B. 甲公司与魏某成立附义务赠与

C. 如魏某次年离职,甲公司无给付义务

D. 如魏某次年未离职,甲公司在给付前可撤销资助

290.　**法考回忆题/单**

59 岁的甲男与 25 岁的乙女约定,若乙好好照顾甲,婚后甲就将自己名下的唯一一套住房赠与乙,乙表示同意。婚后甲如约将房屋过户给了乙,乙对甲冷漠至极,并将甲赶出家门。对此,下列说法正确的是:②

A. 甲可向法院主张撤销该婚姻

B. 甲可主张与乙之间的婚姻无效

C. 甲可撤销对于乙的赠与

D. 赠与是真实意思,甲不能撤销

考点81 借款合同

291.　**2015/3/51/多**

自然人甲与乙签订了年利率为 30%、为期 1 年的 1000 万元借款合同。后双方又签订了房屋买卖合同,约定:"甲把房屋卖给乙,房款为甲的借款本之和。甲须在一年内以该房款分 6 期回购房屋。如甲不回购,乙有权直接取得房屋所有权。"乙交付借款时,甲出具收到全部房款的收据。后甲未按约定回购房屋,也未把房屋过户给乙。因房屋价格上涨至 3000 万元,甲主张偿还借款本息。下列哪些选项是正确的?③

A. 甲乙之间是借贷合同关系,不是房屋买卖合同关系

B. 应在不超过银行同期贷款利率的四倍以内承认借款利息

C. 乙不能获得房屋所有权

D. 因甲未按约定偿还借款,应承担违约责任

---

① AC　② C　③ ACD(原答案为 ABCD)

292. 2017/3/90/不定项

甲服装公司与乙银行订立合同,约定甲公司向乙银行借款 300 万元,用于购买进口面料。同时,双方订立抵押合同,约定甲公司以其现有的以及将有的生产设备、原材料、产品为前述借款设立抵押。借款合同和抵押合同订立后,乙银行向甲公司发放了贷款,但未办理抵押登记。之后,根据乙银行要求,丙为此项贷款提供连带责任保证,丁以一台大型挖掘机作质押并交付。

如甲公司违反合同约定将借款用于购买办公用房,则乙银行享有的权利有:①

A. 提前收回借款

B. 解除借款合同

C. 请求甲公司按合同约定支付违约金

D. 对甲公司所购办公用房享有优先受偿权

考点82 租赁合同

293. 2009/3/60/多

甲将自己的一套房屋租给乙住,乙又擅自将房屋租给丙住。丙是个飞镖爱好者,因练飞镖将房屋的墙面损坏。下列哪些选项是正确的?②

A. 甲有权要求解除与乙的租赁合同

B. 甲有权要求乙赔偿墙面损坏造成的损失

C. 甲有权要求丙搬出房屋

D. 甲有权要求丙支付租金

294. 2011/3/57/多

丁某将其所有的房屋出租给方某,方某将该房屋转租给唐某。下列哪些表述是正确的?③

A. 丁某在租期内基于房屋所有权可以对方某主张返还请求权,方某可以基于其与丁某的合法的租赁关系主张抗辩权

B. 方某未经丁某同意将房屋转租,并已实际交付给唐某租用,则丁某无权请求唐某返还房屋

C. 如丁某与方某的租赁合同约定,方某未经丁某同意将房屋转租,丁某有权解除租赁合同,则在合同解除后,其有权请求唐某返还房屋

---

① ABC ② ABC ③ AC

D. 如丁某与方某的租赁合同约定,方某未经丁某同意将房屋转租,丁某有权解除租赁合同,则在合同解除后,在丁某向唐某请求返还房屋时,唐某可以基于与方某的租赁关系进行有效的抗辩

295. （2013/3/10/单）

甲与乙订立房屋租赁合同,约定租期 5 年。半年后,甲将该出租房屋出售给丙,但未通知乙。不久,乙以其房屋优先购买权受侵害为由,请求法院判决丙之间的房屋买卖合同无效。下列哪一表述是正确的?①

A. 甲出售房屋无须通知乙

B. 丙有权根据善意取得规则取得房屋所有权

C. 甲侵害了乙的优先购买权,但甲丙之间的合同有效

D. 甲出售房屋应当征得乙的同意

296. （2014/3/14/单）

孙某与李某签订房屋租赁合同,李某承租后与陈某签订了转租合同,孙某表示同意。但是,孙某在与李某签订租赁合同之前,已经把该房租给了王某并已交付。李某、陈某、王某均要求继续租赁该房屋。下列哪一表述是正确的?②

A. 李某有权要求王某搬离房屋

B. 陈某有权要求王某搬离房屋

C. 李某有权解除合同,要求孙某承担赔偿责任

D. 陈某有权解除合同,要求孙某承担赔偿责任

297. （2015/3/11/单）

甲将房屋租给乙,在租赁期内未通知乙就把房屋出卖并过户给不知情的丙。乙得知后劝丙退出该交易,丙拒绝。关于乙可以采取的民事救济措施,下列哪一选项是正确的?③

A. 请求解除租赁合同,因甲出卖房屋未通知乙,构成重大违约

B. 请求法院确认买卖合同无效

C. 主张由丙承担侵权责任,因丙侵犯了乙的优先购买权

D. 主张由甲承担赔偿责任,因甲出卖房屋未通知乙而侵犯了乙的优先购买权

298. （2015/3/59/多）

甲将其临街房屋和院子出租给乙作为汽车修理场所。经甲同意,

---

① C ② C ③ D

乙先后两次自费扩建多间房屋作为烤漆车间。乙在又一次扩建报批过程中发现,甲出租的全部房屋均未经过城市规划部门批准,属于违章建筑。下列哪些选项是正确的?①

　　A. 租赁合同无效

　　B. 因甲、乙对于扩建房屋都有过错,应分担扩建房屋的费用

　　C. 因甲未告知乙租赁物为违章建筑,乙可解除租赁合同

　　D. 乙可继续履行合同,待违章建筑被有关部门确认并影响租赁物使用时,再向甲主张违约责任

299． `2016/3/60/多`

　　居民甲将房屋出租给乙,乙经甲同意对承租房进行了装修并转租给丙。丙擅自更改房屋承重结构,导致房屋受损。对此,下列哪些选项是正确的?②

　　A. 无论有无约定,乙均有权于租赁期满时请求甲补偿装修费用

　　B. 甲可请求丙承担违约责任

　　C. 甲可请求丙承担侵权责任

　　D. 甲可请求乙承担违约责任

300． `2017/3/8/单`

　　甲以某商铺作抵押向乙银行借款,抵押权已登记,借款到期后甲未偿还。甲提前得知乙银行将起诉自己,在乙银行起诉前将该商铺出租给不知情的丙,预收了1年租金。半年后经乙银行请求,该商铺被法院委托拍卖,由丁竞买取得。下列哪一选项是正确的?③

　　A. 甲与丙之间的租赁合同无效

　　B. 丁有权请求丙腾退商铺,丙有权要求丁退还剩余租金

　　C. 丁有权请求丙腾退商铺,丙无权要求丁退还剩余租金

　　D. 丙有权要求丁继续履行租赁合同

301． `法考回忆题/多`

　　甲、乙签订租房合同,甲将一套房屋租给乙。租赁期限内,甲将房屋卖给丙,办理了过户登记。下列哪些说法是正确的?④

　　A. 租赁期限内,乙有权继续承租该房屋

　　B. 乙可以优先购买权被侵害为由向甲主张赔偿

　　① AB　② CD　③ C　④ ABD

C. 乙可以优先购买权被侵害为由向丙主张赔偿

D. 租赁期满后,若丙要继续出租房屋,乙在同等条件下享有优先承租权

考点83 融资租赁合同

302. 2016/3/88/不定项

甲、乙、丙三人签订合伙协议并开始经营,但未取字号,未登记,也未推举负责人。其间,合伙人与顺利融资租赁公司签订融资租赁合同,租赁淀粉加工设备一台,约定租赁期限届满后设备归承租人所有。合同签订后,出租人按照承租人的选择和要求向设备生产商丁公司支付了价款。

如租赁期间因设备自身原因停机,造成承租人损失。下列说法正确的是:①

A. 出租人应减少租金

B. 应向丁公司修理并赔偿损失

C. 承租人向丁公司请求承担责任时,出租人有协助义务

D. 出租人与丁公司承担连带责任

专题二十三　完成工作交付成果合同

考点84 承揽合同

303. 2014/3/11/单

方某为送汤某生日礼物,特向余某定做一件玉器。订货单上,方某指示余某将玉器交给汤某,并将订货情况告知汤某。玉器制好后,余某委托朱某将玉器交给汤某,朱某不慎将玉器碰坏。下列哪一表述是正确的?②

A. 汤某有权要求余某承担违约责任

B. 汤某有权要求朱某承担侵权责任

C. 方某有权要求朱某承担侵权责任

D. 方某有权要求余某承担违约责任

304. 法考回忆题/不定项

万某自购名贵布料交给佟某,让佟某为其女友量身定制旗袍。因材质复杂,佟某需要额外购入设备,花费5000元。万某与佟某约定6月15日完工,万某预付了2万元工钱(包含5000元设备购置费)。6月13日,万某跟女友分手,通知佟某停止制作旗袍,此时旗袍已经接近完工。下列说法正确的是:③

---

① BC　② D　③ ABC

A. 万某需承担制作旗袍的大部分费用

B. 万某有权解除合同

C. 所购设备所有权归佟某

D. 未完工旗袍所有权由万某、佟某共有

考点85 建设工程合同

305. 2012/3/61/多

甲公司与乙公司签订建设工程施工合同,将工程发包给乙公司施工,约定乙公司垫资1000万元,未约定垫资利息。甲公司、乙公司经备案的中标合同中工程造价为1亿元,但双方私下约定的工程造价为8000万元,均未约定工程价款的支付时间。7月1日,乙公司将经竣工验收合格的建设工程实际交付给甲公司,甲公司一直拖欠工程款。关于乙公司,下列哪些表述是正确的?①

A. 1000万元垫资应按工程欠款处理

B. 有权要求甲公司支付1000万元垫资自7月1日起的利息

C. 有权要求甲公司支付1亿元

D. 有权要求甲公司支付1亿元自7月1日起的利息

306. 2015/3/14/单

甲公司与没有建筑施工资质的某施工队签订合作施工协议,由甲公司投标乙公司的办公楼建筑工程,施工队承建并向甲公司交纳管理费。中标后,甲公司与乙公司签订建筑施工合同。工程由施工队负责施工。办公楼竣工验收合格交付给乙公司。乙公司尚有部分剩余工程款未支付。下列哪一选项是正确的?②

A. 合作施工协议有效

B. 建筑施工合同属于效力待定

C. 施工队有权向甲公司主张工程款

D. 甲公司有权拒绝支付剩余工程款

307. 2017/3/55/多

甲公司以一地块的建设用地使用权作抵押向乙银行借款3000万元,办理了抵押登记。其后,甲公司在该地块上开发建设住宅楼,由丙公司承建。甲公司在取得预售许可后与丁订立了商品房买卖合同,丁交付了80%的

---

① ABCD　② C

购房款。现住宅楼已竣工验收,但甲公司未能按期偿还乙银行借款,并欠付丙公司工程款 1500 万元,乙银行和丙公司同时主张权利,法院拍卖了该住宅楼。下列哪些选项是正确的?①

    A. 乙银行对建设用地使用权拍卖所得价款享有优先受偿权

    B. 乙银行对该住宅楼拍卖所得价款享有优先受偿权

    C. 丙公司对该住宅楼及其建设用地使用权的优先受偿权优先于乙银行的抵押权

    D. 丙公司对该住宅楼及其建设用地使用权的优先受偿权不得对抗丁对其所购商品房的权利

308. 〔法考回忆题/单〕

甲公司将某工程以 100 万元的价格发包给乙公司,乙公司以 80 万元的价格转包给刘某,并预付给刘某 20 万元。刘某实际完成了工程施工且验收合格。后乙公司资不抵债,刘某起诉甲公司要求其支付工程款 60 万元,法院追加乙公司为第三人,刘某未变更诉讼请求。后法院查明,甲公司尚欠付乙公司 50 万元工程款。关于法院的判决,下列哪一选项是正确的?②

    A. 判决甲公司支付刘某 50 万元

    B. 判决甲公司支付刘某 60 万元

    C. 判决甲公司支付刘某 50 万元,乙公司支付刘某 10 万元

    D. 判决乙公司支付刘某 60 万元

专题二十四　提供劳务合同

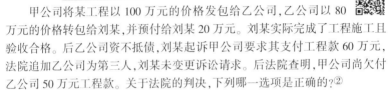

考点86 运输合同

309. 〔法考回忆题/多〕

甲带 3 岁孩子(按规定免票)乘坐长途客车,途中客车与乙驾驶的轿车相撞发生交通事故。甲身体受轻伤,随身携带的电脑摔坏,就医花费 1000 元,修理电脑花费 2000 元。孩子造成脑震荡,就医花费 5 万元。对此,下列说法正确的是:③

    A. 若客车司机无过错,则对于电脑损失客运公司不需要承担责任

    B. 孩子的损失,可请求客运公司承担责任

    C. 孩子免票,公司不承担责任

---

① ACD　② A　③ ABD

D. 甲有权请求客运公司与乙承担连带责任

考点87 保管合同与仓储合同

310． 2010/3/61/多

关于保管合同和仓储合同,下列哪些说法是错误的?①

A. 二者都是有偿合同

B. 二者都是实践性合同

C. 寄存人和存货人均有权随时提取保管物或仓储物而无须承担责任

D. 因保管人保管不善造成保管或仓储物毁损、灭失的,保管人承担严格责任

311． 法考回忆题/单

甲与乙银行签订了《银行保险柜协议》,期限为 10 年,保险柜的钥匙由甲自己保管。合同签订后甲在该保险柜中放入若干金条。关于《银行保险柜协议》的合同性质,下列哪一说法是正确的?②

A. 租赁合同

B. 保管合同

C. 仓储合同

D. 委托合同

312． 法考回忆题/不定项

外卖小哥甲在送外卖路上看见乙跳河自杀,于是将自己的手机等财物交给路人丙保管,从十米高的桥上跳下去救人,导致背部受伤。救助过程中,乙因不断挣扎致手臂脱臼。路人丙由于专注于现场,不慎将甲的手机摔坏。对此,下列说法正确的是:③

A. 甲有权请求丙赔偿手机的损失

B. 甲有权请求乙赔偿手机的损失

C. 甲可以请求乙适当补偿其人身损害

D. 甲应赔偿乙的人身损害

考点88 委托合同

313． 2013/3/60/多

某律师事务所指派吴律师担任某案件的一、二审委托代理人。第一

---

① ABCD ② B ③ C

次开庭后,吴律师感觉案件复杂,本人和该事务所均难以胜任,建议不再继续代理。但该事务所坚持代理。一审判决委托人败诉。下列哪些表述是正确的?①

A. 律师事务所有权单方解除委托合同,但须承担赔偿责任

B. 律师事务所在委托人一审败诉后不能单方解除合同

C. 即使一审胜诉,委托人也可解除委托合同,但须承担赔偿责任

D. 只有存在故意或者重大过失时,该律师事务所才对败诉承担赔偿责任

考点89 物业服务合同

314. （2010/3/8/单） 新法改编

北林公司是某小区业主选聘的物业服务企业。关于业主与北林公司的权利义务,下列哪一选项是正确的?②

A. 北林公司公开作出的服务承诺及制定的服务细则,不是物业服务合同的组成部分

B. 业主甲将房屋租给他人使用,约定由承租人交纳物业费,北林公司有权请求业主甲对该物业费的交纳承担责任

C. 业主乙拖欠半年物业服务费,北林公司要求业主委员会支付欠款,业主委员会无权拒绝

D. 业主丙出国进修两年返家,北林公司要求其补交两年的物业管理费,丙有权以两年未接受物业服务为由予以拒绝

考点90 行纪合同

315. （2009/3/61/多）

甲将10吨大米委托乙商行出售。双方只约定,乙商行以自己名义对外销售,每公斤售价两元,乙商行的报酬为价款的5%。下列哪些说法是正确的?③

A. 甲与乙商行之间成立行纪合同关系

B. 乙商行为销售大米支出的费用应由自己负担

C. 如乙商行以每公斤2.5元的价格将大米售出,双方对多出价款的分配无法达成协议,则应平均分配

D. 如乙商行与丙食品厂订立买卖大米的合同,则乙商行对该合同直接享有权利、承担义务

---

① AC ② B ③ ABD

考点 91 中介合同

316. 2015/3/15/单

刘某与甲房屋中介公司签订合同,委托甲公司帮助出售房屋一套。关于甲公司的权利义务,下列哪一说法是错误的?①

A. 如有顾客要求上门看房时,甲公司应及时通知刘某

B. 甲公司可代刘某签订房屋买卖合同

C. 如促成房屋买卖合同成立,甲公司可向刘某收取报酬

D. 如促成房屋买卖合同成立,甲公司自行承担居间活动费用

考点 92 旅游合同与旅游纠纷

317. 2011/3/60/多

梁某与甲旅游公司签订合同,约定梁某参加甲公司组织的旅游团赴某地旅游。旅游出发前 15 日,梁某因出差通知甲公司,由韩某替代跟团旅游。旅游行程一半,甲公司不顾韩某反对,将其旅游业务转给乙公司。乙公司组织游客参观某森林公园,该公园所属观光小火车司机操作失误致火车脱轨,韩某遭受重大损害。下列哪些表述是正确的?②

A. 即使甲公司不同意,梁某仍有权将旅游合同转让给韩某

B. 韩某有权请求甲公司和乙公司承担连带责任

C. 韩某有权请求某森林公园承担赔偿责任

D. 韩某有权请求小火车司机承担赔偿责任

318. 2014/3/67/多

甲参加乙旅行社组织的旅游活动。未经甲和其他旅游者同意,乙旅行社将本次业务转让给当地的丙旅行社。丙旅行社聘请丁公司提供大巴运输服务。途中,由于丁公司司机黄某酒后驾驶与迎面违章变道的个体运输户刘某货车相撞,造成甲受伤。甲的下列哪些请求能够获得法院的支持?③

A. 请求丁公司和黄某承担连带赔偿责任

B. 请求黄某与刘某承担连带赔偿责任

C. 请求乙旅行社和丙旅行社承担连带赔偿责任

D. 请求刘某承担赔偿责任

---

① B(原答案为 C) ② ABC ③ CD

专题二十五　技术合同

考点93 技术开发合同

319. 2008/3/62/多

甲研究所与刘某签订了一份技术开发合同,约定由刘某为甲研究所开发一套软件。3个月后,刘某按约定交付了技术成果,甲研究所未按约定支付报酬。由于没有约定技术成果的归属,双方发生争执。下列哪些选项是正确的?①

A. 申请专利的权利属于刘某,但刘某无权获得报酬

B. 申请专利的权利属于刘某,且刘某有权获得约定的报酬

C. 如果刘某转让专利申请权,甲研究所享有以同等条件优先受让的权利

D. 如果刘某取得专利权,甲研究所可以免费实施该专利

320. 2010/3/62/多

甲乙丙三人合作开发一项技术,合同中未约定权利归属。该项技术开发完成后,甲、丙想要申请专利,而乙主张通过商业秘密来保护。对此,下列哪些选项是错误的?②

A. 甲、丙不得申请专利

B. 甲、丙可申请专利,申请批准后专利权归甲、乙、丙共有

C. 甲、丙可申请专利,申请批准后专利权归甲、丙所有,乙有免费实施的权利

D. 甲、丙不得申请专利,但乙应向甲、丙支付补偿费

321. 2010/3/65/多

甲公司聘请乙专职从事汽车发动机节油技术开发。因开发进度没有达到甲公司的要求,甲公司减少了给乙的开发经费。乙于2007年3月辞职到丙公司,获得了更高的薪酬和更多的开发经费。2008年1月,乙成功开发了一种新型汽车节油装置技术。关于该技术专利申请权的归属,下列哪些选项是错误的?③

A. 甲公司　　　　　　　　　　B. 乙

C. 丙公司　　　　　　　　　　D. 甲公司和丙公司共有

---

① BC(原答案为BCD)　② BCD　③ BCD

322. 2011/3/15/单

甲公司与乙公司签订一份技术开发合同,未约定技术秘密成果的归属。甲公司按约支付了研究开发经费和报酬后,乙公司交付了全部技术成果资料。后甲公司在未告知乙公司的情况下,以普通使用许可的方式许可丙公司使用该技术,乙公司在未告知甲公司的情况下,以独占使用许可的方式许可丁公司使用该技术。下列哪一说法是正确的?①

　　A. 该技术成果的使用权仅属于甲公司

　　B. 该技术成果的转让权仅属于乙公司

　　C. 甲公司与丙公司签订的许可使用合同无效

　　D. 乙公司与丁公司签订的许可使用合同无效

考点94 技术转让合同和技术许可合同

323. 2008/3/67/单

甲公司于 2004 年 5 月 10 日申请一项汽车轮胎的实用新型的专利,2007 年 6 月 1 日获得专利权,2008 年 5 月 10 日与乙公司签订一份专利独占实施许可合同。下列哪一选项是正确的?②

　　A. 该合同属于技术转让合同

　　B. 该合同的有效期不得超过 10 年

　　C. 乙公司不得许可第三人实施该专利技术

　　D. 乙公司经甲公司授权可以自己的名义起诉侵犯该专利技术的人

324. 2012/3/16/单

甲公司与乙公司签订一份专利实施许可合同,约定乙公司在专利有效期限内独占实施甲公司的专利技术,并特别约定乙公司不得擅自改进该专利技术。后乙公司根据消费者的反馈意见,在未经甲公司许可的情形下对专利技术做了改进,并对改进技术采取了保密措施。下列哪一说法是正确的?③

　　A. 甲公司有权自己实施该专利技术

　　B. 甲公司无权要求分享改进技术

　　C. 乙公司改进技术侵犯了甲公司的专利权

　　D. 乙公司改进技术属于违约行为

---

　　① D　② C(原答案为 AC)　③ B

325. 〔2013/3/16/单〕

甲公司向乙公司转让了一项技术秘密。技术转让合同履行完毕后,经查该技术秘密是甲公司通过不正当手段从丙公司获得的,但乙公司对此并不知情,且支付了合理对价。下列哪一表述是正确的?①

A. 技术转让合同有效,但甲公司应向丙公司承担侵权责任

B. 技术转让合同无效,甲公司和乙公司应向丙公司承担连带责任

C. 乙公司可在其取得时的范围内继续使用该技术秘密,但应向丙公司支付合理的使用费

D. 乙公司有权要求甲公司返还其支付的对价,但不能要求甲公司赔偿其因此受到的损失

326. 〔2014/3/16/单〕

甲研究院研制出一种新药技术,向我国有关部门申请专利后,与乙制药公司签订了专利申请权转让合同,并依法向国务院专利行政主管部门办理了登记手续。下列哪一表述是正确的?②

A. 乙公司依法获得药品生产许可证之前,专利申请权转让合同未生效

B. 专利申请权的转让合同自向国务院专利行政主管部门登记之日起生效

C. 专利申请权的转让自向国务院专利行政主管部门登记之日起生效

D. 如该专利申请因缺乏新颖性被驳回,乙公司可以不能实现合同目的为由请求解除专利申请权转让合同

考点95 技术服务合同

327. 〔法考回忆题/单〕

甲、乙两公司约定:甲公司委托乙公司制造一个特定的冶炼炉,高20米,宽30米,甲公司提供明确的参数,乙公司准备材料,利用乙公司的技术设计制造完成,并负责安装和后期的维修、保养。该合同属于:③

A. 提供劳务合同

B. 建设工程合同

C. 技术服务合同

D. 买卖合同

---

① C ② C ③ C

专题二十六　合伙合同

考点96 合伙合同

328. （2008/3/4/单）

甲、乙因合伙经商向丙借款3万元,甲于约定时间携带3万元现金前往丙家还款,丙因忘却此事而外出,甲还款未果。甲返回途中,将装有现金的布袋夹放在自行车后座,路经闹市时被人抢夺,不知所踪。下列哪一选项是正确的?①

A. 丙仍有权请求甲、乙偿还3万元借款

B. 丙丧失请求甲、乙偿还3万元借款的权利

C. 丙无权请求乙偿还3万元借款

D. 甲、乙有权要求丙承担此款被抢夺的损失

329. （2009/3/2/单）

王东、李南、张西约定共同开办一家餐馆,王东出资20万元并负责日常经营,李南出资10万元,张西提供家传菜配方,但李南和张西均只参与盈余分配而不参与经营劳动。开业两年后,餐馆亏损严重,李南撤回了出资,并要求王东和张西出具了"餐馆经营亏损与李南无关"的字据。下列哪一选项是正确的?②

A. 王东、李南为合伙人,张西不是合伙人

B. 王东、张西为合伙人,李南不是合伙人

C. 王东、李南、张西均为合伙人

D. 王东和张西所出具的字据无效

330. （2016/3/2/单）

甲企业是由自然人安琚与乙企业(个人独资)各出资50%设立的普通合伙企业,欠丙企业货款50万元,由于经营不善,甲企业全部资产仅剩20万元。现所欠货款到期,相关各方因货款清偿发生纠纷。对此,下列哪一表述是正确的?③

A. 丙企业只能要求安琚与乙企业各自承担15万元的清偿责任

B. 丙企业只能要求甲企业承担清偿责任

---

① A　② C　③ C

C. 欠款应先以甲企业的财产偿还,不足部分由安琚与乙企业承担无限连带责任

D. 就乙企业对丙企业的应偿债务,乙企业投资人不承担责任

331. 甲、乙、丙三人签订合伙协议并开始经营,但未取字号,未登记,也未推举负责人。其间,合伙人与顺利融资租赁公司签订融资租赁合同,租赁淀粉加工设备一台,约定租赁期限届满后设备归承租人所有。合同签订后,出租人按照承租人的选择和要求向设备生产商丁公司支付了价款。请回答(1)、(2)题。

(1) 2016/3/86/不定项

如果承租人不履行支付价款的义务,出租人起诉,适格被告是:①

A. 合伙企业　　　　　　　B. 甲、乙、丙全体

C. 甲、乙、丙中的任何人　　D. 丁公司

(2) 2016/3/87/不定项

乙在经营期间发现风险太大,提出退伙,甲、丙表示同意,并通知了出租人,但出租人表示反对,认为乙退出后会加大合同不履行的风险。下列说法正确的是:②

A. 经出租人同意,乙可以退出

B. 乙可以退出,无需出租人同意

C. 乙必须向出租人提供有效担保后才能退出

D. 乙退出后对合伙债务不承担责任

332. 法考回忆题/多

甲、乙、丙、丁四人签订合伙合同,但未登记为合伙企业。甲、乙、丙推选丁作为合伙事务的执行人,丁在执行合伙事务的过程中,与戊发生口角,并将戊打伤,现在戊欲追究甲、乙、丙、丁及合伙的责任。根据《民法典》,下列哪些说法是正确的?③

A. 甲、乙、丙不应与丁承担连带责任

B. 应由丁自己承担责任

C. 应由合伙承担用人单位责任

D. 应由合伙与丁承担连带责任

---

① BC　② B　③ AB

第五编　人格权

专题二十七　人格权

考点97　生命权、身体权、健康权

333． **2016/3/22/单**

下列哪一情形构成对生命权的侵犯？①

A. 甲女视其长发如生命,被情敌乙尽数剪去

B. 丙应丁要求,协助丁完成自杀行为

C. 戊为报复欲置己于死地,结果将己打成重伤

D. 庚医师因误诊致辛出生即残疾,辛认为庚应对自己的错误出生负责

考点98　姓名权与名称权

334． **2009/3/24/单**

朴某系知名美容专家。某医院未经朴某同意,将其作为医院美容专家在医院网站上使用了朴某照片和简介,且将朴某名字和简介错误地安在了其他专家的照片旁。下列哪一说法是正确的？②

A. 医院未侵犯朴某的姓名权

B. 医院未侵犯朴某的肖像权

C. 医院侵犯了朴某的肖像权和姓名权

D. 医院侵犯了朴某的荣誉权

335． **2010/3/68/多**

女青年牛某因在一档电视相亲节目中言词犀利而受到观众关注,一时应者如云。有网民对其发动"人肉搜索",在相关网站首次披露牛某的曾用名、儿时相片、家庭背景、恋爱史等信息,并有人在网站上捏造牛某曾与某明星有染的情节。关于网民的行为,下列哪些说法是正确的？③

A. 侵害牛某的姓名权　　　B. 侵害牛某的肖像权

C. 侵害牛某的隐私权　　　D. 侵害牛某的名誉权

---

① B　② C　③ BCD(原答案为CD)

336. 2017/3/17/单

高甲患有精神病,其父高乙为监护人。2009 年高甲与陈小乙经人介绍认识,同年 12 月陈小美以其双胞胎妹妹陈小丽的名义与高甲登记结婚,2011 年生育一子高小甲。2012 年高乙得知儿媳的真实姓名为陈小美,遂向法院起诉。诉讼期间,陈小美将一直由其抚养的高小甲户口迁往自己原籍,并将高小甲改名为陈龙,高乙对此提出异议。下列哪一选项是正确的?①

A. 高甲与陈小美的婚姻属无效婚姻

B. 高甲与陈小美的婚姻属可撤销婚姻

C. 陈小美为高小甲改名的行为侵害了高小甲的合法权益

D. 陈小美为高小甲改名的行为未侵害高甲的合法权益

考点99 肖像权

337. 2008/3/15/单

赵某系全国知名演员,张某经多次整容后外形酷似赵某,此后多次参加营利性模仿秀表演,承接并拍摄了一些商业广告。下列哪一选项是正确的?②

A. 张某故意整容成赵某外形的行为侵害了赵某的肖像权

B. 张某整容后参加营利性模仿秀表演侵害了赵某的肖像权

C. 张某整容后承接并拍摄商业广告的行为侵害了赵某的名誉权

D. 张某的行为不构成对赵某人格权的侵害

338. 2010/3/22/单

某"二人转"明星请某摄影爱好者为其拍摄个人写真,摄影爱好者未经该明星同意将其照片卖给崇拜该明星的广告商,广告商未经该明星、摄影爱好者同意将该明星照片刊印在广告单上。对此,下列哪一选项是正确的?③

A. 照片的著作权属于该明星,但由摄影爱好者行使

B. 广告商侵犯了该明星的肖像权

C. 广告商侵犯了该明星的名誉权

D. 摄影爱好者卖照片给广告商,不构成侵权

339. 2011/3/24/单

甲到乙医院做隆鼻手术效果很好。乙为了宣传,分别在美容前后

① D ② D ③ B

对甲的鼻子进行拍照(仅见鼻子和嘴部),未经甲同意将照片发布到丙网站的广告中,介绍该照片时使用甲的真实姓名。丙网站在收到甲的异议后立即作了删除。下列哪一说法是正确的?①

A. 乙医院和丙网站侵犯了甲的姓名权,应承担连带赔偿责任

B. 乙医院和丙网站侵犯了甲的姓名权,应承担按份赔偿责任

C. 乙医院侵犯了甲的姓名权

D. 乙医院和丙网站侵犯了甲的姓名权和肖像权,但丙网站可免于承担赔偿责任

340. 2017/3/21/单

摄影爱好者李某为好友丁某拍摄了一组生活照,并经丁某同意上传于某社交媒体群中。蔡某在社交媒体群中看到后,擅自将该组照片上传于某营利性摄影网站,获得报酬若干。对蔡某的行为,下列哪一说法是正确的?②

A. 侵害了丁某的肖像权和身体权

B. 侵害了丁某的肖像权和李某的著作权

C. 侵害了丁某的身体权和李某的著作权

D. 不构成侵权

341. 法考回忆题/单

大厨刘某擅长烧菜,在直播平台制作发布了视频《老刘油爆大虾》。李某看到后,用AI换脸技术制作发布了视频《老李油爆大虾》,视频其他内容均未改动。李某侵犯了刘某的下列哪一权利?③

A. 肖像权　　　　　　　　B. 姓名权

C. 名誉权　　　　　　　　D. 著作权

考点100 名誉权

342. 2008/3/61/多

张某旅游时抱着当地一小女孩拍摄了一张照片,并将照片放在自己的博客中,后来发现该照片被用在某杂志的封面,并配以"母女情深"的文字说明。张某并未结婚,朋友看到杂志后纷纷询问张某,熟人对此也议论纷纷,张某深受困扰。下列哪些说法是正确的?④

A. 杂志社侵害了张某的肖像权

---

① C　② B　③ D　④ ABD

B. 杂志社侵害了张某的名誉权

C. 杂志社侵害了张某的隐私权

D. 张某有权向杂志社要求精神损害赔偿

343. 〔2011/3/66/多〕

甲女委托乙公司为其拍摄一套艺术照。不久,甲女发现丙网站有其多张半裸照片,受到众人嘲讽和指责。经查,乙公司未经甲女同意将其照片上传到公司网站做宣传,丁男下载后将甲女头部移植至他人半裸照片,上传到丙网站。下列哪些说法是正确的?①

A. 乙公司侵犯了甲女的肖像权

B. 丁男侵犯了乙公司的著作权

C. 丁男侵犯了甲女的名誉权

D. 甲女有权主张精神损害赔偿

344. 〔2013/3/22/多〕

甲用其拾得的乙的身份证在丙银行办理了信用卡,并恶意透支,致使乙的姓名被列入银行不良信用记录名单。经查,丙银行在办理发放信用卡之前,曾通过甲在该行留下的乙的电话(实为甲的电话)核实乙是否申请办理了信用卡。根据我国现行法律规定,下列哪些表述是正确的?②

A. 甲侵犯了乙的姓名权

B. 甲侵犯了乙的名誉权

C. 甲侵犯了乙的信用权

D. 丙银行不应承担责任

考点101 隐私权

345. 〔2015/3/66/多〕

张某毕业要去外地工作,将自己贴身生活用品、私密照片及平板电脑等装箱交给甲快递公司运送。张某在箱外贴了"私人物品,严禁打开"的字条。张某到外地收到快递后察觉有异,经查实,甲公司工作人员李某曾翻看箱内物品,并损坏了平板电脑。下列哪些选项是正确的?③

A. 甲公司侵犯了张某的隐私权

B. 张某可请求甲公司承担精神损害赔偿责任

C. 张某可请求甲公司赔偿平板电脑的损失

---

① ABCD ② AB(原答案为 A) ③ AC

D. 张某可请求甲公司和李某承担连带赔偿责任

考点 102 个人信息保护

346． 2017/3/20/单

张某因出售公民个人信息被判刑,孙某的姓名、身份证号码、家庭住址等信息也在其中,买方是某公司。下列哪一选项是正确的?①

A. 张某侵害了孙某的身份权

B. 张某侵害了孙某的名誉权

C. 张某侵害了孙某对其个人信息享有的民事权益

D. 某公司无须对孙某承担民事责任

考点 103 人格权的保护

347． 2010/3/69/多

张某因病住院,医生手术时误将一肾脏摘除。张某向法院起诉,要求医院赔偿治疗费用和精神损害抚慰金。法院审理期间,张某术后感染医治无效死亡。关于此案,下列哪些说法是正确的?②

A. 医院侵犯了张某的健康权和生命权

B. 张某继承人有权继承张某的医疗费赔偿请求权

C. 张某继承人有权继承张某的精神损害抚慰金请求权

D. 张某死后其配偶、父母和子女有权另行起诉,请求医院赔偿自己的精神损害

348． 2017/3/65/多

乙女与甲男婚后多年未生育,后甲男发现乙女因不愿生育曾数次擅自中止妊娠,为此甲男多次殴打乙女。乙女在被打住院后诉至法院要求离婚并请求损害赔偿,甲男以生育权被侵害为由提起反诉,请求乙女赔偿其精神损害。法院经调解无效,拟判决双方离婚。下列哪些选项是正确的?③

A. 法院应支持乙女的赔偿请求

B. 乙女侵害了甲男的生育权

C. 乙女侵害了甲男的人格尊严

D. 法院不应支持甲男的赔偿请求

---

① C ② ABD(原答案为 ABCD) ③ AD

考点 104 死者人格利益保护

349. 〔法考回忆题/单〕

某日,甲得知前不久某路桥工程公司在朱楼村公墓附近修路时,不慎挖到了其舅舅的墓地,将其舅舅的骨灰盒碰裂。甲恼羞成怒,向公司索赔,主张精神损害赔偿 100 万元。公司认为,修路是为公共利益,确有碰裂事实,但及时修复,不应支付高额赔偿费用。甲于是向法院起诉。对此,下列说法正确的是:①

A. 支持甲的全部请求　　　　B. 驳回甲的诉讼请求

C. 不予受理　　　　D. 支持甲的部分诉讼请求

第六编　婚姻家庭

专题二十八　结　婚

考点 105 结婚

350. 〔2009/3/19/多〕

甲男与乙女通过网聊恋爱,后乙提出分手遭甲威胁,乙无奈遂与甲办理了结婚登记。婚后乙得知,甲婚前就患有医学上不应当结婚的疾病且久治不愈,乙向法院起诉离婚。下列哪些说法是正确的?②

A. 若乙请求撤销婚姻,法院应判决撤销该婚姻

B. 法院应判决宣告该婚姻无效

C. 法院判决离婚的,乙可以请求甲赔偿损失

D. 当事人可以对法院的处理结果依法提起上诉

351. 〔2011/3/22/单〕

甲与乙登记结婚 3 年后,乙向法院请求确认该婚姻无效。乙提出的下列哪一理由可以成立?③

A. 乙登记结婚的实际年龄离法定婚龄相差 2 年

B. 甲婚前谎称是海归博士且有车有房,乙婚后发现上当受骗

C. 甲与乙是表兄妹关系

---

① C　② ACD(原答案为 B)　③ C

D. 甲以揭发乙父受贿为由胁迫乙结婚

352. 法考回忆题/单

大林与小林是双胞胎。大林与小芳打算在情人节当天结婚登记，但是，大林前两天意外遭遇车祸，为不耽搁情人节当天领证，让弟弟小林顶替自己去民政局领取了结婚证。后大林在住院期间与一护士产生情愫，大林遂以非本人登记结婚为由申请法院判决宣告其与小芳的婚姻无效。对此，下列说法正确的是：①

A. 法院应判决大林与小芳的婚姻无效

B. 法院应判决撤销大林与小芳的婚姻

C. 法院应准予大林与小芳离婚

D. 法院判决决驳回大林的申请

专题二十九　家庭关系

考点106 夫妻财产关系

353. 2013/3/23/单

甲乙夫妻的下列哪一项婚后增值或所得，属于夫妻共同财产？②

A. 甲婚前承包果园，婚后果树上结的果实

B. 乙婚前购买的 1 套房屋升值了 50 万元

C. 甲用婚前的 10 万元婚后投资股市，得利 5 万元

D. 乙婚前收藏的玉石升值了 10 万元

354. 2014/3/23/单

甲（男）、乙（女）结婚后，甲承诺，在子女出生后，将其婚前所有的一间门面房，变更登记为夫妻共同财产。后女儿丙出生，但甲不愿兑现承诺，导致夫妻感情破裂离婚，女儿丙随乙一起生活。后甲又与丁（女）结婚。未成年的丙因生重病住院急需医疗费 20 万元，甲与丁签订借款协议从夫妻共同财产中支取该 20 万元。下列哪一表述是错误的？③

A. 甲与乙离婚时，乙无权请求将门面房作为夫妻共同财产分割

B. 甲与丁的协议应视为双方约定处分共同财产

C. 如甲、丁离婚，有关医疗费按借款协议约定处理

---

① D　② C　③ D

D. 如丁不同意甲支付医疗费,甲无权要求分割共有财产

355. 2016/3/20/单

刘山峰、王翠花系老夫少妻,刘山峰婚前个人名下拥有别墅一栋。关于婚后该别墅的归属,下列哪一选项是正确的?①

A. 该别墅不可能转化为夫妻共同财产

B. 婚后该别墅自动转化为夫妻共同财产

C. 婚姻持续满八年后该别墅即依法转化为夫妻共同财产

D. 刘、王可约定婚姻持续八年后该别墅转化为夫妻共同财产

356. 2017/3/18/多

刘男按当地习俗向戴女支付了结婚彩礼现金 10 万元及金银首饰数件,婚后不久刘男即主张离婚并要求返还彩礼。关于该彩礼的返还,下列哪些选项是正确的?②

A. 因双方已办理结婚登记,故不能主张返还

B. 刘男主张彩礼返还,不以双方离婚为条件

C. 已办理结婚登记,未共同生活的,可主张返还

D. 已办理结婚登记,并已共同生活的,仍可主张返还

357. 法考回忆题/不定项

秦某和妻子张某一起居住在单位公租房,后来张某去世,秦某雇佣保姆赵某照顾自己。后二人结婚,婚后秦某领取退休金 10 万元,购买了此房产并登记在自己名下。下列选项正确的是:③

A. 退休金属于秦某个人财产

B. 该房产属于秦某个人财产

C. 该房产属于秦某和赵某的共同房产

D. 该房产属于秦某和张某的共同房产

考点107 夫妻债务归属与清偿

358. 2008/3/17/单

王某以个人名义向张某独资设立的飞跃百货有限公司借款 10 万元,借期 1 年。不久,王某与李某登记结婚,将上述借款全部用于婚房的装修。婚后半年,王某与李某协议离婚,未对债务的偿还作出约定。下列哪

---

① D ② CD(原答案为C) ③ C

一选项是正确的?①

    A. 由张某向王某请求偿还

    B. 由张某向王某和李某请求偿还

    C. 飞跃公司只能向王某请求偿还

    D. 由飞跃公司向王某和李某请求偿还

359. 〔2011/3/21/单〕

    黄某与唐某自愿达成离婚协议并约定财产平均分配,婚姻关系存续期间的债务全部由唐某偿还。经查,黄某以个人名义在婚姻存续期间向刘某借款 10 万元用于购买婚房。下列哪一表述是正确的?②

    A. 刘某只能要求唐某偿还 10 万元

    B. 刘某只能要求黄某偿还 10 万元

    C. 如黄某偿还了 10 万元,则有权向唐某追偿 10 万元

    D. 如唐某偿还了 10 万元,则有权向黄某追偿 5 万元

考点108 父母子女关系

360. 〔法考回忆题/多〕

    李甲和宋某育有儿子李乙(10 岁)。二人离婚后,儿子李乙由李甲抚养。后李甲和赵某再婚,婚后半年,李甲去世,赵某以自己没有抚养能力为由不想抚养李乙。据查,离婚后宋某一直怠于行使其探望权。对此,下列哪些说法是正确的?③

    A. 宋某有义务支付李乙的抚养费

    B. 李甲去世后应由宋某抚养李乙

    C. 离婚后宋某失去对李乙的监护权

    D. 赵某与李甲结婚后自动取得李乙的监护权

专题三十 离 婚

考点109 协议离婚与诉讼离婚

361. 〔2011/3/52/多〕

    甲与乙离婚,甲乙的子女均已成年,与乙一起生活。甲与丙再婚后购买了一套房屋,登记在甲的名下。后甲因中风不能自理,常年卧床。丙见

---

    ① D ② C ③ AB

状离家出走达 3 年之久。甲乙的子女和乙想要回房屋,进行法律咨询。下列哪些意见是错误的?①

　　A. 因房屋登记在甲的名下,故属于甲个人房产

　　B. 丙在甲中风后未尽妻子责任和义务,不能主张房产份额

　　C. 甲乙的子女可以申请宣告丙失踪

　　D. 甲本人向法院提交书面意见后,甲乙的子女可代理甲参与甲与丙的离婚诉讼

362. 2015/3/65/多

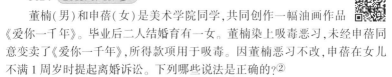

董楠(男)和申蓓(女)是美术学院同学,共同创作一幅油画作品《爱你一千年》。毕业后二人结婚育有一女。董楠染上吸毒恶习,未经申蓓同意变卖了《爱你一千年》,所得款项用于吸毒。因董楠恶习不改,申蓓在女儿不满 1 周岁时提起离婚诉讼。下列哪些说法是正确的?②

　　A. 申蓓虽在分娩后 1 年内提出离婚,法院应予受理

　　B. 如调解无效,应准予离婚

　　C. 董楠出售《爱你一千年》侵犯了申蓓的物权和著作权

　　D. 对董楠吸毒恶习,申蓓有权请求离婚损害赔偿

考点 110 离婚后的子女抚养与探望权

363. 法考回忆题/多

韩某和关某为夫妻,育有一子韩小龙。二人离婚后,韩小龙随母亲关某生活。三年后,关某与李某结婚,未经韩某同意,将韩小龙的姓名改为了李小龙。后李小龙入学于私立学校,学费大增。下列选项哪些是正确的?③

　　A. 韩某可不再向李小龙支付抚养费

　　B. 韩小龙改名为李小龙,韩某的监护义务终止

　　C. 关某应为韩某探望儿子提供便利

　　D. 李小龙有权起诉要求韩某增加抚养费

考点 111 离婚时的救济

364. 2009/3/66/多

2003 年 5 月王某(男)与赵某结婚,双方书面约定婚后各自收入归个人所有。2005 年 10 月王某用自己的收入购置一套房屋。2005 年 11 月

---

　　① ABC　② ABC　③ CD

赵某下岗,负责照料女儿及王某的生活。2008 年 8 月王某提出离婚,赵某得知王某与张某已同居多年。法院应支持赵某的下列哪些主张?①

A. 赵某因抚育女儿、照顾王某生活付出较多义务,王某应予以补偿

B. 离婚后赵某没有住房,应根据公平原则判决王某购买的住房属于夫妻共同财产

C. 王某与张某同居导致离婚,应对赵某进行赔偿

D. 张某与王某同居破坏其家庭,应向赵某赔礼道歉

365． 2012/3/23/单

甲与乙结婚多年后,乙患重大疾病需要医治,甲保管夫妻共同财产但拒绝向乙提供治疗费,致乙疾病得不到及时治疗而恶化。下列哪一说法是错误的?②

A. 乙在婚姻关系存续期间,有权起诉请求分割夫妻共同财产

B. 乙有权提出离婚诉讼并请求甲损害赔偿

C. 乙在离婚诉讼中有权请求多分夫妻共同财产

D. 乙有权请求公安机关依照《治安管理处罚法》对甲予以行政处罚

366． 2016/3/19/单

钟某性情暴躁,常殴打妻子柳某,柳某经常找同村未婚男青年杜某诉苦排遣,日久生情。现柳某起诉离婚,关于钟、柳二人的离婚财产处理事宜,下列哪一选项是正确的?③

A. 针对钟某家庭暴力,柳某不能向其主张损害赔偿

B. 针对钟某家庭暴力,柳某不能向其主张精神损害赔偿

C. 如柳某婚内与杜某同居,则柳某不能向钟某主张损害赔偿

D. 如柳某婚内与杜某同居,则钟某可以向柳某主张损害赔偿

考点112 离婚夫妻共同财产的分割

367． 2008/3/68/多

甲、乙结婚多年,因甲沉迷于网络游戏,双方协议离婚,甲同意家庭的主要财产由乙取得。离婚后不久,乙发现甲曾在婚姻存续期间私自购买了两处房产并登记在自己名下,于是起诉甲,要求再次分割房产并要求甲承担损害赔偿责任。下列哪些选项是正确的?④

A. 乙无权要求甲承担损害赔偿责任

---

① AC　② C　③ C　④ AD

B. 法院应当将两处房产都判给乙

C. 请求分割房产的诉讼时效,为乙发现或者应当发现甲的隐藏财产行为之日起两年

D. 若法院判决乙分得房产,则乙在判决生效之日即取得房屋所有权

368. 2016/3/18/单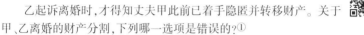

乙起诉离婚时,才得知丈夫甲此前已着手隐匿并转移财产。关于甲、乙离婚的财产分割,下列哪一选项是错误的?①

A. 甲隐匿转移财产,分割财产时可少分或不分

B. 就履行离婚财产分割协议事宜发生纠纷,乙可再起诉

C. 离婚后发现甲还隐匿其他共同财产,乙可另诉再次分割财产

D. 离婚后因发现甲还隐匿其他共同财产,乙再行起诉不受诉讼时效限制

专题三十一 收 养

考点113 收养

369. 2008/3/18/单

吴某(女)16岁,父母去世后无其他近亲,吴某的舅舅孙某(50岁,离异,有一个19岁的儿子)提出愿将吴某收养。孙某咨询律师收养是否合法,律师的下列哪一项答复是正确的?②

A. 吴某已满16岁,不能再被收养

B. 孙某与吴某年龄相差未超过40岁,不能收养吴某

C. 孙某已有子女,不能收养吴某

D. 孙某可以收养吴某

370. 2017/3/19/多

小强现年9周岁,生父谭某已故,生母徐某虽有抚养能力,但因准备再婚决定将其送养。徐某的姐姐要求收养,其系华侨富商,除已育有一子外符合收养人的其他条件;谭某父母为退休教师,也要求抚养。下列哪些选项是正确的?③

A. 徐某因有抚养能力不能将小强送其姐姐收养

B. 徐某的姐姐因有子女不能收养小强

C. 谭某父母有优先抚养的权利

---

① D ② D ③ CD(原答案为C)

D. 收养应征得小强同意

371. 法考回忆题/单

甲(男,29岁)和乙(女,31岁)再婚。甲与前妻育有一子3岁、一女5岁,乙与前夫育有一女5岁、一女7岁。经甲的前妻和乙的前夫同意,甲、乙决定收养所有子女,组成6人家庭。下列哪一说法是正确的?①

A. 即使甲的前妻或乙的前夫有能力抚养子女,甲、乙也能收养全部子女

B. 甲只能收养乙的女儿中的一个

C. 乙已有两个女儿,不能收养甲的子女

D. 甲未满30岁,不能收养乙的女儿

第七编　继　承

专题三十二　继承概述

考点114 继承的一般规定

372. 2011/3/23/多

下列哪些行为不可引起放弃继承权的后果?②

A. 张某口头放弃继承权,本人承认

B. 王某在遗产分割后放弃继承权

C. 李某以不再赡养父母为前提,书面表示放弃其对父母的继承权

D. 赵某与父亲共同发表书面声明断绝父子关系

专题三十三　法定继承

考点115 法定继承人的范围和继承顺序

373. 2014/3/65/多

甲(男)与乙(女)结婚,其子小明20周岁时,甲与乙离婚。后甲与丙(女)再婚,丙子小亮8周岁,随甲、丙共同生活。小亮成年成家后,甲与丙甚感孤寂,收养孤儿小光为养子,视同己出,未办理收养手续。丙去世,其遗产的第一顺序继承人有哪些?③

---

 ① A ② ABCD ③ BC

A. 小明   B. 小亮

C. 甲   D. 小光

374. 2016/3/66/多

  熊某与杨某结婚后,杨某与前夫所生之子小强由二人一直抚养,熊某死亡,未立遗嘱。熊某去世前杨某孕有一对龙凤胎,于熊某死后生产,产出时男婴为死体,女婴为活体但旋即死亡。关于对熊某遗产的继承,下列哪些选项是正确的?①

  A. 杨某、小强均是第一顺位的法定继承人

  B. 女婴死亡后,应当发生法定的代位继承

  C. 为男婴保留的遗产份额由杨某、小强继承

  D. 为女婴保留的遗产份额由杨某继承

375. 法考回忆题/不定项

  徐某与周某育有一子小磊,两人离婚后,小磊随母亲周某去国外生活,很少回来看望徐某。后徐某与王某结婚,王某与前夫之女小美同二人一起生活。小美10周岁时,徐某和王某离婚,小美跟随王某生活,徐某不再照顾小美。徐某晚年一直由侄子大志照顾。现徐某去世,未留下遗嘱。小磊、小美与大志都要求分配徐某的遗产。对此,下列说法正确的是:②

  A. 大志是徐某的法定继承人,有权参与遗产分配

  B. 小美是徐某的法定继承人,有权参与遗产分配

  C. 虽然小磊未尽赡养义务,但其仍享有继承权

  D. 大志因赡养徐某较多,应当分得适当遗产

考点116 法定继承中遗产的分配

376. 2010/3/67/多

  郭大爷女儿五年前病故,留下一子甲。女婿乙一直与郭大爷共同生活,尽了主要赡养义务。郭大爷继子丙虽然与其无扶养关系,但也不时从外地回来探望。郭大爷还有一丧失劳动能力的养子丁。郭大爷病故,关于其遗产的继承,下列哪些选项是正确的?③

  A. 甲为第一顺序继承人

  B. 乙在分配财产时,可多分

  C. 丙无权继承遗产

---

① AD(原答案为ACD) ② C ③ ABCD

D. 分配遗产时应该对丁予以照顾

考点117 代位继承与转继承

377. 2007/3/68/多

李某死后留下一套房屋和数十万存款,生前未立遗嘱。李某有三个女儿,并收养了一子。大女儿中年病故,留下一子。养子收入丰厚,却拒绝赡养李某。在两个女儿办理丧事期间,小女儿因交通事故意外身亡,留下一女。下列哪些选项是正确的?①

A. 二女儿和小女儿之均是第一顺序继承人

B. 大女儿之子对李某遗产的继承属于代位继承

C. 小女儿之女属于转继承人

D. 分配遗产时,养子应当不分或少分

378. 2011/3/65/多

张某李某系夫妻,生有一子张甲和一女张乙。张甲于2007年意外去世,有一女丙。张某在2010年死亡,生前拥有个人房产一套,遗嘱将该房产处分给李某。关于该房产的继承,下列哪些表述是正确的?②

A. 李某可以通过张某的遗嘱继承该房产

B. 丙可以通过代位继承要求对该房产进行遗产分割

C. 继承人自张某死亡时取得该房产所有权

D. 继承人自该房产变更登记后取得所有权

379. 2013/3/66/多

甲自书遗嘱将所有遗产全部留给长子乙,并明确次子丙不能继承。乙与丁婚后育有一女戊、一子己。后乙、丁遇车祸,死亡先后时间不能确定。甲悲痛成疾,不久去世。丁母健在。下列哪些表述是正确的?③

A. 甲、戊、己有权继承乙的遗产

B. 丁母有权转继承乙的遗产

C. 戊、己、丁母有权继承丁的遗产

D. 丙有权继承、戊和己有权代位继承甲的遗产

---

① BCD ② AC ③ ACD

专题三十四　遗嘱继承、遗赠和遗赠扶养协议

考点118 遗嘱继承

380. 〔2014/3/24/单〕

甲有乙、丙和丁三个女儿。甲于2013年1月1日亲笔书写一份遗嘱,写明其全部遗产由乙继承,并签名和注明年月日。同年3月2日,甲又请张律师代书一份遗嘱,写明其全部遗产由丙继承。同年5月3日,甲因病被丁送到医院急救,甲又立口头遗嘱一份,内容是其全部遗产由丁继承,在场的赵医生和李护士见证。甲病好转后出院休养,未立新遗嘱。如甲死亡,下列哪一选项是甲遗产的继承权人?①

A. 乙　　　　　　　　　　　B. 丙

C. 丁　　　　　　　　　　　D. 乙、丙、丁

381. 〔2015/3/21/单〕

老夫妇王冬与张霞有一子王希、一女王楠,王希婚后育有一子王小力。王冬和张霞曾约定,自家的门面房和住房属于王冬所有。2012年8月9日,王冬办理了公证遗嘱,确定门面房由张霞和王希共同继承。2013年7月10日,王冬将门面房卖给他人并办理了过户手续。2013年12月,王冬去世,不久王希也去世。关于住房和出售门面房价款的继承,下列哪一说法是错误的?②

A. 张霞有部分继承权

B. 王楠有部分继承权

C. 王小力有部分继承权

D. 王小力对住房有部分继承权、对出售门面房的价款有全部继承权

382. 〔2017/3/66/多〕

韩某于2017年3月病故,留有住房1套、存款50万元、名人字画10余幅及某有限责任公司股权等遗产。韩某在2014年所立第一份自书遗嘱中表示全部遗产由其长子韩大继承。在2015年所立第二份自书遗嘱中,韩某表示其死后公司股权和名人字画留给7岁的外孙女婷婷。2017年6月,韩大在未办理韩某遗留房屋所有权变更登记的情况下以自己的名义与陈卫订立了商品房买卖合同。下列哪些选项是错误的?③

---

① A ② D ③ ABCD

A. 韩某的第一份遗嘱失效

B. 韩某的第二份遗嘱无效

C. 韩大与陈卫订立的商品房买卖合同无效

D. 婷婷不能取得某有限责任公司股东资格

383． 法考回忆题/多

甲致乙重伤残疾，向乙支付了赔偿金。不久，乙立自书遗嘱，房屋、存款均由女儿丙继承，儿子丁不继承。丁以杀害丙相威胁，虽未遂，但乙还是更改了遗嘱，将所有财产均由丁继承。后乙病重送到医院抢救未成功，死前由两名护士见证，口头设立遗嘱：房屋归丙，存款丙、丁一人一半。下列哪些选项是正确的？①

A. 赔偿金由丙继承　　　　　B. 丁可以继承全部赔偿金

C. 房屋由丙继承　　　　　　D. 存款由丙、丁按一人一半继承

考点·119 遗赠扶养协议

384． 2010/3/19/单

甲妻病故，膝下无子女，养子乙成年后常年在外地工作。甲与村委会签订遗赠扶养协议，约定甲的生养死葬由村委会负责，死后遗产归村委会所有。后甲又自书一份遗嘱，将其全部财产赠与侄子丙。甲死后，乙就甲的遗产与村委会以及丙发生争议。对此，下列哪一选项是正确的？②

A. 甲的遗产应归村委会所有

B. 甲所立遗嘱应予撤销

C. 村委会、乙和丙共同分割遗产，村委会可适当多分

D. 村委会和丙平分遗产，乙无权分得任何遗产

385． 2012/3/24/单

甲与保姆乙约定：甲生前由乙照料，死后遗产全部归乙。乙一直细心照料甲。后甲女儿丙回国，与乙一起照料甲，半年后甲去世。丙认为自己是第一顺序继承人，且尽了义务，主张甲、乙约定无效。下列哪一表述是正确的？③

A. 遗赠扶养协议有效

B. 协议部分无效，丙可以继承甲的一半遗产

C. 协议无效，应按法定继承处理

D. 协议有效，应按遗嘱继承处理

---

① AC ② A ③ A

专题三十五　遗产的处理

考点120　遗产的范围

386． 2012/3/22/单

甲在乙寺院出家修行,立下遗嘱,将下列财产分配给女儿丙:乙寺院出资购买并登记在甲名下的房产;甲以僧人身份注册的微博账号;甲撰写《金刚经解说》的发表权;甲的个人存款。甲死后,在遗产分割上乙寺院与丙之间发生争议。下列哪一说法是正确的?①

A. 房产虽然登记在甲名下,但甲并非事实上所有权人,其房产应归寺院所有

B. 甲以僧人身份注册的微博账号,目的是为推广佛法理念,其微博账号应归寺院所有

C. 甲撰写的《金刚经解说》属于职务作品,为保护寺院的利益,其发表权应归寺院所有

D. 甲既已出家,四大皆空,个人存款应属寺院财产,为维护宗教事业发展,其个人存款应归寺院所有

387． 2013/3/24/单

甲与乙结婚,女儿丙三岁时,甲因医疗事故死亡,获得60万元赔款。甲生前留有遗书,载明其死亡后的全部财产由其母丁继承。经查,甲与乙婚后除共同购买了一套住房外,另有20万元存款。下列哪一说法是正确的?②

A. 60万元赔款属于遗产

B. 甲的遗嘱未保留丙的遗产份额,遗嘱全部无效

C. 住房和存款的各一半属于遗产

D. 乙有权继承甲的遗产

考点121　遗产的分割与债务清偿

388． 2009/3/67/多

何某死后留下一间价值六万元的房屋和四万元现金。何某立有遗嘱,四万元现金由四个子女平分,房屋的归属未作处理。何某女儿主动提出放弃对房屋的继承权,于是三个儿子将房屋变卖,每人分得两万元。现债权人主张何某生前曾向其借款12万元,并有借据为证。下列哪些说法是错误的?③

---

① A　② C　③ ABC

A. 何某已死,债权债务关系消灭

B. 四个子女平均分担,每人偿还三万元

C. 四个子女各自以继承所得用于清偿债务,剩下两万元由四人平均分担

D. 四个子女各自以继承所得用于清偿债务,剩下两万元四人可以不予清偿

第八编　侵权责任

专题三十六　侵权责任概述

考点 122　侵权责任与免责

389． 2011/3/89/不定项

甲公司与乙公司约定,由甲公司向乙公司交付 1 吨药材,乙公司付款 100 万元。乙公司将药材转卖给丙公司,并约定由甲公司向丙公司交付,丙公司收货后 3 日内应向乙支付价款 120 万元。

张某以自有汽车为乙公司的债权提供抵押担保,未办理抵押登记。抵押合同约定:"在丙公司不付款时,乙公司有权就出卖该汽车的价款清偿自己的债权。"李某为这笔货款出具担保函:"在丙公司不付款时,由李某承担保证责任"。丙公司收到药材后未依约向乙公司支付 120 万元,乙公司向张某主张实现抵押权,同时要求李某承担保证责任。

张某见状,便将其汽车赠与刘某。刘某将该汽车作为出资,与钱某设立丁酒店有限责任公司,并办理完出资手续。

丁公司员工方某驾驶该车接送酒店客人时,为躲避一辆逆行摩托车,将行人赵某撞伤。方某自行决定以丁公司名义将该车放在戊公司维修,为获得维修费的八折优惠,方某以其名义在与戊公司相关的庚公司为该车购买一套全新座垫。汽车修好后,方某将车取走交丁公司投入运营。戊公司要求丁公司支付维修费,否则对汽车行使留置权,丁公司回函请宽限一周。庚公司要求丁公司支付座垫费,丁公司拒绝。

关于对赵某的损害应承担侵权责任的主体,下列选项正确的是:①

A. 方某　　　　　　　　　　B. 钱某和刘某

---

① D

C. 丁公司   D. 摩托车主

390． 2013/3/1/单

兹有四个事例:①张某驾车违章发生交通事故致搭车的李某残疾;②唐某参加王某组织的自助登山活动因雪崩死亡;③吴某与人打赌举重物因用力过猛致残;④何某心情不好邀好友郑某喝酒,郑某畅饮后驾车撞树致死。根据公平正义的法治理念和民法有关规定,下列哪一观点可以成立?①

  A. ①张某与李某未形成民事法律关系合意,如让张某承担赔偿责任,是惩善扬恶,显属不当

  B. ②唐某应自担风险,如让王某承担赔偿责任,有违公平

  C. ③吴某有完整意思能力,其自担损失,是非清楚

  D. ④何某虽有召集但未劝酒,无需承担责任,方能兼顾法理与情理

391． 2017/3/23/单

刘婆婆回家途中,看见邻居肖婆婆带着外孙小勇和另一家邻居的孩子小囡(均为4岁多)在小区花园中玩耍,便上前拿出几根香蕉递给小勇,随后离去。小勇接过香蕉后,递给小囡一根,小囡吞食时误入气管导致休克,经抢救无效死亡。对此,下列哪一选项是正确的?②

  A. 刘婆婆应对小囡的死亡承担民事责任

  B. 肖婆婆应对小囡的死亡承担民事责任

  C. 小勇的父母应对小囡的死亡承担民事责任

  D. 属意外事件,不产生相关人员的过错责任

392． 2017/3/22/单

姚某旅游途中,前往某玉石市场参观,在唐某经营的摊位上拿起一只翡翠手镯,经唐某同意后试戴,并问价。唐某报价18万元(实际进货价8万元,市价9万元),姚某感觉价格太高,急忙取下,不慎将手镯摔断。关于姚某的赔偿责任,下列哪一选项是正确的?③

  A. 应承担违约责任

  B. 应赔偿唐某8万元损失

  C. 应赔偿唐某9万元损失

  D. 应赔偿唐某18万元损失

---

① B ② D ③ C

393. （法考回忆题/单）

甲遭到恶狗追咬,路人乙上前相救,情急之下,拿了路人丙的雨伞与恶狗搏斗,乙被狗咬伤,造成医疗费若干,雨伞也被打坏。经查,狗为丁所有,无赔偿能力。下列哪一选项是正确的?①

A. 乙有权请求甲予以适当补偿　　B. 乙有权请求甲赔偿损失

C. 丙有权请求乙给予适当补偿　　D. 丙有权请求甲给予适当补偿

394. （法考回忆题/单）

甲在集市上抢夺乙的钱包后逃离,路人丙上前帮忙追赶甲。追至一条铁路旁,甲沿路轨奔逃,丙紧追不舍。此时一列火车迎面疾驰而来,甲未及反应被撞身亡,丙因急忙跳下路轨而造成骨折。下列哪一项说法是正确的?②

A. 丙应对甲的死亡承担过错责任

B. 丙可请乙给予适当补偿

C. 乙应对甲的死亡承担公平责任

D. 丙应对甲的死亡承担公平责任

395. （法考回忆题/多）

甲乙二人在某游泳馆玩耍时,决定测试下游泳馆的救援能力。于是二人在距离救生员最远处的泳池一角假装溺水求救。正巧路过泳池去更衣室的丙见状,立即跳进水中救援。后发现甲乙二人并未溺水,但丙却因未来得及换衣服,导致裤兜里的手机泡水损坏。关于丙的行为及损失,下列哪些选项是正确的?③

A. 丙属于自甘风险,不能向任何人主张任何权利

B. 游泳馆违反安全保障义务,应对丙予以赔偿

C. 丙因保护他人权益受损,可请求甲乙给予适当补偿

D. 丙构成无因管理,可请求甲乙给予适当补偿

考点 123 数人侵权

396. （2009/3/70/多）

甲饲养的一只狗在乙公司施工的道路上追咬丙饲养的一只狗,行人丁避让中失足掉入施工形成的坑里,受伤严重。下列哪些说法是错误的?④

---

① A ② B ③ CD ④ ACD

A. 如甲能证明自己没有过错,不应承担对丁的赔偿责任

B. 如乙能证明自己没有过错,不应承担对丁的赔偿责任

C. 如丙能证明自己没有过错,不应承担对丁的赔偿责任

D. 此属意外事件,甲、乙、丙均不应承担对丁的赔偿责任

397． 2017/3/67/多

甲、乙、丙三家毗邻而居,甲、乙分别饲养山羊各一只。某日二羊走脱,将丙辛苦栽培的珍稀药材悉数啃光。关于甲、乙的责任,下列哪些选项是正确的?①

A. 甲、乙可各自通过证明已尽到管理职责而免责

B. 基于共同致害行为,甲、乙应承担连带责任

C. 如能确定二羊各自啃食的数量,则甲、乙各自承担相应赔偿责任

D. 如不能确定二羊各自啃食的数量,则甲、乙平均承担赔偿责任

398． 法考回忆题/多

甲、乙、丙、丁四人合谋共同将戊打伤,戊花费医药费 1 万元。甲取得了戊的谅解,戊表示不会起诉甲也不会追究甲的责任。后戊向法院起诉了乙、丙、丁。乙表示不论法院判决自己赔偿多少,都愿意先行赔付戊所有损失,再向其他人追偿。对此,下列哪些说法是正确的?②

A. 甲、乙、丙、丁成立共同侵权,应承担连带责任

B. 乙赔偿戊所有损失后,可以向丙、丁分别追偿 2500 元

C. 戊若免除甲的责任,法院应在判决书中注明

D. 法院应将甲追加为共同被告

专题三十七　特殊侵权责任

考点124 用人单位责任

399． 2013/3/67/多

甲赴宴饮酒,遂由有驾照的乙代驾其车,乙违章撞伤丙。交管部门认定乙负全责。以下假定情形中对丙的赔偿责任,哪些表述是正确的?③

A. 如乙是与甲一同赴宴的好友,乙不承担赔偿责任

B. 如乙是代驾公司派出的驾驶员,该公司应承担赔偿责任

---

① CD　② AB　③ BC

C. 如乙是酒店雇佣的为饮酒客人提供代驾服务的驾驶员,乙不承担赔偿责任

D. 如乙是出租车公司驾驶员,公司明文禁止代驾,乙为获高额报酬而代驾,乙应承担赔偿责任

400. 2014/3/21/多

甲电器销售公司的安装工人李某在为消费者黄某安装空调的过程中,不慎从高处掉落安装工具,将路人王某砸成重伤。李某是乙公司的劳务派遣人员,此前曾多次发生类似小事故,甲公司曾要求乙公司另派他人,但乙公司未予换人。下列哪些选项是错误的?①

A. 对王某的赔偿责任应由李某承担,黄某承担补充责任

B. 对王某的赔偿责任应由甲公司承担,乙公司承担补充责任

C. 甲公司与乙公司应对王某承担连带赔偿责任

D. 对王某的赔偿责任承担应采用过错责任原则

考点125 个人劳务关系中的侵权责任

401. 2009/3/22/单

甲在乙承包的水库游泳,乙的雇工丙、丁误以为甲在偷鱼苗将甲打伤。下列哪一说法是正确的?②

A. 乙、丙、丁应承担连带责任

B. 丙、丁应先赔偿甲的损失,再向乙追偿

C. 只能由丙、丁承担连带责任

D. 只能由乙承担赔偿责任

402. 2012/3/21/单

甲聘请乙负责照看小孩,丙聘请丁做家务。甲和丙为邻居,乙和丁为好友。一日,甲突生急病昏迷不醒,乙联系不上甲的亲属,急将甲送往医院,并将甲的小孩委托给丁临时照看。丁疏于照看,致甲的小孩在玩耍中受伤。下列哪一说法是正确的?③

A. 乙将甲送往医院的行为属于无因管理

B. 丁照看小孩的行为属于无因管理,不构成侵权行为

C. 丙应当承担甲小孩的医疗费

D. 乙和丁对甲小孩的医疗费承担连带责任

---

① ABCD(原案为 B)　② D(原案为 A)　③ A

考点 126 帮工侵权责任

403. 2014/3/66/多

甲家盖房,邻居乙、丙前来帮忙。施工中,丙因失误从高处摔下受伤,乙不小心撞伤小孩丁。下列哪些表述是正确的?①

A. 对丙的损害,甲应承担赔偿责任,但可减轻其责任

B. 对丙的损害,甲不承担赔偿责任,但可在受益范围内予以适当补偿

C. 对丁的损害,甲应承担赔偿责任

D. 对丁的损害,甲应承担补充赔偿责任

考点 127 违反安全保障义务的侵权责任

404. 2012/3/67/多

小偷甲在某商场窃得乙的钱包后逃跑,乙发现后急追。甲逃跑中撞上欲借用商场厕所的丙,因商场地板湿滑,丙摔成重伤。下列哪些说法是错误的?②

A. 小偷甲应当赔偿丙的损失

B. 商场须对丙的损失承担补充赔偿责任

C. 乙应适当补偿丙的损失

D. 甲和商场对丙的损失承担连带责任

405. 2015/3/23/单

某洗浴中心大堂处有醒目提示语:"到店洗浴客人的贵重物品,请放前台保管"。甲在更衣时因地滑摔成重伤,并摔碎了手上价值 20 万元的定情信物玉镯。经查明:因该中心雇用的清洁工乙清洁不彻底,地面湿滑导致甲摔倒。下列哪一选项是正确的?③

A. 甲应自行承担玉镯损失

B. 洗浴中心应承担玉镯的全部损失

C. 甲有权请求洗浴中心赔偿精神损害

D. 洗浴中心和乙对甲的损害承担连带责任

406. 法考回忆题/不定项

某校研究生陈某下课后发现电梯人多拥挤便选择走楼梯,在下楼过程中由于陈某专注玩手机而失足摔倒,造成擦伤和中度脑震荡。关于陈某

---

① AC　② CD　③ C

的损害,下列说法正确的是:①

A. 电梯设置不合理,学校负全部责任

B. 学校未尽到安全保障义务,应负全部责任

C. 陈某与学校均有过错,各自承担与其过错相应的责任

D. 陈某因玩手机而失足摔倒,应责任自负

考点128 网络侵权责任

407. （2010/3/23/单）

甲、乙是同事,因工作争执甲对乙不满,写了一份丑化乙的短文发布在丙网站。乙发现后要求丙删除,丙不予理会,致使乙遭受的损害扩大。关于扩大损害部分的责任承担,下列哪一说法是正确的?②

A. 甲承担全部责任　　　　　B. 丙承担全部责任

C. 甲和丙承担连带责任　　　D. 甲和丙承担按份责任

408. （法考回忆题/多）

丙公司是一家搜索引擎运营商,旗下拥有搜索广告业务。甲公司购买了上述服务,并以同行业知名企业乙公司的名称为搜索关键词进行商业推广。若通过丙公司搜索引擎搜索乙公司名称,结果页面前两条词条均指向甲公司,而乙公司的官网词条却相对靠后。乙公司认为甲、丙公司侵犯了其名称权,要求停止侵权,并赔偿损失。下列哪些选项是正确的?③

A. 甲公司的行为属于不正当竞争行为

B. 若丙公司接到乙公司被侵权的通知后,立刻采取了删除措施,则不构成侵权

C. 丙公司应对侵权承担连带责任

D. 乙公司可以请求停止侵害,此权利不受诉讼时效限制

考点129 监护人责任

409. （2015/3/24/单）

甲的儿子乙(8岁)因遗嘱继承了祖父遗产10万元。某日,乙玩耍时将另一小朋友丙的眼睛划伤。丙的监护人要求甲承担赔偿责任2万元。后法院查明,甲已尽到监护职责。下列哪一说法是正确的?④

A. 因乙的财产足以赔偿丙,故不需用甲的财产赔偿

B. 甲已尽到监护职责,无需承担侵权责任

① D　② C　③ ACD　④ A

C. 用乙的财产向丙赔偿,乙赔偿后可在甲应承担的份额内向甲追偿

D. 应由甲直接赔偿,否则会损害被监护人乙的利益

考点130 教育机构的侵权责任

410. 〔2008/3/64/多〕

小牛在从甲小学放学回家的路上,将石块扔向路上正常行驶的出租车,致使乘客张某受伤,张某经治疗后脸上仍留下一块大伤疤。出租车为乙公司所有。下列哪些选项是错误的?①

A. 张某有权要求乙公司赔偿医药费及精神损害

B. 甲小学和乙公司应向张某承担连带赔偿责任

C. 张某有权要求甲小学赔偿医疗费及精神损害

D. 张某有权要求小牛的监护人赔偿医疗费及精神损害

411. 〔2009/3/23/单〕

某小学组织春游,队伍行进中某班班主任张某和其他教师闲谈,未跟进照看本班学生。该班学生李某私自离队购买食物,与小贩刘某发生争执被打伤。对李某的人身损害,下列哪一说法是正确的?②

A. 刘某应承担赔偿责任

B. 某小学应承担赔偿责任

C. 某小学应与刘某承担连带赔偿责任

D. 刘某应承担赔偿责任,某小学应承担相应的补充赔偿责任

考点131 产品责任

412. 〔2010/3/21/单〕

大学生甲在寝室复习功课,隔壁寝室的学生乙、丙到甲寝室强烈要求甲打开电视观看足球比赛,甲只好照办。由于质量问题,电视机突然爆炸,甲乙丙三人均受重伤。关于三人遭受的损害,下列哪一选项是正确的?③

A. 甲可要求电视机的销售者承担赔偿责任

B. 甲可要求乙、丙承担损害赔偿责任

C. 乙、丙无权要求电视机的销售者承担赔偿责任

D. 乙、丙有权要求甲承担损害赔偿责任

---

① BC(原案案为 ABC)　② D　③ A

413． 2011/3/67/多

甲系某品牌汽车制造商，发现已投入流通的某款车型刹车系统存在技术缺陷，即通过媒体和销售商发布召回该款车进行技术处理的通知。乙购买该车，看到通知后立即驱车前往丙销售公司，途中因刹车系统失灵撞上大树，造成伤害。下列哪些说法是正确的？①

A. 乙有权请求甲承担赔偿责任

B. 乙有权请求丙承担赔偿责任

C. 乙有权请求惩罚性赔偿

D. 甲的责任是无过错责任

414． 2013/3/15/单

李某用 100 元从甲商场购买一只电热壶，使用时因漏电致李某手臂灼伤，花去医药费 500 元。经查该电热壶是乙厂生产的。下列哪一表述是正确的？②

A. 李某可直接起诉乙厂要求其赔偿 500 元损失

B. 根据合同相对性原理，李某只能要求甲商场赔偿 500 元损失

C. 如李某起诉甲商场，则甲商场的赔偿范围以 100 元为限

D. 李某只能要求甲商场更换电热壶，500 元损失则只能要求乙厂承担

考点 132 医疗损害责任

415． 2016/3/23/单

田某突发重病神志不清，田父将其送至医院，医院使用进口医疗器械实施手术，手术失败，田某死亡。田父认为医院在诊疗过程中存在一系列违规操作，应对田某的死亡承担赔偿责任。关于本案，下列哪一选项是正确的？③

A. 医疗损害适用过错责任原则，由患方承担举证责任

B. 医院实施该手术，无法取得田某的同意，可自主决定

C. 如因医疗器械缺陷致损，患方只能向生产者主张赔偿

D. 医院有权拒绝提供相关病历，且不会因此承担不利后果

考点 133 机动车道路交通事故责任

416． 2009/3/69/多 新法改编

某机关法定代表人甲安排驾驶员乙开车执行公务，乙以身体不适

---

① ABCD（原答案为 ABD） ② A ③ A

为由拒绝。甲遂临时安排丙出车,丙在途中将闯红灯的行人丁撞成重伤,花去医疗费5万元。有关部门认定丙和丁对事故的发生承担同等责任。关于丁人身损害赔偿责任的承担,下列哪些表述是错误的?①

A. 甲用人不当应当承担部分赔偿责任

B. 乙不服从领导安排应当承担部分赔偿责任

C. 丙有过错应当承担部分赔偿责任

D. 该机关应当承担全部医疗费用

417． 2010/3/24/单

甲为父亲祝寿宴请亲友,请乙帮忙买酒,乙骑摩托车回村途中被货车撞成重伤,公安部门认定货车司机丙承担全部责任。经查:丙无赔偿能力。丁为货车车主,该货车一年前被盗,未买任何保险。关于乙人身损害的赔偿责任承担,下列哪一选项是正确的?②

A. 甲承担全部赔偿责任　　　B. 甲予以适当补偿

C. 丁承担全部赔偿责任　　　D. 丁予以适当补偿

418． 2011/3/6/单

周某从迅达汽车贸易公司购买了1辆车,约定周某试用10天,试用期满后3天内办理登记过户手续。试用期间,周某违反交通规则将李某撞成重伤。现周某困难,无力赔偿。关于李某受到的损害,下列哪一表述是正确的?③

A. 因在试用期间该车未交付,李某有权请求迅达公司赔偿

B. 因该汽车未过户,不知该汽车已经出卖,李某有权请求迅达公司赔偿

C. 李某有权请求周某赔偿,因周某是该汽车的使用人

D. 李某有权请求周某和迅达公司承担连带赔偿责任,因周某和迅达公司是共同侵权人

考点134 环境污染和生态破坏责任

419． 2015/3/22/单

甲、乙、丙三家公司生产三种不同的化工产品,生产场地的排污口相邻。某年,当地大旱导致河水水位大幅下降,三家公司排放的污水混合发生化学反应,产生有毒物质致使河流下游丁养殖场的鱼类大量死亡。经查明,三家公司排放的污水均分别经过处理且符合国家排放标准。后丁养殖场向三家公司索赔。下列哪一选项是正确的?④

---

① ABCD　② B　③ C　④ D

A. 三家公司均无过错,不承担赔偿责任

B. 三家公司对丁养殖场的损害承担连带责任

C. 本案的诉讼时效是 2 年

D. 三家公司应按照污染物的种类、排放量等因素承担责任

考点 135 饲养动物致人损害责任

420. 2015/3/67/多

关于动物致害侵权责任的说法,下列哪些选项是正确的?①

A. 甲 8 周岁的儿子翻墙进入邻居院中玩耍,被院内藏獒咬伤,邻居应承担侵权责任

B. 小学生乙和丙放学途经养狗的王平家,丙故意逗狗,狗被激怒咬伤乙,只能由丙的监护人对乙承担侵权责任

C. 丁下夜班回家途经邻居家门时,未看到邻居饲养的小猪趴在路上而绊倒摔伤,邻居应承担侵权责任

D. 戊带女儿到动物园游玩时,动物园饲养的老虎从破损的虎笼蹿出将戊女儿咬伤,动物园应承担侵权责任

421. 2017/3/24/单

王某因全家外出旅游,请邻居戴某代为看管其饲养的宠物狗。戴某看管期间,张某偷狗,被狗咬伤。关于张某被咬伤的损害,下列哪一选项是正确的?②

A. 王某应对张某所受损害承担全部责任

B. 戴某应对张某所受损害承担全部责任

C. 王某和戴某对张某损害共同承担全部责任

D. 王某或戴某不应对张某损害承担全部责任

422. 法考回忆题/多

赵某受钱某邀请,带着于某的宠物狗去住在三楼的钱某家玩儿,并将狗放在钱某家阳台晒太阳。钱某提醒赵某,狗有摔下的危险。果然,狗在阳台上玩耍时摔下,砸伤了正常行走的路人杨某。关于杨某的主张,下列哪些说法是正确的?③

A. 可请求钱某承担动物饲养人或管理人员的侵权责任

B. 可请求钱某承担建筑物管理人的侵权责任

---

① ACD ② D ③ BC

C. 可请求赵某承担动物饲养人或管理人员的侵权责任

D. 可请求于某承担动物饲养人或管理人的侵权责任

考点136 物件致人损害责任

423． 2008/3/16/单

大华商场委托飞达广告公司制作了一块宣传企业形象的广告牌，并由飞达公司负责安装在商场外墙。某日风大，广告牌被吹落砸伤过路人郑某。经查，广告牌的安装存在质量问题。关于郑某的损害，下列哪一选项是正确的？①

A. 大华商场承担赔偿责任，飞达公司承担补充赔偿责任

B. 飞达公司承担赔偿责任，大华商场承担补充赔偿责任

C. 大华商场承担赔偿责任，但其有权向飞达公司追偿

D. 飞达公司承担赔偿责任，大华商场不承担责任

424． 2016/3/24/单

张小飞邀请关小羽来家中做客，关小羽进入张小飞所住小区后，突然从小区的高楼内抛出一块砚台，将关小羽砸伤。关于砸伤关小羽的责任承担，下列一选项是正确的？②

A. 张小飞违反安全保障义务，应承担侵权责任

B. 顶层业主通过证明当日家中无人，可以免责

C. 小区物业违反安全保障义务，应承担侵权责任

D. 如查明砚台系从10层抛出，10层以上业主仍应承担补充责任

425． 2016/3/67/多

4名行人正常经过北方牧场时跌入粪坑，1人获救3人死亡。据查，当地牧民为养草放牧，储存牛羊粪便用于施肥，一家牧场往往挖有三四个粪坑，深者达三四米，之前也发生过同类事故。关于牧场的责任，下列哪些选项是正确的？③

A. 应当适用无过错责任原则

B. 应当适用过错推定责任原则

C. 本案情形已经构成不可抗力

D. 牧场管理人可通过证明自己尽到管理职责而免责

---

① C ② B ③ BD

便携版

历年真题＋回忆题

2025国家统一法律职业资格考试攻略

法考

快刷题

随时～随地～随身练　②刑法

拓朴法考　组编

中国法治出版社

CHINA LEGAL PUBLISHING HOUSE

图书在版编目（CIP）数据

2025国家统一法律职业资格考试攻略. 快刷题. 2,
刑法 / 拓朴法考组编. -- 北京 : 中国法治出版社,
2025. 4. -- ISBN 978-7-5216-4810-2

Ⅰ. D920.4

中国国家版本馆 CIP 数据核字第 2024AW0572 号

责任编辑：李连宇（lilianyu@zgfzs.com）　　　　　　　　　封面设计：拓　朴

2025国家统一法律职业资格考试攻略. 快刷题. 2, 刑法
2025 GUOJIA TONGYI FALÜ ZHIYE ZIGE KAOSHI GONGLÜE. KUAISHUATI. 2, XINGFA

组编 / 拓朴法考
经销 / 新华书店
印刷 / 河北翔驰润达印务有限公司
开本 / 787 毫米×1092 毫米　32 开　　　　　　　　　印张 / 4.75　字数 / 160 千
版次 / 2025 年 4 月第 1 版　　　　　　　　　　　2025 年 4 月第 1 次印刷

中国法治出版社出版
书号 ISBN 978-7-5216-4810-2　　　　　　　　　总定价：108.00 元（全八册）

北京市西城区西便门西里甲 16 号西便门办公区
邮政编码：100053　　　　　　　　　　　　　　传真：010-63141600
网址：http://www.zgfzs.com　　　　　　　　编辑部电话：010-63141811
市场营销部电话：010-63141612　　　　　　　印务部电话：010-63141606

（如有印装质量问题，请与本社印务部联系。）

本书二维码内容由拓朴法考提供，用于服务广大考生，有效期截至 2025 年 12 月 31 日。

≪ CONTENTS 目 录

刑　法

扫一扫,"码"上做题

微信扫码,即可线上做题、看解析。
多种做题模式:章节自测、单科集训、
随机演练等。

第一编　刑法总则

专题一　刑法论

考点1 刑法的解释

1. 法考回忆题/单

关于刑法的解释,下列哪一项说法是正确的?①

A. 按照体系解释,传播淫秽物品罪与传播性病罪的"传播"含义一致

B. 依据论理解释,倒卖文物罪中的"倒卖"是指以牟利为目的,出售或为
出售而购买国家禁止经营的文物

C. 招摇撞骗罪是指冒充国家机关工作人员招摇撞骗。将副乡长冒充市
长招摇撞骗解释为"冒充"国家机关工作人员招摇撞骗,不符合文理
解释

D. 将虐待罪的对象"家庭成员"解释为包括保姆在内,符合类推解释

2. 法考回忆题/多

关于刑法解释,下列哪些说法是正确的? ②

A. 大炮的危险性比枪支严重,因此将非法制造大炮解释为非法制造枪支
罪,属于扩大解释,不违反罪刑法定原则

B. 根据当然解释,生产、销售假药罪中的假药是指完全没有疗效的药,因

① B　② ACD

此有疗效的药不是假药

C. 为境外非法提供国家秘密、情报罪中的"情报"应该缩小解释为"关系国家安全和利益、尚未公开或者依照有关规定不应公开的事项"

D. 将假冒他人未注册的商标解释为假冒注册商标罪,违反罪刑法定原则

3． 2016/2/51/多①

关于罪刑法定原则与刑法解释,下列哪些选项是正确的?②

A. 对甲法条中的"暴力"作扩大解释时,就不可能同时再作限制解释,但这并不意味着对乙法条中的"暴力"也须作扩大解释

B.《刑法》第237条规定的强制猥亵、侮辱罪中的"侮辱",与《刑法》第246条规定的侮辱罪中的"侮辱",客观内容相同、主观内容不同

C. 当然解释是使刑法条文之间保持协调的解释方法,只要符合当然解释的原理,其解释结论就不会违反罪刑法定原则

D. 对刑法分则条文的解释,必须同时符合两个要求:一是不能超出刑法用语可能具有的含义,二是必须符合分则条文的目的

4． 2015/2/51/多

关于刑法解释,下列哪些选项是错误的?③

A.《刑法》规定"以暴力、胁迫或者其他手段强奸妇女的"构成强奸罪。按照文理解释,可将丈夫强行与妻子性交的行为解释为"强奸妇女"

B.《刑法》对抢劫罪与强奸罪的手段行为均使用了"暴力、胁迫"的表述,且二罪的法定刑相同,故对二罪中的"暴力、胁迫"应作相同解释

C. 既然将为了自己饲养而抢劫他人宠物的行为认定为抢劫罪,那么,根据当然解释,对于了自己收养而抢劫他人婴儿的行为更应认定为抢劫罪,否则会导致罪刑不均衡

D. 对中止犯中的"自动有效地防止犯罪结果发生",既可解释为自动采取措施使得犯罪结果未发生;也可解释为自动采取防止犯罪结果发生的有效措施,而不管犯罪结果是否发生

5． 2014/2/3/单

关于刑法用语的解释,下列哪一选项是正确的?④

A. 按照体系解释,刑法分则中的"买卖"一词,均指购买并卖出;单纯的购买或者出售,不属于"买卖"

---

① 指2016年/试卷二/第51题/多选——编者注。　② AD　③ BCD　④ B

· 2 ·

B. 按照同类解释规则,对于刑法分则条文在列举具体要素后使用的"等"、"其他"用语,应按照所列举的内容、性质进行同类解释

C. 将明知是捏造的损害他人名誉的事实,在信息网络上散布的行为,认定为"捏造事实诽谤他人",属于当然解释

D. 将盗窃骨灰的行为认定为盗窃"尸体",属于扩大解释

6. (2013/2/3/单)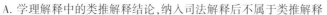

关于刑法解释,下列哪一选项是错误的?①

A. 学理解释中的类推解释结论,纳入司法解释后不属于类推解释

B. 将大型拖拉机解释为《刑法》第 116 条破坏交通工具罪的"汽车",至少是扩大解释乃至是类推解释

C. 《刑法》分则有不少条文并列规定了"伪造"与"变造",但不排除在其他一些条文中将"变造"解释为"伪造"的一种表现形式

D. 《刑法》第 65 条规定,不满 18 周岁的人不成立累犯;《刑法》第 356 条规定,因走私、贩卖、运输、制造、非法持有毒品罪被判过刑,又犯本节规定之罪的,从重处罚。根据当然解释的原理,对不满 18 周岁的人不适用《刑法》第 356 条

7. (2009/2/1/单)

关于刑法解释的说法,下列哪一选项是正确的?②

A. 将盗窃罪对象的"公私财物"解释为"他人的财物",属于缩小解释

B. 将《刑法》第一百七十一条出售假币罪中的"出售"解释为"购买和销售",属于当然解释

C. 对随身携带枪支等国家禁止个人携带的器械以外的其他器械进行抢夺的,解释为以抢劫罪定罪,属于扩张解释

D. 将信用卡诈骗罪中的"信用卡"解释为"具有消费支付、信用贷款、转账结算、存取现金等全部功能或者部分功能的电子支付卡",属于类推解释

8. (2008/2/20/单)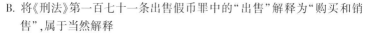

①立法解释是由立法机关作出的解释,既然立法机关在制定法律时可以规定"携带凶器抢夺的"以抢劫罪论处,那么,立法解释也可以规定"携带凶器盗窃的,以抢劫罪论处"。②当然,立法解释毕竟是解释,所以,立法解

---

① A ② C

释不得进行类推解释。③司法解释也具有法律效力,当司法解释与立法解释相抵触时,应适用新解释优于旧解释的原则。④不过,司法解释的效力低于立法解释的效力,所以,立法解释可以进行扩大解释,司法解释不得进行扩大解释。关于上述四句话正误的判断,下列哪一选项是正确的?①

  A. 第①句正确,其他错误

  B. 第②句正确,其他错误

  C. 第③句正确,其他错误

  D. 第④句正确,其他错误

考点2 刑法的基本原则

9. `2014/2/1/单`

  关于公平正义理念与罪刑相适应原则的关系,下列哪一选项是错误的?②

  A. 公平正义是人类社会的共同理想,罪刑相适应原则与公平正义相吻合

  B. 公平正义与罪刑相适应原则都要求在法律实施中坚持以事实为根据、以法律为准绳

  C. 根据案件特殊情况,为做到罪刑相适应,促进公平正义,可由最高法院授权下级法院,在法定刑以下判处刑罚

  D. 公平正义的实现需要正确处理法理与情理的关系,罪刑相适应原则要求做到罪刑均衡与刑罚个别化,二者并不矛盾

10. `2014/2/2/单`

  甲怀疑医院救治不力致其母死亡,遂在医院设灵堂、烧纸钱,向医院讨说法。结合社会主义法治理念和刑法规定,下列哪一看法是错误的?③

  A. 执法为民与服务大局的理念要求严厉打击涉医违法犯罪,对社会影响恶劣的涉医犯罪行为,要依法从严惩处

  B. 甲属于起哄闹事,只有造成医院的秩序严重混乱的,才构成寻衅滋事罪

  C. 如甲母的死亡确系医院救治不力所致,则不能轻易将甲的行为认定为寻衅滋事罪

  D. 如以寻衅滋事罪判处甲有期徒刑3年、缓刑3年,为有效维护医疗秩序,法院可同时发布禁止令,禁止甲1年内出入医疗机构

---

  ① B ② C ③ D

11． 2014/2/51/多

下列哪些选项不违反罪刑法定原则?①

A. 将明知是痴呆女而与之发生性关系导致被害人怀孕的情形,认定为强奸"造成其他严重后果"

B. 将卡拉 OK 厅未经著作权人许可大量播放其音像制品的行为,认定为侵犯著作权罪中的"发行"

C. 将重度醉酒后在高速公路超速驾驶机动车的行为,认定为以危险方法危害公共安全罪

D. 《刑法》规定了盗窃武装部队印章罪,未规定毁灭武装部队印章罪。为弥补处罚漏洞,将毁灭武装部队印章的行为认定为毁灭"国家机关"印章

12． 2013/2/1/单

甲给机场打电话谎称"3 架飞机上有炸弹",机场立即紧急疏散乘客,对飞机进行地毯式安检,3 小时后才恢复正常航班秩序。关于本案,下列哪一选项是正确的?②

A. 为维护社会稳定,无论甲的行为是否严重扰乱社会秩序,都应追究甲的刑事责任

B. 为防范危害航空安全行为的发生,保护人民群众,应以危害公共安全相关犯罪判处甲死刑

C. 从事实和法律出发,甲的行为符合编造、故意传播虚假恐怖信息罪的犯罪构成,应追究其刑事责任

D. 对于散布虚假信息,危及航空安全,造成国内国际重大影响的案件,可突破司法程序规定,以高效办案取信社会

13． 2012/2/3/单

关于罪刑法定原则有以下观点:

①罪刑法定只约束立法者,不约束司法者

②罪刑法定只约束法官,不约束侦查人员

③罪刑法定只禁止类推适用刑法,不禁止适用习惯法

④罪刑法定只禁止不利于被告人的事后法,不禁止有利于被告人的事后法

---

① ACD ② C

下列哪一选项是正确的?①

A. 第①句正确,第②③④句错误

B. 第①②句正确,第③④句错误

C. 第④句正确,第①②③句错误

D. 第①③句正确,第②④句错误

14. 2010/2/1/单

"罪刑法定原则的要求是:(1)禁止溯及既往(____的罪刑法定);(2)排斥习惯法(____的罪刑法定);(3)禁止类推解释(____的罪刑法定);(4)刑罚法规的适当(____的罪刑法定)。"下列哪一选项与题干空格内容相匹配?②

A. 事前——成文——确定——严格

B. 事前——确定——成文——严格

C. 事前——严格——成文——确定

D. 事前——成文——严格——确定

考点3 刑法的适用范围(效力)

15. 2017/2/1/单

关于刑事司法解释的时间效力,下列哪一选项是正确的?③

A. 司法解释也是刑法的渊源,故其时间效力与《刑法》完全一样,适用从旧兼从轻原则

B. 行为时无相关司法解释,新司法解释实施时正在审理的案件,应当依新司法解释办理

C. 行为时有相关司法解释,新司法解释实施时正在审理的案件,仍须按旧司法解释办理

D. 依行为时司法解释已审结的案件,若适用新司法解释有利于被告人的,应依新司法解释改判

16. 2013/2/4/单

《刑法修正案(八)》于 2011 年 5 月 1 日起施行。根据《刑法》第12 条关于时间效力的规定,下列哪一选项是错误的?④

A. 2011 年 4 月 30 日前犯罪,犯罪后自首又有重大立功表现的,适用修正前的刑法条文,应当减轻或者免除处罚

---

① C　② D　③ B　④ C

B. 2011 年 4 月 30 日前拖欠劳动者报酬,2011 年 5 月 1 日后以转移财产方式拒不支付劳动者报酬的,适用修正后的刑法条文

C. 2011 年 4 月 30 日前组织出卖人体器官的,适用修正后的刑法条文

D. 2011 年 4 月 30 日前扒窃财物数额未达到较大标准的,不得以盗窃罪论处

17. <u>2007/2/51/多</u>

关于刑事管辖权,下列哪些选项是正确的?①

A. 甲在国外教唆陈某到中国境内实施绑架行为,中国司法机关对甲的教唆犯罪有刑事管辖权

B. 隶属于中国某边境城市旅游公司的长途汽车在从中国进入 E 国境内之后,因争抢座位,F 国的汤姆一怒之下杀死了 G 国的杰瑞。对汤姆的杀人行为不适用中国刑法

C. 中国法院适用普遍管辖原则对劫持航空器的丙行使管辖权时,定罪量刑的依据是中国缔结或者参加的国际条约

D. 外国人丁在中国领域外对中国公民犯罪的,即使按照中国刑法的规定,该罪的最低刑为 3 年以上有期徒刑,也可能不适用中国刑法

18. <u>2004/2/56/多</u>

下列关于中国刑法适用范围的说法哪些是错误的?②

A. 甲国公民汤姆教唆乙国公民约翰进入中国境内发展黑社会组织。即使约翰真进入中国境内实施犯罪行为,也不能适用中国刑法对仅仅实施教唆行为的汤姆追究刑事责任

B. 中国公民赵某从甲国贩卖毒品到乙国后回到中国。由于赵某的犯罪行为地不在中国境内,行为也没有危害中国的国家或者国民的利益,所以,不能适用中国刑法

C. A 国公民丙在中国留学期间利用暑期外出旅游,途中为勒索财物,将 B 国在中国的留学生丁某从东北某市绑架到 C 国,中国刑法可以依据保护管辖原则对丙追究刑事责任

D. 中国公民在中华人民共和国领域外实施的犯罪行为,按照刑法规定的最高刑为 3 年以下有期徒刑的,也可以适用中国刑法追究刑事责任

---

① ABD ② ABC

专题二　犯罪构成

考点4 构成要件要素的分类

19. (2014/2/4/单)

关于构成要件要素,下列哪一选项是错误的?①

A. 传播淫秽物品罪中的"淫秽物品"是规范的构成要件要素、客观的构成要件要素

B. 签订、履行合同失职被骗罪中的"签订、履行"是记述的构成要件要素、积极的构成要件要素

C. "被害人基于认识错误处分财产"是诈骗罪中的客观的构成要件要素、不成文的构成要件要素

D. "国家工作人员"是受贿罪的主体要素、规范的构成要件要素、主观的构成要件要素

20. (2012/2/51/多)

《刑法》第 246 条规定:"以暴力或者其他方法公然侮辱他人或者捏造事实诽谤他人,情节严重的,处三年以下有期徒刑、拘役、管制或者剥夺政治权利。"关于本条的理解,下列哪些选项是正确的?②

A. "以暴力或者其他方法"属于客观的构成要件要素

B. "他人"属于记述的构成要件要素

C. "侮辱"、"诽谤"属于规范的构成要件要素

D. "三年以下有期徒刑、拘役、管制或者剥夺政治权利"属于相对确定的法定刑

21. (2008/2/51/多)

关于构成要件要素的分类,下列哪些选项是正确的?③

A. 贩卖淫秽物品牟利罪中的"贩卖"是记述的构成要件要素,"淫秽物品"是规范的构成要件要素

B. 贩卖毒品罪中的"贩卖"是记述的构成要件要素,"毒品"是规范的构成要件要素

C. 强制猥亵妇女罪中的"妇女"是记述的构成要件要素,"猥亵"是规范

---

① D　② ABCD　③ ACD

的构成要件要素

D. 抢劫罪的客观构成要件要素是成文的构成要件要素，"非法占有目的"是不成文的构成要件要素

专题三 （客观）违法要件

考点5 单位犯罪

22． 法考回忆题/单

关于行为主体，下列哪一项说法是正确的？①

A. 单位分支机构或内设机构不是独立法人单位，不能成为单位犯罪的主体

B. 犯罪集团和聚众犯罪的首要分子是一种特殊的身份犯

C. 已满14周岁不满16周岁的未成年人在绑架过程中杀害被绑架人的，对杀人行为承担刑事责任，对绑架行为不承担刑事责任

D. 单位犯罪本质上是单位主管人员与其他直接责任人员构成的特殊的共同犯罪

23． 法考回忆题/多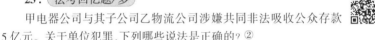

甲电器公司与其子公司乙物流公司涉嫌共同非法吸收公众存款5亿元。关于单位犯罪，下列哪些说法是正确的？②

A. 如果甲电器公司能成立单位犯罪，那么乙物流公司实施违法行为且获得违法所得，就可认为乙物流公司构成单位犯罪

B. 如果甲电器公司能构成单位犯罪，但无法认定乙物流公司构成单位犯罪，那么可以将乙物流公司中按照甲电器公司的要求实施犯罪行为的人员作为其他直接责任人员，追究其自然人的刑事责任

C. 如果乙物流公司构成单位犯罪，但无法认定甲电器公司构成单位犯罪，那么可以追究甲电器公司中直接责任人员的自然人犯罪，并且该直接责任人员与乙物流公司可以构成共同犯罪

D. 如果因证据问题不能认定乙物流公司、甲电器公司构成单位犯罪，那么可以追究两公司的直接责任人员的刑事责任

24． 2015/2/54/多

关于单位犯罪，下列哪些选项是正确的？③

---

① C ② ABCD ③ AD

A. 就同一犯罪而言,单位犯罪与自然人犯罪的既遂标准完全相同

B. 《刑法》第一百七十条未将单位规定为伪造货币罪的主体,故单位伪造货币的,相关自然人不构成犯罪

C. 经理赵某为维护公司利益,召集单位员工殴打法院执行工作人员,拒不执行生效判决的,成立单位犯罪

D. 公司被吊销营业执照后,发现其曾销售伪劣产品 20 万元。对此,应追究相关自然人销售伪劣产品罪的刑事责任

25. **2009/2/20/单**

何经理为了销售本公司经营的医疗器械,安排公司监事刘某在与某市立医院联系销售业务过程中,按销售金额 25% 的比例给医院四位正、副院长回扣共计 25 万余元。本案中,该公司提供回扣的行为构成何罪?①

A. 行贿罪 B. 对非国家工作人员行贿罪

C. 单位行贿罪 D. 对单位行贿罪

考点6 危害行为

26. **法考回忆题/多**

关于不作为犯罪,下列哪些说法是正确的?②

A. 甲的同事张某见到甲饲养的金毛犬甚是喜爱,伸手抚摸,不料却遭金毛犬撕咬。甲在一旁不制止,导致张某被咬成重伤。由于张某自己制造了危险,故甲不构成不作为犯罪

B. 乙事后发现自己销售的一批药品不合格,但并未召回,致一名患者死亡。由于销售劣药罪的行为只能是作为,且必须具有故意,故乙不构成犯罪

C. 丙夜间在办公室用电热炉煮面条,不慎将公司的一份重要文件引燃。丙本可将火扑灭,却因担心被人发现文件被毁会受到公司处罚,便逃离现场,最后酿成重大火灾。丙构成不作为的放火罪

D. 猎人丁在荒山发现一名弃婴,将弃婴抱回家,过几天后打算长期抚养。由于妻子强烈反对,丁次日将弃婴放至某菜市场门口,被他人抱走,不知去向。丁构成遗弃罪

27. **法考回忆题/多**

关于不作为犯罪,下列哪些说法是正确的?③

---

① C ② CD ③ ABCD

A. 警察李某抓捕了吸毒人员王某(女),进行强制戒毒。王某有一个 5 岁女儿独自在家,被王某锁在家里。王某将该情况告知李某,要求妥善安顿女儿。李某因疏忽而忘记此事。几天后,王某的女儿饿死在家中。李某成立不作为的玩忽职守罪

B. 吸毒人员吴某常常把自己年幼的孩子独自留在家中而出去吸毒。某次,吴某明知家中有孩子,出门十天才回家,其年幼孩子在被隔绝的家中饿死。吴某构成不作为的故意杀人罪

C. 赵某明知邻居钱某有癫痫,出于故意而与邻居钱某吵架,使其发病,浑身抽搐。赵某见状故意不救助,钱某因无人救助而死亡。赵某构成不作为的故意杀人罪

D. 孙某驾车不慎撞倒行人金某之后,为逃避法律责任,将昏迷的金某拖到隐蔽的山洞里,金某因无人救助而死亡。孙某构成不作为的故意杀人罪

28. 〔法考回忆题/多〕

甲是间歇性精神病患者,某日与妻子乙来到自己的父母家里。甲因琐事与父母发生争吵。争吵中甲的精神病发作,在这种状态下,甲持刀砍杀父母。乙在旁边,既不阻拦,也不呼救他人。甲砍了几刀后,清醒过来,匆忙与乙离开现场。二人回到家中,乙将二人身上的带血的衣服、鞋子全部洗掉了。父母因被砍而死亡。下列哪些说法是正确的?①

A. 乙构成不作为的故意杀人罪

B. 假如证明,乙即使阻拦或呼救他人,父母还是会被砍死,仍然可以认定乙的不作为与死亡结果之间具有因果关系

C. 乙构成不作为的故意杀人罪和帮助毁灭证据罪

D. 乙不构成帮助毁灭证据罪

29. 〔2016/2/1/单〕

关于不作为犯罪,下列哪一选项是正确的?②

A. "法无明文规定不为罪"的原则当然适用于不作为犯罪,不真正不作为犯的作为义务必须源于法律的明文规定

B. 在特殊情况下,不真正不作为犯的成立不需要行为人具有作为可能性

C. 不真正不作为犯属于行为犯,危害结果并非不真正不作为犯的构成要件要素

---

① ABD ② D

D. 危害公共安全罪、侵犯公民人身权利罪、侵犯财产罪中均存在不作为犯

30. 2015/2/52/多

关于不作为犯罪,下列哪些选项是正确的?①

A. 儿童在公共游泳池溺水时,其父甲、救生员乙均故意不救助。甲、乙均成立不作为犯罪

B. 在离婚诉讼期间,丈夫误认为自己无义务救助落水的妻子,致妻子溺水身亡的,成立过失的不作为犯罪

C. 甲在火灾之际,能救出母亲,但为救出女友而未救出母亲。如无排除犯罪的事由,甲构成不作为犯罪

D. 甲向乙的咖啡投毒,看到乙喝了几口后将咖啡递给丙,因担心罪行败露,甲未阻止丙喝咖啡,导致乙、丙均死亡。甲对乙是作为犯罪,对丙是不作为犯罪

31. 2014/2/5/单

关于不作为犯罪的判断,下列哪一选项是错误的?②

A. 小偷翻墙入院行窃,被护院的藏獒围攻。主人甲认为小偷活该,任凭藏獒撕咬,小偷被咬死。甲成立不作为犯罪

B. 乙杀丙,见丙痛苦不堪,心生悔意,欲将丙送医。路人甲劝阻乙救助丙,乙遂离开,丙死亡。甲成立不作为犯罪的教唆犯

C. 甲看见儿子乙(8周岁)正掐住丙(3周岁)的脖子,因忙于炒菜,便未理会。等炒完菜,甲发现丙已窒息死亡。甲不成立不作为犯罪

D. 甲见有人掉入偏僻之地的深井,找来绳子救人,将绳子的一头扔至井底后,发现井下的是仇人乙,便放弃拉绳子,乙因无人救助死亡。甲不成立不作为犯罪

32. 2013/2/5/单

甲女得知男友乙移情,怨恨中送其一双滚轴旱冰鞋,企盼其运动时摔伤。乙穿此鞋运动时,果真摔成重伤。关于本案的分析,下列哪一选项是正确的?③

A. 甲的行为属于作为的危害行为

B. 甲的行为与乙的重伤之间存在刑法上的因果关系

C. 甲具有伤害乙的故意,但不构成故意伤害罪

---

① ACD ② C ③ C

D. 甲的行为构成过失致人重伤罪

33. 2012/2/4/单

下列哪一选项构成不作为犯罪?①

A. 甲到湖中游泳,见武某也在游泳。武某突然腿抽筋,向唯一在场的甲呼救。甲未予理睬,武某溺亡

B. 乙女拒绝周某求爱,周某说"如不答应,我就跳河自杀"。乙明知周某可能跳河,仍不同意。周某跳河后,乙未呼救,周某溺亡

C. 丙与贺某到水库游泳。丙为显示泳技,将不善游泳的贺某拉到深水区教其游泳。贺某忽然沉没,丙有点害怕,忙游上岸,贺某溺亡

D. 丁邀秦某到风景区漂流,在漂流筏转弯时,秦某的安全带突然松开致其摔落河中。丁未下河救人,秦某溺亡

34. 2010/2/52/多

关于不作为犯罪,下列哪些选项是正确的?②

A. 甲在车间工作时,不小心使一根铁钻刺入乙的心脏,甲没有立即将乙送往医院而是逃往外地。医院证明,即使将乙送往医院,乙也不可能得到救治。甲不送乙就医的行为构成不作为犯罪

B. 甲盗伐树木时砸中他人,明知不立即救治将致人死亡,仍有意不救。甲不救助伤者的行为构成不作为犯罪

C. 甲带邻居小孩出门,小孩失足跌入粪塘,甲嫌脏不愿施救,就大声呼救,待乙闻声赶来救出小孩时,小孩死亡。甲不及时救助的行为构成不作为犯罪

D. 甲乱扔烟头导致所看仓库起火,能够扑救而不救,迅速逃离现场,导致火势蔓延财产损失巨大。甲不扑救的行为构成不作为犯罪

考点7 危害结果

35. 2017/2/2/单

关于危害结果,下列哪一选项是正确的?③

A. 危害结果是所有具体犯罪的构成要件要素

B. 抽象危险是具体犯罪构成要件的危害结果

C. 以杀死被害人的方法当场劫取财物的,构成抢劫罪的结果加重犯

D. 骗取他人财物致使被害人自杀身亡的,成立诈骗罪的结果加重犯

① C ② BCD ③ C

36． 2008/2/1/单

关于危害结果的相关说法,下列哪一选项是错误的?①

A. 甲男(25 岁)明知孙某(女)只有 13 岁而追求她,在征得孙某同意后,与其发生性行为。甲的行为没有造成危害后果

B. 警察乙丢失枪支后未及时报告,清洁工王某捡拾该枪支后立即上交。乙的行为没有造成严重后果

C. 丙诱骗 5 岁的孤儿离开福利院后,将其作为养子,使之过上了丰衣足食的生活。丙的行为造成了危害后果

D. 丁恶意透支 3 万元,但经发卡银行催收后立即归还。丁的行为没有造成危害后果

考点8 因果关系

37． 法考回忆题/多

关于刑法上的因果关系,下列哪些说法是正确的?②

A. 甲因生产经营急需资金,申请贷款时提供了伪造的材料,骗取了贷款,后因经营失败未能归还,给银行造成重大损失。伪造材料行为与银行重大损失之间没有因果关系

B. 溺水者乙抓住一个可以救命的漂浮物,该漂浮物属于甲所有,甲见状立即拿走漂浮物,导致乙溺水身亡。甲的行为与乙的死亡之间具有因果关系

C. 甲、乙在没有意思联络的情况下,均向丙开了一枪,且均打中非要害部位,丙因为两处受伤,失血过多而死亡。甲、乙的行为与丙的死亡之间具有因果关系

D. 甲、乙没有意思联络,均有杀害丙的故意。乙到达现场时暗中发现甲向丙的水杯中已经投了毒,乙便没有投毒,后丙喝水死亡。乙的行为与丙的死亡结果之间没有因果关系

38． 法考回忆题/单

关于因果关系的判断,下列哪一项说法是正确的?③

A. 甲从 6 楼向下扔垃圾,不慎砸中楼下路过的彭某,致其死亡。虽然高空抛物造成伤害的概率很低,但甲的行为与彭某的死亡具有因果关系

B. 女服务员小丽下夜班后乘坐乙驾驶的出租车回家,要求乙按照手机导

① A ② ABCD ③ A

航路线行驶。途中乙选择了一条新的行驶路线,小丽以为乙要加害自己,跳车导致重伤。实际上乙没有加害意图。乙偏离原定路线的行为与小丽的重伤有因果关系

C. 丙对陆某家放火,陆某观察火势不大,便入户抢救贵重物品,不料火势突然变大,陆某被烧死。丙的放火行为与陆某的死亡没有因果关系

D. 丁盗窃郑某用于治病的资金,郑某陷入绝望,自杀身亡。丁的盗窃行为与郑某的死亡有因果关系

---

39. (法考回忆题/单)

关于因果关系,下列哪一选项是正确的?①

A. 甲驾车行驶在高速公路上,一直在自己的车道上正常行驶。乙突然驾车从旁边车道挤过来,导致两车相撞,乙因事故受重伤。乙的重伤结果与甲的行为之间有因果关系

B. 甲在沙滩上将乙打昏,乙昏倒面朝沙滩,甲以为乙已经死亡,遂离开,实际上乙是由于吸入沙子窒息而亡。甲的行为和乙的死亡结果之间没有因果关系

C. 甲带小孩小甲去公园玩,邻居奶奶带孙子出去玩,甲临时有事委托邻居奶奶照看小甲。在玩耍中,小甲准备从高处跳下来,邻居奶奶没有阻止,小甲摔成重伤。邻居奶奶不阻止的行为与小甲摔成重伤之间具有因果关系

D. 甲、乙系男女朋友,甲开车在高速路上行驶时两人吵架,乙要下车,要求甲停车。甲不停车,乙跳车摔成重伤,甲的行为与乙受伤结果之间具有因果关系

---

40. (法考回忆题/多)

关于因果关系,下列哪些说法是正确的?②

A. 甲驾车不慎撞倒乙,乙躺在路中央不动,甲逃逸。五分钟后,丙刹车不及从乙身上轧过去。后发现乙死亡,但无法查明是甲轧死的,还是乙轧死的。甲与乙的死亡有因果关系

B. 甲给乙的饮料里放了毒药,乙喝后四肢乏力。仇人丙看到乙,要杀死乙,乙因为无力反抗被丙用刀杀死。甲与乙的死亡有因果关系

C. 甲冒充房东,给几位承租人群发短信,要求他们交房租到特定账户。承租人乙信以为真,将短信转发给合租人丙。丙没注意到甲的短信,

---

① C ② AC

但注意到乙的短信,便将款打到甲的指定账户。甲与丙的财产损失有因果关系

D. 医生甲想杀死病人乙,在针剂里放了毒药,给乙注射,乙死亡。事后查明,乙有特殊体质,注射正常针剂,不加毒药,乙也会死。甲与乙的死亡无因果关系

41. 法考回忆题/多

关于因果关系,下列哪些说法是正确的?①

A. 贾某在公路上醉酒驾驶。公路路面上散落几个井盖。贾某因为醉酒没有注意到井盖,车轮轧过井盖,井盖飞起,砸中路边行人,导致行人重伤。贾某的醉酒行为与行人的重伤结果之间有因果关系

B. 甲、乙发生口角,甲踢伤乙,导致乙心脏病发作死亡。甲的行为与乙的死亡结果之间有因果关系

C. 甲和乙是警察,押解犯罪嫌疑人丙的过程中,丙中途以上厕所为由而逃跑。甲、乙的失职行为与丙的脱逃之间有因果关系

D. 甲为了杀乙,在饭中下毒药,乙中毒,家人送乙去医院,途中偶遇丙驾驶车辆在道路上横冲直撞报复社会,乙被当场撞死。甲的杀人行为与乙的死亡存在因果关系

42. 2017/2/52/多

关于因果关系,下列哪些选项是正确的?②

A. 甲以杀人故意用铁棒将刘某打昏后,以为刘某已死亡,为隐藏尸体将刘某埋入雪沟,致其被冻死。甲的前行为与刘某的死亡有因果关系

B. 乙夜间驾车撞倒李某后逃逸,李某被随后驶过的多辆汽车碾轧,但不能查明是哪辆车造成李某死亡。乙的行为与李某的死亡有因果关系

C. 丙将海洛因送给13周岁的王某吸食,造成王某吸毒过量身亡。丙的行为与王某的死亡有因果关系

D. 丁以杀害故意开车撞向周某,周某为避免被撞跳入河中,不幸溺亡。丁的行为与周某的死亡有因果关系

43. 2016/2/2/单

关于因果关系的认定,下列哪一选项是正确的?③

A. 甲重伤王某致其昏迷。乙丐目睹一切,在甲离开后取走王某财物。甲

---

① BC ② ABCD ③ C

的行为与王某的财产损失有因果关系

B. 乙纠集他人持凶器砍杀李某,将李某逼至江边,李某无奈跳江被淹死。乙的行为与李某的死亡无因果关系

C. 丙酒后开车被查。交警指挥丙停车不当,致石某的车撞上丙车,石某身亡。丙的行为与石某死亡无因果关系

D. 丁敲诈勒索陈某。陈某给丁汇款时,误将 3 万元汇到另一诈骗犯账户中。丁的行为与陈某的财产损失无因果关系

44. 2015/2/1/单

关于因果关系,下列哪一选项是正确的?①

A. 甲跳楼自杀,砸死行人乙。这属于低概率事件,甲的行为与乙的死亡之间无因果关系

B. 集资诈骗案中,如出资人有明显的贪利动机,就不能认定非法集资行为与资金被骗结果之间有因果关系

C. 甲驾车将乙撞死后逃逸,第三人丙走乙包中贵重财物。甲的肇事行为与乙的财产损失之间有因果关系

D. 司法解释规定,虽交通肇事重伤 3 人以上但负事故次要责任的,不构成交通肇事罪。这说明即使有条件关系,也不一定能将结果归责于行为

45. 2015/2/53/多

关于因果关系,下列哪些选项是正确的?②

A. 甲驾车经过十字路口右拐时,被行人乙扔出的烟头击中面部,导致车辆失控撞死丙。只要肯定甲的行为与丙的死亡之间有因果关系,甲就应当承担交通肇事罪的刑事责任

B. 甲强奸乙后,威胁不得报警,否则杀害乙。乙报警后担心被甲杀害,便自杀身亡。如无甲的威胁乙就不会自杀,故甲的威胁行为与乙的死亡之间有因果关系

C. 甲夜晚驾车经过无照明路段时,不小心撞倒丙后继续前行,随后的乙未注意,驾车从丙身上轧过。即使不能证明是甲直接轧死丙,也必须肯定甲的行为与丙的死亡之间有因果关系

D. 甲、乙等人因琐事与丙发生争执,进而在电梯口相互厮打,电梯门受外力挤压变形开启,致丙掉入电梯通道内摔死。虽然介入了电梯门非正

常开启这一因素,也应肯定甲、乙等人的行为与丙的死亡之间有因果关系

46. 2014/2/6/单

关于因果关系的判断,下列哪一选项是正确的?①

A. 甲伤害乙后,警察赶到。在警察将乙送医途中,车辆出现故障,致乙长时间得不到救助而亡。甲的行为与乙的死亡具有因果关系

B. 甲违规将行人丙撞成轻伤,丙昏倒在路中央,甲驾车逃窜。1分钟后,超速驾驶的乙发现丙时已来不及刹车,将丙轧死。甲的行为与丙的死亡没有因果关系

C. 甲以杀人故意向乙开枪,但由于不可预见的原因导致丙中弹身亡。甲的行为与丙的死亡没有因果关系

D. 甲向乙的茶水投毒,重病的乙喝了茶水后感觉更加难受,自杀身亡。甲的行为与乙的死亡没有因果关系

47. 2011/2/3/单

关于因果关系,下列哪一选项是错误的?②

A. 甲将被害人衣服点燃,被害人跳河灭火而溺亡。甲行为与被害人死亡具有因果关系

B. 乙在被害人住宅放火,被害人为救婴儿冲入宅内被烧死。乙行为与被害人死亡具有因果关系

C. 丙在高速路将被害人推下车,被害人被后面车辆轧死。丙行为与被害人死亡具有因果关系

D. 丁毁坏被害人面容,被害人感觉无法见人而自杀。丁行为与被害人死亡具有因果关系

48. 2010/2/3/单

关于刑法上的因果关系,下列哪一判断是正确的?③

A. 甲开枪射击乙,乙迅速躲闪,子弹击中乙身后的丙。甲的行为与丙的死亡之间不具有因果关系

B. 甲追赶小偷乙,乙慌忙中撞上疾驰汽车身亡。甲的行为与乙的死亡之间具有因果关系

C. 甲、乙没有意思联络,碰巧同时向丙开枪,且均打中了丙的心脏。甲、

---

① D　② D　③ D

乙的行为与丙的死亡之间不具有因果关系

D. 甲以杀人故意向乙的食物中投放了足以致死的毒药,但在该毒药起作用前,丙开枪杀死了乙。甲的行为与乙的死亡之间不具有因果关系

49. `2008/2/52/多`

关于因果关系,下列哪些选项是错误的?①

A. 甲乘坐公交车时和司机章某发生争吵,狠狠踹了章某后背一脚。章某返身打甲时,公交车失控,冲向自行车道,撞死了骑车人程某。甲的行为与程某的死亡之间存在因果关系

B. 乙以杀人故意瞄准李某的头部开枪,但打中了李某的胸部(未打中心脏)。由于李某是血友病患者,最后流血不止而死亡。乙的行为与李某的死亡之间没有因果关系

C. 丙与同伙经预谋后同时向王某开枪,同伙射击的子弹打中王某的心脏,致王某死亡。由于丙射击的子弹没有打中王某,故丙的行为与王某的死亡之间没有因果关系

D. 丁以杀人故意对赵某实施暴力,导致赵某遭受濒临死亡的重伤。赵某在医院接受治疗时,医生存在一定过失,未能挽救赵某的生命。丁的行为与赵某的死亡之间没有因果关系

专题四 (客观)违法阻却事由

考点9 正当防卫与紧急避险

50. `法考回忆题/单`

甲、乙二人对丙素有仇怨,伺机报复。某日二人得知丙去了歌舞厅,于是也跟随前往。甲和乙商议由甲去寻找丙,由乙在后门口蹲守。甲进去数分钟后,丙从后门出来,在乙没有看到丙的时候,丙掏出随身携带的铁棍击打乙,乙随即掏出随身携带的小刀回击,最后二人均负轻伤。关于甲、乙、丙三人的行为认定,下列哪一说法是正确的?②

A. 若乙成立正当防卫,甲也成立正当防卫

B. 乙不因为一开始有伤害意图而影响正当防卫的构成

C. 乙有过错,所以成立防卫过当

D. 无论按照何种刑法学说,丙都不构成正当防卫

---

① BCD ② B

51. `法考回忆题/单`

甲持刀闯进超市抢劫,超市员工乙反击。二人扭打中,乙夺下刀后随手扔掉,碰巧砸中旁边站立的丙的头部,致其重伤。甲未取得财物,出了超市后骑自行车逃跑。乙追上去将甲连人带车扑倒在地,甲也摔成重伤。下列哪一项说法是正确的?①

A. 乙致丙受伤,属于正当防卫,不负刑事责任

B. 乙致丙受伤,系防卫过当

C. 甲对丙的受伤负刑事责任

D. 甲对乙的重伤不负刑事责任,不构成抢劫罪致人重伤

52. `法考回忆题/单`

对于_____,应当立足_____在防卫时所处情境,按照_____的一般认知,依法作出合乎情理的判断,不能苛求防卫人。对于防卫人因为恐慌、紧张等心理,对不法侵害是否已经开始或者结束产生错误认识的,应当根据_____,依法作出妥当处理。关于上述空格内容,下列哪一选项是正确的?②

A. 不法侵害是否已经开始或者结束;防卫人;社会公众;主客观相统一原则

B. 不法侵害是否已经开始或者结束;社会公众;防卫人;罪刑相适应原则

C. 是否严重危害人身;防卫人;社会公众;主客观相统一原则

D. 是否严重危害人身;社会公众;防卫人;罪刑相适应原则

53. `法考回忆题/单`

甲在自家胡同口里看到乙背着蛇皮袋鬼鬼祟祟,怀疑乙是偷狗的,遂大喊一声,叫乙站住。乙放下蛇皮袋就跑,甲紧追不舍,追到后将乙打倒在地,系轻微伤。见乙躺在地上没有反抗,甲又朝乙面部踹了两脚,导致乙眼部充血视网膜脱落,最终乙因细菌感染严重而死亡。事后查明乙确有偷狗行为,蛇皮袋里是偷的狗。关于甲的行为,下列哪一项说法是正确的?③

A. 成立正当防卫

B. 系假想防卫

C. 系故意伤害行为,构成故意伤害(致人死亡)罪

D. 属于防卫过当,但不承担责任

---

① D ② A ③ C

54． 法考回忆题/多

甲杀害乙,乙被迫防卫。路过的丙看到了,以为乙在侵害甲,想起甲是自己的仇人,就过去帮乙一起伤害甲。乙以为丙是见义勇为,过来协助自己。两人共同把甲打成了重伤。下列哪些说法是正确的?①

A. 乙有正当防卫的意图,虽然将甲打成重伤,亦成立正当防卫

B. 如果认为正当防卫不需要有防卫意图,丙的行为亦成立正当防卫

C. 乙、丙二人的主观认识内容不同,因此无论根据何种学说,都不能用丙的行为定义乙的行为的性质

D. 乙、丙二人的主观认识内容不同,因此无论根据何种学说,乙、丙都不构成共同犯罪

55． 法考回忆题/不定项

关于不作为犯、正当防卫及紧急避险,下列说法正确的是:②

A. 父亲撞见歹徒持刀抢劫女儿,与歹徒发生激烈搏斗,搏斗中杀死歹徒。父亲成立正当防卫

B. 身材高大的郑某深夜在家中听到厨房有动静,走过去一看,发现身材瘦小的小偷吴某正试图从窗户爬进来盗窃,下半身还卡在窗外,于是拿起菜刀将不易躲避的吴某砍成重伤。郑某成立正当防卫

C. 田某与妻子在河边散步,后田某坐在河边玩手机游戏。妻子不慎失足跌入水中,大声呼叫。田某见此情景仍玩手机游戏,不去施救。妻子溺水身亡。田某成立不作为故意杀人罪

D. 李某驾车不慎撞伤周某,导致周某重伤。李某的车辆坏了,无法行驶。为了尽快将周某送去医院,李某拦住了王某的车,要求王某帮忙送医院,王某拒绝。情急之下,李某将王某打成重伤,并抢去车辆将周某送去医院。李某成立正当防卫

56． 法考回忆题/不定项

甲驾车不慎将行人乙撞成重伤,甲想逃离。行人丙看到这一情景,要求甲将乙送往医院,甲拒绝并欲逃离。丙便将甲打成轻伤,威胁并强迫甲将乙送往医院。甲害怕被丙继续殴打,便答应将乙送往医院。丙的行为构成:③

A. 正当防卫　　　　　　　　B. 紧急避险

C. 故意伤害罪　　　　　　　D. 防卫过当

---

① ABCD　② AC　③ A

57． 2017/2/4/单

关于正当防卫与紧急避险的比较，下列哪一选项是正确的？①

A. 正当防卫中的不法"侵害"的范围，与紧急避险中的"危险"相同

B. 对正当防卫中不法侵害是否"正在进行"的认定，与紧急避险中危险是否"正在发生"的认定相同

C. 对正当防卫中防卫行为"必要限度"的认定，与紧急避险中避险行为"必要限度"的认定相同

D. 若正当防卫需具有防卫意图，则紧急避险也须具有避险意图

58． 2016/2/6/单

关于正当防卫与紧急避险，下列哪一选项是正确的？②

A. 为保护国家利益实施的防卫行为，只有当防卫人是国家工作人员时，才成立正当防卫

B. 为制止正在进行的不法侵害，使用第三者的财物反击不法侵害人，导致该财物被毁坏的，对不法侵害人不可能成立正当防卫

C. 为摆脱合法追捕而侵入他人住宅的，考虑到人性弱点，可认定为紧急避险

D. 为保护个人利益免受正在发生的危险，不得已也可通过损害公共利益的方法进行紧急避险

59． 2015/2/4/单

鱼塘边工厂仓库着火，甲用水泵从乙的鱼塘抽水救火，致鱼塘中价值2万元的鱼苗死亡。仓库中价值2万元的商品因灭火及时未被烧毁。甲承认仓库边还有其他几家鱼塘，为报复才从乙的鱼塘抽水。关于本案，下列哪一选项是正确的？③

A. 甲出于报复动机损害乙的财产，缺乏避险意图

B. 甲从乙的鱼塘抽水，是不得已采取的避险行为

C. 甲未能保全更大的权益，不符合避险限度要件

D. 对2万元鱼苗的死亡，甲成立故意毁坏财物罪

60． 2014/2/8/单

甲深夜盗窃5万元财物，在离现场1公里的偏僻路段遇到乙。乙见甲形迹可疑，紧拽住甲，要甲给5000元才能走，否则就报警。甲见无法脱

---

① D ② D ③ B

身,顺手一拳打中乙左眼,致其眼部受到轻伤,甲乘机离去。关于甲伤害乙的行为定性,下列哪一选项是正确的?①

　　A. 构成转化型抢劫罪

　　B. 构成故意伤害罪

　　C. 属于正当防卫,不构成犯罪

　　D. 系过失致人轻伤,不构成犯罪

61. 2014/2/52/多

　　严重精神病患者乙正在对多名儿童实施重大暴力侵害,甲明知乙是严重精神病患者,仍使用暴力制止了乙的侵害行为,虽然造成乙重伤,但保护了多名儿童的生命。

　　观点:

　　①正当防卫针对的"不法侵害"不以侵害者具有责任能力为前提

　　②正当防卫针对的"不法侵害"以侵害者具有责任能力为前提

　　③正当防卫针对的"不法侵害"不以防卫人是否明知侵害者具有责任能力为前提

　　④正当防卫针对的"不法侵害"以防卫人明知侵害者具有责任能力为前提

　　结论:

　　a. 甲成立正当防卫

　　b. 甲不成立正当防卫

　　就上述案情,观点与结论对应错误的是下列哪些选项?②

　　A. 观点①②与a结论对应;观点③④与b结论对应

　　B. 观点①③与a结论对应;观点②④与b结论对应

　　C. 观点②③与a结论对应;观点①④与b结论对应

　　D. 观点①④与a结论对应;观点②③与b结论对应

62. 2013/2/7/单

　　甲对正在实施一般伤害的乙进行正当防卫,致乙重伤(仍在防卫限度之内)。乙已无侵害能力,求甲将其送往医院,但甲不理会而离去。乙因流血过多死亡。关于本案,下列哪一选项是正确的?③

　　A. 甲的不救助行为独立构成不作为的故意杀人罪

---

① C　② ACD　③ C

B. 甲的不救助行为独立构成不作为的过失致人死亡罪

C. 甲的行为属于防卫过当

D. 甲的行为仅成立正当防卫

63. 2012/2/7/单

关于正当防卫的论述,下列哪一选项是正确的?①

A. 甲将罪犯顾某扭送派出所途中,在汽车后座上死死摁住激烈反抗的顾某头部,到派出所时发现其已窒息死亡。甲成立正当防卫

B. 乙发现齐某驾驶摩托车抢劫财物即驾车追赶,2 车并行时摩托车撞到护栏,弹回与乙车碰撞后侧翻,齐某死亡。乙不成立正当防卫

C. 丙发现邻居刘某(女)正在家中卖淫,即将刘家价值 6000 元的防盗门砸坏,阻止其卖淫。丙成立正当防卫

D. 丁开枪将正在偷越国(边)境的何某打成重伤。丁成立正当防卫

64. 2011/2/7/单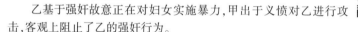

乙基于强奸故意正在对妇女实施暴力,甲出于义愤对乙进行攻击,客观上阻止了乙的强奸行为。

观点:

①正当防卫不需要有防卫认识

②正当防卫只需要防卫认识,即只要求防卫人认识到不法侵害正在进行

③正当防卫只需要防卫意志,即只要求防卫人具有保护合法权益的意图

④正当防卫既需要有防卫认识,也需要有防卫意志

结论:

a. 甲成立正当防卫

b. 甲不成立正当防卫

就上述案情,观点与结论对应正确的是哪一选项?②

A. 观点①观点②与 a 结论对应;观点③观点④与 b 结论对应

B. 观点①观点③与 a 结论对应;观点②观点④与 b 结论对应

C. 观点②观点③与 a 结论对应;观点①观点④与 b 结论对应

D. 观点①观点④与 a 结论对应;观点②观点③与 b 结论对应

65. 2010/2/7/单

甲、乙两家有仇。某晚,两拨人在歌厅发生斗殴,甲、乙恰巧在场

并各属一方。打斗中乙持刀砍伤甲小臂,甲用木棒击中乙头部,致乙死亡。关于甲的行为,下列哪一选项是正确的?①

    A. 属于正当防卫　　　　　B. 属于紧急避险

    C. 属于防卫过当　　　　　D. 属于故意杀人

66. 〔2009/2/4/单〕

甲遭乙追杀,情急之下夺过丙的摩托车骑上就跑,丙被摔骨折。乙开车继续追杀,甲为逃命飞身跳下疾驶的摩托车奔入树林,丙一万元的摩托车被毁。关于甲行为的说法,下列哪一选项是正确的?②

    A. 属于正当防卫

    B. 属于紧急避险

    C. 构成抢夺罪

    D. 构成故意伤害罪、故意毁坏财物罪

67. 〔2008/2/93/不定项〕

甲手持匕首寻找抢劫目标时,突遇精神病人丙持刀袭击。丙追赶甲至一死胡同,甲迫于无奈,与丙搏斗,将其打成重伤。此后,甲继续寻找目标,见到丁后便实施暴力,用匕首将其刺成重伤,使之丧失反抗能力,此时甲的朋友乙驾车正好经过此地,见状后下车和甲一起取走了丁的财物(约2万元),然后逃跑,丁因伤势过重不治身亡。关于甲将精神病人丙打成重伤的行为,下列选项正确的是:③

    A. 甲的行为属于正当防卫,因为对精神病人的不法侵害也可以进行正当防卫

    B. 甲的行为属于紧急避险,因为"不法"必须是主客观相统一的行为,而精神病人没有责任能力,其客观侵害行为不属于"不法"侵害,故只能进行紧急避险

    C. 甲的行为属于自救行为,因为甲当时只能依靠自己的力量救济自己的法益

    D. 甲的行为既不是正当防卫,也不是紧急避险,因为甲当时正在进行不法侵害,精神病人丙的行为客观上阻止了甲的不法行为,甲不得针对丙再进行正当防卫与紧急避险

---

① D ② B ③ A

考点 10 被害人承诺

68. （法考回忆题/多）

关于被害人承诺理论,下列哪些说法是正确的?①

A. 甲误以为自己养的马患了疾病,要求兽医对其进行安乐死。兽医知道市面上已经有治疗该疾病的药物,但不告知,仍实施了安乐死。事后甲了解到市面上已经有了治疗该疾病的药。甲的承诺无效

B. 甲在城市里工作生活,在乡下有个房子。甲的乡下邻居乙发短信询问甲是否可以拆除甲家的院墙。甲本想发短信回复说"不行",不小心发成了"行"。乙便将甲家的院墙拆掉。甲的承诺有效

C. 甲组织贩卖人体器官,与乙约定以十万元的价格将其肾脏移植给他人。乙的承诺无效

D. 因路灯灯光反射到室内,甲误以为家里着火,恳求乙帮忙破门灭火,乙照做。甲的承诺有效

69. （2008/2/5/单）

关于被害人承诺,下列哪一选项是正确的?②

A. 儿童赵某生活在贫困家庭,甲征得赵某父母的同意,将赵某卖至富贵人家。甲的行为得到了赵某父母的有效承诺,并有利于儿童的成长,故不构成拐卖儿童罪

B. 在钱某家发生火灾之际,乙独自闯入钱某的住宅搬出贵重物品。由于乙的行为事后并未得到钱某的认可,故应当成立非法侵入住宅罪

C. 孙某为戒掉网瘾,让其妻子丙将其反锁在没有电脑的房间一星期。孙某对放弃自己人身自由的承诺是无效的,丙的行为依然成立非法拘禁罪

D. 李某同意丁砍掉自己的一个小手指,而丁却砍掉了李某的大拇指。丁的行为成立故意伤害罪

专题五 （主观）责任要件

考点 11 故意与过失

70. （2016/2/4/单）

农民甲醉酒在道路上驾驶拖拉机,其认为拖拉机不属于《刑法》

---

① ABD ② D

第133条之一规定的机动车。关于本案的分析,下列哪一选项是正确的?①

    A. 甲未能正确评价自身的行为,存在事实认识错误

    B. 甲欠缺违法性认识的可能性,其行为不构成犯罪

    C. 甲对危险驾驶事实有认识,具有危险驾驶的故意

    D. 甲受认识水平所限,不能要求其对自身行为负责

71. `2016/2/5/单`

    吴某被甲、乙合法追捕。吴某的枪中只有一发子弹,认识到开枪既可能打死甲也可能打死乙。设定吴某对甲、乙均有杀人故意,下列哪一分析是正确的?②

    A. 如吴某一枪没有打中甲和乙,子弹从甲与乙的中间穿过,则对甲、乙均成立故意杀人罪未遂

    B. 如吴某一枪打中了甲,致甲死亡,则对甲成立故意杀人罪既遂,对乙成立故意杀人罪未遂,实行数罪并罚

    C. 如吴某一枪同时打中甲和乙,致甲死亡、乙重伤,则对甲成立故意杀人罪既遂,对乙仅成立故意伤害罪

    D. 如吴某一枪同时打中甲和乙,致甲、乙死亡,则对甲、乙均成立故意杀人罪既遂,实行数罪并罚

72. `2013/2/6/单`

    2010年某日,甲到乙家,发现乙家徒四壁。见桌上一块玉坠,断定是不值钱的仿制品,甲便顺手拿走。后甲对丙谎称玉坠乃秦代文物,值5万元,丙以3万元买下。经鉴定乃清代玉坠,市值5000元。关于本案的分析,下列哪一选项是错误的?③

    A. 甲断定玉坠为不值钱的仿制品具有一定根据,对"数额较大"没有认识,缺乏盗窃犯罪故意,不构成盗窃罪

    B. 甲将所盗玉坠卖给丙,具有可罚性,不属于不可罚的事后行为

    C. 不应追究甲盗窃玉坠的刑事责任,但应追究甲诈骗丙的刑事责任

    D. 甲诈骗丙的诈骗数额为5万元,其中3万元既遂,2万元未遂

73. `2013/2/53/多`

    关于犯罪故意、过失与认识错误的认定,下列哪些选项是错误的?④

---

    ① C ② A ③ D ④ BCD

A. 甲、乙是马戏团演员,甲表演飞刀精准,从未出错。某日甲表演时,乙突然移动身体位置,飞刀掷进乙胸部致其死亡。甲的行为属于意外事件

B. 甲、乙在路边争执,甲推乙一掌,致其被路过车辆轧死。甲的行为构成故意伤害(致死)罪

C. 甲见楼下没人,将家中一块木板扔下,不料砸死躲在楼下玩耍的小孩乙。甲的行为属于意外事件

D. 甲本欲用斧子砍死乙,事实上却拿了铁锤砸死乙。甲的错误属于方法错误,根据法定符合说,应认定为故意杀人既遂

74. 〔 2012/2/5/单 〕

下列哪一行为构成故意犯罪?①

A. 他人欲跳楼自杀,围观者大喊"怎么还不跳",他人跳楼而亡

B. 司机急于回家,行驶时闯红灯,把马路上的行人撞死

C. 误将熟睡的孪生妻妹当成妻子,与其发生性关系

D. 作客的朋友在家中吸毒,主人装作没看见

75. 〔 2012/2/6/单 〕

甲与素不相识的崔某发生口角,推了他肩部一下,踢了他屁股一脚。崔某忽觉胸部不适继而倒地,在医院就医时死亡。经鉴定,崔某因患冠状粥样硬化性心脏病,致急性心力衰竭死亡。关于本案,下列哪一选项是正确的?②

A. 甲成立故意伤害罪,属于故意伤害致人死亡

B. 甲的行为既不能认定为故意犯罪,也不能认定为意外事件

C. 甲的行为与崔某死亡结果之间有因果关系,这是客观事实

D. 甲主观上对崔某死亡具有预见可能性,成立过失致人死亡罪

76. 〔 2012/2/52/多 〕

下列哪些案件不构成过失犯罪?③

A. 老师因学生不守课堂纪律,将其赶出教室,学生跳楼自杀

B. 汽车修理工恶作剧,将高压气泵塞入同事肛门充气,致其肠道、内脏严重破损

C. 路人见义勇为追赶小偷,小偷跳河游往对岸,路人见状离去,小偷突然

---

① D ② C ③ ABCD

抽筋溺毙

D. 邻居看见6楼儿童马上要从阳台摔下,遂伸手去接,因未能接牢,儿童摔成重伤

77. `2011/2/5/单` 新法改编

关于故意的认识内容,下列哪一选项是错误的?①

A. 成立故意犯罪,不要求行为人认识到自己行为的违法性

B. 成立贩卖淫秽物品牟利罪,要求行为人认识到物品的淫秽性

C. 构成奸淫幼女,要求行为人明知是幼女

D. 成立为境外非法提供国家秘密罪,要求行为人认识到对方是境外的机构、组织或者个人,没有认识到而非法提供国家秘密的,不成立任何犯罪

78. `2011/2/6/单`

关于过失犯的论述,下列哪一选项是错误的?②

A. 只有实际发生危害结果时,才成立过失犯

B. 认识到可能发生危害结果,但结果的发生违背行为人意志的,成立过失犯

C. 过失犯罪,法律有规定的才负刑事责任。这里的"法律"不限于刑事法律

D. 过失犯的刑事责任一般轻于与之对应的故意犯的刑事责任

79. `2010/2/51/多`

关于罪过,下列哪些选项是错误的?③

A. 甲的玩忽职守行为虽然造成了公共财产损失,但在甲未认识到自己是国家机关工作人员时,就不存在罪过

B. 甲故意举枪射击仇人乙,但因为没有瞄准,将乙的名车毁坏。甲构成故意杀人未遂

C. 甲翻墙入院欲毒杀乙的名犬以泄愤,不料该犬对甲扔出的含毒肉块不予理会,直扑甲身,情急之下甲拔刀刺杀该犬。甲不构成故意毁坏财物罪,而属于意外事件

D. 甲因疏忽大意而致人死亡,甲应当预见而没有预见的危害结果,既可能是发生他人死亡的危害结果,也可能只是发生他人重伤的危害结果

① D ② C ③ ACD

80. 2008/2/2/单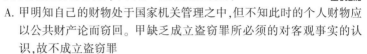

关于故意的认识内容,下列哪一选项是正确的?①

A. 甲明知自己的财物处于国家机关管理之中,但不知此时的个人财物应以公共财产论而窃回。甲缺乏成立盗窃罪所必须的对客观事实的认识,故不成立盗窃罪

B. 乙以非法占有财物的目的窃取军人的手提包时,明知手提包内可能有枪支仍然窃取,该手提包中果然有一支枪。乙没有非法占有枪支的目的,故不成立盗窃枪支罪

C. 成立猥亵儿童罪,要求行为人知道被害人是或者可能是不满 14 周岁的儿童

D. 成立贩卖毒品罪,不仅要求行为人认识到自己贩卖的是毒品,而且要求行为人认识到所贩卖的毒品种类

81. 2008/2/4/单

甲在从事生产经营的过程中,不知道某种行为是否违法,于是以书面形式向法院咨询,法院正式书面答复该行为合法。于是,甲实施该行为,但该行为实际上违反刑法。关于本案,下列哪一选项是正确的?②

A. 由于违法性认识不是故意的认识内容,所以,甲仍然构成故意犯罪

B. 甲没有违法性认识的可能性,所以不成立犯罪

C. 甲虽然不成立故意犯罪,但成立过失犯罪

D. 甲既可能成立故意犯罪,也可能成立过失犯罪

考点12 事实认识错误

82. 法考回忆题/多

关于刑法上的故意、过失的认定,下列哪些说法是不正确的?③

A. 甲以为座位上是张某遗忘的手机,进而将手机拿走,实际上该手机是坐在旁边睡觉的陈某的。甲没有盗窃罪的故意,只有侵占罪的故意

B. 乙误以为自己运输的是假欧元,实际是假英镑。乙的认识错误属于具体的事实认识错误,成立运输假币罪

C. 丙雇用赵某伤害岳某,反复叮嘱"只要岳某伤,不要岳某死",但赵某仍致岳某死亡。丙对死亡结果不具有过失

D. 丁误以为宁某是 13 岁的男孩而出卖给他人,实际上宁某是 15 岁的女

---

① C ② B ③ CD

孩。丁仍成立拐卖儿童罪

83. `2017/2/53/多`

甲、乙合谋杀害丙,计划由甲对丙实施砍杀,乙持枪埋伏于远方暗处,若丙逃跑则伺机射杀。案发时,丙不知道乙的存在。为防止甲的不法侵害,丙开枪射杀甲,子弹与甲擦肩而过,击中远处的乙,致乙死亡。关于本案,下列哪些选项是正确的?①

A. 丙的行为属于打击错误,依具体符合说,丙对乙的死亡结果没有故意

B. 丙的行为属于对象错误,依法定符合说,丙对乙的死亡结果具有故意

C. 不论采取何种学说,丙对乙都不能构成正当防卫

D. 不论采用何种学说,丙对甲都不构成故意杀人罪未遂

84. `2016/2/52/多`

甲、乙共同对丙实施严重伤害行为时,甲误打中乙致乙重伤,丙乘机逃走。关于本案,下列哪些选项是正确的?②

A. 甲的行为属打击错误,按照具体符合说,成立故意伤害罪既遂

B. 甲的行为属对象错误,按照法定符合说,成立故意伤害罪既遂

C. 甲误打中乙属偶然防卫,但对丙成立故意伤害罪未遂

D. 不管甲是打击错误、对象错误还是偶然防卫,乙都不可能成立故意伤害罪既遂

85. `2014/2/7/单`

关于事实认识错误,下列哪一选项是正确的?③

A. 甲本欲电话诈骗乙,但拨错了号码,对接听电话的丙实施了诈骗,骗取丙大量财物。甲的行为属于对象错误,成立诈骗既遂

B. 甲本欲枪杀乙,但由于未能瞄准,将乙身旁的丙杀死。无论根据什么学说,甲的行为都成立故意杀人既遂

C. 事前的故意属于抽象的事实认识错误,按照法定符合说,应按犯罪既遂处理

D. 甲将吴某的照片交给乙,让乙杀吴,但乙误将王某当成吴某予以杀害。乙是对象错误,按照教唆犯从属于实行犯的原理,甲也是对象错误

---

① AD ② CD ③ A

86. （2008/2/3/单）

甲想杀害身材高大的乙,打算先用安眠药使乙昏迷,然后勒乙的脖子,致其窒息死亡。由于甲投放的安眠药较多,乙吞服安眠药后死亡。对此,下列哪一选项是正确的?①

  A. 甲的预备行为导致了乙死亡,仅成立故意杀人预备

  B. 甲虽已着手实行杀人行为,但所预定的实行行为(勒乙的脖子)并未实施完毕,故只能认定为未实行终了的未遂

  C. 甲已着手实行杀人行为,应认定为故意杀人既遂

  D. 甲的行为是故意杀人预备与过失致人死亡罪的想象竞合犯,应从一重罪论处

87. （2008/2/54/多）

甲欲杀乙,便向乙开枪,但开枪的结果是将乙和丙都打死。关于本案,下列哪些选项是正确的?②

  A. 根据具体符合说,甲对乙成立故意杀人既遂,对丙成立过失致人死亡罪

  B. 根据法定符合说,甲对乙与丙均成立故意杀人既遂

  C. 不管是根据具体符合说,还是根据法定符合说,甲对乙与丙均成立故意杀人既遂

  D. 不管是根据具体符合说,还是根据法定符合说,甲对乙成立故意杀人既遂,对丙成立过失致人死亡罪

专题六 （主观）责任阻却事由

考点 13 责任年龄、能力与期待可能性

88. （法考回忆题/多）

关于刑事责任认定,下列哪些选项是正确的?③

  A. 甲被乙欺骗而吸食面粉(实为毒品),甲吸食后出现幻觉认为乙是"恶魔",为了"保命"打死了乙。甲对乙的死亡结果不负刑事责任

  B. 间歇性精神病人甲能够辨认但不能控制自己的行为,导致被害人死亡的,不负刑事责任

  C. 76 周岁的老人甲因生活琐事不满老伴许久,遂在老伴熟睡过程中拧

---

① C ② AB ③ ABC

开煤气罐致使老伴中毒身亡。甲虽然有责任能力,但不适用死刑

D. 14 周岁的甲抢劫枪支、弹药、炸弹、危险物品的,不构成犯罪

89. 2017/2/3/单

关于刑事责任能力的认定,下列哪一选项是正确的?①

A. 甲先天双目失明,在大学读书期间因琐事致室友重伤。甲具有限定刑事责任能力

B. 乙是聋哑人,长期组织数名聋哑人在公共场所扒窃。乙属于相对有刑事责任能力

C. 丙服用安眠药陷入熟睡,致同床的婴儿被压迫窒息死亡。丙不具有刑事责任能力

D. 丁大醉后步行回家,嫌他人小汽车挡路,将车砸坏,事后毫无记忆。丁具有完全刑事责任能力

90. 2016/2/3/单

关于刑事责任能力,下列哪一选项是正确的?②

A. 甲第一次吸毒产生幻觉,误以为伍某在追杀自己,用木棒将伍某打成重伤。甲的行为成立过失致人重伤罪

B. 乙以杀人故意刀砍陆某时突发精神病,继续猛砍致陆某死亡。不管采取何种学说,乙都成立故意杀人罪未遂

C. 丙因实施爆炸被抓,相关证据足以证明丙已满 15 周岁,但无法查明具体出生日期。不能追究丙的刑事责任

D. 丁在 14 周岁生日当晚故意砍杀张某,后心生悔意将其送往医院抢救,张某仍于次日死亡。应追究丁的刑事责任

91. 2015/2/2/单

关于责任年龄与责任能力,下列哪一选项是正确的?③

A. 甲在不满 14 周岁时安放定时炸弹,炸弹于甲已满 14 周岁后爆炸,导致多人伤亡。甲对此不负刑事责任

B. 乙在精神正常时着手实行故意伤害犯罪,伤害过程中精神病突然发作,在丧失责任能力时抢走被害人财物。对乙应以抢劫罪论处

C. 丙将毒药投入丁的茶杯后精神病突然发作,丁在丙丧失责任能力时喝下毒药死亡。对丙应以故意杀人罪既遂论处

D. 戊为给自己杀人壮胆而喝酒,大醉后杀害他人。戊不承担故意杀人罪的刑事责任

92. 2015/2/55/多

关于故意与违法性的认识,下列哪些选项是正确的?①

A. 甲误以为买卖黄金的行为构成非法经营罪,仍买卖黄金,但事实上该行为不违反《刑法》。甲有犯罪故意,成立犯罪未遂

B. 甲误以为自己盗窃枪支的行为仅成立盗窃罪。甲对《刑法》规定存在认识错误,因而无盗窃枪支罪的犯罪故意,对甲的量刑不能重于盗窃罪

C. 甲拘禁吸毒的陈某数日。甲认识到其行为剥夺了陈某的自由,但误以为《刑法》不禁止普通公民实施强制戒毒行为。甲有犯罪故意,应以非法拘禁罪追究刑事责任

D. 甲知道自己的行为有害,但不知是否违反《刑法》,遂请教中学语文教师乙,被告知不违法后,甲实施了该行为。但事实上《刑法》禁止该行为。乙的回答不影响甲成立故意犯罪

93. 2011/2/4/单

甲患抑郁症欲自杀,但无自杀勇气。某晚,甲用事前准备的刀猛刺路人乙胸部,致乙当场死亡。随后,甲向司法机关自首,要求司法机关判处其死刑立即执行。对于甲责任能力的认定,下列哪一选项是正确的?②

A. 抑郁症属于严重精神病,甲没有责任能力,不承担故意杀人罪的责任

B. 抑郁症不是严重精神病,但甲的想法表明其没有责任能力,不承担故意杀人罪的责任

C. 甲虽患有抑郁症,但具有责任能力,应当承担故意杀人罪的责任

D. 甲具有责任能力,但患有抑郁症,应当对其从轻或者减轻处罚

94. 2010/2/4/单

甲(十五周岁)的下列哪一行为成立犯罪?③

A. 春节期间放鞭炮,导致邻居失火,造成十多万元财产损失

B. 骗取他人数额巨大财物,为抗拒抓捕,当场使用暴力将他人打成重伤

C. 受意图骗取保险金的张某指使,将张某的汽车推到悬崖下毁坏

D. 因偷拿苹果遭摊主喝骂,遂掏出水果刀将其刺成轻伤

---

① CD ② C ③ B

95． 2009/2/2/单

关于犯罪主体,下列哪一选项是正确的?①

A. 甲(女,43岁)吸毒后强制猥亵、侮辱孙某(智障女,19岁),因强制猥亵、侮辱罪的主体只能是男性,故甲无罪

B. 乙(15岁)携带自制火药枪夺取妇女张某的挎包,因乙未使用该火药枪,故应当构成抢夺罪

C. 丙(15岁)在帮助李某扣押被害人王某索取债务时致王某死亡,丙不应当负刑事责任

D. 丁是司法工作人员,也可构成放纵走私罪

专题七　犯罪形态

考点14 犯罪预备、未遂、中止与既遂的判断

96． 法考回忆题/多

甲、乙共谋运输毒品,并且约定"如果被查,就开枪拒捕"。后二人在运输毒品时遇到警察抓捕,乙当即举手投降;甲看到乙投降,仍决定开枪,打死一名警察。下列哪些说法是正确的?②

A. 甲构成故意杀人罪既遂

B. 乙构成故意杀人罪既遂

C. 乙构成故意杀人罪预备阶段的中止

D. 乙构成故意杀人罪实行阶段的中止

97． 法考回忆题/多

甲、乙共谋入户抢劫一户人家。乙在进入这户人家前感到害怕,告知甲想放弃,但没有劝甲放弃便离去。甲独自入户后,发现这户人家很穷,心生可怜,便放弃抢劫。下列哪些说法是正确的?③

A. 甲构成犯罪中止　　　　　　B. 乙构成犯罪中止

C. 甲构成犯罪未遂　　　　　　D. 乙构成犯罪未遂

98． 法考回忆题/多

甲与乙(女)发生婚外情,欲与妻子丙离婚,丙不同意。乙让甲在牛奶中下毒杀害丙,甲同意。几天后,甲将一瓶毒牛奶递给丙喝。丙不知道牛

---

① C　② AC　③ AB

奶有毒,又将牛奶递给身边的儿子丁喝。甲见状忙说"他喝过了,不用喝了",然后就走开了。丁喝了毒牛奶后死亡。下列哪些说法是正确的?①

A. 甲对丙构成故意杀人罪未遂

B. 甲对丁构成故意杀人罪既遂

C. 乙对丙构成故意杀人罪未遂

D. 乙对丁构成故意杀人罪既遂

99. 法考回忆题/单

关于侵犯财产罪的既遂和未遂,下列哪一项说法是正确的?②

A. 甲盗窃电瓶车,看守人朱某在监控室发现了甲的行为,故意等甲骑走车后几分钟才追赶,并抓到甲。甲成立盗窃罪未遂

B. 乙敲诈勒索秦某,要求秦某将20万元现金放入指定的垃圾桶内,以便自己取走。秦某将20万元放入指定垃圾桶,后被清洁工捡走。秦某以为乙取走了20万元。乙成立敲诈勒索罪未遂

C. 丙在网上销售假酒,程某不知情而购买,并向支付平台支付了货款,待程某确认收货后货款会自动转入丙的账户。程某收到货后发现是假酒,便向支付平台申请退款,支付平台予以办理。丙构成诈骗罪既遂

D. 丁进入曹某家盗窃,将财物装入口袋,被两个邻居发现。两个邻居报警,并守在曹某家门口,丁无法出门。几分钟后,警察赶到,在丁的口袋里发现盗窃的财物。丁构成盗窃罪既遂

100. 法考回忆题/多

存在以下刑法观点和相应的行为:

观点一:基于同情、后悔而放弃犯罪,可以成立犯罪中止

观点二:客观上能继续犯罪,主观上放弃犯罪,即使从伦理角度看不能继续犯罪,也能成立犯罪中止

观点三:犯罪人经过理性判断,认为不能继续犯罪而放弃犯罪,属于犯罪未遂;犯罪人基于感性因素(同情、后悔、恐惧等非理性因素)而放弃犯罪,属于犯罪中止

观点四:若从社会一般人的角度看,当时不能继续犯罪,那么可以认为,犯罪人也是在不能继续犯罪的情况下而放弃犯罪,不构成犯罪中止,而构成犯罪未遂

---

① ABC　② B

行为一:甲举刀砍杀乙,乙求饶:"请可怜可怜我!"甲见乙可怜而放弃犯罪

行为二:甲举刀砍杀父亲,刀已经举起,又觉得对方是亲生父亲,难以下手,便放弃犯罪

行为三:甲举刀砍杀妻子,此时年幼的孩子走进来,哀求甲不要杀妈妈。甲不忍心在孩子面前杀妻子,便放弃犯罪

行为四:甲准备朝乙开枪,警察们赶到,举枪朝向甲,要求甲住手。甲见状逃离

下列哪些说法是正确的?①

A. 根据观点一,行为一成立犯罪中止

B. 根据观点二,行为二成立犯罪中止

C. 根据观点三,行为三成立犯罪未遂

D. 根据观点四,行为四成立犯罪未遂

101.　2017/2/5/单

甲冒充房主王某与乙签订商品房买卖合同,约定将王某的住房以220万元卖给乙,乙首付100万元给甲,待过户后再支付剩余的120万元。办理过户手续时,房管局工作人员识破甲的骗局并报警。根据司法解释,关于甲的刑事责任的认定,下列哪一选项是正确的?②

A. 以合同诈骗罪220万元未遂论处,酌情从重处罚

B. 以合同诈骗罪100万元既遂论处,合同诈骗120万元作为未遂情节加以考虑

C. 以合同诈骗罪120万元未遂论处,合同诈骗100万元既遂的情节不再单独处罚

D. 以合同诈骗罪100万元既遂与合同诈骗罪120万元未遂并罚

102.　2016/2/15/单

甲为勒索财物,打算绑架富商之子吴某(5岁)。甲欺骗乙、丙说:"富商欠我100万元不还,你们帮我扣押其子,成功后给你们每人10万元。"乙、丙将吴某扣押,但甲无法联系上富商,未能进行勒索。三天后,甲让乙、丙将吴某释放。吴某一人在回家路上溺水身亡。关于本案,下列哪一选项是正确的?③

A. 甲、乙、丙构成绑架罪的共同犯罪,但对乙、丙只能适用非法拘禁罪的法定刑

---

① ABD　② B　③ D

B. 甲未能实施勒索行为,属绑架未遂;甲主动让乙、丙放人,属绑架中止

C. 吴某的死亡结果应归责于甲的行为,甲成立绑架致人死亡的结果加重犯

D. 不管甲是绑架未遂、绑架中止还是绑架既遂,乙、丙均成立犯罪既遂

103. 2015/2/5/单

下列哪一行为成立犯罪未遂?①

A. 以贩卖为目的,在网上订购毒品,付款后尚未取得毒品即被查获

B. 国家工作人员非法收受他人给予的现金支票后,未到银行提取现金即被查获

C. 为谋取不正当利益,将价值5万元的财物送给国家工作人员,但第二天被退回

D. 发送诈骗短信,受骗人上当后汇出5万元,但因误操作汇到无关第三人的账户

104. 2015/2/6/单

甲以杀人故意放毒蛇咬乙,后见乙痛苦不堪,心生悔意,便开车送乙前往医院。途中等红灯时,乙声称其实自己一直想死,突然跳车逃走,三小时后死亡。后查明,只要当时送医院就不会死亡。关于本案,下列哪一选项是正确的?②

A. 甲不对乙的死亡负责,成立犯罪中止

B. 甲未能有效防止死亡结果发生,成立犯罪既遂

C. 死亡结果不能归责于甲的行为,甲成立犯罪未遂

D. 甲未能阻止乙跳车逃走,应以不作为的故意杀人罪论处

105. 2014/2/53/多

甲为杀乙,对乙下毒。甲见乙中毒后极度痛苦,顿生怜意,开车带乙前往医院。但因车速过快,车右侧撞上电线杆,坐在副驾驶位的乙被撞死。关于本案的分析,下列哪些选项是正确的?③

A. 如认为乙的死亡结果应归责于驾车行为,则甲的行为成立故意杀人中止

B. 如认为乙的死亡结果应归责于投毒行为,则甲的行为成立故意杀人既遂

---

① D ② A ③ AB

C. 只要发生了构成要件的结果,无论如何都不可能成立中止犯,故甲不成立中止犯

D. 只要行为人真挚地防止结果发生,即使未能防止犯罪结果发生的,也应认定为中止犯,故甲成立中止犯

106. 2014/2/54/单

下列哪一选项中的甲属于犯罪未遂?①

A. 甲让行贿人乙以乙的名义办理银行卡,存入 50 万元,乙将银行卡及密码交给甲。甲用该卡时,忘记密码,不好意思再问乙。后乙得知甲被免职,将该卡挂失取回 50 万元

B. 甲、乙共谋傍晚杀丙,甲向乙讲解了杀害丙的具体方法。傍晚乙如约到达现场,但甲却未去。乙按照甲的方法杀死丙

C. 乙欲盗窃汽车,让甲将用于盗窃汽车的钥匙放在乙的信箱。甲同意,但错将钥匙放入丙的信箱,后乙用其他方法将车盗走

D. 甲、乙共同杀害丙,以为丙已死,甲随即离开现场。一个小时后,乙在清理现场时发现丙未死,持刀杀死丙

107. 2013/2/54/多

关于故意犯罪形态的认定,下列哪些选项是正确的?②

A. 甲绑架幼女乙后,向其父勒索财物。乙父佯装不管乙安危,甲只好将乙送回。甲虽未能成功勒索财物,但仍成立绑架罪既遂

B. 甲抢夺乙价值 1 万元项链时,乙紧抓不放,甲只抢得半条项链。甲逃走 60 余米后,觉得半条项链无用而扔掉。甲的行为未得逞,成立抢夺罪未遂

C. 乙欲盗汽车,向甲借得盗车钥匙。乙盗车时发现该钥匙不管用,遂用其他工具盗得汽车。乙属于盗窃罪既遂,甲属于盗窃罪未遂

D. 甲在珠宝柜台偷拿一枚钻戒后迅速逃离,慌乱中在商场内摔倒。保安扶起甲后发现其盗窃行为并将其控制。甲未能离开商场,属于盗窃罪未遂

108. 2012/2/8/单

甲欲杀乙,将乙打倒在地,掐住脖子致乙深度昏迷。30 分钟后,甲发现乙未死,便举刀刺乙,第一刀刺中乙腹,第二刀扎在乙的皮带上,刺第三

---

① D(原答案为 CD) ② AC

刀时刀柄折断。甲长叹"你命太大,整不死你,我服气了",遂将乙送医,乙得以保命。经查,第一刀已致乙重伤。关于甲犯罪形态的认定,下列哪一选项是正确的?①

A. 故意杀人罪的未遂犯 　　　B. 故意杀人罪的中止犯

C. 故意伤害罪的既遂犯 　　　D. 故意杀人罪的不能犯

109. (2012/2/53/多)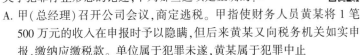

因乙移情别恋,甲将硫酸倒入水杯带到学校欲报复乙。课间,甲、乙激烈争吵,甲欲以硫酸泼乙,但情急之下未能拧开杯盖,后甲因追乙离开教室。丙到教室,误将甲的水杯当作自己的杯子,拧开杯盖时硫酸淋洒一身,灼成重伤。关于本案,下列哪些选项是错误的?②

A. 甲未能拧开杯盖,其行为属于不可罚的不能犯

B. 对丙的重伤,甲构成过失致人重伤罪

C. 甲的行为和丙的重伤之间没有因果关系

D. 甲对丙的重伤没有故意、过失,不需要承担刑事责任

110. (2012/2/54/多)

关于犯罪停止形态的论述,下列哪些选项是正确的?③

A. 甲(总经理)召开公司会议,商定逃税。甲指使财务人员黄某将1笔500万元的收入在申报时予以隐瞒,但后来黄某又向税务机关如实申报,缴纳应缴税款。单位属于犯罪未遂,黄某属于犯罪中止

B. 乙抢夺邹某现金20万元,后发现全部是假币。乙构成抢夺罪既遂

C. 丙以出卖为目的,偷盗婴儿后,惧怕承担刑事责任,又将婴儿送回原处。丙构成拐卖儿童罪既遂,不构成犯罪中止

D. 丁对仇人胡某连开数枪均未打中,胡某受惊心脏病突发死亡。丁成立故意杀人罪既遂

111. (2011/2/54/多)

下列哪些选项不构成犯罪中止?④

A. 甲收买1名儿童打算日后卖出。次日,看到拐卖儿童犯罪分子被判处死刑的新闻,偷偷将儿童送回家

B. 乙使用暴力绑架被害人后,被害人反复向乙求情,乙释放了被害人

C. 丙加入某恐怖组织并参与了一次恐怖活动,后经家人规劝退出该组织

---

　　① 　B(原答案为A) 　② 　ACD 　③ 　ABCD 　④ 　ABCD

D. 丁为国家工作人员,挪用公款 3 万元用于孩子学费,4 个月后主动归还

112. 2010/2/5/单

甲与一女子有染,其妻乙生怨。某日,乙将毒药拌入菜中意图杀甲。因久等未归且又惧怕法律制裁,乙遂打消杀人恶念,将菜倒掉。关于乙的行为,下列哪一选项是正确的?①

A. 犯罪预备

B. 犯罪预备阶段的犯罪中止

C. 犯罪未遂

D. 犯罪实行阶段的犯罪中止

113. 2010/2/57/多

关于犯罪中止,下列哪些选项是正确的?②

A. 甲欲杀乙,埋伏在路旁开枪射击但未打中乙。甲枪内尚有子弹,但担心杀人后被判处死刑,遂停止射击。甲成立犯罪中止

B. 甲入户抢劫时,看到客厅电视正在播放庭审纪实片,意识到犯罪要受刑罚处罚,于是向被害人赔礼道歉后离开。甲成立犯罪中止

C. 甲潜入乙家原打算盗窃巨额现金,入室后发现大量珠宝,便放弃盗窃现金的意思,仅窃取了珠宝。对于盗窃现金,甲成立犯罪中止

D. 甲向乙的饮食投放毒药后,乙呕吐不止,甲顿生悔意急忙开车送乙去医院,但由于交通事故耽误一小时,乙被送往医院时死亡。医生证明,早半小时送到医院乙就不会死亡。甲的行为仍然成立犯罪中止

114. 2009/2/5/单

甲因父仇欲重伤乙,将乙推倒在地举刀便砍,乙慌忙抵挡喊着说:"是丙逼我把你家老汉推下粪池的,不信去问丁。"甲信以为真,遂松开乙,乙趁机逃走。关于本案,下列哪一选项是正确的?③

A. 甲不成立故意伤害罪

B. 甲成立故意伤害罪中止

C. 甲的行为具有正当性

D. 甲成立故意伤害罪未遂(不能犯)

---

① B ② ABD(原答案为 AB) ③ B

专题八　共同犯罪

考点15 共同犯罪的成立与共同正犯

115. 法考回忆题/单

下列乙的行为中,哪一项与甲构成共同犯罪?①

A. 甲实施盗窃,乙在外面帮忙望风,甲盗得财物后离开,甲对乙的望风并不知情,且望风期间未发生任何事情

B. 甲为中转自己拐卖的妇女,向乙交代实情并请其收留自己和妇女两天,乙同意并提供住处

C. 乙明知甲在境外实施电信诈骗,仍为其烧香祈福

D. 甲正在实施寻衅滋事犯罪,乙用摄像机拍摄进行网络直播

116. 法考回忆题/单

赵某、钱某、孙某、李某四人合谋加害刘某,但四人未商议具体分工和计划,刘某最终死亡。经查明,赵某和钱某使用木棒殴打刘某,孙某使用拳头殴打刘某,李某手持铁棒在旁助威。刘某因头部受致命伤而死亡,但无法确认何人所为。以下哪一项说法是正确的?②

A. 因无法确认何人所致致命伤,故四人无须对刘某死亡负刑事责任

B. 根据共同犯罪的原则,四人均须对刘某死亡负刑事责任

C. 孙某使用拳头殴打刘某,不足以致死,故不对刘某死亡负刑事责任

D. 李某手持铁棒在旁助威,故不对刘某死亡负刑事责任

117. 2017/2/6/单

甲欲前往张某家中盗窃。乙送甲一把擅自配制的张家房门钥匙,并告甲说,张家装有防盗设备,若钥匙打不开就必须放弃盗窃,不可入室。甲用钥匙打开张家房门,无法打开,本欲依乙告诫离去,但又不甘心,思量后破窗进入张家窃走数额巨大的财物。关于本案的分析,下列哪一选项是正确的?③

A. 乙提供钥匙的行为对甲成功实施盗窃起到了促进作用,构成盗窃罪既遂的帮助犯

B. 乙提供的钥匙虽未起作用,但对甲实施了心理上的帮助,构成盗窃罪既遂的帮助犯

---

① B　② B　③ D

C. 乙欲帮助甲实施盗窃行为,因意志以外的原因未能得逞,构成盗窃罪的帮助犯未遂

D. 乙的帮助行为的影响仅延续至甲着手开门盗窃时,故乙成立盗窃罪未遂的帮助犯

118. 2017/2/7/单

甲欲杀丙,假意与乙商议去丙家"盗窃",由乙在室外望风,乙照办。甲进入丙家将丙杀害,出来后骗乙说未窃得财物。乙信以为真,悻然离去。关于本案的分析,下列哪一选项是正确的?①

A. 甲欺骗乙望风,构成间接正犯。间接正犯不影响对共同犯罪的认定,甲、乙构成故意杀人罪的共犯

B. 乙企图帮助甲实施盗窃行为,却因意志以外的原因未能得逞,故对乙应以盗窃罪的帮助犯未遂论处

C. 对甲应以故意杀人罪论处,对乙以非法侵入住宅罪论处。两人虽然罪名不同,但仍然构成共同犯罪

D. 乙客观上构成故意杀人罪的帮助犯,但因其仅有盗窃故意,故应在盗窃罪法定刑的范围内对其量刑

119. 2017/2/91/不定项

某地政府为村民发放扶贫补贴,由各村村委会主任审核本村申请材料并分发补贴款。某村村委会主任王某、会计刘某以及村民陈某合谋伪造申请材料,企图每人套取 5 万元补贴款。王某任期届满,周某继任村委会主任后,政府才将补贴款拨到村委会。周某在分发补贴款时,发现了王某、刘某和陈某的企图,便只发给三人各 3 万元,将剩余 6 万元据为己有。三人心知肚明,但不敢声张。(事实一)

后周某又想私自非法获取土地征收款,欲找县国土局局长张某帮忙,遂送给县工商局局长李某 10 万元,托其找张某说情。李某与张某不熟,送 5 万元给县财政局局长胡某,让胡某找张某。胡某找到张某后,张某碍于情面,违心答应,但并未付诸行动。(事实二)

周某为感谢胡某,从村委会账户取款 20 万元购买玉器,并指使会计刘某将账做平。周某将玉器送给胡某时,被胡某拒绝。周某只好将玉器退还商家,将退款 20 万元返还至村委会账户,并让刘某再次平账。(事实三)

关于事实三的分析,下列选项正确的是:②

---

① C ② C

 A. 周某挪用村委会20万元购买玉器行贿,属挪用公款进行非法活动,构成挪用公款罪

 B. 周某使用村委会20万元购买玉器,属贪污行为,但后又将20万元还回,构成犯罪中止

 C. 刘某第一次帮周某将账面做平,属于帮周某成功实施犯罪行为,与周某构成共同犯罪

 D. 刘某第二次帮周某将账面做平,属于作假证明掩护周某的犯罪行为,构成包庇罪

120. 〔2015/2/7/单〕

15 周岁的甲非法侵入某尖端科技研究所的计算机信息系统,18 周岁的乙对此知情,仍应甲的要求为其编写侵入程序。关于本案,下列哪一选项是错误的?①

 A. 如认为责任年龄、责任能力不是共同犯罪的成立条件,则甲、乙成立共犯

 B. 如认为甲、乙成立共犯,则乙成立非法侵入计算机信息系统罪的从犯

 C. 不管甲、乙是否成立共犯,都不能认为乙成立非法侵入计算机信息系统罪的间接正犯

 D. 由于甲不负刑事责任,对乙应按非法侵入计算机信息系统罪的片面共犯论处

121. 〔2015/2/56/多〕

甲在乙骑摩托车必经的偏僻路段精心设置路障,欲让乙摔死。丙得知甲的杀人计划后,诱骗仇人丁骑车经过该路段,丁果真摔死。关于本案,下列哪些选项是正确的?②

 A. 甲的行为和丁死亡之间有因果关系,甲有罪

 B. 甲的行为属对象错误,构成故意杀人罪既遂

 C. 丙对自己的行为无认识错误,构成故意杀人罪既遂

 D. 丙利用甲的行为造成丁死亡,可能成立间接正犯

122. 〔2014/2/10/单〕

关于共同犯罪的论述,下列哪一选项是正确的?③

 A. 无责任能力者与有责任能力者共同实施危害行为的,有责任能力者均

---

 ① D ② ACD(原答案为 ABCD) ③ D

为间接正犯

B. 持不同犯罪故意的人共同实施危害行为的,不可能成立共同犯罪

C. 在片面的对向犯中,双方都成立共同犯罪

D. 共同犯罪是指二人以上共同故意犯罪,但不能据此否认片面的共犯

123． 2012/2/9/单

甲(15周岁)求乙(16周岁)为其抢夺作接应,乙同意。某夜,甲抢夺被害人的手提包(内有1万元现金),将包扔给乙,然后吸引被害人跑开。乙害怕坐牢,将包扔在草丛中,独自离去。关于本案,下列哪一选项是错误的?①

A. 甲不满16周岁,不构成抢夺罪

B. 甲与乙构成抢夺罪的共犯

C. 乙不构成抢夺罪的间接正犯

D. 乙成立抢夺罪的中止犯

124． 2012/2/55/多

下列哪些选项中的双方行为人构成共同犯罪?②

A. 甲见卖淫秽影碟的小贩可怜,给小贩1000元,买下200张淫秽影碟

B. 乙明知赵某已结婚,仍与其领取结婚证

C. 丙送给国家工作人员10万元钱,托其将儿子录用为公务员

D. 丁帮助组织卖淫的王某招募、运送卖淫女

125． 2011/2/55/多

关于共同犯罪的判断,下列哪些选项是正确的?③

A. 甲教唆赵某入户抢劫,但赵某接受教唆后实施拦路抢劫。甲是抢劫罪的共犯

B. 乙为吴某入户盗窃望风,但吴某入户后实施抢劫行为。乙是盗窃罪的共犯

C. 丙以为钱某要杀害他人为其提供了杀人凶器,但钱某仅欲伤害他人而使用了丙提供的凶器。丙对钱某造成的伤害结果不承担责任

D. 丁知道孙某想偷车,便将盗车钥匙给孙某,后又在孙某盗车前要回钥匙,但孙某用其他方法盗窃了轿车。丁对孙某的盗车结果不承担责任

---

① D　② BCD　③ ABD

126． 2010/2/2/单

看守所值班武警甲擅离职守,在押的犯罪嫌疑人乙趁机逃走,但刚跑到监狱外的树林即被抓回。关于本案,下列哪一选项是正确的?①

A. 甲主观上是过失,乙是故意

B. 甲、乙是事前无通谋的共犯

C. 甲构成私放在押人员罪

D. 乙不构成脱逃罪

127． 2010/2/6/单

关于共同犯罪,下列哪一选项是正确的?②

A. 甲、乙应当预见但没有预见山下有人,共同推下山上一块石头砸死丙。只有认定甲、乙成立共同过失犯罪,才能对甲、乙以过失致人死亡罪论处

B. 甲明知乙犯故意杀人罪而为乙提供隐藏处和财物。甲、乙构成共同犯罪

C. 交警甲故意为乙实施保险诈骗提供虚假鉴定结论。甲、乙构成共同犯罪

D. 公安人员甲向犯罪分子乙通风报信助其逃避处罚。甲、乙成立共同犯罪

128． 2008/2/7/单

甲、乙夫妇因 8 岁的儿子严重残疾,生活完全不能自理而非常痛苦。一天,甲往儿子要喝的牛奶里放入"毒鼠强"时被乙看到,乙说:"这是毒药吧,你给他喝呀?"见甲不说话,乙叹了口气后就走开了。毒死儿子后,甲、乙二人一起掩埋尸体并对外人说儿子因病而死。关于甲、乙行为的定性,下列哪一选项是正确的?③

A. 甲与乙构成故意杀人的共同犯罪

B. 甲构成故意杀人罪,乙构成包庇罪

C. 甲构成故意杀人罪,乙构成遗弃罪

D. 甲构成故意杀人罪,乙无罪

考点16 共犯人的分类及其刑事责任

129． 法考回忆题/多

甲男喝醉酒后,女友乙要求甲开车送其回家。甲男表示自己醉酒

了,不能开车,但是拗不过乙的坚持,只好同意。甲男驾车有十公里时,由于醉酒原因,不慎撞伤行人丙,致其重伤。下列哪些说法是正确的?①

A. 甲构成危险驾驶罪

B. 乙构成危险驾驶罪(教唆犯)

C. 甲构成交通肇事罪

D. 乙构成交通肇事罪(教唆犯)

130. 2013/2/9/单

《刑法》第29条第1款规定:"教唆他人犯罪的,应当按照他在共同犯罪中所起的作用处罚。教唆不满十八周岁的人犯罪的,应当从重处罚。"对于本规定的理解,下列哪一选项是错误的?②

A. 无论是被教唆人接受教唆实施了犯罪,还是二人以上共同故意教唆他人犯罪,都能适用该款前段的规定

B. 该款规定意味着教唆犯也可能是从犯

C. 唆使不满14周岁的人犯罪因而属于间接正犯的情形时,也应适用该款后段的规定

D. 该款中的"犯罪"并无限定,既包括一般犯罪,也包括特殊身份的犯罪,既包括故意犯罪,也包括过失犯罪

131. 2009/2/6/单

关于教唆犯,下列哪一选项是正确的?③

A. 甲唆使不满16周岁的乙强奸妇女丙,但乙只是抢夺了丙的财物一万元后即离开现场,甲应成立强奸罪、抢夺罪的教唆犯

B. 教唆犯不可能是实行犯,但可能是帮助犯

C. 教唆他人吸食、注射毒品的,成立吸食、注射毒品罪的教唆犯

D. 有的教唆犯是主犯,但所有的帮助犯都是从犯

132. 2008/2/91/不定项

四位学生在课堂上讨论共同犯罪时先后发表了以下观点,其中正确的选项是:④

A. 甲:对于犯罪集团的首要分子,应当按照集团所犯的全部罪行处罚,即应当对集团成员所实施的全部犯罪承担刑事责任

B. 乙:在共同犯罪中起主要作用的是主犯,对于犯罪集团首要分子以外

---

① ABC ② D ③ D ④ CD

的主犯,应当按照其所参与的或者组织、指挥的全部犯罪处罚;对从犯的处罚应当轻于主犯,所以,对于从犯不得按照其所参与的全部犯罪处罚

C. 丙:犯罪集团的首要分子都是主犯,但聚众犯罪的首要分子不一定是主犯,因为聚众犯罪不一定成立共同犯罪

D. 丁:一开始被犯罪集团胁迫参加犯罪,但在着手实行后,非常积极,成为主要的实行人之一,在共同犯罪中起主要作用的,应认定为主犯

考点17 **共犯的特殊问题:承继的共犯、片面的共犯、共犯与犯罪形态、共犯与身份、共犯与认识错误**

133. 法考回忆题/多

关于共犯理论,下列哪些说法是正确的?①

A. 虽然自杀不构成犯罪,但教唆精神病患者自杀应构成故意杀人罪的间接正犯

B. 在共同犯罪中,可能存在部分共犯人成立既遂,部分共犯人成立中止的情形

C. 共犯人中有人产生同一犯罪构成内的认识错误,可能会影响其他共犯人的犯罪形态

D. 犯罪集团中的组织者、领导者,其他共同犯罪中的组织者、指挥者,均需对全部罪行负责

134. 2017/2/54/多

甲知道乙计划前往丙家抢劫,为帮助乙取得财物,便暗中先赶到丙家,将丙打昏后离去(丙受轻伤)。乙来到丙家时,发现丙已昏迷,以为是丙疾病发作晕倒,遂从丙家取走价值5万元的财物。关于本案的分析,下列哪些选项是正确的?②

A. 若承认片面共同正犯,甲对乙的行为负责,对甲应以抢劫罪论处,对乙以盗窃罪论处

B. 若承认片面共同正犯,根据部分实行全部责任原则,对甲、乙二人均应以抢劫罪论处

C. 若否定片面共同正犯,甲既构成故意伤害罪,又构成盗窃罪,应从一重罪论处

---

① ABC ② ACD

D. 若否定片面共同正犯,乙无须对甲的故意伤害行为负责,对乙应以盗
　　窃罪论处

135. 2013/2/55/多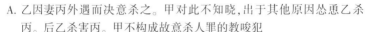

关于共同犯罪,下列哪些选项是正确的?①

A. 乙因妻丙外遇而决意杀之。甲对此不知晓,出于其他原因怂恿乙杀
　　丙。后乙杀害丙。甲不构成故意杀人罪的教唆犯

B. 乙基于敲诈勒索的故意恐吓丙,在丙交付财物时,知情的甲中途加入
　　帮乙取得财物。甲构成敲诈勒索罪的共犯

C. 乙、丙在五金店门前互殴,店员甲旁观。乙边打边掏钱向甲买一羊角
　　锤。甲递锤时对乙说“你打伤人可与我无关”。乙用该锤将丙打成重
　　伤。卖羊角锤是甲的正常经营行为,甲不构成故意伤害罪的共犯

D. 甲极力劝说丈夫乙(国家工作人员)接受丙的贿赂,乙坚决反对,甲自
　　作主张接受该笔贿赂。甲构成受贿罪的间接正犯

136. 2009/2/7/单

甲、乙共谋行抢。甲在偏僻巷道的出口望风,乙将路人丙的书包
(内有现金一万元)一把夺下转身奔逃,丙随后追赶,欲夺回书包。甲在丙跑
过巷道口时突然伸腿将丙绊倒,丙倒地后摔成轻伤,甲、乙乘机逃脱。甲、乙的
行为构成何罪?②

A. 甲、乙均构成抢夺罪

B. 甲、乙均构成抢劫罪

C. 甲构成抢劫罪,乙构成抢夺罪

D. 甲构成故意伤害罪,乙构成抢夺罪

137. 2008/2/19/单

甲与乙共谋盗窃汽车,甲将盗车所需的钥匙交给乙。但甲后来向
乙表明放弃犯罪之意,让乙还回钥匙。乙对甲说:“你等几分钟,我用你的钥匙
配制一把钥匙后再还给你”,甲要回了自己原来提供的钥匙。后乙利用自己配
制的钥匙盗窃了汽车(价值5万元)。关于本案,下列哪一选项是正确的?③

A. 甲的行为属于盗窃中止　　　B. 甲的行为属于盗窃预备

C. 甲的行为属于盗窃未遂　　　D. 甲与乙构成盗窃罪(既遂)的共犯

———————

① AB　② C　③ D

138． 2008/2/94/不定项

甲手持匕首寻找抢劫目标时,突遇精神病人丙持刀袭击。丙追赶甲至一死胡同,甲迫于无奈,与丙搏斗,将其打成重伤。此后,甲继续寻找目标,见到丁后便实施暴力,用匕首将其刺成重伤,使之丧失反抗能力,此时甲的朋友乙驾车正好经过此地,见状后下车和甲一起取走丁的财物(约 2 万元),然后逃跑,丁因伤势过重不治身亡。关于乙与甲一起取走丁的财物的行为,下列选项正确的是:①

- A．乙与甲成立抢劫罪的共同犯罪
- B．甲的行为构成抢劫罪,乙的行为属于抢夺罪,两者在抢夺罪这一重合犯罪之内成立共同犯罪,即成立抢夺罪的共同犯罪
- C．乙既不对丁的重伤承担刑事责任,也不对丁的死亡承担刑事责任
- D．乙不对丁的死亡承担刑事责任,但应对丁的重伤承担刑事责任

专题九　罪数形态

考点18 罪数

139． 法考回忆题/单

关于罪数的处理,下列哪一项说法是正确的?②

- A．"二人以上轮奸"只是强奸罪的法定刑升格条件,与强奸罪的关系不是特别法条与一般法条的关系
- B．甲发现自己盗窃到的是一件仿真品(价值 4000 元),冒充真品以 2 万元卖给他人。甲的变卖行为是不可罚的事后行为
- C．钱某分别实施了两次入户抢劫,一次持枪抢劫。钱某分别触犯了抢劫罪的加重犯,应数罪并罚
- D．周某抢劫了陈某的财物后,担心暴露,杀害了陈某。周某构成抢劫罪致人死亡和故意杀人罪的想象竞合

140． 2017/2/8/单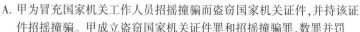

关于罪数的判断,下列哪一选项是正确的?③

- A．甲为冒充国家机关工作人员招摇撞骗而盗窃国家机关证件,并持该证件招摇撞骗。甲成立盗窃国家机关证件罪和招摇撞骗罪,数罪并罚
- B．乙在道路上醉酒驾驶机动车,行驶 20 公里后,不慎撞死路人张某。因

---

① AC ② C ③ A

已发生实害结果,乙不构成危险驾驶罪,仅构成交通肇事罪

C. 丙以欺诈手段骗取李某的名画。李某发觉受骗,要求丙返还,丙施以暴力迫使李某放弃。丙构成诈骗罪与抢劫罪,数罪并罚

D. 已婚的丁明知杨某是现役军人的配偶,却仍然与之结婚。丁构成重婚罪与破坏军婚罪的想象竞合犯

141. 2016/2/11/单

关于法条关系,下列哪一选项是正确的(不考虑数额)?①

A. 即使认为盗窃与诈骗是对立关系,一行为针对同一具体对象(同一具体结果)也完全可能同时触犯盗窃罪与诈骗罪

B. 即使认为故意杀人与故意伤害是对立关系,故意杀人罪与故意伤害罪也存在法条竞合关系

C. 如认为法条竞合仅限于侵害一犯罪客体的情形,冒充警察骗取数额巨大的财物时,就会形成招摇撞骗罪与诈骗罪的法条竞合

D. 即使认为贪污罪和挪用公款罪是对立关系,若行为人使用公款赌博,在不能查明其是否具有归还公款的意思时,也能认定构成挪用公款罪

142. 2016/2/13/单

陈某欲制造火车出轨事故,破坏轨道时将螺栓砸飞,击中在附近玩耍的幼童,致其死亡。陈某的行为被及时发现,未造成火车倾覆、毁坏事故。关于陈某的行为性质,下列哪一选项是正确的?②

A. 构成破坏交通设施罪的结果加重犯

B. 构成破坏交通设施罪的基本犯与故意杀人罪的想象竞合犯

C. 构成破坏交通设施罪的基本犯与过失致人死亡罪的想象竞合犯

D. 构成破坏交通设施罪的结果加重犯与过失致人死亡罪的想象竞合犯

143. 2016/2/54/多

关于罪数,下列哪些选项是正确的(不考虑数额或情节)?③

A. 甲使用变造的货币购买商品,触犯使用假币罪与诈骗罪,构成想象竞合犯

B. 乙走私毒品,又走私假币构成犯罪的,以走私毒品罪和走私假币罪实行数罪并罚

C. 丙先后三次侵入军人家中盗窃军人制服后,身穿军人制服招摇撞骗。

---

① D ② C ③ BD

  对丙应按牵连犯从一重罪处罚

  D. 丁明知黄某在网上开设赌场,仍为其提供互联网接入服务。丁触犯开设赌场罪与帮助信息网络犯罪活动罪,构成想象竞合犯

144. 2015/2/3/单

  警察带着警犬(价值 3 万元)追捕逃犯甲。甲枪中只有一发子弹,认识到开枪既可能只打死警察(希望打死警察),也可能只打死警犬,但一枪同时打中二者,导致警察受伤、警犬死亡。关于甲的行为定性,下列哪一选项是错误的?①

  A. 如认为甲只有一个故意,成立故意杀人罪未遂

  B. 如认为甲有数个故意,成立故意杀人罪未遂与故意毁坏财物罪,数罪并罚

  C. 如甲仅打中警犬,应以故意杀人罪未遂论处

  D. 如甲未打中任何目标,应以故意杀人罪未遂论处

145. 2015/2/8/单

  关于结果加重犯,下列哪一选项是正确的?②

  A. 故意杀人包含了故意伤害,故意杀人罪实际上是故意伤害罪的结果加重犯

  B. 强奸罪、强制猥亵妇女罪的犯罪客体相同,强奸、强制猥亵行为致妇女重伤的,均成立结果加重犯

  C. 甲将乙拘禁在宾馆 20 楼,声称只要乙还债就放人。乙无力还债,深夜跳楼身亡。甲的行为不成立非法拘禁罪的结果加重犯

  D. 甲以胁迫手段抢劫乙时,发现仇人丙路过,于是立即杀害丙。甲在抢劫过程中杀害他人,因抢劫致人死亡包括故意致人死亡,故甲成立抢劫致人死亡的结果加重犯

146. 2013/2/10/单

  关于罪数判断,下列哪一选项是正确的?③

  A. 冒充警察招摇撞骗,骗取他人财物的,适用特别法条以招摇撞骗罪论处

  B. 冒充警察实施抢劫,同时构成抢劫罪与招摇撞骗罪,属于想象竞合犯,从一重罪论处

---

  ① B ② C ③ C

C. 冒充军人进行诈骗,同时构成诈骗罪与冒充军人招摇撞骗罪的,从一重罪论处

D. 冒充军人劫持航空器的,成立冒充军人招摇撞骗罪与劫持航空器罪,实行数罪并罚

147. 2013/2/56/多

关于想象竞合犯的认定,下列哪些选项是错误的?①

A. 甲向乙购买危险物质,商定 4000 元成交。甲先后将 2000 元现金和 4 克海洛因(折抵现金 2000 元)交乙后收货。甲的行为成立非法买卖危险物质罪与贩卖毒品罪的想象竞合犯,从一重罪论处

B. 甲女、乙男分手后,甲向乙索要青春补偿费未果,将其骗至别墅,让人看住乙。甲给乙母打电话,声称如不给 30 万元就准备收尸。甲成立非法拘禁罪和绑架罪的想象竞合犯,应以绑架罪论处

C. 甲为劫财在乙的茶水中投放 2 小时后起作用的麻醉药,随后离开乙家。2 小时后甲回来,见乙不在(乙喝下该茶水后因事外出),便取走乙 2 万元现金。甲的行为成立抢劫罪与盗窃罪的想象竞合犯

D. 国家工作人员甲收受境外组织的 3 万美元后,将国家秘密非法提供给该组织。甲的行为成立受贿罪与为境外非法提供国家秘密罪的想象竞合犯

148. 2012/2/21/单

下列哪一行为应以玩忽职守罪论处?②

A. 法官执行判决时严重不负责任,因未履行法定执行职责,致当事人利益遭受重大损失

B. 检察官讯问犯罪嫌疑人甲,甲要求上厕所,因检察官违规打开械具后未跟随,致甲在厕所翻窗逃跑

C. 值班警察与女友电话聊天时接到杀人报警,又闲聊 10 分钟后才赶往现场,因延迟出警,致被害人被杀、歹徒逃走

D. 市政府基建负责人因听信朋友介绍,未经审查便与对方签订建楼合同,致被骗 300 万元

149. 2011/2/56/多

关于罪数的认定,下列哪些选项是错误的?③

---

① ABCD ② C ③ ABCD

A. 引诱幼女卖淫后,又容留该幼女卖淫的,应认定为引诱、容留卖淫罪

B. 既然对绑架他人后故意杀害他人的不实行数罪并罚,那么对绑架他人后伤害他人的就更不能实行数罪并罚

C. 发现盗得的汽车质量有问题而将汽车推下山崖的,成立盗窃罪与故意毁坏财物罪,应当实行并罚

D. 明知在押犯脱逃后去杀害证人而私放,该犯果真将证人杀害的,成立私放在押人员罪与故意杀人罪,应当实行并罚

150. `2010/2/55/多`

下列哪些情形属于吸收犯?①

A. 制造枪支、弹药后又持有、私藏所制造的枪支、弹药的

B. 盗窃他人汽车后,谎称所盗汽车为自己的汽车出卖他人的

C. 套取金融机构信贷资金后又高利转贷他人的

D. 制造毒品后又持有该毒品的

151. `2010/2/58/多`

下列哪些情形不能数罪并罚?②

A. 投保人甲,为了骗取保险金杀害被保险人

B. 十五周岁的甲,盗窃时拒捕杀死被害人

C. 司法工作人员甲,刑讯逼供致被害人死亡

D. 运送他人偷越边境的甲,遇到检查将被运送人推进大海溺死

152. `2009/2/58/多`

下列哪些情形可以成立抢劫致人死亡?③

A. 甲冬日深夜抢劫王某财物,为压制王某的反抗将其刺成重伤并取财离去。三小时后,王某被冻死

B. 乙抢劫妇女高某财物,路人曾某上前制止,乙用自制火药枪将曾某打死

C. 丙和贺某共同抢劫严某财物,严某边呼救边激烈反抗。丙拔刀刺向严某,严某躲闪,丙将同伙贺某刺死

D. 丁盗窃邱某家财物准备驾车离开时被邱某发现,邱某站在车前阻止丁离开,丁开车将邱某撞死后逃跑

① AD ② BC ③ ABCD

153. 2008/2/8/单

关于罪数的说法,下列哪一选项是错误的?①

A. 甲在车站行窃时盗得一提包,回家一看才发现提包内仅有一支手枪。因为担心被人发现,甲便将手枪藏在浴缸下。甲非法持有枪支的行为,不属于不可罚的事后行为

B. 乙抢夺他人手机,并将该手机变卖,乙的行为构成抢夺罪和掩饰、隐瞒犯罪所得罪,应当数罪并罚

C. 丙非法行医 3 年多,导致 1 人死亡、1 人身体残疾。丙的行为既是职业犯,也是结果加重犯

D. 丁在绑架过程中,因被害人反抗而将其杀死,对丁不应当以绑架罪和故意杀人罪实行并罚

专题十　刑罚种类

考点19 主刑

154. 2016/2/8/单

《刑法》第 64 条前段规定:"犯罪分子违法所得的一切财物,应当予以追缴或者责令退赔"。关于该规定的适用,下列哪一选项是正确的?②

A. 甲以赌博为业,但手气欠佳输掉 200 万元。输掉的 200 万元属于赌资,应责令甲全额退赔

B. 乙挪用公款炒股获利 500 万元用于购买房产(案发时贬值为 300 万元),应责令乙退赔 500 万元

C. 丙向国家工作人员李某行贿 100 万元。除向李某追缴 100 万元外,还应责令丙退赔 100 万元

D. 丁与王某共同窃取他人财物 30 万元。因二人均应对 30 万元负责,故应向二人各追缴 30 万元

155. 2016/2/9/单

关于职业禁止,下列哪一选项是正确的?③

A. 利用职务上的便利实施犯罪的,不一定都属于"利用职业便利"实施犯罪

B. 行为人违反职业禁止的决定,情节严重的,应以拒不执行判决、裁定罪

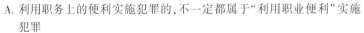

① B　② B　③ B

定罪处罚

C. 判处有期徒刑并附加剥夺政治权利,同时决定职业禁止的,在有期徒刑与剥夺政治权利均执行完毕后,才能执行职业禁止

D. 职业禁止的期限均为 3 年至 5 年

156． 2012/2/2/单

甲与乙女恋爱。乙因甲伤残提出分手,甲不同意,拉住乙不许离开,遭乙痛骂拒绝。甲绝望大喊:"我得不到你,别人也休想",连捅十几刀,致乙当场惨死。甲逃跑数日后,投案自首,有悔罪表现。关于本案的死刑适用,下列哪一说法符合法律实施中的公平正义理念?①

A. 根据《刑法》规定,当甲的杀人行为被评价为"罪行极其严重"时,可判处甲死刑

B. 从维护《刑法》权威考虑,无论甲是否存在从轻情节,均应判处甲死刑

C. 甲轻率杀人,为严防效尤,即使甲自首悔罪,也应判处甲死刑立即执行

D. 应当充分考虑并尊重网民呼声,以此决定是否判处甲死刑立即执行

157． 2012/2/11/单

《刑法》第 49 条规定:_____ 的时候不满 18 周岁的人和 _____ 的时候怀孕的妇女,不适用死刑。_____ 的时候已满 75 周岁的人,不适用死刑,但 _____ 的除外。下列哪一选项与题干空格内容相匹配?②

A. 犯罪——审判——犯罪——故意犯罪致人死亡

B. 审判——审判——犯罪——故意犯罪致人死亡

C. 审判——审判——审判——以特别残忍手段致人死亡

D. 犯罪——审判——审判——以特别残忍手段致人死亡

158． 2012/2/56/多

关于禁止令,下列哪些选项是错误的?③

A. 甲因盗掘古墓葬罪被判刑 7 年,在执行 5 年后被假释,法院裁定假释时,可对甲宣告禁止令

B. 乙犯合同诈骗罪被判处缓刑,因附带民事赔偿义务尚未履行,法院可在禁止令中禁止其进入高档饭店消费

C. 丙因在公共厕所猥亵儿童被判处缓刑,法院可同时宣告禁止其进入公共厕所

---

① A ② D ③ ACD

D. 丁被判处管制,同时被禁止接触同案犯,禁止令的期限应从管制执行完毕之日起计算

159． 2009/2/11/单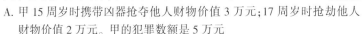

关于犯罪数额的计算,下列哪一选项是正确的?①

A. 甲 15 周岁时携带凶器抢夺他人财物价值 3 万元;17 周岁时抢劫他人财物价值 2 万元。甲的犯罪数额是 5 万元

B. 乙收受贿赂 15 万元,将其中 3 万元作为单位招待费使用。乙的犯罪数额是 12 万元

C. 丙第一次诈骗 6 万元,第二次诈骗 12 万元,但用其中 6 万元补偿第一次诈骗行为被害人的全部损失。丙的犯罪数额是 6 万元

D. 丁盗窃他人价值 6000 元的手机,在销赃时夸大手机功能将其以 1 万元卖出。丁除成立盗窃罪外,还成立诈骗罪,诈骗数额是 1 万元

考点20 附加刑

160． 2010/2/56/多

关于没收财产,下列哪些选项是错误的?②

A. 甲受贿 100 万元,巨额财产来源不明 200 万元,甲被判处死刑并处没收财产。甲被没收财产的总额至少应为 300 万元

B. 甲抢劫他人汽车被判处死刑并处没收财产。该汽车应上缴国库

C. 甲因走私罪被判处无期徒刑并处没收财产。此前所负赌债,经债权人请求应予偿还

D. 甲因受贿罪被判有期徒刑十年并处没收财产 30 万元,因妨害清算罪被判有期徒刑三年并处罚金二万元。没收财产和罚金应当合并执行

161． 2009/2/9/多

关于没收财产,下列哪些选项是不正确的?③

A. 甲抢劫数额巨大,对其可以判处罚金一万元并处没收财产

B. 乙犯诈骗罪被判处没收全部财产时,法院对乙未满 18 周岁的子女应当保留必需的生活费用,对乙的成年家属不必考虑

C. 丙盗窃珍贵文物情节严重,即便其没有可供执行的财产,亦应当判处没收财产

D. 丁为治病向李某借款五万元,一年后丁因犯罪被判处没收财产。无论

---

① A ② ABCD(原答案为 ABC) ③ ABCD(原答案为 C)

李某是否提出请求,一旦法院发现该债务存在,就应当判决以没收的财产偿还

专题十一 刑罚裁量

考点21 量刑情节

162． 2017/2/10/单

王某多次吸毒,某日下午在市区超市门口与同居女友沈某发生争吵。沈某欲离开,王某将其按倒在地,用菜刀砍死。后查明:王某案发时因吸毒出现精神病性障碍,导致辨认控制能力减弱。关于本案的刑罚裁量,下列哪一选项是错误的?①

A. 王某是偶犯,可酌情从轻处罚

B. 王某刑事责任能力降低,可从轻处罚

C. 王某在公众场合持刀行凶,社会影响恶劣,可从重处罚

D. 王某与被害人存在特殊身份关系,可酌情从轻处罚

考点22 累犯

163． 2015/2/10/单

关于累犯,下列哪一选项是正确的?②

A. 对累犯和犯罪集团的积极参加者,不适用缓刑

B. 对累犯,如假释后对所居住的社区无不良影响的,法院可决定假释

C. 对被判处无期徒刑的累犯,根据犯罪情节等情况,法院可同时决定对其限制减刑

D. 犯恐怖活动犯罪被判处有期徒刑 4 年,刑罚执行完毕后的第 12 年又犯黑社会性质的组织犯罪的,成立累犯

164． 2010/2/8/单

关于累犯,下列哪一判断是正确的?③

A. 甲因抢劫罪被判处有期徒刑十年,并被附加剥夺政治权利三年。甲在附加刑执行完毕之日起五年之内又犯罪。甲成立累犯

B. 甲犯抢夺罪于 2005 年 3 月假释出狱,考验期为剩余的二年刑期。甲从假释考验期满之日起五年内再故意犯重罪。甲成立累犯

C. 甲犯危害国家安全罪五年徒刑期满,六年后又犯杀人罪。甲成立累犯

D. 对累犯可以从重处罚

165. （2009/2/10/单）

关于累犯,下列哪一选项是正确的?①

A. 甲因故意伤害罪被判七年有期徒刑,刑期自 1990 年 8 月 30 日至 1997 年 8 月 29 日止。甲于 1995 年 5 月 20 日被假释,于 1996 年 8 月 25 日犯交通肇事罪。甲构成累犯

B. 乙因盗窃罪被判三年有期徒刑,2002 年 3 月 25 日刑满释放,2007 年 3 月 20 日因犯盗窃罪被判有期徒刑四年。乙构成累犯

C. 丙因危害国家安全罪被判处五年有期徒刑,1996 年 4 月 21 日刑满释放,2006 年 4 月 20 日再犯同罪。丙不构成累犯

D. 丁因失火罪被判处三年有期徒刑,刑期自 1995 年 5 月 15 日至 1998 年 5 月 14 日。丁于 1998 年 5 月 15 日在出狱回家途中犯故意伤害罪。丁构成累犯

考点 23 自首与立功

166. （法考回忆题/多）

关于立功,下列哪些说法是正确的?②

A. 张某在取保候审期间,利用网络教唆陈某贩卖毒品,然后联系公安机关将陈某抓获。张某不构成立功

B. 李某在服刑期间,其家人在监狱外购买他人发明成果,并以李某名义申请并获得了该项发明专利。李某不构成立功

C. 王某因行贿罪被抓,其交代了刘某向他索贿的事实。对王某应同时适用坦白与立功

D. 钱某贩卖毒品被抓,检举并揭发了其上家周某贩卖毒品的事实。钱某构成立功

167. （法考回忆题/多）

张某涉嫌诈骗罪被抓获归案,在刑事拘留期间潜逃。在潜逃期间,裴某向张某称自己有他人犯罪的线索,愿以 3 万元卖给张某。张某遂花 3 万元买到该犯罪线索。张某打电话将该犯罪线索提供给公安机关。该犯罪线索是某国有公司总经理的受贿罪事实,经查证属实。然后张某自动投案,如实

---

① 　B　② 　ABD

供述了诈骗罪和潜逃的事实。下列哪些说法是正确的?①

A. 张某的潜逃行为构成脱逃罪

B. 张某提供犯罪线索的行为不构成立功

C. 张某自动投案,如实供述,针对诈骗罪成立自首

D. 张某自动投案,如实供述,针对脱逃罪成立自首

168. 2017/2/9/单

关于自首,下列哪一选项是正确的?②

A. 甲绑架他人作为人质并与警察对峙,经警察劝说放弃了犯罪。甲是在"犯罪过程中"而不是"犯罪以后"自动投案,不符合自首条件

B. 乙交通肇事后留在现场救助伤员,并报告交管部门发生了事故。交警到达现场询问时,乙否认了自己的行为。乙不成立自首

C. 丙故意杀人后如实交代了自己的客观罪行,司法机关根据其交代认定其主观罪过为故意,丙辩称其为过失。丙不成立自首

D. 丁犯罪后,仅因形迹可疑而被盘问、教育,便交代了自己所犯罪行,但拒不交代真实身份。丁不属于如实供述,不成立自首

169. 2015/2/11/单

下列哪一选项成立自首?③

A. 甲挪用公款后主动向单位领导承认了全部犯罪事实,并请求单位领导不要将自己移送司法机关

B. 乙涉嫌贪污被检察院讯问时,如实供述将该笔公款分给了国有单位职工,辩称其行为不是贪污

C. 丙参与共同盗窃后,主动投案并供述其参与盗窃的具体情况。后查明,系因分赃太少、得知举报有奖才投案

D. 丁因纠纷致程某轻伤后,报警说自己伤人了。报警后见程某举拳冲过来,丁以暴力致其死亡,并逃离现场

170. 2014/2/12/单

甲(民营企业销售经理)因合同诈骗罪被捕。在侦查期间,甲主动供述曾向国家工作人员乙行贿9万元,司法机关遂对乙进行追诉。后查明,甲的行为属于单位行贿,行贿数额尚未达到单位行贿罪的定罪标准。甲的主动供述构成下列哪一量刑情节?④

---

① AD ② B ③ C ④ B

A. 坦白

B. 立功

C. 自首

D. 准自首

171. 2012/2/57/多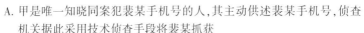

下列哪些选项不构成立功?①

A. 甲是唯一知晓同案犯裴某手机号的人,其主动供述裴某手机号,侦查机关据此采用技术侦查手段将裴某抓获

B. 乙因购买境外人士赵某的海洛因被抓获后,按司法机关要求向赵某发短信"报平安",并表示还要购买毒品,赵某因此未离境,等待乙时被抓获

C. 丙被抓获后,通过律师转告其父想办法协助司法机关抓捕同案犯,丙父最终找到同案犯藏匿地点,协助侦查机关将其抓获

D. 丁被抓获后,向侦查机关提供同案犯的体貌特征,同案犯由此被抓获

172. 2009/2/53/多

关于自首中的"如实供述",下列哪些选项是错误的?②

A. 甲自动投案后,如实交代自己的杀人行为,但拒绝说明凶器藏匿地点的,不成立自首

B. 乙犯有故意伤害罪、抢夺罪,自动投案后,仅如实供述抢夺行为,对伤害行为一直主张自己是正当防卫的,仍然可以成立自首

C. 丙虽未自动投案,但办案机关所掌握线索针对的贪污事实不成立,在此范围外丙交代贪污罪行的,应当成立自首

D. 丁自动投案并如实供述自己的罪行后又翻供,但在二审判决前又如实供述的,应当认定为自首

考点24 数罪并罚

173. 2017/2/55/多

关于数罪并罚,下列哪些选项是正确的?③

A. 甲犯某罪被处有期徒刑2年,犯另一罪被判处拘役6个月。对甲只需执行有期徒刑

B. 乙犯某罪被处有期徒刑2年,犯另一罪被判处管制1年。对乙应在有期徒刑执行完毕后,继续执行管制

C. 丙犯某罪被判处有期徒刑6年,执行4年后发现应被判处拘役的漏

---

① ACD ② AD ③ ABCD

罪。数罪并罚后,对丙只需再执行尚未执行的 2 年有期徒刑

D. 丁犯某罪被判处有期徒刑 6 年,执行 4 年后被假释,在假释考验期内犯应被处 1 年管制的新罪。对丁再执行 2 年有期徒刑后,执行 1 年管制

174. 2012/2/12/单

甲因走私武器被判处 15 年有期徒刑,剥夺政治权利 5 年;因组织他人偷越国境被判处 14 年有期徒刑,并处没收财产 5 万元,剥夺政治权利 3 年;因骗取出口退税被判处 10 年有期徒刑,并处罚金 20 万元。关于数罪并罚,下列哪一选项符合《刑法》规定?①

A. 决定判处甲有期徒刑 35 年,没收财产 25 万元,剥夺政治权利 8 年

B. 决定判处甲有期徒刑 20 年,罚金 25 万元,剥夺政治权利 8 年

C. 决定判处甲有期徒刑 25 年,没收财产 5 万元,罚金 20 万元,剥夺政治权利 6 年

D. 决定判处甲有期徒刑 23 年,没收财产 5 万元,罚金 20 万元,剥夺政治权利 8 年

175. 2011/2/57/多

关于数罪并罚,下列哪些选项是符合《刑法》规定的?②

A. 甲在判决宣告以前犯抢劫、盗窃罪与贩卖毒品罪,分别被判处 13 年、8 年、15 年有期徒刑。法院数罪并罚决定执行 18 年有期徒刑

B. 乙犯抢劫罪、盗窃罪分别被判处 13 年、6 年有期徒刑,数罪并罚决定执行 18 年有期徒刑。在执行 5 年后,发现乙在判决宣告前还犯有贩卖毒品罪,应当处 15 年有期徒刑。法院数罪并罚决定应当执行 19 年有期徒刑,已经执行的刑期,计算在新判决决定的刑期之内

C. 丙犯抢劫罪、盗窃罪分别被判处 13 年、8 年有期徒刑,数罪并罚决定执行 18 年有期徒刑。在执行 5 年后,丙又犯故意伤害罪,被判处 15 年有期徒刑。法院在 15 年以上 20 年以下决定应当判处 16 年有期徒刑,已经执行的刑期,不计算在新判决决定的刑期之内

D. 丁在判决宣告前犯有 3 罪,被分别并处罚金 3 万元、7 万元和没收全部财产。法院不仅要合并执行罚金 10 万元,而且要没收全部财产

---

① D ② ABCD

考点25 缓刑

176． 2017/2/56/多

关于缓刑的适用,下列哪些选项是错误的?①

A. 甲犯抢劫罪,所适用的是"三年以上十年以下有期徒刑"的法定刑,缓刑只适用于被判处拘役或者 3 年以下有期徒刑的罪犯,故对甲不得判处缓刑

B. 乙犯故意伤害罪与代替考试罪,分别被判处 6 个月拘役与 1 年管制。由于管制不适用缓刑,对乙所判处的拘役也不得适用缓刑

C. 丙犯为境外非法提供情报罪,被单处剥夺政治权利,执行完毕后又犯帮助恐怖活动罪,被判处拘役 6 个月。对丙不得宣告缓刑

D. 丁 17 周岁时犯抢劫罪被判处有期徒刑 5 年,刑满释放后的第 4 年又犯盗窃罪,应当判处有期徒刑 2 年。对丁不得适用缓刑

177． 2011/2/10/单

关于缓刑的适用,下列哪一选项是错误的?②

A. 被宣告缓刑的犯罪分子,在考验期内再犯罪的,应当数罪并罚,且不得再次宣告缓刑

B. 对于被宣告缓刑的犯罪分子,可以同时禁止其从事特定活动,进入特定区域、场所,接触特定的人

C. 对于黑社会性质组织的首要分子,不得适用缓刑

D. 被宣告缓刑的犯罪分子,在考验期内由公安机关考查,所在单位或者基层组织予以配合

178． 2008/2/9/单

徐某因犯故意伤害罪,于 2007 年 11 月 21 日被法院判处有期徒刑 1 年,缓期 2 年执行。在缓刑考验期限内,徐某伙同他人无故殴打学生傅某,致傅某轻微伤。当地公安局于 2008 年 4 月 3 日决定对徐某行政拘留 15 日,并于当日开始执行该行政拘留决定。行政拘留结束后,法院撤销对徐某的缓刑,决定收监执行。关于本案,下列哪一选项是正确的?③

A. 徐某被行政拘留的 15 天可以折抵刑期

B. 徐某被行政拘留的 15 天不应当折抵刑期

C. 应当将 1 年有期徒刑与 15 天的拘留按照限制加重原则实行并罚

D. 15 天的行政拘留应当被 1 年有期徒刑吸收

专题十二　刑罚执行和消灭

考点 26 减刑与假释

179. `2017/2/11/单`

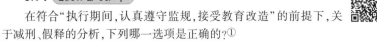

在符合"执行期间,认真遵守监规,接受教育改造"的前提下,关于减刑、假释的分析,下列哪一选项是正确的?①

A. 甲因爆炸罪被判处有期徒刑 12 年,已服刑 10 年,确有悔改表现,无再犯危险。对甲可以假释

B. 乙因行贿罪被判处有期徒刑 9 年,已服刑 5 年,确有悔改表现,无再犯危险。对乙可优先适用假释

C. 丙犯贪污罪被判处无期徒刑,拒不交代贪污款去向,一直未退赃。丙已服刑 20 年,确有悔改表现,无再犯危险。对丙可假释

D. 丁因盗窃罪被判处有期徒刑 5 年,已服刑 3 年,一直未退赃。丁虽在服刑中有重大技术革新,成绩突出,对其也不得减刑

180. `2015/2/12/单`

关于假释的撤销,下列哪一选项是错误的?②

A. 被假释的犯罪分子,在假释考验期内犯新罪的,应撤销假释,按照先减后并的方法实行并罚

B. 被假释的犯罪分子,在假释考验期内严重违反假释监督管理规定,即使假释考验期满后才被发现,也应撤销假释

C. 在假释考验期内,发现被假释的犯罪分子在判决宣告前还有同种罪未判决的,应撤销假释

D. 在假释考验期满后,发现被假释的犯罪分子在判决宣告前有他罪未判决的,应撤销假释,数罪并罚

181. `2014/2/55/多`

关于刑罚的具体运用,下列哪些选项是错误的?③

A. 甲 1998 年因间谍罪被判处有期徒刑 4 年。2010 年,甲因参加恐怖组织罪被判处有期徒刑 8 年。甲构成累犯

---

① B ② D ③ AB

B. 乙因倒卖文物罪被判处有期徒刑 1 年,罚金 5000 元;因假冒专利罪被判处有期徒刑 2 年,罚金 5000 元。对乙数罪并罚,决定执行有期徒刑 2 年 6 个月,罚金 1 万元。此时,即使乙符合缓刑的其他条件,也不可对乙适用缓刑

C. 丙因无钱在网吧玩游戏而抢劫,被判处有期徒刑 1 年缓刑 1 年,并处罚金 2000 元,同时禁止丙在 12 个月内进入网吧。若在考验期限内,丙仍常进网吧,情节严重,则应对丙撤销缓刑

D. 丁系特殊领域专家,因贪污罪被判处有期徒刑 8 年。丁遵守监规,接受教育改造,有悔改表现,无再犯危险。1 年后,因国家科研需要,经最高法院核准,可假释丁

182. 〔2013/2/57/多〕

关于减刑、假释的适用,下列哪些选项是错误的?①

A. 对所有未被判处死刑的犯罪分子,如认真遵守监规,接受教育改造,确有悔改表现,或者有立功表现的,均可减刑

B. 无期徒刑减为有期徒刑的刑期,从裁定被执行之日起计算

C. 被宣告缓刑的犯罪分子,不符合"认真遵守监规,接受教育改造"的减刑要件,不能减刑

D. 在假释考验期限内犯新罪,假释考验期满后才发现的,不得撤销假释

183. 〔2010/2/10/单〕

关于减刑,下列哪一选项是正确的?②

A. 减刑只适用于被判处拘役、有期徒刑、无期徒刑和死缓的犯罪分子

B. 对一名服刑犯人的减刑不得超过三次,否则有损原判决的权威性

C. 被判处无期徒刑的罪犯减刑后,实际执行时间可能超过十五年

D. 对被判处无期徒刑、死缓的罪犯的减刑,需要报请高级法院核准

184. 〔2009/2/12/单〕

关于假释,下列哪一选项是错误的?③

A. 甲系被假释的犯罪分子,即便其在假释考验期内再犯新罪,也不构成累犯

B. 乙系危害国家安全的犯罪分子,对乙不能假释

C. 丙因犯罪被判处有期徒刑二年,缓刑三年。缓刑考验期满后,发现

———————————————————————

① ABCD ② C ③ B

丙在缓刑考验期内的第七个月犯有抢劫罪,应当判处有期徒刑八年,数罪并罚决定执行九年。丙服刑六年时,因有悔罪表现而被裁定假释

D. 丁犯抢劫罪被判有期徒刑九年,犯寻衅滋事罪被判有期徒刑五年,数罪并罚后,决定执行有期徒刑十三年,对丁可以假释

185. 〔2008/2/57/多〕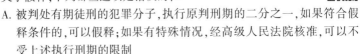

关于假释,下列哪些选项是错误的?①

A. 被判处有期徒刑的犯罪分子,执行原判刑期的二分之一,如果符合假释条件的,可以假释;如果有特殊情况,经高级人民法院核准,可以不受上述执行刑期的限制

B. 被假释的犯罪分子,在假释考验期内,遵守了各种相关规定,没有再犯新罪,也没有发现以前还有其他罪没有判决的,假释考验期满,剩余刑罚就不再执行

C. 被假释的犯罪分子,在假释考验期限内犯新罪的,应当撤销假释,按照先并后减的方法实行数罪并罚

D. 对于因杀人、绑架等暴力性犯罪判处 10 年以上有期徒刑的犯罪分子,不得假释;即使他们被减刑后,剩余刑期低于 10 年有期徒刑,也不得假释

考点27 追诉时效

186. 〔法考回忆题/单〕

关于追诉期限的表述,下列哪一选项是正确的?②

A. 追诉期限为 15 年的共同犯罪案件,有的犯罪人被追究刑事责任,未被立案侦查的共犯人,在追诉期满后可以立案追究其刑事责任

B. 在共同犯罪案件中,在追诉期限内又犯新罪的共犯人,其前罪的追诉期限从犯后罪之日起重新计算,其他未犯新罪的共犯人的追诉期限也应一并中断

C. 国家工作人员在工作中严重失职,玩忽职守,多年后才发生致使国家利益遭受重大损失的危害结果,其追诉期限应当自重大损失的结果发生之日起计算

D. 法定最高刑为 10 年以上有期徒刑的故意犯罪,经过 15 年后,司法机

---

① ABC ② C

关认为犯罪分子罪行严重,具有极大社会危险性的,应当立案追究其刑事责任

187. 2016/2/10/单

关于追诉时效,下列哪一选项是正确的?①

A.《刑法》规定,法定最高刑为不满 5 年有期徒刑的,经过 5 年不再追诉。危险驾驶罪的法定刑为拘役,不能适用该规定计算危险驾驶罪的追诉时效

B. 在共同犯罪中,对主犯与从犯适用不同的法定刑时,应分别计算各自的追诉时效,不得按照主犯适用的法定刑计算从犯的追诉期限

C. 追诉时效实际上属于刑事诉讼的内容,刑事诉讼采取从新原则,故对刑法所规定的追诉时效,不适用从旧兼从轻原则

D. 刘某故意杀人后逃往国外 18 年,在国外因伪造私人印章(在我国不构成犯罪)被通缉时潜回国内。4 年后,其杀人案件被公安机关发现。因追诉时效中断,应追诉刘某故意杀人的罪行

188. 2015/2/60/多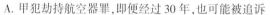

关于追诉时效,下列哪些选项是正确的?②

A. 甲犯劫持航空器罪,即便经过 30 年,也可能被追诉

B. 乙于 2013 年 1 月 10 日挪用公款 5 万元用于结婚,2013 年 7 月 10 日归还。对乙的追诉期限应从 2013 年 1 月 10 日起计算

C. 丙于 2000 年故意轻伤李某,直到 2008 年李某才报案,但公安机关未立案。2014 年,丙因他事被抓。不能追诉丙故意伤害的刑事责任

D. 丁与王某共同实施合同诈骗犯罪。在合同诈骗罪的追诉期届满前,王某单独实施抢夺罪。对丁合同诈骗罪的追诉时效,应从王某犯抢夺罪之日起计算

189. 2009/2/55/多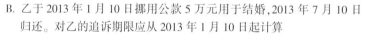

1980 年初,张某强奸某妇女并将其杀害。1996 年末,张某因酒后驾车致人重伤。两案在 2007 年初被发现。关于张某的犯罪行为,下列哪些选项是错误的?③

A. 应当以强奸罪、故意杀人罪和交通肇事罪追究其刑事责任,数罪并罚

B. 应当以强奸罪追究其刑事责任

---

① B ② AC ③ ABD

C. 应当以故意杀人罪追究其刑事责任

D. 不应当追究任何刑事责任

第二编　刑法分则

专题十三　罪刑各论概说

考点28 分论概说

190. `2011/2/58/多`

关于《刑法》分则条文的理解,下列哪些选项是错误的?①

A. 即使没有《刑法》第二百六十九条的规定,对于犯盗窃罪,为毁灭罪证而当场使用暴力的行为,也要认定为抢劫罪

B. 即使没有《刑法》第二百六十七条第二款的规定,对于携带凶器抢夺的行为也应认定为抢劫罪

C. 即使没有《刑法》第一百九十六条第三款的规定,对于盗窃信用卡并在 ATM 取款的行为,也能认定为盗窃罪

D. 即使没有《刑法》第一百九十八条第四款的规定,对于保险事故的鉴定人故意提供虚假的证明文件为他人实施保险诈骗提供条件的,也应当认定为保险诈骗罪的共犯

专题十四　侵犯公民人身权利、民主权利罪

考点29 侵犯公民生命、健康权利的犯罪

191. `2017/2/15/单`

关于侵犯公民人身权利的犯罪,下列哪一选项是正确的?②

A. 甲对家庭成员负有扶养义务而拒绝扶养,故意造成家庭成员死亡。甲不构成遗弃罪,成立不作为的故意杀人罪

B. 乙闯入银行营业厅挟持客户王某,以杀害王某相要挟,迫使银行职员交给自己 20 万元。乙不构成抢劫罪,仅成立绑架罪

C. 丙为报复周某,花 5000 元路费将周某 12 岁的孩子带至外地,以 2000

---

① AB　② C

元的价格卖给他人。丙虽无获利目的,也构成拐卖儿童罪

D. 丁明知工厂主熊某强迫工人劳动,仍招募苏某等人前往熊某工厂做工。丁未亲自强迫苏某等人劳动,不构成强迫劳动罪

192. 2016/2/58/多

关于侵犯公民人身权利罪的认定,下列哪些选项是正确的?①

A. 甲征得 17 周岁的夏某同意,摘其一个肾脏后卖给他人,所获 3 万元全部交给夏某。甲的行为构成故意伤害罪

B. 乙将自己 1 岁的女儿出卖,获利 6 万元用于赌博。对乙出卖女儿的行为,应以遗弃罪追究刑事责任

C. 丙为索债将吴某绑于地下室。吴某挣脱后,驾车离开途中发生交通事故死亡。丙的行为不属于非法拘禁致人死亡

D. 丁和朋友为寻求刺激,在大街上追逐、拦截两位女生。丁的行为构成强制侮辱罪

193. 2015/2/16/单

甲以伤害故意砍乙两刀,随即心生杀意又砍两刀,但四刀中只有一刀砍中乙并致其死亡,且无法查明由前后四刀中的哪一刀造成死亡。关于本案,下列哪一选项是正确的?②

A. 不管是哪一刀造成致命伤,都应认定为一个故意杀人罪既遂

B. 不管是哪一刀造成致命伤,只能分别认定为故意伤害罪既遂与故意杀人罪未遂

C. 根据日常生活经验,应推定是后两刀中的一刀造成致命伤,故应认定为故意伤害罪未遂与故意杀人罪既遂

D. 根据存疑时有利于被告人的原则,虽可分别认定为故意伤害罪未遂与故意杀人罪未遂,但杀人与伤害不是对立关系,故可按故意伤害(致死)罪处理本案

194. 2014/2/15/单

关于故意杀人罪、故意伤害罪的判断,下列哪一选项是正确的?③

A. 甲的父亲乙身患绝症,痛苦不堪。甲根据乙的请求,给乙注射过量镇定剂致乙死亡。乙的同意是真实的,对甲的行为不应以故意杀人罪论处

---

① AC ② D ③ B

B. 甲因口角,捅乙数刀,乙死亡。如甲不顾乙的死伤,则应按实际造成的死亡结果认定甲构成故意杀人罪,因为死亡与伤害结果都在甲的犯意之内

C. 甲谎称乙的女儿丙需要移植肾脏,让乙捐肾给丙。乙同意,但甲将乙的肾脏摘出后移植给丁。因乙同意捐献肾脏,甲的行为不成立故意伤害罪

D. 甲征得乙(17周岁)的同意,将乙的左肾摘出,移植给乙崇拜的歌星。乙的同意有效,甲的行为不成立故意伤害罪

195. 2012/2/16/单

下列哪一行为不应以故意伤害罪论处?①

A. 监狱监管人员吊打被监管人,致其骨折

B. 非法拘禁被害人,大力反扭被害人胳膊,致其胳膊折断

C. 经本人同意,摘取17周岁少年的肾脏1只,支付少年5万元补偿费

D. 黑社会成员因违反帮规,在其同意之下,被截断1截小指头

196. 2011/2/13/单

关于自伤,下列哪一选项是错误的?②

A. 军人在战时自伤身体、逃避军事义务的,成立战时自伤罪

B. 帮助有责任能力成年人自伤的,不成立故意伤害罪

C. 受益人唆使60周岁的被保险人自伤、骗取保险金的,成立故意伤害罪与保险诈骗罪

D. 父母故意不救助自伤的12周岁儿子而致其死亡的,视具体情形成立故意杀人罪或者遗弃罪

197. 2011/2/14/单

关于故意伤害罪与组织出卖人体器官罪,下列哪一选项是正确的?③

A. 非法经营尸体器官买卖的,成立组织出卖人体器官罪

B. 医生明知是未成年人,虽征得其同意而摘取其器官的,成立故意伤害罪

C. 组织他人出卖人体器官并不从中牟利的,不成立组织出卖人体器官罪

D. 组织者出卖一个肾脏获15万元,欺骗提供者说只卖了5万元的,应认定为故意伤害罪

---

① D ② C ③ B

198. 2008/2/61/多

关于侵犯人身权利犯罪的说法,下列哪些选项是错误的?①

A. 私营矿主甲以限制人身自由的方法强迫农民工从事危重矿井作业,并雇用打手对农民工进行殴打,致多人伤残。甲的行为构成非法拘禁罪与故意伤害罪,应当实行并罚

B. 砖窑主乙长期非法雇佣多名不满 16 周岁的未成年人从事超强度体力劳动,并严重忽视生产作业安全,致使一名未成年人因堆砌的成品砖倒塌而被砸死。对乙的行为应以雇用童工从事危重劳动罪从重处罚

C. 丙以介绍高薪工作的名义从外地将多名成年男性农民工骗至砖窑主王某的砖窑场,以每人 1000 元的价格卖给王某从事强迫劳动。由于《刑法》仅规定了拐卖妇女、儿童罪,所以,对于丙的行为,无法以犯罪论处

D. 拘留所的监管人员对被监管人进行体罚虐待,致人死亡的,以故意杀人罪论处,不实行数罪并罚

考点30 侵犯性权利的犯罪

199. 法考回忆题/多

甲男为强奸乙女对其实施暴力行为,练过散打的乙女将甲制服后欲将其扭送至公安机关,甲男为逃跑掏出弹簧刀将乙女捅成重伤。下列哪些说法是正确的?②

A. 甲男以奸淫为目的实施了暴力行为,导致了乙女重伤的加重结果,因为结果加重犯没有未遂,因此对甲应认定为强奸既遂

B. 犯盗窃罪为抗拒抓捕而当场使用暴力致人重伤的,应以抢劫罪致人重伤论处,但不能比照此规定对甲认定为强奸罪致人重伤

C. 根据刑法理论通说,在强奸罪的实行行为中致人重伤的,应当以强奸罪致人重伤论处,因此对甲应以强奸罪致人重伤论处

D. 甲带着奸淫目的实施暴力行为,但是因意志以外的原因未能得逞,以未遂论处,与故意伤害罪数罪并罚

200. 2007/2/12/多

关于强奸罪及相关犯罪的判断,下列哪些选项是正确的?③

A. 甲欲强奸某妇女遭到激烈反抗,一怒之下卡住该妇女喉咙,致其死亡后实施奸淫行为。甲的行为构成强奸罪的结果加重犯

---

① ABC ② BD ③ BD(原答案为D)

B. 乙为迫使妇女王某卖淫而将王某强奸,对乙的行为应以强奸罪与强迫卖淫罪实行数罪并罚

C. 丙在组织他人偷越国(边)境过程中,强奸了被组织的妇女李某。丙的行为虽然触犯了组织他人偷越国(边)境罪与强奸罪,但只能以组织他人偷越国(边)境罪定罪量刑

D. 丁在拐卖妇女的过程中,强行奸淫了该妇女。丁的行为虽然触犯了拐卖妇女罪与强奸罪,但根据刑法规定,只能以拐卖妇女罪定罪量刑

201. 2006/2/57/单

对下列哪一行为不能认定为强奸罪?①

A. 拐卖妇女的犯罪分子奸淫被拐卖的妇女的

B. 甲利用职权、从属关系,以胁迫手段奸淫现役军人的妻子的

C. 利用迷信奸淫妇女的

D. 组织卖淫的犯罪分子强奸妇女后迫使其卖淫的

考点31 侵犯妇女、儿童利益的犯罪

202. 法考回忆题/不定项

关于拐卖妇女罪,下列说法正确的是:②

A. 甲欲拐卖妇女,将妇女控制后没有找到买家。甲构成拐卖妇女罪的未遂

B. 乙欲拐卖妇女,将妇女控制后没有找到买家,便与妇女以夫妻名义共同生活。乙构成拐卖妇女罪

C. 丙收买被拐卖的妇女后,将其关押,后又将其卖掉。对丙仅以拐卖妇女罪论处

D. 丁欲收买一女为妻。陈某为被拐卖的妇女,愿意卖身脱离险地,丁遂向其支付30万元将其带回家。丁构成收买被拐卖的妇女罪

203. 2013/2/16/单

关于侮辱罪与诽谤罪的论述,下列哪一选项是正确的?③

A. 为寻求刺激在车站扒光妇女衣服,引起他人围观的,触犯强制猥亵、侮辱罪,未触犯侮辱罪

B. 为报复妇女,在大街上边打妇女边骂"狐狸精",情节严重的,应以侮辱罪论处,不以诽谤罪论处

---

① A(原答案为 AD) ② BC ③ B

C. 捏造他人强奸妇女的犯罪事实,向公安局和媒体告发,意图使他人受刑事追究,情节严重的,触犯诬告陷害罪,未触犯诽谤罪

D. 侮辱罪、诽谤罪属于亲告罪,未经当事人告诉,一律不得追究被告人的刑事责任

204. 〔2013/2/59/多〕

关于侵犯人身权利罪,下列哪些选项是错误的?①

A. 医生甲征得乙(15周岁)同意,将其肾脏摘出后移植给乙的叔叔丙。甲的行为不成立故意伤害罪

B. 丈夫甲拒绝扶养因吸毒而缺乏生活能力的妻子乙,致乙死亡。因吸毒行为违法,乙的死亡只能由其本人负责,甲的行为不成立遗弃罪

C. 乙盗窃甲价值4000余元财物,甲向派出所报案被拒后,向县公安局告发乙抢劫价值4000余元财物。公安局立案后查明了乙的盗窃事实。对甲的行为不应以诬告陷害罪论处

D. 成年妇女甲与13周岁男孩乙性交,因性交不属于猥亵行为,甲的行为不成立猥亵儿童罪

205. 甲花4万元收买被拐卖妇女周某做智障儿子的妻子,周某不从,伺机逃走。甲为避免人财两空,以3万元将周某出卖。(事实一)

乙收买周某,欲与周某成为夫妻,周某不从,乙多次暴力强行与周某发生性关系。(事实二)

......

请回答(1)、(2)题。

(1) 〔2011/2/88/不定项〕

关于事实一的定性,下列选项正确的是:②

A. 甲行为应以收买被拐卖的妇女罪与拐卖妇女罪实行并罚

B. 甲虽然实施了收买与拐卖二个行为,但由于二个行为具有牵连关系,对甲仅以拐卖妇女罪论处

C. 甲虽然实施了收买与拐卖二个行为,但根据《刑法》的特别规定,对甲仅以拐卖妇女罪论处

D. 由于收买与拐卖行为侵犯的客体相同,而且拐卖妇女罪的法定刑较重,对甲行为仅以拐卖妇女罪论处,也能做到罪刑相适应

---

① ABD ② CD

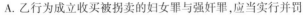

（2）**2011/2/89/不定项**

关于事实二的定性,下列选项错误的是:①

A. 乙行为成立收买被拐卖的妇女罪与强奸罪,应当实行并罚

B. 乙行为仅成立收买被拐卖的妇女罪,因乙将周某当作妻子,故周某不能成为乙的强奸对象

C. 乙行为仅成立收买被拐卖的妇女罪,因乙将周某当作妻子,故缺乏强奸罪的故意

D. 乙行为仅成立强奸罪,因乙收买周某就是为了使周某成为妻子,故收买行为是强奸罪的预备行为

206. **2010/2/61/多**

甲欲绑架女大学生乙卖往外地,乙强烈反抗,甲将乙打成重伤,并多次对乙实施强制猥亵行为。甲尚未将乙卖出便被公安人员抓获。关于甲行为的定性和处罚,下列哪些判断是错误的?②

A. 构成绑架罪、故意伤害罪与强制猥亵、侮辱罪,实行并罚

B. 构成拐卖妇女罪、故意伤害罪、强制猥亵、侮辱罪,实行并罚

C. 构成拐卖妇女罪、强制猥亵、侮辱罪,实行并罚

D. 构成拐卖妇女罪、强制猥亵、侮辱罪,实行并罚,但由于尚未出卖,对拐卖妇女罪应适用未遂犯的规定

考点32 非法拘禁罪与绑架罪

207. **法考回忆题/多**

下列哪些选项不属于绑架罪中的"杀害被绑架人"?③

A. 以勒索财物为目的控制被害人之后,故意伤害被害人,被害人因重伤而死亡

B. 绑架被害人之后,为防止被害人出声,用毛巾塞住其嘴后离开,被害人窒息死亡

C. 为勒索财物而着手绑架被害人,遭到被害人的激烈反抗,用绳子直接勒死被害人

D. 取得赎金后,已经释放被害人,因担心被害人报警,开车追了3公里,杀死被害人

---

① BCD ② ABD ③ ABD

208. （2014/2/16/单）

甲男(15周岁)与乙女(16周岁)因缺钱,共同绑架富商之子丙,成功索得50万元赎金。甲担心丙将来可能认出他们,提议杀丙,乙同意。乙给甲一根绳子,甲用绳子勒死丙。关于本案的分析,下列哪一选项是错误的?①

A. 甲、乙均触犯故意杀人罪,因而对故意杀人罪成立共同犯罪

B. 甲、乙均触犯故意杀人罪,对甲以故意杀人罪论处,但对乙应以绑架罪论处

C. 丙系死于甲之手,乙未杀害丙,故对乙虽以绑架罪定罪,但对乙不能适用"杀害被绑架人"的规定

D. 对甲以故意杀人罪论处,对乙以绑架罪论处,与二人成立故意杀人罪的共同犯罪并不矛盾

209. （2014/2/59/多）

甲为要回30万元赌债,将乙扣押,但2天后乙仍无还款意思。甲等5人将乙押到一处山崖上,对乙说:"3天内让你家人送钱来,如今天不答应,就摔死你。"乙勉强说只有能力还5万元。甲刚说完"一分都不能少",乙便跳崖。众人慌忙下山找乙,发现乙已坠亡。关于甲的行为定性,下列哪些选项是错误的?②

A. 属于绑架致使被绑架人死亡

B. 属于抢劫致人死亡

C. 属于不作为的故意杀人

D. 成立非法拘禁,但不属于非法拘禁致人死亡

210. （2011/2/60/多）

《刑法》第二百三十八条第一款与第二款分别规定:"非法拘禁他人或者以其他方法非法剥夺他人人身自由的,处三年以下有期徒刑、拘役、管制或者剥夺政治权利。具有殴打、侮辱情节的,从重处罚。""犯前罪,致人重伤的,处三年以上十年以下有期徒刑;致人死亡的,处十年以上有期徒刑。使用暴力致人伤残、死亡的,依照本法第二百三十四条、第二百三十二条的规定定罪处罚。"关于该条款的理解,下列哪些选项是正确的?③

A. 第一款所称"殴打、侮辱"属于法定量刑情节

---

① C ② ABC ③ ABD

B. 第二款所称"犯前款罪,致人重伤"属于结果加重犯

C. 非法拘禁致人重伤并具有侮辱情节的,适用第二款的规定,侮辱情节不再是法定的从重处罚情节

D. 第二款规定的"使用暴力致人伤残、死亡",是指非法拘禁行为之外的暴力致人伤残、死亡

211． 2010/2/16/单

甲持刀将乙逼入山中,让乙通知其母送钱赎人。乙担心其母心脏病发作,遂谎称开车撞人,需付五万元治疗费,其母信以为真。关于甲的行为性质,下列哪一选项是正确的?①

A. 非法拘禁罪　　　　　　　　B. 绑架罪

C. 抢劫罪　　　　　　　　　　D. 诈骗罪

考点33 其他侵犯公民人身、民主权利犯罪

212． 2017/2/16/单

关于诬告陷害罪的认定,下列哪一选项是正确的(不考虑情节)?②

A. 意图使他人受刑事追究,向司法机关诬告他人介绍卖淫的,不仅触犯诬告陷害罪,而且触犯侮辱罪

B. 法官明知被告人系被诬告,仍判决被告人有罪的,法官不仅触犯徇私枉法罪,而且触犯诬告陷害罪

C. 诬告陷害罪虽是侵犯公民人身权利的犯罪,但诬告企业犯逃税罪的,也能追究其诬告陷害罪的刑事责任

D. 15 周岁的人不对盗窃负刑事责任,故诬告 15 周岁的人犯盗窃罪的,不能追究行为人诬告陷害罪的刑事责任

213． 2017/2/59/多

下列哪些行为构成侵犯公民个人信息罪(不考虑情节)?③

A. 甲长期用高倍望远镜偷窥邻居的日常生活

B. 乙将单位数据库中病人的姓名、血型、DNA 等资料,卖给某生物制药公司

C. 丙将捡到的几本通讯簿在网上卖给他人,通讯簿被他人用于电信诈骗犯罪

---

① B　② C　③ BC

D. 丁将收藏的多封50年代的信封(上有收件人姓名、单位或住址等信息)高价转让他人

214. 2015/2/62/多

甲与乙(女)2012年开始同居,生有一子丙。甲、乙虽未办理结婚登记,但以夫妻名义自居,周围群众公认二人是夫妻。对甲的行为,下列哪些分析是正确的?①

A. 甲长期虐待乙的,构成虐待罪

B. 甲伤害丙(致丙轻伤)时,乙不阻止的,乙构成不作为的故意伤害罪

C. 甲如与丁(女)领取结婚证后,不再与乙同居,也不抚养丙的,可能构成遗弃罪

D. 甲如与丁领取结婚证后,不再与乙同居,某日采用暴力强行与乙性交的,构成强奸罪

215. 2012/2/17/单

关于侵犯人身权利罪的论述,下列哪一选项是错误的?②

A. 强行与卖淫幼女发生性关系,事后给幼女500元的,构成强奸罪

B. 使用暴力强迫单位职工以外的其他人员在采石场劳动的,构成强迫劳动罪

C. 雇用16周岁未成年人从事高空、井下作业的,构成雇用童工从事危重劳动罪

D. 收留流浪儿童后,因儿童不听话将其出卖的,构成拐卖儿童罪

216. 2012/2/60/多

关于刑讯逼供罪的认定,下列哪些选项是错误的?③

A. 甲系机关保卫处长,采用多日不让小偷睡觉的方式,迫其承认偷盗事实。甲构成刑讯逼供罪

B. 乙系教师,受聘为法院人民陪审员,因庭审时被告人刘某气焰嚣张,乙气愤不过,一拳致其轻伤。乙不构成刑讯逼供罪

C. 丙系检察官,为逼取口供殴打犯罪嫌疑人郭某,致其重伤。对丙应以刑讯逼供罪论处

D. 丁系警察,讯问时佯装要实施酷刑,犯罪嫌疑人因害怕承认犯罪事实。丁构成刑讯逼供罪

---

① ABCD　② C　③ ACD

217．甲花 4 万元收买被拐卖妇女周某做智障儿子的妻子，周某不从，伺机逃走。甲为避免人财两空，以 3 万元将周某出卖。（事实一）

乙收买周某，欲与周某成为夫妻，周某不从，乙多次暴力强行与周某发生性关系。（事实二）

不久，周某谎称怀孕要去医院检查，乙信以为真，周某乘机逃走向公安机关报案。警察丙带人先后抓获了甲、乙。讯问中，乙仅承认收买周某，拒不承认强行与周某发生性关系。丙恼羞成怒，当场将乙的一只胳膊打成重伤。乙大声呻吟，丙以为其佯装受伤不予理睬。（事实三）

深夜，丙上厕所，让门卫丁（临时工）帮忙看管乙。乙发现丁是老乡，请求丁放人。丁说："行，但你以后如被抓住，一定要说是自己逃走的。"乙答应后逃走，丁未阻拦。（事实四）

请回答第（1）、（2）题。

（1）2011/2/90/不定项

关于事实三的定性，下列选项正确的是：①

A. 丙行为是刑讯逼供的结果加重犯

B. 对丙行为应以故意伤害罪从重处罚

C. 对丙行为应以刑讯逼供罪与过失致人重伤罪实行并罚

D. 对丙行为应以刑讯逼供罪和故意伤害罪实行并罚

（2）2011/2/91/不定项

关于事实四，下列选项错误的是：②

A. 乙构成脱逃罪，丁不构成犯罪

B. 乙构成脱逃罪，丁构成私放在押人员罪

C. 乙离开讯问室征得了丁的同意，不构成脱逃罪，丁构成私放在押人员罪

D. 乙与丁均不构成犯罪

218．2010/2/18/单

甲任邮政中心信函分拣组长期间，先后三次将各地退回信函数万封（约 500 公斤），以每公斤 0.4 元的价格卖给废品收购站，所得款项占为己有。关于本案，下列哪一选项是正确的？③

A. 退回的信函不属于信件，甲的行为不成立侵犯通信自由罪

B. 退回的信函虽属于信件，但甲没有实施隐匿、毁弃与开拆行为，故不成

---

① B　② ABCD　③ D

立侵犯通信自由罪

C. 退回的信函处于邮政中心的管理过程中,属于公共财物,甲的行为成立贪污罪

D. 退回的信函被当作废品出卖也属于毁弃邮件,甲的行为成立私自毁弃邮件罪

专题十五　侵犯财产罪

考点 34 抢劫罪与抢夺罪

219. 法考回忆题/多

关于财产犯罪,下列哪些说法是正确的?①

A. 张某在肉摊小贩身后偷走小贩的剔骨刀,后张某趁乙不备,用剔骨刀割开乙的挎包背带,夺走挎包后逃走。张某构成抢夺罪

B. 徐某潜入陆某的家中偷窃珠宝,翻找过程中陆某回家,徐某为逃避抓捕,将陆某打倒后逃脱(未构成轻伤)。徐某构成抢劫罪未遂

C. 唐某为洗车店员工,在为刘某洗车过程中发现刘某汽车方向盘后和副驾上有两张彩票,遂偷走去兑奖,其中一张彩票中奖 2 万元,另一张未中奖。无论是哪张彩票中奖,唐某均构成盗窃既遂

D. 程某发现范某将电脑放置在商场一层维修部维修,便趁黑商场关门后前往商场门口,对门内的清洁工蒋某说维修部的电脑是自己的,让蒋某帮忙递给自己,蒋某遂将电脑交给程某。程某对蒋某构成诈骗罪

220. 法考回忆题/多

下列哪些选项中甲的行为构成抢劫致人重伤?②

A. 甲抢劫乙后逃跑,被害人乙追甲,在追赶甲的过程中,摔成重伤

B. 甲抢劫丙后逃跑,丙抓住甲的手不放,甲将丙推开的过程中,过失造成丙重伤,然后逃离现场

C. 甲盗窃丁的财物后被丁发现并追赶,为了逃避追赶,甲使用暴力抗拒被害人丁的抓捕,导致被害人重伤

D. 甲在入室抢劫戊的过程中,对被害人戊实施了捆绑,逃跑时没有为戊松绑。戊爬到阳台上呼喊时,不慎摔成重伤

---

① ABC　② BCD

221. 2017/2/60/多

关于抢劫罪的认定,下列哪些选项是正确的?①

A. 甲欲进王某家盗窃,正撬门时,路人李某经过。甲误以为李某是王某,会阻止自己盗窃,将李某打昏,再从王某家窃走财物。甲不构成抢劫既遂

B. 乙潜入周某家盗窃,正欲离开时,周某回家,进屋将乙堵在卧室内。乙掏出凶器对周某进行恐吓,迫使周某让其携带财物离开。乙构成入户抢劫

C. 丙窃取刘某汽车时被发现,驾刘某的汽车逃跑,刘某乘出租车追赶。途遇路人陈某过马路,丙也未减速,将陈某撞成重伤。丙构成抢劫致人重伤

D. 丁抢夺张某财物后逃跑,为阻止张某追赶,出于杀害故意向张某开枪射击。子弹未击中张某,但击中路人汪某,致其死亡。丁构成抢劫致人死亡

222. 2015/2/17/单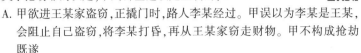

李某乘正在遛狗的老妇人王某不备,抢下王某装有 4000 元现金的手包就跑。王某让名贵的宠物狗追咬李某。李某见状在距王某 50 米处转身将狗踢死后逃离。王某眼见一切,因激愤致心脏病发作而亡。关于本案,下列哪一选项是正确的?②

A. 李某将狗踢死,属事后抢劫中的暴力行为

B. 李某将狗踢死,属对王某以暴力相威胁

C. 李某的行为满足事后抢劫的当场性要件

D. 对李某的行为应整体上评价为抢劫罪

223. 郑某等人多次预谋通过爆炸抢劫银行运钞车。为方便跟踪运钞车,郑某等人于 2012 年 4 月 6 日杀害一车主,将其面包车开走(事实一)。

后郑某等人制作了爆炸装置,并多次开面包车跟踪某银行运钞车,了解运钞车到某储蓄所收款的情况。郑某等人摸清运钞车情况后,于同年 6 月 8 日将面包车推下山崖(事实二)。

同年 6 月 11 日,郑某等人将放有爆炸装置的自行车停于储蓄所门前。当运钞车停在该所门前押款人员下车提押款时(当时附近没有行人),郑某遥控引爆爆炸装置,致 2 人死亡 4 人重伤(均为运钞人员),运钞车中的 230 万元人

---

① ABD　② C

民币被劫走(事实三)。

请回答(1)～(3)题。

(1) 2014/2/86/不定项

关于事实一(假定具有非法占有目的),下列选项正确的是:①

A. 抢劫致人死亡包括以非法占有为目的故意杀害他人后立即劫取财物的情形

B. 如认为抢劫致人死亡仅限于过失致人死亡,则对事实一只能认定为故意杀人罪与盗窃罪(如否认死者占有,则成立侵占罪),实行并罚

C. 事实一同时触犯故意杀人罪与抢劫罪

D. 事实一虽是为抢劫运钞车服务的,但依然成立独立的犯罪,应适用"抢劫致人死亡"的规定

(2) 2014/2/87/不定项

关于事实二的判断,下列选项正确的是:②

A. 非法占有目的包括排除意思与利用意思

B. 对抢劫罪中的非法占有目的应与盗窃罪中的非法占有目的作相同理解

C. 郑某等人在利用面包车后毁坏面包车的行为,不影响非法占有目的的认定

D. 郑某等人事后毁坏面包车的行为属于不可罚的事后行为

(3) 2014/2/88/不定项

关于事实三的判断,下列选项正确的是:③

A. 虽然当时附近没有行人,郑某等人的行为仍触犯爆炸罪

B. 触犯爆炸罪与故意杀人罪的行为只有一个,属于想象竞合

C. 爆炸行为亦可成为抢劫罪的手段行为

D. 对事实三应适用"抢劫致人重伤、死亡"的规定

224. 2012/2/59/多

甲、乙等人佯装乘客登上长途车。甲用枪控制司机,令司机将车开到偏僻路段;乙等人用刀控制乘客,命乘客交出随身财物。一乘客反抗,被乙捅成重伤。财物到手下车时,甲打死司机。关于本案,下列哪些选项是正确的?④

① ABCD ② ABCD ③ ABCD ④ ABCD

A. 甲等人劫持汽车,构成劫持汽车罪

B. 甲等人构成抢劫罪,属于在公共交通工具上抢劫

C. 乙重伤乘客,无需以故意伤害罪另行追究刑事责任

D. 甲开枪打死司机,需以故意杀人罪另行追究刑事责任

225． 2010/2/17/单

甲欠乙十万元久不归还,乙反复催讨。某日,甲持凶器闯入乙家,殴打乙致其重伤,迫乙交出十万元欠条并在已备好的还款收条上签字。关于甲的行为性质,下列哪一选项是正确的?①

A. 故意伤害罪 　　　　　　B. 抢劫罪

C. 非法侵入住宅罪 　　　　D. 抢夺罪

226． 2010/2/59/多

关于抢夺罪,下列哪些判断是错误的?②

A. 甲驾驶汽车抢夺乙的提包,汽车能致人死亡属于凶器。甲的行为应认定为携带凶器抢夺罪

B. 甲与乙女因琐事相互厮打时,乙的耳环(价值8,000元)掉在地上。甲假装摔倒在地迅速将耳环握在手中,乙见甲摔倒便离开了现场。甲的行为成立抢夺罪

C. 甲骑着摩托车抢夺乙的背包,乙使劲抓住背包带,甲见状便加速行驶,乙被拖行十多米后松手。甲的行为属于情节特别严重的抢夺罪

D. 甲明知行人乙的提包中装有毒品而抢夺,毒品虽然是违禁品,但也是财物。甲的行为成立抢夺罪

227． 2009/2/16/单

甲长期以赌博所得为主要生活来源。某日,甲在抢劫赌徒乙的赌资得逞后,为防止乙日后报案,将其杀死。对甲的处理,下列哪一选项是正确的?③

A. 应以故意杀人罪、抢劫罪并罚

B. 应以抢劫罪从重处罚

C. 应以赌博罪、抢劫罪并罚

D. 应以赌博罪、抢劫罪、故意杀人罪并罚

228. 2009/2/17/单

甲对乙使用暴力,欲将其打残。乙慌忙掏出手机准备报警,甲一把夺过手机装进裤袋并将乙打成重伤。甲在离开现场五公里后,把乙价值7000元的手机扔进水沟。甲的行为构成何罪?①

A. 故意伤害罪、盗窃罪

B. 故意伤害罪、抢劫罪

C. 故意伤害罪、抢夺罪

D. 故意伤害罪、故意毁坏财物罪

229. 2009/2/19/单

甲、乙、丙、丁共谋诱骗黄某参赌。四人先约黄某到酒店吃饭,甲借机将安眠药放入黄某酒中,想在打牌时趁黄某不清醒合伙赢黄某的钱。但因甲投放的药品剂量偏大,饭后刚开牌局黄某就沉沉睡去,四人趁机将黄某的钱包掏空后离去。上述四人的行为构成何罪?②

A. 赌博罪   B. 抢劫罪

C. 盗窃罪   D. 诈骗罪

230. 2008/2/12/单

甲持西瓜刀冲入某银行储蓄所,将刀架在储蓄所保安乙的脖子上,喝令储蓄所职员丙交出现金1万元。见丙故意拖延时间,甲便在乙的脖子上划了一刀。刚取出5万元现金的储户丁看见乙血流不止,于心不忍,就拿出1万元扔给甲,甲得款后迅速逃离。对甲的犯罪行为,下列哪一选项是正确的?③

A. 抢劫罪(未遂)   B. 抢劫罪(既遂)

C. 绑架罪   D. 敲诈勒索罪

231. 2008/2/15/单

甲乘在路上行走的妇女乙不注意之际,将乙价值12000元的项链一把抓走,然后逃跑。跑了50米之后,甲以为乙的项链根本不值钱,就转身回来,跑到乙跟前,打了乙两耳光,并说:"出来混,也不知道戴条好项链",然后将项链扔给乙。对甲的行为,应当如何定性?④

A. 抢夺罪(未遂)   B. 抢夺罪(中止)

C. 抢夺罪(既遂)   D. 抢劫罪(转化型抢劫)

---

① D   ② B   ③ A(原答案为B)   ④ C

232. 2008/2/62/多

《刑法》第二百六十九条对转化型抢劫作出了规定,下列哪些选项不能适用该规定?①

A. 甲入室盗窃,被主人李某发现并追赶,甲进入李某厨房,拿出菜刀护在自己胸前,对李某说:"你千万别过来,我胆子很小。"然后,翻窗逃跑

B. 乙抢夺王某的财物,王某让狼狗追赶乙。乙为脱身,打死了狼狗

C. 丙骗取他人财物后,刚准备离开现场,骗局就被识破。被害人追赶丙。走投无路的丙从身上摸出短刀,扎在自己手臂上,并对被害人说:"你们再追,我就死在你们面前。"被害人见丙鲜血直流,一下愣住了。丙迅速逃离现场

D. 丁在一网吧里盗窃财物并往外逃跑时,被管理人员顾某发现。丁为阻止顾某的追赶,提起网吧门边的开水壶,将开水泼在顾某身上,然后逃离现场

考点35 盗窃罪

233. 法考回忆题/多

甲将自己5000元购买的新自行车借给乙,并约定"乙如果丢失自行车,须按照三倍的价格赔偿"。几日后丙从乙处偷走该车。甲得知消息后,因能得到三倍赔偿,心中窃喜。丙得知乙需要按照三倍价格赔偿,便向乙提出"按照5000元价格将车卖给你"。乙迫于无奈,从丙处购买了该车。下列哪些说法是错误的?②

A. 丙构成盗窃罪既遂

B. 丙构成盗窃罪中止

C. 丙同时构成盗窃罪和敲诈勒索罪,想象竞合,择一重罪论处

D. 丙的盗窃行为实际上不违背所有权人甲的意愿,因此不构成盗窃罪

234. 法考回忆题/多

甲公司将共享单车投放在街边。下列哪些行为构成盗窃?③

A. 乙将共享单车的锁拆掉,放在自家楼下,专供自己免费使用

B. 乙正常使用完共享单车后,将车停在自家楼下,方便自己下次扫码使用

C. 乙将市区的共享单车偷偷搬到偏远农村,供村民扫码使用

D. 乙将市区的共享单车偷偷搬到偏远农村,供村民免费使用

---

① ABC　② BCD　③ AD

235． 法考回忆题/单

甲骑摩托车载着乙,遇到一段路比较崎岖。甲下车推车,乙提出自己骑车过去,在前方等甲。甲答应,看着乙骑车前去。乙竟然骑车扬长而去。乙的行为构成何罪?①

A. 诈骗罪　　　　　　　　　B. 抢夺罪

C. 盗窃罪　　　　　　　　　D. 侵占罪

236． 2017/2/17/单

郑某冒充银行客服发送短信,称张某手机银行即将失效,需重新验证。张某信以为真,按短信提示输入银行卡号、密码等信息后,又将收到的编号为 135423 的"验证码"输入手机页面。后张某发现,其实是将 135423 元汇入了郑某账户。关于本案的分析,下列哪一选项是正确的?②

A. 郑某将张某作为工具加以利用,实现转移张某财产的目的,应以盗窃罪论处

B. 郑某虚构事实,对张某实施欺骗并导致张某处分财产,应以诈骗罪论处

C. 郑某骗取张某的银行卡号、密码等个人信息,应以侵犯公民个人信息罪论处

D. 郑某利用电信网络,为实施诈骗而发布信息,应以非法利用信息网络罪论处

237． 2017/2/86/不定项

某小区五楼刘某家的抽油烟机发生故障,王某与李某上门检测后,决定拆下搬回维修站修理。刘某同意。王某与李某搬运抽油烟机至四楼时,王某发现其中藏有一包金饰,遂暗自将之塞入衣兜。(事实一)

……

关于事实一的分析,下列选项正确的是:③

A. 王某从抽油烟机中窃走金饰,破除刘某对金饰的占有,构成盗窃罪

B. 王某未经李某同意,窃取李某与其共同占有的金饰,应构成盗窃罪

C. 刘某客观上已将抽油烟机及机内金饰交给王某代为保管,王某取走金饰的行为构成侵占罪

D. 刘某将金饰遗忘在抽油烟机内,王某将其据为己有,是非法侵占他人

---

① C　② A　③ A

遗忘物,构成侵占罪

238． 2016/2/59/多

下列哪些行为构成盗窃罪(不考虑数额)?①

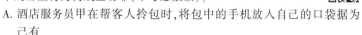

A. 酒店服务员甲在帮客人拎包时,将包中的手机放入自己的口袋据为己有

B. 客人在小饭馆吃饭时,将手机放在收银台边上充电,请服务员乙帮忙照看。乙假意答应,却将手机据为己有

C. 旅客将行李放在托运柜台旁,到相距20余米的另一柜台问事时,机场清洁工丙将该行李拿走据为己有

D. 顾客购物时将车钥匙遗忘在收银台,收银员问是谁的,丁谎称是自己的,然后持该钥匙将顾客的车开走

239． 2016/2/18/单

乙女在路上被铁丝绊倒,受伤不能动,手中钱包(内有现金5000元)摔出七八米外。路过的甲捡起钱包时,乙大喊"我的钱包不要拿",甲说"你不要喊,我拿给你",乙信以为真没有再喊。甲捡起钱包后立即逃走。关于本案,下列哪一选项是正确的?②

A. 甲以其他方法抢劫他人财物,成立抢劫罪

B. 甲以欺骗方法使乙信以为真,成立诈骗罪

C. 甲将乙的遗忘物据为己有,成立侵占罪

D. 只能在盗窃罪或者抢夺罪中,择一定性甲的行为

240． 2015/2/19/单

菜贩刘某将蔬菜装入袋中,放在居民小区路旁长条桌上,写明"每袋20元,请将钱放在铁盒内"。然后,刘某去3公里外的市场卖菜。小区理发店的店员经常好奇地出来看看是否有人偷菜。甲数次公开拿走蔬菜时假装往铁盒里放钱。关于甲的行为定性(不考虑数额),下列哪一项是正确的?③

A. 甲乘人不备,公然拿走刘某所有的蔬菜,构成抢夺罪

B. 蔬菜为经常出来查看的店员占有,甲构成盗窃罪

C. 甲假装放钱而实际未放钱,属诈骗行为,构成诈骗罪

D. 刘某虽距现场3公里,但仍占有蔬菜,甲构成盗窃罪

---

① ABCD ② D ③ D

241． 2014/2/60/多

甲的下列哪些行为属于盗窃(不考虑数额)?①

A. 某大学的学生在食堂吃饭时习惯于用手机、钱包等物占座后,再去购买饭菜。甲将学生乙用于占座的钱包拿走

B. 乙进入面馆,将手机放在大厅 6 号桌的空位上,表示占座,然后到靠近窗户的地方看看有没有更合适的座位。在 7 号桌吃面的甲将手机拿走

C. 乙将手提箱忘在出租车的后备箱。后甲搭乘该出租车时,将自己的手提箱也放进后备箱,并在下车时将乙的手提箱一并拿走

D. 乙全家外出打工,委托邻居甲照看房屋。有人来村里购树,甲将乙家山头上的树谎称为自家的树,卖给购树人,得款 3 万元

242． 2013/2/17/单

乙驾车带甲去海边游玩。到达后,乙欲游泳。甲骗乙说:"我在车里休息,把车钥匙给我。"趁乙游泳,甲将该车开往外地卖给他人。甲构成何罪?②

A. 侵占罪

B. 盗窃罪

C. 诈骗罪

D. 盗窃罪与诈骗罪的竞合

243． 2013/2/60/多

甲潜入他人房间欲盗窃,忽见床上坐起一老姬,哀求其不要拿她的东西。甲不理睬而继续翻找,拿走一条银项链(价值 400 元)。关于本案的分析,下列哪些选项是正确的?③

A. 甲并未采取足以压制老姬反抗的方法取得财物,不构成抢劫罪

B. 如认为区分盗窃罪与抢夺罪的关键在于是秘密取得财物还是公然取得财物,则甲的行为属于抢夺行为;如甲作案时携带了凶器,则对甲应以抢劫罪论处

C. 如采取 B 选项的观点,因甲作案时未携带凶器,也未秘密窃取财物,又不符合抢夺罪"数额较大"的要件,无法以侵犯财产罪追究甲的刑事责任

---

① ABCD　② B　③ ABCD

D. 如认为盗窃行为并不限于秘密窃取,则甲的行为属于入户盗窃,可按盗窃罪追究甲的刑事责任

244. 2011/2/16/单

关于盗窃罪的理解,下列哪一选项是正确的?①

A. 扒窃成立盗窃罪的,以携带凶器为前提

B. 扒窃仅限于窃取他人衣服口袋内体积较小的财物

C. 扒窃时无论窃取数额大小,即使窃得一张白纸,也成立盗窃罪既遂

D. 入户盗窃成立盗窃罪的,既不要求数额较大,也不要求多次盗窃

245. 2011/2/61/多

下列哪些选项的行为人具有非法占有目的?②

A. 男性基于癖好入户窃取女士内衣

B. 为了燃柴取暖而窃取他人木质家具

C. 骗取他人钢材后作为废品卖给废品回收公司

D. 杀人后为避免公安机关识别被害人身份,将被害人钱包等物丢弃

246. 2010/2/62/多

下列哪些行为属于盗窃?③

A. 甲穿过铁丝网从高尔夫球场内"拾得"大量高尔夫球

B. 甲在夜间翻入公园内,从公园水池中"捞得"旅客投掷的大量硬币

C. 甲在宾馆房间"拾得"前一顾客遗忘的笔记本电脑一台

D. 甲从一辆没有关好门的小轿车内"拿走"他人公文包

247. 2009/2/18/单

甲系私营速递公司卸货员,主要任务是将公司收取的货物从汽车上卸下,再按送达地重新装车。某晚,乘公司监督人员上厕所之机,甲将客户托运的一台价值一万元的摄像机夹带出公司大院,藏在门外沟渠里,并伪造被盗现场。关于甲的行为,下列哪一选项是正确的?④

A. 诈骗罪　　　　　　　　B. 职务侵占罪

C. 盗窃罪　　　　　　　　D. 侵占罪

248. 2008/2/16/单

某地突发百年未遇的冰雪灾害,乙离开自己的住宅躲避自然灾

---

① D　② ABC　③ ABCD　④ C

害。两天后,大雪压垮了乙的房屋,家中财物散落一地。灾后最先返回的邻居甲路过乙家时,将乙垮塌房屋中的 2 万元现金拿走。关于甲行为的定性,下列哪一选项是正确的?①

A. 构成盗窃罪

B. 构成侵占罪

C. 构成抢夺罪

D. 仅成立民法上的不当得利,不构成犯罪

考点36 敲诈勒索罪

249. 2011/2/15/单

甲预谋拍摄乙与卖淫女的裸照,迫使乙交付财物。一日,甲请乙吃饭,叫卖淫女丙相陪。饭后,甲将乙、丙送上车。乙、丙刚到乙宅,乙便被老板电话叫走,丙亦离开。半小时后,甲持相机闯入乙宅发现无人,遂拿走了乙的 3 万元现金。关于甲的行为性质,下列哪一选项是正确的?②

A. 抢劫未遂与盗窃既遂

B. 抢劫既遂与盗窃既遂的想象竞合

C. 敲诈勒索预备与盗窃既遂

D. 敲诈勒索未遂与盗窃既遂的想象竞合

考点37 诈骗罪

250. 法考回忆题/不定项

构成诈骗罪,要求处分财物具有处分行为和处分意识。下列选项中,存在处分意识的是:③

A. 甲伪造车辆凭证,以汽车作抵押向王某借款 20 万元,随后逃走,该汽车实际上为赵某所有

B. 乙请客吃饭,吃完后对服务员表示送朋友到门口再回来买单。服务员同意。乙到门口后趁机逃走

C. 丙用技术手段将其工厂电表上的用电量大幅调低,查表员上门查表收费时,以丙修改后的度数为标准收取了电费

D. 丁在超市购物,从一箱饮料中取出一瓶饮料,将一瓶茅台酒放入其中封存好,然后拿到收银台结账。收银员以一箱饮料的价格收取了费用

---

① A ② C ③ AC

251. 法考回忆题/单

甲冒充家电维修人员,想把陈某家的冰箱骗到手。某日,甲来到陈某家,开门的却是陈某家保姆,甲误把保姆当成陈某,谎称商家搞活动,正在以旧换新。保姆以为甲事前跟陈某商量好了,就把冰箱给了甲。下列哪一项说法是正确的?①

A. 甲构成狭义的因果关系错误

B. 甲构成打击错误

C. 由于甲未认识到被骗对象是保姆,构成诈骗罪未遂

D. 甲构成诈骗罪既遂

252. 法考回忆题/单

乙用朋友甲的淘宝账户购买一件商品,向商家支付了货款,填写了自己的收件地址。商家发货时,想核对下收件地址,联系到了甲。甲明知是乙购买了货物,仍谎称地址错误,提供了自己的地址。商家将货物寄给了甲。下列哪一项说法是正确的?②

A. 甲对乙构成盗窃罪　　　　B. 甲对商家构成诈骗罪

C. 甲构成三角诈骗　　　　　D. 甲构成侵占罪

253. 2017/2/88/不定项

某小区五楼刘某家的抽油烟机发生故障,王某与李某上门检测后,决定拆下搬回维修站修理。刘某同意。王某与李某搬运抽油烟机至四楼时,王某发现其中藏有一包金饰,遂暗自将之塞入衣兜。(事实一)

王某与李某将抽油烟机搬走后,刘某想起自己此前曾将金饰藏于其中,追赶前来,见王某神情可疑,便要其返还金饰。王某为洗清嫌疑,乘乱将金饰转交李某,李某心领神会,接过金饰藏于裤兜中。刘某确定王某身上没有金饰后,转身再找李某索要。李某突然一拳击倒刘某,致其倒地重伤。李某与王某随即逃走。(事实二)

后王某建议李某将金饰出售,得款二人平分,李某同意。李某明知金饰价值1万元,却向亲戚郭某谎称金饰为朋友委托其出售的限量版,售价5万元。郭某信以为真,花5万元买下金饰。拿到钱后,李某心生贪念,对王某称金饰仅卖得1万元,分给王某5000元。(事实三)

关于事实三的分析,下列选项正确的是:③

---

① D　② A　③ AD

A. 李某对郭某进行欺骗,导致郭某以高价购买赃物,构成诈骗罪

B. 李某明知金饰是犯罪所得而出售,构成掩饰、隐瞒犯罪所得罪

C. 李某欺骗王某放弃对剩余 2 万元销赃款的返还请求,构成诈骗罪

D. 李某虽将金饰卖得 5 万元,但王某所犯财产犯罪的数额为 1 万元

254. 2016/2/17/单

关于诈骗罪的认定,下列哪一选项是正确的(不考虑数额)?①

A. 甲利用信息网络,诱骗他人点击虚假链接,通过预先植入的木马程序取得他人财物。即使他人不知点击链接会转移财产,甲也成立诈骗罪

B. 乙虚构可供交易的商品,欺骗他人点击付款链接,取得他人财物的,由于他人知道自己付款,故乙触犯诈骗罪

C. 丙将钱某门前停放的摩托车谎称是自己的,卖给孙某,让其骑走。丙就钱某的摩托车成立诈骗罪

D. 丁侵入银行计算机信息系统,将刘某存折中的 5 万元存款转入自己的账户。对丁应以诈骗罪论处

255. 2015/2/18/单

乙全家外出数月,邻居甲主动帮乙照看房屋。某日,甲谎称乙家门口的一对石狮为自家所有,将石狮卖给外地人,得款 1 万元据为己有。关于甲的行为定性,下列哪一选项是错误的?②

A. 甲同时触犯侵占罪与诈骗罪

B. 如认为购买者无财产损失,则甲仅触犯盗窃罪

C. 如认为购买者有财产损失,则甲同时触犯盗窃罪与诈骗罪

D. 不管购买者是否存在财产损失,甲都触犯盗窃罪

256. 2014/2/19/单

乙购物后,将购物小票随手扔在超市门口。甲捡到小票,立即拦住乙说:"你怎么把我购买的东西拿走?"乙莫名其妙,甲便向乙出示小票,两人发生争执。适逢交警丙路过,乙请丙判断是非,丙让乙将商品还给甲,有口难辩的乙只好照办。关于本案的分析(不考虑数额),下列哪一选项是错误的?③

A. 如认为交警丙没有处分权限,则甲的行为不成立诈骗罪

B. 如认为盗窃必须表现为秘密窃取,则甲的行为不成立盗窃罪

---

① B　② A　③ D

C. 如认为抢夺必须表现为乘人不备公然夺取,则甲的行为不成立抢夺罪

D. 甲虽未实施恐吓行为,但如乙心生恐惧而交出商品的,甲的行为构成敲诈勒索罪

257. 〔2013/2/61/多〕

关于诈骗罪的理解和认定,下列哪些选项是错误的?①

A. 甲曾借给好友乙 1 万元。乙还款时未要回借条。一年后,甲故意拿借条要乙还款。乙明知但碍于情面,又给甲 1 万元。甲虽获得 1 万元,但不能认定为诈骗既遂

B. 甲发现乙出国后其房屋无人居住,便伪造房产证,将该房租给丙住了一年,收取租金 2 万元。甲的行为构成诈骗罪

C. 甲请客(餐费 1 万元)后,发现未带钱,便向餐厅经理谎称送走客人后再付款。经理信以为真,甲趁机逃走。不管怎样理解处分意识,对甲的行为都应以诈骗罪论处

D. 乙花 2 万元向甲购买假币,后发现是一堆白纸。由于购买假币的行为是违法的,乙不是诈骗罪的受害人,甲不成立诈骗罪

258. 甲将一只壶的壶底落款“民國叁年”磨去,放在自己的古玩店里出卖。某日,钱某看到这只壶,误以为是明代文物。甲见钱某询问,谎称此壶确为明代古董,钱某信以为真,按明代文物交款买走。又一日,顾客李某看上一幅标价很高的赝品,以为名家亲笔,但又心存怀疑。甲遂拿出虚假证据,证明该画为名家亲笔。李某以高价买走赝品。

请回答第(1)、(2)题。

(1) 〔2011/2/86/不定项〕

关于甲对钱某是否成立诈骗罪,下列选项错误的是:②

A. 甲的行为完全符合诈骗罪的犯罪构成,成立诈骗罪

B. 钱某自己有过错,甲不成立诈骗罪

C. 钱某已误以为是明代古董,甲没有诈骗钱某

D. 古玩投资有风险,古玩买卖无诈骗,甲不成立诈骗罪

(2) 〔2011/2/87/不定项〕

关于甲对李某是否成立诈骗罪,下列选项正确的是:③

A. 甲的行为完全符合诈骗罪的犯罪构成,成立诈骗罪

---

① BCD　② BCD　③ AB

B. 标价高不是诈骗行为,虚假证据证明该画为名家亲笔则是诈骗行为

C. 李某已有认识错误,甲强化其认识错误的行为不是诈骗行为

D. 甲拿出虚假证据的行为与结果之间没有因果关系,甲仅成立诈骗未遂

259. （2009/2/59/多）

欣欣在高某的金店选购了一条项链,高某趁欣欣接电话之际,将为其进行礼品包装的项链调换成款式相同的劣等品(两条项链差价约 3000 元)。欣欣回家后很快发现项链被"调包",即返回该店要求退还,高某以发票与实物不符为由拒不退换。关于高某的行为,下列哪些说法是错误的?①

A. 构成盗窃罪   B. 构成诈骗罪

C. 构成侵占罪   D. 不构成犯罪,属民事纠纷

260. （2008/2/14/单）

甲在某银行的存折上有 4 万元存款。某日,甲将存款全部取出,但由于银行职员乙工作失误,未将存折底卡销毁。半年后,甲又去该银行办理存储业务,乙对甲说:"你的 4 万元存款已到期。"甲听后,灵机一动,对乙谎称存折丢失。乙为甲办理了挂失手续,甲取走 4 万元。甲的行为构成何罪?②

A. 侵占罪   B. 盗窃罪(间接正犯)

C. 诈骗罪   D. 金融凭证诈骗罪

261. （2008/2/58/多）

某日,甲醉酒驾车将行人乙撞死,急忙将尸体运到 X 地掩埋。10 天后,甲得知某单位要在 X 地施工,因担心乙的尸体被人发现,便将乙的尸体从 X 地转移至 Y 地。在转移尸体时,甲无意中发现了乙的身份证和信用卡。此后,甲持乙的身份证和信用卡,从银行柜台将乙的信用卡中的 5 万元转入自己的信用卡,并以乙的身份证办理入网手续并使用移动电话,造成电信资费损失 8000 余元。甲的行为构成何罪?③

A. 交通肇事罪   B. 侵占罪

C. 信用卡诈骗罪   D. 诈骗罪

考点38 侵占罪与职务侵占罪

262. （法考回忆题/多）

国家公职人员苏某让私有企业经理万某利用职务便利报销其

---

① BCD   ② C   ③ ACD

旅游费 5 万元,万某考虑到以后还需要苏某审批企业补助款的发放,便以业务费用的名义为苏某报销了旅游费。关于苏某的行为,下列哪些说法是正确的?①

A. 构成贪污罪　　　　　　　　B. 构成职务侵占罪

C. 构成受贿罪　　　　　　　　D. 不构成犯罪

263 ． 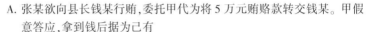 2017/2/18/单

下列哪一行为成立侵占罪?②

A. 张某欲向县长钱某行贿,委托甲代为将 5 万元贿赂款转交钱某。甲假意答应,拿到钱后据为己有

B. 乙将自己的房屋出售给赵某,虽收取房款却未进行所有权转移登记,后又将房屋出售给李某

C. 丙发现洪灾灾区的居民已全部转移,遂进入居民房屋,取走居民来不及带走的贵重财物

D. 丁分期付款购买汽车,约定车款付清前汽车由丁使用,所有权归卖方。丁在车款付清前将车另售他人

264 ． 2014/2/17/单

公司保安甲在休假期内,以“第二天晚上要去医院看望病人”为由,欺骗保安乙,成功和乙换岗。当晚,甲将其看管的公司仓库内价值 5 万元的财物运走变卖。甲的行为构成下列哪一犯罪?③

A. 盗窃罪　　　　　　　　　　B. 诈骗罪

C. 职务侵占罪　　　　　　　　D. 侵占罪

265 ． 2014/2/18/单

乙(16 周岁)进城打工,用人单位要求乙提供银行卡号以便发放工资。乙忘带身份证,借用老乡甲的身份证以甲的名义办理了银行卡。乙将银行卡号提供给用人单位后,请甲保管银行卡。数月后,甲持该卡到银行柜台办理密码挂失,取出 1 万余元现金,拒不退还。甲的行为构成下列哪一犯罪?④

A. 信用卡诈骗罪　　　　　　　B. 诈骗罪

C. 盗窃罪(间接正犯)　　　　　D. 侵占罪

---

① BC ② D ③ C ④ D

266． 2012/2/18/单

不计数额,下列哪一选项构成侵占罪?①

A. 甲是个体干洗店老板,洗衣时发现衣袋内有钱,将钱藏匿

B. 乙受公司委托外出收取货款,隐匿收取的部分货款

C. 丙下飞机时发现乘客钱包掉在座位底下,捡起钱包离去

D. 丁是宾馆前台服务员,客人将礼品存于前台让朋友自取。丁见久无人取,私吞礼品

267． 2011/2/62/多

关于侵占罪的认定(不考虑数额),下列哪些选项是错误的?②

A. 甲将他人停放在车棚内未上锁的自行车骑走卖掉。甲行为构成侵占罪

B. 乙下车取自己行李时将后备厢内乘客遗忘的行李箱一并拿走变卖。乙行为构成侵占罪

C. 丙在某大学食堂将学生用于占座的手机拿走卖掉。丙行为成立侵占罪

D. 丁受托为外出邻居看房,将邻居锁在柜里的手提电脑拿走变卖。丁行为成立侵占罪

268． 2008/2/63/多

下列哪些行为应以职务侵占罪论处?③

A. 甲系某村民小组的组长,利用职务上的便利,将村民小组集体财产非法据为己有,数额达到5万元

B. 乙为村委会主任,利用协助乡政府管理和发放救灾款物之机,将5万元救灾款非法据为己有

C. 丙是某国有控股公司部门经理,利用职务上的便利,将本单位的5万元公款非法据为己有

D. 丁与某私营企业的部门经理李某内外勾结,利用李某职务上的便利,共同将该单位的5万元资金非法据为己有

269． 2012/2/1/单

老板甲春节前转移资产,拒不支付农民工工资。劳动部门下达责令支付通知书后,甲故意失踪。公安机关接到报警后,立即抽调警力,迅速将

甲抓获。在侦查期间,甲主动支付了所欠工资。起诉后,法院根据《刑法修正案(八)》拒不支付劳动报酬罪认定甲的行为,甲表示认罪。关于此案,下列哪一说法是错误的?①

A. 《刑法修正案(八)》增设拒不支付劳动报酬罪,体现了立法服务大局、保护民生的理念

B. 公安机关积极破案解决社会问题,发挥了保障民生的作用

C. 依据《刑法修正案(八)》对欠薪案的审理,体现了惩教并举,引导公民守法、社会向善的作用

D. 甲已支付所欠工资,可不再追究甲的刑事责任,以利于实现良好的社会效果

专题十六　危害公共安全罪

考点39 危害公共安全罪

270. （法考回忆题/单）

下列哪一情形构成以危险方法危害公共安全罪?②

A. 甲在公交车上因为玩手机错过了下车时间,与司机发生争吵,抢夺司机方向盘

B. 乙从住宅区楼上向下投掷正在燃烧的蜂窝煤

C. 丙为了杀戊,改装了戊的摩托车,戊骑上摩托车撞死了人

D. 丁在公交车上与司机争吵打斗,导致与其他车辆相撞

271. （法考回忆题/多）

关于醉酒驾驶,下列哪些说法是正确的?③

A. 乙向甲说明自己要参加酒会,向甲借车,甲予以出借。乙在酒会上喝醉酒,仍然驾车回家。甲成立危险驾驶罪的帮助犯

B. 因为天冷,甲酒后发动汽车取暖,等待妻子来开车回家。甲不构成危险驾驶罪

C. 甲和妻子乙一起喝酒,乙突发心脏病,旁边无人会开车,救护车也无法及时赶到,甲遂醉酒开车送乙去医院。甲不构成危险驾驶罪

D. 甲和同事乙一起吃饭,乙喝了酒,甲未喝酒。饭后甲开车送乙回家,途中乙执意要开车,于是甲便停车,双方交换位置后由乙开车。甲不构

---

① D ② D ③ BC

成危险驾驶罪

272. 法考回忆题/多

下列哪些行为构成以危险方法危害公共安全犯罪?①

A. 甲把蜂窝煤点燃从高处扔向人群,引发火灾,导致多人伤亡

B. 乘客乙在乘坐公交车时,与司机徐某发生争吵,在车辆行驶过程中,抢夺司机徐某手中的方向盘,导致车辆失控而撞死多人

C. 公交车汽车司机丙与乘客孟某发生争吵,在遭受孟某的辱骂后,丙置行驶中的车辆于不顾,离开方向盘和乘客孟某扭打,导致交通事故,致多人伤亡

D. 丁把机动车道上的窨井盖偷走,路过车辆与其他车辆相撞,发生严重交通事故,导致多人伤亡

273. 法考回忆题/多

甲是某汽车修理店老板,为了让司机们前来补胎,在高速公路路口撒许多铁钉,致使许多车辆爆胎,险些发生重大事故。有些司机来到甲的修理店补胎,但不知道是甲撒的铁钉。下列哪些说法是正确的?②

A. 甲构成破坏交通设施罪　　B. 甲构成破坏交通工具罪

C. 甲构成故意毁坏财物罪　　D. 甲欺骗司机来补胎,构成诈骗罪

274. 2017/2/12/单

关于危害公共安全罪的认定,下列哪一选项是正确的?③

A. 猎户甲合法持有猎枪,猎枪被盗后没有及时报告,造成严重后果。甲构成丢失枪支不报罪

B. 乙故意破坏旅游景点的缆车的关键设备,致数名游客从空中摔下。乙构成破坏交通设施罪

C. 丙吸毒后驾车将行人撞成重伤(负主要责任),但毫无觉察,驾车离去。丙构成交通肇事罪

D. 丁被空姐告知"不得打开安全门",仍拧开安全门,致飞机不能正点起飞。丁构成破坏交通工具罪

275. 2016/2/12/单

甲对拆迁不满,在高速公路中间车道用树枝点燃一个焰高约20

---

① ABCD　② ABCD　③ C

厘米的火堆,将其分成两堆后离开。火堆很快就被通行车辆轧灭。关于本案,下列哪一选项是正确的?①

　A. 甲的行为成立放火罪

　B. 甲的行为成立以危险方法危害公共安全罪

　C. 如认为甲的行为不成立放火罪,那么其行为也不可能成立以危险方法危害公共安全罪

　D. 行为危害公共安全,但不构成放火、决水、爆炸等犯罪的,应以以危险方法危害公共安全罪论处

276. 2016/2/56/多

乙成立恐怖组织并开展培训活动,甲为其提供资助。受培训的丙、丁为实施恐怖活动准备凶器。因案件被及时侦破,乙、丙、丁未能实施恐怖活动。关于本案,下列哪些选项是正确的?②

　A. 甲构成帮助恐怖活动罪,不再适用《刑法》总则关于从犯的规定

　B. 乙构成组织、领导恐怖组织罪

　C. 丙、丁构成准备实施恐怖活动罪

　D. 对丙、丁定罪量刑时,不再适用《刑法》总则关于预备犯的规定

277. 甲将私家车借给无驾照的乙使用。乙夜间驾车与其叔丙出行,途中遇刘某过马路,不慎将其撞成重伤,车辆亦受损。丙下车查看情况,对乙谎称自己留下打电话叫救护车,让乙赶紧将车开走。乙离去后,丙将刘某藏匿在草丛中离开。刘某因错过抢救时机身亡。(事实一)

为逃避刑事责任,乙找到有驾照的丁,让丁去公安机关"自首",谎称案发当晚是乙驾车。丁照办。公安机关找甲取证时,甲想到若说是乙造成事故,自己作为被保险人就无法从保险公司获得车损赔偿,便谎称当晚将车借给了丁。(事实二)

后甲找到在私营保险公司当定损员的朋友陈某,告知其真相,请求其帮忙向保险公司申请赔偿。陈某遂向保险公司报告说丁驾车造成事故,并隐瞒其他不利于甲的事实。甲顺利获得7万元保险赔偿。(事实三)

请回答第(1)~(3)题。

(1) 2016/2/86/不定项

关于事实一的分析,下列选项正确的是:③

---

① C ② ABCD ③ D

A. 乙交通肇事后逃逸致刘某死亡,构成交通肇事逃逸致人死亡

B. 乙交通肇事且致使刘某死亡,构成交通肇事罪与过失致人死亡罪,数罪并罚

C. 丙与乙都应对刘某的死亡负责,构成交通肇事罪的共同正犯

D. 丙将刘某藏匿致使其错过抢救时机身亡,构成故意杀人罪

（2）**2016/2/87/不定项**

关于事实二的分析,下列选项错误的是:①

A. 伪证罪与包庇罪是相互排斥的关系,甲不可能既构成伪证罪又构成包庇罪

B. 甲的主观目的于骗取保险金,没有妨害司法的故意,不构成妨害司法罪

C. 乙唆使丁代替自己承担交通肇事的责任,就此构成教唆犯

D. 丁的"自首"行为干扰了司法机关的正常活动,触犯包庇罪

（3）**2016/2/88/不定项**

关于事实三的分析,下列选项正确的是:②

A. 甲对发生的保险事故编造虚假原因,骗取保险金,触犯保险诈骗罪

B. 甲既触犯保险诈骗罪,又触犯诈骗罪,由于两罪性质不同,应数罪并罚

C. 陈某未将保险金据为己有,因欠缺非法占有目的不构成职务侵占罪

D. 陈某与甲密切配合,骗取保险金,两人构成保险诈骗罪的共犯

278. **2015/2/13/单**

下列哪一行为应以危险驾驶罪论处?③

A. 醉酒驾驶机动车,误将红灯看成绿灯,撞死 2 名行人

B. 吸毒后驾驶机动车,未造成人员伤亡,但危及交通安全

C. 在驾驶汽车前吃了大量荔枝,被交警以呼气式酒精检测仪测试到酒精含量达到醉酒程度

D. 将汽车误停在大型商场地下固定卸货车位,后在醉酒时将汽车从地下三层开到地下一层的停车位

279. **2014/2/13/单**

乙(15 周岁)在乡村公路驾驶机动车时过失将吴某撞成重伤。乙正要下车救人,坐在车上的甲(乙父)说:"别下车! 前面来了许多村民,下车

---

① ABC ② AD ③ D

会有麻烦。"乙便驾车逃走,吴某因流血过多而亡。关于本案,下列哪一选项是正确的?①

 A. 因乙不成立交通肇事罪,甲也不成立交通肇事罪

 B. 对甲应按交通肇事罪的间接正犯论处

 C. 根据司法实践,对甲应以交通肇事罪论处

 D. 根据刑法规定,甲、乙均不成立犯罪

280. （2013/2/12/单）

甲在建筑工地开翻斗车。某夜,甲开车时未注意路况,当场将工友乙撞死、丙撞伤。甲背丙去医院,想到会坐牢,遂将丙弃至路沟后逃跑。丙不得救治而亡。关于本案,下列哪一选项是错误的?②

 A. 甲违反交通运输管理法规,因而发生重大事故,致人死伤,触犯交通肇事罪

 B. 甲在作业中违反安全管理规定,发生重大伤亡事故,触犯重大责任事故罪

 C. 甲不构成交通肇事罪与重大责任事故罪的想象竞合犯

 D. 甲为逃避法律责任,将丙带离事故现场后遗弃,致丙不得救治而亡,还触犯故意杀人罪

281. 甲于某晚9时驾驶货车在县城主干道超车时,逆行进入对向车道,撞上乙驾驶的小轿车,乙被卡在车内无法动弹,乙车内黄某当场死亡、胡某受重伤。后查明,乙无驾驶资格,事发时略有超速,且未采取有效制动措施。（事实一）

甲驾车逃逸。急救人员5分钟后赶到现场,胡某因伤势过重被送医院后死亡。（事实二）

交警对乙车进行切割,试图将乙救出。此时,醉酒后的丙（血液中的酒精含量为152mg/100ml）与丁各自驾驶摩托车"飙车"经过此路段。（事实三）

丙发现乙车时紧急刹车,摩托车侧翻,猛烈撞向乙车左前门一侧,丙受重伤。20分钟后,交警将乙抬出车时,发现其已死亡。现无法查明乙被丙撞击前是否已死亡,也无法查明乙被丙撞击前所受创伤是否为致命伤。（事实四）

丁离开现场后,找到无业人员王某,要其假冒飙车者去公安机关投案。（事实五）

王某虽无替丁顶罪的意思,但仍要丁给其5万元酬劳,否则不答应丁的要

---

  ① C ② A

求,丁只好付钱。王某第二天用该款购买100克海洛因藏在家中,用于自己吸食。5天后,丁被司法机关抓获。(事实六)

请回答第(1)～(6)题。

(1) 2013/2/86/不定项

关于事实一的分析,下列选项错误的是:①

A. 甲违章驾驶,致黄某死亡,胡某重伤,构成交通肇事罪

B. 甲构成以危险方法危害公共安全罪和交通肇事罪的想象竞合犯

C. 甲对乙车内人员的死伤,具有概括故意

D. 乙违反交通运输管理法规,致同车人黄某当场死亡、胡某重伤,构成交通肇事罪

(2) 2013/2/87/不定项

关于事实二的分析,下列选项正确的是:②

A. 胡某的死亡应归责于甲的肇事行为

B. 胡某的死亡应归责于甲的逃逸行为

C. 对甲应适用交通肇事"因逃逸致人死亡"的法定刑

D. 甲交通肇事后逃逸,如数日后向警方投案如实交代罪行的,成立自首

(3) 2013/2/88/不定项

关于事实三的定性,下列选项正确的是:③

A. 丙、丁均触犯危险驾驶罪,属于共同犯罪

B. 丙构成以危险方法危害公共安全罪,丁构成危险驾驶罪

C. 丙、丁虽构成共同犯罪,但对丙结合事实四应按交通肇事罪定罪处罚,对丁应按危险驾驶罪定罪处罚

D. 丙、丁未能完成预定的飙车行为,但仍成立犯罪既遂

(4) 2013/2/89/不定项

关于事实四乙死亡的因果关系的判断,下列选项错误的是:④

A. 甲的行为与乙死亡之间,存在因果关系

B. 丙的行为与乙死亡之间,存在因果关系

C. 处置现场的警察的行为与乙死亡之间,存在因果关系

D. 乙自身的过失行为与本人死亡之间,存在因果关系

(5) 2013/2/90/不定项

关于事实五的定性,下列选项错误的是:⑤

---

① BCD ② AD ③ AD ④ ABCD ⑤ ABCD

A. 丁指使王某作伪证,构成妨害作证罪的教唆犯

B. 丁构成包庇罪的教唆犯

C. 丁的教唆行为属于教唆未遂,应以未遂犯追究刑事责任

D. 对丁的妨害作证行为与包庇行为应从一重罪处罚

(6) **2013/2/91/不定项**

关于事实六的定性,下列选项错误的是:①

A. 王某乘人之危索要财物,构成敲诈勒索罪

B. 丁基于不法原因给付 5 万元,故王某不构成诈骗罪

C. 王某购买毒品的数量大,为对方贩卖毒品起到了帮助作用,构成贩卖毒品罪的共犯

D. 王某将毒品藏在家中的行为,不构成窝藏毒品罪

282. **2012/2/15/单**

下列哪一行为成立以危险方法危害公共安全罪?②

A. 甲驾车在公路转弯处高速行驶,撞翻相向行驶车辆,致 2 人死亡

B. 乙驾驶越野车在道路上横冲直撞,撞翻数辆他人所驾汽车,致 2 人死亡

C. 丙醉酒后驾车,刚开出 10 米就撞死 2 人

D. 丁在繁华路段飙车,2 名老妇受到惊吓致心脏病发作死亡

283. **2012/2/58/多**

警察甲为讨好妻弟乙,将公务用枪私自送乙把玩,丙乘乙在人前炫耀枪支时,偷取枪支送交派出所,揭发乙持枪的犯罪事实。关于本案,下列哪些选项是正确的?③

A. 甲私自出借枪支,构成非法出借枪支罪

B. 乙非法持有枪支,构成非法持有枪支罪

C. 丙构成盗窃枪支罪

D. 丙揭发乙持枪的犯罪事实,构成刑法上的立功

284. **2010/2/11/单**

甲将邻居交售粮站的稻米淋洒农药,取出部分作饵料,毒死麻雀后售与饭馆,非法获利5,000元。关于甲行为的定性,下列哪一选项是正确的?④

① ABC ② B ③ AB ④ D

A. 构成故意毁坏财物罪

B. 构成以危险方法危害公共安全罪和盗窃罪

C. 仅构成以危险方法危害公共安全罪

D. 构成投放危险物质罪和销售有毒、有害食品罪

285. （2010/2/12/单）

某施工工地升降机操作工刘某未注意下方有人即按启动按钮,造成维修工张某当场被挤压身亡。刘某报告事故时隐瞒了自己按下启动按钮的事实。关于刘某行为的定性,下列哪一选项是正确的?①

A. （间接）故意杀人罪

B. 过失致人死亡罪

C. 谎报安全事故罪

D. 重大责任事故罪

286. （2008/2/10/单）

甲到本村乙家买柴油时,因屋内光线昏暗,甲欲点燃打火机看油量。乙担心引起火灾,上前阻止。但甲坚持说柴油见火不会燃烧,仍然点燃了打火机,结果引起油桶燃烧,造成火灾,导致甲、乙及一旁观看的丙被火烧伤,乙、丙经抢救无效死亡。后经检测,乙储存的柴油闪点不符合标准。甲的行为构成何罪?②

A. 危险物品肇事罪　　　　　　B. 失火罪

C. 放火罪　　　　　　　　　　D. 重大责任事故罪

287. （2008/2/60/多）

甲曾向乙借款 9000 元,后不想归还借款,便预谋毒死乙。甲将注射了"毒鼠强"的白条鸡挂在乙家门上,乙怀疑白条鸡有毒未食用。随后,甲又乘去乙家串门之机,将"毒鼠强"投放到乙家米袋内。后乙和其妻子、女儿喝过米汤中毒,乙死亡,其他人经抢救脱险。关于甲的行为,下列哪些选项是错误的?③

A. 构成投放危险物质罪

B. 构成投放危险物质罪与抢劫罪的想象竞合犯

C. 构成投放危险物质罪与故意杀人罪的想象竞合犯

D. 构成抢劫罪与故意杀人罪的吸收犯

① D　② B　③ ABCD

专题十七 破坏社会主义市场经济秩序罪

考点40 生产、销售伪劣商品罪

288. 法考回忆题/多

关于药品犯罪的认定,下列哪些说法是正确的?①

A. 生产、销售、提供假药罪是抽象危险犯,生产、销售、提供劣药罪是具体危险犯

B. 生产、销售国务院药品监督管理部门禁止使用的药品的,构成生产、销售假药罪

C. 药品使用单位或其人员销售、提供假药给他人的,成立销售、提供假药罪

D. 擅自进口有疗效的药品在国内销售的,不成立销售假药罪,但可以成立妨害药品管理罪

289. 2016/2/57/多

关于生产、销售伪劣商品罪,下列哪些选项是正确的?②

A. 甲既生产、销售劣药,对人体健康造成严重危害,同时又生产、销售假药的,应实行数罪并罚

B. 乙为提高猪肉的瘦肉率,在饲料中添加"瘦肉精"。由于生猪本身不是食品,故乙不构成生产、有毒、有害食品罪

C. 丙销售不符合安全标准的饼干,足以造成严重食物中毒事故,但销售金额仅有 500 元。对丙应以销售不符合安全标准的食品罪论处

D. 丁明知香肠不符合安全标准,足以造成严重食源性疾患,但误以为没有毒害而销售,事实上香肠中掺有有毒的非食品原料。对丁应以销售不符合安全标准的食品罪论处

290. 2014/2/58/多

关于生产、销售伪劣商品罪,下列哪些判决是正确的?③

A. 甲销售的假药无批准文号,但颇有疗效,销售金额达 500 万元,如按销售假药罪处理会导致处罚较轻,法院以销售伪劣产品罪定罪处罚

B. 甲明知病死猪肉有害,仍将大量收购的病死猪肉,冒充合格猪肉在市

---

① CD ② ACD ③ CD(原答案为ACD)

场上销售。法院以销售有毒、有害食品罪定罪处罚

C. 甲明知贮存的苹果上使用了禁用农药,仍将苹果批发给零售商。法院以销售有毒、有害食品罪定罪处罚

D. 甲以为是劣药而销售,但实际上销售了假药,且对人体健康造成严重危害,法院以销售劣药罪定罪处罚

291. 2013/2/58/单

关于生产、销售伪劣商品罪,下列哪一选项是正确的?①

A. 甲未经批准进口一批药品销售给医院。虽该药品质量合格,甲的行为仍构成销售假药罪

B. 甲大量使用禁用农药种植大豆。甲的行为属于"在生产的食品中掺入有毒、有害的非食品原料",构成生产有毒、有害食品罪

C. 甲将纯净水掺入到工业酒精中,冒充白酒销售。甲的行为不属于"在生产、销售的食品中掺入有毒、有害的非食品原料",不成立生产、销售有毒、有害食品罪

D. 甲利用"地沟油"大量生产"食用油"后销售。因不能查明"地沟油"的具体毒害成分,对甲的行为不能以生产、销售有毒、有害食品罪论处

292. 2009/2/56/多

刘某专营散酒收售,农村小卖部为其供应对象。刘某从他人处得知某村办酒厂生产的散酒价格低廉,虽掺有少量有毒物质,但不会致命,遂大量购进并转销给多家小卖部出售,结果致许多饮者中毒甚至双眼失明。下列哪些选项是正确的?②

A. 造成饮用者中毒的直接责任人是某村办酒厂,应以生产和销售有毒、有害食品罪追究其刑事责任;刘某不清楚酒的有毒成分,可不负刑事责任

B. 对刘某应当以生产和销售有毒、有害食品罪追究刑事责任

C. 应当对构成犯罪者并处罚金或没收财产

D. 村办酒厂和刘某构成共同犯罪

考点41 走私罪

293. 法考回忆题/多

关于走私的认定,下列哪些选项是正确的?③

---

① 　B(原答案为AB)　② 　BC　③ 　BD

A. 甲以传播为目的,在家中登录境外网站,下载淫秽影片,发给几位朋友观看,甲构成走私淫秽物品罪

B. 乙向境外网站购买枪支,邮寄到境内家中,乙构成走私武器罪

C. 丙不知道法律是否允许公民携带黄金出境,将贴身佩戴的小金佛吊坠放在行李里带出国,构成走私贵重金属罪

D. 丁携带假币前往公海出售,没有卖掉,又带回境内,构成走私假币罪

294. 2015/2/61/多

下列哪些行为(不考虑数量),应以走私普通货物、物品罪论处?①

A. 将白银从境外走私进入中国境内

B. 走私国家禁止进出口的旧机动车

C. 走私淫秽物品,有传播目的但无牟利目的

D. 走私无法组装并使用(不属于废物)的弹头、弹壳

295. 2011/2/11/单

关于走私犯罪,下列哪一选项是正确的?②

A. 甲误将淫秽光盘当作普通光盘走私入境。虽不构成走私淫秽物品罪,但如按照普通光盘计算,其偷逃应缴税额较大时,应认定为走私普通货物、物品罪

B. 乙走私大量弹头、弹壳。由于弹头、弹壳不等于弹药,故乙不成立走私弹药罪

C. 丙走私枪支入境后非法出卖。此情形属于吸收犯,按重罪吸收轻罪的原则论处

D. 丁走私武器时以暴力抗拒缉私。此情形属于牵连犯,从一重罪论处

考点42 妨害对公司、企业的管理秩序罪

296. 法考回忆题/单

甲本无意竞拍土地,但在得知报名参加竞拍会有人收购其竞拍资格后,就让自己的公司报名参加某市自然资源局组织的土地竞拍。甲的公司连续报名参加两次竞拍,果然有人收购其竞拍资格,获利600万元。第三次因无公司参与竞拍,甲自己退出了竞拍。甲的行为构成何罪?③

A. 串通投标罪   B. 强迫交易罪

C. 非法经营罪   D. 非国家工作人员受贿罪

---

① AD ② A ③ D

297． 2013/2/13/单

甲向乙借款 50 万元注册成立 A 公司,乙与甲约定在 A 公司取得营业执照的第二天,乙的 B 公司向 A 公司借款 50 万元。A 公司取得营业执照后,由甲经手将 A 公司 50 万元借给 B 公司。关于甲的行为性质,下列哪一选项是正确的?①

A. 虚报注册资本罪　　　　　　　B. 虚假出资罪

C. 抽逃出资罪　　　　　　　　　D. 无罪

298． 2013/2/20/多

国有 A 公司总经理甲发现 A 公司将从 B 公司购进的货物转手卖给某公司时,A 公司即可赚取 300 万元。甲便让其妻乙注册成立 C 公司,并利用其特殊身份,让 B 公司与 A 公司解除合同后,再将货物卖给 C 公司。C 公司由此获得 300 万元利润。关于甲的行为定性,下列哪些选项是正确的?②

A. 贪污罪　　　　　　　　　　　B. 为亲友非法牟利罪

C. 诈骗罪　　　　　　　　　　　D. 非法经营同类营业罪

考点43 破坏金融管理秩序罪

299． 法考回忆题/多

关于洗钱罪,下列哪些说法是错误的?③

A.《刑法修正案(十一)》删除了洗钱罪关于“明知”的表述,这表明洗钱罪可以由过失构成

B. 诈骗罪、盗窃罪等财产犯罪的行为人自己实施洗钱行为,不可能构成洗钱罪

C. 洗钱罪的上游犯罪未经审判确定有罪,不得审判洗钱罪

D. 上游犯罪超过追诉时效,洗钱罪没有超过追诉时效的,可以追究洗钱罪的刑事责任

300． 法考回忆题/多

关于洗钱罪,下列哪些说法是正确的?④

A. 甲欲向张某行贿,张某让甲直接将贿赂款汇到其境外的账户,甲照办。甲构成行贿罪与洗钱罪的想象竞合犯

B. 乙协助贩毒分子将贩毒所得赃款汇到境外,成立洗钱罪与转移毒赃罪

---

① D　② BD(原答案为 A)　③ ABC　④ ABD

的想象竞合犯

C. 贩毒分子丙将自己贩毒所得赃款汇到境外,成立洗钱罪与转移毒赃罪的想象竞合犯

D. 犯受贿罪的国家工作人员丁将受贿款汇到境外的,应以受贿罪与洗钱罪实行数罪并罚

301. 2016/2/14/单

甲急需 20 万元从事养殖,向农村信用社贷款时被信用社主任乙告知,一个身份证只能贷款 5 万元,再借几个身份证可多贷。甲用自己的名义贷款 5 万元,另借用 4 个身份证贷款 20 万元,但由于经营不善,不能归还本息。关于本案,下列哪一选项是正确的?①

A. 甲构成贷款诈骗罪,乙不构成犯罪

B. 甲构成骗取贷款罪,乙不构成犯罪

C. 甲构成骗取贷款罪,乙构成违法发放贷款罪

D. 甲不构成骗取贷款罪,乙构成违法发放贷款罪

302. 2013/2/14/单

关于货币犯罪,下列哪一选项是错误的?②

A. 伪造货币罪中的"货币",包括在国内流通的人民币、在国内可兑换的境外货币,以及正在流通的境外货币

B. 根据《刑法》规定,伪造货币并出售或者运输伪造的货币的,依照伪造货币罪从重处罚。据此,行为人伪造美元,并运输他人伪造的欧元的,应按伪造货币罪从重处罚

C. 将低额美元的纸币加工成高额英镑的纸币的,属于伪造货币

D. 对人民币真币加工处理,使 100 元面额变为 50 元面额的,属于变造货币

303. 2011/2/12/单

关于洗钱罪的认定,下列哪一选项是错误的?③

A. 《刑法》第一百九十一条虽未明文规定侵犯财产罪是洗钱罪的上游犯罪,但是,黑社会性质组织实施的侵犯财产罪,依然是洗钱罪的上游犯罪

B. 将上游的毒品犯罪所得误认为是贪污犯罪所得而实施洗钱行为的,不

---

① D ② B ③ D

影响洗钱罪的成立

C. 上游犯罪事实上可以确认,因上游犯罪人死亡依法不能追究刑事责任的,不影响洗钱罪的认定

D. 单位贷款诈骗应以合同诈骗罪论处,合同诈骗罪不是洗钱罪的上游犯罪。为单位贷款诈骗所得实施洗钱行为的,不成立洗钱罪

304. 2011/2/59/多

关于货币犯罪的认定,下列哪些选项是正确的?①

A. 以使用为目的,大量印制停止流通的第三版人民币的,不成立伪造货币罪

B. 伪造正在流通但在我国尚无法兑换的境外货币的,成立伪造货币罪

C. 将白纸冒充假币卖给他人的,构成诈骗罪,不成立出售假币罪

D. 将一半真币与一半假币拼接,制造大量半真半假面额 100 元纸币的,成立变造货币罪

305. 2010/2/13/单

关于货币犯罪,下列哪一选项是正确的?②

A. 以货币碎片为材料,加入其他纸张,制作成假币的,属于变造货币

B. 将金属货币熔化后,制作成较薄的、更多的金属货币的,属于变造货币

C. 将伪造的货币赠与他人的,属于使用假币

D. 运输假币并使用假币的,按运输假币罪从重处罚

306. 甲、乙预谋修车后以假币骗付。某日,甲、乙在某汽修厂修车后应付款 4,850 元,按照预谋甲将 4,900 元假币递给乙清点后交给修理厂职工丙,乙说:"修得不错,零钱不用找了",甲、乙随即上车。丙发现货币有假大叫"别走",甲迅即启动驶向厂门,丙扑向甲车前风挡,抓住雨刮器。乙对甲说:"太危险,快停车",甲仍然加速,致丙摔成重伤。

请回答(1)~(4)题。

(1) 2010/2/91/不定项

甲、乙用假币支付修车费被识破后开车逃跑的行为应定的罪名是:③

A. 持有、使用假币罪　　　　　B. 诈骗罪

C. 抢夺罪　　　　　　　　　　D. 抢劫罪

---

① ABC ② C ③ A

（2）　2010/2/92/不定项

对于丙的重伤,甲的罪过形式是:①

A. 故意　　　　　　　　　　B. 有目的的故意

C. 过失　　　　　　　　　　D. 无认识的过失

（3）　2010/2/93/不定项

关于致丙重伤的行为,下列选项错误的是:②

A. 乙明确叫甲停车,可以成立犯罪中止

B. 甲、乙构成故意伤害的共同犯罪

C. 甲的行为超出了共同犯罪故意,对于丙的重伤后果,乙不应当负责

D. 乙没有实施共同伤害行为,不构成犯罪

（4）　2010/2/94/不定项

对甲的定罪,下列选项错误的是:③

A. 抢夺罪、故意伤害罪

B. 诈骗罪、以危险方法危害公共安全罪

C. 持有、使用假币罪、交通肇事罪

D. 抢劫罪、故意伤害罪

307. 　2008/2/11/单

X 公司系甲、乙二人合伙依法注册成立的公司,以钢材批发零售为营业范围。丙因自己的公司急需资金,便找到甲、乙借款,承诺向 X 公司支付高于银行利息五个百分点的利息,并另给甲、乙个人好处费。甲、乙见有利可图,即以购买钢材为由,以 X 公司的名义向某银行贷款 1000 万元,贷期半年。甲、乙将贷款按约定的利息标准借与丙,丙给甲、乙各 10 万元的好处费。半年后,丙将借款及利息还给 X 公司,甲、乙即向银行归还本息。关于甲、乙、丙行为的定性,下列哪一选项是正确的?④

A. 甲、乙构成高利转贷罪,丙无罪

B. 甲、乙构成骗取贷款罪,丙无罪

C. 甲、乙构成高利转贷罪、非国家工作人员受贿罪,丙构成对非国家工作人员行贿罪

D. 甲、乙构成骗取贷款罪、非国家工作人员受贿罪,丙构成对非国家工作人员行贿罪

① A　② AB　③ ABCD　④ C

考点44 金融诈骗罪

308. 〔2017/2/14/单〕

关于诈骗犯罪的论述,下列哪一选项是正确的(不考虑数额)?①

A. 与银行工作人员相勾结,使用伪造的银行存单,骗取银行巨额存款的,只能构成票据诈骗罪,不构成金融凭证诈骗罪

B. 单位以非法占有目的骗取银行贷款的,不能以贷款诈骗罪追究单位的刑事责任,但可以该罪追究策划人员的刑事责任

C. 购买意外伤害保险,制造自己意外受重伤假象,骗取保险公司巨额保险金的,仅构成保险诈骗罪,不构成合同诈骗罪

D. 签订合同时并无非法占有目的,履行合同过程中才产生非法占有目的,后收受被害人货款逃匿的,不构成合同诈骗罪

309. 〔2017/2/58/多〕

关于信用卡诈骗罪,下列哪些选项是错误的?②

A. 以非法占有目的,用虚假身份证明骗领信用卡后又使用该卡的,应以妨害信用卡管理罪与信用卡诈骗罪并罚

B. 根据司法解释,在自动柜员机(ATM 机)上擅自使用他人信用卡,属于冒用他人信用卡的行为,构成信用卡诈骗罪

C. 透支时具有归还意思,透支后经发卡银行两次催收,超过 3 个月仍不归还的,属于恶意透支,成立信用卡诈骗罪

D.《刑法》规定,盗窃信用卡并使用的,以盗窃罪论处。与此相应,拾得信用卡并使用的,就应以侵占罪论处

310. 〔2015/2/57/多〕

甲和女友乙在网吧上网时,捡到一张背后写有密码的银行卡。甲持卡去 ATM 机取款,前两次取出 5000 元。在准备再次取款时,乙走过来说:"注意,别出事",甲答:"马上就好。"甲又分两次取出 6000 元,并将该 6000 元递给乙。乙接过钱后站了一会儿说:"我走了,小心点。"甲接着又取出 7000 元。关于本案,下列哪些选项是正确的?③

A. 甲拾得他人银行卡并在 ATM 机上使用,根据司法解释,成立信用卡诈骗罪

B. 对甲前两次取出 5000 元的行为,乙不负刑事责任

---

① B ② ACD ③ ABD

C. 乙接过甲取出的 6000 元,构成掩饰、隐瞒犯罪所得罪

D. 乙虽未持银行卡取款,也构成犯罪,犯罪数额是 1.3 万元

311． 2013/2/15/单

甲、乙为朋友。乙出国前,将自己的借记卡(背面写有密码)交甲保管。后甲持卡购物,将卡中 1.3 万元用完。乙回国后发现卡里没钱,便问甲是否用此卡,甲否认。关于甲的行为性质,下列哪一选项是正确的?①

A. 侵占罪   B. 信用卡诈骗罪

C. 诈骗罪   D. 盗窃罪

312． 2010/2/14/单

张某窃得同事一张银行借记卡及身份证,向丈夫何某谎称路上所拾。张某与何某根据身份证号码试出了借记卡密码,持卡消费 5000 元。关于本案,下列哪一说法是正确的?②

A. 张某与何某均构成盗窃罪

B. 张某与何某均构成信用卡诈骗罪

C. 张某构成盗窃罪,何某构成信用卡诈骗罪

D. 张某构成信用卡诈骗罪,何某不构成犯罪

313． 2009/2/15/单

甲将自己的汽车藏匿,以汽车被盗为由向保险公司索赔。保险公司认为该案存有疑点,随即报警。在掌握充分证据后,侦查机关安排保险公司向甲"理赔"。甲到保险公司二楼财务室领取 20 万元赔偿金后,刚走到一楼即被守候的多名侦查人员抓获。关于甲的行为,下列哪一选项是正确的?③

A. 保险诈骗罪未遂   B. 保险诈骗罪既遂

C. 保险诈骗罪预备   D. 合同诈骗罪

考点45 危害税收征管罪

314． 2017/2/13/单

甲系外贸公司总经理,在公司会议上拍板:为物尽其用,将公司以来料加工方式申报进口的原材料剩料在境内销售。该行为未经海关许可,应缴税款 90 万元,公司亦未补缴。关于本案,下列哪一选项是正确的?④

A. 虽未经海关许可,但外贸公司擅自销售原材料剩料的行为发生在我国

境内,不属于走私行为

B. 外贸公司的销售行为有利于物尽其用,从利益衡量出发,应认定存在超法规的犯罪排除事由

C. 外贸公司采取隐瞒手段不进行纳税申报,逃避缴纳税款数额较大且占应纳税额的 10% 以上,构成逃税罪

D. 如海关下达补缴通知后,外贸公司补缴应纳税款,缴纳滞纳金,接受行政处罚,则不再追究外贸公司的刑事责任

315. (2012/2/61/多)

①纳税人逃税,经税务机关依法下达追缴通知后,补缴应纳税款,缴纳滞纳金,已受行政处罚的,一律不予追究刑事责任

②纳税人逃避追缴欠税,经税务机关依法下达追缴通知后,补缴应纳税款,缴纳滞纳金,已受行政处罚的,应减轻或者免除处罚

③纳税人以暴力方法拒不缴纳税款,后主动补缴应纳税款,缴纳滞纳金,已受行政处罚的,不予追究刑事责任

④扣缴义务人逃税,经税务机关依法下达追缴通知后,补缴应纳税款,缴纳滞纳金,已受行政处罚的,不予追究刑事责任

关于上述观点的正误判断,下列哪些选项是错误的?①

A. 第①句正确,第②③④句错误

B. 第①②句正确,第③④句错误

C. 第①③句正确,第②④句错误

D. 第①②③句正确,第④句错误

316. (2009/2/54/多)

关于刑事责任的追究,下列哪些选项是正确的?②

A. 甲非法从事资金支付结算业务,构成非法吸收公众存款罪

B. 乙采取欺骗手段进行虚假纳税申报,逃避缴纳税款 1000 万元,但经税务机关依法下达追缴通知后,补缴了应纳税款。即便乙拒绝缴纳滞纳金,也不应当再对其追究刑事责任

C. 丙明知赵某实施高利转贷行为获利 200 万元,而为其提供资金账户的,构成洗钱罪

D. 丁组织多名男性卖淫,由于《刑法》第三百五十八条并未限定组织卖淫罪中的被组织者是妇女,对丁应当追究刑事责任

---

① ABCD ② CD

317. 2008/2/59/多

关于骗取出口退税罪和虚开增值税发票罪的说法,下列哪些选项是正确的?①

A. 甲公司具有进出口经营权,明知他人意欲骗取国家出口退税款,仍违反国家规定允许他人自带客户、自带货源、自带汇票并自行报关,骗取国家出口退税款。对甲公司应以骗取出口退税罪论处

B. 乙公司虚开用于骗取出口退税的发票,并利用该虚开的发票骗取数额巨大的出口退税,其行为构成虚开用于骗取出口退税发票罪与骗取出口退税罪,实行数罪并罚

C. 丙公司缴纳 200 万元税款后,以假报出口的手段,一次性骗取国家出口退税款 400 万元,丙公司的行为分别构成逃税罪与骗取出口退税罪,实行数罪并罚

D. 丁公司虚开增值税专用发票并骗取国家税款,数额特别巨大,情节特别严重,给国家利益造成特别重大损失。对丁公司应当以虚开增值税专用发票罪论处

考点46 侵犯知识产权罪

318. 2009/2/14/单

赵某多次临摹某著名国画大师的一幅名画,然后署上该国画大师姓名并加盖伪造印鉴,谎称真迹售得收入六万元。对赵某的行为如何定罪处罚?②

A. 按诈骗罪和侵犯著作权罪,数罪并罚

B. 按侵犯著作权罪处罚

C. 按生产、销售伪劣产品罪处罚

D. 按非法经营罪处罚

319. 2005/2/94/不定项

甲公司拥有某项独家技术,每年为公司带来 100 万元利润,故对该技术严加保密。乙公司经理丙为获得该技术,带人将甲公司技术员丁在其回家路上强行拦截并推入丙的汽车,对丁说如果他提供该技术资料就给他 2 万元,如果不提供就将他嫖娼之事公之于众。丁同意配合。次日丁向丙提供了该技术资料,并获得 2 万元报酬。丙的行为构成:③

---

① ACD ② B ③ D

A. 强迫交易罪　　　　　　　　B. 敲诈勒索罪

C. 绑架罪　　　　　　　　　　D. 侵犯商业秘密罪

考点47 扰乱市场秩序罪

320. 法考回忆题/单

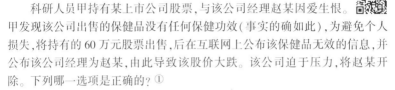

科研人员甲持有某上市公司股票,与该公司经理赵某因爱生恨。甲发现该公司出售的保健品没有任何保健功效(事实的确如此),为避免个人损失,将持有的 60 万元股票出售,后在互联网上公布该保健品无效的信息,并公布该公司经理为赵某,由此导致该股价大跌。该公司迫于压力,将赵某开除。下列哪一选项是正确的?①

 A. 甲公布赵某个人信息的行为,构成侵犯公民个人信息罪

 B. 甲公布保健品无功效,不构成损害商品声誉罪

 C. 甲在公布信息之前卖掉股票,构成内幕交易罪

 D. 由于股价下跌,甲构成破坏生产经营罪

321. 2014/2/14/单

关于破坏社会主义市场经济秩序罪的认定,下列哪一选项是错误的?②

 A. 采用运输方式将大量假币运到国外的,应以走私假币罪定罪量刑

 B. 以暴力、胁迫手段强迫他人借贷,情节严重的,触犯强迫交易罪

 C. 未经批准,擅自发行、销售彩票的,应以非法经营罪定罪处罚

 D. 为项目筹集资金,向亲戚宣称有高息理财产品,以委托理财方式吸收 10 名亲戚 300 万元资金的,构成非法吸收公众存款罪

322. 甲在国外旅游,见有人兜售高仿真人民币,用 1 万元换取 10 万元假币,将假币夹在书中寄回国内。(事实一)

赵氏调味品公司欲设加盟店,销售具有注册商标的赵氏调味品,派员工赵某物色合作者。甲知道自己不符加盟条件,仍找到赵某送其 2 万元真币和 10 万元假币,请其帮忙加盟事宜。赵某与甲签订开设加盟店的合作协议。(事实二)

甲加盟后,明知伪劣的"一滴香"调味品含有害非法添加剂,但因该产品畅销,便在"一滴香"上贴上赵氏调味品的注册商标私自出卖,前后共卖出 5 万多元"一滴香"。(事实三)

---

① B ② D

张某到加盟店欲批发 1 万元调味品,见甲态度不好表示不买了。甲对张某拳打脚踢,并说"涨价 2000 元,不付款休想走"。张某无奈付款 1.2 万元买下调味品。(事实四)

甲以银行定期存款 4 倍的高息放贷,很快赚了钱。随后,四处散发宣传单,声称为加盟店筹资,承诺 3 个月后还款并支付银行定期存款 2 倍的利息。甲从社会上筹得资金 1000 万,高利贷出,赚取息差。(事实五)

甲资金链断裂无法归还借款,但仍继续扩大宣传,又吸纳社会资金 2000万元,以后期借款归还前期借款。后因亏空巨大,甲将余款 500 万元交给其子,跳楼自杀。(事实六)

请回答第(1)~(6)题。

(1) 2012/2/86/不定项

关于事实一的分析,下列选项正确的是:①

A. 用 1 万元真币换取 10 万元假币,构成购买假币罪

B. 扣除甲的成本 1 万元,甲购买假币的数额为 9 万元

C. 在境外购买人民币假币,危害我国货币管理制度,应适用保护管辖原则审理本案

D. 将假币寄回国内,属于走私假币,构成走私假币罪

(2) 2012/2/87/不定项

关于事实二的定性,下列选项正确的是:②

A. 甲将 2 万元真币送给赵某,构成行贿罪

B. 甲将 10 万假币冒充真币送给赵某,不构成诈骗罪

C. 赵某收受甲的财物,构成非国家工作人员受贿罪

D. 赵某被甲欺骗而订立合同,构成签订合同失职被骗罪

(3) 2012/2/88/不定项

关于事实三的定性,下列选项正确的是:③

A. 在"一滴香"上擅自贴上赵氏调味品注册商标,构成假冒注册商标罪

B. 因"一滴香"含有害人体的添加剂,甲构成销售有毒、有害食品罪

C. 卖出 5 万多元"一滴香",甲触犯销售伪劣产品罪

D. 对假冒注册商标行为与出售"一滴香"行为,应数罪并罚

(4) 2012/2/89/不定项

关于事实四甲的定性,下列选项正确的是:④

① AD ② BC ③ ABC ④ D

 A. 应以抢劫罪论处   B. 应以寻衅滋事罪论处

 C. 应以敲诈勒索罪论处   D. 应以强迫交易罪论处

（5）**2012/2/90/不定项**

关于事实五的定性,下列选项正确的是:①

 A. 以同期银行定期存款 4 倍的高息放贷,构成非法经营罪

 B. 甲虽然虚构事实吸纳巨额资金,但不构成诈骗罪

 C. 甲非法吸纳资金,构成非法吸收公众存款罪

 D. 对甲应以非法经营罪和非法吸收公众存款罪进行数罪并罚

（6）**2012/2/91/不定项**

关于事实六的定性,下列选项正确的是:②

 A. 甲以非法占有为目的,非法吸纳资金,构成集资诈骗罪

 B. 甲集资诈骗的数额为 2000 万元

 C. 根据《刑法》规定,集资诈骗数额特别巨大的,可判处死刑

 D. 甲已死亡,导致刑罚消灭,法院对余款 500 万元不能进行追缴

专题十八　妨害社会管理秩序罪

考点48　扰乱公共秩序罪

323. **法考回忆题/不定项**

甲购买乙公司一批工程车辆,双方约定分期付款,乙公司先行交
付车辆,等到甲付完尾款后车辆所有权归甲所有。乙公司的这些工程车辆均
内置了定位监控系统,方便追踪定位车辆位置。甲找到丙,丙通过技术手段破
坏了这批车辆的定位监控系统,然后将车辆变卖。下列说法正确的是:③

 A. 丙构成破坏计算机信息系统罪

 B. 丙构成非法侵入计算机信息系统罪

 C. 丙构成非法控制计算机信息系统罪

 D. 甲构成侵占罪

324. **法考回忆题/多**

关于组织、领导、参加黑社会性质组织罪,下列哪些说法是正确
的? ④

 ① BC   ② AB(原答案为 ABC)   ③ AD   ④ BD

A. 黑社会性质组织实施的犯罪中,组织者的刑事责任必然大于实际实行者

B. 在组织、领导、参加黑社会性质组织罪中,行为人积极配合司法机关,对于侦破案件有重大作用的,可以认定为立功

C. 在组织、领导、参加黑社会性质组织罪中,行为人知道黑社会性质组织的规模,也知道该组织在实施违法犯罪活动,但其不认为该组织是黑社会性质组织,因此其不构成组织、领导、参加黑社会性质组织罪

D. 在组织、领导、参加黑社会性质组织罪中,组织者退出黑社会性质组织,其只对组织期间的犯罪活动负刑事责任

325. 〔2016/2/19/单〕

下列哪一行为应以妨害公务罪论处?①

A. 甲与傅某相互斗殴,警察处理完毕后让各自回家。傅某当即离开,甲认为警察的处理不公平,朝警察小腿踢一脚后逃走

B. 乙夜间入户盗窃时,发现户主戴某是警察,窃得财物后正要离开时被戴某发现。为摆脱抓捕,乙对戴某使用暴力致其轻微伤

C. 丙为使其弟逃跑,将前来实施行政拘留的警察打倒在地,其弟顺利逃走

D. 丁在组织他人偷越国(边)境的过程中,以暴力方法抗拒警察检查

326. 〔2015/2/58/多〕

甲在公园游玩时遇见仇人胡某,顿生杀死胡某的念头,便欺骗随行的朋友乙、丙说:"我们追逐胡某,让他出洋相。"三人捡起木棒追逐胡某,致公园秩序严重混乱。将胡某追到公园后门偏僻处后,乙、丙因故离开。随后甲追上胡某,用木棒重击其头部,致其死亡。关于本案,下列哪些选项是正确的?②

A. 甲触犯故意杀人罪与寻衅滋事罪

B. 乙、丙的追逐行为是否构成寻衅滋事罪,与该行为能否产生救助胡某的义务是不同的问题

C. 乙、丙的追逐行为使胡某处于孤立无援的境地,但无法预见甲会杀害胡某,不成立过失致人死亡罪

D. 乙、丙属寻衅滋事致人死亡,应从重处罚

---

① C ② ABC

327． 2014/2/20/单

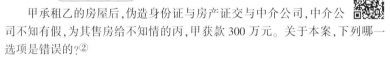

首要分子甲通过手机指令所有参与者"和对方打斗时,下手重一点"。在聚众斗殴过程中,被害人被谁的行为重伤致死这一关键事实已无法查明。关于本案的分析,下列哪一项是正确的?①

A. 对甲应以故意杀人罪定罪量刑

B. 甲是教唆犯,未参与打斗,应认定为从犯

C. 所有在现场斗殴者都构成故意杀人罪

D. 对积极参加者按故意杀人罪定罪,对其他参加者按聚众斗殴罪定罪

328． 2010/2/19/单

甲承租乙的房屋后,伪造身份证与房产证交与中介公司,中介公司不知有假,为其售房给不知情的丙,甲获款 300 万元。关于本案,下列哪一选项是错误的?②

A. 甲的行为触犯了伪造居民身份证罪与伪造国家机关证件罪,同时是诈骗罪的教唆犯

B. 甲是诈骗罪、伪造居民身份证罪与伪造国家机关证件罪的正犯

C. 伪造居民身份证罪、伪造国家机关证件罪与诈骗罪之间具有牵连关系

D. 由于存在牵连关系,对甲的行为应以诈骗罪从重处罚

考点49 妨害司法罪

329． 法考回忆题/多

关于窝藏罪,下列哪些说法是正确的?③

A. 陈某杀人后,甲说:"你安心逃跑,我帮你照顾你的妻子。"甲构成窝藏罪

B. 董某杀人后,本欲投案自首,乙让董某赶紧逃走,董某遂潜逃外地。乙构成窝藏罪

C. 张某杀人逃跑后,其妻丙照顾张某起居。丙不构成窝藏罪

D. 王某杀人后准备逃匿,其朋友丁为其提供管制刀具。丁不构成窝藏罪

330． 法考回忆题/多

甲于 2012 年借给乙 90 万元。一年后乙通过银行转账将 90 万元转给甲。因为有银行转账记录,乙未向甲要回欠条。甲将欠条涂改为

---

① A　② A　③ BCD

2018 年借给乙 90 万元,并向法院起诉,要求乙还款(本息 100 万元)。乙以银行转账记录为证据,主张自己已经还款。法官经过调查,最终作出乙败诉的判决,判决乙应向甲还款 100 万元。关于本案,下列哪些说法是正确的?①

A. 甲的行为构成虚假诉讼罪与诈骗罪,两罪在一审判决作出时既遂

B. 甲的行为构成诉讼诈骗,法官是受骗人,乙是受害人

C. 甲的行为构成虚假诉讼罪和诈骗罪的想象竞合

D. 法官构成民事枉法裁判罪

331. 〔2017/2/19/单〕

《刑法》第 310 条第 1 款规定了窝藏、包庇罪,第 2 款规定:"犯前款罪,事前通谋的,以共同犯罪论处。"《刑法》第 312 条规定了掩饰、隐瞒犯罪所得罪,但没有规定"事前通谋的,以共同犯罪论处。"关于上述规定,下列哪一说法是正确的?②

A. 若事前通谋之罪的法定刑低于窝藏、包庇罪的法定刑,即使事前通谋的,也应以窝藏、包庇罪论处

B. 即使《刑法》第 310 条没有第 2 款的规定,对于事前通谋事后窝藏、包庇的,也应以共同犯罪论处

C. 因缺乏明文规定,事前通谋事后掩饰、隐瞒犯罪所得的,不能以共同犯罪论处

D. 事前通谋事后掩饰、隐瞒犯罪所得的,属于想象竞合,应从一重罪处罚

332. 〔2017/2/87/不定项〕

某小区五楼刘某家的抽油烟机发生故障,王某与李某上门检测后,决定拆下搬回维修站修理。刘某同意。王某与李某搬运抽油烟机至四楼时,王某发现其中藏有一包金饰,遂暗将之塞入衣兜。(事实一)

王某与李某将抽油烟机搬走后,刘某想起自己此前曾将金饰藏于其中,追赶前来,见王某神情可疑,便要其返还金饰。王某为洗清嫌疑,乘乱将金饰转交李某,李某心领神会,接过金饰藏于裤兜中。刘某确定王某身上没有金饰后,转身再找李某索要。李某突然一拳击倒刘某,致其倒地重伤。李某与王某随即逃走。(事实二)

……

关于事实二的分析,下列选项正确的是:③

---

① BC　② B　③ B

A. 李某接过金饰,协助王某拒不返还他人财物,构成侵占罪的帮助犯

B. 李某帮助王某转移犯罪所得的金饰,构成掩饰、隐瞒犯罪所得罪

C. 李某为窝藏赃物将刘某打伤,属事后抢劫,构成抢劫(致人重伤)罪

D. 王某利用李某打伤刘某的行为顺利逃走,也属事后抢劫,构成抢劫罪

333. 2016/2/20/单

甲杀丙后潜逃。为干扰侦查,甲打电话让乙将一把未留有指纹的斧头粘上丙的鲜血放到现场。乙照办后报案称,自己看到"凶手"杀害了丙,并描述了与甲相貌特征完全不同的"凶手"情况,导致公安机关长期未将甲列为嫌疑人。关于本案,下列哪一选项是错误的?①

A. 乙将未留有指纹的斧头放到现场,成立帮助伪造证据罪

B. 对乙伪造证据的行为,甲不负刑事责任

C. 乙捏造事实诬告陷害他人,成立诬告陷害罪

D. 乙向公安机关虚假描述"凶手"的相貌特征,成立包庇罪

334. 2015/2/20/单

甲杀人后将凶器忘在现场,打电话告诉乙真相,请乙帮助扔掉凶器。乙随即把凶器藏在自家地窖里。数月后,甲生活无着落准备投案自首时,乙向甲汇款 2 万元,使其继续在外生活。关于本案,下列哪一选项是正确的?②

A. 乙藏匿凶器的行为不属毁灭证据,不成立帮助毁灭证据罪

B. 乙向甲汇款 2 万元不属帮助甲逃匿,不成立窝藏罪

C. 乙的行为既不成立帮助毁灭证据罪,也不成立窝藏罪

D. 甲虽唆使乙毁灭证据,但不能认定为帮助毁灭证据罪的教唆犯

335. 2014/2/61/多

甲的下列哪些行为成立帮助毁灭证据罪(不考虑情节)?③

A. 甲、乙共同盗窃了丙的财物。为防止公安人员提取指纹,甲在丙报案前擦掉了两人留在现场的指纹

B. 甲、乙是好友。乙的重大贪污罪行被丙发现。甲是丙的上司,为防止丙作证,将丙派往境外工作

C. 甲得知乙放火致人死亡后未清理现场痕迹,便劝说乙回到现场毁灭证据

---

① C ② D ③ CD

D. 甲经过犯罪嫌疑人乙的同意,毁灭了对乙有利的无罪证据

336. 2012/2/19/单

甲路过偏僻路段,看到其友乙强奸丙的犯罪事实。甲的下列哪一行为构成包庇罪?①

A. 用手机向乙通报公安机关抓捕乙的消息

B. 对侦查人员的询问沉默不语

C. 对侦查人员声称乙、丙系恋人,因乙另有新欢遭丙报案诬陷

D. 经法院通知,无正当理由,拒绝出庭作证

337. 2011/2/17/单

下列哪一选项的行为应以掩饰、隐瞒犯罪所得罪论处?②

A. 甲用受贿所得 1000 万元购买了一处别墅

B. 乙明知是他人用于抢劫的汽车而更改车身颜色

C. 丙与抢劫犯事前通谋后代为销售抢劫财物

D. 丁明知是他人盗窃的汽车而为其提供伪造的机动车来历凭证

338. 2009/2/62/单

下列哪一行为构成包庇罪?③

A. 甲帮助强奸罪犯毁灭证据

B. 乙(乘车人)在交通肇事后指使肇事人逃逸,致使被害人因得不到救助而死亡

C. 丙明知实施杀人、放火犯罪行为是恐怖组织所为,而作假证明予以包庇

D. 丁系歌舞厅老板,在公安机关查处卖淫嫖娼违法行为时为违法者通风报信,情节严重

339. 2008/2/17/单

甲欠乙 10 万元久拖不还,乙向法院起诉并胜诉后,甲在履行期限内仍不归还。于是,乙向法院申请强制执行。当法院的执行人员持强制执行裁定书到甲家执行时,甲率领家人手持棍棒在门口守候,并将试图进入室内的执行人员打成重伤。甲的行为构成何罪?④

A. 拒不执行判决、裁定罪　　　B. 聚众扰乱社会秩序罪

C. 妨害公务罪　　　　　　　　D. 故意伤害罪

---

① C　② D　③ C(原答案为CD)　④ D

考点 50　妨害国(边)境管理罪

340.　法考回忆题/多

某旅游公司法定代表人朱某组织 12 人偷越国(边)境,朱某让下属侯某将 12 人带至国内边境某城市,然后将人分成两组,由荣某带领其中 7 人,由罗某带领其中 5 人,分别偷越边境。荣某带领这组人顺利偷越了边境,罗某带领的这组人尚未出境便被抓。下列哪些说法是正确的?①

　　A. 荣某构成犯罪既遂　　　　　B. 朱某和侯某构成犯罪既遂

　　C. 罗某构成犯罪既遂　　　　　D. 本案应按照单位犯罪处理

考点 51　妨害文物管理罪

341.　2010/2/63/多

甲盗掘国家重点保护的古墓葬,窃取大量珍贵文物,并将部分文物偷偷运往境外出售牟利。司法机关发现后,甲为毁灭罪证将剩余珍贵文物损毁。关于本案,下列哪些选项是错误的?②

　　A. 运往境外出售与损毁文物,属于不可罚的事后行为,对甲应以盗掘古墓葬罪、盗窃罪论处

　　B. 损毁文物是为自己毁灭证据的行为,不成立犯罪,对甲应以盗掘古墓葬罪、盗窃罪、走私文物罪论处

　　C. 盗窃文物是盗掘古墓葬罪的法定刑升格条件,对甲应以盗掘古墓葬罪、走私文物罪、故意损毁文物罪论处

　　D. 盗掘古墓葬罪的成立不以盗窃文物为前提,对甲应以盗掘古墓葬罪、盗窃罪、走私文物罪、故意损毁文物罪论处

考点 52　危害公共卫生罪

342.　2013/2/18/单

医生甲退休后,擅自为人看病 2 年多。某日,甲为乙治疗,需注射青霉素。乙自述以前曾注射过青霉素,甲便未做皮试就给乙注射青霉素,乙因青霉素过敏而死亡。关于本案,下列哪一选项是正确的?③

　　A. 以非法行医罪的结果加重犯论处

　　B. 以非法行医罪的基本犯论处

　　C. 以过失致人死亡罪论处

　　D. 以医疗事故罪论处

---

① AB　② ABD　③ A

考点 53 破坏环境资源保护罪

343． 法考回忆题/单

袁某身穿林业工作人员的衣服,假扮林业工作人员采伐林木,引起路人围观,但路人均认为他是工作人员,故未制止。后袁某将林木运走卖掉。关于袁某的行为性质,下列哪一选项是正确的?①

A. 盗窃罪   B. 盗伐林木罪

C. 滥伐林木罪   D. 诈骗罪

344． 2017/2/20/单

关于盗伐林木罪,下列哪一选项是正确的?②

A. 甲盗伐本村村民张某院落外面的零星树木,如果盗伐数量较大,构成盗伐林木罪

B. 乙在林区盗伐珍贵林木,数量较大,如同时触犯其他法条构成其他犯罪,应数罪并罚

C. 丙将邻县国有林区的珍贵树木移植到自己承包的林地精心养护使之成活的,不属于盗伐林木

D. 丁在林区偷扒数量不多的具有药用价值的树皮,致使数量较大的林木枯死的,构成盗伐林木罪

345． 2013/2/19/单

甲公司竖立的广告牌被路边树枝遮挡,甲公司在未取得采伐许可的情况下,将遮挡广告牌的部分树枝砍掉,所砍树枝共计 6 立方米。关于本案,下列哪一选项是正确的?③

A. 盗伐林木包括砍伐树枝,甲公司的行为成立盗伐林木罪

B. 盗伐林木罪是行为犯,不以破坏林木资源为要件,甲公司的行为成立盗伐林木罪

C. 甲公司不以非法占有为目的,只成立滥伐林木罪

D. 不能以盗伐林木罪判处甲公司罚金

考点 54 走私、贩卖、运输、制造毒品罪

346． 法考回忆题/多

关于毒品犯罪,下列哪些选项是正确的?④

---

① B ② D ③ D ④ AC

A. 甲想戒毒,便把自己所有的毒品给了乙,刚刚交到乙手上就被警察发现,甲构成非法持有毒品的共犯

B. 甲从卖家乙处网购少量毒品用于吸食,待甲付款后,乙将毒品运往甲的住处。甲构成运输毒品罪的共犯

C. 甲贩卖毒品给乙,交付完毕后当场被警察抓获。甲构成贩卖毒品罪,乙构成非法持有毒品罪

D. 甲毒瘾发作,找毒贩乙购买毒品,毒贩乙嫌甲的购买量小而拒绝出卖。后经甲苦苦哀求,乙遂将毒品卖给甲。甲构成贩卖毒品罪的教唆犯

347. 2017/2/61/多

关于毒品犯罪,下列哪些选项是正确的?①

A. 甲容留未成年人吸食、注射毒品,构成容留他人吸毒罪

B. 乙随身携带藏有毒品的行李入关,被现场查获,构成走私毒品罪既遂

C. 丙乘广州至北京的火车运输毒品,快到武汉时被查获,构成运输毒品罪既遂

D. 丁以牟利为目的容留刘某吸食毒品并向其出卖毒品,构成容留他人吸毒罪和贩卖毒品罪,应数罪并罚

348. 甲在强制戒毒所戒毒时,无法抗拒毒瘾,设法逃出戒毒所。甲径直到毒贩陈某家,以赊账方式买了少量毒品过瘾。后甲逃往乡下,告知朋友乙详情,请乙收留。乙让甲住下(事实一)。

甲对陈某的毒品动起了歪脑筋,探知陈某将毒品藏在厨房灶膛内。某夜,甲先用毒包子毒死陈某的2条看门狗(价值6000元),然后翻进陈某院墙,从厨房灶膛拿走陈某50克纯冰毒(事实二)。

甲拿出40克冰毒,让乙将40克冰毒和80克其他物质混合,冒充120克纯冰毒卖出(事实三)。

请回答第(1)~(3)题。

(1) 2014/2/89/不定项

关于事实一,下列选项正确的是:②

A. 甲是依法被关押的人员,其逃出戒毒所的行为构成脱逃罪

B. 甲购买少量毒品是为了自吸,购买毒品的行为不构成犯罪

C. 陈某出卖毒品给甲,虽未收款,仍属于贩卖毒品既遂

---

① ABCD ② BC

D. 乙收留甲的行为构成窝藏罪

（2）2014/2/90/不定项

关于事实二的判断，下列选项正确的是：①

A. 甲翻墙入院从厨房取走毒品的行为，属于入户盗窃

B. 甲进入陈某厨房的行为触犯非法侵入住宅罪

C. 甲毒死陈某看门狗的行为是盗窃预备与故意毁坏财物罪的想象竞合

D. 对甲盗窃 50 克冰毒的行为，应以盗窃罪论处，根据盗窃情节轻重量刑

（3）2014/2/91/不定项

关于事实三的判断，下列选项正确的是：②

A. 甲让乙卖出冰毒应定性为甲事后处理所盗赃物，对此不应追究甲的刑事责任

B. 乙将 40 克冰毒掺杂、冒充 120 克纯冰毒卖出的行为，符合诈骗罪的构成要件

C. 甲、乙既成立诈骗罪的共犯，又成立贩卖毒品罪的共犯

D. 乙在冰毒中掺杂使假，不构成制造毒品罪

349. 2012/2/62/多

关于毒品犯罪的论述，下列哪些选项是错误的？③

A. 非法买卖制毒物品的，无论数量多少，都应追究刑事责任

B. 缉毒警察掩护、包庇走私毒品的犯罪分子的，构成放纵走私罪

C. 强行给他人注射毒品，使人形成毒瘾的，应以故意伤害罪论处

D. 窝藏毒品犯罪所得的财物的，属于窝藏毒赃罪与掩饰、隐瞒犯罪所得罪的法条竞合，应以窝藏毒赃罪定罪处刑

350. 2011/2/18/单

关于非法持有毒品罪，下列哪一选项是正确的？④

A. 非法持有毒品的，无论数量多少都应当追究刑事责任

B. 持有毒品不限于本人持有，包括通过他人持有

C. 持有毒品者而非所有者时，必须知道谁是所有者

D. 因贩卖而持有毒品的，应当实行数罪并罚

---

① ABCD ② BCD ③ ABC ④ B

考点 55 组织、强迫、引诱、容留、介绍卖淫罪

351. 2004/2/89/不定项

对刑法关于组织、强迫、引诱、容留、介绍卖淫罪的规定,下列解释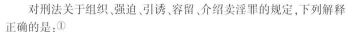正确的是:①

A. 引诱、容留、介绍卖淫罪,包括引诱、容留、介绍男性向同性卖淫

B. 引诱成年人甲卖淫、容留成年人乙卖淫的,成立引诱、容留卖淫罪,不实行并罚

C. 引诱幼女甲卖淫,容留幼女乙卖淫的,成立引诱幼女卖淫罪与容留卖淫罪,实行并罚

D. 引诱幼女向他人卖淫后又嫖宿该幼女的,以引诱幼女卖淫罪论处,从重处罚

考点 56 制作、贩卖、传播淫秽物品罪

352. 2017/2/51/多

根据有关司法解释,关于利用互联网实施的犯罪行为,下列哪些说法是正确的?②

A. 在网络上建立赌博网站的,属于开设赌场

B. 通过网络传播淫秽视频的,属于传播淫秽物品

C. 在网络上传播电子盗版书的,属于复制发行他人文字作品

D. 盗用他人网络账号、密码上网,造成他人电信资费损失的,属于盗窃他人财物

353. 2002/2/2/单

孙某制作、复制大量的淫秽光盘,除出卖外,还多次将淫秽光盘借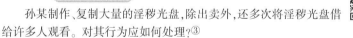给许多人观看。对其行为应如何处理?③

A. 以制作、复制、贩卖、传播淫秽物品牟利罪处罚

B. 以组织播放淫秽音像制品罪从重处罚

C. 以制作、复制、贩卖淫秽物品牟利罪和传播淫秽物品罪数罪并罚

D. 以传播淫秽物品罪从重处罚

---

① ABC ② ABD(原答案为 ABCD) ③ C

专题十九　贪污贿赂罪

考点57 贪污罪

354. 法考回忆题/单

甲国有公司派遣的管理人员吴某、乙建筑公司的王某和监理公司的刘某共谋,王某以虚构水泥的方式使甲公司多付款200万元给乙公司,吴某和刘某确认签字,然后王某从中取出60万元,三人各分20万元,其余140万元用于乙公司运营。关于吴某、王某和刘某三人的行为,下列哪一说法是正确的?①

　A. 即使王某不是国家工作人员,仍然构成贪污罪,金额为200万元

　B. 刘某构成受贿罪,金额为20万元

　C. 吴某构成行贿罪,金额为40万元

　D. 吴某虽然不是乙公司工作人员,仍构成职务侵占罪

355. 2017/2/21/单

国有甲公司领导王某与私企乙公司签订采购合同,以10万元的价格向乙公司采购一批设备。后王某发现,丙公司销售的相同设备仅为6万元。王某虽有权取消合同,但却与乙公司老总刘某商议,由王某花6万元从丙公司购置设备交给乙公司,再由乙公司以10万元的价格卖给甲公司。经王某签字批准,甲公司将10万元货款支付给乙公司后,刘某再将10万元返给王某。刘某为方便以后参与甲公司采购业务,完全照办。关于本案的分析,下列哪一选项是正确的?②

　A. 王某利用职务上的便利套取公款,构成贪污罪,贪污数额为10万元

　B. 王某利用与乙公司签订合同的机会谋取私利,应以职务侵占罪论处

　C. 刘某为谋取不正当利益,事后将货款交给王某,刘某行为构成贪污罪

　D. 刘某协助王某骗取公款,但因其并非国家工作人员,故构成诈骗罪

356. 2017/2/89/不定项

某地政府为村民发放扶贫补贴,由各村村委会主任审核本村申请材料并分发补贴款。某村村委会主任王某、会计刘某以及村民陈某合谋伪造申请材料,企图每人套取5万元补贴款。王某任期届满,周某继任村委会主任后,政府才将补贴款拨到村委会。周某在分发补贴款时,发现了王某、刘某和

---

　① A ② C

陈某的企图,便只发给三人各 3 万元,将剩余 6 万元据为己有。三人心知肚明,但不敢声张。(事实一)

......

关于事实一的分析,下列选项正确的是:①

A. 王某拿到补贴款时已经离任,不能认定其构成贪污罪

B. 刘某参与伪造申请材料,构成贪污罪,贪污数额为 3 万元

C. 陈某虽为普通村民,但参与他人贪污行为,构成贪污罪

D. 周某擅自侵吞补贴款,构成贪污罪,贪污数额为 6 万元

357. 甲送给国有收费站站长吴某 3 万元,与其约定:甲在高速公路另开出口帮货车司机逃费,吴某想办法让人对此不予查处,所得由二人分成。后甲组织数十人,锯断高速公路一侧隔离栏,填平隔离沟(恢复原状需 3 万元),形成一条出口。路过的很多货车司机知道经过收费站要收 300 元,而给甲 100 元即可绕过收费站继续前行。甲以此方式共骗款 30 万元,但骗吴某仅得 20 万元,并按此数额分成。

请回答第(1)~(3)题。

(1) 2015/2/86/不定项

关于甲锯断高速公路隔离栏的定性,下列分析正确的是:②

A. 任意损毁公私财物,情节严重,应以寻衅滋事罪论处

B. 聚众锯断高速公路隔离栏,成立聚众扰乱交通秩序罪

C. 锯断隔离栏的行为,即使得到吴某的同意,也构成故意毁坏财物罪

D. 锯断隔离栏属破坏交通设施,在危及交通安全时,还触犯破坏交通设施罪

(2) 2015/2/87/不定项

关于甲非法获利的定性,下列分析正确的是:③

A. 擅自经营收费站收费业务,数额巨大,构成非法经营罪

B. 即使收钱时冒充国有收费站工作人员,也不构成招摇撞骗罪

C. 未使收费站工作人员基于认识错误免收司机过路费,不构成诈骗罪

D. 骗吴某仅得 20 万元的行为,构成隐瞒犯罪所得罪

(3) 2015/2/88/不定项

围绕吴某的行为,下列论述正确的是:④

---

① C ② CD ③ BC ④ AC(原答案为 ABC)

A. 利用职务上的便利侵吞本应由收费站收取的费用,成立贪污罪

B. 贪污数额为 30 万元

C. 收取甲 3 万元,利用职务便利为甲谋利益,成立受贿罪

D. 贪污罪与受贿罪成立牵连犯,应从一重罪处断

358. `2008/2/18/单`

某国有公司出纳甲意图非法占有本人保管的公共财物,但不使用自己手中的钥匙和所知道的密码,而是使用铁棍将自己保管的保险柜打开并取走现金 3 万元。之后,甲伪造作案现场,声称失窃。关于本案,下列哪一选项是正确的?①

A. 甲虽然是国家工作人员,但没有利用职务上的便利,故应认定为盗窃罪

B. 甲虽然没有利用职务上的便利,但也不属于将他人占有的财物转移为自己占有,故应认定为侵占罪

C. 甲将自己基于职务保管的财物据为己有,应成立贪污罪

D. 甲实际上是通过欺骗手段获得财物的,应认定为诈骗罪

考点58 挪用公款罪

359. `法考回忆题/不定项`

齐某系某国有企业财务主管,刘某怂恿齐某挪用公款 300 万元交自己进行投资,承诺两个月后归还本金,获利平分。齐某照办。后刘某用其中的 100 万元进行投资,其余 200 万元用于购房。两个月后,刘某将 300 万元归还给齐某,齐某立即归还给单位。齐某和刘某挪用公款的数额分别是:②

A. 均是 100 万元

B. 均是 300 万元

C. 齐某 300 万元,刘某 100 万元

D. 齐某 100 万元,刘某 300 万元

360. `2012/2/20/单`

甲恳求国有公司财务主管乙,从单位挪用 10 万元供他炒股,并将一块名表送给乙。乙做假账将 10 万元交与甲,甲表示尽快归还。20 日后,乙用个人财产归还单位 10 万元。关于本案,下列哪一选项是错误的?③

A. 甲、乙勾结私自动用公款,构成挪用公款罪的共犯

---

① C　② A　③ D

B. 乙虽 20 日后主动归还 10 万元,甲、乙仍属于挪用公款罪既遂

C. 乙非法收受名表,构成受贿罪

D. 对乙不能以挪用公款罪与受贿罪进行数罪并罚

361. ❨2010/2/20/单❩

下列哪一情形不属于"挪用公款归个人使用"?①

A. 国家工作人员甲,将公款借给其弟炒股

B. 国家机关工作人员甲,以个人名义将公款借给原工作过的国有企业使用

C. 某县工商局长甲,以单位名义将公款借给某公司使用

D. 某国有公司总经理甲,擅自决定以本公司名义将公款借给某国有事业单位使用,以安排其子在该单位就业

362. ❨2008/2/92/不定项❩

国有公司财务人员甲于 2007 年 6 月挪用单位救灾款 100 万元,供自己购买股票,后股价大跌,甲无力归还该款项。2008 年 1 月,甲挪用单位办公经费 70 万元为自己购买商品房。两周后,甲采取销毁账目的手段,使挪用的办公经费 70 万元中的 50 万元难以在单位财务账上反映出来。甲一直未归还上述所有款项。关于甲的行为定性,下列选项正确的是:②

A. 甲挪用救灾款的行为,不构成挪用特定款物罪

B. 甲挪用办公经费的行为构成挪用公款罪,挪用数额为 70 万元

C. 甲挪用办公经费后销毁账目且未归还的行为构成贪污罪,贪污数额为 50 万元

D. 对于甲应当以挪用公款罪、贪污罪实行并罚

考点59 贿赂类犯罪

363. ❨法考回忆题/单❩

在受贿人收下银行卡后,关于受贿罪既遂、未遂的判断,下列哪一说法是正确的?③

A. 如银行卡里无资金,也构成既遂

B. 如银行卡里资金是定期存款,非活期存款,构成未遂

C. 收下银行卡后就构成既遂

D. 如银行卡里有资金且可支配使用,构成既遂

---

① C ② ACD ③ D

364. 法考回忆题/不定项

甲的丈夫涉嫌职务犯罪被监察机关留置。乙找到甲说:"给我 50 万元打点打点,肯定能把你丈夫捞出来。"甲遂交给乙 50 万元。实际上,乙只想用 10 万元打点关系。后乙将 40 万元用于偿还个人债务,另将 10 万元交给丙,让丙送给监察机关工作人员丁,请丁帮忙。丁当场拒收。下列说法正确的是:①

A. 甲构成行贿罪既遂,数额为 50 万元

B. 乙构成诈骗罪既遂,数额为 40 万元

C. 乙和丙构成行贿罪未遂,数额为 10 万元

D. 假如丁收受 10 万元后立即上交有关机关,则乙、丙构成行贿罪既遂

365. 法考回忆题/单

甲设立 A 公司,注册资本为 1000 万元,因有事相求于乙,甲提出将 10%股权送给国家工作人员乙,乙同意并办理了注册登记。之后乙持有的股票的价格涨到了 200 万元。甲又以 600 万元的价格回购该部分股权。乙的受贿金额是多少?②

A. 200 万元　　　　　　　　　B. 600 万元

C. 500 万元　　　　　　　　　D. 400 万元

366. 法考回忆题/不定项

关于贿赂犯罪,下列说法正确的是:③

A. 甲向国家工作人员乙行贿,甲带了 100 万元现金去乙的办公室,乙对甲说:"钱先放你那里吧。"甲遂将现金带回并放进自己的保险箱里,直至案发时也没有移动。甲行贿 100 万元既遂,乙受贿 100 万元既遂

B. 乙利用职务便利违法为甲开具彩票经营同意书,并欺骗甲需要支付 10 万元才能开具,甲信以为真支付 10 万元给乙。乙受贿 10 万元既遂

C. 甲向国家工作人员乙行贿,给了乙一张空白支票,支票最高金额为 999 万元,甲为确保乙能够支取,在自己相应账户上存有数千万元资金。直至案发时,乙也没有填写支票上的数字。甲行贿 999 万元既遂,乙受贿 999 万元既遂

D. 甲向国家工作人员乙行贿,给了乙一张 500 万元的银行卡,并告知卡内余额,乙收下后,没有查看余额,也没有使用,直至案发时,卡上余

---

① BCD　② C　③ ABC

额连本带息共 600 万元。甲行贿 500 万元,乙受贿 600 万元

367． 2017/2/62/多

关于受贿罪,下列哪些选项是正确的?①

A. 国家工作人员明知其近亲属利用自己的职务行为受贿的,构成受贿罪

B. 国家工作人员虚假承诺利用职务之便为他人谋利,收取他人财物的,构成受贿罪

C. 国家机关工作人员实施渎职犯罪并收受贿赂,同时构成渎职罪和受贿罪的,除《刑法》有特别规定外,以渎职罪和受贿罪数罪并罚

D. 国家工作人员明知他人有请托事项而收受其财物,视为具备"为他人谋取利益"的构成要件,是否已实际为他人谋取利益,不影响受贿的认定

368． 2017/2/90/不定项

某地政府为村民发放扶贫补贴,由各村村委会主任审核本村申请材料并分发补贴款。某村村委会主任王某、会计刘某以及村民陈某合谋伪造申请材料,企图每人套取 5 万元补贴款。王某任期届满,周某继任村委会主任后,政府才将补贴款拨到村委会。周某在分发补贴款时,发现了王某、刘某和陈某的企图,便只发给三人各 3 万元,将剩余 6 万元据为己有。三人心知肚明,但不敢声张。(事实一)

后周某又想私自非法获取土地征收款,欲找县国土局局长张某帮忙,遂送给县工商局局长李某 10 万元,托其找张某说情。李某与张某不熟,送 5 万元给县财政局局长胡某,让胡某找张某。胡某找到张某后,张某碍于情面,违心答应,但并未付诸行动。(事实二)

……

关于事实二的分析,下列选项正确的是:②

A. 周某为达非法目的,向国家工作人员行贿,构成行贿罪

B. 李某请托胡某帮忙,并送给胡某 5 万元,构成行贿罪

C. 李某未利用自身职务行为为周某谋利,但构成受贿罪既遂

D. 胡某收受李某财物进行斡旋,但未成功,构成受贿罪未遂

369． 2016/2/21/单

国家工作人员甲听到有人敲门,开门后有人扔进一个包就跑。甲

---

① ABCD ② ABC

发现包内有 20 万元现金,推测是求于自己职务行为的乙送的。甲打电话问乙时被告知"不要问是谁送的,收下就是了"(事实上是乙安排丙送的),并重复了前几天的请托事项。甲虽不能确定是乙送的,但还是允诺为乙谋取利益。关于本案,下列哪一选项是正确的?①

A. 甲没有主动索取、收受财物,不构成受贿罪

B. 甲没有受贿的直接故意,间接故意不可能构成受贿罪,故甲不构成受贿罪

C. 甲允诺为乙谋取利益与收受 20 万元现金之间无因果关系,故不构成受贿罪

D. 即使认为甲不构成受贿罪,乙与丙也构成行贿罪

370. (2016/2/62/多)

关于贿赂犯罪的认定,下列哪些选项是正确的?②

A. 甲是公立高校普通任课教师,在学校委派其招生时,利用职务便利收受考生家长 10 万元。甲成立受贿罪

B. 乙是国有医院副院长,收受医药代表 10 万元,承诺为病人开处方时多开相关药品。乙成立非国家工作人员受贿罪

C. 丙是村委会主任,在村集体企业招投标过程中,利用职务收受他人财物 10 万元,为其谋利。丙成立非国家工作人员受贿罪

D. 丁为国有公司临时工,与本公司办理采购业务的副总经理相勾结,收受 10 万元回扣归二人所有。丁构成受贿罪

371. 甲是 A 公司(国有房地产公司)领导,因私人事务欠蔡某 600 万元。蔡某让甲还钱,甲提议以 A 公司在售的商品房偿还债务,蔡某同意。甲遂将公司一套价值 600 万元的商品房过户给蔡某,并在公司财务账目上记下自己欠公司 600 万元。三个月后,甲将账作平,至案发时亦未归还欠款。(事实一)

A 公司有工程项目招标。为让和自己关系好的私营公司老板程某中标,甲刻意安排另外两家公司与程某一起参与竞标。甲让这两家公司和程某分别制作工程预算和标书,但各方约定,若这两家公司中标,就将工程转包给程某。程某最终在 A 公司预算范围内以最优报价中标。为感谢甲,程某花 5000元购买仿制古董赠与甲。甲以为是价值 20 万元的真品,欣然接受。(事实二)

甲曾因公务为 A 公司垫付各种费用 5 万元,但由于票据超期,无法报销。为挽回损失,甲指使知情的程某虚构与 A 公司的劳务合同并虚开发票。甲在

---

① D ② ABCD

合同上加盖公司公章后,找公司财务套取"劳务费"5万元。(事实三)

请回答第(1)~(3)题。

(1) 2016/2/89/不定项①

关于事实一的分析,下列选项正确的是:①

A. 甲将商品房过户给蔡某的行为构成贪污罪

B. 甲将商品房过户给蔡某的行为构成挪用公款罪

C. 甲虚假平账,不再归还600万元,构成贪污罪

D. 甲侵占公司600万元,应与挪用公款罪数罪并罚

(2) 2016/2/90/不定项②

关于事实二的分析,下列选项正确的是:②

A. 程某虽与其他公司串通参与投标,但不构成串通投标罪

B. 甲安排程某与他人串通投标,构成串通投标罪的教唆犯

C. 程某以行贿的意思向甲赠送仿制古董,构成行贿罪既遂

D. 甲以受贿的意思收下程某的仿制古董,构成受贿罪既遂

(3) 2016/2/91/不定项③

关于事实三的分析,下列选项错误的是:③

A. 甲以非法手段骗取国有公司的财产,构成诈骗罪

B. 甲具有非法占有公共财物的目的,构成贪污罪

C. 程某协助甲对公司财务人员进行欺骗,构成诈骗罪与贪污罪的想象竞合犯

D. 程某并非国家工作人员,但帮助国家工作人员贪污,构成贪污罪的帮助犯

372. 2015/2/21/单

根据《刑法》规定,国家工作人员利用本人职权或者(1)形成的便利条件,通过其他(2)职务上的行为,为请托人谋取(3),索取请托人财物或者收受请托人财物的,以(4)论处。这在刑法理论上称为(5)。将下列哪一选项内容填充到以上相应位置是正确的?④

A. (1)地位(2)国家机关工作人员(3)利益(4)利用影响力受贿罪(5)间接受贿

B. (1)职务(2)国家工作人员(3)利益(4)受贿罪(5)斡旋受贿

---

① C ② A ③ ABCD ④ D

C. (1)职务(2)国家机关工作人员(3)不正当利益(4)利用影响力受贿罪(5)间接受贿

D. (1)地位(2)国家工作人员(3)不正当利益(4)受贿罪(5)斡旋受贿

373. (2014/2/21/多)

交警甲和无业人员乙勾结,让乙告知超载司机"只交罚款一半的钱,即可优先通行";司机交钱后,乙将交钱司机的车号报给甲,由在高速路口执勤的甲放行。二人利用此法得 32 万元,乙留下 10 万元,余款归甲。关于本案的分析,下列哪些选项是正确的?①

A. 甲、乙构成受贿罪共犯

B. 甲、乙构成贪污罪共犯

C. 甲、乙构成滥用职权罪共犯

D. 乙的受贿数额是 32 万元

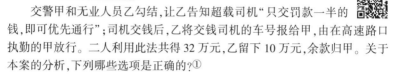

374. (2013/2/63/多)

关于受贿相关犯罪的认定,下列哪些选项是正确的?②

A. 甲知道城建局长张某吸毒,以提供海洛因为条件请其关照工程招标,张某同意。甲中标后,送给张某 50 克海洛因。张某构成受贿罪

B. 乙系人社局副局长,乙父让乙将不符合社保条件的几名亲戚纳入社保范围后,收受亲戚送来的 3 万元。乙父构成利用影响力受贿罪

C. 国企退休厂长王某(正处级)利用其影响,让现任厂长帮忙,在本厂推销保险产品后,王某收受保险公司 3 万元。王某不构成受贿罪

D. 法院院长告知某企业经理赵某"如给法院捐赠 500 万元办公经费,你们那个案件可以胜诉"。该企业胜诉后,给法院单位账户打入 500 万元。应认定法院构成单位受贿罪

375. (2011/2/19/单)

大学生甲为获得公务员面试高分,送给面试官乙(某机关领导)2瓶高档白酒,乙拒绝。次日,甲再次到乙家,偷偷将一块价值 1 万元的金币放在茶几上离开。乙不知情。保姆以为乙知道此事,将金币放入乙的柜子。对于本案,下列哪一选项是错误的?③

A. 甲的行为成立行贿罪

B. 乙的行为不构成受贿罪

---

① ABCD(原答案为 B) ② ABCD ③ D

C. 认定甲构成行贿罪与乙不构成受贿罪不矛盾

D. 保姆的行为成立利用影响力受贿罪

376. 2010/2/65/多

关于贿赂犯罪,下列哪些选项是错误的?①

A. 国家工作人员利用职务便利,为请托人谋取利益并收受其财物而构成受贿罪的,请托人当然构成行贿罪

B. 因被勒索给予国家工作人员以财物的,当然不构成行贿罪

C. 行贿人在被追诉前主动交代行贿行为的,可以从轻或者减轻处罚

D. 某国家机关利用其职权或地位形成的便利条件,通过其他国家机关的职务行为,为请托人谋取利益,索取请托人财物的,构成单位受贿罪

377. 2009/2/64/多

根据《刑法》有关规定,下列哪些说法是正确的?②

A. 甲系某国企总经理之妻,甲让其夫借故辞退企业财务主管,而以好友陈某取而代之,陈某赠甲一辆价值 12 万元的轿车。甲构成犯罪

B. 乙系已离职的国家工作人员,请接任处长为缺少资质条件的李某办理了公司登记,收取李某 10 万元。乙构成犯罪

C. 丙系某国家机关官员之子,利用其父管理之便,请其父下属将不合条件的某企业列入政府采购范围,收受该企业 5 万元。丙构成犯罪

D. 丁系国家工作人员,在主管土地拍卖工作时向一家房地产公司通报了重要情况,使其如愿获得黄金地块。丁退休后,该公司为表示感谢,自作主张送与丁价值 5 万元的按摩床。丁构成犯罪

378. 甲为某国有企业出纳,为竞争公司财务部主任职位欲向公司副总经理乙行贿。甲通过涂改账目等手段从公司提走 20 万元,委托总经理办公室秘书丙将 15 万元交给乙,并要丙在转交该款时一定为自己提升一事向乙"美言几句"。乙收下该款。8 天后,乙将收受钱款一事报告了公司总经理,并将 15 万元交到公司纪检部门。

1 个月后,甲得知公司委任其他人担任财务部主任,恼羞成怒找到乙说:"还我 15 万,我去把公司钱款补上。你还必须付我 10 万元精神损害赔偿,否则我就将你告到检察院。"乙反复向甲说明钱已上交不能退还,但甲并不相信。数日后,甲携带一桶汽油闯入乙办公室纵火,导致室内空调等财物被烧毁。

---

① ABD(原答案为 ABCD) ② ABC

请回答(1)~(4)题。

(1) 2009/2/91/不定项

关于甲从公司提出公款 20 万元并将其中一部分行贿给乙的行为,下列选项错误的是:①

A. 甲构成贪污罪,数额是 20 万元;行贿罪与贪污罪之间是牵连关系,不再单独定罪

B. 甲构成贪污罪、行贿罪,数罪并罚,贪污数额是 5 万元,行贿 15 万元

C. 甲构成贪污罪、行贿罪,数罪并罚,贪污数额是 20 万元,行贿 15 万元

D. 甲对乙说过要"去把公司钱款补上",应当构成挪用公款罪,数额是 20 万元,再与行贿罪并罚

(2) 2009/2/92/不定项

关于乙的行为,下列选项错误的是:②

A. 乙构成受贿罪既遂

B. 乙构成受贿罪中止

C. 乙犯罪以后上交赃物的行为,属于酌定从轻处罚情节

D. 乙不构成犯罪

(3) 2009/2/93/不定项

关于丙的行为,下列选项正确的是:③

A. 丙构成受贿罪共犯

B. 丙构成介绍贿赂罪

C. 丙构成行贿罪共犯

D. 丙没有实行行为,不构成犯罪

(4) 2009/2/94/不定项

关于甲得知财务部主任由他人担任后实施的行为,下列选项错误的是:④

A. 甲的行为只构成放火罪

B. 甲索要 10 万元"精神损害赔偿"的行为不构成敲诈勒索罪

C. 甲的行为是敲诈勒索罪与放火罪的想象竞合犯

D. 甲的行为是敲诈勒索罪与放火罪的吸收犯

① ABD ② ABC ③ C ④ ABCD

考点 60 巨额财产来源不明罪

379. 2012/2/63/多

国家工作人员甲与民办小学教师乙是夫妻。甲、乙支出明显超过合法收入,差额达 300 万元。甲、乙拒绝说明财产来源。一审中,甲交代 300 万元系受贿所得,经查证属实。关于本案,下列哪些选项是正确的?①

A. 甲构成受贿罪

B. 甲不构成巨额财产来源不明罪

C. 乙不构成巨额财产来源不明罪

D. 乙构成掩饰、隐瞒犯罪所得罪

专题二十 渎职罪

考点 61 渎职罪

380. 法考回忆题/多

关于渎职犯罪,下列哪些说法是正确的?②

A. 市场监管执法人员甲明知钱某生产的口罩是伪劣产品,涉嫌犯罪,仍向其通风报信,帮助其逃避处罚。甲构成包庇罪

B. 铁路警察乙发现吴某盗窃,因收了吴某的钱财,对吴某不予立案。乙构成徇私枉法罪和受贿罪,择一重罪论处

C. 监狱管理人员丙在罪犯孙某执行有期徒刑期间,利用职权私下让其回家,要求其按时返回。丙构成私放在押人员罪

D. 警察丁利用职权,使无资格获取驾驶证的周某取得驾驶证。某日,周某违章驾车、酿成车祸,致人死亡。丁构成滥用职权罪

381. 2017/2/63/多

关于渎职罪,下列哪些选项是正确的?③

A. 省渔政总队验船师郑某,明知有 8 艘渔船存在套用船号等问题,按规定应注销,却为船主办理船检证书,船主领取国家柴油补贴 640 万元。郑某构成滥用职权罪

B. 刑警曾某办理冯某抢劫案,明知冯某被取保候审后未定期到派出所报到,曾某也未依法传唤冯某或将案件移送起诉或变更强制措施。期间,冯某再次犯罪。曾某构成徇私枉法罪

---

① ABC ② BCD ③ AD

C. 律师于某担任被告人马某的辩护人,从法院复印马某贪污案的案卷材料,允许马某亲属朱某查阅。朱某随后游说证人,使数名证人向于某出具了虚假证明材料。于某构成故意泄露国家秘密罪

D. 公安局协警闫某,在协助抓捕行动中,向领导黑社会性质组织的李某通风报信,导致李某等主要犯罪分子潜逃。闫某构成帮助犯罪分子逃避处罚罪

382. 2016/2/63/多

关于渎职犯罪,下列哪些选项是正确的?①

A. 县财政局副局长秦某工作时擅离办公室,其他办公室人员操作电炉不当,触电身亡并引发大火将办公楼烧毁。秦某触犯玩忽职守罪

B. 县卫计局执法监督大队队长武某,未能发现何某在足疗店内非法开诊所行医,该诊所开张三天即造成一患者死亡。武某触犯玩忽职守罪

C. 负责建房审批工作的干部柳某,徇情为拆迁范围内违规修建的房屋补办了建设许可证,房主凭此获得补偿款 90 万元。柳某触犯滥用职权罪

D. 县长郑某擅自允许未经环境评估的水电工程开工,导致该县水域内濒危野生鱼类全部灭绝。郑某触犯滥用职权罪

383. 朱某系某县民政局副局长,率县福利企业年检小组到同学黄某任厂长的电气厂年检时,明知该厂的材料有虚假、残疾员工未达法定人数,但朱某以该材料为准,使其顺利通过年检。为此,电气厂享受了不应享受的退税优惠政策,获取退税 300 万元。黄某动用关系,帮朱某升任民政局局长。检察院在调查朱某时发现,朱某有 100 万元财产明显超过合法收入,但其拒绝说明来源。在审查起诉阶段,朱某交代 100 万元系在澳门赌场所赢,经查证属实。

请回答第(1)~(3)题。

(1) 2015/2/89/不定项

关于朱某帮助电气厂通过年检的行为,下列说法正确的是:②

A. 其行为与国家损失 300 万元税收之间,存在因果关系

B. 属滥用职权,构成滥用职权罪

C. 属徇私舞弊,使国家税收遭受损失,同时构成徇私舞弊不征、少征税款罪

D. 事后虽获得了利益(升任局长),但不构成受贿罪

---

① CD ② ABD

（2）`2015/2/90/不定项`

关于朱某 100 万元财产的来源,下列分析正确的是:①

A. 其财产、支出明显超过合法收入,这是巨额财产来源不明罪的实行行为

B. 在审查起诉阶段已说明 100 万元的来源,故不能以巨额财产来源不明罪提起公诉

C. 在澳门赌博,数额特别巨大,构成赌博罪

D. 作为国家工作人员,在澳门赌博,应依属人管辖原则追究其赌博的刑事责任

（3）`2015/2/91/不定项`

关于黄某使电气厂获取 300 万元退税的定性,下列分析错误的是:②

A. 具有逃税性质,触犯逃税罪

B. 具有诈骗属性,触犯诈骗罪

C. 成立逃税罪与提供虚假证明文件罪,应数罪并罚

D. 属单位犯罪,应对电气厂判处罚金,并对黄某判处相应的刑罚

384. `2014/2/63/多`

丙实施抢劫犯罪后,分管公安工作的副县长甲滥用职权,让侦办此案的警察乙想办法使丙无罪。乙明知丙有罪,但为徇私情,采取毁灭证据的手段使丙未受追诉。关于本案的分析,下列哪些选项是正确的?③

A. 因甲是国家机关工作人员,故甲是滥用职权罪的实行犯

B. 因甲居于领导地位,故甲是徇私枉法罪的间接正犯

C. 因甲实施了两个实行行为,故应实行数罪并罚

D. 乙的行为同时触犯徇私枉法罪与帮助毁灭证据罪、滥用职权罪,但因只有一个行为,应以徇私枉法罪论处

385. `2013/2/21/单`

乙的孙子丙因涉嫌抢劫被刑拘。乙托甲设法使丙脱罪,并承诺事成后付其 10 万元。甲与公安局副局长丁早年认识,但多年未见面。甲托丁对丙作无罪处理,丁不同意,甲便以揭发隐私要挟,丁被迫按甲的要求处理案件。后甲收到乙 10 万元现金。关于本案,下列哪一选项是错误的?④

---

① B ② ACD ③ AD ④ D

    A. 对于"关系密切"应根据利用影响力受贿罪的实质进行解释,不能仅从形式上限定为亲朋好友

    B. 根据 A 选项的观点,"关系密切"包括具有制约关系的情形,甲构成利用影响力受贿罪

    C. 丁构成徇私枉法罪,甲构成徇私枉法罪的教唆犯

    D. 甲的行为同时触犯利用影响力受贿罪与徇私枉法罪,应从一重罪论处

386. 2011/2/20/单

    刘某以赵某对其犯故意伤害罪,向法院提起刑事附带民事诉讼。因赵某妹妹曾拒绝本案主审法官王某的求爱,故王某在明知证据不足、指控犯罪不能成立的情况下,毁灭赵某无罪证据,认定赵某构成故意伤害罪,并宣告免予刑罚处罚。对王某的定罪,下列哪一选项是正确的?①

    A. 徇私枉法罪   B. 滥用职权罪

    C. 玩忽职守罪   D. 帮助毁灭证据罪

专题二十一　危害国家安全罪

考点62 危害国家安全罪

387. 2012/2/14/单

    甲系海关工作人员,被派往某国考察。甲担心自己放纵走私被查处,拒不归国。为获得庇护,甲向某国难民署提供我国从未对外公布且影响我国经济安全的海关数据。关于本案,下列哪一选项是错误的?②

    A. 甲构成叛逃罪

    B. 甲构成为境外非法提供国家秘密、情报罪

    C. 对甲不应数罪并罚

    D. 即使《刑法》分则对叛逃罪未规定剥夺政治权利,也应对甲附加剥夺 1 年以上 5 年以下政治权利

388. 2009/2/13/单

    某国间谍戴某,结识了我某国家机关机要员黄某。戴某谎称来华投资建厂需了解政策动向,让黄某借工作之便为其搞到密级为"机密"的《内参报告》四份。戴某拿到文件后送给黄某一部手机,并为其子前往某国留学

---

① A ② C

提供了六万元资金。对黄某的行为如何定罪处罚?①

　　A. 资助危害国家安全犯罪活动罪、非法获取国家秘密罪,数罪并罚

　　B. 为境外窃取、刺探、收买、非法提供国家秘密、情报罪与受贿罪,数罪并罚

　　C. 非法获取国家秘密罪、受贿罪,数罪并罚

　　D. 故意泄露国家秘密罪、受贿罪,从一重罪处断

389. 2002/2/11/单

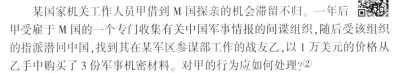

　　某国家机关工作人员甲借到 M 国探亲的机会滞留不归。一年后甲受雇于 M 国的一个专门收集有关中国军事情报的间谍组织,随后受该组织的指派潜回中国,找到其在某军区参谋部工作的战友乙,以 1 万美元的价格从乙手中购买了 3 份军事机密材料。对甲的行为应如何处理?②

　　A. 以叛逃罪论处　　　　　　　　B. 以叛逃罪和间谍罪论处

　　C. 以间谍罪论处　　　　　　　　D. 以非法获取军事秘密罪论处

专题二十二　军人违反职责罪

考点63 军人违反职责罪

390. 2004/2/84/不定项

可能构成战时自伤罪的情况是:③

　　A. 预备役人员张某在战时为逃避征召,自伤身体

　　B. 战士李某为尽早脱离战场,在敌人火力猛烈向我方阵地射击时,故意将手臂伸出掩体之外,被敌人子弹击中,无法继续作战

　　C. 战士王某战时奉命守卫仓库,站岗时因困倦睡着,导致仓库失窃,为了掩盖过错,他用匕首自伤身体,谎称遭到抢劫

　　D. 战士陈某为了立功当英雄,战时自伤身体,谎称在与偷袭的敌人交火时受伤

---

① B　② C　③ B

2025国家统一法律职业资格考试攻略

便携版
历年真题+回忆题

法考

快刷题

随时 ~ 随地 ~ 随身练　③ 行政法

拓朴法考　组编

中国法治出版社
CHINA LEGAL PUBLISHING HOUSE

图书在版编目（CIP）数据

2025国家统一法律职业资格考试攻略. 快刷题. 3,
行政法 / 拓朴法考组编. -- 北京 : 中国法治出版社,
2025. 4. -- ISBN 978-7-5216-4810-2

Ⅰ. D920. 4

中国国家版本馆 CIP 数据核字第 2024AR9600 号

责任编辑：李连宇（lilianyu@ zgfzs. com）　　　　封面设计：拓　朴

2025国家统一法律职业资格考试攻略. 快刷题. 3，行政法
2025 GUOJIA TONGYI FALÜ ZHIYE ZIGE KAOSHI GONGLÜE. KUAISHUATI. 3，XINGZHENGFA
组编/拓朴法考
经销/新华书店
印刷/河北翔驰润达印务有限公司
开本/787毫米×1092毫米　32开　　　　　　　印张/3　字数/100千
版次/2025年4月第1版　　　　　　　　　　　　2025年4月第1次印刷

中国法治出版社出版
书号 ISBN 978-7-5216-4810-2　　　　　　　总定价：108.00元（全八册）

北京市西城区西便门西里甲16号西便门办公区
邮政编码：100053　　　　　　　　　　　　　　传真：010-63141600
网址：http://www.zgfzs.com　　　　　　编辑部电话：**010-63141811**
市场营销部电话：010-63141612　　　　　　印务部电话：**010-63141606**

（如有印装质量问题，请与本社印务部联系。）
本书二维码内容由拓朴法考提供，用于服务广大考生，有效期截至2025年12月31日。

《CONTENTS

目 录

行 政 法

专题一　行政法概述

考点1　行政法的基本原则

1. （法考回忆题/单）

在不使用行政强制措施也能实现行政管理目的的情况下，应当放弃实施行政强制措施。该说法体现了哪一项行政法原则的要求？①

A. 公平公正原则　　　　　　　　B. 比例原则

C. 考虑相关因素原则　　　　　　D. 行政效率原则

2. （法考回忆题/多）

某县政府印发《招商引资意见》，允许招商成功后按照实际到位资金的1%给予引介人奖励金。李某介绍甲公司与县招商局签订投资协议，投资1亿元建设垃圾焚烧厂并运营至今。经李某多次催促，县政府支付李某10万元后，拒绝支付剩余奖励金，李某不服，提起行政诉讼。下列哪些说法是正确的？②

A.《招商引资意见》属于具体行政行为

B. 李某获得的10万元奖励金可免缴个人所得税

C. 县政府拒绝支付剩余奖励金的行为违反了信赖保护原则

D. 投资协议履行过程中发生争议的，甲公司可以提起行政诉讼

3. （法考回忆题/单）

马某购买了某市幸福小区的一套商品房，并获得了房屋所有权

证。后来,因修建高铁,该小区被拆迁,市政府依法及时向马某支付了补偿金。这体现了下面哪项行政法原则?①

    A. 高效便民   B. 程序正当

    C. 诚实守信   D. 权责一致

4. 〔2013/2/76/多②〕

合法行政是行政法的重要原则。下列哪些做法违反了合法行政要求?③

    A. 某规章规定行政机关对行政许可事项进行监督时,不得妨碍被许可人正常的生产经营活动

    B. 行政机关要求行政处罚听证申请人承担组织听证的费用

    C. 行政机关将行政强制措施权委托给另一行政机关行使

    D. 行政机关对行政许可事项进行监督时发现直接关系公共安全、人身健康的重要设备存在安全隐患,责令停止使用和立即改正

5. 〔2012/2/78/多〕

合理行政是依法行政的基本要求之一。下列哪些做法体现了合理行政的要求?④

    A. 行政机关在作出重要决定时充分听取公众的意见

    B. 行政机关要平等对待行政管理相对人

    C. 行政机关行使裁量权所采取的措施符合法律目的

    D. 非因法定事由并经法定程序,行政机关不得撤销已生效的行政决定

6. 〔2011/2/78/多〕

依法行政是法治国家对政府行政活动提出的基本要求,而合法行政则是依法行政的根本。下列哪些做法违反合法行政的要求?⑤

    A. 因蔬菜价格上涨销路看好,某镇政府要求村民拔掉麦子改种蔬菜

    B. 为解决残疾人就业难,某市政府发布《促进残疾人就业指导意见》,对录用残疾人达一定数量的企业予以奖励

    C. 孙某受他人胁迫而殴打他人致轻微伤,某公安局决定对孙某从轻处罚

    D. 某市政府发布文件规定,外地物流公司到本地运输货物,应事前得到当地交通管理部门的准许,并缴纳道路特别通行费

---

① C ② 指2013年/试卷二/第76题/多选——编者注。 ③ BC ④ BC ⑤ ACD

7． 2013/2/78/多

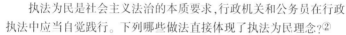

某县政府发布通知,对直接介绍外地企业到本县投资的单位和个人按照投资项目实际到位资金金额的千分之一奖励。经张某引荐,某外地企业到该县投资 500 万元,但县政府拒绝支付奖励金。县政府的行为不违反下列哪些原则或要求?①

- A. 比例原则
- B. 行政公开
- C. 程序正当
- D. 权责一致

8． 2012/2/76/多

执法为民是社会主义法治的本质要求,行政机关和公务员在行政执法中应当自觉践行。下列哪些做法直接体现了执法为民理念?②

- A. 行政机关将行政许可申请书格式文本的费用由 2 元降为 1 元
- B. 行政机关安排工作人员主动为前来办事的人员提供咨询
- C. 工商局③要求所属机构提高办事效率,将原 20 工作日办结事项减至 15 工作日办结
- D. 某区设立办事大厅,要求相关执法部门进驻并设立办事窗口

9． 2012/2/77/多

程序正当是行政法的基本原则。下列哪些选项是程序正当要求的体现?④

- A. 实施行政管理活动,注意听取公民、法人或其他组织的意见
- B. 对因违法行政给当事人造成的损失主动进行赔偿
- C. 严格在法律授权的范围内实施行政管理活动
- D. 行政执法中要求与其管理事项有利害关系的公务员回避

10． 2014/2/76/多

高效便民是行政管理的基本要求,是服务型政府的具体体现。下列哪些选项体现了这一要求?⑤

- A. 简化行政机关内部办理行政许可流程
- B. 非因法定事由并经法定程序,行政机关不得撤回和变更已生效的行

---

① ABCD ② BCD ③ 2018 年和 2023 年国家机构改革后部分国家机构名称有所调整,只要对试题的理解和作答没有影响的,本书均原汁原味地予以保留;有影响的,本书根据现行机构名称予以调整。 ④ AD ⑤ AC

政许可

C. 对办理行政许可的当事人提出的问题给予及时、耐心的答复

D. 对违法实施行政许可给当事人造成侵害的执法人员予以责任追究

11. 〔2014/2/78/多〕

廖某在某镇沿街路边搭建小棚经营杂货,县建设局下发限期拆除通知后强制拆除,并对廖某作出罚款 2 万元的处罚。廖某起诉,法院审理认为廖某所建小棚未占用主干道,其违法行为没有严重到既需要拆除又需要实施顶格处罚的程度,判决将罚款改为 1000 元。法院判决适用了下列哪些原则?①

A. 行政公开　　　　　　B. 比例原则

C. 合理行政　　　　　　D. 诚实守信

12. 〔2014/2/77/多〕

程序正当是当代行政法的基本原则,遵守程序是行政行为合法的要求之一。下列哪些做法违背了这一要求?②

A. 某环保局对当事人的处罚听证,由本案的调查人员担任听证主持人

B. 某县政府自行决定征收基本农田 35 公顷

C. 某公安局拟给予甲拘留 10 日的治安处罚,告知其可以申请听证

D. 乙违反治安管理的事实清楚,某公安派出所当场对其作出罚款 500 元的处罚决定

专题二　行政主体

考点 2 国务院行政机构的设置与编制管理

13. 〔法考回忆题/单〕

国务院扶贫开发领导小组是国务院的议事协调机构。为了建立防止返贫的长效机制,保证脱贫成效持续稳定发展。2021 年 2 月,在国务院扶贫开发领导小组办公室的基础上组建国务院的直属机构国家乡村振兴局。下列哪一选项是正确的?③

A. 国务院扶贫开发领导小组有独立的人员编制

---

① BC　② AD　③ C

B. 国务院扶贫开发领导小组主管特定业务,行使行政管理职能

C. 国家乡村振兴局的设立由国务院决定

D. 国家乡村振兴局无权制定规章

14． 2013/2/44/单 改编

国家能源局为国务院组成部门管理的国家局。关于国家能源局,下列哪一说法是正确的?①

A. 有权制定规章

B. 主管国务院的某项专门业务,具有独立的行政管理职能

C. 该局的设立由国务院编制管理机关提出方案,报国务院决定

D. 该局增设司级内设机构,由国务院编制管理机关审核批准

15． 2011/2/40/单

国家禁毒委员会为国务院议事协调机构。关于该机构,下列哪一说法是正确的?②

A. 撤销由国务院机构编制管理机关决定

B. 可以规定行政措施

C. 议定事项经国务院同意,由有关的行政机构按各自的职责负责办理

D. 可以设立司、处两级内设机构

16． 2014/2/43/单

国家税务总局为国务院直属机构。就其设置及编制,下列哪一说法是正确的?③

A. 设立由全国人大及其常委会最终决定

B. 合并由国务院最终决定

C. 编制的增加由国务院机构编制管理机关最终决定

D. 依法履行国务院基本的行政管理职能

17． 2017/2/43/单

关于国务院行政机构设置和编制管理的说法,下列哪一选项是正确的?④

A. 国务院议事协调机构的撤销经由国务院常务会议讨论通过后,由国务院总理提交国务院全体会议讨论决定

---

① C ② C ③ B ④ D

B. 国务院行政机构增设司级内设机构,由国务院机构编制管理机关提出方案,报国务院决定

C. 国务院议事协调机构的编制根据工作需要单独确定

D. 国务院行政机构的编制在国务院行政机构设立时确定

考点3 地方行政机构的设置与编制管理

18. 法考回忆题/单

甲省乙市人民政府拟将本市的自然资源管理局与国土资源局合并,应当报哪个机关予以批准?①

A. 国务院 　　　　　　　　B. 甲省人民政府

C. 乙市人大常委会 　　　　D. 甲省人大常委会

19. 2012/2/44/单

根据行政法规规定,县级以上地方各级政府机构编制管理机关应当评估行政机构和编制的执行情况。关于此评估,下列哪一说法是正确的?②

A. 评估应当定期进行

B. 评估具体办法由国务院制定

C. 评估结果是调整机构编制的直接依据

D. 评估同样适用于国务院行政机构和编制的调整

20. 2016/2/43/单

根据规定,地方的事业单位机构和编制管理办法由省、自治区、直辖市人民政府机构编制管理机关拟定,报国务院机构编制管理机关审核后,由下列哪一机关发布?③

A. 国务院

B. 省、自治区、直辖市人民政府

C. 国务院机构编制管理机关

D. 省、自治区、直辖市人民政府机构编制管理机关

21. 2011/2/98/不定项

甲市为乙省政府所在地的市。关于甲市政府行政机构设置和编制管理,下列说法正确的是:④

---

① B　② A　③ B　④ AD

A. 在一届政府任期内,甲市政府的工作部门应保持相对稳定

B. 乙省机构编制管理机关与甲市机构编制管理机关为上下级领导关系

C. 甲市政府的行政编制总额,由甲市政府提出,报乙省政府批准

D. 甲市政府根据调整职责的需要,可以在行政编制总额内调整市政府有
关部门的行政编制

22. 〔2009/2/50/单〕

关于地方政府机构设置和编制管理,下列哪一选项是正确的?①

A. 政府机构编制管理机关实行省以下垂直管理体制

B. 地方政府在设置机构时应当充分考虑财政的供养能力

C. 县级以上政府的行政机构可以要求下级政府设立与其业务对口的行
政机构

D. 地方事业单位机构设置和编制管理办法,由国务院机构编制管理机关
审核发布

23. 〔2015/2/45/单〕

甲市某县环保局与水利局对职责划分有异议,双方协商无法达成
一致意见。关于异议的处理,下列哪一说法是正确的?②

A. 提请双方各自上一级主管机关协商确定

B. 提请县政府机构编制管理机关决定

C. 提请县政府机构编制管理机关提出协调意见,并由该机构编制管理机
关报县政府决定

D. 提请县政府提出处理方案,经甲市政府机构编制管理机关审核后报甲
市政府批准

专题三　公务员

考点4 公务员处分制度

24. 〔2008/2/39/多〕

关于行政机关公务员处分的说法,下列哪些选项是错误的?③

A. 行政诉讼的生效判决撤销某行政机关所作的决定,即应给予该机关的

---

① B　② C　③ ABCD(原答案为D)

负责人张某行政处分

    B. 工商局干部李某主动交代自己的违法行为,即应减轻处分

    C. 某环保局科长王某因涉嫌违纪被立案调查,即应暂停其履行职务

    D. 财政局干部田某因涉嫌违纪被立案调查,即不应允许其挂职锻炼

25. `2010/2/41/单`

关于国家机关公务员处分的做法或说法,下列哪一选项是正确的?①

    A. 张某受记过处分期间,因表现突出被晋升一档工资

    B. 孙某撤职处分被解除后,虽不能恢复原职但应恢复原级别

    C. 童某受到记大过处分,处分期间为 24 个月

    D. 田某主动交代违纪行为,主动采取措施有效避免损失,可以减轻处分

26. `2008/2/98/不定项`

某行政机关负责人孙某因同时违反财经纪律和玩忽职守被分别给予撤职和记过处分。下列说法正确的是:②

    A. 应只对孙某执行撤职处分

    B. 应同时降低孙某的级别

    C. 对孙某的处分期为 36 个月

    D. 解除对孙某的处分后,即应恢复其原职务

27. `2017/2/44/单`

某县工商局科员李某因旷工被给予警告处分。关于李某的处分,下列哪一说法是正确的?③

    A. 处分决定可以口头方式通知李某

    B. 处分决定自作出之日起生效

    C. 受处分期间为 12 个月

    D. 李某在受处分期间不得晋升工资档次

考点5 公务员的其他制度

28. `法考回忆题/单`

何某是某市政府公务员,因工作疏忽造成损失,市政府对其进行了诫勉。关于公务员的诫勉,下列哪一说法是正确的?④

---

① D ② AB ③ B ④ A

A. 诫勉是机关对公务员的监督措施

B. 被诫勉的公务员不得交流

C. 被诫勉的公务员不得晋升职务

D. 公务员可以对诫勉行为提出申诉

29. 法考回忆题/多

陈某是某市公安局二级主任科员。关于其职级,下列哪些说法是正确的?①

A. 二级主任科员是陈某的职级

B. 若陈某符合任职资历要求,可晋升一级主任科员

C. 若陈某认为自己应晋升一级主任科员而未获得晋升,可以依法提出申诉

D. 对陈某应采用定期考核,以年度考核的方式进行

30. 法考回忆题/单

根据《公务员法》规定,聘任制公务员按照国家规定实行协议工资制,关于协议工资制的具体办法,由哪一部门制定?②

A. 中央公务员主管部门

B. 省级以上人力资源和社会保障主管部门

C. 省级以上公务员主管部门

D. 国务院人力资源和社会保障主管部门

31. 法考回忆题/单

关于公务员的下列说法,哪一选项是错误的?③

A. 国家公务员实行职务和职级并行

B. 公务员的领导职务、职级与级别是确定公务员工资以及其他待遇的依据

C. 公务员职级可以采用委任制和聘任制

D. 只能在县处级以下设立职级

32. 2012/2/43/单

关于公务员录用的做法,下列哪一选项是正确的?④

A. 县公安局经市公安局批准,简化程序录用一名特殊职位的公务员

---

① AD ② A ③ D ④ C

  B. 区财政局录用一名曾被开除过公职但业务和能力优秀的人为公务员

  C. 市环保局以新录用的公务员李某试用期满不合格为由,决定取消录用

  D. 国务院卫生行政部门规定公务员录用体检项目和标准,报中央公务员主管部门备案

33. ⬭2010/2/98/不定项⬭

  关于聘任制公务员,下列做法正确的是:①

  A. 某县保密局聘任两名负责保密工作的计算机程序员

  B. 某县财政局与所聘任的一名精算师实行协议工资制

  C. 某市林业局聘任公务员的合同期限为10年

  D. 某县公安局聘任网络管理员的合同需经上级公安机关批准

34. ⬭2009/2/42/多⬭

  下列哪些做法不属于公务员交流制度?②

  A. 沈某系某高校副校长,调入国务院某部任副司长

  B. 刘某系某高校行政人员,被聘为某区法院书记员

  C. 吴某系某国有企业经理,调入市国有资产管理委员会任处长

  D. 郑某系某部人事司副处长,到某市挂职担任市委组织部副部长

35. ⬭2013/2/79/多⬭

  孙某为某行政机关的聘任制公务员,双方签订聘任合同。下列哪些说法是正确的?③

  A. 对孙某的聘任须按照公务员考试录用程序进行公开招聘

  B. 该机关应按照《公务员法》和聘任合同对孙某进行管理

  C. 对孙某的工资可以按照国家规定实行协议工资

  D. 如孙某与该机关因履行聘任合同发生争议,可以向人事争议仲裁委员会申请仲裁

36. ⬭2014/2/44/单⬭

  王某经过考试成为某县财政局新录用的公务员,但因试用期满不合格被取消录用。下列哪一说法是正确的?④

  A. 对王某的试用期限,由某县财政局确定

---

  ① B　② BD(原答案为B)　③ BCD　④ C

B. 对王某的取消录用,应当适用辞退公务员的规定

C. 王某不服取消录用向法院提起行政诉讼的,法院应当予以受理

D. 对王某的取消录用,在性质上属于对王某的不予录用

37. 2015/2/76/多

关于公务员的辞职和辞退,下列哪些说法是正确的?①

A. 重要公务尚未处理完毕的公务员,不得辞去公职

B. 领导成员对重大事故负有领导责任的,应引咎辞去公职

C. 对患病且在规定的医疗期内的公务员,不得辞退

D. 被辞退的公务员,可根据国家有关规定享受失业保险

38. 2017/2/76/多

根据《公务员法》规定,经省级以上公务员主管部门批准,机关根据工作需要可以对下列哪些职位实行聘任制?②

A. 涉及国家秘密的职位　　　　B. 专业性较强的职位

C. 辅助性职位　　　　　　　　D. 机关急需的职位

39. 2007/2/85/多

下列哪些情形违反《公务员法》有关回避的规定?③

A. 张某担任家乡所在县的县长

B. 刘某是工商局局长,其侄担任工商局人事处科员

C. 王某是税务局工作人员,参加调查一企业涉嫌偷漏税款案,其妻之弟任该企业的总经理助理

D. 李某是公安局局长,其妻在公安局所属派出所担任户籍警察

专题四　抽象行政行为

考点6 行政法规

40. 法考回忆题/单

为促进某市自由贸易试验区的发展,有关机关决定在该市暂时停止实施行政法规《国际海运运输条例》的部分规定。该决定应由下列哪一主体作出?④

---

① CD ② BC ③ ABC ④ D

A. 某市人民政府

B. 某市人民代表大会

C. 全国人大常委会

D. 国务院

41. 2008/2/41/单 新法改编

关于行政法规制定程序的说法,下列哪一选项是正确的?①

A. 行政法规的制定程序包括起草、审查、决定和公布,立项不属于行政法规制定程序

B. 几个部门共同起草的行政法规送审稿报送国务院,应当由牵头部门主要负责人签署

C. 对重要的行政法规送审稿,国务院法制机构经国务院同意后向社会公布

D. 行政法规应当在公布后 30 日内由国务院办公厅报全国人大常委会备案

42. 2011/2/85/多

国务院法制机构在审查起草部门报送的行政法规送审稿时认为,该送审稿规定的主要制度存在较大争议,且未与有关部门协商。对此,可以采取下列哪些处理措施?②

A. 缓办

B. 移交其他部门起草

C. 退回起草部门

D. 向社会公布,公开征求意见

43. 2010/2/42/单

关于行政法规的决定与公布,下列哪一说法是正确的?③

A. 行政法规均应由国务院常务会议审议通过

B. 行政法规草案在国务院常务会议审议时,可由起草部门作说明

C. 行政法规草案经国务院审议报国务院总理签署前,不得再作修改

D. 行政法规公布后由国务院法制机构报全国人大常委会备案

① D(原答案为C)　② AC　③ B

44． 2014/2/46/单

《计算机信息网络国际联网安全保护管理办法》于 1997 年 12 月 11 日经国务院批准,由公安部于 1997 年 12 月 30 日以公安部部令发布。该办法属于哪一性质的规范?①

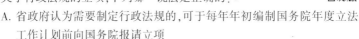

A. 行政法规
B. 国务院的决定
C. 规章
D. 一般规范性文件

45． 2017/2/45/单

关于行政法规的立项,下列哪一说法是正确的?②

A. 省政府认为需要制定行政法规的,可于每年年初编制国务院年度立法工作计划前向国务院报请立项
B. 国务院法制机构根据有关部门报送的立项申请汇总研究,确定国务院年度立法工作计划
C. 列入国务院年度立法工作计划的行政法规项目应适应改革、发展、稳定的需要
D. 国务院年度立法工作计划一旦确定不得调整

46． 2007/2/46/单

关于行政法规,下列哪一选项是正确的?③

A. 行政法规可以设定行政拘留处罚
B. 行政法规对法律设定的行政许可作出具体规定时可以增设行政许可
C. 行政法规的决定程序依照国务院组织法的有关规定办理
D. 行政法规之间对同一事项的新的一般规定与旧的特别规定不一致,不能确定如何适用时,由国务院法制机构裁决

考点7 行政规章

47． 法考回忆题/单

2021 年,国家市场监督管理总局和生态环境部联合制定了《机动车排放召回管理规定》。下列说法正确的是:④

A. 该规定属于行政法规
B. 该规定的解释主体是国家市场监督管理总局

---

① A ② C ③ C ④ C

C. 公民个人认为该规章同法律抵触的,可以向国务院书面提出审查建议

D. 国家市场监督管理总局依据上述规定,责令某企业召回已上市销售的不符合排放标准的机动车,该行为属于行政处罚

48． 法考回忆题/多

甲省乙市政府制定规则《城市生活垃圾分类管理办法》,对违反垃圾分类投放规则的单位和个人作出了罚款规定。关于该办法,下列哪些说法是正确的?①

A. 符合地方政府规章立法事项范围

B. 公布后应在中国政府法制信息网刊载

C. 应当报甲省政府备案,不需要报国务院备案

D. 设定的罚款不能超出该省人大常委会对政府规章规定的罚款限额

49． 2010/2/80/多

某企业认为,甲省政府所在地的市政府制定的规章同某一行政法规相抵触,可以向下列哪些机关书面提出审查建议?②

A. 国务院

B. 国务院法制机构

C. 甲省政府

D. 全国人大常委会

50． 2016/2/77/多

某省会城市的市政府拟制定限制电动自行车通行的规章。关于此规章的制定,下列哪些说法是正确的?③

A. 应先列入市政府年度规章制定工作计划中,未列入不得制定

B. 起草该规章应广泛听取有关机关、组织和公民的意见

C. 此规章送审稿的说明应对制定规章的必要性、规定的主要措施和有关方面的意见等情况作出说明

D. 市政府法制机构认为制定此规章基本条件尚不成熟,可将规章送审稿退回起草单位

51． 2014/2/97/不定项

有关规章的决定和公布,下列说法正确的是:④

A. 审议规章草案时须由起草单位作说明

---

① ABD ② AC ③ BCD ④ C

B. 地方政府规章须经政府全体会议决定

C. 部门联合规章须由联合制定的部门首长共同署名公布,使用主办机关的命令序号

D. 规章公布后须及时在全国范围内发行的有关报纸上刊登

52. 2009/2/39/单

下列哪一选项符合规章制定的要求?①

A. 某省政府所在地的市政府将其制定的规章定名为"条例"

B. 某省政府在规章公布后 60 日向省人大常委会备案

C. 基于简化行政管理手续考虑,对涉及国务院甲乙两部委职权范围的事项,甲部单独制定规章加以规范

D. 某省政府制定的规章既规定行政机关必要的职权,又规定行使该职权应承担的责任

53. 2017/2/77/多

关于规章的起草和审查,下列哪些说法是正确的?②

A. 起草规章可邀请专家参加,但不能委托专家起草

B. 起草单位就规章起草举行听证会,应制作笔录,如实记录发言人的主要观点和理由

C. 起草规章应广泛听取有关机关、组织和公民的意见

D. 如制定规章的基本条件不成熟,法制机构应将规章送审稿退回起草单位

考点8 规范性文件的附带审查

54. 法考回忆题/单

某区交通局依据市交通局制发的《客运经营管理办法》认定张某违法从事客运经营,对其罚款 2000 元。张某诉至法院请求撤销该处罚决定,并审查《客运经营管理办法》的合法性。法院审理认定《客运经营管理办法》与上位法规定不一致,判决撤销了罚款决定。双方当事人均未提出上诉。对此,下列哪一说法是正确的?③

A. 本案的被告是区交通局和市交通局

B. 张某最迟应在法院判决前提出对《客运经营管理办法》的审查申请

① D ② BC ③ C

C. 法院可直接向市交通局提出修改《客运经营管理办法》的司法建议

D. 法院应在裁判生效后 3 个月内就《客运经营管理办法》存在的问题向上一级法院备案

55. （法考回忆题/不定项）

区公安局依据省公安厅和司法厅联合制定的《律师管理意见》对涉嫌寻衅滋事的律师王某罚款 5000 元，王某对处罚不服提起诉讼，一并要求审查《律师管理意见》。下列说法不正确的是：①

A. 法院在对该文件审查过程中，应当听取两个制定机关的意见

B. 两个制定机关申请出庭陈述意见，法院应当准许

C. 一审法院可以向省人大常委会提出修改该文件的司法建议

D. 法院有权宣告该文件无效

专题五　具体行政行为概述

考点9 具体行政行为的概念与判断

56. （法考回忆题/多）

下列哪些行为属于具体行政行为？②

A. 市场监督管理局发文要求某电商平台合法合规经营

B. 防汛指挥部发布大雨蓝色预警，请市民出行注意安全

C. 中国证监会对某公司负责人采取终身禁入证券市场措施

D. 某省证监局向某证券公司出具警示函，指出其执业过程中存在的问题并责令采取整改措施

57. （法考回忆题/多）

某市政建设管理部门依法授予甲公司城市管道燃气独占专营权。在甲公司经营权与营业权存续期间，该市政建设管理部门确定了城市管道燃气项目招标方案，并举行招标，乙公司中标。对招标行为，甲公司向法院提起诉讼。下列哪些说法是正确的？③

A. 授予甲公司城市管道燃气独占专营权的行为属于民事行为

B. 授予甲公司城市管道燃气独占专营权的行为属于行政许可

---

① ACD　② CD　③ BCD

C. 如果法院受理此案,乙公司为第三人

D. 市政建设管理部门的行为,违背了信赖利益保护原则

58. 法考回忆题/单

某区政府发布公告,要求阳光小区居民与区政府协商拆迁安置补偿款事宜,根据补偿标准签订安置补偿协议,并于 90 日内搬离。关于公告的法律性质,下列哪一选项是正确的?①

A. 行政协议

B. 行政指导

C. 单方行政行为

D. 行政强制

59. 2010/2/46/单

某区城管局以甲摆摊卖"麻辣烫"影响环境为由,将其从事经营的小推车等物品扣押。在实施扣押过程中,城管执法人员李某将甲打伤。对此,下列哪一说法是正确的?②

A. 扣押甲物品的行为,属于行政强制执行措施

B. 李某殴打甲的行为,属于事实行为

C. 因甲被打伤,扣押甲物品的行为违法

D. 甲被打伤的损失,应由李某个人赔偿

60. 2009/2/41/单

经甲公司申请,市建设局给其颁发建设工程规划许可证。后该局在复核中发现甲公司在申请时报送的企业法人营业执照已经超过有效期,遂依据《行政许可法》规定,撤销该公司的规划许可证,并予以注销。甲公司不服,向法院提起诉讼。市建设局撤销甲公司规划许可证的行为属于下列哪一类别?③

A. 行政处罚

B. 行政强制措施

C. 行政行为的撤销

D. 行政检查

---

① C ② B ③ C

61. 2016/2/44/单

为落实淘汰落后产能政策,某区政府发布通告:凡在本通告附件所列名单中的企业两年内关闭。提前关闭或者积极配合的给予一定补贴,逾期不履行的强制关闭。关于通告的性质,下列哪一选项是正确的?①

A. 行政规范性文件

B. 具体行政行为

C. 行政给付

D. 行政强制

62. 2017/2/46/单

行政机关所实施的下列行为中,哪一项属于具体行政行为?②

A. 公安交管局在辖区内城市快速路入口处悬挂"危险路段,谨慎驾驶"的横幅

B. 县公安局依照《刑事诉讼法》对李某进行拘留

C. 区政府对王某作出房屋征收决定

D. 因民间纠纷引起的打架斗殴双方经公安派出所调解达成的协议

考点10 具体行政行为的效力

63. 法考回忆题/多

关于无效具体行政行为,下列哪些说法是正确的?③

A. 具体行政行为一经确认无效即应当对当事人进行国家赔偿

B. 确认无效的具体行政行为对作为当事人一方的行政机关无拘束力

C. 我国法律尚未对具体行政行为的无效情形作出明确规定

D. 滥用职权的具体行政行为在被撤销前具有法律效力

64. 法考回忆题/多

下列关于具体行政行为的说法哪些是正确的?④

A. 确定力是指具体行政行为一经生效,行政机关和相对人必须遵守

B. 2014年修改的《行政诉讼法》中并未出现具体行政行为这一用语

C. 具体行政行为是指对特定人或者特定事项的一次性处理

D. 授益性行政行为与裁量性行政行为是相对应的

---

① B ② C ③ BD ④ BC

65. 2013/2/85/多

关于具体行政行为的合法性与效力,下列哪些说法是正确的?①

A. 遵守法定程序是具体行政行为合法的必要条件

B. 无效行政行为可能有多种表现形式,无法完全列举

C. 因具体行政行为废止致使当事人的合法权益受到损失的,应给予赔偿

D. 申请行政复议会导致具体行政行为丧失拘束力

66. 2010/2/81/多

关于具体行政行为的效力,下列哪些说法是正确的?②

A. 可撤销的具体行政行为在被撤销之前,当事人应受其约束

B. 具体行政行为废止前给予当事人的利益,在该行为废止后应收回

C. 为某人设定专属权益的行政行为,如此人死亡其效力应终止

D. 对无效具体行政行为,任何人都可以向法院起诉主张其无效

67. 2009/2/80/多

关于具体行政行为的成立和效力,下列哪些选项是错误的?③

A. 与抽象行政行为不同,具体行政行为一经成立即生效

B. 行政强制执行是实现具体行政行为执行力的制度保障

C. 未经送达领受程序的具体行政行为也具有法律约束力

D. 因废止具体行政行为给当事人造成损失的,国家应当给予赔偿

68. 2014/2/99/不定项

有关具体行政行为的效力和合法性,下列说法正确的是:④

A. 具体行政行为一经成立即生效

B. 具体行政行为违法是导致其效力终止的唯一原因

C. 行政机关的职权主要源自行政组织法和授权法的规定

D. 滥用职权是具体行政行为构成违法的独立理由

69. 2015/2/46/单

某地连续发生数起以低价出售物品引诱当事人至屋内后实施抢劫的事件,当地公安局通过手机短信告知居民保持警惕以免上当受骗。公安局的行为属于下列哪一性质?⑤

---

① AB ② AC ③ ACD ④ CD ⑤ A

A. 履行行政职务的行为　　　　B. 负担性的行为

C. 准备性行政行为　　　　　　D. 强制行为

70. 2006/2/40/单

下列哪一选项是关于具体行政行为拘束力的正确理解?

①具体行政行为具有不再争议性,相对人不得改变具体行政行为

②行政主体非经法定程序不得任意改变或撤销具体行政行为

③相对人必须遵守和实际履行具体行政行为规定的义务

④具体行政行为在行政复议或行政诉讼期间不停止执行①

A. ①②　　　　　　　　　　　B. ①②④

C. ②③　　　　　　　　　　　D. ③④

专题六　行政许可

考点11 行政许可的设定

71. 法考回忆题/单

水利部依照《中华人民共和国水法》制定了《水行政处罚实施办法》(中华人民共和国水利部令第 55 号)。该办法可以规定下列哪一项内容?②

　A. 规定行政处罚的级别管辖

　B. 补充设定行政处罚

　C. 规定行政处罚适用简易程序的特殊条件

　D. 规定依普通程序作出处罚决定的期限

72. 2016/2/79/多

关于行政许可的设定权限,下列哪些说法是不正确的?③

　A. 必要时省政府制定的规章可设定企业的设立登记及其前置性行政许可

　B. 地方性法规可设定应由国家统一确定的公民、法人或者其他组织的资格、资质的行政许可

　C. 必要时国务院部门可采用发布决定的方式设定临时性行政许可

---

① C　② D　③ ABC

D. 省政府报国务院批准后可在本区域停止实施行政法规设定的有关经济事务的行政许可

73. （2010/2/82/多）

下列哪些地方性法规的规定违反《行政许可法》？①

A. 申请餐饮服务许可证,须到当地餐饮行业协会办理认证手续

B. 申请娱乐场所表演许可证,文化主管部门收取的费用由财政部门按一定比例返还

C. 外地人员到本地经营网吧,应当到本地电信管理部门注册并缴纳特别管理费

D. 申请建设工程规划许可证,需安装建设主管部门指定的节能设施

考点12 行政许可的实施机关与实施程序

74. 法考回忆题/单

齐某自行购置了一台新车准备从事网约车营运,向甲市乙区交通运输管理局申请网约车营运许可。依照甲市制发的《网约车运营管理规定》,车龄3年以上才可申领网约车营运许可,乙区交通运输管理局据此拒绝了齐某的申请。齐某不服,向法院提起诉讼。诉讼期间,乙区交通运输管理局为齐某发放了营运许可,但齐某未撤诉。对此,下列哪一说法是正确的？②

A. 网约车许可属于特许

B. 齐某不可以通过电子邮件申请网约车营运许可

C. 乙区交通运输管理局应当在30日内作出许可决定

D. 法院应当判决确认乙区交通运输管理局拒绝发证行为违法

75. （2016/2/78/多）

《执业医师法》规定,执业医师需依法取得卫生行政主管部门发放的执业医师资格,并经注册后方能执业。关于执业医师资格,下列哪些说法是正确的？③

A. 该资格属于直接关系人身健康,需按照技术规范通过检验、检测确定申请人条件的许可

B. 对《执业医师法》规定的取得资格的条件和要求,部门规章不得作出具体规定

---

① ABCD ② D ③ CD

C. 卫生行政主管部门组织执业医师资格考试,应公开举行

D. 卫生行政主管部门组织执业医师资格考试,不得组织强制性考前培训

76. 2010/2/43/单

刘某向卫生局申请在小区设立个体诊所,卫生局受理申请。小区居民陈某等人提出,诊所的医疗废物会造成环境污染,要求卫生局不予批准。对此,下列哪一选项符合《行政许可法》规定?①

A. 刘某既可以书面也可以口头申请设立个体诊所

B. 卫生局受理刘某申请后,应当向其出具加盖本机关专用印章和注明日期的书面凭证

C. 如陈某等人提出听证要求,卫生局同意并听证的,组织听证的费用应由陈某承担

D. 如卫生局拒绝刘某申请,原则上应作出书面决定,必要时口头告知即可

77. 2009/2/40/单

2001 年原信息产业部制定的《电信业务经营许可证管理办法》(简称《办法》)规定"经营许可证有效期届满,需要继续经营的,应提前 90 日,向原发证机关提出续办经营许可证的申请"。2003 年 9 月 1 日获得增值电信业务许可证(有效期为五年)的甲公司,于 2008 年拟向原发证机关某省通信管理局提出续办经营许可证的申请。下列哪一选项是正确的?②

A. 因《办法》为规章,所规定的延续许可证申请期限无效

B. 因《办法》在《行政许可法》制定前颁布,所规定的延续许可证申请期限无效

C. 如甲公司依法提出申请,某省通信管理局应在甲公司许可证有效期届满前作出是否准予延续的决定

D. 如甲公司依法提出申请,某省通信管理局在 60 日内不予答复的,视为拒绝延续

78. 2013/2/47/单

某公司向规划局交纳了一定费用后获得了该局发放的建设用地规划许可证。刘某的房屋紧邻该许可规划用地,刘某认为建筑工程完成后将

---

① B ② C

遮挡其房屋采光,向法院起诉请求撤销该许可决定。下列哪一说法是正确的?①

A. 规划局发放许可证不得向某公司收取任何费用

B. 因刘某不是该许可的利害关系人,规划局审查和决定发放许可证无需听取其意见

C. 因刘某不是该许可的相对人,不具有原告资格

D. 因建筑工程尚未建设,刘某权益受侵犯不具有现实性,不具有原告资格

79. 〔 2009/2/90/多 〕

关于公告,下列哪些选项是正确的?②

A. 行政机关认为需要听证的涉及公共利益的重大许可事项应当向社会公告

B. 行政许可直接涉及申请人与他人之间重大利益关系的,申请人、利害关系人提出听证申请的,行政机关应当予以公告

C. 行政机关在其法定权限范围内,依据法律委托其他行政机关实施行政许可,对受委托行政机关和受委托实施许可的内容应予以公告

D. 被许可人以欺骗、贿赂等不正当手段取得行政许可,行政机关予以撤销的,应当向社会公告

80. 〔 2017/2/47/单 〕

天龙房地产开发有限公司拟兴建天龙金湾小区项目,向市规划局申请办理建设工程规划许可证,并提交了相关材料。下列哪一说法是正确的?③

A. 公司应到市规划局办公场所提出申请

B. 公司应对其申请材料实质内容的真实性负责

C. 公司的申请材料不齐全的,市规划局应作出不受理决定

D. 市规划局为公司提供的申请格式文本可收取工本费

考点13 行政许可的撤销、撤回、注销与吊销

81. 〔 法考回忆题/单 〕

关于行政许可的撤销与注销,下列哪一项说法是正确的?④

---

① A ② AC ③ B ④ B

A. 均为行政处罚行为

B. 均为可诉行政行为

C. 均为依申请行政行为

D. 均为可裁量行政行为

82. 〔法考回忆题/多〕

某区规划局批准了大地房地产开发公司的土地开发申请,并向其颁发了建设工程规划许可证,后查明该公司在申请规划许可时提供了虚假材料,于是,某区规划局将该许可证予以撤销。下列哪些说法是正确的?①

A. 颁发建设工程规划许可证不得收取任何费用

B. 批准开发申请应当向社会公开

C. 撤销建设工程规划许可证的行为属于行政处罚

D. 若大地房地产开发公司提起行政复议,复议机关为区政府

83. 〔2011/2/42/单〕

某市安监局向甲公司发放《烟花爆竹生产企业安全生产许可证》后,发现甲公司所提交的申请材料系伪造。对于该许可证的处理,下列哪一选项是正确的?②

A. 吊销　　　　　　　　B. 撤销

C. 撤回　　　　　　　　D. 注销

84. 〔2008/2/87/多〕

对下列哪些情形,行政机关应当办理行政许可的注销手续?③

A. 张某取得律师执业证书后,发生交通事故成为植物人

B. 田某违法经营的网吧被吊销许可证

C. 李某依法向国土资源管理部门申请延续采矿许可,国土资源管理部门在规定期限内未予答复

D. 刘某通过行贿取得行政许可证后,被行政机关发现并撤销其许可

85. 〔2015/2/47/单〕

食品药品监督管理局向一药店发放药品经营许可证。后接举报称,该药店存在大量非法出售处方药的行为,该局在调查中发现药店的药品

经营许可证系提供虚假材料欺骗所得。关于对许可证的处理,该局下列哪一做法是正确的?①

    A. 撤回

    B. 撤销

    C. 吊销

    D. 待有效期限届满后注销

86. 2017/2/78/多

下列哪些情形中,行政机关应依法办理行政许可的注销手续?②

    A. 某企业的产品生产许可证有效期限届满未申请延续的

    B. 某企业的旅馆业特种经营许可证被认定为以贿赂手段取得而被撤销的

    C. 某房地产开发公司取得的建设工程规划许可证被吊销的

    D. 拥有执业医师资格证的王医生死亡的

87. 2007/2/81/多

刘某参加考试并取得《医师资格证书》,后市卫生局查明刘某在报名时提供的系虚假材料,于是向刘某送达《行政许可证件撤销告知书》。刘某提出听证申请,被拒绝。市卫生局随后撤销了刘某的《医师资格证书》。下列哪些选项是正确的?③

    A. 市卫生局有权撤销《医师资格证书》

    B. 撤销《医师资格证书》的行为应当履行听证程序

    C. 市政府有权撤销《医师资格证书》

    D. 市卫生局撤销《医师资格证书》后应依照法定程序将其注销

考点14 行政许可和行政处罚的比较

88. 2016/2/80/单

关于一个行政机关行使有关行政机关的行政许可权和行政处罚权的安排,下列哪一说法是正确的?④

    A. 涉及行政处罚的,由国务院或者经国务院授权的省、自治区、直辖市政府决定

---

① B ② ABCD ③ ACD ④ B(原答案为ABC)

B. 涉及行政许可的,由经国务院批准的省、自治区、直辖市政府决定

C. 限制人身自由的行政处罚只能由公安机关行使,不得交由其他行政机关行使

D. 由公安机关行使的行政许可,不得交由其他行政机关行使

89. 2011/2/41/单

关于规章,下列哪一说法是正确的?①

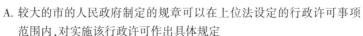

A. 较大的市的人民政府制定的规章可以在上位法设定的行政许可事项范围内,对实施该行政许可作出具体规定

B. 行政机关实施许可不得收取任何费用,但规章另有规定的,依照其规定

C. 规章可以授权具有管理公共事务职能的组织实施行政处罚

D. 违法行为在二年内未被发现的,不再给予行政处罚,但规章另有规定的除外

90. 2015/2/77/多

对下列哪些拟作出的决定,行政机关应告知当事人有权要求听证?②

A. 税务局扣押不缴纳税款的某企业价值 200 万元的商品

B. 交通局吊销某运输公司的道路运输经营许可证

C. 规划局发放的建设用地规划许可证,直接涉及申请人与附近居民之间的重大利益关系

D. 公安局处以张某行政拘留 10 天的处罚

专题七 行政处罚

考点 15 行政处罚的种类

91. 2010/2/44/单

下列哪一行为属于行政处罚?③

A. 公安交管局暂扣违章驾车张某的驾驶执照六个月

B. 工商局对一企业有效期届满未申请延续的营业执照予以注销

---

① A ② BC ③ A

C. 卫生局对流行性传染病患者强制隔离

D. 食品药品监督局责令某食品生产者召回其已上市销售的不符合食品安全标准的食品

92. 〔2016/2/81/多〕

下列哪些行政行为不属于行政处罚?①

A. 质监局对甲企业涉嫌冒用他人商品识别代码的产品予以先行登记保存

B. 食品药品监管局责令乙企业召回已上市销售的不符合药品安全标准的药品

C. 环保局对排污超标的丙企业作出责令停产 6 个月的决定

D. 工商局责令销售不合格产品的丁企业支付消费者 3 倍赔偿金

考点 16 行政处罚的设定

93. 〔2013/2/48/单〕

关于部门规章的权限,下列哪一说法是正确的?②

A. 尚未制定法律、行政法规,对违反管理秩序的行为,可以设定暂扣许可证的行政处罚

B. 尚未制定法律、行政法规,且属于规章制定部门职权的,可以设定扣押财物的行政强制措施

C. 可以在上位法设定的行政许可事项范围内,对实施该许可作出具体规定

D. 可以设定除限制人身自由以外的行政处罚

考点 17 行政处罚决定程序与执行程序

94. 〔法考回忆题/不定项〕

甲市政府发布《关于限制道路通行的通告》,自 7 月 20 日至 7 月 25 日某路段禁止通行。甲市乙区公安分局交警大队通过监控发现李某违反限行规定,对其作出 200 元罚款决定。李某向乙区政府申请行政复议,乙区政府复议维持。后李某提起诉讼。关于本案,下列说法正确的是:③

A.《关于限制道路通行的通告》是具体行政行为

---

① ABD ② C ③ BCD

B. 对李某的处罚可适用简易程序

C. 被告是乙区公安分局交警大队和区政府

D. 对李某的监控记录未经审核不得作为证据使用

95. 法考回忆题/多

某超市售卖过期变质的酸奶,区市监局对其作出没收酸奶和罚款 1 万元的处罚决定,但超市逾期不缴纳罚款。对此,下列哪些说法是正确的?①

A. 区市监局可以按日加处 3% 的罚款

B. 区市监局可以拍卖酸奶抵扣罚款

C. 区市监局可以和超市签订执行协议,约定分期缴纳罚款

D. 区市监局作出处罚决定时可以告知超市有申请听证的权利

96. 2011/2/44/单

质监局发现王某生产的饼干涉嫌违法使用添加剂,遂将饼干先行登记保存,期限为 1 个月。有关质监局的先行登记保存行为,下列哪一说法是正确的?②

A. 系对王某的权利义务不产生实质影响的行为

B. 可以由 2 名执法人员在现场直接作出

C. 采取该行为的前提是证据可能灭失或以后难以取得

D. 登记保存的期限合法

97. 2011/2/48/单

某国土资源局以陈某违反《土地管理法》为由,向陈某送达决定书,责令其在 10 日内拆除擅自在集体土地上建造的房屋 3 间,恢复土地原状。陈某未履行决定。下列哪一说法是错误的?③

A. 国土资源局的决定书应载明,不服该决定申请行政复议或提起行政诉讼的途径和期限

B. 国土资源局的决定为负担性具体行政行为

C. 因《土地管理法》对起诉期限有特别规定,陈某对决定不服提起诉讼的,应依该期限规定

D. 如陈某不履行决定又未在法定期限内申请复议或起诉的,国土资源局可以自行拆除陈某所建房屋

---

① AC ② C ③ D

98 . 2009/2/85/多

甲公司将承建的建筑工程承包给无特种作业操作资格证书的邓某,邓某在操作时引发事故。某省建设厅作出暂扣甲公司安全生产许可证三个月的决定,市安全监督管理局对甲公司罚款三万元。甲公司对市安全监督管理局罚款不服,向法院起诉。下列哪些选项是正确的?①

A. 如甲公司对某省建设厅的决定也不服,向同一法院起诉的,法院可以决定合并审理

B. 市安全监督管理局不能适用简易程序作出罚款 3 万元的决定

C. 某省建设厅作出暂扣安全生产许可证决定前,应为甲公司组织听证

D. 因市安全监督管理局的罚款决定违反一事不再罚要求,法院应判决撤销

99 . 2017/2/82/多

根据相关法律规定,在行政决定作出前,当事人有权就下列哪些情形要求举行听证?②

A. 区工商分局决定对个体户王某销售的价值 10 万元的假冒他人商标的服装予以扣押

B. 县公安局以非法种植罂粟为由对陈某处以 3000 元罚款

C. 区环保局责令排放污染物严重的某公司停业整顿

D. 胡某因酒后驾车,被公安交管部门吊销驾驶证

考点 18 治安管理处罚

100 . 法考回忆题/多

赵某殴打孙某,孙某因故意伤害他人被县公安局给予行政拘留 5 日并处罚款 300 元。赵某不服,向法院提起行政诉讼。孙某认为该处罚决定过轻,也向法院提起行政诉讼。下列哪些说法是正确的?③

A. 县公安局作出处罚决定前,可以组织听证

B. 应当暂缓执行赵某的行政拘留处罚决定

C. 法院应当合并审理

D. 经审理被诉处罚决定明显不当的,法院可以变更为行政拘留 10 日并处罚款 500 元

---

① AB　② BCD　③ ACD

101. 〔法考回忆题/多〕

张三以刻划方式损坏博物馆里的文物,区公安分局决定对其作出拘留 15 日的处罚。张三对此不服,提起诉讼。下列哪些说法是正确的?①

A. 张三的行为属于妨害公共安全的行为

B. 公安分局应当告知张三有申请听证的权利

C. 若张三申请行政复议,应当向区政府提出

D. 张三可以申请暂缓执行行政拘留

102. 〔2012/2/47/单〕

经传唤调查,某区公安分局以散布谣言,谎报险情为由,决定对孙某处以 15 日行政拘留,并处 500 元罚款。下列哪一选项是正确的?②

A. 传唤孙某时,某区公安分局应当将传唤的原因和依据告知孙某

B. 传唤后对孙某的询问查证时间不得超过 48 小时

C. 孙某对处罚决定不服申请行政复议,应向市公安局申请

D. 如孙某对处罚决定不服直接起诉的,应暂缓执行行政拘留的处罚决定

103. 〔2011/2/81/多〕

某区公安分局以沈某收购赃物为由,拟对沈某处以 1000 元罚款。该分局向沈某送达了听证告知书,告知其可以在 3 日内提出听证申请,沈某遂提出听证要求。次日,该分局在未进行听证的情况下向沈某送达 1000 元罚款决定。沈某申请复议。下列哪些说法是正确的?③

A. 该分局在作出决定前,应告知沈某处罚的事实、理由和依据

B. 沈某申请复议的期限为 60 日

C. 该分局不进行听证并不违法

D. 该罚款决定违法

104. 〔2016/2/45/单〕

李某多次发送淫秽短信、干扰他人正常生活,公安机关经调查拟对李某作出行政拘留 10 日的处罚。关于此处罚决定,下列哪一做法是适当的?④

A. 由公安派出所作出　　　　B. 依当场处罚程序作出

C. 应及时通知李某的家属　　D. 紧急情况下可以口头方式作出

---

① CD　② A　③ ABD　④ C

105． 2013/2/46/单

因关某以刻划方式损坏国家保护的文物,公安分局决定对其作出拘留10日,罚款500元的处罚。关某申请复议,并向该局提出申请、交纳保证金后,该局决定暂缓执行拘留决定。下列哪一说法是正确的?①

A. 关某的行为属于妨害公共安全的行为

B. 公安分局应告知关某有权要求举行听证

C. 复议机关只能是公安分局的上一级公安机关

D. 如复议机关撤销对关某的处罚,公安分局应当及时将收取的保证金退还关某

106． 2011/2/46/单

市政府决定,将牛某所在村的集体土地征收转为建设用地。因对补偿款数额不满,牛某对现场施工进行阻挠。市公安局接警后派警察到现场处理。经口头传唤和调查后,该局对牛某处以10日拘留。牛某不服处罚起诉,法院受理。下列哪一说法是正确的?②

A. 市公安局警察口头传唤牛某构成违法

B. 牛某在接受询问时要求就被询问事项自行提供书面材料,不予准许

C. 市政府征收土地决定的合法性不属于本案的审查范围

D. 本案不适用变更判决

107． 2010/2/83/多

公安局认定朱某嫖娼,对其拘留15日并处罚款5000元。关于此案,下列哪些说法是正确的?③

A. 对朱某的处罚决定书应载明处罚的执行方式和期限

B. 如朱某要求听证,公安局应当及时依法举行听证

C. 朱某有权陈述和申辩,公安局必须充分听取朱某的意见

D. 如朱某对拘留和罚款处罚不服起诉,该案应由公安局所在地的法院管辖

108． 2009/2/88/多

某县公安局接到有人在薛某住所嫖娼的电话举报,遂派员前往检

---

① D ② C ③ ABCD(原答案为 ABC)

查。警察到达举报现场,敲门未开破门入室,只见薛某一人。薛某拒绝在检查笔录上签字,警察在笔录上注明这一情况。薛某认为检查行为违法,提起行政诉讼。下列哪些选项是正确的?①

A. 某县公安局应当对电话举报进行登记

B. 警察对薛某住所进行检查时不得少于二人

C. 警察对薛某住所进行检查时应当出示工作证件和县级以上政府公安机关开具的检查证明文件

D. 因薛某未在警察制作的检查笔录上签字,该笔录在行政诉讼中不具有证据效力

109． 2014/2/79/多

某公安局以刘某引诱他人吸食毒品为由对其处以 15 日拘留,并处 3000 元罚款的处罚。刘某不服,向法院提起行政诉讼。下列哪些说法是正确的?②

A. 公安局在作出处罚决定前传唤刘某询问查证,询问查证时间最长不得超过 24 小时

B. 对刘某的处罚不应当适用听证程序

C. 如刘某为外国人,可以附加适用限期出境

D. 刘某向法院起诉的期限为 3 个月

110． 2015/2/48/单

公安局以田某等人哄抢一货车上的财物为由,对田某处以 15 日行政拘留处罚,田某不服申请复议。下列哪一说法是正确的?③

A. 田某的行为构成扰乱公共秩序

B. 公安局对田某哄抢的财物应予以登记

C. 公安局对田某传唤后询问查证不得超过 12 小时

D. 田某申请复议的期限为 6 个月

111． 2017/2/79/多

某公安派出所以李某放任所饲养的烈性犬恐吓张某为由对李某处以 500 元罚款。关于该处罚决定,下列哪些说法是正确的?④

A. 公安派出所可以自己名义作出决定

---

① ABC ② AC(原答案为ACD) ③ B ④ AC

B. 可当场作出处罚决定

C. 应将处罚决定书副本抄送张某

D. 如李某不服处罚决定向法院起诉,应以该派出所所属的公安局为被告

专题八　行政强制

考点 19　行政强制行为的判定

112. 法考回忆题/多

甲市乙区税务局认定某公司骗取出口退税,遂作出《税务行政处理决定书》,决定追缴其所骗取的税款 500 万元。该公司拒绝上缴,后乙区税务局从其公司银行账户中强制扣缴 500 万元。该公司不服《税务行政处理决定书》,向甲市税务局申请行政复议,甲市税务局作出维持决定。该公司不服,提起行政诉讼。下列哪些说法是正确的?①

　A. 该公司的复议申请期限为 60 日

　B. 追缴税款的决定属于行政处罚

　C. 甲市税务局和乙区税务局为共同被告

　D. 强制扣缴属于行政强制执行

113. 法考回忆题/多

下列哪些行为属于行政强制措施?②

　A. 甲酒后驾车,公安局决定暂扣其驾驶执照 6 个月

　B. 公安局发现乙醉酒影响公共秩序,将其带离现场并约束其至酒醒

　C. 市场监督管理局发现丙销售未经检验检疫的猪肉,决定暂扣其未售出的猪肉

　D. 税务局认定丁公司涉嫌转移财产逃税,扣押其相当于应缴税款的商品

114. 2013/2/43/单

李某长期吸毒,多次自费戒毒均未成功。某公安局在一次检查中发现后,将李某送至强制隔离戒毒所进行强制隔离戒毒。强制隔离戒毒属于下列哪一性质的行为?③

　A. 行政处罚　　　　　　　　　　B. 行政强制措施

① ACD　② BCD　③ B

C. 行政强制执行 　　　　　　　D. 行政许可

115． 2012/2/84/多

规划局认定一公司所建房屋违反规划,向该公司发出《拆除所建房屋通知》,要求公司在 15 日内拆除房屋。到期后,该公司未拆除所建房屋,该局发出《关于限期拆除所建房屋的通知》,要求公司在 10 日内自动拆除,否则将依法强制执行。下列哪些说法是正确的?①

A.《拆除所建房屋通知》与《关于限期拆除所建房屋的通知》性质不同

B.《关于限期拆除所建房屋的通知》系行政处罚

C. 公司可以对《拆除所建房屋通知》提起行政诉讼

D. 在作出《拆除所建房屋通知》时,规划局可以适用简易程序

116． 2016/2/46/单

下列哪一行政行为不属于行政强制措施?②

A. 审计局封存转移会计凭证的被审计单位的有关资料

B. 公安交通执法大队暂扣酒后驾车的贾某机动车驾驶证 6 个月

C. 税务局扣押某企业价值相当于应纳税款的商品

D. 公安机关对醉酒的王某采取约束性措施至酒醒

117． 2014/2/45/单

某县公安局开展整治非法改装机动车的专项行动,向社会发布通知:禁止改装机动车,发现非法改装机动车的,除依法暂扣行驶证、驾驶证 6 个月外,机动车所有人须到指定场所学习交通法规 5 日并出具自行恢复原貌的书面保证,不自行恢复的予以强制恢复。某县公安局依此通知查处 10 辆机动车,要求其所有人到指定场所学习交通法规 5 日并出具自行恢复原貌的书面保证。下列哪一说法是正确的?③

A. 通知为具体行政行为

B. 要求 10 名机动车所有人学习交通法规 5 日的行为为行政指导

C. 通知所指的暂扣行驶证、驾驶证 6 个月为行政处罚

D. 通知所指的强制恢复为行政强制措施

---

① AC　② B　③ C

考点 20 行政强制措施

118． 法考回忆题/多

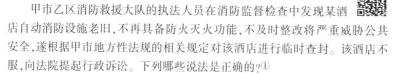

甲市乙区消防救援大队的执法人员在消防监督检查中发现某酒店自动消防设施老旧,不再具备防火灭火功能,不及时整改将严重威胁公共安全,遂根据甲市地方性法规的相关规定对该酒店进行临时查封。该酒店不服,向法院提起行政诉讼。下列哪些说法是正确的?①

A. 作出查封决定前,应当告知该酒店经营者可以申请听证

B. 对查封决定不服,应当向乙区政府申请行政复议

C. 该酒店对执法人员的身份合法性有异议的,可以要求执法人员出庭说明

D. 甲市地方性法规有权设定查封

119． 2012/2/48/单

某市质监局发现一公司生产劣质产品,查封了公司的生产厂房和设备,之后决定没收全部劣质产品、罚款 10 万元。该公司逾期不缴纳罚款。下列哪一选项是错误的?②

A. 实施查封时应制作现场笔录

B. 对公司的处罚不能适用简易程序

C. 对公司逾期缴纳罚款,质监局可以每日按罚款数额的3%加处罚款

D. 质监局可以通知该公司的开户银行划拨其存款

120． 2012/2/80/多

某工商局以涉嫌非法销售汽车为由扣押某公司 5 辆汽车。下列哪些说法是错误的?③

A. 工商局可以委托城管执法局实施扣押

B. 工商局扣押汽车的最长期限为 90 日

C. 对扣押车辆,工商局可以委托第三人保管

D. 对扣押车辆进行检测的费用,由某公司承担

121． 2016/2/82/多

某工商局因陈某擅自设立互联网上网服务营业场所扣押其从事

---

① BCD ② D ③ ABD

违法经营活动的电脑 15 台,后作出没收被扣电脑的决定。下列哪些说法是正确的?①

A. 工商局应制作并当场交付扣押决定书和扣押清单

B. 因扣押电脑数量较多,作出扣押决定前工商局应告知陈某享有要求听证的权利

C. 对扣押的电脑,工商局不得使用

D. 因扣押行为系过程性行政行为,陈某不能单独对扣押行为提起行政诉讼

122. 〔2013/2/80/多〕

某工商分局接举报称肖某超范围经营,经现场调查取证初步认定举报属实,遂扣押与其经营相关物品,制作扣押财物决定及财物清单。关于扣押程序,下列哪些说法是正确的?②

A. 扣押时应当通知肖某到场

B. 扣押清单一式二份,由肖某和该工商分局分别保存

C. 对扣押物品发生的合理保管费用,由肖某承担

D. 该工商分局应当妥善保管扣押的物品

123. 〔2014/2/47/单〕

某区公安分局以非经许可运输烟花爆竹为由,当场扣押孙某杂货店的烟花爆竹 100 件。关于此扣押,下列哪一说法是错误的?③

A. 执法人员应当在返回该分局后立即向该分局负责人报告并补办批准手续

B. 扣押时应当制作现场笔录

C. 扣押时应当制作并当场交付扣押决定书和清单

D. 扣押应当由某区公安分局具备资格的行政执法人员实施

124. 〔2015/2/78/多〕

某公安交管局交通大队民警发现王某驾驶的电动三轮车未悬挂号牌,遂作出扣押的强制措施。关于扣押应遵守的程序,下列哪些说法是正确的?④

A. 由两名以上交通大队行政执法人员实施扣押

---

① AC ② ABD ③ A ④ ABC

B. 当场告知王某扣押的理由和依据

C. 当场向王某交付扣押决定书

D. 将三轮车及其车上的物品一并扣押,当场交付扣押清单

125. （2017/2/48/单）

某市质监局发现王某开设的超市销售伪劣商品,遂依据《产品质量法》对发现的伪劣商品实施扣押。关于扣押的实施,下列哪一说法是错误的?①

A. 因扣押发生的保管费用由王某承担

B. 应制作现场笔录

C. 应制作并当场交付扣押决定书和扣押清单

D. 不得扣押与违法行为无关的财物

考点21 行政强制执行

126. （法考回忆题/单）

关于行政管理过程中的收费,下列哪一说法是正确的?②

A. 代履行的费用一律由当事人承担

B. 因扣押财物发生的保管费用由当事人承担

C. 行政机关申请法院强制执行时的强制执行费用由被执行人承担

D. 行政机关实施行政许可时依规章规定可以收取费用

127. （法考回忆题/多）

某区河务局认定某公司在河滩违法存放工程废土,决定对其罚款10万元。该公司没有在法定期限内申请行政复议或者提起行政诉讼,也没有在指定期限内缴纳罚款。河务局向法院申请强制执行。下列哪些说法是不正确的?③

A. 申请法院强制执行前,河务局应当催告该公司履行义务

B. 应当由法院执行庭对罚款决定的合法性进行审查

C. 应当向该公司所在地的基层人民法院申请强制执行

D. 如法院经审查后认为符合执行条件的,应判决准予执行

128. （法考回忆题/多）

马某在沿街边违法修建房屋,区规划局向马某发出《拆除违章建

---

① A ② C ③ BCD

筑通知》,要求马某在 30 日内拆除违建房屋。到期后,马某未自行拆除该房屋,区规划局遂立即组织人员将该违建房屋强制拆除。下列哪些说法是正确的?①

A. 马某就《拆除违章建筑通知》起诉,法院应当受理本案

B. 区规划局强制拆除的行为违法

C.《拆除违章建筑通知》的性质为行政指导

D. 就区规划局组织人员强制拆除的行为,马某应先申请行政复议,对复议决定不服才能向法院起诉

129. 法考回忆题/单

区规划局向某电信公司作出了规划许可和建设许可,许可电信公司修建职工宿舍,但电信公司在修建时,超出规划范围,多修筑了 1000 平方米的地下室,并在地面搭建了 500 平方米的工棚供职工居住。对此,区规划局应当采取以下哪一做法?②

A. 立即组织人员予以强制拆除

B. 要求某电信公司申请补发地下室规划许可证

C. 责令某电信公司限期拆除,并可对其予以罚款

D. 要求某电信公司申请补发临时建筑规划许可证

130. 2008/2/47/多

某市建设委员会以某公司的房屋占压输油、输气管道线为由,作出限期拆除决定,要求某公司自收到决定之日起 10 日内自行拆除。但某公司逾期未拆除,亦未在法定期限内提起诉讼,某市建设委员会申请法院强制执行。下列哪些选项是错误的?③

A. 若法律、法规赋予某市建设委员会有自行强制执行权,法院即应不受理其申请

B. 某市建设委员会应当向其所在地的法院申请强制执行

C. 接受申请的法院应当在受理申请之日起 30 日内作出是否准予强制执行的裁定

D. 若在某市建设委员会申请强制执行前,某公司已对限期拆除决定提起诉讼,法院无权在诉讼期间执行拆除决定

---

① AB ② C ③ ABC(原案为 C)

131. 2015/2/49/单

在行政强制执行过程中,行政机关依法与甲达成执行协议。事后,甲应当履行协议而不履行,行政机关可采取下列哪一措施?①

A. 申请法院强制执行　　　　　B. 恢复强制执行

C. 以甲为被告提起民事诉讼　　D. 以甲为被告提起行政诉讼

132. 2017/2/80/多

下列哪些规范无权设定行政强制执行?②

A. 法律　　　　　　　　　　　B. 行政法规

C. 地方性法规　　　　　　　　D. 部门规章

133. 2017/2/81/多

林某在河道内修建了"农家乐"休闲旅社,在紧急防汛期,防汛指挥机构认为需要立即清除该建筑物,林某无法清除。对此,下列哪些说法是正确的?③

A. 防汛指挥机构可决定立即实施代履行

B. 如林某提起行政诉讼,防汛指挥机构应暂停强制清除

C. 在法定节假日,防汛指挥机构也可强制清除

D. 防汛指挥机构可与林某签订执行协议约定分阶段清除

专题九　其他行政行为

考点22　行政裁决与行政确认

134. 法考回忆题/多

某公司工作人员张某下班途中发生车祸死亡,公司请求市劳动局予以工伤认定,劳动局驳回了其认定请求。张某妻子不服,向市政府申请复议。下列哪些说法是正确的?④

A. 工伤认定的性质为行政裁决

B. 张某妻子不具有申请人资格

C. 公司可委托代理人参加行政复议

D. 市政府发现劳动局决定违法,可以制作行政复议意见书

---

① B　② BCD　③ AC　④ CD

考点 23 行政给付

135. 法考回忆题/多

李某请求民政局向其支付抚恤金,遭民政局拒绝。李某诉至法院,要求判令民政局履行法定职责,同时申请法院先予执行。法院经审理查明,民政局负有给付义务而拒绝履行不符合法律规定。对此,下列哪些说法是正确的?①

A. 李某提出先予执行申请时,应提供相应担保

B. 法院应当判决民政局在一定期限内履行相应的给付义务

C. 如果李某未先向行政机关提出申请的,法院应当裁定驳回起诉

D. 如果法院认为给付义务明显不属于民政局权限范围的,可以裁定驳回起诉

专题十 政府信息公开

考点 24 政府信息公开

136. 法考回忆题/多

某造纸厂超标排污,影响当地居民饮水安全。甲向区生态环境局申请公开造纸厂的环评文件,区生态环境局征求造纸厂意见,造纸厂认为文件中存在大量商业秘密,不同意公开,区生态环境局即以涉及商业秘密为由拒绝公开。下列哪些选项是正确的?②

A. 区生态环境局征求造纸厂意见,若造纸厂逾期未答复,则视为同意公开

B. 区生态环境局拒绝公开违法

C. 对于拒绝决定,甲应当先申请行政复议后才可以再提起行政诉讼

D. 甲申请信息公开时应当提供身份证明

137. 法考回忆题/多

陈某在一个月内连续十次向县政府申请公开防汛信息,县政府均按其申请予以公开。三日后,陈某又向县政府提出公开防汛信息申请,县政府可以采取的正确处理方式有哪些?③

A. 可以向陈某收取相应信息处理费用

---

① BCD ② BCD ③ AD

B. 可以陈某不具有申请人资格为由不予提供

C. 可以陈某此前多次重复申请为由不予处理

D. 可以要求陈某说明理由

138. `2011/2/43/单`

刘某系某工厂职工,该厂经区政府批准后改制。刘某向区政府申请公开该厂进行改制的全部档案、拖欠原职工工资如何处理等信息。区政府作出拒绝公开的答复,刘某向法院起诉。下列哪一说法是正确的?①

A. 区政府在作出拒绝答复时,应告知刘某并说明理由

B. 刘某向法院起诉的期限为二个月

C. 此案应由区政府所在地的区法院管辖

D. 因刘某与所申请的信息无利害关系,区政府拒绝公开答复是合法的

139. `2008/2/42/多`

下列哪些信息是县级和乡(镇)人民政府均应重点主动公开的政府信息?②

A. 征收或征用土地、房屋拆迁及其补偿、补助费用的发放、使用情况

B. 社会公益事项建设情况

C. 政府集中采购项目的目录、标准及实施情况

D. 执行计划生育政策的情况

140. `2013/2/45/单` 新法改编

田某为在校大学生,以从事研究为由向某工商局提出申请,要求公开该局2012年度作出的所有行政处罚决定书,该局拒绝公开。田某不服,向法院起诉。下列哪一项说法是正确的?③

A. 因田某不具有申请人资格,拒绝公开合法

B. 因行政处罚决定为重点公开的政府信息,拒绝公开违法

C. 田某应先申请复议再向法院起诉

D. 田某的起诉期限为6个月

141. `2011/2/79/多`

某镇政府主动公开一胎生育证发放情况的信息。下列哪些说法

---

① A ② AC(原答案为A) ③ D

是正确的?①

  A. 该信息属于镇政府重点公开的信息

  B. 镇政府可以通过设立的信息公告栏公开该信息

  C. 在无法律、法规或者规章特别规定的情况下,镇政府应当在该信息形成之日起 3 个月内予以公开

  D. 镇政府应当及时向公共图书馆提供该信息

142. 〔2010/2/45/多〕

区房管局向某公司发放房屋拆迁许可证。被拆迁人王某向区房管局提出申请,要求公开该公司办理拆迁许可证时所提交的建设用地规划许可证,区房管局作出拒绝公开的答复。对此,下列哪些说法是正确的?②

  A. 王某提出申请时,应出示有效身份证件

  B. 因王某与申请公开的信息无利害关系,拒绝公开是正确的

  C. 因区房管局不是所申请信息的制作主体,拒绝公开是正确的

  D. 拒绝答复应自收到王某申请之日起 1 个月内作出

143. 〔2009/2/81/单〕

2002 年,甲乙两村发生用地争议,某县政府召开协调会并形成会议纪要。2008 年 12 月,甲村一村民向某县政府申请查阅该会议纪要。下列哪一项是正确的?③

  A. 该村民可以口头提出申请

  B. 因会议纪要形成于《政府信息公开条例》实施前,故不受《条例》规范

  C. 因会议纪要不属于政府信息,某县政府可以不予公开

  D. 如某县政府提供有关信息,可以向该村民收取检索、复制、邮寄等费用

144. 〔2014/2/48/多〕

某乡属企业多年未归还方某借给的资金,双方发生纠纷。方某得知乡政府曾发过 5 号文件和 210 号文件处分了该企业的资产,遂向乡政府递交申请,要求公开两份文件。乡政府不予公开,理由是 5 号文件涉及第三方,且已口头征询其意见,其答复是该文件涉及商业秘密,不同意公开,而 210 号文件不存在。方某向法院起诉。下列哪些说法是正确的?④

---

  ① BD(原答案为 ABD)   ② AC(原答案为 C)   ③ A(原答案为 AD)   ④ AD(原答案为 D)

A. 方某申请时应当出示有效身份证明或者证明文件

B. 对所申请的政府信息,方某不具有申请人资格

C. 乡政府不公开 5 号文件合法

D. 方某能够提供 210 号文件由乡政府制作的相关线索的,可以申请法院调取证据

145. 2015/2/50/多

某环保公益组织以一企业造成环境污染为由提起环境公益诉讼,后因诉讼需要,向县环保局申请公开该企业的环境影响评价报告、排污许可证信息。环保局以该组织无申请资格和该企业在该县有若干个基地,申请内容不明确为由拒绝公开。下列哪些说法是正确的?①

A. 该组织提出申请时应出示其负责人的有效身份证明

B. 该组织的申请符合根据自身生产、生活、科研等特殊需要要求,环保局认为其无申请资格不成立

C. 对该组织的申请内容是否明确,环保局的认定和处理是正确的

D. 该组织所申请信息属于依法不应当公开的信息

146. 2015/2/79/多

沈某向住建委申请公开一企业向该委提交的某危改项目纳入危改范围的意见和申报材料。该委以信息中有企业联系人联系电话和地址等个人隐私为由拒绝公开,沈某起诉,法院受理。下列哪些说法是正确的?②

A. 在作出拒绝公开决定前,住建委无需书面征求企业联系人是否同意公开的意见

B. 本案的起诉期限为 6 个月

C. 住建委应对拒绝公开的根据及履行法定告知和说明理由义务的情况举证

D. 住建委拒绝公开答复合法

147. 2017/2/97/不定项

某环保联合会对某公司提起环境民事公益诉讼,因在诉讼中需要该公司的相关环保资料,遂向县环保局提出申请公开该公司的排污许可证、排污口数量和位置等有关环境信息。申请书中载明了单位名称、住所地、联系

① AB(原答案为 B) ② BC

人及电话并加盖了公章、获取信息的方式等。县环保局收到申请后,要求环保联合会提供申请人身份的证明材料。环保联合会提供了社会团体登记证复印件。县环保局以申请公开的内容不明确为由拒绝公开,该环保联合会遂提起行政诉讼。关于本案的信息公开申请及其处理,下列说法正确的是:①

A. 环保联合会可采用数据电文形式提出信息公开

B. 环保联合会不具有提出此信息公开申请的资格

C. 县环保局有权要求环保联合会提供申请人身份的证明材料

D. 县环保局认为申请内容不明确的,应告知环保联合会作出更改、补充

专题十一　行政诉讼概述

考点25 行政诉讼与民事诉讼的关系

148. 2015/2/81/多

法院审理行政案件,对下列哪些事项,《行政诉讼法》没有规定的,适用《民事诉讼法》的相关规定?②

A. 受案范围、管辖

B. 期间、送达、财产保全

C. 开庭审理、调解、中止诉讼

D. 检察院对受理、审理、裁判、执行的监督

149. 2010/2/99/不定项

张某通过房产经纪公司购买王某一套住房并办理了转让登记手续,后王某以房屋买卖合同无效为由,向法院起诉要求撤销登记行为。行政诉讼过程中,王某又以张某为被告就房屋买卖合同的效力提起民事诉讼。下列选项正确的是:③

A. 本案行政诉讼中止,等待民事诉讼的判决结果

B. 法院可以决定民事与行政案件合并审理

C. 如法院判决房屋买卖合同无效,应当判决驳回王某的行政诉讼请求

D. 如法院判决房屋买卖合同有效,应当判决确认转让登记行为合法

---

① ACD(原答案为AD)　② BCD　③ A

考点 26 行政附带民事诉讼

150. 2016/2/85/多

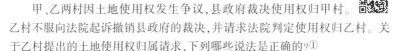

甲、乙两村因土地使用权发生争议,县政府裁决使用权归甲村。乙村不服向法院起诉撤销县政府的裁决,并请求法院判定使用权归乙村。关于乙村提出的土地使用权归属请求,下列哪些说法是正确的?①

　A. 除非有正当理由的,乙村应于第一审开庭审理前提出

　B. 法院作出不予准许决定的,乙村可申请复议一次

　C. 法院应单独立案

　D. 法院应另行组成合议庭审理

考点 27 行政诉讼与刑事诉讼的关系

151. 2006/2/43/单

区工商局以涉嫌虚假宣传为由扣押了王某财产,王某不服诉至法院。在此案的审理过程中,法院发现王某涉嫌受贿犯罪需追究刑事责任。法院的下列哪种做法是正确的?②

　A. 终止案件审理,将有关材料移送有管辖权的司法机关处理

　B. 继续审理,待案件审理终结后,将有关材料移送有管辖权的司法机关处理

　C. 中止案件审理,将有关材料移送有管辖权的司法机关处理,待刑事诉讼程序终结后,恢复案件审理

　D. 继续审理,将有关材料移送有管辖权的司法机关处理

考点 28 行政复议与行政诉讼的关系

152. 2013/2/83/多

当事人对下列哪些事项既可以申请行政复议也可以提起行政诉讼?③

　A. 行政机关对民事纠纷的调解

　B. 出入境边防检查机关对外国人采取的遣送出境措施

　C. 是否征收反倾销税的决定

　D. 税务机关作出的处罚决定

---

① AB　② D　③ CD

153． 2008/2/82/多

肖某提出农村宅基地用地申请,乡政府审核后报县政府审批。肖某收到批件后,不满批件所核定的面积。下列哪些选项是正确的?①

A. 肖某须先申请复议,方能提起行政诉讼

B. 肖某申请行政复议,复议机关为县政府的上一级政府

C. 肖某申请行政复议,应当自签收批件之日起 60 日内提出复议申请

D. 肖某提起行政诉讼,县政府是被告,乡政府为第三人

154． 2008/2/85/多

某县地税局将个体户沈某的纳税由定额缴税变更为自行申报,并在认定沈某申报税额低于过去纳税额后,要求沈某缴纳相应税款、滞纳金,并处以罚款。沈某不服,对税务机关下列哪些行为可以直接向法院提起行政诉讼?②

A. 由定额缴税变更为自行申报的决定

B. 要求缴纳税款的决定

C. 要求缴纳滞纳金的决定

D. 罚款决定

155． 2005/2/44/单

甲省乙市人民政府决定征用乙市某村全部土地用于建设,甲省人民政府作出了批准乙市在该村征用土地的批复。其后,乙市规划建设局授予丁公司拆迁许可证,决定拆除该村一组住户的房屋。一组住户不服,欲请求救济。下列哪一种说法不正确? ③

A. 住户对甲省人民政府征用土地的批复不服,应当先申请复议再提起诉讼

B. 住户可以对乙市人民政府征用补偿决定提起诉讼

C. 住户可以对乙市规划建设局授予丁公司拆迁许可证的行为提起诉讼

D. 住户可以请求甲省人民政府撤销乙市规划建设局授予丁公司拆迁许可证的行为

---

① BC ② CD ③ A

专题十二　行政诉讼参加人

考点29 行政诉讼的原告

156. 2012/2/46/单

经王某请求,国家专利复审机构宣告授予李某的专利权无效,并于 2011 年 5 月 20 日向李某送达决定书。6 月 10 日李某因交通意外死亡。李某妻子不服决定,向法院提起行政诉讼。下列哪一说法是正确的?①

　A. 李某妻子应以李某代理人身份起诉

　B. 法院应当通知王某作为第三人参加诉讼

　C. 本案原告的起诉期限为 60 日

　D. 本案原告应先申请行政复议再起诉

157. 2013/2/82/多

一公司为股份制企业,认为行政机关作出的决定侵犯企业经营自主权,下列哪些主体有权以该公司的名义提起行政诉讼?②

　A. 股东 　　　　　　　　　　B. 股东大会

　C. 股东代表大会 　　　　　　D. 董事会

158. 2009/2/47/单

某市工商局发现,某中外合资游戏软件开发公司生产的一种软件带有暴力和色情内容,决定没收该软件,并对该公司处以三万元罚款。中方投资者接受处罚,但外方投资者认为处罚决定既损害公司的利益也侵害自己的权益,向法院提起行政诉讼。下列哪一选项是正确的?③

　A. 外方投资者只能以合资公司的名义起诉

　B. 外方投资者可以自己的名义起诉

　C. 法院受理外方投资者起诉后,应追加未起诉的中方投资者为共同原告

　D. 外方投资者只能以保护自己的权益为由提起诉讼

159. 2008/2/86/多

甲厂是某市建筑装潢公司下属的独立核算的集体企业,2007 年 1

---

① B　② BCD　③ B

月某市建筑装潢公司经批准与甲厂脱离隶属关系。2007 年 4 月,行政机关下达文件批准某市建筑装潢公司的申请,将甲厂并入另一家集体企业乙厂。对此行为,下列何者有权向法院起诉?①

- A. 甲厂
- B. 乙厂
- C. 甲厂法定代表人
- D. 乙厂法定代表人

160. 〔2008/2/100/不定项〕

甲公司与乙公司开办中外合资企业丙公司,经营房地产。因急需周转资金,丙公司与某典当行签订合同,以某宗国有土地作抵押贷款。典当期满后,丙公司未按约定回赎,某典当行遂与丁公司签订协议,将土地的使用权出售给丁公司。经丁公司申请,2001 年 4 月 17 日市国土局的派出机构办理土地权属变更登记。丙公司未参与变更土地登记过程。2008 年 3 月 3 日甲公司查询土地抵押登记情况,得知该土地使用权已变更至丁公司名下。甲公司对变更土地登记行为不服向法院起诉。下列说法正确的是:②

- A. 甲公司有权以自己的名义起诉
- B. 若丙公司对变更土地登记行为不服,应当自 2008 年 3 月 3 日起 3 个月内起诉
- C. 丙公司与某典当行签订的合同是否合法,是本案的审理对象
- D. 对市国土局与派出机构之间的关系性质,法院可以依法调取证据

161. 〔2007/2/40/多〕

甲市政府批复同意本市乙区政府征用乙区某村丙小组非耕地 63 亩,并将其中 48 亩使用权出让给某公司用于建设商城。该村丙小组袁某等村民认为,征地中有袁某等 32 户村民的责任田 32 亩,区政府虽以耕地标准进行补偿但以非耕地报批的做法违法,遂向法院提起行政诉讼。下列哪些选项是正确的?③

- A. 袁某等 32 户村民可以以某村丙小组的名义起诉
- B. 袁某等 32 户村民可以以自己名义起诉
- C. 应当以乙区人民政府为被告

---

① ABCD ② AD ③ BD

D. 法院经审理如果发现征地批复违法,应当判决撤销

考点30 行政诉讼的被告

162. 法考回忆题/不定项

甲公司在生产经营中存在用非食品原料生产食品的违法行为,某县市场监督管理局对其作出没收用于违法生产经营的非食品原料和违法所得,并罚款 10 万元的行政处罚。甲公司不服向县政府申请复议,县政府将罚款改为 8 万元后,维持了其他处罚。甲公司不服提起诉讼。下列说法错误的是:①

A. 本案被告是县市场监督管理局

B. 本案可以由县市场监督管理局所在地的中级法院管辖

C. 没收违法生产经营的非食品原料是行为罚

D. 如果甲公司以县政府为被告提起诉讼且拒绝追加被告,法院应当追加县市场监督管理局为共同被告

163. 法考回忆题/单

甲县政府认为某广告公司在高速公路设置的广告牌妨碍视线,责令其限期拆除,广告公司逾期未拆除,甲县乙镇政府自行组织人员拆除了广告牌。广告公司将甲县政府诉至法院,要求确认强制拆除行为违法。对此,下列哪一项说法是正确的?②

A. 法院应当通知乙镇政府作为第三人参加诉讼

B. 法院应当通知广告公司变更乙镇政府作为被告

C. 法院应当将乙镇政府追加为共同被告

D. 若拆除行为违法,广告公司提出赔偿请求的,法院应当进行调解,调解不成的,告知就赔偿事项另行起诉

164. 法考回忆题/多

甲为区城管局工作人员,在执法过程中与商贩乙发生肢体冲突,将乙打成轻微伤。区公安局对甲作出拘留 5 天、罚款 500 元的处罚决定。甲向区政府申请复议,区政府认为甲打伤乙属于职务行为,遂撤销了区公安局的处罚决定。乙不服,提起诉讼。下列哪些选项是正确的?③

---

① ABC ② B ③ ACD

A. 本案争议焦点是甲的行为是否属于职务行为

B. 被告可就打人一事提起反诉

C. 本案被告是区政府

D. 乙可以成为第三人

165. 2012/2/97/不定项 新法改编

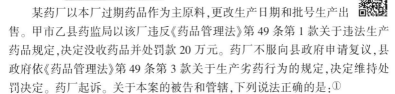

某药厂以本厂过期药品作为主原料,更改生产日期和批号生产出售。甲市乙县药监局以该厂违反《药品管理法》第49条第1款关于违法生产药品规定,决定没收药品并处罚款20万元。药厂不服向县政府申请复议,县政府依《药品管理法》第49条第3款关于生产劣药行为的规定,决定维持处罚决定。药厂起诉。关于本案的被告和管辖,下列说法正确的是:①

A. 被告为乙县药监局和乙县政府,由乙县法院管辖

B. 被告为乙县药监局和乙县政府,甲市中级法院对此案有管辖权

C. 被告为乙县政府,乙县法院对此案有管辖权

D. 被告为乙县政府,由甲市中级法院管辖

166. 2013/2/100/不定项

村民甲、乙因自留地使用权发生争议,乡政府作出处理决定,认定使用权归属甲。乙不服向县政府申请复议,县政府以甲乙二人争议属于农村土地承包经营纠纷,乡政府无权作出处理决定为由,撤销乡政府的决定。甲不服向法院起诉。下列说法正确的是:②

A. 县政府撤销乡政府决定的同时应当确定系争土地权属

B. 甲的代理人的授权委托书应当载明委托事项和具体权限

C. 本案被告为县政府

D. 乙与乡政府为本案的第三人

167. 2010/2/86/不定项

县计生委认定孙某违法生育第二胎,决定对孙某征收社会抚养费40000元。孙某向县政府申请复议,要求撤销该决定。县政府维持该决定,并在征收总额中补充列入遗漏的3000元未婚生育社会抚养费。孙某不服,向法院起诉。下列哪些选项是正确的?③

A. 此案的被告应为县计生委与县政府

---

① A(原答案为D) ② BCD(原答案为BC) ③ BC(原答案为BCD)

B. 此案应由中级法院管辖

C. 此案的复议决定违法

D. 被告应当在收到起诉状副本之日起 10 日内提交答辩状

168 . （2007/2/44/单）

某派出所以扰乱公共秩序为由扣押了高某的拖拉机。高某不服，以派出所为被告提起行政诉讼。诉讼中，法院认为被告应是县公安局，要求变更被告，高某不同意。法院下列哪种做法是正确的？①

A. 以派出所为被告继续审理本案

B. 以县公安局为被告审理本案

C. 裁定驳回起诉

D. 裁定终结诉讼

考点31 行政诉讼第三人

169 . （2012/2/82/多）

村民甲带领乙、丙等人，与造纸厂协商污染赔偿问题。因对提出的赔偿方案不满，甲、乙、丙等人阻止生产，将工人李某打伤。公安局接该厂厂长举报，经调查后决定对甲拘留 15 日、乙拘留 5 日，对其他人未作处罚。甲向法院提起行政诉讼，法院受理。下列哪些人员不能成为本案的第三人？②

A. 丙　　　　　　　　　　B. 乙

C. 李某　　　　　　　　　D. 造纸厂厂长

170 . （2009/2/46/多） 新法改编

李某从田某处购得一辆轿车，但未办理过户手续。在一次查验过程中，某市公安局认定该车系走私车，予以没收。李某不服，向市政府申请复议，后者维持了没收决定。李某提起行政诉讼。下列哪些选项是正确的？③

A. 市政府为本案的被告

B. 田某不能成为本案的第三人

C. 市公安局所在地的法院对本案有管辖权

D. 市政府所在地的法院对本案有管辖权

---

① 　C　 ② 　AD　 ③ 　CD（原答案为C）

171. 2009/2/84/多

段某拥有两块山场的山林权证。林改期间,王某认为该山场是自家的土改山,要求段某返还。经村委会协调,段某同意把部分山场给与王某,并签订了协议。事后,段某反悔,对协议提出异议。王某请镇政府调处,镇政府依王某提交的协议书复印件,向王某发放了山林权证。段某不服,向县政府申请复议,在县政府作出维持决定后向法院起诉。下列哪些选项是正确的?①

 A. 对镇政府的行为,段某不能直接向法院提起行政诉讼

 B. 县政府为本案第三人

 C. 如当事人未能提供协议书原件,法院不能以协议书复印件单独作为定案依据

 D. 如段某与王某在诉讼中达成新的协议,可视为本案被诉具体行政行为发生改变

172. 2007/2/80/单

区城乡建设局批复同意某银行住宅楼选址,并向其颁发许可证。拟建的住宅楼与张某等120户居民居住的住宅楼间距为9.45米。张某等20人认为该批准行为违反了国家有关规定,向法院提起了行政诉讼。对此,下列哪一选项是错误的?②

 A. 因该批准行为涉及张某等人相邻权,故张某等人有权提起行政诉讼

 B. 张某等20户居民应当推选2至5名诉讼代表人参加诉讼

 C. 法院可以通知未起诉的100户居民作为第三人参加诉讼

 D. 张某等20户居民应当提供符合法定起诉条件的证据材料

专题十三　行政诉讼的管辖

考点32 级别管辖

173. 法考回忆题/单

某区市场监督管理局以生产不符合标准的运动服为由对某公司处以罚款6000元,没收违法所得2万元,某公司不服向区政府申请复议,区政府将没收违法所得改为1万元后,维持了其他处罚。某公司不服提起诉讼。

---

① AC　② C(原答案为BC)

下列哪一说法是正确的?①

　A. 本案被告是区市场监督管理局

　B. 本案可以由区市场监督管理局所在地的中院管辖

　C. 没收违法所得是行为罚

　D. 如果该公司拒绝缴纳罚款,区市场监督管理局可对其加处罚款,但加处罚款的标准要告知公司

174. 〔2011/2/100/不定项〕

甲县政府设立的临时机构基础设施建设指挥部,认定有 10 户居民的小区自建的围墙及附属房系违法建筑,指令乙镇政府具体负责强制拆除。10 户居民对此决定不服起诉。下列说法正确的是:②

　A. 本案被告为乙镇政府

　B. 本案应由中级法院管辖

　C. 如 10 户居民在指定期限内未选定诉讼代表人的,法院可以依职权指定

　D. 如 10 户居民对此决定申请复议,复议机关为甲县政府

175. 〔2016/2/49/单〕

某区卫计局以董某擅自开展诊疗活动为由作出没收其违法诊疗工具并处 5 万元罚款的处罚。董某向区政府申请复议,区政府维持了原处罚决定。董某向法院起诉。下列哪一说法是正确的?③

　A. 如董某只起诉区卫计局,法院应追加区政府为第三人

　B. 本案应以区政府确定案件的级别管辖

　C. 本案可由区卫计局所在地的法院管辖

　D. 法院应对原处罚决定和复议决定进行合法性审查,但不对复议决定作出判决

考点33 地域管辖

176. 〔法考回忆题/多〕

县公安局发现陈某吸毒,决定对陈某施行强制隔离戒毒。陈某不服,在强制隔离戒毒期间提起行政诉讼。下列哪些说法是正确的?④

---

　① D　② BC　③ C　④ BCD

 A. 强制隔离戒毒是行政强制执行

 B. 强制隔离戒毒只能由法律设定

 C. 陈某可以口头委托其近亲属以陈某名义提起行政诉讼

 D. 陈某经常居住地法院对本案有管辖权

177. `2012/2/79/多`

甲县宋某到乙县访亲,因醉酒被乙县公安局扣留 24 小时。宋某认为乙县公安局的行为违法,提起行政诉讼。下列哪些说法是正确的?①

 A. 扣留宋某的行为为行政处罚

 B. 甲县法院对此案有管辖权

 C. 乙县法院对此案有管辖权

 D. 宋某的亲戚为本案的第三人

178. `2009/2/86/多`

黄某与张某之妻发生口角,被张某打成轻微伤。某区公安分局决定对张某拘留五日。黄某认为处罚过轻遂向法院起诉,法院予以受理。下列哪些选项是正确的?②

 A. 某区公安分局在给予张某拘留处罚后,应及时通知其家属

 B. 张某之妻为本案的第三人

 C. 本案既可以由某区公安分局所在地的法院管辖,也可以由黄某所在地的法院管辖

 D. 张某不符合申请暂缓执行拘留的条件

179. `2008/2/83/单`

A 市李某驾车送人前往 B 市,在 B 市甲区与乙区居民范某的车相撞,并将后者打伤。B 市甲区公安分局决定扣留李某的汽车,对其拘留 5 日并处罚款 300 元。下列哪一选项是正确的?③

 A. 李某可向 B 市公安局申请行政复议

 B. 对扣留汽车行为,李某可向甲区人民法院起诉

 C. 李某应先申请复议,方能提起行政诉讼

 D. 范某可向乙区人民法院起诉

---

 ①　BC　②　AD　③　B(原答案为 AB)

180. 2007/2/39/单

甲、乙两村分别位于某市两县境内,因土地权属纠纷向市政府申请解决,市政府裁决争议土地属于甲村所有。乙村不服,向省政府申请复议,复议机关确认争议的土地属于乙村所有。甲村不服行政复议决定,提起行政诉讼。下列哪个法院对本案有管辖权?①

A. 争议土地所在地的基层人民法院

B. 争议土地所在地的中级人民法院

C. 市政府所在地的基层人民法院

D. 省政府所在地的中级人民法

专题十四　行政诉讼的受案范围

考点34 行政诉讼受案范围

181. 法考回忆题/多

秦某下班路上驾驶摩托车侧翻倒地死亡,交警大队多次调查未查明事故原因。因为交通事故原因客观上无法查清,交警大队出具了《道路交通事故证明》,记载了人员、受伤时间、经过等情况。秦某所供职的玉竹公司向社会保障局申请工伤认定,该局以《道路交通事故证明》未查明原因为由不予认定工伤,出具了《工伤认定中止书》。秦某妻子对《工伤认定中止书》不服提起诉讼,下列哪些说法是正确的?②

A.《道路交通事故证明》为行政裁决

B.《工伤认定中止书》属于行政诉讼受案范围

C. 秦某妻子起诉时应当附身份证明

D. 玉竹公司可作为本案第三人

182. 法考回忆题/不定项

甲公司向河水中超标排放污水,区环保局向其送达《限期整改通知》,要求其在规定时间内达标排放。期限届满,经过检测,甲公司排放污水仍然不符合国家标准,于是区环保局对该公司作出《水污染防治设施验收不合格认定书》,后责令该公司停业整顿。甲公司就责令停业整顿提起行政诉讼,对此,下列说法正确的是:③

---

① B　② BCD　③ C

A.《限期整改通知》属于行政指导,不属于行政诉讼受案范围

B.《水污染防治设施验收不合格认定书》不属于行政诉讼受案范围

C. 区环保局作出责令停业整顿决定前,应当告知甲公司有申请听证的权利

D. 法院可以作出先予执行裁定

183. 法考回忆题/不定项

甲去某电信营业厅办理手机入网,被某电信公司收取了定价为 50 元的 SIM 卡卡费,甲认为将手机 SIM 卡定价为 50 元/张属于违法收费,要求市场监督管理局对该公司进行查处,退还自己被违法收取的 50 元卡费。市场监督管理局进行调查后答复:"省通管局和省发改委联合下发的《关于电信全业务套餐资费优化方案的批复》规定:SIM 卡收费上限标准:入网 50 元/张。我局非常感谢您对物价工作的支持和帮助。"下列选项正确的是:①

A. 甲的行为属于信访行为

B. 市场监督管理局的行为属于对信访问题的复查

C. 若甲对市场监督管理局的答复不服,可以提起行政诉讼

D. 甲可就《关于电信全业务套餐资费优化方案的批复》提起行政诉讼

184. 2012/2/85/多

法院应当受理下列哪些对政府信息公开行为提起的诉讼?②

A. 黄某要求市政府提供公开发行的 2010 年市政府公报,遭拒绝后向法院起诉

B. 某公司认为工商局向李某公开的政府信息侵犯其商业秘密向法院起诉

C. 村民申请乡政府公开财政收支信息,因乡政府拒绝公开向法院起诉

D. 甲市居民高某向乙市政府申请公开该市副市长的兼职情况,乙市政府以其不具有申请人资格为由拒绝公开,高某向法院起诉

185. 2008/2/44/单

下列哪一选项不属于行政诉讼的受案范围?③

A. 因某企业排污影响李某的鱼塘,李某要求某环保局履行监督职责,遭拒绝后向法院起诉

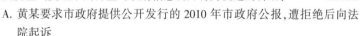
① C ② BCD ③ B

B. 某市政府发出通知,要求非本地生产乳制品须经本市技术监督部门检验合格方可在本地销售,违者予以处罚。某外地乳制品企业对通知提起诉讼

C. 刘某与某公司签订房屋预售合同,某区房管局对此进行预售预购登记。后刘某了解到某公司向其销售的房屋系超出规划面积和预售面积房屋,遂以某区房管局违法办理登记为由提起诉讼

D. 《公司登记管理条例》规定,设立公司应当先向工商登记管理机关申请名称预先核准。张某对名称预先核准决定不服提起诉讼

186. (2016/2/83/多)

对丁下列起诉,哪些不属于行政诉讼受案范围?①

A. 某公司与县政府签订天然气特许经营协议,双方发生纠纷后该公司以县政府不依法履行协议向法院起诉

B. 环保局干部孙某对定期考核被定为不称职向法院起诉

C. 李某与房屋征收主管部门签订国有土地上的房屋征收补偿安置协议,后李某不履行协议,房屋征收主管部门向法院起诉

D. 县政府发布全县征地补偿安置标准的文件,村民万某以文件确定的补偿标准过低为由向法院起诉

187. (2011/2/80/多)

下列当事人提起的诉讼,哪些属于行政诉讼受案范围?②

A. 某造纸厂向市水利局申请发放取水许可证,市水利局作出不予许可决定,该厂不服而起诉

B. 食品药品监管局向申请餐饮服务许可证的李某告知补正申请材料的通知,李某认为通知内容违法而起诉

C. 化肥厂附近居民要求环保局提供对该厂排污许可证监督检查记录,遭到拒绝后起诉

D. 某国土资源局以建城市绿化带为由撤回向一公司发放的国有土地使用权证,该公司不服而起诉

188. (2015/2/98/不定项)

下列选项属于行政诉讼受案范围的是:③

---

① BCD ② ACD ③ C

A. 方某在妻子失踪后向公安局报案要求立案侦查,遭拒绝后向法院起诉确认公安局的行为违法

B. 区房管局以王某不履行双方签订的房屋征收补偿协议为由向法院起诉

C. 某企业以工商局滥用行政权力限制竞争为由向法院起诉

D. 黄某不服市政府发布的征收土地补偿费标准直接向法院起诉

189. 2017/2/49/单

下列哪一选项属于法院行政诉讼的受案范围?①

A. 张某对劳动争议仲裁裁决不服向法院起诉的

B. 某外国人对出入境边检机关实施遣送出境措施不服申请行政复议,对复议决定不服向法院起诉的

C. 财政局工作人员李某对定期考核为不称职不服向法院起诉的

D. 某企业对县政府解除与其签订的政府特许经营协议不服向法院起诉的

专题十五 行政诉讼程序

考点35 行政诉讼的提起

190. 2014/2/84/单

2009 年 3 月 15 日,严某向某市房管局递交出让方为郭某(严某之母)、受让方为严某的房产交易申请表以及相关材料。4 月 20 日,该局向严某核发房屋所有权证。后因家庭纠纷郭某想出售该房产时发现房产已不在名下,于 2013 年 12 月 5 日以该局为被告提起诉讼,要求撤销向严某核发的房屋所有权证,并给自己核发新证。一审法院判决维持被诉行为,郭某提出上诉。下列哪一项说法是正确的?②

A. 本案的起诉期限为 2 年

B. 本案的起诉期限从 2009 年 4 月 20 日起算

C. 如诉讼中郭某解除对诉讼代理人的委托,在其书面报告法院后,法院应当通知其他当事人

D. 第二审法院应对一审法院的裁判和被诉具体行政行为是否合法进行全面审查

---

① D ② D(原案案为CD)

191. 2017/2/98/不定项 新法改编

　　某环保联合会对某公司提起环境民事公益诉讼,因在诉讼中需要该公司的相关环保资料,遂向县环保局提出申请公开该公司的排污许可证、排污口数量和位置等有关环境信息。申请书中载明了单位名称、住所地、联系人及电话并加盖了公章、获取信息的方式等。县环保局收到申请后,要求环保联合会提供申请人身份的证明材料。环保联合会提供了社会团体登记证复印件。县环保局以申请公开的内容不明确为由拒绝公开,环保联合会不服,向县政府申请复议,县政府予以维持,该环保联合会遂提起行政诉讼。

　　关于本案的起诉,下列说法正确的是:①

　　A. 本案由县环保局所在地法院或者环保联合会所在地的法院管辖

　　B. 起诉期限为 6 个月

　　C. 如法院当场不能判定起诉是否符合条件的,应接受起诉状,出具注明收到日期的书面凭证,并在 7 日内决定是否立案

　　D. 如法院当场不能判定起诉是否符合条件,经 7 日内仍不能作出判断的,应裁定暂缓立案

考点36 行政诉讼的受理

192. 2009/2/100/不定项 新法改编

　　郑某因某厂欠缴其社会养老保险费,向区社保局投诉。2004 年 9 月 22 日,该局向该厂送达《决定书》,要求为郑某缴纳养老保险费 1 万元。同月 30 日,该局向郑某送达告知书,称其举报一事属实,并要求他缴纳养老保险费(个人缴纳部分)2000 元。郑某不服区社保局的《决定书》向法院起诉,法院的生效判决未支持郑某的请求。2005 年 4 月 19 日,郑某不服告知书向区政府申请复议,后者作出不予受理决定,郑某不服提起诉讼。下列选项正确的是:②

　　A. 郑某向区政府提出的复议申请已超过申请期限

　　B. 区政府所在地的法院对本案有管辖权

　　C. 郑某的起诉属重复起诉

　　D. 如郑某对告知书不服直接向法院起诉,法院可以被诉行为系重复处理行为为由不受理郑某的起诉

---

① BC　② AB(原答案为 A)

193. (2010/2/100/不定项)

2006 年 5 月 9 日,县公安局以甲偷开乙的轿车为由,向其送达 1000 元罚款的处罚决定书。甲不服,于同月 19 日向县政府申请行政复议。6 月 8 日,复议机关同意甲撤回复议申请。6 月 20 日,甲就该处罚决定向法院提起行政诉讼。下列说法正确的是:①

A. 对甲偷开的轿车县公安局可以扣押

B. 如甲能够证明撤回复议申请违背其真实意思表示,可以同一事实和理由再次对该处罚决定提出复议申请

C. 甲逾期不缴纳 1000 元罚款,县公安局可以每日按罚款数额的 3% 加处罚款

D. 法院不应当受理甲的起诉

194. (2017/2/42/单)

李某和钱某参加省教委组织的"省中小学教师自学考试",后省教委以"通报"形式,对李某、钱某等 4 名作弊考生进行了处理,并通知当次考试各科成绩作废,3 年之内不准报考。李某、钱某等均得知该通报内容。李某向省政府递交了行政复议申请书,省政府未予答复。李某诉至法院。下列哪一选项是错误的?②

A. 法院应当受理李某对通报不服提起的诉讼

B. 李某对省教委提起诉讼后,法院可以通知钱某作为第三人参加诉讼

C. 法院应当受理李某对省政府不予答复行为提起的诉讼

D. 钱某在诉讼程序中提供的、被告在行政程序中未作为处理依据的证据可以作为认定被诉处理决定合法的依据

考点37 第一审普通程序

195. (2006/2/83/多)

1997 年沈某取得一房的房产证。2001 年 5 月其儿媳李某以委托代理人身份到某市房管局办理换证事宜,在申请书一栏中填写"房屋为沈某、沈某某(沈某的儿子)共有",但沈某后领取的房产证中在共有人一栏空白。2005 年沈某将此房屋卖给赵某,并到某市房管局办理了房屋转移登记手续,赵某领取了房产证。沈某某以他是该房屋的共有人为由向某市人民政府申请复议,某市人民政府以房屋转移登记事实不清撤销了房屋登记。赵某和

---

① BC ② D

沈某不服,向法院提起行政诉讼。下列哪些说法是正确的?①

A. 沈某某和李某为本案的第三人

B. 某市房管局办理此房屋转移登记行为是否合法不属本案的审查对象

C. 某市房管局为沈某办理换证行为是否合法不属本案的审查对象

D. 李某是否有委托代理权是法院审理本案的核心

考点38 行政诉讼简易程序

196. 法考回忆题/单

某区市场监管局以个体户周某销售不合格食品为由,对其作出罚款 2000 元的决定。周某未在法定期限内到指定银行缴纳罚款,且向区政府申请行政复议,区政府作出复议维持决定。周某以区市场监管局为被告向法院提起诉讼,法院通知周某追加区政府为被告,周某不同意。对此,下列哪一说法是正确的?②

A. 法院应当将区政府列为第三人

B. 法院可以适用简易程序审理本案

C. 由区市场监管局对罚款行为的合法性承担举证责任

D. 诉讼期间对周某的加处罚款连续计算

197. 法考回忆题/多

李某向市国土局申请公开其房屋所在区域土地进行征收的相关政府信息,但市国土局超过法定期限未予公开。李某向市政府申请复议,市政府认为相关内容涉密,决定不予公开。李某不服复议决定,提起诉讼,法院适用简易程序对本案进行了审理。下列哪些选项是正确的?③

A. 如果当事人双方协商举证期限的,法院应当适用其协商的期限

B. 法院可以短信方式送达裁判文书

C. 法院可以通过电话传唤当事人到庭参加诉讼

D. 若李某对市国土局未予公开政府信息的行为直接提起诉讼,法院应当不予受理

198. 2017/2/99/不定项

某环保联合会对某公司提起环境民事公益诉讼,因在诉讼中需要

---

① BC ② B ③ CD

该公司的相关环保资料,遂向县环保局提出申请公开该公司的排污许可证、排污口数量和位置等有关环境信息。申请书中载明了单位名称、住所地、联系人及电话并加盖了公章、获取信息的方式等。县环保局收到申请后,要求环保联合会提供申请人身份的证明材料。环保联合会提供了社会团体登记证复印件。县环保局以申请公开的内容不明确为由拒绝公开,该环保联合会遂提起行政诉讼。

若法院受理此案,关于此案的审理,下列说法正确的是:①

A. 法院审理第一审行政案件,当事人各方同意适用简易程序的,可适用简易程序

B. 县环保局负责人出庭应诉的,可另委托 1 至 2 名诉讼代理人

C. 县环保局应当对拒绝的根据及履行法定告知和说明理由义务的情况举证

D. 法院应要求环保联合会对其所申请的信息与其自身生产、生活、科研等需要的相关性进行举证

199. 2016/2/84/多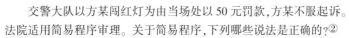

交警大队以方某闯红灯为由当场处以 50 元罚款,方某不服起诉。法院适用简易程序审理。关于简易程序,下列哪些说法是正确的?②

A. 由审判员一人独任审理

B. 法院应在立案之日起 30 日内审结,有特殊情况需延长的经批准可延长

C. 法院在审理过程中发现不宜适用简易程序的,裁定转为普通程序

D. 对适用简易程序作出的判决,当事人不得提出上诉

200. 2016/2/47/单

甲公司与乙公司发生纠纷向工商局申请公开乙公司的工商登记信息。该局公开了乙公司的名称、注册号、住所、法定代表人等基本信息,但对经营范围、从业人数、注册资本等信息拒绝公开。甲公司向法院起诉,法院受理。关于此事,下列哪一说法是正确的?③

A. 甲公司应先向工商局的上一级工商局申请复议,对复议决定不服再向法院起诉

---

① ABC　② AC　③ B

B. 工商局应当对拒绝公开的依据以及履行法定告知和说明理由义务的情况举证

C. 本案审理不适用简易程序

D. 因相关信息不属政府信息,拒绝公开合法

考点39 先予执行

201. 法考回忆题/单

朱某失业后向区民政局申请最低生活保障金,区民政局认为朱某不符合申请资格予以拒绝,朱某提起行政诉讼。在诉讼过程中,朱某申请先予执行。下列哪一说法是正确的?①

A. 朱某申请先予执行应当提供担保

B. 如果法院作出先予执行裁定,区民政局不服可以申请复议

C. 朱某应先申请行政复议后,才能在诉讼中提出先予执行申请

D. 本案应适用确认违法判决

202. 2015/2/85/多 新法改编

丁某以其房屋作抵押向孙某借款,双方到房管局办理手续,提交了房产证原件及载明房屋面积100平方米、借款50万元的房产抵押合同,该局以此出具房屋他项权证。丁某未还款,法院拍卖房屋,但因房屋面积只有70平方米,孙某遂以该局办理手续时未尽核实义务造成其15万元债权无法实现为由,起诉要求认定该局行为违法并赔偿损失。对此案,下列哪些说法是错误的?②

A. 法院可根据孙某申请裁定先予执行

B. 孙某应对房管局的行为造成其损失提供证据

C. 孙某对房屋抵押存在过错的,应当减轻房管局的赔偿责任

D. 孙某的请求不属国家赔偿范围

考点40 被告改变被诉行政行为的处理与撤诉制度

203. 2009/2/99/不定项

下列情况属于或可以视为行政诉讼中被告改变被诉具体行政行为的是:③

---

① B ② AD ③ ACD

A. 被诉公安局把拘留三日的处罚决定改为罚款 500 元

B. 被诉土地局更正被诉处罚决定中不影响决定性质和内容的文字错误

C. 被诉工商局未在法定期限答复原告的请求,在二审期间作出书面答复

D. 县政府针对甲乙两村土地使用权争议作出的处理决定被诉后,甲乙两村达成和解,县政府书面予以认可

考点41 行政机关负责人出庭应诉

204. 〔法考回忆题/不定项〕

甲省乙市政府发布通知,对直接介绍外地企业到本市投资的单位和个人按照投资项目实际到位资金金额的千分之一进行奖励。经张某引荐,某外地企业到该市投资,但市政府拒绝支付 5 万元的奖励金。张某提起行政诉讼,法院建议市政府负责人唐某出庭应诉。下列说法正确的是:①

A. 唐某出庭应诉,可以另行委托两名诉讼代理人

B. 若唐某因公不能出庭,可委托律师代其出庭应诉

C. 若唐某不出庭,也不委托代理人出庭,法院可以传唤其出庭

D. 法院应当适用简易程序进行审理

专题十六 行政诉讼证据

考点42 举证责任

205. 〔法考回忆题/不定项〕

镇政府趁姜某不在家时,在夜间对姜某违章修建的房屋进行了强制拆除。姜某起诉要求法院确认强制拆除行为违法,并赔偿房屋内物品的损失。姜某提供了过路村民卢某的证言,证明房屋是在夜间被强制拆除的。镇政府提供了工作人员谢某的证言,证明房屋不是夜间被拆除的。以下说法正确的是:②

A. 卢某的证言优于谢某的证言

B. 姜某应对自己的损失承担举证责任

C. 姜某的房屋是违章建筑,镇政府不需要赔偿姜某损失

D. 如果强制拆除行为违法,法院应当予以撤销

---

① A ② A

206. 2012/2/81/多

田某认为区人社局记载有关他的社会保障信息有误,要求更正,该局拒绝。田某向法院起诉。下列哪些说法是正确的?①

A. 田某应先申请行政复议再向法院起诉

B. 区人社局应对拒绝更正的理由进行举证和说明

C. 田某应提供区人社局记载有关他的社会保障信息有误的事实根据

D. 法院应判决区人社局在一定期限内更正

207. 2010/2/89/多

市城管执法局委托镇政府负责对一风景区域进行城管执法。镇政府接到举报并经现场勘验,认定刘某擅自建房并组织强制拆除。刘某父亲和嫂子称房屋系二人共建,拆除行为侵犯合法权益,向法院起诉,法院予以受理。关于此案,下列哪些说法是正确的?②

A. 此案的被告是镇政府

B. 刘某父亲和嫂子应当提供证据证明房屋为二人共建或与拆除行为有利害关系

C. 如法院对拆除房屋进行现场勘验,应当邀请当地基层组织或当事人所在单位派人参加

D. 被告应当提供证据和依据证明有拆除房屋的决定权和强制执行的权力

208. 2012/2/98/不定项

某药厂以本厂过期药品作为主原料,更改生产日期和批号生产出售。甲市乙县药监局以该厂违反《药品管理法》第 49 条第 1 款关于违法生产药品规定,决定没收药品并处罚款 20 万元。药厂不服向县政府申请复议,县政府依《药品管理法》第 49 条第 3 款关于生产劣药行为的规定,决定维持处罚决定。药厂起诉。关于本案的举证与审理裁判,下列说法正确的有:③

A. 法院应对被诉行政行为和药厂的行为是否合法一并审理和裁判

B. 药厂提供的证明被诉行政行为违法的证据不成立的,不能免除被告对被诉行政行为合法性的举证责任

C. 如在本案庭审过程中,药厂要求证人出庭作证的,法院不予准许

———————————

① BC ② BCD ③ BD

D. 法院对本案的裁判,应当以证据证明的案件事实为依据

考点43 证据的种类及提供证据的要求

209． 2014/2/98/不定项

经夏某申请,某县社保局作出认定,夏某晚上下班途中驾驶摩托车与行人发生交通事故受重伤,属于工伤。夏某供职的公司认为其发生交通事故系醉酒所致,向法院起诉要求撤销认定。某县社保局向法院提交了公安局交警大队交通事故认定书、夏某住院的病案和夏某同事孙某的证言。下列说法正确的是:①

A. 夏某为本案的第三人

B. 某县社保局提供的证据均系书证

C. 法院对夏某住院的病案是否为原件的审查,系对证据真实性的审查

D. 如有证据证明交通事故确系夏某醉酒所致,法院应判决撤销某县社保局的认定

210． 2007/2/84/多

县烟草专卖局发现刘某销售某品牌外国香烟,执法人员表明了自己的身份,并制作了现场笔录。因刘某拒绝签名,随行电视台记者张某作为见证人在笔录上签名,该局当场制作《行政处罚决定书》,没收15条外国香烟。刘某不服该决定,提起行政诉讼。诉讼中,县烟草专卖局向法院提交了现场笔录、县电视台拍摄的现场录像、张某的证词。下列哪些选项是正确的?②

A. 现场录像应当提供原始载体

B. 张某的证词有张某的签字后,即可作为证人证言使用

C. 现场笔录必须有执法人员和刘某的签名

D. 法院收到县烟草专卖局提供的证据应当出具收据,由经办人员签名或盖章

考点44 证据的保全

211． 2009/2/87/多

许某与汤某系夫妻,婚后许某精神失常。二人提出离婚,某县民政局准予离婚。许某之兄认为许某为无民事行为能力人,县民政局准予离婚

行为违法,遂提起行政诉讼。县民政局向法院提交了县医院对许某作出的间歇性精神病的鉴定结论。许某之兄申请法院重新进行鉴定。下列哪些选项是正确的?①

A. 原告需对县民政局准予离婚行为违法承担举证责任

B. 鉴定结论应有鉴定人的签名和鉴定部门的盖章

C. 当事人申请法院重新鉴定可以口头提出

D. 当事人申请法院重新鉴定应当在举证期限内提出

212. 〔2007/2/45/单〕

关于行政诉讼中的证据保全申请,下列哪一选项是正确的?②

A. 应当在第一次开庭前以书面形式提出

B. 应当在举证期限届满前以书面形式提出

C. 应当在举证期限届满前以口头形式提出

D. 应当在第一次开庭前以口头形式提出

考点45 质证及证据的审核认定

213. 〔2008/2/50/单〕

某区城管执法局以甲工厂的房屋建筑违法为由强行拆除,拆除行为被认定违法后,甲工厂要求某区城管执法局予以赔偿,遭到拒绝后向法院起诉。甲工厂除提供证据证明房屋损失外,还提供了甲工厂工人刘某与当地居民谢某的证言,以证明房屋被拆除时,房屋有办公用品、机械设备未搬出,应予赔偿。某区城管执法局提交了甲工厂工人李某和执法人员张某的证言,以证明房屋内没有物品。下列哪一选项是正确的?③

A. 法院不能因李某为甲工厂工人而不采信其证言

B. 法院收到甲工厂提交的证据材料,应当出具收据,由经办人员签名并加盖法院印章

C. 张某的证言优于谢某的证言

D. 在庭审过程中,甲工厂要求刘某出庭作证,法院应予准许

214. 〔2008/2/89/多〕

某市卫生局经调查取证,认定某公司实施了未经许可擅自采集血

① BD ② B ③ A

液的行为,依据有关法律和相关规定,决定取缔该公司非法采集血液的行为,同时没收 5 只液氮生物容器。下列哪些说法是正确的?①

A. 市卫生局在调查时,执法人员不得少于两人,并应当向当事人出示证件

B. 若市卫生局当场作出决定,某公司不服申请复议的期限应自决定作出之日起计算

C. 若某公司起诉,市卫生局向法院提供的现场笔录的效力,优于某公司的证人对现场的描述

D. 没收 5 只液氮生物容器属于保全措施

215． 2015/2/84/多

梁某酒后将邻居张某家的门、窗等物品砸坏。县公安局接警后,对现场进行拍照、制作现场笔录,并请县价格认证中心作价格鉴定意见,对梁某作出行政拘留 8 日处罚。梁某向法院起诉,县公安局向法院提交照片、现场笔录和鉴定意见。下列哪些说法是正确的?②

A. 照片为书证

B. 县公安局提交的现场笔录无当事人签名的,不具有法律效力

C. 县公安局提交的鉴定意见应有县价格认证中心的盖章和鉴定人的签名

D. 梁某对现场笔录的合法性有异议的,可要求县公安局的相关执法人员作为证人出庭作证

216． 2005/2/45/单 新法改编

黄某在与陈某的冲突中被陈某推倒后摔成轻微伤,甲县公安局以此对陈某作出行政拘留 15 日的决定。陈某不服申请复议,甲县政府经调查并补充了王某亲眼看到黄某摔伤的证言后维持了原处罚决定。陈某向法院提起诉讼。庭审中,陈某提出该处罚未经过负责人集体讨论,一审法院遂要求被告补充提供该处罚由负责人集体讨论决定的记录。下列哪一种说法是正确的?③

A. 本案被告是甲县政府

B. 王某的证言只能作为证明甲县政府的复议决定合法的证据

---

① ABC ② AC(原答案为 ACD) ③ D

C. 法院要求被告补充记录的做法不符合法律规定

D. 法院对被告提供的记录形成时间所作的审查不属于对证据的关联性审查

专题十七　行政诉讼的法律适用

考点46 行政诉讼的法律适用

217. 〔法考回忆题/多〕

2019 年 2 月,国务院发布了《关于在市场监管领域全面推行部门联合"双随机、一公开"监管的意见》(国发〔2019〕5 号)。对此,下列哪些说法是正确的?①

A. 该意见为行政法规

B. 该意见可以作为法官裁判的依据

C. 该意见可以作为制定部门规章的依据

D. 对该意见不能进行附带性审查

218. 〔法考回忆题/不定项〕

刘某在下班途中发生交通事故死亡,刘某妻子向人社局申请工伤认定,人社局根据国务院《工伤保险条例》认定刘某构成工伤。刘某所在的公司认为不构成工伤事故,提起行政诉讼。对此,下列说法错误的是:②

A. 工伤认定是行政裁决

B. 法院应当参照《工伤保险条例》作出判决

C. 该公司在诉讼中可以要求法院一并审查《工伤保险条例》

D. 本案可以适用撤销判决

专题十八　行政诉讼的裁判与执行

考点47 行政诉讼第一审判决

219. 〔2008/2/43/单〕

某银行以某公司未偿还贷款为由向法院起诉,法院终审判决认定其请求已过诉讼时效,予以驳回。某银行向某县政府发函,要求某县政府落实

---

① CD ② ABCD

某公司的还款责任。某县政府复函:"请贵行继续依法主张债权,我们将配合做好有关工作。"尔后,某银行向法院起诉,请求某县政府履行职责。法院经审理认为,某县政府已履行相应职责,某银行的债权不能实现的原因在于其主张债权时已超过诉讼时效。下列哪一选项是错误的?①

A. 本案应由中级法院管辖

B. 因法院的生效判决已对某银行与某公司的民事关系予以确认,某县政府不能重新进行确定

C. 法院应当判决确认某县政府的复函合法

D. 法院应当判决驳回某银行的诉讼请求

220. 2008/2/48/单

某县政府与甲开发公司签订《某地区改造项目协议书》,对某地区旧城改造范围、拆迁补偿费及支付方式和期限等事宜加以约定。乙公司持有经某市政府批准取得的国有土地使用证的第 15 号地块,位于某地区改造范围。甲开发公司获得改造范围内新建的房屋预售许可证,并向社会公开预售。乙公司认为某县政府以协议形式规划、管理和利用项目改造的行为违法,向法院起诉,法院受理。下列哪一选项是正确的?②

A. 某县政府与甲开发公司签订的《某地区改造项目协议书》属内部协议

B. 某县政府应当依职权先行收回乙公司持有的第 15 号地块国有土地使用证

C. 因乙公司不是《某地区改造项目协议书》的当事人,法院应驳回起诉

D. 若法院经审理查明,某县政府以协议形式规划、管理和利用项目改造的行为违法,应当判决确认某县政府的行为违法,并责令采取补救措施

221. 2013/2/81/多

2012 年 9 月,某计划生育委员会以李某、周某二人于 2010 年 7 月违法超生第二胎,作出要求其缴纳社会抚养费 12 万元,逾期不缴纳每月加收千分之二滞纳金的决定。二人不服,向法院起诉。下列哪些说法是正确的?③

A. 加处的滞纳金数额不得超出 12 万元

B. 本案为共同诉讼

---

① C ② D ③ AB(原答案为 ABD)

C. 二人的违法行为发生在 2010 年 7 月,到 2012 年 9 月已超过《行政处罚法》规定的追究责任的期限,故决定违法

D. 法院不能作出允许少缴或免缴社会抚养费的变更判决

222. 〔2011/2/82/多〕 新法改编

余某拟大修房屋,向县规划局提出申请,该局作出不予批准答复。余某向县政府申请复议,在后者作出维持决定后,向法院起诉。县规划局向法院提交县政府批准和保存的余某房屋所在中心村规划布局图的复印件一张,余某提交了其房屋现状的录像,证明其房屋已破旧不堪。下列哪些说法是正确的?①

A. 县规划局提交的该复印件,应加盖县政府的印章

B. 余某提交的录像应注明制作方法和制作时间

C. 如法院认定余某的请求不成立,可以判决驳回余某的诉讼请求

D. 如法院认定余某的请求成立,在对县规划局的行为作出裁判的同时,应对县政府的复议决定作出裁判

223. 〔2007/2/83/多〕

罗某受到朱某的人身威胁,向公安机关报案,公安机关未采取任何措施。三天后,罗某了解到朱某因涉嫌抢劫被刑事拘留。罗某以公安机关不履行法定职责为由向法院提起行政诉讼,同时提出行政赔偿请求,要求赔偿精神损失。法院经审理认为,公安机关确未履行法定职责。下列哪些选项是正确的?②

A. 因朱某已被刑事拘留,法院应当判决驳回罗某起诉

B. 法院应当判决确认公安机关不履行职责行为违法

C. 法院应当判决公安机关赔偿罗某的精神损失

D. 法院应当判决驳回罗某的行政赔偿请求

224. 〔2007/2/87/多〕

秦某租住江某房屋,后伪造江某的身份证和房屋所有权证,将房屋卖给不知情的吴某。房屋登记部门办理过户时未发现材料有假,便向吴某发放了房屋所有权证。江某发现房屋被卖时秦某已去向不明。江某以登记错误为由,提起行政诉讼要求撤销登记。下列哪些选项是正确的?③

---

① ABCD(原答案为 ABC) ② BD ③ AD

A. 法院应判决房屋登记部门撤销颁发给吴某的房屋所有权证

B. 吴某是善意第三人,房屋登记部门不应当撤销给吴某颁发的房屋所有权证

C. 江某应当先申请行政复议,对复议决定不服的,才能向法院起诉

D. 江某提起行政诉讼最长期限是 20 年,自房屋登记机关作出过户登记之日起计算

考点48 行政诉讼第二审判决

225. 2011/2/50/单

县环保局以一企业逾期未完成限期治理任务为由,决定对其加收超标准排污费并处以罚款 1 万元。该企业认为决定违法诉至法院,提出赔偿请求。一审法院经审理维持县环保局的决定。该企业提出上诉。下列哪一说法是正确的?①

A. 加收超标准排污费和罚款均为行政处罚

B. 一审法院开庭审理时,如该企业未经法庭许可中途退庭,法院应予训诫

C. 二审法院认为需要改变一审判决的,应同时对县环保局的决定作出判决

D. 一审法院如遗漏了该企业的赔偿请求,二审法院应裁定撤销一审判决,发回重审

226. 2009/2/48/多

某区公安分局以蔡某殴打孙某为由对蔡某拘留十日并处罚款 500 元。蔡某向法院起诉,要求撤销处罚决定和赔偿损失。一审法院经审理认定处罚决定违法。下列哪些选项是正确的?②

A. 蔡某所在地的法院对本案无管辖权

B. 一审法院应判决撤销拘留决定,返还罚款 500 元、按照国家上年度职工日平均工资赔偿拘留十日的损失和一定的精神抚慰金

C. 如一审法院的判决遗漏了蔡某的赔偿请求,二审法院应当裁定撤销一审判决,发回重审

D. 如蔡某在二审期间提出赔偿请求,二审法院可以进行调解,调解不成

---

① 　C 　② 　AD(原答案为 D)

的,应告知蔡某另行起诉

227. (2017/2/100/不定项)

县政府以某化工厂不符合国家产业政策、污染严重为由,决定强制关闭该厂。该厂向法院起诉要求撤销该决定,并提出赔偿请求。一审法院认定县政府决定违法,予以撤销,但未对赔偿请求作出裁判,县政府提出上诉。下列说法正确的是:①

A. 本案第一审应由县法院管辖

B. 二审法院不得以不开庭方式审理该上诉案件

C. 二审法院应对一审法院的判决和被诉行政行为进行全面审查

D. 如二审法院经审查认为依法不应给予该厂赔偿的,应判决驳回其赔偿请求

228. (2007/2/93/不定项)

某公司提起行政诉讼,要求撤销区教育局作出的《关于不同意申办花蕾幼儿园的批复》,并要求法院判令该局在20日内向花蕾幼儿园颁发独立的《办学许可证》。一审法院经审理后作出确认区教育局批复违法的判决,但未就颁发《办学许可证》的诉讼请求作出判决。该公司不服一审判决,提起上诉。下列说法正确的是:②

A. 二审法院应当裁定撤销一审判决

B. 二审法院应当维持一审判决

C. 二审法院可以裁定发回一审法院重审

D. 二审法院应当裁定发回一审法院重审,一审法院应当另行组成合议庭进行审理

考点49 行政诉讼裁判的执行

229. (2010/2/87/单)

某公司向区教委申请《办学许可证》,遭拒后向法院提起诉讼,法院判决区教委在判决生效后30日内对该公司申请进行重新处理。判决生效后,区教委逾期拒不履行,某公司申请强制执行。关于法院可采取的执行措施,下列哪一项是正确的?③

---

① CD　② AD　③ B(原答案为BC)

A. 对区教委按日处 100 元的罚款

B. 对区教委的主要负责人处以罚款

C. 经法院院长批准,对区教委直接责任人予以司法拘留

D. 责令由市教委对该公司的申请予以处理

专题十九　行政公益诉讼

考点50 行政公益诉讼

230. 〔法考回忆题/多〕

某公司私自占有公共土地,破坏了森林资源,县林草局对该公司作出罚款 10 万元的决定,并责令其恢复原状。事后,县林草局收缴了该公司的罚款,但没有及时督促该公司恢复原状。县检察院以县林草局没有及时履行要求该公司恢复原状的法定职责向法院起诉。对此,下列哪些说法是正确的?①

A. 县检察院起诉前要先向县林草局发出检察建议

B. 检察院的起诉期限是 6 个月

C. 县林草局可以代该公司恢复原状

D. 责令恢复原状是行政处罚

231. 〔法考回忆题/多〕

某森林公安局以某公司违规铲除植被为由,责令其恢复植被,并罚款 3 万元。该公司缴纳罚款后,森林公安局即办理了结案手续。森林检察院发现这一情况后,向森林公安局发出责令该公司恢复植被的检察建议,森林公安局未予理睬。森林检察院遂向法院提起诉讼。关于本案,下列哪些说法是正确的?②

A. 本案是行政公益诉讼

B. 检察院提出检察建议是公益诉讼的前置程序

C. 只有民间公益诉讼组织不提起诉讼,检察院才能提起诉讼

D. 检察院的起诉期限是 3 个月

---

① ABC ② AB

专题二十　行政协议及其诉讼制度

考点51 行政协议及诉讼

232. （法考回忆题/多）

县政府与甲公司签订了征地补偿协议后，迟迟未支付征地补偿金。甲公司向法院提起诉讼，请求法院判令县政府支付补偿金和约定的违约金。对此，下列哪些说法是正确的？①

A. 诉讼时效依照《民法典》处理

B. 可以参照《民法典》对民事合同的规定处理本案

C. 甲公司应就被告是否履行支付补偿金义务进行举证

D. 法院不能支持给付违约金的主张

233. （法考回忆题/单）

老张和小张是父子关系，老张是户主。小张以老张的名义与区政府签订了房屋征收补偿协议。后老张以不知情为由向法院提起诉讼，请求确认该协议无效。对此，下列哪一说法是错误的？②

A. 若协议约定发生争议后案件由区法院管辖，则该约定内容无效

B. 若协议无效事由在一审法庭辩论终结前消除，法院可驳回原告起诉

C. 法院应当审查区政府签订协议行为的合法性

D. 法院不能通过民事诉讼程序确认协议无效

234. （法考回忆题/不定项）

李某房屋位于某拆迁规划范围内，区政府与李某签订《房屋拆迁补偿协议》，约定拆迁补偿款为200万元，后区政府发现对李某房屋补偿面积认定存在重大偏差，导致对李某房屋补偿面积的计算方法有误，补偿安置标准超过其应得补偿标准，遂将协议约定的拆迁补偿款单方变更为150万元。李某不服，提起行政诉讼。下列说法不正确的是：③

A. 李某起诉期限适用行政诉讼法及其司法解释关于起诉期限的规定

B. 区政府单方变更拆迁补偿款违反职权法定原则，构成违法

C. 李某应当先申请行政复议才能提起行政诉讼

---

① AB ② B ③ BCD

D. 若李某不履行协议约定的搬迁义务,区政府可以向法院提起反诉

235. `法考回忆题/单`

某区政府与甲签订《棚户区改造征收补偿协议》,约定协议履行争议可以申请仲裁。后甲以其签署协议受到胁迫为由,诉请法院判决解除该补偿协议。关于本案,下列哪一项说法是正确的?①

A. 因存在仲裁条款,法院应裁定不予受理

B. 甲承担解除协议的举证责任

C. 本案不适用调解

D. 因存在仲裁条款,该协议无效

236. `法考回忆题/不定项`

为开发统一的数码产品网络电召平台,甲市政府与宝昌股份有限责任公司签订了为期 6 年的特许经营协议,由宝昌公司开发网络电召平台并提供日常维护,并约定协议期间甲市政府将禁止其他公司单独开发电召平台。2 年后,由于政府换届,甲市政府单方提前解除了与宝昌公司的协议。请回答下述(1)(2)两题。

(1)根据上述案例,下列说法正确的是:②

A. 对于甲市政府与宝昌公司签订特许经营协议的行为,宝昌公司的竞争对手乙公司可以提起行政诉讼

B. 对于甲市政府单方提前解除协议的行为,宝昌公司可以提起民事诉讼

C. 对于甲市政府单方提前解除协议的行为,宝昌公司应当按照行政诉讼的起诉期起诉

D. 对于甲市政府单方提前解除协议的行为,宝昌公司应当按照民事诉讼的规定缴纳诉讼费用

(2)若宝昌公司对甲市政府解除协议的行为不服,向法院提起行政诉讼,下列说法正确的是:③

A. 如果特许经营协议中约定了发生争议由协议订立地法院管辖,可以按照协议的约定确定管辖法院

B. 审理本案可以参照适用相关民事法律规范

C. 如果协议能够继续履行,法院可判决被告继续履行协议

---

① B ② AC ③ ABC

D. 如果协议不能继续履行,法院可判决被告采取相应的补救措施,并对原告的损失予以补偿

专题二十一　行政复议制度

考点52 行政复议参加人与行政复议机关

237. 2009/2/45/单

关于行政复议第三人,下列哪一选项是错误的?①

A. 第三人可以委托一至二名代理人参加复议

B. 第三人不参加行政复议,不影响复议案件的审理

C. 复议机关应为第三人查阅有关材料提供必要条件

D. 第三人与申请人逾期不起诉又不履行复议决定的强制执行制度不同

238. 2008/2/84/多

为严格本地生猪屠宰市场管理,某县政府以文件形式规定,凡本县所有猪类屠宰单位和个人,须在规定期限内到生猪管理办公室申请办理生猪屠宰证,违者予以警告或罚款。个体户张某未按文件规定申请办理生猪屠宰证,生猪管理办公室予以罚款200元。下列哪些说法是错误的?②

A. 若张某在对罚款不服申请复议时一并对县政府文件提出审查申请,复议机关应当转送有权机关依法处理

B. 某县政府的文件属违法设定许可和处罚,有权机关应依据《行政处罚法》和《行政许可法》对相关责任人给予行政处分

C. 生猪管理办公室若以自己名义作出罚款决定,张某申请复议应以其为被申请人

D. 若张某直接向法院起诉,应以某县政府为被告

239. 2011/2/84/单

甲市乙区公安分局所辖派出所以李某制造噪声干扰他人正常生活为由,处以500元罚款。李某不服申请复议。下列哪一机关可以成为本案的复议机关?③

A. 乙区公安分局

---

① D　② ABC　③ B(原答案为AB)

B. 乙区政府

C. 甲市公安局

D. 甲市政府

240. 2009/2/98/不定项 新法改编

2002 年底,王某按照县税务局要求缴纳税款 12 万元。2008 年初,王某发现多缴税款 2 万元。同年 7 月 5 日,王某向县税务局提出退税书面申请。7 月 13 日,县税务局向王某送达不予退税决定。王某在复议机关维持县税务局决定后向法院起诉。下列选项正确的是:①

A. 复议机关是县税务局的上一级税务局

B. 复议机关应自收到王某复议申请书之日起二个月内作出复议决定

C. 被告为县税务局

D. 是否适用《税收征收管理法》"纳税人自结算缴纳税款之日起三年内发现的,可以向税务机关要求退还多缴的税款"的规定,是本案审理的焦点之一

241. 2014/2/80/多

《反不正当竞争法》规定,当事人对监督检查部门作出的处罚决定不服的,可以自收到处罚决定之日起 15 日内向上一级主管机关申请复议;对复议决定不服的,可以自收到复议决定书之日起 15 日内向法院提起诉讼;也可以直接向法院提起诉讼。某县工商局认定某企业利用广告对商品作引人误解的虚假宣传,构成不正当竞争,处 10 万元罚款。该企业不服,申请复议。下列哪些说法是正确的?②

A. 复议机关应当为该工商局的上一级工商局

B. 申请复议期间为 15 日

C. 如复议机关作出维持决定,该企业向法院起诉,起诉期限为 15 日

D. 对罚款决定,该企业可以不经复议直接向法院起诉

242. 2014/2/49/多

某区环保局因某新建水电站未报批环境影响评价文件,且已投入生产使用,给予其罚款 10 万元的处罚。水电站不服,申请复议,复议机关作出维持处罚的复议决定书。下列哪些说法是正确的?③

---

① AD(原答案为 ABCD) ② CD ③ AC(原答案为 C)

A. 复议机关应当为某区政府

B. 如复议期间案件涉及法律适用问题,需要有权机关作出解释,行政复议终止

C. 复议决定书一经送达,即发生法律效力

D. 水电站对复议决定不服向法院起诉,应由复议机关所在地的法院管辖

243.　**2017/2/84/多**

县食药局认定某公司用超保质期的食品原料生产食品,根据《食品安全法》没收违法生产的食品和违法所得,并处 5 万元罚款。公司不服申请行政复议。下列哪些说法是正确的?①

A. 公司可向市食药局申请行政复议,也可向县政府申请行政复议

B. 公司可委托 1 至 2 名代理人参加行政复议

C. 公司提出行政复议申请时错列被申请人的,行政复议机构应告知公司变更被申请人

D. 对县食药局的决定,申请行政复议是向法院起诉的必经前置程序

考点53 行政复议的申请与受理

244.　**2010/2/48/单**

《环境保护法》规定,当事人对行政处罚决定不服,可以在接到处罚通知之日起 15 日内申请复议,也可以在接到处罚通知之日起 15 日内直接向法院起诉。某县环保局依据《环境保护法》对违法排污企业作出罚款处罚决定,该企业不服。对此,下列哪一说法是正确的?②

A. 如该企业申请复议,申请复议的期限应为 60 日

B. 如该企业直接起诉,提起诉讼的期限应为 3 个月

C. 如该企业逾期不缴纳罚款,县环保局可从该企业的银行账户中划拨相应款项

D. 如该企业逾期不缴纳罚款,县环保局可扣押该企业的财产并予以拍卖

245.　**2016/2/48/单**

某区食品药品监管局以某公司生产经营超过保质期的食品违反《食品安全法》为由,作出处罚决定。公司不服,申请行政复议。关于此案,下

---

① 　BC(原答案为 ABC)　　② 　A

列哪一说法是正确的?①

A. 申请复议期限为 60 日

B. 公司不得以电子邮件形式提出复议申请

C. 行政复议机关不能进行调解

D. 公司如在复议决定作出前撤回申请,行政复议中止

考点 54 行政复议的审理

246. 2012/2/49/单

国务院某部对一企业作出罚款 50 万元的处罚。该企业不服,向 该部申请行政复议。下列哪一说法是正确的?②

A. 在行政复议中,不应对罚款决定的适当性进行审查

B. 企业委托代理人参加行政复议的,可以口头委托

C. 如在复议过程中企业撤回复议的,即不得再以同一事实和理由提出复议申请

D. 如企业对复议决定不服向国务院申请裁决,企业对国务院的裁决不服向法院起诉的,法院不予受理

247. 2013/2/50/单

甲市乙区政府决定征收某村集体土地 100 亩。该村 50 户村民不 服,申请行政复议。下列哪一说法是错误的?③

A. 申请复议的期限为 30 日

B. 村民应推选 1 至 5 名代表参加复议

C. 甲市政府为复议机关

D. 如要求申请人补正申请材料,应在收到复议申请之日起 5 日内书面通知申请人

248. 2017/2/83/多

关于行政复议案件的审理和决定,下列哪些说法是正确的?④

A. 行政复议期间涉及专门事项需要鉴定的,当事人可自行委托鉴定机构进行鉴定

B. 对重大、复杂的案件,被申请人提出采取听证方式审理的,行政复议机

---

① A ② D ③ A ④ ABCD(原答案为 ACD)

构应采取听证方式审理

C. 申请人在行政复议决定作出前自愿撤回行政复议申请的,经行政复议机构同意,可以撤回

D. 行政复议人员调查取证时应向当事人或者有关人员出示证件

考点55 行政复议决定与执行

249． 2010/2/84/多

关于行政复议有关事项的处理,下列哪些说法是正确的?①

A. 申请人因不可抗力不能参加行政复议致行政复议中止满 60 日的,行政复议终止

B. 复议进行现场勘验的,现场勘验所用时间不计入复议审理期限

C. 申请人对行政拘留不服申请复议,复议期间因申请人同一违法行为涉嫌犯罪,该行政拘留变更为刑事拘留的,行政复议中止

D. 行政复议期间涉及专门事项需要鉴定的,当事人可以自行委托鉴定机构进行鉴定

250． 2008/2/45/单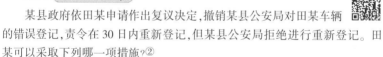

某县政府依田某申请作出复议决定,撤销某县公安局对田某车辆的错误登记,责令在 30 日内重新登记,但某县公安局拒绝进行重新登记。田某可以采取下列哪一项措施?②

A. 申请法院强制执行

B. 对某县公安局的行为申请行政复议

C. 向法院提起行政诉讼

D. 请求某县政府责令某县公安局登记

251． 市工商局认定豪美公司的行为符合《广告法》第 28 条第 2 款第 2 项规定的"商品或者服务有关的允诺等信息与实际情况不符,对购买行为有实质性影响"情形,属发布虚假广告,予以行政处罚。豪美公司向市政府申请行政复议,市政府受理。

请回答第(1)、(2)题。

(1) 2016/2/97/不定项 新法改编

关于此案的复议,下列说法正确的是:③

———————————————

① BD ② D ③ ABC

A. 豪美公司委托代理人参加复议,应提交授权委托书

B. 应由 2 名以上行政复议人员参加审理

C. 市政府应为公司查阅有关材料提供必要条件

D. 如处罚决定认定事实不清,证据不足,市政府不得作出变更决定

（2）**2016/2/98/不定项** 新法改编

如市政府在法定期限内不作出复议决定,下列说法正确的是:①

A. 有监督权的行政机关可督促市政府加以改正

B. 可对市政府负有责任的领导人员和直接负责人员依法给予警告、记过、记大过的行政处分

C. 豪美公司可向法院起诉要求市政府履行复议职责

D. 豪美公司可针对原处罚决定向法院起诉市工商局

252. **2015/2/80/多** 新法改编

某区工商分局对一公司未取得出版物经营许可证销售电子出版物 100 套的行为,予以取缔,并罚款 6000 元。该公司向区政府申请复议。下列哪些说法是正确的?②

A. 公司可委托代理人代为参加行政复议

B. 在复议过程中区工商分局不得自行向申请人和其他有关组织或个人收集证据

C. 区政府应采取听取当事人意见的方式审查此案

D. 如区工商分局的决定明显不当,区政府应予以撤销

253. **2007/2/48/多**

齐某不服市政府对其作出的决定,向省政府申请行政复议,市政府在法定期限内提交了答辩,但没有提交有关证据、依据。开庭时市政府提交了作出行政行为的法律和事实依据,并说明由于市政府办公场所调整,所以延迟提交证据。下列哪些选项是不正确的?③

A. 省政府应接受市政府延期提交的证据材料

B. 省政府应中止案件的审理

C. 省政府应撤销市政府的具体行政行为

D. 省政府应维持市政府的具体行政行为

---

① ABCD ② ABC(原答案为 AB) ③ ABCD(原答案为 C)

专题二十二　国家赔偿概述

考点56 国家赔偿概述

254. 法考回忆题/不定项

李某因为走私被甲区公安分局抓获,甲区公安分局对李某拘留5日。李某不服提起复议,甲区政府作出拘留15日的决定。在拘留期间,李某被牢头向某殴打,拘留所看管人员不予制止,致使李某被打成轻微伤。李某决定申请国家赔偿。对此,下列说法不正确的是:①

A. 如李某对拘留15日提起行政诉讼,甲区公安分局与甲区政府都是被告

B. 如李某对拘留15日提起行政赔偿诉讼,甲区公安分局与甲区政府承担连带赔偿责任

C. 李某在拘留所中被向某殴打,属于民事侵权行为,拘留所不承担国家赔偿责任

D. 李某在被拘留期间被殴打,应当由赔偿义务机关证明其行为与损害结果之间是否存在因果关系

专题二十三　行政赔偿

考点57 行政赔偿义务机关及赔偿程序

255. 法考回忆题/多

某县政府组织工作人员对岳某的房屋强制拆除,岳某认为工作人员事先未通知其转移物品,导致屋内物品毁损,请求法院确认县政府行为违法,法院判决确认强制拆除行为违法。后岳某向县政府请求赔偿,县政府一直未予回复,岳某遂向法院提起行政赔偿诉讼,请求赔偿房屋、屋内损失,并要求县政府追究相关人员的违法责任。下列哪些说法是正确的?②

A. 若因强制拆除行为导致岳某对财产损失无法举证,应由县政府承担举证责任

B. 县政府追究相关人员的违法责任不属于法院审查范围

C. 岳某提出行政赔偿诉讼的起诉期限为6个月

---

① ABCD　② ABD

D. 本案应当由中级人民法院管辖

256. 2013/2/84/多

某区规划局以一公司未经批准擅自搭建地面工棚为由,限期自行拆除。该公司逾期未拆除。根据规划局的请求,区政府组织人员将违法建筑拆除,并将拆下的钢板作为建筑垃圾运走。如该公司申请国家赔偿,下列哪些说法是正确的?①

A. 可以向区规划局提出赔偿请求

B. 区政府为赔偿义务机关

C. 申请国家赔偿之前应先申请确认运走钢板的行为违法

D. 应当对自己的主张提供证据

257. 2010/2/88/多 新法改编

关于行政赔偿诉讼,下列哪些选项是正确的?②

A. 两个以上行政机关分别实施违法行政行为造成同一损害,每个行政机关的行为都足以造成全部损害的,根据过错各自承担相应责任

B. 原告在二审程序中提出行政赔偿请求的,人民法院可以组织各方调解,调解不成的,告知其另行起诉

C. 如复议决定加重损害,赔偿请求人只对复议机关提出行政赔偿诉讼的,复议机关为被告

D. 提起行政诉讼时一并提出行政赔偿请求的,可以在提起诉讼后至法院一审判决前提出,人民法院应予受理

258. 2007/2/89/多

李某租用一商店经营服装。某区公安分局公安人员驾驶警车追捕时,为躲闪其他车辆,不慎将李某服装厅的橱窗玻璃及模特衣物撞坏。事后,公安分局与李某协商赔偿不成,李某请求国家赔偿。下列哪些选项是错误的?③

A. 公安分局应作为赔偿义务机关,因为李某曾与其协商赔偿

B. 公安分局不应作为赔偿义务机关,因该公安人员的行为属于与行使职权无关的个人行为

C. 公安分局不应作为赔偿义务机关,因为该公安人员的行为不是违法行使职权,应按行政补偿解决

---

① BD　② BC　③ ABD

D. 公安分局应作为赔偿义务机关,因为该公安人员的行为属于与行使职权有关的行为

专题二十四　司法赔偿

考点58 司法赔偿义务机关

259. （法考回忆题/多）

程某殴打罗某,鉴定机关鉴定罗某构成二级轻伤。2021 年 11 月 12 日,县公安局以程某构成故意伤害罪为由决定立案侦查,11 月 30 将程某刑事拘留,后县检察院作出逮捕决定。2022 年 5 月 3 日,鉴定机关经过重新鉴定,罗某构成轻微伤。县公安局决定撤销案件,程某同日被释放。程某遂申请国家赔偿。对此,下列哪些说法是不正确的?①

A. 赔偿义务机关是县检察院

B. 鉴定机关鉴定错误,应当承担赔偿责任

C. 赔偿期间是 2021 年 11 月 12 日到 2022 年 5 月 3 日

D. 赔偿义务机关如拒绝赔偿,程某可直接向法院赔偿委员会申请作出赔偿决定

260. （2012/2/83/多）

区公安分局以涉嫌故意伤害罪为由将方某刑事拘留,区检察院批准对方某的逮捕。区法院判处方某有期徒刑 3 年,方某上诉。市中级法院以事实不清为由发回区法院重审。区法院重审后,判决方某无罪。判决生效后,方某请求国家赔偿。下列哪些说法是错误的?②

A. 区检察院和区法院为共同赔偿义务机关

B. 区公安分局为赔偿义务机关

C. 方某应当先向区法院提出赔偿请求

D. 如区检察院在审查起诉阶段决定撤销案件,方某请求国家赔偿的,区检察院为赔偿义务机关

261. （2008/2/40/单） 新法改编

甲市乙区公安分局以孙某涉嫌诈骗罪为由将其刑事拘留,并经乙

---

① BCD　② AB

区检察院批准逮捕。后因案情特殊由丙区检察院提起公诉。2006 年,丙区法院判处孙某有期徒刑 3 年,孙某不服上诉,甲市中级法院裁定发回丙区法院重新审理。重审期间,丙区检察院经准许撤回起诉,并最终作出不起诉决定。孙某申请国家赔偿。关于赔偿义务机关,下列哪一选项是正确的?①

A. 乙区公安分局、乙区检察院和丙区法院

B. 丙区检察院和丙区法院

C. 乙区检察院和丙区法院

D. 丙区法院

考点59 司法赔偿范围

262. （法考回忆题/不定项）

赵某因涉嫌犯罪被立案侦查,后经县检察院批准逮捕,县法院一审认定赵某犯甲罪,判处有期徒刑 1 年,缓刑 2 年;犯乙罪,判处有期徒刑 2 年,缓刑 2 年;合并执行 2 年,缓刑 2 年半。判决当日赵某被释放。后赵某上诉,市中级法院判决维持原判。赵某申请省高院再审。省高院判决撤销甲罪,对乙罪判处有期徒刑 2 年,缓刑 2 年。关于本案,下列说法正确的是:②

A. 如果赔偿赵某的话,赔偿义务机关是市中级法院

B. 对于赵某所犯甲罪,国家应予赔偿

C. 对于赵某所犯乙罪,国家不予赔偿

D. 赵某雇请律师的费用不属于赔偿范围

263. （2010/2/50/多）

2009 年 2 月 10 日,王某因涉嫌诈骗被县公安局刑事拘留,2 月 24 日,县检察院批准逮捕王某。4 月 10 日,县法院以诈骗罪判处王某 3 年有期徒刑,缓期 2 年执行。5 月 10 日,县公安局根据县法院变更强制措施的决定,对王某采取取保候审措施。王某上诉,6 月 1 日,市中级法院维持原判。王某申诉,12 月 10 日,市中级法院再审认定王某行为不构成诈骗,撤销原判。对此,下列哪些说法是不正确的?③

A. 因王某被判无罪,国家应当对王某在 2009 年 2 月 10 日至 12 月 10 日期间的损失承担赔偿责任

B. 因王某被判处有期徒刑缓期执行,国家不承担赔偿责任

---

① D ② CD ③ ABCD(原答案为 D)

C. 因王某被判无罪,国家应当对王某在 2009 年 6 月 1 日至 12 月 10 日期间的损失承担赔偿责任

D. 因王某被判无罪,国家应当对王某在 2009 年 2 月 10 日至 5 月 10 日期间的损失承担赔偿责任

264． (2009/2/89/多)

2006 年 12 月 5 日,王某因涉嫌盗窃被某县公安局刑事拘留,同月 11 日被县检察院批准逮捕。2008 年 3 月 4 日王某被一审法院判处有期徒刑二年,王某不服提出上诉。2008 年 6 月 5 日,二审法院维持原判,判决交付执行。2009 年 3 月 2 日,法院经再审以王某犯罪时不满 16 周岁为由撤销生效判决,改判其无罪并当庭释放。王某申请国家赔偿,下列哪些选项是错误的?①

A. 国家应当对王某从 2008 年 6 月 5 日到 2009 年 3 月 2 日被羁押的损失承担赔偿责任

B. 国家应当对王某从 2006 年 12 月 11 日到 2008 年 3 月 4 日被羁押的损失承担赔偿责任

C. 国家应当对王某从 2006 年 12 月 5 日到 2008 年 3 月 4 日被羁押的损失承担赔偿责任

D. 国家应当对王某从 2008 年 3 月 4 日到 2009 年 3 月 2 日被羁押的损失承担赔偿责任

考点60 司法赔偿程序

265． (法考回忆题/多)

徐某涉嫌贪污罪被区检察院逮捕,区法院经审理认为徐某构成职务侵占,但由于其违法情形不严重,故决定免予追究刑事责任。徐某未上诉,后一审判决生效。之后,市中级人民法院通过再审宣告徐某无罪。徐某申请国家赔偿,法院赔偿委员会认为之前判决为免予追究其刑事责任,不应当予以赔偿。下列哪些选项是正确的?②

A. 徐某可以向区检察院的上一级检察院申请复议

B. 徐某可以向市中级法院赔偿委员会申请赔偿

C. 不予赔偿的理由不符合法律规定

D. 赔偿义务机关为区检察院和区法院

---

① BCD ② BC

266. 2014/2/50/单

甲市乙县法院强制执行生效民事判决时执行了案外人李某的财产且无法执行回转。李某向乙县法院申请国家赔偿,遭到拒绝后申请甲市中级法院赔偿委员会作出赔偿决定。赔偿委员会适用质证程序审理。下列哪一说法是正确的?①

A. 乙县法院申请不公开质证,赔偿委员会应当予以准许

B. 李某对乙县法院主张的不利于自己的事实,既未表示承认也未否认的,即视为对该项事实的承认

C. 赔偿委员会根据李某的申请调取的证据,作为李某提供的证据进行质证

D. 赔偿委员会应当对质证活动进行全程同步录音录像

267. 2014/2/100/不定项

某县公安局以沈某涉嫌销售伪劣商品罪为由将其刑事拘留,并经县检察院批准逮捕。后检察院决定不起诉。沈某申请国家赔偿,赔偿义务机关拒绝。下列说法正确的是:②

A. 县公安局为赔偿义务机关

B. 赔偿义务机关拒绝赔偿,应当书面通知沈某

C. 国家应当给予沈某赔偿

D. 对拒绝赔偿,沈某可以向县检察院的上一级检察院申请复议

268. 2012/2/50/单

县公安局以李某涉嫌盗窃为由将其刑事拘留,并经县检察院批准逮捕。县法院判处李某有期徒刑5年。李某上诉,市中级法院改判李某无罪。李某向赔偿义务机关申请国家赔偿。下列哪一说法是正确的?③

A. 县检察院为赔偿义务机关

B. 李某申请国家赔偿前应先申请确认刑事拘留和逮捕行为违法

C. 李某请求国家赔偿的时效自羁押行为被确认为违法之日起计算

D. 赔偿义务机关可以与李某就赔偿方式进行协商

269. 2011/2/45/单

李某被县公安局以涉嫌盗窃为由刑事拘留,后被释放。李某向县

---

① C ② BCD ③ D

公安局申请国家赔偿,遭到拒绝,经复议后,向市中级法院赔偿委员会申请作出赔偿决定。下列哪一说法是正确的?①

A. 李某应向赔偿委员会递交赔偿申请书一式四份

B. 县公安局可以委托律师作为代理人

C. 县公安局应对李某的损失与刑事拘留行为之间是否存在因果关系提供证据

D. 李某不服中级法院赔偿委员会作出的赔偿决定的,可以向上一级法院赔偿委员会申请复议一次

270. 2013/2/99/不定项

甲市某县公安局以李某涉嫌盗窃罪为由将其刑事拘留,经县检察院批准逮捕,县法院判处李某有期徒刑 6 年,李某上诉,甲市中级法院改判无罪。李某被释放后申请国家赔偿,赔偿义务机关拒绝赔偿,李某向甲市中级法院赔偿委员会申请作出赔偿决定。下列选项正确的是:②

A. 赔偿义务机关拒绝赔偿的,应书面通知李某并说明不予赔偿的理由

B. 李某向甲市中级法院赔偿委员会申请作出赔偿决定前,应当先向甲市检察院申请复议

C. 对李某申请赔偿案件,甲市中级法院赔偿委员会可指定一名审判员审理和作出决定

D. 如甲市中级法院赔偿委员会作出赔偿决定,赔偿义务机关认为确有错误的,可以向该省高级法院赔偿委员会提出申诉

271. 2015/2/100/不定项

某县公安局以涉嫌诈骗为由将张某刑事拘留,并经县检察院批准逮捕,后县公安局以证据不足为由撤销案件,张某遂申请国家赔偿。下列说法正确的是:③

A. 赔偿义务机关为县公安局和县检察院

B. 张某的赔偿请求不属国家赔偿范围

C. 张某当面递交赔偿申请书,赔偿义务机关应当场出具加盖本机关专用印章并注明收讫日期的书面凭证

D. 如赔偿义务机关拒绝赔偿,张某可向法院提起赔偿诉讼

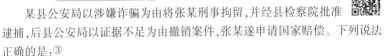

① A　② AD　③ C

272． 2017/2/50/单

某市公安局以朱某涉嫌盗窃罪于 2013 年 7 月 25 日将其刑事拘留,经市检察院批准逮捕。2015 年 9 月 11 日,市中级法院判决朱某无罪,朱某被释放。2016 年 3 月 15 日,朱某以无罪被羁押为由申请国家赔偿,要求支付侵犯人身自由的赔偿金,赔礼道歉,赔偿精神损害抚慰金 200 万元。下列哪一说法是正确的?①

A. 市检察院为赔偿义务机关

B. 朱某不能以口头方式提出赔偿申请

C. 限制人身自由的时间是计算精神抚慰金的唯一标准

D. 侵犯朱某人身自由的每日赔偿金应按照 2014 年度职工日平均工资计算

考点61 民事、行政司法赔偿

273． 2008/2/88/单

甲公司向某区法院起诉要求乙公司返还货款 15 万元,并请求依法保全乙公司价值 10 万元的汽车。在甲公司提供担保后,法院准予采取保全措施。二审法院最终维持某区法院要求乙公司返还货款 10 万元的判决。甲公司在申请强制执行时,发现诉讼期间某区法院在乙公司没有提供担保的情况下已解除保全措施,乙公司已变卖汽车、转移货款,致判决无法执行。甲公司要求某区法院赔偿损失。下列哪一项说法是正确的?②

A.《国家赔偿法》未明确规定法院在民事诉讼过程中违法解除保全措施应承担赔偿责任,故甲公司的请求不成立

B. 违法采取保全措施应包括依法不应当解除而解除保全措施

C. 就某区法院的措施是否属国家赔偿范围问题,受理赔偿诉讼的法院可以进行调解

D. 甲公司应当先申请确认某区法院解除保全措施的行为违法

274． 2013/2/49/单

某法院以杜某逾期未履行偿债判决为由,先将其房屋查封,后裁定将房屋过户以抵债。杜某认为强制执行超过申请数额而申请国家赔偿,要求赔偿房屋过户损失 30 万元,查封造成屋内财产毁损和丢失 5000 元,误工损失 2000 元,以及精神损失费 1 万元。下列哪一事项属于国家赔偿范围?③

---

① 　A　② 　B(原答案为 BD)　③ 　B

A. 2000 元   B. 5000 元

C. 1 万元   D. 30 万元

275. （2017/2/85/多）

关于民事、行政诉讼中的司法赔偿,下列哪些说法是正确的?①

A. 对同一妨害诉讼的行为重复采取罚款措施的,属于违法采取对妨害诉讼的强制措施

B. 执行未生效法律文书的,属于对判决、裁定及其他生效法律文书执行错误

C. 受害人对损害结果的发生或者扩大也有过错的,国家不承担赔偿责任

D. 因正当防卫造成损害后果的,国家不承担赔偿责任

专题二十五 国家赔偿方式、标准和费用

考点62 国家赔偿方式与标准

276. （法考回忆题/多）

某县公安局以涉嫌故意伤害罪为由对朱某刑事拘留,县检察院批准逮捕。县检察院对朱某提起公诉,后以证据不足为由撤诉。朱某被释放后申请国家赔偿。关于本案,下列哪些说法是正确的?②

A. 给予朱某的精神损害抚慰金不得低于侵犯人身自由赔偿金的两倍

B. 赔偿义务机关不可就赔偿项目与朱某进行协商

C. 对赔偿决定不服,朱某可以向赔偿义务机关的上一级机关申请复议

D. 赔偿义务机关应为县检察院

277. （2012/2/100/不定项）

廖某在监狱服刑,因监狱管理人员放纵被同室服刑人员殴打,致一条腿伤残。廖某经 6 个月治疗,部分丧失劳动能力,申请国家赔偿。下列属于国家赔偿范围的有:③

A. 医疗费

B. 残疾生活辅助具费

C. 残疾赔偿金

D. 廖某扶养的无劳动能力人的生活费

---

① ABD ② CD ③ ABC

278. 2016/2/50/单

某县公安局于 2012 年 5 月 25 日以方某涉嫌合同诈骗罪将其刑事拘留,同年 6 月 26 日取保候审,8 月 11 日检察院决定批准逮捕方某。2013 年 5 月 11 日,法院以指控依据不足为由判决方某无罪,方某被释放。2014 年 3 月 2 日方某申请国家赔偿。下列哪一说法是正确的?①

A. 县公安局为赔偿义务机关

B. 赔偿义务机关可就赔偿方式和数额与方某协商,但不得就赔偿项目进行协商

C. 方某 2012 年 6 月 26 日至 8 月 11 日取保候审,不属于国家赔偿范围

D. 对方某的赔偿金标准应按照 2012 年度国家职工日平均工资计算

279. 2011/2/83/多

2006 年 9 月 7 日,县法院以销售伪劣产品罪判处杨某有期徒刑 8 年,并处罚金 45 万元,没收其推土机一台。杨某不服上诉,12 月 6 日,市中级法院维持原判交付执行。杨某仍不服,向省高级法院提出申诉。2010 年 9 月 9 日,省高级法院宣告杨某无罪释放。2011 年 4 月,杨某申请国家赔偿。关于本案的赔偿范围和标准,下列哪些说法是正确的?②

A. 对杨某被羁押,每日赔偿金按国家上年度职工日平均工资计算

B. 返还 45 万罚金并支付银行同期存款利息

C. 如被没收推土机已被拍卖的,应给付拍卖所得的价款及相应的赔偿金

D. 本案不存在支付精神损害抚慰金的问题

280. 2009/2/49/单

2001 年 5 月李某被某县公安局刑事拘留,后某县检察院以证据不足退回该局补充侦查,2002 年 11 月李某被取保候审。2004 年,县公安局撤销案件。次年 3 月,李某提出国家赔偿申请。县公安局于 2005 年 12 月作出给予李某赔偿的决定书。李某以赔偿数额过低为由,于 2006 年先后向市公安局和市法院赔偿委员会提出复议和申请,二者均作出维持决定。对李某被限制人身自由的赔偿金,应按照下列哪个年度的国家职工日平均工资计算?③

A. 2002 年度

B. 2003 年度

C. 2004 年度

D. 2005 年度

---

① C ② AB ③ C

便携版
历年真题+回忆题

🌿 2025国家统一法律职业资格考试攻略

快刷题

随时 ~ 随地 ~ 随身练　　④ 民诉法

拓朴法考　组编

中国法治出版社
CHINA LEGAL PUBLISHING HOUSE

图书在版编目（CIP）数据

2025 国家统一法律职业资格考试攻略. 快刷题. 4，民诉法 / 拓朴法考组编. -- 北京 ： 中国法治出版社，2025. 4. -- ISBN 978-7-5216-4810-2

Ⅰ. D920. 4

中国国家版本馆 CIP 数据核字第 2024UT0401 号

责任编辑：李连宇（lilianyu@ zgfzs. com）　　　　　　封面设计：拓　朴

2025 国家统一法律职业资格考试攻略. 快刷题. 4，民诉法

2025 GUOJIA TONGYI FALÜ ZHIYE ZIGE KAOSHI GONGLÜE. KUAISHUATI. 4，MINSUFA

组编/拓朴法考

经销/新华书店

印刷/河北翔驰润达印务有限公司

开本/787 毫米×1092 毫米　32 开　　　　　　　　印张/4　字数/130 千

版次/2025 年 4 月第 1 版　　　　　　　　　　　2025 年 4 月第 1 次印刷

中国法治出版社出版

书号 ISBN 978-7-5216-4810-2　　　　　　　　总定价：108.00 元（全八册）

北京市西城区西便门西里甲 16 号西便门办公区

邮政编码：100053　　　　　　　　　　　　　　传真：010-63141600

网址：http：//www. zgfzs. com　　　　　　　编辑部电话：010-63141811

市场营销部电话：010-63141612　　　　　　　印务部电话：010-63141606

（如有印装质量问题，请与本社印务部联系。）

本书二维码内容由拓朴法考提供，用于服务广大考生，有效期截至 2025 年 12 月 31 日。

民 诉 法

扫一扫,"码"上做题

微信扫码,即可线上做题、看解析。
多种做题模式:章节自测、单科集训、
随机演练等。

专题一　民事诉讼与民事诉讼法

考点1 民事诉讼与民事诉讼法

1. 法考回忆题/多

甲公司拖欠黄某劳动报酬6万元,双方经人民调解委员会调解达成协议,甲公司在1个月之内向黄某支付6万元。1个月后,甲公司并未支付劳动报酬。关于对黄某的救济方式,下列哪些说法是正确的?①

A. 向劳动争议仲裁委员会申请仲裁

B. 就调解协议直接向法院起诉

C. 持调解协议向法院申请强制执行

D. 持调解协议向法院申请支付令

专题二　诉

考点2 诉讼标的

2. 法考回忆题/单

朱某向杨某借款20万元,借期1年,双方约定利息1万元,到期不归还借款支付罚息2万元。后朱某到期未偿还借款,杨某起诉要求朱某归还本金20万元,支付利息2万元,并要求支付逾期还款的罚息1万元。关于本案诉讼标的的数量,下列哪一表述是正确的?②

A. 仅有一个诉讼标的

B. 本金和利息一个诉讼标的,罚息一个诉讼标的

---

① AD　② A

C. 本金一个诉讼标的,利息和罚息一个诉讼标的

D. 本金、利息、罚息共三个诉讼标的

3. `2011/3/37/单①`

甲因乙久拖房租不付,向法院起诉,要求乙支付半年房租6000元。在案件开庭审理前,甲提出书面材料,表示时间已过去1个月,乙应将房租增至7000元。关于法院对甲增加房租的要求的处理,下列哪一选项是正确的?②

A. 作为新的诉讼受理,合并审理

B. 作为诉讼标的的变更,另案审理

C. 作为诉讼请求增加,继续审理

D. 不予受理,告知甲可以另行起诉

4. `2009/3/37/单`

刘某习惯每晚将垃圾袋放在家门口,邻居王某认为会招引苍蝇并影响自己出入家门。王某为此与刘某多次交涉未果,遂向法院提起诉讼,要求刘某不得将垃圾袋放在家门口,以保证自家的正常通行和维护环境卫生。关于本案的诉讼标的,下列哪一选项是正确的?③

A. 王某要求刘某不得将垃圾袋放在家门口的请求

B. 王某要求法院保障自家正常通行权的请求

C. 王某要求刘某维护环境卫生的请求

D. 王某和刘某之间的相邻关系

考点3 诉的分类

5. `法考回忆题/不定项`

甲公司与乙公司签订设备租赁合同,后甲公司发现乙公司违规使用设备,遂发函告知乙公司须按章操作,乙公司未予理会。甲公司提起诉讼,请求法院确认乙公司违规使用设备,解除双方之间的设备租赁合同,判令乙公司返还设备并支付违约金。关于本案诉的类型,下列表述正确的是:④

A. 请求确认违规使用设备是确认之诉

B. 请求解除设备租赁合同是形成之诉

C. 请求返还设备是给付之诉

D. 请求支付违约金是给付之诉

---

① 指2011年/试卷三/第37题/多选——编者注。 ② C ③ D ④ CD

6. 2015/3/37/单

李某驾车不慎追尾撞坏刘某轿车,刘某向法院起诉要求李某将车修好。在诉讼过程中,刘某变更诉讼请求,要求李某赔偿损失并赔礼道歉。针对本案的诉讼请求变更,下列哪一说法是正确的?①

    A. 该诉的诉讼标的同时发生变更

    B. 法院应依法不允许刘某变更诉讼请求

    C. 该诉成为变更之诉

    D. 该诉仍属给付之诉

7. 2013/3/37/单

关于诉的分类的表述,下列哪一选项是正确的?②

    A. 孙某向法院申请确认其妻无民事行为能力,属于确认之诉

    B. 周某向法院申请宣告自己与吴某的婚姻无效,属于变更之诉

    C. 张某在与王某协议离婚后,又向法院起诉,主张离婚损害赔偿,属于给付之诉

    D. 赵某代理女儿向法院诉请前妻将抚养费从每月 1000 元增加为 2000 元,属于给付之诉

考点4 反诉

8. 法考回忆题/单

甲起诉乙,审理过程中乙提起反诉。后甲撤回起诉,法院以原告撤回起诉为由裁定驳回了乙的反诉。乙对该裁定不服,提起上诉,二审法院应当如何处理?③

    A. 组织当事人调解,调解不成,告知另行起诉

    B. 裁定驳回上诉,维持原裁定

    C. 撤销原裁定,同时发回重审

    D. 撤销原裁定,同时指定原审法院审理

9. 2014/3/43/单

刘某与曹某签订房屋租赁合同,后刘某向法院起诉,要求曹某依约支付租金。曹某向法院提出的下列哪一主张可能构成反诉?④

    A. 刘某的支付租金请求权已经超过诉讼时效

B. 租赁合同无效

C. 自己无支付能力

D. 自己已经支付了租金

10. ᐸ2013/3/80/多ᐳ

关于反诉，下列哪些表述是正确的？①

A. 反诉的原告只能是本诉的被告

B. 反诉与本诉必须适用同一种诉讼程序

C. 反诉必须在答辩期届满前提出

D. 反诉与本诉之间须存在牵连关系，因此必须源于同一法律关系

11. ᐸ2012/3/100/不定项ᐳ

2009 年 2 月，家住甲市 A 区的赵刚向家住甲市 B 区的李强借了 5000 元，言明 2010 年 2 月之前偿还。到期后赵刚一直没有还钱。

2010 年 3 月，李强找到赵刚家追讨该债务，发生争吵。赵刚因所牵宠物狗易受惊，遂对李强说："你不要大声喊，狗会咬你。"李强不理，仍然叫骂，并指着狗叫喊。该狗受惊，扑向李强并将其咬伤。李强治伤花费 6000 元。

李强起诉要求赵刚返还欠款 5000 元、支付医药费 6000 元，并向法院提交了赵刚书写的借条，其向赵刚转账 5000 元的银行转账凭证、本人病历、医院的诊断书（复印件）、医院处方（复印件）、发票等。

赵刚称，其向李强借款是事实，但在 2010 年 1 月卖给李强一块玉石，价值 5000 元，说好用玉石货款清偿借款。当时李强表示同意，并称之后会把借条还给赵刚，但其一直未还该借条。

赵刚还称，李强故意激怒狗，被狗咬伤的责任应由李强自己承担。对此，赵刚提交了邻居孙某出具的书面证词，该证词描述了李强当时骂人和骂狗的情形。

赵刚认为，李强提交的诊断书、医院处方均为复印件，没有证明力。

关于赵刚"用玉石货款清偿借款"的辩称，下列选项正确的是：②

A. 将该辩称作为赵刚偿还借款的反驳意见来审查，审查的结果可以作为判决的根据

B. 赵刚应当以反诉的形式提出请求，法院可以与本诉合并进行审理

C. 赵刚必须另行起诉，否则法院不予处理

D. 赵刚既可以反诉的形式提出，也可另行起诉

12． 2010/3/100/不定项

丙承租了甲、乙共有的房屋,因未付租金被甲、乙起诉。一审法院判决丙支付甲、乙租金及利息共计 10000 元,分五个月履行,每月给付 2000 元。甲、乙和丙均不服该判决,提出上诉:乙请求改判丙一次性支付所欠的租金 10000 元。甲请求法院判决解除与丙之间租赁关系。丙认为租赁合同中没有约定利息,甲、乙也没有要求给付利息,一审法院不应当判决自己给付利息,请求判决变更一审判决的相关内容。丙还提出,为修缮甲、乙的出租房自己花费了 3000 元,请求抵销部分租金。

关于丙提出用房屋修缮款抵销租金的请求,二审法院正确的处理办法是:①

　　A. 查明事实后直接判决

　　B. 不予审理

　　C. 经当事人同意进行调解解决,调解不成的,发回重审

　　D. 经当事人同意进行调解解决,调解不成的,告知丙另行起诉

13． 2009/3/36/单

甲公司起诉要求乙公司交付货物。被告乙公司向法院主张合同无效,应由原告甲公司承担合同无效的法律责任。关于本案被告乙公司主张的性质,下列哪一说法是正确的?②

　　A. 该主张构成了反诉

　　B. 该主张是一种反驳

　　C. 该主张仅仅是一种事实主张

　　D. 该主张是一种证据

考点5 诉的合并与分离

14． 法考回忆题/多

乙向甲借款 100 万元逾期未还。甲认为乙与丙恶意串通,通过虚假交易方式将乙的财产转移至丙名下,遂向法院起诉,请求判决撤销乙和丙之间的买卖合同,并判令丙将买卖合同所涉款项交付给自己,用于偿还乙拖欠的债务。关于甲向法院提出的请求之间的关系,下列哪些说法是正确的?③

　　A. 诉的主体合并　　　　　　　　B. 诉的客体合并

　　C. 诉的重叠合并　　　　　　　　D. 诉的预备合并

---

① D　② A　③ BD

15. `2012/3/97/不定项`

2009年2月，家住甲市A区的赵刚向家住甲市B区的李强借了5000元，言明2010年2月之前偿还。到期后赵刚一直没有还钱。

2010年3月，李强找到赵刚家追讨债务，发生争吵。赵刚因所牵宠物狗易受惊，遂对李强说："你不要大声喊，狗会咬你。"李强不理，仍然叫骂，并指着狗叫喊。该狗受惊，扑向李强并将其咬伤。李强治伤花费6000元。

李强起诉要求赵刚返还欠款5000元、支付医药费6000元，并向法院提交了赵刚书写的借条、其向赵刚转账5000元的银行转账凭证、本人病历、医院的诊断书（复印件）、医院处方（复印件）、发票等。

赵刚称，其向李强借款是事实，但在2010年1月卖给李强一块玉石，价值5000元，说好用玉石货款清偿借款。当时李强表示同意，并称之后会把借条还给赵刚，但其一直未还该借条。

赵刚还称，李强故意激怒狗，被狗咬伤的责任应由李强自己承担。对此，赵刚提交了邻居孙某出具的书面证词，该证词描述了李强当时骂人和骂狗的情形。

赵刚认为，李强提交的诊断书、医院处方均为复印件，没有证明力。

关于法院对李强提出的返还欠款5000元和支付医药费6000元的诉讼审理，下列选项正确的是：①

A. 可以分别审理，分别作出判决

B. 可以合并审理，一起作出判决

C. 可以合并审理，分别作出判决

D. 必须分别审理，分别作出判决

专题三　民事诉讼法的基本原则与基本制度

考点6 民事诉讼基本原则

16. `法考回忆题/单`

黄某通过网上购物平台购买了微尼公司出售的商品，因商品质量发生纠纷，黄某诉至某互联网法院。法院受理后决定线上开庭，微尼公司同意，黄某以其不具备网上开庭条件为由拒绝。关于本案的审理方式，下列哪一说法是正确的？②

---

① AC ② C

A. 法院应依职权适用线上审理

B. 法院应线下开庭审理

C. 可以采取微尼公司线上开庭、黄某线下开庭的方式

D. 本案为互联网购物纠纷,应由互联网法院专属管辖

17. 〔2014/3/35/单〕

社会主义法治的价值追求是公平正义,因此必须坚持法律面前人人平等原则。下列哪一民事诉讼基本原则最能体现法律面前人人平等原则的内涵?①

A. 检察监督原则

B. 诚实信用原则

C. 当事人诉讼权利平等原则

D. 同等原则和对等原则

18. 〔2014/3/36/单〕

依法治国要求树立法律权威,依法办事,因此在民事纠纷解决的过程中,各方主体都须遵守法律的规定。下列哪一行为违背了相关法律?②

A. 法院主动对确有错误的生效调解书启动再审

B. 派出所民警对民事纠纷进行调解

C. 法院为下落不明的被告指定代理人参加调解

D. 人民调解委员会主动调解当事人之间的民间纠纷

19. 〔2014/3/37/单〕

根据《民事诉讼法》规定的诚信原则的基本精神,下列哪一选项符合诚信原则?③

A. 当事人以欺骗的方法形成不正当诉讼状态

B. 证人故意提供虚假证言

C. 法院根据案件审理情况对当事人提供的证据不予采信

D. 法院对当事人提出的证据任意进行取舍或否定

20. 〔2013/3/45/单〕

关于民事诉讼基本原则的表述,下列哪一选项是正确的?④

A. 外国人在我国进行民事诉讼时,与中国人享有同等的诉讼权利义务,

---

① C ② C ③ C ④ C

体现了当事人诉讼权利平等原则

B. 法院未根据当事人的自认进行事实认定,违背了处分原则

C. 当事人主张的法律关系与法院根据案件事实作出的认定不一致时,根据处分原则,当事人可以变更诉讼请求

D. 环保组织向法院提起公益诉讼,体现了支持起诉原则

21. 2011/3/38/单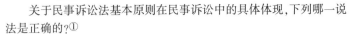

关于民事诉讼法基本原则在民事诉讼中的具体体现,下列哪一说法是正确的?①

A. 当事人有权决定是否委托代理人代为进行诉讼,是诉讼权利平等原则的体现

B. 当事人均有权委托代理人代为进行诉讼,是处分原则的体现

C. 原告与被告在诉讼中有一些不同但相对等的权利,是同等原则的体现

D. 当事人达成调解协议不仅要自愿,内容也不得违法,是法院调解自愿和合法原则的体现

22. 2010/3/88/不定项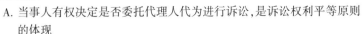

王某与钱某系夫妻,因感情不和王某提起离婚诉讼,一审法院经审理判决不准予离婚。王某不服提出上诉,二审法院经审理认为应当判决离婚,并对财产分割与子女抚养一并作出判决。关于二审法院的判决,下列哪些选项违反了《民事诉讼法》的原则或制度?②

A. 处分原则　　　　　　　B. 辩论原则

C. 两审终审制度　　　　　D. 回避制度

23. 2010/3/97/不定项

丙承租了甲、乙共有的房屋,因未付租金被甲、乙起诉。一审法院判决丙支付甲、乙租金及利息共计 10000 元,分五个月履行,每月给付 2000元。甲、乙和丙均不服该判决,提出上诉:乙请求改判丙一次性支付所欠的租金 10000 元。甲请求法院判决解除与丙之间租赁关系。丙认为租赁合同中没有约定利息,甲、乙也没有要求给付利息,一审法院不应当判决自己给付利息,请求判决变更一审判决的相关内容。丙还提出,为修缮甲、乙的出租房自己花费了 3000 元,请求抵销部分租金。

关于一审法院判决丙给付甲、乙利息的做法,下列说法正确的是:③

---

① D　② ABC　③ A

A. 违背了民事诉讼的处分原则

B. 违背了民事诉讼的辩论原则

C. 违背了民事诉讼的当事人诉讼权利平等原则

D. 违背了民事诉讼的同等原则

24 . 2009/3/82/多

关于辩论原则的表述,下列哪些选项是正确的?①

A. 当事人辩论权的行使仅局限于一审程序中开庭审理的法庭调查和法庭辩论阶段

B. 当事人向法院提出起诉状和答辩状是其行使辩论权的一种表现

C. 证人出庭陈述证言是证人行使辩论权的一种表现

D. 督促程序不适用辩论原则

25 . 2008/3/38/单

甲向法院起诉,要求判决乙返还借款本金 2 万元。在案件审理中,借款事实得以认定,同时,法院还查明乙逾期履行还款义务近一年,法院遂根据银行同期定期存款利息,判决乙还甲借款本金 2 万元,利息 520 元。关于法院对该案判决的评论,下列哪一选项是正确的?②

A. 该判决符合法律规定,实事求是,全面保护了权利人的合法权益

B. 该判决不符合法律规定,违反了民事诉讼的处分原则

C. 该判决不符合法律规定,违反了民事诉讼的辩论原则

D. 该判决不符合法律规定,违反了民事诉讼的平等原则

考点7 民事诉讼基本制度

26 . 法考回忆题/多

黄某因侵权纠纷起诉柳某,一审法院适用简易程序,由审判员王某独任审理。后柳某不服一审判决提起上诉,二审法院以基本事实不清为由裁定发回重审。关于重审的程序和审判组织,下列哪些说法是正确的?③

A. 应适用普通程序,王某不得作为合议庭组成人员

B. 应适用简易程序,王某不得作为审判员审理本案

C. 应适用普通程序,由王某之外的其他法官独任审理

D. 应适用普通程序,人民陪审员可以参与合议庭

① BD ② B ③ AD

27． 2016/3/35/单

不同的审判程序,审判组织的组成往往是不同的。关于审判组织的适用,下列哪一选项是正确的?①

A. 适用简易程序审理的案件,当事人不服一审判决上诉后发回重审的,可由审判员独任审判

B. 适用简易程序审理的案件,判决生效后启动再审程序进行再审的,可由审判员独任审判

C. 适用普通程序审理的案件,当事人双方同意,经上级法院批准,可由审判员独任审判

D. 适用选民资格案件审理程序的案件,应组成合议庭审理,而且只能由审判员组成合议庭

28． 2015/3/36/单

某区法院审理原告许某与被告某饭店食物中毒纠纷一案。审前,法院书面告知许某合议庭由审判员甲、乙和人民陪审员丙组成时,许某未提出回避申请。开庭后,许某始知人民陪审员丙与被告法定代表人是亲兄弟,遂提出回避申请。关于本案的回避,下列哪一说法是正确的?②

A. 许某可在知道丙与被告法定代表人是亲兄弟时提出回避申请

B. 法院对回避申请作出决定前,丙不停止参与本案审理

C. 应由审判长决定丙是否应回避

D. 法院作出回避决定后,许某可对此提出上诉

29． 2012/3/36/单

唐某作为技术人员参与了甲公司一项新产品研发,并与该公司签订了为期 2 年的服务与保密合同。合同履行 1 年后,唐某被甲公司的竞争对手乙公司高薪挖走,负责开发类似的产品。甲公司起诉至法院,要求唐某承担违约责任并保守其原知晓的产品。关于该案的审判,下列哪一说法是正确的?③

A. 只有在唐某与甲公司共同提出申请不公开审理此案的情况下,法院才可以不公开审理

B. 根据法律的规定,该案不应当公开审理,但应当公开宣判

C. 法院可以根据当事人的申请不公开审理此案,但应当公开宣判

---

① D ② A ③ C

D. 法院应当公开审理此案并公开宣判

30. 2010/3/37/单

关于回避,下列哪一说法是正确的?①

A. 当事人申请担任审判长的审判人员回避的,应由审委会决定

B. 当事人申请陪审员回避的,应由审判长决定

C. 法院驳回当事人的回避申请,当事人不服而申请复议,复议期间被申请回避人不停止参与本案的审理工作

D. 如当事人申请法院翻译人员回避,可由合议庭决定

31. 2010/3/38/单

关于合议庭评议案件,下列哪一表述是正确的?②

A. 审判长意见与多数意见不同的,以其意见为准判决

B. 陪审员意见得到支持、形成多数的,可按该意见判决

C. 合议庭意见存在分歧的,也可提交院长审查决定

D. 审判人员的不同意见均须写入笔录

32. 2008/3/83/多

根据我国《民事诉讼法》和相关司法解释的规定,下列关于审判组织的哪些表述是正确的?③

A. 再审程序中只能由审判员组成合议庭

B. 二审法院裁定发回重审的案件,原审法院应当组成合议庭进行审理

C. 法院适用特别程序审理案件,陪审员不参加案件的合议庭

D. 中级法院作为一审法院时,合议庭可以由审判员与陪审员共同组成,作为二审法院时,合议庭则一律由审判员组成

专题四 主管与管辖

考点8 管辖概述

33. 2014/3/39/单

关于管辖,下列哪一表述是正确的?④

A. 军人与非军人之间的民事诉讼,都应由军事法院管辖,体现了专门管辖的原则

---

① C ② D ③ BCD ④ C

B. 中外合资企业与外国公司之间的合同纠纷,应由中国法院管辖,体现了维护司法主权的原则

C. 最高法院通过司法解释授予部分基层法院专利纠纷案件初审管辖权,体现了平衡法院案件负担的原则

D. 不动产纠纷由不动产所在地法院管辖,体现了管辖恒定的原则

考点9 级别管辖

34. `2012/3/78/多`

根据《民事诉讼法》和司法解释的相关规定,关于级别管辖,下列哪些表述是正确的?①

A. 级别管辖不适用管辖权异议制度

B. 案件被移送管辖有可能是因为受诉法院违反了级别管辖的规定而发生的

C. 管辖权转移制度是对级别管辖制度的变通和个别的调整

D. 当事人可以通过协议变更案件的级别管辖

35. `2011/3/39/单`

根据《民事诉讼法》和相关司法解释,关于中级法院,下列哪一表述是正确的?②

A. 既可受理一审涉外案件,也可受理一审非涉外案件

B. 审理案件组成合议庭时,均不可邀请陪审员参加

C. 审理案件均须以开庭审理的方式进行

D. 对案件所作出的判决均为生效判决

36. `2009/3/35/单`

关于民事案件的级别管辖,下列哪一选项是正确的?③

A. 第一审民事案件原则上由基层法院管辖

B. 涉外案件的管辖权全部属于中级法院

C. 高级法院管辖的一审民事案件包括在本辖区内有重大影响的民事案件和它认为应当由自己审理的案件

D. 最高法院仅管辖在全国有重大影响的民事案件

---

① BC ② A ③ A

考点 10 地域管辖

37. 法考回忆题/不定项

A 区的甲公司与 B 区的乙公司签订买卖合同,约定合同履行地为 C 区,若合同履行发生纠纷向守约方所在地法院起诉。后双方因商品质量发生纠纷,甲公司声称自己是守约方,向 A 区法院起诉乙公司。乙公司在答辩期内提出管辖权异议,主张自己才是守约方,应当由 B 区法院管辖。关于本案的管辖法院,下列说法正确的是:①

A. 可由 A 区法院管辖

B. 可由 B 区法院管辖

C. 可由 C 区法院管辖

D. 因双方都可能是守约方,A、B 区法院均有管辖权

38. 法考回忆题/单

A 区的甲公司与 B 区的乙公司签订合同,约定合同履行地在 C 区。两公司随后又达成补充协议,约定发生纠纷由 C 区法院管辖。后经乙公司同意,甲公司将合同转让给 D 区的丙公司,丙公司对补充协议并不知情。后丙公司起诉乙公司要求履行合同,乙公司主张转让合同无效。关于本案,下列哪一法院有管辖权?②

A. A 区法院　　　　　　　　B. B 区法院

C. C 区法院　　　　　　　　D. D 区法院

39. 法考回忆题/多

曹某向詹某借款 10 万元,双方约定合同履行发生纠纷由詹某所在地的甲法院管辖,后詹某又与宁某就该笔借款签订保证合同,约定合同履行发生纠纷由宁某所在地的乙法院管辖。后因曹某拖欠借款发生纠纷,詹某提起诉讼。下列哪些选项是正确的?③

A. 起诉曹某和宁某,应由甲法院管辖

B. 起诉曹某和宁某,应由乙法院管辖

C. 单独起诉曹某,应由甲法院管辖

D. 单独起诉宁某,应由乙法院管辖

40. 2016/3/77/多

A 市东区居民朱某(男)与 A 市西县刘某结婚,婚后双方住 A 市

---

① BC　② B　③ ACD

东区。一年后,公司安排刘某赴 A 市南县分公司工作。三年之后,因感情不和朱某向 A 市东区法院起诉离婚。东区法院受理后,发现刘某经常居住地在南县,其对该案无管辖权,遂裁定将案件移送南县法院。南县法院收到案件后,认为无管辖权,将案件移送刘某户籍所在地西县法院。西县法院收到案件后也认为无管辖权。关于本案的管辖问题,下列哪些说法是正确的?①

A. 东区法院有管辖权

B. 南县法院有管辖权

C. 西县法院有管辖权

D. 西县法院认为自己没有管辖权,应当裁定移送有管辖权的法院

41. 住所地在 H 省 K 市 L 区的甲公司与住所地在 F 省 E 市 D 区的乙公司签订了一份钢材买卖合同,价款数额为 90 万元。合同在 B 市 C 区签订,双方约定合同履行地为 W 省 Z 市 Y 区,同时约定如因合同履行发生争议,由 B 市仲裁委员会仲裁。合同履行过程中,因钢材质量问题,甲公司与乙公司发生争议,甲公司欲申请仲裁解决。因 B 市有两个仲裁机构,分别为丙仲裁委员会和丁仲裁委员会(两个仲裁委员会所在地都在 B 市 C 区),乙公司认为合同中的仲裁条款无效,欲向有关机构申请确认仲裁条款无效。

请回答第(1)、(2)题。

(1) `2016/3/96/不定项`

如相关机构确认仲裁条款无效,甲公司欲与乙公司达成协议,确定案件的管辖法院。关于双方可以协议选择的管辖法院,下列选项正确的是:②

A. H 省 K 市 L 区法院　　　　B. F 省 E 市 D 区法院

C. B 市 C 区法院　　　　　　D. W 省 Z 市 Y 区法院

(2) `2016/3/97/不定项`

如仲裁条款被确认无效,甲公司与乙公司又无法达成新的协议,甲公司欲向法院起诉乙公司。关于对本案享有管辖权的法院,下列选项正确的是:③

A. H 省 K 市 L 区法院　　　　B. F 省 E 市 D 区法院

C. W 省 Z 市 Y 区法院　　　　D. B 市 C 区法院

---

① AB　② ABCD　③ BC

42． 2015/3/95/不定项

主要办事机构在 A 县的五环公司与主要办事机构在 B 县的四海公司于 C 县签订购货合同,约定:货物交付地在 D 县;若合同的履行发生争议,由原告所在地或者合同签订地的基层法院管辖。现五环公司起诉要求四海公司支付货款。四海公司辩称已将货款交给五环公司业务员付某。五环公司承认付某是本公司业务员,但认为其无权代理本公司收取货款,且付某也没有将四海公司声称的货款交给本公司。四海公司向法庭出示了盖有五环公司印章的授权委托书,证明付某有权代理五环公司收取货款,但五环公司对该授权书的真实性不予认可。根据案情,法院依当事人的申请通知付某参加(参与)了诉讼。

对本案享有管辖权的法院包括:①

A．A 县法院   B．B 县法院

C．C 县法院   D．D 县法院

43． 2009 年 2 月,家住甲市 A 区的赵刚向家住甲市 B 区的李强借了 5000 元,言明 2010 年 2 月之前偿还。到期后赵刚一直没有还钱。

2010 年 3 月,李强找到赵刚家追讨该债务,发生争吵。赵刚因所牵宠物狗易受惊,遂对李强说:"你不要大声喊,狗会咬你。"李强不理,仍然叫骂,并指着狗叫喊。该狗受惊,扑向李强并将其咬伤。李强治伤花费 6000 元。

李强起诉要求赵刚返还欠款 5000 元、支付医药费 6000 元,并向法院提交了赵刚书写的借条、本向赵刚转账 5000 元的银行转账凭证、本人病历、医院的诊断书(复印件)、医院处方(复印件)、发票等。

赵刚称,其向李强借款是事实,但在 2010 年 1 月卖给李强一块玉石,价值 5000 元,说好用玉石货款清偿借款。当时李强表示同意,并称之后会把借条还给赵刚,但其一直未还该借条。

赵刚还称,李强故意激怒狗,被狗咬伤的责任应由李强自己承担。对此,赵刚提交了邻居孙某出具的书面证词,该证词描述了李强当时骂人和骂狗的情形。

赵刚认为,李强提交的诊断书、医院处方均为复印件,没有证明力。

请回答第(1)、(2)题。

(1) 2012/3/95/不定项

关于李强与赵刚之间欠款的诉讼管辖,下列选项正确的是:②

A. 甲市 A 区法院   B. 甲市 B 区法院

C. 甲市中级法院   D. 应当专属甲市 A 区法院

（2）<u>2012/3/96/不定项</u>

关于李强要求赵刚支付医药费的诉讼管辖，下列选项正确的是：①

A. 甲市 A 区法院   B. 甲市 B 区法院

C. 甲市中级法院   D. 应当专属甲市 A 区法院

44. <u>2009/3/98/不定项</u>

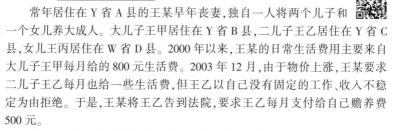

常年居住在 Y 省 A 县的王某早年丧妻，独自一人将两个儿子和一个女儿养大成人。大儿子王甲居住在 Y 省 B 县，二儿子王乙居住在 Y 省 C 县，女儿王丙居住在 W 省 D 县。2000 年以来，王某的日常生活费用主要来自大儿子王甲每月给的 800 元生活费。2003 年 12 月，由于物价上涨，王某要求二儿子王乙每月也给一些生活费，但王乙以自己没有固定的工作、收入不稳定为由拒绝。于是，王某将王乙告到法院，要求王乙每月支付给自己赡养费 500 元。

关于对本案享有管辖权的法院，下列选项正确的是：②

A. Y 省 A 县法院   B. Y 省 B 县法院

C. Y 省 C 县法院   D. W 省 D 县法院

考点 11 选择管辖与裁定管辖

45. <u>2014/3/78/多</u>

根据《民事诉讼法》和相关司法解释的规定，法院的下列哪些做法是违法的？③

A. 在一起借款纠纷中，原告张海起诉被告李河时，李河居住在甲市 A 区。A 区法院受理案件后，李河搬到甲市 D 区居住，该法院知悉后将案件移送 D 区法院

B. 王丹在乙市 B 区被黄玫打伤，以为黄玫居住乙市 B 区，而向该区法院提起侵权诉讼。乙市 B 区法院受理后，查明黄玫的居住地是乙市 C 区，遂将案件移送乙市 C 区法院

C. 丙省高院规定，本省中院受理诉讼标的额 1000 万元至 5000 万元的财产案件。丙省 E 市中院受理一起标的额为 5005 万元的案件后，向丙

---

① A   ② ABCD   ③ ABC

省高院报请审理该案

　D. 居住地为丁市 H 区的孙溪要求居住地为丁市 G 区的赵山依约在丁市 K 区履行合同。后因赵山下落不明，孙溪以赵山为被告向丁市 H 区法院提起违约诉讼，该法院以本院无管辖权为由裁定不予受理

46. 〔2013/3/79/多〕

关于管辖制度的表述，下列哪些选项是不正确的？①

　A. 对下落不明或者宣告失踪的人提起的民事诉讼，均应由原告住所地法院管辖

　B. 因共同海损或者其他海损事故请求损害赔偿提起的诉讼，被告住所地法院享有管辖权

　C. 甲区法院受理某技术转让合同纠纷案后，发现自己没有级别管辖权，将案件移送至甲市中院审理，这属于管辖权的转移

　D. 当事人可以书面约定纠纷的管辖法院，这属于选择管辖

47. 〔2010/3/39/单〕

某省甲市 A 区法院受理一起保管合同纠纷案件，根据被告管辖权异议，A 区法院将案件移送该省乙市 B 区法院审理。乙市 B 区法院经审查认为，A 区法院移送错误，本案应归甲市 A 区法院管辖，发生争议。关于乙市 B 区法院的做法，下列哪一选项是正确的？②

　A. 将案件退回甲市 A 区法院

　B. 将案件移送同级第三方法院管辖

　C. 报请乙市中级法院指定管辖

　D. 与甲市 A 区法院协商不成，报请该省高级法院指定管辖

48. 〔2009/3/80/多〕

2008 年 7 月，家住 A 省的陈大因赡养费纠纷，将家住 B 省甲县的儿子陈小诉至甲县法院，该法院受理了此案。2008 年 8 月，经政府正式批准，陈小居住的甲县所属区域划归乙县管辖。甲县法院以管辖区域变化对该案不再具有管辖权为由，将该案移送至乙县法院。乙县法院则根据管辖恒定原则，将案件送还至甲县法院。下列哪些说法是正确的？③

　A. 乙县法院对该案没有管辖权

　B. 甲县法院的移送管辖是错误的

---

① ABCD　② D　③ ABC

C. 乙县法院不得将该案送还甲县法院

D. 甲县法院对该案没有管辖权

49. 2008/3/82/多

李某在甲市 A 区新购一套住房,并请甲市 B 区的装修公司对其新房进行装修。在装修过程中,装修工人不慎将水管弄破,导致楼下住户的家具被淹毁。李某与该装修公司就赔偿问题交涉未果,遂向甲市 B 区法院起诉。B 区法院认为该案应由 A 区法院审理,于是裁定将该案移送至 A 区法院,A 区法院认为该案应由 B 区法院审理,不接受移送,又将案件退回 B 区法院。关于本案的管辖,下列哪些选项是正确的?①

A. 甲市 A、B 区法院对该案都有管辖权

B. 李某有权向甲市 B 区法院起诉

C. 甲市 B 区法院的移送管辖是错误的

D. A 区法院不接受移送,将案件退回 B 区法院是错误的

考点12 管辖权异议

50. 法考回忆题/单

张某想在乙区买一个店铺,和甲县的赵某签订了中介合同,经赵某联系,张某和乙区的孙某签订了店铺买卖合同。后孙某不肯交房并办理过户,张某将赵某、孙某起诉到甲县法院,要求交付店铺、办理过户。甲县法院判决孙某交付店铺、办理过户,以赵某不是适格被告为由判决驳回张某对赵某的诉讼请求。孙某不服上诉,认为既然赵某不是适格被告,那么赵某的住所地甲县法院就没有管辖权,故而在二审中提出管辖权异议。二审法院应当如何处理?②

A. 移送管辖

B. 指定管辖

C. 对管辖权异议不予审查

D. 撤销原判,发回重审

51. 2017/3/36/单

住所在 A 市 B 区的甲公司与住所在 A 市 C 区的乙公司签订了一份买卖合同,约定履行地为 D 县。合同签订后尚未履行,因货款支付方式发生争议,乙公司诉至 D 县法院。甲公司就争议的付款方式提交了答辩状。经

---

① ABCD ② C

审理,法院判决甲公司败诉。甲公司不服,以一审法院无管辖权为由提起上诉,要求二审法院撤销一审判决,驳回起诉。关于本案,下列哪一表述是正确的?①

　　A. D县法院有管辖权,因 D 县是双方约定的合同履行地

　　B. 二审法院对上诉人提出的管辖权异议不予审查,裁定驳回异议

　　C. 二审法院应裁定撤销一审判决,发回一审法院重审

　　D. 二审法院应裁定撤销一审判决,裁定将案件移送有管辖权的法院审理

52. 2011/3/95/不定项

2011 年 7 月 11 日, A 市升湖区法院受理了黎明丽(女)诉张成功(男)离婚案。7 月 13 日,升湖区法院向张成功送达了起诉状副本。7 月 18 日,张成功向升湖区法院提交了答辩状,未对案件的管辖权提出异议。8 月 2 日,张成功向升湖区法院提出管辖权异议申请,称其与黎明丽已分居 2 年,分别居住于 A 市安平区各自父母家中。A 市升湖区法院以申请管辖权异议超过申请期限为由,裁定驳回张成功管辖权异议申请。后,升湖区法院查明情况,遂裁定将案件移送安平区法院。安平区法院接受移送,确定适用简易程序审理此案。

安平区法院在案件开庭审理时组织调解。

黎明丽声称:2005 年 12 月,其与张成功结婚,后因张成功有第三者陈佳,感情已破裂,现要求离婚。黎明丽提出,离婚后儿子张好帅由其行使监护权,张成功每月支付抚养费 1500 元。现双方存款 36 万元(存折在张成功手中),由 2 人平分,生活用品归各自所有,不存在其他共有财产分割争议。

张成功承认:2005 年 12 月,其与黎明丽结婚,自己现在有了第三者,36 万元存款在自己手中,同意离婚,同意生活用品归各自所有,同意不存在其他共有财产分割争议。不同意支付张好帅抚养费,因其是黎明丽与前男友所生。

黎明丽承认:张好帅是其与前男友所生,但在户籍登记上,张成功与张好帅为父子关系,多年来父子相称,形成事实上的父子关系,故要求张成功支付抚养费。

调解未能达成协议。在随后的庭审中,黎明丽坚持提出的请求;张成功对调解中承认的多数事实和同意的请求予以认可,但否认有第三者一事,仍不同意支付张好帅抚养费。黎明丽要求法院通知第三者陈佳以无独立请求权的第三人身份参加诉讼。

---

① B

安平区法院作出判决:解除黎明丽、张成功婚姻关系;张好帅由黎明丽行使监护权,张成功每月支付抚养费700元;存款双方平分,生活用品归个人所有,不存在其他共有财产分割争议。法院根据调解中被告承认自己有第三者的事实,认定双方感情破裂,张成功存在过失。

关于本案管辖,下列选项正确的是:①

A. 张成功行使管辖异议权符合法律的规定

B. 张成功主张管辖异议的理由符合法律规定

C. 升湖区法院驳回张成功的管辖异议符合法律规定

D. 升湖区法院对案件进行移送符合法律规定

53. 2010/3/50/单

红光公司起诉蓝光公司合同纠纷一案,A市B区法院受理后,蓝光公司提出管辖权异议,认为本案应当由A市中级法院管辖。B区法院裁定驳回蓝光公司异议,蓝光公司提起上诉。此时,红光公司向B区法院申请撤诉,获准。关于本案,下列哪一选项是正确的?②

A. B区法院裁定准予撤诉是错误的,因为蓝光公司已经提起上诉

B. 红光公司应当向A市中级法院申请撤诉,并由其裁定是否准予撤诉

C. B区法院应当待A市中级法院就蓝光公司的上诉作出裁定后,再裁定是否准予撤诉

D. B区法院裁定准予撤诉后,二审法院不再对管辖权异议的上诉进行审查

专题五　当事人

考点13 当事人概述(当事人能力、当事人适格、当事人权利义务)

54. 法考回忆题/多

张某驾车将行人秦某撞倒,经查,张某所驶车辆系刘某所有,某日被金某盗窃后金某将车出借给张某。现秦某拟提起诉讼,关于起诉,下列哪些选项是正确的?③

A. 以张某为被告向法院提起诉讼

B. 以金某为被告向法院提起诉讼

C. 以刘某为被告向法院提起诉讼

---

① BC(原答案为BCD)　② D　③ ABD

D. 张某、金某为被告向法院提起诉讼

55. 2014/3/81/多

根据民事诉讼理论和相关法律法规,关于当事人的表述,下列哪些选项是正确的?①

A. 依法解散、依法被撤销的法人可以自己的名义作为当事人进行诉讼

B. 被宣告为无行为能力的成年人可以自己的名义作为当事人进行诉讼

C. 不是民事主体的非法人组织依法可以自己的名义作为当事人进行诉讼

D. 中国消费者协会可以自己的名义作为当事人,对侵害众多消费者权益的企业提起公益诉讼

56. 2013/3/38/单 新法改编

关于当事人能力和正当当事人的表述,下列哪一选项是正确的?②

A. 一般而言,应以当事人是否对诉讼标的有确认利益,作为判断当事人适格与否的标准

B. 一般而言,诉讼标的的主体即是本案的正当当事人

C. 未成年人均不具有诉讼行为能力

D. 破产企业清算组对破产企业财产享有管理权,可以清算组名义起诉或应诉

57. 2012/3/81/多

关于当事人能力与当事人适格的概念,下列哪些表述是正确的?③

A. 当事人能力又称当事人诉讼权利能力,当事人适格又称正当当事人

B. 有当事人能力的人一定是适格当事人

C. 适格当事人一定具有当事人能力

D. 当事人能力与当事人适格均由法律明确加以规定

58. 2008/3/44/单

关于当事人适格的表述,下列哪一选项是错误的?④

A. 当事人诉讼权利能力是作为抽象的诉讼当事人的资格,它与具体的诉

---

① BCD　② B　③ AC　④ D

讼没有直接的联系;当事人适格是作为具体的诉讼当事人资格,是针对具体的诉讼而言的

B. 一般来讲,应当以当事人是否所争议的民事法律关系的主体,作为判断当事人适格标准,但在某些例外情况下,非民事法律关系或民事权利主体,也可以作为适格当事人

C. 清算组织、遗产管理人、遗嘱执行人是适格的当事人,原因在于根据权利主体意思或法律规定对他人的民事法律关系享有管理权

D. 检察院就生效民事判决提起抗诉,抗诉的检察院是适格的当事人

考点 14 原告、被告和第三人

59. 法考回忆题/单

张某有一套房屋,张某死后,其子张甲和张乙因遗产继承产生纠纷,张甲将张乙诉至法院。诉讼中,邻县张某的女儿张丙向法院主张继承遗产,下列表述哪一项是正确的?①

A. 张甲是原告,张乙是被告

B. 张甲、张丙是原告,张乙是被告

C. 张丙是原告,张甲、张乙是被告

D. 张甲是原告,张乙是被告,张丙是有独立请求权的第三人

60. 2017/3/78/多

李立与陈山就财产权属发生争议提起确权诉讼。案外人王强得知此事,提起诉讼主张该财产的部分产权,法院同意王强参加诉讼。诉讼中,李立经法院同意撤回起诉。关于该案,下列哪些选项是正确的?②

A. 王强是有独立请求权的第三人

B. 王强是必要的共同诉讼人

C. 李立撤回起诉后,法院应裁定终结诉讼

D. 李立撤回起诉后,法院应以王强为原告、李立和陈山为被告另案处理,诉讼继续进行

61. 2016/3/37/单

小桐是由菲特公司派遣到苏拉公司工作的人员,在一次完成苏拉公司分配的工作任务时,失误造成路人周某受伤,因赔偿问题周某起诉至法院。关于本案被告的确定,下列哪一项是正确的?③

---

① B ② AD ③ C

A. 起诉苏拉公司时,应追加菲特公司为共同被告

B. 起诉苏拉公司时,应追加菲特公司为无独立请求权第三人

C. 起诉菲特公司时,应追加苏拉公司为共同被告

D. 起诉菲特公司时,应追加苏拉公司为无独立请求权第三人

62. 2016/3/38/单

丁一诉弟弟丁二继承纠纷一案,在一审中,妹妹丁爽向法院递交诉状,主张应由自己继承系争的遗产,并向法院提供了父亲生前所立的其过世后遗产全部由丁爽继承的遗嘱。法院予以合并审理,开庭审理前,丁一表示撤回起诉,丁二认为该遗嘱是伪造的,要求继续进行诉讼。法院裁定准予丁一撤诉后,在程序上,下列哪一选项是正确的?①

A. 丁爽为另案原告,丁二为另案被告,诉讼继续进行

B. 丁爽为另案原告,丁一、丁二为另案被告,诉讼继续进行

C. 丁一、丁爽为另案原告,丁二为另案被告,诉讼继续进行

D. 丁爽、丁二为另案原告,丁一为另案被告,诉讼继续进行

63. 2015/3/38/单

赵某与刘某将共有商铺出租给陈某。刘某瞒着赵某,与陈某签订房屋买卖合同,将商铺转让给陈某,后因该合同履行发生纠纷,刘某将陈某诉至法院。赵某得知后,坚决不同意刘某将商铺让与陈某。关于本案相关人的诉讼地位,下列哪一说法是正确的?②

A. 法院应依职权追加赵某为共同原告

B. 赵某应以刘某侵权起诉,陈某为无独立请求权第三人

C. 赵某应作为无独立请求权第三人

D. 赵某应作为有独立请求权第三人

64. 2015/3/39/单

徐某开设打印设计中心并以自己名义登记领取了个体工商户营业执照,该中心未起字号。不久,徐某应征入伍,将该中心转让给同学李某经营,未办理工商变更登记。后该中心承接广告公司业务,款项已收却未能按期交货,遭广告公司起诉。下列哪一选项是本案的适格被告?③

A. 李某

B. 李某和徐某

C. 李某和该中心

D. 李某、徐某和该中心

---

① B ② D ③ B

65. 　2015/3/97/不定项

主要办事机构在 A 县的五环公司与主要办事机构在 B 县的四海公司于 C 县签订购货合同,约定:货物交付地在 D 县;若合同的履行发生争议,由原告所在地或者合同签订地的基层法院管辖。现五环公司起诉要求四海公司支付货款。四海公司辩称已将货款交给五环公司业务员付某。五环公司承认付某是本公司业务员,但认为其无权代理本公司收取货款,且付某也没有将四海公司声称的货款交给本公司。四海公司向法庭出示了盖有五环公司印章的授权委托书,证明付某有权代理五环公司收取货款,但五环公司对该授权书的真实性不予认可。根据案情,法院依当事人的申请通知付某参加(参与)了诉讼。

根据案情和法律规定,付某参加(参与)诉讼,在诉讼中所居地位是:①

A. 共同原告
B. 共同被告
C. 无独立请求权第三人
D. 证人

66. 　2012/3/45/单

2010 年 7 月,甲公司不服 A 市 B 区法院对其与乙公司买卖合同纠纷的判决,上诉至 A 市中级法院,A 市中级法院经审理维持原判决。2011年 3 月,甲公司与丙公司合并为丁公司。之后,丁公司法律顾问在复查原甲公司的相关材料时,发现上述案件具备申请再审的法定事由。关于该案件的再审,下列哪一说法是正确的?②

A. 应由甲公司向法院申请再审
B. 应由甲公司与丙公司共同向法院申请再审
C. 应由丁公司向法院申请再审
D. 应由丁公司以案外人身份向法院申请再审

67. 　2011/3/45/单

三合公司诉两江公司合同纠纷一案,经法院审理后判决两江公司败诉。此后,两江公司与海大公司合并成立了大江公司。在对两江公司财务进行审核时,发现了一份对前述案件事实认定极为重要的证据。关于该案的再审,下列哪一说法是正确的?③

A. 应当由两江公司申请再审并参加诉讼
B. 应当由海大公司申请再审并参加诉讼

---

① D ② C ③ C

C. 应当由大江公司申请再审并参加诉讼

D. 应当由两江公司申请再审,但必须由大江公司参加诉讼

68. 2011/3/80/多

关于无独立请求权第三人,下列哪些说法是错误的?①

A. 无独立请求权第三人在诉讼中有自己独立的诉讼地位

B. 无独立请求权第三人有权提出管辖异议

C. 一审判决没有判决无独立请求权第三人承担民事责任的,无独立请求权的第三人不可以作为上诉人或被上诉人

D. 无独立请求权第三人有权申请参加诉讼和参加案件的调解活动,与案件原告、被告达成调解协议

69. 2011/3/97/不定项

2011 年 7 月 11 日,A 市升湖区法院受理了黎明丽(女)诉张成功(男)离婚案。7 月 13 日,升湖区法院向张成功送达了起诉状副本。7 月 18 日,张成功向升湖区法院提交了答辩状,未对案件的管辖权提出异议。8 月 2 日,张成功向升湖区法院提出管辖异议申请,称其与黎明丽已分居 2 年,分别居住于 A 市安平区各自父母家中。A 市升湖区法院以申请管辖权异议超过申请期限为由,裁定驳回张成功管辖权异议申请。后,升湖区法院查明情况,遂裁定将案件移送安平区法院。安平区法院接受移送,确定适用简易程序审理此案。

安平区法院在案件开庭审理时组织调解。

黎明丽声称:2005 年 12 月,其与张成功结婚,后因张成功有第三者陈佳,感情已破裂,现要求离婚。黎明丽提出,离婚后儿子张好帅由其行使监护权,张成功每月支付抚养费 1500 元。现双方存款 36 万元(存折在张成功手中),由 2 人平分,生活用品归各自所有,不存在其他共有财产分割争议。

张成功承认:2005 年 12 月,其与黎明丽结婚,自己现在有了第三者,36 万元存款在自己手中,同意离婚,同意生活用品归各自所有,同意不存在其他共有财产分割争议。不同意支付张好帅抚养费,因其是黎明丽与前男友所生。

黎明丽承认:张好帅是其与前男友所生,但在户籍登记上,张成功与张好帅为父子关系,多年来父子相称,形成事实上的父子关系,故要求张成功支付抚养费。

调解未能达成协议。在随后的庭审中,黎明丽坚持提出的请求;张成功对

---

① BC

调解中承认的多数事实和同意的请求予以认可,但否认了有第三者一事,仍不同意支付张好帅抚养费。黎明丽要求法院通知第三者陈佳以无独立请求权的第三人身份参加诉讼。

安平区法院作出判决:解除黎明丽、张成功婚姻关系;张好帅由黎明丽行使监护权,张成功每月支付抚养费700元;存款双方平分,生活用品归个人所有,不存在其他共有财产分割争议。法院根据调解中被告承认自己有第三者的事实,认定双方感情破裂,张成功存在过失。

对黎明丽要求陈佳以无独立请求权第三人参加诉讼的请求,下列选项正确的是:①

A. 法院可以根据黎明丽的请求,裁定追加陈佳为无独立请求权第三人

B. 如张成功同意,法院可通知陈佳以无独立请求权第三人名义参加诉讼

C. 无论张成功是否同意,法院通知陈佳以无独立请求权第三人名义参加诉讼都是错误的

D. 如陈佳同意,法院可通知陈佳以无独立请求权第三人名义参加诉讼

70. 2010/3/40/单

甲乙丙三人合伙开办电脑修理店,店名为"一通电脑行",依法登记。甲负责对外执行合伙事务。顾客丁进店送修电脑时,被该店修理人员戊的工具碰伤。丁拟向法院起诉。关于本案被告的确定,下列哪一选项是正确的?②

A. "一通电脑行"为被告

B. 甲为被告

C. 甲乙丙三人为共同被告,并注明"一通电脑行"字号

D. 甲乙丙戊四人为共同被告

71. 2010/3/41/单

甲为有独立请求权第三人,乙为无独立请求权第三人,关于甲、乙 诉讼权利和义务,下列哪一说法是正确的?③

A. 甲只能以起诉的方式参加诉讼,乙以申请或经法院通知的方式参加诉讼

B. 甲具有当事人的诉讼地位,乙不具有当事人的诉讼地位

C. 甲的诉讼行为可对本诉的当事人发生效力,乙的诉讼行为对本诉的当事人不发生效力

---

① C　② C　③ A

D. 任何情况下,甲有上诉权,而乙无上诉权

72. **2009/3/39/单**

甲与乙对一古董所有权发生争议诉至法院。诉讼过程中,丙声称古董属自己所有,主张对古董的所有权。下列哪一说法是正确的?①

　　A. 如丙没有起诉,法院可以依职权主动追加其作为有独立请求权第三人

　　B. 如丙起诉后认为受案法院无管辖权,可以提出管辖权异议

　　C. 如丙起诉后经法院传票传唤,无正当理由拒不到庭,应当视为撤诉

　　D. 如丙起诉后,甲与乙达成协议经法院同意而撤诉,应当驳回丙的起诉

73. **2009/3/97/不定项**

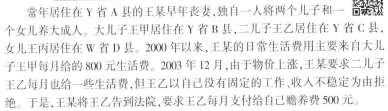

常年居住在 Y 省 A 县的王某早年丧妻,独自一人将两个儿子和一个女儿养大成人。大儿子王甲居住在 Y 省 B 县,二儿子王乙居住在 Y 省 C 县,女儿王丙居住在 W 省 D 县。2000 年以来,王某的日常生活费用主要来自大儿子王甲每月给的 800 元生活费。2003 年 12 月,由于物价上涨,王某要求二儿子王乙每月也给一些生活费,但王乙以自己没有固定的工作、收入不稳定为由拒绝。于是,王某将王乙告到法院,要求王乙每月支付给自己赡养费 500 元。

　　关于本案当事人的确定,下列选项正确的是:②

　　A. 王某是本案的唯一原告

　　B. 王乙是本案的唯一被告

　　C. 王乙与王丙应当是本案的被告,王甲不是本案的被告

　　D. 王乙、王丙和王甲应当是本案的被告

74. **2008/3/42/单**

张某将邻居李某和李某的父亲打伤,李某以张某为被告向法院提起诉讼。在法院受理该案时,李某的父亲也向法院起诉,对张某提出索赔请求。法院受理了李某父亲的起诉,在征得当事人同意的情况下决定将上述两案并案审理。在本案中,李某的父亲居于什么诉讼地位?③

　　A. 必要共同诉讼的共同原告

　　B. 有独立请求权的第三人

　　C. 普通共同诉讼的共同原告

　　D. 无独立请求权的第三人

---

① C ② AD ③ C

考点 15 共同诉讼

75. 2017/3/37/单

马迪由阳光劳务公司派往五湖公司担任驾驶员。因五湖公司经常要求加班,且不发加班费,马迪与五湖公司发生争议,向劳动争议仲裁委员会申请仲裁。关于本案仲裁当事人的确定,下列哪一表述是正确的?①

　　A. 马迪是申请人,五湖公司为被申请人

　　B. 马迪是申请人,五湖公司和阳光劳务公司为被申请人

　　C. 马迪是申请人,五湖公司为被申请人,阳光劳务公司可作为第三人参加诉讼

　　D. 马迪和阳光劳务公司为申请人,五湖公司为被申请人

76. 2016/3/36/单

精神病人姜某冲入向阳幼儿园将入托的小明打伤,小明的父母与姜某的监护人朱某及向阳幼儿园协商赔偿事宜无果,拟向法院提起诉讼。关于本案当事人的确定,下列哪一选项是正确的?②

　　A. 姜某是被告,朱某是无独立请求权第三人

　　B. 姜某与朱某是共同被告,向阳幼儿园是无独立请求权第三人

　　C. 向阳幼儿园与姜某是共同被告

　　D. 姜某、朱某、向阳幼儿园是共同被告

77. 2013/3/77/多

甲向大恒银行借款 100 万元,乙承担连带保证责任,甲到期未能归还借款,大恒银行向法院起诉甲乙二人,要求其履行债务。关于诉的合并和共同诉讼的判断,下列哪些选项是正确的?③

　　A. 本案属于诉的主体的合并　　　　B. 本案属于诉的客体的合并

　　C. 本案属于必要共同诉讼　　　　D. 本案属于普通共同诉讼

78. 2010/3/46/单

甲在丽都酒店就餐,顾客乙因地板湿滑不慎滑倒,将热汤洒到甲身上,甲被烫伤。甲拟向法院提起诉讼。关于本案当事人的确定,下列哪一说法是正确的?④

　　A. 甲起诉丽都酒店,乙是第三人

　　B. 甲起诉乙,丽都酒店是第三人

---

　　① B　　② D　　③ AD(原答案为 AC)　　④ D

C. 甲起诉,只能以乙或丽都酒店为单一被告

D. 甲起诉丽都酒店,乙是共同被告

79． 2009/3/38/单　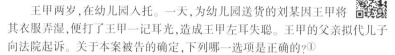

王甲两岁,在幼儿园入托。一天,为幼儿园送货的刘某因王甲将其衣服弄湿,便打了王甲一记耳光,造成王甲左耳失聪。王甲的父亲拟代儿子向法院起诉。关于本案被告的确定,下列哪一选项是正确的?①

A. 刘某是本案唯一的被告

B. 幼儿园是本案唯一的被告

C. 刘某和幼儿园是本案共同被告

D. 刘某是本案被告,幼儿园是本案无独立请求权第三人

80． 2008/3/84/多　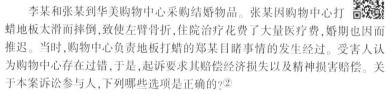

李某和张某到华美购物中心采购结婚物品。张某因购物中心打蜡地板太滑而摔倒,致使左臂骨折,住院治疗花费了大量医疗费,婚期也因而推迟。当时,购物中心负责地板打蜡的郑某目睹事情的发生经过。受害人认为购物中心存在过错,于是,起诉要求其赔偿经济损失以及精神损害赔偿。关于本案诉讼参与人,下列哪些选项是正确的?②

A. 李某、张某应为本案的共同原告

B. 李某、郑某可以作为本案的证人

C. 华美购物中心为本案的被告

D. 华美购物中心与郑某为本案共同被告

考点16 诉讼代表人

81． 法考回忆题/单

某公司在其财务报告中虚构业绩上市发行,导致投资者利益受损。经韩某等80名投资者授权,投资者保护基金会提起特别代表人诉讼。法院依法认定共有5080名投资者受到虚假陈述影响,在公告期届满后15日内仅有范某一人声明退出诉讼。关于本案判决对投资者的约束力,下列哪一说法是正确的?③

A. 如代表人败诉,判决仅约束韩某等80名投资者,其他投资者可另行起诉

B. 如代表人胜诉,判决约束除范某之外的5079名投资者

---

① C　② BC　③ B

C. 如代表人胜诉,判决约束全部 5080 名投资者

D. 如代表人败诉,判决仅约束基金会,所有投资者均可另行起诉

82． 2011/3/48/单

某企业使用霉变面粉加工馒头,潜在受害人不可确定。甲、乙、丙、丁等 20 多名受害者提起损害赔偿诉讼,但未能推选出诉讼代表人。法院建议由甲、乙作为诉讼代表人,但丙、丁等人反对。关于本案,下列哪一选项是正确的?①

A. 丙、丁等人作为诉讼代表人参加诉讼

B. 丙、丁等人推选代表人参加诉讼

C. 诉讼代表人由法院指定

D. 在丙、丁等人不认可诉讼代表人情况下,本案裁判对丙、丁等人没有约束力

83． 2008/3/48/单

A 厂生产的一批酱油由于香精投放过多,对人体有损害。报纸披露此消息后,购买过该批酱油的消费者纷纷起诉 A 厂,要求赔偿损失。甲和乙被推选为诉讼代表人参加诉讼。下列哪一选项是正确的?②

A. 甲和乙因故不能参加诉讼,法院可以指定另一名当事人为诉讼代表人代表当事人进行诉讼

B. 甲因病不能参加诉讼,可以委托一至两人作为诉讼代理人,而无需征得被代表的当事人的同意

C. 甲和乙可以自行决定变更诉讼请求,但事后应当及时告知其他当事人

D. 甲和乙经超过半数原告方当事人同意,可以和 A 厂签订和解协议

专题六　诉讼代理人

考点 17　委托诉讼代理人

84． 2015/3/78/多

律师作为委托诉讼代理人参加诉讼,应向法院提交下列哪些材料?③

A. 律师所在的律师事务所与当事人签订的协议书

B. 当事人的授权委托书

C. 律师的执业证

D. 律师事务所的证明

85. (2013/3/42/单)

某市法院受理了中国人郭某与外国人珍妮的离婚诉讼,郭某委托黄律师作为代理人,授权委托书中仅写明代理范围为"全权代理"。关于委托代理的表述,下列哪一选项是正确的?①

A. 郭某已经委托了代理人,可以不出庭参加诉讼

B. 法院可以向黄律师送达诉讼文书,其签收行为有效

C. 黄律师可以代为放弃诉讼请求

D. 如果珍妮要委托代理人代为诉讼,必须委托中国公民

考点18 法定诉讼代理人

86. (法考回忆题/单)

秦某因为合同纠纷起诉甲公司,在诉讼中秦某突发脑梗,经抢救后,秦某仍然丧失民事行为能力。秦某的父亲希望撤回起诉,以专心为秦某治疗;秦某的妻子表示希望继续诉讼。本案法院应当如何处理?②

A. 追加秦某的妻子为共同原告

B. 变更秦某的妻子为原告诉讼继续进行

C. 追加秦某的妻子为法定代理人,诉讼继续进行

D. 根据秦某父亲的请求,裁定准予撤回起诉

87. (2011/3/82/多)

关于法定诉讼代理人,下列哪些认识是正确的?③

A. 代理权的取得不是根据其所代理的当事人的委托授权

B. 在诉讼中可以按照自己的意志代理被代理人实施所有诉讼行为

C. 在诉讼中死亡的,产生与当事人死亡同样的法律后果

D. 所代理的当事人在诉讼中取得行为能力的,法定诉讼代理人则自动转化为委托代理人

---

① B ② C ③ AB

专题七 民事诉讼中的证明

考点19 证明对象

88. **法考回忆题/单**

中国 A 公司与甲国 B 公司签订贸易合同,约定合同适用甲国法律。后双方发生纠纷,A 公司依约向中国法院提起诉讼,为明确甲国法律内容,A 公司申请某大学国际法研究中心主任童某出庭。下列哪一项说法是正确的?①

A. 童某可以作为鉴定人出庭

B. 童某可以作为证人出庭

C. 童某可以作为专家辅助人出庭

D. 甲国法律的内容不是证明对象,没有规定童某必须出庭

89. **法考回忆题/不定项**

甲向乙借款 60 万元,期限两年,丙提供连带保证。甲只在第一年还款 6 万元,后乙持甲欠其 60 万元的借条起诉,称双方口头约定 10% 的利息,偿还的 6 万元乃第一年的利息,请求法院判令两被告归还 60 万元借款本金以及第二年的利息共 66 万元。第一次开庭时,甲承认 6 万元是利息,第二次开庭时,甲改口称双方未约定利息,第一年还款 6 万元属于本金,现只欠乙 54 万元。丙始终拒绝承认约定过利息。各方均无其他证据。关于本案,下列表述正确的是:②

A. 甲第一次自认有效,应向乙归还 66 万元

B. 丙未承认约定利息的事实,甲的表述不构成自认,应归还 54 万元

C. 丙应承担 60 万元的担保责任

D. 丙应与甲一并向乙归还 54 万元

90. **法考回忆题/不定项**

下列说法中构成民事诉讼中的自认的是:③

A. 甲在开庭结束回去的路上对乙说:"你在法庭上说我欠你 5 万元,这是事实。但法官问我,我就不承认,气死你"

B. 甲拿出了乙在庭前写的材料,材料内容是乙承认向甲借钱的事实,并

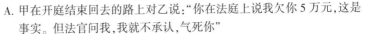

---

① C ② BD ③ CD

注明有时间及地点

C. 甲说乙向他借钱了,法官问乙的时候乙说我和好多同事借钱了,但我不记得有没有甲。法官说请你确认,乙说我真记不清楚了

D. 庭前质证的时候甲承认向乙借款 3 万元,但辩称自己已经还钱。庭审的时候乙说甲借了没还,于是甲说:"既然你不承认我还了钱,那我也不承认向你借了钱"

91. （2015/3/40/单）

下列哪一情形可以产生自认的法律后果?①

A. 被告在答辩状中对原告主张的事实予以承认

B. 被告在诉讼调解过程中对原告主张的事实予以承认,但该调解最终未能成功

C. 被告认可其与原告存在收养关系

D. 被告承认原告主张的事实,但该事实与法院查明的事实不符

92. 2011 年 7 月 11 日,A 市升湖区法院受理了黎明丽（女）诉张成功（男）离婚案。7 月 13 日,升湖区法院向张成功送达了起诉状副本。7 月 18 日,张成功向升湖区法院提交了答辩状,未对案件的管辖权提出异议。8 月 2 日,张成功向升湖区法院提出管辖权异议申请,称其与黎明丽已分居 2 年,分别居住于 A 市安平区各自父母家中。A 市升湖区法院以申请管辖权异议超过申请期限为由,裁定驳回张成功管辖权异议申请。后,升湖区法院查明情况,遂裁定将案件移送安平区法院。安平区法院接受移送,确定适用简易程序审理此案。

安平区法院在案件开庭审理时组织调解。

黎明丽声称:2005 年 12 月,其与张成功结婚,后因张成功有第三者陈佳,感情已破裂,现要求离婚。黎明丽提出,离婚后儿子张好帅由其行使监护权,张成功每月支付抚养费 1500 元。现双方存款 36 万元（存折在张成功手中）,由 2 人平分,生活用品归各自所有,不存在其他共有财产分割争议。

张成功承认:2005 年 12 月,其与黎明丽结婚,自己现在有了第三者,36 万元存款在自己手中,同意离婚,同意生活用品归各自所有,同意不存在其他共有财产分割争议。不同意支付张好帅抚养费,因其是黎明丽与前男友所生。

黎明丽承认:张好帅是其与前男友所生,但在户籍登记上,张成功与张好

帅为父子关系,多年来父子相称,形成事实上的父子关系,故要求张成功支付抚养费。

调解未能达成协议。在随后的庭审中,黎明丽坚持提出的请求;张成功对调解中承认的多数事实和同意的请求予以认可,但否认了有第三者一事,仍不同意支付张好帅抚养费。黎明丽要求法院通知第三者陈佳以无独立请求权的第三人身份参加诉讼。

安平区法院作出判决:解除黎明丽、张成功婚姻关系;张好帅由黎明丽行使监护权,张成功每月支付抚养费 700 元;存款双方平分,生活用品归个人所有,不存在其他共有财产分割争议。法院根据调解中被告承认自己有第三者的事实,认定双方感情破裂,张成功存在过失。

请回答第(1)、(2)题。

(1) 2011/3/98/不定项

下列双方当事人的承认,不构成证据制度中自认的是:①

A. 张成功承认与黎明丽存在婚姻关系

B. 张成功承认家中存款 36 万元在自己手中

C. 张成功同意生活用品归各自所有

D. 黎明丽承认张成功不是张好帅的亲生父亲

(2) 2011/3/99/不定项

下列可以作为法院判决根据的选项是:②

A. 张成功承认与黎明丽没有其他财产分割争议

B. 张成功承认家中 36 万元存款在自己手中

C. 黎明丽提出张成功每月应当支付张好帅抚养费 1500 元的主张

D. 张成功在调解中承认自己有第三者

93. 2010/3/48/单

郭某诉张某财产损害一案,法院进行了庭前调解,张某承认对郭某财产造成损害,但在赔偿数额上双方无法达成协议。关于本案,下列哪一选项是正确的?③

　A. 张某承认对郭某财产造成损害,已构成自认

　B. 张某承认对郭某财产造成损害,可作为对张某不利的证据使用

　C. 郭某仍需对张某造成财产损害的事实举证证明

　D. 法院无需开庭审理,本案事实清楚可直接作出判决

① ACD ② AB ③ C

94. 2009/3/42/单

关于自认的说法,下列哪一选项是错误的?①

A. 自认的事实允许用相反的证据加以推翻

B. 身份关系诉讼中不涉及身份关系的案件事实可以适用自认

C. 调解中的让步不构成诉讼上的自认

D. 当事人一般授权的委托代理人一律不得进行自认

考点20 证明责任与证明标准

95. 法考回忆题/多

甲在门口堆放杂物,邻居乙的孩子丙路过,被倒塌的杂物砸伤。因赔偿协商无果,乙以丙的名义向法院提起诉讼。诉讼中,甲主张丙走路时故意将杂物推倒。关于本案的证明责任的分配,下列哪些说法是正确的?②

A. 甲堆放杂物倒塌的事实,由乙承担证明责任

B. 丙被砸伤的事实,由乙承担证明责任

C. 丙故意将杂物推倒的事实,由甲承担证明责任

D. 甲没有主观过错的事实,由甲承担证明责任

96. 2017/3/40/单

薛某雇杨某料理家务。一天,杨某乘电梯去楼下扔掉厨房垃圾时,袋中的碎玻璃严重划伤电梯中的邻居乔某。乔某诉至法院,要求赔偿其各项损失 3 万元。关于本案,下列哪一说法是正确的?③

A. 乔某应起诉杨某,并承担杨某主观有过错的证明责任

B. 乔某应起诉杨某,由杨某承担其主观无过错的证明责任

C. 乔某应起诉薛某,由薛某承担其主观无过错的证明责任

D. 乔某应起诉薛某,薛某主观是否有过错不是本案的证明对象

97. 2016/3/40/单

刘月购买甲公司的化肥,使用后农作物生长异常。刘月向法院起诉,要求甲公司退款并赔偿损失。诉讼中甲公司否认刘月的损失是因其出售的化肥质量问题造成的,刘月向法院提供了本村吴某起诉甲公司损害赔偿案件的判决书,以证明甲公司出售的化肥有质量问题且与其所受损害有因果关系。关于本案刘月所受损害与使用甲公司化肥因果关系的证明责任分配,下列哪一选项是正确的?④

① D ② ABCD ③ D ④ B

A. 应由刘月负担有因果关系的证明责任

B. 应由甲公司负担无因果关系的证明责任

C. 应由法院依职权裁量分配证明责任

D. 应由双方当事人协商分担证明责任

98. 2015/3/96/不定项

主要办事机构在 A 县的五环公司与主要办事机构在 B 县的四海公司于 C 县签订购货合同,约定:货物交付地在 D 县;若合同的履行发生争议,由原告所在地或者合同签订地的基层法院管辖。现五环公司起诉要求四海公司支付货款。四海公司辩称已将货款交给五环公司业务员付某。五环公司承认付某是本公司业务员,但认为其无权代理本公司收取货款,且付某也没有将四海公司声称的货款交给本公司。四海公司向法庭出示了盖有五环公司印章的授权委托书,证明付某有权代理五环公司收取货款,但五环公司对该授权书的真实性不予认可。根据案情,法院依当事人的申请通知付某参加(参与)了诉讼。

本案需要由四海公司承担证明责任的事实包括:①

A. 四海公司已经将货款交付给了五环公司业务员付某

B. 付某是五环公司业务员

C. 五环公司授权付某代理收取货款

D. 付某将收取的货款交到五环公司

99. 2014/3/45/单

下列关于证明的哪一表述是正确的?②

A. 经过公证的书证,其证明力一般大于传来证据和间接证据

B. 经验法则可验证的事实都不需要当事人证明

C. 在法国居住的雷诺委托赵律师代理在我国的民事诉讼,其授权委托书需要经法国公证机关证明,并经我国驻法国使领馆认证后,方发生效力

D. 证明责任是一种不利的后果,会随着诉讼的进行,在当事人之间来回移转

100. 2012/3/37/单

甲路过乙家门口,被乙叠放在门口的砖头砸伤,甲起诉要求乙赔

---

① AC ② C

偿。关于本案的证明责任分配,下列哪一说法是错误的?①

A. 乙叠放砖头倒塌的事实,由原告甲承担证明责任

B. 甲受损害的事实,由原告甲承担证明责任

C. 甲所受损害是由于乙叠放砖头倒塌砸伤的事实,由原告甲承担证明责任

D. 乙有主观过错的事实,由原告甲承担证明责任

101. 2012/3/99/不定项

2009 年 2 月,家住甲市 B 区的赵刚向家住甲市 B 区的李强借了 5000 元,言明 2010 年 2 月之前偿还。到期后赵刚一直没有还钱。

2010 年 3 月,李强找到赵刚家追讨该债务,发生争吵。赵刚因所牵宠物狗易受惊,遂对李强说:"你不要大声喊,狗会咬你。"李强不理,仍然叫骂,并指着狗叫喊。该狗受惊,扑向李强并将其咬伤。李强治伤花费 6000 元。

李强起诉要求赵刚返还欠款 5000 元、支付医药费 6000 元,并向法院提交了赵刚书写的借条,其向赵刚转账 5000 元的银行转账凭证、本人病历、医院的诊断书(复印件)、医院处方(复印件)、发票等。

赵刚称,其向李强借款是事实,但在 2010 年 1 月卖给李强一块玉石,价值 5000 元,说好用玉石货款清偿借款。当时李强表示同意,并称之后会把借条还给赵刚,但其一直未还该借条。

赵刚还称,李强故意激怒狗,被狗咬伤的责任应由李强自己承担。对此,赵刚提交了邻居孙某出具的书面证词,该证词描述了李强当时骂人和骂狗的情形。

赵刚认为,李强提交的诊断书、医院处方均为复印件,没有证明力。

关于本案李强被狗咬伤的证据证明问题,下列选项正确的是:②

A. 赵刚的证人提出的书面证词属于书证

B. 李强提交的诊断书、医院处方为复印件,肯定无证明力

C. 李强是因为挑逗赵刚的狗而被狗咬伤的事实的证明责任由赵刚承担

D. 李强受损害与被赵刚的狗咬伤之间具有因果关系的证明责任由李强承担

102. 2008/3/33/单

王某承包了 20 亩鱼塘。某日,王某发现鱼塘里的鱼大量死亡,王

---

① D　② CD

某认为鱼的死亡是因为附近的腾达化工厂排污引起,遂起诉腾达化工厂请求赔偿。腾达化工厂辩称,根本没有向王某的鱼塘进行排污。关于化工厂是否向鱼塘排污的事实举证责任,下列哪一选项是正确的?①

A. 根据"谁主张、谁举证"的原则,应当由主张存在污染事实的王某负举证责任

B. 根据"谁主张、谁举证"的原则,应当由主张自己没有排污行为的腾达化工厂负举证责任

C. 根据"举证责任倒置"的规则,应当由腾达化工厂负举证责任

D. 根据本证与反证的分类,应当由腾达化工厂负举证责任

103. 2008/3/80/多

三个小孩在公路边玩耍,此时,一辆轿车急速驶过,三小孩捡起石子向轿车扔去,坐在后排座位的刘某被一石子击中。刘某将三小孩起诉至法院。关于本案举证责任分配,下列哪些选项是正确的?②

A. 刘某应对三被告向轿车投掷石子的事实承担举证责任

B. 刘某应对其所受到损失承担举证责任

C. 三被告应对投掷石子与刘某所受损害之间不存在因果关系承担举证责任

D. 三被告应对其主观没有过错承担举证责任

专题八 民事证据

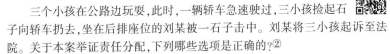

考点21 证据的种类(法定分类)

104. 2017/3/79/多

杨青(15岁)与何翔(14岁)两人经常嬉戏打闹,一次,杨青失手将何翔推倒,致何翔成了植物人。当时在场的还有何翔的弟弟何军(11岁)。法院审理时,何军以证人身份出庭。关于何军作证,下列哪些说法不能成立?③

A. 何军只有11岁,无诉讼行为能力,不具有证人资格,故不可作为证人

B. 何军是何翔的弟弟,应回避

C. 何军作为未成年人,其所有证言依法都不具有证明力

D. 何军作为何翔的弟弟,证言具有明显的倾向性,其证言不能单独作为认定案件事实的根据

---

① A ② AB(原答案为ABC) ③ ABC

105. `2016/3/80/单`

哥哥王文诉弟弟王武遗产继承一案,王文向法院提交了一份其父生前关于遗产分配方案的遗嘱复印件,遗嘱中有"本遗嘱的原件由王武负责保管"字样,并有王武的签名。王文在举证责任期间书面申请法院责令王武提交遗嘱原件,法院通知王武提交,但王武无正当理由拒绝提交。在此情况下,依据相关规定,下列哪一行为是合法的?①

A. 王文可只向法院提交遗嘱的复印件

B. 法院可依法对王武进行拘留

C. 法院可认定王文所主张的该遗嘱能证明的事实为真实

D. 法院可根据王武的行为而判决支持王文的各项诉讼请求

106. `2015/3/79/多`

张志军与邻居王昌因琐事发生争吵并相互殴打,之后,张志军诉至法院要求王昌赔偿医药费等损失共计3000元。在举证期限届满前,张志军向法院申请事发时在场的方强(26岁)、路芳(30岁)、蒋勇(13岁)出庭作证,法院准其请求。开庭时,法院要求上列证人签署保证书,方强签署了保证书,路芳拒签保证书,蒋勇未签署保证书。法院因此允许方强、蒋勇出庭作证,未允许路芳出庭作证。张志军在开庭时向法院提供了路芳的书面证言,法院对该证言不同意组织质证。关于本案,法院的下列哪些做法是合法的?②

A. 批准张志军要求事发时在场人员出庭作证的申请

B. 允许蒋勇出庭作证

C. 不允许路芳出庭作证

D. 对路芳的证言不同意组织质证

107. `2014/3/38/多`

在一起侵权诉讼中,原告申请由其弟袁某(某大学计算机系教授)作为专家辅助人出庭对专业技术问题予以说明。下列哪些表述是正确的?③

A. 被告以袁某是原告的近亲属为由申请其回避,法院应批准

B. 袁某在庭上的陈述是一种法定证据

C. 被告可对袁某进行询问

D. 袁某出庭的费用,由败诉方当事人承担

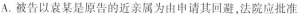

① A(原答案为AC)　② ABCD　③ BC(原答案为C)

108. （2014/3/48/单）

张某驾车与李某发生碰撞,交警赶到现场后用数码相机拍摄了碰撞情况,后李某提起诉讼,要求张某赔偿损失,并向法院提交了一张光盘,内附交警拍摄的照片。该照片属于下列哪一种证据?①

　　A. 书证　　　　　　　　　　　B. 鉴定意见

　　C. 勘验笔录　　　　　　　　　D. 电子数据

109. （2013/3/50/单）

甲公司诉乙公司专利侵权,乙公司是否侵权成为焦点。经法院委托,丙鉴定中心出具了鉴定意见书,认定侵权。乙公司提出异议,并申请某大学燕教授出庭说明专业意见。关于鉴定的说法,下列哪一选项是正确的?②

　　A. 丙鉴定中心在鉴定过程中可以询问当事人

　　B. 丙鉴定中心应当派员出庭,但有正当理由不能出庭的除外

　　C. 如果燕教授出庭,其诉讼地位是鉴定人

　　D. 燕教授出庭费用由乙公司垫付,最终由败诉方承担

110. （2011/3/83/多）

根据证据理论和《民事诉讼法》以及相关司法解释,关于证人证言,下列哪些选项是正确的?③

　　A. 限制行为能力的未成年人可以附条件地作为证人

　　B. 证人因出庭作证而支出的合理费用,由提供证人的一方当事人承担

　　C. 证人在法院组织双方当事人交换证据时出席陈述证言的,可视为出庭作证

　　D. "未成年人所作的与其年龄和智力状况不相当的证言不能单独作为认定案件事实的依据",是关于证人证言证明力的规定

111. （2008/3/45/多）

关于证人的表述,下列哪些选项是正确的?④

　　A. 王某是未成年人,因此,王某没有证人资格,不能作为证人

　　B. 原告如果要在诉讼中申请证人出庭作证,应当在举证期限届满前提出,并经法院许可

　　C. 甲公司的诉讼代理人乙律师是目击案件情况发生的人,对方当事人丙可以向法院申请乙作为证人出庭作证,如法院准许,则乙不得再作为

----

① D　② A　③ ACD　④ BC(原答案为C)

甲公司的诉讼代理人

D. 李某在法庭上宣读未到庭的证人的书面证言,该书面证言能够代替证人出庭作证

考点22　证据的分类(理论分类)

112. 法考回忆题/多

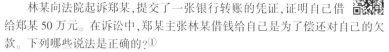

林某向法院起诉郑某,提交了一张银行转账的凭证,证明自己借给郑某 50 万元。在诉讼中,郑某主张林某借钱给自己是为了偿还对自己的欠款。下列哪些说法是正确的?①

A. 林某提交的银行转账凭证属于直接证据

B. 林某提交的银行转账凭证属于间接证据

C. 郑某对林某曾经向自己借款的事实承担举证责任

D. 林某应对借款给郑某的事实承担证明责任

113. 2017/3/39/单

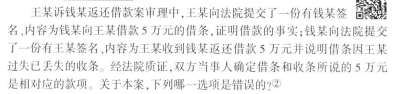

王某诉钱某返还借款案审理中,王某向法院提交了一份有钱某签名、内容为钱某向王某借款 5 万元的借条,证明借款的事实;钱某向法院提交了一份有王某签名、内容为王某收到钱某返还借款 5 万元并说明借条因王某过失已丢失的收条。经法院质证,双方当事人确定借条和收条所说的 5 万元是相对应的款项。关于本案,下列哪一选项是错误的?②

A. 王某承担钱某向其借款事实的证明责任

B. 钱某自认了向王某借款的事实

C. 钱某提交的收条是案涉借款事实的反证

D. 钱某提交的收条是案涉还款事实的本证

114. 2016/3/39/单

战某打电话向牟某借款 5 万元,并发短信提供账号,牟某当日即转款。之后,因战某拒不还款,牟某起诉要求战某偿还借款。在诉讼中,战某否认向牟某借款的事实,主张牟某转的款是为偿还之前向自己借的款,并向法院提交了证据;牟某也向法院提供了一些证据,以证明战某向其借款 5 万元的事实。关于这些证据的种类和类别的确定,下列哪一选项是正确的?③

A. 牟某提供的银行转账凭证属于书证,该证据对借款事实而言是直接证据

   B. 牟某提供的记载战某表示要向其借款 5 万元的手机短信属于电子数据,该证据对借款事实而言是间接证据

   C. 牟某提供的记载战某表示要向其借款 5 万元的手机通话录音属于电子数据,该证据对借款事实而言是直接证据

   D. 战某提供一份牟某书写的向其借款 10 万元的借条复印件,该证据对牟某主张战某借款的事实而言属于反证

115．2012/3/98/不定项

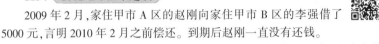

2009 年 2 月,家住甲市 A 区的赵刚向家住甲市 B 区的李强借了 5000 元,言明 2010 年 2 月之前偿还。到期后赵刚一直没有还钱。

2010 年 3 月,李强找到赵刚索追讨该债务,发生争吵。赵刚因所牵宠物狗易受惊,遂对李强说:"你不要大声喊,狗会咬你。"李强不理,仍然叫骂,并指着狗叫喊。该狗受惊,扑向李强并将其咬伤。李强治伤花费 6000 元。

李强起诉要求赵刚返还欠款 5000 元、支付医药费 6000 元,并向法院提交了赵刚书写的借条,其向赵刚转账 5000 元的银行转账凭证、本人病历、医院的诊断书(复印件)、医院处方(复印件)、发票等。

赵刚称,其向李强借款是事实,但在 2010 年 1 月卖给李强一块玉石,价值 5000 元,说好用玉石货款清偿借款。当时李强表示同意,并称之后会把借条还给赵刚,但其一直未还该借条。

赵刚还称,李强故意激怒狗,被狗咬伤的责任应由李强自己承担。对此,赵刚提交了邻居孙某出具的书面证词,该证词描述了李强当时骂人和骂狗的情形。

赵刚认为,李强提交的诊断书、医院处方均为复印件,没有证明力。

关于赵刚向李强借款 5000 元的证据证明问题,下列选项正确的是:①

   A. 李强提出的借条是本证

   B. 李强提出的其向赵刚转账 5000 元的银行转账凭证是直接证据

   C. 赵刚承认借款事实属于自认

   D. 赵刚所言已用卖玉石的款项偿还借款属于反证

116．2010/3/83/多

周某与某书店因十几本工具书损毁发生纠纷,书店向法院起诉,并向法院提交了被损毁图书以证明遭受的损失。关于本案被损毁图书,属于

---

① AC

下列哪些类型的证据?①

A. 直接证据
B. 间接证据
C. 书证
D. 物证

117. 2009/3/40/单

关于证据理论分类的表述,下列哪一选项是正确的?②

A. 传来证据有可能是直接证据

B. 诉讼中原告提出的证据都是本证,被告提出的证据都是反证

C. 证人转述他人所见的案件事实都属于间接证据

D. 一个客观与合法的间接证据可以单独作为认定案件事实的依据

考点23 证据保全

118. 2013/3/46/单

甲县吴某与乙县宝丰公司在丙县签订了甜橙的买卖合同,货到后发现甜橙开始腐烂,未达到合同约定的质量标准。吴某退货无果,拟向法院起诉,为了证明甜橙的损坏状况,向法院申请诉前证据保全。关于诉前保全,下列哪一表述是正确的?③

A. 吴某可以向甲、乙、丙县法院申请诉前证据保全

B. 法院应当在收到申请15日内裁定是否保全

C. 法院在保全证据时,可以主动采取行为保全措施,减少吴某的损失

D. 如果法院采取了证据保全措施,可以免除吴某对甜橙损坏状况提供证据的责任

专题九 证明程序

考点24 举证期限

119. 2016/3/41/单

李某起诉王某要求返还10万元借款并支付利息5000元,并向法院提交了王某亲笔书写的借条。王某辩称,已还2万元,李某还出具了收条,但王某未在法院要求的时间内提交证据。法院一审判决王某返还李某10万元并支付5000元利息,王某不服提起上诉,并称一审期间未找到收条,现找到了并提交法院。关于王某迟延提交收条的法律后果,下列哪一选项是正确的?④

---

① AD ② A ③ D ④ B

A. 因不属于新证据,法院不予采纳

B. 法院应采纳该证据,并对王某进行训诫

C. 如果李某同意,法院可以采纳该证据

D. 法院应当责令王某说明理由,视情况决定是否采纳该证据

120. 2013/3/40/单

大皮公司因买卖纠纷起诉小华公司,双方商定了 25 天的举证时限,法院认可。时限届满后,小华公司提出还有一份发货单没有提供,申请延长举证时限,被法院驳回。庭审时小华公司向法庭提交该发货单。尽管大皮公司反对,但法院在对小华公司予以罚款后仍对该证据进行质证。下列哪一诉讼行为不符合举证时限的相关规定?①

A. 双方当事人协议确定举证时限

B. 双方确定了 25 天的举证时限

C. 小华公司在举证时限届满后申请延长举证时限

D. 法院不顾大皮公司反对,依然组织质证

考点25 法院调查收集证据

121. 2012/3/83/多

关于法院依职权调查事项的范围,下列哪些选项是正确的?②

A. 本院是否享有对起诉至本院案件的管辖权

B. 委托诉讼代理人的代理权限范围

C. 当事人是否具有诉讼权利能力

D. 合议庭成员是否存在回避的法定事由

122. 2008/3/90/不定项

关于民事诉讼中的证据收集,下列哪些选项是正确的?③

A. 在王某诉齐某合同纠纷一案中,该合同可能存在损害第三人利益的事实,在此情况下法院可以主动收集证据

B. 在胡某诉黄某侵权一案中,因客观原因胡某未能提供一项关键证据,在此情况下胡某可以申请法院收集证据

C. 在周某诉贺某借款纠纷一案中,周某因自己没有时间收集证据,于是申请法院调查收集证据,在此情况下法院应当进行调查收集

D. 在武某诉赵某一案中,武某申请法院调查收集证据,但未获法院准许,

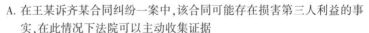

① C ② ABCD ③ AB(原答案为ABD)

武某可以向受案法院申请复议一次

考点26 质证与证据的认定

123. 法考回忆题/单

甲起诉乙要求归还借款10万元,乙向法庭提交了具有甲签名的
收条复印件,其内容表述为"已收到乙归还的借款10万元"。关于该收条复
印件,下列哪一项说法是正确的?①

A. 该收条为直接证据

B. 该收条为反证

C. 该收条没有证据能力

D. 该收条没有证明力

124. 法考回忆题/单

甲向乙借款,但未签订书面协议,甲长期不归还借款。乙约谈甲
并私自录音,在约谈中甲承认向乙借款10万元,利息为5000元,并请乙减
免。乙随后将该录音剪辑后作为主要证据向法院提起诉讼。下列说法正确的
是:②

A. 该录音符合法律规定,具有证据能力

B. 该录音经过剪辑后存有疑点,不具有证据能力

C. 该录音是为达成和解而作出的妥协,不具有证据能力

D. 该录音是乙私自录制的,未经甲同意,不具有证据能力

125. 2017/3/80/多

叶某诉汪某借款纠纷案,叶某向法院提交了一份内容为汪某向叶
某借款3万元并收到该3万元的借条复印件,上有"本借条原件由汪某保管,
借条复印件与借条原件具有同等效力"字样,并有汪某的署名。法院据此要
求汪某提供借条原件,汪某以证明责任在原告为由拒不提供,后又称找不到
借条原件。证人刘某作证称,他是汪某向叶某借款的中间人,汪某向叶某借
款的事实确实存在;另外,汪某还告诉刘某,他在叶某起诉之后把借条原件
烧毁,汪某在法院质证中也予以承认。在此情况下,下列哪些选项是正
确的?③

A. 法院可根据叶某提交的借条复印件,结合刘某的证言对案涉借款事实
进行审查判断

---

① A ② A ③ ABCD

B. 叶某提交给法院的借条复印件是案涉借款事实的传来证据

C. 法院可认定汪某向叶某借款 3 万元的事实

D. 法院可对汪某进行罚款、拘留

126. （2013/3/85/多）

高某诉张某合同纠纷案,终审高某败诉。高某向检察院反映,其在一审中提交了偷录双方谈判过程的录音带,其中有张某承认货物存在严重质量问题的陈述,足以推翻原判,但法院从未组织质证。对此,检察院提起抗诉。关于再审程序中证据的表述,下列哪些选项是正确的?①

A. 再审质证应当由高某、张某和检察院共同进行

B. 该录音带属于电子数据,高某应当提交证据原件进行质证

C. 虽然该录音带系高某偷录,但仍可作为质证对象

D. 如再审法院认定该录音带涉及商业秘密,应当依职权决定不公开质证

127. （2008/3/98/不定项）

某省海兴市的《现代企业经营》杂志刊登了一篇自由撰稿人吕某所写的报道,内容涉及同省龙门市甲公司的经营方式。甲公司负责人汪某看到该篇文章后,认为《现代企业经营》作为一本全省范围内发行的杂志,其所发文章内容严重失实,损害了甲公司的名誉,使公司的经营受到影响。于是甲公司向法院起诉要求《现代企业经营》杂志社和吕某赔偿损失 5 万元,并进行赔礼道歉。一审法院仅判决杂志社赔偿甲公司 3 万元,未对"赔礼道歉"的请求进行处理。杂志社认为赔偿数额过高,不服一审判决提起上诉。

在案件的一审过程中,关于本案的证据,下列选项正确的是:②

A. 因旷工而被甲公司开除了的甲公司原员工于某所提供的证言不能单独作为认定案件事实的证据

B. 吕某在采访甲公司某名保安时,采用录音笔偷录下双方的谈话,因该录音比较模糊,所以不能单独作为认定案件事实的证据

C. 甲公司提供的考勤数据表,属于一方当事人提出的证据,不能单独作为认定案件事实的证据

D. 《现代企业经营》杂志社在庭审过程中,收到了甲公司员工刚刚提供的反映甲公司员工作息时间的一份材料,该材料可以作为新证据提交法庭

---

① CD　② ABD

专题十　保全和先予执行

考点27 保全制度

128. （法考回忆题/单）

小丁大学毕业后未找到工作,寄住在舅舅家中。舅舅嫌弃小丁不思进取、游手好闲,经常辱骂小丁,小丁不堪其辱,遂向甲市乙区法院申请禁止令,要求禁止舅舅辱骂自己,获得法院支持。舅舅认为自己对小丁只是正常管教,对禁止令有异议。对此,舅舅可采取下列哪一救济措施?①

A. 向甲市中级法院上诉

B. 向乙区法院申请复议

C. 向乙区法院申请再审

D. 向乙区法院提出申诉

129. （法考回忆题/不定项）

位于某省青山县的甲公司和该省白水县的乙公司订立水果买卖合同,甲公司付款后,乙公司迟迟不发货,甲公司担心乙公司的发货能力,于是向水果仓库所在地丰源县法院申请保全,法院采取相应保全措施后,甲公司向白水县法院提起诉讼。下列选项正确的是:②

A. 甲公司应当提供担保

B. 丰源县法院应当冻结这批水果

C. 白水县法院受理案件后,丰源县法院应当将保全的财产一并移送白水县法院

D. 白水县法院受理案件后,应当将案件移送丰源县法院

130. （2016/3/43/单）

李某与温某之间债权债务纠纷经甲市M区法院审理作出一审判决,要求温某在判决生效后15日内偿还对李某的欠款。双方均未提起上诉。判决履行期内,李某发现温某正在转移财产,温某位于甲市N区有可供执行的房屋一套,故欲申请法院对该房屋采取保全措施。关于本案,下列哪一选项是正确的?③

A. 此时案件已经审理结束且未进入执行阶段,李某不能申请法院采取保

---

① B　② AC　③ C

全措施

B. 李某只能向作出判决的甲市 M 区法院申请保全

C. 李某可向甲市 M 区法院或甲市 N 区法院申请保全

D. 李某申请保全后,其在生效判决书指定的履行期间届满后 15 日内不申请执行的,法院应当解除保全措施

131. 2015/3/80/多

李根诉刘江借款纠纷一案在法院审理,李根申请财产保全,要求法院扣押刘江向某小额贷款公司贷款时质押给该公司的两块名表。法院批准了该申请,并在没有征得该公司同意的情况下采取保全措施。对此,下列哪些选项是错误的?①

A. 一般情况下,某小额贷款公司保管的两块名表应交由法院保管

B. 某小额贷款公司因法院采取保全措施而丧失了对两块名表的质权

C. 某小额贷款公司因法院采取保全措施而丧失了对两块名表的优先受偿权

D. 法院可以不经某小额贷款公司同意对其保管的两块名表采取保全措施

132. 2015/3/81/多

甲公司生产的"晴天牌"空气清新器销量占据市场第一,乙公司见状,将自己生产的同类型产品注册成"清天牌",并全面仿照甲公司产品,使消费者难以区分。为此,甲公司欲起诉乙公司侵权,同时拟申请诉前禁令,禁止乙公司销售该产品。关于诉前保全,下列哪些选项是正确的?②

A. 甲公司可向有管辖权的法院申请采取保全措施,并应当提供担保

B. 甲公司可向被申请人住所地法院申请采取保全措施,法院受理后,须在 48 小时内作出裁定

C. 甲公司可向有管辖权的法院申请采取保全措施,并应当在 30 天内起诉

D. 甲公司如未在规定期限内起诉,保全措施自动解除

133. 2014/3/97/不定项

甲县的葛某和乙县的许某分别拥有位于丙县的云峰公司 50% 的股份。后由于二人经营理念不合,已连续四年未召开股东会,无法形成股东会

---

① ABC ② ABC

决议。许某遂向法院请求解散公司,并在法院受理后申请保全公司的主要资产(位于丁县的一块土地的使用权)。

关于许某的财产保全申请,下列说法正确的是:①

A. 本案是给付之诉,法院可作出保全裁定

B. 本案是变更之诉,法院不可作出保全裁定

C. 许某在申请保全时应提供担保

D. 如果法院认为采取保全措施将影响云峰公司的正常经营,应驳回保全申请

134. 2008/3/43/单

甲公司以乙公司为被告向法院提起诉讼,要求乙公司支付拖欠的货款100万元。在诉讼中,甲公司申请对乙公司一处价值90万元的房产采取保全措施,并提供担保。一审法院在作出财产保全裁定之后发现,乙公司在向丙银行贷款100万元时已将该房产和一辆小轿车抵押给丙银行。关于本案,下列哪一说法是正确的?②

A. 一审法院不能对该房产采取保全措施,因为该房产已抵押给丙银行

B. 一审法院可以对该房产采取保全措施,但是需要征得丙银行的同意

C. 一审法院可以对该房产采取保全措施,但是丙银行仍然享有优先受偿权

D. 一审法院可以对该房产采取保全措施,同时丙银行的优先受偿权丧失

135. 2008/3/87/不定项

A 地甲公司与 B 地乙公司签订买卖合同,约定合同履行地在 C 地,乙到期不能交货。甲多次催货未果,便向 B 地基层法院起诉,要求判令乙按照合同约定交付货物,并支付违约金。法院受理后,甲得知乙将货物放置于其设在 D 地的仓库,并且随时可能转移。下列哪些选项是错误的?③

A. 甲如果想申请财产保全,必须向货物所在地的 D 地基层法院提出

B. 甲如果要向法院申请财产保全,必须提供担保

C. 受诉法院如果认为确有必要,可以直接作出财产保全裁定

D. 法院受理甲的财产保全申请后,应当在 48 小时内作出财产保全裁定

① CD ② C ③ ABD

考点28 先予执行

136． 法考回忆题/单

杜某是甲公司员工,因公司拖欠工资多次追索无果,杜某向甲公司所在地的劳动争议仲裁委员会申请劳动争议仲裁。案件受理后,因生活严重困难,杜某向仲裁庭申请先予执行。关于仲裁庭对申请的处理,下列哪一表述是正确的?①

A. 移送甲公司住所地法院审查

B. 裁定先予执行,由劳动争议仲裁委员会执行

C. 裁定先予执行,移送甲公司住所地法院执行

D. 不准许先予执行

137． 2012/3/82/多

关于财产保全和先予执行,下列哪些选项是正确的?②

A. 二者的裁定都可以根据当事人的申请或法院依职权作出

B. 二者适用的案件范围相同

C. 当事人提出财产保全或先予执行的申请时,法院可以责令其提供担保,当事人拒绝提供担保的,驳回申请

D. 对财产保全和先予执行的裁定,当事人不可以上诉,但可以申请复议一次

138． 2009/3/99/不定项

常年居住在 Y 省 A 县的王某早年丧妻,独自一人将两个儿子和一个女儿养大成人。大儿子王甲居住在 Y 省 B 县,二儿子王乙居住在 Y 省 C 县,女儿王丙居住在 W 省 D 县。2000 年以来,王某的日常生活费用主要来自大儿子王甲每月给的 800 元生活费。2003 年 12 月,由于物价上涨,王某要求二儿子王乙每月也给一些生活费,但王乙以自己没有固定的工作、收入不稳定为由拒绝。于是,王某将王乙告到法院,要求王乙每月支付给自己赡养费 500 元。

诉讼过程中,Y 省适逢十年不遇的冰雪天气,王某急需生煤炉取暖,但已无钱买煤。王某听说王乙准备把自己存折上 3,000 多元钱转到一个朋友的账户上。对此,王某可以向法院申请采取的措施是:③

A. 对妨害民事诉讼的强制措施

---

① C ② CD ③ BD

B. 诉讼保全措施

C. 证据保全措施

D. 先予执行措施

专题十一　对妨害民事诉讼行为的强制措施

考点29 对妨害民事诉讼行为的强制措施

139． 法考回忆题/多

李某在网上发表言论捏造某公众人物胡某与多名女性发生或保持不正当性关系,胡某为此提起诉讼,法院终审判决李某赔礼道歉。判决生效后,李某未在指定时间内履行赔礼道歉的义务。对此,可以对李某采取下列哪些措施?①

A. 责令李某支付迟延履行金

B. 采取公告、登报等方式,将判决主要内容公之于众,费用由李某承担

C. 责令李某支付加倍迟延履行期间的债务利息

D. 对李某采取拘留、罚款等措施

专题十二　期间、送达

考点30 期间

140． 2015/3/41/单

张兄与张弟因遗产纠纷诉至法院,一审判决张兄胜诉。张弟不服,却在赴法院提交上诉状的路上被撞昏迷,待其经抢救苏醒时已超过上诉期限一天。对此,下列哪一说法是正确的?②

A. 法律上没有途径可对张弟上诉权予以补救

B. 因意外事故耽误上诉期限,法院应依职权决定顺延期限

C. 张弟可在清醒后 10 日内,申请顺延期限,是否准许,由法院决定

D. 上诉期限为法定期间,张弟提出顺延期限,法院不应准许

141． 2012/3/38/单

关于《民事诉讼法》规定的期间制度,下列哪一选项是正确的?③

A. 法定期间都属于绝对不可变期间

① ABD　② C　③ B

B. 涉外案件的审理不受案件审结期限的限制

C. 当事人从外地到法院参加诉讼的在途期间不包括在期间内

D. 当事人有正当理由耽误了期间,法院应当依职权为其延展期间

142. （2011/3/41/单）

根据《民事诉讼法》和民事诉讼理论,关于期间,下列哪一选项是正确的?①

A. 法定期间都是不可变期间,指定期间都是可变期间

B. 法定期间的开始日及期间中遇有节假日的,应当在计算期间时予以扣除

C. 当事人参加诉讼的在途期间不包括在期间内

D. 遇有特殊情况,法院可依职权变更原确定的指定期间

考点31 送达

143. （法考回忆题/单）

高某因合同纠纷起诉冯某,法院工作人员到冯某家中送达起诉状副本时,发现家中无人,通过冯某的邻居了解到冯某在外地务工,已一年多未回来居住。对此,法院可采取下列哪种方式完成送达?②

A. 电子送达　　　　　　　　B. 留置送达

C. 邮寄送达　　　　　　　　D. 公告送达

144. （法考回忆题/单）

法院通过电子邮件告知甲领取判决书,甲让诉讼代理人乙代取,乙发现甲败诉,对判决结果不认可,拒签送达回证,送达人员在回证上注明乙拒收,由有关见证人签名。关于本案的送达,下列哪一选项是正确的?③

A. 构成直接送达　　　　　　B. 构成委托送达

C. 构成电子送达　　　　　　D. 构成留置送达

145. （2014/3/42/多）新法改编

张某诉美国人海斯买卖合同一案,由于海斯在我国无住所,法院无法与其联系,遂要求张某提供双方的电子邮件地址,电子送达了诉讼文书,并在电子邮件中告知双方当事人在收到诉讼文书后予以回复,但开庭之前法院只收到张某的回复,一直未收到海斯的回复。后法院在海斯缺席的情况下,

---

① D　② D　③ A

对案件作出判决,驳回张某的诉讼请求,并同样以电子送达的方式送达判决书,但法院也只收到了张某的回复,没有收到海斯的回复。关于本案诉讼文书的电子送达,下列哪些做法是合法的?①

A. 向张某送达举证通知书　　B. 向张某送达缺席判决书

C. 向海斯送达举证通知书　　D. 向海斯送达缺席判决书

146. (2013/3/39/多)

关于法院的送达行为,下列哪些选项是正确的?②

A. 陈某以马某不具有选民资格向法院提起诉讼,由于马某拒不签收判决书,法院向其留置送达

B. 法院通过邮寄方式向葛某送达开庭传票,葛某未寄回送达回证,送达无效,应当重新送达

C. 法院在审理张某和赵某借款纠纷时,委托赵某所在学校代为送达起诉状副本和应诉通知

D. 经许某同意,法院用电子邮件方式向其送达证据保全裁定书

147. (2009/3/43/单)

甲起诉要求与妻子乙离婚,法院经审理判决不予准许。书记员两次到甲住所送达判决书,甲均拒绝签收。书记员的下列哪一做法是正确的?③

A. 将判决书交给甲的妻子乙转交

B. 将判决书交给甲住所地居委会转交

C. 请甲住所地居委会主任到场见证并将判决书留在甲住所

D. 将判决书交给甲住所地派出所转交

专题十三　人民法院调解

考点32 法院调解

148. (法考回忆题/多)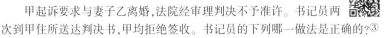

岳某起诉刘某离婚,在诉讼中二人达成调解协议,法院据此制作调解书,并通知岳某和刘某到法院领取调解书。岳某到法院领取并签收了调解书,刘某一直未领取。后岳某反悔,不愿意离婚,下列哪些说法是正确的?④

A. 岳某可以反悔,法院应当依调解协议制作判决书

---

① AB(原答案为 A)　② AD(原答案为 A)　③ C　④ CD

B. 岳某可以反悔,法院应当根据案件审理情况制作判决书

C. 岳某不能反悔,因为其已经签收调解书

D. 岳某可以向法院申请撤回起诉

149. 2016/3/42/单

甲公司因合同纠纷向法院提起诉讼,要求乙公司支付货款 280 万元。在法院的主持下,双方达成调解协议。协议约定:乙公司在调解书生效后 10 日内支付 280 万元本金,另支付利息 5 万元。为保证协议履行,双方约定由丙公司为乙公司提供担保,丙公司同意。法院据此制作调解书送达各方,但丙公司反悔拒绝签收。关于本案,下列哪一选项是正确的?①

A. 调解协议内容尽管超出了当事人诉讼请求,但仍具有合法性

B. 丙公司反悔拒绝签收调解书,法院可以采取留置送达

C. 因丙公司反悔,调解书对其没有效力,但对甲公司、乙公司仍具有约束力

D. 因丙公司反悔,法院应当及时作出判决

150. 2016/3/85/多

达善公司因合同纠纷向甲市 A 区法院起诉美国芙泽公司,经法院调解双方达成调解协议。关于本案的处理,下列哪些选项是正确的?②

A. 法院应当制作调解书

B. 法院调解书送达双方当事人后即发生法律效力

C. 当事人要求根据调解协议制作判决书的,法院应当予以准许

D. 法院可以将调解协议记入笔录,由双方签字即发生法律效力

151. 2012/3/35/单

村民甲、乙因相邻关系发生纠纷,甲诉至法院,要求判决乙准许其从乙承包的土地上通过。审理中,法院主动了解和分析甲通过乙土地的合理性,听取其他村民的意见,并请村委会主任做双方工作,最终促成双方同意调解。调解时邀请了村中有声望的老人及当事人的共同朋友参加,双方互相让步达成协议,恢复和睦关系。关于法院的做法,下列哪一说法是正确的?③

A. 法院突破审判程序,违反了依法裁判原则

B. 他人参与调解,影响当事人意思表达,违反了辩论原则

C. 双方让步放弃诉求和权益,违反了处分原则

---

① A ② ABC ③ D

D. 体现了司法运用法律手段,发挥调解功能,能动履职的要求

152. 2011/3/42/单

根据《民事诉讼法》及相关司法解释,关于法院调解,下列哪一选项是错误的?①

A. 法院可以委托与当事人有特定关系的个人进行调解,达成协议的,法院应当依法予以确认

B. 当事人在诉讼中自行达成和解协议的,可以申请法院依法确认和解协议并制作调解书

C. 法院制作的调解书生效后都具有执行力

D. 法院调解书确定的担保条款的条件成就时,当事人申请执行的,法院应当依法执行

153. 2011/3/96/不定项

2011年7月11日,A市升湖区法院受理了黎明丽(女)诉张成功(男)离婚案。7月13日,升湖区法院向张成功送达了起诉状副本。7月18日,张成功向升湖区法院提交了答辩状,未对案件的管辖权提出异议。8月2日,张成功向升湖区法院提出管辖权异议申请,称其与黎明丽已分居2年,分别居住于A市安平区各自父母家中。A市升湖区法院以申请管辖权异议超过申请期限为由,裁定驳回张成功管辖权异议申请。后,升湖区法院查明情况,遂裁定将案件移送安平区法院。安平区法院接受移送,确定适用简易程序审理此案。

安平区法院在案件开庭审理时组织调解。

黎明丽声称:2005年12月,其与张成功结婚,后因张成功有第三者陈佳,感情已破裂,现要求离婚。黎明丽提出,离婚后儿子张好帅由其行使监护权,张成功每月支付抚养费1500元。现双方存款36万元(存折在张成功手中),由2人平分,生活用品各自所有,不存在其他共有财产分割争议。

张成功承认:2005年12月,其与黎明丽结婚,自己现在有了第三者,36万元存款在自己手中,同意离婚,同意生活用品各自所有,同意不存在其他共有财产分割争议。不同意支付张好帅抚养费,因其是黎明丽与前男友所生。

黎明丽承认:张好帅是其与前男友所生,但在户籍登记上,张成功与张好帅为父子关系,多年来父子相称,形成事实上的父子关系,故要求张成功支付抚养费。

---

① C

调解未能达成协议。在随后的庭审中,黎明丽坚持提出的请求;张成功对调解中承认的多数事实和同意的请求予以认可,但否认了有第三者一事,仍不同意支付张好帅抚养费。黎明丽要求法院通知第三者陈佳以无独立请求权的第三人身份参加诉讼。

安平区法院作出判决:解除黎明丽、张成功婚姻关系;张好帅由黎明丽行使监护权,张成功每月支付抚养费 700 元;存款双方平分,生活用品归个人所有,不存在其他共有财产分割争议。法院根据调解中被告承认自己有第三者的事实,认定双方感情破裂,张成功存在过失。

关于本案调解,下列选项正确的是:①

A. 法院在开庭审理时先行调解的做法符合法律或司法解释规定

B. 法院在开庭审理时如不先行组织调解,将违反法律或司法解释规定

C. 当事人未达成调解协议,法院在当事人同意情况下可以再次组织调解

D. 当事人未达成调解协议,法院未再次组织调解违法

考点33 诉讼和解

154. 2012/3/39/单

甲诉乙损害赔偿一案,双方在诉讼中达成和解协议。关于本案,下列哪一说法是正确的?②

A. 当事人无权向法院申请撤诉

B. 因当事人已达成和解协议,法院应当裁定终结诉讼程序

C. 当事人可以申请法院依和解协议内容制作调解书

D. 当事人可以申请法院依和解协议内容制作判决书

155. 2009/3/84/多

关于民事诉讼中的法院调解与诉讼和解的区别,下列哪些选项是正确的?③

A. 法院调解是法院行使审判权的一种方式,诉讼和解是当事人对自己的实体权利和诉讼权利进行处分的一种方式

B. 法院调解的主体包括双方当事人和审理该案件的审判人员,诉讼和解的主体只有双方当事人

C. 法院调解以《民事诉讼法》为依据,具有程序上的要求,诉讼和解没有严格的程序要求

---

① ABC ② C ③ ABCD

D. 经过法院调解达成的调解协议生效后如有给付内容则具有强制执行力,经过诉讼和解达成的和解协议即使有给付内容也不具有强制执行力

专题十四　普通程序

考点34 起诉与受理

156. 法考回忆题/多

甲公司欠乙公司货款 500 万元,乙公司起诉甲公司还款,法院判决支持了乙公司的诉讼请求。后乙公司发现甲公司对丙公司享有 300 万元债权,且怠于行使,于是提起诉讼,要求丙公司直接向其清偿 300 万元。下列哪些说法是正确的?①

A. 乙公司的行为构成重复起诉

B. 乙公司的行为不构成重复起诉

C. 乙公司可以提起代位权诉讼

D. 法院应不予受理,受理的应当裁定驳回起诉

157. 2017/3/42/单

甲、乙两公司签订了一份家具买卖合同,因家具质量问题,甲公司起诉乙公司要求更换家具并支付违约金 3 万元。法院经审理判决乙公司败诉,乙公司未上诉。之后,乙公司向法院起诉,要求确认该家具买卖合同无效。对乙公司的起诉,法院应采取下列哪一处理方式?②

A. 予以受理

B. 裁定不予受理

C. 裁定驳回起诉

D. 按再审处理

158. 2015/3/48/单

张丽因与王旭感情不和,长期分居,向法院起诉要求离婚。法院向王旭送达应诉通知书,发现王旭已于张丽起诉前因意外事故死亡。关于本案,法院应作出下列哪一裁判?③

A. 诉讼终结的裁定

B. 驳回起诉的裁定

C. 不予受理的裁定

D. 驳回诉讼请求的判决

---

① BC　② B　③ B

159． 2013/3/44/单

何某因被田某打伤,向甲县法院提起人身损害赔偿之诉,法院予以受理。关于何某起诉行为将产生的法律后果,下列哪一选项是正确的?①

A. 何某的诉讼时效中断

B. 田某的答辩期开始起算

C. 甲县法院取得排他的管辖权

D. 田某成为适格被告

160． 2012/3/79/多

关于起诉与受理的表述,下列哪些选项是正确的?②

A. 法院裁定驳回起诉的,原告再次起诉符合条件的,法院应当受理

B. 法院按撤诉处理后,当事人以同一诉讼请求再次起诉的,法院应当受理

C. 判决不准离婚的案件,当事人没有新事实和新理由再次起诉的,法院一律不予受理

D. 当事人超过诉讼时效起诉的,法院应当受理

161． 2010/3/36/单

王某以借款纠纷为由起诉吴某。经审理,法院认为该借款关系不存在,王某交付吴某的款项为应支付的货款,王某与吴某之间存在买卖关系而非借用关系。法院向王某作出说明,但王某坚持己见,不予变更诉讼请求和理由。法院遂作出裁定,驳回王某的诉讼请求。关于本案,下列哪一说法是正确的?③

A. 法院违反了不告不理原则

B. 法院适用裁判形式错误

C. 法院违反了辩论原则

D. 法院违反了处分原则

162． 2009/3/100/不定项

常年居住在 Y 省 A 县的王某早年丧妻,独自一人将两个儿子和一个女儿养大成人。大儿子王甲居住在 Y 省 B 县,二儿子王乙居住在 Y 省 C 县,女儿王丙居住在 W 省 D 县。2000 年以来,王某的日常生活费用主要来自大儿子王甲每月给的 800 元生活费。2003 年 12 月,由于物价上涨,王某要求

---

① A ② ABD ③ B

二儿子王乙每月也给一些生活费,但王乙以自己没有固定的工作、收入不稳定为由拒绝。于是,王某将王乙告到法院,要求王乙每月支付给自己赡养费500元。

本案于2004年6月调解结案,王某生活费有了增加。但2008年3月后,由于王某经常要看病,原调解书确定王乙所给的赡养费用及王甲所给费用已经不足以维持王某的日常开支,王某欲增加赡养费。对此,王某可以采取的法律措施是:①

A. 增加诉讼请求,要求法院对原来的案件继续审理

B. 申请对原来的案件进行再审

C. 另行提起诉讼

D. 根据一事不再理的原则,王某不可以要求继续审理或申请再审,也不可以另行起诉,只可以协商解决

考点35　开庭审理

163. （法考回忆题/单）

谢某租住余某的房屋,某日不慎损坏了屋内的实木地板。二人就赔偿协商无果,余某起诉谢某要求解除租赁合同并赔偿修复款1万元,法院判决余某胜诉。谢某不服一审判决提起上诉。二审法院以事实不清为由,裁定发回重审。在重审期间,因地板材料涨价,余某变更诉讼请求,要求谢某将地板恢复原状。关于本案,下列哪一说法是正确的?②

A. 法院不能按照原审证据材料认定事实

B. 余某应受到原一审程序的约束

C. 法院应根据余某变更后的诉讼请求审理案件

D. 法院应当驳回余某变更诉讼请求的要求

164. （法考回忆题/单）

某省规定不超过3000万元的财产纠纷由基层法院管辖。龙玉公司在该省甲市乙区法院起诉丰和公司支付工程款2500万元。法庭辩论终结后,合议庭评议一致决定支持龙玉公司的诉讼请求。准备写判决书时,龙玉公司变更诉讼请求要求丰和公司支付工程款3500万元。对此,法院的下列哪一做法是正确的?③

A. 直接移送甲市中级法院审理

---

① C　② C　③ B

B. 直接就 2500 万元诉讼请求作出判决

C. 重新进行法庭调查

D. 丰和公司提出管辖权异议后移送管辖

165． 2013/3/36/单

执法为民是社会主义法治的本质要求,据此,法院和法官应在民事审判中遵守诉讼程序,履行释明义务。下列哪一审判行为符合执法为民的要求?①

  A. 在李某诉赵某的欠款纠纷中,法官向赵某释明诉讼时效,建议赵某提出诉讼时效抗辩

  B. 在张某追索赡养费的案件中,法官依职权作出先予执行裁定

  C. 在杜某诉阎某的离婚案件中,法官向当事人释明可以同时提出离婚损害赔偿

  D. 在罗某诉华兴公司房屋买卖合同纠纷中,法官主动走访现场,进行勘察,并据此支持了罗某的请求

166． 2013/3/43/单

下列哪一选项中法院的审判行为,只能发生在开庭审理阶段?②

  A. 送达法律文书

  B. 组织当事人进行质证

  C. 调解纠纷,促进当事人达成和解

  D. 追加必须参加诉讼的当事人

考点36 撤诉和缺席判决

167． 2009/3/46/单

齐某起诉宋某要求返还借款八万元,法院适用普通程序审理并向双方当事人送达出庭传票,因被告宋某不在家,宋某的妻子代其签收了传票。开庭时,被告宋某未到庭。经查,宋某已离家出走,下落不明。关于法院对本案的处理,下列哪一选项是正确的?③

  A. 法院对本案可以进行缺席判决

  B. 法院应当对被告宋某重新适用公告方式送达传票

  C. 法院应当通知宋某的妻子以诉讼代理人的身份参加诉讼

  D. 法院应当裁定中止诉讼

168. `2008/3/79/多`

关于对当事人及其法定代理人的缺席判决,下列哪些选项是正确的?①

A. 原告经法院传票传唤,无正当理由拒不到庭的,或者未经法庭许可中途退庭的,可以按撤诉处理;被告反诉的,法院可以缺席判决

B. 无民事行为能力人离婚案件,当事人的法定代理人应当到庭,法定代理人不能到庭的,法院应当在查清事实的基础上,依法作出缺席判决

C. 有独立请求权第三人经法院传票传唤,无正当理由拒不到庭的,或者未经法庭许可中途退庭的,法院可以缺席判决

D. 无独立请求权第三人经法院传票传唤,无正当理由拒不到庭的,或者未经法庭许可中途退庭的,法院可以缺席判决

考点37 诉讼阻碍(延期审理、诉讼中止与终结)

169. `法考回忆题/单`

殷某和郑某办理结婚手续后,殷某向法院起诉确认婚姻无效。诉讼过程中郑某突发疾病死亡,其没有任何直系亲属。对此,法院的下列哪一做法是正确的?②

A. 裁定诉讼终结

B. 裁定诉讼中止

C. 继续审理后作出判决

D. 追加民政部门为诉讼参加人

170. `法考回忆题/多`

甲与乙签订了借款合同,丙系该合同的连带保证人。借款期限届满后,甲一直未还钱,且甲涉嫌诈骗。乙向公安局举报甲存在诈骗行为,然后向法院起诉丙要求其还钱。关于本案的处理方式,下列选项中哪些说法是正确的?③

A. 法院应裁定中止民事诉讼,等待刑事案件审理完毕后再恢复民事诉讼程序

B. 法院应当追加甲为共同被告

C. 本案的民事诉讼程序与刑事诉讼程序互不影响,各自进行

D. 就甲存在欺诈这一事实,本案民事诉讼和刑事诉讼程序的证明标准相同

---

① ABD ② C ③ CD

171． 2017/3/81/多

对张男诉刘女离婚案(两人无子女,刘父已去世),因刘女为无行为能力人,法院准许其母李某以法定代理人身份代其诉讼。2017 年 7 月 3 日,法院判决二人离婚,并对双方共有财产进行了分割。该判决同日送达双方当事人,李某对解除其女儿与张男的婚姻关系无异议,但对共有财产分割有意见,拟提起上诉。2017 年 7 月 10 日,刘女身亡。在此情况下,本案将产生哪些法律后果?①

    A. 本案诉讼中止,视李某是否就一审判决提起上诉而确定案件是否终结

    B. 本案诉讼终结

    C. 一审判决生效,二人的夫妻关系根据判决解除,李某继承判决分配给刘女的财产

    D. 一审判决未生效,二人的共有财产应依法分割,张男与李某对刘女的遗产均有继承权

172． 2011/3/81/多

法院开庭审理时一方当事人未到庭,关于可能出现的法律后果,下列哪些选项是正确的?②

    A. 延期审理

    B. 按原告撤诉处理

    C. 缺席判决

    D. 采取强制措施拘传未到庭的当事人到庭

173． 2009/3/47/单

甲起诉与乙离婚,一审法院判决不予准许。甲不服一审判决提起上诉,在甲将上诉状递交原审法院后第三天,乙遇车祸死亡。此时,原审法院尚未将上诉状转交给二审法院。关于本案的处理,下列哪一选项是正确的?③

    A. 终结诉讼　　　　　　　　B. 驳回上诉

    C. 不予受理上诉　　　　　　D. 中止诉讼

174． 2009/3/85/多

法院对于诉讼中有关情况的处理,下列哪些做法是正确的?④

    A. 甲起诉其子乙请求给付赡养费。开庭审理前,法院依法对甲、乙进行了传唤,但开庭时乙未到庭,也未向法院说明理由。法院裁定延期审理

---

  ① BD　② ABCD　③ A(原答案为 D)　④ BD

B. 甲、乙人身损害赔偿一案,甲在前往法院的路上,胃病发作住院治疗。法院决定延期审理

C. 甲诉乙离婚案件,在案件审理中甲死亡。法院裁定按甲撤诉处理

D. 原告在诉讼中因车祸成为植物人,在原告法定代理人没有确定的期间,法院裁定中止诉讼

175. **2008/3/37/单**

张某因孙某欠款不还向法院起诉。在案件审理中,孙某因盗窃被刑事拘留。关于本案,下列哪一选项是正确的?①

A. 法院应当裁定中止诉讼,待对孙某的刑事审判结束后再恢复诉讼程序

B. 法院应当裁定终结诉讼,并告知张某提起刑事附带民事诉讼

C. 法院应当继续审理此案

D. 法院应当将此案与孙某盗窃案合并审理

176. **2008/3/40/单**

法院对于诉讼中有关情况的处理,下列哪一做法是正确的?②

A. 杨某与赵某损害赔偿一案,杨某在去往法院开庭的路上,突遇车祸,被送至医院急救。法院遂决定中止诉讼

B. 毛某与安某专利侵权纠纷一案,法庭审理过程中,发现需要重新进行鉴定,法院裁定延期审理

C. 甲公司诉乙公司合同纠纷一案,审理过程中,甲公司与其他公司合并,法院裁定诉讼终结

D. 丙公司诉丁公司租赁纠纷一案,法院审理中,发现本案必须以另一案的审理结果为依据,而该案又尚未审结,遂裁定诉讼中止

考点38 一审判决、裁定与决定

177. **法考回忆题/单**

徐某驾车撞伤唐某,起诉后法院判决徐某赔偿唐某 10 万元。该判决履行 1 年后,唐某左腿疼痛,经鉴定系车祸后遗症。唐某再次起诉,要求徐某赔偿 5 万元。关于法院对唐某再次起诉的处理,下列哪一说法是正确的?③

A. 既判力对标准时之前发生的事实有拘束力,应裁定驳回起诉

B. 既判力对标准时之后发生的事实没有拘束力,应予以受理

---

① C ② D ③ B

  C. 车祸后遗症是既判力标准时之前发生的事实,应告知徐某申请再审

  D. 车祸后遗症是既判力标准时之后发生的事实,应告知徐某申请再审

178. 法考回忆题/不定项

甲因合同纠纷起诉乙,要求乙返还合同金额 5 万元,法院审理中查明合同金额应为 50 万元。法官询问甲,甲表示知晓合同金额,但因乙背信弃义,要分 10 次起诉给他教训。关于本案,下列说法正确的是:①

  A. 法院对 50 万元作出判决不违反处分原则

  B. 法院应对 5 万元作出判决,其既判力及于 50 万元

  C. 法院应对 5 万元作出判决,其既判力仅及于 5 万元

  D. 经过乙同意,法院可以将剩余 45 万元一并判决

179. 法考回忆题/单

郝某与刘某自愿结婚,刘某的母亲坚决反对,以刘某未达结婚年龄为由请求法院确认二人婚姻关系无效,但刘某坚决反对,刘某的母亲无奈之下向法院申请撤回起诉。法院应当如何处理?②

  A. 调解结案

  B. 裁定驳回起诉

  C. 裁定准许撤回起诉

  D. 不准许撤回起诉,判决确认婚姻无效

180. 2014/3/82/多

关于民事诉讼程序中的裁判,下列哪些表述是正确的?③

  A. 判决解决民事实体问题,而裁定主要处理案件的程序问题,少数涉及实体问题

  B. 判决都必须以书面形式作出,某些裁定可以口头方式作出

  C. 一审判决都允许上诉,一审裁定有的允许上诉,有的不能上诉

  D. 财产案件的生效判决都有执行力,大多数裁定都没有执行力

181. 2012/3/41/单

甲公司诉乙公司货款纠纷一案,A 市 B 区法院在审理中查明甲公司的权利主张已超过诉讼时效(乙公司并未提出时效抗辩),遂判决驳回甲公司的诉讼请求。判决作出后上诉期间届满之前,B 区法院发现其依职权适用

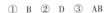

① B ② D ③ AB

诉讼时效规则是错误的。关于本案的处理,下列哪一说法是正确的?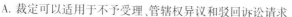①

    A. 因判决尚未发生效力,B 区法院可以将判决书予以收回,重新作出新的判决

    B. B 区法院可以将判决书予以收回,恢复庭审并向当事人释明时效问题,视具体情况重新作出判决

    C. B 区法院可以作出裁定,纠正原判决中的错误

    D. 如上诉期间届满当事人未上诉的,B 区法院可以决定再审,纠正原判决中的错误

182． 2012/3/47/单

关于民事诉讼的裁定,下列哪一选项是正确的?②

    A. 裁定可以适用于不予受理、管辖权异议和驳回诉讼请求

    B. 当事人有正当理由没有到庭的,法院应当裁定延期审理

    C. 裁定的拘束力通常只及于当事人、诉讼参与人和审判人员

    D. 当事人不服一审法院作出的裁定,可以向上一级法院提出上诉

183． 2011/3/100/不定项

2011 年 7 月 11 日,A 市升湖区法院受理了黎明丽(女)诉张成功(男)离婚案。7 月 13 日,升湖区法院向张成功送达了起诉状副本。7 月 18 日,张成功向升湖区法院提交了答辩状,未对案件的管辖权提出异议。8 月 2 日,张成功向升湖区法院提出管辖权异议申请,称其与黎明丽已分居 2 年,分别居住于 A 市安平区各自父母家中。A 市升湖区法院以申请管辖权异议超过申请期限为由,裁定驳回张成功管辖权异议申请。后,升湖区法院查明情况,遂裁定将案件移送安平区法院。安平区法院接受移送,确定适用简易程序审理此案。

安平区法院在案件开庭审理时组织调解。

黎明丽声称:2005 年 12 月,其与张成功结婚,后因张成功有第三者陈佳,感情已破裂,现要求离婚。黎明丽提出,离婚后儿子张好帅由其行使监护权,张成功每月支付抚养费 1500 元。现双方存款 36 万元(存折在张成功手中),由 2 人平分,生活用品归各自所有,不存在其他共有财产分割争议。

张成功承认:2005 年 12 月,其与黎明丽结婚,自己现在有了第三者,36 万元存款在自己手中,同意离婚,同意生活用品归各自所有,同意不存在其他共有财产分割争议。不同意支付张好帅抚养费,因其是黎明丽与前男友所生。

---

① D ② C

　　黎明丽承认:张好帅是其与前男友所生,但在户籍登记上,张成功与张好帅为父子关系,多年来父子相称,形成事实上的父子关系,故要求张成功支付抚养费。

　　调解未能达成协议。在随后的庭审中,黎明丽坚持提出的请求;张成功对调解中承认的多数事实和同意的请求予以认可,但否认了有第三者一事,仍不同意支付张好帅抚养费。黎明丽要求法院通知第三者陈佳以无独立请求权的第三人身份参加诉讼。

　　安平区法院作出判决:解除黎明丽、张成功婚姻关系;张好帅由黎明丽行使监护权,张成功每月支付抚养费700元;存款双方平分,生活用品归个人所有,不存在其他共有财产分割争议。法院根据调解中被告承认自己有第三者的事实,认定双方感情破裂,张成功存在过失。

　　关于法院宣判时应当向双方当事人告知的内容,下列选项正确的是:①

　　A. 上诉权利　　　　　　　　　B. 上诉期限

　　C. 上诉法院　　　　　　　　　D. 判决生效前不得另行结婚

专题十五　简易程序

考点39　简易程序

184． 2017/3/43/单

夏某因借款纠纷起诉陈某,法院决定适用简易程序审理。法院依夏某提供的被告地址送达时,发现有误,经多方了解和查证也无法确定准确地址。对此,法院下列哪一处理是正确的?②

　　A. 将案件转为普通程序审理

　　B. 采取公告方式送达

　　C. 裁定中止诉讼

　　D. 裁定驳回起诉

185． 2015/3/83/多

郑飞诉万雷侵权纠纷一案,虽不属于事实清楚、权利义务关系明确、争议不大的案件,但双方当事人约定适用简易程序进行审理,法院同意并以电子邮件的方式向双方当事人通知了开庭时间(双方当事人均未回复)。开庭时被告万雷无正当理由不到庭,法院作出了缺席判决。送达判决书时法

---

　　① 　ABCD 　② 　D

院通过各种方式均未联系上万雷,遂采取了公告送达方式送达了判决书。对此,法院下列的哪些行为是违法的?①

A. 同意双方当事人的约定,适用简易程序对案件进行审理

B. 以电子邮件的方式向双方当事人通知开庭时间

C. 作出缺席判决

D. 采取公告方式送达判决书

186. 2014/3/79/多

当事人可对某些诉讼事项进行约定,法院应尊重合法有效的约定。关于当事人的约定及其效力,下列哪些表述是错误的?②

A. 当事人约定"合同是否履行无法证明时,应以甲方主张的事实为准",法院应根据该约定分配证明责任

B. 当事人在诉讼和解中约定"原告撤诉后不得以相同的事由再次提起诉讼",法院根据该约定不能再受理原告的起诉

C. 当事人约定"如果起诉,只能适用普通程序",法院根据该约定不能适用简易程序审理

D. 当事人约定"双方必须亲自参加开庭审理,不得无故缺席",如果被告委托了代理人参加开庭,自己不参加开庭,法院应根据该约定在对被告两次传唤后对其拘传

187. 2013/3/41/单

关于简易程序的简便性,下列哪一表述是不正确的?③

A. 受理程序简便,可以当即受理,当即审理

B. 审判程序简便,可以不按法庭调查、法庭辩论的顺序进行

C. 庭审笔录简便,可以不记录诉讼权利义务的告知、原被告的诉辩意见等通常性程序内容

D. 裁判文书简便,可以简化裁判文书的事实认定或判决理由部分

188. 2011/3/43/单

下列哪一选项属于《民事诉讼法》直接规定、具有简易程序特点的内容?④

A. 原告起诉或被告答辩时要向法院提供明确的送达地址

B. 适用简易程序审理的劳动合同纠纷在开庭审理时应先行调解

---

① CD ② ABCD ③ C ④ D

C. 在简易程序中,法院指定举证期限可以少于 30 天

D. 适用简易程序审理民事案件时,审判组织一律采用独任制

189． 2010/3/87/多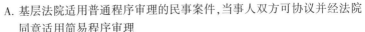

关于适用简易程序的表述,下列哪些选项是正确的?①

A. 基层法院适用普通程序审理的民事案件,当事人双方可协议并经法院同意适用简易程序审理

B. 经双方当事人一致同意,法院制作判决书时可对认定事实或者判决理由部分适当简化

C. 法院可口头方式传唤当事人出庭

D. 当事人对案件事实无争议的,法院可不开庭径行判决

190． 2008/3/46/单

甲与乙因借款合同发生纠纷,甲向某区法院提起诉讼,法院受理案件后,准备适用普通程序进行审理。甲为了能够尽快结案,建议法院适用简易程序对案件进行审理,乙也同意适用简易程序。下列哪一选项是正确的?②

A. 普通程序审理的案件不能适用简易程序,因此,法院不可同意适用简易程序

B. 法院有权将普通程序审理转为简易程序,因此,甲、乙的意见无意义

C. 甲、乙可以自愿协商选择适用简易程序,无须经法院同意

D. 甲、乙有权自愿选择适用简易程序,但须经法院同意

考点40 小额诉讼程序

191． 法考回忆题/多

A 区的甲向 B 区的乙租赁仓库,仓库位于 C 区,月租金 1 万元。双方约定合同履行发生纠纷,向被告住所地法院起诉。因甲累计拖欠租金 5 万元,乙向 A 区法院起诉。A 区法院适用小额诉讼程序审理,甲提出管辖权异议,称本案应由 C 区法院专属管辖,A 区法院裁定驳回。A 区法院作出的判决生效后,甲申请再审。关于本案,下列哪些表述是正确的?③

A. 甲可对驳回管辖权异议裁定提起上诉

B. 甲不可对驳回管辖权异议裁定提起上诉

C. 甲可向 A 区法院申请再审

D. 甲可向 C 区法院申请再审

---

① ABC ② C(原答案为 D) ③ BC

192. 法考回忆题/多

美国人麦克在中国生活期间,花费 500 元向中国卖家网购一件衬衫,因衬衫质量问题产生纠纷,麦克向互联网法院起诉。关于本案可适用的程序规则,下列哪些选项是正确的?①

A. 决定线下开庭审理

B. 电子送达判决书

C. 审判员独任审理

D. 适用小额诉讼程序审理

193. 2016/3/81/多

李某诉谭某返还借款一案,M 市 N 区法院按照小额诉讼案件进行审理,判决谭某返还借款。判决生效后,谭某认为借款数额远高于法律规定的小额案件的数额,不应按小额案件审理,遂向法院申请再审。法院经审查,裁定予以再审。关于该案再审程序适用,下列哪些选项是正确的?②

A. 谭某应当向 M 市中级法院申请再审

B. 法院应当组成合议庭审理

C. 对作出的再审判决当事人可以上诉

D. 作出的再审判决仍实行一审终审

194. 2015/3/84/多

根据《民事诉讼法》相关司法解释,下列哪些案件不适用小额诉讼程序?③

A. 人身关系案件

B. 涉外民事案件

C. 海事案件

D. 发回重审的案件

195. 2014/3/40/单

赵洪诉陈海返还借款 100 元,法院决定适用小额诉讼程序审理。关于该案的审理,下列哪一选项是错误的?④

A. 应在开庭审理时先行调解

B. 应开庭审理,但经过赵洪和陈海的书面同意后,可书面审理

C. 应当庭宣判

D. 应一审终审

---

① ABC ② BC ③ ABD ④ B

专题十六　公益诉讼程序

考点41 公益诉讼

196. 〔法考回忆题/单〕

某化工厂排污造成河流严重污染,某环保协会对此提起公益诉讼,要求化工厂赔偿河流污染治理费用 300 万元。法院经过审理后认为 300 万元不足以修复环境污染造成的损害,遂建议某环保协会将诉讼请求增加为 500 万元,某环保协会将诉讼请求变更为 500 万元,法院判决支持了某环保协会的全部诉讼请求,关于本案表述正确的是:①

A. 公益诉讼案件一审终审,当事人无权上诉

B. 某环保协会应当先行通知行政机关处理后再提起公益诉讼

C. 法院建议某环保协会将诉讼请求变更为 500 万,违反了处分原则

D. 本案应当由中院一审管辖

197. 〔法考回忆题/单〕

某造纸厂因环保设备不达标,排放的污水对环境造成破坏,极大地影响了周边居民的生活。某市环保协会对该厂提起诉讼。张某因该厂的污染行为受到损害,也想参与本案的诉讼。关于法院的做法,下列哪一选项是正确的?②

A. 将张某列为有独立请求权的第三人

B. 将张某列为无独立请求权的第三人

C. 通知张某另行起诉

D. 将张某列为共同原告

198. 大洲公司超标排污导致河流污染,公益环保组织甲向 A 市中级法院提起公益诉讼,请求判令大洲公司停止侵害并赔偿损失。法院受理后,在公告期间,公益环保组织乙也向 A 市中级法院提起公益诉讼,请求判令大洲公司停止侵害、赔偿损失和赔礼道歉。公益案件审理终结后,渔民梁某以大洲公司排放的污水污染了其承包的鱼塘为由提起诉讼,请求判令赔偿其损失。

请回答第(1)~(3)题。

(1) 〔2017/3/98/不定项〕

对乙组织的起诉,法院的正确处理方式是:③

---

① D ② C ③ D

A. 予以受理,与甲组织提起的公益诉讼合并审理

B. 予以受理,作为另案单独审理

C. 属重复诉讼,不予受理

D. 允许其参加诉讼,与甲组织列为共同原告

（2）`2017/3/99/不定项`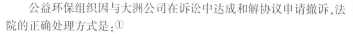

公益环保组织因与大洲公司在诉讼中达成和解协议申请撤诉,法院的正确处理方式是:①

A. 应将和解协议记入笔录,准许公益环保组织的撤诉申请

B. 不准许公益环保组织的撤诉申请

C. 应将双方的和解协议内容予以公告

D. 应依职权根据和解协议内容制作调解书

（3）`2017/3/100/不定项`

对梁某的起诉,法院的正确处理方式是:②

A. 属重复诉讼,裁定不予受理

B. 不予受理,告知其向公益环保组织请求给付

C. 应予受理,但公益诉讼中已提出的诉讼请求不得再次提出

D. 应予受理,其诉讼请求不受公益诉讼影响

199 . `2015/3/35/单`

某品牌手机生产商在手机出厂前预装众多程序,大幅侵占标明内存,某省消费者保护协会以侵害消费者知情权为由提起公益诉讼,法院受理了该案。下列哪一说法是正确的?③

A. 本案应当由侵权行为地或者被告住所地中级法院管辖

B. 本案原告没有撤诉权

C. 本案当事人不可以和解,法院也不可以调解

D. 因该案已受理,购买该品牌手机的消费者甲若以前述理由诉请赔偿,法院不予受理

200 . `2013/3/35/单`

根据 2012 年修改的《民事诉讼法》,关于公益诉讼的表述,下列哪一选项是错误的?④

A. 公益诉讼规则的设立,体现了依法治国的法治理念

---

① BCD ② D ③ A ④ D

B. 公益诉讼的起诉主体只限于法律授权的机关或团体

C. 公益诉讼规则的设立,有利于保障我国经济社会全面协调发展

D. 公益诉讼的提起必须以存在实际损害为前提

专题十七　第三人撤销之诉

考点42 第三人撤销之诉

201. (法考回忆题/单)

某化工厂违规排污导致河流污染,周边居民 10 余人起诉,法院受理后发出公告,又有 30 多人向法院登记。法院审理后判决化工厂向每个当事人赔偿 5 万元。判决生效后,下游的周某向法院起诉化工厂,认为自己的损失有 10 万元,但法院裁定适用先前对其他当事人赔偿 5 万元的判决。周某认为先前的判决有错误,提起第三人撤销之诉。关于法院的处理方式,下列哪一做法是正确的?①

A. 裁定撤销赔偿 5 万元的判决

B. 判决撤销赔偿 5 万元的判决

C. 裁定不予受理

D. 判决驳回诉讼请求

202. (法考回忆题/单)

庄某到甲超市购买了乙公司生产的面包,发现面包有异味,遂起诉甲超市退款并赔偿,法院判决庄某胜诉。该判决生效后,乙公司认为面包不存在质量问题,向法院对该判决提起第三人撤销之诉,甲超市认可乙公司的主张。关于本案,下列哪一说法是正确的?②

A. 甲超市应作为第三人撤销之诉的共同原告

B. 甲超市应作为第三人撤销之诉的被告

C. 甲超市应作为第三人撤销之诉的第三人

D. 法院应裁定驳回乙公司的起诉

203. (法考回忆题/不定项)

庞某是甲公司的股东,持股比例为 51%。乙公司起诉甲公司主张对某块土地的使用权,法院判决乙公司胜诉。判决生效后,乙公司申请强制

---

① C　② B

执行。庞某提出第三人撤销之诉,主张拥有该块土地使用权。经查,甲公司在判决生效前已经以市场价格将该土地使用权转让给庞某,庞某已经支付价款,并完成了土地使用权转让登记。下列关于本案的表述正确的是:①

    A. 本案判决未侵犯庞某合法权益,庞某不能提出第三人撤销之诉

    B. 如果庞某因自身原因没有参加原审,则不能提起第三人撤销之诉

    C. 乙公司可以另行起诉请求撤销甲公司与庞某之间的土地使用权转让合同

    D. 乙公司可以申请法院执行该判决

204. (2017/3/38/单)

丙公司因法院对甲公司诉乙公司工程施工合同案的一审判决(未提起上诉)损害其合法权益,向 A 市 B 县法院提起撤销诉讼。案件审理中,检察院提起抗诉,A 市中级法院对该案进行再审,B 县法院裁定将撤销诉讼并入再审程序。关于中级法院对丙公司提出的撤销诉讼请求的处理,下列哪一表述是正确的?②

    A. 将丙公司提出的诉讼请求一并审理,作出判决

    B. 根据自愿原则进行调解,调解不成的,告知丙公司另行起诉

    C. 根据自愿原则进行调解,调解不成的,裁定撤销原判发回重审

    D. 根据自愿原则进行调解,调解不成的,恢复第三人撤销诉讼程序

205. (2014/3/41/单)

关于第三人撤销之诉,下列哪一说法是正确的?③

    A. 法院受理第三人撤销之诉后,应中止原裁判的执行

    B. 第三人撤销之诉是确认原审裁判错误的确认之诉

    C. 第三人撤销之诉由原审法院的上一级法院管辖,但当事人一方人数众多或者双方当事人为公民的案件,应由原审法院管辖

    D. 第三人撤销之诉的客体包括生效的民事判决、裁定和调解书

专题十八　第二审程序

考点43 上诉的提起与受理

206. (2017/3/44/单)

甲、乙、丙三人共同致丁身体损害,丁起诉三人要求赔偿 3 万元。

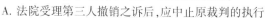

---

① BD　② C　③ D

一审法院经审理判决甲、乙、丙分别赔偿 2 万元、8000 元和 2000 元,三人承担连带责任。甲认为丙赔偿 2000 元的数额过低,提起上诉。关于本案二审当事人诉讼地位的确定,下列哪一选项是正确的?①

  A. 甲为上诉人,丙为被上诉人,乙为原审被告,丁为原审原告

  B. 甲为上诉人,丙、丁为被上诉人,乙为原审被告

  C. 甲、乙为上诉人,丙为被上诉人,丁为原审原告

  D. 甲、乙、丙为上诉人,丁为被上诉人

207． 2016/3/44/单

甲、乙、丙诉丁遗产继承纠纷一案,甲不服法院作出的一审判决,认为分配给丙和丁的遗产份额过多,提起上诉。关于本案二审当事人诉讼地位的确定,下列哪一选项是正确的?②

  A. 甲是上诉人,乙、丙、丁是被上诉人

  B. 甲、乙是上诉人,丙、丁是被上诉人

  C. 甲、乙、丙是上诉人,丁为被上诉人

  D. 甲是上诉人,乙为原审原告,丙、丁为被上诉人

208． 2016/3/45/单

甲公司诉乙公司买卖合同纠纷一案,法院判决乙公司败诉并承担违约责任,乙公司不服提起上诉。在二审中,甲公司与乙公司达成和解协议,并约定双方均将提起之诉予以撤回。关于两个公司的撤诉申请,下列哪一说法是正确的?③

  A. 应当裁定准许双方当事人的撤诉申请,并裁定撤销一审判决

  B. 应当裁定准许乙公司撤回上诉,不准许甲公司撤回起诉

  C. 不应准许双方撤诉,应依双方和解协议制作调解书

  D. 不应准许双方撤诉,应依双方和解协议制作判决书

209． 2013/3/48/单

甲对乙享有 10 万元到期债权,乙无力清偿,且怠于行使对丙的 15 万元债权,甲遂对丙提起代位权诉讼,法院依法追加乙为第三人。一审判决甲胜诉,丙应向甲给付 10 万元。乙、丙均提起上诉,乙请求法院判令丙向其支付剩余 5 万元债务,丙请求法院判令甲对乙的债权不成立。关于二审当事人地位的表述,下列哪一选项是正确的?④

---

  ① A ② D ③ A ④ A

A. 丙是上诉人,甲是被上诉人

B. 乙、丙是上诉人,甲是被上诉人

C. 乙是上诉人,甲、丙是被上诉人

D. 丙是上诉人,甲、乙是被上诉人

210. （2013/3/78/多）

下列哪些情况下,法院不应受理当事人的上诉请求?①

A. 宋某和卢某借款纠纷一案,卢某终审败诉,宋某向区法院申请执行,卢某提出执行管辖异议,区法院裁定驳回卢某异议。卢某提出上诉

B. 曹某向市中院诉刘某侵犯其专利权,要求赔偿损失 1 元钱,中院驳回其请求。曹某提起上诉

C. 孙某将朱某打伤,经当地人民调解委员会调解达成协议,并申请法院进行了司法确认。后朱某反悔提起上诉

D. 尹某诉与林某离婚,法院审查中发现二人系禁婚的近亲属,遂判决二人婚姻无效。尹某提起上诉

211. （2011/3/40/单）

吴某被王某打伤后诉至法院,王某败诉。一审判决书送达王某时,其当即向送达人郑某表示上诉,但因其不识字,未提交上诉状。关于王某行为的法律效力,下列哪一选项是正确的?②

A. 王某已经表明上诉,产生上诉效力

B. 郑某将王某的上诉要求告知法院后,产生上诉效力

C. 王某未提交上诉状,不产生上诉效力

D. 王某口头上诉经二审法院同意后,产生上诉效力

212. （2010/3/98/不定项）

丙承租了甲、乙共有的房屋,因未付租金被甲、乙起诉。一审法院判决丙支付甲、乙租金及利息共计 10000 元,分五个月履行,每月给付 2000 元。甲、乙和丙均不服该判决,提出上诉:乙请求改判丙一次性支付所欠的租金 10000 元。甲请求法院判决解除与丙之间租赁关系。丙认为租赁合同中没有约定利息,甲、乙也没有要求给付利息,一审法院不应当判决自己给付利息,请求判决变更一审判决的相关内容。丙还提出,为修缮甲、乙的出租房自己花费了 3000 元,请求抵销部分租金。

① ACD ② C

关于二审中当事人地位的确定,下列选项正确的是:①

A. 丙是上诉人,甲、乙是被上诉人

B. 甲、乙是上诉人,丙是被上诉人

C. 乙、丙是上诉人,甲是被上诉人

D. 甲、乙、丙都是上诉人

考点44 二审审理程序

213. 〔法考回忆题/多〕

甲与乙的离婚诉讼,一审法院判决不准离婚。甲不服提出上诉,二审法院认为应当判决离婚,于是对财产分割问题进行调解,但双方无法达成合意,二审法院遂将案件发回重审。发回重审后,一审法院再次判决不准离婚,甲再次提出上诉。此时二审法院应当如何处理本案?②

A. 二审法院可以先针对婚姻关系部分作出判决

B. 二审法院应当再次撤销原判,将案件发回重审

C. 二审法院应当直接改判

D. 二审法院可以告知当事人对财产部分另行起诉

214. 〔2017/3/46/单〕

石山公司起诉建安公司请求返还 86 万元借款及支付 5 万元利息,一审判决石山公司胜诉,建安公司不服提起上诉。二审中,双方达成和解协议:石山公司放弃 5 万元利息主张,建安公司在撤回上诉后 15 日内一次性付清 86 万元本金。建安公司向二审法院申请撤回上诉后,并未履行还款义务。关于石山公司的做法,下列哪一表述是正确的?③

A. 可依和解协议申请强制执行

B. 可依一审判决申请强制执行

C. 可依和解协议另行起诉

D. 可依和解协议申请司法确认

215. 〔2016/3/47/单〕

王某诉赵某借款纠纷一案,法院一审判决赵某偿还王某债务,赵某不服,提出上诉。二审期间,案外人李某表示,愿以自己的轿车为赵某偿还债务提供担保。三人就此达成书面和解协议后,赵某撤回上诉,法院准许。一个月后,赵某反悔并不履行和解协议。关于王某实现债权,下列哪一选项是正确的?④

---

① D ② AD ③ B ④ C

A. 依和解协议对赵某向法院申请强制执行

B. 依和解协议对赵某、李某向法院申请强制执行

C. 依一审判决对赵某向法院申请强制执行

D. 依一审判决与和解协议对赵某、李某向法院申请强制执行

216. 2015/3/44/单

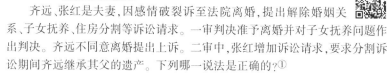

齐远、张红是夫妻,因感情破裂诉至法院离婚,提出解除婚姻关系、子女抚养、住房分割等诉讼请求。一审判决准予离婚并对子女抚养问题作出判决。齐远不同意离婚提出上诉。二审中,张红增加诉讼请求,要求分割诉讼期间齐远继承其父的遗产。下列哪一说法是正确的?①

A. 一审漏判的住房分割诉讼请求,二审可调解,调解不成,发回重审

B. 二审增加的遗产分割诉讼请求,二审可调解,调解不成,发回重审

C. 住房和遗产分割的两个诉讼请求,二审可合并调解,也可一并发回重审

D. 住房和遗产分割的两个诉讼请求,经当事人同意,二审法院可一并裁判

217. 2012/3/42/单

经审理,一审法院判决被告王某支付原告刘某欠款本息共计 22 万元,王某不服提起上诉。二审中,双方当事人达成和解协议,约定:王某在 3 个月内向刘某分期偿付 20 万元,刘某放弃利息请求。案件经王某申请撤回上诉而终结。约定的期限届满后,王某只支付了 15 万元。刘某欲寻求法律救济。下列哪一说法是正确的?②

A. 只能向一审法院重新起诉

B. 只能向一审法院申请执行一审判决

C. 可向一审法院申请执行和解协议

D. 可向二审法院提出上诉

218. 2012/3/43/单

关于民事诉讼二审程序的表述,下列哪一选项是错误的?③

A. 二审案件的审理,遇有二审程序没有规定的情形,应当适用一审普通程序的相关规定

B. 二审案件的审理,以开庭审理为原则

---

① A ② B ③ C

C. 二审案件调解的结果变更了一审判决内容的,应当在调解书中写明"撤销原判"

D. 二审案件的审理,应当由法官组成的合议庭进行审理

219. `2010/3/80/多`

二审法院审理继承纠纷上诉案时,发现一审判决遗漏另一继承人甲。关于本案,下列哪些说法是正确的?①

A. 为避免诉讼拖延,二审法院可依职权直接改判

B. 二审法院可根据自愿原则进行调解,调解不成的裁定撤销原判决发回重审

C. 甲应列为本案的有独立请求权第三人

D. 甲应是本案的共同原告

220. `2010/3/99/不定项`

丙承租了甲、乙共有的房屋,因未付租金被甲、乙起诉。一审法院判决丙支付甲、乙租金及利息合计 10000 元,分五个月履行,每月给付 2000 元。甲、乙和丙均不服该判决,提出上诉:乙请求改判丙一次性支付所欠的租金 10000 元。甲请求法院判决解除与丙之间租赁关系。丙认为租赁合同中没有约定利息,甲、乙也没有要求给付利息,一审法院不应当判决自己给付利息,请求判决变更一审判决的相关内容。丙还提出,为修缮甲、乙的出租房自己花费了 3000 元,请求抵销部分租金。

关于甲上诉请求解除与丙的租赁关系,下列选项正确的是:②

A. 二审法院查明事实后直接判决

B. 二审法院直接裁定发回重审

C. 二审法院经当事人同意进行调解解决

D. 甲在上诉中要求解除租赁关系的请求,须经乙同意

221. `2009/3/45/单`

某借款纠纷案二审中,双方达成调解协议,被上诉人当场将欠款付清。关于被上诉人请求二审法院制作调解书,下列哪一选项是正确的?③

A. 可以不制作调解书,因为当事人之间的权利义务已经实现

B. 可以不制作调解书,因为本案属于法律规定可以不制作调解书的情形

C. 应当制作调解书,因为二审法院的调解结果除解决纠纷外,还具有对

一审法院的判决效力发生影响的功能

D. 应当制作调解书,因为被上诉人已经提出请求,法院应当予以尊重

222. 〔2008/3/99/不定项〕

某省海兴市的《现代企业经营》杂志刊登了一篇自由撰稿人吕某所写的报道,内容涉及同省龙门市甲公司的经营方式。甲公司负责人汪某看到该篇文章后,认为《现代企业经营》作为一本全省范围内发行的杂志,其所发文章内容严重失实,损害了甲公司的名誉,使公司的经营受到影响。于是甲公司向法院起诉要求《现代企业经营》杂志社和吕某赔偿损失 5 万元,并进行赔礼道歉。一审法院仅判决杂志社赔偿甲公司 3 万元,未对"赔礼道歉"的请求进行处理。杂志社认为赔偿数额过高,不服一审判决提起上诉。

关于二审法院对本案的处理,下列选项正确的是:①

A. 由于"赔礼道歉"的诉讼请求并不在上诉请求的范围之中,二审法院不得对其进行审理

B. 针对一审中"赔礼道歉"的诉讼请求,二审法院应根据当事人自愿的原则进行调解,调解不成的,发回重审

C. 针对一审中"赔礼道歉"的诉讼请求,二审法院应根据当事人自愿的原则进行调解,调解不成的,径行判决

D. 针对一审中"赔礼道歉"的诉讼请求,二审法院应根据当事人自愿的原则进行调解,调解不成的,告知甲公司另行起诉

考点45 二审的判决与裁定

223. 〔法考回忆题/单〕

甲在网上购买乙公司生产的家具,乙公司将家具送到甲父母家安装调试好之后要求付款遭拒,遂起诉甲要求支付家具款。甲独自出庭应诉,一审法院判决原告胜诉。甲不服提起上诉,二审法院发现甲是 15 岁的学生。关于二审法院对本案的处理,下列哪一说法是正确的?②

A. 裁定驳回起诉

B. 裁定撤销原判,发回重审

C. 通知甲的法定代理人出庭,继续审理

D. 继续审理后作出判决

---

① B ② B

224． 法考回忆题/单

甲、乙互殴,甲被乙打伤,向法院起诉乙向其支付赔偿金,法院判决甲胜诉。乙不服提起上诉,二审期间,甲、乙达成和解协议,向法院申请撤回起诉,法院经审查发现和解协议内容与原判决认定的事实不一致。法院应当如何处理?①

　　A. 准许撤回起诉,一审判决生效

　　B. 不准许撤回起诉,根据审理结果作出判决

　　C. 不准许撤回起诉,应当撤销原判,发回重审

　　D. 准予撤回起诉,一并裁定撤销原判

225． 2017/3/45/单

张某诉新立公司买卖合同纠纷案,新立公司不服一审判决提起上诉。二审中,新立公司与张某达成协议,双方同意撤回起诉和上诉。关于本案,下列哪一选项是正确的?②

　　A. 起诉应在一审中撤回,二审中撤回起诉的,法院不应准许

　　B. 因双方达成合意撤回起诉和上诉的,法院可准许张某二审中撤回起诉

　　C. 二审法院应裁定撤销一审判决并发回重审,一审法院重审时准许张某撤回起诉

　　D. 二审法院可裁定新立公司撤回上诉,而不许张某撤回起诉

226． 2017/3/82/多

朱某诉力胜公司商品房买卖合同纠纷案,朱某要求判令被告支付违约金 5 万元;因房屋质量问题,请求被告修缮,费用由被告支付。一审法院判决被告败诉,认可了原告全部诉讼请求。力胜公司不服令其支付 5 万元违约金的判决,提起上诉。二审法院发现一审法院关于房屋有质量问题的事实认定,证据不充分。关于二审法院对本案的处理,下列哪些说法是正确的?③

　　A. 应针对上诉人不服违约金判决的请求进行审理

　　B. 可对房屋修缮问题在查明事实的情况下依法改判

　　C. 应针对上诉人上诉请求所涉及的事实认定和法律适用进行审理

　　D. 应全面审查一审法院对案件的事实认定和法律适用

227． 2016/3/46/单

某死亡赔偿案件,二审法院在将判决书送达当事人签收后,发现

---

① D ② B ③ AC

其中死亡赔偿金计算错误(数学上的错误),导致总金额少了7万余元。关于二审法院如何纠正,下列哪一选项是正确的?①

    A. 应当通过审判监督程序,重新制作判决书

    B. 直接作出改正原判决的新判决书并送达双方当事人

    C. 作出裁定书予以补正

    D. 报请上级法院批准后作出裁定予以补正

228. (2015/3/82/多)

    章俊诉李泳借款纠纷案在某县法院适用简易程序审理。县法院判决后,章俊上诉,二审法院以事实不清为由发回重审。县法院征得当事人同意后,适用简易程序重审此案。在答辩期间,李泳提出管辖权异议,县法院不予审查。案件开庭前,章俊增加了诉讼请求,李泳提出反诉,县法院受理了章俊提出的增加诉讼请求,但以重审不可提出反诉为由拒绝受理李泳的反诉。关于本案,该县法院的下列哪些做法是正确的?②

    A. 征得当事人同意后,适用简易程序重审此案

    B. 对李泳提出的管辖权异议不予审查

    C. 受理章俊提出的增加诉讼请求

    D. 拒绝受理李泳的反诉

229. (2014/3/47/单)

    甲诉乙人身损害赔偿一案,一审法院根据甲的申请,冻结了乙的银行账户,并由李法官独任审理。后甲胜诉,乙提出上诉。二审法院认为一审事实不清,裁定撤销原判,发回重审。关于重审,下列哪一表述是正确的?③

    A. 由于原判已被撤销,一审中的审判行为无效,保全措施也应解除

    B. 由于原判已被撤销,一审中的诉讼行为无效,法院必须重新指定举证时限

    C. 重审时不能再适用简易程序,应组成合议庭,李法官可作为合议庭成员参加重审

    D. 若重审法院判决甲胜诉,乙再次上诉,二审法院认为重审认定的事实依然错误,则只能在查清事实后改判

230. (2008/3/36/单)

甲公司与乙公司因合同纠纷向A市B区法院起诉,乙公司应诉。

---

① C ② BC ③ D

经开庭审理,法院判决甲公司胜诉。乙公司不服 B 区法院的一审判决,以双方签订了仲裁协议为由向 A 市中级法院提起上诉,要求据此撤销一审判决,驳回甲公司的起诉。A 市中级法院应当如何处理?①

A. 裁定撤销一审判决,驳回甲公司的起诉

B. 应当首先审查仲裁协议是否有效,如果有效,则裁定撤销一审判决,驳回甲公司的起诉

C. 应当裁定撤销一审判决,发回原审法院重审

D. 应当裁定驳回乙公司的上诉,维持原判决

专题十九　审判监督程序

考点46 再审的启动

231. (法考回忆题/单)

甲向乙借款 50 万元,由丙提供保证,保证合同中未约定保证方式。后因借款清偿发生纠纷,一审法院判决认定丙承担连带保证责任。丙不服提起上诉,二审法院判决丙承担一般保证责任。判决生效后,丙以签订保证合同时意思表示错误不应承担保证责任为由申请再审。关于对丙申请的处理,下列哪一做法是正确的?②

A. 裁定再审后组织调解,调解不成,告知另行起诉

B. 裁定再审后组织调解,调解不成,裁定发回重审

C. 裁定不予受理再审申请

D. 裁定驳回再审申请

232. (2015/3/42/单)

关于法院制作的调解书,下列哪一说法是正确的?③

A. 经法院调解,老李和小李维持收养关系,可不制作调解书

B. 某夫妻解除婚姻关系的调解书生效后,一方以违反自愿为由可申请再审

C. 检察院对调解书的监督方式只能是提出检察建议

D. 执行过程中,达成和解协议的,法院可根据当事人的要求制作成调解书

① D ② D ③ A

233. 2014/3/80/多

就瑞成公司与建华公司的合同纠纷,某省甲市中院作出了终审裁判。建华公司不服,打算启动再审程序。后其向甲市检察院申请检察建议,甲市检察院经过审查,作出驳回申请的决定。关于检察监督,下列哪些表述是正确的?①

A. 建华公司可在向该省高院申请再审的同时,申请检察建议

B. 在甲市检察院驳回检察建议申请后,建华公司可向该省检察院申请抗诉

C. 甲市检察院在审查检察建议申请过程中,可向建华公司调查核实案情

D. 甲市检察院在审查检察建议申请过程中,可向瑞成公司调查核实案情

234. 2013/3/49/单

关于检察监督,下列哪一选项是正确的?②

A. 甲县检察院认为乙县法院的生效判决适用法律错误,对其提出检察建议

B. 丙市检察院就合同纠纷向仲裁委员会提出检察建议,要求重新仲裁

C. 丁县检察院认为丁县法院某法官在制作除权判决时收受贿赂,向该法院提出检察建议

D. 戊县检察院认为戊县法院认定某公民为无民事行为能力人的判决存在程序错误,报请上级检察院提起抗诉

235. 2013/3/81/多

周某因合同纠纷起诉,甲省乙市的两级法院均驳回其诉讼请求。周某申请再审,但被驳回。周某又向检察院申请抗诉,检察院以原审主要证据系伪造为由提出抗诉,法院裁定再审。关于启动再审的表述,下列哪些说法是不正确的?③

A. 周某只应向甲省高院申请再审

B. 检察院抗诉后,应当由接受抗诉的法院审查后,作出是否再审的裁定

C. 法院应当在裁定再审的同时,裁定撤销原判

D. 法院应当在裁定再审的同时,裁定中止执行

236. 2011/3/77/多

根据《民事诉讼法》以及相关司法解释,关于离婚诉讼,下列哪些

---

① CD ② C ③ ABC

选项是正确的?①

　　A. 被告下落不明的,案件由原告住所地法院管辖

　　B. 一方当事人死亡的,诉讼终结

　　C. 判决生效后,不允许当事人申请再审

　　D. 原则上不公开审理,因其属于法定不公开审理案件范围

237. 〔2010/3/42/单〕

　　李某向 A 公司追索劳动报酬。诉讼中,李某向法院申请先予执行部分劳动报酬,法院经查驳回李某申请。李某不服,申请复议。法院审查后再次驳回李某申请。李某对复议结果仍不服,遂向上一级法院申请再审。关于上一级法院对该再审申请的处理,下列哪一选项是正确的?②

　　A. 裁定再审　　　　　　　　　　B. 决定再审

　　C. 裁定不予受理　　　　　　　　D. 裁定驳回申请

238. 〔2010/3/47/单〕

　　张某诉季某人身损害赔偿一案判决生效后,张某以法院剥夺其辩论权为由申请再审,在法院审查张某再审申请期间,检察院对该案提出抗诉。关于法院的处理方式,下列哪一选项是正确的?③

　　A. 法院继续对当事人的再审申请进行审查,并裁定是否再审

　　B. 法院应当审查检察院的抗诉是否成立,并裁定是否再审

　　C. 法院应当审查检察院的抗诉是否成立,如不成立,再继续审查当事人的再审申请

　　D. 法院直接裁定再审

239. 〔2009/3/87/不定项〕

　　甲公司诉乙公司合同纠纷案,南山市 S 县法院进行了审理并作出驳回甲公司诉讼请求的判决,甲公司未提出上诉。判决生效后,甲公司因收集到新的证据申请再审。下列哪些选项是正确的?④

　　A. 甲公司应当向 S 县法院申请再审

　　B. 甲公司应当向南山市中级法院申请再审

　　C. 法院应当适用一审程序再审本案

　　D. 法院应当适用二审程序再审本案

---

① AB　② D　③ D　④ BD

240． 2008/3/35/单

赵某与黄某因某项财产所有权发生争议,赵某向法院提起诉讼, 经一、二审法院审理后,判决该项财产属赵某所有。此后,陈某得知此事,向二 审法院反映其是该财产的共同所有人,并提供了相关证据。二审法院经审查, 决定对此案进行再审。关于此案的说法,下列哪一选项是正确的?①

A. 陈某不是本案一、二审当事人,不能参加再审程序

B. 二审法院可以直接通知陈某参加再审程序,并根据自愿原则进行调解,调解不成的,告知陈某另行起诉

C. 二审法院可以直接通知陈某参加再审程序,并根据自愿原则进行调解,调解不成的,裁定撤销一、二审判决,发回原审法院重审

D. 二审法院只能裁定撤销一、二审判决,发回原审法院重审

考点47 再审审理程序

241． 法考回忆题/多

甲公司依据供货合同要求乙公司履行货款,向法院提起诉讼,一审 和二审乙公司均败诉。后乙公司向法院申请再审,上级法院认为事实不清,指 定下级法院再审。再审期间甲公司要求增加违约金,乙公司以货物质量不合格 为由提起反诉,主张解除合同。法院应当如何处理?②

A. 对于增加违约金的请求,法院应调解处理

B. 对于解除合同的请求,法院应调解处理

C. 对于增加违约金的请求,法院应告知另行起诉

D. 对于解除合同的请求,法院应告知另行起诉

242． 法考回忆题/单

甲起诉乙,要求乙返还借款10万元。一审法院判决乙败诉,当事 人均未上诉。判决生效后,乙向法院申请再审。在再审过程中,法院发现甲和 乙已经达成了和解协议,并且乙已经向甲支付完毕。法院应如何处理?③

A. 继续再审
B. 驳回再审请求

C. 判决执行一审判决
D. 裁定终结再审程序

243． 法考回忆题/单

甲、乙两公司发生合同纠纷,某区人民法院判决甲公司胜诉,双方

---

① C ② CD ③ D

均未上诉。判决生效后,乙公司拒不履行生效判决,甲公司向区人民法院申请执行。在执行中,甲、乙公司达成和解协议,并且当即履行完毕,区人民法院裁定执行终结。后乙公司发现新证据,据此向市中级人民法院申请再审,法院应当如何处理?①

A. 执行回转

B. 裁定驳回再审申请

C. 可对执行和解协议合法性审查

D. 可裁定终结对再审申请的审查

244. 〔2015/3/46/单〕

周立诉孙华人身损害赔偿案,一审法院适用简易程序审理,电话通知双方当事人开庭,孙华无故未到庭,法院缺席判决孙华承担赔偿周立医疗费。判决书生效后,周立申请强制执行,执行程序开始,孙华向一审法院提出再审申请。法院裁定再审,未裁定中止原判决的执行。关于本案,下列哪一说法是正确的?②

A. 法院电话通知当事人开庭是错误的

B. 孙华以法院未传票通知其开庭即缺席判决为由,提出再审申请是符合法律规定的

C. 孙华应向二审法院提出再审申请,而不可向原一审法院申请再审

D. 法院裁定再审,未裁定中止原判决的执行是错误的

245. 〔2014/3/50/单〕

万某起诉吴某人身损害赔偿一案,经过两级法院审理,均判决支持万某的诉讼请求,吴某不服,申请再审。再审中万某未出席开庭审理,也未向法院说明理由。对此,法院的下列哪一做法是正确的?③

A. 裁定撤诉,视为撤回起诉

B. 裁定撤诉,视为撤回再审申请

C. 裁定诉讼中止

D. 缺席判决

246. 〔2013/3/82/多〕

韩某起诉翔鹭公司要求其依约交付电脑,并支付迟延履行违约金5万元。经县市两级法院审理,韩某均胜诉。后翔鹭公司以原审适用法律错

---

① D　② B　③ D

误为由申请再审,省高院裁定再审后,韩某变更诉讼请求为解除合同,支付迟延履行违约金 10 万元。再审法院最终维持原判。关于再审程序的表述,下列哪些选项是正确的?①

A. 省高院可以亲自提审,提审应当适用二审程序

B. 省高院可以指令原审法院再审,原审法院再审时应当适用一审程序

C. 再审法院对韩某变更后的请求应当不予审查

D. 对于维持原判的再审裁判,韩某认为有错误的,可以向检察院申请抗诉

247.　（2010/3/82/多）　

关于再审程序的说法,下列哪些选项是正确的?②

A. 在再审中,当事人提出新的诉讼请求的,原则上法院应根据自愿原则进行调解,调解不成的告知另行起诉

B. 在再审中,当事人增加诉讼请求的,原则上法院应根据自愿原则进行调解,调解不成的裁定发回重审

C. 按照第一审程序再审案件时,经法院许可原审原告可撤回起诉

D. 在一定条件下,案外人可申请再审

248.　（2009/3/88/不定项）　

林某诉张某房屋纠纷案,经某中级法院一审判决后,林某没有上诉,而是于收到判决书 20 日后,向省高级法院申请再审。其间,张某向中级法院申请执行判决。省高级法院经审查,认为一审判决确有错误,遂指令作出判决的中级法院再审。下列哪些说法是正确的?③

A. 高级法院指令再审的同时,应作出撤销原判决的裁定

B. 中级法院再审时应作出撤销原判决的裁定

C. 中级法院应裁定中止原裁判的执行

D. 中级法院应适用一审程序再审该案

专题二十　特别程序

考点48 特别程序

249.　（法考回忆题/不定项）　

郭某下落不明满 2 年,其妻秦某申请宣告失踪,法院指定秦某作

---

① ACD　② CD　③ CD

为财产代管人。后秦某因财产处置与郭某之母白某发生纠纷,白某想自己担任财产代管人,而秦某想指定其已成年的儿子小张担任财产代管人。关于本案的处理,下列说法正确的是:①

A. 秦某向法院请求变更财产代管人,适用特别程序审理

B. 白某请求变更财产代管人应以秦某为被告起诉,适用特别程序审理

C. 白某请求变更财产代管人应以秦某为被告起诉,适用普通程序审理

D. 白某请求变更财产代管人可以小张为被告起诉,适用普通程序审理

250. 2017/3/47/单

李某因债务人刘某下落不明申请宣告刘某失踪。法院经审理宣告刘某为失踪人,并指定刘妻为其财产代管人。判决生效后,刘父认为由刘妻代管财产会损害儿子的利益,要求变更刘某的财产代管人。关于本案程序,下列哪一说法是正确的?②

A. 李某无权申请刘某失踪

B. 刘父应提起诉讼变更财产代管人,法院适用普通程序审理

C. 刘父应向法院申请变更刘妻的财产代管权,法院适用特别程序审理

D. 刘父应向法院申请再审变更财产代管权,法院适用再审程序审理

251. 2015 年 4 月,居住在 B 市(直辖市)东城区的林剑与居住在 B 市西城区的钟阳(二人系位于 B 市北城区正和钢铁厂的同事)签订了一份借款合同,约定钟阳向林剑借款 20 万元,月息 1%,2017 年 1 月 20 日前连本带息一并返还。合同还约定,如因合同履行发生争议,可向 B 市东城区仲裁委员会仲裁。至 2017 年 2 月,钟阳未能按时履约。2017 年 3 月,二人到正和钢铁厂人民调解委员会(下称调解委员会)请求调解。调解委员会委派了三位调解员主持该纠纷的调解。

请回答第(1)、(2)题。

(1) 2017/3/96/不定项

如调解成功,林剑与钟阳在调解委员会的主持下达成如下协议:2017 年 5 月 15 日之前,钟阳向林剑返还借款 20 万元,支付借款利息 2 万元。该协议有林剑、钟阳的签字,盖有调解委员会的印章和三位调解员的签名。钟阳未按时履行该调解协议,林剑拟提起诉讼。在此情况下,下列说法正确的是:③

A. 应以调解委员会为被告

---

① AC ② B ③ B

B. 应以钟阳为被告

C. 应以调解委员会和钟阳为共同被告

D. 应以钟阳为被告,调解委员会为无独立请求权的第三人

（2）2017/3/97/不定项

如调解成功,林剑与钟阳在调解委员会的主持下达成了调解协议,相关人员希望该调解协议被司法确认,下列说法正确的是:①

    A. 应由林剑或钟阳向有管辖权的法院申请

    B. 应由林剑、钟阳共同向有管辖权的法院申请

    C. 应在调解协议生效之日起 30 日内提出申请,申请可以是书面方式,也可以是口头方式

    D. 对申请的案件有管辖权的法院包括:B 市西城区法院、B 市东城区法院和 B 市北城区法院

252． 2015/3/43/单

甲县法院受理居住在乙县的成某诉居住在甲县的罗某借款纠纷案。诉讼过程中,成某出差归途所乘航班失踪,经全力寻找仍无成某生存的任何信息,主管方宣布机上乘客不可能生还,成妻遂向乙县法院申请宣告成某死亡。对此,下列哪一说法是正确的?②

    A. 乙县法院应当将宣告死亡案移送至甲县法院审理

    B. 借款纠纷案与宣告死亡案应当合并审理

    C. 甲县法院应当裁定中止诉讼

    D. 甲县法院应当裁定终结诉讼

253． 2015/3/45/单

李云将房屋出售给王亮,后因合同履行发生争议,经双方住所地人民调解委员会调解,双方达成调解协议,明确王亮付清房款后,房屋的所有权归属王亮。为确保调解协议的效力,双方约定向法院提出司法确认申请,李云随即长期出差在外。下列哪一说法是正确的?③

    A. 本案系不动产交易,应向房屋所在地法院提出司法确认申请

    B. 李云长期出差在外,王亮向法院提出确认申请,法院可受理

    C. 李云出差两个月后,双方向法院提出确认申请,法院可受理

    D. 本案的调解协议内容涉及物权确权,法院不予受理

---

① BC　② C　③ D

254. 2014/3/44/单

甲公司与银行订立了标的额为 8000 万元的贷款合同,甲公司董事长美国人汤姆用自己位于 W 市的三套别墅为甲公司提供抵押担保。贷款到期后甲公司无力归还,银行向法院申请适用特别程序实现对别墅的抵押权。关于本案的分析,下列哪一选项是正确的?①

A. 由于本案标的金额巨大,且具有涉外因素,银行应向 W 市中院提交书面申请

B. 本案的被申请人只应是债务人甲公司

C. 如果法院经过审查,作出拍卖裁定,可直接移交执行庭进行拍卖

D. 如果法院经过审查,驳回银行申请,银行可就该抵押权益向法院起诉

255. 2012/3/44/单

关于《民事诉讼法》规定的特别程序的表述,下列哪一选项是正确的?②

A. 适用特别程序审理的案件都是非讼案件

B. 起诉人或申请人与案件都有直接的利害关系

C. 适用特别程序审理的案件都是一审终审

D. 陪审员通常不参加适用特别程序案件的审理

256. 2010/3/35/单

张某与李某产生邻里纠纷,张某将李某打伤。为解决赔偿问题,双方同意由人民调解委员会进行调解。经调解员黄某调解,双方达成赔偿协议。关于该纠纷的处理,下列哪一说法是正确的?③

A. 张某如反悔不履行协议,李某可就协议向法院提起诉讼

B. 张某如反悔不履行协议,李某可向法院提起人身损害赔偿诉讼

C. 张某如反悔不履行协议,李某可向法院申请强制执行调解协议

D. 张某可以调解委员会未组成合议庭调解为由,向法院申请撤销调解协议

257. 2009/3/49/单

在基层人大代表换届选举中,村民刘某发现选举委员会公布的选民名单中遗漏了同村村民张某的名字,遂向选举委员会提出申诉。选举委员会认为,刘某不是本案的利害关系人无权提起申诉,故驳回了刘某的申诉,刘

---

① D ② C ③ A

某不服诉至法院。下列哪一选项是错误的?①

A. 张某、刘某和选举委员会的代表都必须参加诉讼

B. 法院应该驳回刘某的起诉,因刘某与案件没有直接利害关系

C. 选民资格案件关系到公民的重要政治权利,只能由审判员组成合议庭进行审理

D. 法院对选民资格案件做出的判决是终审判决,当事人不得对此提起上诉

专题二十一　督促程序

考点49 督促程序

258. 法考回忆题/多

甲公司欠乙公司货款,丙公司提供抵押担保。因到期甲公司未支付货款,乙公司向法院申请对甲公司发出支付令。支付令发出后,乙公司将丙公司起诉至法院,要求其履行担保责任。以下哪些选项是正确的?②

A. 该支付令对甲公司有拘束力,对丙公司没有拘束力

B. 该支付令对甲公司和丙公司均有拘束力

C. 乙公司对丙公司提起诉讼,不影响支付令效力

D. 乙公司对丙公司提起诉讼,支付令失效

259. 2017/3/83/多

甲公司购买乙公司的产品,丙公司以其房产为甲公司提供抵押担保。因甲公司未按约支付 120 万元货款,乙公司向 A 市 B 县法院申请支付令。法院经审查向甲公司发出支付令,甲公司拒绝签收。甲公司未在法定期间提出异议,而以乙公司提供的产品有质量问题为由向 A 市 C 区法院提起诉讼。关于本案,下列哪些表述是正确的?③

A. 甲公司拒绝签收支付令,法院可采取留置送达

B. 甲公司提起诉讼,法院应裁定中止督促程序

C. 乙公司可依支付令向法院申请执行甲公司的财产

D. 乙公司可依支付令向法院申请执行丙公司的担保财产

260. 2015/3/47/单

甲向乙借款 20 万元,丙是甲的担保人,现已到偿还期限,经多次

---

① B ② AD ③ AC

催讨未果,乙向法院申请支付令。法院受理并审查后,向甲送达支付令。甲在法定期间未提出异议,但以借款不成立为由向另一法院提起诉讼。关于本案,下列哪一说法是正确的?①

    A. 甲向另一法院提起诉讼,视为对支付令提出异议

    B. 甲向另一法院提起诉讼,法院应裁定终结督促程序

    C. 甲在法定期间未提出书面异议,不影响支付令效力

    D. 法院发出的支付令,对丙具有拘束力

261． 2014/3/46/单

黄某向法院申请支付令,督促陈某返还借款。送达支付令时,陈某拒绝签收,法官遂进行留置送达。12 天后,陈某以经归还借款为由向法院提出书面异议。黄某表示希望法院彻底解决自己与陈某的借款问题。下列哪一说法是正确的?②

    A. 支付令不能留置送达,法官的送达无效

    B. 提出支付令异议的期间是 10 天,陈某的异议不发生效力

    C. 陈某的异议并未否认二人之间存在借贷法律关系,因而不影响支付令的效力

    D. 法院应将本案转为诉讼程序审理

262． 2013/3/84/多

胡某向法院申请支付令,督促彗星公司缴纳房租。彗星公司收到后立即提出书面异议称,根据租赁合同,彗星公司的装修款可以抵销租金,因而自己并不拖欠租金。对于法院收到该异议后的做法,下列哪些选项是正确的?③

    A. 对双方进行调解,促进纠纷的解决

    B. 终结督促程序

    C. 将案件转为诉讼程序审理,但彗星公司不同意的除外

    D. 将案件转为诉讼程序审理,但胡某不同意的除外

263． 2011/3/85/多

甲公司因乙公司拖欠货款向 A 县法院申请支付令,经审查甲公司的申请符合法律规定,A 县法院向乙公司发出支付令。乙公司收到支付令后在法定期间没有履行给付货款的义务,而是向 A 县法院提起诉讼,要求甲

---

    ① C ② D ③ BD

公司承担因其提供的产品存在质量问题的违约责任。关于本案,下列哪些选项是正确的?①

    A. 支付令失效

    B. 甲公司可以持支付令申请强制执行

    C. A县法院应当受理乙公司的起诉

    D. A县法院不应受理乙公司的起诉

264. 2008/3/49/单

    甲公司向乙公司购买了5万元的苹果,甲公司以乙公司提供的苹果不符合约定为由拒绝付款。为此,乙公司向法院申请支付令,要求甲公司支付货款。在支付令异议期间,甲公司既不提出异议又不履行义务,而是向另一法院提起诉讼,要求退货。下列说法中哪一项是正确的?②

    A. 甲公司的起诉行为使支付令失去效力

    B. 甲公司的起诉行为不能阻止支付令的效力

    C. 甲公司的起诉行为产生债务人异议的法律后果

    D. 甲公司起诉后,受理支付令申请的法院应裁定终结督促程序

专题二十二 公示催告程序

考点50 公示催告程序

265. 法考回忆题/不定项

    张某不慎遗失汇票一张,为防止利益受损,向该汇票支付地的基层法院申请公示催告。因公告期内无人申报权利,经张某申请,法院作出除权判决。关于本案除权判决的性质,下列表述正确的是:③

    A. 因申请人可凭判决要求支付票据上记载的金钱数额,可作为执行根据

    B. 因不具有解决实质争议的效果,属于非诉程序的判决

    C. 因具有推定票据权利归申请人所有的效果,属于确权判决

    D. 因具有排除他人对票据享有权利的效果,属于形成判决

266. 2017/3/48/单

    海昌公司因丢失票据申请公示催告,期间届满无人申报权利,海昌公司遂申请除权判决。在除权判决作出前,家佳公司看到权利申报公告,向

① AC ② B ③ B

法院申报权利。对此,法院下列哪一做法是正确的?①

    A. 因公示催告期满,裁定驳回家佳公司的权利申报

    B. 裁定追加家佳公司参加案件的除权判决审理程序

    C. 应裁定终结公示催告程序

    D. 作出除权判决,告知家佳公司另行起诉

267． 2016/3/83/多

    大界公司就其遗失的一张汇票向法院申请公示催告,法院经审查受理案件并发布公告。在公告期间,盘堂公司持被公示催告的汇票向法院申报权利。对于盘堂公司的权利申报,法院实施的下列哪些行为是正确的?②

    A. 应当通知大界公司到法院查看盘堂公司提交的汇票

    B. 若盘堂公司出具的汇票与大界公司申请公示的汇票一致,则应当开庭审理

    C. 若盘堂公司出具的汇票与大界公司申请公示的汇票不一致,则应当驳回盘堂公司的申请

    D. 应当责令盘堂公司提供证明其对出示的汇票享有所有权的证据

268． 2015/3/85/多

    甲公司财务室被盗,遗失金额为 80 万元的汇票一张。甲公司向法院申请公示催告,法院受理后即通知支付人 A 银行停止支付,并发出公告,催促利害关系人申报权利。在公示催告期间,甲公司按原计划与材料供应商乙企业签订购货合同,将该汇票权利转让给乙企业作为付款。公告期满,无人申报,法院即组成合议庭作出判决,宣告该汇票无效。关于本案,下列哪些说法是正确的?③

    A. A 银行应当停止支付,直至公示催告程序终结

    B. 甲公司将该汇票权利转让给乙企业的行为有效

    C. 甲公司若未提出申请,法院可以作出宣告该汇票无效的判决

    D. 法院若判决宣告汇票无效,应当组成合议庭

269． 2012/3/46/单

    甲公司因票据遗失向法院申请公示催告。在公示催告期间届满的第 3 天,乙向法院申报权利。下列哪一说法是正确的?④

    A. 因公示催告期间已经届满,法院应当驳回乙的权利申报

---

    ① C   ② AC   ③ AD   ④ C

B. 法院应当开庭,就失票的权属进行调查,组织当事人进行辩论

C. 法院应当对乙的申报进行形式审查,并通知甲到场查验票据

D. 法院应当审查乙迟延申报权利是否具有正当事由,并分别情况作出处理

270. 〔2009/3/89/不定项〕

甲公司因遗失汇票,向 A 市 B 区法院申请公示催告。在公示催告期间,乙公司向 B 区法院申报权利。关于本案,下列哪些说法是正确的?①

A. 对乙公司的申报,法院只就申报的汇票与甲公司申请公示催告的汇票是否一致进行形式审查,不进行权利归属的实质审查

B. 乙公司申报权利时,法院应当组织双方当事人进行法庭调查与辩论

C. 乙公司申报权利时,法院应当组成合议庭审理

D. 乙公司申报权利成立时,法院应当裁定终结公示催告程序

专题二十三　执行程序

考点51 执行程序

271. 〔法考回忆题/单〕

齐某申请法院强制执行韩某的房屋,法院将该房屋放在网上进行司法拍卖。牛某以高价拍得该房屋,后来发现韩某注册了账号参与司法拍卖哄抬价格。现牛某欲向法院申请撤销拍卖,可采用下列哪一种方式?②

A. 向房屋所在地法院起诉韩某

B. 向韩某住所地法院起诉韩某

C. 向执行法院申请执行标的异议

D. 向执行法院申请执行行为异议

272. 〔法考回忆题/多〕

张三向李四出借一个价值 5 万元的古董瓷盘,约定 10 日后归还。但几个月后李四仍未返还,张三将其诉至法院,法院判决李四向张三返还瓷盘。张三申请强制执行,经查实该瓷盘已被李四失手打碎,双方达成执行和解协议,约定李四将其所有的另一个瓷盘交付张三。法院裁定中止执行,之后李四认为自己的瓷盘更值钱,于是反悔拒绝交付。关于本案的处理,下列哪些说

---

① AD　② D

法是正确的?①

    A. 张三可起诉要求李四履行和解协议

    B. 张三可申请法院执行和解协议

    C. 张三可申请法院恢复执行原判决

    D. 法院可执行李四 5 万元的其他财产

273． 2017/3/41/单

易某依法院对王某支付其 5 万元损害赔偿金之判决申请执行。执行中,法院扣押了王某的某项财产。案外人谢某提出异议,称该财产是其借与王某使用的,该财产为自己所有。法院经查,认为谢某异议理由成立,遂裁定中止对该财产的执行。关于本案的表述,下列哪一选项是正确的?②

    A. 易某不服该裁定提起异议之诉的,由易某承担对谢某不享有该财产所有权的证明责任

    B. 易某不服该裁定提起异议之诉的,由谢某承担对其享有该财产所有权的证明责任

    C. 王某不服该裁定提起异议之诉的,由王某承担对谢某不享有该财产所有权的证明责任

    D. 王某不服该裁定提起异议之诉的,由王某承担对其享有该财产所有权的证明责任

274． 2017/3/49/单

钱某在甲、乙、丙三人合伙开设的饭店就餐时被砸伤,遂以营业执照上登记的字号"好安逸"饭店为被告提起诉讼,要求赔偿医疗费等费用 25 万元。法院经审理,判决被告赔偿钱某 19 万元。执行过程中,"好安逸"饭店支付了 8 万元后便再无财产可赔。对此,法院应采取下列哪一处理措施?③

    A. 裁定终结执行

    B. 裁定终结本次执行

    C. 裁定中止执行,告知当事人另行起诉合伙人承担责任

    D. 裁定追加甲、乙、丙为被执行人,执行其财产

275． 2017/3/77/多

汤某设宴为母祝寿,向成某借了一尊清代玉瓶装饰房间。毛某来祝寿时,看上了玉瓶,提出购买。汤某以 30 万元将玉瓶卖给了毛某,并要其先

① AC　② B　③ D

付钱,寿典后15日内交付玉瓶。毛某依约履行,汤某以种种理由拒绝交付。毛某诉至甲县法院,要求汤某交付玉瓶,得到判决支持。汤某未上诉,判决生效。在该判决执行时,成某知晓了上述情况。对此,成某依法可采取哪些救济措施?①

 A. 以案外人身份向甲县法院直接申请再审

 B. 向甲县法院提出执行异议

 C. 向甲县法院提出第三人撤销之诉

 D. 向甲县法院申诉,要求甲县法院依职权对案件启动再审

276. `2017/3/84/多`

 龙前铭申请执行郝辉损害赔偿一案,法院查扣了郝辉名下的一辆汽车。查扣后,郝辉的两个哥哥向法院主张该车系三兄弟共有。法院经审查,确认该汽车为三兄弟共有。关于该共同财产的执行,下列哪些表述是正确的?②

 A. 因涉及案外第三人的财产,法院应裁定中止对该财产的执行

 B. 法院可查扣该共有财产

 C. 共有人可对该共有财产协议分割,经债权人同意有效

 D. 龙前铭可对该共有财产提起析产诉讼

277. `2016/3/48/单`

 甲向法院申请执行郭某的财产,乙、丙和丁向法院申请参与分配。法院根据郭某财产以及各执行申请人债权状况制定了财产分配方案。甲和乙认为分配方案不合理,向法院提出了异议,法院根据甲和乙的意见,对分配方案进行修正后,丙和丁均反对。关于本案,下列哪一表述是正确的?③

 A. 丙、丁应向执行法院的上一级法院申请复议

 B. 甲、乙应向执行法院的上一级法院申请复议

 C. 丙、丁应以甲和乙为被告向执行法院提起诉讼

 D. 甲、乙应以丙和丁为被告向执行法院提起诉讼

278. `2016/3/49/单`

 何某依法院生效判决向法院申请执行甲的财产,在执行过程中,甲突发疾病猝死。法院询问甲的继承人是否继承遗产,甲的继承人乙表示继承,其他继承人均表示放弃继承。关于该案执行程序,下列哪一选项是正确的?④

---

 ① BCD ② BCD ③ D ④ C

A. 应裁定延期执行

B. 应直接执行被执行人甲的遗产

C. 应裁定变更乙为被执行人

D. 应裁定变更甲的全部继承人为被执行人

279. 2016/3/84/多

田某拒不履行法院令其迁出钟某房屋的判决,因钟某已与他人签订租房合同,房屋无法交给承租人,使钟某遭受损失,钟某无奈之下向法院申请强制执行。法院受理后,责令田某 15 日内迁出房屋,但田某仍拒不履行。关于法院对田某可以采取的强制执行措施,下列哪些选项是正确的?①

A. 罚款

B. 责令田某向钟某赔礼道歉

C. 责令田某双倍补偿钟某所受到的损失

D. 责令田某加倍支付以钟某所受损失为基数的同期银行利息

280. 2015/3/49/多

甲乙双方合同纠纷,经仲裁裁决,乙须偿付甲货款 100 万元,利息 5 万元,分 5 期偿还。乙未履行该裁决。甲据此向法院申请执行,在执行过程中,双方达成和解协议,约定乙一次性支付货款 100 万元,甲放弃利息 5 万元并撤回执行申请。和解协议生效后,乙反悔,未履行和解协议。关于本案,下列哪些说法是正确的?②

A. 对甲撤回执行的申请,法院裁定中止执行

B. 甲可向法院申请执行和解协议

C. 甲可以乙违反和解协议为由提起诉讼

D. 甲可向法院申请执行原仲裁裁决,法院恢复执行

281. 张山承租林海的商铺经营饭店,因拖欠房租被诉至饭店所在地甲法院,法院判决张山偿付林海房租及利息,张山未履行判决。经律师调查发现,张山除所居住房以外,其名下另有一套房屋,林海遂向该房屋所在地乙法院申请执行。乙法院对该套房屋进行查封拍卖。执行过程中,张山前妻宁虹向乙法院提出书面异议,称两人离婚后该房屋已由丙法院判决归其所有,目前尚未办理房屋变更登记手续。

请回答第(1)~(3)题。

---

① AC ② CD(原答案为 D)

（1）　2015/3/98/不定项

对于宁虹的异议,乙法院的正确处理是:①

A. 应当自收到异议之日起 15 日内审查

B. 若异议理由成立,裁定撤销对该房屋的执行

C. 若异议理由不成立,裁定驳回

D. 应当告知宁虹直接另案起诉

（2）　2015/3/99/不定项

如乙法院裁定支持宁虹的请求,林海不服提出执行异议之诉,有关当事人的诉讼地位是:②

A. 林海是原告,张山是被告,宁虹是第三人

B. 林海和张山是共同原告,宁虹是被告

C. 林海是原告,张山和宁虹是共同被告

D. 林海是原告,宁虹是被告,张山视其态度而定

（3）　2015/3/100/不定项

乙法院裁定支持宁虹的请求,林海提出执行异议之诉,下列说法可成立的是:③

A. 林海可向甲法院提起执行异议之诉

B. 如乙法院审理该案,应适用普通程序

C. 宁虹应对自己享有涉案房屋所有权承担证明责任

D. 如林海未对执行异议裁定提出诉讼,张山可以提出执行异议之诉

282.　2014/3/49/单

对于甲和乙的借款纠纷,法院判决乙应归还甲借款。进入执行程序后,由于乙无现金,法院扣押了乙住所处的一架钢琴准备拍卖。乙提出钢琴是其父亲的遗物,申请用一台价值与钢琴相当的相机替换钢琴。法院认为相机不足以抵偿乙的债务,未予同意。乙认为扣押行为错误,提出异议。法院经过审查,驳回该异议。关于乙的救济渠道,下列哪一表述是正确的?④

A. 向执行法院申请复议

B. 向执行法院的上一级法院申请复议

C. 向执行法院提起异议之诉

D. 向原审法院申请再审

---

①　AC　②　D　③　BC　④　B

283. 〔2014/3/85/单〕

甲诉乙返还 10 万元借款。胜诉后进入执行程序,乙表示自己没有现金,只有一枚祖传玉石可抵债。法院经过调解,说服甲接受玉石抵债,双方达成和解协议并当即交付了玉石。后甲发现此玉石为赝品,价值不足千元,遂申请法院恢复执行。关于执行和解,下列哪一项说法是正确的?①

A. 法院不应在执行中劝说甲接受玉石抵债

B. 由于和解协议已经即时履行,法院无须再将和解协议记入笔录

C. 由于和解协议已经即时履行,法院可裁定执行中止

D. 法院应恢复执行

284. 兴源公司与郭某签订钢材买卖合同,并书面约定本合同一切争议由中国国际经济贸易仲裁委员会仲裁。兴源公司支付 100 万元预付款后,因郭某未履约依法解除了合同。郭某一直未将预付款返还,兴源公司遂提出返还货款的仲裁请求,仲裁庭适用简易程序审理,并作出裁决,支持该请求。

由于郭某拒不履行裁决,兴源公司申请执行。郭某无力归还 100 万元现金,但可以收藏的多幅字画提供执行担保。担保期满后郭某仍无力还款,法院在准备执行该批字画时,朱某向法院提出异议,主张自己才是这些字画的所有权人,郭某只是代为保管。

请回答第(1)~(3)题。

(1) 〔2013/3/98/不定项〕

针对本案中郭某拒不履行债务的行为,法院采取的正确的执行措施是:②

A. 依职权决定限制郭某乘坐飞机

B. 要求郭某报告当前的财产情况

C. 强制郭某加倍支付迟延履行期间的债务利息

D. 根据郭某的申请,对拖欠郭某货款的金康公司发出履行通知

(2) 〔2013/3/99/不定项〕

如果法院批准了郭某的执行担保申请,驳回了朱某的异议,关于执行担保的效力和救济,下列选项正确的是:③

A. 批准执行担保后,应当裁定终结执行

B. 担保期满后郭某仍无力偿债,法院根据兴源公司申请方可恢复执行

C. 恢复执行后,可以执行作为担保财产的字画

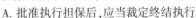

① A(原答案为 AD) ② ABCD ③ CD

D. 恢复执行后,既可以执行字画,也可以执行郭某的其他财产

(3) 2013/3/100/不定项

关于朱某的异议和处理,下列选项正确的是:①

A. 朱某应当以书面方式提出异议

B. 法院在审查异议期间,不停止执行活动,可以对字画采取保全措施和处分措施

C. 如果朱某对驳回异议的裁定不服,可以提出执行标的异议之诉

D. 如果朱某对驳回异议的裁定不服,可以申请再审

285. 2011/3/46/单

执行程序的参与分配制度对适用条件作了规定。下列哪一选项不属于参与分配适用的条件?②

A. 被执行人的财产无法清偿所有的债权

B. 被执行人为法人或其他组织而非自然人

C. 有多个申请人对同一被申请人享有债权

D. 参与分配的债权只限于金钱债权

286. 2011/3/47/单

关于执行行为异议与案外人对诉讼标的的异议的比较,下列哪一选项是错误的?③

A. 异议都是在执行过程中提出

B. 异议都应当向执行法院提出

C. 申请异议当事人有部分相同

D. 申请异议人对法院针对异议所作裁定不服,可采取的救济手段相同

287. 2010/3/45/单

法院受理甲出版社、乙报社著作权纠纷案,判决乙赔偿甲 10 万元,并登报赔礼道歉。判决生效后,乙交付 10 万元,但未按期赔礼道歉,甲申请强制执行。执行中,甲、乙自行达成口头协议,约定乙免于赔礼道歉,但另付甲一万元。关于法院的做法,下列哪一选项是正确的?④

A. 不允许,因协议内容超出判决范围,应当继续执行生效判决

B. 允许,法院视为申请人撤销执行申请

C. 允许,将当事人协议内容记入笔录,由甲、乙签字或盖章

D. 允许,根据当事人协议内容制作调解书

288. （2010/3/49/单）

甲公司申请强制执行乙公司的财产,法院将乙公司的一处房产列为执行标的。执行中,丙银行向法院主张,乙公司已将该房产抵押贷款,并以自己享有抵押权为由提出异议。乙公司否认将房产抵押给丙银行。经审查,法院驳回丙银行的异议。丙银行拟向法院起诉,关于本案被告的确定,下列哪一选项是正确的?①

A. 丙银行只能以乙公司为被告起诉

B. 丙银行只能以甲公司为被告起诉

C. 丙银行可选择甲公司为被告起诉,也可选择乙公司为被告起诉

D. 丙银行应当以甲公司和乙公司为共同被告起诉

289. （2010/3/90/不定项）

根据《民事诉讼法》和相关司法解释规定,关于执行程序中的当事人,对下列哪些事项可享有异议权?②

A. 法院对某案件的执行管辖权

B. 执行法院的执行行为的合法性

C. 执行标的的所有权归属

D. 执行法院作出的执行中止的裁定

290. （2009/3/50/单）

在民事执行中,被执行人朱某申请暂缓执行,提出由吴某以自有房屋为其提供担保,申请执行人刘某同意。法院作出暂缓执行裁定,期限为六个月。对于暂缓执行期限届满后朱某仍不履行义务的情形,下列哪一选项是正确的?③

A. 刘某应起诉吴某,取得执行依据可申请执行吴某的担保房产

B. 朱某财产不能清偿全部债务时刘某方能起诉吴某,取得执行依据可申请执行吴某的担保房产

C. 朱某财产不能清偿刘某债权时法院方能执行吴某的担保房产

D. 法院可以直接裁定执行吴某的担保房产

291. （2009/3/86/不定项）

关于民事审判程序与民事执行程序的关系,下列哪些说法是错误的?④

———————

① D ② AB ③ D ④ BCD

A. 民事审判程序是确认民事权利义务的程序,民事执行程序是实现民事权利义务关系的程序

B. 法院对案件裁定进行再审时,应当裁定终结执行

C. 民事审判程序是民事执行程序的前提

D. 民事执行程序是民事审判程序的继续

292. 〔2008/3/89/不定项〕

执行法院对下列哪些财产不得采取执行措施?①

A. 被执行人未发表的著作

B. 被执行人及其所扶养家属完成义务教育所必需的物品

C. 金融机构交存在中国人民银行的存款准备金和备付金

D. 金融机构的营业场所

专题二十四　涉外民事诉讼程序

考点52 涉外民事诉讼程序

293. 〔2014/3/84/多〕

2012 年 1 月,中国甲市公民李虹(女)与美国留学生琼斯(男)在中国甲市登记结婚,婚后两人一直居住在甲市 B 区。2014 年 2 月,李虹提起离婚诉讼,甲市 B 区法院受理了该案件,适用普通程序审理。关于本案,下列哪些表述是正确的?②

A. 本案的一审审理期限为 6 个月

B. 法院送达诉讼文书时,对李虹与琼斯可采取同样的方式

C. 不服一审判决,李虹的上诉期为 15 天,琼斯的上诉期为 30 天

D. 美国驻华使馆法律参赞可以个人名义作为琼斯的诉讼代理人参加诉讼

294. 〔2013/3/47/单〕

关于涉外民事诉讼管辖的表述,下列哪一选项是正确的?③

A. 凡是涉外诉讼与我国法院所在地存在一定实际联系的,我国法院都有管辖权,体现了诉讼与法院所在地实际联系原则

B. 当事人在不违反级别管辖和专属管辖的前提下,可以约定各类涉外民

---

① ABCD　② BD　③ A

事案件的管辖法院,体现了尊重当事人原则

C. 中外合资经营企业与其他民事主体的合同纠纷,专属我国法院管辖,体现了维护国家主权原则

D. 重大的涉外案件由中级以上级别的法院管辖,体现了便于当事人诉讼原则

295. `2010/3/85/多`

住所位于我国 A 市 B 区的甲公司与美国乙公司在我国 M 市 N 区签订了一份买卖合同,美国乙公司在我国 C 市 D 区设有代表处。甲公司因乙公司提供的产品质量问题诉至法院。关于本案,下列哪些选项是正确的?①

A. M 市 N 区法院对本案有管辖权

B. C 市 D 区法院对本案有管辖权

C. 法院向乙公司送达时,可向乙公司设在 C 市 D 区的代表处送达

D. 如甲公司不服一审判决,应当在一审判决书送达之日起十五日内提起上诉

296. `2009/3/90/不定项`

中国公民甲与外国公民乙因合同纠纷诉至某市中级法院,法院判决乙败诉。判决生效后,甲欲请求乙所在国家的法院承认和执行该判决。关于甲可以利用的途径,下列哪些说法是正确的?②

A. 可以直接向有管辖权的外国法院申请承认和执行

B. 可以向中国法院申请,由法院根据我国缔结或者参加的国际条约,或者按照互惠原则,请求外国法院承认和执行

C. 可以向司法行政部门申请,由司法行政部门根据我国缔结或者参加的国际条约,或者按照互惠原则,请求外国法院承认和执行

D. 可以向外交部门申请,由外交部门向外国中央司法机关请求协助

297. `2008/3/50/多`

关于涉外民事诉讼及仲裁中相关问题的说法,下列哪些选项是错误的?③

A. 涉外民事诉讼的财产保全,只能依申请开始,法院不能依职权进行

B. 涉外财产保全中的诉前财产保全,法院可以责令申请人提供担保

---

① ABCD　② AB　③ AB(原答案为B)

C. 涉外仲裁裁决在外国的承认与执行,只能由当事人向有关外国法院申请

D. 涉外民事判决的承认与执行,既可以由当事人向有管辖权的外国法院申请,也可以由人民法院请求外国法院承认与执行

298. (2008/3/81/多)

根据《民事诉讼法》的规定,我国法院与外国法院可以进行司法协助,互相委托,代为一定的诉讼行为。但是在下列哪些情况下,我国法院应予以驳回或说明理由退回外国法院?①

A. 委托事项同我国的主权、安全不相容的

B. 不属于我国法院职权范围的

C. 违反我国法律的基本准则或者我国国家利益、社会利益的

D. 外国法院委托我国法院代为送达法律文书,未附中文译本的

专题二十五　仲裁与仲裁法概述

考点 53 仲裁与仲裁法概述

299. (法考回忆题/不定项)

洪县的李某和成县的辛某因买卖合同发生纠纷,双方约定由成县仲裁委仲裁解决买卖合同纠纷。后李某向成县法院起诉,法院受理了该案件。首次开庭前,辛某主张双方存在仲裁协议,李某当庭将辛某打伤。双方当事人就医药费赔偿问题达成仲裁协议,由 C 仲裁委或者 D 仲裁委仲裁。辛某向 C 仲裁委申请仲裁,首次开庭,双方当事人对仲裁协议没有异议。在仲裁委的调解下,双方当事人达成调解协议,仲裁委依据调解协议制作了调解书。关于本案,说法正确的是:②

A. 当事人可以仲裁协议无效为由申请撤销仲裁调解书

B. 当事人约定由 C 仲裁委或 D 仲裁委仲裁的仲裁协议并非当然无效

C. C 仲裁委受理案件是错误的

D. 成县法院应裁定驳回起诉

300. (2012/3/85/多)

关于法院与仲裁庭在审理案件有关权限的比较,下列哪些选项是正确的?③

A. 在一定情况下,法院可以依职权收集证据,仲裁庭也可以自行收集证据

B. 对专门性问题需要鉴定的,法院可以指定鉴定部门鉴定,仲裁庭也可以指定鉴定部门鉴定

C. 当事人在诉讼中或仲裁中达成和解协议的,法院可以根据当事人的申请制作判决书,仲裁庭也可以根据当事人的申请制作裁决书

D. 当事人协议不愿写明争议事实和判(裁)决理由的,法院可以在判决书中不予写明,仲裁庭也可以在裁决书中不予写明

301. 〔2011/3/36/单〕

关于民事仲裁与民事诉讼的区别,下列哪一选项是正确的?①

A. 具有给付内容的生效判决书都具有执行力,具有给付内容的生效裁决书没有执行力

B. 诉讼中当事人可以申请财产保全,在仲裁中不可以申请财产保全

C. 仲裁不需对案件进行开庭审理,诉讼原则上要对案件进行开庭审理

D. 仲裁机构是民间组织,法院是国家机关

专题二十六　仲裁协议

考点54　仲裁协议

302. 〔法考回忆题/多〕

A 市甲公司与 B 市乙公司签订建设工程施工合同,合同约定,合同履行发生纠纷可向 A 市的 A 仲裁委员会或 B 市的 B 仲裁委员会申请仲裁。合同发生纠纷后,甲公司向仲裁委员会申请仲裁,乙公司请求确认仲裁协议无效。关于本案,下列哪些说法是正确的?②

A. 甲公司可向 A 仲裁委员会申请仲裁

B. 甲公司可向 B 仲裁委员会申请仲裁

C. 乙公司可向 A 仲裁委员会申请确认仲裁协议效力

D. 乙公司可向 B 市中级人民法院申请确认仲裁协议效力

303. 〔2017/3/35/单〕

住所在 M 省甲县的旭日公司与住所在 N 省乙县的世新公司签订

---

① D　② CD

了一份建筑工程施工合同,工程地为 M 省丙县,并约定如合同履行发生争议,在北京适用《中国国际经济贸易仲裁委员会仲裁规则》进行仲裁。履行过程中,因工程款支付问题发生争议,世新公司拟通过仲裁或诉讼解决纠纷,但就在哪个仲裁机构进行仲裁,双方产生分歧。对此,下列哪一部门对该案享有管辖权?①

A. 北京仲裁委员会

B. 中国国际经济贸易仲裁委员会

C. M 省甲县法院

D. M 省丙县法院

304. `2017/3/50/单`

住所在 A 市 B 区的两江公司与住所在 M 市 N 区的白向公司,在两江公司的分公司所在地 H 市 J 县签订了一份产品购销合同,并约定如发生合同纠纷可向设在 W 市的仲裁委员会申请仲裁(W 市有两个仲裁委员会)。因履行合同发生争议,两江公司向 W 市的一个仲裁委员会申请仲裁。仲裁委员会受理后,百向公司拟向法院申请认定仲裁协议无效。百向公司应向下列哪一法院提出申请?②

A. 可向 W 市中级法院申请

B. 只能向 M 市中级法院申请

C. 只能向 A 市中级法院申请

D. 可向 H 市中级法院申请

305. `2017/3/85/多`

住所在北京市 C 区的甲公司与住所在北京市 H 区的乙公司在天津市 J 区签订了一份买卖合同,约定合同履行发生争议,由北京仲裁委员会仲裁或者向 H 区法院提起诉讼。合同履行过程中,双方发生争议,甲公司到北京仲裁委员会申请仲裁,仲裁委员会受理并向乙公司送达了甲公司的申请书副本。在仲裁庭主持首次开庭的答辩阶段,乙公司对仲裁协议的效力提出异议。仲裁庭对此作出了相关的意思表示。此后,乙公司又向法院提出对仲裁协议的效力予以认定的申请。下列哪些选项是正确的?③

A. 双方当事人约定的仲裁协议原则有效

B. 仲裁庭对案件管辖权作出决定应有仲裁委员会的授权

C. 仲裁庭对乙公司的申请应予以驳回,继续审理案件

---

① D ② D ③ BC

D. 乙公司应向天津市中级法院申请认定仲裁协议的效力

306. 〔2016/3/95/不定项〕

住所地在 H 省 K 市 L 区的甲公司与住所地在 F 省 E 市 D 区的乙公司签订了一份钢材买卖合同,价款数额为 90 万元。合同在 B 市 C 区签订,双方约定合同履行地为 W 省 Z 市 Y 区,同时约定如因合同履行发生争议,由 B 市仲裁委员会仲裁。合同履行过程中,因钢材质量问题,甲公司与乙公司发生争议,甲公司欲申请仲裁解决。因 B 市有两个仲裁机构,分别为丙仲裁委员会和丁仲裁委员会(两个仲裁委员会所在地都在 B 市 C 区),乙公司认为合同中的仲裁条款无效,欲向有关机构申请确认仲裁条款无效。依据法律和司法解释的规定,乙公司可以向有关机构申请确认仲裁条款无效。关于确认的机构,下列选项正确的是:①

A. 丙仲裁委员会

B. 丁仲裁委员会

C. B 市中级法院

D. B 市 C 区法院

307. 〔2016/3/98/不定项〕

甲市 L 区居民叶某购买了住所在乙市 M 区的大亿公司开发的位于丙市 N 区的商品房一套,合同中约定双方因履行合同发生争议可以向位于丙市的仲裁委员会(丙市仅有一家仲裁机构)申请仲裁。因大亿公司迟迟未按合同约定交付房屋,叶某向仲裁委员会申请仲裁。大亿公司以仲裁机构约定不明,向仲裁委员会申请确认仲裁协议无效。经审查,仲裁委员会作出了仲裁协议有效的决定。在第一次仲裁开庭时,大亿公司声称其又向丙市中级法院请求确认仲裁协议无效,申请仲裁庭中止案件审理。在仲裁过程中仲裁庭组织调解,双方达成了调解协议,仲裁庭根据协议内容制作了裁决书。后因大亿公司不按调解协议履行义务,叶某向法院申请强制执行,而大亿公司则以调解协议内容超出仲裁请求为由,向法院申请不予执行仲裁裁决。

大亿公司向丙市中级法院请求确认仲裁协议无效,对此,正确的做法是:②

A. 丙市中级法院应予受理并进行审查

B. 丙市中级法院不予受理

C. 仲裁庭在法院就仲裁协议效力作出裁定之前,应当中止仲裁程序

---

① ABC ② BD

D. 仲裁庭应继续开庭审理

308. 2015/3/50/单

大成公司与华泰公司签订投资合同,约定了仲裁条款:如因合同效力和合同履行发生争议,由 A 仲裁委员会仲裁。合作中双方发生争议,大成公司遂向 A 仲裁委员会提出仲裁申请,要求确认投资合同无效。A 仲裁委员会受理。华泰公司提交答辩称,如合同无效,仲裁条款当然无效,故 A 仲裁委员会无权受理本案。随即,华泰公司向法院申请确认仲裁协议无效,大成公司见状,向 A 仲裁委员会提出请求确认仲裁协议有效。关于本案,下列哪一说法是正确的?①

A. A 仲裁委员会无权确认投资合同是否有效

B. 投资合同无效,仲裁条款即无效

C. 仲裁条款是否有效,应由法院作出裁定

D. 仲裁条款是否有效,应由 A 仲裁委员会作出决定

309. 2014/3/98/不定项

B 市的京发公司与 T 市的蓟门公司签订了一份海鲜买卖合同,约定交货地在 T 市,并同时约定"涉及本合同的争议,提交 S 仲裁委员会仲裁。"京发公司收货后,认为海鲜等级未达到合同约定,遂向 S 仲裁委员会提起解除合同的仲裁申请,仲裁委员会受理了该案。在仲裁规则确定的期限内,京发公司选定仲裁员李某作为本案仲裁庭的仲裁员,蓟门公司未选定仲裁员,双方当事人也未共同选定第三名仲裁员,S 仲裁委主任指定张某为本案仲裁庭仲裁员、刘某为本案首席仲裁员,李某、张某、刘某共同组成本案的仲裁庭,仲裁委向双方当事人送达了开庭通知。

开庭当日,蓟门公司未到庭,也未向仲裁庭说明未到庭的理由。仲裁庭对案件进行了审理并作出缺席裁决。在评议裁决结果时,李某和张某均认为蓟门公司存在严重违约行为,合同应解除,而刘某认为合同不应解除,拒绝在裁决书上签名。最终,裁决书上只有李某和张某的签名。

S 仲裁委员会将裁决书向双方当事人进行送达时,蓟门公司拒绝签收,后蓟门公司向法院提出撤销仲裁裁决的申请。关于本案中仲裁庭组成,下列说法正确的是:②

A. 京发公司有权选定李某为本案仲裁员

B. 仲裁委主任有权指定张某为本案仲裁员

C. 仲裁委主任有权指定刘某为首席仲裁员

D. 本案仲裁庭的组成合法

310. 兴源公司与郭某签订钢材买卖合同,并书面约定本合同一切争议由中国国际经济贸易仲裁委员会仲裁。兴源公司支付 100 万元预付款后,因郭某未履约依法解除了合同。郭某一直未将预付款返还,兴源公司遂提出返还货款的仲裁请求,仲裁庭适用简易程序审理,并作出裁决,支持该请求。

由于郭某拒不履行裁决,兴源公司申请执行。郭某无力归还 100 万元现金,但可以收藏的多幅字画提供执行担保。担保期满后郭某仍无力还款,法院在准备执行该批字画时,朱某向法院提出异议,主张自己才是这些字画的所有权人,郭某只是代为保管。

请回答下列(1)(2)题。

(1) 2013/3/95/不定项

关于仲裁协议的表述,下列选项正确的是:①

A. 买卖合同虽已解除,但仲裁条款具有独立性,兴源公司可以据此申请仲裁

B. 兴源公司返还货款的请求是基于不当得利请求权,与买卖合同无关,不应据此申请仲裁

C. 仲裁协议未约定适用简易程序,仲裁庭不应适用简易程序审理

D. 双方选择的中国国际经济贸易仲裁委员会是涉外仲裁机构,本案不具有涉外因素,应当重新选择

(2) 2013/3/97/不定项

假设在执行过程中,郭某向法院提出异议,认为本案并非合同纠纷,不属于仲裁协议约定的纠纷范围。法院对该异议正确的处理方式是:②

A. 裁定执行中止

B. 经过审理,裁定不予执行仲裁裁决的,同时裁定终结执行

C. 经过审理,可以通知仲裁委员会重新仲裁

D. 不予支持该异议

311. 2012/3/48/单

武当公司与洪湖公司签订了一份钢材购销合同,同时约定,因合同效力或合同的履行发生纠纷提交 A 仲裁委员会或 B 仲裁委员会仲裁解决。

---

① A ② D

合同签订后,洪湖公司以本公司具体承办人超越权限签订合同为由,主张合同无效。关于本案,下列哪一说法是正确的?①

 A. 因当事人约定了 2 个仲裁委员会,仲裁协议当然无效

 B. 因洪湖公司承办人员超越权限签订合同导致合同无效,仲裁协议当然无效

 C. 洪湖公司如向法院起诉,法院应当受理

 D. 洪湖公司如向法院起诉,法院应当裁定不予受理

312. （2010/3/43/单）

 甲、乙因遗产继承发生纠纷,双方书面约定由某仲裁委员会仲裁。后甲反悔,向遗产所在地法院起诉。法院受理后,乙向法院声明双方签订了仲裁协议。关于法院的做法,下列哪一选项是正确的?②

 A. 裁定驳回起诉

 B. 裁定驳回诉讼请求

 C. 裁定将案件移送某仲裁委员会审理

 D. 法院裁定仲裁协议无效,对案件继续审理

313. （2010/3/84/多）

 甲公司与乙公司签订了一份钢材购销合同,约定因该合同发生纠纷双方可向 A 仲裁委员会申请仲裁,也可向合同履行地 B 法院起诉。关于本案,下列哪些选项是正确的?③

 A. 双方达成的仲裁协议无效

 B. 双方达成的管辖协议有效

 C. 如甲公司向 A 仲裁委员会申请仲裁,乙公司在仲裁庭首次开庭前未提出异议,A 仲裁委员会可对该案进行仲裁

 D. 如甲公司向 B 法院起诉,乙公司在法院首次开庭时对法院管辖提出异议,法院应当驳回甲公司的起诉

专题二十七　仲裁程序

考点55 仲裁的申请、受理与审理程序

314. （2016/3/50/单）

 甲公司与乙公司因合同纠纷向某仲裁委员会申请仲裁,第一次开

庭后,甲公司的代理律师发现合议庭首席仲裁员苏某与乙公司的老总汪某在一起吃饭,遂向仲裁庭提出回避申请。关于本案仲裁程序,下列哪一选项是正确的?①

　　A. 苏某的回避应由仲裁委员会集体决定

　　B. 苏某回避后,合议庭应重新组成

　　C. 已经进行的仲裁程序应继续进行

　　D. 当事人可请求已进行的仲裁程序重新进行

315. 〔2014/3/77/多〕

　　甲县的佳华公司与乙县的亿龙公司订立的烟叶买卖合同中约定,如果因为合同履行发生争议,应提交 A 仲裁委员会仲裁。佳华公司交货后,亿龙公司认为烟叶质量与约定不符,且正在霉变,遂准备提起仲裁,并对烟叶进行证据保全。关于本案的证据保全,下列哪些表述是正确的?②

　　A. 在仲裁程序启动前,亿龙公司可直接向甲县法院申请证据保全

　　B. 在仲裁程序启动后,亿龙公司既可直接向甲县法院申请证据保全,也可向 A 仲裁委员申请证据保全

　　C. 法院根据亿龙公司申请采取证据保全措施时,可要求其提供担保

　　D. A 仲裁委员会收到保全申请后,应提交给烟叶所在地的中级法院

316. 〔2012/3/49/单〕

　　某仲裁委员会在开庭审理甲公司与乙公司合同纠纷一案时,乙公司对仲裁庭中的一名仲裁员提出了回避申请。经审查后,该仲裁员依法应予回避,仲裁委员会重新确定了仲裁员。关于仲裁程序如何进行,下列哪一选项是正确的?③

　　A. 已进行的仲裁程序应当重新进行

　　B. 已进行的仲裁程序有效,仲裁程序应当继续进行

　　C. 当事人请求已进行的仲裁程序重新进行的,仲裁程序应当重新进行

　　D. 已进行的仲裁程序是否重新进行,仲裁庭有权决定

317. 〔2010/3/44/单〕

　　关于法院对仲裁的司法监督的说法,下列哪一选项是错误的?④

　　A. 仲裁当事人申请财产保全,应当向仲裁机构申请,由仲裁机构将该申请移交给相关法院

---

① D　② AC　③ D　④ D

   B. 仲裁当事人申请撤销仲裁裁决被法院驳回,此后以相同理由申请不予执行,法院不予支持

   C. 仲裁当事人在仲裁程序中没有提出对仲裁协议效力的异议,此后以仲裁协议无效为由申请撤销或不予执行,法院不予支持

   D. 申请撤销仲裁裁决或申请不予执行仲裁裁决程序中,法院可通知仲裁机构在一定期限内重新仲裁

318. `2008/3/88/不定项`

民事诉讼与民商事仲裁都是解决民事纠纷的有效方式,但两者在制度上有所区别。下列哪些选项是正确的?①

   A. 民事诉讼可以解决各类民事纠纷,仲裁不适用与身份关系有关的民事纠纷

   B. 民事诉讼实行两审终审,仲裁实行一裁终局

   C. 民事诉讼判决书需要审理案件的全体审判人员签署,仲裁裁决则可由部分仲裁庭成员签署

   D. 民事诉讼中财产保全由法院负责执行,而仲裁机构则不介入任何财产保全活动

考点 56 仲裁调解、和解与裁决

319. `法考回忆题/不定项`

岳某与申某签订药材买卖合同,双方约定合同履行发生纠纷向某市仲裁委员会申请仲裁。后因申某供应的药材质量不合格,岳某就赔偿事宜向某市仲裁委员会申请仲裁。仲裁过程中,经仲裁庭调解,双方达成调解协议。关于仲裁调解,下列表述不正确的是:②

   A. 如申某不履行调解协议,岳某可以向仲裁机构所在地法院申请执行

   B. 如调解达成协议后申某即时向岳某履行,仲裁庭无须制作调解书

   C. 仲裁庭应根据调解协议制作仲裁裁决书

   D. 仲裁庭应根据调解协议制作仲裁调解书

320. `2016/3/99/不定项`

甲市 L 区居民叶某购买了住所在乙市 M 区的大亿公司开发的位于丙市 N 区的商品房一套,合同中约定双方因履行合同发生争议可以向位于丙市的仲裁委员会(丙市仅有一家仲裁机构)申请仲裁。因大亿公司迟迟未

---

① ABC ② ABCD

按合同约定交付房屋,叶某向仲裁委员会申请仲裁。大亿公司以仲裁机构约定不明,向仲裁委员会申请确认仲裁协议无效。经审查,仲裁委员会作出了仲裁协议有效的决定。在第一次仲裁开庭时,大亿公司声称其又向丙市中级法院请求确认仲裁协议无效,申请仲裁庭中止案件审理。在仲裁过程中仲裁庭组织调解,双方达成了调解协议,仲裁庭根据协议内容制作了裁决书。后因大亿公司不按调解协议履行义务,叶某向法院申请强制执行,而大亿公司则以调解协议内容超出仲裁请求为由,向法院申请不予执行仲裁裁决。

双方当事人在仲裁过程中达成调解协议,仲裁庭正确的结案方式是:①

A. 根据调解协议制作调解书

B. 应当依据调解协议制作裁决书

C. 将调解协议内容记入笔录,由双方当事人签字后即发生法律效力

D. 根据调解协议的结果制作裁决书

321． `2014/3/99/不定项`

B市的京发公司与T市的蓟门公司签订了一份海鲜买卖合同,约定交货地在T市,并同时约定"涉及本合同的争议,提交S仲裁委员会仲裁。"京发公司收货后,认为海鲜等级未达到合同约定,遂向S仲裁委员会提起解除合同的仲裁申请,仲裁委员会受理了该案。在仲裁规则确定的期限内,京发公司选定仲裁员李某作为本案仲裁庭的仲裁员,蓟门公司未选定仲裁员,双方当事人也未共同选定第三名仲裁员,S仲裁委主任指定张某为本案仲裁庭仲裁员、刘某为本案首席仲裁员,李某、张某、刘某共同组成本案的仲裁庭,仲裁委向双方当事人送达了开庭通知。

开庭当日,蓟门公司未到庭,也未向仲裁庭说明未到庭的理由。仲裁庭对案件进行了审理并作出缺席裁决。在评议裁决结果时,李某和张某均认为蓟门公司存在严重违约行为,合同应解除,而刘某认为合同不应解除,拒绝在裁决书上签名。最终,裁决书上只有李某和张某的签名。

S仲裁委员会将裁决书向双方当事人进行送达时,蓟门公司拒绝签收,后蓟门公司向法院提出撤销仲裁裁决的申请。关于本案的裁决书,下列表述正确的是:②

A. 裁决书应根据仲裁庭中的多数意见,支持京发公司的请求

B. 裁决书应根据首席仲裁员的意见,驳回京发公司的请求

C. 裁决书可支持京发公司的请求,但必须有首席仲裁员的签名

---

① AD ② AD

D. 无论蓟门公司是否签收,裁决书自作出之日起生效

322． 2011/3/50/单

根据《仲裁法》,仲裁庭作出的裁决书生效后,在下列哪一情形下仲裁庭不可进行补正?①

A. 裁决书认定的事实错误

B. 裁决书中的文字错误

C. 裁决书中的计算错误

D. 裁决书遗漏了仲裁评议中记录的仲裁庭已经裁决的事项

323． 2010/3/81/多

关于仲裁调解,下列哪些表述是正确的?②

A. 仲裁调解达成协议的,仲裁庭应当根据协议制作调解书或根据协议结果制作裁决书

B. 对于事实清楚的案件,仲裁庭可依职权进行调解

C. 仲裁调解达成协议的,经当事人、仲裁员在协议上签字后即发生效力

D. 仲裁庭在作出裁决前可先行调解

324． 2008/3/39/单

南沙公司与北极公司因购销合同发生争议,南沙公司向仲裁委员会申请仲裁,在仲裁中双方达成和解协议,南沙公司向仲裁庭申请撤回仲裁申请。之后,北极公司拒不履行和解协议。下列哪一选项是正确的?③

A. 南沙公司可以根据原仲裁协议申请仲裁

B. 南沙公司应与北极公司重新达成仲裁协议后,才可以申请仲裁

C. 南沙公司可以直接向法院起诉

D. 仲裁庭可以裁定恢复仲裁程序

专题二十八　司法与仲裁

考点57 申请撤销仲裁裁决

325． 2014/3/100/不定项

B市的京安公司与T市的蓟门公司签订了一份海鲜买卖合同,约定交货地在T市,并同时约定"涉及本合同的争议,提交S仲裁委员会仲裁。"

---

① A　② AD　③ A

京发公司收货后,认为海鲜等级未达到合同约定,遂向 S 仲裁委员会提起解除合同的仲裁申请,仲裁委员会受理了该案。在仲裁规则确定的期限内,京发公司选定仲裁员李某作为本案仲裁庭的仲裁员,蓟门公司未选定仲裁员,双方当事人也未共同选定第三名仲裁员,S 仲裁委主任指定张某为本案仲裁庭仲裁员、刘某为本案首席仲裁员,李某、张某、刘某共同组成本案的仲裁庭,仲裁委向双方当事人送达了开庭通知。

开庭当日,蓟门公司未到庭,也未向仲裁庭说明未到庭的理由。仲裁庭对案件进行了审理并作出缺席裁决。在评议裁决结果时,李某和张某均认为蓟门公司存在严重违约行为,合同应解除,而刘某认为合同不应解除,拒绝在裁决书上签名。最终,裁决书上只有李某和张某的签名。

S 仲裁委员会将裁决书向双方当事人进行送达时,蓟门公司拒绝签收,后蓟门公司向法院提出撤销仲裁裁决的申请。

关于蓟门公司撤销仲裁裁决的申请,下列表述正确的是:①

A. 蓟门公司应向 S 仲裁委所在地中院提出申请

B. 法院应适用普通程序审理该撤销申请

C. 法院可以适用法律错误为由撤销 S 仲裁委的裁决

D. 法院应以缺席裁决违反法定程序为由撤销 S 仲裁委的裁决

326. `2010/3/86/不定项`

甲公司因与乙公司合同纠纷申请仲裁,要求解除合同。某仲裁委员会经审理裁决解除双方合同,还裁决乙公司赔偿甲公司损失六万元。关于本案的仲裁裁决,下列哪些表述是正确的?②

A. 因仲裁裁决超出了当事人请求范围,乙公司可申请撤销超出甲公司请求部分的裁决

B. 因仲裁裁决超出了当事人请求范围,乙公司可向法院提起诉讼

C. 因仲裁裁决超出了当事人请求范围,乙公司可向法院申请再审

D. 乙公司可申请不予执行超出甲公司请求部分的仲裁裁决

327. `2008/3/41/单`

某仲裁委员会对甲公司与乙公司之间的买卖合同一案作出裁决后,发现该裁决存在超裁情形,甲公司与乙公司均对裁决持有异议。关于此仲裁裁决,下列哪一选项是正确的?③

---

① A ② AD ③ D

A. 该仲裁委员会可以直接变更已生效的裁决,重新作出新的裁决

B. 甲公司或乙公司可以请求该仲裁委员会重新作出仲裁裁决

C. 该仲裁委员会申请法院撤销此仲裁裁决

D. 甲公司或乙公司可以请求法院撤销此仲裁裁决

考点58 仲裁裁决的执行与不予执行

328. 2016/3/100/不定项

甲市 L 区居民叶某购买了住所在乙市 M 区的大亿公司开发的位于丙市 N 区的商品房一套,合同中约定双方因履行合同发生争议可以向位于丙市的仲裁委员会(丙市仅有一家仲裁机构)申请仲裁。因大亿公司迟迟未按合同约定交付房屋,叶某向仲裁委员会申请仲裁。大亿公司以仲裁机构约定不明,向仲裁委员会申请确认仲裁协议无效。经审查,仲裁委员会作出了仲裁协议有效的决定。在第一次仲裁开庭时,大亿公司声称其又向丙市中级法院请求确认仲裁协议无效,申请仲裁庭中止案件审理。在仲裁过程中仲裁庭组织调解,双方达成了调解协议,仲裁庭根据协议内容制作了裁决书。后因大亿公司不按调解协议履行义务,叶某向法院申请强制执行,而大亿公司则以调解协议内容超出仲裁请求为由,向法院申请不予执行仲裁裁决。

大亿公司以调解协议超出仲裁请求范围请求法院不予执行仲裁裁决,法院正确的做法是:①

A. 不支持,继续执行

B. 应支持,并裁定不予执行

C. 应告知当事人申请撤销仲裁裁决,并裁定中止执行

D. 应支持,必要时可通知仲裁庭重新仲裁

329. 2012/3/50/单

甲公司因与乙公司的合同纠纷向某仲裁委员会申请仲裁,甲公司的仲裁请求得到仲裁庭的支持。裁决作出后,乙公司向法院申请撤销仲裁裁决。法院在审查过程中,甲公司向法院申请强制执行仲裁裁决。关于本案,下列哪一说法是正确的?②

A. 法院对撤销仲裁裁决申请的审查,不影响法院对该裁决的强制执行

B. 法院不应当受理甲公司的执行申请

C. 法院应当受理甲公司的执行申请,同时应当告知乙公司向法院申请裁

---

① A ② D

定不予执行仲裁裁决

D. 法院应当受理甲公司的执行申请,受理后应当裁定中止执行

330. 2011/3/49/单

甲不履行仲裁裁决,乙向法院申请执行。甲拟提出不予执行的申请并提出下列证据证明仲裁裁决应不予执行。针对下列哪一选项,法院可裁定驳回甲的申请?①

A. 甲、乙没有订立仲裁条款或达成仲裁协议

B. 仲裁庭组成违反法定程序

C. 裁决事项超出仲裁机构权限范围

D. 仲裁裁决没有根据经当事人质证的证据认定事实

---

① D

2025国家统一法律职业资格考试攻略

法考

快刷题

随时 ~ 随地 ~ 随身练　　⑤ 刑诉法

拓朴法考　组编

中国法治出版社
CHINA LEGAL PUBLISHING HOUSE

图书在版编目（CIP）数据

2025国家统一法律职业资格考试攻略. 快刷题. 5,
刑诉法 / 拓朴法考组编. -- 北京 ： 中国法治出版社,
2025. 4. -- ISBN 978-7-5216-4810-2

Ⅰ. D920. 4

中国国家版本馆 CIP 数据核字第 2024ZN2522 号

责任编辑：李连宇（lilianyu@zgfzs.com）　　　　　封面设计：拓　朴

2025国家统一法律职业资格考试攻略. 快刷题. 5,刑诉法
2025 GUOJIA TONGYI FALÜ ZHIYE ZIGE KAOSHI GONGLÜE. KUAISHUATI. 5，XINGSUFA
组编 / 拓朴法考
经销 / 新华书店
印刷 / 河北翔驰润达印务有限公司
开本 / 787 毫米×1092 毫米　32 开　　　　　印张 / 3.5　字数 / 120 千
版次 / 2025 年 4 月第 1 版　　　　　　　　　2025 年 4 月第 1 次印刷

中国法治出版社出版
书号 ISBN 978-7-5216-4810-2　　　　　　总定价：108.00 元（全八册）

北京市西城区西便门西里甲 16 号西便门办公区
邮政编码：100053　　　　　　　　　　　　传真：010-63141600
网址：http://www.zgfzs.com　　　　　　编辑部电话：**010-63141811**
市场营销部电话：010-63141612　　　　　印务部电话：**010-63141606**

（如有印装质量问题，请与本社印务部联系。）

本书二维码内容由拓朴法考提供，用于服务广大考生，有效期截至 2025 年 12 月 31 日。

目录 ‹ CONTENTS

刑 诉 法

 扫一扫,"码"上做题

微信扫码,即可线上做题、看解析。
多种做题模式:章节自测、单科集训、
随机演练等。

第一编 总 论

专题一 刑事诉讼法概述

考点1 刑事诉讼法与刑法的关系

1. 2016/2/64/多①

刑事诉讼法的独立价值之一是具有影响刑事实体法实现的功能。下列哪些选项体现了这一功能?②

 A. 被告人与被害人达成刑事和解被法院量刑从轻处理

 B. 因排除犯罪嫌疑人的口供,检察院作出证据不足不起诉的决定

 C. 侦查机关对于已超过追诉期限的案件不予立案

 D. 只有被告人一方上诉的案件,二审法院判决时不得对被告人判处重于原判的刑罚

考点2 刑事诉讼的基本理念和范畴

2. 2017/2/22/单

关于我国刑事诉讼构造,下列哪一选项是正确的?③

 A. 自诉案件审理程序适用当事人主义诉讼构造

 B. 被告人认罪案件审理程序中不存在控辩对抗

 C. 侦查程序已形成控辩审三方构造

 D. 审查起诉程序中只存在控辩关系

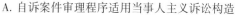

① 指 2016 年/试卷二/第 64 题/多选——编者注。 ② ABD ③ D

3. 2015/2/22/单

关于刑事诉讼价值的理解,下列哪一选项是错误的?①

A. 公正在刑事诉讼价值中居于核心的地位

B. 通过刑事程序规范国家刑事司法权的行使,是秩序价值的重要内容

C. 效益价值属刑事诉讼法的工具价值,而不属刑事诉讼法的独立价值

D. 适用强制措施遵循比例原则是公正价值的应有之义

4. 2014/2/22/单

社会主义法治公平正义的实现,应当高度重视程序的约束作用,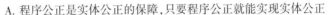
避免法治活动的任意性和随意化。据此,下列哪一说法是正确的?②

A. 程序公正是实体公正的保障,只要程序公正就能实现实体公正

B. 刑事程序的公开与透明有助于发挥程序的约束作用

C. 为实现程序的约束作用,违反法定程序收集的证据均应予以排除

D. 对复杂程度不同的案件进行程序上的繁简分流会限制程序的约束
作用

5. 2014/2/24/单

关于刑事诉讼构造,下列哪一选项是正确的?③

A. 刑事诉讼价值观决定了刑事诉讼构造

B. 混合式诉讼构造是当事人主义吸收职权主义的因素形成的

C. 职权主义诉讼构造适用于实体真实的诉讼目的

D. 当事人主义诉讼构造与控制犯罪是矛盾的

6. 2014/2/64/多

关于"宪法是静态的刑事诉讼法、刑事诉讼法是动态的宪法",下
列哪些选项是正确的?④

A. 有关刑事诉讼的程序性条款,构成各国宪法中关于人权保障条款的
核心

B. 刑事诉讼法关于强制措施的适用权限、条件、程序与辩护等规定,都直
接体现了宪法关于公民人身、住宅、财产不受非法逮捕、搜查、扣押以
及被告人有权获得辩护等规定的精神

C. 刑事诉讼法规范和限制了国家权力,保障了公民享有宪法规定的基本
人权和自由

---

① C ② B ③ C ④ ABC

　　D. 宪法关于人权保障的条款,都要通过刑事诉讼法保证刑法的实施来实现

7. 〔2013/2/22/单〕

　　在刑事司法实践中坚持不偏不倚、不枉不纵、秉公执法原则,反映了我国刑事诉讼"惩罚犯罪与保障人权并重"的理论观点。如果有观点认为"司法机关注重发现案件真相的立足点是防止无辜者被错误定罪",该观点属于下列哪一种学说?①

　　A. 正当程序主义

　　B. 形式真实发现主义

　　C. 积极实体真实主义

　　D. 消极实体真实主义

8. 〔2013/2/23/单〕

　　在刑事诉讼中,法官消极中立,通过当事人举证、辩论发现事实真相,并由当事人推动诉讼进程。这种诉讼构造属于下列哪一种类型?②

　　A. 职权主义　　　　　　　　B. 当事人主义

　　C. 纠问主义　　　　　　　　D. 混合主义

9. 〔2012/2/22/单〕

　　关于《刑事诉讼法》"尊重和保障人权,保护公民的人身权利、财产权利、民主权利和其他权利"的规定,下列哪一选项是正确的?③

　　A. 体现了以人为本、保障和维护公民基本权利和自由的理念

　　B. 体现了犯罪嫌疑人、被告人权利至上的理念

　　C. 体现了实体公正与程序公正并重的理念

　　D. 体现了公正优先、兼顾效率的理念

10. 〔2012/2/23/单〕

　　甲发现自家优质甜瓜常被人夜里偷走,怀疑乙所为。某夜,甲带上荧光恐怖面具,在乙偷瓜时突然怪叫,乙受到惊吓精神失常。甲后悔不已,主动承担乙的治疗费用。公安机关以涉嫌过失致人重伤将甲拘留,乙父母向公安机关表示已谅解甲,希望不追究甲的责任。在公安机关主持下,乙父母与甲签订和解协议,公安机关将案件移送检察院并提出从宽处理建议。下列社会主义法治理念和刑事诉讼理念的概括,哪一选项与本案处理相一致?④

---

① D　② B　③ A　④ A

A. 既要充分发挥司法功能,又要构建多元化的矛盾纠纷化解机制

B. 既要坚持法律面前人人平等,又要考虑对特殊群体区别对待

C. 既要追求公平正义,又要兼顾诉讼效率

D. 既要高度重视程序的约束作用,又不应忽略实体公正

专题二 刑事诉讼法的基本原则

考点3 刑事诉讼基本原则的特点

11. （2014/2/65/多）

关于刑事诉讼基本原则,下列哪些说法是正确的?①

A. 体现刑事诉讼基本规律,有着深厚的法律理论基础和丰富的思想内涵

B. 既可由法律条文明确表述,也可体现于刑事诉讼法的指导思想、目的、任务、具体制度和程序之中

C. 既包括一般性原则,也包括独有原则

D. 与规定具体制度、程序的规范不同,基本原则不具有法律约束力,只具有倡导性、指引性

考点4 具有法定情形不予追究刑事责任原则

12. （2014/2/23/单）

社会主义法治要通过法治的一系列原则加以体现。具有法定情形不予追究刑事责任是《刑事诉讼法》确立的一项基本原则,下列哪一案件的处理体现了这一原则?②

A. 甲涉嫌盗窃,立案后发现涉案金额 400 余元,公安机关决定撤销案件

B. 乙涉嫌抢夺,检察院审查起诉后认为犯罪情节轻微,不需要判处刑罚,决定不起诉

C. 丙涉嫌诈骗,法院审理后认为其主观上不具有非法占有他人财物的目的,作出无罪判决

D. 丁涉嫌抢劫,检察院审查起诉后认为证据不足,决定不起诉

13. （2009/2/30/单）

检察院立案侦查甲刑讯逼供案。被害人父亲要求甲赔偿丧葬费等经济损失。侦查中,甲因病猝死。对于此案,检察院下列哪一做法是正确的?③

---

① ABC ② A ③ B

A. 移送法院以便审理附带民事诉讼部分

B. 撤销案件

C. 决定不起诉

D. 决定不起诉并对民事部分一并作出处理

考点5 严格遵守法律程序原则

14. 〔2015/2/64/多〕

关于程序法定,下列哪些说法是正确的?①

A. 程序法定要求法律预先规定刑事诉讼程序

B. 程序法定是大陆法系国家法定原则的重要内容之一

C. 英美国家实行判例制度而不实行程序法定

D. 以法律为准绳意味着我国实行程序法定

15. 〔2012/2/65/多〕

二审法院发现一审法院的审理违反《刑事诉讼法》关于公开审判、回避等规定的,应当裁定撤销原判、发回原审法院重新审判。关于该规定,下列哪些说法是正确的?②

A. 体现了分工负责、互相配合、互相制约的原则

B. 体现了严格遵守法定程序原则的要求

C. 表明违反法定程序严重的,应当承担相应法律后果

D. 表明程序公正具有独立的价值

考点6 未经法院依法判决,对任何人都不得确定有罪原则

16. 〔2013/2/64/多〕

社会主义法治的公平正义,要通过法治的一系列基本原则加以体现。"未经法院依法判决,对任何人都不得确定有罪"是《刑事诉讼法》确立的一项基本原则。关于这一原则,下列哪些说法是正确的?③

A. 明确了定罪权的专属性,法院以外任何机关、团体和个人都无权行使这一权力

B. 确定被告人有罪需要严格依照法定程序进行

C. 表明我国刑事诉讼法已经全面认同和确立无罪推定原则

D. 按照该规定,可以得出疑罪从无的结论

---

① ABD ② BCD ③ AB

考点7 保障诉讼参与人的诉讼权利原则

17. 2016/2/65/多

关于保障诉讼参与人的诉讼权利原则,下列哪些选项是正确的?①

A. 是对《宪法》和《刑事诉讼法》尊重和保障人权的具体化

B. 保障诉讼参与人的诉讼权利,核心在于保护犯罪嫌疑人、被告人的辩护权

C. 要求诉讼参与人在享有诉讼权利的同时,还应承担法律规定的诉讼义务

D. 保障受犯罪侵害的人的起诉权和上诉权,是这一原则的重要内容

考点8 认罪认罚从宽原则

18. 法考回忆题/多

胡某在与白某交往期间,以投资为由从白某处骗得5万元,后因涉嫌诈骗被立案侦查。在审查起诉阶段,胡某认罪认罚,积极退还部分款项并取得白某谅解。在法院适用速裁程序审理此案时,胡某辩称欺骗白某感情为真,但5万元系借款,会积极退赔剩余款项。对此,下列哪些说法是正确的?②

A. 检察院可提出加重犯罪嫌疑人刑罚的量刑建议

B. 胡某的表态不影响对“认罪”的认定

C. 法院可将速裁程序转为简易程序继续审理

D. 法院仍可按照积极退赔从宽量刑

19. 法考回忆题/不定项

蔡某涉嫌寻衅滋事,人民检察院对蔡某决定逮捕,蔡某在侦查阶段拒不认罪,在审查起诉之后自愿认罪认罚,但是在赔偿方面未与被害人付某达成一致意见。关于本案认罪认罚程序的适用,人民检察院的下列处理正确的是:③

A. 人民检察院向人民法院提起公诉时可以建议法院适用速裁程序审理

B. 人民检察院可积极促成蔡某与付某进行刑事和解

C. 人民检察院应及时对蔡某进行羁押必要性审查

D. 若人民检察院认为可以对蔡某使用非监禁刑,可以自行进行社会调查

① ABC ② AD ③ ACD

20． 法考回忆题/多

岳某因涉嫌抢夺罪被立案侦查,后被移送审查起诉,下列关于其认罪认罚的说法哪些是正确的?①

A. 岳某在审查起诉阶段拒绝签署认罪认罚具结书,不影响其在审判阶段认罪认罚

B. 岳某在侦查阶段被逮捕后,若其认罪认罚,检察院应当开展羁押必要性审查

C. 若检察院在审查起诉阶段发现岳某在侦查阶段认罪认罚不是其真实意愿,可以重新对岳某开展认罪认罚工作

D. 在侦查阶段,岳某认罪认罚,但没有委托辩护人,也拒绝值班律师提供法律帮助,侦查机关应当通知法律援助机构为其提供法律援助辩护

21． 法考回忆题/多

关于认罪认罚从宽制度,下列哪些表述是正确的?②

A. 甲犯数罪,但只认其中一罪,对其全案不得适用认罪认罚从宽制度

B. 乙是穷凶极恶的杀人犯,即使其认罪认罚并且积极赔偿并取得了被害人亲属谅解,也可对其不予从宽处罚

C. 认罪认罚从宽制度只能适用某一诉讼阶段

D. 丙在审查、起诉时认罪认罚,到了审判阶段不认罪认罚的,不能适用认罪认罚从宽制度

专题三 刑事诉讼中的专门机关和诉讼参与人

考点9 专门机关

22． 法考回忆题/多

下列关于检察院办理刑事案件的表述,哪些是正确的?③

A. 检察办案组办理案件时应当请求检察长或副检察长担任主办检察官

B. 以检察院名义制发的法律文书,检察长可以授权检察官签发

C. 检察委员会可以对部分办案事项作出决定并承担相应司法责任

D. 上级检察院认为下级检察院作出的不起诉决定错误,可以撤销不起诉决定

---

① ABC　② ABD　③ CD

23． 2017/2/65/多

某案件经中级法院一审判决后引起社会的广泛关注。为回应社会关注和保证办案质量,在案件由高级法院作出二审判决前,基于我国法院和检察院的组织体系与上下级关系,最高法院和最高检察院可采取下列哪些措施?①

- A. 最高法院可听取高级法院对该案的汇报并就如何审理提出意见
- B. 最高法院可召开审判业务会议对该案的实体和程序问题进行讨论
- C. 最高检察院可听取省检察院的汇报并对案件事实、证据进行审查
- D. 最高检察院可决定检察机关在二审程序中如何发表意见

24． 2016/2/23/单

关于监狱在刑事诉讼中的职权,下列哪一选项是正确的?②

- A. 监狱监管人员指使被监管人体罚虐待其他被监管人的犯罪,由监狱进行侦查
- B. 罪犯在监狱内犯罪并被发现判决时所没有发现的罪行,应由监狱一并侦查
- C. 被判处有期徒刑罪犯的暂予监外执行均应当由监狱提出书面意见,报省级以上监狱管理部门批准
- D. 被判处有期徒刑罪犯的减刑应当由监狱提出建议书,并报法院审核裁定

25． 2015/2/65/多

关于公检法机关的组织体系及其在刑事诉讼中的职权,下列哪些选项是正确的?③

- A. 公安机关统一领导、分级管理,对超出自己管辖的地区发布通缉令,应报有权的上级公安机关发布
- B. 基于检察一体化,检察院独立行使职权是指检察系统整体独立行使职权
- C. 检察院上下级之间是领导关系,上级检察院认为下级检察院二审抗诉不当的,可直接向同级法院撤回抗诉
- D. 法院上下级之间是监督指导关系,上级法院如认为下级法院审理更适宜,可将自己管辖的案件交由下级法院审理

---

① CD　② D　③ AB

考点 10 诉讼参与人

26. 2017/2/66/多

在袁某涉嫌故意杀害范某的案件中,下列哪些人员属于诉讼参与人?①

A. 侦查阶段为袁某提供少数民族语言翻译的翻译人员

B. 公安机关负责死因鉴定的法医

C. 就证据收集合法性出庭说明情况的侦查人员

D. 法庭调查阶段就范某死因鉴定意见出庭发表意见的有专门知识的人

27. 2017/2/67/多

犯罪嫌疑人、被告人在刑事诉讼中享有的诉讼权利可分为防御性权利和救济性权利。下列哪些选项属于犯罪嫌疑人、被告人享有的救济性权利?②

A. 侦查机关讯问时,犯罪嫌疑人有申辩自己无罪的权利

B. 对办案人员人身侮辱的行为,犯罪嫌疑人有提出控告的权利

C. 对办案机关应退还取保候审保证金而不退还的,犯罪嫌疑人有申诉的权利

D. 被告人认为一审判决量刑畸重,有提出上诉的权利

28. 2015/2/66/多

关于刑事诉讼当事人中的被害人的诉讼权利,下列哪些选项是正确的?③

A. 撤回起诉、申请回避　　　　　B. 委托诉讼代理人、提起自诉

C. 申请复议、提起上诉　　　　　D. 申请抗诉、提出申诉

29. 2014/2/25/单

关于被害人在刑事诉讼中的权利,下列哪一选项是正确的?④

A. 自公诉案件立案之日起有权委托诉讼代理人

B. 对因作证而支出的交通、住宿、就餐等费用,有权获得补助

C. 对法院作出的强制医疗决定不服的,可向作出决定的法院申请复议一次

D. 对检察院作出的附条件不起诉决定不服的,可向上一级检察院申诉

---

① AB　② BCD　③ BD　④ D

30． 2009/2/66/多

高某系一抢劫案的被害人。关于高某的诉讼权利,下列哪些选项是正确的?①

A. 有权要求不公开自己的姓名和报案行为

B. 如公安机关不立案,有权要求告知不立案的原因

C. 作为证据使用的鉴定意见,经申请可以补充或者重新鉴定

D. 如检察院作出不起诉决定,也可以直接向法院提起自诉

31． 2006/2/22/单

关于被害人在法庭审理中的诉讼权利,下列哪一选项是错误的?②

A. 有权委托诉讼代理人

B. 有权申请回避

C. 无权参与刑事部分的法庭调查和辩论,只能参加附带民事诉讼部分的审理活动

D. 对刑事判决部分不能提起上诉

专题四　管　辖

考点11　立案管辖

32． 法考回忆题/多

张某和李某结婚,婚后育一子张小某。8年后,张某和李某离婚,张小某随父亲张某一同生活,次年,张某与陈某再婚。在生活中,继母陈某长期虐待张小某,下列哪些表述是正确的?③

A. 陈某虐待张小某,李某可以向法院提起自诉

B. 陈某虐待张小某,邻居王某可以向法院提起自诉

C. 陈某虐待张小某,张小某没有能力告诉,公安机关可以对陈某立案侦查

D. 陈某虐待张小某,只有张某可以向法院提起自诉

33． 法考回忆题/单

张某涉嫌贩卖毒品罪在 A 省 B 市被立案侦查,侦查中聘请该市著名律师陈某为辩护人,下列哪一项说法是正确的?④

---

① ABCD　② C　③ AC　④ B

A. 辩护人陈某在 B 市甲区帮助张某隐瞒证据毁灭罪证,可以由 B 市公安机关立案侦查

B. 辩护人陈某在 B 市乙区犯盗窃罪,可以由 B 市下属的乙区公安局立案侦查

C. 辩护人陈某涉嫌向张某案件的侦查人员行贿,可以由与 B 市同级的 C 市公安局立案侦查

D. 辩护人陈某在 B 市丙区涉嫌强奸罪,应当由 B 市以外的侦查机关立案侦查

34. (2015/2/67/多)

孙某系甲省乙市海关科长,与走私集团通谋,利用职权走私国家禁止出口的文物,情节特别严重。关于本案管辖,下列哪些选项是正确的?①

A. 可由公安机关立案侦查

B. 经甲省检察院决定,可由检察院立案侦查

C. 甲省检察院决定立案侦查后可根据案件情况自行侦查

D. 甲省检察院决定立案侦查后可根据案件情况指定甲省丙市检察院侦查

35. (2009/2/22/单)

下列哪一案件应由公安机关直接受理立案侦查?②

A. 林业局副局长王某违法发放林木采伐许可证案

B. 吴某破坏乡长选举案

C. 负有解救被拐卖儿童职责的李某利用职务阻碍解救案

D. 某地从事实验、保藏传染病菌种的钟某,违反国务院卫生行政部门的有关规定,造成传染病菌种扩散构成犯罪的案件

考点 12 审判管辖

36. (法考回忆题/单)

岳某被某市甲区法院判决构成诈骗罪后提出上诉。市中级法院审理期间,岳某因一起案件涉嫌诈骗罪被起诉至该市乙区法院。关于本案,市中级法院的下列哪一做法是正确的?③

A. 中止审理,等待乙区法院的审理结果

B. 继续审理,暂不用考虑另一诈骗案件

C. 撤销原判,一并提审两个诈骗案件

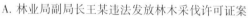

① ABCD ② D ③ D

D. 发回重审,由甲区法院将另一诈骗案件并案审理

37. 法考回忆题/多

中国公民甲乘坐某国船只,在公海上航行,甲与另一中国公民乙发生口角,遂殴打起来,致其死亡并将其抛入海中。下列哪些选项是正确的?①

A. 在中国的初次停泊处法院可以管辖

B. 乙在离境前居住地法院有管辖权

C. 甲入境后居所地法院有管辖权

D. 甲在中国入境地法院有管辖权

38. 法考回忆题/多

案发前,曾任甲市乙区法院院长的齐某是甲市中院副院长,也是该院审委会成员,后因涉嫌职务犯罪被起诉至乙区法院。关于该案的处理,下列哪些说法是不正确的?②

A. 齐某可以申请甲市乙区法院全体人员回避

B. 乙区法院可以直接请求省高院指定其他法院管辖

C. 乙区法院可以报请上一级法院指定管辖

D. 乙区法院可以直接移送至甲市以外的法院管辖

39. 2016/2/24/多

甲省 A 市副市长涉嫌受贿 2000 万元,为保证诉讼顺利进行,拟指定甲省 B 市管辖。关于本案指定管辖,下列哪些选项是不正确的?③

A. 如指定 B 市中级法院审理,应由 B 市检察院侦查并提起公诉

B. 甲省检察院可指定 B 市检察院审查起诉并指定 B 市中级法院审理

C. 可由最高检察院直接指定 B 市检察院立案侦查

D. 如甲省高级法院指定 B 市中级法院审理,A 市中级法院应将案卷材料移送 B 市中级法院

40. 2014/2/66/多

某县破获一抢劫团伙,涉嫌多次入户抢劫,该县法院审理后认为,该团伙中只有主犯赵某可能被判处无期徒刑。关于该案的移送管辖,下列哪些选项是正确的?④

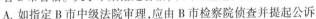

① BCD ② ABD ③ ABCD(原答案为C) ④ CD

A. 应当将赵某移送中级法院审理,其余被告人继续在县法院审理

B. 团伙中的未成年被告人应当一并移送中级法院审理

C. 中级法院审查后认为赵某不可能被判处无期徒刑,可不同意移送

D. 中级法院同意移送的,应当书面通知其同级检察院

41. 〔2013/2/65/多〕

周某采用向计算机植入木马程序的方法窃取齐某的网络游戏账号、密码等信息,将窃取到的相关数据存放在其租用的服务器中,并利用这些数据将齐某游戏账户内的金币、点券等虚拟商品放在第三方网络交易平台上进行售卖,获利 5000 元。下列哪些地区的法院对本案具有管辖权?①

A. 周某计算机所在地　　　　　B. 齐某计算机所在地

C. 周某租用的服务器所在地　　D. 经营该网络游戏的公司所在地

42. 〔2011/2/23/单〕

美国人杰克与香港居民赵某在内地私藏枪支、弹药,公安人员查缉枪支、弹药时,赵某以暴力方法阻碍公安人员依法执行职务。下列哪一说法是正确的?②

A. 全案由犯罪地的基层法院审判,因为私藏枪支、弹药罪和妨碍公务罪都不属于可能判处无期徒刑以上刑罚的案件

B. 杰克由犯罪地中级法院审判,赵某由犯罪地的基层法院审判

C. 杰克由犯罪地中级法院审判,赵某由中级法院根据具体案件情况而决定是否交由基层法院审判

D. 全案由犯罪地的中级法院审判

考点 13 特殊情况的管辖

43. 〔法考回忆题/多〕

我国某省居民姜某乘船从甲市出发前往乙市,在船途经丙市水域时,姜某在船上厕所拍摄淫秽视频。后船到达乙市后,姜某又乘车前往丁市,在丁市网上传播淫秽视频。该船均在我国水域航行。下列哪些法院具有管辖权?③

A. 甲市人民法院　　　　　　　B. 乙市人民法院

C. 丙市人民法院　　　　　　　D. 丁市人民法院

---

① ABCD　② A　③ BCD

44.　法考回忆题/多

甲、乙为 A 市人,2018 年 2 月一同赴斯里兰卡务工。甲、乙经过协商,在斯里兰卡通过微信的方式对住在 B 市的朋友丙进行敲诈勒索,丙向甲和乙各转账了 10 万元。丙的家人得知后报警,B 市某区公安机关对甲、乙立案侦查。一年后,甲从 C 市回国并居住于 D 市,乙从 E 市回国并定居。下列哪些法院对本案具有管辖权?①

A. A 市法院
B. C 市法院
C. D 市法院
D. E 市法院

45.　2016/2/92/不定项

甲、乙(户籍地均为 M 省 A 市)共同运营一条登记注册于 A 市的远洋渔船。某次在公海捕鱼时,甲乙二人共谋杀害了与他们素有嫌隙的水手丙。该船回国后首泊于 M 省 B 市港口以作休整,然后再航至 A 市。从 B 市起航后,在途经 M 省 C 市航行至 A 市过程中,甲因害怕乙投案自首一直将乙捆绑拘禁于船舱。该船于 A 市靠岸后案发。

关于本案管辖,下列选项正确的是:②

A. 故意杀人案和非法拘禁案应分别由中级法院和基层法院审理
B. A 市和 C 市对非法拘禁案有管辖权
C. B 市中级法院对故意杀人案有管辖权
D. A 市中级法院对故意杀人案有管辖权

专题五　回　避

考点14 回避的对象与理由

46.　法考回忆题/单

张某涉嫌诈骗一案由甲市乙县法院审理,法官王某担任审判长,林某担任书记员。一审判决张某有期徒刑 5 年,张某以事实不清为由提起上诉。二审由甲市中院审理,法官赵某担任审判长,后裁定发回重审。重审期间,王某被任命为乙县法院的专职审委会委员。该案经合议庭请审委会讨论后,改判张某有期徒刑 4 年,张某不服再次上诉。下列哪一说法是正确的?③

A. 二审法院应当开庭审理
B. 该案被发回重审后,林某不能继续担任该案的书记员

---

① ABD　② BC　③ C

C. 王某不能参与审委会对该案的讨论

D. 张某再次提起上诉后,赵某不能作为该案的审判长

47． 2017/2/24/单

齐某在 A 市 B 区利用网络捏造和散布虚假事实,宣称刘某系当地黑社会组织"大哥",A 市中级法院院长王某为其"保护伞"。刘某以齐某诽谤为由,向 B 区法院提起自诉。关于本案处理,下列哪一选项是正确的?①

A. B 区法院可以该案涉及王某为由裁定不予受理

B. B 区法院受理该案后应请求上级法院指定管辖

C. B 区法院受理该案后,王某应自行回避

D. 齐某可申请 A 市中级法院及其下辖的所有基层法院法官整体回避

48． 2014/2/67/多

林某盗版销售著名作家黄某的小说涉嫌侵犯著作权罪,经一审和二审后,二审法院裁定撤销原判,发回原审法院重新审判。关于该案的回避,下列哪些选项是正确的?②

A. 一审法院审判委员会委员甲系林某辩护人妻子的弟弟,黄某的代理律师可申请其回避

B. 一审书记员乙系林某的表弟而未回避,二审法院可以此为由裁定发回原审法院重审

C. 一审合议庭审判长丙系黄某的忠实读者,应当回避

D. 丁系二审合议庭成员,如果林某对一审法院重新审判作出的裁判不服再次上诉至二审法院,丁应当自行回避

考点15 回避的程序

49． 2013/2/28/单

法院审理过程中,被告人赵某在最后陈述时,以审判长数次打断其发言为理由申请更换审判长。对于这一申请,下列哪一说法是正确的?③

A. 赵某的申请理由不符合法律规定,法院院长应当驳回申请

B. 赵某在法庭调查前没有申请回避,法院院长应当驳回申请

C. 如法院作出驳回申请的决定,赵某可以在决定作出后五日内向上级法院提出上诉

D. 如法院作出驳回申请的决定,赵某可以向上级法院申请复议一次

---

① B ② AB ③ A

50. 2011/2/24/单 新法改编

郭某(16 岁)与罗某发生争执,被打成轻伤,遂向法院提起自诉。法庭审理中,罗某提出,审判员李某曾在开庭前违反规定与自诉人父亲及姐姐会见,要求李某回避,但郭某父亲及姐姐均否认此事。法院院长经过审查作出李某回避的决定。下列何人有权要求对回避决定进行复议?①

A. 郭某
B. 郭某父亲
C. 李某
D. 均无权复议

51. 2010/2/21/单

甲涉嫌刑讯逼供罪被立案侦查。甲以该案侦查人员王某与被害人存在近亲属关系为由,提出回避申请。对此,下列哪一选项是错误的?②

A. 王某可以口头提出自行回避的申请
B. 作出回避决定以前,王某不能停止案件的侦查工作
C. 王某的回避由公安机关负责人决定
D. 如甲的回避申请被驳回,甲有权申请复议一次

52. 2007/2/34/单

庭审过程中,被告人赵某指出,公诉人的书记员李某曾在侦查阶段担任鉴定人,并据此要求李某回避。对于赵某的回避申请,下列哪一选项是正确的?③

A. 法庭应以不属于法定回避情形为由当庭驳回
B. 法庭应以符合法庭回避情形为由当庭作出回避决定
C. 李某应否回避需提交法院院长决定
D. 李某应否回避需提交检察院检察长决定

专题六　辩护与代理

考点16 有效辩护原则

53. 2015/2/69/多

关于有效辩护原则,下列哪些理解是正确的?④

A. 有效辩护原则的确立有助于实现控辩平等对抗
B. 有效辩护是一项主要适用于审判阶段的原则,但侦查、审查起诉阶段

---

① D　② C　③ D　④ ACD

对辩护人权利的保障是审判阶段实现有效辩护的前提

C. 根据有效辩护原则的要求,法庭审理过程中一般不应限制被告人及其辩护人发言的时间

D. 指派没有刑事辩护经验的律师为可能被判处无期徒刑、死刑的被告人提供法律援助,有违有效辩护原则

考点 17　辩护的种类

54. 2013/2/38/单

在法庭审判中,被告人翻供,否认犯罪,并当庭拒绝律师为其进行有罪辩护。合议庭对此问题的处理,下列哪一选项是正确的?①

A. 被告人有权拒绝辩护人辩护,合议庭应当准许

B. 辩护律师独立辩护,不受当事人意思表示的约束,合议庭不应当准许拒绝辩护

C. 属于应当提供法律援助的情形,合议庭不应当准许拒绝辩护

D. 有多名被告人的案件,部分被告人拒绝辩护人辩护的,合议庭不应当准许

55. 2008/2/26/单

关于辩护,下列哪一选项是正确的?②

A. 被告人王某在犯罪时 17 周岁,在审判时已满 18 周岁,法院应当为其指定辩护人

B. 被告人李某可能被判处死刑,在审判时法院为其指定辩护人。在法庭审理过程中,李某当庭拒绝指定的辩护人为其辩护,法院另行为其指定辩护人。在重新开庭审理后,李某再次拒绝法庭为其指定的辩护人,合议庭不予准许

C. 法院为外籍被告人汤姆(25 周岁)指定了辩护人,在法庭审理过程中,汤姆拒绝法院为其指定的辩护人,提出自行委托辩护人,法庭准许后,汤姆自行委托了辩护人。再次开庭审理后,汤姆再次拒绝辩护人为其辩护,要求另行委托辩护人,合议庭不予准许

D. 被告人当庭拒绝辩护人为其辩护的,法庭应当允许,宣布延期审理。延期审理的期限为十日,准备辩护时间计入审限

---

① A ② B

考点 18 辩护人的范围

56. 2016/2/25/单

法官齐某从 A 县法院辞职后,在其妻洪某开办的律师事务所从业。关于齐某与洪某的辩护人资格,下列哪一选项是正确的?①

- A. 齐某不得担任 A 县法院审理案件的辩护人
- B. 齐某和洪某不得分别担任同案犯罪嫌疑人的辩护人
- C. 齐某和洪某不得同时担任同一犯罪嫌疑人的辩护人
- D. 洪某可以律师身份担任 A 县法院审理案件的辩护人

57. 2009/2/23/单

郭某涉嫌招摇撞骗罪。在检察机关审查起诉时,郭某希望委托辩护人。下列哪一人员可以被委托担任郭某的辩护人?②

- A. 郭某的爷爷,美籍华人
- B. 郭某的儿子,16 岁
- C. 郭某的朋友甲,曾为郭某招摇撞骗伪造国家机关证件
- D. 郭某的朋友乙,司法行政部门负责人

考点 19 辩护人的诉讼权利和诉讼义务

58. 2017/2/25/单

成年人钱甲教唆未成年人小沈实施诈骗犯罪,钱甲委托其在邻市检察院担任检察官助理的哥哥钱乙担任辩护人,小沈由法律援助律师武某担任辩护人。关于本案处理,下列哪一选项是正确的?③

- A. 钱甲被拘留后,钱乙可为其申请取保候审
- B. 本案移送审查起诉时,公安机关应将案件移送情况告知钱乙
- C. 检察院讯问小沈时,武某可在场
- D. 如检察院对钱甲和小沈分案起诉,法院可并案审理

59. 2016/2/26/单

郭某涉嫌参加恐怖组织罪被逮捕,随后委托律师姜某担任辩护人。关于姜某履行辩护职责,下列哪一选项是正确的?④

- A. 姜某到看守所会见郭某时,可带 1 至 2 名律师助理协助会见
- B. 看守所可对姜某与郭某的往来信件进行必要的检查,但不得截留、复制

C. 姜某申请法院收集、调取证据而法院不同意的,法院应书面说明不同意的理由

D. 法庭审理中姜某作无罪辩护的,也可当庭对郭某从轻量刑的问题发表辩护意见

60. 2016/2/27/单

根据《刑事诉讼法》的规定,辩护律师收集到的下列哪一证据应及时告知公安机关、检察院?①

A. 强奸案中被害人系精神病人的证据

B. 故意伤害案中犯罪嫌疑人系正当防卫的证据

C. 投放危险物质案中犯罪嫌疑人案发时在外地出差的证据

D. 制造毒品案中犯罪嫌疑人犯罪时刚满 16 周岁的证据

61. 2012/2/25/单

关于辩护律师在刑事诉讼中享有的权利和承担的义务,下列哪一说法是正确的?②

A. 在侦查期间可以向犯罪嫌疑人核实证据

B. 会见在押的犯罪嫌疑人、被告人,可以了解案件有关情况

C. 收集到的有利于犯罪嫌疑人的证据,均应及时告知公安机关、检察院

D. 在执业活动中知悉犯罪嫌疑人、被告人曾经实施犯罪的,应及时告知司法机关

62. 2011/2/64/多

关于犯罪嫌疑人、被告人有权获得辩护原则,下列哪些说法是正确的?③

A. 在任何情况下,对任何犯罪嫌疑人、被告人都不得以任何理由限制或者剥夺其辩护权

B. 辩护权是犯罪嫌疑人、被告人最基本的诉讼权利,有关机关应当为每个犯罪嫌疑人、被告人免费提供律师帮助

C. 为保障辩护权,任何机关都有为犯罪嫌疑人、被告人提供辩护帮助的义务

D. 辩护不应当仅是形式上的,而且应当是实质意义上的

---

① C ② B ③ AD

考点 20 值班律师制度

63. 法考回忆题/单

秦某因涉嫌运输毒品罪被批准逮捕,未委托辩护人。审查起诉期间,值班律师彭某为秦某提供法律帮助。关于本案的处理,下列哪一选项是正确的?①

A. 即使秦某未约见彭某,彭某也可经办案机关许可主动会见秦某

B. 即使秦某自愿认罪认罚,彭某也可以量刑建议过重为由拒绝在具结书上签字

C. 为了彭某的安全,办案机关可在彭某会见秦某时安排人员在场

D. 检察院应准许彭某查阅、摘抄、复制案卷材料

64. 法考回忆题/单

下列关于值班律师的哪一项表述是正确的?②

A. 值班律师依法享有会见权、阅卷权以及提出建议权

B. 值班律师为犯罪嫌疑人、被告人提供法律咨询是辩护权的体现

C. 值班律师可以出庭为被告人发表对案件的看法

D. 犯罪嫌疑人、被告人拒绝认罪认罚的案件不适用值班律师制度

65. 法考回忆题/多

甲、乙两人聚众斗殴均被提起公诉,需要值班律师提供法律帮助。以下关于值班律师的说法哪些是正确的?③

A. 审查起诉阶段,甲认罪认罚需要值班律师提供法律咨询,值班律师要求阅卷的,检察院应当准许

B. 甲在值班律师在场时签署了认罪认罚具结书,然后自行聘请了辩护人,值班律师在场签订的认罪认罚具结书自动失效

C. 审查起诉阶段,犯罪嫌疑人认罪认罚的,人民检察院应当听取值班律师意见

D. 一名值班律师能同时为甲、乙两名犯罪嫌疑人提供法律咨询

考点 21 刑事代理

66. 2012/2/24/单

关于诉讼代理人参加刑事诉讼,下列哪一说法是正确的?④

---

① A　② A　③ ACD　④ D

A. 诉讼代理人的权限依据法律规定而设定

B. 除非法律有明文规定，诉讼代理人也享有被代理人享有的诉讼权利

C. 诉讼代理人应当承担被代理人依法负有的义务

D. 诉讼代理人的职责是帮助被代理人行使诉讼权利

67.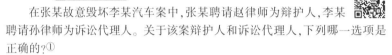

在张某故意毁坏李某汽车案中，张某聘请赵律师为辩护人，李某聘请孙律师为诉讼代理人。关于该案辩护人和诉讼代理人，下列哪一选项是正确的？①

A. 赵律师、孙律师均自案件移送审查起诉之日起方可接受委托担任辩护人、诉讼代理人

B. 赵律师、孙律师均有权申请该案的审判人员和公诉人员回避

C. 赵律师可在审判中向张某发问，孙律师无权向张某发问

D. 赵律师应以张某的意见作为辩护意见，孙律师应以李某的意见为代理意见

68.

关于刑事诉讼法定代理人与诉讼代理人的区别，下列哪些选项是正确的？②

A. 法定代理人基于法律规定或法定程序产生，诉讼代理人基于被代理人委托产生

B. 法定代理人的权利源于法律授权，诉讼代理人的权利源于委托协议授权

C. 法定代理人可以违背被代理人的意志进行诉讼活动，诉讼代理人的代理活动不得违背被代理人的意志

D. 法定代理人可以代替被代理人陈述案情，诉讼代理人不能代替被代理人陈述案情

69. 2008/2/27/单

根据《刑事诉讼法》的规定，下列何人有权委托诉讼代理人？③

A. 涉嫌强奸罪被告人的父亲

B. 抢劫案被害人的胞妹

C. 伤害案中附带民事被告人的胞弟

---

① B（原答案为 A） ② ABC ③ B

D. 虐待案自诉人的胞妹

专题七　刑事证据

考点22　证据的基本属性

70. （2014/2/27/单）

关于证据的关联性,下列哪一选项是正确的?①

A. 关联性仅指证据事实与案件事实之间具有因果关系

B. 具有关联性的证据即具有可采性

C. 证据与待证事实的关联度决定证据证明力的大小

D. 类似行为一般具有关联性

考点23　刑事证据规则

71. （法考回忆题/多）

下列哪些行为属于非法取证,应当依法予以排除?②

A. 甲侦查人员询问女证人,以公开其隐私相威胁,证人因担心隐私被公开造成家庭矛盾被迫提供证言

B. 乙侦查人员首次讯问犯罪嫌疑人时通过暴力方式获取了供述,第二次讯问时没有采用暴力方式,犯罪嫌疑人作出了同样的供述

C. 丙侦查人员对犯罪嫌疑人连续讯问25小时,但期间保持其正常饮食

D. 丁侦查人员威胁犯罪嫌疑人不如实供述就让他正在准备高考的儿子作为证人接受询问,犯罪嫌疑人担心影响其儿子考试作出的供述

72. （2017/2/26/单）

下列哪一证据规则属于调整证据证明力的规则?③

A. 传闻证据规则　　　　　　　B. 非法证据排除规则

C. 关联性规则　　　　　　　　D. 意见证据规则

73. （2016/2/29/单）

公安机关发现一具被焚烧过的尸体,因地处偏僻且天气恶劣,无法找到见证人,于是对勘验过程进行了全程录像,并在笔录中注明原因。法庭审理时,辩护人以勘验时没有见证人在场为由,申请排除勘验现场收集的物证。关于本案证据,下列哪一选项是正确的?④

① C　② ABC　③ C　④ D

A. 因违反取证程序的一般规定,应当排除

B. 应予以补正或者作出合理解释,否则予以排除

C. 不仅物证应当排除,对物证的鉴定意见等衍生证据也应排除

D. 有勘验过程全程录像并在笔录中已注明理由,不予排除

74. 2015/2/26/单

下列哪一选项属于传闻证据?①

A. 甲作为专家辅助人在法庭上就一起伤害案的鉴定意见提出的意见

B. 乙了解案件情况但因重病无法出庭,法官自行前往调查核实的证人证言

C. 丙作为技术人员"就证明讯问过程合法性的同步录音录像是否经过剪辑"在法庭上所作的说明

D. 丁曾路过发生杀人案的院子,其开庭审理时所作的"当时看到一个人从那里走出来,好像喝了许多酒"的证言

75. 2014/2/28/单

下列哪一选项所列举的证据属于补强证据?②

A. 证明讯问过程合法的同步录像材料

B. 证明获取被告人口供过程合法,经侦查人员签名并加盖公章的书面说明材料

C. 根据被告人供述提取到的隐蔽性极强、并能与被告人供述和其他证据相印证的物证

D. 对与被告人有利害冲突的证人所作的不利被告人的证言的真实性进行佐证的书证

76. 2014/2/93/不定项

赵某、石某抢劫杀害李某,被路过的王某、张某看见并报案。赵某、石某被抓获后,2 名侦查人员负责组织辨认。关于辨认笔录的审查与认定,下列选项正确的是:③

A. 如对尸体的辨认过程没有录像,则辨认结果不得作为定案证据

B. 如侦查人员组织辨认时没有见证人在场,则辨认结果不得作为定案的根据

C. 如在辨认前没有详细向辨认人询问被辨认对象的具体特征,则辨认结

---

① B　② D　③ D

果不得作为定案证据

　　D. 如对赵某的辨认只有笔录，没有赵某的照片，无法获悉辨认真实情况的，也可补正或进行合理解释

77. 2013/2/68/多

在法庭审理过程中，被告人屠某、沈某和证人朱某提出在侦查期间遭受非法取证，要求确认其审前供述或证言不具备证据能力。下列哪些情形下应当根据法律规定排除上述证据？①

　　A. 将屠某"大"字型吊铐在窗户的铁栏杆上，双脚离地

　　B. 对沈某进行引诱，说"讲了就可以回去"

　　C. 对沈某进行威胁，说"不讲就把你老婆一起抓进来"

　　D. 对朱某进行威胁，说"不配合我们的工作就把你关进来"

78. 2012/2/27/单

关于辨认程序不符合有关规定，经补正或者作出合理解释后，辨认笔录可以作为证据使用的情形，下列哪一选项是正确的？②

　　A. 辨认前使辨认人见到辨认对象的

　　B. 供辨认的对象数量不符合规定的

　　C. 案卷中只有辨认笔录，没有被辨认对象的照片、录像等资料，无法获悉辨认的真实情况的

　　D. 辨认活动没有个别进行的

79. 2012/2/28/单

下列哪一选项表明我国基本确立了自白任意性规则？③

　　A. 侦查人员在讯问犯罪嫌疑人的时候，可以对讯问过程进行录音或者录像

　　B. 不得强迫任何人证实自己有罪

　　C. 逮捕后应当立即将被逮捕人送交看守所羁押

　　D. 不得以连续拘传的方式变相拘禁犯罪嫌疑人、被告人

80. 2012/2/40/单

关于补强证据，下列哪一说法是正确的？④

　　A. 应当具有证据能力

---

① AD　② C　③ B　④ A

B. 可以和被补强证据来源相同

C. 对整个待证事实有证明作用

D. 应当是物证或者书证

81. 2012/2/42/单

关于证人证言的收集程序和方式存在瑕疵,经补正或者作出合理解释后,可以作为证据使用的情形,下列哪一选项是正确的?①

A. 询问证人时没有个别进行的

B. 询问笔录反映出在同一时间内,同一询问人员询问不同证人的

C. 询问聋哑人时应当提供翻译而未提供的

D. 没有经证人核对确认并签名(盖章)、捺指印的

82. 2012/2/67/多

关于非法证据的排除,下列哪些说法是正确的?②

A. 非法证据排除的程序,可以根据当事人等申请而启动,也可以由法庭依职权启动

B. 申请排除以非法方法收集的证据的,应当提供相关线索或者材料

C. 检察院应当对证据收集的合法性加以证明

D. 只有确认存在《刑事诉讼法》第54条规定的以非法方法收集证据情形时,才可以对有关证据应当予以排除

83. 2011/2/26/单

"证人猜测性、评论性、推断性的证言,不能作为证据使用",系下列哪一证据规则的要求?③

A. 传闻证据规则　　　　　　　B. 意见证据规则

C. 补强证据规则　　　　　　　D. 最佳证据规则

考点24 刑事证据的种类

84. 法考回忆题/多

因罗某涉嫌重大毒品犯罪,公安机关决定对其采取技术侦查。该案侦查终结后起诉至法院。审理期间,法院依职权通知鉴定人佟某、曾某出庭作证。关于本案的处理,下列哪些说法是正确的?④

A. 检察院应将通过技术侦查所获得的电子数据的原始介质移送至法院

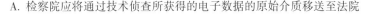

① B　② ABC　③ B　④ BD

B. 法院可以在庭外核实通过技术侦查获得的电子数据

C. 如佟某不到庭,法院审查后可以将其出具的鉴定意见作为定案的根据

D. 对出庭的鉴定人曾某的询问,发问顺序应由审判长决定

85. 2017/2/92/不定项

甲、乙二人系药材公司仓库保管员,涉嫌 5 次共同盗窃其保管的名贵药材,涉案金额 40 余万元。一审开庭审理时,药材公司法定代表人丙参加庭审。经审理,法院认定了其中 4 起盗窃事实,另 1 起因证据不足未予认定,甲和乙以职务侵占罪分别被判处有期徒刑 3 年和 1 年。

关于本案证据,下列选项正确的是:①

A. 侦查机关制作的失窃药材清单是书证

B. 为查实销赃情况而从通信公司调取的通话记录清单是书证

C. 甲将部分销赃所得 10 万元存入某银行的存折是物证

D. 因部分失窃药材不宜保存而在法庭上出示的药材照片是物证

86. 2010/2/23/单

法院审理一起受贿案时,被告人石某称因侦查人员刑讯不得已承认犯罪事实,并讲述受到刑讯的具体时间。检察机关为证明侦查讯问程序合法,当庭播放了有关讯问的录音录像,并提交了书面说明。关于该录音录像的证据种类,下列哪一选项是正确的?②

A. 犯罪嫌疑人供述和辩解　　　　B. 视听资料

C. 书证　　　　　　　　　　　　D. 物证

87. 2009/2/24/单

张某、李某共同抢劫被抓获。张某下列哪一陈述属于证人证言?③

A. 我确实参加了抢劫银行

B. 李某逼我去抢

C. 李某策划了整个抢劫,抢的钱他拿走了一大半

D. 李某在这次抢劫前还杀了赵某

88. 2009/2/69/多

关于证人与鉴定人的共同特征,下列哪些选项是正确的?④

A. 是当事人以外的人

---

① BD(原答案为B)　② B　③ D　④ AD

B. 与案件或案件当事人没有利害关系

C. 具有不可替代性

D. 有义务出席法庭接受控辩双方询问

89. **2008/2/30/单**

某银行被盗,侦查机关将沈某确定为犯罪嫌疑人。在进行警犬辨认时,一"功勋警犬"在发案银行四处闻了闻后,猛地扑向沈某。随后,侦查人员又对沈某进行心理测试,测试结论显示,只要犯罪嫌疑人说没偷,测谎仪就显示其撒谎。关于可否作为认定案件事实的根据,下列哪一选项是正确的?①

　　A. 警犬辨认和心理测试结论均可以

　　B. 警犬辨认可以,心理测试结论不可以

　　C. 警犬辨认不可以,心理测试结论可以

　　D. 警犬辨认和心理测试结论均不可以

90. **2005/2/69/多**

下列哪些证据属于书证?②

　　A. 某强奸案,在犯罪嫌疑人住处收集的笔记本,其中记载着其作案经过及对被害人的描述

　　B. 某贪污案,为查明账册涂改人而进行鉴定的笔迹

　　C. 某故意伤害案,证人书写的书面证词

　　D. 某走私淫秽物品案,犯罪嫌疑人非法携带的淫秽书刊

考点25 刑事证据的分类

91. **法考回忆题/单**

甲手写并复印了多份恐吓信敲诈乙,后案发,甲被逮捕。在讯问时,甲供述了自己敲诈勒索的过程,乙向公安机关提交了自己书写的关于被敲诈的情况说明。甲在看守所羁押期间把自己作案的过程告诉了同监室的丙,丙向看守所管理人员举报了甲。对此,下列哪一说法是正确的?③

　　A. 甲复印的恐吓信是传来证据

　　B. 乙提交的情况说明是传闻证据

　　C. 恐吓信是言词证据

　　D. 丙的证言可以对甲的口供补强

92． 2016/2/67/多

甲驾车将昏迷的乙送往医院,并垫付了医疗费用。随后赶来的乙的家属报警称甲驾车撞倒乙。急救中,乙曾短暂清醒并告诉医生自己系被车辆撞倒。医生将此话告知警察,并称从甲送乙入院时的神态看,甲应该就是肇事者。关于本案证据,下列哪些选项是正确的?①

 A. 甲垫付医疗费的行为与交通肇事不具有关联性

 B. 乙告知医生"自己系被车辆撞倒"属于直接证据

 C. 医生基于之前乙的陈述,告知警察乙系被车辆撞倒,属于传来证据

 D. 医生认为甲是肇事者的证词属于符合一般生活经验的推断性证言,可作为定案依据

93． 2015/2/25/单

甲涉嫌盗窃室友乙存放在储物柜中的笔记本电脑一台并转卖他人,但甲辩称该电脑系其本人所有,只是暂存于乙处。下列哪一选项既属于原始证据,又属于直接证据?②

 A. 侦查人员在乙储物柜的把手上提取的甲的一枚指纹

 B. 侦查人员在室友丙手机中直接提取的视频,内容为丙偶然拍下的甲打开储物柜取走电脑的过程

 C. 室友丁的证言,内容是曾看到甲将一台相同的笔记本电脑交给乙保管

 D. 甲转卖电脑时出具的现金收条

94． 2011/2/25/单

张某伪造、变造国家机关公文、证件、印章案的下列哪一证据既属于言词证据,又属于间接证据?③

 A. 用于伪造、变造国家机关公文、证件、印章的设备、工具

 B. 伪造、变造的国家机关公文、证件、印章

 C. 张某关于实施伪造、变造行为的供述

 D. 判别国家机关公文、证件、印章真伪的鉴定意见

95． 2010/2/24/单

下列哪一选项既属于原始证据,又属于间接证据?④

 A. 被告人丁某承认伤害被害人的供述

 B. 证人王某陈述看到被告人丁某在案发现场擦拭手上血迹的证言

 ① AC　② C　③ D　④ B

C. 证人李某陈述被害人向他讲过被告人丁某伤害她的经过

D. 被告人丁某精神病鉴定意见的抄本

96. 2008/2/35/单

甲致乙重伤,收集到下列证据,其中既属于直接证据,又属于原始证据的是哪一项?①

A. 有被害人血迹的匕首

B. 证人看到甲身上有血迹,从现场走出的证言

C. 匕首上留下的指印与甲的指纹同一的鉴定意见

D. 乙对甲伤害自己过程的陈述

97. 2008/2/74/多

下列哪些选项属于实物证据?②

A. 杀人案中现场勘验笔录

B. 贪污案中证明贪污数额的账册

C. 强奸案中证明被害人精神状态的鉴定意见

D. 伤害案中证明伤害发生过程情况的监控录像

考点 26 证据的审查认定

98. 2017/2/96/不定项

某小学发生一起猥亵儿童案件,三年级女生甲向校长许某报称被老师杨某猥亵。许某报案后,侦查人员通过询问许某了解了甲向其陈述的被杨某猥亵的经过。侦查人员还通过询问甲了解到,另外两名女生乙和丙也可能被杨某猥亵,乙曾和甲谈到被杨某猥亵的经过,甲曾目睹杨某在课间猥亵丙。讯问杨某时,杨某否认实施猥亵行为,并表示他曾举报许某贪污,许某报案是对他的打击报复。

关于本案证据,下列选项正确的是:③

A. 甲向公安机关反映的情况,既是被害人陈述,也是证人证言

B. 关于甲被猥亵的经过,许某的证言可作为甲陈述的补强证据

C. 关于乙被猥亵的经过,甲的证言属于传闻证据,不得作为定案的依据

D. 甲、乙、丙因年幼,其陈述或证言必须有其他证据印证才能采信

---

① D ② ABD ③ A

99． 2016/2/68/多

辩护律师在庭审中对控方证据提出异议,主张这些证据不得作为定案依据。对下列哪些证据的异议,法院应当予以支持?①

A. 因证人拒不到庭而无法当庭询问的证人证言

B. 被告人提供了有关刑讯逼供的线索及材料,但公诉人不能证明讯问合法的被告人庭前供述

C. 工商行政管理部门关于查处被告人非法交易行为时的询问笔录

D. 侦查人员在办案场所以外的地点询问被害人所获得的被害人陈述

100． 2016/2/95/不定项

甲女与乙男在某社交软件互加好友,手机网络聊天过程中,甲女多次向乙男发送暧昧言语和色情图片,表示可以提供有偿性服务。二人于酒店内见面后因价钱谈不拢而争吵,乙男强行将甲女留在房间内,并采用胁迫手段与其发生性关系。后甲女向公安机关报案,乙男则辩称双方系自愿发生性关系。

乙男提供了二人之前的网络聊天记录。关于这一网络聊天记录,下列选项正确的是:②

A. 属电子数据的一种

B. 必须随原始的聊天时使用的手机移送才能作为定案的依据

C. 只有经甲女核实认可后才能作为定案的依据

D. 因不具有关联性而不得作为本案定罪量刑的依据

101． 2015/2/23/单

关于证人证言与鉴定意见,下列哪一选项是正确的?③

A. 证人证言只能由自然人提供,鉴定意见可由单位出具

B. 生理上、精神上有缺陷的人有时可以提供证人证言,但不能出具鉴定意见

C. 如控辩双方对证人证言和鉴定意见有异议的,相应证人和鉴定人均应出庭

D. 证人应出庭而不出庭的,其庭前证言仍可能作为证据;鉴定人应出庭而不出庭的,鉴定意见不得作为定案根据

① BC ② A ③ D

102. 2014/2/29/单

关于鉴定人与鉴定意见,下列哪一选项是正确的?①

A. 经法院通知,鉴定人无正当理由拒不出庭的,可由院长签发强制令强制其出庭

B. 鉴定人有正当理由无法出庭的,法院可中止审理,另行聘请鉴定人重新鉴定

C. 经辩护人申请而出庭的具有专门知识的人,可向鉴定人发问

D. 对鉴定意见的审查和认定,受到意见证据规则的规制

103. 2014/2/69/多

某地法院审理齐某组织、领导、参加黑社会性质组织罪,关于对作
证人员的保护,下列哪些选项是正确的?②

A. 可指派专人对被害人甲的人身和住宅进行保护

B. 证人乙可申请不公开真实姓名、住址等个人信息

C. 法院通知侦查人员丙出庭说明讯问的合法性,为防止黑社会组织报复,对其采取不向被告人暴露外貌、真实声音的措施

D. 为保护警方卧底丁的人身安全,丁可不出庭作证,由审判人员在庭外核实丁的证言

104. 2012/2/72/多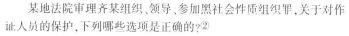

关于证人出庭作证,下列哪些说法是正确的?③

A. 需要出庭作证的警察就其执行职务时目击的犯罪情况出庭作证,适用证人作证的规定

B. 警察就其非执行职务时目击的犯罪情况出庭作证,不适用证人作证的规定

C. 对了解案件情况的人,确有必要时,可以强制到庭作证

D. 证人没有正当理由拒绝出庭作证的,只有情节严重,才可以处以拘留,且拘留不可以超过 10 日

105. 2011/2/27/单

关于证据的审查判断,下列哪一说法是正确的?④

A. 被害人有生理缺陷,对案件事实的认知和表达存在一定困难,故其陈述在任何情况下都不得采信

---

① C ② ABD ③ AD ④ D

B. 与被告人有利害冲突的证人提供的对被告人不利的证言,在任何情况下都不得采信

C. 公安机关制作的放火案的勘验、检查笔录没有见证人签名,一律不得采信

D. 搜查获得的杀人案凶器,未附搜查笔录,不能证明该凶器来源,一律不得采信

106. 2011/2/66/多

具有特定情形的下列哪些证据不能作为定案的根据?①

A. 视听资料的制作时间、地点存有异议,不能作出合理解释,也没有提供必要证明的

B. 在做 DNA 检测时送检材料与比对样本属于同一个来源的

C. 证人在犯罪现场听到被告人喊"给他点厉害瞧瞧"的陈述

D. 犯罪嫌疑人拒绝签名、盖章而由侦查人员在笔录上注明情况的讯问笔录

考点27 刑事诉讼证明

107. 2017/2/70/多

关于我国刑事诉讼的证明主体,下列哪些选项是正确的?②

A. 故意毁坏财物案中的附带民事诉讼原告人是证明主体

B. 侵占案中提起反诉的被告人是证明主体

C. 妨害公务案中就执行职务时目击的犯罪情况出庭作证的警察是证明主体

D. 证明主体都是刑事诉讼主体

108. 2016/2/30/单

关于《刑事诉讼法》规定的证明责任分担,下列哪一选项是正确的?③

A. 公诉案件中检察院负有证明被告人有罪的责任,证明被告人无罪的责任由被告方承担

B. 自诉案件的证明责任分配依据"谁主张,谁举证"的法则确定

C. 巨额财产来源不明案中,被告人承担说服责任

D. 非法持有枪支案中,被告人负有提出证据的责任

---

① AB(原答案为ABD) ② ABD ③ D

109. 2016/2/69/多

下列哪些选项属于刑事诉讼中的证明对象?①

A. 行贿案中,被告人知晓其谋取的系不正当利益的事实

B. 盗窃案中,被告人的亲友代为退赃的事实

C. 强奸案中,用于鉴定的体液检材是否被污染的事实

D. 侵占案中,自诉人申请期间恢复而提出的其突遭车祸的事实,且被告人和法官均无异议

110. 2011/2/74/多

关于死刑案件的证明对象的表述,下列哪些选项是正确的?②

A. 被指控的犯罪事实的发生

B. 被告人实施犯罪的时间、地点、手段、后果以及其他情节

C. 被害人有无过错及过错程度

D. 被告人的近亲属是否协助抓获被告人

111. 2010/2/25/单

甲乙两家曾因宅基地纠纷诉至法院,尽管有法院生效裁判,但甲乙两家关于宅基地的争议未得到根本解决。一日,甲、乙因各自车辆谁先过桥引发争执继而扭打,甲拿起车上的柴刀砍中乙颈部,乙当场死亡。对此,下列哪一选项是不需要用证据证明的免证事实?③

A. 甲的身份状况

B. 甲用柴刀砍乙颈部的时间、地点、手段、后果

C. 甲用柴刀砍乙颈部时精神失常

D. 法院就甲乙两家宅基地纠纷所作出的裁判事项

112. 2009/2/70/多

关于刑事诉讼中的证明责任,下列哪些选项是正确的?④

A. 总是与一定的积极诉讼主张相联系,否认一方不负证明责任

B. 总是与一定的不利诉讼后果相联系,受到不利裁判的不一定承担证明责任

C. 是提出证据责任与说服责任的统一,提出证据并非完全履行了证明责任

D. 是专属于控诉方独自承担的责任,具有一定的责任排他性

---

① AB ② ABCD ③ D ④ ABC

113. 2008/2/32/单

下列案件能够作出有罪认定的是哪一选项？①

A. 甲供认自己强奸了乙,乙否认,该案没有其他证据

B. 甲指认乙强奸了自己,乙坚决否认,该案没有其他证据

C. 某单位资金 30 万元去向不明,会计说局长用了,局长说会计用了,该案没有其他证据

D. 甲乙二人没有通谋,各自埋伏,几乎同时向丙开枪,后查明丙身中一弹,甲乙对各自犯罪行为供认不讳,但收集到的证据无法查明这一枪到底是谁打中的

114. 2005/2/97/不定项

关于我国刑事诉讼中证明责任的分担,下列说法正确的是：②

A. 犯罪嫌疑人应当如实回答侦查人员的提问,承担证明自己无罪的责任

B. 自诉人对其控诉承担提供证据予以证明的责任

C. 律师进行无罪辩护时必须承担提供证据证明其主张成立的责任

D. 在巨额财产来源不明案中,检察机关应当证明国家工作人员的财产明显超过合法收入且差额巨大这一事实的存在

专题八 强制措施

考点28 强制措施适用的原则

115. 法考回忆题/多

下列关于强制措施性质的表述哪些是正确的？③

A. 对证据不足的犯罪嫌疑人不予逮捕,体现了强制措施的法定性原则

B. 对在住处监视居住的犯罪嫌疑人,发现可能妨碍侦查而采取指定居所监视居住,体现了比例原则

C. 侦查阶段认为被逮捕的犯罪嫌疑人社会危险性降低,决定释放犯罪嫌疑人,体现了变更性原则

D. 检察院为了更方便讯问犯罪嫌疑人而批准逮捕,体现了必要性原则

116. 2017/2/71/多

我国强制措施的适用应遵循变更性原则。下列哪些情形符合变

更性原则的要求？①

  A. 拘传期间因在身边发现犯罪证据而直接予以拘留

  B. 犯罪嫌疑人在取保候审期间被发现另有其他罪行，要求其相应地增加保证金的数额

  C. 犯罪嫌疑人在取保候审期间违反规定后对其先行拘留

  D. 犯罪嫌疑人被羁押的案件，不能在法律规定的侦查羁押期限内办结的，予以释放

考点 29 拘传

117. （法考回忆题/多）

  郑某因涉嫌盗窃被某区公安分局立案侦查，区公安分局对郑某采取拘传措施。对此，下列说法哪些是不正确的？②

  A. 某区公安分局对郑某采取拘传措施，需要经过上一级公安机关批准

  B. 某区公安分局在拘传郑某前需要先传唤郑某

  C. 某区公安分局如果需要对郑某采取取保候审措施，拘传时间可以延长至 24 小时

  D. 某区公安分局可以拘传郑某至指定的酒店进行讯问

118. （2008/2/28/单）

  关于法院可以决定对什么人采取拘传这一刑事强制措施，下列哪一选项是正确的？③

  A. 某公司涉嫌生产、销售伪劣产品罪，作为该公司诉讼代表人而拒不出庭的高某

  B. 抢夺案中非在押的被告人陈某

  C. 盗窃案中非在押的犯罪嫌疑人卢某

  D. 贿赂案中拒不出庭的证人李某

考点 30 取保候审

119. （法考回忆题/单）

  居住在甲市的叶某在乙市旅行期间殴打韩某，致其轻伤。叶某被乙市公安机关立案侦查并取保候审。关于叶某的取保候审，下列哪一说法是正确的？④

---

① ACD   ② ABCD   ③ B   ④ C

A. 叶某的取保候审应在乙市执行

B. 公安机关应对叶某优先适用保证人保证

C. 公安机关可要求叶某不得向韩某发送短信

D. 如公安机关对叶某撤销案件,取保候审自动解除

120. `2016/2/31/单`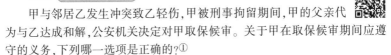

甲与邻居乙发生冲突致乙轻伤,甲被刑事拘留期间,甲的父亲代为与乙达成和解,公安机关决定对甲取保候审。关于甲在取保候审期间应遵守的义务,下列哪一选项是正确的?①

A. 将驾驶证件交执行机关保存

B. 不得与乙接触

C. 工作单位调动的,在 24 小时内报告执行机关

D. 未经公安机关批准,不得进入特定的娱乐场所

121. `2015/2/27/单`

郭某涉嫌报复陷害申诉人蒋某,侦查机关因郭某可能毁灭证据将其拘留。在拘留期限即将届满时,因逮捕郭某的证据尚不充足,侦查机关责令其交纳 2 万元保证金取保候审。关于本案处理,下列哪一选项是正确的?②

A. 取保候审由本案侦查机关执行

B. 如郭某表示无力全额交纳保证金,可降低保证金数额,同时责令其提出保证人

C. 可要求郭某在取保候审期间不得进入蒋某居住的小区

D. 应要求郭某在取保候审期间不得变更住址

122. `2014/2/30/单`

未成年人郭某涉嫌犯罪被检察院批准逮捕。在审查起诉中,经羁押必要性审查,拟变更为取保候审并适用保证人保证。关于保证人,下列哪一选项是正确的?③

A. 可由郭某的父亲担任保证人,并由其交纳 1000 元保证金

B. 可要求郭某的父亲和母亲同时担任保证人

C. 如果保证人协助郭某逃匿,应当依法追究保证人的刑事责任,并要求其承担相应的民事连带赔偿责任

D. 保证人未履行保证义务应处罚款的,由检察院决定

---

① C　② C　③ B

123． 2013/2/31/单

关于取保候审的程序限制,下列哪一选项是正确的?①

A. 保证金应当由决定机关统一收取,存入指定银行的专门账户

B. 对于可能判处徒刑以上刑罚的,不得采取取保候审措施

C. 对同一犯罪嫌疑人不得同时使用保证金担保和保证人担保两种方式

D. 对违反取保候审规定,需要予以逮捕的,不得对犯罪嫌疑人、被告人先行拘留

124． 2010/2/68/多

关于被法院决定取保候审的被告人在取保候审期间应当遵守的法定义务,下列哪些选项是正确的?②

A. 未经法院批准不得离开所居住的市、县

B. 未经公安机关批准不得会见他人

C. 在传讯的时候及时到案

D. 不得以任何形式干扰证人作证

考点31 监视居住

125． 法考回忆题/多

高某从某市甲区邮寄毒品给乙区的许某,许某在乙区与宋某交易时被当场抓获。关于本案的诉讼程序,下列哪些说法是正确的?③

A. 乙区公安机关拘留许某2天后通知了许某的家属

B. 乙区公安机关通知甲区公安机关协助抓捕甲区的高某

C. 经宋某同意并带领,公安机关没有搜查证对其住处进行搜查

D. 公安机关查封宋某的唯一一住处后,可以对其指定居所监视居住

126． 2012/2/68/多

在符合逮捕条件时,对下列哪些人员可以适用监视居住措施?④

A. 甲患有严重疾病、生活不能自理

B. 乙正在哺乳自己婴儿

C. 丙系生活不能自理的人的唯一扶养人

D. 丁系聋哑人

---

① C ② CD ③ BD ④ ABC

考点 32 拘留

127． 2015/2/28/单

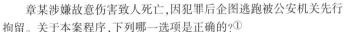

章某涉嫌故意伤害致人死亡,因犯罪后企图逃跑被公安机关先行拘留。关于本案程序,下列哪一选项是正确的?①

A. 拘留章某时,必须出示拘留证

B. 拘留章某后,应在 12 小时内将其送看守所羁押

C. 拘留后对章某的所有讯问都必须在看守所内进行

D. 因怀疑章某携带管制刀具,拘留时公安机关无需搜查证即可搜查其身体

128． 2012/2/29/单

甲涉嫌黑社会性质组织犯罪,10 月 5 日上午 10 时被刑事拘留。下列哪一处置是违法的?②

A. 甲于当月 6 日上午 10 时前被送至看守所羁押

B. 甲涉嫌黑社会性质组织犯罪,因考虑通知家属有碍进一步侦查,决定暂不通知

C. 甲在当月 6 日被送至看守所之前,公安机关对其进行了讯问

D. 讯问后,发现甲依法需要逮捕,当月 8 日提请检察院审批

129． 2005/2/27/单

下列关于司法拘留、行政拘留与刑事拘留的表述,哪一项是正确的?③

A. 司法拘留是对妨害诉讼的强制措施,行政拘留是行政制裁方法,被司法拘留和行政拘留的人均羁押在行政拘留所;刑事拘留是一种强制措施,被刑事拘留的人羁押在看守所

B. 司法拘留、行政拘留、刑事拘留都是一种处罚手段

C. 司法拘留、行政拘留、刑事拘留都是一种强制措施

D. 司法拘留、行政拘留、刑事拘留均可由公安机关决定

考点 33 逮捕

130． 法考回忆题/多

甲、乙二人因涉嫌生产、销售不符合安全标准的食品罪,被刑事拘

---

① D ② B ③ A

留并报请检察院审查逮捕。关于本案的审查逮捕程序,下列哪些说法是正确的?①

A. 甲认罪认罚,检察院应对其进行讯问

B. 因本案在当地有重大影响,检察院可采取当面听取侦查人员、犯罪嫌疑人、辩护人等意见的方式进行公开审查

C. 因本案案情重大复杂,检察院可在收到提请批准逮捕书后 20 日内作出是否批准逮捕的决定

D. 乙未满 16 周岁,检察院对其作出不批准逮捕及终止侦查的决定

131. 〔2017/2/72/多〕

甲、乙涉嫌非法拘禁罪被取保候审。本案提起公诉后,法院认为对甲可继续适用取保候审,乙因有伪造证据的行为而应予逮捕。对于法院适用强制措施,下列哪些选项是正确的?②

A. 对甲可变更为保证人保证

B. 决定逮捕之前可先行拘留乙

C. 逮捕乙后应在 24 小时内讯问

D. 逮捕乙后,同级检察院可主动启动对乙的羁押必要性审查

132. 〔2016/2/32/单〕

甲乙二人涉嫌猥亵儿童,甲被批准逮捕,乙被取保候审。案件起诉到法院后,乙被法院决定逮捕。关于本案羁押必要性审查,下列哪一选项是正确的?③

A. 在审查起诉阶段对甲进行审查,由检察院公诉部门办理

B. 对甲可进行公开审查并听取被害儿童法定代理人的意见

C. 检察院可依职权对乙进行审查

D. 经审查发现乙系从犯,具有悔罪表现且可能宣告缓刑,不予羁押不致发生社会危险性的,检察院应要求法院变更强制措施

133. 〔2016/2/93/不定项〕

甲、乙(户籍地均为 M 省 A 市)共同运营一条登记注册于 A 市的远洋渔船。某次在公海捕鱼时,甲乙二人共谋杀害了与他们素有嫌隙的水手丙。该船回国后首泊于 M 省 B 市港口以作休整,然后再航行至 A 市。从 B 市起航后,在途经 M 省 C 市航行至 A 市过程中,甲因害怕乙投案自首一直将乙

---

① AB ② ACD ③ C

捆绑拘禁于船舱。该船于 A 市靠岸后案发。

关于本案强制措施的适用,下列选项正确的是:①

A. 拘留甲后,应在送看守所羁押后 24 小时以内通知甲的家属

B. 如有证据证明甲参与了故意杀害丙,应逮捕甲

C. 拘留乙后,应在 24 小时内进行讯问

D. 如乙因捆绑拘禁时间过长致身体极度虚弱而生活无法自理的,可在拘留后转为监视居住

134． 2015/2/29/多

王某涉嫌在多个市县连续组织淫秽表演,2014 年 9 月 15 日被刑事拘留,随即聘请律师担任辩护人,10 月 17 日被检察院批准逮捕,12 月 5 日被移送检察院审查起诉。关于律师提请检察院进行羁押必要性审查,下列哪些选项是不正确的?②

A. 10 月 14 日提出申请,检察院应受理

B. 11 月 18 日提出申请,检察院应告知其先向侦查机关申请变更强制措施

C. 12 月 3 日提出申请,由检察院承担监所检察工作的部门负责审查

D. 12 月 10 日提出申请,由检察院公诉部门负责审查

135． 2013/2/67/多

检察机关审查批准逮捕,下列哪些情形存在时应当讯问犯罪嫌疑人?③

A. 犯罪嫌疑人的供述前后反复且与其他证据矛盾

B. 犯罪嫌疑人要求向检察机关当面陈述

C. 侦查机关拘留犯罪嫌疑人 36 小时以后将其送交看守所羁押

D. 犯罪嫌疑人是聋哑人

136． 2012/2/26/单

检察院审查批准逮捕时,遇有下列哪一情形依法应当讯问犯罪嫌疑人?④

A. 辩护律师提出要求的

B. 犯罪嫌疑人要求向检察人员当面陈述的

C. 犯罪嫌疑人要求会见律师的

D. 共同犯罪的

---

① BCD ② ABCD(原答案为 C) ③ ABCD ④ B

考点 34 强制措施的变更和解除

137． (法考回忆题/单)

经过羁押必要性审查,下列情形中人民检察院应当向办案机关提出释放或者变更强制措施建议,下列哪一选项正确?①

A. 被告人认罪认罚

B. 没有证据证明有犯罪事实或者犯罪行为系犯罪嫌疑人、被告人所为

C. 被告人与被害方依法自愿达成和解协议,且已经履行完毕

D. 被告人患有严重疾病,生活不能自理

138． (2016/2/70/多)

下列哪些情形,法院应当变更或解除强制措施?②

A. 甲涉嫌绑架被逮捕,案件起诉至法院时发现怀有身孕

B. 乙涉嫌非法拘禁被逮捕,被法院判处有期徒刑 2 年,缓期 2 年执行,判决尚未发生法律效力

C. 丙涉嫌妨害公务被逮捕,在审理过程中突发严重疾病

D. 丁涉嫌故意伤害被逮捕,因对被害人伤情有异议而多次进行鉴定,致使该案无法在法律规定的一审期限内审结

139． (2014/2/31/单)

关于犯罪嫌疑人的审前羁押,下列哪一选项是错误的?③

A. 基于强制措施适用的必要性原则,应当尽量减少审前羁押

B. 审前羁押是临时性的状态,可根据案件进展和犯罪嫌疑人的个人情况予以变更

C. 经羁押必要性审查认为不需要继续羁押的,检察院应及时释放或变更为其他非羁押强制措施

D. 案件不能在法定办案期限内办结的,应当解除羁押

140． (2008/2/34/多) 新法改编

关于应当变更为取保候审、监视居住或解除强制措施,下列哪些选项是不正确的?④

A. 甲被逮捕后发现患有严重疾病

B. 乙被逮捕后经检查正在怀孕

C. 丙被逮捕后侦查羁押期限届满仍须继续查证

---

① B　② BD　③ C　④ ABCD

D. 丁被逮捕后一审法院判处有期徒刑 1 年缓刑 2 年,判决尚未发生效力

专题九　附带民事诉讼

考点35 附带民事诉讼当事人

141. 2017/2/28/单

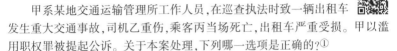

甲系某地交通运输管理所工作人员,在巡查执法时致一辆出租车发生重大交通事故,司机乙重伤,乘客丙当场死亡,出租车严重受损。甲以滥用职权罪被提起公诉。关于本案处理,下列哪一选项是正确的?①

　　A. 乙可成为附带民事诉讼原告人

　　B. 交通运输管理所可成为附带民事诉讼被告人

　　C. 丙的妻子提起附带民事诉讼的,法院应裁定不予受理

　　D. 乙和丙的近亲属可与甲达成刑事和解

142. 2014/2/32/单

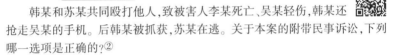

韩某和苏某共同殴打他人,致被害人李某死亡、吴某轻伤,韩某还抢走吴某的手机。后韩某被抓获,苏某在逃。关于本案的附带民事诉讼,下列哪一选项是正确的?②

　　A. 李某的父母和祖父母都有权提起附带民事诉讼

　　B. 韩某和苏某应一并列为附带民事诉讼的被告人

　　C. 吴某可通过附带民事诉讼要求韩某赔偿手机

　　D. 吴某在侦查阶段与韩某就民事赔偿达成调解协议并全部履行后又提起附带民事诉讼,法院不予受理

考点36 附带民事诉讼的提起与审判程序

143. 2016/2/71/多

甲、乙殴打丙,致丙长期昏迷,乙在案发后潜逃,检察院以故意伤害罪对甲提起公诉。关于本案,下列哪些选项是正确的?③

　　A. 丙的妻子、儿子和弟弟都可成为附带民事诉讼原告人

　　B. 甲、乙可作为附带民事诉讼共同被告人,对故意伤害丙造成的物质损失承担连带赔偿责任

　　C. 丙因昏迷无法继续履行与某公司签订的合同造成的财产损失不属于

---

① C　② D　③ ACD

附带民事诉讼的赔偿范围

　　D. 如甲的朋友愿意代为赔偿，法院应准许并可作为酌定量刑情节考虑

144． 2015/2/30/单

法院可以受理被害人提起的下列哪一附带民事诉讼案件？①

　　A. 抢夺案，要求被告人赔偿被夺走并变卖的手机

　　B. 寻衅滋事案，要求被告人赔偿所造成的物质损失

　　C. 虐待被监管人案，要求被告人赔偿因体罚虐待致身体损害所产生的医疗费

　　D. 非法搜查案，要求被告人赔偿因非法搜查所导致的物质损失

145． 2013/2/32/单

王某被姜某打伤致残，在开庭审判前向法院提起附带民事诉讼，并提出财产保全的申请。法院对于该申请的处理，下列哪一选项是正确的？②

　　A. 不予受理

　　B. 可以采取查封、扣押或者冻结被告人财产的措施

　　C. 只有在王某提供担保后，法院才予以财产保全

　　D. 移送财产所在地的法院采取保全措施

146． 张一、李二、王三因口角与赵四发生斗殴，赵四因伤势过重死亡。其中张一系未成年人，王三情节轻微未被起诉，李二在一审开庭前意外死亡。

请回答第（1）、（2）题。

（1） 2013/2/95/不定项

本案依法负有民事赔偿责任的人是：③

　　A. 张一、李二

　　B. 张一父母、李二父母

　　C. 张一父母、王三

　　D. 张一父母、李二父母、王三

（2） 2013/2/96/不定项

在一审过程中，如果发生附带民事诉讼原、被告当事人不到庭情形，法院的下列做法正确的是：④

　　A. 赵四父母经传唤，无正当理由不到庭，法庭应当择期审理

　　B. 赵四父母到庭后未经法庭许可中途退庭，法庭应当按撤诉处理

C. 王三经传唤,无正当理由不到庭,法庭应当采取强制手段强制其到庭

D. 李二父母未经法庭许可中途退庭,就附带民事诉讼部分,法庭应当缺席判决

147. 2012/2/30/单

关于附带民事诉讼案件诉讼程序中的保全措施,下列哪一说法是正确的?①

A. 法院应当采取保全措施

B. 附带民事诉讼原告人和检察院都可以申请法院采取保全措施

C. 采取保全措施,不受《民事诉讼法》规定的限制

D. 财产保全的范围不限于犯罪嫌疑人、被告人的财产或与本案有关的财产

148. 2011/2/28/单

在罗某放火案中,钱某、孙某和吴某3家房屋均被烧毁。一审时,钱某和孙某提起要求罗某赔偿损失的附带民事诉讼,吴某未主张。一审判决宣告后,吴某欲让罗某赔偿财产损失。下列哪一说法是正确的?②

A. 吴某可另行提起附带民事诉讼

B. 吴某不得再提起附带民事诉讼,可在刑事判决生效后另行提起民事诉讼

C. 吴某可提出上诉,请求法院在二审程序中判令罗某予以赔偿

D. 吴某既可另行提起附带民事诉讼,也可单独提起民事诉讼

149. 2010/2/76/单

某县检察院以涉嫌故意伤害罪对十六岁的马某提起公诉,被害人刘某提起附带民事诉讼。对此,下列哪一选项是正确的?③

A. 在审理该案时,法院只能适用《刑法》、《刑事诉讼法》等有关的刑事法律

B. 在审查起诉阶段,马某、刘某已就赔偿达成协议且马某按照协议给付了刘某五万元,法院仍可以受理刘某提起的附带民事诉讼

C. 法院受理附带民事诉讼后,应当将附带民事起诉状副本送达马某,或者将口头起诉的内容通知马某

D. 法院可以决定查封或者扣押被告人马某的财产

① B ② B ③ D(原答案为BD)

专题十　期间、送达

考点37　期间

150． 2017/2/29/单

卢某妨害公务案于 2016 年 9 月 21 日一审宣判,并当庭送达判决书。卢某于 9 月 30 日将上诉书交给看守所监管人员黄某,但黄某因忙于个人事务直至 10 月 8 日上班时才寄出,上诉书于 10 月 10 日寄到法院。关于一审判决生效,下列哪一选项是正确的?①

A. 一审判决于 9 月 30 日生效

B. 因黄某耽误上诉期间,卢某将上诉书交予黄某时,上诉期间中止

C. 因黄某过失耽误上诉期限,卢某可申请期间恢复

D. 上诉书寄到法院时一审判决尚未生效

151． 2015/2/31/单

关于办案期限重新计算的说法,下列哪一选项是正确的?②

A. 甲盗窃汽车案,在侦查过程中发现其还涉嫌盗窃 1 辆普通自行车,重新计算侦查羁押期限

B. 乙受贿案,检察院审查起诉时发现一笔受贿款项证据不足,退回补充侦查后再次移送审查起诉时,重新计算审查起诉期限

C. 丙聚众斗殴案,在处理完丙提出的有关检察院书记员应当回避的申请后,重新计算一审审理期限

D. 丁贩卖毒品案,二审法院决定开庭审理并通知同级检察院阅卷,检察院阅卷结束后,重新计算二审审理期限

152． 2014/2/33/单

关于期间的计算,下列哪一选项是正确的?③

A. 重新计算期限包括公检法的办案期限和当事人行使诉讼权利的期限两种情况

B. 上诉状或其他法律文书在期满前已交邮的不算过期,已交邮是指在期间届满前将上诉状或其他法律文书递交邮局或投入邮筒内

C. 法定期间不包括路途上的时间,比如有关诉讼文书材料在公检法之间传递的时间应当从法定期间内扣除

---

① D　② B　③ C

D. 犯罪嫌疑人、被告人在押的案件,在羁押场所以外对患有严重疾病的犯罪嫌疑人、被告人进行医治的时间,应当从法定羁押期间内扣除

153. `2013/2/33/单`

关于刑期计算,下列哪一说法是不正确的?①

A. 甲被判处拘役六个月,其被指定居所监视居住 154 天的期间折抵刑期 154 天

B. 乙通过贿赂手段被暂予监外执行,其在监外执行的 267 天不计入执行刑期

C. 丙在暂予监外执行期间脱逃,脱逃的 78 天不计入执行刑期

D. 丁被判处管制,其判决生效前被逮捕羁押 208 天的期间折抵刑期 416 天

154. `2011/2/29/多`

关于期间的计算,下列哪些说法是不正确的?②

A. 因被告人脱逃而中止审理的期间,计入审理期限

B. 法院对提起公诉案件进行审查的期限,不计入审理期限

C. 被告人要求法院另行指定辩护律师,自合议庭同意而宣布延期审理之日起至第 10 日止准备辩护的时间,计入审理期限

D. 因当事人和辩护人申请调取新的证据而延期审理期限,不计入审理期限

155. `2010/2/34/多`

下列哪些段时间应计入一审案件审理期限?③

A. 需要延长审理期限的案件,办理请高级法院批准手续的时间

B. 当事人申请重新鉴定,经法院同意延期审理的时间

C. 检察院补充侦查完毕后重新移送法院的案件,法院收到案件之日以前补充侦查的时间

D. 法院改变管辖的案件,自改变管辖决定作出至改变后的法院收到案件之日的时间

156. `2008/2/22/单`

根据《刑事诉讼法》及有关司法解释的规定,下列哪一项办案期限是不能重新计算的?④

---

① A ② ABCD(原答案为 D) ③ AB(原答案为 A) ④ C

A. 补充侦查完毕后的审查起诉期限

B. 发现犯罪嫌疑人另有重要罪行后的侦查羁押期限

C. 处理当事人回避申请后的法庭审理期限

D. 检察院补充侦查完毕移送法院继续审理的审理期限

考点38 送达

157. 2013/2/70/多

被告人徐某为未成年人,法院书记员到其住处送达起诉书副本,徐某及其父母拒绝签收。关于该书记员处理这一问题的做法,下列哪些选项是正确的?①

A. 邀请见证人到场

B. 在起诉书副本上注明拒收的事由和日期,该书记员和见证人签名或盖章

C. 采取拍照、录像等方式记录送达过程

D. 将起诉书副本留在徐某住处

第二编　分　论

专题十一　立　案

考点39 立案材料的来源和条件

158. 2017/2/30/单

环卫工人马某在垃圾桶内发现一名刚出生的婴儿后向公安机关报案,公安机关紧急将婴儿送医院成功抢救后未予立案。关于本案的立案程序,下列哪一选项是正确的?②

A. 确定遗弃婴儿的原因后才能立案

B. 马某对公安机关不予立案的决定可申请复议

C. 了解婴儿被谁遗弃的知情人可向检察院控告

D. 检察院可向公安机关发出要求说明不立案理由通知书

---

① ACD　② D

考点40 立案程序和立案监督

159. 法考回忆题/多

甲因酒后驾车被某县公安局交警大队查获,经鉴定,甲每百毫升血液中含酒精90mg,属于醉酒驾车。交警大队随后将甲移送刑警大队以追究危险驾驶罪的刑事责任。刑警大队3天后对甲作出了不立案决定。下列哪些选项是不正确的?①

A. 甲有权向某县公安局复议

B. 甲有权向某县公安局的上一级机关复核

C. 交警队有权向某县公安局复议

D. 交警队有权向某县公安局的上一级机关复核

160. 2016/2/72/多

公安机关获知有多年吸毒史的王某近期可能从事毒品制售活动,遂对其展开初步调查工作。关于这一阶段公安机关可以采取的措施,下列哪些选项是正确的?②

A. 监听 B. 查询王某的银行存款

C. 询问王某 D. 通缉

161. 2015/2/32/单

甲公司以虚构工程及伪造文件的方式,骗取乙工程保证金400余万元。公安机关接到乙控告后,以尚无明确证据证明甲涉嫌犯罪为由不予立案。关于本案,下列哪一选项是正确的?③

A. 乙应先申请公安机关复议,只有不服复议决定的才能请求检察院立案监督

B. 乙请求立案监督,检察院审查后认为公安机关应立案的,可通知公安机关立案

C. 公安机关接到检察院立案通知后仍不立案的,经省级检察院决定,检察院可自行立案侦查

D. 乙可直接向法院提起自诉

162. 2013/2/34/单

卢某坠楼身亡,公安机关排除他杀,不予立案。但卢某的父母坚称他杀可能性大,应当立案,请求检察院监督。检察院的下列哪一做法是正确的?④

---

① ABD ② BC ③ D ④ A

A. 要求公安机关说明不立案理由

B. 拒绝受理并向卢某的父母解释不立案原因

C. 认为符合立案条件的,可以立案并交由公安机关侦查

D. 认为公安机关不立案理由不能成立的,应当建议公安机关立案

163. 2009/2/26/单

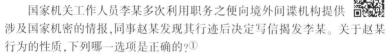

国家机关工作人员李某多次利用职务之便向境外间谍机构提供涉及国家机密的情报,同事赵某发现其行迹后决定写信揭发李某。关于赵某行为的性质,下列哪一选项是正确的?①

A. 控告 B. 告诉

C. 举报 D. 报案

专题十二 侦 查

考点41 侦查行为

164. 法考回忆题/多

某地发生命案,侦查人员在勘验现场时邀请当地村委会主任刘某作为见证人。对此,下列哪些选项是正确的?②

A. 刘某如请求公安机关予以安全保护,公安机关应采取保护措施

B. 刘某应在勘验笔录上签字或者盖章

C. 刘某属于本案的诉讼参与人

D. 勘验笔录的真实性有争议时,法庭可通知刘某出庭

165. 2017/2/23/单

1996 年 11 月,某市发生一起故意杀人案。2017 年 3 月,当地公安机关根据案发时现场物证中提取的 DNA 抓获犯罪嫌疑人陆某。2017 年 7月,最高检察院对陆某涉嫌故意杀人案核准追诉。在最高检察院核准前,关于本案处理,下列哪一选项是正确的?③

A. 不得侦查本案

B. 可对陆某先行拘留

C. 不得对陆某批准逮捕

D. 可对陆某提起公诉

---

① C ② BD ③ B

166. 2017/2/31/单

关于侦查辨认,下列哪一选项是正确的?①

A. 强制猥亵案,让犯罪嫌疑人对被害人进行辨认

B. 盗窃案,让犯罪嫌疑人到现场辨认藏匿赃物的房屋

C. 故意伤害案,让犯罪嫌疑人和被害人一起对凶器进行辨认

D. 刑讯逼供案,让被害人在 4 张照片中辨认犯罪嫌疑人

167. 2017/2/69/多

甲涉嫌利用木马程序盗取 Q 币并转卖他人,公安机关搜查其住处时,发现一个 U 盘内存储了用于盗取账号密码的木马程序。关于该 U 盘的处理,下列哪些选项是正确的?②

A. 应扣押 U 盘并制作笔录

B. 检查 U 盘内的电子数据时,应将 U 盘拆分过程进行录像

C. 公安机关移送审查起诉时,对 U 盘内提取的木马程序,应附有该木马程序如何盗取账号密码的说明

D. 如 U 盘未予封存,且不能补正或作出合理解释的,U 盘内提取的木马程序不得作为定案的根据

168. 2017/2/73/多

在朱某危险驾驶案的辩护过程中,辩护律师查看了侦查机关录制的讯问同步录像。同步录像中的下列哪些行为违反法律规定?③

A. 后续讯问的侦查人员与首次讯问的侦查人员完全不同

B. 朱某请求自行书写供述,侦查人员予以拒绝

C. 首次讯问时未告知朱某可聘请律师

D. 其中一次讯问持续了 14 个小时

169. 2017/2/95/不定项

某小学发生一起猥亵儿童案件,三年级女生甲向校长许某报称被老师杨某猥亵。许某报案后,侦查人员通过询问许某了解了甲向其陈述的被杨某猥亵的经过。侦查人员还通过询问甲了解到,另外两名女生乙和丙也可能被杨某猥亵,乙曾和甲谈到被杨某猥亵的经过,甲曾目睹杨某在课间猥亵丙。讯问杨某时,杨某否认实施猥亵行为,并表示他曾举报许某贪污,许某报案是对他的打击报复。

① B ② ABCD ③ BCD

关于本案侦查措施,下列选项正确的是:①

A. 经出示工作证件,侦查人员可在学校询问甲

B. 询问乙时,可由学校的其他老师在场并代行乙的诉讼权利

C. 可通过侦查实验确定甲能否在其所描述的时间、地点看到杨某猥亵丙

D. 搜查杨某在学校内的宿舍时,可由许某在场担任见证人

170． 2016/2/34/单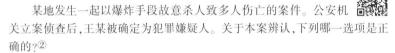

某地发生一起以爆炸手段故意杀人致多人伤亡的案件。公安机关立案侦查后,王某被确定为犯罪嫌疑人。关于本案辨认,下列哪一选项是正确的?②

A. 证人甲辨认制造爆炸物的工具时,混杂了另外 4 套同类工具

B. 证人乙辨认犯罪嫌疑人时未同步录音或录像,辨认笔录不得作为定案的依据

C. 证人丙辨认犯罪现场时没有见证人在场,辨认笔录不得作为定案的依据

D. 王某作为辨认人时,陪衬物不受数量的限制

171． 2016/2/94/不定项

甲、乙(户籍地均为 M 省 A 市)共同运营一条登记注册于 A 市的远洋渔船。某次在公海捕鱼时,甲乙二人共谋杀害了与他们素有嫌隙的水手丙。该船回国后首泊于 M 省 B 市港口以作休整,然后再航至 A 市。从 B 市起航后,在途经 M 省 C 市航行至 A 市过程中,甲因害怕乙投案自首一直将乙捆绑拘禁于船舱。该船于 A 市靠岸后案发。

本案公安机关开展侦查。关于侦查措施,下列选项正确的是:③

A. 讯问甲的过程应当同步录音或录像

B. 可在讯问乙的过程中一并收集乙作为非法拘禁案的被害人的陈述

C. 在该船只上进行犯罪现场勘查时,应邀请见证人在场

D. 可查封该船只进一步收集证据

172． 2015/2/94/不定项

鲁某与关某涉嫌贩卖冰毒 500 余克,B 省 A 市中级法院开庭审理后,以鲁某犯贩卖毒品罪,判处死刑立即执行,关某犯贩卖毒品罪,判处死刑缓期二年执行。一审宣判后,关某以量刑过重为由向 B 省高级法院提起

———————————

① AC ② A ③ ACD

上诉,鲁某未上诉,检察院也未提起抗诉。关于本案侦查,下列选项正确的是:①

A. 本案经批准可采用控制下交付的侦查措施

B. 对鲁某采取技术侦查的期限不得超过 9 个月

C. 侦查机关只有在对鲁某与关某立案后,才能派遣侦查人员隐匿身份实施侦查

D. 通过技术侦查措施收集到的证据材料可作为定案的依据,但须经法庭调查程序查证属实或由审判人员在庭外予以核实

173． 2014/2/34/单

关于勘验、检查,下列哪一选项是正确的?②

A. 为保证侦查活动的规范性与合法性,只有侦查人员可进行勘验、检查

B. 侦查人员进行勘验、检查,必须持有侦查机关的证明文件

C. 检查妇女的身体,应当由女工作人员或者女医师进行

D. 勘验、检查应当有见证人在场,勘验、检查笔录上没有见证人签名的,不得作为定案的根据

174． 2014/2/70/多

关于讯问犯罪嫌疑人,下列哪些选项是正确的?③

A. 在拘留犯罪嫌疑人之前,一律不得对其进行讯问

B. 在拘留犯罪嫌疑人之后,可在送看守所羁押前进行讯问

C. 犯罪嫌疑人被拘留送看守所之后,讯问应当在看守所内进行

D. 对于被指定居所监视居住的犯罪嫌疑人,应当在指定的居所进行讯问

175． 2014/2/92/不定项

赵某、石某抢劫杀害李某,被路过的王某、张某看见并报案。赵某、石某被抓获后,2 名侦查人员负责组织辨认。关于辨认的程序,下列选项正确的是:④

A. 在辨认尸体时,只将李某尸体与另一尸体作为辨认对象

B. 在 2 名侦查人员的主持下,将赵某混杂在 9 名具有类似特征的人员中,由王某、张某个别进行辨认

C. 在对石某进行辨认时,9 名被辨认人员中的 4 名民警因紧急任务离开,在 2 名侦查人员的主持下,将石某混杂在 5 名人员中,由王某、张

---

① ACD ② B ③ BC ④ ABD

某个别进行辨认

D. 根据王某、张某的要求,辨认在不暴露他们身份的情况下进行

176． 2013/2/30/单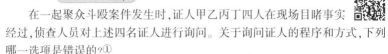

在一起聚众斗殴案件发生时,证人甲乙丙丁四人在现场目睹事实经过,侦查人员对上述四名证人进行询问。关于询问证人的程序和方式,下列哪一选项是错误的?①

A. 在现场立即询问证人甲

B. 传唤证人乙到公安机关提供证言

C. 到证人丙租住的房屋询问证人丙

D. 到证人丁提出的其工作单位附近的快餐厅询问证人丁

177． 2013/2/35/单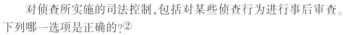

对侦查所实施的司法控制,包括对某些侦查行为进行事后审查。下列哪一选项是正确的?②

A. 事后审查的对象主要包括逮捕、羁押、搜查等

B. 事后审查主要针对的是强行性侦查措施

C. 采取这类侦查行为不可以由侦查机关独立作出决定

D. 对于这类行为,公民认为侦查机关侵犯其合法权益的,可以寻求司法途径进行救济

178． 2013/2/69/多

在侦查过程中,下列哪些行为违反我国刑事诉讼法的规定?③

A. 侦查人员拒绝律师讯问时在场的要求

B. 公安机关变更逮捕措施,没有通知原批准的检察院

C. 公安机关认为检察院不批准逮捕的决定有错误,提出复议前继续拘留犯罪嫌疑人

D. 侦查机关未告知犯罪嫌疑人家属指定居所监视居住的理由和处所

179． 2012/2/71/多

关于技术侦查,下列哪些说法是正确的?④

A. 适用于严重危害社会的犯罪案件

B. 必须在立案后实施

---

① B　② D　③ BC　④ AB

C. 公安机关和检察院都有权决定并实施

D. 获得的材料需要经过转化才能在法庭上使用

180. 侦查措施是查明案件事实的手段,与公民的权利保障密切相关。请回答第(1)～(3)题。

(1) 2012/2/92/不定项

关于讯问犯罪嫌疑人的地点,下列选项正确的是:①

A. 对不需要逮捕、拘留的犯罪嫌疑人,可以传唤到犯罪嫌疑人所在市、县的公安局进行讯问

B. 对不需要逮捕、拘留的犯罪嫌疑人,可以传唤到犯罪嫌疑人所在市、县的公司内进行讯问

C. 对于已经被逮捕羁押的犯罪嫌疑人,应当在看守所内进行讯问

D. 犯罪现场发现的犯罪嫌疑人,可以当场口头传唤,但须出示工作证并在讯问笔录中注明

(2) 2012/2/93/不定项

关于询问被害人,下列选项正确的是:②

A. 侦查人员可以在现场进行询问

B. 侦查人员可以在指定的地点进行询问

C. 侦查人员可以通知被害人到侦查机关接受询问

D. 询问笔录应当交被害人核对,如记载有遗漏或者差错,被害人可以提出补充或者改正

(3) 2012/2/94/不定项

关于查封、扣押措施,下列选项正确的是:③

A. 查封、扣押犯罪嫌疑人与案件有关的各种财物、文件只能在勘验、搜查中实施

B. 根据侦查犯罪的需要,可以依照规定扣押犯罪嫌疑人的存款、汇款、债券、股票、基金份额等财产

C. 侦查人员认为需要扣押犯罪嫌疑人的邮件、电报的时候,可通知邮电机关将有关的邮件、电报检交扣押

D. 对于查封、扣押的财物、文件、邮件、电报,经查明确实与案件无关的,应当在3日以内解除查封、扣押,予以退还

---

① ABCD ② ACD ③ D

181． 2011/2/69/单

公安机关抓获一起抢夺案犯罪嫌疑人黄某、王某。王某声称被错抓,公安机关决定组织对王某进行辨认。关于公安机关的做法,下列哪一选项是正确的?①

　A. 让 2 名被害人一同对王某进行辨认

　B. 让黄某单独对王某进行辨认

　C. 在辨认时没有安排见证人在场

　D. 将王某混在其他 5 名被辨认人当中

182． 2010/2/67/多

关于司法鉴定,下列哪些选项是正确的?②

　A. 某鉴定机构的三名鉴定人共同对某杀人案进行法医类鉴定,这三名鉴定人依照诉讼法律规定实行回避

　B. 某鉴定机构的鉴定人钱某对某盗窃案进行了声像资料鉴定,该司法鉴定应由钱某负责

　C. 当事人对鉴定人胡某的鉴定意见有异议,经法院通知,胡某应当出庭作证

　D. 鉴定人刘某、廖某、徐某共同对被告人的精神状况进行了鉴定,刘某和廖某意见一致,但徐某有不同意见,应当按照刘某和廖某的意见作出结论

183． 2009/2/27/单

关于侦查中的检查与搜查,下列哪一说法是正确的?③

　A. 搜查的对象可以是活人的身体,检查只能对现场、物品、尸体进行

　B. 搜查只能由侦查人员进行,检查可以由具有专门知识的人在侦查人员主持下进行

　C. 搜查应当出示搜查证,检查不需要任何证件

　D. 搜查和检查对任何对象都可以强制进行

184． 2009/2/68/多

关于扣押物证、书证,下列哪些做法是正确的?④

　A. 侦查人员在搜查钱某住宅时,发现一份能够证明钱某无罪的证据,对此证据予以扣押

　B. 在杜某故意杀人案中,侦查机关依法扣押杜某一些物品和文件。对与案

---

① B(原答案为BC) ② ABC ③ B ④ AC

　　件无关的物品和文件,侦查机关应当在五日内解除扣押、冻结,退还杜某

C. 公安机关在侦查刘某盗窃案中,可以依照规定查询、冻结刘某的存款、汇款

D. 在对周某盗窃罪审查起诉中,周某死亡,检察院决定将依法冻结的周某赃款的一部分上缴国库,其余部分返还给被害人

185. 2006/2/33/单

　　黄某住甲市 A 区,因涉嫌诈骗罪被甲市检察院批准逮捕。由于案情复杂,期限届满侦查不能终结,侦查机关报请有关检察机关批准延长一个月。其后,由于该案重大复杂,涉及面广,取证困难,侦查机关报请有关检察机关批准后,又延长了二个月。但是,延长二个月后,仍不能侦查终结,且根据已查明的犯罪事实,对黄某可能判处无期徒刑,侦查机关第三次报请检察院批准再延长二个月。在报请延长手续问题上,下列哪一选项是错误的?①

A. 第一次延长,须经甲市检察院批准

B. 第二次延长,须经甲市检察院的上一级检察院批准

C. 第二次延长,须经甲市所属的省检察院批准

D. 第三次延长,须经甲市所属的省检察院批准

考点42 侦查终结

186. 2016/2/33/单

　　甲乙二人在餐厅吃饭时言语不合进而互相推搡,乙突然倒地死亡,县公安局以甲涉嫌过失致人死亡立案侦查。经鉴定乙系特殊体质,其死亡属意外事件,县公安局随即撤销案件。关于乙的近亲属的诉讼权利,下列哪一选项是正确的?②

A. 就撤销案件向县公安局申请复议

B. 就撤销案件向县公安局的上一级公安局申请复核

C. 向检察院侦查监督部门申请立案监督

D. 直接向法院对甲提起刑事附带民事诉讼

187. 2012/2/39/单

　　关于侦查程序中的辩护权保障和情况告知,下列哪一选项是正确的?③

---

① A ② D ③ D

A. 辩护律师提出要求的,侦查机关可以听取辩护律师的意见,并记录在案

B. 辩护律师提出书面意见的,可以附卷

C. 侦查终结移送审查起诉时,将案件移送情况告知犯罪嫌疑人或者其辩护律师

D. 侦查终结移送审查起诉时,将案件移送情况告知犯罪嫌疑人及其辩护律师

考点43 补充侦查

188. 〔2015/2/70/多〕

关于补充侦查,下列哪些选项是正确的?①

A. 审查批捕阶段,只有不批准逮捕的,才能通知公安机关补充侦查

B. 审查起诉阶段的补充侦查以两次为限

C. 审判阶段检察院应自行侦查,不得退回公安机关补充侦查

D. 审判阶段法院不得建议检察院补充侦查

专题十三 起　诉

考点44 起诉概述

189. 〔2013/2/36/单〕

只要有足够证据证明犯罪嫌疑人构成犯罪,检察机关就必须提起公诉。关于这一制度的法理基础,下列哪一选项是正确的?②

A. 起诉便宜主义

B. 起诉法定主义

C. 公诉垄断主义

D. 私人诉追主义

190. 〔2010/2/70/多〕

关于我国刑事起诉制度,下列哪些选项是正确的?③

A. 实行公诉为主、自诉为辅的犯罪追诉机制

B. 公诉为主表明公诉机关可主动干预自诉

C. 实行的起诉原则为起诉法定主义为主,兼采起诉便宜主义

① ABC ② B ③ AC

D. 起诉法定为主要求凡构成犯罪的必须起诉

考点45 审查起诉

191． 法考回忆题/不定项

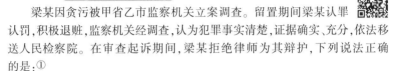

梁某因贪污被甲省乙市监察机关立案调查。留置期间梁某认罪认罚,积极退赃,监察机关经调查,认为犯罪事实清楚,证据确实、充分,依法移送人民检察院。在审查起诉期间,梁某拒绝律师为其辩护,下列说法正确的是:①

A. 人民检察院应当通知值班律师为梁某提供法律援助

B. 乙市监察机关决定留置应当报请甲省监察机关批准

C. 监察机关可以向检察院提出认罪认罚建议

D. 移送审查起诉后,留置措施自动解除,检察院应当对梁某先行拘留

192． 2016/2/35/单

甲、乙共同实施抢劫,该案经两次退回补充侦查后,检察院发现甲在两年前曾实施诈骗犯罪。关于本案,下列哪一选项是正确的?②

A. 应将全案退回公安机关依法处理

B. 对新发现的犯罪自行侦查,查清犯罪事实后一并提起公诉

C. 将新发现的犯罪移送公安机关侦查,待公安机关查明事实移送审查起诉后一并提起公诉

D. 将新发现的犯罪移送公安机关立案侦查,对已查清的犯罪事实提起公诉

193． 2013/2/66/多 新法改编

法院审理郑某涉嫌滥用职权犯罪案件,在宣告判决前,检察院发现郑某和张某接受秦某巨款,涉嫌贿赂犯罪,事实清楚,证据确实、充分。对于新发现犯罪嫌疑人和遗漏罪行的处理,下列哪些做法是正确的?③

A. 法院可以主动将张某、秦某追加为被告人一并审理

B. 检察院可以补充起诉郑某、张某和秦某的贿赂犯罪

C. 检察院可以将张某、秦某追加为被告人,要求法院一并审理

D. 检察院应当撤回起诉,将三名犯罪嫌疑人以两个罪名重新起诉

194． 2009/2/29/单

关于检察院审查起诉,下列哪一选项是正确的?④

---

① ABCD ② D ③ BC ④ A

A. 认为需要对公安机关的勘验、检查进行复验、复查的，可以自行复验、复查

B. 发现侦查人员以非法方法收集证据的，应当自行调查取证

C. 对已经退回公安机关二次补充侦查的案件，在审查起诉中又发现新的犯罪事实的，应当将已侦查的案件和新发现的犯罪一并移送公安机关立案侦查

D. 共同犯罪中部分犯罪嫌疑人潜逃的，应当中止对全案的审查，待潜逃犯罪嫌疑人归案后重新开始审查起诉

考点46 不起诉

195. 法考回忆题/多

耿某醉酒驾驶电动自行车与行人宋某发生碰撞，造成宋某轻微伤。后检察院对耿某作出存疑不起诉决定。对此，检察院的下列哪些理由不成立？①

A. 交通事故责任认定书确认耿某负主要责任，宋某负次要责任

B. 耿某辩称知道醉酒不能驾驶轿车，但不知道不能驾驶电动自行车

C. 鉴定机构承认耿某的血液样本被污染

D. 耿某驾驶的车符合法律规定的非机动车的标准

196. 法考回忆题/多

张三系某县财政局局长，因涉嫌贪污被某县监察委员会立案调查，调查终结后，某县监察委员会将案件移送某县检察院审查起诉。下列表述哪些是错误的？②

A. 某县检察院经过审查认为需要补充核实证据，应当对案件自行补充侦查

B. 某县检察院经过审查认为需要补充核实证据，可以直接作出不起诉决定

C. 某县检察院经过审查认为证据不足，经过二次退回某县监察委员会补充调查后仍然认为证据不足，可以直接作出不起诉决定

D. 某县检察院作出不起诉决定后，某县监察委员会不服，有权向某县检察院提请复议

---

① ABD ② ABCD

197． `2017/2/32/单`

叶某涉嫌飞车抢夺行人财物被立案侦查。移送审查起诉后,检察院认为实施该抢夺行为的另有其人。关于本案处理,下列哪一选项是正确的?①

A. 检察院可将案卷材料退回公安机关并建议公安机关撤销案件

B. 在两次退回公安机关补充侦查后,检察院应作出证据不足不起诉的决定

C. 检察院作出不起诉决定后,被害人不服向法院提起自诉,法院受理后,不起诉决定视为自动撤销

D. 如最高检察院认为对叶某的不起诉决定确有错误的,可直接撤销不起诉决定

198． `2015/2/33/单`

甲、乙、丙、丁四人涉嫌多次结伙盗窃,公安机关侦查终结移送审查起诉后,甲突然死亡。检察院审查后发现,甲和乙共同盗窃 1 次,数额未达刑事立案标准;乙和丙共同盗窃 1 次,数额刚达刑事立案标准;甲、丙、丁三人共同盗窃 1 次,数额巨大,但经两次退回公安机关补充侦查后仍证据不足;乙对其参与的 2 起盗窃有自首情节。关于本案,下列哪一选项是正确的?②

A. 对甲可作出酌定不起诉决定

B. 对乙可作出法定不起诉决定

C. 对丙应作出证据不足不起诉决定

D. 对丁应作出证据不足不起诉决定

199． `2014/2/35/单`

检察院对孙某敲诈勒索案审查起诉后认为,作为此案关键证据的孙某口供系刑讯所获,依法应予排除。在排除该口供后,其他证据显然不足以支持起诉,因而作出不起诉决定。关于该案处理,下列哪一选项是错误的?③

A. 检察院的不起诉属于存疑不起诉

B. 检察院未经退回补充侦查即作出不起诉决定违反《刑事诉讼法》的规定

C. 检察院排除刑讯获得的口供,体现了法律监督机关的属性

D. 检察院不起诉后,又发现新的证据,符合起诉条件时,可提起公诉

---

① D ② D ③ B

200. 〔2011/2/31/单〕

被害人对于检察院作出不起诉决定不服而在 7 日内提出申诉时, 下列哪一说法是正确的?①

　A. 由作出决定的检察院受理被害人的申诉

　B. 由与作出决定的检察院相对应的法院受理被害人的申诉

　C. 被害人提出申诉同时又向法院起诉的,法院应裁定驳回起诉

　D. 被害人提出申诉后又撤回的,仍可向法院起诉

201. 〔2008/2/24/单〕

某看守所干警甲,因涉嫌虐待被监管人乙被立案侦查。在审查起诉期间,A 地基层检察院认为甲情节显著轻微,不构成犯罪,遂作不起诉处理。关于该决定,下列哪一选项是正确的?②

　A. 公安机关有权申请复议复核

　B. 某甲有权向原决定检察院申诉

　C. 某乙有权向上一级检察院申诉

　D. 申诉后,上级检察院维持不起诉决定的,某乙可以向该地的中级法院提起自诉

专题十四　刑事审判概述

考点47 刑事审判的特征

202. 〔2014/2/36/单〕

刑事审判具有亲历性特征。下列哪一选项不符合亲历性要求?③

　A. 证人因路途遥远无法出庭,采用远程作证方式在庭审过程中作证

　B. 首次开庭并对出庭证人的证言质证后,某合议庭成员因病无法参与审理,由另一人民陪审员担任合议庭成员继续审理并作出判决

　C. 某案件独任审判员在公诉人和辩护人共同参与下对部分证据进行庭外调查核实

　D. 第二审法院对决定不开庭审理的案件,通过讯问被告人,听取被害人、辩护人和诉讼代理人的意见进行审理

---

① D　② C　③ B

考点48 刑事审判原则

203. 2017/2/74/多

《关于推进以审判为中心的刑事诉讼制度改革的意见》第13条要求完善法庭辩论规则,确保控辩意见发表在法庭。法庭应当充分听取控辩双方意见,依法保障被告人及其辩护人的辩论辩护权。关于这一规定的理解,下列哪些选项是正确的?①

A. 符合我国刑事审判模式逐步弱化职权主义色彩的发展方向

B. 确保控辩意见发表在法庭,核心在于保障被告人和辩护人能充分发表意见

C. 体现了刑事审判的公开性

D. 被告人认罪的案件的法庭辩论,主要围绕量刑进行

204. 2016/2/22/单

《中共中央关于全面深化改革若干重大问题的决定》提出"让审理者裁判、由裁判者负责"。结合刑事诉讼基本原理,关于这一表述的理解,下列哪一选项是正确的?②

A. 体现了我国刑事诉讼职能的进一步细化与完善

B. 体现了刑事诉讼直接原则的要求

C. 体现了刑事审判的程序性特征

D. 体现了刑事审判控辩式庭审方式改革的方向

205. 2013/2/37/单

开庭审判过程中,一名陪审员离开法庭处理个人事务,辩护律师提出异议并要求休庭,审判长予以拒绝,四十分钟后陪审员返回法庭继续参与审理。陪审员长时间离开法庭的行为违背下列哪一审判原则?③

A. 职权主义原则 B. 证据裁判规则

C. 直接言词原则 D. 集中审理原则

206. 2011/2/32/单

审判长在法庭审理过程中突发心脏病,无法继续参与审判,需在庭外另行指派其他审判人员参加审判。法院院长的下列哪一做法是正确的?④

A. 指派一名陪审员担任审判长重新审理

B. 指派一名审判员担任审判长继续审理

---

① ABD ② B ③ C ④ D

C. 指派一名陪审员并指定原合议庭一名审判员担任审判长继续审理

D. 指定一名审判员担任审判长重新审理

207. 2010/2/73/多

下列哪些选项体现了集中审理原则的要求?①

A. 案件一旦开始审理即不得更换法官

B. 法庭审理应不中断地进行

C. 更换法官或者庭审中断时间较长的,应当重新进行审理

D. 法庭审理应当公开进行

208. 2009/2/25/单

下列哪一选项体现直接言词原则的要求?②

A. 法官亲自收集证据

B. 法官亲自在法庭上听取当事人、证人及其他诉讼参与人的口头陈述

C. 法庭审理尽可能不中断地进行

D. 法庭审理应当公开进行证据调查与辩论

考点49 审级制度

209. 2017/2/33/单

下列哪一选项属于两审终审制的例外?③

A. 自诉案件的刑事调解书经双方当事人签收后,即具有法律效力,不得上诉

B. 地方各级法院的第一审判决,法定期限内没有上诉、抗诉,期满即发生法律效力

C. 在法定刑以下判处刑罚的判决,报请最高法院核准后生效

D. 法院可通过再审,撤销或者改变已生效的二审判决

210. 2009/2/32/单

关于两审终审制度,下列哪一选项是正确的?④

A. 一个案件只有经过两级法院审理裁判才能生效

B. 经过两级法院审判所作的裁判都是生效裁判

C. 一个案件经过两级法院审判后对所作的裁判不能上诉

D. 一个案件经过两级法院审判后当事人就不能对判决、裁定提出异议

---

① ABC ② B ③ C ④ C

考点 50 审判组织

211. 法考回忆题/多

关于合议庭,下列哪些说法是错误的?①

A. 对于疑难、复杂、重大的案件,合议庭认为难以作出决定的,由合议庭直接提交审判委员会讨论决定

B. 合议庭进行评议的时候,如果意见分歧,应当按审判长的意见作出决定

C. 人民法院审判上诉案件,应当由审判员三人至七人组成合议庭进行

D. 合议庭的成员人数应当是单数

212. 法考回忆题/多

关于审判组织,下列哪些说法是不正确的?②

A. 最高人民法院审理一审案件可以由 1 个审判员和 2 个人民陪审员组成合议庭

B. 某国企高管张某贪污 1 亿元,社会影响重大,市检察院公诉到中级人民法院,本案应当由人民陪审员和法官组成七人合议庭审理

C. 某区法院审理精神病人的强制医疗程序应当由 3 名审判员组成合议庭审理

D. 某县法院适用简易程序审理刘某侵占案,则应当由审判员 1 人独任审理

考点 51 人民陪审员制度

213. 法考回忆题/多

闵某是七人合议庭中的人民陪审员,关于闵某的权利,下列哪些说法是不正确的?③

A. 合议庭评议,可以就法律问题发表意见

B. 开庭前可以查阅案卷

C. 庭审中经审判长同意可以询问证人

D. 判决书副本应当送交给闵某

214. 法考回忆题/不定项

下列关于人民陪审员制度的表述,正确的是:④

---

① ABC ② ACD ③ ABD ④ A

A. 人民陪审员可以组织自诉人和被告人进行调解

B. 三人合议庭中,人民陪审员只对事实问题进行表决

C. 人民陪审员参加七人的合议庭,由二个法官和五个陪审员组成

D. 人民陪审员由法院院长任命

215. 2015/2/35/单

罗某作为人民陪审员参与 D 市中级法院的案件审理工作。关于罗某的下列哪一说法是正确的?①

A. 担任人民陪审员,必须经 D 市人大常委会任命

B. 同法官享有同等权利,也能担任合议庭审判长

C. 可参与中级法院二审案件审理,并对事实认定、法律适用独立行使表决权

D. 可要求合议庭将案件提请院长决定是否提交审委会讨论决定

216. 2013/2/26/多

关于我国人民陪审员制度与一些国家的陪审团制度存在的差异,下列哪些选项是不正确的?②

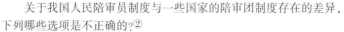

A. 人民陪审员制度目的在于协助法院完成审判任务,陪审团制度目的在于制约法官

B. 人民陪审员与法官行使相同职权,陪审团与法官存在职权分工

C. 人民陪审员在成年公民中随机选任,陪审团从有选民资格的人员中聘任

D. 是否适用人民陪审员制度取决于当事人的意愿,陪审团适用于所有案件

专题十五　第一审程序

考点52 公诉案件庭前审查

217. 2010/2/71/多

法院对检察院提起公诉的案件进行庭前审查,下列哪些做法是正确的?③

A. 发现被告人张某在起诉前已从看守所脱逃的,退回检察院

---

① D ② ABCD(原答案为B) ③ AC(原答案为ABC)

B. 法院裁定准许撤诉的抢劫案,检察院因被害人范某不断上访重新起诉的,不予受理

C. 起诉时提供的一名外地证人石某没有列明住址和通讯处的,通知检察院补送

D. 某被告人被抓获后始终一言不发,也没有任何有关姓名、年龄、住址、单位等方面的信息或线索的,不予受理

218. 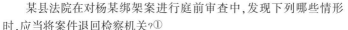 2008/2/71/多

某县法院在对杨某绑架案进行庭前审查中,发现下列哪些情形时,应当将案件退回检察机关?①

A. 杨某在绑架的过程中杀害了人质

B. 杨某在审查起诉期间从看守所逃脱

C. 检察机关移送起诉材料未附证据目录

D. 检察机关移送起诉材料欠缺已经委托辩护人的住址、通讯处

考点53 庭前准备

219. 2015/2/72/多

高某利用职务便利多次收受贿赂,还雇凶将举报他的下属王某打成重伤。关于本案庭前会议,下列哪些选项是正确的?②

A. 高某可就案件管辖提出异议

B. 王某提起附带民事诉讼的,可调解

C. 高某提出其口供系刑讯所得,法官可在审查讯问时同步录像的基础上决定是否排除口供

D. 庭前会议上出示过的证据,庭审时举证、质证可简化

220. 2014/2/71/多

关于庭前会议,下列哪些选项是正确的?③

A. 被告人有参加庭前会议的权利

B. 被害人提起附带民事诉讼的,审判人员可在庭前会议中进行调解

C. 辩护人申请排除非法证据的,可在庭前会议中就是否排除作出决定

D. 控辩双方可在庭前会议中就出庭作证的证人名单进行讨论

---

① AB　② AB　③ BD

考点 54　法庭审判程序

221 . 法考回忆题/不定项

刘某在家突发疾病,其丈夫醉酒归来后立即拨打120,但救护车无法及时赶到。情急之下,刘某丈夫驾车送其去医院。事后刘某丈夫被人民检察院以危险驾驶罪提起公诉。关于本案的审理,下列说法正确的是:①

    A. 法庭辩论中辩护人提出案发道路人员稀少的新事实,法院应恢复法庭调查

    B. 庭审后,辩护人提交120接听记录作为紧急避险的证据,该记录经庭外征求意见后可作为定案的根据

    C. 法院应对刘某危险驾驶的起因进行审查

    D. 若法院适用速裁程序审理本案,则无须对定案证据进行质证

222 . 法考回忆题/不定项

检察院以关某涉嫌盗窃罪提起公诉,关某表示认罪认罚,人民检察院建议对关某判处4年有期徒刑,法院适用简易程序审理本案。判决宣告前,法院发现关某还另有盗窃事实没有移送,于是通知检察院,检察院没有在指定时间内予以回复。下列关于法院的做法正确的是:②

    A. 将简易程序转为普通程序进行审理

    B. 应当对关某判处有期徒刑4年

    C. 可以就新发现的犯罪事实自行调查

    D. 应当就起诉书指控的事实作出裁判

223 . 法考回忆题/单

张某因故意杀人罪被甲市检察院提起公诉,甲市中级法院以证据不足,判决张某无罪。一年后,甲市检察院发现新的证据,能证明张某构成故意杀人罪,应如何处理?③

    A. 甲市检察院建议甲市中级法院撤销原无罪判决后,再提起公诉

    B. 甲市检察院直接提起公诉

    C. 甲市检察院抗诉提起再审

    D. 甲市检察院建议甲市中级法院主动再审

224 . 2016/2/36/多

法院在审理胡某持有毒品案时发现,胡某不仅持有毒品数量较

① C　② D　③ B

大,而且向他人出售毒品,构成贩卖毒品罪。关于本案,下列哪些选项是错误的?①

    A. 如胡某承认出售毒品,法院可直接改判

    B. 法院可在听取控辩双方意见基础上直接改判

    C. 法院可建议检察院补充或者变更起诉

    D. 法院可建议检察院退回补充侦查

225. 2016/2/96/不定项

甲女与乙男在某社交软件互加好友,手机网络聊天过程中,甲女多次向乙男发送暧昧言语和色情图片,表示可以提供有偿性服务。二人在酒店内见面后因价钱谈不拢而争吵,乙男强行将甲女留在房间内,并采用胁迫手段与其发生性关系。后甲女向公安机关报案,乙男则辩称双方系自愿发生性关系。

本案后起诉至法院,关于本案审理程序,下列选项正确的是:②

    A. 应当不公开审理

    B. 甲女因出庭作证而支出的交通、住宿的费用,法院应给予补助

    C. 甲女可向法院提起附带民事诉讼要求乙男赔偿因受侵害而支出的医疗费

    D. 公诉人讯问乙男后,甲女可就强奸的犯罪事实向乙男发问

226. 2015/2/36/多

关于我国刑事诉讼中起诉与审判的关系,下列哪些选项是错误的?③

    A. 自诉人提起自诉后,在法院宣判前,可随时撤回自诉,法院应准许

    B. 法院只能就起诉的罪名是否成立作出裁判

    C. 在法庭审理过程中,法院可建议检察院补充、变更起诉

    D. 对检察院提起公诉的案件,法院判决无罪后,检察院不能再次起诉

227. 2013/2/74/多

被告人刘某在案件审理期间死亡,法院作出终止审理的裁定。其亲属坚称刘某清白,要求法院作出无罪判决。对于本案的处理,下列选项是正确的?④

    A. 应当裁定终止审理

---

    ① ABCD(原答案为 C)   ② ACD   ③ ABCD(原答案为 C)   ④ AB

B. 根据已查明的案件事实和认定的证据,能够确认无罪的,应当判决宣告刘某无罪

C. 根据刘某亲属要求,应当撤销终止审理的裁定,改判无罪

D. 根据刘某亲属要求,应当以审判监督程序重新审理该案

228. 〔2012/2/69/多〕

审理一起团伙犯罪案时,因涉及多个罪名和多名被告人、被害人,审判长为保障庭审秩序,提高效率,在法庭调查前告知控辩双方注意事项。下列哪些做法是错误的?①

A. 公诉人和被告人仅就刑事部分进行辩论,被害人和被告人仅就附带民事部分进行辩论

B. 控辩双方仅在法庭辩论环节就证据的合法性、相关性问题进行辩论

C. 控辩双方可就证据问题、事实问题、程序问题以及法律适用问题进行辩论

D. 为保证控方和每名辩护人都有发言时间,控方和辩方发表辩论意见时间不超过 30 分钟

229. 〔2011/2/70/多〕

关于量刑程序,下列哪些说法是正确的?②

A. 检察院可以在公诉意见书中提出量刑建议

B. 合议庭在评议前应向到庭旁听的人发放调查问卷了解他们对量刑的意见

C. 简易程序审理的案件,被告人自愿承认指控的犯罪事实和罪名且知悉认罪法律后果的,法庭审理可以直接围绕量刑问题进行

D. 辩护人无权委托有关方面制作涉及未成年人的社会调查报告

230. 〔2009/2/34/单〕

检察院以涉嫌盗窃罪对赵某提起公诉。经审理,法院认为证明指控事实的证据间存在矛盾且无法排除,同时查明赵某年龄认定有误,该案发生时赵某未满 16 周岁。关于本案,法院应当采取下列哪一做法?③

A. 将案件退回检察院

B. 终止审理

C. 作证据不足、指控的犯罪不能成立的无罪判决

---

① ABD ② AC ③ C

D. 判决宣告赵某不负刑事责任

231． 2008/2/38/单

按照我国《刑事诉讼法》的规定,关于法庭审理活动先后顺序的排列,下列哪一选项的组合是正确的?

①宣读勘验笔录;②公诉人发表公诉词;③讯问被告人;④询问证人、鉴定人;⑤出示物证;⑥被告人最后陈述。①

A. ②③⑤④①⑥

B. ③④⑤①②⑥

C. ②④⑤①⑥③

D. ③④①⑤②⑥

考点55 延期审理、中止审理和终止审理

232． 2012/2/31/单

下列哪一选项属于刑事诉讼中适用中止审理的情形?②

A. 由于申请回避而不能进行审判的

B. 需要重新鉴定的

C. 被告人患有严重疾病,长时间无法出庭的

D. 检察人员发现提起公诉的案件需要补充侦查,提出建议的

233． 2008/2/77/多 新法改编

在下列哪些情形下,经公诉人建议法庭延期审理的时间一次不得超过一个月?③

A. 发现事实不清、证据不足的

B. 发现遗漏罪行、遗漏同案犯罪嫌疑人,需要补充侦查或者补充提供证据的

C. 发现遗漏罪行或者遗漏同案犯罪嫌疑人,虽不需要补充侦查和补充提供证据,但需要补充、追加起诉的

D. 申请人民法院通知证人、鉴定人出庭作证的

考点56 自诉案件审理程序

234． 法考回忆题/单

甲因乙诽谤自己从事淫秽色情行业,对自己造成不良影响,遂向法院

---

① B ② C ③ ABCD

提起自诉。后来由于该案社会影响重大、情节严重,危害社会公共秩序,公安机关决定立案侦查,检察院对乙依法提起公诉。下列哪一项说法是正确的?①

A. 在自诉案件审理中,若乙认罪认罚且同意适用速裁程序,可以适用速裁程序

B. 在公诉案件审理中,若乙认罪认罚且同意适用速裁程序,可以适用速裁程序

C. 在检察院提起公诉后,法院可以对自诉和公诉案件一并审理

D. 不论作为公诉案件还是自诉案件,如果乙真心悔过,双方可以和解

235. 法考回忆题/多

小张(女)与单位同事小陈自由恋爱,但小张的父亲老张一直嫌弃小陈家贫而横加干涉,并多次殴打小陈逼迫小陈离开小张,小张一气之下到某县法院对老张以暴力干涉婚姻自由罪提起自诉。法院立案后,在开庭审理前,小张念及父女情义,要求撤回起诉。下列表述哪些是正确的?②

A. 小张请求撤回起诉,某县法院应当裁定准许

B. 小张请求撤回起诉,某县法院应当裁定驳回起诉

C. 若某县法院发现小张证据不足,又提不出补充证据,应当说服小张撤诉,小张拒不撤诉的,应当裁定驳回起诉

D. 若某县法院发现小张证据不足,又提不出补充证据,应当说服小张撤诉或者裁定驳回起诉

236. 2014/2/37/单

关于自诉案件的程序,下列哪一选项是正确的?③

A. 不论被告人是否羁押,自诉案件与普通公诉案件的审理期限都相同

B. 不论在第一审程序还是第二审程序中,在宣告判决前,当事人都可和解

C. 不论当事人在第一审还是第二审审理中提出反诉的,法院都应当受理

D. 在第二审程序中调解结案的,应当裁定撤销第一审裁判

237. 2011/2/72/多

关于自诉案件的和解和调解,下列哪些说法是正确的?④

A. 和解和调解适用于自诉案件

B. 和解和调解都适用于告诉才处理和被害人有证据证明的轻微案件

---

① D ② BC ③ B ④ BD

C. 和解和调解应当制作调解书、和解协议,由审判人员和书记员署名并加盖法院印章

D. 对于当事人已经签收调解书或法院裁定准许自诉人撤诉的案件,被告人被羁押的,应当予以解除

238. 2010/2/31/单

某法院在审理张某自诉伤害案中,发现被告人还实施过抢劫。对此,下列哪一做法是正确的?①

A. 继续审理伤害案,将抢劫案移送有管辖权的公安机关

B. 鉴于伤害案属于可以公诉的案件,将伤害案与抢劫案一并移送有管辖权的公安机关

C. 继续审理伤害案,建议检察院对抢劫案予以起诉

D. 对伤害案延期审理,待检察院对抢劫案起诉后一并予以审理

239. 2010/2/74/多

下列哪些案件法院审理时可以调解?②

A. 《刑法》规定告诉才处理的案件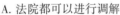

B. 被害人有证据证明的轻微刑事案件

C. 检察院决定不起诉后被害人提起自诉的案件

D. 刑事诉讼中的附带民事诉讼案件

240. 2009/2/33/单

关于自诉案件,下列哪一选项是正确的?③

A. 法院都可以进行调解

B. 当事人在宣告判决前,可以自行和解

C. 被告人在诉讼过程中可以提起反诉

D. 只能由被害人亲自告诉

241. 2008/2/72/多

关于自诉案件的审理,下列哪些做法是正确的?④

A. 甲、乙系一起伤害案件的自诉人,案件审理中甲撤回起诉,法院继续案件审理

B. 某伤害案,因检察院作出不起诉决定,被害人提起自诉,审理中自诉人

---

① A ② ABD(原答案为AB) ③ B ④ ABD

与被告人和解而撤回自诉,法院经审查准许

C. 某遗弃案,被告人在第二审程序中提出反诉,法院予以受理并与原自诉合并审理

D. 某侵犯知识产权案,第二审中当事人和解,法院裁定准许撤回自诉并撤销一审判决

考点57 简易程序

242． 2017/2/34/单

下列哪一案件可适用简易程序审理?①

A. 甲为境外非法提供国家秘密案,情节较轻,可能判处 3 年以下有期徒刑

B. 乙抢劫案,可能判处 10 年以上有期徒刑,检察院未建议适用简易程序

C. 丙传播淫秽物品案,经审查认为,情节显著轻微,可能不构成犯罪

D. 丁暴力取证案,可能被判处拘役,丁的辩护人作无罪辩护

243． 2017/2/93/不定项

甲、乙二人系药材公司仓库保管员,涉嫌 5 次共同盗窃其保管的名贵药材,涉案金额 40 余万元。一审开庭审理时,药材公司法定代表人丙参加庭审。经审理,法院认定了其中 4 起盗窃事实,另 1 起因证据不足未予认定,甲和乙以职务侵占罪分别被判处有期徒刑 3 年和 1 年。

关于丙参与法庭审理,下列选项正确的是:②

A. 丙可委托诉讼代理人参加法庭审理

B. 公诉人讯问甲和乙后,丙可就犯罪事实向甲、乙发问

C. 丙可代表药材公司在附带民事诉讼中要求甲和乙赔偿被窃的药材损失

D. 丙反对适用简易程序的,应转为普通程序审理

244． 2016/2/28/单

王某系聋哑人,因涉嫌盗窃罪被提起公诉。关于本案,下列哪一选项是正确的?③

A. 讯问王某时,如有必要可通知通晓聋哑手势的人参加

B. 王某没有委托辩护人,应通知法律援助机构指派律师为其提供辩护

C. 辩护人经通知未到庭,经王某同意,法院决定开庭审理

① B ② AB ③ B

D. 因事实清楚且王某认罪,实行独任审判

245. 2016/2/37/单

甲犯抢夺罪,法院经审查决定适用简易程序审理。关于本案,下列哪一选项是正确的?①

A. 适用简易程序必须由检察院提出建议

B. 如被告人已提交承认指控犯罪事实的书面材料,则无需再当庭询问其对指控的意见

C. 不需要调查证据,直接围绕罪名确定和量刑问题进行审理

D. 如无特殊情况,应当庭宣判

246. 2014/2/72/多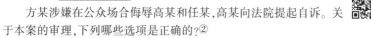

方某涉嫌在公众场合侮辱高某和任某,高某向法院提起自诉。关于本案的审理,下列哪些选项是正确的?②

A. 如果任某担心影响不好不愿起诉,任某的父亲可代为起诉

B. 法院通知任某参加诉讼并告知其不参加的法律后果,任某仍未到庭,视为放弃告诉,该案宣判后,任某不得再行自诉

C. 方某的弟弟系该案关键目击证人,经法院通知其无正当理由不出庭作证的,法院可强制其到庭

D. 本案应当适用简易程序审理

247. 2014/2/73/多

关于简易程序,下列哪些选项是正确的?③

A. 甲涉嫌持枪抢劫,法院决定适用简易程序,并由两名审判员和一名人民陪审员组成合议庭进行审理

B. 乙涉嫌盗窃,未满16周岁,法院只有在征得乙的法定代理人和辩护人同意后,才能适用简易程序

C. 丙涉嫌诈骗并对罪行供认不讳,但辩护人为其做无罪辩护,法院决定适用简易程序

D. 丁涉嫌故意伤害,经审理认为可能不构成犯罪,遂转为普通程序审理

248. 2011/2/71/多

关于适用简易程序审理刑事案件变更为适用普通程序,下列哪些

---

① D ② BC ③ ABD

说法是正确的?①

A. 法院可以决定直接变更为普通程序审理,不需要将案件退回检察院

B. 对于自诉案件变更为普通程序的,按照自诉案件程序审理

C. 自诉案件由简易程序转化为普通程序时原起诉仍然有效,自诉人不必另行起诉

D. 在适用普通程序后又发现可适用简易程序时,可以再次变更为简易程序

249. (2009/2/76/多)

关于简易程序,下列哪些选项是正确的?②

A. 自诉案件都可以适用简易程序

B. 即使适用简易程序,被告人最后陈述也不能取消

C. 被告人委托辩护人的,辩护人应当出庭

D. 经审判员准许,被告人可以同公诉人进行辩论

考点58 速裁程序

250. (法考回忆题/多)

蒋某酒后醉驾发生交通事故,导致被害人轻伤,自己也截肢瘫痪。关于该案的刑事诉讼程序,下列哪些说法是不正确的?③

A. 由于蒋某瘫痪,因此可以不签署认罪认罚具结书

B. 法院可以到蒋某家里开庭审理该案

C. 适用速裁程序审理该案,审理期限可以延长至15日

D. 如果被害人提起附带民事诉讼,则该案不能适用速裁程序

251. (法考回忆题/多)

关于速裁程序,下列哪些说法是不正确的?④

A. 法院适用速裁程序审理案件,应当在10日内审结

B. 适用速裁程序应当当庭宣判

C. 适用速裁程序审理案件,不应当进行法庭调查、法庭辩论,但在判决宣告前应当听取辩护人的意见

D. 对被告人适用速裁程序审理后发现可能判处的有期徒刑超过1年的,应当组成合议庭重新审理

---

① ABC(原答案为BC) ② BD ③ ACD ④ ACD

考点59 单位犯罪案件审理程序

252. [法考回忆题/单]

甲公司涉嫌走私普通货物物品罪,公司的法定代表人曹某也被追责,乙律师事务所的律师程某担任甲公司的诉讼代表人。关于本案的诉讼代表人和辩护人,下列哪一项说法是正确的?①

A. 程某担任诉讼代表人既可由甲公司委托,也可由检察机关指派

B. 曹某不可委托乙律师事务所的其他律师担任其辩护人

C. 程某在本案中行使辩护职能

D. 程某可以一并担任甲公司的辩护人

253. [2015/2/37/单]

某国有银行涉嫌违法发放贷款造成重大损失,该行行长因系直接负责的主管人员也被追究刑事责任,信贷科科长齐某因较为熟悉银行贷款业务被确定为单位的诉讼代表人。关于本案审理程序,下列哪一选项是正确的?②

A. 如该案在开庭审理前召开庭前会议,应通知齐某参加

B. 齐某无正当理由拒不出庭的,可拘传其到庭

C. 齐某可当庭拒绝银行委托的辩护律师为该行辩护

D. 齐某没有最后陈述的权利

254. 迅辉制药股份公司主要生产健骨消痛丸,公司法定代表人陆某指令保管员韩某采用不登记入库、销售人员打白条领取产品的方法销售,逃避缴税 65 万元。迅辉公司及陆某以逃税罪被起诉到法院。

请回答第(1)~(3)题。

(1) [2013/2/92/不定项]

可以作为迅辉公司单位犯罪的诉讼代表人的是:③

A. 公司法定代表人陆某

B. 被单位委托的职工王某

C. 保管员韩某

D. 公司副经理李某

(2) [2013/2/93/不定项]

对迅辉公司财产的处置,下列选项正确的是:④

---

① C ② C ③ B ④ ABD

A. 涉及违法所得及其孳息,尚未被追缴的,法院应当追缴

B. 涉及违法所得及其孳息,尚未被查封、扣押、冻结的,法院应当查封、扣押、冻结

C. 为了保证判决的执行,对迅辉公司财产,法院应当先行查封、扣押、冻结

D. 如果迅辉公司能够提供担保,对其财产也可以不采取查封、扣押、冻结

（3）　2013/2/94/不定项

如迅辉公司在案件审理期间发生下列变故,法院的做法正确的是:①

A. 公司被撤销,不能免除单位和单位主管人员的刑事责任

B. 公司被注销,对单位不再追诉,对主管人员继续审理

C. 公司被合并,仍应将迅辉公司列为被告单位,并以其在新单位的财产范围承担责任

D. 公司被分立,应将分立后的单位列为被告单位,并以迅辉公司在新单位的财产范围承担责任

255.　2009/2/31/单

在单位犯罪案件的审理程序中,如被告单位的诉讼代表人与被指控为单位犯罪直接负责的主管人员是同一人,应当由下列哪一主体另行确定被告单位诉讼代表人?②

A. 被告单位

B. 被告单位的直接主管机关

C. 检察院

D. 法院

256.　2008/2/29/单

某电子科技有限公司因涉嫌虚开增值税专用发票罪被提起公诉,公司董事长、总经理、会计等5人被认定为该单位犯罪的直接责任人员。在法院审理中,该公司被注销。关于法院的处理,下列哪一选项是正确的?③

A. 继续审理

B. 终止审理

C. 终止审理,建议检察机关对公司董事长、总经理、会计等另行起诉

---

① BC　② C　③ A

D. 退回检察机关,建议检察机关对公司董事长、总经理、会计等另行起诉

考点60 一审裁判

257. 2017/2/35/单

在一审法院审理中出现下列哪一特殊情形时,应以判决的形式作出裁判?①

A. 经审理发现犯罪已过追诉时效且不是必须追诉的

B. 自诉人未经法庭准许中途退庭的

C. 经审理发现被告人系精神病人,在不能控制自己行为时造成危害结果的

D. 被告人在审理过程中死亡,根据已查明的案件事实和认定的证据,尚不能确认其无罪的

258. 2010/2/35/单

关于刑事判决与裁定的区别,下列哪一选项是正确的?②

A. 判决解决案件的实体问题,裁定解决案件的程序问题

B. 一案中只能有一个判决,裁定可以有若干个

C. 判决只能以书面的形式表现,裁定只以口头作出

D. 不服判决与不服裁定的上诉、抗诉期限不同

259. 法院在刑事案件的审理过程中,根据对案件的不同处理需要使用判决、裁定和决定。请根据有关法律规定及刑事诉讼原理,回答第(1)~(3)题。

(1) 2009/2/95/不定项

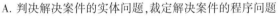

关于判决、裁定、决定的适用对象,下列选项正确的是:③

A. 判决不适用于解决案件的程序问题

B. 裁定不适用于解决案件的实体问题

C. 决定只适用于解决案件的程序问题

D. 解决案件的程序问题只能用决定

(2) 2009/2/96/不定项

关于一个案件中适用判决、裁定、决定的数量,下列选项正确的是:④

A. 在一个案件中,可以有多个判决

B. 在一个案件中,可以有多个裁定

---

① C ② D ③ AC ④ ABCD

C. 在一个案件中，可以有多个决定

D. 在一个案件中，可以只有决定，而没有判决或裁定

（3） 2009/2/97/不定项

关于判决、裁定、决定的效力，下列选项正确的是：①

A. 判决只有经过法定上诉、抗诉期限才能发生法律效力

B. 裁定一经作出立即发生法律效力

C. 有些决定可以申请复议，复议期间不影响决定的效力

D. 法院减刑、假释裁定的法律效力并不最终确定，检察院认为不当而提出纠正意见的，法院应当重新组成合议庭进行审理，作出最终裁定

260． 2007/2/36/单

检察院以涉嫌诈骗罪对某甲提起公诉。经法庭审理，法院认定，某甲的行为属于刑法规定的"将代为保管的他人财物非法占为己有并拒不退还"的侵占行为。对于本案，检察院拒不撤回起诉时，法院的哪种处理方法是正确的？②

A. 裁定驳回起诉

B. 裁定终止审理

C. 迳行作出无罪判决

D. 以侵占罪作出有罪判决

261． 2006/2/79/多

下列哪些选项属于法院应当终止审理的情形？③

A. 张某涉销售赃物一案，经审理认为情节显著轻微危害不大的

B. 赵某涉嫌抢劫一案，赵某在第一审开庭审理前发病猝死的

C. 李某以遭受遗弃为由提起自诉，法院审查后不予立案的

D. 王某以遭受虐待为由提起自诉，后又撤一回自诉的

专题十六　第二审程序

考点61 第二审程序的提起

262． 2015/2/38/单

黄某倒卖文物案于 2014 年 5 月 28 日一审终结。6 月 9 日（星期一），法庭宣判黄某犯倒卖文物罪，判处有期徒刑 4 年并立即送达了判决书，黄某当即提起上诉，但于 6 月 13 日经法院准许撤回上诉；检察院以量刑畸轻

为由于 6 月 12 日提起抗诉,上级检察院认为抗诉不当,于 6 月 17 日向同级法院撤回了抗诉。关于一审判决生效的时间,下列哪一选项是正确的?①

  A. 6 月 9 日   B. 6 月 17 日

  C. 6 月 19 日   D. 6 月 20 日

263. ╴2011/2/22/单╴

  关于法定代理人对法院一审判决、裁定的上诉权,下列哪一说法是错误的?②

  A. 自诉人高某的法定代理人有独立上诉权

  B. 被告人李某的法定代理人有独立上诉权

  C. 被害人方某的法定代理人有独立上诉权

  D. 附带民事诉讼当事人吴某的法定代理人对附带民事部分有独立上诉权

264. ╴2005/2/34/单╴

  叶某因挪用资金罪被判处有期徒刑一年缓刑两年,判决宣告时叶某表示不上诉。其被解除羁押后经向他人咨询,认为自己不构成犯罪,于是又想提出上诉。下列哪一项是正确的?③

  A. 叶某已明确表示不上诉,因此不能再提起上诉

  B. 需经法院同意,叶某才能上诉

  C. 在上诉期满前,叶某有权提出上诉

  D. 叶某可在上诉期满前提出上诉,但因一审判决未生效,需对他重新收押

265. ╴2002/2/92/不定项╴

  一起共同抢劫案件,被告人张某被判处有期徒刑 5 年,被告人王某被判处有期徒刑 1 年。在一审宣判后,张某当即表示上诉,王某则表示不上诉,人民检察院没有抗诉。关于本案被告人的上诉问题,下列哪些说法是正确的?④

  A. 因王某已表示不上诉,因此在第一审判决书送达后,人民法院即可将其交付执行

  B. 在上诉期限内,被告人王某仍然可以提起上诉

  C. 在上诉期限内,被告人张某有权撤回上诉

  D. 在上诉期满后,被告人张某便无权撤回其上诉

---

  ① D(原答案为 C) ② C ③ C ④ BC

考点 62 上诉不加刑原则

266. `法考回忆题/单`

甲因涉嫌盗窃罪和诈骗罪被提起公诉,一审法院判处甲盗窃罪有期徒刑 5 年、诈骗罪有期徒刑 5 年,两罪合并执行 8 年。甲不服判决提起上诉,检察院未抗诉。二审法院认为事实不清、证据不足,发回重审。重审后,一审法院判处甲盗窃罪有期徒刑 6 年,诈骗罪不予追究刑事责任,检察院对该判决提起抗诉。下列哪一说法是正确的?①

A. 发回重审后一审法院改判盗窃罪 6 年有期徒刑违反了上诉不加刑原则

B. 检察院抗诉后,二审法院对盗窃罪的判罚不能超过有期徒刑 6 年

C. 检察院抗诉后,二审法院对两罪的判罚合并执行不得超过有期徒刑 6 年

D. 检察院抗诉后,二审法院对两罪的判罚合并执行不得超过有期徒刑 8 年

267. `2010/2/36/多`

某法院判决赵某犯诈骗罪处有期徒刑四年,犯盗窃罪处有期徒刑九年,合并执行有期徒刑十一年。赵某提出上诉。中级法院经审理认为,判处刑罚不当,犯诈骗罪应处有期徒刑五年,犯盗窃罪应处有期徒刑八年。根据上诉不加刑原则,下列哪些做法是正确的?②

A. 以事实不清、证据不足为由发回原审法院重新审理

B. 直接改判两罪刑罚,分别为五年和八年,合并执行十二年

C. 直接改判两罪刑罚,分别为五年和八年,合并执行仍为十一年

D. 维持一审判决

268. `2009/2/35/多`

下列哪些选项不违反上诉不加刑原则?③

A. 一审法院认定马某犯伤害罪判处有期徒刑三年,马某上诉,检察院没有抗诉,二审法院认为一审判决认定事实不清,发回原审法院重新审判

B. 一审法院认定赵某犯抢夺罪判处有期徒刑五年,赵某上诉,检察院没有抗诉,二审法院在没有改变刑期的情况下将罪名改判为抢劫罪

---

① D ② CD(原答案为 D) ③ ABCD(原答案为 D)

C. 一审法院以盗窃罪判处金某有期徒刑二年、王某有期徒刑一年,金某、王某以没有实施犯罪为由提起上诉,检察院认为对金某量刑畸轻提出抗诉,二审法院经审理认为一审对金某、王某量刑均偏轻,但仅对金某改判为五年

D. 一审法院认定石某犯杀人罪判处死刑立即执行,犯抢劫罪判处无期徒刑,数罪并罚决定执行死刑立即执行。石某上诉后,二审法院认为石某在抢劫现场杀人只构成抢劫罪一个罪,遂撤销一审对杀人罪的认定,以抢劫罪判处死刑立即执行

考点 63 二审审理与裁判

269 . 法考回忆题/多

张某因挪用资金罪被乙市乙区法院判处有期徒刑 1 年,乙区人民检察院以量刑畸轻为由抗诉,甲市中院以事实不清、证据不足为由将本案发回重审,乙区法院改判挪用公款罪但刑期不变。张某不服提起上诉,下列哪些行为是正确的?①

A. 如甲市检察院认为抗诉不当,应要求乙区检察院撤回抗诉

B. 如甲市中院重审发现乙区法院违反回避制度,应将本案再次发回重审

C. 甲市中院不能对张某改判为有期徒刑 2 年

D. 甲市中院曾参与本案审判的合议庭人员应回避

270 . 2017/2/94/不定项

甲、乙二人系药材公司仓库保管员,涉嫌 5 次共同盗窃其保管的名贵药材,涉案金额 40 余万元。一审开庭审理时,药材公司法定代表人丙参加庭审。经审理,法院认定其中 4 起盗窃事实,另 1 起因证据不足未予认定,甲和乙以职务侵占罪分别被判处有期徒刑 3 年和 1 年。

一审判决作出后,乙以量刑过重为由提出上诉,甲未上诉,检察院未抗诉。关于本案二审程序,下列选项正确的是:②

A. 二审法院受理案件后应通知同级检察院查阅案卷

B. 二审法院可审理并认定一审法院未予认定的 1 起盗窃事实

C. 二审法院审理后认为乙符合适用缓刑的条件,将乙改判为有期徒刑 2 年,缓刑 2 年

D. 二审期间,甲可另行委托辩护人为其辩护

---

① BC ② D

271. 2016/2/38/单

龚某因生产不符合安全标准的食品罪被一审法院判处有期徒刑 5 年,并被禁止在刑罚执行完毕之日起 3 年内从事食品加工行业。龚某以量刑畸重为由上诉,检察院未抗诉。关于本案二审,下列哪一选项是正确的?①

A. 应开庭审理

B. 可维持有期徒刑 5 年的判决,并将职业禁止的期限变更为 4 年

C. 如认为原判认定罪名不当,二审法院可在维持原判刑罚不变的情况下改判为生产有害食品罪

D. 发回重审后,如检察院变更起诉罪名为生产有害食品罪,一审法院可改判并加重龚某的刑罚

272. 2016/2/73/多

某基层法院就郭某敲诈勒索案一审适用简易程序,判处郭某有期徒刑 4 年。对于一审中的下列哪些情形,二审法院应以程序违法为由,撤销原判发回重审?②

A. 未在开庭 10 日前向郭某送达起诉书副本

B. 由一名审判员独任审理

C. 公诉人没有对被告人进行发问

D. 应公开审理但未公开审理

273. 2015/2/95/不定项

鲁某与关某涉嫌贩卖冰毒 500 余克,B 省 A 市中级法院开庭审理后,以鲁某犯贩卖毒品罪,判处死刑立即执行,关某犯贩卖毒品罪,判处死刑缓期二年执行。一审宣判后,关某以量刑过重为由向 B 省高级法院提起上诉,鲁某未上诉,检察院也未提起抗诉。如 B 省高级法院审理后认为,本案事实清楚、证据确实充分,对鲁某的量刑适当,但对关某应判处死刑缓期二年执行同时限制减刑,则对本案正确的做法是:③

A. 二审应开庭审理

B. 由于未提起抗诉,同级检察院可不派员出席法庭

C. 高级法院可将全案发回 A 市中级法院重新审判

D. 高级法院可维持对鲁某的判决,并改判关某死刑缓期二年执行同时限制减刑

---

① C ② BD ③ A

274. 2014/2/38/单

甲乙丙三人共同实施故意杀人,一审法院判处甲死刑立即执行、乙无期徒刑、丙有期徒刑 10 年。丙以量刑过重为由上诉,甲和乙未上诉,检察院未抗诉。关于本案的第二审程序,下列哪一选项是正确的?①

A. 可不开庭审理

B. 认为没有必要的,甲可不再到庭

C. 由于乙没有上诉,其不得另行委托辩护人为其辩护

D. 审理后认为原判事实不清且对丙的量刑过轻,发回一审法院重审,一审法院重审后可加重丙的刑罚

275. 2011/2/37/单

关于发回重审,下列哪一说法是不正确的?②

A. 发回重审原则上不能超过二次

B. 在发回重审裁定书中应详细阐明发回重审的理由及法律根据

C. 一审剥夺或者限制了当事人的法定诉讼权利,可能影响公正审判的,应当发回重审

D. 发回重审应当撤销原判

276. 2009/2/79/多

下列哪些二审案件依法应当开庭审理?③

A. 甲犯贪污罪被一审判处有期徒刑五年,检察院认为量刑畸轻而抗诉的

B. 乙犯伤害罪被一审判处无期徒刑,乙上诉的

C. 丙犯抢劫罪被一审判处死刑缓期二年执行,丙对事实、证据无异议,以量刑过重为由上诉的

D. 丁犯杀人罪被一审判处死刑立即执行,丁上诉的

277. 2008/2/67/多

甲杀人案,犯罪手段残忍,影响恶劣,第一审法院为防止被害人家属和旁听群众在法庭上过于激愤影响顺利审判,决定作为特例不公开审理。经审理,第一审法院判处甲死刑立即执行,甲上诉。对于本案,第二审法院下列哪些做法是正确的?④

A. 组成合议庭

B. 把案件作为第一审案件审理

---

① B ② A ③ ACD(原答案为AD) ④ AD

C. 审理后改判

D. 撤销原判,发回重审

专题十七　死刑复核程序

考点64 判处死刑立即执行案件的复核程序

278. 　法考回忆题/多

关于死刑复核及执行的相关程序,下列哪些选项是错误的?①

A. 甲被判处死刑立即执行,执行前要求会见他的前妻,人民法院应当及时通知

B. 同案审理的案件中,仅乙一人被判处死刑立即执行,其他未被判处死刑的同案被告人需要待最高人民法院核准乙的死刑后再交付执行

C. 最高人民法院对死刑作出核准后,不再接受律师的辩护意见

D. 死刑执行前发现罪犯丙是聋哑人,应当暂停执行,并层报最高人民法院

279. 　2017/2/36/单

段某因贩卖毒品罪被市中级法院判处死刑立即执行,段某上诉后省高级法院维持了一审判决。最高法院复核后认为,原判认定事实清楚,但量刑过重,依法不应当判处死刑,不予核准,发回省高级法院重新审判。关于省高级法院重新审判,下列哪一选项是正确的?②

A. 应另行组成合议庭

B. 应由审判员5人组成合议庭

C. 应开庭审理

D. 可直接改判死刑缓期2年执行,该判决为终审判决

280. 　2016/2/39/单

甲和乙因故意杀人被中级法院分别判处死刑立即执行和无期徒刑。甲、乙上诉后,高级法院裁定维持原判。关于本案,下列哪一选项是正确的?③

A. 高级法院裁定维持原判后,对乙的判决即已生效

B. 高级法院应先复核再报请最高法院核准

C. 最高法院如认为原判决对乙的犯罪事实未查清,可查清后对乙改判并核准甲的死刑

---

① ABCD　② D　③ D

D. 最高法院如认为甲的犯罪事实不清、证据不足,不予核准死刑的,只能使用裁定

281. 2014/2/39/多

甲和乙共同实施拐卖妇女、儿童罪,均被判处死刑立即执行。最高法院复核后认为全案判决认定事实正确,甲系主犯应当判处死刑立即执行,但对乙可不立即执行。关于最高法院对此案的处理,下列哪些选项是正确的?①

A. 将乙改判为死缓,并裁定核准甲死刑

B. 对乙作出改判,并判决核准甲死刑

C. 对全案裁定不予核准,撤销原判,发回重审

D. 裁定核准甲死刑,撤销对乙的判决,发回重审

282. 2013/2/75/多

张某因犯故意杀人罪和爆炸罪,一审均被判处死刑立即执行,张某未上诉,检察机关也未抗诉。最高法院经复核后认为,爆炸罪的死刑判决事实不清、证据不足,但故意杀人罪死刑判决认定事实和适用法律正确、量刑适当。关于此案的处理,下列哪些选项是错误的?②

A. 对全案裁定核准死刑

B. 裁定核准故意杀人罪死刑判决,并对爆炸罪死刑判决予以改判

C. 裁定核准故意杀人罪死刑判决,并撤销爆炸罪的死刑判决,发回重审

D. 对全案裁定不予核准,并撤销原判,发回重审

283. 2010/2/37/单

被告人甲犯数罪被判处死刑,甲向辩护人咨询死刑复核程序的有关情况,辩护人对此作出的下列哪一答复符合法律及司法解释的规定?③

A. 应当调查甲的人际关系

B. 应当为甲指定辩护人

C. 应当审查甲犯罪的情节、后果及危害程度

D. 应当开庭审理并通知检察院派员出庭

考点65 判处死刑缓期二年执行案件的复核程序

284. 2015/2/96/不定项

鲁某与关某涉嫌贩卖冰毒 500 余克,B 省 A 市中级法院开庭审理

---

① BC(原答案为 B) ② ABC ③ C

后,以鲁某犯贩卖毒品罪,判处死刑立即执行,关某犯贩卖毒品罪,判处死刑缓期二年执行。一审宣判后,关某以量刑过重为由向 B 省高级法院提起上诉,鲁某未上诉,检察院也未提起抗诉。如 B 省高级法院审理后认为,一审判决认定事实和适用法律正确、量刑适当,裁定驳回关某的上诉,维持原判,则对本案进行死刑复核的正确程序是:①

A. 对关某的死刑缓期二年执行判决,B 省高级法院不再另行复核

B. 最高法院复核鲁某的死刑立即执行判决,应由审判员三人组成合议庭进行

C. 如鲁某在死刑复核阶段委托律师担任辩护人的,死刑复核合议庭应在办公场所当面听取律师意见

D. 最高法院裁定不予核准鲁某死刑的,可发回 A 市中级法院或 B 省高级法院重新审理

285. ~~2011/2/36/单~~

关于死刑缓期执行限制减刑案件的审理程序,下列哪一说法是正确的?②

A. 对一审法院作出的限制减刑的判决,被告人的辩护人、近亲属可以独立提起上诉

B. 高级法院认为原判对被告人判处死刑缓期执行适当但限制减刑不当的,应当改判,撤销限制减刑

C. 最高法院复核死刑案件,认为可以判处死刑缓期执行并限制减刑的,可以裁定不予核准,发回重新审判

D. 最高法院复核死刑案件,认为对部分被告人应当适用死刑缓期执行的,如符合《刑法》限制减刑规定,应当裁定不予核准,发回重新审判

专题十八　审判监督程序

考点66 审判监督程序的功能和理念

286. ~~2016/2/74/多~~

《最高人民法院关于适用〈中华人民共和国刑事诉讼法〉的解释》第 386 条规定,除检察院抗诉的以外,再审一般不得加重原审被告人的刑罚。关于这一规定的理解,下列哪些选项是正确的?③

---

① ABD　② B　③ ABD

A. 体现了刑事诉讼惩罚犯罪和保障人权基本理念的平衡

B. 体现了刑事诉讼具有追求实体真实与维护正当程序两方面的目的

C. 再审不加刑有例外,上诉不加刑也有例外

D. 审判监督程序的纠错功能决定了再审不加刑存在例外情形

考点 67 审判监督程序的提起

287． 2017/2/75/多

王某因间谍罪被甲省乙市中级法院一审判处死刑,缓期 2 年执行。王某没有上诉,检察院没有抗诉。判决生效后,发现有新的证据证明原判决认定的事实确有错误。下列哪些机关有权对本案提起审判监督程序?①

  A. 乙市中级法院   B. 甲省高级法院

  C. 甲省检察院   D. 最高检察院

288． 2015/2/39/单

关于审判监督程序中的申诉,下列哪一选项是正确的?②

A. 二审法院裁定准许撤回上诉的案件,申诉人对一审判决提出的申诉,应由一审法院审理

B. 上一级法院对未经终审法院审理的申诉,应直接审理

C. 对经两级法院依照审判监督程序复查均驳回的申诉,法院不再受理

D. 对死刑案件的申诉,可由原核准的法院审查,也可交由原审法院审查

289． 2010/2/38/单

甲因犯抢劫罪被市检察院提起公诉,经一审法院审理,判处死刑缓期二年执行。甲上诉,省高级法院核准死缓判决。根据审判监督程序规定,下列哪一做法是错误的?③

A. 最高法院自行对该案重新审理,依法改判

B. 最高法院指令省高级法院再审

C. 最高检察院对该案向最高法院提出抗诉

D. 省检察院对该案向省高院提出抗诉

考点 68 审判监督审理程序

290． 法考回忆题/不定项

甲、乙因诈骗罪被判处 3 年有期徒刑,缓期 3 年执行。二审判决

---

 ① BD ② D ③ D

生效2年后,在另一起诈骗案中发现该案事实认定有误,甲系为丙顶罪,且分担了乙的部分犯罪事实,于是人民检察院依法对本案提起抗诉,原二审法院依法对本案重新审理。关于本案的再审程序,下列说法正确的是:①

A. 再审中可以对乙加重处罚

B. 应当重新组成合议庭审理

C. 再审过程中可以对甲暂停执行未执行完毕的有期徒刑

D. 法院可以决定逮捕乙

291. 2014/2/75/多

关于审判监督程序,下列哪些选项是正确的?②

A. 只有当事人及其法定代理人、近亲属才能对已经发生法律效力的裁判提出申诉

B. 原审法院依照审判监督程序重新审判的案件,应当另行组成合议庭

C. 对于依照审判监督程序重新审判后可能改判无罪的案件,可中止原判决、裁定的执行

D. 上级法院指令下级法院再审的,一般应当指令原审法院以外的下级法院审理

292. 2013/2/40/单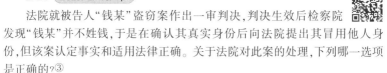

法院就被告人"钱某"盗窃案作出一审判决,判决生效后检察院发现"钱某"并不姓钱,于是在确认其真实身份后向法院提出其冒用他人身份,但该案认定事实和适用法律正确。关于法院对此案的处理,下列哪一选项是正确的?③

A. 可以建议检察院提出抗诉,通过审判监督程序加以改判

B. 可以自行启动审判监督程序加以改判

C. 可以撤销原判并建议检察机关重新起诉

D. 可以用裁定对判决书加以更正

293. 2012/2/34/单

关于审判监督程序,下列哪一选项是正确的?④

A. 对于原判决事实不清楚或者证据不足的,应当指令下级法院再审

B. 上级法院指令下级法院再审的,应当指令原审法院以外的下级法院审理;由原审法院审理更为适宜的,也可以指令原审法院审理

① ABC ② BCD ③ D ④ B

C. 不论是否属于由检察院提起抗诉的再审案件,逮捕由检察院决定

D. 法院按照审判监督程序审判的案件,应当决定中止原判决、裁定的执行

294． 2011/2/38/单

邢某因涉嫌强奸罪被判处有期徒刑。刑罚执行期间,邢某父母找到证人金某,证明案发时邢某正与金某在外开会,邢某父母提出申诉。法院对该案启动再审。关于原判决的执行,下列哪一说法是正确的?①

　　A. 继续执行原判决

　　B. 由再审法院裁定中止执行原判决

　　C. 由再审法院决定中止执行原判决

　　D. 报省级法院决定中止原判决

295． 2009/2/37/单

关于生效裁判申诉的审查处理,下列哪一选项是正确的?②

　　A. 赵某强奸案的申诉,由上级法院转交下级法院审查处理,不立申诉卷

　　B. 二审法院将不服本院裁判的刘某抢劫案的申诉交一审法院审查,一审法院审查后直接作出处理

　　C. 李某对最高法院核准死刑的案件的申诉,最高法院可以直接处理,也可以交原审法院审查。交原审法院审查的,原审法院应当写出审查报告,提出处理意见,逐级报最高法院审定

　　D. 高某受贿案的申诉,经两级法院处理后不服又申诉,法院不再受理

专题十九　涉外刑事诉讼程序与司法协助制度

考点69 涉外刑事诉讼程序

296． 2017/2/42/单

W国人约翰涉嫌在我国某市 A 区从事间谍活动被立案侦查并提起公诉。关于本案诉讼程序,下列哪一选项是正确的?③

　　A. 约翰可通过 W 国驻华使馆委托 W 国律师为其辩护

　　B. 本案由 A 区法院一审

　　C. 约翰精通汉语,开庭时法院可不为其配备翻译人员

---

① 　C(原答案为B)　② 　C　③ 　D

D. 给约翰送达的法院判决书应为中文本

297. 2010/2/79/多

下列哪些案件适用涉外刑事诉讼程序?①

A. 在公海航行的我国货轮被索马里海盗抢劫的案件

B. 我国国内一起贩毒案件的关键目击证人在诉讼时身在国外

C. 陈某经营的煤矿发生重大安全事故后携款潜逃国外的案件

D. 我驻某国大使馆内中方工作人员甲、乙因看世界杯而发生斗殴的故意伤害案件

298. 2011/2/95/不定项

李某、阮某持某外国护照,涉嫌贩卖毒品罪被检察机关起诉至某市中级法院。关于李某、阮某的诉讼权利及本案诉讼程序,下列说法正确的是:②

A. 即使李某、阮某能够使用中文交流,也应当允许其使用本国语言进行诉讼

B. 向李某、阮某送达中文本诉讼文书时,可以附有李某、阮某通晓的外文译本

C. 李某、阮某只能委托具有中华人民共和国律师资格并依法取得执业证书的律师作为辩护人

D. 如我国缔结或参加的国际条约中有关于刑事诉讼程序具体规定的,审理该案均适用该条约的规定

考点70 刑事司法协助

299. 2009/2/38/单

根据我国涉外刑事案件审理程序规定,下列哪一选项是正确的?③

A. 国籍不明又无法查清的,以中国国籍对待,不适用涉外刑事案件审理程序

B. 法院审判涉外刑事案件,不公开审理

C. 对居住在国外的中国籍当事人,可以委托我国使、领馆代为送达

D. 外国法院通过外交途径请求我国法院向外国驻华使、领馆商务参赞送达法律文书的,应由我国有关高级法院送达

---

① ABC ② A ③ C

专题二十 执 行

考点71 执行机关

300. 2016/2/40/单

关于生效裁判执行,下列哪一做法是正确的?①

A. 甲被判处管制 1 年,由公安机关执行

B. 乙被判处有期徒刑 1 年宣告缓刑 2 年,由社区矫正机构执行

C. 丙被判处有期徒刑 1 年 6 个月,在被交付执行前,剩余刑期 5 个月,由看守所代为执行

D. 丁被判处 10 年有期徒刑并处没收财产,没收财产部分由公安机关执行

301. 2013/2/24/单

赵某因绑架罪被甲省 A 市中级法院判处死刑缓期两年执行,后交付甲省 B 市监狱执行。死刑缓期执行期间,赵某脱逃至乙省 C 市实施抢劫被抓获,C 市中级法院一审以抢劫罪判处无期徒刑。赵某不服判决,向乙省高级法院上诉。乙省高级法院二审维持一审判决。此案最终经最高法院核准死刑立即执行。关于执行赵某死刑的法院,下列哪一选项是正确的?②

A. A 市中级法院   B. B 市中级法院

C. C 市中级法院   D. 乙省高级法院

302. 在一起共同犯罪案件中,主犯王某被判处有期徒刑 15 年,剥夺政治权利 3 年,并处没收个人财产;主犯朱某被判处有期徒刑 10 年,剥夺政治权利 2 年,罚金 2 万元人民币;从犯李某被判处有期徒刑 8 个月;从犯周某被判处管制 1 年,剥夺政治权利 1 年。请回答(1)~(3)题。

(1) 2008/2/95/不定项

在本案中,由监狱执行刑罚的罪犯是:③

A. 王某   B. 朱某

C. 李某   D. 周某

(2) 2008/2/96/不定项 新法改编

对周某刑罚的执行机关是:④

A. 人民法院   B. 公安机关

---

① B ② B ③ ABC(原答案为 AB) ④ BD

C. 监狱　　　　　　　　　　D. 社区矫正机构

（3）　2008/2/97/不定项

所判刑罚既需要法院执行,又需要公安机关执行的罪犯是：①

A. 王某　　　　　　　　　　B. 周某

C. 李某　　　　　　　　　　D. 朱某

考点72 各种判决、裁定的执行程序

303．　法考回忆题/多

甲因抢劫罪在某市中级法院受审,经过审理,法院在刑事裁判中认定其抢劫的财物涉及现金 10 万元、电脑一台(发票价值 1 万元)、古玩花瓶一件(发票价值 100 万元)、手表一块(发票价值 1 万元)。法院应当对下列哪些财物进行追缴?②

A. 抢劫的电脑,当二手商品在网络平台上卖出 6000 元

B. 抢劫的现金,用于偿还赌债

C. 抢劫的古玩花瓶,以 10 万元的价格卖给古玩收藏家

D. 抢劫的手表,送给了不知情的女友

304．　2017/2/37/单

甲纠集他人多次在市中心寻衅滋事,造成路人乙轻伤、丙的临街商铺严重受损。甲被起诉到法院后,乙和丙提起附带民事诉讼。法院判处甲有期徒刑 6 年,罚金 1 万元,赔偿乙医疗费 1 万元,赔偿丙财产损失 4 万元。判决生效交付执行后,查明甲除 1 辆汽车外无其他财产,且甲曾以该汽车抵押获取小额贷款,尚欠银行贷款 2.5 万元,银行主张优先受偿。法院以 8 万元的价格拍卖了甲的汽车。关于此 8 万元的执行顺序,下列哪一选项是正确的?③

A. 医疗费→银行贷款→财产损失→罚金

B. 医疗费→财产损失→银行贷款→罚金

C. 银行贷款→医疗费→财产损失→罚金

D. 医疗费→财产损失→罚金→银行贷款

305．　2015/2/40/单

关于刑事裁判涉财产部分执行,下列哪一说法是正确的?④

A. 对侦查机关查封、冻结、扣押的财产,法院执行时可直接裁定处置,无

---

① AD　② BCD　③ A　④ A

需侦查机关出具解除手续

B. 法院续行查封、冻结、扣押的顺位无需与侦查机关的顺位相同

C. 刑事裁判涉财产部分的裁判内容应明确具体,涉案财产和被害人均应在判决书主文中详细列明

D. 刑事裁判涉财产部分,应由与一审法院同级的财产所在地的法院执行

306． 2014/2/74/多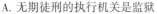

关于有期徒刑缓刑、拘役缓刑的执行,下列哪些选项是正确的?①

A. 对宣告缓刑的罪犯,法院应当核实其居住地

B. 法院应当向罪犯及原所在单位或居住地群众宣布犯罪事实、期限及应遵守的规定

C. 罪犯在缓刑考验期内犯新罪应当撤销缓刑的,由原审法院作出裁定

D. 法院撤销缓刑的裁定,一经作出立即生效

307． 被告人王某故意杀人案经某市中级法院审理,认为案件事实清楚,证据确实、充分。请根据下列条件,回答(1)~(2)题。

（1） 2010/2/95/不定项

如王某被判处死刑立即执行,下列选项正确的是:②

A. 核准死刑立即执行的机关是最高法院

B. 签发死刑立即执行命令的是最高法院审判委员会

C. 王某由作出一审判决的法院执行

D. 王某由法院交由监狱或指定的羁押场所执行

（2） 2010/2/96/不定项

如王某被判处无期徒刑,附加剥夺政治权利,下列选项正确的是:③

A. 无期徒刑的执行机关是监狱

B. 剥夺政治权利的执行机关是公安机关

C. 对王某应当剥夺政治权利终身

D. 如王某减刑为有期徒刑,剥夺政治权利的期限应改为十五年

考点73 死刑执行的变更

308． 2008/2/68/多

《刑事诉讼法》规定,下级法院接到最高法院执行死刑的命令后,

---

① AD ② AC ③ ABC

发现有关情形时,应当停止执行,并且立即报告最高法院,由最高法院作出裁定。下列哪些情形应当适用该规定?①

A. 发现关键定罪证据可能是刑讯逼供所得

B. 判决书认定的年龄错误,实际年龄未满 18 周岁

C. 提供一重大银行抢劫案线索,经查证属实

D. 罪犯正在怀孕

考点74 暂予监外执行

309. 2017/2/38/单

张某居住于甲市 A 区,曾任甲市 B 区某局局长,因受贿罪被 B 区法院判处有期徒刑 5 年,执行期间突发严重疾病而被决定暂予监外执行。张某在监外执行期间违反规定,被决定收监执行。关于本案,下列哪一选项是正确的?②

A. 暂予监外执行由 A 区法院决定

B. 暂予监外执行由 B 区法院决定

C. 暂予监外执行期间由 A 区司法行政机关实行社区矫正

D. 收监执行由 B 区法院决定

310. 2014/2/26/单

钱某涉嫌纵火罪被提起公诉,在法庭审理过程中被诊断患严重疾病,法院判处其有期徒刑 8 年,同时决定予以监外执行。下列哪一选项是错误的?③

A. 决定监外执行时应当将暂予监外执行决定抄送检察院

B. 钱某监外执行期间,应当对其实行社区矫正

C. 如钱某拒不报告行踪、脱离监管,应当予以收监

D. 如法院作出收监决定,钱某不服,可向上一级法院申请复议

311. 2012/2/35/单

下列哪一选项是 2012 年《刑事诉讼法修正案》新增加的规定内容?④

A. 怀孕或者正在哺乳自己婴儿的妇女可以暂予监外执行

B. 监狱、看守所提出暂予监外执行的书面意见的,应当将书面意见的副本抄送检察院

C. 决定或者批准暂予监外执行的机关应当将暂予监外执行决定抄送检察院

① ABCD ② C ③ D ④ B

D. 检察院认为暂予监外执行不当的,应当在法定期间内将书面意见送交决定或者批准暂予监外执行的机关

考点75 减刑、假释

312. 法考回忆题/单

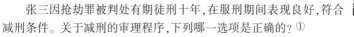

张三因抢劫罪被判处有期徒刑十年,在服刑期间表现良好,符合减刑条件。关于减刑的审理程序,下列哪一选项是正确的?①

A. 张三应当对自己符合减刑条件承担证明责任

B. 法院可以书面审理张三的减刑案件

C. 法院可以由一名法官独任审理张三的减刑案件

D. 如果有证人,审理中应当通知证人出庭证明张三具有减刑行为

313. 2015/2/41/单

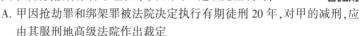

关于减刑、假释案件审理程序,下列哪一选项是正确的?②

A. 甲因抢劫罪和绑架罪被法院决定执行有期徒刑 20 年,对甲的减刑,应由其服刑地高级法院作出裁定

B. 乙因检举他人重大犯罪活动被报请减刑的,法院应通知乙参加减刑庭审

C. 丙因受贿罪被判处有期徒刑 5 年,对丙的假释,可书面审理,但必须提讯丙

D. 丁因强奸罪被判处无期徒刑,对丁的减刑,可聘请律师到庭发表意见

第三编　特别程序

专题二十一　未成年人刑事案件诉讼程序

考点76 未成年人刑事案件诉讼程序

314. 法考回忆题/不定项

男孩小刚(15 岁)强行与女孩小丽(13 岁)发生了性关系,公安机关对小刚进行立案侦查。关于本案的处理,下列说法正确的是:③

A. 由于小刚涉嫌的罪名较重,不适用附条件不起诉

① B ② B ③ AD

  B. 审查起诉期间,小刚父亲对小刚认罪认罚有异议,可将异议内容在认罪认罚具结书中注明,但不影响对小刚从宽处罚

  C. 在对小丽进行询问时,如果其法定代理人或者合适成年人不在场,其被害人陈述不得作为定案根据

  D. 法庭审理中,法庭可以通知对小刚在侦查阶段进行社会调查的社会工作者出庭说明情况

315． 2017/2/39/单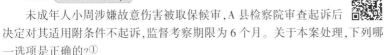

  未成年人小周涉嫌故意伤害被取保候审,A县检察院审查起诉后决定对其适用附条件不起诉,监督考察期限为6个月。关于本案处理,下列哪一选项是正确的?①

  A. 作出附条件不起诉决定后,应释放小周

  B. 本案审查起诉期限自作出附条件不起诉决定之日起中止

  C. 监督考察期间,如小周经批准迁居B县继续上学,改由B县检察院负责监督考察

  D. 监督考察期间,如小周严格遵守各项规定,表现优异,可将考察期限缩短为5个月

316． 2016/2/75/多

  未成年人小天因涉嫌盗窃被检察院适用附条件不起诉。关于附条件不起诉可以附带的条件,下列哪些选项是正确的?②

  A. 完成一个疗程四次的心理辅导

  B. 每周参加一次公益劳动

  C. 每个月向检察官报告日常花销和交友情况

  D. 不得离开所居住的县

317． 2015/2/71/多

  《全国人大常委会关于〈刑事诉讼法〉第二百七十一条第二款(现为第282条第2款)的解释》规定,检察院办理未成年人刑事案件,在作出附条件不起诉决定以及考验期满作出不起诉决定前,应听取被害人的意见。被害人对检察院作出的附条件不起诉的决定和不起诉的决定,可向上一级检察院申诉,但不能向法院提起自诉。关于这一解释的理解,下列哪些选项是正确的?③

  A. 增加了听取被害人陈述意见的机会

---

① B ② ABC ③ ABC

B. 有利于对未成年犯罪嫌疑人的转向处置

C. 体现了对未成年犯罪嫌疑人的特殊保护

D. 是刑事公诉独占主义的一种体现

318. 〔2015/2/73/多〕

律师邹某受法律援助机构指派,担任未成年人陈某的辩护人。关于邹某的权利,下列哪些说法是正确的?①

A. 可调查陈某的成长经历、犯罪原因、监护教育等情况,并提交给法院

B. 可反对法院对该案适用简易程序,法院因此只能采用普通程序审理

C. 可在陈某最后陈述后进行补充陈述

D. 可在有罪判决宣告后,受法庭邀请参与对陈某的法庭教育

319. 〔2015/2/74/多〕 新法改编

甲、乙系初三学生,因涉嫌抢劫同学丙(三人均不满16周岁)被立案侦查。关于该案诉讼程序,下列哪些选项是正确的?②

A. 审查批捕讯问时,甲拒绝为其提供的合适成年人到场且有正当理由的,应在征求其意见后另行通知其他合适成年人到场

B. 讯问乙时,因乙的法定代理人无法到场而通知其伯父到场,其伯父可代行乙的控告权

C. 法庭审理询问丙时,应通知丙的法定代理人到场

D. 如该案适用简易程序审理,甲的法定代理人不能到场时可不再通知其他合适成年人到场

320. 黄某(17周岁,某汽车修理店职工)与吴某(16周岁,高中学生)在餐馆就餐时因琐事与赵某(16周岁,高中学生)发生争吵,并殴打赵某致其轻伤。检察院审查后,综合案件情况,拟对黄某作出附条件不起诉决定,对吴某作出不起诉决定。请回答第(1)~(3)题。

(1) 〔2014/2/94/不定项〕

关于本案审查起诉的程序,下列选项正确的是:③

A. 应当对黄某、吴某的成长经历、犯罪原因和监护教育等情况进行社会调查

B. 在讯问黄某、吴某和询问赵某时,应当分别通知他们的法定代理人到场

---

① ABD ② AC ③ BCD

C. 应当分别听取黄某、吴某的辩护人的意见

D. 拟对黄某作出附条件不起诉决定,应当听取赵某及其法定代理人与诉讼代理人的意见

（2）**2014/2/95/不定项**

关于对黄某的考验期,下列选项正确的是:①

A. 从宣告附条件不起诉决定之日起计算

B. 不计入检察院审查起诉的期限

C. 可根据黄某在考验期间的表现,在法定范围内适当缩短或延长

D. 如黄某违反规定被撤销附条件不起诉决定而提起公诉,已经过的考验期可折抵刑期

（3）**2014/2/96/不定项**

关于本案的办理,下列选项正确的是:②

A. 在对黄某作出附条件不起诉决定、对吴某作出不起诉决定时,必须达成刑事和解

B. 检察院对黄某作出附条件不起诉决定、对吴某作出不起诉决定时,可要求他们向赵某赔礼道歉、赔偿损失

C. 在附条件不起诉考验期内,检察院可将黄某移交有关机构监督考察

D. 检察院对黄某作出附条件不起诉决定,对吴某作出不起诉决定后,均应将相关材料装订成册,予以封存

321. **2013/2/72/多**

检察机关对未成年人童某涉嫌犯罪的案件进行审查后决定附条件不起诉。在考验期间,下列哪些情况下可以对童某撤销不起诉的决定、提起公诉?③

A. 根据新的证据确认童某更改过年龄,在实施涉嫌犯罪行为时已满十八周岁的

B. 发现决定附条件不起诉以前还有其他犯罪需要追诉的

C. 违反考察机关有关附条件不起诉的监管规定,情节严重的

D. 违反治安管理规定,情节严重的

322. **2012/2/36/单**

关于附条件不起诉,下列哪一说法是错误的?④

---

① BC　② B　③ ABCD　④ B

A. 只适用于未成年人案件

B. 应当征得公安机关、被害人的同意

C. 未成年犯罪嫌疑人及其法定代理人对附条件不起诉有异议的应当起诉

D. 有悔罪表现时,才可以附条件不起诉

323. 〔2012/2/73/多〕

《刑事诉讼法》规定,审判的时候被告人不满18周岁的案件,不公开审理。但是,经未成年被告人及其法定代理人同意,未成年被告人所在学校和未成年人保护组织可以派代表到场。关于该规定的理解,下列哪些说法是错误的?①

    A. 该规定意味着经未成年被告人及其法定代理人同意,可以公开审理

    B. 未成年被告人所在学校和未成年人保护组织派代表到场是公开审理的特殊形式

    C. 未成年被告人所在学校和未成年人保护组织经同意派代表到场是为了维护未成年被告人合法权益和对其进行教育

    D. 未成年被告人所在学校和未成年人保护组织经同意派代表到场与审判的时候被告人不满18周岁的案件不公开审理并不矛盾

324. 〔2011/2/33/多〕

赵某因涉嫌抢劫犯罪被抓获,作案时未满18周岁,案件起诉到法院时已年满18周岁。下列哪些说法是不正确的?②

    A. 本案由少年法庭审理

    B. 对赵某不公开审理

    C. 对赵某进行审判,可以通知其法定代理人到场

    D. 对赵某进行审判,应当通知其监护人到场

325. 〔2010/2/78/多〕

根据《人民检察院办理未成年人刑事案件的规定》,关于检察院审查批捕未成年犯罪嫌疑人,下列哪些做法是正确的?③

    A. 讯问未成年犯罪嫌疑人,应当通知法定代理人到场

    B. 讯问女性未成年犯罪嫌疑人,应当有女检察人员参加

    C. 讯问未成年犯罪嫌疑人一般不得使用戒具

---

① AB ② ABCD(原答案为A) ③ ABCD

D. 对难以判断犯罪嫌疑人实际年龄,影响案件认定的,应当作出不批准逮捕的决定

专题二十二　当事人和解的公诉案件诉讼程序

考点77 当事人和解的公诉案件诉讼程序

326. （法考回忆题/单）

甲交通肇事致乙死亡,在审查起诉中,甲与乙的妻子丙达成和解协议,并认罪认罚,签署具结书。法院适用速裁程序审理,但甲在庭审中态度恶劣,不愿悔罪,丙反悔,不再同意和解。一审法院宣判后,甲以事实不清、证据不足为由提起上诉。上诉期间甲态度好转,又与丙达成和解。关于本案的处理,下列哪一说法是正确的?①

A. 若甲已全部履行和解协议约定的赔偿损失内容,一审法院对丙的反悔应不予支持

B. 法院可继续适用速裁程序审理本案

C. 对于两人第二次达成和解,法院应听取检察院的意见

D. 二审法院应裁定撤销原判,发回重审

327. （2017/2/40/单）

董某(17岁)在某景点旅游时,点燃荒草不慎引起大火烧毁集体所有的大风公司林地,致大风公司损失5万元,被检察院提起公诉。关于本案处理,下列哪一选项是正确的?②

A. 如大风公司未提起附带民事诉讼,检察院可代为提起,并将大风公司列为附带民事诉讼原告人

B. 董某与大风公司既可就是否对董某免除刑事处分达成和解,也可就民事赔偿达成和解

C. 双方刑事和解时可约定由董某在1年内补栽树苗200棵

D. 如双方达成刑事和解,检察院经法院同意可撤回起诉并对董某适用附条件不起诉

328. （2016/2/41/单）

下列哪一案件可以适用当事人和解的公诉案件诉讼程序?③

---

① C　② C　③ C

A. 甲因侵占罪被免除处罚 2 年后,又涉嫌故意伤害致人轻伤

B. 乙涉嫌寻衅滋事,在押期间由其父亲代为和解,被害人表示同意

C. 丙涉嫌过失致人重伤,被害人系限制行为能力人,被害人父亲愿意代为和解

D. 丁涉嫌破坏计算机信息系统,被害人表示愿意和解

329. `2015/2/75/多`

甲因琐事与乙发生口角进而厮打,推搡之间,不慎致乙死亡。检察院以甲涉嫌过失致人死亡提起公诉,乙母丙向法院提起附带民事诉讼。关于本案处理,下列哪些选项是正确的?①

A. 法院可对附带民事部分进行调解

B. 如甲与丙经法院调解达成协议,调解协议中约定的赔偿损失内容可分期履行

C. 如甲提出申请,法院可组织甲与丙协商以达成和解

D. 如甲与丙达成刑事和解,其约定的赔偿损失内容可分期履行

330. `2014/2/40/单`

甲因邻里纠纷失手致乙死亡,甲被批准逮捕。案件起诉后,双方拟通过协商达成和解。对于此案的和解,下列哪一选项是正确的?②

A. 由于甲在押,其近亲属可自行与被害方进行和解

B. 由于乙已经死亡,可由其近亲属代为和解

C. 甲的辩护人和乙近亲属的诉讼代理人可参与和解协商

D. 由于甲在押,和解协议中约定的赔礼道歉可由其近亲属代为履行

331. `2013/2/71/多`

李某因琐事将邻居王某打成轻伤。案发后,李家积极赔偿,赔礼道歉,得到王家谅解。如检察院根据双方和解对李某作出不起诉决定,需要同时具备下列哪些条件?③

A. 双方和解具有自愿性、合法性

B. 李某实施伤害的犯罪情节轻微,不需要判处刑罚

C. 李某五年以内未曾故意犯罪

D. 公安机关向检察院提出从宽处理的建议

---

① ABC ② C ③ ABC

332. 2012/2/75/多

关于可以适用当事人和解的公诉案件诉讼程序的案件范围,下列哪些选项是正确的?①

A. 交通肇事罪
B. 暴力干涉婚姻自由罪
C. 过失致人死亡罪
D. 刑讯逼供罪

专题二十三　缺席审判程序

考点78 缺席审判程序

333. 法考回忆题/多

下列关于我国刑事缺席审判程序的表述,哪些是正确的?②

A. 绿豆涉嫌受贿罪,逃往境外,某市监察委员会移送起诉,某市检察院认为受贿事实已经查清,证据确实、充分,依法应当追究刑事责任的,可以向某市中级法院提起公诉

B. 东柱涉嫌间谍罪,逃往境外,某市国家安全机关移送起诉,某市检察院认为间谍事实已经查清,证据确实、充分,依法应当追究刑事责任的,可以向某市中级法院提起公诉

C. 白晶涉嫌盗窃罪在某县法院受审,在法庭审理过程中,白晶突然身染重病,法院裁定中止审理。6个月后,白晶仍无法出庭受审,白晶申请某县法院恢复审理,某县法院进行缺席审判

D. 南山涉嫌诈骗罪在某县法院受审,在法庭审理过程中,南山突患重病死亡,某县法院认为现有证据能够证明南山无罪,缺席进行审理并作出判决

334. 法考回忆题/多

贾士隐因涉嫌贪污犯罪被某市监察委员会立案调查,贾士隐逃往巴西。某市监察委员会移送某市检察院起诉,某市检察院向某市中级法院提起公诉。下列表述哪些是正确的?③

A. 某市中级法院应当将传票和某市检察院的起诉书副本送达贾士隐

B. 若某市中级法院无法将传票和某市检察院的起诉书副本送达贾士隐,不能缺席审判

C. 若某市中级法院缺席审理,贾士隐及其近亲属没有委托辩护人,某市中级法院应当通知法律援助机构指派律师为贾士隐提供辩护

---

① AC　② ACD　③ ABCD

D. 若某市中级法院依法作出判决后,贾士隐的妻子对判决不服,有权直接向某省高级法院上诉

专题二十四　犯罪嫌疑人、被告人逃匿、死亡案件违法所得的没收程序

考点79 犯罪嫌疑人、被告人逃匿、死亡案件违法所得的没收程序

335.（法考回忆题/不定项）

陈某因受贿案发后逃匿,甲市检察院向甲市中院提起违法所得没收申请。陈某妻子赵某申请参加庭审,后开庭时又无故退庭。甲市中院作出没收裁定后,赵某提起上诉。二审期间,利害关系人马某申请参加诉讼,并说明自己因为生病住院没能参加一审。二审过程中,陈某回国投案自首。关于本案的办理,下列说法正确的是:①

A. 赵某无故退庭后,法庭可以转为不开庭审理

B. 法院应准许马某参加诉讼

C. 陈某投案后,法院应当裁定中止审理

D. 若甲市检察院对陈某以受贿罪向甲市中院提起公诉,甲市中院应另行组成合议庭审理

336.（2015/2/93/不定项）

李某(女)家住甲市,系该市某国有公司会计,涉嫌贪污公款500余万元,被甲市检察院立案侦查后提起公诉,甲市中级法院受理该案后,李某脱逃,下落不明。关于李某脱逃后的诉讼程序,下列选项正确的是:②

A. 李某脱逃后,法院可中止审理

B. 在通缉李某一年不到案后,甲市检察院可向甲市中级法院提出没收李某违法所得的申请

C. 李某的近亲属只能在6个月的公告期内申请参加诉讼

D. 在审理没收违法所得的案件过程中,李某被抓捕归案的,法院应裁定终止审理

337.（2014/2/41/单）

A市原副市长马某,涉嫌收受贿赂2000余万元。为保证公正审

---

① AB　② ABD

判,上级法院指令与本案无关的 B 市中级法院一审。B 市中级法院受理此案后,马某突发心脏病不治身亡。关于此案处理,下列哪一选项是错误的?①

A. 应当由法院作出终止审理的裁定,再由检察院提出没收违法所得的申请

B. 应当由 B 市中级法院的同一审判组织对是否没收违法所得继续进行审理

C. 如裁定没收违法所得,而马某妻子不服的,可在 5 日内提出上诉

D. 如裁定没收违法所得,而其他利害关系人不服的,有权上诉

338. 2014/2/42/单

下列哪一选项不属于犯罪嫌疑人、被告人逃匿、死亡案件违法所得没收程序中的"违法所得及其他涉案财产"?②

A. 刘某恐怖活动犯罪案件中从其住处搜出的管制刀具

B. 赵某贪污案赃款存入银行所得的利息

C. 王某恐怖活动犯罪案件中制造爆炸装置使用的所在单位的仪器和设备

D. 周某贿赂案受贿所得的古玩

339. 2012/2/38/单

关于犯罪嫌疑人、被告人逃匿、死亡案件违法所得的没收程序,下列哪一说法是正确的?③

A. 贪污贿赂犯罪案件的犯罪嫌疑人潜逃,通缉 1 年后不能到案的,依照《刑法》规定应当追缴其违法所得及其他涉案财产的,公安机关可以向法院提出没收违法所得的申请

B. 在 A 选项所列情形下,检察院可以向法院提出没收违法所得的申请

C. 没收违法所得及其他涉案财产的申请,由犯罪地的基层法院组成合议庭进行审理

D. 没收违法所得案件审理中,在逃犯罪嫌疑人被抓获的,法院应当中止审理

---

① B ② C ③ B

专题二十五　依法不负刑事责任的精神病人的强制医疗程序

考点80 依法不负刑事责任的精神病人的强制医疗程序

340. 法考回忆题/多

某市发现一名流浪汉,因不知道其姓名,也找不到任何家属,救助人员将其送往该市救助中心。在救助中心,该流浪汉将另一流浪汉杀死。法院在审理本案过程中,发现该流浪汉患有精神病。关于本案,下列哪些说法是正确的?①

　A. 法院有权对其采取临时保护性羁押措施

　B. 当地民政局可以派代表担任流浪汉的法定代理人出庭

　C. 法院决定采取强制医疗措施应一并确认强制医疗期限

　D. 法院可以临时邀请精神病专家作为人民陪审员

341. 2017/2/41/单

甲在公共场所实施暴力行为,经鉴定为不负刑事责任的精神病人,被县法院决定强制医疗。甲父对决定不服向市中级法院申请复议,市中级法院审理后驳回申请,维持原决定。关于本案处理,下列哪一选项是正确的?②

　A. 复议期间可暂缓执行强制医疗决定,但应采取临时的保护性约束措施

　B. 应由公安机关将甲送交强制医疗

　C. 强制医疗6个月后,甲父才能申请解除强制医疗

　D. 申请解除强制医疗应向市中级法院提出

342. 2016/2/42/单

甲将乙杀害,经鉴定甲系精神病人,检察院申请法院适用强制医疗程序。关于本案,下列哪一选项是正确的?③

　A. 法院审理该案,应当会见甲

　B. 甲没有委托诉讼代理人的,法院可通知法律援助机构指派律师担任其诉讼代理人

　C. 甲出庭的,应由其法定代理人或诉讼代理人代为发表意见

　D. 经审理发现甲具有部分刑事责任能力,依法应当追究刑事责任的,转

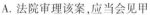

① BD　② B　③ A

为普通程序继续审理

343.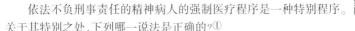

依法不负刑事责任的精神病人的强制医疗程序是一种特别程序。关于其特别之处,下列哪一说法是正确的?①

A. 不同于普通案件奉行的不告不理原则,法院可未经检察院对案件的起诉或申请而启动这一程序

B. 不同于普通案件审理时被告人必须到庭,可在被申请人不到庭的情况下审理并作出强制医疗的决定

C. 不同于普通案件中的抗诉或上诉,被决定强制医疗的人可通过向上一级法院申请复议启动二审程序

D. 开庭审理时无需区分法庭调查与法庭辩论阶段

344. 2013/2/42/单

法院受理叶某涉嫌故意杀害郭某案后,发现其可能符合强制医疗条件。经鉴定,叶某属于依法不负刑事责任的精神病人,法院审理后判决宣告叶某不负刑事责任,同时作出对叶某强制医疗的决定。关于此案的救济程序,下列哪一选项是错误的?②

A. 对叶某强制医疗的决定,检察院可以提出纠正意见

B. 叶某的法定代理人可以向上一级法院申请复议

C. 叶某对强制医疗决定可以向上一级法院提出上诉

D. 郭某的近亲属可以向上一级法院申请复议

345. 犯罪嫌疑人刘某涉嫌故意杀人被公安机关立案侦查。在侦查过程中,侦查人员发现刘某行为异常。经鉴定,刘某属于依法不负刑事责任的精神病人,需要对其实施强制医疗。

请回答第(1)、(2)题。

(1) 2012/2/95/不定项

关于有权启动强制医疗程序的主体,下列选项正确的是:③

A. 公安机关

B. 检察院

C. 法院

D. 刘某的监护人、法定代理人以及受害人

① B ② C ③ BC

（2）2012/2/96/不定项

法院审理刘某强制医疗一案,下列做法不符合法律规定的是:①

A. 由审判员和人民陪审员共 3 人组成合议庭

B. 鉴于刘某自愿放弃委托诉讼代理人,法院只通知了刘某的法定代理人到场

C. 法院认为刘某符合强制医疗的条件,依法对刘某作出强制医疗的裁定

D. 本案受害人不服法院对刘某强制医疗裁定,可申请检察院依法提起抗诉

---

① BCD

2025国家统一法律职业资格考试攻略

法考

快刷题

随时 ~ 随地 ~ 随身练　　⑥ 商经法

拓朴法考　组编

中国法治出版社

CHINA LEGAL PUBLISHING HOUSE

图书在版编目（CIP）数据

2025国家统一法律职业资格考试攻略. 快刷题. 6,
商经法 / 拓朴法考组编. -- 北京 ： 中国法治出版社,
2025. 4. -- ISBN 978-7-5216-4810-2

Ⅰ. D920. 4

中国国家版本馆 CIP 数据核字第 20242KW016 号

责任编辑：李连宇（lilianyu@zgfzs.com）　　　　　封面设计：拓　朴

2025国家统一法律职业资格考试攻略. 快刷题 . 6, 商经法
2025 GUOJIA TONGYI FALÜ ZHIYE ZIGE KAOSHI GONGLÜE. KUAISHUATI. 6, SHANGJINGFA
组编 / 拓朴法考
经销 / 新华书店
印刷 / 河北翔驰润达印务有限公司
开本 / 787 毫米×1092 毫米　32 开　　　　　印张 / 6. 25　字数 / 200 千
版次 / 2025 年 4 月第 1 版　　　　　　　　　2025 年 4 月第 1 次印刷

中国法治出版社出版
书号 ISBN 978-7-5216-4810-2　　　　　　　　总定价：108. 00 元（全八册）

北京市西城区西便门西里甲 16 号西便门办公区
邮政编码：100053　　　　　　　　　　　　　传真：010-63141600
网址：http：//www.zgfzs.com　　　　　　　编辑部电话：010-63141811
市场营销部电话：010-63141612　　　　　　　印务部电话：010-63141606

（如有印装质量问题，请与本社印务部联系。）
本书二维码内容由拓朴法考提供，用于服务广大考生，有效期截至 2025 年 12 月 31 日。

商 法

经 济 法

环境资源法

劳动与社会保障法

知识产权法

商　法

 扫一扫,"码"上做题

微信扫码,即可线上做题、看解析。
多种做题模式:章节自测、单科集训、
随机演练等。

专题一　公司法

第一节　公司法概述

考点1 公司的分类

1. (2017/3/25/单①)

植根农业是北方省份一家从事农产品加工的公司。为拓宽市场,该公司在南方某省分别设立甲分公司与乙分公司。关于分公司的法律地位与责任,下列哪一选项是错误的?②

A. 甲分公司的负责人在分公司经营范围内,当然享有以植根公司名义对外签订合同的权利

B. 植根公司的债权人在植根公司直接管理的财产不能清偿债务时,可主张强制执行各分公司的财产

C. 甲分公司的债权人在甲分公司直接管理的财产不能清偿债务时,可主张强制执行植根公司的财产

D. 乙分公司的债权人在乙分公司直接管理的财产不能清偿债务时,不得主张强制执行甲分公司直接管理的财产

2. (2014/3/25/单)

玮平公司是一家从事家具贸易的有限责任公司,注册地在北京,股东为张某、刘某、姜某、方某四人。公司成立两年后,拟设立分公司或子公司以开拓市场。对此,下列哪一表述是正确的?③

A. 在北京市设立分公司,不必申领分公司营业执照

---

① 指 2017 年/试卷三/第 25 题/单选——编者注。　② D　③ D

B. 在北京市以外设立分公司,须经登记并领取营业执照,且须独立承担民事责任

C. 在北京市以外设立分公司,其负责人只能由张某、刘某、姜某、方某中的一人担任

D. 在北京市以外设立子公司,即使是全资子公司,亦须独立承担民事责任

3. 甲公司欲单独出资设立一家子公司。甲公司的法律顾问就此向公司管理层提供了一份法律意见书,涉及子公司的设立、组织机构、经营管理、法律责任等方面的问题。请回答第(1)~(3)题。

(1) 2010/3/94/不定项

关于子公司设立问题,下列说法正确的是:①

A. 子公司的名称中应当体现甲公司的名称字样

B. 子公司的营业地可不同于甲公司的营业地

C. 甲公司对子公司的注册资本必须在子公司成立时一次足额缴清

D. 子公司的组织形式只能是有限责任公司

(2) 2010/3/95/不定项 新法改编

关于子公司的组织机构与经营管理,下列说法正确的是:②

A. 子公司可不设董事会,设一名董事

B. 子公司可自己单独出资再设立一家全资子公司

C. 子公司的法定代表人应当由甲公司的法定代表人担任

D. 子公司的经营范围不能超过甲公司的经营范围

(3) 2010/3/96/不定项

关于子公司的财产性质、法律地位、法律责任等问题,下列说法正确的是:③

A. 子公司的财产所有权属于甲公司,但由子公司独立使用

B. 当子公司财产不足清偿债务时,甲公司仅对子公司的债务承担补充清偿责任

C. 子公司具有独立法人资格

D. 子公司进行诉讼活动时以自己的名义进行

---

① B(原答案为 BCD) ② AB ③ CD

考点2 有限责任原则和公司法人人格否认

4. (法考回忆题/单)

甲公司的两个股东是张某和赵某。张某是控股股东,并派人担任甲公司董事长。后张某将甲公司的大部分资产无偿调用,并且该笔资金调用在甲公司财务上没有任何体现。待债权人乙公司要求甲公司偿还货款时,发现甲公司的资产不足以清偿。现债权人乙公司直接起诉张某,请求张某对甲公司债务承担连带责任。关于本案当事人的诉讼地位,下列哪一选项是正确的?①

　　A. 乙公司为原告,张某为被告

　　B. 法院应告知乙公司追加甲公司为共同被告

　　C. 法院应告知乙公司追加甲公司为第三人

　　D. 法院裁定不予受理

5. (2016/3/27/单)

零盛公司的两个股东是甲公司和乙公司。甲公司持股70%并派员担任董事长,乙公司持股30%。后甲公司将零盛公司的资产全部用于甲公司的一个大型投资项目,待债权人丙公司要求零盛公司偿还货款时,发现零盛公司的资产不足以清偿。关于本案,下列哪一选项是正确的?②

　　A. 甲公司对丙公司应承担清偿责任

　　B. 甲公司和乙公司按出资比例对丙公司承担清偿责任

　　C. 甲公司和乙公司对丙公司承担连带清偿责任

　　D. 丙公司只能通过零盛公司的破产程序来受偿

第二节　公司的设立

考点3 发起人及发起人责任

6. (法考回忆题/多)

甲、乙、丙约定共同设立利城公司,并约定设立过程中产生的费用和债务由三人平均分担。在公司的筹备过程中,甲以自己的名义与德盛公司签订合同,购买办公用品若干,货款50万元。乙以设立中利城公司的名义与菱菲公司签署房屋租赁合同,租赁五间房屋作为利城公司的办公室。丙外出旅游的路上,发生交通事故,将丁撞伤,丙负全责。后利城公司设立失败,下列哪些说法是正确的?③

---

① B　② A　③ BC

A. 甲、乙、丙应按约定的份额对德盛公司承担责任

B. 菱菲公司有权要求甲、乙、丙承担连带责任

C. 如果乙对菱菲公司清偿了全部的债务,有权要求甲、丙按约定比例分担责任

D. 丁有权要求甲、乙、丙承担连带责任

7. 〔2016/3/25/单〕

李某和王某正在磋商物流公司的设立之事。通大公司出卖一批大货车,李某认为物流公司需要,便以自己的名义与通大公司签订了购买合同,通大公司交付了货车,但尚有150万元车款未收到。后物流公司未能设立。关于本案,下列哪一说法是正确的?①

A. 通大公司可以向王某提出付款请求

B. 通大公司只能请求李某支付车款

C. 李某、王某对通大公司的请求各承担50%的责任

D. 李某、王某按拟定的出资比例向通大公司承担责任

8. 〔2011/3/68/多〕

甲、乙、丙、丁拟设立一家商贸公司,就设立事宜分工负责,其中丙负责租赁公司运营所需仓库。因公司尚未成立,丙为方便签订合同,遂以自己名义与戊签订仓库租赁合同。关于该租金债务及其责任,下列哪些表述是正确的?②

A. 无论商贸公司是否成立,戊均可请求丙承担清偿责任

B. 商贸公司成立后,如其使用该仓库,戊可请求其承担清偿责任

C. 商贸公司成立后,戊即可请求商贸公司承担清偿责任

D. 商贸公司成立后,戊即可请求丙和商贸公司承担连带清偿责任

考点4 公司资本

9. 〔2014/3/68/多〕

2014年5月,甲乙丙丁四人拟设立一家有限责任公司。关于该公司的注册资本与出资,下列哪些表述是正确的?③

A. 公司注册资本可以登记为1元人民币

B. 公司章程应载明其注册资本

C. 公司营业执照不必载明其注册资本

① A　② ABC(原答案为AB)　③ ABD

D. 公司章程可以要求股东出资须经验资机构验资

10. 2010/3/26/单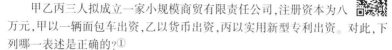

甲乙丙三人拟成立一家小规模商贸有限责任公司,注册资本为八万元,甲以一辆面包车出资,乙以货币出资,丙以实用新型专利出资。对此,下列哪一表述是正确的?①

　　A. 甲出资的面包车无需移转所有权,但须交公司管理和使用

　　B. 乙的货币出资不能少于二万元

　　C. 丙的专利出资作价可达到四万元

　　D. 公司首期出资不得低于注册资本的 30%

考点5 公司的章程

11. 2016/3/28/单

烽源有限公司的章程规定,金额超过 10 万元的合同由董事会批准。蔡某是烽源公司的总经理。因公司业务需要车辆,蔡某便将自己的轿车租给烽源公司,并约定年租金 15 万元。后蔡某要求公司支付租金,股东们获知此事,一致认为租金太高,不同意支付。关于本案,下列哪一选项是正确的?②

　　A. 该租赁合同无效

　　B. 股东会可以解聘蔡某

　　C. 该章程规定对蔡某没有约束力

　　D. 烽源公司有权拒绝支付租金

12. 2016/3/68/多

科鼎有限公司设立时,股东们围绕公司章程的制订进行讨论,并按公司的实际需求拟定条款规则。关于该章程条款,下列哪些说法是正确的?③

　　A. 股东会会议召开 7 日前通知全体股东

　　B. 公司解散需全体股东同意

　　C. 董事表决权按所代表股东的出资比例行使

　　D. 全体监事均由不担任董事的股东出任

13. 2013/3/68/多

甲、乙、丙设立一有限公司,制定了公司章程。下列哪些约定是合法的?④

① C　② D　③ AB　④ ABC

A. 甲、乙、丙不按照出资比例分配红利

B. 由董事会直接决定公司的对外投资事宜

C. 甲、乙、丙不按照出资比例行使表决权

D. 由董事会直接决定其他人经投资而成为公司股东

第三节　公司的股东和股东权利

考点6 股东资格的取得与确认

14. ◁法考回忆题/多▷

潘某购买了岳某持有的甲公司股权,签订了股权转让协议,当天支付给岳某部分股权转让款,剩余的部分分期支付。甲公司随后将潘某写入了股东名册,但尚未在工商行政管理部门办理股权变更登记。对此,下列哪些说法是正确的?①

A. 在办理股权变更登记后,潘某才能取得股权

B. 潘某已经取得支付了股权转让款的那部分股权

C. 因为尚未办理股权变更登记,不得对抗善意第三人

D. 潘某已经取得了购买的全部股权

15. ◁法考回忆题/不定项▷

甲是鼎泰公司股东,经公司过半数股东同意后于2018年3月和乙签署了股权转让合同,约定自2018年1月1日开始计算乙的股东收益。但是,鼎泰公司的股东名册及相关文件至2018年5月才变更完成。2018年4月,公司召开股东会决议向股东分红,但未分配给乙。下列说法正确的是:②

A. 乙有权申请法院确认公司分红决议无效

B. 2018年4月决议作出后,鼎泰公司有权依据章程向甲分配利润

C. 2018年4月决议作出后,乙可以向鼎泰公司主张分红

D. 乙于2018年5月鼎泰公司办完变更手续后取得股权

16. ◁2014/3/26/单▷

甲与乙为一有限责任公司股东,甲为董事长。2014年4月,一次出差途中遭遇车祸,甲与乙同时遇难。关于甲、乙股东资格的继承,下列哪一表述是错误的?③

A. 在公司章程未特别规定时,甲、乙的继承人均可主张股东资格继承

---

① CD　② BD　③ B

 B. 在公司章程未特别规定时,甲的继承人可以主张继承股东资格与董事长职位

 C. 公司章程可以规定甲、乙的继承人继承股东资格的条件

 D. 公司章程可以规定甲、乙的继承人不得继承股东资格

17. 〔2014/3/27/单〕

严某为鑫佳有限责任公司股东。关于公司对严某签发出资证明书,下列哪一选项是正确的?①

 A. 在严某认缴公司章程所规定的出资后,公司即须签发出资证明书

 B. 若严某遗失出资证明书,其股东资格并不因此丧失

 C. 出资证明书须载明严某以及其他股东的姓名、各自所缴纳的出资额

 D. 出资证明书在法律性质上属于有价证券

18. 〔2014/3/69/多〕

关于有限责任公司股东名册制度,下列哪些表述是正确的?②

 A. 公司负有置备股东名册的法定义务

 B. 股东名册须提交于公司登记机关

 C. 股东可依据股东名册的记载,向公司主张行使股东权利

 D. 就股东事项,股东名册记载与公司登记之间不一致时,以公司登记为准

19. 〔2012/3/26/单〕

甲、乙、丙拟共同出资 50 万元设立一有限公司。公司成立后,在其设置的股东名册中记载了甲乙丙 3 人的姓名与出资额等事项,但在办理公司登记时遗漏了丙,使得公司登记的文件中股东只有甲乙 2 人。下列哪一说法是正确的?③

 A. 丙不能取得股东资格

 B. 丙取得股东资格,但不能参与当年的分红

 C. 丙取得股东资格,但不能对抗第三人

 D. 丙不能取得股东资格,但可以参与当年的分红

20. 〔2009/3/25/单〕

关于股东的表述,下列哪一选项是正确的?④

---

① B ② AC ③ C ④ B

A. 股东应当具有完全民事行为能力

B. 股东资格可以作为遗产继承

C. 非法人组织不能成为公司的股东

D. 外国自然人不能成为我国公司的股东

考点7 名义股东与实际股东

21. （法考回忆题/单）

甲、乙、丙是某公司的股东,乙所持股份的实际出资人为丁,甲、丙对此知情,未提出异议。后乙将所持股份全部转让给甲,并办理了转让登记。下列说法哪一项是正确的?①

A. 丁有权撤销甲、乙之间的股份转让协议

B. 丙有权就所转让股份优先行使购买权

C. 甲有权主张自己取得乙转让的股份

D. 丁可以要求甲返还股份

22. （2017/3/69/多）

胡铭是从事进出口贸易的茂福公司的总经理,姚顺曾短期任职于该公司,2016 年初离职。2016 年 12 月,姚顺发现自己被登记为贝达公司的股东。经查,贝达公司实际上是胡铭与其友张莉、王威共同设立的,也从事进出口贸易。胡铭为防止茂福公司发现自己的行为,用姚顺留存的身份信息等材料,将自己的股权登记在姚顺名下。就本案,下列哪些选项是错误的?②

A. 姚顺可向贝达公司主张利润分配请求权

B. 姚顺有权参与贝达公司股东会并进行表决

C. 在姚顺名下股权的出资尚未缴纳时,贝达公司的债权人可向姚顺主张补充赔偿责任

D. 在姚顺名下股权的出资尚未缴纳时,张莉、王威只能要求胡铭履行出资义务

23. 高才、李一、曾平各出资 40 万元,拟设立"鄂汉食品有限公司"。高才手头只有 30 万元的现金,就让朋友艾瑟为其垫付 10 万元,许诺一旦公司成立,就将该 10 万元从公司中抽回偿还给艾瑟。而李一与其妻闻菲正在闹离婚,为避免可能的纠纷,遂与其弟李三商定,由李三出面与高、曾设立公司,但出资与相应的投资权益均归李一。公司于 2012 年 5 月成立,在公司登记机关

---

① D ② ABC

登记的股东为高才、李三、曾平,高才为董事长兼法定代表人,曾平为总经理。请回答(1)、(2)题。

(1) **2012/3/93/不定项**

关于李一与李三的约定以及股东资格,下列表述正确的是:①

A. 二人间的约定有效

B. 对公司来说,李三具有股东资格

C. 在与李一的离婚诉讼中,闻菲可以要求分割李一实际享有的股权

D. 李一可以实际履行出资义务为由,要求公司变更自己为股东

(2) **2012/3/94/不定项**

2012 年 7 月,李三买房缺钱,遂在征得其他股东同意后将其名下的公司股权以 42 万元的价格,出卖给王二,并在公司登记机关办理了变更登记等手续。下列表述正确的是:②

A. 李三的股权转让行为属于无权处分行为

B. 李三与王二之间的股权买卖合同为有效合同

C. 王二可以取得该股权

D. 就因股权转让所导致的李一投资权益损失,李一可以要求李三承担赔偿责任

24. **2011/3/26/单**

某市房地产主管部门领导王大伟退休后,与其友张三、李四共同出资设立一家房地产中介公司。王大伟不想让自己的名字出现在公司股东名册上,在未告知其弟王小伟的情况下,直接持王小伟的身份证等证件,将王小伟登记为公司股东。下列哪一表述是正确的?③

A. 公司股东应是王大伟

B. 公司股东应是王小伟

C. 王大伟和王小伟均为公司股东

D. 公司债权人有权请求王小伟对公司债务承担相应的责任

考点8 股东出资及出资瑕疵责任

25. **法考回忆题/多**

甲、乙、丙、丁设立迅飞软件有限公司。甲认缴出资 1000 万元,以厂房 20 年使用权出资。乙认缴出资 300 万元,以其对某公司的 300 万元债权

① AB　② BCD　③ A

出资。丙认缴出资 200 万元，以房屋出资。丁实缴出资 30 万元并担任设立主要负责人。公司成立后，发现丙的房屋其实是虚假出资，房屋归继承人戊所有，董事长丁对此事知情。乙对某公司 300 万元的债权因公司破产只分得 100 万元。对此，下列哪些说法是正确的？①

A. 债权不是法定出资形式，乙的该项出资不合法

B. 迅飞公司有权向乙追缴出资 200 万元

C. 甲以厂房使用权出资不合法，需要以厂房所有权出资

D. 迅飞公司不能取得丙出资房屋的所有权

26. 法考回忆题/单

2017 年，甲与乙出资设立了陶然公司，甲的持股比例是 75%，担任公司的法定代表人。公司章程约定两股东应于 2022 年缴足出资。后陶然公司欲吸纳丙入股，并与丙签订入股协议，约定：甲、乙应于 2020 年缴足出资，此条件是丙入股陶然公司的必要条件。甲代表陶然公司与丙在协议上签字盖章。乙对此不知情。后丙履行了出资义务，但陶然公司未修改公司章程。甲、乙应于什么时间缴足出资？②

A. 甲、乙应于 2022 年缴足出资

B. 甲应于 2020 年缴足出资，乙应于 2022 年缴足出资

C. 甲应于 2022 年缴足出资，乙应于 2020 年缴足出资

D. 甲、乙应于 2020 年缴足出资

27. 法考回忆题/不定项

李某、张某、赵某、贺某四人出资创办了甲公司，由李某、张某、赵某三人组成董事会。公司章程约定，李某认缴出资 400 万元，其余三人分别认缴出资 200 万元，公司成立后 3 个月内缴足出资。出资期限届满后，经公司多次催缴，李某仍未缴纳出资。1 年后，公司召开董事会会议，李某未出席，张某、赵某一致同意，通过了向李某发出失权通知的决议。对此下列说法正确的是：③

A. 李某系甲公司董事，未出席此次董事会，该决议无效

B. 李某自收到失权通知之日起，丧失其股权

C. 若李某丧失股权，甲公司应当对其股权依法注销

D. 在董事会作出决议之前，若甲公司对外债务不能清偿，李某仍需在未缴纳出资的范围内承担赔偿责任

---

① BCD ② B ③ D

28. 2017/3/27/单

　　甲有限责任公司成立于 2014 年 4 月,注册资本为 1000 万元,文某是股东之一,持有 40% 的股权。文某已实缴其出资的 30%,剩余出资按公司章程规定,应在 2017 年 5 月缴足。2015 年 12 月,文某以其所持甲公司股权的 60% 作为出资,评估作价为 200 万元,与唐某共同设立乙公司。对此,下列哪一选项是正确的?①

　　A. 因实际出资尚未缴纳完毕,故文某对乙公司的股权出资存在权利瑕疵

　　B. 如甲公司经营不善,使得文某用来出资的股权在 1 年后仅值 100 万元,则文某应补足差额

　　C. 如至 2017 年 5 月文某不缴纳其对甲公司的剩余出资,则甲公司有权要求其履行

　　D. 如至 2017 年 5 月文某不缴纳其对甲公司的剩余出资,则乙公司有权要求其履行

29. 2017/3/70/多

　　榴风公司章程规定:股东夏某应于 2016 年 6 月 1 日前缴清货币出资 100 万元。夏某认为公司刚成立,业务尚未展开,不需要这么多现金,便在出资后通过银行的熟人马某将这笔钱转入其妻的理财账户,用于购买基金。对此,下列哪些说法是正确的?②

　　A. 榴风公司可要求夏某补足出资

　　B. 榴风公司可要求马某承担连带责任

　　C. 榴风公司的其他股东可要求夏某补足出资

　　D. 榴风公司的债权人得知此事后可要求夏某补足出资

30. 2014/3/29/单

　　2014 年 5 月,甲、乙、丙三人共同出资设立一家有限责任公司。甲的下列哪一行为不属于抽逃出资行为?③

　　A. 将出资款项转入公司账户验资后又转出去

　　B. 虚构债权债务关系将其出资转出去

　　C. 利用关联交易将其出资转出去

　　D. 制作虚假财务会计报表虚增利润进行分配

---

　　① C　② ABC　③ A

31． 2013/3/29/单

甲公司于 2012 年 12 月申请破产。法院受理后查明:在 2012 年 9 月,因甲公司无法清偿欠乙公司 100 万元的货款,而甲公司董事长汪某却有 150 万元的出资未缴纳,乙公司要求汪某承担偿还责任,汪某随后确实支付给乙公司 100 万元。下列哪一表述是正确的?①

A. 就汪某对乙公司的支付行为,管理人不得主张撤销

B. 汪某目前尚未缴纳的出资额应为 150 万元

C. 管理人有义务要求汪某履行出资义务

D. 汪某就其未履行的出资义务,可主张诉讼时效抗辩

32． 2012/3/25/单

甲、乙、丙成立一家科贸有限公司,约定公司注册资本 100 万元,甲、乙、丙各按 20%、30%、50% 的比例出资。甲、乙缴足了出资,丙仅实缴 30 万元。公司章程对于红利分配没有特别约定。当年年底公司进行分红。下列哪一说法是正确的?②

A. 丙只能按 30% 的比例分红

B. 应按实缴注册资本 80 万元,由甲、乙、丙按各自的实际出资比例分红

C. 由于丙违反出资义务,其他股东可通过决议取消其当年分红资格

D. 丙有权按 50% 的比例分红,但应当承担未足额出资的违约责任

33． 2012/3/92/不定项

高才、李一、曾平各出资 40 万元,拟设立"鄂汉食品有限公司"。高才手头只有 30 万元的现金,就让朋友艾瑟为其垫付 10 万元,并许诺一旦公司成立,就将该 10 万元从公司中抽回偿还给艾瑟。而李一与其妻闻菲正在闹离婚,为避免可能的纠纷,遂与其弟李三商定,由李三出面与高、曾设立公司,但出资与相应的投资权益均归李一。公司于 2012 年 5 月成立,在公司登记机关登记的股东为高才、李三、曾平,高才为董事长兼法定代表人,曾平为总经理。

公司成立后,高才以公司名义,与艾瑟签订一份买卖合同,约定公司向艾瑟购买 10 万元的食材。合同订立后第 2 天,高才就指示公司财务转账付款,而实际上艾瑟从未经营过食材,也未打算履行该合同。对此,下列表述正确的是:③

---

① C ② B ③ BCD

A. 高才与艾瑟间垫付出资的约定,属于抽逃出资行为,应为无效

B. 该食材买卖合同属于恶意串通行为,应为无效

C. 高才通过该食材买卖合同而转移 10 万元的行为构成抽逃出资行为

D. 在公司不能偿还债务时,公司债权人可以在 10 万元的本息范围内,要求高才承担补充赔偿责任

34. 〔2011/3/69/多〕

甲、乙、丙、丁计划设立一家从事技术开发的天际有限责任公司,按照公司设立协议,甲以其持有的君则房地产开发有限公司 20% 的股权作为其出资。下列哪些情形会导致甲无法全面履行其出资义务?①

A. 君则公司章程中对该公司股权是否可用作对其他公司的出资形式没有明确规定

B. 甲对君则公司尚未履行完毕其出资义务

C. 甲已将其股权出质给其债权人戊

D. 甲以其股权作为出资转让给天际公司时,君则公司的另一股东已主张行使优先购买权

35. 〔2011/3/70/多〕

张三、李四、王五成立天问投资咨询有限公司,张三、李四各以现金 50 万元出资,王五以价值 20 万元的办公设备出资。张三任公司董事长,李四任公司总经理。公司成立后,股东的下列哪些行为可构成股东抽逃出资的行为?②

A. 张三与自己所代表的公司签订一份虚假购货合同,以支付货款的名义,由天问公司支付给自己 50 万元

B. 李四以公司总经理身份,与自己所控制的另一公司签订设备购置合同,将 15 万元的设备款虚报成 65 万元,并已由天问公司实际转账支付

C. 王五擅自将天问公司若干贵重设备拿回家

D. 3 人决议制作虚假财务会计报表虚增利润,并进行分配

考点9 股东的其他义务

36. 〔2008/3/31/单〕

甲公司出资 20 万元、乙公司出资 10 万元共同设立丙有限责任公

---

① BCD ② ABD

司。丁公司系甲公司的子公司。在丙公司经营过程中,甲公司多次利用其股东地位通过公司决议让丙公司以高于市场同等水平的价格从丁公司进货,致使丙公司产品因成本过高而严重滞销,造成公司亏损。下列哪一选项是正确的?①

A. 丁公司应当对丙公司承担赔偿责任

B. 甲公司应当对乙公司承担赔偿责任

C. 甲公司应当对丙公司承担赔偿责任

D. 丁公司、甲公司共同对丙公司承担赔偿责任

考点 10 股东的知情权和分红权

37． 法考回忆题/多

甲有限公司的股东李某持股比例为 3%。甲公司全体股东约定,李某不参与公司的经营管理,不过问公司事务,但分红比例为 5%。后甲公司连续 3 年未进行利润分配,李某直接向法院提起知情之诉,要求查阅甲公司会计账簿等资料。诉讼中,甲公司提出了李某在其他同类公司中参股投资的证据以及李某放弃知情权换取高额分红权的协议。据此,下列哪些选项是正确的?②

A. 李某应先向甲公司主张查阅,被拒绝后才可以起诉

B. 李某有权查阅并复制甲公司的会计账簿

C. 李某放弃知情权换取高额分红权的协议无效

D. 法院应当支持甲公司拒绝李某查阅公司会计账簿的主张

38． 法考回忆题/不定项

奇峰有限公司章程规定,持有本公司 20% 以下股权的股东不得查阅公司会计账簿。陈某持有该公司 15% 股权,于 2020 年 9 月 1 日向公司发出书面通知,要求查阅公司 2020 年账簿。对此,下列说法正确的是:③

A. 公司有权依据公司章程拒绝陈某的请求

B. 陈某可以委托律师至公司查阅公司股东会会议决议,公司应当予以配合

C. 陈某因行使知情权而发生的费用,由公司承担

D. 若陈某被公司拒绝,可向法院起诉,要求行使知情权,并确认相应章程条款无效

---

① C　② AC　③ BD

39. 法考回忆题/多

甲公司是乙公司的股东,根据公司章程,乙公司应每月向股东按时报告销售分析、人事支出等财务资料,但乙公司没有按章程报告。甲公司向法院起诉要求乙公司履行义务,乙公司主张这是财务账簿数据,根据公司章程规定,需要总经理审批才能向甲公司报告,但因为甲公司的阻挠,乙公司还没有总经理。下列有关说法哪些是正确的?①

A. 因相关事项未经总经理审批,乙公司有权拒绝向甲公司报告相关财务数据

B. 甲公司应先向乙公司书面申请查阅相关财务账簿数据,被拒绝后,才能向法院起诉

C. 甲公司应先推动乙公司聘任总经理,经其审批后方能查阅相关财务资料

D. 未经总经理审批,乙公司也应向甲公司报告相关财务资料

40. 法考回忆题/多

赵某独资设立甲公司,并担任公司的董事和法定代表人。因经营需要,甲公司向朱某筹措资金500万元,并约定朱某取得甲公司2%的股权,甲公司向朱某出具了股权凭证。据查,朱某是乙公司的法定代表人,乙公司与甲公司的经营范围基本相同。因为朱某该笔资金的引入,甲公司经营渐有起色,终于扭亏为盈。后甲公司未进行分红,朱某提出查阅甲公司的账簿并主张分红。下列哪些说法是正确的?②

A. 朱某可向法院提起诉讼请求甲公司分红

B. 朱某可自行召集并主持股东会决议分红

C. 赵某可以朱某查账目的不正当为由拒绝其查账请求

D. 朱某可以委托律师代为查账

41. 法考回忆题/不定项

甲、乙、丙、丁、戊共同出资设立春和有限公司,其中甲持股1%,乙持股2%,丙持股17%,丁持股30%,戊持股50%。丙与好友陆某签署代持股协议,约定由陆某实际出资并享有投资收益。戊担任公司的董事长。公司章程规定,持股比例低于5%的股东不得查阅公司的会计账簿。对此,下列说法正确的是:③

---

① BD ② CD ③ A

A. 甲有权查阅公司的会计账簿

B. 丙无权查阅公司的会计账簿

C. 陆某有权查阅公司的会计账簿

D. 丁有权查阅并复制公司的会计账簿

42. `2016/3/26/单`

张某是红叶有限公司的小股东,持股5%;同时,张某还在枫林有限公司任董事,而红叶公司与枫林公司均从事保险经纪业务。红叶公司多年没有给张某分红,张某一直对其会计账簿存有疑惑。关于本案,下列哪一选项是正确的?①

A. 张某可以用口头或书面形式提出查账请求

B. 张某可以提议召开临时股东会表决查账事宜

C. 红叶公司有权要求张某先向监事会提出查账请求

D. 红叶公司有权以张某的查账目的不具正当性为由拒绝其查账请求

43. `2013/3/27/多`

关于股东或合伙人知情权的表述,下列哪些选项是正确的?②

A. 有限公司股东有权查阅并复制公司会计账簿

B. 股份公司股东有权查阅并复制董事会会议记录

C. 有限公司股东可以知情权受到侵害为由提起解散公司之诉

D. 普通合伙人有权查阅合伙企业会计账簿等财务资料

考点 11 股东代表诉讼

44. `法考回忆题/多`

甲公司系一家未上市的股份公司。股东为郝某(持股46%)、岳某(持股5%)、胡某(持股1%)等18人。武某为甲公司的法定代表人。2022年4月6日,郝某在未经股东大会决议的情形下,指令武某为郝某好友名下的乙公司1000万元的债务向丙公司提供担保,并出具了伪造的股东大会决议。2022年6月10日,岳某将自己名下的股份转让给了宁某,并完成了股东的变更登记。2022年10月,因乙公司无力偿还债务,丙公司要求甲公司承担保证责任,岳某等股东因此知晓该事宜,并发现如甲公司承担连带责任时将会给公司正常经营造成极大的损失。因此,岳某等人向律师咨询如何保证公司正常运营。对此,律师给出的下列哪些意见是正确的?③

---

① D ② BD(原答案为D) ③ BD

A. 在情形紧急的情况下,岳某可向郝某、武某提起股东代表诉讼

B. 在情形紧急的情况下,胡某可向郝某、武某提起股东代表诉讼

C. 在情形紧急的情况下,宁某可向郝某、武某提起股东代表诉讼

D. 如提起股东代表诉讼,应列公司为第三人,但胜诉利益应归公司所有

45. (法考回忆题/多)

枫蓝股份公司经营良好,但近几年没有给股东分配利润,持有公司 2%股份的股东张某非常不满。现查明:枫蓝公司董事长郭某与和悦公司董事长黄某是夫妻,枫蓝公司与和悦公司存在巨额的业务往来,对和悦公司存在利益输送。张某要求监事会维护公司权益,监事会不置可否。关于张某的维权事宜,下列哪些说法是正确的?①

A. 张某的维权诉讼,枫蓝公司应为第三人

B. 张某的维权诉讼,应以郭某和监事会为共同被告

C. 张某的维权诉讼,应以公司为被告

D. 张某的维权诉讼中,公司其他股东以相同诉讼请求申请参加诉讼的,应列为共同原告

46. (2012/3/27/单)

郑贺为甲有限公司的经理,利用职务之便为其妻吴悠经营的乙公司谋取本来属于甲公司的商业机会,致甲公司损失 50 万元。甲公司小股东付冰欲通过诉讼维护公司利益。关于付冰的做法,下列哪一选项是正确的?②

A. 必须先书面请求甲公司董事会对郑贺提起诉讼

B. 必须先书面请求甲公司监事会对郑贺提起诉讼

C. 只有在董事会拒绝起诉情况下,才能请求监事会对郑贺提起诉讼

D. 只有在其股权达到 1%时,才能请求甲公司有关部门对郑贺提起诉讼

第四节　公司的组织机构

考点12 公司的组织机构

47. (法考回忆题/不定项)

某有限责任公司董事会共有甲、乙、丙三人。乙书面通知公司辞任董事,被股东会拒绝。丙因管理不力,给公司造成重大损失,股东会通过决议解任了其董事职务,并委派丁担任董事。对此,下面说法正确的是:③

---

① AD　② B　③ AC

A. 乙的辞任行为有效,股东会不能拒绝

B. 乙有权不再履行董事职务

C. 股东会解任丙的决议作出后即生效

D. 该公司仍要支付丙任期内剩余年限的薪酬

48. 法考回忆题/单

德丰有限公司的股东胡某是公司的大股东和法定代表人,2018年9月,胡某召集股东会商议收购全景公司的股权事宜,此次股东会没有通知持有公司百分之一股权的小股东郑某。胡某提议转让德丰公司的一块土地使用权给全景公司作为受让股权的对价,在胡某操作下,股东会通过该决议并让秘书代替郑某签字,郑某知道后坚决不同意,诉至法院。该股东会决议效力如何?①

A. 该股东会决议有效

B. 该股东会决议无效

C. 该股东会决议可撤销

D. 该股东会决议不成立

49. 法考回忆题/单

甲有限公司成立于2018年5月,陈某持有公司80%的股权,并担任公司董事长,秦某持有公司7%的股权。公司章程规定,公司召开股东会,应该提前7天以书面形式通知全体股东。为了扩大公司规模,陈某认为甲公司应当与乙公司合并,并提议召开股东会,但因准备匆忙,在会议召开前7天以电话形式通知秦某。甲公司股东会以代表90%表决权的股东同意,代表3%表决权的股东反对,秦某拒绝在决议上签字的情况下,通过了与乙公司合并的决议。下列哪一项说法是正确的?②

A. 该次股东会会议的召集程序违反法律规定,秦某可以主张该决议无效

B. 该次股东会会议的召集程序违反法律规定,秦某可以要求撤销该决议

C. 秦某有权要求公司以合理的价格回购其所持有的甲公司的股权

D. 若秦某针对股东决议效力提起相关诉讼,应当以公司为被告,其他股东列为第三人

50. 2016/3/69/多 新法改编

紫云有限公司设有股东会、董事会和监事会。近期公司的几次投

---

① C ② D

标均失败,董事会对此的解释是市场竞争激烈,对手强大。但监事会认为是因为董事狄某将紫云公司的标底暗中透露给其好友的公司。对此,监事会有权采取下列哪些处理措施?①

A. 提议召开董事会 　　　　　B. 提议召开股东会

C. 提议解任狄某 　　　　　　D. 聘请律师协助调查

51. 源圣公司有甲、乙、丙三位股东。2015 年 10 月,源圣公司考察发现某环保项目发展前景可观,为解决资金不足问题,经人推荐,霓美公司出资 1 亿元现金入股源圣公司,并办理了股权登记。增资后,霓美公司持股 60%,甲持股 25%,乙持股 8%,丙持股 7%,霓美公司总经理陈某兼任源圣公司董事长。2015 年 12 月,霓美公司在陈某授意下将当时出资的 1 亿元现金全部转入霓美旗下的天富公司账户用于投资房地产。后因源圣公司现金不足,最终未能获得该环保项目,前期投入的 500 万元也无法收回。陈某忙于天富公司的房地产投资事宜,对此事并不关心。请回答第(1)~(3)题。

（1）　2016/3/92/不定项

针对公司现状,甲、乙、丙认为应当召开源圣公司股东会,但陈某拒绝召开,而公司监事会对此事保持沉默。下列说法正确的是:②

A. 甲可召集和主持股东会

B. 乙可召集和主持股东会

C. 丙可召集和主持股东会

D. 甲、乙、丙可共同召集和主持股东会

（2）　2016/3/93/不定项

若源圣公司的股东会得以召开,该次股东会就霓美公司将资金转入天富公司之事进行决议。关于该次股东会决议的内容,根据有关规定,下列选项正确的是:③

A. 陈某连带承担返还 1 亿元的出资义务

B. 霓美公司承担 1 亿元的利息损失

C. 限制霓美公司的利润分配请求权

D. 解除霓美公司的股东资格

（3）　2016/3/94/不定项

就源圣公司前期投入到环保项目 500 万元的损失问题,甲、乙、丙认

————————

① BCD　② AD　③ ABC

为应当向霓美公司索赔,多次书面请求监事会无果。下列说法正确的是:①

 A. 甲可以起诉霓美公司

 B. 乙、丙不能起诉霓美公司

 C. 若甲起诉并胜诉获赔,则赔偿款归甲

 D. 若甲起诉并胜诉获赔,则赔偿款归源圣公司

52. 〔2015/3/26/多〕

荣吉有限公司是一家商贸公司,刘壮任董事长,马姝任公司总经理。关于马姝所担任的总经理职位,下列哪些选项是不正确的?②

 A. 担任公司总经理须经刘壮的聘任

 B. 享有以公司名义对外签订合同的法定代理权

 C. 有权制定公司的劳动纪律制度

 D. 有权聘任公司的财务经理

53. 〔2015/3/68/单〕

钱某为益扬有限公司的董事,赵某为公司的职工代表监事。公司为钱某、赵某支出的下列哪一项费用须经公司股东会批准?③

 A. 钱某的年薪   B. 钱某的董事责任保险费

 C. 赵某的差旅费   D. 赵某的社会保险费

54. 〔2013/3/25/多〕 新法改编

新余有限公司共有股东 4 人,未设董事会,股东刘某为公司唯一董事。在公司章程无特别规定的情形下,刘某可以行使下列哪些职权?④

 A. 决定公司的投资方案

 B. 否决其他股东对外转让股权行为的效力

 C. 决定聘任公司经理

 D. 决定公司的利润分配方案

55. 〔2012/3/68/多〕 新法改编

方圆公司与富春机械厂均为国有企业,合资设立富圆公司,出资比例为 30% 与 70%。关于富圆公司董事会的组成,下列哪些说法是正确的?⑤

 A. 董事会成员中的职工代表由股东会选举产生

 B. 董事张某任期内辞职,在新选出董事就任前,张某仍应履行董事职责

C. 富圆公司董事长可由小股东方圆公司派人担任

D. 方圆公司和富春机械厂可通过公司章程约定不按出资比例分红

56. 〔2010/3/25/单〕

甲乙丙丁戊五人共同组建一有限公司。出资协议约定甲以现金十万元出资,甲已缴纳六万元出资,尚有四万元未缴纳。某次公司股东会上,甲请求免除其四万元的出资义务。股东会五名股东,其中四名表示同意,投反对票的股东丙向法院起诉,请求确认该股东会决议无效。对此,下列哪一表述是正确的?①

A. 该决议无效,甲的债务未免除

B. 该决议有效,甲的债务已经免除

C. 该决议需经全体股东同意才能有效

D. 该决议属于可撤销,除甲以外的任一股东均享有撤销权

57. 〔2008/3/77/多〕 新法改编

华胜股份有限公司于 2006 年召开董事会临时会议,董事长甲及乙、丙、丁、戊等共五位董事出席,董事会中其余 4 名成员未出席。董事会表决之前,丁因意见与众人不合,中途退席,但董事会经与会董事一致通过,最后仍作出决议。下列哪些选项是错误的?②

A. 该决议有效,因其已由出席会议董事的过半数通过

B. 该决议不成立,因丁退席使董事的同意票不足全体董事表决票的二分之一

C. 该决议是否有效取决于公司股东会的最终意见

D. 该决议是否有效取决于公司监事会的审查意见

考点13 公司担保

58. 〔法考回忆题/不定项〕

通程公司设立了两家分公司甲分公司和乙分公司。在经营过程中,甲分公司为业务伙伴丙公司向丁公司提供担保,未经通程公司同意,自行以自己的名义签订了担保协议。在签订担保协议之前,甲分公司如实向丁公司说明了情况,丁公司未提出异议。乙分公司以自己的名义与戊公司签订了货物买卖协议。对此,下列说法正确的是:③

A. 甲分公司以自己的名义签订的担保协议无效

---

① A ② ACD ③ AC

B. 丙公司无法偿债时,丁公司可要求通程公司承担担保责任

C. 乙分公司签订的买卖协议对通程公司具有法律效力

D. 戊公司须先向乙分公司主张合同责任才可向通程公司主张责任

59. 法考回忆题/多

甲有限公司系张某出资设立的一人有限公司。几年后,甲有限公司与乙有限公司共同出资设立了丙有限公司。随后张某将其持有的甲有限公司的全部股权转让给了陈某并办理了变更登记。2020 年,甲有限公司为陈某向金某的借款提供担保,与金某签订了担保协议,陈某代表甲有限公司在担保协议上签字并加盖公章。2021 年借款到期后,陈某无力偿还借款。对此,下列哪些说法是正确的?①

A. 甲有限公司应对借款承担担保责任

B. 该担保协议因未经股东会决议,故担保无效

C. 陈某如无法证明甲有限公司财产独立,则须就公司其他债务承担连带责任

D. 丙有限公司可就张某和陈某的股权转让主张优先购买权

60. 2008/3/30/单

公司在经营活动中可以以自己的财产为他人提供担保。关于担保的表述中,下列哪一选项是正确的?②

A. 公司经理可以决定为本公司的客户提供担保

B. 公司董事长可以决定为本公司的客户提供担保

C. 公司董事会可以决定为本公司的股东提供担保

D. 公司股东可以决定为本公司的股东提供担保

第五节　公司的董事、监事、高级管理人员

考点 14 公司董事、监事、高级管理人员的资格和义务

61. 法考回忆题/单

下列哪一项人员可以担任公司的董事?③

A. 甲因炒股欠下巨额债务不清偿,被法院列入失信人员名单

B. 乙曾因挪用公款受到刑事处罚,执行期满 4 年

C. 丙曾主导公司盲目借款,最终导致该公司巨额负债而在 2 年前被破产清算

---

① AC　② D　③ D

D. 丁 2 年前担任一家长期负债公司的法定代表人,上任后不久该公司即被责令关闭

62. 法考回忆题/单

绿都公司是由阳光公司和张某、李某共同出资设立的有限公司,阳光公司派甲和乙担任绿都公司的董事。在绿都公司运营期间,甲以乙在绿都公司决策时总不为阳光公司的利益着想为由,向阳光公司报告。阳光公司未经绿都公司其他董事同意,将乙召回,派驻丙作为绿都公司的董事。下列哪一项说法是正确的?①

　A. 乙一经召回就丧失了绿都公司的董事身份

　B. 丙取得了绿都公司的董事身份

　C. 甲和乙应对阳光公司尽忠实、勤勉义务

　D. 甲和乙应对绿都公司尽忠实、勤勉义务

63. 2017/3/26/单

彭兵是一家(非上市)股份有限公司的董事长,依公司章程规定,其任期于 2017 年 3 月届满。由于股东间的矛盾,公司未能按期改选出新一届董事会。此后对于公司内部管理,董事间彼此推诿,彭兵也无心公司事务,使得公司随后的一项投资失败,损失 100 万元。对此,下列哪一选项是正确的?②

　A. 因已届期,彭兵不再履行董事长职务

　B. 虽已届期,董事会成员仍须履行董事职务

　C. 就公司 100 万元损失,彭兵应承担全部赔偿责任

　D. 对彭兵的行为,公司股东有权提起股东代表诉讼

64. 2013/3/70/多

李方为平昌公司董事长。债务人姜呈向平昌公司偿还 40 万元时,李方要求将该款打到自己指定的个人账户。随即李方又将该款借给刘黎,借期一年,年息 12%。下列哪些表述是正确的?③

　A. 该 40 万元的所有权,应归属于平昌公司

　B. 李方因其行为已不再具有担任董事长的资格

　C. 在姜呈为善意时,其履行行为有效

　D. 平昌公司可要求李方返还利息

---

① D ② B ③ CD

第六节　公司的财务与会计制度

考点 15 公司的财务会计报告制度

65. (2014/3/71/多)

关于公司的财务行为,下列哪些选项是正确的?①

A. 在会计年度终了时,公司须编制财务会计报告,并自行审计

B. 公司的法定公积金不足以弥补以前年度亏损时,则在提取本年度法定公积金之前,应先用当年利润弥补亏损

C. 公司可用其资本公积金来弥补公司的亏损

D. 公司可将法定公积金转为公司资本,但所留存的该项公积金不得少于转增前公司注册资本的百分之二十五

考点 16 公司的收益分配制度

66. (法考回忆题/多)

羽伦公司是一家非上市的股份公司,成立于 2020 年 4 月,公司注册资本 1 亿元,股东共认缴出资 2 亿元。2021 年 4 月,该公司财务报表显示,2020 年羽伦公司亏损 0.4 亿元人民币。因市场好转,2022 年 4 月的公司财务报表显示,羽伦公司 2021 年实现税后净利润 0.8 亿元。据此,下列哪些说法是正确的?②

A. 2020 年 4 月,羽伦公司应将 1 亿元计入资本公积金

B. 就 0.8 亿元税后利润,羽伦公司应当先弥补上一年度亏损

C. 就 0.8 亿元税后利润应当提取 0.08 亿元法定公积金

D. 羽伦公司董事会有权决定提取一定比例的任意公积金

67. 紫霞股份有限公司是一家从事游戏开发的非上市公司,注册资本 5000 万元,已发行股份总额为 1000 万股。公司成立后经营状况一直不佳,至 2015 年底公司账面亏损 3000 万元。2016 年初,公司开发出一款游戏,备受玩家追捧,市场异常火爆,年底即扭亏为盈,税后利润达 7000 万元。

请回答第(1)、(2)题。

(1) (2017/3/92/不定项)

2016 年底,为回馈股东多年的付出,紫霞公司决定分配利润。此时公司的法定公积金余额仅为 5 万元。就此次利润分配行为,下列选项正确的是:③

---

① BCD(原答案为 BD) ② AB ③ ACD

A. 公司应提取的法定公积金数额为 400 万元

B. 公司可提取法定公积金的上限为税后利润的一半，即 3500 万元

C. 经股东会决议，公司可提取任意公积金 1000 万元

D. 公司向股东可分配利润的上限为 3605 万元

（2）　2017/3/93/不定项

如紫霞公司在 2016 年底的分配利润中，最后所提取的各项公积金数额总计为 2800 万元，关于该公积金的用途，下列选项正确的是：①

A. 可用于弥补公司 2016 年度的实际亏损

B. 可将其中的 1500 万元用于新款游戏软件的研发

C. 可将其中 1000 万元的任意公积金全部用于公司资本的增加

D. 可将其中 1000 万元的法定公积金用于公司资本的增加

第七节　公司的变更、合并与分立

考点 17 公司合并和分立

68. 2015/3/69/多

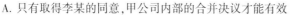

张某、李某为甲公司的股东，分别持股 65% 与 35%，张某为公司董事长。为谋求更大的市场空间，张某提出吸收合并乙公司的发展战略。关于甲公司的合并行为，下列哪些表述是正确的？②

A. 只有取得李某的同意，甲公司内部的合并决议才能有效

B. 在合并决议作出之日起 15 日内，甲公司须通知其债权人

C. 债权人自接到通知之日起 30 日内，有权对甲公司的合并行为提出异议

D. 合并乙公司后，甲公司须对原乙公司的债权人负责

69. 2011/3/25/单

白阳有限公司分立为阳春有限公司与白雪有限公司时，在对原债权人甲的关系上，下列哪一说法是错误的？③

A. 白阳公司应在作出分立决议之日起 10 日内通知甲

B. 甲在接到分立通知书后 30 日内，可要求白阳公司清偿债务或提供相应的担保

C. 甲可向分立后的阳春公司与白雪公司主张连带清偿责任

D. 白阳公司在分立前可与甲就债务偿还问题签订书面协议

---

① BC　② AD　③ B

70． `2009/3/72/多`

甲公司欠乙公司货款 100 万元、丙公司货款 50 万元。2009 年 9 月,甲公司与丁公司达成意向,拟由丁公司兼并甲公司。乙公司原欠丁公司租金 80 万元。下列哪些表述是正确的?①

A. 甲公司与丁公司合并后,两个公司的法人主体资格同时归于消灭

B. 甲公司与丁公司合并后,丁公司可以向乙公司主张债务抵销

C. 甲公司与丁公司合并时,丙公司可以要求甲公司或丁公司提供履行债务的担保

D. 甲公司与丁公司合并时,应当分别由甲公司和丁公司的董事会作出合并决议

考点18 公司形式变更

71． `法考回忆题/多`

秦川有限公司注册资本 1 亿元,股东为甲、乙、丙三人。因经营有方,公司持续盈利,至 2018 年公司净资产总额已达 2 亿元。为拓展市场,为上市做准备,公司经决议变更为股份有限公司。以下哪些说法是正确的? ②

A. 如变更后公司注册资本为 2 亿元,则不必另行办理增资的变更登记

B. 如变更后公司注册资本为 2.5 亿元,新增部分可以由甲、乙、丙认购

C. 如变更后公司注册资本为 2.5 亿元,则增加注册资本可向社会公开募集,不能定向募集

D. 如变更后发现原公司净资产计算错误,漏记 2000 万元对外债务,则差额由甲、乙、丙承担连带补足责任

考点19 公司增资和减资(注册资本变更)

72． `2017/3/68/多`

湘星公司成立于 2012 年,甲、乙、丙三人是其股东,出资比例为 7∶2∶1,公司经营状况良好。2017 年初,为拓展业务,甲提议公司注册资本增资 1000 万元。关于该增资程序的有效完成,下列哪些说法是正确的? ③

A. 三位股东不必按原出资比例增资

B. 三位股东不必实际缴足增资

C. 公司不必修改公司章程

D. 公司不必办理变更登记

---

① BC ② BD ③ AB

73. 2013/3/26/单

泰昌有限公司共有 6 个股东,公司成立两年后,决定增加注册资本 500 万元。下列哪一表述是正确的?①

A. 股东会关于新增注册资本的决议,须经三分之二以上股东同意

B. 股东认缴的新增出资额可分期缴纳

C. 股东有权要求按照认缴出资比例来认缴新增注册资本的出资

D. 一股东未履行其新增注册资本出资义务时,公司董事长须承担连带责任

考点20 公司其他事项变更

74. 2013/3/69/单

华昌有限公司有 8 个股东,麻某为董事长。2013 年 5 月,公司经股东会决议,决定变更为股份公司,由公司全体股东作为发起人,发起设立华昌股份公司。下列哪一选项是正确的?②

A. 该股东会决议应由全体股东一致同意

B. 发起人所认购的股份,应在股份公司成立后两年内缴足

C. 变更后股份公司的董事长,当然由麻某担任

D. 变更后的股份公司在其企业名称中,可继续使用“华昌”字号

75. 2010/3/75/多

关于商事登记,下列哪些说法是正确的?③

A. 公司的分支机构应办理营业登记

B. 被吊销营业执照的企业即丧失主体资格

C. 企业改变经营范围应办理变更登记

D. 企业未经清算不能办理注销登记

第八节　公司的解散与清算

考点21 公司的解散与清算

76. 法考回忆题/多

成泰公司设立于 2015 年,其投资建设了成泰商厦。公司有股东王某、张某和李某三人,其中王某和张某系夫妻,分别持股 51% 和 40%。2018

年王某和张某因感情发生纠纷,夫妻关系破裂,至此公司再未有效召开股东会。因城市发展,成泰商厦的租金持续上涨,公司盈利颇丰。下列哪些说法是正确的?①

A. 王某有权以自己的名义请求法院解散公司

B. 张某有权以自己的名义请求法院解散公司

C. 李某请求法院解散公司,应列公司为被告

D. 因该公司经营状况良好,因此法院不应裁判解散公司

77. 〔2015/3/27/单〕

李桃是某股份公司发起人之一,持有 14%的股份。在公司成立后的两年多时间里,各董事之间矛盾不断,不仅使公司原定上市计划难以实现,更导致公司经营管理出现严重困难。关于李桃可采取的法律措施,下列哪一说法是正确的?②

A. 可起诉各董事履行对公司的忠实义务和勤勉义务

B. 可同时提起解散公司的诉讼和对公司进行清算的诉讼

C. 在提起解散公司诉讼时,可直接要求法院采取财产保全措施

D. 在提起解散公司诉讼时,应以公司为被告

78. 〔2014/3/28/单〕

某经营高档餐饮的有限责任公司,成立于 2004 年。最近四年来,因受市场影响,公司业绩逐年下滑,各董事间又长期不和,公司经营管理几近瘫痪。股东张某提起解散公司诉讼。对此,下列哪一表述是正确的?③

A. 可同时提起清算公司的诉讼

B. 可向法院申请财产保全

C. 可将其他股东列为共同被告

D. 如法院就解散公司诉讼作出判决,仅对公司具有法律拘束力

79. 〔2014/3/70/多〕 新法改编

因公司章程所规定的营业期限届满,蒙玛有限公司进入清算程序。关于该公司的清算,下列哪些选项是错误的?④

A. 在公司逾期不成立清算组时,公司债权人可直接申请法院指定组成清算组

B. 公司在清算期间,由清算组代表公司参加诉讼

---

① AB　② D　③ B　④ BCD

C. 债权人未在规定期限内申报债权的,则不得补充申报

D. 法院组织清算的,清算方案报法院备案后,清算组即可执行

80. 〔2012/3/28/单〕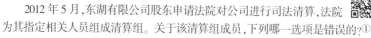

2012 年 5 月,东湖有限公司股东申请法院对公司进行司法清算,法院为其指定相关人员组成清算组。关于该清算组成员,下列哪一选项是错误的?①

A. 公司债权人唐某

B. 公司董事长程某

C. 公司财务总监钱某

D. 公司聘请的某律师事务所

81. 〔2011/3/27/单〕

2009 年,甲、乙、丙、丁共同设立 A 有限责任公司。丙以下列哪一理由提起解散公司的诉讼法院应予受理?②

A. 以公司董事长甲严重侵害其股东知情权,其无法与甲合作为由

B. 以公司管理层严重侵害其利润分配请求权,其股东利益受重大损失为由

C. 以公司被吊销企业法人营业执照而未进行清算为由

D. 以公司经营管理发生严重困难,继续存续会使股东利益受到重大损失为由

82. 〔2009/3/73/多〕

甲为某有限公司股东,持有该公司 15% 的表决权股。甲与公司的另外两个股东长期意见不合,已两年未开成公司股东会,公司经营管理出现困难,甲与其他股东多次协商未果。在此情况下,甲可以采取下列哪些措施解决问题?③

A. 请求法院解散公司

B. 请求公司以合理的价格收购其股权

C. 将股权转让给另外两个股东退出公司

D. 经另外两个股东同意撤回出资以退出公司

83. 〔2008/3/32/单〕

甲、乙、丙三人共同设立云台有限责任公司,出资比例分别为

---

① A ② D ③ AC

70%、25%、5%。自 2005 年开始,公司的生产经营状况严重恶化,股东之间互不配合,不能作出任何有效决议,甲提议通过股权转让摆脱困境被其他股东拒绝。下列哪一选项是正确的?①

    A. 只有控股股东甲可以向法院请求解散公司

    B. 只有甲、乙可以向法院请求解散公司

    C. 甲、乙、丙中任何一人都可向法院请求解散公司

    D. 不应解散公司,而应通过收购股权等方式解决问题

第九节　有限责任公司

考点 22 有限责任公司的设立

84.（2015/3/25/单）

张某与潘某欲共同设立一家有限责任公司。关于公司的设立,下列哪一说法是错误的?②

    A. 张某、潘某签订公司设立书面协议可代替制定公司章程

    B. 公司的注册资本可约定为 50 元人民币

    C. 公司可以张某姓名作为公司名称

    D. 张某、潘某二人可约定以潘某住所作为公司住所

考点 23 有限责任公司的股权转让

85.（法考回忆题/不定项）

甲、乙、丙、丁为红英有限公司的股东。甲和第三人戊签订股权转让协议,乙反对并要求对其中 60% 的股权行使优先购买权,但被甲拒绝。在戊支付完股权转让款后,公司高管李某因为疏忽未给戊办理股权变更登记手续。后甲将该股权质押给丁。关于本案,下列说法正确的是:③

    A. 甲拒绝乙的优先购买权请求是合法的

    B. 对于给戊造成的损失,甲和李某应承担连带责任

    C. 戊因未办理股权变更登记手续而不能取得该股权

    D. 丁符合善意取得要件,可以取得该股权质权

86.（2017/3/28/单）

汪某为兴荣有限责任公司的股东,持股 34%。2017 年 5 月,汪某因不能偿还永平公司的货款,永平公司向法院申请强制执行汪某在兴荣公司

---

① B　② A　③ A

的股权。关于本案,下列哪一选项是正确的?①

A. 永平公司在申请强制执行汪某的股权时,应通知兴荣公司的其他股东

B. 兴荣公司的其他股东自通知之日起 1 个月内,可主张行使优先购买权

C. 如汪某所持股权的 50% 在价值上即可清偿债务,则永平公司不得强制执行其全部股权

D. 如在股权强制拍卖中由丁某拍定,则丁某取得汪某股权的时间为变更登记办理完毕时

87. 2015/3/70/多 新法改编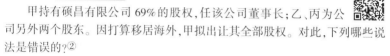

甲持有硕昌有限公司 69% 的股权,任该公司董事长;乙、丙为公司另外两个股东。因打算移居海外,甲拟出让其全部股权。对此,下列哪些说法是错误的?②

A. 不必征得乙、丙的同意,甲即可对外转让自己的股权

B. 若公司章程限制甲转让其股权,则甲可直接修改章程中的限制性规定,以使其股权转让行为合法

C. 甲可将其股权分割为两部分,分别转让给乙、丙

D. 甲对外转让其全部股权时,乙或丙均可就甲所转让股权的一部分主张优先购买权

88. 2008/3/74/多

周某向钱某转让其持有的某有限责任公司的全部股权,并签署了股权转让协议。关于该股权转让和股东的认定问题,下列哪些选项是正确的?③

A. 在公司登记机关办理股权变更登记前股东仍然是周某

B. 在出资证明书移交给钱某后,钱某即成为公司股东

C. 在公司变更股东名册后,钱某即成为公司股东

D. 在公司登记机关办理股权登记后该股权转让取得对抗效力

考点 24 有限责任公司的股权回购

89. 法考回忆题/多

天禄公司由甲、乙、丙、丁四人出资设立,甲持股 25%,公司章程规定公司的经营期限为 10 年。到期后,因公司运营不好,甲主张按章程规定解散公司,但其他股东均不同意解散。公司召开股东会讨论此事,在甲反对、

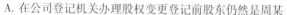

① C ② BD(原答案为 ABD) ③ CD

其他股东均同意的情况下作出股东会决议,决定修改公司章程,延长公司的经营期限至 2035 年。下列有关甲的维权措施,哪些是正确的?①

    A. 甲可向法院起诉确认该股东会决议无效

    B. 甲可向公司主张以合理的价格收购其股权

    C. 甲可与乙协商转让其股权

    D. 甲可向法院起诉请求强制解散天禄公司

90. 〔 2013/3/28/单 〕

香根餐饮有限公司有股东甲、乙、丙三人,分别持股 51%、14% 与 35%,经营数年后,公司又开设一家分店,由丙任其负责人。后因公司业绩不佳,甲召集股东会,决议将公司的分店转让。对该决议,丙不同意。下列哪一表述是正确的?②

    A. 丙可以该决议程序违法为由,主张撤销

    B. 丙可以该决议损害其利益为由,提起解散公司之诉

    C. 丙可以要求公司按照合理的价格收购其股权

    D. 公司可以丙不履行股东义务为由,以股东会决议解除其股东资格

91. 〔 2010/3/71/多 〕

甲乙等六位股东各出资 30 万元于 2004 年 2 月设立一有限责任公司,五年来公司效益一直不错,但为了扩大再生产一直未向股东分配利润。2009 年股东会上,乙提议进行利润分配,但股东会仍然作出不分配利润的决议。对此,下列哪些表述是错误的?③

    A. 该股东会决议无效

    B. 乙可请求法院撤销该股东会决议

    C. 乙有权请求公司以合理价格收购其股权

    D. 乙可不经其他股东同意而将其股份转让给第三人

考点 25 一人公司

92. 〔 2011/3/28/多 〕

张平以个人独资企业形式设立"金地"肉制品加工厂。2011 年 5 月,因瘦肉精事件影响,张平为减少风险,打算将加工厂改换成一人有限公司形式。对此,下列哪些表述是错误的?④

    A. 因原投资人和现股东均为张平一人,故加工厂不必进行清算即可变更

---

① BC ② C ③ AB(原答案为 ABD) ④ AC(原答案为 A)

登记为一人有限公司

  B. 新成立的一人有限公司仍可继续使用原商号"金地"

  C. 张平为设立一人有限公司,须一次足额缴纳其全部出资额

  D. 如张平未将一人有限公司的财产独立于自己的财产,则应对公司债务承担连带责任

93.  2010/3/27/多

  张某为避免合作矛盾与问题,不想与人合伙或合股办企业,欲自己单干。朋友对此提出以下建议,其中哪些建议是错误的?①

  A. "可选择开办独资企业,也可选择开办一人有限公司"

  B. "如选择开办一人公司,那么注册资本不能少于10万元"

  C. "如选择开办独资企业,则必须自己进行经营管理"

  D. "可同时设立一家一人公司和一家独资企业"

94.  2009/3/95/不定项

  张某有200万元资金,打算在烟台投资设立一家注册资本为300万元左右的餐饮企业。关于如何设立与管理企业,请回答。

  如张某拟设立一家一人有限责任公司,下列表述正确的是:②

  A. 注册资本不能低于50万元

  B. 可以再参股其他有限公司

  C. 只能由张某本人担任法定代表人

  D. 可以再投资设立一家一人有限责任公司

第十节　股份有限公司

考点26 股份有限公司的设立

95.  2016/3/70/多　新法改编

  甲、乙、丙等拟以募集方式设立厚亿股份公司。经过较长时间的筹备,公司设立的各项事务逐渐完成,现大股东甲准备组织召开公司成立大会。下列哪些表述是正确的?③

  A. 厚亿公司的章程应在成立大会上通过

  B. 甲、乙、丙等出资的验资证明应由成立大会审核

  C. 厚亿公司的经营计划应在成立大会上决定

---

① BC(原答案为C)　② BD(原答案为B)　③ AD

D. 设立厚亿公司的各种费用应由成立大会审核

96. 2014/3/72/多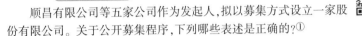

顺昌有限公司等五家公司作为发起人,拟以募集方式设立一家股份有限公司。关于公开募集程序,下列哪些表述是正确的?①

A. 发起人应与依法设立的证券公司签订承销协议,由其承销公开募集的股份

B. 证券公司应与银行签订协议,由该银行代收所发行股份的股款

C. 发行股份的股款缴足后,须经依法设立的验资机构验资并出具证明

D. 由发起人主持召开公司成立大会,选举董事会成员、监事会成员与公司总经理

97. 2010/3/73/多 新法改编

关于股份有限公司的设立,下列哪些表述符合《公司法》规定?②

A. 股份有限公司的发起人最多为 200 人

B. 发起人之间的关系性质属于合伙关系

C. 采取募集方式设立时,发起人不能在公司成立后分期缴纳出资

D. 发起人之间如发生纠纷,该纠纷的解决应当同时适用《民法典》和《公司法》

考点27 股份有限公司的股份转让

98. 2016/3/29/单

唐宁是沃运股份有限公司的发起人和董事之一,持有公司 15% 的股份。因公司未能上市,唐宁对沃运公司的发展前景担忧,欲将所持股份转让。关于此事,下列哪一说法是正确的?③

A. 唐宁可要求沃运公司收购其股权

B. 唐宁可以不经其他股东同意对外转让其股份

C. 若章程禁止发起人转让股份,则唐宁的股份不得转让

D. 若唐宁出让其股份,其他发起人可依法主张优先购买权

考点28 股份有限公司的股份回购

99. 法考回忆题/多

某上市公司因产品发生质量问题引发消费者不满,公司对此事件

---

① AC ② ABCD(原答案为 ABD) ③ B

的处理方案不妥,引发舆论负面评价,导致股价持续下跌。为了扭转股价下跌的趋势,公司拟用未分配利润回购公司股份。关于该公司的股份回购,下列哪些说法是正确的?①

A. 该回购事项需通过股东大会决议

B. 回购股份不能超过已经发行股份的 10%

C. 股份回购应通过公开集中交易进行

D. 公司回购的股份应当在半年内注销或转让

100． 2017/3/94/不定项

紫霞股份有限公司是一家从事游戏开发的非上市公司,注册资本 5000 万元,已发行股份总额为 1000 万股。公司成立后经营状况一直不佳,至 2015 年底公司账面亏损 3000 万元。2016 年初,公司开发出一款游戏,备受玩家追捧,市场异常火爆,年底即扭亏为盈,税后利润达 7000 万元。

进入 2017 年,紫霞公司保持良好的发展势头。为进一步激励员工,公司于 8 月决定收购本公司的部分股份,用于职工奖励。关于此问题,下列选项正确的是:②

A. 公司此次可收购的本公司股份的上限为 100 万股

B. 公司可动用任意公积金作为此次股份收购的资金

C. 收购本公司股份后,公司可在两年内完成实施对职工的股份奖励

D. 如在 2017 年底公司仍持有所收购的股份,则在利润分配时不得对该股份进行利润分配

考点29 上市公司特殊规定

101． 2016/3/71/多

星煌公司是一家上市公司。现董事长吴某就星煌公司向坤诚公司的投资之事准备召开董事会。因公司资金比较紧张,且其中一名董事梁某的妻子又在坤诚公司任副董事长,有部分董事对此投资事宜表示异议。关于本案,下列哪些选项是正确的?③

A. 梁某不应参加董事会表决

B. 吴某可代梁某在董事会上表决

C. 若参加董事会人数不足,则应提交股东会审议

D. 星煌公司不能投资于坤诚公司

---

① BC ② ABCD(原答案为 D) ③ AC

102. 2015/3/28/单

甲公司是一家上市公司。关于该公司的独立董事制度,下列哪一表述是正确的?①

A. 甲公司董事会成员中应当至少包括 1/3 的独立董事

B. 任职独立董事的,至少包括一名会计专业人士和一名法律专业人士

C. 除在甲公司外,各独立董事在其他上市公司同时兼任独立董事的,不得超过 5 家

D. 各独立董事不得直接或间接持有甲公司已发行的股份

专题二 合伙企业法

考点30 普通合伙企业

(一)普通合伙企业的设立

103. 法考回忆题/不定项

甲、乙、丙共同出资设立一家玩具店(普通合伙企业)。甲用一套商住房屋的使用权和现金 30 万元出资。房屋交付玩具店作为经营店面,但是没有过户登记。现金按合伙协议约定应于 2025 年 12 月底前缴纳。后因经营不佳,玩具店欠丁公司货款到期无力清偿。下列说法正确的是:②

A. 丁公司可要求甲对玩具店提前缴纳出资

B. 丁公司可要求甲对玩具店未清偿的债务承担无限连带责任

C. 甲应将房屋过户给玩具店并办理登记手续

D. 甲可以未到出资期限抗辩丁公司的偿债请求

104. 2011/3/29/单

甲、乙、丙、丁打算设立一家普通合伙企业。对此,下列哪一表述是正确的?③

A. 各合伙人不得以劳务作为出资

B. 如乙仅以其房屋使用权作为出资,则不必办理房屋产权过户登记

C. 该合伙企业名称中不得以任何一个合伙人的名字作为商号或字号

D. 合伙协议经全体合伙人签名、盖章并经登记后生效

---

① A ② B ③ B

（二）普通合伙企业的财产与损益分配

105. 2013/3/92/不定项

高崎、丁一、丁福三人共同出资200万元,于2011年4月设立"高田丁科技投资中心(普通合伙)",从事软件科技的开发与投资。其中高崎出资160万元,田、丁分别出资20万元,由高崎担任合伙事务执行人。

2012年6月,丁福为向钟冉借钱,作为担保方式,而将自己的合伙财产份额出质给钟冉。下列说法正确的是:①

A. 就该出质行为,高、田二人均享有一票否决权

B. 该合伙财产份额质权,须经合伙协议记载与工商登记才能生效

C. 在丁福伪称已获高、田二人同意,而钟冉又是善意时,钟冉善意取得该质权

D. 在丁福未履行还款义务,如钟冉享有质权并主张以拍卖方式实现时,高、田二人享有优先购买权

106. 2010/3/34/单

关于合伙企业的利润分配,如合伙协议未作约定且合伙人协商不成,下列哪一选项是正确的?②

A. 应当由全体合伙人平均分配

B. 应当由全体合伙人按实缴出资比例分配

C. 应当由全体合伙人按合伙协议约定的出资比例分配

D. 应当按合伙人的贡献决定如何分配

（三）普通合伙企业事务的执行

107. 法考回忆题/不定项

诚意商行是秦某和郑某共同出资设立的普通合伙企业,于2020年4月完成设立登记并领取营业执照,合伙协议约定秦某是合伙事务执行人。2020年3月,在合伙企业筹备阶段,秦某以合伙企业名义和甲公司签了一份购买测温仪的合同。2020年5月,郑某了解到乙公司还有测温仪存货,遂以合伙企业名义和乙公司签订了购买合同。后来市场测温仪需求大降,甲公司现在要求还款,乙公司要求履行合同。关于本案,下列说法不正确的是:③

A. 秦某与甲公司签订的购买测温仪的合同,不得以诚意商行的名义签订

B. 乙公司无权要求郑某承担责任

---

① AD ② B ③ BD

C. 乙公司可主张秦某、郑某对合伙企业债务承担连带责任

D. 郑某无权以合伙企业的名义对外签订合同,故乙公司无权要求诚意商行履行合同

108. 2017/3/29/单

逐道茶业是一家生产销售野生茶叶的普通合伙企业,合伙人分别为赵、钱、孙。合伙协议约定如下:第一,赵、钱共同担任合伙事务执行人;第二,赵、钱共同以合伙企业名义对外签约时,单笔标的额不得超过 30 万元。对此,下列哪一选项是正确的?①

A. 赵单独以合伙企业名义,与甲茶农达成协议,以 12 万元的价格收购其茶园的茶叶,该协议为有效约定

B. 孙单独以合伙企业名义,与乙茶农达成协议,以 10 万元的价格收购其茶园的茶叶,该协议为无效约定

C. 赵、钱共同以合伙企业名义,与丙茶叶公司签订价值 28 万元的明前茶销售合同,该合同为有效约定

D. 赵、钱共同以合伙企业名义,与丁茶叶公司签订价值 35 万元的明前茶销售合同,该合同为无效约定

109. 2015/3/29/单

某普通合伙企业为内部管理与拓展市场的需要,决定聘请陈东为企业经营管理人。对此,下列哪一表述是正确的?②

A. 陈东可以同时具有合伙人身份

B. 对陈东的聘任须经全体合伙人的一致同意

C. 陈东作为经营管理人,有权以合伙企业的名义对外签订合同

D. 合伙企业对陈东对外代表合伙企业权利的限制,不得对抗第三人

110. 甲、乙、丙三人共同商定出资设立一家普通合伙企业,其中约定乙以其所有房屋的使用权出资,企业的财务由甲负责。2015 年 4 月,该合伙企业亏损巨大。5 月,见股市大涨,在丙不知情的情况下,甲与乙直接将企业账户中的 400 万元资金,以企业名义委托给某投资机构来进行股市投资。同时,乙自己也将上述房屋以 600 万元变卖并过户给丁,房款全部用来炒股。至 6 月下旬,投入股市资金所剩无几。丙得知情况后突发脑溢血死亡。

请回答第(1)~(3)题。

（1）　2015/3/92/不定项　

关于甲、乙将 400 万元资金委托投资股市的行为，下列说法正确的是：①

A. 属于无权处分行为

B. 属于改变合伙企业经营范围的行为

C. 就委托投资失败，甲、乙应负连带赔偿责任

D. 就委托投资失败，该受托的投资机构须承担连带责任

（2）　2015/3/93/不定项　

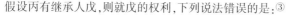

关于乙将房屋出卖的行为，下列选项正确的是：②

A. 构成无权处分行为

B. 丁取得该房屋所有权

C. 丁无权要求合伙企业搬出该房屋

D. 乙对合伙企业应承担违约责任

（3）　2015/3/94/不定项　

假设丙有继承人戊，则就戊的权利，下列说法错误的是：③

A. 自丙死亡之时起，戊即取得该合伙企业的合伙人资格

B. 因合伙企业账面上已处于亏损状态，戊可要求解散合伙企业并进行清算

C. 就甲委托投资股市而失败的行为，戊可直接向甲主张赔偿

D. 就乙出卖房屋而给企业造成的损失，戊可直接向乙主张赔偿

111.　2014/3/73/多

通源商务中心为一家普通合伙企业，合伙人为赵某、钱某、孙某、李某、周某。就合伙事务的执行，合伙协议约定由赵某、钱某二人负责。下列哪些表述是正确的?④

A. 孙某仍有权以合伙企业的名义对外签订合同

B. 对赵某、钱某的业务执行行为，李某享有监督权

C. 对赵某、钱某的业务执行行为，周某享有异议权

D. 赵某以合伙企业名义对外签订合同时，钱某享有异议权

112.　王某、张某、田某、朱某共同出资180万元，于2012年8月成立绿园商贸中心(普通合伙)。其中王某、张某各出资40万元，田某、朱某各出资50

---

① C ② BD ③ ABCD ④ BD

万元;就合伙事务的执行,合伙协议未特别约定。请回答第(1)、(2)题。

(1) **2014/3/92/不定项**

2013 年 9 月,鉴于王某、张某业务能力不足,经合伙人会议决定,王某不再享有对外签约权,而张某的对外签约权仅限于每笔交易额 3 万元以下。关于该合伙人决议,下列选项正确的是:①

A. 因违反合伙人平等原则,剥夺王某对外签约权的决议应为无效

B. 王某可以此为由向其他合伙人主张赔偿其损失

C. 张某此后对外签约的标的额超过 3 万元时,须事先征得王某、田某、朱某的同意

D. 对张某的签约权限制,不得对抗善意相对人

(2) **2014/3/93/不定项**

2014 年 1 月,田某以合伙企业的名义,自京顺公司订购价值 80 万元的节日礼品,准备在春节前转销给某单位。但对这一礼品订购合同的签订,朱某提出异议。就此,下列选项正确的是:②

A. 因对合伙企业来说,该合同标的额较大,故田某在签约前应取得朱某的同意

B. 朱某的异议不影响该合同的效力

C. 就田某的签约行为所产生的债务,王某无须承担无限连带责任

D. 就田某的签约行为所产生的债务,朱某须承担无限连带责任

113. **2011/3/30/单**

赵、钱、孙、李设立一家普通合伙企业。经全体合伙人会议决定,委托赵与钱执行合伙事务,对外代表合伙企业。对此,下列哪一表述是错误的?③

A. 孙、李仍享有执行合伙事务的权限

B. 孙、李有权监督赵、钱执行合伙事务的情况

C. 如赵单独执行某一合伙事务,钱可以对赵执行的事务提出异议

D. 如赵执行事务违反合伙协议,孙、李有权决定撤销对赵的委托

114. 张、王、李、赵各出资四分之一,设立通程酒吧(普通合伙企业)。合伙协议未约定合伙期限。现围绕合伙份额转让、酒吧管理等事项,回答第(1)、(2)题。

---

① CD ② BD ③ A

（1）**2011/3/93/不定项**

酒吧开业 1 年后,经营环境急剧变化,全体合伙人开会,协商对策。按照《合伙企业法》规定,下列事项的表决属于有效表决的是:①

A. 张某认为"通程"二字没有吸引力,提议改为"同升酒吧"。王某、赵某同意,但李某反对

B. 鉴于生意清淡,王某提议暂停业 1 个月,装修整顿。张某、赵某同意,但李某反对

C. 鉴于酒吧之急需,赵某提议将其一批咖啡机卖给酒吧。张某、王某同意,但李某反对

D. 鉴于 4 人缺乏酒吧经营之道,李某提议聘任其友汪某为合伙经营管理人。张某、王某同意,但赵某反对

（2）**2011/3/94/不定项**

经全体合伙人同意,林某被聘任为酒吧经营管理人,在其受聘期间自主决定采取的下列管理措施符合《合伙企业法》规定的是:②

A. 为改变经营结构扩大影响力,将经营范围扩展至法国红酒代理销售业务

B. 为改变资金流量不足情况,以酒吧不动产为抵押,向某银行借款 50 万元

C. 为营造气氛,以酒吧名义与某音乐师签约,约定音乐师每晚在酒吧表演 2 小时

D. 为整顿员工工作纪律,开除 2 名经常被顾客投诉的员工,招聘 3 名新员工

（四）普通合伙企业与第三人（债务人）的关系

115. **2016/3/2/单**

甲企业是由自然人安琚与乙企业(个人独资)各出资 50% 设立的普通合伙企业,欠丙企业货款 50 万元,由于经营不善,甲企业全部资产仅剩 20 万元。现所欠货款到期,相关各方因货款清偿发生纠纷。对此,下列哪一表述是正确的?③

A. 丙企业只能要求安琚与乙企业各自承担 15 万元的清偿责任

B. 丙企业只能要求甲企业承担清偿责任

C. 欠款应先以甲企业的财产偿还,不足部分由安琚与乙企业承担无限连

---

① B　② CD　③ C

带责任

D. 就乙企业对丙企业的应偿债务,乙企业投资人不承担责任

116. `2016/3/30/单`

兰艺咖啡店是罗飞、王曼设立的普通合伙企业,合伙协议约定罗飞是合伙事务执行人且承担全部亏损。为扭转经营亏损局面,王曼将兰艺咖啡店加盟某知名品牌,并以合伙企业的名义向陈阳借款 20 万元支付了加盟费。陈阳现在要求还款。关于本案,下列哪一说法是正确的?①

A. 王曼无权以合伙企业的名义向陈阳借款

B. 兰艺咖啡店应以全部财产对陈阳承担还款责任

C. 王曼不承担对陈阳的还款责任

D. 兰艺咖啡店、王曼和罗飞对陈阳的借款承担无限连带责任

117. `2015/3/71/多`

2015 年 6 月,刘璋向顾谐借款 50 万元用来炒股,借期 1 个月,结果恰遇股市动荡,刘璋到期不能还款。经查明,刘璋为某普通合伙企业的合伙人,持有 44%的合伙份额。对此,下列哪些说法是正确的?②

A. 顾谐可主张以刘璋自该合伙企业中所分取的收益来清偿债务

B. 顾谐可主张对刘璋合伙份额进行强制执行

C. 对刘璋的合伙份额进行强制执行时,其他合伙人不享有优先购买权

D. 顾谐可直接向合伙企业要求对刘璋进行退伙处理,并以退伙结算所得来清偿债务

118. `2014/3/94/不定项`

王某、张某、田某、朱某共同出资 180 万元,于 2012 年 8 月成立绿园商贸中心(普通合伙)。其中王某、张某各出资 40 万元,田某、朱某各出资 50 万元;就合伙事务的执行,合伙协议未特别约定。2014 年 4 月,朱某因抄底买房,向刘某借款 50 万元,约定借期四个月。四个月后,因房地产市场不景气,朱某亏损不能还债。关于刘某对朱某实现债权,下列选项正确的是:③

A. 可代位行使朱某在合伙企业中的权利

B. 可就朱某在合伙企业中分得的收益主张清偿

C. 可申请对朱某的合伙财产份额进行强制执行

D. 就朱某的合伙份额享有优先受偿权

---

① B ② AB ③ BC

119. 〔2012/3/72/多〕

周橘、郑桃、吴柚设立一家普通合伙企业,从事服装贸易经营。郑桃因炒股欠下王椰巨额债务。下列哪些表述是正确的?①

A. 王椰可以郑桃从合伙企业中分取的利益来受偿

B. 郑桃不必经其他人同意,即可将其合伙财产份额直接抵偿给王椰

C. 王椰可申请强制执行郑桃的合伙财产份额

D. 对郑桃的合伙财产份额的强制执行,周橘和吴柚享有优先购买权

120. 〔2010/3/33/单〕

根据《合伙企业法》规定,第三人有理由相信有限合伙人为普通合伙人并与其交易的,该有限合伙人对这笔交易承担与普通合伙人同样的责任。关于此规定在合伙法原理上的称谓,下列哪一选项是正确的?②

A. 事实合伙　　　　　　　B. 表见普通合伙

C. 特殊普通合伙　　　　　D. 隐名合伙

121. 〔2010/3/74/多〕

张某向陈某借款 50 万作为出资,与李某、王某成立一家普通合伙企业。二年后借款到期,张某无力还款。对此,下列哪些说法是正确的?③

A. 经李某和王某同意,张某可将自己的财产份额作价转让给陈某,以抵销部分债务

B. 张某可不经李某和王某同意,将其在合伙中的份额进行出质,用获得的贷款偿还债务

C. 陈某可直接要求法院强制执行张某在合伙企业中的财产以实现自己的债权

D. 陈某可要求李某和王某对张某的债务承担连带责任

122. 〔2008/3/25/单〕

甲、乙、丙、丁成立一普通合伙企业,一年后甲转为有限合伙人。此前,合伙企业欠银行债务 30 万元,该债务直至合伙企业因严重资不抵债宣告破产仍未偿还。对该 30 万元银行债务的偿还,下列哪一选项是正确的?④

A. 乙、丙、丁应按合伙份额对该笔债务承担清偿责任,甲无须承担责任

B. 各合伙人均应对该笔债务承担无限连带责任

---

① ACD　② B　③ AC　④ B

C. 乙、丙、丁应对该笔债务承担无限连带责任,甲无须承担责任

D. 合伙企业已宣告破产,债务归于消灭,各合伙人无须偿还该笔债务

(五)普通合伙人的入伙与退伙

123. (法考回忆题／多)

甲、乙、丙于 2019 年开了一家川菜馆(普通合伙),合伙协议约定经营期限为 10 年。后因市场不景气,该企业一直经营不佳。2021 年 3 月,因资金短缺,甲等三位合伙人邀请丁入伙。出于对甲等三人的信任,丁未对该合伙企业调查,即签订了入伙协议,并登记成为合伙人。丁入伙后得知了企业的真实经营状况,后悔不已,遂要求撤销入伙协议,但遭到甲等三人的反对。丁见撤销协议无望,于是转而要求退伙。2021 年 6 月 1 日,甲等三人同意,合伙企业于 2021 年 6 月 10 日为丁办理了退伙的变更登记。下列哪些说法是正确的?①

A. 丁签订入伙协议后即应对入伙前合伙企业的债务承担无限连带责任

B. 丁有权主张因为重大误解撤销入伙协议

C. 丁的退伙应当于 2021 年 6 月 1 日起生效

D. 对于 2021 年 6 月 10 日后该企业对外所负债务,丁也应承担无限连带责任

124. (2014/3/30/单)

2010 年 5 月,贾某以一套房屋作为投资,与几位朋友设立一家普通合伙企业,从事软件开发。2014 年 6 月,贾某举家移民海外,故打算自合伙企业中退出。对此,下列哪一选项是正确的?②

A. 在合伙协议未约定合伙期限时,贾某向其他合伙人发出退伙通知后,即发生退伙效力

B. 因贾某的退伙,合伙企业须进行清算

C. 退伙后贾某可向合伙企业要求返还该房屋

D. 贾某对退伙前合伙企业的债务仍须承担无限连带责任

125. (2013/3/71/多)

甲、乙、丙于 2010 年成立一家普通合伙企业,三人均享有合伙事务执行权。2013 年 3 月 1 日,甲被法院宣告为无民事行为能力人。3 月 5 日,丁因不知情找到甲商谈一笔生意,甲以合伙人身份与丁签订合同。下列哪些

---

① ABC ② D

选项是错误的?①

    A. 因丁不知情,故该合同有效,对合伙企业具有约束力

    B. 乙与丙可以甲丧失行为能力为由,一致决议将其除名

    C. 乙与丙可以甲丧失行为能力为由,一致决议将其转为有限合伙人

    D. 如甲因丧失行为能力而退伙,其退伙时间为其无行为能力判决的生效时间

126． 2011/3/71/多

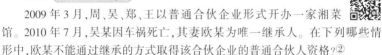

2009 年 3 月,周、吴、郑、王以普通合伙企业形式开办一家湘菜馆。2010 年 7 月,吴某因车祸死亡,其妻欧某为唯一继承人。在下列哪些情形中,欧某不能通过继承的方式取得该合伙企业的普通合伙人资格?②

    A. 吴某之父对欧某取得合伙人资格表示异议

    B. 合伙协议规定合伙人须具有国家一级厨师资格证,欧某不具有

    C. 郑某不愿意接纳欧某为合伙人

    D. 欧某因夫亡突遭打击,精神失常,经法院宣告为无民事行为能力人

127． 2011/3/92/不定项

张、王、李、赵各出资四分之一,设立通程酒吧(普通合伙企业)。合伙协议未约定合伙期限。

酒吧开业半年后,张某在经营理念上与其他合伙人冲突,遂产生退出想法。下列说法正确的是:③

    A. 可将其份额转让给王某,且不必事先告知赵某、李某

    B. 可经王某、赵某同意后,将其份额转让给李某的朋友刘某

    C. 可主张发生其难以继续参加合伙的事由,向其他人要求立即退伙

    D. 可在不给合伙事务造成不利影响的前提下,提前 30 日通知其他合伙人要求退伙

128． 2009/3/28/单

普通合伙企业合伙人李某因车祸遇难,生前遗嘱指定 16 岁的儿子李明为其全部财产继承人。下列哪一表述是错误的?④

    A. 李明有权继承其父在合伙企业中的财产份额

    B. 如其他合伙人均同意,李明可以取得有限合伙人资格

    C. 如合伙协议约定合伙人必须是完全行为能力人,则李明不能成为合伙人

① ABD ② BCD ③ D ④ D

D. 应当待李明成年后由其本人作出其是否愿意成为合伙人的意思表示

129. 〔2008/3/26/单〕

2007 年 1 月,甲、乙、丙设立一普通合伙企业。2008 年 2 月,甲与戊结婚。2008 年 7 月,甲因车祸去世。甲除戊外没有其他亲人,合伙协议对合伙人资格取得或丧失未作约定。下列哪一选项是正确的?①

　A. 合伙企业中甲的财产份额属于夫妻共同财产

　B. 戊依法自动取得合伙人地位

　C. 经乙、丙一致同意,戊取得合伙人资格

　D. 只能由合伙企业向戊退还甲在合伙企业中的财产份额

考点31 特殊的普通合伙企业

130. 〔2015/3/72/多〕

君平昌成律师事务所是一家采取特殊普通合伙形式设立的律师事务所,曾君、郭昌是其中的两名合伙人。在一次由曾君主办、郭昌辅办的诉讼代理业务中,因二人的重大过失而泄露客户商业秘密,导致该所对客户应承担巨额赔偿责任。关于该客户的求偿,下列哪些说法是正确的?②

　A. 向该所主张全部赔偿责任

　B. 向曾君主张无限连带赔偿责任

　C. 向郭昌主张补充赔偿责任

　D. 向该所其他合伙人主张连带赔偿责任

考点32 有限合伙企业

131. 〔法考回忆题/单〕

某游戏室是一家有限合伙企业,其中宁某是普通合伙人,谢某、崔某均为有限合伙人。两年后,郑某作为有限合伙人入伙,其入伙协议约定:郑某出资 10 万元,分期缴纳,以其进行游戏机维护工作的工资逐月抵充。入伙协议签订后,宁某并未办理变更登记。后谢某将其份额转让给合伙企业以外的第三人,但未按照合伙协议的约定提前 30 日通知其他合伙人。崔某将合伙企业的份额出质给了甲公司作为自己的融资担保。据此,下列哪一说法是正确的?③

　A. 合伙协议中关于郑某的出资约定合法有效

---

① C　② AB　③ A

B. 因合伙企业未变更登记,所以郑某不具有合伙人资格

C. 谢某因未提前 30 日通知其他合伙人,所以转让无效

D. 崔某的出质行为因未得到其他合伙人的一致同意而无效

132. (法考回忆题/多)

杨某、段某、郭某、黄某、周某是某有限合伙企业的合伙人,其中杨某是普通合伙人,其余四人是有限合伙人。合伙协议对合伙份额的转让、质押等处分行为未作约定。下列哪些说法是正确的?①

A. 杨某死亡后,其合法继承人有权继承杨某在该合伙企业中的份额

B. 段某的债权人申请法院执行段某的合伙份额偿还债务,其他合伙人不能主张优先购买权

C. 郭某对外转让其合伙份额时,其他合伙人无权主张优先购买权

D. 黄某可随时转让其合伙份额给周某

133. (2017/3/72/多)

雀凰投资是有限合伙企业,从事私募股权投资活动。2017 年 3 月,三江有限公司决定入伙雀凰投资,成为其有限合伙人。对此,下列哪些选项是错误的?②

A. 如合伙协议无特别约定,则须经全体普通合伙人一致同意,三江公司才可成为新的有限合伙人

B. 对入伙前雀凰投资的对外负债,三江公司仅以实缴出资额为限承担责任

C. 三江公司入伙后,有权查阅雀凰投资的财务会计账簿

D. 如合伙协议无特别约定,则三江公司入伙后,原则上不得自营与雀凰投资相竞争的业务

134. (2016/3/72/多)

灏德投资是一家有限合伙企业,专门从事新能源开发方面的风险投资。甲公司是灏德投资的有限合伙人,乙和丙是普通合伙人。关于合伙协议的约定,下列哪些选项是正确的?③

A. 甲公司派驻灏德投资的员工不领取报酬,其劳务折抵 10% 的出资

B. 甲公司不得与其他公司合作从事新能源方面的风险投资

C. 甲公司不得将自己在灏德投资中的份额设定质权

---

① CD　② ABCD　③ BC

D. 甲公司不得将自己在灏德投资中的份额转让给他人

135. `2015/3/30/单`

李军退休后于 2014 年 3 月,以 20 万元加入某有限合伙企业,成为有限合伙人。后该企业的另一名有限合伙人退出,李军便成为唯一的有限合伙人。2014 年 6 月,李军不幸发生车祸,虽经抢救保住性命,但已成为植物人。对此,下列哪一表述是正确的?①

    A. 就李军入伙前该合伙企业的债务,李军仅需以 20 万元为限承担责任

    B. 如李军因负债累累而丧失偿债能力,该合伙企业有权要求其退伙

    C. 因李军已成为植物人,故该合伙企业有权要求其退伙

    D. 因唯一的有限合伙人已成为植物人,故该有限合伙企业应转为普通合伙企业

136. 高崎、田一、丁福三人共同出资 200 万元,于 2011 年 4 月设立"高田丁科技投资中心(普通合伙)",从事软件科技的开发与投资。其中高崎出资 160 万元,田、丁分别出资 20 万元,由高崎担任合伙事务执行人。

请回答第(1)、(2)题:

(1) `2013/3/93/不定项`

2013 年 2 月,高崎为减少自己的风险,向田、丁二人提出转变为有限合伙人的要求。对此,下列说法正确的是:②

    A. 须经田、丁二人的一致同意

    B. 未经合伙企业登记机关登记,不得对抗第三人

    C. 转变后,高崎可以出资最多为由,要求继续担任合伙事务执行人

    D. 转变后,对于 2013 年 2 月以前的合伙企业债务,经各合伙人决议,高崎可不承担无限连带责任

(2) `2013/3/94/不定项`

2013 年 5 月,有限合伙人高崎将其一半合伙财产份额转让给贾骏。同年 6 月,高崎的债权人李耕向法院申请强制执行其另一半合伙财产份额。对此,下列选项正确的是:③

    A. 高崎向贾骏转让合伙财产份额,不必经田、丁的同意

    B. 就高崎向贾骏转让的合伙财产份额,田、丁可主张优先购买权

    C. 李耕申请法院强制执行高崎的合伙财产份额,不必经田、丁的同意

---

① A ② AB ③ ACD

D. 就李耕申请法院强制执行高崎的合伙财产份额,田、丁可主张优先购买权

137． 2009/3/27/单

甲是某有限合伙企业的有限合伙人,持有该企业 15% 的份额。在合伙协议无特别约定的情况下,甲在合伙期间未经其他合伙人同意实施了下列行为,其中哪一项违反《合伙企业法》规定?①

A. 将自购的机器设备出租给合伙企业使用

B. 以合伙企业的名义购买汽车一辆归合伙企业使用

C. 以自己在合伙企业中的财产份额向银行提供质押担保

D. 提前一个月通知其他合伙人将其部分合伙份额转让给合伙人以外的人

138． 2008/3/69/多

甲、乙、丙、丁欲设立一有限合伙企业,合伙协议中约定了如下内容,其中哪些符合法律规定?②

A. 甲仅以出资额为限对企业债务承担责任,同时被推举为合伙事务执行人

B. 丙以其劳务出资,为普通合伙人,其出资份额经各合伙人商定为 5 万元

C. 合伙企业的利润由甲、乙、丁三人分配,丙仅按营业额提取一定比例的劳务报酬

D. 经全体合伙人同意,有限合伙人可以全部转为普通合伙人,普通合伙人也可以全部转为有限合伙人

139． 2008/3/70/多

贾某是一有限合伙企业的有限合伙人。下列哪些选项是正确的?③

A. 若贾某被法院判决认定为无民事行为能力人,其他合伙人可以因此要求其退伙

B. 若贾某死亡,其继承人可以取得贾某在有限合伙企业中的资格

C. 若贾某转为普通合伙人,其必须对其作为有限合伙人期间企业发生的债务承担无限连带责任

---

① B ② BC ③ BCD

D. 如果合伙协议没有限制,贾某可以不经过其他合伙人同意而将其在合伙企业中的财产份额出质

考点33 合伙的解散与清算

140. 法考回忆题/多

甲、乙共同经营一家普通合伙企业,共同决定聘请丙担任合伙企业的经营管理人员。后因经营管理不善该合伙企业面临破产,甲、乙授权丙负责组织清算。在清算过程中,丙收受丁的好处若干,擅自免除了丁对合伙企业的100万元债务,并虚构了合伙企业对戊的一笔20万元债务。下列哪些说法是正确的?①

A. 丙不能担任合伙企业的清算人
B. 丙应对合伙企业的债权人承担赔偿责任
C. 丙应对该合伙企业承担赔偿责任
D. 合伙企业注销后,甲和乙对合伙企业债务仍应承担无限连带责任

专题三 个人独资企业法

考点34 个人独资企业法

141. 2017/3/30/单

"李老汉私房菜"是李甲投资开设的个人独资企业。关于该企业遇到的法律问题,下列哪一选项是正确的?②

A. 如李甲在申请企业设立登记时,明确表示以其家庭共有财产作为出资,则该企业是以家庭成员为全体合伙人的普通合伙企业
B. 如李甲一直让其子李乙负责企业的事务管理,则应认定为以家庭共有财产作为企业的出资
C. 如李甲决定解散企业,则在解散后5年内,李甲对企业存续期间的债务,仍应承担偿还责任
D. 如李甲死后该企业由其子李乙与其女李丙共同继承,则该企业必须分立为两家个人独资企业

142. 2013/3/30/单

关于合伙企业与个人独资企业的表述,下列哪一选项是正确的?③

---

① BCD ② C ③ C

  A. 二者的投资人都只能是自然人

  B. 二者的投资人都一律承担无限责任

  C. 个人独资企业可申请变更登记为普通合伙企业

  D. 合伙企业不能申请变更登记为个人独资企业

143. 2012/3/29/单

  为开拓市场需要,个人独资企业主曾水决定在某市设立一个分支机构,委托朋友霍火为分支机构负责人。关于霍火的权利和义务,下列哪一表述是正确的?①

  A. 应承担该分支机构的民事责任

  B. 可以从事与企业总部相竞争的业务

  C. 可以将自己的货物直接出卖给分支机构

  D. 经曾水同意可以分支机构财产为其弟提供抵押担保

144. 2009/3/96/不定项

  张某有 200 万元资金,打算在烟台投资设立一家注册资本为 300 万元左右的餐饮企业。关于如何设立与管理企业,请回答。

  如张某拟设立一个个人独资企业,下列表述正确的是:②

  A. 该企业的名称中不能含有"公司"字样

  B. 如张某死亡,其继承人可以继承投资人的身份

  C. 如该企业解散,必须由法院指定的清算人进行清算

  D. 该企业应当依法缴纳企业所得税

专题四　外商投资法

考点 35　外商投资法

145. 法考回忆题/多

  某外商在外商投资准入负面清单之外,以股权转让的方式入股了甲公司。原股权出让人乙公司反悔,认为该股权转让投资合同未经有关部门批准,是无效的合同,现诉诸法院。依有关规定及司法解释,下列哪些选项是正确的?③

  A. 乙公司以股权转让投资合同未经有关部门批准为由主张合同无效的,

---

  ① D　② AB(原答案为 B)　③ AD

人民法院不予支持

    B. 若该股权转让投资合同签订于《外商投资法》施行前,不适用负面清单的规定

    C. 国家对负面清单之外的外商投资,给予最惠国待遇

    D. 对外商投资负面清单以外的领域,依内外资一致的原则实施管理

146. 　法考回忆题/多　

关于我国《外商投资法》对外商投资企业的投资保护措施,下列说法错误的有哪些?①

    A. 为保障在外商投资过程中开展技术合作,行政机关及其工作人员可以利用行政手段强制转让技术

    B. 地方政府制定涉及外商投资的规范性文件,可根据当地经济和社会发展需要设置市场准入和退出条件

    C. 地方政府及其有关部门可依权限和程序改变向外国投资者作出的政策承诺

    D. 在任何情况下,国家对外国投资者的投资均不实行征收

专题五　企业破产法

考点36 破产原因、破产案件的申请和受理

147. 　法考回忆题/单　

甲公司欠乙公司货款 1500 万元。1 年后,乙公司索要时,发现甲公司尚有 1000 万元的资产,但是法定代表人不知所踪,公司也不再经营。对此,下列哪一项说法是正确的?②

    A. 乙公司没有向法院申请确认合同债权,不能向法院申请破产

    B. 乙公司没有向法院确认甲公司资不抵债,法院不能受理其破产申请

    C. 乙公司应当向甲公司所在地的中级法院申请破产

    D. 乙公司可以直接向法院申请对甲公司进行破产清算

148. 　法考回忆题/单　

甲公司被法院裁定破产,管理人接管财产后,通知甲公司门店的出租方乙公司解除租赁协议。乙公司拒绝,表示该协议约定租期为 10

---

    ① ABCD　② D

年,目前尚有 3 年租期,且按照租赁协议的约定,任何一方无权提前解除协议,对协议履行存在争议的应提交北京仲裁委仲裁。下列哪一说法是正确的?①

A. 协议应由管理人向北京仲裁委提交仲裁申请时解除

B. 协议自管理人通知乙公司解除决定时即自然解除

C. 如仲裁委裁定解除,应自裁定书送达债权人时解除

D. 协议应继续履行,除非双方一致合意解除

149. 〔2013/3/73/多〕

2013 年 3 月,债权人甲公司对债务人乙公司提出破产申请。下列哪些选项是正确的?②

A. 甲公司应提交乙公司不能清偿到期债务的证据

B. 甲公司应提交乙公司资产不足以清偿全部债务的证据

C. 乙公司就甲公司的破产申请,在收到法院通知之日起七日内可向法院提出异议

D. 如乙公司对甲公司所负债务存在连带保证人,则其可以该保证人具有清偿能力为由,主张其不具备破产原因

150. 〔2012/3/71/多〕

中南公司不能清偿到期债务,债权人天一公司向法院提出对其进行破产清算的申请,但中南公司以其账面资产大于负债为由表示异议。天一公司遂提出各种事由,以证明中南公司属于明显缺乏清偿能力的情形。下列哪些选项符合法律规定的关于债务人明显缺乏清偿能力、无法清偿债务的情形?③

A. 因房地产市场萎缩,构成中南公司核心资产的房地产无法变现

B. 中南公司陷入管理混乱,法定代表人已潜至海外

C. 天一公司已申请法院强制执行中南公司财产,仍无法获得清偿

D. 中南公司已出售房屋质量纠纷多,市场信誉差

考点37 破产管理人

151. 〔2016/3/31/单〕

祺航公司向法院申请破产,法院受理并指定甲为管理人。债权人

---

① B　② AC　③ ABC

会议决定设立债权人委员会。现吴泰公司提出要受让祺航公司的全部业务与资产。甲的下列哪一做法是正确的?①

　　A. 代表祺航公司决定是否向吴泰公司转让业务与资产

　　B. 将该转让事宜交由法院决定

　　C. 提议召开债权人会议决议该转让事宜

　　D. 作出是否转让的决定并将该转让事宜报告债权人委员会

152. 2009/3/76/多

某破产案件中,债权人向法院提出更换管理人的申请。申请书中指出了如下事实,其中哪些属于主张更换管理人的正当事由?②

　　A. 管理人列席债权人会议时,未如实报告债务人财产接管情况,并拒绝回答部分债权人询问

　　B. 管理人将债务人的一处房产转让给第三人,未报告债权人委员会

　　C. 债权人对债务人在破产申请前曾以还债为名向关联企业划转大笔资金的情况多次要求调查,但管理人一再拖延

　　D. 管理人将对外追收债款的诉讼业务交给其所在律师事务所办理,并单独计收代理费

考点38 债务人财产的范围

153. 2009/3/29/单

甲公司严重资不抵债,因不能清偿到期债务向法院申请破产。下列哪一财产属于债务人财产?③

　　A. 甲公司购买的一批在途货物,但尚未支付货款

　　B. 甲公司从乙公司租用的一台设备

　　C. 属于甲公司但已抵押给银行的一处厂房

　　D. 甲公司根据代管协议合法占有的委托人丙公司的两处房产

考点39 破产费用和共益债务

154. 2017/3/73/多

舜泰公司因资产不足以清偿全部到期债务,法院裁定其重整。管理人为维持公司运行,向齐某借款20万元支付水电费和保安费,约定如1年内还清就不计利息。1年后舜泰公司未还款,还因不能执行重整计划被法院

---

　　① D　② ABC　③ C

宣告破产。关于齐某的债权,下列哪些选项是正确的?①

  A. 与舜泰公司的其他债权同等受偿

  B. 应从舜泰公司的财产中随时清偿

  C. 齐某只能主张返还借款本金 20 万元

  D. 齐某可主张返还本金 20 万元和逾期还款的利息

155． 2012/3/30/单

  某公司经营不善,现进行破产清算。关于本案的诉讼费用,下列哪一说法是错误的?②

  A. 在破产申请人未预先交纳诉讼费用时,法院应裁定不予受理破产申请

  B. 该诉讼费用可由债务人财产随时清偿

  C. 债务人财产不足时,诉讼费用应先于共益费用受清偿

  D. 债务人财产不足以清偿诉讼费用等破产费用的,破产管理人应提请法院终结破产程序

考点40 撤销权、追回权、抵销权和取回权

156． 法考回忆题/不定项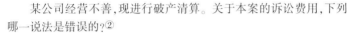

  甲、乙为某公司股东,各自认缴出资 100 万元。2020 年 1 月 1 日,法院受理了某公司的破产申请。此时,股东甲认缴出资期限已经届满,但仍未向公司缴纳出资。根据公司章程规定,股东乙的出资期限为 2020 年 10 月 1 日。对此,下列说法正确的是:③

  A. 管理人有权要求甲向公司缴纳出资

  B. 管理人有权要求乙向公司缴纳出资

  C. 公司欠甲 100 万元货款,甲可主张以其出资债务与公司对其负债抵销

  D. 公司欠乙 100 万元货款,乙可主张以其出资债务与公司对其负债抵销

157． 2016/3/73/多

  法院受理了利捷公司的破产申请。管理人甲发现,利捷公司与翰扬公司之间的债权债务关系较为复杂。下列哪些说法是正确的?④

  A. 翰扬公司的某一项债权有房产抵押,可在破产受理后行使抵押权

  B. 翰扬公司与利捷公司有一合同未履行完毕,甲可解除该合同

  C. 翰扬公司曾租给利捷公司的一套设备被损毁,侵权人之前向利捷公司支付了赔偿金,翰扬公司不能主张取回该笔赔偿金

---

① BC ② A ③ AB ④ BC

D. 茹洁公司对利捷公司负有债务,在破产受理后茹洁公司受让了翰扬公司的一项债权,因此茹洁公司无需再向利捷公司履行等额的债务

158. 〔2014/3/31/单〕

2014年6月经法院受理,甲公司进入破产程序。现查明,甲公司所占有的一台精密仪器,实为乙公司委托甲公司承运而交付给甲公司的。关于乙公司的取回权,下列哪一表述是错误的?①

A. 取回权的行使,应在破产财产变价方案或和解协议、重整计划草案提交债权人会议表决之前

B. 乙公司未在规定期限内行使取回权,则其取回权即归于消灭

C. 管理人否认乙公司的取回权时,乙公司可以诉讼方式主张其权利

D. 乙公司未支付相关运输、保管等费用时,保管人可拒绝其取回该仪器

159. 〔2014/3/74/多〕

甲公司因不能清偿到期债务且明显缺乏清偿能力,遂于2014年3月申请破产,且法院已受理。经查,在此前半年内,甲公司针对若干债务进行了个别清偿。关于管理人的撤销权,下列哪些表述是正确的?②

A. 甲公司清偿对乙银行所负的且以自有房产设定抵押担保的贷款债务的,管理人可以主张撤销

B. 甲公司清偿对丙公司所负的且经法院判决所确定的货款债务的,管理人可以主张撤销

C. 甲公司清偿对丁公司所负的为维系基本生产所需的水电费债务的,管理人不得主张撤销

D. 甲公司清偿对戊所负的劳动报酬债务的,管理人不得主张撤销

160. 〔2012/3/70/多〕

甲公司依据买卖合同,在买受人乙公司尚未付清全部货款的情况下,将货物发运乙公司。乙公司尚未收到该批货物时,向法院提出破产申请,且法院已裁定受理。对此,下列哪些选项是正确的?③

A. 乙公司已经取得该批货物的所有权

B. 甲公司可以取回在运货物

C. 乙公司破产管理人在支付全部价款情况下,可以请求甲公司交付货物

D. 货物运到后,甲公司对乙公司的价款债权构成破产债权

---

① B ② CD ③ BCD

161. 2011/3/31/单

2010 年 8 月 1 日,某公司申请破产。8 月 10 日,法院受理并指定了管理人。该公司出现的下列哪一行为属于《破产法》中的欺诈破产行为,管理人有权请求法院予以撤销?①

A. 2009 年 7 月 5 日,将市场价格 100 万元的仓库以 30 万元出售给母公司

B. 2009 年 10 月 15 日,将公司一辆价值 30 万元的汽车赠与甲

C. 2010 年 5 月 5 日,向乙银行偿还欠款 50 万元及利息 4 万元

D. 2010 年 6 月 10 日,以协议方式与债务人丙相互抵销 20 万元债务

考点41 债权申报

162. 法考回忆题/不定项

甲公司向丙公司借款 2000 万元,期限 5 年。对于这笔借款,乙公司向丙公司出具了担保函,约定到期后若甲公司不能清偿债务,则由乙公司承担清偿责任。后甲公司被法院裁定破产,丙公司向管理人申报了全部债权。此后不久,乙公司也被法院裁定破产。对此,下列说法正确的是:②

A. 若丙公司向乙公司追偿,乙公司有权主张先诉抗辩权

B. 乙公司有权以将来求偿权向甲公司管理人申报债权

C. 丙公司有权向甲公司和乙公司分别申报全部债权

D. 针对甲公司和乙公司的债权和担保债权均停止计息

163. 法考回忆题/多

2018 年 12 月,甲房地产开发公司为开发东方家园小区,向建设银行贷款 5000 万元,约定两年后清偿。乙公司对此贷款提供连带责任担保。2019 年 5 月,甲公司开发的楼盘销售不利导致资金链断裂,不能清偿到期债务,被法院受理破产。2 个月后,乙公司业务不景气也被法院受理破产。下列哪些说法是正确的?③

A. 当甲公司被受理破产时,乙公司可用其将来求偿权申报债权

B. 当甲公司被受理破产时,乙公司在向建设银行清偿债务后才能向甲公司追偿

C. 当乙公司被受理破产后,建设银行可分别向甲公司和乙公司申报全额债权

---

① B ② CD ③ ACD

D. 当乙公司对建设银行履行保证责任后,不可向甲公司追偿

164. `2011/3/73/多`

2011 年 9 月 1 日,某法院受理了湘江服装公司的破产申请并指定了管理人,管理人开始受理债权申报。下列哪些请求权属于可以申报的债权?①

A. 甲公司的设备余款给付请求权,但根据约定该余款的支付时间为 2011 年 10 月 30 日

B. 乙公司请求湘江公司加工一批服装的合同履行请求权

C. 丙银行的借款偿还请求权,但该借款已经设定财产抵押担保

D. 当地税务机关对湘江公司作出的 8 万元行政处罚决定

165. `2010/3/32/单`

辽沈公司因不能清偿到期债务而申请破产清算。法院受理后,管理人开始受理债权人的债权申报。对此,下列哪一债权人申报的债权属于应当受偿的破产债权?②

A. 债权人甲的保证人,以其对辽沈公司的将来求偿权进行的债权申报

B. 债权人乙,以其已超过诉讼时效的债权进行的债权申报

C. 债权人丙,要求辽沈公司作为承揽人继续履行承揽合同进行的债权申报

D. 某海关,以其对辽沈公司进行处罚尚未收取的罚款进行的债权申报

166. `2008/3/73/多`

甲公司向乙银行贷款 100 万元,由 A 公司和 B 公司作为共同保证人,并以甲公司的厂房作抵押担保。其后,甲公司因严重资不抵债而向法院申请破产。法院裁定受理破产申请,并指定了破产管理人。下列哪些选项是正确的?③

A. 管理人可以优先清偿乙银行的债务

B. 如 A 公司已代甲公司偿还了乙银行贷款,则其可向管理人申报 100 万元债权

C. 如乙银行不申报债权,则 A 公司或 B 公司均可向管理人申报 100 万元债权

D. 如乙银行已申报债权并获 40 万元分配,则剩余 60 万债权因破产程序终结而消灭

考点 42 债权人会议和债权人委员会

167. 法考回忆题/单

润土商贸有限公司因管理混乱经营陷入困境,于 2019 年 1 月经法院裁定进入破产程序,天明律师事务所被指定为破产管理人。2019 年 3 月底,经债权人会议决议,成立债权人委员会。后春水公司与天明律师事务所接洽合作事宜,准备受让润土公司全部的库存和营业事务。关于本案,下列哪一项表述是错误的?①

    A. 债权人委员会应包含一名润土公司的职工代表或工会代表

    B. 天明律师事务所应将与春水公司的合作事宜事先制作财产管理或者变价方案,并提交债权人会议通过

    C. 若天明律师事务所的方案未被债权人会议通过,其可以提交给债权人委员会进行表决

    D. 天明律师事务所在实施与春水公司的合作方案前,应报告债权人委员会

168. 2012/3/31/单

在某公司破产案件中,债权人会议经出席会议的有表决权的债权人过半数通过,并且其所代表的债权额占无财产担保债权总额的 60%,就若干事项形成决议。该决议所涉下列哪一事项不符合《破产法》的规定?②

    A. 选举 8 名债权人代表与 1 名职工代表组成债权人委员会

    B. 通过债务人财产的管理方案

    C. 申请法院更换管理人

    D. 通过和解协议

考点 43 重整程序

169. 法考回忆题/单

甲公司申请重整,管理人引进重整投资人乙公司。现要提交重整计划,计划要求持股 5% 以上的股东无偿转让股权至乙公司,确保最终乙公司持股比例达到 67%;对公司持股不足 5% 的股东的股权暂不调整,但需无条件接受重整计划。李某为持有 3% 股权的股东。对此重整计划草案的表决,下列哪一项说法是正确的?③

    A. 应经持股 5% 以上的所有股东同意

① C ② D ③ A

B. 李某应当参加重整计划表决

C. 需经过甲公司全体股东同意

D. 若乙公司和其他债权人同意,无须甲公司股东再作表决

170. 法考回忆题/不定项

2017 年 3 月,鸿飞公司申请重整,重整计划经法院批准后,2017 年 9 月变更公司为清风公司。岳某于 2017 年 1 月借给鸿飞公司 100 万元,约定借款期限为 20 日,后由于岳某忙于个人事务,未主张其债权。2018 年 8 月,岳某在整理其账单时,发现借条,遂向公司主张还款。下列说法正确的是:①

A. 因岳某未在重整计划期间申报债权,故其不得向清风公司主张债权

B. 应按照重整计划在同等效力条件下偿还岳某的借款

C. 应由清风公司履行债务

D. 重整计划对岳某不具有法律效力

171. 2017/3/31/单

思瑞公司不能清偿到期债务,债权人向法院申请破产清算。法院受理并指定了管理人。在宣告破产前,持股 20%的股东甲认为如引进战略投资者乙公司,思瑞公司仍有生机,于是向法院申请重整。关于重整,下列哪一选项是正确的?②

A. 如甲申请重整,必须附有乙公司的投资承诺

B. 如债权人反对,则思瑞公司不能开始重整

C. 如思瑞公司开始重整,则管理人应辞去职务

D. 只要思瑞公司的重整计划草案获得法院批准,重整程序就终止

172. 2015/3/31/单

关于破产重整的申请与重整期间,下列哪一表述是正确的?③

A. 只有在破产清算申请受理后,债务人才能向法院提出重整申请

B. 重整期间为法院裁定债务人重整之日起至重整计划执行完毕时

C. 在重整期间,经债务人申请并经法院批准,债务人可在管理人监督下自行管理财产和营业事务

D. 在重整期间,就债务人所承租的房屋,即使租期已届至,出租人也不得请求返还

---

① BC ② D ③ C

173． 2013/3/74/多

尚友有限公司因经营管理不善,决定依照《破产法》进行重整。关于重整计划草案,下列哪些选项是正确的?①

A. 在尚友公司自行管理财产与营业事务时,由其自己制作重整计划草案

B. 债权人参加讨论重整计划草案的债权人会议时,应按法定的债权分类,分组对该草案进行表决

C. 出席会议的同一表决组的债权人过半数同意重整计划草案,即为该组通过重整计划草案

D. 三分之二以上表决组通过重整计划草案,重整计划即为通过

174． 2010/3/79/多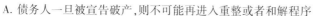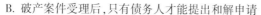

关于破产清算、重整与和解的表述,下列哪些选项是正确的?②

A. 债务人一旦被宣告破产,则不可能再进入重整或者和解程序

B. 破产案件受理后,只有债务人才能提出和解申请

C. 即使债务人未出现现实的资不抵债情形,也可申请重整程序

D. 重整是破产案件的必经程序

175． 2009/3/30/单

关于破产案件受理后、破产宣告前的程序转换,下列哪一表述是正确的?③

A. 如为债务人申请破产清算的案件,债权人可以申请和解

B. 如为债权人申请债务人破产清算的案件,债务人可以申请重整

C. 如为债权人申请债务人重整的案件,债务人可以申请破产清算

D. 如为债权人申请债务人破产清算的案件,债务人的出资人可以申请和解

专题六 票据法

考点44 票据法基本制度

（一）票据的特征

176． 2014/3/32/单

依票据法原理,票据具有无因性、设权性、流通性、文义性、要式性

① AB ② ABC ③ B

等特征。关于票据特征的表述,下列哪一选项是错误的?①

A. 没有票据,就没有票据权利

B. 任何类型的票据都必须能够进行转让

C. 票据的效力不受票据赖以发生的原因行为的影响

D. 票据行为的方式若存在瑕疵,不影响票据的效力

(二)票据权利瑕疵

177． 法考回忆题/多

甲公司给乙公司开了一张汇票,付款人为工商银行。乙公司向工商银行确认此票据有效,到期付款。乙公司随后将此票据背书转让给张某。张某遗失此汇票被刘某捡到,刘某仿造张某的签章,把汇票背书转让给丙公司履行其与丙公司的货款给付义务,丙公司按照约定向刘某交货,刘某收到货后将之转卖,携款潜逃。丙公司请求工商银行付款时被告知,经张某申请,法院已经对此票据进行了除权判决。下列哪些说法是正确的?②

A. 工商银行不应对丙公司承担付款责任

B. 甲公司应对丙公司承担票据付款责任

C. 乙公司不应对丙公司承担票据付款责任

D. 刘某应对丙公司承担付款责任

178． 2016/3/74/多

甲公司为清偿对乙公司的欠款,开出一张收款人是乙公司财务部长李某的汇票。李某不慎将汇票丢失,王某拾得后在汇票上伪造了李某的签章,并将汇票背书转让给外地的丙公司,用来支付购买丙公司电缆的货款,王某收到电缆后转卖得款,之后不知所踪。关于本案,下列哪些说法是正确的?③

A. 甲公司应当承担票据责任　　B. 李某不承担票据责任

C. 王某应当承担票据责任　　D. 丙公司应当享有票据权利

179． 2013/3/31/单

甲未经乙同意而以乙的名义签发一张商业汇票,汇票上记载的付款人为丙银行。丁取得该汇票后将其背书转让给戊。下列哪一说法是正确的?④

A. 乙可以无权代理为由拒绝承担该汇票上的责任

---

① D　② ACD　③ ABD　④ A

B. 丙银行可以该汇票是无权代理为由而拒绝付款

C. 丁对甲的无权代理行为不知情时,丁对戊不承担责任

D. 甲未在该汇票上签章,故甲不承担责任

180. 〔2012/3/74/多〕

甲公司签发一张汇票给乙,票面记载金额为 10 万元,乙取得汇票后背书转让给丙,丙取得汇票后又背书转让给丁,但将汇票的记载金额由 10 万元变更为 20 万元。之后,丁又将汇票最终背书转让给戊。其中,乙的背书签章已不能辨别是在记载金额变更之前,还是在变更之后。下列哪些选项是正确的?①

A. 甲应对戊承担 10 万元的票据责任

B. 乙应对戊承担 20 万元的票据责任

C. 丙应对戊承担 20 万元的票据责任

D. 丁应对戊承担 10 万元的票据责任

181. 〔2008/3/72/多〕

甲向乙开具金额为 100 万元的汇票以支付货款。乙取得该汇票后背书转让给丙,丙又背书转让给丁,丁再背书转让给戊。现查明,甲、乙之间并无真实交易关系,丙为未成年人,票据金额被丁变造。下列哪些选项是正确的?②

A. 尽管甲、乙之间没有真实交易,但该汇票仍然有效

B. 尽管丙为未成年人,但其在票据上的签章仍然有效

C. 尽管票据金额已被丁变造,但该汇票仍然有效

D. 戊不能向甲、乙行使票据上的追索权

（三）失票救济

182. 〔法考回忆题/单〕

甲公司向乙公司采购一批商品,为了支付货款,向乙公司签发一张由甲公司出票、乙公司收款、城市银行付款的银行承兑汇票,金额 100 万元,城市银行对汇票进行了承兑。2018 年 2 月,乙公司将此票据背书转让给丙公司。2018 年 3 月,丙公司办公楼失火,票据被烧毁,仅有留档的复印件,甲公司、乙公司均在此复印件上加盖印章以说明彼此的交易情况。下列哪一项说法是正确的?③

---

① AC ② AC(原答案为 AD) ③ D

  A. 丙公司凭票据复印件向城市银行提示付款,城市银行应无条件承担付款责任

  B. 丙公司可持票据复印件向乙公司主张付款责任

  C. 丙公司可持票据复印件向甲公司主张付款责任

  D. 城市银行无须承担票据责任

183. (2017/3/32/单)

  亿凡公司与五悦公司签订了一份买卖合同,由亿凡公司向五悦公司供货;五悦公司经连续背书,交付给亿凡公司一张已由银行承兑的汇票。亿凡公司持该汇票请求银行付款时,得知该汇票已被五悦公司申请公示催告,但法院尚未作出除权判决。关于本案,下列哪一选项是正确的?①

  A. 银行对该汇票不再承担付款责任

  B. 五悦公司因公示催告可行使票据权利

  C. 亿凡公司仍享有该汇票的票据权利

  D. 法院应作出判决宣告票据无效

184. (2014/3/75/多)

  甲向乙购买原材料,为支付货款,甲向乙出具金额为 50 万元的商业汇票一张,丙银行对该汇票进行了承兑。后乙不慎将该汇票丢失,被丁拾到。乙立即向付款人丙银行办理了挂失止付手续。下列哪些选项是正确的?②

  A. 乙因丢失票据而确定性地丧失了票据权利

  B. 乙在遗失汇票后,可直接提起诉讼要求丙银行付款

  C. 如果丙银行向丁支付了票据上的款项,则丙应向乙承担赔偿责任

  D. 乙在通知挂失止付后十五日内,应向法院申请公示催告

185. (2012/3/32/单)

  关于票据丧失时的法律救济方式,下列哪一说法是错误的?③

  A. 通知票据付款人挂失止付

  B. 申请法院公示催告

  C. 向法院提起诉讼

  D. 不经挂失止付不能申请公示催告或者提起诉讼

  ① C ② BC ③ D

(四)票据抗辩

186. ▍2016/3/32/单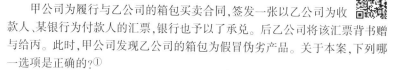

甲公司为履行与乙公司的箱包买卖合同,签发一张以乙公司为收款人、某银行为付款人的汇票,银行也予以了承兑。后乙公司将该汇票背书赠与给丙。此时,甲公司发现乙公司的箱包为假冒伪劣产品。关于本案,下列哪一选项是正确的?①

A. 该票据无效

B. 甲公司不能拒绝乙公司的票据权利请求

C. 丙应享有票据权利

D. 银行应承担票据责任

187. ▍2011/3/74/多

潇湘公司为支付货款向楚天公司开具一张金额为20万元的银行承兑汇票,付款银行为甲银行。潇湘公司收到楚天公司货物后发现有质量问题,立即通知甲银行停止付款。另外,楚天公司尚欠甲银行贷款30万元未清偿。下列哪些说法是错误的?②

A. 该汇票须经甲银行承兑后才发生付款效力

B. 根据票据的无因性原理,甲银行不得以楚天公司尚欠其贷款未还为由拒绝付款

C. 如甲银行在接到潇湘公司通知后仍向楚天公司付款,由此造成的损失甲银行应承担责任

D. 潇湘公司有权以货物质量瑕疵为由请求甲银行停止付款

188. ▍2010/3/76/多

2005年10月5日,甲、乙签订房屋买卖合同,约定年底前办理房屋过户登记。乙签发一张面额80万元的转账支票给甲以支付房款。一星期后,甲提示银行付款。2006年1月中旬,甲到银行要求支付支票金额,但此时甲尚未将房屋登记过户给乙。对此,下列哪些说法是正确的?③

A. 尽管甲尚未履行房屋过户登记义务,但银行无权拒绝支付票据金额

B. 如甲向乙主张票据权利,因甲尚未办理房屋的过户登记,乙可拒付票据金额

C. 如被银行拒付,甲可根据房屋买卖合同要求乙支付房款

---

① D ② BCD ③ AC

D. 如该支票遗失,甲即丧失票据权利

189. 2009/3/31/单

甲公司购买乙公司电脑20台,向乙公司签发金额为10万元的商业承兑汇票一张,丁公司在汇票上签章承诺:"本汇票已经本单位承兑,到期日无条件付款"。当该汇票的持票人行使付款请求权时,下列哪一说法是正确的?①

A. 如该汇票已背书转让给丙公司,丙公司恰好欠汇票付款人某银行10万元到期贷款,则银行可以提出抗辩而拒绝付款

B. 如该汇票已背书转让给丙公司,则甲公司可以乙公司交付的电脑质量存在瑕疵为抗辩理由拒绝向丙公司付款

C. 因该汇票已经丁公司无条件承兑,故丁公司不可能再以任何理由对持票人提出抗辩

D. 甲公司在签发汇票时可以签注"以收到货物为付款条件"

考点45 汇票

190. 法考回忆题/单

2022年6月20日,甲向乙出具了一张汇票。7月1日,乙将该张汇票背书给了丙,并注明"7月30日前不得转让给他人"。7月15日,丙将该张汇票背书给了丁。丁为了偿还对A公司的债务,于7月28日直接将该张汇票交给了A公司的财务负责人王某。据此,下列哪一项说法是正确的?②

A. 因王某是A公司财务负责人,A公司享有票据权利

B. 王某是持票人,享有票据权利

C. 丙将该票据转让给丁是无效背书,丁不享有票据权利

D. 丁向乙追索时,乙有权拒绝承担票据责任

191. 法考回忆题/单

甲公司为支付货款,将一张已经银行承兑的汇票交付给乙,但是未注明背书人乙的名字。后乙用该张汇票支付丙的货款。丙觉得汇票没有乙的签章,不放心,于是乙请来丁为汇票进行担保,但是未记载被保证人名称。后丙要求承兑人付款时,承兑人拒绝付款。下列哪一项说法是正确的?③

A. 丙应先向甲行使票据追索权,后再向丁行使

---

① A ② D ③ D

B. 乙对丙不需负担任何法律责任

C. 未记载被保证人名称,丁的保证无效

D. 汇票的被保证人是承兑人

192． 法考回忆题/不定项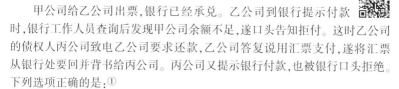

甲公司给乙公司出票,银行已经承兑。乙公司到银行提示付款时,银行工作人员查询后发现甲公司余额不足,遂口头告知拒付。这时乙公司的债权人丙公司致电乙公司要求还款,乙公司答复说用汇票支付,遂将汇票从银行处要回并背书给丙公司。丙公司又提示银行付款,也被银行口头拒绝。下列选项正确的是:①

A. 乙公司对丙公司的债务因交付票据而消灭

B. 银行口头拒付,应承担民事责任

C. 乙公司不得将此票据背书转让给丙公司

D. 甲公司应对丙公司承担票据责任

193． 2015/3/32/单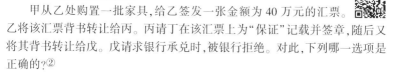

甲从乙处购置一批家具,给乙签发一张金额为 40 万元的汇票。乙将该汇票背书转让给丙。丙请丁在该汇票上为"保证"记载并签章,随后又将其背书转让给戊。戊请求银行承兑时,被银行拒绝。对此,下列哪一选项是正确的?②

A. 丁可以采取附条件保证方式

B. 若丁在其保证中未记载保证日期,则以出票日期为保证日期

C. 戊只有在向丙行使追索权遭拒绝后,才能向丁请求付款

D. 在丁对戊付款后,丁只能向丙行使追索权

194． 2013/3/75/多

关于汇票的表述,下列哪些选项是正确的?③

A. 汇票可以质押,当持票人将汇票交付给债权人时质押生效

B. 如汇票上记载的付款人在承兑之前即已破产,出票人仍须承担付款责任

C. 汇票的出票人既可以是银行、公司,也可以是自然人

D. 如汇票上未记载出票日期,该汇票无效

---

① BC　② B　③ BCD

195． `2011/3/32/单`

甲公司开具一张金额 50 万元的汇票,收款人为乙公司,付款人为丙银行。乙公司收到后将该汇票背书转让给丁公司。下列哪一说法是正确的?①

A. 乙公司将票据背书转让给丁公司后即退出票据关系

B. 丁公司的票据债务人包括乙公司和丙银行,但不包括甲公司

C. 乙公司背书转让时不得附加任何条件

D. 如甲公司在出票时于汇票上记载有"不得转让"字样,则乙公司的背书转让行为依然有效,但持票人不得向甲公司行使追索权

196． `2010/3/29/单`

甲公司向乙公司签发了一张付款人为丙银行的承兑汇票。丁向乙公司出具了一份担保函,承诺甲公司不履行债务时其承担连带保证责任。乙公司持票向丙银行请求付款,银行以出票人甲公司严重丧失商业信誉为由拒绝付款。对此,下列哪一表述是正确的?②

A. 乙公司只能要求丁承担保证责任

B. 丙银行拒绝付款不符合法律规定

C. 乙公司应先向甲公司行使追索权,不能得到清偿时方能向丁追偿

D. 丁属于票据法律关系的非基本当事人

197． `2009/3/77/多`

甲公司在与乙公司交易中获得由乙公司签发的面额 50 万元的汇票一张,付款人为丙银行。甲公司向丁某购买了一批货物,将汇票背书转让给丁某以支付货款,并记载"不得转让"字样。后丁某又将此汇票背书给戊某。如戊某在向丙银行提示承兑时遭拒绝,戊某可向谁行使追索权?③

A. 丁某

B. 乙公司

C. 甲公司

D. 丙银行

198． `2008/3/28/单`

甲公司在交易中取得汇票一张,金额 10 万元,汇票签发人为乙公司,甲公司在承兑时被拒绝。其后,甲公司在一次交易中需支付丙公司 10 万元货款,于是甲公司将该汇票背书转让给丙公司,丙公司承兑时亦被拒绝。下列哪一选项是正确的?④

① C　② B　③ AB　④ A

A. 丙公司有权要求甲公司给付汇票上的金额

B. 丙公司有权要求甲公司返还交易中的对价

C. 丙公司有权向乙公司行使追索权要求其给付汇票上的金额

D. 丙公司应当请求甲公司承担侵权赔偿责任

考点46 支票

199. 法考回忆题/单

甲公司安排业务员叶某向乙公司采购燃油工程车,并由甲公司开具支票,支票中注明"见票一个月内支付",但未填写金额和收款人,授权叶某在支付车款时具体填写。叶某前往乙公司后,发现电动工程车品质更优,擅自主张购买了电动工程车,在填写了金额和收款人后将支票交给了乙公司。后甲公司拒绝接受电动工程车并主张解除买卖合同。下列哪一项说法是正确的?①

A. 因未记载金额而支票无效

B. 因未记载收款人而支票无效

C. 因叶某填写金额和收款人而支票无效

D. "见票一个月内支付"的记载无效

200. 2017/3/74/多

东霖公司向忠谐公司购买一个元器件,应付价款960元。东霖公司为付款开出一张支票,因金额较小,财务人员不小心将票据金额仅填写了数码的"￥960元",没有记载票据金额的中文大写。忠谐公司业务员也没细看,拿到支票后就放入文件袋。关于该支票,下列哪些选项是正确的?②

A. 该支票出票行为无效

B. 忠谐公司不享有票据权利

C. 东霖公司应承担票据责任

D. 该支票在使用前应补记票据金额的中文大写

201. 2015/3/74/多

关于支票的表述,下列哪些选项是正确的?③

A. 现金支票在其正面注明后,可用于转账

B. 支票出票人所签发的支票金额不得超过其付款时在付款人处实有的存款金额

C. 支票上不得另行记载付款日期,否则该记载无效

D. 支票上未记载收款人名称的,该支票无效

专题七　证券法

考点47 证券法

202． 法考回忆题/单

甲公司为上市公司,为解决扩建项目的资金缺口,甲公司于2020年5月25日通过公开发行公司债券的方式,募集资金1亿元,聘请乙证券公司为债券受托管理人。下列哪一项说法是正确的?①

A. 债券持有人会议不能决议解除对乙证券公司的聘请

B. 若甲公司到期不能兑付债券本息,则乙证券公司可接受部分债券持有人的委托,以自己的名义代表债券持有人起诉

C. 若甲公司改变所募集资金的用途,则乙证券公司有权以自己的名义代表债券持有人起诉

D. 甲公司可将所募集资金的一部分用于弥补扩建项目带来的亏损

203． 法考回忆题/多

甲公司持有乙公司(上市公司)6.04%的股份,为其第四大股东。2017年10月31日,甲公司减持套现2.9%的乙公司股份。3个月后,乙公司股价开始上扬,甲公司又增持1.86%的股份。对此,下列哪些选项是正确的?②

A. 就增持事项,甲公司须在3日之内向证券监管机构和证券交易所作出书面报告,通知乙公司,并予公告

B. 就减持事项,乙公司应立即向证券监管机构和证券交易所报送临时报告,并予公告

C. 就减持事项,甲公司需在3日之内向证券监管机构和证券交易所作出书面报告

D. 甲公司在增持后的3日内,不得再行买卖乙公司的股票

204． 2017/3/75/多

甲在证券市场上陆续买入力扬股份公司的股票,持股达6%时才

---

① B　② ABD

公告,被证券监督管理机构以信息披露违法为由处罚。之后甲欲继续购入力扬公司股票,力扬公司的股东乙、丙反对,持股 4% 的股东丁同意。对此,下列哪些说法是正确的?①

A. 甲的行为已违法,故无权再买入力扬公司股票

B. 乙可邀请其他公司对力扬公司展开要约收购

C. 丙可主张甲已违法,故应撤销其先前购买股票的行为

D. 丁可与甲签订股权转让协议,将自己所持全部股份卖给甲

205． 2016/3/75/多

吉达公司是一家上市公司,公告称其已获得某地块的国有土地使用权。嘉豪公司资本雄厚,看中了该地块的潜在市场价值,经过细致财务分析后,拟在证券市场上对吉达公司进行收购。下列哪些说法是正确的?②

A. 若收购成功,吉达公司即丧失上市资格

B. 若收购失败,嘉豪公司仍有权继续购买吉达公司的股份

C. 嘉豪公司若采用要约收购则不得再与吉达公司的大股东协议购买其股份

D. 待嘉豪公司持有吉达公司已发行股份 30% 时,应向其全体股东发出不得变更的收购要约

206． 2012/3/34/单

为扩大生产规模,筹集公司发展所需资金,鄂神股份有限公司拟发行总值为 1 亿元的股票。下列哪一说法符合《证券法》的规定?③

A. 根据需要可向特定对象公开发行股票

B. 董事会决定后即可径自发行

C. 可采取溢价发行方式

D. 不必将股票发行情况上报证券监管机构备案

207． 2011/3/33/单

股票和债券是我国《证券法》规定的主要证券类型。关于股票与债券的比较,下列哪一表述是正确的?④

A. 有限责任公司和股份有限公司都可以成为股票和债券的发行主体

B. 股票和债券具有相同的风险性

C. 债券的流通性强于股票的流通性

---

① BD　② BC　③ C　④ D

D. 股票代表股权,债券代表债权

208. 2010/3/30/单

某上市公司因披露虚假年度财务报告,导致投资者在证券交易中蒙受重大损失。关于对此承担民事赔偿责任的主体,下列哪一选项是错误的?①

A. 该上市公司的监事

B. 该上市公司的实际控制人

C. 该上市公司财务报告的刊登媒体

D. 该上市公司的证券承销商

209. 2009/3/34/单

关于证券交易所,下列哪一表述是正确的?②

A. 会员制证券交易所从事业务的盈余和积累的财产可按比例分配给会员

B. 证券交易所总经理由理事会选举产生并报国务院证券监督管理机构批准

C. 证券交易所制定和修改章程应报国务院证券监督管理机构备案

D. 证券交易所的设立和解散必须由国务院决定

210. 2009/3/78/多

某证券公司在业务活动中实施了下列行为,其中哪些违反《证券法》规定?③

A. 经股东会决议为公司股东提供担保

B. 为其客户买卖证券提供融资服务

C. 对其客户证券买卖的收益作出不低于一定比例的承诺

D. 接受客户的全权委托,代理客户决定证券买卖的种类与数量

211. 2008/1/67/多

某上市公司招股说明书中列明的募集资金用途是环保新技术研发。现公司董事会决议将募集资金用于购置办公大楼。对此,下列哪些选项是正确的?④

A. 未经股东大会决议批准,公司董事会不得实施此项购置计划

B. 如果股东大会决议不批准,公司董事会坚持此项购置计划,证券监督管理机构有权责令该公司改正

---

① C ② D ③ ACD ④ ABC

C. 证券监督管理机构有权对擅自改变募集资金用途的该公司责任人员处以罚款

D. 在未经股东大会批准而实施了此项购置计划的情况下,该公司可以通过发行新股来解决环保新技术研发的资金需求

212． 2008/1/68/多

某上市公司董事吴某,持有该公司 6% 的股份。吴某将其持有的该公司股票在买入后的第 5 个月卖出,获利 600 万元。关于此收益,下列哪些选项是正确的?①

A. 该收益应当全部归公司所有

B. 该收益应由公司董事会负责收回

C. 董事会不收回该收益的,股东有权要求董事会限期收回

D. 董事会未在规定期限内执行股东关于收回吴某收益的要求的,股东有权代替董事会以公司名义直接向法院提起收回该收益的诉讼

213． 2008/1/69/多

证券公司的下列行为,哪些是《证券法》所禁止的?②

A. 为客户买卖证券提供融资融券服务

B. 有偿使用客户的交易结算资金

C. 将自营账户借给他人使用

D. 接受客户的全权委托

考点48 证券投资基金法

214． 2017/3/33/单

某基金管理公司在 2003 年曾公开发售一只名为"基金利达"的封闭式基金。该基金原定封闭期 15 年,现即将到期,拟转换为开放式基金继续运行。关于该基金的转换,下列哪一选项是正确的?③

A. 须经国务院证券监督管理机构核准

B. 转换后该基金应保持一定比例的现金或政府债券

C. 基金份额持有人大会就该转换事宜的决定应经有效表决权的 1/2 以上通过

D. 转换后基金份额持有人有权查阅或复制该基金的相关会计账簿等财务资料

---

① ABC ② BCD ③ B

215． 2016/3/33/单

赢鑫投资公司业绩骄人。公司拟开展非公开募集基金业务,首期募集 1000 万元。李某等老客户知悉后纷纷表示支持,愿意将自己的资金继续交其运作。关于此事,下列哪一选项是正确的?①

A. 李某等合格投资者的人数可以超过 200 人

B. 赢鑫公司可在全国性报纸上推介其业绩及拟募集的基金

C. 赢鑫公司可用所募集的基金购买其他的基金份额

D. 赢鑫公司就其非公开募集基金业务应向中国证监会备案

216． 2015/3/75/多

张某手头有一笔闲钱欲炒股,因对炒股不熟便购买了某证券投资基金。关于张某作为基金份额持有人所享有的权利,下列哪些表述是正确的?②

A. 按份额享有基金财产收益

B. 参与分配清算后的剩余基金财产

C. 可回赎但不能转让所持有的基金份额

D. 可通过基金份额持有人大会来更换基金管理人

217． 2012/3/73/多

华新基金管理公司是信泰证券投资基金(信泰基金)的基金管理人。华新公司的下列哪些行为是不符合法律规定的?③

A. 从事证券投资时,将信泰基金的财产独立于自己固有的财产

B. 以信泰基金的财产为公司大股东鑫鑫公司提供担保

C. 就其管理的信泰基金与其他基金的财产,规定不同的基金收益条款

D. 向信泰基金份额持有人承诺年收益率不低于 12%

218． 2008/1/66/多

关于证券投资基金运用基金财产进行投资的范围,下列哪些选项是正确的?④

A. 可以买卖该基金管理人发行的债券

B. 可以买卖上市交易的股票、债券

C. 不得从事承担无限责任的投资

D. 不得用于承销证券

---

① C ② ABD ③ BCD ④ ABCD(原答案为 BCD)

专题八　保险法

考点49　保险法概述

219. 〔法考回忆题/多〕

保险公司推销员甲向白某推销一份保险,在填写投保单时,白某委托甲代为填写并签字。在填写投保人职业时,甲依稀记得白某是司机,实际上白某是货车司机,而该份保险合同的保险范围不包括货车驾驶员。保险合同订立后,白某缴纳了保费。据此,下列哪些说法是正确的?①

A. 甲不是白某的代理人

B. 甲是白某的代理人

C. 保险公司可以解除保险合同

D. 保险公司应当承担保险责任

220. 〔法考回忆题/单〕

2017 年,张某向甲公司投保重大疾病险,投保时隐瞒了患有乙肝的事实。保险合同订立前,甲公司要求张某到乙医院体检,并提交体检报告。因医院的医生工作失误,未能诊断出张某的乙肝病情。2018 年 2 月,张某因患乙肝入院治疗,花去医疗费等 6 万余元。2018 年 7 月,甲公司得知张某隐瞒病情投保的事实。下列哪一项说法是正确的?②

A. 甲公司有权不解除保险合同,但不予赔偿

B. 如果甲公司解除保险合同,应当向张某退还保费

C. 若张某投保时,提交体检报告明确显示其患有乙肝,甲公司不能拒绝赔偿

D. 张某到甲公司指定的医院体检,免除了其如实告知的义务

221. 〔2016/3/76/多〕

甲公司投保了财产损失险的厂房被烧毁,甲公司伪造证明,夸大此次火灾的损失,向保险公司索赔 100 万元,保险公司为查清此事,花费 5 万元。关于保险公司的权责,下列哪些选项是正确的?③

A. 应当向甲公司给付约定的保险金

B. 有权向甲公司主张 5 万元花费损失

C. 有权拒绝向甲公司给付保险金

---

① AD　② C　③ AB

D. 有权解除与甲公司的保险合同

222. `2014/3/34/单`

甲公司代理人谢某代投保人何某签字,签订了保险合同,何某也依约交纳了保险费。在保险期间内发生保险事故,何某要求甲公司承担保险责任。下列哪一表述是正确的?①

A. 谢某代签字,应由谢某承担保险责任

B. 甲公司承保错误,无须承担保险责任

C. 何某已经交纳了保险费,应由甲公司承担保险责任

D. 何某默认谢某代签字有过错,应由何某和甲公司按过错比例承担责任

223. `2014/3/76/多`

关于投保人在订立保险合同时的告知义务,下列哪些表述是正确的?②

A. 投保人的告知义务,限于保险人询问的范围和内容

B. 当事人对询问范围及内容有争议的,投保人负举证责任

C. 投保人未如实告知投保单询问表中概括性条款时,则保险人可以此为由解除合同

D. 在保险合同成立后,保险人获悉投保人未履行如实告知义务,但仍然收取保险费,则保险人不得解除合同

224. `2013/3/34/单`

甲公司将其财产向乙保险公司投保。因甲公司要向银行申请贷款,乙公司依甲公司指示将保险单直接交给银行。下列哪一表述是正确的?③

A. 因保险单未送达甲公司,保险合同不成立

B. 如保险单与投保单内容不一致,则应以投保单为准

C. 乙公司同意承保时,保险合同成立

D. 如甲公司未缴纳保险费,则保险合同不成立

225. `2011/3/75/多`

依据《保险法》规定,保险合同成立后,保险人原则上不得解除合同。下列哪些情形下保险人可以解除合同?④

A. 人身保险中投保人在交纳首期保险费后未按期交纳后续保费

---

① C ② AD ③ C ④ BCD

B. 投保人虚报被保险人年龄,保险合同成立已 1 年 6 个月

C. 投保人在投保时故意未告知投保汽车曾遇严重交通事故致发动机受损的事实

D. 投保人未履行对保险标的安全维护之责任

226 . 〔2009/3/79/多〕

关于保险利益,下列哪些表述是错误的?①

A. 保险利益本质上是一种经济上的利益,即可以用金钱衡量的利益

B. 人身保险的投保人在保险事故发生时,对保险标的应当具有保险利益

C. 财产保险的被保险人在保险合同订立时,对保险标的应当具有保险利益

D. 责任保险的投保人在保险合同订立时,对保险标的应当具有保险利益

考点50 人身保险合同

227 . 〔法考回忆题/不定项〕

　　陈某为妻子购买人身保险,指定自己和儿子为受益人。按照保险合同的约定,该保险须缴纳 20 年。陈某投保 10 年后,因公司经营业绩不佳,经济压力较大,拟解除该保险合同。对此,下列选项正确的是:②

A. 须经妻子的同意方可解除

B. 须经儿子的同意方可解除

C. 合同解除后,陈某有权主张保单现金价值

D. 合同解除后,妻子有权主张保单现金价值

228 . 〔2017/3/76/多〕

　　李某于 2000 年为自己投保,约定如其意外身故则由妻子王某获得保险金 20 万元,保险期间为 10 年。2009 年 9 月 1 日起李某下落不明,2014 年 4 月法院宣告李某死亡。王某起诉保险公司主张该保险金。关于本案,下列哪些选项是正确的?③

A. 保险合同应无效

B. 王某有权主张保险金

C. 李某死亡日期已超保险期间,故保险公司不承担保险责任

D. 如李某确系 2009 年 9 月 1 日下落不明,则保险公司应承担保险责任

---

① BCD　② C　③ BD

229． 2016/3/34/单

杨某为其妻王某购买了某款人身保险,该保险除可获得分红外,还约定若王某意外死亡,则保险公司应当支付保险金20万元。关于该保险合同,下列哪一说法是正确的?①

A．若合同成立2年后王某自杀,则保险公司不支付保险金

B．王某可让杨某代其在被保险人同意处签字

C．经王某口头同意,杨某即可将该保险单质押

D．若王某现为无民事行为能力人,则无需经其同意该保险合同即有效

230． 2015/3/34/单

甲以自己为被保险人向某保险公司投保健康险,指定其子乙为受益人,保险公司承保并出具保单。两个月后,甲突发心脏病死亡。保险公司经调查发现,甲两年前曾做过心脏搭桥手术,但在填写投保单以及回答保险公司相关询问时,甲均未如实告知。对此,下列哪一表述是正确的?②

A．因甲违反如实告知义务,故保险公司对甲可主张违约责任

B．保险公司有权解除保险合同

C．保险公司即使不解除保险合同,仍有权拒绝乙的保险金请求

D．保险公司虽可不必支付保险金,但须退还保险费

231． 2013/3/76/多

甲公司交纳保险费为其员工张某投保人身保险,投保单由保险公司业务员代为填写和签字。保险期间内,张某找到租用甲公司槽罐车的李某催要租金。李某与张某发生争执,张某打碎车窗玻璃,并挡在槽罐车前。李某怒将张某撞死。关于保险受益人针对保险公司的索赔理由的表述,下列哪些选项是正确的?③

A．投保单虽是保险公司业务员代为填写和签字,但甲公司交纳了保险费,因此保险合同成立

B．张某的行为不构成犯罪,保险公司不得以此为由主张免责

C．张某的行为属于合法的自助行为,保险公司应予理赔

D．张某的死亡与张某的行为并无直接因果关系,保险公司应予理赔

232． 2012/3/33/单

甲向某保险公司投保人寿保险,指定其秘书乙为受益人。保险期

---

①　B　②　B　③　ABD

间内,甲、乙因交通事故意外身亡,且不能确定死亡时间的先后。该起交通事故由事责任人丙承担全部责任。现甲的继承人和乙的继承人均要求保险公司支付保险金。下列哪一选项是正确的?①

　　A. 保险金应全部交给甲的继承人

　　B. 保险金应全部交给乙的继承人

　　C. 保险金应由甲和乙的继承人平均分配

　　D. 某保险公司承担保险责任后有权向丙追偿

233. 2010/3/31/单　

根据《保险法》规定,人身保险投保人对下列哪一类人员具有保险利益?②

　　A. 与投保人关系密切的邻居

　　B. 与投保人已经离婚但仍一起生活的前妻

　　C. 与投保人有劳动关系的劳动者

　　D. 与投保人合伙经营的合伙人

234. 2010/3/77/多　

2007 年 7 月,陈某为其母投保人身保险时,为不超过保险公司规定的承保年龄,在申报被保险人年龄时故意少报了二岁。2009 年 9 月保险公司发现了此情形。对此,下列哪些选项是正确的?③

　　A. 保险公司有权解除保险合同,但需退还投保人已交的保险费

　　B. 保险公司无权解除保险合同

　　C. 如此时发生保险事故,保险公司不承担给付保险金的责任

　　D. 保险人有权要求投保人补交少交的保险费,但不能免除其保险责任

235. 2010/3/78/多

甲为其妻乙投保意外伤害保险,指定其子丙为受益人。对此,下列哪些选项是正确的?④

　　A. 甲指定受益人时须经乙同意

　　B. 如因第三人导致乙死亡,保险公司承担保险金赔付责任后有权向该第三人代位求偿

　　C. 如乙变更受益人无须甲同意

　　D. 如丙先于乙死亡,则出现保险事故时保险金作为乙的遗产由甲继承

---

① A　② C　③ BD　④ ACD

236. 2009/3/32/单

丁某于 2005 年 5 月为其九周岁的儿子丁海购买一份人身保险。至 2008 年 9 月,丁某已支付了三年多的保险费。当年 10 月,丁海患病住院,因医院误诊误治致残。关于本案,下列哪一表述是正确的?①

A. 丁某可以在向保险公司索赔的同时要求医院承担赔偿责任

B. 应当先由保险公司支付保险金,再由保险公司向医院追偿

C. 丁某应先向医院索赔,若医院拒绝赔偿或无法足额赔偿,再要求保险公司支付保险金

D. 丁某不能用诉讼方式要求保险公司支付保险金

考点51 财产保险合同

237. 法考回忆题/单

蒋某为中天公司调试某设备,双方约定,如果蒋某的原因造成损失,蒋某只需要承担一半的赔偿责任。后来,中天公司为该设备投保了财产损失险,但未将与蒋某的约定告知保险公司,保险公司也未询问针对此设备有无免责约定。不久,蒋某在调试设备时因擅自修改设备参数,引起火灾,造成该设备损失 20 万元。下列说法正确的是哪一项?②

A. 保险公司向中天公司赔偿后,可向蒋某追偿 10 万元

B. 保险公司向中天公司赔偿后,可向蒋某追偿 20 万元

C. 保险公司主张代位求偿的管辖法院,依保险合同关系确定

D. 如果保险公司已经向中天公司赔偿,可向中天公司主张返还赔偿金

238. 2017/3/34/单

姜某的私家车投保商业车险,年保险费为 3000 元。姜某发现当网约车司机收入不错,便用手机软件接单载客,后辞职专门跑网约车。某晚,姜某载客途中与他人相撞,造成车损 10 万元。姜某向保险公司索赔,保险公司调查后拒赔。关于本案,下列哪一选项是正确的?③

A. 保险合同无效

B. 姜某有权主张约定的保险金

C. 保险公司不承担赔偿保险金的责任

D. 保险公司有权解除保险合同并不退还保险费

---

① A ② A ③ C

239. (2015/3/76/多)

潘某请好友刘某观赏自己收藏的一件古玩,不料刘某一时大意致其落地摔毁。后得知,潘某已在甲保险公司就该古玩投保了不足额财产险。关于本案,下列哪些表述是正确的?①

A. 潘某可请求甲公司赔偿全部损失

B. 若刘某已对潘某进行全额赔偿,则甲公司可拒绝向潘某支付保险赔偿金

C. 甲公司对潘某赔偿保险金后,在向刘某行使保险代位求偿权时,既可以自己的名义,也可以潘某的名义

D. 若甲公司支付的保险金不足以弥补潘某的全部损失,则就未取得赔偿的部分,潘某对刘某仍有赔偿请求权

240. (2012/3/75/多)

甲参加乙旅行社组织的沙漠一日游,乙旅行社为此向红星保险公司购买了旅行社责任保险。丙客运公司受乙旅行社之托,将甲运送至沙漠,丙公司为此向白云保险公司购买了承运人责任保险。丙公司在运送过程中发生交通事故,致甲死亡,丙公司负事故全责。甲的继承人为丁。在通常情形下,下列哪些表述是正确的?②

A. 乙旅行社有权要求红星保险公司直接对丁支付保险金

B. 丙公司有权要求白云保险公司直接对丁支付保险金

C. 丁有权直接要求红星保险公司支付保险金

D. 丁有权直接要求白云保险公司支付保险金

241. (2011/3/34/单)

张三向保险公司投保了汽车损失险。某日,张三的汽车被李四撞坏,花去修理费 5000 元。张三向李四索赔,双方达成如下书面协议:张三免除李四修理费 1000 元,李四将为张三提供 3 次免费咨询服务,剩余的 4000 元由张三向保险公司索赔。后张三请求保险公司按保险合同支付保险金 5000 元。下列哪一说法是正确的?③

A. 保险公司应当按保险合同全额支付保险金 5000 元,且不得向李四求偿

B. 保险公司仅应当承担 4000 元保险金的赔付责任,且有权向李四求偿

C. 因张三免除了李四 1000 元的债务,保险公司不再承担保险金给付责任

---

① BD ② AB ③ B

D. 保险公司应当全额支付 5000 元保险金,再向李四求偿

242． 2009/3/33/单

潘某向保险公司投保了一年期的家庭财产保险。保险期间内,潘某一家外出,嘱托保姆看家。某日,保姆外出忘记锁门,窃贼乘虚而入,潘某家被盗财物价值近 5000 元。下列哪一表述是正确的?①

A. 应由保险公司赔偿,保险公司赔偿后无权向保姆追偿

B. 损失系因保姆过错所致,保险公司不承担赔偿责任

C. 潘某应当向保险公司索赔,不能要求保姆承担赔偿责任

D. 潘某只能要求保姆赔偿,不能向保险公司索赔

243． 2008/3/27/单

甲将自己的汽车向某保险公司投保财产损失险,附加盗抢险,保险金额按车辆价值确定为 20 万元。后该汽车被盗,在保险公司支付了全部保险金额之后,该车辆被公安机关追回。关于保险金和车辆的处置方法,下列哪一选项是正确的?②

A. 甲无需退还受领的保险金,但车辆归保险公司所有

B. 车辆归甲所有,但甲应退还受领的保险金

C. 甲无需退还保险金,车辆应归甲所有

D. 应由甲和保险公司协商处理保险金与车辆的归属

244． 2008/3/71/多

王某将自己居住的房屋向某保险公司投保家庭财产保险。保险合同有效期内,该房屋因邻居家的小孩玩火而被部分毁损,损失 10 万元。下列哪些选项是错误的?③

A. 王某应当先向邻居索赔,在邻居无力赔偿的前提下才能向保险公司索赔

B. 王某可以放弃对邻居的赔偿请求权,单独向保险公司索赔

C. 若王某已从邻居处得到 10 万元的赔偿,其仍可向保险公司索赔

D. 若王某从保险公司得到的赔偿不足 10 万元,其仍可向邻居索赔

---

① A ② A ③ ABC

专题九　海商法

考点52 船舶物权

245． 2014/3/33/单

依据我国《海商法》和《民法典》的相关规定,关于船舶所有权,下列哪一表述是正确的?①

A. 船舶买卖时,船舶所有权自船舶交付给买受人时移转

B. 船舶建造完成后,须办理船舶所有权的登记才能确定其所有权的归属

C. 船舶不能成为共同共有的客体

D. 船舶所有权不能由自然人继承

246． 2013/3/33/单

依据我国《海商法》和《民法典》的相关规定,关于船舶物权的表述,下列哪一选项是正确的?②

A. 甲的船舶撞坏乙的船舶,则乙就其损害赔偿对甲的船舶享有留置权

B. 甲以其船舶为乙设定抵押担保,则一经签订抵押合同,乙即享有抵押权

C. 以建造中的船舶设定抵押权的,抵押权仅在办理登记后才能产生效力

D. 同一船舶上设立数个抵押权时,其顺序以抵押合同签订的先后为准

247． 2012/3/76/多

关于船舶担保物权及针对船舶的请求权的表述,下列哪些选项是正确的?③

A. 海难救助的救助款项给付请求,先于在船舶营运中发生的人身伤亡赔偿请求而受偿

B. 船舶在营运中因侵权行为产生的财产赔偿请求,先于船舶吨税、引航费等的缴付请求而受偿

C. 因保存、拍卖船舶和分配船舶价款产生的费用,应从船舶拍卖所得价款中先行拨付

D. 船舶优先权先于船舶留置权与船舶抵押权受偿

248． 2011/3/76/多

南岳公司委托江北造船公司建造船舶一艘。船舶交付使用时南

---

① A　② B　③ ACD

岳公司尚欠江北公司费用 200 万元。南岳公司以该船舶抵押向银行贷款 500 万元。后该船舶不慎触礁,需修理费 50 万元,有多名船员受伤,需医药费等 40 万元。如以该船舶的价值清偿上述债务,下列哪些表述是正确的?①

A. 修船厂的留置权优先于银行的抵押权

B. 船员的赔偿请求权优先于修船厂的留置权

C. 造船公司的造船费用请求权优先于银行的抵押权

D. 银行的抵押权优先于修船厂的留置权

专题十　信托法

考点53　信托法

249. （法考回忆题/不定项）

2020 年 8 月 1 日,李某和信托公司签订了信托合同,约定购买 "金源一号"信托产品,李某为唯一受益人。8 月 5 日,李某如约将 300 万元打入信托公司的信托资金专用账户。8 月 10 日,"金源一号"开售后,信托公司仅购买了 200 万元的信托产品。2022 年 8 月,"金源一号"到期清算,双方发生争议。据此,下列说法正确的是:②

A. 因信托公司只购买了 200 万元的信托产品,李某只能主张 200 万元的本金和信托收益

B. 因李某按约定转入了 300 万元,有权主张 300 万元的本金和信托收益

C. 李某无权主张 300 万元的本金和信托收益

D. 李某有权主张返还剩余 100 万元的本金和预期收益

250. （法考回忆题/多）

齐某作为委托人与甲信托公司签订了《单一信托合同》,合同中未约定向甲公司支付报酬。甲公司在齐某的指示下分三笔向乙公司发放了信托贷款。后齐某与甲公司因为报酬问题产生争议。下列哪些说法是正确的?③

A. 虽然未约定报酬,但甲公司有权请求支付报酬

B. 因双方未约定报酬,故甲公司无权请求支付报酬

C. 甲公司应对齐某承担信托义务

D. 未约定报酬不影响信托合同的成立

---

① AB　② B　③ BCD

经 济 法

 扫一扫,"码"上做题

微信扫码,即可线上做题、看解析。
多种做题模式:章节自测、单科集训、
随机演练等。

专题十一 反垄断法

考点54 反垄断法

251. （法考回忆题/多）

某市玉米行业协会和会员企业签订协议,内容是:为增强中小经营者的竞争力,要求玉米均定价为 2.6 元/斤,会员企业必须按照协议销售,否则禁止使用该协会的商标。据此,下列哪些选项是不正确的?①

A. 该协议属于纵向垄断协议

B. 该协议属于横向垄断协议

C. 该协会的行为属于滥用市场支配地位

D. 该协议构成反垄断豁免,是有效协议

252. （法考回忆题/单）

甲公司和乙公司共同设立丙公司,达到国务院规定的经营者集中申报标准,但未向国家市场监管部门进行申报。丙公司成立后一年内没有实施排除、限制竞争的行为。关于市场监管部门的行政处罚,下列哪一选项是正确的?②

A. 都不处罚　　　　　　B. 处罚甲公司和乙公司

C. 处罚甲、乙、丙三家公司　D. 处罚丙公司

253. （法考回忆题/多）

某汽车销售公司和4S店签订协议,以下哪些不属于垄断协议?③

---

① ACD ② B ③ ABD

A. 4S 店不得销售其他汽车公司全部类型的汽车

B. 4S 店向消费者提供修车服务,固定价格为 200 元

C. 4S 店代卖轮胎,价格不低于 200 元

D. 4S 店提供升级服务,每项服务价格不高于 200 元

254. 2017/1/28/单

某景区多家旅行社、饭店、商店和客运公司共同签订《关于加强服务协同提高服务水平的决定》,约定了统一的收费方式、服务标准和收入分配方案。有人认为此举构成横向垄断协议。根据《反垄断法》,下列哪一说法是正确的?①

A. 只要在一个竞争性市场中的经营者达成协调市场行为的协议,就违反该法

B. 只要经营者之间的协议涉及商品或服务的价格、标准等问题,就违反该法

C. 如经营者之间的协议有利于提高行业服务质量和经济效益,就不违反该法

D. 如经营者之间的协议不具备排除、限制竞争的效果,就不违反该法

255. 2016/1/28/单

某燃气公司在办理燃气入户前,要求用户缴纳一笔"预付气费款",否则不予供气。待不再用气时,用户可申请返还该款项。经查,该款项在用户日常购气中不能冲抵燃气费。根据《反垄断法》的规定,下列哪一说法是正确的?②

A. 反垄断机构执法时应界定该公司所涉相关市场

B. 只要该公司在当地独家经营,就能认定其具有市场支配地位

C. 如该公司的上游气源企业向其收取预付款,该公司就可向客户收取"预付气费款"

D. 县政府规定了"一个地域只能有一家燃气供应企业",故该公司行为不构成垄断

256. 2016/1/67/多

某县会计师行业自律委员会成立之初,达成统筹分配当地全行业整体收入的协议,要求当年市场份额提高的会员应分出自己的部分收入,补

---

① D ② A

贴给市场份额降低的会员。事后,有会员向省级工商行政管理部门书面投诉。关于此事,下列哪些说法是正确的?①

A. 该协议限制了当地会计师行业的竞争,具有违法性

B. 抑强扶弱有利于培育当地会计服务市场,法律不予禁止

C. 此事不能由省级工商行政管理部门受理,应由该委员会成员自行协商解决

D. 即使该协议尚未实施,如构成违法,也可予以查处

257. 2015/1/67/多

某市甲、乙、丙三大零售企业达成一致协议,拒绝接受产品供应商丁的供货。丙向反垄断执法机构举报并提供重要证据,经查,三企业构成垄断协议行为。关于三企业应承担的法律责任,下列哪些选项是正确的?②

A. 该执法机构应责令三企业停止违法行为,没收违法所得,并处以相应罚款

B. 丙企业举报有功,可酌情减轻或免除处罚

C. 如丁因垄断行为遭受损失的,三企业应依法承担民事责任

D. 如三企业行为后果极为严重,应追究其刑事责任

258. 2014/1/64/多

某省L市旅游协会为防止零团费等恶性竞争,召集当地旅行社商定对游客统一报价,并根据各旅行社所占市场份额,统一分配景点返佣、古城维护费返佣等收入。此计划实施前,甲旅行社主动向反垄断执法机构报告了这一情况并提供了相关证据。关于本案,下列哪些判断是错误的?③

A. 旅游协会的行为属于正当的行业自律行为

B. 由于尚未实施,旅游协会的行为不构成垄断行为

C. 如构成垄断行为,L市发改委可对其处以50万元以下的罚款

D. 如构成垄断行为,对甲旅行社可酌情减轻或免除处罚

259. 2013/1/27/单

某品牌白酒市场份额较大且知名度较高,因销量急剧下滑,生产商召集经销商开会,令其不得低于限价进行销售,对违反者将扣除保证金、减少销售配额直至取消销售资格。关于该行为的性质,下列哪一判断是正确的?④

---

① AD　② ABC　③ ABC　④ D

A. 维护品牌形象的正当行为

B. 滥用市场支配地位的行为

C. 价格同盟行为

D. 纵向垄断协议行为

260． 2013/1/64/多

某县政府规定:施工现场不得搅拌混凝土,只能使用预拌的商品混凝土。2012 年,县建材协会组织协调县内 6 家生产企业达成协议,各自按划分的区域销售商品混凝土。因货少价高,一些施工单位要求县工商局处理这些企业的垄断行为。根据《反垄断法》,下列哪些选项是错误的?①

A. 县政府的规定属于行政垄断行为

B. 县建材协会的行为违反了《反垄断法》

C. 县工商局有权对 6 家企业涉嫌垄断的行为进行调查和处理

D. 被调查企业承诺在反垄断执法机构认可的期限内采取具体措施消除该行为后果的,该机构可决定终止调查

261． 2011/1/64/多

关于市场支配地位,下列哪些说法是正确的?②

A. 有市场支配地位而无滥用该地位的行为者,不为《反垄断法》所禁止

B. 市场支配地位的认定,只考虑经营者在相关市场的市场份额

C. 其他经营者进入相关市场的难易程度,不影响市场支配地位的认定

D. 一个经营者在相关市场的市场份额达到二分之一的,推定为有市场支配地位

262． 2010/1/66/多

根据《反垄断法》规定,关于经营者集中的说法,下列哪些选项是正确的?③

A. 经营者集中就是指企业合并

B. 经营者集中实行事前申报制,但允许在实施集中后补充申报

C. 经营者集中被审查时,参与集中者的市场份额及其市场控制力是一个重要的考虑因素

D. 经营者集中如被确定为可能具有限制竞争的效果,将会被禁止

---

① ACD　② AD　③ CD

263. 2009/1/24/单

对于国务院反垄断委员会的机构定位和工作职责,下列哪一选项是正确的?①

　A. 是承担反垄断执法职责的法定机构

　B. 应当履行协调反垄断行政执法工作的职责

　C. 可以授权国务院相关部门负责反垄断执法工作

　D. 可以授权省、自治区、直辖市人民政府的相应机构负责反垄断执法工作

264. 2009/1/66/多

根据《反垄断法》规定,下列哪些选项不构成垄断协议?②

　A. 某行业协会组织本行业的企业就防止进口原料时的恶性竞争达成保护性协议

　B. 三家大型房地产公司的代表聚会,就商品房价格达成共识,随后一致采取涨价行动

　C. 某品牌的奶粉含有毒物质的事实被公布后,数家大型零售公司联合声明拒绝销售该产品

　D. 数家大型煤炭企业就采用一种新型矿山安全生产技术达成一致意见

265. 2008/1/71/多

关于市场支配地位推定制度,下列哪些选项是符合我国《反垄断法》规定的?③

　A. 经营者在相关市场的市场份额达到二分之一的,推定为具有市场支配地位

　B. 两个经营者在相关市场的市场份额合计达到三分之二,其中有的经营者市场份额不足十分之一的,不应当推定该经营者具有市场支配地位

　C. 三个经营者在相关市场的市场份额合计达到四分之三,其中有两个经营者市场份额合计不足五分之一的,不应当推定该两个经营者具有市场支配地位

　D. 被推定具有市场支配地位的经营者,有证据证明不具有市场支配地位的,不应当认定其具有市场支配地位

① B　② ACD　③ ABD

266. 〔2008/1/72/多〕

滥用行政权力排除、限制竞争的行为,是我国《反垄断法》规制的垄断行为之一。关于这种行为,下列哪些选项是正确的?①

A. 实施这种行为的主体,不限于行政机关

B. 实施这种行为的主体,不包括中央政府部门

C.《反垄断法》对这种行为的规制,限定在商品流通和招投标领域

D.《反垄断法》对这种行为的规制,主要采用行政责任的方式

专题十二 反不正当竞争法

考点55 反不正当竞争法

267. 〔法考回忆题/单〕

金硕巅峰公司是一家经营多年的教育培训机构,其广告"金硕巅峰,已助众多考生圆梦金硕"在当地颇有影响。前程公司为其同行,在自己网站上大力宣传并推广其"金硕 VIP 全程班"。关于前程公司的行为,下列哪一说法是正确的?②

A. 属于合法的竞争行为

B. 构成虚假或引人误解的商业宣传行为

C. 构成混淆行为

D. 构成互联网不正当竞争行为

268. 〔法考回忆题/多〕

乙是国内大型视频网站,购买了一批热播电视剧的独家网络播放权。用户可以免费收看乙网站的热播电视剧,但不可避免需要同时收看片头片尾广告,乙网站以收取广告费盈利。甲开发出广告屏蔽软件,可屏蔽乙网站加载的广告,并招商播放第三方的广告。对此,下列说法正确的有哪些?③

A. 甲的行为构成不正当竞争

B. 甲开发的屏蔽广告软件仅为一项技术手段,基于"技术无罪"不构成违法

C. 如不能确定乙网站损失金额,按照甲收取的广告费用计算

D. 乙网站调查甲行为所支付的所有费用应由甲赔偿

---

① AD ② C ③ AC

269. （法考回忆题/多）

甲公司取得了热播电视剧《明天会更好》的独家网络直播权，赵某嫌该剧片头广告时间过长，开发出屏蔽该片头广告的软件，并在其社交主页上提供了专门的下载通道，受到网民追捧。随后赵某用此软件招商，播放乙公司的产品广告，收益颇丰。下列哪些说法是正确的？①

A. 赵某的行为有利于消费者，不应被禁止

B. 赵某的行为构成不正当竞争行为

C. 赵某并非经营者，所以其不是不正当竞争行为的适格主体

D. 甲公司的实际损失难以计算的，可按赵某向乙公司收取的报酬确定赔偿金额

270. （法考回忆题/单）

姚某在使用甲网站的搜索引擎时，在搜索结果页面出现前总会弹出宣传页面，严重遮挡搜索结果页面。经查，乙网络技术公司为甲网站提供技术支持，其插入宣传页面的行为未经甲网站允许。关于乙公司的行为，下列哪一说法是正确的？②

A. 属于合理利用网络资源

B. 构成虚假广告宣传行为

C. 构成不正当竞争行为

D. 无须经甲网站同意

271. （2017/1/29/单）

某蛋糕店开业之初，为扩大影响，增加销售，出钱雇人排队抢购。不久，该店门口便时常排起长队，销售盛况的照片也频频出现于网络等媒体，附近同类店家生意随之清淡。对此行为，下列哪一说法是正确的？③

A. 属于正当的营销行为

B. 构成混淆行为

C. 构成虚假宣传行为

D. 构成商业贿赂行为

272. （2016/1/68/多）

甲县善福公司（简称甲公司）的前身为创始于清末的陈氏善福铺，享誉百年，陈某继承祖业后注册了该公司，并规范使用其商业标识。乙县

---

① BD　② C　③ C

善福公司(简称乙公司)系张某先于甲公司注册,且持有"善福 100"商标权。乙公司在其网站登载善福铺的历史及荣誉,还在其产品包装标注"百年老牌""创始于清末"等字样,但均未证明其与善福铺存在历史联系。甲、乙公司存在竞争关系。关于此事,下列哪些说法是正确的?①

A. 陈某注册甲公司的行为符合诚实信用原则

B. 乙公司登载善福铺历史及标注字样的行为损害了甲公司的商誉

C. 甲公司使用"善福公司"的行为侵害了乙公司的商标权

D. 乙公司登载善福铺历史及标注字样的行为构成虚假宣传行为

273. 2015/1/68/多

甲公司拥有"飞鸿"注册商标,核定使用的商品为酱油等食用调料。乙公司成立在后,特意将"飞鸿"登记为企业字号,并在广告、企业厂牌、商品上突出使用。乙公司使用违法添加剂生产酱油被媒体曝光后,甲公司的市场声誉和产品销量受到严重影响。关于本案,下列哪些说法是正确的?②

A. 乙公司侵犯了甲公司的注册商标专用权

B. 乙公司将"飞鸿"登记为企业字号并突出使用的行为构成不正当竞争行为

C. 甲公司因调查乙公司不正当竞争行为所支付的合理费用应由乙公司赔偿

D. 甲公司应允许乙公司在不变更企业名称的情况下以其他商标生产销售合格的酱油

274. 2014/1/27/单

红心地板公司在某市电视台投放广告,称"红心牌原装进口实木地板为你分忧",并称"强化木地板甲醛高、不耐用"。此后,本地市场上的强化木地板销量锐减。经查明,该公司生产的实木地板是用进口木材在国内加工而成。关于该广告行为,下列哪一选项是正确的?③

A. 属于正当竞争行为

B. 仅属于诋毁商誉行为

C. 仅属于虚假宣传行为

D. 既属于诋毁商誉行为,又属于虚假宣传行为

---

① AD ② ABC ③ D

275. 2014/1/65/多

甲酒厂为扩大销量,精心摹仿乙酒厂知名白酒的包装、装潢。关于甲厂摹仿行为,下列哪些判断是错误的?①

A. 如果乙厂的包装、装潢未获得外观设计专利,则甲厂摹仿行为合法

B. 如果甲厂在包装、装潢上标明了自己的厂名、厂址、商标,则不构成混淆行为

C. 如果甲厂白酒的包装、装潢不足以使消费者误认为是乙厂白酒,则不构成混淆行为

D. 如果乙厂白酒的长期消费者留意之下能够辨别出二者差异,则不构成混淆行为

276. 2013/1/65/多

甲厂与工程师江某签订了保密协议。江某在劳动合同终止后应聘至同行业的乙厂,并帮助乙厂生产出与甲厂相同技术的发动机。甲厂认为保密义务理应包括竞业限制义务,江某不得到乙厂工作,乙厂和江某共同侵犯其商业秘密。关于此案,下列哪些选项是正确的?②

A. 如保密协议只约定保密义务,未约定支付保密费,则保密义务无约束力

B. 如双方未明确约定江某负有竞业限制义务,则江某有权到乙厂工作

C. 如江某违反保密协议的要求,向乙厂披露甲厂的保密技术,则构成侵犯商业秘密

D. 如乙厂能证明其未利诱江某披露甲厂的保密技术,则不构成侵犯商业秘密

277. 2012/1/27/单

某县“大队长酒楼”自创品牌后声名渐隆,妇孺皆知。同县的“牛记酒楼”经暗访发现,“大队长酒楼”经营特色是,服务员统一着 20 世纪 60 年代服装,播放该年代歌曲,店堂装修、菜名等也具有时代印记。“牛记酒楼”遂改名为“老社长酒楼”,服装、歌曲、装修、菜名等一应照搬。根据《反不正当竞争法》的规定,“牛记酒楼”的行为属于下列哪一种行为?③

A. 正当的竞争行为

B. 侵犯商业秘密行为

---

① ABD　② BC　③ C

C. 混淆行为

D. 虚假宣传行为

278． 2012/1/64/多

下列哪些选项属于不正当竞争行为?①

A. 甲灯具厂捏造乙灯具厂偷工减料的事实,私下告诉乙厂的几家重要客户

B. 甲公司发布高薪招聘广告,乙公司数名高管集体辞职前往应聘,甲公司予以聘用

C. 甲电器厂产品具有严重瑕疵,媒体误报道为乙电器厂产品,甲厂未主动澄清

D. 甲厂使用与乙厂知名商品近似的名称、包装和装潢,消费者经仔细辨别方可区别二者差异

279． 2010/1/67/多

根据《反不正当竞争法》规定,下列哪些行为属于不正当竞争行为?②

A. 甲企业将所产袋装牛奶标注的生产日期延后了两天

B. 乙企业举办抽奖式有奖销售,最高奖为5000元购物券,并规定用购物券购物满1000元的可再获一次抽奖机会

C. 丙企业规定,销售一台电脑给中间人5%佣金,可不入账

D. 丁企业为清偿债务,按低于成本的价格销售商品

280． 2008/1/74/多

甲公司为宣传其"股神"股票交易分析软件,高价聘请记者发表文章,称"股神"软件是"股民心中的神灵",贬称过去的同类软件"让多少股民欲哭无泪",并称乙公司的软件"简直是垃圾"。根据《反不正当竞争法》的规定,下列哪些选项是正确的?③

A. 只有乙公司才能起诉甲公司的诋毁商誉行为

B. 甲公司的行为只有出于故意才能构成诋毁商誉行为

C. 只有证明记者拿了甲公司的钱财,才能认定其参与诋毁商誉行为

D. 只有证明甲公司捏造和散布了虚假事实,才能认定其构成不正当竞争

---

① AD　② AC　③ BD

专题十三　消费者权益保护法

考点56 消费者权益保护法

281. （法考回忆题/多）

程某到某著名手机品牌的官网上买了一个手机,用了 1 个月之后感觉手机有问题,遂到维修店进行检测,检测结果为二手手机。对此,程某能够主张下列哪些请求?①

A. 以存在欺诈为由,撤销买卖合同

B. 要求退还旧手机,换一台新手机

C. 主张三倍的惩罚性赔偿

D. 保留该手机,主张补偿差价

282. （法考回忆题/多）

陈某在点餐网外卖平台订餐,在"纯真拉面"餐厅点了一份牛肉拉面,价款 50 元。11 点 10 分,短信提示外卖已送出。11 点 29 分,短信告知订单因配送问题被取消,且 50 元餐费被退回。陈某向点餐网质询,对方反馈:该订单是因配送问题被系统自动取消,此种情形在点餐网偶有发生。陈某起诉点餐网欺诈消费者,主张 500 元的赔偿。法院查明该订单配送服务方为点餐网平台,取消订单确系因配送问题。以下选项哪些是正确的?②

A. 点餐网应向陈某退回 50 元餐费

B. 点餐网应向陈某赔偿 500 元

C. 点餐网应向陈某赔偿 150 元

D. 纯真拉面餐厅应向陈某赔偿 500 元

283. （法考回忆题/不定项）

某企业在旅游点投放了某品牌的共享充电宝供用户租用。用户需要先扫描二维码,同意租用协议后才能看到收费标准。其计费单位相较该区域附近同一品牌的共享充电宝高出不少。该企业还利用二维码中隐藏的软件,向拒绝提供个人信息的消费者自动推送广告。该企业侵害了消费者的什么权益?③

A. 自主选择权　　　　　　　　B. 公平交易权

---

① ABCD　② AB　③ BCD

C. 知情权　　　　　　　D. 个人信息权

284. `2016/1/69/多`

甲在乙公司办理了手机通讯服务,业务单约定:如甲方(甲)预付费使用完毕而未及时补交款项,乙方(乙公司)有权暂停甲方的通讯服务,由此造成损失,乙方概不担责。甲预付了费用,1年后发现所用手机被停机,经查询得知公司有"话费有效期满暂停服务"的规定,此时账户尚有余额,遂诉之。关于此事,下列哪些说法是正确的?①

A. 乙公司侵犯了甲的知情权

B. 乙公司提供格式条款时应提醒甲注意暂停服务的情形

C. 甲有权要求乙公司退还全部预付费

D. 法院应支持甲要求乙公司承担惩罚性赔偿的请求

285. `2015/1/27/单`

甲在 A 银行办理了一张可异地跨行存取款的银行卡,并曾用该银行卡在 A 银行一台自动取款机上取款。甲取款数日后,发现该卡内的全部存款被人在异地 B 银行的自动取款机上取走。后查明:甲在 A 银行取款前一天,某盗卡团伙已在该自动取款机上安装了摄像和读卡装置(一周后被发现);甲对该卡和密码一直妥善保管,也从未委托他人使用。关于甲的存款损失,下列哪一说法是正确的?②

A. 自行承担部分损失

B. 有权要求 A 银行赔偿

C. 有权要求 A 银行和 B 银行赔偿

D. 只能要求复制盗刷银行卡的罪犯赔偿

286. 某商场使用了由东方电梯厂生产、亚林公司销售的自动扶梯。某日营业时间,自动扶梯突然逆向运行,造成顾客王某、栗某和商场职工薛某受伤,其中栗某受重伤,经治疗半身瘫痪,数次自杀未遂。现查明,该型号自动扶梯在全国已多次发生相同问题,但电梯厂均通过更换零部件、维修进行处理,并未停止生产和销售。

请回答第(1)、(2)题。

(1) `2015/1/95/不定项`

关于赔偿主体及赔偿责任,下列选项正确的是:③

---

① AB　② B　③ ABC

A. 顾客王某、栗某有权请求商场承担赔偿责任

B. 受害人有权请求电梯厂和亚林公司承担赔偿责任

C. 电梯厂和亚林公司承担连带赔偿责任

D. 商场和电梯厂承担按份赔偿责任

（2） **2015/1/96/不定项**

关于顾客王某与栗某可主张的赔偿费用,下列选项正确的是:①

A. 均可主张为治疗支出的合理费用

B. 均可主张因误工减少的收入

C. 栗某可主张精神损害赔偿

D. 栗某可主张所受损失 2 倍以下的惩罚性赔偿

287. **2014/1/66/多**

张某从某网店购买一套汽车坐垫。货到拆封后,张某因不喜欢其花色款式,多次与网店交涉要求退货。网店的下列哪些回答是违法的?②

A. 客户下单时网店曾提示"一经拆封,概不退货",故对已拆封商品不予退货

B. 该商品无质量问题,花色款式也是客户自选,故退货理由不成立,不予退货

C. 如网店同意退货,客户应承担退货的运费

D. 如网店同意退货,货款只能在一个月后退还

288. **2014/1/68/多**

彦某将一套住房分别委托甲、乙两家中介公司出售。钱某通过甲公司看中该房,但觉得房价太高。双方在看房前所签协议中约定了防"跳单"条款:钱某对甲公司的房源信息负保密义务,不得利用其信息撇开甲公司直接与房主签约,否则支付违约金。事后钱某又在乙公司发现同一房源,而房价比甲公司低得多。钱某通过乙公司买得该房,甲公司得知后提出异议。关于本案,下列哪些判断是错误的?③

A. 防"跳单"条款限制了消费者的自主选择权

B. 甲公司抬高房价侵害了消费者的公平交易权

C. 乙公司的行为属于不正当竞争行为

D. 钱某侵犯了甲公司的商业秘密

---

① ABCD ② ABD ③ ABCD

289. 2011/1/65/多

F 公司是一家专营进口高档家具的企业。媒体曝光该公司有部分家具是在国内生产后,以"先出口,再进口"的方式取得进口报关凭证,在销售时标注为外国原产,以高于出厂价数倍的价格销售。此时,已经在 F 公司购买家具的顾客,可以行使下列哪些权利?①

A. 顾客有权要求 F 公司提供所售商品的产地、制造商、采购价格、材料等真实信息并提供充分证明

B. 如 F 公司不能提供所售商品的真实信息和充分证明,顾客有权要求退货

C. 如能够确认 F 公司对所售商品的产地、材质等有虚假陈述,顾客有权要求双倍返还价款

D. 即使 F 公司提供了所售商品的真实信息和充分证明,顾客仍有权以"对公司失去信任"为由要求退货

290. 2010/1/68/多

甲公司租赁乙公司大楼举办展销会,向众商户出租展台,消费者李某在其中丙公司的展台购买了一台丁公司生产的家用电暖器,使用中出现质量问题并造成伤害,李某索赔时遇上述公司互相推诿。上述公司的下列哪些主张是错误的?②

A. 丙公司认为属于产品质量问题,应找丁公司解决

B. 乙公司称自己与产品质量问题无关,不应承担责任

C. 丁公司认为产品已交丙公司包销,自己不再负责

D. 甲公司称展销会结束后,丙公司已撤离,自己无法负责

291. 2009/1/25/单

郭某与 10 岁的儿子到饭馆用餐,如厕时将手提包留在座位上嘱咐儿子看管,回来后发现手提包丢失。郭某要求饭馆赔偿被拒绝,遂提起民事诉讼。根据消费者安全保障权,下列哪一说法是正确的?③

A. 饭馆应保障顾客在接受服务时的财产安全,并承担顾客随身物品遗失的风险

B. 饭馆应保证其提供的饮食服务符合保障人身、财产安全的要求,但并不承担对顾客随身物品的保管义务,也不承担顾客随身物品遗失的风险

---

① AB(原答案为 ABC) ② ACD ③ B

C. 饭馆应对顾客妥善保管随身物品作出明显提示,否则应当对顾客的物品丢失承担赔偿责任

D. 饭馆应确保其服务环境绝对安全,应当对顾客在饭馆内遭受的一切损失承担赔偿责任

292. 〔2008/1/24/单〕

某美容店向王某推荐一种"雅兰牌"护肤产品。王某对该品牌产品如此便宜表示疑惑,店家解释为店庆优惠。王某买回使用后,面部出现红肿、瘙痒,苦不堪言。质检部门认定系假冒劣质产品。王某遂向美容店索赔。对此,下列哪一选项是正确的?①

A. 美容店不知道该产品为假名牌,不应承担责任

B. 美容店不是假名牌的生产者,不应承担责任

C. 王某对该产品有怀疑仍接受了服务,应承担部分责任

D. 美容店违反了保证商品和服务安全的义务,应当承担全部责任

专题十四 产品质量法

考点57 产品质量法

293. 〔法考回忆题/单〕

韩某购买了一张箱体床,生产厂家承诺:保质期3年,终身维修。3年后的某天晚上,韩某在正常睡觉时床体坠落,导致其右臂骨折。厂家对该床存在的缺陷没有明显提示,我国目前关于箱体床并无国家标准。对此,下列哪一说法是正确的?②

A. 由于没有国家标准,无法确定该床是否存在缺陷

B. 韩某摔伤属于意外事件,厂家不用赔偿

C. 虽然超过保质期,厂家依然要赔偿

D. 韩某索赔时要提供产品质量缺陷的证明

294. 〔2017/1/30/单〕

霍某在靓顺公司购得一辆汽车,使用半年后前去靓顺公司维护保养。工作人员告诉霍某该车气囊电脑存在故障,需要更换。霍某认为此为产品质量问题,要求靓顺公司免费更换,靓顺公司认为是霍某使用不当所致,要求其承担更换费用。经查,该车气囊电脑不符合产品说明所述质量。对此,下

① D ② C

列哪一说法是正确的?①

  A. 霍某有权请求靓顺公司承担违约责任

  B. 霍某只能请求该车生产商承担免费更换责任

  C. 霍某有权请求靓顺公司承担产品侵权责任

  D. 靓顺公司和该车生产商应当连带承担产品侵权责任

295. `2016/1/70/多`

  某家具店出售的衣柜,如未被恰当地固定到墙上,可能发生因柜子倾倒致人伤亡的危险。关于此事,下列哪些说法是正确的?②

  A. 该柜质量应符合产品安全性的要求

  B. 该柜本身或其包装上应有警示标志或者中文警示说明

  C. 质检部门对这种柜子进行抽查,可向该店收取检验费

  D. 如该柜被召回,该店应承担购买者因召回支出的全部费用

296. `2013/1/66/多`

  孙某从某超市买回的跑步机在使用中出现故障并致其受伤。经查询得知,该型号跑步机数年前已被认定为不合格产品,超市从总经销商煌煌商贸公司依正规渠道进货。下列哪些选项是正确的?③

  A. 孙某有权向该跑步机生产商索赔

  B. 孙某有权向煌煌商贸公司、超市索赔

  C. 超市向孙某赔偿后,有权向该跑步机生产商索赔

  D. 超市向孙某赔偿后,有权向煌煌商贸公司索赔

297. `2012/1/28/多`

  赵某从某商场购买了某厂生产的高压锅,烹饪时邻居钱某到其厨房聊天,高压锅爆炸致2人受伤。下列哪些选项是错误的?④

  A. 钱某不得依据《消费者权益保护法》请求赔偿

  B. 如高压锅被认定为缺陷产品,赵某可向该厂也可向该商场请求赔偿

  C. 如高压锅未被认定为缺陷产品则该厂不承担赔偿责任

  D. 如该商场证明目前科技水平尚不能发现缺陷存在则不承担赔偿责任

---

① A　② AB　③ ABCD　④ AD(原答案为D)

专题十五　食品安全法

考点58 食品安全法

298. （法考回忆题/多）

甲公司研发了一款营养米糊,通过了食品检验机构的检验。为了推广该营养米糊,甲公司承诺向贫困地区捐赠1000罐,并获得了食品行业协会的宣传推荐。消费者姜某在乙公司开办的集中交易市场上,于丙公司(无食品经营许可证)的摊位上购买了该营养米糊,回家饮用后身体不适。经查,该营养米糊农药残留超标,但食品检验机构未检测出来。据此,姜某可向谁主张赔偿?①

A. 食品检验机构

B. 食品行业协会

C. 乙公司

D. 丙公司

299. （法考回忆题/不定项）

甲公司为了宣传其新开发的某保健品,擅自篡改食品安全监管部门审批的批准文号。甲公司委托乙广告公司设计了该保健品的广告,聘请大腕明星张三做代言人。现查明张三从未服用过该保健品,只是碍于情面为其推荐。现甲公司在报纸和电视上高频率地发布该广告。部分消费者服用后引起心律不齐,经鉴定该保健品中含有不得添加的药物。根据相关法律,下列判断正确的是:②

A. 当地食品安全监督管理部门需要对消费者承担连带责任

B. 乙广告公司只有在明知该保健品功效虚假的情况下才承担法律责任

C. 明星张三须承担连带责任

D. 发布该广告的报纸和电视台无须对消费者承担连带责任

300. （法考回忆题/多）

梁某在星光商场购得进口葡萄酒5瓶,共计1000元。该葡萄酒中文标签标明"酒精度11%"和保质期等内容,外文标签标明"酒精度10.8%"等内容。梁某以"葡萄酒有违食品安全标准为由"诉求获得1万元的额外赔偿。经查,该葡萄酒精度实测数为10.92%,在法定合理误差范围内,星光商

---

① CD　② C

场也能证明该葡萄酒系安全食品。对此,下列哪些说法是正确的?①

    A. 该葡萄酒的标签应当清楚明确,不得误导消费者

    B. 梁某的诉求应得到法院的支持

    C. 该葡萄酒的标签存在瑕疵,应由食品安全监督管理部门责令改正,并处以罚款

    D. 该葡萄酒的保质期标识应当显著标注

301. `2017/1/67/多`

    李某花 2000 元购得某省 M 公司生产的苦茶一批,发现其备案标准并非苦茶的标准,且保质期仅为 9 个月,但产品包装上显示为 18 个月,遂要求该公司支付 2 万元的赔偿金。对此,下列哪些说法是正确的?②

    A. 李某的索赔请求于法有据

    B. 茶叶的食品安全国家标准由国家卫健委制定、公布并提供标准编号

    C. 没有苦茶的食品安全国家标准时,该省卫健委可制定地方标准,待国家标准制定后,酌情存废

    D. 国家鼓励该公司就苦茶制定严于食品安全国家标准或地方标准的企业标准,在该公司适用,并报该省卫健委备案

302. `2016/1/71/多`

    李某从超市购得橄榄调和油,发现该油标签上有"橄榄"二字,侧面标示"配料:大豆油,橄榄油",吊牌上写明:"添加了特等初榨橄榄油",遂诉之。经查,李某事前曾多次在该超市"知假买假"。关于此案,下列哪些说法是正确的?③

    A. 该油的质量安全管理,应遵守《农产品质量安全法》的规定

    B. 该油未标明橄榄油添加量,不符合食品安全标准要求

    C. 如李某只向该超市索赔,该超市应先行赔付

    D. 超市以李某"知假买假"为由进行抗辩的,法院不予支持

303. `2014/1/67/多`

    曾某在某超市以 80 元购买酸奶数盒,食用后全家上吐下泻,为此支付医疗费 800 元。事后发现,其所购的酸奶在出售时已超过保质期,曾某遂要求超市赔偿。对此,下列哪些判断是正确的?④

    A. 销售超过保质期的食品属于违反法律禁止性规定的行为

---

① AD   ② AD   ③ BCD   ④ ACD

B. 曾某在购买时未仔细查看商品上的生产日期,应当自负其责

C. 曾某有权要求该超市退还其购买酸奶所付的价款

D. 曾某有权要求该超市赔偿 800 元医疗费,并增加赔偿 800 元

304. 2013/1/28/单

红星超市发现其经营的"荷叶牌"速冻水饺不符合食品安全标准,拟采取的下列哪一措施是错误的?①

A. 立即停止经营该品牌水饺

B. 通知该品牌水饺生产商和消费者

C. 召回已销售的该品牌水饺

D. 记录停止经营和通知情况

305. 2013/1/67/多 新法改编

某省发现有大米被镉污染的情况,立即部署各地成立联合执法组,彻查市场中的大米及米制品。对此,下列哪些说法是正确的?②

A. 大米、米制品的质量安全管理须以《食品安全法》为依据

B. 应依照《食品安全法》有关规定公布大米、米制品安全有关信息

C. 县有关部门进入某米粉加工厂检查时,该厂不得以商业秘密为由予以拒绝

D. 虽已构成重大食品安全事故,但影响仅限于该省,可由省食品安全监督管理部门公布有关食品安全信息

306. 2012/1/65/多 新法改编

D 市 S 县发生重大食品安全事故。根据《食品安全法》的规定,关于有关部门采取的措施,下列哪些选项是正确的?③

A. 接收病人的 S 县医院立即向 S 县食品安全监管、卫生行政部门报告

B. 接到报告的 S 县食品安全监管部门及时向 S 县政府和 D 市食品安全监管部门报告

C. S 县食品安全监管部门立即成立食品安全事故处置指挥部

D. S 县食品安全监管部门在必要时可直接向国务院食品安全监管部门报告事故及其处理信息

---

① C ② BCD ③ ABD

307. 2011/1/28/单

关于食品添加剂管制,下列哪一说法符合《食品安全法》的规定?①

A. 向食品生产者供应新型食品添加剂的,必须持有省级卫生行政部门发放的特别许可证

B. 未获得食品添加剂销售许可的企业,不得销售含有食品添加剂的食品

C. 生产含有食品添加剂的食品的,必须给产品包装加上载有"食品添加剂"字样的标签

D. 销售含有食品添加剂的食品的,必须在销售场所设置载明"食品添加剂"字样的专柜

308. 2010/1/25/单

某企业明知其产品不符合食品安全标准,仍予以销售,造成消费者损害。关于该企业应承担的法律责任,下列哪一说法是错误的?②

A. 除按消费者请求赔偿实际损失外,并按消费者要求支付所购食品价款十倍的赔偿金

B. 应当承担民事赔偿责任和缴纳罚款、罚金的,优先支付罚款、罚金

C. 可能被采取的强制措施种类有责令改正、警告、停产停业、没收、罚款、吊销许可证

D. 如该企业被吊销食品生产许可证,其直接负责的主管人员五年内不得从事食品生产经营管理工作

309. 2009/1/67/多

关于国家食品安全风险监测制度,下列哪些表述是正确的?③

A. 食品安全风险监测制度以食源性疾病、食品污染以及食品中的有害因素为监测对象

B. 食品安全风险监测计划由国务院卫生行政部门会同有关部门制定、实施

C. 通过食品安全风险监测发现食品安全隐患时,国务院卫生行政部门应当立即进行检验和食品安全风险评估

D. 食品安全风险监测信息是制定、修订食品安全标准和对食品安全实施监督管理的科学依据

---

① C ② B ③ ABC

专题十六　商业银行法

考点59 商业银行法

310. 〔法考回忆题/多〕

某商业银行因房地产开发商不能按期归还贷款,遂通过同业拆借获得资金再放贷,如此反复拆借放贷,最终导致资金链断裂。对于该商业银行的违法行为,下列哪些处理措施是正确的?①

A. 由中国人民银行决定接管

B. 由国家金融监督管理总局决定接管

C. 由中国人民银行责令停业整顿

D. 由中国人民银行处以罚款

311. 〔法考回忆题/单〕

张某与蓝音文化传媒公司之间因为劳动合同的履行发生纠纷,该争议在劳动仲裁机构进行仲裁。蓝音公司先前为张某等员工在某银行开设了个人银行账户,用于发放劳动报酬,因蓝音公司怀疑张某违反劳动合同私自参与商业演出并获得巨额报酬,于是请求银行提供张某最近1年在该行的个人账户明细。对此事件,下列判断正确的是哪一项?②

A. 银行应向劳动仲裁委员会提供张某个人账户明细

B. 银行应对存款人信息保守秘密,任何情况下都不得对外提供

C. 银行可以向蓝音公司提供张某个人账户明细

D. 银行有权拒绝劳动仲裁委员会和蓝音公司的查询请求

312. 〔法考回忆题/多〕

某商业银行在贷款发放和管理中存在严重违反审慎经营规则的行为,未遵守资产负债比例要求,导致该银行的资金链受到重创,严重影响了存款人的利益,国务院银行业监督管理机构决定对其接管,接管期1年。下列有关说法哪些是正确的?③

A. 该商业银行被接管期间,储户的存款利息不变

B. 接管组可以委托建设银行托管该商业银行的业务

C. 如果接管期限届满前该商业银行被宣告破产,接管应终止

---

① BD　② D　③ ABC

D. 尽管接管期限届满前该商业银行恢复运营能力,接管措施也应该维持至接管期限届满

313. 〔2017/1/68/多〕

某商业银行推出"校园贷"业务,旨在向在校大学生提供额度不等的消费贷款。对此,下列哪些说法是错误的?①

A. 银行向在校大学生提供"校园贷"业务,须经国务院银监机构审批或备案

B. 在校大学生向银行申请"校园贷"业务,无论资信如何,都必须提供担保

C. 银行应对借款大学生的学习、恋爱经历、父母工作等情况进行严格审查

D. 银行为提高"校园贷"业务发放效率,审查人员和放贷人员可同为一人

314. 〔2014/1/28/单〕

某商业银行通过同业拆借获得一笔资金。关于该拆入资金的用途,下列哪一选项是违法的?②

A. 弥补票据结算的不足

B. 弥补联行汇差头寸的不足

C. 发放有担保的短期固定资产贷款

D. 解决临时性周转资金的需要

315. 〔2014/1/69/多〕

某市商业银行 2010 年通过实现抵押权取得某大楼的所有权, 2013 年卖出该楼获利颇丰。2014 年该银行决定修建自用办公楼,并决定入股某知名房地产企业。该银行的下列哪些做法是合法的?③

A. 2010 年实现抵押权取得该楼所有权

B. 2013 年出售该楼

C. 2014 年修建自用办公楼

D. 2014 年入股某房地产企业

316. 〔2013/1/29/单〕

根据现行银行贷款制度,关于商业银行贷款,下列哪一说法是正确的?④

A. 商业银行与借款人订立贷款合同,可采取口头、书面或其他形式

---

① BCD ② C ③ AC ④ C

B. 借款合同到期未偿还,经展期后到期仍未偿还的贷款,为呆账贷款

C. 政府部门强令商业银行向市政建设项目发放贷款的,商业银行有权拒绝

D. 商业银行对关系人提出的贷款申请,无论是信用贷款还是担保贷款,均应予拒绝

317. 2012/1/66/多

根据《商业银行法》,关于商业银行分支机构,下列哪些说法是错误的?①

A. 在中国境内应当按行政区划设立

B. 经地方政府批准即可设立

C. 分支机构不具有法人资格

D. 拨付各分支机构营运资金额的总和,不得超过总行资本金总额的 70%

318. 2012/1/67/多

根据《商业银行法》,关于商业银行的设立和变更,下列哪些说法是正确的?②

A. 国务院银行业监督管理机构可以根据审慎监管的要求,在法定标准的基础上提高商业银行设立的注册资本最低限额

B. 商业银行的组织形式、组织机构适用《公司法》

C. 商业银行的分立、合并不适用《公司法》

D. 任何单位和个人购买商业银行股份总额 5% 以上的,应事先经国务院银行业监督管理机构批准

319. 李大伟是 M 城市商业银行的董事,其妻张霞为 S 公司的总经理,其子李小武为 L 公司的董事长。2009 年 9 月,L 公司向 M 银行的下属分行申请贷款 1000 万元。其间,李大伟对分行负责人谢二宝施加压力,令其按低于同类贷款的优惠利息发放此笔贷款。L 公司提供了由保证人陈富提供的一张面额为 2000 万元的个人储蓄存单作为贷款质押。贷款到期后,L 公司无力偿还,双方发生纠纷。根据《商业银行法》的规定,请回答(1)~(3)题。

(1) 2011/1/92/不定项

关于 M 银行向 L 公司发放贷款的行为,下列判断正确的是:③

A. L 公司为 M 银行的关系人,依照法律规定,M 银行不得向 L 公司发放

---

① ABD ② ABD ③ BD

任何贷款

B. L公司为M银行的关系人,依照法律规定,M银行可以向L公司发放担保贷款,但不得提供优于其他借款人同类贷款的条件

C. 该贷款合同无效

D. 该贷款合同有效

(2) 2011/1/93/不定项

关于李大伟在此项贷款交易中的行为,下列判断正确的是:①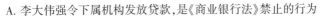

A. 李大伟强令下属机构发放贷款,是《商业银行法》禁止的行为

B. 该贷款合同无效,李大伟应当承担由合同无效引起的一切损失

C. 该贷款合同有效,李大伟应当承担因不正当优惠条件给银行造成的包括利息差额在内的损失

D. 分行负责人谢二宝也应当承担相应的赔偿责任

(3) 2011/1/94/不定项

现查明,保证人陈富为S公司财务总监,其用于质押的存单是以S公司的资金办理的存储。并查明,L公司取得贷款后,曾向S公司管理层支付50万元报酬。对此,下列判断正确的是:②

A. S公司公款私存,是我国银行法禁止的行为

B. S公司公款私存,只是一般的财务违纪行为

C. S公司管理层获取的50万元报酬应当由国务院银行业监督管理机构予以收缴

D. S公司管理层获取的50万元报酬应当归S公司所有

320. 2010/1/69/多

商业银行出现下列哪些行为时,中国人民银行有权建议银行业监督管理机构责令停业整顿或吊销经营许可证?③

A. 未经批准分立、合并的

B. 未经批准发行、买卖金融债券的

C. 提供虚假财务报告、报表和统计报表的

D. 违反规定同业拆借的

321. 某市商业银行在合并多家城市信用社的基础上设立,其资产质量差,经营队伍弱,长期以来资本充足率、资产流动性、存贷款比例等指标均不能达到监管标准。根据有关法律规定,请回答第(1)~(3)题。

---

① ACD　② AC　③ CD

（1）2009/1/95/不定项 改编

某日,该银行行长卷款潜逃。事发后,大量存款户和票据持有人前来提款。该银行现有资金不能应付这些提款请求,又不能由同行获得拆借资金。根据相关法律,下列判断正确的是:①

A. 该银行即将发生信用危机

B. 该银行可以由国家金融监督管理总局实行接管

C. 该银行可以由中国人民银行实施托管

D. 该银行可以由当地人民政府实施机构重组

（2）2009/1/96/不定项

在作出对该银行的行政处置决定后,负责处置的机构对该银行的人员采取了以下措施,其中符合法律规定的是:②

A. 对该行全体人员发出通知,要求各自坚守岗位,认真履行职责

B. 该行副行长邱某、薛某持有出境旅行证件却拒不交出。对此,通知出境管理机关阻止其出境

C. 该行董事范某欲抛售其持有的一批股票。对此,申请司法机关禁止其转让股票

D. 该行会计师余某欲将自己的一处房屋转让给他人。对此,通知房产管理部门停止办理该房屋的过户登记

（3）2009/1/97/不定项

经采取处置措施,该银行仍不能在规定期限内恢复正常经营能力,且资产情况进一步恶化,各方人士均认为可适用破产程序。如该银行申请破产,应当遵守的规定是:③

A. 该银行应当证明自己已经不能支付到期债务,且资产不足以清偿全部债务

B. 该银行在提出破产申请前应当成立清算组

C. 该银行在向法院提交破产申请前应当得到国家金融监督管理总局的同意

D. 该银行在向法院提交破产申请时应当提交债务清偿方案和职工安置方案

322. 2008/1/23/单

关于商业银行贷款法律制度,下列哪一选项是错误的?④

---

① B　② ABC　③ C　④ B

A. 商业银行贷款应当实行审贷分离、分级审批的制度

B. 商业银行可以根据贷款数额以及贷款期限,自行确定贷款利率

C. 商业银行贷款,应当遵守资本充足率不得低于百分之八的规定

D. 商业银行贷款,应当对借款人的借款用途、偿还能力、还款方式等情况进行严格审查

专题十七　银行业监督管理法

考点60 银行业监督管理法

323. 法考回忆题/多

某商业银行的流动性比率低于20%,银行业监督管理机构责令其限期改正。某商业银行认为其流动性并不影响正常经营,逾期未进行改正。对此,银行业监管机构有权对该商业银行采取哪些措施?①

A. 暂停其部分业务

B. 限制其新设分支机构

C. 限制其董事和高管人员的权利

D. 限制其对外转让资产

324. 法考回忆题/单

某商业银行董事长张某授意该银行隐瞒亏损并提供虚假财务报告,导致该商业银行被吊销经营许可证,后被撤销清算。在此之前,该商业银行曾因未遵守关于资产负债的比例违规发放贷款被国务院银行业监督管理机构处以罚款,该罚款尚未缴纳。该商业银行被撤销清算期间,发现未缴纳上一年度税款,还有一笔税款因商业银行计算错误而未缴纳。下列相关说法哪一项是正确的?②

A. 在清算时,清算组应优先清偿包含企业所得税在内的欠缴税款

B. 在清算期间,该银行应先向国务院银行业监督管理机构缴纳罚款

C. 在该商业银行被清算期间,经国务院银行业监督管理机构负责人批准,可申请司法机关禁止张某出售其自有房屋

D. 因计算错误未缴的税款,税务机关可要求该商业银行补缴但不能收取滞纳金

---

① ABCD ② C

325. (2016/1/72/多) 改编

陈某在担任某信托公司总经理期间,该公司未按照金融企业会计制度和公司财务规则严格管理和审核资金使用,违法开展信托业务,造成公司重大损失。对此,陈某负有直接管理责任。关于此事,下列哪些说法是正确的?①

　　A. 该公司严重违反审慎经营规则

　　B. 国家金融监督管理总局可责令该公司停业整顿

　　C. 国家市场监督管理总局可吊销该公司的金融许可证

　　D. 国家金融监督管理总局可取消陈某一定期限直至终身的任职资格

326. (2013/1/68/多) 改编

某商业银行决定推出一批新型理财产品,但该业务品种在已获批准的业务范围之外。该银行在报批的同时要求下属各分行开展试销。对此,下列哪些选项是正确的?②

　　A. 该业务品种应由国家金融监督管理总局审批

　　B. 该业务品种应由中国人民银行审批

　　C. 因该业务品种在批准前即进行试销,有关部门有权对该银行进行处罚

　　D. 该业务品种在批准前进行的试销交易为效力待定的民事行为

327. (2013/1/69/多)

某商业银行违反审慎经营规则,造成资本和资产状况恶化,严重危及稳健运行,损害存款人和其他客户合法权益。对此,银行业监督管理机构对该银行依法可采取下列哪些措施?③

　　A. 限制分配红利和其他收入

　　B. 限制工资总额

　　C. 责令调整高级管理人员

　　D. 责令减员增效

328. (2012/1/29/单)

根据《银行业监督管理法》,国务院银行业监督管理机构有权对银行业金融机构的信用危机依法进行处置。关于处置规则,下列哪一说法是错误的?④

　　A. 该信用危机必须已经发生

---

① ABD　② AC　③ AC　④ A

  B. 该信用危机必须达到严重影响存款人和其他客户合法权益的程度

  C. 国务院银行业监督管理机构可以依法对该银行业金融机构实行接管

  D. 国务院银行业监督管理机构也可以促成其机构重组

329. 〔2011/1/29/单〕

关于《银行业监督管理法》的适用范围,下列哪一说法是正确的?①

  A. 信托投资公司适用本法

  B. 金融租赁公司不适用本法

  C. 金融资产管理公司不适用本法

  D. 财务公司不适用本法

330. 〔2010/1/26/单〕

下列哪一选项不属于国务院银行业监督管理机构职责范围?②

  A. 审查批准银行业金融机构的设立、变更、终止以及业务范围

  B. 受理银行业金融机构设立申请或者资本变更申请时,审查其股东的资金来源、财务状况、诚信状况等

  C. 审查批准或者备案银行业金融机构业务范围内的业务品种

  D. 接收商业银行交存的存款准备金和存款保险金

331. 〔2010/1/70/多〕

银行业监督管理机构依法对银行业金融机构进行检查时,经设区的市一级以上银行业监督管理机构负责人批准,可以对与涉嫌违法事项有关的单位和个人采取下列哪些措施?③

  A. 询问有关单位或者个人,要求其对有关情况作出说明

  B. 查阅、复制有关财务会计、财产权登记等文件与资料

  C. 对涉嫌转移或者隐匿违法资金的账户予以冻结

  D. 对可能被转移、隐匿、毁损或者伪造的文件与资料予以先行登记保存

332. 〔2008/1/22/单〕

某省银行业监督管理局依法对某城市商业银行进行现场检查时,发现该行有巨额非法票据承兑,可能引发系统性银行业风险。根据《银行业监督管理法》的规定,应当立即向下列何人报告?④

---

  ① A　② D　③ ABD　④ D

A. 该省人民政府主管金融工作的负责人

B. 国务院主管金融工作的负责人

C. 中国人民银行负责人

D. 国务院银行业监督管理机构负责人

专题十八　企业所得税法

考点61　企业所得税法

333． 法考回忆题/多

某公司生产新型手机充电宝,经营良好, 2018 年销售额达 1 亿元,利润 1000 万元。同年, 该公司支出如下:①购买原材料 5000 万元;②以融资租赁方式租出厂房的折旧费 100 万元;③补缴上年度所欠的企业所得税 100 万元;④向贫困地区捐赠扶贫资金 100 万元;⑤设备租赁费 500 万元;⑥明星演唱会赞助费 100 万元;⑦专利使用费 1000 万元。以上支出,哪些可以在 2018 年度纳税所得额中扣除?①

A. ④⑦ 　　　　　　　　　　 B. ①⑤

C. ③⑤ 　　　　　　　　　　 D. ②⑥

334． 2017/1/70/多

A 基金在我国境外某群岛注册并设置总部,该群岛系低税率地区。香港 B 公司和浙江 C 公司在浙江签约设立杭州 D 公司,其中 B 公司占 95%的股权,后 D 公司获杭州公路收费权。F 公司在该群岛注册成立,持有 B 公司 100%的股权。随后,A 基金通过认购新股方式获得了 F 公司 26%的股权,多年后又将该股权转让给境外 M 上市公司。M 公司对外披露其实际收购标的为 D 公司股权。经查,A 基金、F 公司和 M 公司均不从事实质性经营活动,F 公司股权的转让价主要取决于 D 公司的估值。对此,根据我国税法,下列哪些说法是正确的?②

A. A 基金系非居民企业

B. D 公司系居民企业

C. A 基金应就股权转让所得向我国税务机关进行纳税申报

D. 如 A 基金进行纳税申报,我国税务机关有权按照合理方法调整其应纳税收入

---

① AB　② ABCD

335. `2013/1/92/不定项`

2012年12月,某公司对县税务局确定的企业所得税的应纳税所得额、应纳税额及在12月30日前缴清税款的要求极为不满,决定撤离该县,且不缴纳税款。县税务局得知后,责令该公司在12月15日前纳税。当该公司有转移生产设备的明显迹象时,县税务局责成其提供纳税担保。该公司取得的下列收入中,属于《企业所得税法》规定的应纳税收入的是:①

A. 财政拨款　　　　　　　B. 销售产品收入
C. 专利转让收入　　　　　D. 国债利息收入

336. `2010/1/71/多`

根据《企业所得税法》规定,下列哪些表述是正确的?②

A. 国家对鼓励发展的产业和项目给予企业所得税优惠
B. 国家对需要重点扶持的高新技术企业可以适当提高其企业所得税税率
C. 企业从事农、林、牧、渔业项目的所得可以免征、减征企业所得税
D. 企业安置残疾人员所支付的工资可以在计算应纳税所得额时加计扣除

337. `2009/1/27/单`

关于企业所得税的说法,下列哪一选项是错误的?③

A. 在我国境内,企业和其他取得收入的组织为企业所得税的纳税人
B. 个人独资企业、合伙企业不是企业所得税的纳税人
C. 企业所得税的纳税人分为居民企业和非居民企业,二者的适用税率完全不同
D. 企业所得税的税收优惠,居民企业和非居民企业都有权享受

338. `2008/1/19/单`

我国《企业所得税法》不适用于下列哪一种企业?④

A. 内资企业　　　　　　　B. 外国企业
C. 合伙企业　　　　　　　D. 外商投资企业

339. `2008/1/20/单`

在计算企业应纳税所得额时,下列哪一项支出可以加计扣除?⑤

---

① BC　② ACD　③ C　④ C　⑤ A

A. 新技术、新产品、新工艺的研究开发费用

B. 为安置残疾人员所购置的专门设施

C. 赞助支出

D. 职工教育经费

专题十九　个人所得税法

考点62 个人所得税法

340. 法考回忆题/单

李某在北京有住所,在总部位于北京的甲公司工作多年,于 2020 年 6 月被甲公司派往德国工作,但其工资仍由甲公司按月支付。李某没有其他个人所得。关于李某缴纳个人所得税,下列哪一说法是正确的?①

A. 李某应在 2021 年 3 月至 6 月办理汇算清缴

B. 李某无纳税人识别号,应由甲公司代扣代缴

C. 甲公司应当按年计算,按月预扣预缴李某的个人所得税

D. 李某在德国工作期间为非居民纳税人,应当按月计算缴纳个人所得税

341. 法考回忆题/单

我国作家程某创作完成小说《天有多高》,出版后大卖,程某因此获得 50 万元稿酬,用该笔稿酬购买了一辆新能源电动汽车。后该小说在国外获奖,由某国际组织发放奖金 60 万元,并被外国某电影公司购买了改编权,获得该公司支付的特许权使用费 150 万元。关于程某纳税的税款,下列哪一说法是正确的?②

A. 程某获得的稿酬应按比例缴纳个人所得税

B. 程某获得的奖金不应缴纳个人所得税

C. 购买新能源电动汽车应该免纳车船税

D. 程某在国外获得的特许权使用费不应缴纳个人所得税

342. 2016/1/29/单

根据《个人所得税法》,关于个人所得税的征缴,下列哪一说法是正确的?③

A. 自然人买彩票多倍投注,所获一次性奖金特别高的,可实行加成征收

---

① C　② B　③ B

B. 扣缴义务人履行代扣代缴义务的,税务机关按照所扣缴的税款付给2%的手续费

C. 在中国境内无住所又不居住的个人,在境内取得的商业保险赔款,应缴纳个人所得税

D. 夫妻双方每月取得的工资薪金所得可合并计算,减除费用7000元后的余额,为应纳税所得额

343. 2015/1/69/单

关于个人所得税,下列哪一项表述是正确的?①

A. 以课税对象为划分标准,个人所得税属于动态财产税

B. 非居民纳税人是指不具有中国国籍但有来源于中国境内所得的个人

C. 居民纳税人从中国境内、境外取得的所得均应依法缴纳个人所得税

D. 劳务报酬所得适用比例税率,对劳务报酬所得一次收入畸高的,可实行加成征收

344. 2014/1/71/多

2012年外国人约翰来到中国,成为某合资企业经理,迄今一直居住在北京。根据《个人所得税法》,约翰获得的下列哪些收入应在我国缴纳个人所得税?②

A. 从该合资企业领取的薪金

B. 出租其在华期间购买的房屋获得的租金

C. 在中国某大学开设讲座获得的酬金

D. 在美国杂志上发表文章获得的稿酬

345. 2010/1/72/多

纳税义务人具有下列哪些情形的,应当按规定办理个人所得税纳税申报?③

A. 个人所得超过国务院规定数额的

B. 在两处以上取得工资、薪金所得的

C. 从中国境外取得所得的

D. 取得应纳税所得没有扣缴义务人的

---

① C(原答案为CD) ② ABCD ③ CD(原答案为ABCD)

专题二十　车船税法

考点63 车船税法

346. 法考回忆题/多

关于纯电动乘用车所涉税法,下列哪些说法是错误的?①

A. 获赠该类汽车的合伙企业应缴纳企业所得税

B. 对购买该汽车的自然人免征车船税

C. 抽奖获得该类汽车的外国人应缴纳噪声类环境保护税

D. 进口该类汽车的贸易公司应缴纳增值税和消费税

347. 2016/1/73/多

关于税收优惠制度,根据我国税法,下列哪些说法是正确的?②

A. 个人进口大量化妆品,免征消费税

B. 武警部队专用的巡逻车,免征车船税

C. 企业从事渔业项目的所得,可免征、减征企业所得税

D. 农民张某网上销售从其他农户处收购的山核桃,免征增值税

专题二十一　增值税法

考点64 增值税法

348. 2009/1/26/单　新法改编

关于增值税的说法,下列哪一选项是错误的?③

A. 增值税的税基是销售货物、服务、无形资产、不动产以及进口货物的增值额

B. 增值税起征点的范围只限于个人

C. 医疗机构提供的医疗服务,免征增值税

D. 销售不动产的,适用9%的增值税率

① ABCD　② BC　③ B

专题二十二　消费税法

考点65　消费税法

349. **2017/1/69/多** 新法改编

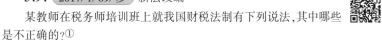

某教师在税务师培训班上就我国财税法制有下列说法,其中哪些是不正确的?①

A. 当税法有漏洞时,依据税收法定原则,不允许以类推适用方法来弥补税法漏洞

B. 增值税的纳税人分为一般纳税人和小规模纳税人,小规模纳税人的适用税率统一为3%

C. 消费税的征税对象为应税消费品,包括一次性竹制筷子和复合地板等

D. 车船税纳税义务发生时间为取得车船使用权或管理权的当年,并按年申报缴纳

专题二十三　税收征收管理法

考点66　税收征收管理法概述

350. **2011/1/66/多**

下列哪些法律渊源是地方政府开征、停征某种税收的依据?②

A. 全国人大及其常委会制定的法律

B. 国务院依据法律授权制定的行政法规

C. 国务院有关部委制定的部门规章

D. 地方人大、地方政府发布的地方法规

351. **2011/1/67/多**

关于纳税人享有的权利,下列哪些选项是正确的?③

A. 向税务机关了解税收法律规定和纳税程序

B. 申请减税、免税、退税

C. 对税务机关的决定不服时,提出申辩,申请行政复议

D. 合法权益因税务机关违法行政而受侵害时,请求国家赔偿

① BCD　② AB　③ ABCD

352. （2009/1/68/多）

2001 年修订的《税收征收管理法》规定了纳税人的权利,下列哪些情形符合纳税人权利的规定?①

　　A. 张某要求查询丈夫的个人所得税申报信息,税务机关以保护纳税人秘密权为由予以拒绝

　　B. 甲公司对税务机关征收的一笔增值税计算方法有疑问,要求予以解释

　　C. 乙公司不服税收机关对其采取冻结银行存款的税收保全措施,申请行政复议

　　D. 个体工商户陈某认为税务所长在征税过程中对自己滥用职权故意刁难,向上级税务机关提出控告

考点 67 税务管理

353. （2012/1/30/单）

根据税收征收管理法规,关于税务登记,下列哪一说法是错误的?②

　　A. 从事生产、经营的纳税人,应在领取营业执照后,在规定时间内办理税务登记,领取税务登记证件

　　B. 从事生产、经营的纳税人在银行开立账户,应出具税务登记证件,其账号应当向税务机关报告

　　C. 纳税人税务登记内容发生变化,不需到工商行政管理机关或其他机关办理变更登记的,可不向原税务登记机关申报办理变更税务登记

　　D. 从事生产、经营的纳税人外出经营,在同一地累计超过 180 天的,应在营业地办理税务登记手续

354. （2012/1/69/多）

根据税收征收管理法规,关于从事生产、经营的纳税人账簿,下列哪些说法是正确的?③

　　A. 纳税人生产、经营规模小又确无建账能力的,可聘请经税务机关认可的财会人员代为建账和办理账务

　　B. 纳税人使用计算机记账的,应在使用前将会计电算化系统的会计核算软件、使用说明书及有关资料报送主管税务机关备案

　　C. 纳税人会计制度健全,能够通过计算机正确、完整计算其收入和所得

---

　　① ABCD　② C　③ BCD（原答案为 ABCD）

情况的,其计算机输出的完整的书面会计记录,可视同会计账簿

D. 纳税人的账簿、记账凭证、报表、完税凭证、发票、出口凭证以及其他有关涉税资料,除另有规定外,应当保存 10 年

355. 2011/1/30/单

关于扣缴义务人,下列哪一说法是错误的?①

A. 是依法负有代扣代缴、代收代缴税款义务的单位和个人

B. 应当按时向税务机关报送代扣代缴、代收代缴税款报告表和其他有关资料

C. 可以向税务机关申请延期报送代扣代缴、代收代缴税款报告表和其他有关资料

D. 应当直接到税务机关报送代扣代缴、代收代缴税款报告表和其他有关资料

考点68 税收征收与保障

356. 法考回忆题/多

甲公司向乙公司出售房屋,双方签约后甲公司向税务局预缴税款 700 万元。后房屋买卖合同依法解除,甲公司向乙公司承诺在月底返还购房款。关于甲公司预交的税款,下列哪些说法是正确的?②

A. 税务局仅需退还预征税款 700 万元

B. 税务局不仅需退还预征税款,还应加算银行同期存款利息

C. 甲公司申请退还税款的期限是 3 年

D. 退还期限的起算时间是甲公司预缴税款之日

357. 2017/1/71/多

昌昌公司委托拍卖行将其房产拍卖后,按成交价向税务部门缴纳了相关税款,并取得了完税凭证。3 年后,县地税局稽查局检查税费缴纳情况时,认为该公司房产拍卖成交价过低,不及市场价的一半。遂作出税务处理决定:重新核定房产交易价,追缴相关税款,加收滞纳金。经查,该公司所涉拍卖行为合法有效,也不存在逃税、骗税等行为。关于此事,下列哪些说法是正确的?③

A. 该局具有独立执法主体资格

B. 该公司申报的房产拍卖价明显偏低时,该局就可核定其应纳税额

---

① D ② BC ③ ACD

C. 该局向该公司加收滞纳金的行为违法

D. 该公司对税务处理决定不服,可申请行政复议,对复议决定不服,才可提起诉讼

358. (2014/1/29/单)

某企业流动资金匮乏,一直拖欠缴纳税款。为恢复生产,该企业将办公楼抵押给某银行获得贷款。此后,该企业因排污超标被环保部门罚款。现银行、税务部门和环保部门均要求拍卖该办公楼以偿还欠款。关于拍卖办公楼所得价款的清偿顺序,下列哪一选项是正确的?①

A. 银行贷款优先于税款

B. 税款优先于银行贷款

C. 罚款优先于税款

D. 三种欠款同等受偿,拍卖所得不足时按比例清偿

359. (2014/1/70/多)

某企业因计算错误,未缴税款累计达 50 万元。关于该税款的征收,下列哪些选项是正确的?②

A. 税务机关可追征未缴的税款

B. 税务机关可追征滞纳金

C. 追征期可延长到 5 年

D. 追征时不受追征期的限制

360. (2013/1/70/多)

甲公司欠税 40 万元,税务局要查封其相应价值产品。甲公司经理说:"乙公司欠我公司 60 万元货款,贵局不如行使代位权直接去乙公司收取现金。"该局遂通知乙公司缴纳甲公司的欠税,乙公司不配合;该局责令其限期缴纳,乙公司逾期未缴纳;该局随即采取了税收强制执行措施。关于税务局的行为,下列哪些选项是错误的?③

A. 只要甲公司欠税,乙公司又欠甲公司货款,该局就有权行使代位权

B. 如代位权成立,即使乙公司不配合,该局也有权直接向乙公司行使

C. 本案中,该局有权责令乙公司限期缴纳

D. 本案中,该局有权向乙公司采取税收强制执行措施

① B ② ABC ③ ABCD

361. 2013/1/93/不定项

2012 年 12 月,某公司对县税务局确定的企业所得税的应纳税所得额、应纳税额及在 12 月 30 日前缴清税款的要求极为不满,决定撤离该县,且不缴纳税款。县税务局得知后,责令该公司在 12 月 15 日前纳税。当该公司有转移生产设备的明显迹象时,县税务局责成其提供纳税担保。

就该公司与税务局的纳税争议,下列说法正确的是:①

A. 如该公司不提供纳税担保,经批准,税务局有权书面通知该公司开户银行从其存款中扣缴税款

B. 如该公司不提供纳税担保,经批准,税务局有权扣押、查封该公司价值相当于应纳税款的产品

C. 如该公司对应纳税额发生争议,应先依税务局的纳税决定缴纳税款,然后才可申请行政复议,对复议决定不服的,可向法院起诉

D. 如该公司对税务局的税收保全措施不服,可申请行政复议,也可直接向法院起诉

362. 2008/1/21/单

李某是个人独资企业的业主。该企业因资金周转困难,到期不能缴纳税款。经申请,税务局批准其延期三个月缴纳。在此期间,税务局得知李某申请出国探亲,办理了签证并预订了机票。对此,税务局应采取下列哪一种处理方式?②

A. 责令李某在出境前提供担保

B. 李某是在延期期间出境,无须采取任何措施

C. 告知李某:欠税人在延期期间一律不得出境

D. 直接通知出境管理机关阻止其出境

专题二十四 审计法

考点69 审计法

363. 法考回忆题/多

某省国有银行的贷款问题涉及处于两个地级市的企业。关于对该银行的审计,下列哪些说法是正确的?③

A. 由两市的审计局协商管辖

① BCD ② A ③ BC

B. 由省审计厅指定一个市的审计局管辖

C. 审计机关应对该银行的内部审计进行监督

D. 审计机关应将审计报告和审计决定报送给本级政府

364. (法考回忆题/多)

某电力公司将收取的居民电费存在员工陆某名下,后陆某挪用了居民电费并篡改了公司的会计账簿,导致众多居民利益受损。审计机关在对该公司进行审计时,有权采取哪些措施?①

A. 冻结该公司的银行账户　　B. 查询该公司的银行账户

C. 查询员工陆某的银行账户　D. 封存该公司的会计账簿

365. (2017/1/31/单)

某县开展扶贫资金专项调查,对申请财政贴息贷款的企业进行核查。审计中发现某企业申请了数百万元贴息贷款,但其生产规模并不需要这么多,遂要求当地农业银行、扶贫办和该企业提供贷款记录。对此,下列哪一说法是正确的?②

A. 只有审计署才能对当地农业银行的财政收支情况进行审计监督

B. 只有经银监机构同意,该县审计局才能对当地农业银行的财务收支进行审计监督

C. 该县审计局经上一级审计局副职领导批准,有权查询当地扶贫办在银行的账户

D. 申请财政贴息的该企业并非国有企业,故该县审计局无权对其进行审计调查

366. (2016/1/65/多)

国家实行审计监督制度。为加强国家的审计监督,全国人大常委会于 1994 年通过了《审计法》,并于 2006 年进行了修正。关于审计监督制度,下列哪些理解是正确的?③

A.《审计法》的制定与执行是在实施宪法的相关规定

B. 地方各级审计机关对本级人大常委会和上一级审计机关负责

C. 国务院各部门和地方各级政府的财政收支应当依法接受审计监督

D. 国有的金融机构和企业事业组织的财务收支应当依法接受审计监督

---

① BCD　② C　③ ACD

367. 2016/1/74/多

某县污水处理厂系扶贫项目,由地方财政投资数千万元,某公司负责建设。关于此项目的审计监督,下列哪些说法是正确的?①

A. 审计机关对该项目的预算执行情况和决算,进行审计监督

B. 审计机关经银监局局长批准,可冻结该项目在银行的存款

C. 审计组应在向审计机关报送审计报告后,向该公司征求对该报告的意见

D. 审计机关对该项目作出审计决定,而上级审计机关认为其违反国家规定的,可直接作出变更或撤销的决定

368. 2015/1/28/单

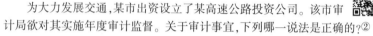

为大力发展交通,某市出资设立了某高速公路投资公司。该市审计局欲对其实施年度审计监督。关于审计事宜,下列哪一说法是正确的?②

A. 该公司既非政府机关也非事业单位,审计局无权审计

B. 审计局应在实施审计 3 日前,向该公司送达审计通知书

C. 审计局欲查询该公司在金融机构的账户,应经局长批准并委托该市法院查询

D. 审计局欲检查该公司与财政收支有关的资料和资产,应委托该市税务局检查

369. 2009/1/69/多

下列哪些属于审计机关的审计监督范围?③

A. 国家的事业组织和使用财政资金的其他事业组织的财务支出

B. 国有金融机构和国有企业的资产、负债、损益

C. 政府投资的建设项目的财务收支

D. 国际组织贷款项目的财务收支

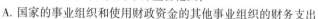

专题二十五　土地管理法

考点70 土地管理法

370. 法考回忆题/单

根据土地利用总体规划,某镇东部耕地被划定为蔬菜生产基地,

① AD　② B　③ ABD

关于该基地的耕地保护,下列哪一项说法是正确的?①

    A. 经省政府批准,国家建设工程可占用该基地的部分耕地

    B. 该基地内可挖塘养鱼

    C. 该基地可在从事蔬菜生产的同时适当发展林果业

    D. 镇政府应将该蔬菜生产基地的位置、范围信息向社会公告

371. 2014/1/72/多

某公司取得出让土地使用权后,超过出让合同约定的动工开发日期满两年仍未动工,市政府决定收回该土地使用权。该公司认为,当年交付的土地一直未完成征地拆迁,未达到出让合同约定的条件,导致项目迟迟不能动工。为此,该公司提出两项请求,一是撤销收回土地使用权的决定,二是赔偿公司因工程延误所受的损失。对这两项请求,下列哪些判断是正确的?②

    A. 第一项请求属于行政争议

    B. 第二项请求属于民事争议

    C. 第一项请求须先由县级以上政府处理,当事人不服的才可向法院起诉

    D. 第二项请求须先由县级以上政府处理,当事人不服的才可向法院起诉

372. 2012/1/72/多

农户甲外出打工,将自己房屋及宅基地使用权一并转让给同村农户乙,5年后甲返回该村。关于甲返村后的住宅问题,下列哪些说法是错误的?③

    A. 由于甲无一技之长,在外找不到工作,只能返乡务农。政府应再批给甲一处宅基地建房

    B. 根据"一户一宅"的原则,甲作为本村村民应拥有自己的住房。政府应再批给甲一处宅基地建房

    C. 由于农村土地具有保障功能,宅基地不得买卖,甲乙之间的转让合同无效。乙应返还房屋及宅基地使用权

    D. 由于与乙的转让合同未经有关政府批准,转让合同无效。乙应返还房屋及宅基地使用权

373. 2011/1/70/多

某市政府在土地管理中的下列哪些行为违反了《土地管理法》的规定?④

---

① D ② ABC ③ ABCD ④ ABCD

A. 甲公司在市郊申请使用一片国有土地修建经营性墓地,市政府批准其以划拨方式取得土地使用权

B. 乙公司投标取得一块商品房开发用地的出让土地使用权,市政府同意其在房屋建成销售后缴纳土地出让金

C. 丙公司以出让方式在本市规划区取得一块工业用地,市国土局在未征得市规划局同意的情况下,将该土地的用途变更为住宅建设用地

D. 丁公司在城市规划区取得一块临时用地,使用已达 6 年,并在该处修建了永久性建筑,市政府未收回土地,还为该建筑发放了房屋产权证

374. 2010/1/75/多

关于国有土地,下列哪些说法是正确的?①

A. 国有土地可以是建设用地,也可以是农用地

B. 国有土地可以确定给单位使用,也可以确定给个人使用

C. 国有土地可以有偿使用,也可以无偿使用

D. 国有土地使用权可以有期限,也可以无期限

375. 2009/1/28/单

关于承包经营集体土地可以从事的生产活动,下列哪一选项符合《土地管理法》规定?②

A. 种植业、林业

B. 种植业、林业、畜牧业

C. 种植业、林业、畜牧业、渔业

D. 种植业、林业、畜牧业、渔业、农产品加工业

376. 2008/1/26/单

根据《土地管理法》的规定,关于土地权益的纠纷,下列哪一选项是错误的?③

A. 村民甲与村卫生所发生土地使用权争议,协商不成可找乡政府处理,对乡政府处理决定不服还可向法院起诉

B. 村民乙与邻居发生宅基地纠纷,应先向县土地主管部门申请行政调处,对调处决定不服的,可以土地主管部门为被告向法院提起行政诉讼

C. 村民丙因土地承包经营权与村委会发生纠纷,协商调解不成可向农村

---

① ABCD ② C ③ B

土地承包仲裁机构申请仲裁,对仲裁裁决不服还可以向法院起诉

D. 村民丁因擅自占地建房被县土地主管部门处罚,如对行政处罚决定不服可以向法院提起行政诉讼

专题二十六　城乡规划法

考点71　城乡规划法

377. 法考回忆题/单

某市环保公司按规划准备建设一个垃圾填埋场,欲申请划拨土地进行建设。其申请划拨土地的步骤,下列哪一选项是正确的?

①报有关部门审核建设项目;②向规划部门提出建设用地规划许可申请;③规划部门核发选址意见书;④规划部门核发建设用地规划许可证;⑤土地主管部门划拨土地。①

A. ①③②④⑤ 　　　　　　　　B. ③①②④⑤

C. ②④①③⑤ 　　　　　　　　D. ②④⑤③①

378. 2017/1/95/不定项

某市混凝土公司新建临时搅拌站,在试运行期间通过暗管将污水直接排放到周边,严重破坏当地环境。公司经理还指派员工潜入当地环境监测站内,用棉纱堵塞空气采集器,造成自动监测数据多次出现异常。有关部门对其处罚后,公司生产经营发生严重困难,拟裁员20人以上。

关于该临时搅拌站建设,下列说法正确的是:②

A. 如在该市规划区内进行建设的,应经市城管执法部门批准

B. 如该搅拌站影响该市近期建设规划的实施,有关部门不得批准

C. 如该搅拌站系未经批准进行临时建设的,由市政府责令限期拆除

D. 如该搅拌站超过批准时限不拆除的,由市城乡规划部门采取强制拆除措施

379. 2016/1/30/单

某镇拟编制并实施镇总体规划,根据《城乡规划法》的规定,下列哪一说法是正确的?③

A. 防灾减灾系镇总体规划的强制性内容之一

---

① B ② B ③ A

B. 在镇总体规划确定的建设用地范围以外,可设立经济开发区

C. 镇政府编制的镇总体规划,报上一级政府审批后,再经镇人大审议

D. 建设单位报批公共垃圾填埋场项目,应向国土部门申请核发选址意见书

380. 2014/1/30/单

某房地产公司开发一幢大楼,实际占用土地的面积超出其依法获得的出让土地使用权面积,实际建筑面积也超出了建设工程规划许可证规定的面积。关于对该公司的处罚,下列哪一选项是正确的?①

A. 只能由土地行政主管部门按非法占用土地予以处罚

B. 只能由城乡规划主管部门按违章建筑予以处罚

C. 根据一事不再罚原则,由当地政府确定其中一种予以处罚

D. 由土地行政主管部门、城乡规划主管部门分别予以处罚

381. 2013/1/30/单

某建设项目在市中心依法使用临时用地,并修建了临时建筑物,超过批准期限后仍未拆除。对此,下列哪一机关有权责令限期拆除?②

A. 市环保行政主管部门　　　B. 市土地行政主管部门

C. 市城乡规划行政主管部门　D. 市建设行政主管部门

382. 2011/1/71/多

某镇政府正在编制本镇规划。根据《城乡规划法》,下列哪些建设项目应当在规划时予以优先安排?③

A. 镇政府办公楼、招待所

B. 供水、供电、道路、通信设施

C. 商业街、工业园、公园

D. 学校、幼儿园、卫生院、文化站

383. 2010/1/76/多

村民王某创办的乡镇企业打算在村庄规划区内建设一间农产品加工厂,就有关审批手续向镇政府咨询。关于镇政府的答复,下列哪些选项符合《城乡规划法》规定?④

A. "你应当向镇政府提出申请,由镇政府报县政府城乡规划局核发乡村建设规划许可证。"

---

① D　② C　③ BD　④ AB

B. "你的加工厂使用的土地不能是农地。如确实需要占用农地,必须依照土地管理法的有关规定办理农地转用审批手续。"

C. "你必须先办理用地审批手续,然后才能办理乡村建设规划许可证。"

D. "你必须在规划批准后,严格按照规划条件进行建设,绝对不允许作任何变更。"

384. 〔2009/1/75/多〕

根据《城乡规划法》规定,下列哪些选项属于城乡规划的种类?①

A. 城乡规划包括城镇体系规划、城市规划、镇规划、乡规划和村庄规划

B. 城市规划、镇规划分为总体规划和详细规划

C. 详细规划分为控制性详细规划和修建性详细规划

D. 修建性详细规划分为建设用地规划和建设工程规划

385. 〔2008/1/27/单〕

关于城市规划区内以出让方式提供国有土地使用权,根据《城乡规划法》的规定,下列哪一选项是错误的?②

A. 出让前,城市人民政府城乡规划主管部门应当依据控制性详细规划,提出出让地块的位置、使用性质、开发强度等规划条件

B. 出让地块的规划条件,应当作为国有土地使用权出让合同的组成部分

C. 未确定规划条件的地块,不得出让国有土地使用权

D. 在签订国有土地使用权出让合同前,建设单位应当持建设项目的批准、核准、备案文件,向城市人民政府城乡规划主管部门领取建设用地规划许可证

专题二十七　城市房地产管理法

考点72 城市房地产管理法

386. 〔法考回忆题/多〕

甲房地产开发公司从某市政府以出让方式获得一地块的土地使用权,进行商品房开发,楼盘建设过半投入约 2 亿元,甲地产开发公司因资金链断裂无以为继,无奈将此土地使用权及地上建筑一并转给乙房地产开发公司。下列哪些说法是错误的?③

---

① ABC　② D　③ ABC

A. 乙房地产开发公司获得土地使用权后需重新与某市政府签订土地使用权出让合同

B. 某市政府可向甲房地产开发公司收取不超过 2 亿元的土地闲置费

C. 乙房地产开发公司获得土地使用权后可经甲房地产开发公司同意改变土地用途

D. 甲房地产开发公司应缴纳全部的土地出让金并获得土地使用权证书，才可转让土地使用权

387. 〔2017/1/74/多〕

在加大房地产市场宏观调控的形势下，某市政府对该市房地产开发的管理现状进行检查，发现以下情况，其中哪些做法是需要纠正的？①

A. 房地产建设用地的供应，在充分利用现有建设用地的同时，放宽占用农用地和开发未利用地的条件

B. 土地使用权出让，符合土地利用总体规划、城市规划或年度建设用地计划之一即可

C. 预售商品房，要求开发商交清全部土地使用权出让金，取得土地使用权证书，并持有建设工程规划许可证等

D. 采取税收减免等方面的优惠措施，鼓励房地产开发企业开发建设商业办公类住宅，方便市民改作居住用途

388. 〔2015/1/72/多〕

甲企业将其厂房及所占划拨土地一并转让给乙企业，乙企业依法签订了出让合同，土地用途为工业用地。5 年后，乙企业将其转让给丙企业，丙企业欲将用途改为商业开发。关于该不动产权利的转让，下列哪些说法是正确的？②

A. 甲向乙转让时应报经有批准权的政府审批

B. 乙向丙转让时，应已支付全部土地使用权出让金，并取得国有土地使用权证书

C. 丙受让时改变土地用途，须取得有关国土部门和规划部门的同意

D. 丙取得该土地及房屋时，其土地使用年限应重新计算

389. 〔2013/1/72/多〕

甲公司以出让方式取得某地块 50 年土地使用权，用于建造写字

---

① ABD　② ABC

楼。土地使用权满3年时,甲公司将该地块的使用权转让给乙公司,但将该地块上已建成的一幢楼房留作自用。对此,下列哪些选项是正确的?①

A. 如该楼房已取得房屋所有权证,则甲公司可只转让整幅地块的使用权而不转让该楼房

B. 甲公司在土地使用权出让合同中载明的权利、义务应由乙公司整体承受

C. 乙公司若要改变原土地使用权出让合同约定的土地用途,取得原出让方的同意即可

D. 乙公司受让后,可以在其土地使用权的使用年限满46年之前申请续期

390. 甲房地产公司与乙国有工业公司签订《合作协议》,在乙公司原有的仓库用地上开发商品房。双方约定,共同成立"玫园置业有限公司"(以下简称"玫园公司")。甲公司投入开发资金,乙公司负责将该土地上原有的划拨土地使用权转变为出让土地使用权,然后将出让土地使用权作为出资投入玫园公司。

玫园公司与丙劳务派遣公司签订协议,由其派遣王某到玫园公司担任保洁员。不久,甲、乙产生纠纷,经营停顿。玫园公司以签订派遣协议时所依据的客观情况发生重大变化为由,将王某退回丙公司,丙公司遂以此为由解除王某的劳动合同。

请回答(1)~(3)题。

(1) 2012/1/92/不定项

关于该土地使用权由划拨转为出让,下列说法正确的是:②

A. 将划拨土地使用权转为出让土地使用权后再行转让属于土地投机,为法律所禁止

B. 乙公司应当先将划拨土地使用权转让给玫园公司,然后由后者向政府申请办理土地使用权出让合同

C. 该土地使用权由划拨转为出让,应当报有批准权的政府审批,经批准后方可办理土地使用权出让手续

D. 如乙公司取得该地块的出让土地使用权,则只能自己进行开发,不能与他人合作开发

(2) 2012/1/93/不定项

关于甲、乙双方签订的《合作协议》的性质,下列选项正确的是:③

---

① BD ② C ③ A

A. 房地产开发合同

B. 房地产转让合同

C. 土地使用权转让合同

D. 国有资产合作经营合同

（3）2012/1/94/不定项

开发期间，由于政府实施商品房限购政策，甲公司因其已开发项目滞销而陷于财务困境，致玫园公司经营陷于停顿，甲乙双方发生纠纷，乙公司主张合同无效。下列理由依法不能成立的是：①

A. 该合同为乙公司前任经理所签订，现该经理已被撤换

B. 签订合同时，该土地还是划拨土地使用权

C. 根据《合作协议》，乙公司仅享有玫园公司40%的股份，现在因该地段新建地铁导致地价上涨，乙公司所占股份偏低，属于国有资产流失

D. 乙公司无房地产开发资格，无权参与房地产开发

391. 2011/1/72/多

下列哪些机构属于房地产中介服务机构？②

A. 房地产咨询机构

B. 房地产经纪机构

C. 房地产职业培训机构

D. 房地产价格评估机构

392. 2010年1月，高某与某房地产开发公司签订了一份《预售商品房认购书》。《认购书》约定，公司为高某预留所选房号，双方于公司取得商品房预售许可证时正式签订商品房预售合同。《认购书》还约定，认购人于签订认购书时缴纳"保证金"一万元，该款于双方签订商品房预售合同时自动转为合同定金，如认购人接到公司通知后七日内不签订商品房预售合同，则该款不予退还。同年2月，高某接到公司已经取得商品房预售许可证的通知，立即前往公司签订了商品房预售合同，并当场缴纳了首期购房款80万元。同年5月，高某接到公司通知：房屋预售合同解除。经了解，该套房屋已经被公司以更高价格出售给第三人。双方发生争议。请回答第（1）~（3）题。

（1）2010/1/95/不定项

公司主张，双方在签订《预售商品房认购书》时，公司尚未取得商

---

① ABCD　② ABD

品房预售许可证,故该《认购书》无效,以此为基础订立的商品房预售合同也应无效。对此,下列判断正确的是:①

- A. 法律规定,取得商品房预售许可证是商品房预售的必备条件之一
- B. 《预售商品房认购书》不是商品房预售合同,不以取得商品房销售许可证为条件
- C. 双方签订商品房预售合同时,公司已具备商品房预售的法定条件,该合同有效
- D. 因施工进度及竣工交付日期变化的,房屋可另售他人

（2） <u>2010/1/96/不定项</u>

公司还主张,公司在解除商品房预售合同时,该合同尚未报区政府房地产管理局备案,故不受法律保护。对此,下列判断正确的是:②

- A. 登记备案是商品房预售合同的法定生效要件,该合同未经登记备案不受法律保护
- B. 登记备案是商品房预售人的法定义务,但不是合同的生效条件,该合同应受法律保护
- C. 登记备案是商品房预售合同当事人的权利,未登记备案不影响该合同的效力
- D. 商品房预售合同无需登记备案,当事人在房屋交付时办理产权登记即可

（3） <u>2010/1/97/不定项</u>

经双方协商,高某同意解除商品房预售合同。但在款项支付问题上,双方发生分歧。高某要求返还 80 万元首期房款本息并双倍返还定金。公司主张只退还 80 万元首期房款和一万元"保证金"。对此,下列判断正确的是:③

- A. 商品房预售合同无约束力,只能按公司的意见办理退款
- B. 商品房预售合同有效,但《预售商品房认购书》无效,故应按公司的意见办理退款
- C. 《预售商品房认购书》和商品房预售合同均有效,应该支持高某的主张
- D. 开发商违约,高某有权请求赔偿损失

393. <u>2009/1/76/多</u>

关于以划拨方式取得土地使用权的房地产转让时适用的《房地

---

① ABC ② B ③ CD

产管理法》特殊规定,下列哪些表述是正确的?①

A. 应当按照国务院规定,报有批准权的人民政府审批

B. 有批准权的人民政府准予转让的,可以决定由受让方办理土地使用权出让手续,也可以允许其不办理土地使用权出让手续

C. 办理土地使用权出让手续的,受让方应缴纳土地使用权出让金

D. 不办理土地使用权出让手续的,受让方应缴纳土地使用权转让费,转让方应当按规定将转让房地产所获收益中的土地收益上缴国家

专题二十八　不动产登记

考点73 不动产登记暂行条例

394. (法考回忆题/多)

关于不动产登记程序,下列哪些判断符合《不动产登记暂行条例》的规定?②

A. 因买卖、设定抵押权等申请不动产登记的,应当由当事人双方共同申请

B. 继承、接受遗赠取得不动产权利的,可以由当事人单方申请

C. 若不动产申请存在尚未解决的权属争议的,不动产登记机构应当不予登记

D. 对在建建筑物办理抵押权登记的,不动产登记机构可以对申请登记的不动产进行实地查看

395. (2015/1/29/单)

申请不动产登记时,下列哪一情形应由当事人双方共同申请?③

A. 赵某放弃不动产权利,申请注销登记

B. 钱某接受不动产遗赠,申请转移登记

C. 孙某将房屋抵押给银行以获得贷款,申请抵押登记

D. 李某认为登记于周某名下的房屋为自己所有,申请更正登记

① ABC　② ABCD　③ C

环境资源法

 扫一扫，"码"上做题　微信扫码，即可线上做题、看解析。多种做题模式：章节自测、单科集训、随机演练等。

专题二十九　环境保护法

考点74 环境影响评价法

396. （法考回忆题/单）

某商场的承建商组织编制了环境影响报告书并获得批准。由于商场建设资金一直未到位，6年后才落实资金准备开工。关于开工的环境影响评价文件，下列哪一说法是正确的？①

A. 按照先前编制的环境影响报告书实施即可

B. 开工时需要补充填报环境影响登记表

C. 环境影响报告书应报原审批部门重新审核

D. 应组织环境影响的后评价，并报原审批部门备案

397. （法考回忆题/多）

通城公司在甲省承包一条高速公路的修建工程，该高速公路横跨甲、乙两省，环境影响评价文件已经审批。在准备开工时，通城公司发现该公路需要延长到丙省。关于该公司的环评文件报批的相关事宜，下列哪些说法是正确的？②

A. 该公路的环境影响评价文件应由丙省的生态环境主管部门审批

B. 在原环境影响评价文件上作相应补充，由丙省的生态环境主管部门审批

C. 未经生态环境主管部门审批环评文件，该公路不得开工建设

D. 应对此公路项目重新进行环境影响评价

----

① C　② CD

398. 法考回忆题/单

甲省一水利枢纽工程是该省的重点建设项目,已报请国务院审批,计划由该省乙市水利局负责建设。该工程实施可能对该省丙河流的生态、水环境产生重大影响。关于该工程的环境影响评价,下列哪一选项是正确的?①

A. 乙市水利局应当编制环境影响报告书

B. 未取得环境影响评价文件前,国务院对该水利工程项目不予批准

C. 该水利工程环境影响评价文件的审批机构是甲省生态环境主管部门

D. 审批部门应当自收到环境影响评价文件之日起 30 日内作出审批决定

399. 法考回忆题/单

某市林业局与规划局正在编制当地林业远期发展规划,下列哪一说法是正确的?②

A. 林业发展规划不是建设规划,无须进行环境影响评价

B. 应在林业发展规划编制过程中组织环境影响评价,编写有关环境影响的篇章或说明

C. 林业发展规划属于专门性规划,草案上报审批前应进行环境影响评价,并向审批机关提出环境影响报告书

D. 为了促进林业发展规划的审批,应明确环境保护林的对外转让价,并征求公众意见

400. 2016/1/31/单

某采石场扩建项目的环境影响报告书获批后,采用的爆破技术发生重大变动,其所生粉尘将导致周边居民的农作物受损。关于此事,下列哪一说法是正确的?③

A. 建设单位应重新报批该采石场的环境影响报告书

B. 建设单位应组织环境影响的后评价,并报原审批部门批准

C. 该采石场的环境影响评价,应当与规划的环境影响评价完全相同

D. 居民将来主张该采石场承担停止侵害的侵权责任,受 3 年诉讼时效的限制

401. 2014/1/31/单

某省 A 市和 B 市分别位于同一河流的上下游。A 市欲建农药

---

① A ② C ③ A

厂。在环境影响评价书报批时,B市环境保护行政主管部门认为该厂对本市影响很大,对该环境影响评价结论提出异议。在此情况下,该环境影响评价书应当由下列哪一部门审批?①

A. 省政府发改委

B. 省人大常委会

C. 省农药生产行政监管部门

D. 省环境保护行政主管部门

402． 2010/1/77/多

我国对建设项目的环境影响评价实行分类管理制度。根据《环境影响评价法》的规定,下列哪些说法是正确的?②

A. 可能造成重大环境影响的建设项目,应当编制环境影响报告书,对产生的环境影响进行全面评价

B. 可能造成轻度环境影响的建设项目,应当编制环境影响报告表,对产生的环境影响进行分析或者专项评价

C. 环境影响很小的建设项目,不需要进行环境影响评价,无需填报环境影响评价文件

D. 环境影响报告书和环境影响报告表,应当由具有相应资质的机构编制

考点75 环境保护法

(一)环境保护的基本制度

403． 2015/1/31/单

关于我国生态保护制度,下列哪一表述是正确的?③

A. 国家只在重点生态功能区划定生态保护红线

B. 国家应积极引进外来物种以丰富我国生物的多样性

C. 国家应加大对生态保护地区的财政转移支付力度

D. 国家应指令受益地区对生态保护地区给予生态保护补偿

404． 2015/1/73/多

某市政府接到省环境保护主管部门的通知:暂停审批该市新增重点污染物排放总量的建设项目环境影响评价文件。下列哪些情况可导致此次暂停审批?④

A. 未完成国家确定的环境质量目标

---

① D　② AB(原答案为ABD)　③ C　④ AB

B. 超过国家重点污染物排放总量控制指标

C. 当地环境保护主管部门对重点污染物监管不力

D. 当地重点排污单位未按照国家有关规定和监测规范安装使用监测设备

405. `2014/1/73/多`

关于环境质量标准和污染物排放标准,下列哪些说法是正确的?①

A. 国家环境质量标准是制定国家污染物排放标准的根据之一

B. 国家污染物排放标准由国务院环境保护行政主管部门制定

C. 国家环境质量标准中未作规定的项目,省级政府可制定地方环境质量标准,并报国务院环境保护行政主管部门备案

D. 地方污染物排放标准由省级环境保护行政主管部门制定,报省级政府备案

406. `2010/1/28/多`

根据《环境保护法》规定,关于污染物排放标准,下列哪些说法是错误的?②

A. 省级地方政府对国家污染物排放标准中已作规定和未作规定的项目,都可以制定地方污染物排放标准

B. 对国家污染物排放标准中已作规定的项目,在制定地方污染物排放标准时,可以因地制宜,严于或宽于国家污染物排放标准

C. 地方污染物排放标准须报国务院环境保护行政主管部门备案

D. 凡是向已有地方污染物排放标准的区域排放污染物的,应当执行地方污染物排放标准

407. `2009/1/77/多`

根据《环境保护法》规定,下列哪些选项属于农业环境保护的措施?③

A. 防治土地沙化、盐渍化、贫瘠化、沼泽化

B. 防治植被破坏、水土流失、水源枯竭

C. 推广植物病虫害的综合防治

D. 合理使用化肥、农药及植物生长激素

---

① ABC　② BD(原答案为B)　③ ABCD

（二）环境法律责任

408. 法考回忆题/多

张某在鱼塘养殖鱼苗,附近绿叶公司排放的污水导致鱼苗大量死亡。绿叶公司已依法取得排污许可证,且经当地环境主管部门多次检测,其排放的污水均符合有关标准。对此,下列哪些说法是正确的?①

A. 张某应在 3 年内向绿叶公司提起侵权之诉

B. 绿叶公司应当承担赔偿责任

C. 可以从绿叶公司缴纳的排污费中划转相应款项赔付给张某

D. 当地环境主管部门可对绿叶公司采取行政强制措施

409. 法考回忆题/多

清水河流经某省甲、乙两个城市,位于上游甲市的某化工厂非法排放污水,污染了整个清水河,甲、乙两市的沿河土地和百姓深受其害,甲市环保联合会遂对该化工厂向甲市法院提起了环境侵权公益诉讼。现乙市的环保公益组织欲向乙市法院提起环境侵权公益诉讼,下列相关说法哪些是正确的?②

A. 提起公益诉讼的环保组织应在设区的市级以上民政部门登记

B. 甲、乙两市的法院可以分别受理相应案件

C. 由甲市法院管辖本案

D. 如果法院对公益诉讼作出裁决后,受害个人不能再针对此污染行为提起侵权诉讼

410. 法考回忆题/多

关于因污染环境和破坏生态造成损害的环境侵权,下列哪些判断是正确的?③

A. 要求污染单位停止侵权的诉讼时效期间为 3 年,从当事人知道或者应当知道其受到损害时起计算

B. 为维护社会公共利益提起诉讼的社会组织不得通过诉讼牟取经济利益

C. 污染者以排污符合国家或者地方污染物排放标准为由可主张不承担侵权责任

D. 水污染损害是由受害人故意造成的,排污方不承担赔偿责任

---

① AB ② AC ③ BD

411. 〔2015/1/30/单〕

某省天洋市滨海区一石油企业位于海边的油库爆炸,泄漏的石油严重污染了近海生态环境。下列哪一主体有权提起公益诉讼(其中所列组织均专门从事环境保护公益活动连续 5 年以上且无违法记录)?①

A. 受损海产养殖户推选的代表赵某

B. 依法在滨海区民政局登记的"海蓝志愿者"组织

C. 依法在邻省的省民政厅登记的环境保护基金会

D. 在国外设立但未在我国民政部门登记的"海洋之友"团体

412. 〔2015/1/74/多〕

某化工厂排放的污水会影响鱼类生长,但其串通某环境影响评价机构获得虚假环评文件从而得以建设。该厂后来又串通某污水处理设施维护机构,使其污水处理设施虚假显示从而逃避监管。该厂长期排污致使周边水域的养殖鱼类大量死亡。面对养殖户的投诉,当地环境保护主管部门一直未采取任何查处措施。对于养殖户的赔偿请求,下列哪些单位应承担连带责任?②

A. 化工厂

B. 环境影响评价机构

C. 污水处理设施维护机构

D. 当地环境保护主管部门

413. 〔2013/1/73/多〕

因连降大雨,某厂设计流量较小的排污渠之污水溢出,流入张某承包的鱼塘,致鱼大量死亡。张某诉至法院,要求该厂赔偿。该厂提出的下列哪些抗辩事由是依法不能成立的?③

A. 本市环保主管部门证明,我厂排污从未超过国家及地方排污标准

B. 天降大雨属于不可抗力,依法应予免责

C. 经有关机构鉴定,死鱼是全市最近大规模暴发的水生动物疫病所致

D. 张某鱼塘地势低洼,未对污水流入采取防范措施,其损失咎由自取

414. 〔2012/1/73/多〕

甲化工厂和乙造纸厂排放污水,造成某村农作物减产。当地环境主管部门检测认定,甲排污中的有机物超标 3 倍,是农作物减产的原因,乙排

---

① C ② ABC ③ ABD

污未超标,但其中的悬浮物仍对农作物减产有一定影响。关于甲、乙厂应承担的法律责任,下列哪些选项是正确的? 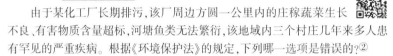①

A. 甲厂应对该村损失承担赔偿责任

B. 乙厂应对该村损失承担赔偿责任

C. 环境主管部门有权追究甲厂的行政责任

D. 环境主管部门有权追究乙厂的行政责任

415． **2008/1/28/单**

由于某化工厂长期排污,该厂周边方圆一公里内的庄稼蔬菜生长不良、有害物质含量超标,河塘鱼类无法繁衍,该地域内三个村庄几年来多人患有罕见的严重疾病。根据《环境保护法》的规定,下列哪一选项是错误的?②

A. 受害的三个村的村委会和受害村民有权对该厂提起民事诉讼

B. 因环境污染引起的民事诉讼的时效为 3 年

C. 环境污染民事责任的归责原则实行公平责任原则

D. 环境污染致害的因果关系证明,受害方不负举证责任

专题三十　森林法

考点76 森林法

416． **法考回忆题/单**

甲县乙乡某村民打算将自己承包的集体林地里的枣树砍掉,改种樱桃树。关于其申请林木采伐许可证,下列哪一说法是正确的?③

A. 无须申请林木采伐许可证

B. 甲县林业局可委托乙乡政府颁发采伐许可证

C. 如甲县今年采伐限额已满,则明年自动取得采伐许可证

D. 如同村其他村民有采伐许可证,该村民可以租用

417． **法考回忆题/单**

甲公司经营困难,以其所有的经济林地使用权和林木入股乙公 司,同时将已取得的《林木采伐许可证》转让给乙公司。后乙公司得知,甲公司以其经济林地使用权向某商业银行抵押贷款尚未归还,乙公司与甲公司发生争议,要求甲公司尽快解除抵押。以下哪一说法是正确的?④

---

① ABC ② C ③ B ④ B

A. 在争议期间,乙公司可以砍伐经济林地上的林木

B. 乙公司与甲公司的争议可请县政府解决

C. 乙公司可以直接向法院起诉

D. 乙公司可以将经济林地变更为建设用地

418． 法考回忆题/单

某学校为更新校园园林景观,需要采伐校园现有树木,栽种新的树木,向当地林业局申请采伐许可证。许可证上注明采伐树木 10 棵,而该学校采伐树木 20 棵。针对该学校的行为,下列哪一说法是正确的?①

A. 该学校可以要求林业局补种 10 棵相同树木,学校承担相应费用

B. 林业局可以要求该学校补种 10 棵相同树木,并且处罚该学校额外补种 50 棵相同树木

C. 林业局可以对该学校罚款 1 万,并责令次年内补种 10 棵相同树木

D. 该学校申请采伐许可证,需要同时提交有关采伐的地点、林种、树种、面积、蓄积、方式、更新措施和林木权属等内容的材料

419． 法考回忆题/单

某市希望小学在开发区建设新校区,为绿化校园需要栽植一些树木。该校购买、栽植下列哪一项的树木,有关林权人无须办理采伐许可证?②

A. 甲农民自留地上的树木

B. 乙农民承包的集体林地上的树木

C. 丙商品林经营者的果树

D. 该校将老校区的部分树木移植到新校区

420． 法考回忆题/单

关于林木采伐,下列哪一说法是错误的?③

A. 对低质低效的公益林应当进行抚育、更新,严禁采伐

B. 为防治林业有害生物,对自然保护区的林木可进行适当的采伐

C. 严格控制商品林的皆伐面积,伐育同步规划实施

D. 未完成上年度采伐后更新造林任务的,不予核发采伐许可证

421． 法考回忆题/单

乐诚公司依法获得探矿权,但其勘查作业区需要占用某村的林

---

① D ② A ③ A

地。对此,下列哪一选项是正确的?①

A. 乐诚公司取得该林地使用权,须经该村 2/3 以上村民同意并公示

B. 乐诚公司经县土地管理部门批准,可临时使用该林地

C. 乐诚公司在办理矿业权登记后,经批准可转让探矿权

D. 乐诚公司取得采矿权后被晶龙公司收购,晶龙公司随之取得采矿权

专题三十一　矿产资源法

考点77 矿产资源法

422. **法考回忆题/单**

甲矿业公司获得了某大型锂矿的开采权,在开采前对矿区先行进行了探查,发现部分区域还伴生有稀土矿。对此,下列哪一项说法是正确的?②

A. 甲公司的锂矿采矿权是通过拍卖方式取得,应补办审批手续

B. 甲公司有权优先获得稀土矿的采矿权

C. 甲公司在对矿区进行探查前,应先取得探矿权

D. 甲公司在进行开采作业前,应取得采矿许可证,报原矿业权出让部门登记备案

423. **法考回忆题/多**

甲公司经批准经营一处大型钨矿山,从事钨矿开采冶炼业务。赵某为该公司工程师。对此,下列哪些说法是正确的?③

A. 甲公司在开采过程中发现钨矿储量远超原来探明的储量,应将情况报送县级以上人民政府自然资源主管部门

B. 甲公司在开采过程中需要对开采方案作出重大调整,应当报县级以上人民政府自然资源主管部门批准

C. 在开采钨矿前,甲公司应当编制矿区生态修复方案,报原矿业权出让部门批准

D. 赵某可在矿区边缘采挖一些只能用作普通建筑材料的砂石,用于自建房屋

424. **法考回忆题/不定项**

甲村发现储量可观的油田,乙公司经批准获得了探矿权并对位于

---

① D　② B　③ ACD

甲村的油田进行勘查。后乙公司获得了该油田的采矿权。2020 年 5 月,乙公司被丙公司收购。下列有关说法正确的是:①

    A. 在甲村发现的油田归甲村集体经济组织所有

    B. 要开采在甲村发现的油田需经甲村 2/3 以上的村民同意

    C. 乙公司有权取得勘查作业区内油田的采矿权

    D. 丙公司经批准可以获得该油田的采矿权

425. （法考回忆题/多）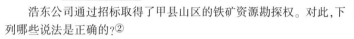

    浩东公司通过招标取得了甲县山区的铁矿资源勘探权。对此,下列哪些说法是正确的?②

    A. 浩东公司应与甲自然资源主管部门签订矿业权出让合同

    B. 浩东公司取得的探矿权应依法登记,否则不能发生效力

    C. 浩东公司在对铁矿资源勘探完毕后,可申请将其探矿权转为采矿权

    D. 浩东公司可以其铁矿资源勘探权,向乙矿业公司出资

---

    ① C   ② ABCD

劳动与社会保障法

 扫一扫,"码"上做题

微信扫码,即可线上做题、看解析。
多种做题模式:章节自测、单科集训、
随机演练等。

专题三十二　劳动合同法

考点78　劳动合同

426. 法考回忆题/单

贾某兼职做外卖骑手,与某互联网平台公司在线订立了《网约配送协议》,协议载明:贾某同意按照平台发送的配送信息自主选择接受服务订单,接单后及时完成配送,服务费按照平台统一标准按单结算。从事餐饮外卖配送业务期间,公司未对其上线接单时间、接单量提出要求,也未对其配送行为提出要求。贾某每周送外卖最多3天、每天送外卖1~3小时不等。该平台公司会在规定区域内随机安排订单,骑手们登录专用的APP抢订单送餐。出现配送超时、客户差评等情形时,平台公司核实情况后按照统一标准扣减服务费。关于贾某与该平台公司之间的关系,下列哪一项是正确的?①

A. 非全日制合同　　　　　　B. 劳动合同

C. 劳务合同　　　　　　　　D. 劳务派遣合同

427. 法考回忆题/单

2020年1月8日,雄飞公司与张某签订为期1年的劳动合同,张某负责撰写《雄飞公司发展史》。同年12月8日,张某外出旅游受伤,按规定享受了医疗期3个月。2021年6月8日,张某向雄飞公司交付该书稿。关于该劳动合同期满的时间,下列哪一项是正确的?②

　　A. 2020年12月8日　　　　B. 2021年1月8日

　　C. 2021年3月8日　　　　　D. 2021年6月8日

---

① C　② C

428. 法考回忆题/多

某公司与公司工会经平等协商签订了一份集体合同。关于该集体合同,下列哪些说法是正确的?①

A. 集体合同约定劳动者每个月加班 2 天,年休假多放 5 天

B. 集体合同经双方代表签字后,还需由公司与工会签订专门协议才能生效

C. 如因履行集体合同发生争议,经双方协商不成,公司工会可申请仲裁

D. 集体合同报送劳动行政部门后,劳动行政部门 15 日内未提出异议就生效

429. 法考回忆题/单

2018 年 1 月,郭某入职某科技有限公司,担任总经理。公司一直未与其签订书面劳动合同。为方便开展业务,公司为郭某配置了一辆小轿车。2019 年 10 月,郭某离职并要求公司支付双倍工资,遭到拒绝后郭某将汽车留置,公司要求其返还。对此,郭某的下列哪一做法是正确的?②

A. 留置该汽车

B. 主张其与公司之间已订立无固定期限劳动合同

C. 主张 2018 年 2 月至离职之日的双倍工资

D. 直接向法院主张要求公司支付双倍工资

430. 法考回忆题/单

陈某于 2020 年 3 月 10 日入职某公司,该公司多次书面通知陈某签订书面劳动合同,但陈某认为合同约定的违约金太高,迟迟不签合同,公司也没有终止劳动关系。陈某工作到 2022 年 2 月 1 日提出辞职。关于陈某的主张,下列哪一选项是正确的?③

A. 该公司需支付 3 倍工资及经济补偿

B. 该公司需支付 2 倍工资及经济补偿

C. 该公司不需要支付 2 倍工资及经济补偿

D. 该公司不需支付 2 倍工资,但需支付经济补偿

431. 法考回忆题/单

甲饭店欲招聘叶某为配菜员,开出的条件是每天工作 3 小时,一周工作 7 天,按时计薪,试用期 1 个月。乙饭店也有此意,开出的条件是每天

---

① CD ② B ③ C

工作 2 小时,一周工作 6 天,按时计薪,无试用期。甲饭店知晓后,欲开出更优惠条件留住叶某。根据《劳动合同法》,下列哪一做法是合法的?①

  A. 试用期从 1 个月缩短为 3 天

  B. 工资结算周期从 1 个月缩短为 20 天

  C. 每天工作 4 小时,按时计薪

  D. 允许叶某在甲、乙两家饭店工作

432. (2017/1/72/多)

农民姚某于 2016 年 3 月 8 日进入红海公司工作,双方未签订书面劳动合同,红海公司也未给姚某缴纳基本养老保险,姚某向社保机构缴纳了基本养老保险费。同年 12 月 8 日,姚某以红海公司未为其缴纳社会保险为由申请辞职。经查,姚某的工资属于所在地最低工资标准额。关于此事,下列哪些说法是正确的?②

  A. 姚某自 2016 年 3 月 8 日起即与红海公司建立劳动关系

  B. 红海公司自 2016 年 4 月 8 日起,应向姚某每月支付两倍的工资

  C. 姚某应参加新型农村社会养老保险,而不应参加基本养老保险

  D. 姚某就红海公司未缴养老保险费而发生争议的,可要求社保行政部门或社保费征收机构处理

433. (2017/1/73/多)

关于集体劳动合同,根据《劳动合同法》,下列哪些说法是正确的?③

  A. 甲公司尚未建立工会时,经其 2/3 以上的职工推举的代表,可直接与公司订立集体合同

  B. 乙公司系建筑企业,其订立的行业性集体合同,报劳动行政部门备案后即行生效

  C. 丙公司依法订立的集体合同,对全体劳动者,不论是否为工会会员,均适用

  D. 因履行集体合同发生争议,丁公司工会与公司协商不成时,工会可依法申请仲裁、提起诉讼

434. (2017/1/97/不定项)

某市混凝土公司新建临时搅拌站,试运行期间通过暗管将污水

---

① D ② ABD ③ CD

直接排放到周边,严重破坏当地环境。公司经理还指派员工潜入当地环境监测站内,用棉纱堵塞空气采集器,造成自动监测数据多次出现异常。有关部门对其处罚后,公司生产经营发生严重困难,拟裁员 20 人以上。当该公司裁员时,下列说法正确的是:①

A. 无须向劳动者支付经济补偿金

B. 应优先留用与本公司订立无固定期限劳动合同的职工

C. 不得裁减在该公司连续工作满 15 年的女职工

D. 不得裁减非因公负伤且在规定医疗期内的劳动者

435. 王某,女,1990 年出生,于 2012 年 2 月 1 日入职某公司,从事后勤工作,双方口头约定每月工资为人民币 3000 元,试用期 1 个月。2012 年 6 月 30 日,王某因无法胜任经常性的夜间高处作业而提出离职,经公司同意,双方办理了工资结算手续,并于同日解除了劳动关系。同年 8 月,王某以双方未签书面劳动合同为由,向当地劳动争议仲裁委申请仲裁,要求公司再支付工资 12000 元。

请回答第(1)~(3)题。

(1)  2016/1/95/不定项

关于女工权益,根据《劳动法》,下列说法正确的是:②

A. 公司应定期安排王某进行健康检查

B. 公司不能安排王某在经期从事高处作业

C. 若王某怀孕 6 个月以上,公司不得安排夜班劳动

D. 若王某在哺乳婴儿期间,公司不得安排夜班劳动

(2) 2016/1/96/不定项

关于该劳动合同的订立与解除,下列说法正确的是:③

A. 王某与公司之间视作已订立无固定期限劳动合同

B. 该劳动合同期限自 2012 年 3 月 1 日起算

C. 该公司应向王某支付半个月工资的经济补偿金

D. 如王某不能胜任且经培训仍不能胜任工作,公司提前 30 日以书面形式通知王某,可将其辞退

(3) 2016/1/97/不定项

如当地月最低工资标准为 1500 元,关于该仲裁,下列说法正确的是:④

A. 王某可直接向劳动争议仲裁委申请仲裁

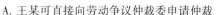

① BD ② B ③ D ④ ABD

B. 如王某对该仲裁裁决不服,可向法院起诉

C. 如公司对该仲裁裁决不服,可向法院起诉

D. 如公司有相关证据证明仲裁裁决程序违法时,可向有关法院申请撤销裁决

436. 2015/1/70/多

某厂工人田某体检时被初诊为脑瘤,万念俱灰,既不复检也未经请假就外出旅游。该厂以田某连续旷工超过 15 天,严重违反规章制度为由解除劳动合同。对于由此引起的劳动争议,下列哪些说法是正确的?①

A. 该厂单方解除劳动合同,应事先将理由通知工会

B. 因田某严重违反规章制度,无论是否在规定的医疗期内该厂均有权解除劳动合同

C. 如该厂解除劳动合同的理由成立,无需向田某支付经济补偿金

D. 如该厂解除劳动合同的理由违法,田某有权要求继续履行劳动合同并主张经济补偿金 2 倍的赔偿金

437. 李某原在甲公司就职,适用不定时工作制。2012 年 1 月,因甲公司被乙公司兼并,李某成为乙公司职工,继续适用不定时工作制。2012 年 12 月,由于李某在年度绩效考核中得分最低,乙公司根据公司绩效考核制度中"末位淘汰"的规定,决定终止与李某的劳动关系。李某于 2013 年 11 月提出劳动争议仲裁申请,主张:原劳动合同于 2012 年 3 月到期后,乙公司一直未与本人签订新的书面劳动合同,应从 4 月起每月支付二倍的工资;公司终止合同违法,应恢复本人的工作。

请回答第(1)~(3)题:

(1) 2014/1/87/不定项

关于乙公司兼并甲公司时李某的劳动合同及工作年限,下列选项正确的是:②

A. 甲公司与李某的原劳动合同继续有效,由乙公司继续履行

B. 如原劳动合同继续履行,在甲公司的工作年限合并计算为乙公司的工作年限

C. 甲公司还可与李某经协商一致解除其劳动合同,由乙公司新签劳动合同替代原劳动合同

D. 如解除原劳动合同时甲公司已支付经济补偿,乙公司在依法解除或终

---

① ABC ② ABCD

止劳动合同计算支付经济补偿金的工作年限时,不再计算在甲公司的工作年限

（2）2014/1/89/不定项

关于恢复用工的仲裁请求,下列选项正确的是:①

A. 李某是不定时工作制的劳动者,该公司有权对其随时终止用工

B. 李某不是非全日制用工的劳动者,该公司无权对其随时终止用工

C. 根据该公司末位淘汰的规定,劳动合同应当终止

D. 该公司末位淘汰的规定违法,劳动合同终止违法

（3）2014/1/90/不定项

如李某放弃请求恢复工作而要求其他补救,下列选项正确的是:②

A. 李某可主张公司违法终止劳动合同,要求支付赔偿金

B. 李某可主张公司规章制度违法损害劳动者权益,要求即时辞职及支付经济补偿金

C. 李某可同时获得违法终止劳动合同的赔偿金和即时辞职的经济补偿金

D. 违法终止劳动合同的赔偿金的数额多于即时辞职的经济补偿金

438. 某公司聘用首次就业的王某,口头约定劳动合同期限 2 年,试用期 3 个月,月工资 1200 元,试用期满后 1500 元。

2012 年 7 月 1 日起,王某上班,不久即与同事李某确立恋爱关系。9 月,由经理办公会讨论决定并征得工会主席同意,公司公布施行《工作纪律规定》,要求同事不得有恋爱或婚姻关系,否则一方必须离开公司。公司据此解除王某的劳动合同。

经查明,当地月最低工资标准为 1000 元,公司与王某一直未签订书面劳动合同,但为王某买了失业保险。

请回答第（1）、（2）题:

（1）2013/1/94/不定项

关于双方约定的劳动合同内容,下列符合法律规定的说法是:③

A. 试用期超过法定期限

B. 试用期工资符合法律规定

C. 8 月 1 日起,公司未与王某订立书面劳动合同,应每月付其两倍的工资

---

① BD ② ABD ③ ABC

D. 8月1日起,如王某拒不与公司订立书面劳动合同,公司有权终止其劳动关系,且无需支付经济补偿

（2） 2013/1/95/不定项

关于该《工作纪律规定》,下列说法正确的是:①

A. 制定程序违法

B. 有关婚恋的规定违法

C. 依据该规定解除王某的劳动合同违法

D. 该公司执行该规定给王某造成损害的,应承担赔偿责任

439. 2011/1/68/多

某公司从事出口加工,有职工500人。因国际金融危机影响,订单锐减陷入困境,拟裁减职工25人。公司决定公布后,职工提出异议。下列哪些说法缺乏法律依据?②

    A. 职工甲:公司裁减决定没有经过职工代表大会批准,无效

    B. 职工乙:公司没有进入破产程序,不能裁员

    C. 职工丙:我一家4口,有70岁老母10岁女儿,全家就我有工作,公司不能裁减我

    D. 职工丁:我在公司销售部门曾连续3年评为优秀,对公司贡献大,公司不能裁减我

440. 邓某系K制药公司技术主管。2008年2月,邓某私自接受Y制药公司聘请担任其技术顾问。5月,K公司得知后质问邓某。邓某表示自愿退出K公司,并承诺5年内不以任何直接或间接方式在任何一家制药公司任职或提供服务,否则将向K公司支付50万元违约金。2009年,K公司发现邓某已担任Y公司的副总经理,并持有Y公司20%股份,而且Y公司新产品已采用K公司研发的配方。K公司以Y公司和邓某为被告提起侵犯商业秘密的诉讼。请回答第(1)、(2)题。

（1） 2011/1/95/不定项

关于Y公司和邓某的行为,下列说法正确的是:③

A. Y公司的行为构成侵犯他人商业秘密

B. 邓某的行为构成侵犯他人商业秘密

C. Y公司的行为构成违反竞业禁止义务

---

① ABCD　② ABD　③ ABD

D. 邓某的行为构成违反竞业禁止义务

（2）〔2011/1/96/不定项〕

案件审理期间邓某提出,本案纠纷起因于自己与 K 公司的劳动关系,应属劳动争议案件,故 K 公司应向劳动争议仲裁机构提起仲裁申请,遂请求法院裁定驳回起诉。关于该主张,下列说法正确的是:①

A. 侵犯商业秘密本质上属于侵权,违反竞业禁止本质上属于违约

B. 本案存在法律关系竞合,K 公司有选择权

C. 劳动关系优先于商事关系

D. 邓某的主张应予支持

441．〔2010/1/27/单〕

关于非全日制用工的说法,下列哪一选项不符合《劳动合同法》规定?②

A. 从事非全日制用工的劳动者与多个用人单位订立劳动合同的,后订立的合同不得影响先订立合同的履行

B. 非全日制用工合同不得约定试用期

C. 非全日制用工终止时,用人单位应当向劳动者支付经济补偿

D. 非全日制用工劳动报酬结算支付周期最长不得超过十五日

442．〔2009/1/71/多〕

2009 年 2 月,下列人员向所在单位提出订立无固定期限劳动合同,哪些人具备法定条件?③

A. 赵女士于 1995 年 1 月到某公司工作,1999 年 2 月辞职,2002 年 1 月回到该公司工作

B. 钱先生于 1985 年进入某国有企业工作。2006 年 3 月,该企业改制成为私人控股的有限责任公司,年满 50 岁的钱先生与公司签定了三年期的劳动合同

C. 孙女士于 2000 年 2 月进入某公司担任技术开发工作,签定了为期三年、到期自动续期三年且续期次数不限的劳动合同。2009 年 1 月,公司将孙女士提升为技术部副经理

D. 李先生原为甲公司的资深业务员,于 2008 年 2 月被乙公司聘请担任市场开发经理,约定:先签定一年期合同,如果李先生于期满时提出请

---

① AB　② C　③ BD(原答案为 BCD)

求,可以与公司签定无固定期限劳动合同

443. 2008/1/70/多

关于当事人订立无固定期限劳动合同,下列哪些选项是符合法律规定的?①

A. 赵某到某公司应聘,提议在双方协商一致的基础上订立无固定期限劳动合同

B. 王某在某公司连续工作满十年,要求与该公司签订无固定期限劳动合同

C. 李某在某国有企业连续工作满十年,距法定退休年龄还有十二年,在该企业改制重新订立劳动合同时,主张企业有义务与自己订立无固定期限劳动合同

D. 杨某在与某公司连续订立的第二次固定期限劳动合同到期,公司提出续订时,杨某要求与该公司签订无固定期限劳动合同

考点79 劳务派遣

444. 法考回忆题/单

甲公司派遣职工严某到乙公司工作。甲公司提前30天通知严某,由于与乙公司之间的劳务派遣协议即将到期,要求严某与其推荐的丙劳务公司签订劳动合同,或者双方协商解除劳动合同,但均被严某拒绝。30天后,甲公司解除了与严某的劳动合同。严某认为甲公司单方解除劳动合同违法,申请仲裁,要求甲公司支付赔偿金。对此,下列哪一说法是正确的?②

A. 甲公司有权解除劳动合同,但应支付经济补偿金

B. 甲公司解除劳动合同违法,但若其愿意继续履行原劳动合同,则无须支付赔偿金

C. 若应支付赔偿金,应由甲公司承担

D. 若应支付赔偿金,乙公司应承担连带责任

445. 法考回忆题/单

达圣公司因扩大生产规模,需要销售人员,遂委托顺利劳务派遣公司派遣5名员工。此后,顺利劳务派遣公司将郭某等5人派遣至达圣公司。对此,下列哪一说法是正确的?③

A. 郭某与达圣公司形成劳动关系

---

① ABD ② C ③ C

B. 达圣公司应当为郭某缴纳工伤保险

C. 顺利公司应当为郭某缴纳工伤保险

D. 郭某在工作中造成他人受伤,应当由达圣公司和顺利公司承担连带责任

446. `2015/1/71/多`

友田劳务派遣公司(住所地为甲区)将李某派遣至金科公司(住所地为乙区)工作。在金科公司按劳务派遣协议向友田公司支付所有费用后,友田公司从李某的首月工资中扣减了500元,李某提出异议。对此争议,下列哪些说法是正确的?①

A. 友田公司作出扣减工资的决定,应就其行为的合法性负举证责任

B. 如此案提交劳动争议仲裁,当事人一方对仲裁裁决不服的,有权向法院起诉

C. 李某既可向甲区也可向乙区的劳动争议仲裁机构申请仲裁

D. 对于友田公司给李某造成的损害,友田公司和金科公司应承担连带责任

447. `2013/1/71/多`

甲公司与梁某签订劳动合同后,与乙公司签订劳务派遣协议,派梁某到乙公司做车间主任,派遣期3个月。2012年1月至2013年7月,双方已连续6次续签协议,梁某一直在乙公司工作。2013年6月,梁某因追索上一年加班费与乙公司发生争议,申请劳动仲裁。下列哪些选项是正确的?②

A. 乙公司是在辅助性工作岗位上使用梁某,符合法律规定

B. 乙公司是在临时性工作岗位上使用梁某,符合法律规定

C. 梁某申请仲裁不受仲裁时效期间的限制

D. 梁某申请仲裁时应将甲公司和乙公司作为共同当事人

448. 甲房地产公司与乙国有工业公司签订《合作协议》,在乙公司原有的仓库用地上开发商品房。双方约定,共同成立"玫园置业有限公司"(以下简称"玫园公司")。甲公司投入开发资金,乙公司负责将该土地上原有的划拨土地使用权转变为出让土地使用权,然后将出让土地使用权作为出资投入玫园公司。

玫园公司与丙劳务派遣公司签订协议,由其派遣王某到玫园公司担任保

---

① AC ② CD

洁员。不久,甲、乙产生纠纷,经营停顿。玫园公司以签订派遣协议时所依据的客观情况发生重大变化为由,将王某退回丙公司,丙公司遂以此为由解除王某的劳动合同。

请回答(1)、(2)题:

(1) 2012/1/95/不定项

根据《劳动合同法》,王某的用人单位是:①

A. 甲公司　　　　　　　　B. 乙企业

C. 丙公司　　　　　　　　D. 玫园公司

(2) 2012/1/96/不定项

关于王某劳动关系解除问题,下列选项正确的是:②

A. 玫园公司有权将王某退回丙公司

B. 丙公司有权解除与王某的劳动合同

C. 王某有权要求丙公司继续履行劳动合同

D. 王某如不愿回到丙公司,有权要求其支付赔偿金

449. 2008 年 5 月,松园劳务派遣有限责任公司(简称"松园公司")与天利房地产开发有限责任公司(简称"天利公司")签订劳务派遣协议,将李某派遣到天利公司工作。根据有关法律规定,请回答第(1)~(3)题。

(1) 2008/1/95/不定项

松园公司与天利公司协商劳务派遣协议的下列条款中,不符合法律规定的有:③

A. 李某在天利公司的工作岗位,可不在劳务派遣协议中约定,由天利公司根据需要灵活决定

B. 李某在天利公司的工作期限,可以在劳务派遣协议中约定为四个周期,每个周期为半年,每个周期结束前订立新的劳务派遣协议

C. 李某在天利公司的劳动报酬,应当在劳务派遣协议中约定

D. 双方对劳务派遣协议的内容负保密义务,不得向包括李某在内的任何人披露

(2) 2008/1/96/不定项

松园公司和天利公司对李某的下列做法中,不符合法律规定的有:④

---

① C　② ACD(原答案为 CD)　③ ABD　④ ABCD

A. 松园公司与李某签订到期可续签的一年期劳动合同

B. 松园公司从李某每月工资中提取 5% 作为员工集体福利费

C. 天利公司要求李某缴纳 5000 元岗位责任保证金

D. 天利公司告知李某无权参加本公司工会

（3）(2008/1/97/不定项)

天利公司将李某再派遣到自己的子公司，被李某拒绝。天利公司遂以李某不服从工作安排为由将其退回松园公司。随后，松园公司以李某已无工作为由解除劳动合同。对此，下列表述错误的是：①

A. 天利公司可以对李某进行再派遣，但不能因李某拒绝而将其退回

B. 松园公司不得因李某已无工作而解除劳动合同

C. 李某可以将天利公司或者松园公司作为被申请人，申请劳动争议仲裁

D. 李某可以就其因劳动合同解除而受到的损失，请求天利公司和松园公司共同承担赔偿责任

专题三十三　劳动法

考点80 劳动法

450. (法考回忆题/多)

2019 年 3 月 1 日，张某通过招聘入职甲公司。入职后，张某发现自己已经怀孕 1 个月，以此为理由故意迟到早退，不服从夜班安排，违反了公司规定的《员工纪律》。7 月 1 日，甲公司对张某予以解聘。对此，下列哪些说法是正确的？②

A. 张某拒绝上夜班不违反《劳动法》

B. 公司可以解除和张某的劳动合同

C. 《员工纪律》构成劳动合同的内容

D. 若张某因不能胜任该岗位，公司调岗后仍不能胜任，公司可以解除劳动合同

451. (法考回忆题/单)

某企业新增采矿产业务，因工资较高，钱某及妻子决定去做开矿工作。该企业的下列哪一做法是不合法的？③

A. 在矿山井下安装瓦斯探测设备

---

① AC（原答案为 A）　② BC　③ C

B. 对从事矿山井下的所有员工定期进行健康检查

C. 安排钱某夫妻在矿山井下一起工作

D. 向钱某夫妻免费发放防毒面罩

452. (2010/1/73/多)

下列哪些说法违反劳动法的规定？①

A. 我国公民未满十六岁的，用人单位一律不得招用

B. 双方当事人不可以约定周六加班

C. 劳动合同期限约定为二年的，试用期应在半年以上

D. 双方当事人可就全部合同条款作出违约金约定

453. (2010/1/74/多)

关于工资保障制度，下列哪些表述符合劳动法的规定？②

A. 按照最低工资保障制度，用人单位支付劳动者的工资不得低于当地最低工资标准

B. 乡镇企业不适用最低工资保障制度

C. 加班工资不包括在最低工资之内

D. 劳动者在婚丧假以及依法参加社会活动期间，用人单位应当依法支付工资

454. (2009/1/70/多)

关于劳动关系的表述，下列哪些选项是正确的？③

A. 劳动关系是特定当事人之间的法律关系

B. 劳动关系既包括劳动者与用人单位之间的关系也包括劳动行政部门与劳动者、用人单位之间的关系

C. 劳动关系既包括财产关系也包括人身关系

D. 劳动关系既具有平等关系的属性也具有从属关系的属性

455. (2009/1/72/多)

东星公司新建的化工生产线在投入生产过程中，下列哪些行为违反《劳动法》规定？④

　A. 安排女技术员参加公司技术攻关小组并到位于地下的设备室进行检测

　B. 在防止有毒气体泄漏的预警装置调试完成之前，开始生产线的试运行

---

① ABCD(原答案为ACD)　② ACD　③ ACD　④ BC

C. 试运行期间,从事特种作业的操作员已经接受了专门培训,但未取得相应的资格证书

D. 试运行开始前,未对生产线上的员工进行健康检查

专题三十四　劳动争议调解仲裁法

考点81 劳动争议调解仲裁法

456. 法考回忆题/多

胡某是某科技公司的技术骨干,正在主持公司重大科研项目,因为出国留学欲辞职。公司声称,胡某辞职将使公司项目受挫,给公司造成重大损失,所以拒绝胡某辞职。法律援助机构的刘某协助胡某成功离职,但是公司拒不支付胡某最后一个月工资,胡某欲申请劳动仲裁。下列哪些说法是正确的?①

A. 胡某辞职的理由不合理,不能辞职

B. 在律所执业满1年的马律师可以做仲裁员

C. 胡某可以委托刘某作为代理人参加仲裁

D. 仲裁裁决作出后,公司认为仲裁违反法定程序的,可向法院申请撤销仲裁裁决

457. 法考回忆题/单

郭某系君泰公司员工,双方未签订书面劳动合同。某日,郭某因工受伤,再未到公司工作,公司也未出具解除劳动合同证明。后郭某提起仲裁,要求公司支付未签订劳动合同的双倍工资差额,并支付工伤待遇。公司不服仲裁裁决提起诉讼。对此,下列哪一选项是正确的?②

A. 郭某在仲裁时,未提供由君泰公司掌握管理的入职资料,应承担不利后果

B. 郭某在诉讼中,应对由君泰公司掌握管理的工资清单承担举证责任

C. 君泰公司在仲裁时,未及时提供由其掌握管理的郭某工资清单,应承担不利后果

D. 如君泰公司系小微企业,在诉讼时无须对解除劳动合同的时间承担举证责任

458. 法考回忆题/单

2023年1月,秦某到某公司工作,双方一直未签订书面劳动合

---

① CD ② C

同。2024 年 6 月,秦某辞职,并于同年 7 月申请劳动争议仲裁。关于秦某的仲裁请求,下列哪一说法是正确的?①

A. 公司应支付 2 个月的经济补偿金

B. 公司应支付 17 个月的双倍工资

C. 申请支付双倍工资的仲裁时效已过

D. 双方已经订立了无固定期限劳动合同

459. 李某原在甲公司就职,适用不定时工作制。2012 年 1 月,因甲公司被乙公司兼并,李某成为乙公司职工,继续适用不定时工作制。2012 年 12 月,由于李某在年度绩效考核中得分最低,乙公司根据公司绩效考核制度中"末位淘汰"的规定,决定终止与李某的劳动关系。李某于 2013 年 11 月提出劳动争议仲裁申请,主张:原劳动合同于 2012 年 3 月到期后,乙公司一直未与本人签订新的书面劳动合同,应从 4 月起每月支付二倍的工资;公司终止合同违法,应恢复本人的工作。请回答第(1)、(2)题。

(1) 2014/1/86/不定项

关于李某申请仲裁的有关问题,下列选项正确的是:②

A. 因劳动合同履行地与乙公司所在地不一致,李某只能向劳动合同履行地的劳动争议仲裁委员会申请仲裁

B. 申请时应提交仲裁申请书,确有困难的也可口头申请

C. 乙公司对终止劳动合同的主张负举证责任

D. 对劳动争议仲裁委员会逾期未作出是否受理决定的,李某可就该劳动争议事项向法院起诉

(2) 2014/1/88/不定项

关于未签订书面劳动合同期间支付二倍工资的仲裁请求,下列选项正确的是:③

A. 劳动合同到期后未签订新的劳动合同,李某仍继续在公司工作,应视为原劳动合同继续有效,故李某无权请求支付二倍工资

B. 劳动合同到期后应签订新的劳动合同,否则属于未与劳动者订立书面劳动合同的情形,故李某有权请求支付二倍工资

C. 李某的该项仲裁请求已经超过时效期间

D. 李某的该项仲裁请求没有超过时效期间

---

① D ② BCD ③ BD

460. 2012/1/71/多

李某因追索工资与所在公司发生争议,遂向律师咨询。该律师提供的下列哪些意见是合法的?①

- A. 解决该争议既可与公司协商,也可申请调解,还可直接申请仲裁
- B. 应向劳动者工资关系所在地的劳动争议仲裁委提出仲裁请求
- C. 如追索工资的金额未超过当地月最低工资标准 12 个月金额,则仲裁裁决为终局裁决,用人单位不得再起诉
- D. 即使追索工资的金额未超过当地月最低工资标准 12 个月金额,只要李某对仲裁裁决不服,仍可向法院起诉

461. 2009/1/73/多 新法改编

下列哪些情形不属于《劳动争议调解仲裁法》规定的劳动争议范围?②

- A. 张某自动离职一年后,回原单位要求复职被拒绝
- B. 郑某辞职后,不同意公司按存款本息购回其持有的职工股,要求做市场价评估
- C. 秦某退休后,因社会保险经办机构未及时发放社会保险金,要求公司协助解决
- D. 刘某因工伤致残后,对劳动能力鉴定委员会评定的伤残等级不服,要求重新鉴定

专题三十五　社会保险法

考点82 社会保险法

462. 法考回忆题/单

甲公司因资金紧张未缴纳 7 月份的工伤保险费,7 月 11 日工伤保险关系自动中断。7 月 15 日,员工乙因工死亡,其妻子去社保中心申领丧葬补助金和工亡补助金,社保中心以未缴工伤保险费为由拒绝。甲公司于 8 月足额补缴了欠费。关于乙的工亡待遇,下列哪一说法是正确的?③

- A. 丧葬补助金和工亡补助金均由甲公司支付
- B. 丧葬补助金和工亡补助金均由工伤保险基金支付
- C. 丧葬补助金由甲公司支付,工亡补助金由工伤保险基金支付

---

① ACD　② BCD　③ A

D. 工伤保险基金支付已缴的部分,甲公司承担欠缴的一个月部分

463. 法考回忆题/单

郑某长年在外打工,他和所在企业参加城镇职工基本养老保险并累计缴费满 10 年,现因病完全丧失劳动能力。关于其养老保险待遇,下列哪一说法是错误的?①

A. 郑某及其所在企业已缴纳的养老保险费全部转入个人账户,从个人账户支付养老待遇

B. 可转入城镇居民社会养老保险,按照规定享受相应的养老保险待遇

C. 未达到法定退休年龄时,可领取基本养老保险基金支付的病残津贴

D. 达到法定退休年龄时再续缴 5 年,可按月领取基本养老金

464. 法考回忆题/多

甲公司与乙公司签订合同,由乙公司为其招聘劳务人员,乙公司将陈某派遣至甲公司工作。乙公司为陈某投保了人身意外险,后陈某在工作中意外死亡。以下哪些说法是不正确的?②

A. 甲公司应为陈某缴纳工伤保险费

B. 乙公司应为陈某缴纳工伤保险费

C. 乙公司已为陈某投保人身意外险,无须再缴纳工伤保险费

D. 只有陈某自行缴纳了工伤保险费,其父母才能领取相应的工伤保险待遇

465. 2015/1/97/不定项

某商场使用了由东方电梯厂生产、亚林公司销售的自动扶梯。某日营业时间,自动扶梯突然逆向运行,造成顾客王某、栗某和商场职工薛某受伤,其中栗某受重伤,经治疗半身瘫痪,数次自杀未遂。现查明,该型号自动扶梯在全国已多次发生相同问题,但电梯厂均通过更换零部件、维修进行处理,并未停止生产和销售。

职工薛某被认定为工伤且被鉴定为六级伤残。关于其工伤保险待遇,下列选项正确的是:③

A. 如商场未参加工伤保险,薛某可主张商场支付工伤保险待遇或者承担民事人身损害赔偿责任

B. 如商场未参加工伤保险也不支付工伤保险待遇,薛某可主张工伤保险

---

① A　② ACD　③ BC

基金先行支付

C. 如商场参加了工伤保险,主要由工伤保险基金支付工伤保险待遇,但按月领取的伤残津贴仍由商场支付

D. 如电梯厂已支付工伤医疗费,薛某仍有权获得工伤保险基金支付的工伤医疗费

466. `2013/1/96/不定项`

某公司聘用首次就业的王某,口头约定劳动合同期限 2 年,试用期 3 个月,月工资 1200 元,试用期满后 1500 元。

2012 年 7 月 1 日起,王某上班,不久即与同事李某确立恋爱关系。9 月,由经理办公会讨论决定并征得工会主席同意,公司公布施行《工作纪律规定》,要求同事不得有恋爱或婚姻关系,否则一方必须离开公司。公司据此解除王某的劳动合同。

经查明,当地月最低工资标准为 1000 元,公司与王某一直未签订书面劳动合同,但为王某买了失业保险。

关于王某离开该公司后申请领取失业保险金的问题,下列说法正确的是:①

A. 王某及该公司累计缴纳失业保险费尚未满 1 年,无权领取失业保险金

B. 王某被解除劳动合同的原因与其能否领取失业保险金无关

C. 若王某依法能领取失业保险金,在此期间还想参加职工基本医疗保险,则其应缴纳的基本医疗保险费从失业保险基金中支付

D. 若王某选择跨统筹地区就业,可申请退还其个人缴纳的失业保险费

467. `2012/1/70/多`

关于基本养老保险的个人账户,下列哪些选项是正确的?②

A. 职工个人缴纳的基本养老保险费全部记入个人账户

B. 用人单位缴纳的基本养老保险费按规定比例记入个人账户

C. 个人死亡的,个人账户余额可以继承

D. 个人账户不得提前支取

468. `2011/1/69/多`

关于社会保险制度,下列哪些说法是正确的?③

A. 国家建立社会保险制度,是为了使劳动者在年老、患病、工伤、失业、生育等情况下获得帮助和补偿

---

① ABC ② ACD ③ ABC

B. 国家设立社会保险基金,按照保险类型确定资金来源,实行社会统筹

C. 用人单位和职工都有缴纳社会保险费的义务

D. 劳动者死亡后,其社会保险待遇由遗属继承

专题三十六　军人保险法

考点83 军人保险法

469. 〔法考回忆题/单〕

　　张某退伍前因一次救灾活动导致八级伤残,退伍后到大明公司工作,担任司机。某日,张某按照公司要求到机场接机,途中遭遇车祸造成五级伤残,并且导致在部队的旧伤复发。大明公司没有给张某缴纳工伤保险费,下列哪一说法是正确的?①

　　A. 张某可以同时领取工伤保险和军人伤亡保险金

　　B. 应当从军人保险基金中拨付工伤保险待遇支付给张某

　　C. 张某可以申请退伍费的补偿

　　D. 张某可以每月向公司领取伤残津贴

470. 〔法考回忆题/单〕

　　退伍军人郭某应聘在某公司工作,公司未参加社会保险。某日工作时,郭某因工作原因导致在部队时的旧伤复发,该旧伤因战所致,且郭某已取得伤残军人证。关于郭某的伤残待遇,下列哪一选项是正确的?②

　　A. 可以享受公司的工伤待遇和退役军人保险待遇

　　B. 由于公司未参加社会保险,只能申请退役军人保险待遇

　　C. 如郭某为六级伤残,可以每个月从公司领取伤残津贴

　　D. 如公司参加了工伤保险,郭某为六级伤残,可以每个月从工伤保险基金领取伤残津贴

---

① D　② C

知识产权法

 扫一扫，"码"上做题　　微信扫码，即可线上做题、看解析。
多种做题模式：章节自测、单科集训、
随机演练等。

专题三十七　著作权

考点84 著作权法

471. 法考回忆题/单

1970 年,魏某拍摄了一张照片刊登在某杂志,该杂志同页也刊登了左某的一篇评论,评论的对象就是魏某拍摄的照片。2022 年,丙网站擅自将该杂志扫描上传网络,并提供付费下载服务。左某于 1971 年死亡,魏某仍健在。关于丙网站的行为,下列哪一说法是正确的?①

A. 未侵犯任何人的著作权

B. 同时侵犯了魏某、左某的著作权

C. 侵犯了魏某的著作权

D. 侵犯了左某继承人的著作权

472. 法考回忆题/多

某舞蹈团计划举行联欢晚会,委托常某设计了一支舞蹈。晚会上由舞蹈团的郭某领舞表演了该舞蹈。钱某在晚会现场录制了郭某的舞蹈表演,并上传到短视频平台供用户观看。对此,钱某侵犯了下列哪些权利?②

A. 舞蹈团的表演者权　　　　B. 郭某的表演者权

C. 常某的著作权　　　　　　D. 郭某的著作权

473. 法考回忆题/多

画家李某创作了一幅油画《月光》,并在发表前将其赠与郑某。

---

① C　② AC

郑某让其员工将该画拍摄成照片用于公司某产品的背景图。对此,郑某及其员工的行为侵犯了李某的下列哪些权利?①

A. 展览权 B. 发表权

C. 复制权 D. 信息网络传播权

474. （法考回忆题/多）

艺术家甲欲将自己的传奇人生记录下来,遂由甲口述并聘请作家乙执笔,乙以甲的人生经历为素材完成了 20 万字的小说《我的一生》,二人未约定著作权的归属。后甲和乙均在一次旅游途中因车祸去世,乙的儿子丙在整理遗物时发现了原著手稿。丙欲将其出版,甲的儿子丁反对。下列哪些表述是正确的?②

A. 丙有权向丁主张支付报酬

B. 因手稿在丙手中,该小说的著作权归丙享有

C. 原著手稿的所有权归丙所有

D. 丁主张其享有小说出版著作权,能够得到法院支持

475. （法考回忆题/多）

朱某为法学院退休教授,陈某经朱某同意将其退休之前演讲的录音资料汇编为文字出版,在汇编时,陈某还邀请许某就该书的典故、渊源、专业术语等作了注释,形成完整的体系。其后,陈某与甲出版社就该书签订专有出版合同。在图书出版后,乙网络平台未经许可发布该书的电子版。乙网络公司侵犯了下列哪些主体的权利?③

A. 侵犯了朱某的著作权 B. 侵犯了陈某的著作权

C. 侵犯了许某的著作权 D. 侵犯了出版社的专有出版权

476. （法考回忆题/单）

某杂志社出版的《天下事》是国内知名的时事类期刊,每期内容均精心挑选编排,入选率仅为 10%。甲网站未经许可转载了该期刊每期所有的文章,并且未标明出处和不得转载。后大量网民从甲网站下载了《天下事》里收录的文章。下列哪一项说法是正确的?④

A. 甲网站侵犯了杂志社和作者的著作权

B. 甲网站只侵犯了作者的著作权

C. 如果甲网站给作者付费就不侵犯其著作权

---

① BC ② ACD ③ ABC ④ A

D. 如果杂志社收录的文章未经作者同意,则甲网站不侵犯杂志社的著作权

477． 法考回忆题/单

甲创作歌曲《平安之路》,乙在某商业场合对其进行了演唱,丙公司将乙的演唱制成唱片,丁酒店把该唱片买回后在酒店大厅作为背景音乐播放,戊广播电台在电视栏目中进行了播出。下列哪一项说法是正确的?①

A. 乙演唱该歌曲需要经过甲的同意并支付报酬

B. 丙公司把乙的演唱制成唱片,不需要经过甲的同意并支付报酬

C. 丁酒店在酒店大厅将该歌曲作为背景音乐播放,不需要经过甲的同意并支付报酬

D. 戊广播电台的播放行为需要经过甲的同意并支付报酬

478． 2017/3/14/单

某电影公司委托王某创作电影剧本,但未约定该剧本著作权的归属,并据此拍摄电影。下列哪一未经该电影公司和王某许可的行为,同时侵犯二者的著作权?②

A. 某音像出版社制作并出版该电影的 DVD

B. 某动漫公司根据该电影的情节和画面绘制一整套漫画,并在网络上传播

C. 某学生将该电影中的对话用方言配音,产生滑稽效果,并将配音后的电影上传网络

D. 某电视台在"电影经典对话"专题片中播放 30 分钟该部电影中带有经典对话的画面

479． 2016/3/62/多

著作权人 Y 认为网络服务提供者 Z 的服务所涉及的作品侵犯了自己的信息网络传播权,向 Z 提交书面通知要求其删除侵权作品。对此,下列哪些选项是正确的?③

A. Y 的通知书应当包含该作品构成侵权的初步证明材料

B. Z 接到书面通知后,可在合理时间内删除涉嫌侵权作品,同时将通知书转送提供该作品的服务对象

C. 服务对象接到 Z 转送的书面通知后,认为提供的作品未侵犯 Y 的权利的,可以向 Z 提出书面说明,要求恢复被删除作品

---

① A ② B ③ ACD

D. Z 收到服务对象的书面说明后应即恢复被删除作品,同时将服务对象的说明转送 Y 的,则 Y 不得再通知 Z 删除该作品

480. 2016/3/63/多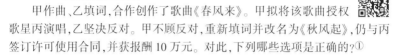

甲作曲、乙填词,合作创作了歌曲《春风来》。甲拟将该歌曲授权歌星丙演唱,乙坚决反对。甲不顾反对,重新填词并改名为《秋风起》,仍与丙签订许可使用合同,并获报酬 10 万元。对此,下列哪些选项是正确的?①

A.《春风来》的著作权由甲、乙共同享有

B. 甲侵害了《春风来》歌曲的整体著作权

C. 甲、丙签订的许可使用合同有效

D. 甲获得的 10 万元报酬应合理分配给乙

481. 2015/3/16/单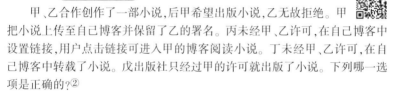

甲、乙合作创作了一部小说,后甲希望出版小说,乙无故拒绝。甲把小说上传至自己博客并保留了乙的署名。丙未经甲、乙许可,在自己博客中设置链接,用户点击链接可进入甲的博客阅读小说。丁未经甲、乙许可,在自己博客中转载了小说。戊出版社只经过甲的许可就出版了小说。下列哪一选项是正确的?②

A. 甲侵害了乙的发表权和信息网络传播权

B. 丙侵害了甲、乙的信息网络传播权

C. 丁向甲、乙寄送了高额报酬,但其行为仍然构成侵权

D. 戊出版社侵害了乙的复制权和发行权

482. 2015/3/17/单

甲、乙、丙、丁相约勤工俭学。下列未经著作权人同意使用他人受保护作品的哪一行为没有侵犯著作权?③

A. 甲临摹知名绘画作品后廉价出售给路人

B. 乙收购一批旧书后廉价出租给同学

C. 丙购买一批正版录音制品后廉价出租给同学

D. 丁购买正版音乐 CD 后在自己开设的小餐馆播放

483. 2015/3/62/多

应出版社约稿,崔雪创作完成一部儿童题材小说《森林之歌》。

---

① AC ② C ③ B

为吸引儿童阅读,增添小说离奇色彩,作者使用笔名"吹雪",特意将小说中的狗熊写成三只腿的动物。出版社编辑在核稿和编辑过程中,认为作者有笔误,直接将"吹雪"改为"崔雪"、将狗熊改写成四只腿的动物。出版社将《森林之歌》批发给书店销售。下列哪些说法是正确的?①

A. 出版社侵犯了作者的修改权

B. 出版社侵犯了作者的保护作品完整权

C. 出版社侵犯了作者的署名权

D. 书店侵犯了作者的发行权

484． 2014/3/17/单

甲展览馆委托雕塑家叶某创作了一座巨型雕塑,将其放置在公园入口,委托创作合同中未约定版权归属。下列行为中,哪一项不属于侵犯著作权的行为?②

A. 甲展览馆许可乙博物馆异地重建完全相同的雕塑

B. 甲展览馆仿照雕塑制作小型纪念品向游客出售

C. 个体户冯某仿照雕塑制作小型纪念品向游客出售

D. 游客陈某未经著作权人同意对雕塑拍照纪念

485． 2014/3/18/单

甲电视台经过主办方的专有授权,对篮球俱乐部联赛进行了现场直播,包括在比赛休息时舞蹈演员跳舞助兴的场面。乙电视台未经许可截取电视信号进行同步转播。关于乙电视台的行为,下列哪一表述是正确的?③

A. 侵犯了主办方对篮球比赛的著作权

B. 侵犯了篮球运动员的表演者权

C. 侵犯了舞蹈演员的表演者权

D. 侵犯了主办方的广播组织权

486． 2014/3/62/多

甲创作了一首歌曲《红苹果》,乙唱片公司与甲签订了专有许可合同,在聘请歌星丙演唱了这首歌曲后,制作成录音制品(CD)出版发行。下列哪些行为属于侵权行为?④

A. 某公司未经许可翻录该CD后销售,向甲、乙、丙寄送了报酬

B. 某公司未经许可自聘歌手在录音棚中演唱了《红苹果》并制作成DVD

---

① ABC ② D ③ C ④ AD

销售,向甲寄送了报酬

 C. 某商场购买 CD 后在营业时间作为背景音乐播放,经过甲许可并向其支付了报酬

 D. 某电影公司将 CD 中的声音作为电影的插曲使用,只经过了甲许可

487. 〔2013/3/17/单〕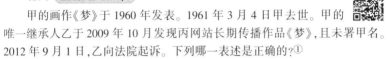

甲的画作《梦》于 1960 年发表。1961 年 3 月 4 日甲去世。甲的唯一继承人乙于 2009 年 10 月发现丙网站长期传播作品《梦》,且未署甲名。2012 年 9 月 1 日,乙向法院起诉。下列哪一表述是正确的?①

 A.《梦》的创作和发表均产生于我国《著作权法》生效之前,不受该法保护

 B. 乙的起诉已超过诉讼时效,其胜诉权不受保护

 C. 乙无权要求丙网站停止实施侵害甲署名权的行为

 D. 乙无权要求丙网站停止实施侵害甲对该作品的信息网络传播权的行为

488. 〔2013/3/62/多〕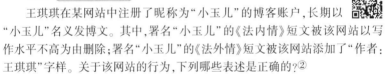

王琪琪在某网站中注册了昵称为"小玉儿"的博客账户,长期以"小玉儿"名义发博文。其中,署名"小玉儿"的《法内情》短文被该网站以写作水平不高为由删除;署名"小玉儿"的《法外情》短文被该网站添加了"作者:王琪琪"字样。关于该网站的行为,下列哪些表述是正确的?②

 A. 删除《法内情》的行为没有侵犯王琪琪的发表权

 B. 删除《法内情》的行为没有侵犯王琪琪的信息网络传播权

 C. 添加字样的行为侵犯了王琪琪的署名权

 D. 添加字样的行为侵犯了王琪琪的保护作品完整权

489. 〔2013/3/63/多〕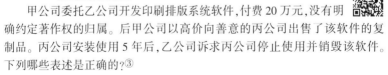

甲公司委托乙公司开发印刷排版系统软件,付费 20 万元,没有明确约定著作权的归属。后甲公司以高价向善意的丙公司出售了该软件的复制品。丙公司安装使用 5 年后,乙公司诉求丙公司停止使用并销毁该软件。下列哪些表述是正确的?③

 A. 该软件的著作权属于甲公司

 B. 乙公司的起诉已超过诉讼时效

---

① D ② ABC ③ CD

C. 丙公司可不承担赔偿责任

D. 丙公司应停止使用并销毁该软件

490. 2012/3/17/单

某出版社出版了一本学术论文集,专门收集国内学者公开发表的关于如何认定和处理侵犯知识产权行为的有关论文或论文摘要。该论文集收录的论文受我国著作权法保护,其内容选择和编排具有独创性。下列哪一说法是正确的?①

A. 被选编入论文集的论文已经发表,故出版社不需征得论文著作权人的同意

B. 该论文集属于学术著作,具有公益性,故出版社不需向论文著作权人支付报酬

C. 他人复制该论文集只需征得出版社同意并支付报酬

D. 如出版社未经论文著作权人同意而将有关论文收录,出版社对该论文集仍享有著作权

491. 2012/3/62/多

王某创作歌曲《唱来唱去》,张某经王某许可后演唱该歌曲并由花园公司合法制作成录音制品后发行。下列哪些未经权利人许可的行为属于侵权行为?②

A. 甲航空公司购买该正版录音制品后在飞机上播放供乘客欣赏

B. 乙公司购买该正版录音制品后进行出租

C. 丙学生购买正版的录音制品后用于个人欣赏

D. 丁学生购买正版录音制品试听后将其上传到网络上传播

492. 2012/3/63/多

居住在 A 国的我国公民甲创作一部英文小说,乙经许可将该小说翻译成中文小说,丙经许可将该翻译的中文小说改编成电影文学剧本,并向丁杂志社投稿。下列哪些说法是错误的?③

A. 甲的小说必须在我国或 A 国发表才能受我国著作权法保护

B. 乙翻译的小说和丙改编的电影文学剧本均属于演绎作品

C. 丙只需征得乙的同意并向其支付报酬

D. 丁杂志社如要使用丙的作品还应当分别征得甲、乙的同意,但只需向

---

① D ② ABD ③ ACD

丙支付报酬

493. 2011/3/16/单

某诗人署名"漫动的音符",在甲网站发表题为"天堂向左"的诗作,乙出版社的《现代诗集》收录该诗,丙教材编写单位将该诗作为范文编入《语文》教材,丁文学网站转载了该诗。下列哪一说法是正确的?①

A. 该诗人在甲网站署名方式不合法

B. "天堂向左"在《现代诗集》中被正式发表

C. 丙可以不经该诗人同意使用"天堂向左",但应当按照规定支付报酬

D. 丁网站未经该诗人和甲网站同意而转载,构成侵权行为

494. 2017/3/63/多

牛博朗研习书法绘画 30 年,研究出汉字的独特写法牛氏"润金体"。"润金体"借鉴了"瘦金体",但在布局、线条、勾画、落笔以及比例上自成体系,多出三分圆润,审美价值很高。牛博朗将其成果在网络上发布,并注明"版权所有,未经许可,不得使用"。羊阳洋公司从该网站下载了九个"润金体"字,组成广告词"小绵羊、照太阳、过海洋",为其从国外进口的羔羊肉做广告。关于"润金体"及羊阳洋公司的行为,下列哪些选项是正确的?②

A. 字体不属于著作权保护的范围,故羊阳洋公司不构成侵权

B. "润金体"具有一定的独创性,可认定为美术作品而受著作权法保护

C. 羊阳洋公司只是选取了有限的数个汉字,不构成对"润金体"整体著作权的侵犯

D. 羊阳洋公司未经牛博朗同意,擅自使用"润金体"汉字,构成对牛博朗著作权的侵犯

495. 2011/3/62/多

甲电视台模仿某境外电视节目创作并录制了一档新娱乐节目,尚未播放。乙闭路电视台贿赂甲电视台工作人员贺某复制了该节目,并将获得的复制品抢先播放。下列哪些说法是正确的?③

A. 乙电视台侵犯了甲电视台的播放权

B. 乙电视台侵犯了甲电视台的复制权

C. 贺某应当与乙电视台承担连带责任

D. 贺某应承担补充责任

---

① C ② BD ③ BC

496. 〔2010/3/15/单〕

甲无国籍,经常居住地为乙国,甲创作的小说《黑客》在丙国首次出版。我国公民丁在丙国购买了该小说,未经甲同意将其翻译并在我国境内某网站传播。《黑客》要受我国著作权法保护,应当具备下列哪一条件?①

A.《黑客》不应当属于我国禁止出版或传播的作品

B. 甲对丁翻译《黑客》并在我国境内网站传播的行为予以追认

C. 乙和丙国均加入了《保护文学艺术作品伯尔尼公约》

D. 乙或丙国加入了《保护文学艺术作品伯尔尼公约》

497. 〔2010/3/16/单〕

甲、乙合作完成一部剧本,丙影视公司欲将该剧本拍摄成电视剧。甲以丙公司没有名气为由拒绝,乙独自与丙公司签订合同,以十万元价格将该剧本摄制权许可给丙公司。对此,下列哪一说法是错误的?②

A. 该剧本版权由甲、乙共同享有

B. 该剧本版权中的人身权不可转让

C. 乙与丙公司签订的许可合同无效

D. 乙获得的十万元报酬应当合理分配给甲

498. 〔2010/3/63/多〕

甲影视公司将其摄制的电影《愿者上钩》的信息网络传播权转让给乙网站,乙网站采取技术措施防范未经许可免费播放或下载该影片。丙网站开发出专门规避乙网站技术防范软件,供网民在丙网站免费下载使用,学生丁利用该软件免费下载了《愿者上钩》供个人观看。对此,下列哪些说法是正确的?③

A. 丙网站的行为侵犯了著作权

B. 丁的行为侵犯了著作权

C. 甲公司已经丧失著作权人主体资格

D. 乙网站可不经甲公司同意以自己名义起诉侵权行为人

499. 〔2009/3/14/单〕

小刘从小就显示出很高的文学天赋,九岁时写了小说《隐形翅膀》,并将该小说的网络传播权转让给某网站。小刘的父母反对该转让行为。下列哪一说法是正确的?④

---

① D ② C ③ BD ④ C

    A. 小刘父母享有该小说的著作权,因为小刘是无民事行为能力人

    B. 小刘及其父母均不享有著作权,因为该小说未发表

    C. 小刘对该小说享有著作权,但网络传播权转让合同无效

    D. 小刘对该小说享有著作权,网络传播权转让合同有效

500． 2009/3/15/单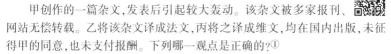

    甲创作的一篇杂文,发表后引起较大轰动。该杂文被多家报刊、网站无偿转载。乙将该杂文译成法文,丙将之译成维文,均在国内出版,未征得甲的同意,也未支付报酬。下列哪一观点是正确的?①

    A. 报刊和网站转载该杂文的行为不构成侵权

    B. 乙和丙的行为均不构成侵权

    C. 乙的行为不构成侵权,丙的行为构成侵权

    D. 乙的行为构成侵权,丙的行为不构成侵权

501． 2009/3/18/单

    甲创作并出版的经典童话《大灰狼》超过著作财产权保护期后,乙将"大灰狼"文字及图形申请注册在"书籍"等商品类别上并获准注册。丙出版社随后未经甲和乙同意出版了甲的《大灰狼》童话,并使用了"大灰狼"文字及图形,但署名为另一著名歌星丁,丁对此并不知情。关于丙出版社的行为,下列哪一说法是错误的?②

    A. 侵犯了甲的复制权

    B. 侵犯了甲的署名权

    C. 侵犯了丁的姓名权

    D. 侵犯了乙的商标权

502． 2009/3/63/多

    叶某创作《星光灿烂》词曲并发表于音乐杂志,郝某在个人举办的赈灾义演中演唱该歌曲,南极熊唱片公司录制并发行郝某的演唱会唱片,星星电台购买该唱片并播放了该歌曲。下列哪些说法是正确的?③

    A. 郝某演唱《星光灿烂》应征得叶某同意并支付报酬

    B. 南极熊唱片公司录制该歌曲应当征得郝某同意并支付报酬

    C. 星星电台播放该歌曲应征得郝某同意

    D. 星星电台播放该歌曲应征得南极熊唱片公司同意

---

① D ② A ③ AB

503. ⬛2009/3/64/多⬛

下列哪些出租行为构成对知识产权的侵犯?①

A. 甲购买正版畅销图书用于出租

B. 乙购买正版杀毒软件用于出租

C. 丙购买正版唱片用于出租

D. 丁购买正宗专利产品用于出租

504. ⬛2008/3/19/单⬛ 新法改编

甲、乙、丙、丁四人合作创作一部小说,甲、乙欲将该小说许可给某网站在网络上刊载,同时许可某电影制片厂改编后拍成电影。丙无故拒绝,丁则不置可否。对此,下列哪一选项是正确的?②

A. 如果丙坚持反对,甲、乙不能将作品许可他人使用

B. 甲、乙有权不顾丙的反对,将作品许可他人使用

C. 如果丁同意,则甲、乙可以不顾丙的反对将作品许可他人使用

D. 如果丁也表示反对,则甲、乙不能将作品许可他人使用

505. ⬛2008/3/20/单⬛

李某于2006年8月4日创作完成小说《别来烦我》,2007年3月5日发表于某文学刊物后被张某改编成剧本,甲公司根据该剧本拍成同名电视剧,乙电视台将该电视剧进行播放。对此,下列哪一选项是错误的?③

A. 李某从2007年3月5日起对小说享有著作权

B. 张某对剧本享有著作权

C. 甲公司将该剧本拍成电视剧应当取得李某和张某的许可并支付报酬

D. 乙电视台播放该电视剧应当取得甲公司许可并支付报酬

506. ⬛2008/3/21/单⬛

甲从书画市场上购得乙的摄影作品《鸟巢》,与其他摄影作品一起用于营利性展览。丙偷偷将《鸟巢》翻拍后以自己的名义刊登在某杂志上,丁经丙同意将刊登在该杂志上的《鸟巢》又制作成挂历销售。对此,下列哪一选项是正确的?④

A. 甲无权将《鸟巢》进行营利性展览

B. 丙的行为构成剽窃

C. 丙的行为侵犯了乙的发表权

---

① BC ② B ③ A ④ B

　　D. 丁应停止销售,但因无过错免于承担赔偿责任

507. `2008/3/65/多`

　　甲电视台获得了某歌星演唱会的现场直播权,乙电视台未经许可对甲电视台直播的演唱会实况进行转播,丙广播电台经过许可将现场演唱制作成 CD,丁音像店从正规渠道购买到 CD 用于出租,戊未经许可将丙广播电台播放的演唱会录音录下后上传到网站上传播。下列哪些选项是正确的?①

　　A. 甲电视台有权禁止乙电视台的转播

　　B. 乙电视台侵犯了该歌星的表演者权

　　C. 丁音像店应取得该歌星或丙广播电台的许可并向其支付报酬

　　D. 戊的行为应取得丙广播电台的许可并应向其支付报酬

专题三十八　专利权

考点85 专利法

508. `法考回忆题/多`

　　陈某申请了某个发明专利,2019 年 1 月授权给甲公司使用 5 年,约定每年年底收取 10 万元专利使用费。2021 年 12 月,乙公司未经授权使用该专利,被法院判决赔偿陈某 20 万元。2022 年 1 月,专利局宣告该发明专利无效。甲公司得知后,便不再缴纳专利使用费,但仍继续使用。乙公司未得知该消息,向陈某赔偿了 20 万元。陈某对专利局的宣告不服,申请复审后又向法院提起诉讼。2023 年 5 月,法院终审判决维持宣告该专利无效的决定。对此,下列哪些说法是正确的?②

　　A. 甲公司应向陈某支付 2022 年及 2023 年的专利使用费

　　B. 甲公司有权请求陈某返还已经支付的专利使用费

　　C. 乙公司有权请求陈某返还 20 万元

　　D. 陈某可以不经复审,直接向法院提起诉讼

509. `法考回忆题/多`

　　甲公司研发出一种新型培育方法并获得发明专利,依据该方法可以培育出 C 型对虾。乙公司未获得授权,私自采用该方法培育 C 型对虾,并将 C 型对虾卖给丙公司生产虾酱,丁超市向丙公司批发大量虾酱用于销售。

---

① ABD　② CD

戊科学研究所运用甲公司的培育方法培育对虾后,发现对虾质量不高,所以改良和创新了培育方法,培育出了高质量的 C 型对虾。对此,下列哪些主体侵犯了甲公司的专利权?①

A. 乙公司　　　　　　　　　B. 丙公司

C. 丁超市　　　　　　　　　D. 戊科学研究所

510. (法考回忆题/多)

　　冯某绘制了具有新颖性的熊猫图案,德乐公司未经冯某许可将该熊猫图案印在垃圾桶上,并申请取得了外观设计专利。伯恩公司未经许可制造了一批相同的垃圾桶。喜登公司对此不知情,从伯恩公司购买垃圾桶若干用于旗下的餐厅。下列哪些说法是正确的?②

A. 德乐公司侵犯了冯某的著作权,冯某有权申请德乐公司的专利无效

B. 如果伯恩公司对德乐公司取得专利权不知情,则不承担赔偿责任

C. 喜登公司没有侵犯德乐公司专利权,可以不停止使用且不需支付费用

D. 喜登公司侵犯了德乐公司的专利权,应停止使用但不需支付费用

511. (法考回忆题/单)

　　甲公司发明了一款车载空调并获得了专利,随后乙公司自己研发出了相同的技术生产了车载空调,并向丙公司批销了一批该空调,丁汽车公司从丙公司购买一批该车载空调安装于其生产的汽车上,戊从丁公司购买一辆汽车开展运输业务。关于甲公司获得专利、乙公司的研发销售等行为,丙、丁、戊均不知情。下列哪一项说法是正确的?③

A. 乙公司自己研发的技术并实施,没有侵犯甲公司的专利权

B. 丙公司不知情且有合法的购货来源,所以没有侵犯甲公司的专利权

C. 丁公司应当承担赔偿责任

D. 戊公司可以不停止使用

512. (2017/3/15/单)

关于下列成果可否获得专利权的判断,哪一选项是正确的?④

A. 甲设计的新交通规则,能缓解道路拥堵,可获得方法发明专利权

B. 乙设计的新型医用心脏起搏器,能迅速使心脏重新跳动,该起搏器不能被授予专利权

C. 丙通过转基因方法合成一种新细菌,可过滤汽油的杂质,该细菌属动

① AB　② AC　③ D　④ D

物新品种,不能被授予专利权

D. 丁设计的儿童水杯,其新颖而独特的造型既富美感,又能防止杯子滑落,该水杯既可申请实用新型专利权,也可申请外观设计专利权

513. 2017/3/64/多

甲、乙两公司各自独立发明了相同的节水型洗衣机。甲公司于2013年6月申请发明专利,专利局于2014年12月公布其申请文件,并于2015年12月授予发明专利权。乙公司于2013年5月开始销售该种洗衣机。另查,本领域技术人员通过拆解分析该洗衣机,即可了解其节水的全部技术特征。丙公司于2014年12月看到甲公司的申请文件后,立即开始制造并销售相同的洗衣机。2016年1月,甲公司起诉乙、丙两公司侵犯其发明专利权。关于甲公司的诉请,下列哪些说法是正确的?①

A. 如甲公司的专利有效,则丙公司于2014年12月至2015年11月使用甲公司的发明构成侵权

B. 如乙公司在答辩期内请求专利复审委员会宣告甲公司的专利权无效,则法院应中止诉讼

C. 乙公司如能证明自己在甲公司的专利申请日之前就已制造相同的洗衣机、且仅在原有制造能力范围内继续制造,则不构成侵权

D. 丙公司如能证明自己制造销售的洗衣机在技术上与乙公司于2013年5月开始销售的洗衣机完全相同,法院应认定丙公司的行为不侵权

514. 2016/3/15/单

奔马公司就其生产的一款高档轿车造型和颜色组合获得了外观设计专利权,又将其设计的"飞天神马"造型注册为汽车的立体商标,并将该造型安装在车头。某车行应车主陶某请求,将陶某低价位的旧车改装成该高档轿车的造型和颜色,并从报废的轿车上拆下"飞天神马"标志安装在改装车上。陶某使用该改装车提供专车服务,收费高于普通轿车。关于上述行为,下列哪一说法是错误的?②

A. 陶某的行为侵犯了奔马公司的专利权

B. 车行的行为侵犯了奔马公司的专利权

C. 陶某的行为侵犯了奔马公司的商标权

D. 车行的行为侵犯了奔马公司的商标权

---

① CD ② A

515. 2016/3/16/单

W 研究所设计了一种高性能发动机,在我国和《巴黎公约》成员国 L 国均获得了发明专利权,并分别给予甲公司在我国、乙公司在 L 国的独占实施许可。下列哪一行为在我国构成对该专利的侵权?①

A. 在 L 国购买由乙公司制造销售的该发动机,进口至我国销售

B. 在我国购买由甲公司制造销售的该发动机,将发动机改进性能后销售

C. 在我国未经甲公司许可制造该发动机,用于各种新型汽车的碰撞实验,以测试车身的防撞性能

D. 在 L 国未经乙公司许可制造该发动机,安装在 L 国客运公司汽车上,该客车曾临时通过我国境内

516. 2015/3/18/单

2010 年 3 月,甲公司将其研发的一种汽车零部件向国家有关部门申请发明专利。该专利申请于 2011 年 9 月公布,2013 年 7 月 3 日获得专利权并公告。2011 年 2 月,乙公司独立研发出相同零部件后,立即组织生产并于次月起持续销售给丙公司用于组装汽车。2012 年 10 月,甲公司发现乙公司的销售行为。2015 年 6 月,甲公司向法院起诉。下列哪一选项是正确的?②

A. 甲公司可要求乙公司对其在 2013 年 7 月 3 日以前实施的行为支付赔偿费用

B. 甲公司要求乙公司支付适当费用的诉讼时效已过

C. 乙公司侵犯了甲公司的专利权

D. 丙公司没有侵犯甲公司的专利权

517. 2015/3/63/多

甲公司获得一项智能手机显示屏的发明专利权后,将该技术以在中国大陆独占许可方式许可给乙公司实施。乙公司付完专利使用费并在销售含有该专利技术的手机过程中,发现丙公司正在当地电视台做广告宣传具有相同专利技术的手机,便立即通知甲公司起诉丙公司。法院受理该侵权纠纷后,丙公司在答辩期内请求宣告专利无效。下列哪些说法是错误的?③

A. 乙公司获得的专利使用权是债权,在不通知甲公司的情况下不能直接

---

① C ② C ③ ABCD

起诉丙公司

　　B. 专利无效宣告前,丙公司侵犯了专利实施权中的销售权

　　C. 如专利无效,则专利实施许可合同无效,甲公司应返还专利使用费

　　D. 法院应中止专利侵权案件的审理

518. （2014/3/16/单）

甲研究院研制出一种新药技术,向我国有关部门申请专利后,与乙制药公司签订了专利申请权转让合同,并依法向国务院专利行政主管部门办理了登记手续。下列哪一表述是正确的?①

　　A. 乙公司依法获得药品生产许可证之前,专利申请权转让合同未生效

　　B. 专利申请权的转让合同自向国务院专利行政主管部门登记之日起生效

　　C. 专利申请权的转让自向国务院专利行政主管部门登记之日起生效

　　D. 如该专利申请因缺乏新颖性被驳回,乙公司可以不能实现合同目的为由请求解除专利申请权转让合同

519. （2014/3/63/多）

中国甲公司的一项发明在中国和A国均获得了专利权。中国的乙公司与甲公司签订了中国地域内的专利独占实施合同。A国的丙公司与甲公司签订了在A国地域内的专利普通实施合同并制造专利产品,A国的丁公司与乙公司签订了在A国地域内的专利普通实施合同并制造专利产品。中国的戊公司、庚公司分别从丙公司和丁公司进口这些产品到中国使用。下列哪些说法是正确的?②

　　A. 甲公司应向乙公司承担违约责任

　　B. 乙公司应向甲公司承担违约责任

　　C. 戊公司的行为侵犯了乙公司的专利独占实施权

　　D. 庚公司的行为侵犯了甲公司的专利权

520. （2013/3/18/单）

甲公司开发了一种汽车节能环保技术,并依法获得了实用新型专利证书。乙公司拟与甲公司签订独占实施许可合同引进该技术,但在与甲公司协商谈判过程中,发现该技术在专利申请日前已经属于现有技术。乙公司的下列哪一做法不合法?③

---

① C ② BD ③ B

A. 在该专利技术基础上继续开发新技术

B. 诉请法院判决该专利无效

C. 请求专利复审委员会宣告该专利无效

D. 无偿使用该技术

521. ⟨2013/3/64/多⟩

范某的下列有关骨科病预防与治疗方面研究成果中,哪些可在我国申请专利?①

A. 发现了导致骨癌的特殊遗传基因

B. 发明了一套帮助骨折病人尽快康复的理疗器械

C. 发明了如何精确诊断股骨头坏死的方法

D. 发明了一种高效治疗软骨病的中药制品

522. ⟨2012/3/18/单⟩

下列哪一选项不属于侵犯专利权的行为?②

A. 甲公司与专利权人签订独占实施许可合同后,许可其子公司乙公司实施该专利技术

B. 获得强制许可实施权的甲公司许可他人实施该专利技术

C. 甲公司销售不知道是侵犯他人专利的产品并能证明该产品来源合法

D. 为提供行政审批所需要的信息,甲公司未经专利权人的同意而制造其专利药品

523. ⟨2012/3/64/多⟩

工程师王某在甲公司的职责是研发电脑鼠标。下列哪些说法是错误的?③

A. 王某利用业余时间研发的新鼠标的专利申请权属于甲公司

B. 如王某没有利用甲公司物质技术条件研发出新鼠标,其专利申请权属于王某

C. 王某主要利用了单位物质技术条件研发出新型手机,其专利申请权属于王某

D. 如王某辞职后到乙公司研发出新鼠标,其专利申请权均属于乙公司

---

① BD　② D　③ BCD

524． 2011/3/17/单

甲公司开发出一项发动机关键部件的技术,大大减少了汽车尾气排放。乙公司与甲公司签订书面合同受让该技术的专利申请权后不久,将该技术方案向国家知识产权局同时申请了发明专利和实用新型专利。下列哪一说法是正确的?①

　　A. 因该技术转让合同未生效,乙公司无权申请专利

　　B. 因尚未依据该技术方案制造出产品,乙公司无权申请专利

　　C. 乙公司获得专利申请权后,无权就同一技术方案同时申请发明专利和实用新型专利

　　D. 乙公司无权就该技术方案获得发明专利和实用新型专利

525． 2011/3/63/多

甲公司获得一项用于自行车雨伞装置的实用新型专利,发现乙公司生产的自行车使用了该技术,遂向法院起诉,要求乙公司停止侵害并赔偿损失 10 万元。甲公司的下列哪些做法是正确的?②

　　A. 向乙公司所在地的基层法院起诉

　　B. 起诉时未向受理法院提交国家知识产权局出具的该专利书面评价报告

　　C. 将仅在说明书中表述而未在权利要求中记载的技术方案纳入专利权的保护范围

　　D. 举证期届满后法庭辩论终结前变更其主张的权利要求

526． 2010/3/18/多

甲是某产品的专利权人,乙于 2008 年 3 月 1 日开始制造和销售该专利产品。甲于 2009 年 3 月 1 日对乙提起侵权之诉。经查,甲和乙销售每件专利产品分别获利为二万元和一万元,甲因乙的侵权行为少销售 100 台,乙共销售侵权产品 300 台。关于乙应对甲赔偿的额度,下列哪些选项是正确的?③

　　A. 200 万元　　　　　　　　B. 250 万元

　　C. 300 万元　　　　　　　　D. 500 万元

527． 2010/3/62/多

甲乙丙三人合作开发一项技术,合同中未约定权利归属。该项技

---

　　① D　② BD　③ AC(原答案为A)

术开发完成后,甲、丙想要申请专利,而乙主张通过商业秘密来保护。对此,下列哪些选项是错误的?①

A. 甲、丙不得申请专利

B. 甲、丙可申请专利,申请批准后专利权归甲、乙、丙共有

C. 甲、丙可申请专利,申请批准后专利权归甲、丙所有,乙有免费实施的权利

D. 甲、丙不得申请专利,但乙应向甲、丙支付补偿费

528. 2010/3/65/多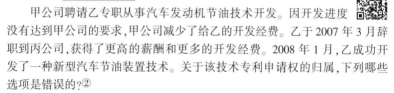

甲公司聘请乙专职从事汽车发动机节油技术开发。因开发进度没有达到甲公司的要求,甲公司减少了给乙的开发经费。乙于 2007 年 3 月辞职到丙公司,获得了更高的薪酬和更多的开发经费。2008 年 1 月,乙成功开发了一种新型汽车节油装置技术。关于该技术专利申请权的归属,下列哪些选项是错误的?②

A. 甲公司　　　　　　　　　　B. 乙

C. 丙公司　　　　　　　　　　D. 甲公司和丙公司共有

529. 2009/3/16/单

下列哪一行为构成对知识产权的侵犯?③

A. 刘某明知是盗版书籍而购买并阅读

B. 李某明知是盗版软件而购买并安装使用

C. 五湖公司明知是假冒注册商标的商品而购买并经营性使用

D. 四海公司明知是侵犯外观设计专利权的商品而购买并经营性使用

530. 2009/3/17/多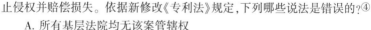

黑土公司获得一种新型药品制造方法的发明专利权后,发现市场上有大量白云公司制造的该种新型药品出售,遂向法院起诉要求白云公司停止侵权并赔偿损失。依据新修改《专利法》规定,下列哪些说法是错误的?④

A. 所有基层法院均无该案管辖权

B. 黑土公司不应当承担被告的药品制造方法与专利方法相同的证明责任

C. 白云公司如能证明自己实施的技术属于现有技术,法院应告知白云公司另行提起专利无效宣告程序

① BCD　② BCD　③ B　④ ACD(原答案为C)

D. 如侵犯专利权成立,即使没有证据确定损害赔偿数额,黑土公司仍可获得 1 万元以上 100 万元以下的赔偿额

531. 2022 回忆/多

甲申请了一项实用新型专利,并向国务院专利行政部门提交了书面声明,表明其愿意许可任何单位或个人实施其专利,并公布了许可使用费的支付方式和标准。乙看到后想要使用该专利。对此,下列哪些说法是不正确的?①

A. 甲、乙之间签订专利许可合同后,乙才能取得许可

B. 甲可以和乙协商后给予乙普通许可

C. 乙使用该专利 2 年以后,若甲撤回开放许可声明,则乙可要求甲返还使用费

D. 甲、乙产生纠纷后,应当先经国务院专利机构调解,然后才能起诉

532. 2008/3/23/单

美国某公司于 2004 年 12 月 1 日在美国就某口服药品提出专利申请并被受理,2005 年 5 月 9 日就同一药品向中国专利局提出专利申请,要求享有优先权并及时提交了相关证明文件。中国专利局于 2008 年 4 月 1 日授予其专利。关于该中国专利,下列哪一选项是正确的?②

A. 保护期从 2004 年 12 月 1 日起计算

B. 保护期从 2005 年 5 月 9 日起计算

C. 保护期从 2008 年 4 月 1 日起计算

D. 该专利的保护期是 10 年

533. 2008/3/24/单

甲公司拥有一项汽车仪表盘的发明专利,其权利要求记载的必要技术特征可以分解为 a+b+c+d 共四项。乙公司制造四种仪表盘,其必要技术特征可以作四种分解,甲公司与乙公司的必要技术特征所代表的字母相同,表明其相应的必要技术特征相同或等同。乙公司的哪项技术侵犯了甲公司的专利?③

A. b+c+d   B. a+b+c

C. a+b+d+e   D. a+b+c+d+e

---

① ACD   ② B(原答案为 A)   ③ D

专题三十九　商标权

考点86 商标法

534. 法考回忆题/单

2019 年 6 月,甲注册了一个巧克力形状的商标,注册后一直未使用。2022 年 12 月,乙以相同的巧克力形状申请注册外观设计专利并获得授权。丙未经甲与乙的同意就生产了此种形状的巧克力。对此,下列哪一说法是正确的?①

A. 甲 3 年未使用该商标,乙的行为不构成侵权

B. 丙有权以该巧克力设计属于现有设计作为抗辩理由对抗乙

C. 丙对甲构成侵权,但有权以甲 3 年未使用该商标作为拒绝赔偿的抗辩理由

D. 甲无正当理由 3 年未使用该商标,无权提起侵权之诉

535. 法考回忆题/多

"佳嘉"咖啡店经营状况良好,在各地开设多家分店,并曾在某一侵权之诉中被法院认定为驰名商标,但没有将"佳嘉"商标注册。该店员工吴某离职后开了一家餐饮店,名为"佳嘉",并且使用该商标制作了工作服。后"佳嘉"咖啡店有意开设餐饮店,发现该商标已被吴某使用并注册。关于"佳嘉"咖啡店的权利,下列哪些说法是正确的?②

A. 有权申请商标评审委员会宣告吴某使用的"佳嘉"商标无效

B. 无权请求吴某承担损害赔偿责任

C. 有权将"佳嘉"注册为驰名商标

D. 有权在其售卖的咖啡上标注驰名商标

536. 法考回忆题/多

甲公司申请注册了"云裳"商标用于其加工的蛋糕的包装。后甲公司委托乙公司代为生产蛋糕 1 万盒。乙公司隐瞒甲公司多生产了 1 万盒,卖给了知情的丙,丙又转卖给知情的丁。不知情的戊超市向丁购买该批蛋糕并售卖。对此,下列哪些主体侵犯了甲公司的商标权?③

A. 乙公司　　　　　　　　B. 丙

C. 丁　　　　　　　　　　D. 戊超市

---

① C　② AB　③ ABCD

537．　法考回忆题/多

金丰大学是一所著名农业大学,其"金丰"二字为公众所熟知,该大学注册了"金丰"商标用于农产品,但注册后一直没有使用。该校毕业生陈琳注册成立了一家公司,名为金丰蔬果有限责任公司,主营蔬菜、水果的种植和销售。后陈琳的妹妹陈晓梅申请"金丰"商标用于办公用品,其申请注册的主要目的是转卖获利。对此,下列哪些说法是正确的?①

　　A. 陈晓梅侵犯了金丰大学的"金丰"商标权

　　B. 陈琳侵犯了金丰大学的"金丰"商标权

　　C. 金丰大学可向商标局请求确认"金丰"为驰名商标

　　D. 商标局应驳回陈晓梅的注册申请

538．　法考回忆题/多

2017 年,甲公司在其生产的箱包和皮带上分别使用了白鸽商标和橄榄枝商标,二者都没有注册但均有一定影响力。其供应商乙公司发现商标没有注册,遂于 2020 年将白鸽商标注册在自己生产的行李箱商品上。丁公司注册了大量商标但均未实际使用,其中包括在皮带上注册的橄榄枝商标。对此,下列哪些说法是正确的?②

　　A. 若丁公司起诉甲公司承担赔偿责任,甲公司可以丁公司注册商标 3 年未使用为由抗辩

　　B. 若甲公司宣告丁公司的注册商标无效,应当在 5 年内提出

　　C. 若乙公司起诉甲公司商标侵权,甲公司可以在先使用为由抗辩

　　D. 甲公司可以在 5 年内申请宣告乙公司的注册商标无效

539．　法考回忆题/单

德国博顿公司于 2018 年 2 月 1 日在我国政府举办的净水器国际展览会上首次在净水器上使用"蓝天"商标,中国的蓝天公司于同一天独立研发出相同的净水器并使用"蓝天"作为商标。博顿公司于 2018 年 7 月 1 日上午向我国商标局申请注册"蓝天"商标并主张优先权。蓝天公司于 2018 年 7 月 1 日下午向商标局申请注册"蓝天"商标。关于该商标权的归属,下列哪一项说法是正确的?③

　　A. 博顿公司应获得"蓝天"商标,因为其享有优先权

　　B. 博顿公司应获得"蓝天"商标,因为其申请在先

---

① BD　② ACD　③ A

C. 蓝天公司应获得"蓝天"商标,因为其使用在先

D. 应由博顿公司和蓝天公司协商,协商不成的,抽签决定

540． 2017/3/16/单

　　韦某开设了"韦老四"煎饼店,在当地颇有名气。经营汽车配件的个体户肖某从外地路过,吃过后赞不绝口。当发现韦某尚未注册商标时,肖某就餐饮服务注册了"韦老四"商标。关于上述行为,下列哪一说法是正确的?①

A. 韦某在外地开设新店时,可以使用"韦老四"标识

B. 如肖某注册"韦老四"商标后立即起诉韦某侵权,韦某并不需要承担赔偿责任

C. 肖某的商标注册恶意侵犯韦某的在先权利,韦某可随时请求宣告该注册商标无效

D. 肖某注册商标核定使用的服务类别超出了肖某的经营范围,韦某可以此为由请求宣告该注册商标无效

541． 2016/3/17/单

　　营盘市某商标代理机构,发现本市甲公司长期制造销售"实耐"牌汽车轮胎,但一直未注册商标,该机构建议甲公司进行商标注册,甲公司负责人鄢某未置可否。后鄢某辞职新创立了乙公司,鄢某委托该商标代理机构为乙公司进行轮胎类产品的商标注册。关于该商标代理机构的行为,下列哪一选项是正确的?②

A. 乙公司委托注册"实耐"商标,该商标代理机构不得接受委托

B. 乙公司委托注册"营盘轮胎"商标,该商标代理机构不得接受委托

C. 乙公司委托注册普通的汽车轮胎图形作为商标,该商标代理机构不得接受委托

D. 该商标代理机构自行注册"捷驰"商标,用于转让给经营汽车轮胎的企业

542． 2016/3/64/多

　　2010 年,甲饮料厂开始制造并销售"香香"牌果汁并已产生一定影响。甲在外地的经销商乙发现甲尚未注册"香香"商标,就于 2014 年在果汁和碳酸饮料两类商品上同时注册了"香香"商标,但未实际使用。2015 年,乙与丙饮料厂签订商标转让协议,将果汁类"香香"商标转让给了丙。对此,

---

下列哪些选项是正确的?①

A. 甲可随时请求宣告乙注册的果汁类"香香"商标无效

B. 乙应将注册在果汁和碳酸饮料上的"香香"商标一并转让给丙

C. 乙就果汁和碳酸饮料两类商品注册商标必须分别提出注册申请

D. 甲可在果汁产品上附加区别标识,并在原有范围内继续使用"香香"商标

543. 2015/3/19/单

佳普公司在其制造和出售的打印机和打印机墨盒产品上注册了"佳普"商标。下列未经该公司许可的哪一行为侵犯了"佳普"注册商标专用权?②

A. 甲在店铺招牌中标有"佳普打印机专营"字样,只销售佳普公司制造的打印机

B. 乙制造并销售与佳普打印机兼容的墨盒,该墨盒上印有乙的名称和其注册商标"金兴",但标有"本产品适用于佳普打印机"

C. 丙把购买的"佳普"墨盒装入自己制造的打印机后销售,该打印机上印有丙的名称和其注册商标"东升",但标有"本产品使用佳普墨盒"

D. 丁回收墨水用尽的"佳普"牌墨盒,灌注廉价墨水后销售

544. 2015/3/64/多

河川县盛产荔枝,远近闻名。该县成立了河川县荔枝协会,申请注册了"河川"商标,核定使用在荔枝商品上,许可本协会成员使用。加入该荔枝协会的农户将有"河川"商标包装的荔枝批发给盛联超市销售。超市在销售该批荔枝时,在荔枝包装上还加贴了自己的注册商标"盛联"。下列哪些说法是正确的?③

A. "河川"商标是集体商标

B. "河川"商标是证明商标

C. "河川"商标使用了县级以上行政区划名称,应被宣告无效

D. 盛联超市的行为没有侵犯商标权

545. 2014/3/19/单

甲公司在汽车产品上注册了"山叶"商标,乙公司未经许可在自己生产的小轿车上也使用"山叶"商标。丙公司不知乙公司使用的商标不合

法，与乙公司签订书面合同，以合理价格大量购买"山叶"小轿车后售出，获利100万元以上。下列哪一说法是正确的？①

A. 乙公司的行为属于仿冒注册商标

B. 丙公司可继续销售"山叶"小轿车

C. 丙公司应赔偿甲公司损失100万元

D. 工商行政管理部门不能对丙公司进行罚款处罚

546． 2014/3/64/多

甲公司是《保护工业产权巴黎公约》成员国A国的企业，于2012年8月1日向A国在牛奶产品上申请注册"白雪"商标被受理后，又于2013年5月30日向我国商标局申请注册"白雪"商标，核定使用在牛奶、糕点和食品容器这三类商品上。下列哪些说法是错误的？②

A. 甲公司应委托依法设立的商标代理机构代理申请商标注册

B. 甲公司必须提出三份注册申请，分别在三类商品上申请注册同一商标

C. 甲公司可依法享有优先权

D. 如商标局在异议程序中认定"白雪"商标为驰名商标，甲公司可在其牛奶包装上使用"驰名商标"字样

547． 2013/3/19/单

甲公司为其生产的啤酒申请注册了"冬雨之恋"商标，但在使用商标时没有在商标标识上加注"注册商标"字样或注册标记。下列哪一行为未侵犯甲公司的商标权？③

A. 乙公司误认为该商标属于未注册商标，故在自己生产的啤酒产品上也使用"冬雨之恋"商标

B. 丙公司不知某公司假冒"冬雨之恋"啤酒而予以运输

C. 丁饭店将购买的甲公司"冬雨之恋"啤酒倒入自制啤酒桶，自制"侠客"牌散装啤酒出售

D. 戊公司明知某企业生产假冒"冬雨之恋"啤酒而向其出租仓库

548． 2013/3/65/多

甲公司生产"美多"牌薰衣草保健枕，"美多"为注册商标，薰衣草为该枕头的主要原料之一。其产品广告和包装上均突出宣传"薰衣草"，致使"薰衣草"保健枕被消费者熟知，其他厂商也推出"薰衣草"保健枕。后"薰衣

① D　② BCD　③ B

草"被法院认定为驰名商标。下列哪些表述是正确的?①

A. 甲公司可在一种商品上同时使用两件商标

B. 甲公司对"美多"享有商标专用权,对"薰衣草"不享有商标专用权

C. 法院对驰名商标的认定可写入判决主文

D. "薰衣草"叙述了该商品的主要原料,不能申请注册

549. `2012/3/19/单`

如外国企业在我国申请注册商标,下列哪一说法是正确的?②

A. 应当委托在我国依法成立的律师事务所代理

B. 所属国必须已加入《保护工业产权巴黎公约》

C. 所属国必须已加入世界贸易组织

D. 如所属国商标注册主管机关曾驳回了其商标注册申请,该申请在我国仍有可能获准注册

550. `2012/3/65/多`

甲公司将其生产的白酒独创性地取名为"逍遥乐",并在该酒的包装、装潢和广告中突出宣传酒名,致"逍遥乐"被消费者熟知,声誉良好。乙公司知道甲公司没有注册"逍遥乐"后,将其作为自己所产白酒的商标使用并抢先注册。该商标注册申请经商标局初步审定并公告。下列哪些说法是错误的?③

A. 甲公司有权在异议期内向商标局提出异议,反对核准乙公司的注册申请

B. 如"逍遥乐"被核准注册,甲公司有权主张先用权

C. 如"逍遥乐"被核准注册,甲公司有权向商标局请求撤销该商标

D. 甲公司有权向法院起诉请求乙公司停止使用并赔偿损失

551. `2011/3/18/多`

个体经营户王小小从事理发服务业,使用"一剪没"作为未注册商标长期使用,享有较高声誉。王小小通过签订书面合同许可其同一城区的表妹张薇薇使用"一剪没"商标从事理发业务。后张薇薇以自己的名义申请"一剪没"商标使用于理发业务并获得注册。下列哪些说法是错误的?④

A. 该商标使用许可合同自双方签字之日起生效

B. 该商标使用许可合同应当报商标局备案

---

① AB ② D ③ CD(原答案为BCD) ④ ABCD(原答案为C)

C. 王小小有权自"一剪没"注册之日起 5 年内请求商标评审委员会撤销该注册商标

D. 王小小有权自"一剪没"注册之日起 5 年内请求商标局撤销该注册商标

552． 2011/3/64/多

甲公司通过签订商标普通许可使用合同许可乙公司使用其注册 商标"童声",核定使用的商品为儿童服装。合同约定发现侵权行为后乙公司可以其名义起诉。后乙公司发现个体户萧某销售假冒"童声"商标的儿童服装,萧某不能举证证明该批服装的合法来源。下列哪些说法是正确的?①

A. 乙公司必须在"童声"儿童服装上标明乙公司的名称和产地

B. 该商标使用许可合同自备案后生效

C. 乙公司不能以其名义起诉,因为诉权不得约定转移

D. 萧某应当承担停止销售和赔偿损失的法律责任

553． 2010/3/17/单

甲公司注册了商标"霞露",使用于日用化妆品等商品上,下列哪一选项是正确的?②

A. 甲公司要将该商标改成"露霞",应向商标局提出变更申请

B. 乙公司在化妆品上擅自使用"露霞"为商标,甲公司有权禁止

C. 甲公司因经营不善连续三年停止使用该商标,该商标可能被注销

D. 甲公司签订该商标转让合同后,应单独向商标局提出转让申请

554． 2009/3/65/多

甲公司在食品上注册"乡巴佬"商标后,与乙公司签订转让合同,获五万元转让费。合同履行后,乙公司起诉丙公司在食品上使用"乡巴佬"商标的侵权行为。法院作出侵权认定的判决书刚生效,"乡巴佬"注册商标就因有"不良影响"被依法撤销。《商标法》于 2013 年 8 月 30 日被修改后,乙"注册商标的无效宣告"制度取代"商标注册不当的撤销制度"。下列哪些说法是错误的?③

A. "乡巴佬"商标权视为自始不存在

B. 甲公司应当向乙公司返还五万元

C. 撤销"乡巴佬"商标的裁定对侵权判决不具有追溯力

---

① AD ② B ③ BCD

D. 丙公司可以将"乡巴佬"商标作为未注册商标继续使用

555. (2008/3/66/多)

甲公司为其牛奶产品注册了"润语"商标后,通过签订排他许可合同许可乙公司使用。丙公司在其酸奶产品上使用"润语"商标,甲公司遂起诉丙公司停止侵害并赔偿损失,法院判决支持了甲公司的请求。在该判决执行完毕后,"润语"注册商标因侵犯丁公司的著作权被依法撤销。下列哪些选项是错误的?①

A. 甲公司和乙公司可以作为共同原告起诉丙公司

B. 甲公司与乙公司的许可合同应当认定为无效合同,乙公司应当申请返还许可费

C. 甲公司获得的侵权赔偿费构成不当得利,应当返还给丙公司

D. 甲公司获得的侵权赔偿费应当转付给丁公司

---

① BCD

快刷题

随时 ~ 随地 ~ 随身练　　⑦ **理论法**

拓朴法考　组编

中国法治出版社
CHINA LEGAL PUBLISHING HOUSE

图书在版编目（CIP）数据

2025 国家统一法律职业资格考试攻略. 快刷题. 7,
理论法 / 拓朴法考组编. -- 北京 ： 中国法治出版社，
2025. 4. -- ISBN 978-7-5216-4810-2

Ⅰ. D920. 4

中国国家版本馆 CIP 数据核字第 20249CM578 号

责任编辑：李连宇（lilianyu@ zgfzs. com）　　　　　封面设计：拓　朴

2025 国家统一法律职业资格考试攻略. 快刷题. 7, 理论法
2025 GUOJIA TONGYI FALÜ ZHIYE ZIGE KAOSHI GONGLÜE. KUAISHUATI. 7, LILUNFA

组编 / 拓朴法考
经销 / 新华书店
印刷 / 河北翔驰润达印务有限公司
开本 / 787 毫米×1092 毫米　32 开　　　　　　　　印张 / 4. 5　字数 / 160 千
版次 / 2025 年 4 月第 1 版　　　　　　　　　　　2025 年 4 月第 1 次印刷

中国法治出版社出版
书号 ISBN 978-7-5216-4810-2　　　　　　　　　总定价：108. 00 元（全八册）

北京市西城区西便门西里甲 16 号西便门办公区
邮政编码：100053　　　　　　　　　　　　　　传真：010-63141600
网址：http：// www. zgfzs. com　　　　　　编辑部电话：010-63141811
市场营销部电话：010-63141612　　　　　　印务部电话：010-63141606

（如有印装质量问题，请与本社印务部联系。）

本书二维码内容由拓朴法考提供，用于服务广大考生，有效期截至 2025 年 12 月 31 日。

司法制度和法律职业道德

习近平法治思想

 扫一扫,"码"上做题

微信扫码,即可线上做题、看解析。
多种做题模式:章节自测、单科集训、随机演练等。

专题一 习近平法治思想的形成发展

考点1 习近平法治思想形成的时代背景与形成发展的逻辑

1. 法考回忆题/不定项

习近平法治思想是引领法治中国建设实现高质量发展的思想旗帜,是在法治轨道上推进国家治理体系和治理能力现代化的根本遵循。关于习近平法治思想,下列选项理解正确的是:①

A. 习近平法治思想标志着党已全面彻底地认识了社会主义建设规律和人类社会发展规律

B. 习近平法治思想是在推进伟大工程、伟大事业、伟大梦想的实践中形成的,是不再需要丰富的完善理论

C. 习近平法治思想是坚持和发展中国特色社会主义在法治领域的理论体现

D. 习近平法治思想是总结党加强法治建设历史经验的必然要求,是适合于所有时代条件的重要理论

2. 法考回忆题/单

关于习近平法治思想的形成发展,下列哪一项说法是不准确的?②

A. 习近平法治思想为深入推进全面依法治国、加快建设社会主义法治国家提供了科学指南

---

① C ② D

B. 习近平法治思想是马克思主义法治理论中国化时代化的新发展新飞跃,反映了创新马克思主义法治理论的内在逻辑要求

C. 习近平法治思想是着眼中华民族伟大复兴战略全局和当今世界百年未有之大变局,顺应实现中华民族伟大复兴时代要求应运而生的重大战略思想

D. 习近平法治思想是引领法治中国建设实现高质量发展的思想旗帜

考点2 习近平法治思想形成发展的历史进程

3.　法考回忆题/不定项

关于习近平法治思想形成发展的历史进程,下列说法不正确的是:①

A. 党的十九大出台了《中共中央关于全面推进依法治国若干重大问题的决定》

B. 党的十八届四中全会提出,到2035年基本建成法治国家、法治政府、法治社会

C. 党的十九届三中全会决定成立中央全面依法治国委员会,加强党对全面依法治国的集中统一领导

D. 党的二十大明确提出在法治轨道上全面建设社会主义现代化国家,全面推进国家各方面工作法治化

专题二　习近平法治思想的重大意义

考点3 习近平法治思想的重大意义

4.　法考回忆题/不定项

习近平总书记指出:"推进全面依法治国是国家治理的一场深刻变革,必须以科学理论为指导。"对此,下列说法正确的是:②

A. 习近平法治思想是新时代全面依法治国的根本遵循和行动指南

B. 习近平法治思想构成了系统完备、逻辑严密、内在统一的科学思想体系

C. 习近平法治思想是引领法治中国建设实现高质量发展的思想旗帜

D. 贯彻中国特色社会主义法治理论是中国特色社会主义法治道路的核心要义之一

_____

① AB　② ABCD

专题三　习近平法治思想的核心要义

考点4 坚持党对全面依法治国的领导

5. 法考回忆题/单

关于党的领导、人民当家作主、依法治国的关系，下列哪一说法是
正确的?①

A. 依法治国是党的领导和人民当家作主的根本保证

B. 党的领导是社会主义民主政治的本质特征

C. 坚持三者有机统一最根本的是坚持人民当家作主

D. 人民代表大会制度是坚持党的领导、人民当家作主、依法治国有机统一的根本制度安排

6. 法考回忆题/单

党的领导是全面推进依法治国、加快建设社会主义法治国家最根本的保证。必须加强和改进党对法治工作的领导，把党的领导贯彻到全面推进依法治国全过程。关于加强党内法规制度建设，下列哪一项说法是不正确的?②

A. 依纪依法反对和克服形式主义、官僚主义、享乐主义和奢靡之风，形成严密的长效机制

B. 注重党内法规同国家法律的衔接和协调，提高党内法规执行力，与国家法律比，党内法规在适用时无须进行解释

C. 对违反党规党纪的行为必须严肃处理，对苗头性倾向性问题必须抓早抓小，防止小错酿成大错，违纪走向违法

D. 深入开展党风廉政建设和反腐败斗争，严格落实党风廉政建设党委主体责任和纪委监督责任

7. 法考回忆题/单

关于党的领导和依法治国的关系，下列哪一项说法是不正
确的?③

A. 党的领导和社会主义法治是一致的，社会主义法治必须坚持党的领导，党的领导必须依靠社会主义法治

---

① D　② B　③ C

B. 党的领导是中国特色社会主义最本质的特征,是社会主义法治最根本的保证

C. 坚持党的领导,要善于使党组织推荐的人直接成为国家政权机关的领导人员

D. 坚持党的领导,要善于使党的主张通过法定程序成为国家意志

8. 〔法考回忆题/多〕

关于党的领导和全面依法治国的关系,下列哪些说法是正确的?①

A. 社会主义法治必须坚持党的领导,党的领导必须依靠社会主义法治

B. 全面依法治国,必须坚持党总揽全局、协调各方的领导核心地位不动摇

C. 坚持党的领导、人民当家作主、依法治国有机统一,最根本的是坚持党的领导

D. 党内法规应严于和高于国家法律

9. 〔法考回忆题/多〕

关于党的领导,下列哪些说法是正确的?②

A. 中国共产党领导是中国特色社会主义最本质的特征

B. 依法执政是依法治国的关键。各级党组织和全体党员要带头尊法学法守法用法,任何组织和个人都不得有超越宪法法律的特权

C. 必须坚持党领导立法、保证执法、支持司法、带头守法,把依法治国基本方略同依法执政基本方式统一起来

D. 坚持党的领导、人民当家作主、依法治国有机统一,最根本的是坚持党的领导

10. 〔法考回忆题/多〕

关于新时代深化依法治国实践的主要任务,下列哪些选项是正确的?③

A. 成立中央全面依法治国领导小组,加强对法治中国建设的统一领导

B. 推进科学立法、民主立法、依法立法,以良法促进发展、保障善治

C. 加强宪法实施和监督,推进合宪性审查工作,维护宪法权威

D. 建设法治政府,推进依法行政,严格规范公正文明执法

---

① ABC ② ABCD ③ ABCD

考点5 坚持以人民为中心

11. 法考回忆题/单

全面依法治国最广泛、最深厚的基础是人民,要始终坚持以人民为中心。下列哪一说法是正确的?①

A. 以人民为中心是中国特色社会主义法治最根本的保证

B. 坚持人民的主体地位并不意味着让人民直接进行管理国家的活动

C. 推进全面依法治国的根本目的是实现人民实质意义上的当家作主

D. 人民利益高于一切,为了公共利益的需要,有关部门采取必要措施时,可以适当突破法律规定

12. 法考回忆题/多

全面依法治国,必须坚持以人民为中心,坚持人民主体地位。对此,下列说法正确的有哪些?②

A. 法律既是保障人民自身权利的有力武器,也是人民必须遵守的行为规范

B. 人民依法享有广泛的权利和自由,同时也承担应尽的义务

C. 人民通过各种途径直接行使立法、执法和司法的权力

D. 人民根本权益是法治建设的出发点和落脚点,法律要为人民所掌握、遵守和运用

13. 法考回忆题/多

在过去几年中,政法机关密切联系人民群众,通过开门评警、回访等多种形式广征民意,倾听基层呼声,为人民群众排忧解难,切身践行为人民服务的宗旨,为人民提供高质量服务。关于上述做法,下列表述适当的有哪些?③

A. 政法机关应当坚持专门机关工作和群众路线相结合

B. 信访制度会降低司法的权威性,应终止信访制度

C. 畅通群众利益协调、权益保障法律渠道

D. 把信访纳入法治化轨道,保障合理合法诉求依照法律规定和程序就能得到合理合法的结果

14. 法考回忆题/多

党的十九大报告指出,中国特色社会主义进入新时代,我国社会

---

① **B** ② **ABD** ③ **ACD**

主要矛盾已经转化为人民日益增长的美好生活需要和不平衡不充分的发展之间的矛盾。关于社会主要矛盾变化对法治建设提出的新要求,下列哪些选项是正确的?①

A. 人民美好生活需要日益广泛,不仅对物质文化生活提出了更高要求,而且在民主、法治、公平、正义、安全、环境等方面的要求日益增长

B. 发展不平衡不充分问题已经成为满足人民日益增长的美好生活需要的主要制约因素

C. 依法维护国家安全,防范和化解风险,严厉打击严重侵害人民群众生命财产安全的违法犯罪行为,不断增强人民群众的幸福感、安全感

D. 社会矛盾和问题交织叠加,全面依法治国任务依然繁重,国家治理体系和治理能力仍有待加强

考点6 坚持中国特色社会主义法治道路

15. 法考回忆题/单

关于坚持中国特色社会主义法治道路,下列哪一选项是不正确的?②

A. 坚持中国特色社会主义法治道路,本质上是中国特色社会主义道路在法治领域的具体体现

B. 坚持中国共产党的领导是中国特色社会主义法治道路最根本的保证

C. 中国特色社会主义法治道路,是社会主义法治建设成就和经验的集中体现,是建设社会主义法治国家的唯一正确道路

D. 要从中国国情和实际出发,走适合自己的法治道路,不借鉴外国法治

考点7 坚持依宪治国、依宪执政

16. 法考回忆题/单

关于全面贯彻实施宪法,坚定维护宪法尊严和权威,下列哪一选项是不正确的?③

A. 坚持依宪治国、依宪执政,把全面贯彻实施宪法作为首要任务

B. 党带头尊崇和执行宪法,把党领导人民制定和实施宪法法律同党坚持在宪法法律范围内活动统一起来,保障宪法法律的有效实施

C. 凡涉及宪法有关规定如何理解、实施和适用问题的,都应当依照有关规定向全国人大书面提出合宪性审查请求

---

① ABCD ② D ③ C

D. 在备案审查工作中,应当注重审查是否存在不符合宪法规定和宪法精神的内容

考点8 坚持在法治轨道上推进国家治理体系和治理能力现代化

17. 法考回忆题/多

《中共中央关于坚持和完善中国特色社会主义制度 推进国家治理体系和治理能力现代化若干重大问题的决定》要求,构建基层社会治理新格局,完善群众参与基层社会治理的制度化渠道。对此,下列哪些说法是正确的?①

A. 健全党组织领导的自治、法治、德治相结合的城乡基层治理体系,实现政府治理和社会调节、居民自治良性互动

B. 推动社会治理和服务重心向基层下移,把更多资源下沉到基层,发挥法律在基层治理中的重要作用,逐步限制居民公约、村规民约等社会规范的作用

C. 健全社会矛盾纠纷预防化解机制,完善调解、仲裁、行政裁决、行政复议、诉讼等有机衔接、相互协调的多元化纠纷解决机制

D. 坚持和发展新时代"枫桥经验",畅通和规范群众诉求表达、利益协调、权益保障通道,努力将矛盾化解在基层

考点9 坚持建设中国特色社会主义法治体系

18. 法考回忆题/单

关于建设中国特色社会主义法治体系,下列哪一项说法是正确的?②

A. 建设中国特色社会主义法治体系,建设社会主义法治国家是推进全面依法治国的首要任务

B. 建设中国特色社会主义法律体系应以法律实践为依据,不需要随着时代变化和理论创新发展完善

C. 必须健全完善权力运行制约和监督机制,规范立法、执法、司法机关权力行使,建设严密的法治监督体系

D. 建设中国特色社会主义法治体系,并不包括建设完善的党内法规体系

19. 法考回忆题/单

习近平总书记指出,国家之权乃是"神器",是个神圣的东西。公

---

① ACD ② C

权力姓公,也必须为公。关于公权力,下列哪一项说法是正确的?①

    A. 公权力是神圣的,超越政治的

    B. 公职人员在公职外不可以有个人利益

    C. 公权力必须得到制约和监督

    D. 公权力行使的界限仅限于"国法"

20. 法考回忆题/单

    制度的生命力在于执行。好的制度如果没有执行或执行不力,其优越性就会成为"空中楼阁",就不能转化为实际的治理效能。下列做法,最能符合这一要求的是哪一项?②

    A. 建设完备的法律规范体系

    B. 建设有力的法治保障体系

    C. 建设高效的法治实施体系

    D. 建设严密的法治监督体系

21. 法考回忆题/多

    关于建设中国特色社会主义法治体系,下列哪些说法是正确的?③

    A. 中国特色社会主义法治体系本质上是中国特色社会主义制度的法律表现形式

    B. 中国特色社会主义法律体系已经形成,无须再加以完善

    C. 必须健全完善权力运行制约和监督机制,规范立法、执法、司法机关权力行使,建设严密的法治监督体系

    D. 建设中国特色社会主义法治体系,需要建设完善的党内法规体系

22. 法考回忆题/多

    将权力管好,尤其是将行政权力管好,涉及人民利益的保障,也符合宪法要求的目的。关于强化行政权力的制约和监督,下列哪些说法是正确的?④

    A. 加强党内监督、人大监督、民主监督、行政监督等各种监督,努力形成科学有效的权力运行机制和监督体系,增强监督合力和实效

    B. 完善省以下地方审计机关人财物统一管理

    C. 完善纠错问责机制,健全责令公开道歉、停职检查、引咎辞职、责令辞职、罢免等问责方式和程序

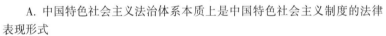

D. 完善政府内部层级监督和专门监督,改进上级机关对下级机关的监督,建立常态化监督制度

考点10 坚持依法治国、依法执政、依法行政共同推进,法治国家、法治政府、法治社会一体建设

23. 法考回忆题/单

关于党内法规和法律的关系,下列哪一项说法是不正确的?①

A. 党内法规是党的中央组织以及中央纪律检查委员会制定的党内规章制度的总称

B. 党的纪律是党内规矩,党规党纪严于国家法律

C. 党内法规是管党治党的重要依据,也是建设社会主义法治国家的有力保障

D. 党章是最根本的党内法规,对所有党员都平等适用

24. 法考回忆题/多

关于坚持法治国家、法治政府、法治社会一体建设,下列哪些说法是正确的?②

A. 法治社会是构筑法治国家的基础

B. 法治政府是法治建设的目标

C. 法治政府建设是重点任务和主体工程,对法治国家、法治社会建设具有示范带动作用,要率先突破

D. 法治国家、法治政府、法治社会三者各有侧重、相辅相成,全面依法治国必须坚持三者同步规划、同步实施,推动三者相互促进、相得益彰

考点11 坚持全面推进科学立法、严格执法、公正司法、全民守法

25. 法考回忆题/单

关于完善立法体制机制的要求,下列哪一项说法是错误的?③

A. 坚持科学立法、民主立法、依法立法

B. 完善党委领导、人大主导、政府依托、各方参与的立法工作格局

C. 立改废释并举,不断提高立法质量和效率

D. 严格规范公正文明执法,规范执法自由裁量权,加大关系群众切身利益的重点领域执法力度

① A ② ACD ③ D

26. 法考回忆题/单

全民守法是推进全面依法治国的重要环节。下列有关守法的说法中,哪一项是错误的?①

A. 全民守法,要求任何组织或者个人都必须在宪法和法律范围内活动

B. 深入开展法治宣传教育,在全社会弘扬社会主义法治精神

C. 全面落实"全民普法"的普法责任制,努力在增强普法的广泛性上下功夫

D. 坚持依法治国和以德治国相结合,把法治建设和道德建设紧密结合起来。

27. 法考回忆题/单

公正是法治的生命线。司法公正对社会公正具有重要引领作用。下列关于保证公正司法、提高司法公信力的说法,哪一项是不正确的?②

A. 完善司法体制,可尝试推动实行审判权和执行权相分离的体制改革试点

B. 完善审级制度,一审注重解决事实认定和法律适用,二审重在解决事实法律争议

C. 完善司法体制,健全公安机关、检察机关、审判机关、司法行政机关及律师之间相互配合的体制,更好地处理各项司法事务

D. 任何党政机关和领导干部都不得让司法机关作出违反法定职责、有碍司法公正的事

28. 法考回忆题/不定项

党的十八届四中全会指出,建设中国特色社会主义法治体系,必须坚持立法先行,发挥立法的引领和推动作用,抓住提高立法质量这个关键,明确要求完善立法体制。下列选项中正确的是:③

A. 党中央向全国人大提出宪法修改建议,依照宪法规定的程序进行宪法修改。法律制定和修改的重大问题由全国人大常委会委员长会议向党中央报告

B. 加强党对立法工作的领导,完善党对立法工作中重大问题决策的程序。凡立法涉及重大体制和重大政策调整的,必须报党中央讨论决定

C. 对部门间争议较大的重要立法事项,由决策机关引入第三方评估,充

分听取各方意见,协调决定,不能久拖不决

D. 依法建立健全专门委员会、工作委员会立法专家顾问制度

29. （法考回忆题/多）

关于科学立法,下列哪些说法是正确的?①

A. 建设中国特色社会主义法治体系,必须坚持立法先行,立法质量是关键

B. 要注重加强重点领域、新兴领域、涉外领域立法,统筹推进国内法治和涉外法治

C. 科学立法的核心在于为了人民、依靠人民

D. 在立法程序上,要发挥人大及其常委会在立法工作中的主导作用

30. （法考回忆题/多）

关于坚持公正司法,下列哪些说法是正确的?②

A. 公正司法,就是受到侵害的权利一定会得到保护和救济,违法犯罪活动一定要受到制裁和惩罚

B. 要改进司法工作作风,通过热情服务切实解决好老百姓打官司过程中遇到的各种难题

C. 全面落实司法责任制,加强党在个案中对审判工作的指导

D. 依法规范司法人员与当事人、律师、特殊关系人、中介组织的接触、交往行为

31. （法考回忆题/多）

关于建设高效的法治实施体系,深入推进严格执法、公正司法、全民守法,下列哪些说法是正确的?③

A. 构建职责明确、依法行政的政府治理体系

B. 建设公正高效权威的中国特色社会主义司法制度

C. 审判在维护社会公平正义中扮演着关键角色,要引导纠纷主要通过法院审理解决

D. 引导全体人民做社会主义法治的忠实崇尚者、自觉遵守者、坚定捍卫者

32. （法考回忆题/多）

某地法院为方便"老、残"等行动不便人员参加诉讼,专门设置了

---

① ABD　② ABD　③ ABD

特殊情况人员专门受理、接纳通道。以下哪些说法是正确的？①

A. 法院的做法体现了司法为民、司法便民的要求

B. 保障弱势群体的权益是实现司法公正的必然要求

C. 法院的做法违背了法律面前人人平等原则，不利于实现司法公正

D. 司法公正对社会公正具有关键的引领作用，司法不公对社会公正具有致命的破坏作用

33． 法考回忆题/多

某高校教授应邀担任某小学的特聘法治宣传人员，在小学举办法治课堂。关于该做法，下列哪些说法是正确的？②

A. 青少年思维尚不成熟，举办法治课堂有利于正确树立其法律观念

B. 法治课堂可以作为普法宣传常态化机制

C. 法治课堂是贯彻"谁执法谁普法"的具体举措

D. 对青少年进行法治宣传和教育是全社会共同的责任

考点 12 坚持统筹推进国内法治和涉外法治

34． 法考回忆题/多

当今世界正经历百年未有之大变局，国际社会经济发展和地缘政治安全发生深刻变化。统筹推进国内法治和涉外法治是维护国家主权、安全、发展利益的迫切需要。对此，下列哪些说法是正确的？③

A. 在全面推进依法治国进程中，应当将统筹运用国际法放在首要重点地位

B. 积极参与国际规则制定，做全球治理变革进程的参与者、推动者、引领者

C. 坚定维护以国际法为基础的国际秩序，为运用法治思维和法治方式推动构建人类命运共同体贡献中国智慧和中国方案

D. 形成系统完备的涉外法律法规体系，用好国内国际两类规则，营造市场化、法治化、国际化一流营商环境

考点 13 坚持建设德才兼备的高素质法治工作队伍

35． 法考回忆题/不定项

全面推进依法治国，建设一支德才兼备的高素质法治队伍至关重

---

① ABD ② ABD ③ BCD

要。对此,下列选项中正确的是:①

A. 要把拥护中国共产党领导、拥护我国社会主义法治作为法律服务人员从业的基本要求

B. 推进法治专门队伍革命化、正规化、专业化、职业化

C. 全面推进依法治国,首先要把法律服务队伍建设好

D. 加强教育、管理、引导,引导法律服务工作者坚持正确政治方向,依法依规诚信执业,认真履行社会责任

36. 法考回忆题/多

全面推进依法治国,必须建设一支德才兼备的高素质法治工作队伍。关于建设法治工作队伍,下列哪些表述是正确的?②

A. 建立法律职业人员统一职前培训制度和在职法官、检察官、警官、律师同堂培训制度

B. 加强由法官、检察官、公证员、司法鉴定人、仲裁员、人民调解员等构成的法律服务队伍建设

C. 要充分发挥律师在全面依法治国中的重要作用,增强广大律师走中国特色社会主义法治道路的自觉性和坚定性

D. 建立激励法律服务人才跨区域流动机制,逐步解决基层和欠发达地区法律服务资源不足和人才匮乏问题

考点14 坚持抓住领导干部这个"关键少数"

37. 法考回忆题/单

全面建设社会主义现代化国家,必须有一支政治过硬、适应新时代要求、具备领导现代化建设能力的干部队伍。对此,哪一项说法是错误的?③

A. 领导干部是全面推进依法治国的重要组织者、推动者、实践者,是全面依法治国的关键

B. 领导干部必须做守法的模范,牢记法律红线不可逾越、法律底线不可触碰

C. 领导干部要善于用法治思维谋划工作,用法治方式处理问题

D. 要赋予领导干部更多的权力,强化领导干部的权威性

---

① ABD ② ACD ③ D

专题四　习近平法治思想的实践要求

考点15 正确认识和处理全面依法治国一系列重大关系

38. （法考回忆题/多）

下列关于正确认识和处理全面依法治国重大关系的说法正确的有哪些?①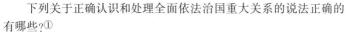

A. 必须坚持宪法确定的中国共产党领导地位不动摇,坚持宪法确定的人民民主专政的国体和人民代表大会制度的政体不动摇

B. 国家法律是党的政策的先导和指引,是立法和执法司法的重要指导

C. 依规治党是依法治国的前提和保障,要发挥依法治国对依规治党的辅助作用

D. 既要强化法律对道德建设的促进作用,又要发挥道德对法治的滋养作用

39. （法考回忆题/多）

改革既不是"法外之地",更不是"法律禁地"。对此,下列哪些理解是正确的?②

A. 不得借改革之名进行违法乱纪活动

B. 立法时应当为未来的改革预留空间

C. 不应以现行法无依据为由迟滞改革

D. 先行先试的改革可以突破法律红线

40. （法考回忆题/多）

推进全面依法治国是国家治理的一场深刻变革,下列哪些说法是正确的?③

A. 要营造各种所有制主体依法平等使用资源要素、公开公平公正参与竞争、同等受到法律保护的市场环境

B. 立法要主动适应改革需要,改革也要以习近平法治思想为指导

C. 对实践证明已经比较成熟的改革经验和行之有效的改革举措,要尽快上升为法律,先推行改革,再修订、解释或者废止原有法律

D. 立足新发展阶段,贯彻"发展要上,法治要让"的基本原则,对不适应改革要求的现行法律法规,要及时修改或废止

---

①　AD　②　ABC　③　AB

法 理 学

 扫一扫，"码"上做题　　微信扫码，即可线上做题、看解析。
多种做题模式：章节自测、单科集训、随机演练等。

专题五　法的本体

考点16 法的概念的争议

41. 法考回忆题/单 ①

关于法的概念与本质，下列哪一说法是正确的？①

A. 是否承认法律是最低限度的道德，是区分实证主义与非实证主义的主要标准

B. 是否承认社会实效是法的构成要素，是区分分析法学派与社会法学派的主要标准

C. 每一条法律的存在和内容完全是由社会渊源决定的，是排他性法律实证主义的观点

D. 按照马克思主义法学的观点，法律是社会共同体意志的体现

42. 2015/1/90/不定项②

"法学作为科学无力回答正义的标准问题，因而是不是法与是不是正义的法是两个必须分离的问题，道德上的善或正义不是法律存在并有效力的标准，法律规则不会因违反道德而丧失法的性质和效力，即使那些同道德严重对抗的法也依然是法。"关于这段话，下列说法正确的是：③

A. 这段话既反映了实证主义法学派的观点，也反映了自然法学派的基本立场

B. 根据社会法学派的看法，法的实施可以不考虑法律的社会实效

---

① C　② 指 2015 年/ 试卷一/ 第 90 题/ 不定项选择题——编者注。　③ C

C. 根据分析实证主义法学派的观点,内容正确性并非法的概念的定义要素

D. 所有的法学学派均认为,法律与道德、正义等在内容上没有任何联系

43. 2013/1/88/不定项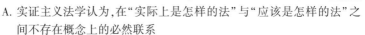

关于实证主义法学和非实证主义法学,下列说法不正确的是:①

A. 实证主义法学认为,在"实际上是怎样的法"与"应该是怎样的法"之间不存在概念上的必然联系

B. 非实证主义法学在定义法的概念时并不必然排除社会实效性要素和权威性制定要素

C. 所有的非实证主义法学都可以被看作是古典自然法学

D. 仅根据社会实效性要素,并不能将实证主义法学派、非实证主义法学派和其他法学派(比如社会法学派)在法定义上的观点区别开来

考点17 法的特征

44. 法考回忆题/单

法谚有云:"习惯依靠自觉遵守,法律则被强制服从。"下列说法哪一项是正确的?②

A. 习惯不设定义务

B. 习惯不具有强制力

C. 法律不被强制,则不被遵守

D. 法律不被实施,则不生实效

45. 2009/1/8/单

《摩奴法典》是古印度的法典,《法典》第五卷第一百五十八条规定:"妇女要终生耐心、忍让、热心善业、贞操,淡泊如学生,遵守关于妇女从一而终的卓越规定。"第一百六十四条规定:"不忠于丈夫的妇女生前遭诟辱,死后投生在豺狼腹内,或为象皮病和肺痨所苦。"第八卷第四百一十七条规定:"婆罗门贫困时,可完全问心无愧地将其奴隶首陀罗的财产据为己有,而国王不应加以处罚。"第十一卷第八十一条规定:"坚持苦行,纯洁如学生,凝神静思,凡十二年,可以偿赎杀害一个婆罗门的罪恶。"结合材料,判断下列哪一说法是错误的?③

A.《摩奴法典》的规定表明,人类早期的法律和道德、宗教等其他规范是

---

① C ② D ③ B

浑然一体的

B.《摩奴法典》规定苦修可以免于处罚,说明《法典》缺乏强制性

C.《摩奴法典》公开维护人和人之间的不平等

D.《摩奴法典》带有浓厚的神秘色彩,与现代法律精神不相符合

考点 18 法的本质的马克思主义观点

46. 2012/1/54/多

下列有关"国法"的理解,哪些是不正确的?①

A. "国法"是国家法的另一种说法

B. "国法"仅指国家立法机关创制的法律

C. 只有"国法"才有强制性

D. 无论自然法学派,还是实证主义法学派,都可能把"国法"看作实在法

考点 19 法的作用

47. 法考回忆题/单

任某应聘甲公司的法务部门职位,被该公司人力部门以其户籍地为 H 省为由拒绝。任某认为受到甲公司的就业歧视,起诉到法院。法院认为,根据《就业促进法》第 3 条规定,劳动者就业,不因民族、种族、性别、宗教信仰等不同而受歧视。甲公司以户籍地为由拒绝任某,是以与"工作内在要求"无必然联系的因素对劳动者进行无正当理由的差别对待。因此,法院判决甲公司向任某赔礼道歉。关于该案,下列哪一说法是正确的?②

A.《民法典》和《就业促进法》是同一种法律部门

B. 劳动者不受歧视的权利属于相对权

C. 法官判决甲公司赔礼道歉,体现的是法的强制作用

D.《就业促进法》第 3 条所规定的原则属于政策性原则

48. 2014/1/10/单

关于法的规范作用,下列哪一说法是正确的?③

A. 陈法官依据诉讼法规定主动申请回避,体现了法的教育作用

B. 法院判决王某行为构成盗窃罪,体现了法的指引作用

C. 林某参加法律培训后开始重视所经营企业的法律风险防控,反映了法的保护自由价值的作用

---

① ABC ② C ③ D

D. 王某因散布谣言被罚款 300 元,体现了法的强制作用

49. `2011/1/89/不定项`

2011 年 7 月 5 日,某公司高经理与员工在饭店喝酒聚餐后表示:别开车了,"酒驾"已入刑,咱把车推回去。随后,高经理在车内掌控方向盘,其他人推车缓行。记者从交警部门了解到,如机动车未发动,只操纵方向盘,由人力或其他车辆牵引,不属于酒后驾车。但交警部门指出,路上推车既会造成后方车辆行驶障碍,也会构成对推车人的安全威胁,建议酒后将车置于安全地点,或找人代驾。鉴于我国对"酒后代驾"缺乏明确规定,高经理起草了一份《酒后代驾服务规则》,包括总则、代驾人、被代驾人、权利与义务、代为驾驶服务合同、法律责任等共六章二十一条邮寄给国家立法机关。

关于高经理和公司员工拒绝"酒驾"所体现的法的作用,下列说法正确的是?①

A. 法的指引作用　　　　　B. 法的评价作用

C. 法的预测作用　　　　　D. 法的强制作用

50. `2009/1/6/单`

法律格言说:"紧急时无法律。"关于这句格言含义的阐释,下列哪一选项是正确的?②

A. 在紧急状态下是不存在法律的

B. 人们在紧急状态下采取紧急避险行为可以不受法律处罚

C. 有法律,就不会有紧急状态

D. 任何时候,法律都以紧急状态作为产生和发展的根本条件

考点20 法的价值

51. `法考回忆题/单`

出租车司机甲送孕妇乙去医院,途中乙临产,情形危急。为争取时间,甲将车开至非机动车道掉头,被交警拦截并告知罚款。经甲解释后,交警对甲未予处罚且为其开警车引道,将乙及时送至医院。但该孕妇送至医院后,医生以病人家属未签字为由,未对孕妇施救,出租车司机欲签字,该医生以出租车司机非病人家属为由拒绝。最终,孕妇不幸身亡。对此事件,下列哪一项表述是正确的? ③

A. 本案中交警既进行了事实判断,也进行了价值判断

---

① A ② B ③ A

B. 交警采取了个案中的比例原则解决了本案中的价值冲突

C. 该医生根据相关法律规定,拒绝给孕妇做手术,体现了非实证主义的基本观点

D. 如果病人家属及时赶到并签字,医生对孕妇进行剖腹产,则体现了法限制人们自由的伤害原则

52. 2017/1/8/单

秦某以虚构言论、合成图片的手段在网上传播多条"警察打人"的信息,造成恶劣影响,县公安局对其处以行政拘留8日的处罚。秦某认为自己是在行使言论自由权,遂诉至法院。法院认为,原告捏造、散布虚假事实的行为不属于言论自由,为法律所明文禁止,应承担法律责任。对此,下列哪一说法是正确的?①

A. 相对于自由价值,秩序价值处于法的价值的顶端

B. 法官在该案中运用了个案平衡原则解决法的价值冲突

C. "原告捏造、散布虚假事实的行为不属于言论自由"仅是对案件客观事实的陈述

D. 言论自由作为人权,既是道德权利又是法律权利

53. 2016/1/88/不定项

"法律只是在自由的无意识的自然规律变成有意识的国家法律时,才成为真正的法律。哪里法律成为实际的法律,即成为自由的存在,哪里法律就成为人的实际的自由存在。"关于该段话,下列说法正确的是:②

A. 从自由与必然的关系上讲,规律是自由的,但却是无意识的,法律永远是不自由的,但却是有意识的

B. 法律是"人的实际的自由存在"的条件

C. 国家法律须尊重自然规律

D. 自由是评价法律进步与否的标准

54. 2015/1/9/单

临产孕妇黄某由于胎盘早剥被送往医院抢救,若不尽快进行剖宫产手术将危及母子生命。当时黄某处于昏迷状态,其家属不在身边,且联系不上。经医院院长批准,医生立即实施了剖宫产手术,挽救了母子生命。该医院的做法体现了法的价值冲突的哪一解决原则?③

---

① D ② BCD ③ A

A. 价值位阶原则

B. 自由裁量原则

C. 比例原则

D. 功利主义原则

55. 〔2011/1/13/单〕

宽严相济是我国的基本刑事政策,要求法院对于危害国家安全、恐怖组织犯罪、"黑恶"势力犯罪等严重危害社会秩序和人民生命财产安全的犯罪分子,尤其对于极端仇视国家和社会,以不特定人为侵害对象,所犯罪行特别严重的犯罪分子,该依法重判的坚决重判,该依法判处死刑立即执行的绝不手软。对于解决公共秩序、社会安全、犯罪分子生命之间存在的法律价值冲突,该政策遵循下列哪一原则?①

A. 个案平衡原则

B. 比例原则

C. 价值位阶原则

D. 自由裁量原则

56. 〔2011/1/54/多〕

近年来,我国部分地区基层法院在民事审判中试点"小额速裁",对法律关系单一、事实清楚、争议标的额不足 1 万元的民事案件,实行一审终审制度。关于该审判方式改革体现出的价值取向,下列哪些说法是正确的?②

A. 节约司法成本

B. 促进司法民主

C. 提高司法效率

D. 推行司法公开

57. 〔2010/1/55/多〕

贾律师在一起未成年人盗窃案件辩护意见中写到:"首先,被告人刘某只是为了满足其上网玩耍的欲望,实施了秘密窃取少量财物的行为,主观恶性不大;其次,本省盗窃罪的追诉限额为 800 元,而被告所窃财产评估价值仅为 1,050 元,社会危害性较小;再次,被告人刘某仅从这次盗窃中分得 200 元,收益较少。故被告人刘某的犯罪情节轻微,社会危害性不大,主观恶性小,依法应当减轻或免除处罚。"关于该意见,下列哪些选项是不正确的?③

---

① C　② AC　③ BCD

A. 辩护意见既运用了价值判断,也运用了事实判断

B. "被告人刘某的犯罪情节轻微,社会危害性不大,主观恶性小,依法应当减轻或免除处罚",属于事实判断

C. "本省盗窃罪的追诉限额为 800 元,而被告人所窃取财产评估价值仅为 1,050 元",属于价值判断

D. 辩护意见中的"只是"、"仅为"、"仅从"这类词汇,属于法律概念

考点 21 法的要素:法律规则和法律原则

58. 法考回忆题/单

有法谚云:"语言是法律精神的体现。"关于该法谚,下列哪一说法是正确的?①

A. 若语言有歧义,则法律无效力

B. 若语言可被翻译,则法律必然可以被移植

C. 语言表述法理,法理形成规范

D. 语言表述相同,则法律含义必然相同

59. 法考回忆题/不定项

吴先生与秦女士自由恋爱后结婚,育有一子吴勇,后二人因感情不和协议离婚,考虑到吴勇年幼,双方在协议中约定,吴勇由秦女士抚养,但倘若秦女士再婚,不得生育。后秦女士再婚并怀孕,吴先生诉至法院,以秦女士违反协议为由,要求获得吴勇的抚养权。法院认定协议因侵犯秦女士的生育权而无效,判决驳回吴先生的诉讼请求。吴勇上小学后,因名字谐音,被同学起了个绰号"没用"。吴勇内心感觉屈辱,请求母亲为自己改名。秦女士遂到公安机关将"吴勇"改为"秦勇"。后吴先生听说此事,诉至法院,以吴勇为自己亲生儿子,按照中国人的传统习惯,理应跟自己姓为由,要求法院判决将"秦勇"更名为"吴勇"。法院根据《婚姻法》②第 22 条,"子女可以随父姓,可以随母姓",判决驳回吴先生的诉讼请求。请根据此案回答下列(1)-(3)题:

(1)下列说法错误的是:③

A.《婚姻法》第 22 条属于允许句

B.《婚姻法》第 22 条属于法律原则的规定,在缺少法律规则的情形下,可以在审判中适用

C.《婚姻法》第 22 条规定了法律规则的假定条件

D.《婚姻法》第 22 表达了授权性规则、任意性规则、准用性规则

（2）上述协议违反了以下何种原则？①

A. 公序良俗原则   B. 平等原则

C. 自愿原则   D. 公平原则

（3）关于此案，下列说法正确的是：②

A. 公民享有姓名权，但姓名权的行使不得违背社会的公序良俗

B. 姓名权属于相对权

C. 如果法院判决孩子随母姓，体现了法的评价作用

D. 吴先生主张的中国传统习惯属于非正式的法的渊源，不得在审判中适用

60. 〔 2017/1/9/单 〕

《民法总则》第 187 条规定："民事主体因同一行为应当承担民事责任、行政责任和刑事责任的，承担行政责任或者刑事责任不影响承担民事责任；民事主体的财产不足以支付的，优先用于承担民事责任。"关于该条文，下列哪一说法是正确的？③

  A. 表达的是委任性规则

  B. 表达的是程序性原则

  C. 表达的是强行性规则

  D. 表达的是法律责任的竞合

61. 〔 2016/1/8/单 〕

《治安管理处罚法》第 115 条规定："公安机关依法实施罚款处罚，应当依照有关法律、行政法规的规定，实行罚款决定与罚款收缴分离；收缴的罚款应当全部上缴国库。"关于该条文，下列哪一说法是正确的？④

  A. 表达的是禁止性规则

  B. 表达的是强行性规则

  C. 表达的是程序性原则

  D. 表达了法律规则中的法律后果

62. 〔 2016/1/9/单 〕

全兆公司利用提供互联网接入服务的便利，在搜索引擎讯集公司

---

① A ② AC ③ C ④ B

网站的搜索结果页面上强行增加广告,被讯集公司诉至法院。法院认为,全兆公司行为违反诚实信用原则和公认的商业道德,构成不正当竞争。关于该案,下列哪一说法是正确的?①

A. 诚实信用原则一般不通过"法律语句"的语句形式表达出来

B. 与法律规则相比,法律原则能最大限度实现法的确定性和可预测性

C. 法律原则的着眼点不仅限于行为及条件的共性,而且关注它们的个别性和特殊性

D. 法律原则是以"全有或全无"的方式适用于个案当中

63. 2015/1/10/单

《刑事诉讼法》第五十四条规定:"采取刑讯逼供等非法方法收集的犯罪嫌疑人、被告人供述和采用暴力、威胁等非法方法收集的证人证言、被害人陈述,应当予以排除。"对此条文,下列哪一理解是正确的?②

A. 运用了规范语句来表达法律规则

B. 表达的是一个任意性规则

C. 表达的是一个委任性规则

D. 表达了法律规则中的假定条件、行为模式和法律后果

64. 2014/1/11/单

尹老汉因女儿很少前来看望,诉至法院要求判决女儿每周前来看望1次。法院认为,根据《老年人权益保障法》第十八条规定,家庭成员应当关心老年人的精神需求,不得忽视、冷落老年人;与老年人分开居住的家庭成员,应当经常看望或问候老年人。而且,关爱老人也是中华传统美德。法院遂判决被告每月看望老人1次。关于此案,下列哪一说法是错误的?③

A. 被告看望老人次数因法律没有明确规定,由法官自由裁量

B. 《老年人权益保障法》第十八条中没有规定法律后果

C. 法院判决所依据的法条中规定了积极义务和消极义务

D. 法院判决主要是依据道德作出的

65. 2014/1/52/多

新郎经过紧张筹备准备迎娶新娘。婚礼当天迎亲车队到达时,新娘却已飞往国外,由其家人转告将另嫁他人,离婚手续随后办理。此事对新郎造成严重伤害。法院认为,新娘违背诚实信用和公序良俗原则,侮辱了新郎人

---

① C ② A ③ D

格尊严,判决新娘赔偿新郎财产损失和精神抚慰金。关于本案,下列哪些说法可以成立?①

A. 由于缺乏可供适用的法律规则,法官可依民法基本原则裁判案件

B. 本案法官运用了演绎推理

C. 确认案件事实是法官进行推理的前提条件

D. 只有依据法律原则裁判的情形,法官才需提供裁判理由

66. 〔2012/1/10/单〕

《中华人民共和国民法通则》第 6 条规定:"民事活动必须遵守法律,法律没有规定的,应当遵守国家政策。"从法官裁判的角度看,下列哪一说法符合条文规定的内容?②

A. 条文涉及法的渊源

B. 条文规定了法与政策的一般关系

C. 条文直接规定了裁判规则

D. 条文规定了法律关系

67. 〔2012/1/87/不定项〕

1995 年颁布的《保险法》第 91 条规定:"保险公司的设立、变更、解散和清算事项,本法未作规定的,适用公司法和其他有关法律、行政法规的规定。"2009 年修订的《保险法》第 94 条规定:"保险公司,除本法另有规定外,适用《中华人民共和国公司法》的规定。"关于二条文规定的内容,下列理解正确的是:③

A. 均属委任性规则　　　　　B. 均属任意性规则

C. 均属准用性规则　　　　　D. 均属禁止性规则

68. 〔2011/1/9/单〕

关于法律要素,下列哪一说法是错误的?④

A.《反垄断法》第三十七条:"行政机关不得滥用行政权力,制定含有排除、限制竞争内容的规定。"这属于义务性规则

B.《行政处罚法》第三十七条第三款:"执法人员与当事人有直接利害关系的,应当回避。"这既不属于法律原则,也不属于法律规则

C.《政府信息公开条例》第三十七条:"教育、医疗卫生、计划生育、供水、供电、供气、供热、环保、公共交通等与人民群众利益密切相关的公共

企事业单位在提供社会公共服务过程中制作、获取的信息的公开,参照本条例执行,具体办法由国务院有关主管部门或机构制定。"这属于委任性规则

D. 《婚姻法》第二十二条:"子女可以随父姓,可以随母姓。"这属于确定性规则

69. 2010/1/51/多

关于法律规则、法律条文与语言的表述,下列哪些选项是正确的?①

A. 法律规则以"规范语句"的形式表达

B. 所有法律规则都具语言依赖性,在此意义上,法律规则就是法律条文

C. 所有表述法律规则的语句都可以带有道义助动词

D. 《中华人民共和国民法通则》第十五条规定:"公民以他的户籍所在地的居住地为住所,经常居住地与住所不一致的,经常居住地视为住所。"从语式上看,该条文表达的并非一个法律规则

考点 22 法的要素:法律概念

70. 法考回忆题/单

关于法律概念,下列哪一项说法是错误的?②

A. 法律概念具有一定的独立性,特定案件事实符合该法律规范中的法律概念的特征,才能将该法律规范适用于该案件

B. 描述性概念没有真假之分,评价性概念有真假之分,善良属于评价性概念

C. 民法上的推定概念均属于论断性概念,比如"宣告死亡"即属于论断性概念

D. 不确定性法律概念可以区分为描述性不确定性概念和规范性不确定性概念

考点 23 法的要素:权利与义务

71. 法考回忆题/不定项

贝某在驾车行驶中遇到行人通过人行横道,未停车让行,被交警大队罚款 100 元,并记 3 分。贝某对处罚不服,提起行政诉讼。贝某诉称,其

---

① AC ② B

驾车靠近人行横道时,行人已经停在了人行横道上,故不属于"正在通过人行横道";如果只要人行横道上有人,机动车就停车让行,会在很大程度上影响通行效率。法院经审理认为,根据《道路交通安全法》第47条规定,机动车行经人行横道时,应当减速行驶;遇行人正在通过人行横道,应当停车让行。对"正在通过"的理解不能局限于"通过"的内涵,而是应当考虑汽车和行人在交通过程中的强势和弱势地位,这也是保障生命安全的现代交通文明的内在要求。法院遂判决贝某败诉。关于本案,下列说法错误的是:①

A. 司机遇到行人通过人行横道时停车属于消极义务

B.《道路交通安全法》第47条的规定属于法律原则

C. 法官仅进行了文义解释

D. 法官判决体现了交通安全价值高于效率价值

72. 法考回忆题/单

李女士在美国留学并工作多年,其间交往多位男友,但因各种原因分手。后李女士受公司派遣,至中国担任公司高管,工作期间认识法学博士冯某,二人坠入爱河,迅速组建家庭。一日,冯某收拾家中物品,发现李女士在美国治疗性病的病历,勃然大怒。追问之下,李女士告知,在美国留学期间被男友传染,因此愤而与男友分手。冯某仍对此耿耿于怀,以《婚姻法》规定"夫妻应当互相忠实"为由,认为李女士违背忠实义务而起诉离婚。李女士引用《民法总则》公民享有隐私权的规定,认为这是自己的隐私权,拒绝离婚。后法院调解无效,认定双方感情破裂,判决双方离婚。对于本案,下列哪一说法是正确的?②

A. 根据《婚姻法》的规定,李女士有义务将自己婚前得过性病的经历告知冯某

B. 隐私权属于相对权

C.《婚姻法》与《民法总则》均为基本法律,但是在婚姻案件中,《婚姻法》的有关规定应当优先于《民法总则》的有关规定

D. 我国宪法明确规定,公民的隐私权不受侵犯

73. 2017/1/10/单

王甲经法定程序将名字改为与知名作家相同的"王乙",并在其创作的小说上署名"王乙"以增加销量。作家王乙将王甲诉至法院。法院认

① ABC ② C

为,公民虽享有姓名权,但被告署名的方式误导了读者,侵害了原告的合法权益,违背诚实信用原则。关于该案,下列哪一选项是正确的?①

A. 姓名权属于应然权利,而非法定权利

B. 诚实信用原则可以填补规则漏洞

C. 姓名权是相对权

D. 若法院判决王甲承担赔偿责任,则体现了确定法与道德界限的"冒犯原则"

74． 2015/1/88/不定项

张某因其妻王某私自堕胎,遂以侵犯生育权为由诉至法院请求损害赔偿,但未获支持。张某又请求离婚,法官调解无效后依照《婚姻法》中"其他导致大妻感情破裂的情形"的规定判决准了离婚。对此,下列选项中正确的是:②

A. 王某与张某婚姻关系的消灭是由法律事件引起的

B. 张某主张的生育权属于相对权

C. 法院未支持张某的损害赔偿诉求,违反了"有侵害则有救济"的法律原则

D. "其他导致夫妻感情破裂的情形"属于概括性立法,有利于提高法律的适应性

75． 2010/1/6/单

法律格言说:"不知自己之权利,即不知法律。"关于这句法律格言含义的阐释,下列哪一选项是正确的?③

A. 不知道法律的人不享有权利

B. 任何人只要知道自己的权利,就等于知道整个法律体系

C. 权利人所拥有的权利,既是事实问题也是法律问题

D. 权利构成法律上所规定的一切内容,在此意义上,权利即法律,法律亦权利

76． 2009/1/12/单

《集会游行示威法》第四条规定:"公民在行使集会、游行、示威的权利的时候,必须遵守宪法和法律,不得反对宪法所确定的基本原则,不得损害国家的、社会的、集体的利益和其他公民的合法的自由和权利。"关于这一

---

① B　② BD　③ C

规定,下列哪一说法是正确的?①

A. 该条是关于权利的规定,因此属于授权性规则

B. 该规定表明法律保护人的自由,但自由也应受到法律的限制

C. 公民在行使集会、游行、示威的权利的时候,不得损害国家的、社会的、集体的利益,因此国家利益是我国法律的最高价值

D. 该规定的内容比较模糊,因而对公民不具有指导意义

考点24 法的渊源

77. 2017/1/56/多

某区质监局以甲公司未依《食品安全法》取得许可从事食品生产为由,对其处以行政处罚。甲公司认为,依特别法优先于一般法原则,应适用国务院《工业产品生产许可证管理条例》(以下简称《条例》)而非《食品安全法》,遂提起行政诉讼。对此,下列哪些说法是正确的?②

A.《条例》不是《食品安全法》的特别法,甲公司说法不成立

B.《食品安全法》中规定食品生产经营许可的法律规范属于公法

C. 若《条例》与《食品安全法》抵触,法院有权直接撤销

D.《条例》与《食品安全法》都属于当代中国法的正式渊源中的"法律"

78. 2016/1/56/多

林某与所就职的鹏翔航空公司发生劳动争议,解决争议中曾言语威胁将来乘坐鹏翔公司航班时采取报复措施。林某离职后在选乘鹏翔公司航班时被拒载,遂诉至法院。法院认为,航空公司依《合同法》负有强制缔约义务,依《民用航空法》有保障飞行安全义务。尽管相关国际条约和我国法律对此类拒载无明确规定,但依航空业惯例航空公司有权基于飞行安全事由拒载乘客。关于该案,下列哪些说法是正确的?③

A. 反映了法的自由价值和秩序价值之间的冲突

B. 若法无明文规定,则法官自由裁量不受任何限制

C. 我国缔结或参加的国际条约是正式的法的渊源

D. 不违反法律的行业惯例可作为裁判依据

79. 2015/1/89/不定项

李某因热水器漏电受伤,经鉴定为重伤,遂诉至法院要求厂家赔

---

① B ② AB ③ ACD

偿损失,其中包括精神损害赔偿。庭审时被告代理律师辩称,一年前该法院在审理一起类似案件时并未判决给予精神损害赔偿,本案也应作相同处理。但法院援引最新颁布的司法解释,支持了李某的诉讼请求。关于此案,下列认识正确的是:①

A. "经鉴定为重伤"是价值判断而非事实判断

B. 此案表明判例不是我国正式的法的渊源

C. 被告律师运用了类比推理

D. 法院生效的判决具有普遍约束力

80. 2014/1/12/单

原告与被告系亲兄弟,父母退休后与被告共同居住并由其赡养。父亲去世被告独自料理后事,未通知原告参加。原告以被告侵犯其悼念权为由诉至法院。法院认为,按照我国民间习惯,原告有权对死者进行悼念,但现行法律对此没有规定,该诉讼请求于法无据,判决原告败诉。关于此案,下列哪一说法是错误的?②

A. 本案中的被告侵犯了原告的经济、社会、文化权利

B. 习惯在我国是一种非正式的法的渊源

C. 法院之所以未支持原告诉讼请求,理由在于被告侵犯的权利并非法定权利

D. 在本案中法官对判决进行了法律证成

81. 1995 年颁布的《保险法》第 91 条规定:"保险公司的设立、变更、解散和清算事项,本法未作规定的,适用公司法和其他有关法律、行政法规的规定。"2009 年修订的《保险法》第 94 条规定:"保险公司,除本法另有规定外,适用《中华人民共和国公司法》的规定。"请回答(1)、(2)题。

(1) 2012/1/86/不定项

根据法的渊源的知识,关于《保险法》上述二条规定之间的关系,下列理解正确的是:③

A. "前法"与"后法"之间的关系

B. "一般法"与"特别法"之间的关系

C. "上位法"与"下位法"之间的关系

D. 法的正式渊源与法的非正式渊源之间的关系

---

① BC ② A ③ A

（2）　**2012/1/88/不定项**

根据法的渊源及其效力原则,下列理解正确的是:①

A. 相对于《公司法》规定而言,《保险法》对保险公司所作规定属于"特别法"

B.《保险法》对保险公司的规定不同于《公司法》的,优先适用《保险法》

C.《保险法》对保险公司没有规定的,适用《公司法》

D. 根据 2009 年修订的《保险法》第 94 条规定,对于保险公司的设立、变更、解散和清算事项,《保险法》没有规定的,可以优先适用其他有关法律、行政法规的规定

82． **2011/1/14/单**

甲法官处理一起伤害赔偿案件,耐心向被告乙解释计算赔偿数额的法律依据,并将最高法院公报发布的已生效同类判决提供乙参考。乙接受甲法官建议,在民事调解书上签字赔偿了原告损失。关于本案,下列哪一判断是正确的?②

A. 法院已生效同类判决具有普遍约束力

B. 甲法官在该案调解时适用了判例法

C. 甲法官提供的指导性案例具有说服力

D. 民事调解书经乙签署后即具有行政强制执行力

83． **2011/1/53/多**

1983 年 3 月 1 日,全国人大常委会通过的《商标法》生效;2002 年 9 月 15 日,国务院制定的《商标法实施条例》生效;2002 年 10 月 16 日,最高法院制定的《关于审理商标民事纠纷案件适用法律若干问题的解释》施行。对此,下列哪些说法是正确的?③

A.《商标法实施条例》是部门规章

B.《关于审理商标民事纠纷案件适用法律若干问题的解释》是司法解释

C.《商标法实施条例》的效力要低于《商标法》

D.《商标法实施条例》是《关于审理商标民事纠纷案件适用法律若干问题的解释》的母法

84． **2011/1/91/不定项**

2011 年 7 月 5 日,某公司高经理与员工在饭店喝酒聚餐后表示:

---

① ABC　② C　③ BC

别开车了,"酒驾"已入刑,咱把车推回去。随后,高经理在车内掌控方向盘,其他人推车缓行。记者从交警部门了解到,如机动车未发动,只操纵方向盘,由人力或其他车辆牵引,不属于酒后驾车。但交警部门指出,路上推车既会造成后方车辆行驶障碍,也会构成对推车人的安全威胁,建议酒后将车置于安全地点,或找人代驾。鉴于我国对"酒后代驾"缺乏明确规定,高经理起草了一份《酒后代驾服务规则》,包括总则、代驾人、被代驾人、权利与义务、代为驾驶服务合同、法律责任等共 6 章 21 条邮寄给国家立法机关。

关于高经理起草的《酒后代驾服务规则》,下列说法不正确的是:①

A. 属于民法商法规则

B. 是立法议案

C. 是法的正式渊源

D. 是规范性法律文件

85. 〔2009/1/62/多〕

关于法律、行政法规、地方性法规、自治条例和单行条例、规章的适用,下列哪些选项符合《立法法》规定?②

A. 同一机关制定的特别规定与一般规定不一致时,适用特别规定

B. 法律、行政法规、地方性法规原则上不溯及既往

C. 地方性法规与部门规章之间对同一事项的规定不一致不能确定如何适用时,由国务院裁决

D. 根据授权制定的法规与法律规定不一致不能确定如何适用时,由全国人大常委会裁决

考点25 法的效力

86. 〔法考回忆题/多〕

《最高人民法院关于适用〈中华人民共和国民法典〉时间效力的若干规定》提出,民法典施行前的法律事实引起的民事纠纷案件,当时的法律、司法解释没有规定而民法典有规定的,可以适用民法典的规定。对此,下列哪些说法是正确的?③

A.《民法典》具有溯及力

B. 该规定表明新法优于旧法

C. 该规定的效力等同于法律

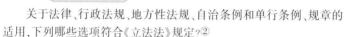

① ABCD ② ABD ③ AD

D. 该规定需要在全国人大常委会备案

87. 2016/1/11/单

有法谚云:"法律为未来作规定,法官为过去作判决。"关于该法谚,下列哪一说法是正确的?①

A. 法律的内容规定总是超前的,法官的判决根据总是滞后的

B. 法官只考虑已经发生的事实,故判案时一律选择适用旧法

C. 法律绝对禁止溯及既往

D. 即使案件事实发生在过去,但"为未来作规定"的法律仍然可以作为其认定的根据

88. 2015/1/13/单

赵某因涉嫌走私国家禁止出口的文物被立案侦查,在此期间逃往A国并一直滞留于该国。对此,下列哪一说法是正确的?②

A. 该案涉及法对人的效力和空间效力问题

B. 根据我国法律的相关原则,赵某不在中国,故不能适用中国法律

C. 该案的处理与法的溯及力相关

D. 如果赵某长期滞留在A国,应当适用时效免责

89. 2013/1/12/单

赵某与陈女订婚,付其5000元彩礼,赵母另付1000元"见面礼"。双方后因性格不合解除婚约,赵某诉请陈女返还该6000元费用。法官根据《婚姻法》和最高法院《关于适用〈婚姻法〉若干问题的解释(二)》的相关规定,认定该现金属彩礼范畴,按照习俗要求返还不违反法律规定,遂判决陈女返还。对此,下列哪一说法是正确的?③

A. 法官所提及的"习俗"在我国可作为法的正式渊源

B. 在本案中,法官主要运用了归纳推理技术

C. 从法理上看,该判决不符合《婚姻法》第19条"夫妻可以约定婚姻关系存续期间所得的财产"之规定

D. 《婚姻法》和《关于适用〈婚姻法〉若干问题的解释(二)》均属于规范性法律文件

① D ② A ③ D

90. 2012/1/52/多

《中华人民共和国刑法》第 8 条规定:"外国人在中华人民共和国领域外对中华人民共和国国家或者公民犯罪,而按本法规定的最低刑为三年以上有期徒刑的,可以适用本法,但是按照犯罪地的法律不受处罚的除外。"关于该条文,下列哪些判断是正确的?①

A. 规定的是法的溯及力　　　B. 规定的是法对人的效力

C. 体现的是保护主义原则　　D. 体现的是属人主义原则

91. 2008/1/91/不定项

"现今的很多法律格言都是在古罗马时期形成的,'法律仅仅适用于将来'就是一例。这一思想后来被古典自然法学派所推崇,并体现在法国人权宣言和美国宪法之中,形成了法不溯及既往原则"。根据此引文以及相关法学知识,下列正确的表述是:②

A. 古罗马时期的法律是用法律格言的形式表现的

B. "法律仅仅适用于将来"已经成为现代社会的法律效力原则

C. 只有古典自然法学派强调法不溯及既往的原则

D. 法不溯及既往仅仅是人权宣言和宪法通行的效力原则

考点26 法律部门与法律体系

92. 2011/1/51/多

关于法的渊源和法律部门,下列哪些判断是正确的?③

A. 自治条例和单行条例是地方国家权力机关制定的规范性文件

B. 行政法部门就是由国务院制定的行政法规构成的

C. 国际公法是中国特色社会主义法律体系的组成部分

D. 划分法律部门的主要标准是法律规范所调整的社会关系

考点27 法律关系

93. 2016/1/10/单

甲和乙系夫妻,因外出打工将女儿小琳交由甲母照顾两年,但从未支付过抚养费。后甲与乙闹离婚且均不愿抚养小琳。甲母将甲和乙告上法庭,要求支付抚养费 2 万元。法院认为,甲母对孙女无法定或约定的抚养义务,判决甲和乙支付甲母抚养费。关于该案,下列哪一选项是正确的?④

① BC　② B　③ AD　④ B

A. 判决是规范性法律文件

B. 甲和乙对小琳的抚养义务是相对义务

C. 判决在原被告间不形成法律权利和义务关系

D. 小琳是民事诉讼法律关系的主体之一

94. 2015/1/12/单

张某到某市公交公司办理公交卡退卡手续时,被告知:根据本公司公布施行的《某市公交卡使用须知》,退卡时应将卡内200元余额用完,否则不能退卡,张某遂提起诉讼。法院认为,公交公司依据《某市公交卡使用须知》拒绝张某要求,侵犯了张某自主选择服务方式的权利,该条款应属无效,遂判决公交公司退还卡中余额。关于此案,下列哪一说法是正确的?①

A. 张某、公交公司之间的服务合同法律关系属于纵向法律关系

B. 该案中的诉讼法律关系是主法律关系

C. 公交公司的权利能力和行为能力是同时产生和同时消灭的

D. 《某市公交卡使用须知》属于地方规章

95. 2014/1/53/多

王某恋爱期间承担了男友刘某的开销计20万元。后刘某提出分手,王某要求刘某返还开销费用。经过协商,刘某自愿将该费用转为借款并出具了借条,不久刘某反悔,以不存在真实有效借款关系为由拒绝还款,王某诉至法院。法院认为,"刘某出具该借条系本人自愿,且并未违反法律强制性规定",遂判决刘某还款。对此,下列哪些说法是正确的?②

A. "刘某出具借条系本人自愿,且并未违反法律强制性规定"是对案件事实的认定

B. 出具借条是导致王某与刘某产生借款合同法律关系的法律事实之一

C. 因王某起诉产生的民事诉讼法律关系是第二性法律关系

D. 本案的裁判是以法律事件的发生为根据作出的

96. 2013/1/11/单

韩某与刘某婚后购买住房一套,并签订协议:"刘某应忠诚于韩某,如因其婚外情离婚,该住房归韩某所有。"后韩某以刘某与第三者的QQ聊天记录为证据,诉其违反忠诚协议。法官认为,该协议系双方自愿签订,不违反法律禁止性规定,故合法有效。经调解,两人离婚,住房归韩某。关于此案,

---

① C ② ABC

下列哪一说法是不正确的?①

A. 该协议仅具有道德上的约束力

B. 当事人的意思表示不能仅被看作是一种内心活动,而应首先被视为可能在法律上产生后果的行为

C. 法律禁止的行为或不禁止的行为,均可导致法律关系的产生

D. 法官对协议的解释符合"法伦理性的原则"

97. 2013/1/14/单

2012 年,潘桂花、李大响老夫妇处置房产时,发现房产证产权人由潘桂花变成其子李能。原来,早在七年前李能就利用其母不识字骗其母签订合同,将房屋贱价过户到自己名下。二老怒将李能诉至法院。法院查明,潘桂花因精神障碍,被鉴定为限制民事行为能力人。据此,法院认定该合同无效。对此,下列哪一说法是不正确的?②

A. 李能的行为违反了物权的取得应当遵守法律、尊重公德、不损害他人合法权益的法律规定

B. 从法理上看,法院主要根据"法律家长主义"原则(即,法律对于当事人"不真实反映其意志的危险选择"应进行限制,使之免于自我伤害)对李能的意志行为进行判断,从而否定了他的做法

C. 潘桂花被鉴定为限制民事行为能力人是对法律关系主体构成资格的一种认定

D. 从诉讼"争点"理论看,本案争执的焦点不在李能是否利用其母不识字骗其母签订合同,而在于合同转让的效力如何认定

98. 2011/1/12/单

甲、乙分别为某有限责任公司的自然人股东,后甲在乙知情但不同意的情况下,为帮助妹妹获取贷款,将自有股份质押给银行,乙以甲侵犯其股东权利为由向法院提起诉讼。关于本案,下列哪一判断是正确的?③

A. 担保关系是债权关系的保护性法律关系

B. 债权关系是质押关系的第一性法律关系

C. 诉讼关系是股权关系的隶属性法律关系

D. 债权关系是质押关系的调整性法律关系

---

① A ② B ③ B

99. 2008/1/7/单

　　孙某的狗曾咬伤过邻居钱某的小孙子,钱某为此一直耿耿于怀。一天,钱某趁孙某不备,将孙某的狗毒死。孙某掌握了钱某投毒的证据之后,起诉到法院,法院判决钱某赔偿孙某 600 元钱。对此,下列哪一选项是正确的?①

　　A. 孙某因对其狗享有所有权而形成的法律关系属于保护性法律关系

　　B. 由于孙某起诉而形成的诉讼法律关系属于第二性的法律关系

　　C. 因钱某毒死孙某的狗而形成的损害赔偿关系属于纵向的法律关系

　　D. 因钱某毒死孙某的狗而形成的损害赔偿关系中,孙某不得放弃自己的权利

考点28 法律责任与法律制裁

100. 2017/1/57/多

　　赵某在行驶中的地铁车厢内站立,因只顾看手机而未抓扶手,在地铁紧急制动时摔倒受伤,遂诉至法院要求赔偿。法院认为,《侵权责任法》规定,被侵权人对损害的发生有过失的,可以减轻经营者的责任。地铁公司在车厢内循环播放"站稳扶好"来提醒乘客,而赵某因看手机未抓扶手,故存在重大过失,应承担主要责任。综合各种因素,判决地铁公司按 40% 的比例承担赔偿责任。对此,下列哪些说法是正确的?②

　　A. 该案中赵某是否违反注意义务,是衡量法律责任轻重的重要标准

　　B. 该案的民事诉讼法律关系属第二性的法律关系

　　C. 若经法院调解后赵某放弃索赔,则构成协议免责

　　D. 法官对责任分摊比例的自由裁量不受任何限制

101. 2012/1/12/单

　　中学生小张课间打篮球时被同学小黄撞断锁骨,小张诉请中学和小黄赔偿 1.4 万余元。法院审理后认为,虽然 2 被告对原告受伤均没有过错,不应承担赔偿责任,但原告毕竟为小黄所撞伤,该校的不当行为也是伤害事故发生的诱因,且原告花费 1.3 万余元治疗后尚未完全康复,依据公平原则,法院酌定被告各补偿 3000 元。关于本案,下列哪一判断是正确的?③

　　A. 法院对被告实施了法律制裁

　　B. 法院对被告采取了不诉免责和协议免责的措施

---

　　① B　② ABC　③ C

C. 法院做出对被告有利的判决,在于对案件事实与规范间关系进行了证成

D. 被告承担法律责任主要不是因为行为与损害间存在因果关系

102． 2011/1/11/单

《合同法》第一百二十二条规定:"因当事人一方的违约行为,侵害对方人身、财产权益的,受损害方有权选择依照本法要求其承担违约责任或者依照其他法律要求其承担侵权责任。"该条款规定了下列哪一类法律现象的处理原则?①

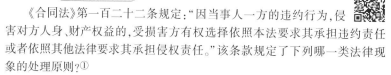

A. 法律位阶的冲突   B. 法律责任的免除

C. 法律价值的冲突   D. 法律责任的竞合

专题六　法的运行

考点29 立法

103． 法考回忆题/多

2022年10月,国家体育总局审议通过《国家体育总局规章和规范性文件制定程序规定》。关于该《规定》,下列哪些说法是正确的?②

A. 应当由局务会议审议

B. 应当由体育总局局长签署体育总局令予以公布

C. 应当在通过后30日内报国务院备案

D. 应当及时在国务院公报上予以刊载

104． 法考回忆题/多

某自治州人大常委会拟制定《公共场所禁烟条例》,根据《立法法》的规定,下列哪些说法是错误的?③

A. 该条例应由自治州人大制定,自治州人大常委会无权制定

B. 该条例应当报省级人大常委会批准

C. 该条例应由省级人大常委会报全国人大常委会和国务院备案

D. 若该条例不合法,全国人大常委会和国务院均有权撤销

105． 法考回忆题/多

关于我国的立法体制,下列哪些说法是正确的?④

---

① D ② AB ③ AD ④ BD

A. 全国人大及其常委会有权制定基本法律

B. 国务院制定的行政法规由总理发布国务院令公布,向全国人大常委会备案

C. 全国人大常委会公报刊登的行政法规文本为标准文本

D. 全国人大常委会有权撤销国务院制定的不合法的行政法规

106 . 〔2017/1/63/多〕新法改编

根据《宪法》和《立法法》规定,关于法律案的审议,下列哪些选项是正确的?①

A. 列入全国人大会议议程的法律案,由宪法和法律委员会根据各代表团和有关专门委员会的审议意见,对法律案进行统一审议,向主席团提出审议结果报告和法律草案修改稿

B. 列入全国人大会议议程的法律案,在交付表决前,提案人要求撤回的,应说明理由,经主席团同意并向大会报告,对法律案的审议即行终止

C. 列入全国人大常委会会议议程的法律案,因调整事项较为单一,各方面意见比较一致的,也可经一次常委会会议审议即交付表决

D. 列入全国人大常委会会议议程的法律案,因暂不付表决经过两年没有再次列入常委会会议议程审议的,委员长会议可以决定终止审议,并向常委会报告

107 . 〔2015/1/11/单〕

律师潘某认为《母婴保健法》与《婚姻登记条例》关于婚前检查的规定存在冲突,遂向全国人大常委会书面提出了进行审查的建议。对此,下列哪一说法是错误的?②

A.《母婴保健法》的法律效力高于《婚姻登记条例》

B. 如全国人大常委会审查后认定存在冲突,则有权改变或撤销《婚姻登记条例》

C. 全国人大相关专门委员会和常务委员会工作机构需向潘某反馈审查研究情况

D. 潘某提出审查建议的行为属于社会监督

108 . 〔2015/1/65/多〕

某设区的市的市政府依法制定了《关于加强历史文化保护的决

---

① ABCD ② B

定》。关于该决定,下列哪些选项是正确的?①

A. 市人大常委会认为该决定不适当,可以提请上级人大常委会撤销

B. 法院在审理案件时发现该决定与上位法不一致,可以作出合法性解释

C. 与文化部有关文化保护的规定具有同等效力,在各自的权限范围内施行

D. 与文化部有关文化保护的规定之间对同一事项的规定不一致时,由国务院裁决

109． 2014/1/61/多

根据《立法法》的规定,下列哪些选项是不正确的?②

A. 国务院和地方各级政府可以向全国人大常委会提出法律解释的要求

B. 经授权,行政法规可设定限制公民人身自由的强制措施

C. 专门委员会审议法律案的时候,应邀请提案人列席会议,听取其意见

D. 地方各级人大有权撤销本级政府制定的不适当的规章

110． 2013/1/87/不定项

关于我国立法和法的渊源的表述,下列选项不正确的是:③

A. 从法的正式渊源上看,"法律"仅指全国人大及其常委会制定的规范性文件

B. 公布后的所有法律、法规均以在《国务院公报》上刊登的文本为标准文本

C. 行政法规和地方性法规均可采取"条例"、"规定"、"办法"等名称

D. 所有法律议案(法律案)都须交由全国人大常委会审议、表决和通过

111． 2011/1/10/单

某市政府为缓解拥堵,经充分征求广大市民意见,做出车辆限号行驶的规定。但同时明确,接送高考考生、急病送医等特殊情况未按号行驶的,可不予处罚。关于该免责规定体现的立法基本原则,下列哪一选项是不准确的?④

A. 实事求是、从实际出发

B. 民主立法

C. 注重效率

D. 原则性与灵活性相结合

---

① CD ② ABCD ③ BD ④ C

考点30 法的实施

112. 法考回忆题/单

郑子产有疾。谓子大叔曰:"我死,子必为政。唯有德者能以宽服民,其次莫如猛。夫火烈,民望而畏之,故鲜死焉。水懦弱,民狎而玩之,则多死焉,故宽难。"疾数月而卒。关于执法,下列哪一项理解是正确的?①

　　A. 法律就是法律,执法必须严格,不能搞人文情怀

　　B. 执法应做到宽严相济

　　C. 执法必须严厉,不能"宽容",否则易纵容犯罪

　　D. 为上者有德,就可以做到以宽服民,不需要法律的治理

113. 2015/1/14/单

卡尔·马克思说:"法官是法律世界的国王,法官除了法律没有别的上司。"对于这句话,下列哪一理解是正确的?②

　　A. 法官的法律世界与其他社会领域(政治、经济、文化等)没有关系

　　B. 法官的裁判权不受制约

　　C. 法官是法律世界的国王,但必须是法律的奴仆

　　D. 在法律世界中(包括在立法领域),法官永远是其他一切法律主体(或机构)的上司

考点31 法适用的一般原理

114. 2017/1/12/单

"当法律人在选择法律规范时,他必须以该国的整个法律体系为基础,也就是说,他必须对该国的法律有一个整体的理解和掌握,更为重要的是他要选择一个与他确定的案件事实相切合的法律规范,他不仅要理解和掌握法律的字面含义,还要了解和掌握法律背后的意义。"关于该表述,下列哪一理解是错误的?③

　　A. 适用法律必须面对规范与事实问题

　　B. 当法律的字面含义不清晰时,可透过法律体系理解其含义

　　C. 法律体系由一国现行法和历史上曾经有效的法构成

　　D. 法律的字面含义有时与法律背后的意义不一致

---

① B　② C　③ C

115. 2017/1/58/多

甲公司派员工伪装成客户,设法取得乙公司盗版销售其所开发软
件的证据并诉至法院。审理中,被告认为原告的"陷阱取证"方式违法。法院
认为,虽然非法取得的证据不能采信,但法律未对非法取证行为穷尽式列举,
特殊情形仍需依据法律原则具体判断。原告取证目的并无不当,也未损害社
会公共利益和他人合法权益,且该取证方式有利于遏制侵权行为,应认定合
法。对此,下列哪些说法是正确的?①

A. 采用穷尽式列举有助于提高法的可预测性

B. 法官判断原告取证是否违法时作了利益衡量

C. 违法取得的证据不得采信,这说明法官认定的裁判事实可能同客观事
   实不一致

D. 与法律规则相比,法律原则应优先适用

116. 2017/1/59/多

法律格言云:"不确定性在法律中受到非难,但极度的确定性反
而有损确定性。"对此,下列哪些说法是正确的?②

A. 在法律中允许有内容本身不确定,而是可以援引其他相关内容规定的
   规范

B. 借助法律推理和法律解释,可提高法律的确定性

C. 通过法律原则、概括条款,可增强法律的适应性

D. 凡规定义务的,即属于极度确定的;凡规定权利的,即属于不确定的

117. 2017/1/90/不定项

据《二刻拍案惊奇》,大儒朱熹作知县时专好锄强扶弱。一日有
百姓诉称:"有乡绅夺去祖先坟茔作了自家坟地。"朱熹知当地颇重风水,常有
乡绅强占百姓风水吉地之事,遂亲往踏勘。但见坟地山环水绕,确是宝地,遂
问之,但乡绅矢口否认。朱熹大怒,令掘坟取证,见青石一块,其上多有百姓祖
先名字。朱熹遂将坟地断给百姓,并治乡绅强占田土之罪。殊不知青石是那
百姓暗中埋下的,朱熹一片好心办了错案。对此,下列说法正确的是:③

A. 青石上有百姓祖先名字的生活事实只能被建构为乡绅夺去百姓祖先
   坟茔的案件事实

B. "有乡绅夺去祖先坟茔作了自家坟地"是一个规范语句

---

① ABC ② ABC ③ CD

C. 勘查现场是确定案件事实的必要条件,但并非充分条件

D. 裁判者自身的价值判断可能干扰其对案件事实的认定

118. `2015/1/15/单`

关于法的适用,下列哪一说法是正确的?①

A. 在法治社会,获得具有可预测性的法律决定是法的适用的唯一目标

B. 法律人查明和确认案件事实的过程是一个与规范认定无关的过程

C. 法的适用过程是一个为法律决定提供充足理由的法律证成过程

D. 法的适用过程仅仅是运用演绎推理的过程

119. `2012/1/13/单`

张老太介绍其孙与马先生之女相识,经张老太之手曾给付女方"认大小"钱 10100 元,后双方分手。张老太作为媒人,去马家商量退还"认大小"钱时发生争执。因张老太犯病,马先生将其送医,并垫付医疗费 1251.43 元。后张老太以马家未返还"认大小"钱为由,拒绝偿付医药费。马先生以不当得利为由诉至法院。法院考虑此次纠纷起因及张老太疾病的诱因,判决张老太返还马先生医疗费 1000 元。关于本案,下列哪一理解是正确的?②

A. 我国男女双方订婚前由男方付"认大小"钱是通行的习惯法

B. 张老太犯病直接构成与马先生之医药费返还法律关系的法律事实

C. 法院判决时将保护当事人的自由和效益原则作为主要的判断标准

D. 本案的争议焦点不在于事实确认而在于法律认定

120. `2009/1/92/不定项`

周某半夜驾车出游时发生交通事故致行人鲁某重伤残疾,检察院以交通肇事罪起诉周某。法院开庭,公诉人和辩护人就案件事实和证据进行质证,就法的适用展开辩论。法庭经过庭审查实,交通事故致鲁某重伤残疾并非因周某行为引起,宣判其无罪释放。依据法学原理,下列判断正确的是:③

A. 法院审理案件目的在于获得正确的法律判决,该判决应当在形式上符合法律规定,具有可预测性,还应当在内容上符合法律的精神和价值,具有正当性

B. 在本案中,检察院使用了归纳推理的方法

C. 法院在庭审中认定交通事故致鲁某重伤残疾并非因周某行为引起,这主要解决的是事实问题

---

① C ② D ③ AD

D. 法庭主持的调查和法庭辩论活动,从法律推理的角度讲,是在为演绎推理确定大小前提

考点32 法的发现与法的证成

121. 法考回忆题/不定项

小刚在和小丽结婚时,向小丽的母亲殷某支付了彩礼。后二人离婚,小刚要求殷某返还彩礼,殷某主张彩礼属于无偿赠与不予返还,小刚起诉至法院。法官经调查发现当地确实有无偿赠送彩礼的风俗,但是小刚、小丽二人办理结婚登记手续后并未共同生活,根据《最高人民法院关于适用〈中华人民共和国民法典〉婚姻家庭编的解释(一)》,这属于应当支持返还彩礼的情形,故判决殷某返还彩礼。对此,下列说法正确的是:①

A. 法官运用了涵摄的方法

B. 法官运用了反向推理

C. 当地风俗是法官推理的大前提

D. 法官对民俗的查证是法的发现

122. 2016/1/89/不定项

王某在未依法取得许可的情况下购买氰化钠并存储于车间内,被以非法买卖、存储危险物质罪提起公诉。法院认为,氰化钠对人体和环境具有极大毒害性,属于《刑法》第125条第2款规定的毒害性物质,王某未经许可购买氰化钠,虽只有购买行为,但刑法条文中的"非法买卖"并不要求兼有买进和卖出的行为,王某罪名成立。关于该案,下列说法正确的是:②

A. 法官对"非法买卖"进行了目的解释

B. 查明和确认"王某非法买卖毒害性物质"的过程是一个与法律适用无关的过程

C. 对"非法买卖"的解释属于外部证成

D. 内部证成关涉的是从前提到结论之间的推论是否有效

123. 2013/1/86/不定项

关于适用法律过程中的内部证成,下列选项正确的是:③

A. 内部证成是给一个法律决定提供充足理由的活动

B. 内部证成是按照一定的推理规则从相关前提中逻辑地推导出法律决定的过程

---

① A ② ACD ③ ABD

C. 内部证成是对法律决定所依赖的前提的证成

D. 内部证成和外部证成相互关联

124. 〔2012/1/53/多〕

张某与王某于 2000 年 3 月登记结婚，次年生一女小丽。2004 年 12 月张某去世，小丽随王某生活。王某不允许小丽与祖父母见面，小丽祖父母向法院起诉，要求行使探望权。法官在审理中认为，我国《婚姻法》虽没有直接规定隔代亲属的探望权利，但正确行使隔代探望权有利于儿童健康成长，故依据《民法通则》第 7 条有关"民事活动应当尊重社会公德"的规定，判决小丽祖父母可以行使隔代探望权。关于此案，下列哪些说法是正确的？①

A. 我国《婚姻法》和《民法通则》均属同一法律部门的规范性文件，均是"基本法律"

B. "民事活动应当尊重社会公德"的规定属于命令性规则

C. 法官对判决理由的证成是一种外部证成

D. 法官的判决考虑到法的安定性和合目的性要求

考点33 法律推理

125. 〔法考回忆题/多〕

张三明知某商店出售的白酒系酒精勾兑，分批多次购买后向商店索赔，在商店拒不赔付后将商店起诉至法院。法院审理后认为，根据生活经验，消费者系为生活生产需要而购买物品者，张三为获利而购买物品，因此不是消费者，故驳回其请求。对此，下列哪些说法是正确的？②

A. 消费这个概念包含着价值判断

B. 法官进行了设证推理

C. 法官对消费者的界定是内部证成

D. 法官对消费者的解释是限缩解释

126. 〔法考回忆题/多〕

某日，公孙龙骑马进城。守城士兵说："王法规定，马过城门应当纳税。"公孙龙说："马过城门应当纳税，但我骑的是白马，白马非马，不应当纳税。"士兵说："白马当然是马，你应当纳税。"公孙龙反问道："如果白马是马，那么，黑马也是马了？"守城士兵说："那是当然。"公孙龙继续说道："按照你的逻辑，白马是马，黑马也是马，那么，白马和黑马就没有差别了。因此，白马非马。"守城士兵被公孙龙说得不知如何应对,但依然不为所动。最终,公孙龙为了进城,只得为马纳税。关于本案,下列哪些说法是正确的?①

A. 守城士兵执法的强制性来源于国家强制力

B. "马过城门应当纳税",其中的"马"属于来自日常生活中的法律概念,不需要解释即可适用

C. 就本案而言,"白马究竟是不是马"是一个事实问题,而不是一个法律问题

D. 守城士兵进行的是演绎推理,而公孙龙进行的则是反向推理

127. 2016/1/12/单

在宋代话本小说《错斩崔宁》中,刘贵之妾陈二姐因轻信刘贵欲将她休弃的戏言连夜回娘家,路遇年轻后生崔宁并与之结伴同行。当夜盗贼自刘贵家盗走 15 贯钱并杀死刘贵,邻居追赶盗贼遇到陈、崔二人,因见崔宁刚好携带 15 贯钱,遂将二人作为凶手捉拿送官。官府当庭拷讯二人,陈、崔屈打成招,后被处斩。关于该案,下列哪一说法是正确的?②

A. 话本小说《错斩崔宁》可视为一种法的非正式渊源

B. 邻居运用设证推理方法断定崔宁为凶手

C. "盗贼自刘贵家盗走 15 贯钱并杀死刘贵"所表述的是法律规则中的假定条件

D. 从生活事实向法律事实转化需要一个证成过程,从法治的角度看,官府的行为符合证成标准

128. 2013/1/15/单

范某参加单位委托某拓展训练中心组织的拔河赛时,由于比赛用绳断裂导致范某骨折致残。范某起诉该中心,认为事故主要是该中心未尽到注意义务引起,要求赔偿 10 万余元。法院认定,拔河人数过多导致事故的发生,范某本人也有过错,判决该中心按 40%的比例承担责任,赔偿 4 万元。关于该案,下列哪一说法是正确的?③

A. 范某对案件仅做了事实描述,未进行法律判断

B. "拔河人数过多导致了事故的发生"这一语句所表达的是一种裁判事实,可作为演绎推理的大前提

C. "该中心按 40%的比例承担责任,赔偿 4 万元"是从逻辑前提中推导而来的

---

① AD ② B ③ C

D. 法院主要根据法律责任的效益原则作出判决

129. 〔2010/1/53/多〕

2007 年,张某请风水先生选了块墓地安葬亡父,下葬时却挖到十年前安葬的刘某父亲的棺木,张某将该棺木锯下一角,紧贴着安葬了自己父亲。后刘某发觉,以故意损害他人财物为由起诉张某,要求赔偿损失以及精神损害赔偿。对于此案,合议庭意见不一。法官甲认为,下葬棺木不属于民法上的物,本案不存在精神损害。法官乙认为,张某不仅要承担损毁他人财物的侵权责任,还要因其行为违背公序良俗而向刘某支付精神损害赔偿金。对此,下列哪些说法是正确的?①

A. 下葬棺木是否属于民法上的物,可以通过"解释学循环"进行判断

B. "入土为安,死者不受打扰"是中国大部分地区的传统,在一定程度上可以成为法律推理的前提之一

C. "公序良俗"属伦理范畴,非法律规范,故法官乙推理不成立

D. 当地群众对该事件的一般看法,可成为判断刘某是否受到精神损害的因素之一

130. 〔2009/1/9/单〕

关于法律解释和法律推理,下列哪一说法可以成立?②

A. 作为一种法律思维活动,法律推理的根本目的在于发现绝对事实和真相

B. 法律解释和法律推理属于完全不同的两种思维活动,法律推理完全独立于法律解释

C. 法官在进行法律推理时,既要遵守和服从法律规则又要在不同利益冲突间进行价值平衡和选择

D. 法律推理是严格的形式推理,不受人的价值观影响

131. 〔2009/1/10/单〕

《劳动争议调解仲裁法》第五条规定:"发生劳动争议,当事人不愿协商、协商不成或者达成和解协议后不履行的,可以向调解组织申请调解;不愿调解、调解不成或者达成调解协议后不履行的,可以向劳动争议仲裁委员会申请仲裁;对仲裁裁决不服的,除本法另有规定的外,可以向人民法院提起诉讼。"关于这一规定,下列哪一说法是错误的?③

---

① ABD ② C ③ B

A. 从法的要素角度看,该规定属于任意性规则

B. 从法的适用角度看,该规定在适用时不需要法官进行推理

C. 从法的特征角度看,该规定体现了法的可诉性特点

D. 从法的作用角度看,该规定为行为人提供了不确定的指引

考点 34 法律解释

132. 法考回忆题/单

有法谚云:"法律的最佳解释是法律本身。"关于这句话,下列哪一说法是正确的?①

A. 立法的过程也是法律解释的过程

B. 法律之外无解释

C. 有法律就有最佳解释

D. 可以对法律进行客观目的解释

133. 法考回忆题/多

甲为新车购买了车辆损失险,其中规定保险车辆遭受保险责任范围内的意外事故(包括火灾)而造成损失,乙保险公司应依合同规定给予赔偿。后该车因自燃损毁,甲诉至法院要求乙保险公司进行赔偿。法官审理查明,"自燃"属于"火灾"的一种,但由于合同中已将"车辆自燃损失保险"作为车损险的一个附加险进行单独规定,所以其中的"意外事故(火灾)"不包括自燃情况,自燃不属于车辆损失险的赔偿范围。关于该案,下列哪些说法是正确的?②

A. 法院运用了文义解释

B. 法院运用了体系解释

C. 法院运用了比较解释

D. 法院运用了解释的冲突模式

134. 2017/1/60/多

依《刑法》第 180 条第 4 款之规定,证券从业人员利用未公开信息从事相关交易活动,情节严重的,依照第 1 款的规定处罚;该条第 1 款规定了"情节严重"和"情节特别严重"两个量刑档次。在审理史某利用未公开信息交易一案时,法院认为,尽管第 4 款中只有"情节严重"的表述,但仍应将其理解为包含"情节严重"和"情节特别严重"两个量刑档次,并认为史某的行为属

---

① D ② ABD

"情节特别严重"。其理由是《刑法》其他条款中仅有"情节严重"的规定时,相关司法解释仍规定按照"情节严重"、"情节特别严重"两档量刑。对此,下列哪些说法是正确的?①

　　A. 第4款中表达的是准用性规则

　　B. 法院运用了体系解释方法

　　C. 第4款的规定可以避免法条重复表述

　　D. 法院的解释将焦点集中在语言上,并未考虑解释的结果是否公正

135. ⬡ 2016/1/13/单

《全国人民代表大会常务委员会关于〈中华人民共和国刑法〉第一百五十八条、第一百五十九条的解释》中规定:"刑法第一百五十八条、第一百五十九条的规定,只适用于依法实行注册资本实缴登记制的公司。"关于该解释,下列哪一说法是正确的?②

　　A. 效力低于《刑法》

　　B. 全国人大常委会只能就《刑法》作法律解释

　　C. 对法律条文进行了限制解释

　　D. 是学理解释

136. ⬡ 2016/1/90/不定项

在莎士比亚喜剧《威尼斯商人》中,安东尼与夏洛克订立契约,约定由夏洛克借款给安东尼,如不能按时还款,则夏洛克将在安东尼的胸口割取一磅肉。期限届至,安东尼无力还款,夏洛克遂要求严格履行契约。安东尼的未婚妻鲍西娅针锋相对地向夏洛克提出:可以割肉,但仅限一磅,不许相差分毫,也不许流一滴血,唯其如此方符合契约。关于该故事,下列说法正确的是:③

　　A. 夏洛克主张有约必践,体现了强烈的权利意识和契约精神

　　B. 夏洛克有约必践(即使契约是不合理的)的主张本质上可以看作是"恶法亦法"的观点

　　C. 鲍西娅对契约的解释运用了历史解释方法

　　D. 安东尼与夏洛克的约定遵循了人权原则而违背了平等原则

137. ⬡ 2015/1/57/多

某法院在一起疑难案件的判决书中援引了法学教授叶某的学说

---

① ABC　② C　③ AB

予以说理。对此,下列哪些说法是正确的?①

A. 法学学说在当代中国属于法律原则的一种

B. 在我国,法学学说中对法律条文的解释属于非正式解释

C. 一般而言,只能在民事案件中援引法学学说

D. 参考法学学说有助于对法律条文作出正确理解

138. 2015/1/59/多

张某出差途中突发疾病死亡,被市社会保障局认定为工伤。但张某所在单位认为依据《工伤保险条例》,只有"在工作时间和工作岗位突发疾病死亡"才属于工伤,遂诉至法院。法官认为,张某为完成单位分配的任务,须经历从工作单位到达出差目的地这一过程,出差途中应视为工作时间和工作岗位,故构成工伤。关于此案,下列哪些说法是正确的?②

A. 解释法律时应首先运用文义解释方法

B. 法官对条文作了扩张解释

C. 对条文文义的扩张解释不应违背立法目的

D. 一般而言,只有在法律出现漏洞时才需要进行法律解释

139. 2014/1/54/多

关于我国司法解释,下列哪些说法是错误的?③

A. 林某认为某司法解释违背相关法律,遂向全国人大常委会提出审查建议,这属于社会监督的一种形式

B. 司法解释的对象是法律、行政法规和地方性法规

C. 司法解释仅指最高法院对审判工作中具体应用法律、法令问题的解释

D. 全国人大宪法和法律委员会以及有关专门委员会经审查认为司法解释同法律规定相抵触的,可以直接撤销

140. 2014/1/55/多

甲骑车经过乙公司在小区内的某施工场地时,由于施工场地湿滑摔倒致骨折,遂诉至法院请求赔偿。由于《民法通则》对"公共场所"没有界定,审理过程中双方对施工场地是否属于《民法通则》中的"公共场所"产生争议。法官参考《刑法》、《集会游行示威法》等法律和多个地方性法规对"公共场所"的规定后,对"公共场所"作出解释,并据此判定乙公司承担赔偿责任。关于此案,下列哪些选项是正确的?④

---

① BD ② ABC ③ BCD ④ AC

A. 法官对"公共场所"的具体含义的证成属于外部证成

B. 法官运用了历史解释方法

C. 法官运用了体系解释方法

D. 该案表明,同一个术语在所有法律条文中的含义均应作相同解释

141. 2013/1/13/单

李某在某餐馆就餐时,被邻桌互殴的陌生人误伤。李某认为,依据《消费者权益保护法》第 7 条第 1 款中"消费者在购买、使用商品和接受服务时享有人身、财产安全不受损害的权利"的规定,餐馆应负赔偿责任,据此起诉。法官结合该法第 7 条第 2 款中"消费者有权要求经营者提供的商品和服务,符合保障人身、财产安全的要求"的规定来解释第 7 条第 1 款,认为餐馆对商品和服务之外的因素导致伤害不应承担责任,遂判决李某败诉。对此,下列哪一说法是不正确的?①

A. 李某的解释为非正式解释

B. 李某运用的是文义解释方法

C. 法官运用的是体系解释方法

D. 就不同解释方法之间的优先性而言,存在固定的位阶关系

142. 2012/1/11/单

2003 年 7 月,年过七旬的王某过世,之前立下一份"打油诗"遗嘱:"本人已年过七旬,一旦病危莫抢救;人老病死本常事,古今无人寿长久;老伴子女莫悲愁,安乐停药助我休;不搞哀悼不奏乐,免得干扰邻和友;遗体器官若能用,解剖赠送我原求;病体器官无处要,育树肥花环境秀;我的一半财产权,交由老伴可拥有;上述遗愿能实现,我在地下乐悠悠。"

对于王某遗嘱中"我的一半财产权"所涉及的住房,指的是"整个房子的一半",还是"属于父亲份额的一半",家人之间有不同的理解。儿子认为,父亲所述应理解为母亲应该继承属于父亲那部分房产的一半,而不是整个房产的一半。王某老伴坚持认为,这套房子是其与丈夫的共同财产,自己应拥有整个房产(包括属于丈夫的另一半房产)。关于该案,下列哪一说法是正确的?②

A. 王某老伴与子女间的争议在于他们均享有正式的法律解释权

B. 王某老伴与子女对遗嘱的理解属于主观目的的解释

C. 王某遗嘱符合意思表示真实、合法的要求

---

① D　② C

D. 遗嘱中的"我的一半财产权"首先应当进行历史解释

143. 2012/1/14/单

某商场促销活动时宣称:"凡购买 100 元商品均送 80 元购物券。对因促销活动产生的纠纷,本商场有最终解释权。"刘女士在该商场购买了 1000 元商品,返回 800 元购物券。刘女士持券买鞋时,被告知鞋类商品 2 天前已退出促销活动,必须现金购买。刘女士遂找商场理论,协商未果便将商场告上法庭。关于本案,下列哪一认识是正确的?①

A. 从法律的角度看,"本商场有最终解释权"是一种学理解释权的宣称

B. 本案的争议表明,需要以公平正义去解释合同填补漏洞

C. 当事人对合同进行解释,等同于对合同享有法定的解释权

D. 商场的做法符合"权利和义务相一致"的原则

144. 2011/1/90/不定项

2011 年 7 月 5 日,某公司高经理与员工在饭店喝酒聚餐后表示:别开车了,"酒驾"已入刑,咱把车推回去。随后,高经理在车内掌控方向盘,其他人推车缓行。记者从交警部门了解到,如机动车未发动,只操纵方向盘,由人力或其他车辆牵引,不属于酒后驾车。但交警部门指出,路上推车既会造成后方车辆行驶障碍,也会构成对推车人的安全威胁,建议酒后将车置于安全地点,或找人代驾。鉴于我国对"酒后代驾"缺乏明确规定,高经理起草了一份《酒后代驾服务规则》,包括总则、代驾人、被代驾人、权利与义务、代为驾驶服务合同、法律责任等共 6 章 21 条邮寄给国家立法机关。

关于交警部门的推车前行不属于"酒驾"的解释,下列判断不正确的是:②

A. 属于司法解释

B. 属于行政解释

C. 直接运用了类比推理

D. 运用了演绎推理

145. 2010/1/8/单

我国某省人大常委会制定了该省的《食品卫生条例》,关于该地方性法规,下列哪一选项是不正确的?③

A. 该法规所规定的内容主要属于行政法部门

B. 该法属于我国法律的正式渊源,法院审理相关案件时可直接适用

① B ② ABC ③ C

C. 该法规的具体应用问题,应由该省人大常委会进行解释

D. 该法规虽仅在该省范围适用,但从效力上看具有普遍性

146. 〔2010/1/10/单〕

法律解释是法律适用中的必经环节。关于法律解释及其方法,下列哪一说法是错误的?①

A. "欲寻词句义,应观上下文",描述的是体系解释方法

B. 文义解释是首先考虑的解释方法,相对于其他解释方法具有优先性

C. 历史解释的对象主要是法律问题中的历史事实,与特定解决方案中的法律后果无关

D. 客观目的解释中,一些法伦理性的原则可以作为解释的根据

147. 〔2009/1/11/单〕

《物权法》第一百一十六条规定:"天然孳息,由所有权人取得;既有所有权人又有用益物权人的,由用益物权人取得。当事人另有约定的,按照约定。法定孳息,当事人有约定的,按照约定取得;没有约定或者约定不明确的,按照交易习惯取得。"关于这一规定,下列哪一说法是错误的?②

A. 该规定属于法律要素中的确定性法律规则

B. 该规定对于具有物权孳息关系的当事人可以起到很明确的指引作用和预测作用

C. 该规定事实上允许法官可以在一定条件下以习惯作为司法审判的依据

D. 对"天然孳息"和"法定孳息"重要法律概念含义的解释应该首先采用客观目的的解释的方法

考点35 法律漏洞的填补

148. 〔法考回忆题/单〕

甲公司开发了某款网络游戏,其中的卡通人物涉嫌使用了著名影星乙在某部电影中的经典形象。乙遂向法院起诉,要求甲公司停止侵权并赔偿损失。法官经审理认为,《著作权法》并未对网络游戏使用视听作品中的形象作出规定,但网络游戏情节设计与改编视听作品在性质上相似,因此可以认定为《著作权法》第52条所规定的"以改编、翻译、注释等方式使用作品",遂判决甲公司构成侵犯著作权。对此,下列哪一说法是正确的?③

---

① C ② D ③ B

A. 《著作权法》所存在的法律漏洞为隐藏漏洞

B. 法官进行了目的论的扩张

C. 法官运用了类比推理

D. 法官创设了新的权利类型

149. （法考回忆题/多）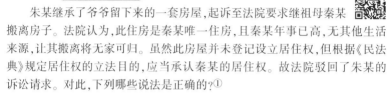

朱某继承了爷爷留下来的一套房屋,起诉至法院要求继祖母秦某搬离房子。法院认为,此住房是秦某唯一住房,且秦某年事已高,无其他生活来源,让其搬离将无家可归。虽然此房屋并未登记设立居住权,但根据《民法典》规定居住权的立法目的,应当承认秦某的居住权。故法院驳回了朱某的诉讼请求。对此,下列哪些说法是正确的?①

A. 法院对《民法典》关于居住权立法目的的解释属于外部证成

B. 为了证成秦某的权利,法院做了目的论扩张

C. 朱某的所有权是普通权利,受到居住权这一基本权利的限制

D. 为了确保判决合目的性,法院考量了公序良俗

150. （法考回忆题/多）

关于法律漏洞及其补充,下列哪些说法是正确的?②

A. 嗣后漏洞指立法者在制定法律时因疏忽或认知能力的限制没有意识的法律漏洞

B. 当案件超越了规范文义的涵盖范围,但规范目的却能够包括该案件时,可以用目的论扩张的方法将该案件纳入规范的适用范围

C. 目的论限缩指规范文义的范围宽于规范目的的范围,即所谓"言过其实",其基本原理是不同案件不同适用,排除掉不同案件在同一规范的适用

D. 填补明显漏洞的方法是目的论限缩,填补隐藏漏洞的方法是目的论扩张

专题七　法的演进

考点36 法的产生及一般规律

151. （2017/1/13/单）

有学者这样解释法的产生:最初的纠纷解决方式可能是双方找到

---

① ABD　② BC

一位共同信赖的长者,向他讲述事情的原委并由他作出裁决;但是当纠纷多到需要占用一百位长者的全部时间时,一种制度化的纠纷解决机制就成为必要了,这就是最初的法律。对此,下列哪一说法是正确的?①

A. 反映了社会调整从个别调整到规范性调整的规律

B. 说明法律始终是社会调整的首要工具

C. 看到了经济因素和政治因素在法产生过程中的作用

D. 强调了法律与其他社会规范的区别

考点37 法的继承与移植

152. 2009/1/52/多

"法的继承体现时间上的先后关系,法的移植则反映一个国家对同时代其他国家法律制度的吸收和借鉴,法的移植的范围除了外国的法律外,还包括国际法律和惯例。"据此,下列哪些说法是正确的?②

A. 1804 年《法国民法典》是对罗马法制度、原则的继承

B. 国内法不可以继承国际法

C. 法的移植不反映时间关系,仅体现空间关系

D. 法的移植的范围除了制定法,还包括习惯法

考点38 法律意识

153. 2011/1/52/多

下列哪些选项属于法律意识的范畴?③

A. 法国大革命后制定的《法国民法典》

B. 西周提出的"以德配天,明德慎罚"

C. 中国传统的"和为贵"、"少讼"、"厌讼"

D. 社会主义法治理念

考点39 法系

154. 2008/1/55/多

法系是法学上的一个重要概念。关于法系,下列哪些选项是正确的?④

A. 法系是一个比较法学上的概念,是根据法的历史传统和外部特征的不同对法所作的分类

① A ② ABD ③ BCD ④ AD

B. 历史上曾经存在很多个法系,但大多都已经消亡,目前世界上仅存的法系只有民法法系和普通法系

C. 民法法系有编纂成文法典的传统,因此,有成文法典的国家都属于民法法系

D. 法律移植是一国对外国法的借鉴、吸收和摄取,因此,法律移植是法系形成和发展的重要途径

考点40 法的现代化

155． 2014/1/93/不定项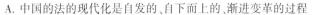

关于法的发展、法的传统与法的现代化,下列说法正确的是:①

A. 中国的法的现代化是自发的、自下而上的、渐进变革的过程

B. 法律意识是一国法律传统中相对比较稳定的部分

C. 外源型法的现代化进程带有明显的工具色彩,一般被要求服务于政治、经济变革

D. 清末修律标志着中国法的现代化在制度层面上的正式启动

考点41 法治理论

156． 2012/1/9/单

卡尔·马克思说:"在民主的国家里,法律就是国王;在专制的国家里,国王就是法律。"关于马克思这段话的理解,下列哪一选项是错误的?②

A. 从性质上看,有民主的法律,也有专制的法律

B. 在实行民主的国家,君主或者国王不可以参与立法

C. 在实行专制的国家,国王的意志可以上升为法律

D. 实行民主的国家,也是实行法律至上原则的国家

专题八　法与社会

考点42 法和社会的一般理论

157． 2012/1/51/多

"社会的发展是法产生的社会根源。社会的发展,文明的进步,需要新的社会规范来解决社会资源有限与人的欲求无限之间的矛盾,解决社会冲突,分配社会资源,维持社会秩序。适应这种社会结构和社会需要,国家

---

① BCD　② B

和法这一新的社会组织和社会规范就出现了。"关于这段话的理解,下列哪些选项是正确的?①

  A. 社会不是以法律为基础,相反,法律应以社会为基础

  B. 法律的起源与社会发展的进程相一致

  C. 马克思主义的法律观认为,法律产生的根本原因在于社会资源有限与人的欲求无限之间的矛盾

  D. 解决社会冲突,分配社会资源,维持社会秩序属于法的规范作用

考点43 法与经济、政治、科学技术的关系

158 . （法考回忆题/单）

  近年来,生成式人工智能的发展给法律带来挑战。对此,国家网信办联合其他部门通过了《生成式人工智能服务管理暂行办法》。该《办法》规定,国家坚持发展和安全并重、促进创新和依法治理相结合的原则,采取有效措施鼓励生成式人工智能创新发展,对生成式人工智能服务实行包容审慎和分类分级监管。对此,下列哪一说法是正确的?②

  A. 法律必然滞后于科技发展

  B. 对人工智能的法律监管,表明科技并非价值中立

  C. 《办法》中所规定的原则是公理性原则

  D. 促进创新原则是以个案平衡的原则适用于实践

159 . （2013/1/51/多）

  "近现代法治的实质和精义在于控权,即对权力在形式和实质上的合法性的强调,包括权力制约权力、权利制约权力和法律的制约。法律的制约是一种权限、程序和责任的制约。"关于这段话的理解,下列哪些选项是正确的?③

  A. 法律既可以强化权力,也可以弱化权力

  B. 近现代法治只控制公权,而不限制私权

  C. 在法治国家,权力若不加限制,将失去在形式和实质上的合法性

  D. 从法理学角度看,权力制约权力、权利制约权力实际上也应当是在法律范围内的制约和法律程序上的制约

160 . （2009/1/54/多）

  2007年8月30日,我国制定了《反垄断法》,下列说法哪些可以成立?④

---

  ① AB ② B ③ ACD ④ ABD

A. 《反垄断法》的制定是以我国当前的市场经济为基础的,没有市场经济,就不会出现市场垄断,也就不需要《反垄断法》,因此可以说,社会是法律的母体,法律是社会的产物

B. 法对经济有积极的反作用,《反垄断法》的出台及实施将会对我国市场经济发展产生重要影响

C. 我国市场经济的发展客观上需要《反垄断法》的出台,这个事实说明,唯有经济才是法律产生和发展的决定性因素,除经济之外法律不受其他社会因素的影响

D. 为了有效地管理社会,法律还需要和其他社会规范(道德、政策等)积极配合,《反垄断法》在管理市场经济时也是如此

161. 2008/1/92/不定项

某国跨国甲公司发现中国乙公司申请注册的域名侵犯了甲公司的商标权,遂起诉要求乙公司撤销该域名注册。乙公司称,商标和域名是两个领域的完全不同的概念,网络域名的注册和使用均不属中国《商标法》的调整范围。法院认为,两国均为《巴黎公约》成员国,应当根据中国法律和该公约处理注册纠纷。法院同时认为,对驰名商标的权利保障应当扩展到网络空间,故乙公司的行为侵犯了甲公司的商标专用权。据此,下列表述正确的是:①

A. 法律应该以社会为基础,随着社会的发展而变化

B. 科技的发展影响法律的调整范围,而法律可以保障科技的发展

C. 国际条约可以作为我国法的渊源

D. 乙公司的辩称和法院的判断表明:法律决定的可预测性与可接受性之间存在着一定的紧张关系

考点44 法与道德

162. 2017/1/5/单

某法院在网络、微信等平台上公布失信被执行人名单以督促其履行义务,不少失信被执行人迫于"面子"和舆论压力主动找到法院配合执行。对此,下列哪一理解是正确的?②

A. 道德问题的有效解决总是必须依赖法律的强制手段

B. 公布失信被执行人名单有助于形成守法光荣、违法可耻的社会氛围

C. 法律的有效实施总是必须诉诸道德谴责和舆论压力

---

① ABCD ② B

D. 法律与道德具有概念上的必然关系,法律其实就是道德

163. 2017/1/86/不定项

孟子的弟子问孟子,舜为天子时,若舜的父亲犯法,舜该如何处理?孟子认为,舜既不能以天子之权要求有司枉法,也不能罔顾亲情坐视父亲受刑,正确的处理方式应是放弃天子之位,与父亲一起隐居到偏远之地。对此,下列说法正确的是:①

A. 情与法的冲突总能找到两全其美的解决方案

B. 中华传统文化重视伦理和亲情,对当代法治建设具有借鉴意义

C. 孟子的方案虽然保全了亲情,但完全未顾及法律

D. 不同法律传统对情与法的矛盾可能有不同的处理方式

164. 2010/1/91/不定项

"一般来说,近代以前的法在内容上与道德的重合程度极高,有时浑然一体。……近现代法在确认和体现道德时大多注意二者重合的限度,倾向于只将最低限度的道德要求转化为法律义务,注意明确法与道德的调整界限。"据此引文及相关法学知识,下列判断正确的是:②

A. 在历史上,法与道德之间要么是浑然一体的,要么是绝然分离的

B. 道德义务和法律义务是可以转化的

C. 古代立法者倾向于将法律标准和道德标准分开

D. 近现代立法者均持"恶法亦法"的分析实证主义法学派立场

考点45 法与其他规范的联系与区别

165. 法考回忆题/不定项

我国《民法典》增设居住权,下列关于居住权的评论正确的是:③

A. 居住权具有道德权利和法律权利双重属性

B. 从逻辑上看,居住权先于《民法典》而存在

C. 人民群众的基本需求均应纳入法律的调整范围

D. 居住权有助于保护弱势群体的利益

---

① BD ② B ③ ABD

中国法律史

 扫一扫,"码"上做题

微信扫码,即可线上做题、看解析。
多种做题模式:章节自测、单科集训、
随机演练等。

专题九　先秦时期的法律思想与制度

考点46 先秦时期的法律思想与制度

166. 〔法考回忆题/多〕

《孟子·尽心章句上》记载,学生问孟子:"舜做天子,如果舜的父亲杀了人,舜该怎么办?"孟子说:"应先把他父亲抓起来,然后舜放弃天子之位,夜晚偷偷地背上父亲逃跑。"对此,下列哪些说法是正确的?①

A. 孟子的主张体现了"亲亲""尊尊"的礼的精神原则

B. 孟子认为,即使是帝王也不能滥用权力

C. 本案体现了不能忽视法律的社会意义和伦理意义

D. 舜的做法体现了孝道与守法不能两全

167. 〔2017/1/15/单〕

《汉书·陈宠传》就西周礼刑关系描述说:"礼之所去,刑之所取,失礼则入刑,相为表里。"关于西周礼刑的理解,下列哪一选项是正确的?②

A. 周礼分为五礼,核心在于"亲亲""尊尊",规定了政治关系的等级

B. 西周时期五刑,即墨、劓、剕(刖)、宫、大辟,适用于庶民而不适用于贵族

C. "礼"不具备法的性质,缺乏国家强制性,需要"刑"作为补充

D. 违礼即违法,在维护统治的手段上"礼""刑"二者缺一不可

---

① ABC ② D

168． 2016/1/15/单

西周商品经济发展促进了民事契约关系的发展。《周礼》载："听买卖以质剂。"汉代学者郑玄解读西周买卖契约形式："大市谓人民、牛马之属，用长券；小市为兵器、珍异之物，用短券。"对此，下列哪一说法是正确的?①

　　A. 长券为"质"，短券为"剂"

　　B. "质"由买卖双方自制，"剂"由官府制作

　　C. 契约达成后，交"质人"专门管理

　　D. 买卖契约也可采用"傅别"形式

169． 2016/1/16/单

春秋时期，针对以往传统法律体制的不合理性，出现了诸如晋国赵鞅"铸刑鼎"，郑国执政子产"铸刑书"等变革活动。对此，下列哪一说法是正确的?②

　　A. 晋国赵鞅"铸刑鼎"为中国历史上首次公布成文法

　　B. 奴隶主贵族对公布法律并不反对，认为利于其统治

　　C. 打破了"刑不可知，则威不可测"的壁垒

　　D. 孔子作为春秋时期思想家，肯定赵鞅"铸刑鼎"的举措

170． 2014/1/56/多

中国古代关于德与刑的关系理论，经历了一个长期的演变和发展过程。下列哪些说法是正确的?③

　　A. 西周时期确立了"以德配天，明德慎罚"的思想，以此为指导，道德教化与刑罚处罚结合，形成了当时"礼"、"刑"结合的宏观法制特色

　　B. 秦朝推行法家主张，但并不排斥礼，也强调"德主刑辅，礼刑并用"

　　C. 唐律"一准乎礼，而得古今之平"，实现了礼与律的有机统一，成为了中华法系的代表

　　D. 宋朝以后，理学强调礼和律对治理国家具有同等重要的地位，二者"不可偏废"

171． 2013/1/16/单

关于西周法制的表述，下列哪一选项是正确的?④

　　A. 周初统治者为修补以往神权政治学说的缺陷，提出了"德主刑辅，明德慎罚"的政治法律主张

---

① A　② C　③ ACD　④ B

B. 《汉书·陈宠传》称西周时期的礼刑关系为"礼之所去,刑之所取,失礼则入刑,相为表里"

C. 西周的借贷契约称为"书约",法律规定重要的借贷行为都须订立书面契约

D. 西周时期在宗法制度下已形成子女平均继承制

专题十 秦汉至魏晋南北朝时期的法律思想与制度

考点47 秦汉至魏晋南北朝时期的法律思想与制度

172. （法考回忆题/单）

《晋书·刑法志》载,晋元帝审问一案,主张鞭父母以问子女。卫展上书:"相隐之道离,则君臣之义废。君臣之义废,则犯上之奸生矣。"对此,下列哪一说法是正确的?①

A. 晋元帝重伦理轻法律

B. 亲亲相隐在东晋已成为正式法律制度

C. 亲情伦理可以抗御刑讯

D. 伦理与刑罚之间的冲突不可调和

173. （法考回忆题/多）

关于中国古代社会几部法典的结构体例,下列哪些选项是正确的?②

A. 《法经》中相当于近代刑法典总则部分的"具法",被置于六篇的篇首

B. 《魏律》对秦汉旧律有较大改革,如将"具律"改为"刑名",并将其置于律首

C. 《北齐律》将刑名与法例合为名例一篇,奠定了后世刑法的总则

D. 《大清律例》是我国最后一部成文法典,采六部格局

174. （2014/1/16/单）

秦律明确规定了司法官渎职犯罪的内容。关于秦朝司法官渎职的说法,下列哪一选项是不正确的?③

A. 故意使罪犯未受到惩罚,属于"纵囚"

B. 对已经发生的犯罪,由于过失未能揭发、检举,属于"见知不举"

---

① C ② BCD ③ B

C. 对犯罪行为由于过失而轻判者,属于"失刑"

D. 对犯罪行为故意重判者,属于"不直"

175. 2013/1/18/单

"名例律"作为中国古代律典的"总则"篇,经历了发展、变化的过程。下列哪一表述是不正确的?①

A.《法经》六篇中有"具法"篇,置于末尾,为关于定罪量刑中从轻从重法律原则的规定

B.《晋律》共20篇,在刑名律后增加了法例律,丰富了刑法总则的内容

C.《北齐律》共12篇,将刑名与法例律合并为名例律一篇,充实了刑法总则,并对其进行逐条逐句的疏议

D.《大清律例》的结构、体例、篇目与《大明律》基本相同,名例律置首,后为吏律、户律、礼律、兵律、刑律、工律

176. 2013/1/19/单

中国历史上曾进行多次法制变革以适应社会的发展。关于这些法制变革的表述,下列哪一选项是错误的?②

A. 秦国商鞅实施变法改革,全面贯彻法家"明法重刑"的主张,加大量刑幅度,对轻罪也施以重刑,以实现富国强兵目标

B. 西汉文帝为齐太仓令之女缇萦请求将自己没官为奴、替父赎罪的行为所动,下令废除肉刑

C. 唐代废除了宫刑制度,创设了鞭刑和杖刑,以宽减刑罚,缓解社会矛盾

D.《大清新刑律》抛弃了旧律诸法合体的编纂形式,采用了罪刑法定原则,规定刑罚分为主刑、从刑

177. 2013/1/57/多

董仲舒说"春秋决狱":"春秋之听狱也,必本其事而原其志;志邪者不待成,首恶者罪特重,本直者其论轻。"关于该解说之要旨和倡导,下列哪些表述是正确的?③

A. 断案必须根据事实,要追究犯罪人的动机,动机邪恶者即使犯罪未遂也不免刑责

B. 在着重考察动机的同时,还要依据事实,分别首犯、从犯和已遂、未遂

C. 如犯罪人主观动机符合儒家"忠"、"孝"精神,即使行为构成社会危

---

① C　② C　③ ABD

害,也不给予刑事处罚

D. 以《春秋》经义决狱为司法原则,对当时传统司法审判有积极意义,但某种程度上为司法擅断提供了依据

178. 2012/1/18/单

关于中国古代法律历史地位的表述,下列哪一选项是正确的?①

A.《法经》是中国历史上第一部比较系统的成文法典

B.《北魏律》在中国古代法律史上起着承先启后的作用

C.《宋刑统》是中国历史上第一部刊印颁行的仅着刑事内容的法典

D.《大明会典》以《元典章》为渊源,为《大清会典》所承继

179. 2011/1/16/单

据史书载,以下均为秦朝刑事罪名。下列哪一选项最不具有秦朝法律文化的专制特色?②

A. "偶语诗书"　　　　　　B. "以古非今"

C. "非所宜言"　　　　　　D. "失刑"

180. 2010/1/13/单

汉宣帝地节四年下诏曰:"自今子首匿父母、妻匿夫、孙匿大父母,皆勿坐。其父母匿子、夫匿妻、大父母匿孙,罪殊死,皆上请廷尉以闻","亲亲得相首匿"正式成为中国封建法律原则和制度。对此,下列哪一选项是错误的?③

A. 近亲属之间相互首谋隐匿一般犯罪行为,不负刑事责任

B. 近亲属之间相互首谋隐匿所有犯罪行为,不负刑事责任

C. "亲亲得相首匿"的本意在于尊崇伦理亲情

D. "亲亲得相首匿"的法旨在于宽宥缘自亲情发生的隐匿犯罪亲属的行为

181. 2009/1/57/多

关于中国法律制度发展和演进,下列哪些表述是正确的?④

A. 商鞅"改法为律"扩充了法律内容,强调了法律规范的普遍性

B. 汉武帝顺应历史发展废除肉刑进行刑制改革,为建立封建刑罚制度奠定了重要基础

C. 三国两晋南北朝时期更广泛、更直接地把儒家的伦理规范上升为法律规范,使礼、法更大程度上实现融合

D. 清末变法修律基本上是仿效外国资本主义的法律形式,固守中国的封建法制传统

182. <u>2008/1/9/单</u>

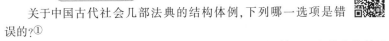

关于中国古代社会几部法典的结构体例,下列哪一选项是错误的?①

A.《法经》中相当于近代刑法典总则部分的"具法"被置于六篇中的最后一篇

B.《魏律》对秦汉旧律有较大改革,如将"具律"改为"刑名",并将其置于律首

C.《晋律》将刑名与法例律合为"名例律"一篇,并将法典篇章数定为二十篇

D.《永徽律疏》将疏议分附于律文之后颁行,分为十二篇三十卷

专题十一　隋唐宋元时期的法律思想与制度

考点48 隋唐宋元时期的法律思想与制度

183. <u>法考回忆题/多</u>

关于宋代契约法制,下列哪些说法是正确的?②

A. 齐某年初从赵某处买得 100 只小鸡,约定年底付钱 500 文,这种契约称为"赊卖"

B. 卢某把自己的房子租给孙某居住半年,收取租金 5 两银子,签订的契约称为"出举"

C. 沈某把祖传的一件字画典当给当铺,取得 10 两银子,约定 5 年不赎回则归当铺所有,这种契约称为"活卖"

D. 贾某租给宋某 5 亩土地,约定收获的粮食五五分成,这种契约称为"租佃"

184. <u>法考回忆题/单</u>

关于中国古代的法律制度,下列哪一说法是错误的? ③

---

① C　② ACD　③ B

A. 先秦的奴隶制五刑以肉刑为中心,包括墨、劓、剕、宫、大辟

B. 唐代的最低刑是杖刑

C. 大理寺在唐代属于中央审判机构

D. 明代对风俗伦理方面的犯罪处罚较轻

185. 法考回忆题/多

关于中国古代的法律制度,下列哪些说法是不正确的?①

A. 成语"秋后算账"来源于中国古代的秋冬行刑制度

B. 《开皇律》在《北齐律》"重罪十条"的基础上,创设"十恶"条款,为俗语"十恶不赦"之来源

C. 《唐律・名例律》规定"诸化外人同类自相犯者,各依本俗法;异类相犯者,以法律论",是属地管辖

D. 《唐律・名例律》规定"诸断罪而无正条,其应出罪者,则举重以明轻;其应入罪者,则举轻以明重",属于类比推理

186. 2017/1/17/单

唐代诉讼制度不断完善,并具有承前启后的特点。下列哪一选项体现了唐律据证定罪的原则?②

A. 唐律规定,审判时"必先以情,审察辞理,反复参验,犹未能决,事须拷问者,立案同判,然后拷讯,违者杖六十"

B. 《断狱律》说:"若赃状露验,理不可疑,虽不承引,即据状断之"

C. 唐律规定,对应议、请、减和老幼残疾之人"不合拷讯"

D. 《断狱律》说:"(断狱)皆须具引律、令、格、式正文,违者笞三十"

187. 2017/1/18/单

随着商品经济的繁荣,两宋时期的买卖、借贷、租赁、抵押、典卖、雇佣等各种契约形式均有发展。据此,下列哪一说法是错误的?③

A. 契约的订立必须出于双方合意,对强行签约违背当事人意愿的,要"重蜫典宪"

B. 买卖契约中的"活卖",是指先以信用取得出卖物,之后再支付价金,且须订立书面契约

C. 付息的消费借贷称为出举,并有"(出举者)不得迴利为本"的规定,防止高利贷盘剥

① ACD ② B ③ B

D. 宋代租佃土地契约中,可实行定额租,佃农逾期不交租,地主可诉请官府代为索取

188. 2016/1/17/单

元代人在《唐律疏议序》中说:"乘之(指唐律)则过,除之则不及,过与不及,其失均矣。"表达了对唐律的敬畏之心。下列关于唐律的哪一表述是错误的?①

A. 促使法律统治"一准乎礼",实现了礼律统一

B. 科条简要、宽简适中、立法技术高超,结构严谨

C. 是我国传统法典的楷模与中华法系形成的标志

D. 对古代亚洲及欧洲诸国产生了重大影响,成为其立法渊源

189. 2016/1/18/单

南宋时,霍某病故,留下遗产值银 9000 两。霍某妻子早亡,夫妻二人无子,只有一女霍甲,已嫁他乡。为了延续霍某姓氏,霍某之叔霍乙立本族霍丙为霍某继子。下列关于霍某遗产分配的哪一说法是正确的?②

A. 霍甲 9000 两

B. 霍甲 6000 两,霍丙 3000 两

C. 霍甲、霍乙、霍丙各 3000 两

D. 霍甲、霍丙各 3000 两,余 3000 两收归官府

190. 2015/1/17/单

唐永徽年间,甲由祖父乙抚养成人。甲好赌欠债,多次索要乙一祖传玉坠未果,起意杀乙。某日,甲趁乙熟睡,以木棒狠击乙头部,以为致死(后被救活),遂夺玉坠逃走。唐律规定,谋杀尊亲处斩,但无致伤如何处理的规定。对甲应当实行下列哪一处罚?③

A. 按"诸断罪而无正条,其应入罪者,则举轻以明重",应处斩刑

B. 按"诸断罪而无正条,其应出罪者,则举重以明轻",应处绞刑

C. 致伤未死,应处流三千里

D. 属于"十恶"犯罪中的"不孝"行为,应处极刑

191. 2014/1/17/单

《唐律·名例律》规定:"诸断罪而无正条,其应出罪者,则举重以

---

① D ② D ③ A

明轻;其应入罪者,则举轻以明重。"关于唐代类推原则,下列哪一说法是正确的?①

A. 类推是适用法律的一般形式,有明文规定也可"比附援引"

B. 被类推定罪的行为,处罚应重于同类案件

C. 被类推定罪的行为,处罚应轻于同类案件

D. 唐代类推原则反映了当时立法技术的发达

192. 2013/1/56/多

《唐律疏议·贼盗》载"祖父母为人杀私和"疏:"若杀祖父母、父母应偿死者,虽会赦,仍移乡避仇。以其与子孙为仇,故令移配。"下列哪些理解是正确的?②

A. 杀害同乡人的祖父母、父母依律应处死刑者,若遇赦虽能免罪,但须移居外乡

B. 该条文规定的移乡避仇制体现了情法并列、相互避让的精神

C. 该条文将法律与社会生活相结合统一考虑,表现出唐律较为高超的立法技术

D. 该条文侧面反映了唐律"礼律合一"的特点,为法律确立了解决亲情与法律相冲突的特殊模式

193. 2012/1/16/单

宋承唐律,仍实行唐制"七出"、"三不去"的离婚制度,但在离婚或改嫁方面也有变通。下列哪一选项不属于变通规定?③

A. "夫外出三年不归,六年不通问"的,准妻改嫁或离婚

B. "妻擅走者徒三年,因而改嫁者流三千里,妾各减一等"

C. 夫亡,妻"若改适(嫁),其见在部曲、奴婢、田宅不得费用"

D. 凡"夫亡而妻在",立继从妻

194. 2012/1/17/单

《折狱龟鉴》载一案例:张泳尚书镇蜀日,因出过委巷,闻人哭,惧而不哀,遂付讯之。云:"夫暴卒。"乃付吏穷治。吏往熟视,略不见其要害。而妻教吏搜顶发,当有验。乃往视之,果有大钉陷其脑中。吏喜,辄秤妻能,悉以告泳。泳使呼出,厚加赏方,问所知之由,并令鞫其事,盖尝害夫,亦用此谋。发棺视尸,其钉尚在,遂与哭妇俱刑于市。关于本案,张泳运用了下列哪

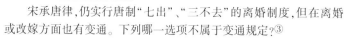

---

① D ② ABCD ③ D

一断案方法?①

　　A.《春秋》决狱 　　　　　　　　B. "听讼"、"断狱"

　　C. "据状断之" 　　　　　　　　D. 九卿会审

195. 2009/1/13/单

杜甫有诗云:"朝回日日典春衣,每日江头尽醉归。酒债寻常行处有,人生七十古来稀。"对诗歌涉及的典当制度,下列哪一选项可以成立?②

　　A. 唐代的典当形成了明确的债权债务关系

　　B. 唐代的典当契约称为"质剂"

　　C. 唐代的典当称为"活卖"

　　D. 唐代法律规定开典当行者构成"坐赃"

196. 2009/1/14/单

关于宋代法律和法制,下列哪一选项是错误的?③

　　A.《宋刑统》为我国历史上第一部刊印颁行的法典

　　B. 宋代法律因袭唐制,对借与贷作了区分

　　C. 宋仁宗敕、例地位提高,"凡律所不载者,一断于敕、例"

　　D. 宋建隆四年颁行"折杖法"

197. 2008/1/58/多

关于《永徽律疏》,下列哪些选项是错误的?④

　　A.《永徽律疏》又称《唐律疏议》,是唐太宗在位时制定的

　　B.《永徽律疏》首次确立了"十恶"即"重罪十条"制度

　　C.《永徽律疏》对主要的法律原则和制度做了精确的解释,而且尽可能以儒家经典为根据

　　D.《永徽律疏》是对《贞观律》的解释,在中国立法史上的地位不如《贞观律》

专题十二　明清时期的法律思想与制度

考点49 明清时期的法律思想与制度

198. 法考回忆题/多

清道光三年,张张氏因被公公张起坤强行奸污,其夫张安将父亲

①　C　②　A　③　C　④　ABD

殴伤身死。除张安依律判凌迟处死外,张张氏亦依律判凌迟处死。刑部核议后认为,惟死者强奸子妇已成,本属渎伦伤化,该氏被污不甘,一时忿激,并非无故逞凶干犯。后将张张氏改为斩监候。对此,下列哪些说法是不正确的?①

 A. 卑犯尊应比尊犯卑判处更重的刑罚

 B. 若张张氏当场杀死公公,则其不构成犯罪

 C. 若张张氏和丈夫只有杀公公的想法,但尚未实施杀人的行为,也应定罪

 D. 清代刑部负责复核,没有最终审判权

199. (法考回忆题/单)

1913 年 3 月 20 日,宋教仁先生在上海火车站遇刺身亡。该案由公共租界会审公廨审判。关于会审公廨制度,下列哪一项说法是错误的?②

 A. 会审公廨是清廷与英、美、法三国驻上海领事协议在租界内设立的特殊审判机关

 B. 会审公廨制度是对我国司法主权的践踏

 C. 中华民国成立后,会审公廨制度依然存续

 D. 案件由外国领事官员审判,中国官员无权参与

200. (2016/1/19/单)

1903 年,清廷发布上谕:"通商惠工,为古今经国之要政,急应加意讲求,著派载振、袁世凯、伍廷芳,先定商律,作为则例。"下列哪一说法是正确的?③

 A.《钦定大清商律》为清朝第一部商律,由《商人通例》、《公司律》和《破产律》构成

 B. 清廷制定商律,表明随着中国近代工商业发展,其传统工商政策从"重农抑商"转为"重商抑农"

 C. 商事立法分为两阶段,先由新设立商部负责,后主要商事法典改由修订法律馆主持起草

 D.《大清律例》、《大清新刑律》、《大清民律草案》与《大清商律草案》同属清末修律成果

201. (2015/1/18/单)

鸦片战争后,清朝统治者迫于内外压力,对原有的法律制度进行

---

 ① BCD ② D ③ C

了不同程度的修改与变革。关于清末法律制度的变革,下列哪一选项是正确的?①

A.《大清现行刑律》废除了一些残酷的刑罚手段,如凌迟

B.《大清新刑律》打破了旧律维护专制制度和封建伦理的传统

C. 改刑部为法部,职权未变

D. 改四级四审制为四级两审制

202. 2014/1/18/单

根据清朝的会审制度,案件经过秋审或朝审程序之后,分四种情况予以处理:情实、缓决、可矜、留养承嗣。对此,下列哪一说法是正确的?②

A. 情实指案情属实、罪名恰当者,奏请执行绞监候或斩监候

B. 缓决指案情虽属实,但危害性不能确定者,可继续调查,待危害性确定后进行判决

C. 可矜指案情属实,但有可矜或可疑之处,免于死刑,一般减为徒、流刑罚

D. 留养承嗣指案情属实,罪名恰当,但被害人有亲老丁单情形,奏请皇帝裁决

203. 2014/1/19/单

武昌起义爆发后,清王朝于 1911 年 11 月 3 日公布了《宪法重大信条十九条》。关于该宪法性文件,下列哪一说法是错误的?③

A. 缩小了皇帝的权力

B. 扩大了人民的权利

C. 扩大了议会的权力

D. 扩大了总理的权力

204. 2014/1/57/多

明太祖朱元璋在洪武十八年(公元 1385 年)至洪武二十年(公元 1387 年)间,手订四编《大诰》,共 236 条。关于明《大诰》,下列哪些说法是正确的?④

A.《大明律》中原有的罪名,《大诰》一般都加重了刑罚

B.《大诰》的内容也列入科举考试中

C. "重典治吏"是《大诰》的特点之一

---

① A ② C ③ B ④ ABC

D. 朱元璋死后《大诰》被明文废除

205． 2012/1/57/多

清乾隆年间,甲在京城天安门附近打伤乙被判笞刑,甲不服判决,要求复审。关于案件的复审,下列哪些选项是正确的?①

A. 应由九卿、詹事、科道及军机大臣、内阁大学士等重要官员会同审理

B. 应在霜降后 10 日举行

C. 应由大理寺官员会同各道御史及刑部承办会同审理

D. 应在小满后 10 日至立秋前 1 日举行

206． 2011/1/17/单

关于明代法律制度,下列哪一选项是错误的?②

A. 明朱元璋认为,"夫法度者,朝廷所以治天下也"

B. 明律确立"重其所重,轻其所轻"刑罚原则

C.《大明会典》仿《元六典》,以六部官制为纲

D. 明会审制度为九卿会审、朝审、大审

207． 2011/1/18/单

清乾隆律学家、名幕王又槐对谋杀和故杀的有关论述:①"谋杀者,蓄念于未杀之先;故杀者,起意于殴杀之时。"②"谋杀则定计而行,死者猝不及防,势不能敌,或以金刃,或以毒药,或以他物,或驱赴水火,或伺于隐蔽处所,即时致死,并无争斗情形,方为谋杀。"③"故杀乃因斗殴、谋殴而起,或因忿及风嫌,或因畏其报复,或虑其控官难制,或恶其无耻滋事,或恐其遗祸受害。在兄弟,或利其赀财肥己;在夫妻,或恨其妒悍不逊。临时起意,故打重伤、多伤,伤多及致死处所而死者是也。"

据此,下列最可能被认定为谋杀者的是哪一选项?③

A. 张某将浦某拖倒在地,骑于身将其打伤。浦某胞弟见状,情急之下用木耙击中张某顶心,张某立时毙命

B. 洪某因父为赵某所杀,立志复仇。后,洪某趁赵某独自上山之机,将其杀死

C. 卢某欲拉林某入伙盗窃,林某不允并声称将其送官。卢某恐其败露欲杀之,当即将林某推倒在地,掐伤其咽喉并用腰带套其脖颈,林某窒息而死

---

① CD ② C ③ B

  D. 雇主李朱氏责骂刘某干活不勤,刘某愧忿不甘,拿起菜刀将李朱氏砍倒。刘某逃跑之际,被李朱氏4岁的外孙韩某拉住衣服并大声呼救,刘某将其推倒在地并连砍数刀,致其立时毙命

208. 2011/1/19/单

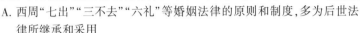

关于中外法律制度的发展演变,下列哪一表述是错误的?①

  A. 西周"七出""三不去""六礼"等婚姻法律的原则和制度,多为后世法律所继承和采用

  B. 汉代"秋冬行刑"的死刑执行制度,对唐、明、清的法律制度有着深远影响

  C. 清末规定的法官和检察官考试任用制度、监狱及狱政管理的改良制度,是清末司法体制上的重大变化

  D. 法国国民会议于1787年8月26日通过《独立宣言》,这一划时代的历史性文件第一次明确而系统地提出了资产阶级民主和法制的基本原则

209. 2011/1/56/多

中国古代社会一些启蒙作品多涉及当世的法律观念和司法制度,这在下列的哪些表述中有所体现?②

  A.《幼学琼林》:"世人惟不平则鸣,圣人以无讼为贵"

  B.《弟子规》:"财物轻,怨何生,言语忍,忿自泯"

  C.《增广贤文》:"礼义生于富足,盗出于贫穷"

  D.《女儿经》:"遵三从,行四德,习礼义,看古人,多贤德,为法则"

210. 2011/1/57/多

关于清末变法修律,下列哪些选项是正确的?③

  A. 在指导思想上,清末修律自始至终贯穿着"仿效外国资本主义法律形式,固守中国封建法制传统"的原则

  B. 在立法内容上,清末修律一方面坚行君主专制体制和封建伦理纲常"不可率行改变",一方面标榜"吸引世界大同各国之良规,兼采近世最新之学说"

  C. 在编纂形式上,清末修律改变了传统的"诸法合体"形式,明确了实体法之间、实体法与程序法之间的差别,形成了近代法律体系的雏形

---

  ① D ② ABCD ③ ABCD

D. 在法系承袭上,清末修律标志着延续几千年的中华法系开始解体,为中国法律的近代化奠定了初步基础

211. 〔2010/1/15/单〕

关于中国古代刑罚制度的说法,下列哪一选项是错误的?①

A. "八议"制度自曹魏《魏律》正式入律,其思想渊源为《周礼·秋官》的"八辟丽邦法"之说

B. "秋冬行刑"制度自唐代始,其理论渊源为《礼记·月令》关于秋冬季节"戮有罪,严断刑"之述

C. "大诰"是明初的一种特别刑事法规,其法律形式源自《尚书·大诰》周公对臣民之训诫

D. "明刑弼教"作为明清推行重典治国政策的思想基础,其理论依据源自《尚书·大禹谟》"明于五刑,以弼五教"之语

212. 〔2009/1/15/单〕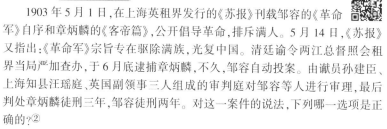

1903 年 5 月 1 日,在上海英租界发行的《苏报》刊载邹容的《革命军》自序和章炳麟的《客帝篇》,公开倡导革命,排斥满人。5 月 14 日,《苏报》又指出:《革命军》宗旨专在驱除满族,光复中国。清廷谕令两江总督照会租界当局严加查办,于 6 月底逮捕章炳麟,不久,邹容自动投案。由谳员孙建臣、上海知县汪瑶庭、英国副领事三人组成的审判庭对邹容等人进行审理,最后判处章炳麟徒刑三年,邹容徒刑两年。对这一案件的说法,下列哪一选项是正确的?②

A. 这表明清廷实行公开审判原则

B. 这表明外国人在租界内对中国司法裁判权的直接干涉

C. 这表明外国人在租界内的领事裁判权受到了限制

D. 这表明清廷变法修律得到了国际社会的承认

专题十三　中华民国时期的法律思想与制度

考点50 中华民国时期的法律思想与制度

213. 〔法考回忆题/多〕

陕甘宁边区曾发生一起抢亲案。封捧儿与张柏两情相悦,定有婚

---

① B ② B

约,封捧儿父亲封某为了更多的彩礼将封捧儿许配另一人,张柏父亲带人闯入封家抢走封捧儿成亲。马锡五接办该案后,下乡走进田间,在群众中实地走访调研,广泛征求意见,在案发地进行巡回审理,判决婚姻有效,分别判处张某和封某短期徒刑和劳役。判决一出,群众无不交口称赞。上述案情体现了马锡五审判方式的哪些特点?①

A. 调解优先

B. 广泛调研

C. 方便诉讼

D. 不拘形式

214. `2011/1/21/单`

关于《中华民国临时约法》,下列哪一选项是正确的?②

A.《临时约法》是辛亥革命后正式颁行的宪法

B.《临时约法》设立临时大总统,采行总统制

C.《临时约法》是中国历史上唯一一部具有资产阶级共和国性质的宪法性文件

D.《临时约法》确立了五权分离的原则

215. `2010/1/14/单`

中国法制近代化经历了曲折的渐进过程,贯穿着西方法律精神与中国法律传统的交汇与碰撞。关于中国法制近代化在修律中的特点,下列哪一选项是不正确的?③

A. 1910 年《大清民律草案》完成后,修律大臣俞廉三上陈"奏进民律前三编草案折",认为民律修订仍然没有超出"中学为体、西学为用"的思想格局

B. 1911 年《大清新刑律》作为中国第一部近代意义的专门刑法典,在吸纳近代资产阶级罪刑法定等原则的同时,仍然保留了部分不必科刑的民事条款

C. 1910 年颁行的《法院编制法》规定,国家司法审判实行四级三审制

D. 1947 年颁行的《中华民国宪法》,所列各项民主自由权利比以往任何宪法性文件都充分

---

① BCD ② C ③ B

宪　法

　　扫一扫，"码"上做题　　微信扫码，即可线上做题、看解析。
多种做题模式：章节自测、单科集训、
随机演练等。

专题十四　宪法基本理论

考点51 宪法的词源、特征、本质与分类

216. 2017/1/21/单

成文宪法和不成文宪法是英国宪法学家提出的一种宪法分类。关于成文宪法和不成文宪法的理解，下列哪一选项是正确的?①

A. 不成文宪法的特点是其内容不见于制定法

B. 宪法典的名称中必然含有"宪法"字样

C. 美国作为典型的成文宪法国家，不存在宪法惯例

D. 在程序上，英国不成文宪法的内容可像普通法律一样被修改或者废除

217. 2014/1/20/单

依法治国是社会主义法治理念的核心内容，也是宪法确定的治国方略。关于实施依法治国的要求，下列哪一选项是不正确的?②

A. 在具体的社会治理实践中将法治与德治紧密结合，共同发挥其规范社会成员思想和行为的作用

B. 坚持以宪法和法律为社会关系调控手段，限制并约束各种社会组织的规章制度、民规、民约的调节功能

C. 尊重宪法和法律的权威，保证司法机关依法独立行使审判权和检察权，尊重和服从司法机关作出的生效判决

D. 构建"以权力制约权力"的监督体系，科学配置权力，合理界定权限，

---

① D ② B

形成既相互制约与监督,又顺畅有效运行的权力格局

218． 2012/1/21/单

根据宪法分类理论,下列哪一选项是正确的?①

A. 成文宪法也叫文书宪法,只有一个书面文件

B. 1215 年的《自由大宪章》是英国宪法的组成部分

C. 1830 年法国宪法是钦定宪法

D. 柔性宪法也具有最高法律效力

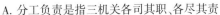

考点52 宪法的基本原则

219． 2017/1/65/多

我国宪法规定,法院、检察院和公安机关办理刑事案件,应当分工负责,互相配合,互相制约。对此,下列哪些选项是正确的?②

A. 分工负责是指三机关各司其职、各尽其责

B. 互相配合是指三机关以惩罚犯罪分子为目标,通力合作,互相支持

C. 互相制约是指三机关按法定职权和程序互相监督

D. 公、检、法三机关之间的这种关系,是权力制约原则在我国宪法上的具体体现

220． 2016/1/91/不定项

我国宪法规定了"一切权力属于人民"的原则。关于这一规定的理解,下列选项正确的是:③

A. 国家的一切权力来自并且属于人民

B. "一切权力属于人民"仅体现在直接选举制度之中

C. 我国的人民代表大会制度以"一切权力属于人民"为前提

D. "一切权力属于人民"贯穿于我国国家和社会生活的各领域

221． 2011/1/59/多

权力制约是依法治国的关键环节。下列哪些选项体现了我国宪法规定的权力制约原则?④

A. 全国人大和地方各级人大由民主选举产生,对人民负责,受人民监督

B. 法院、检察院和公安机关办理刑事案件,应当分工负责,互相配合,互相制约

---

① B ② ACD ③ ACD ④ ABC

C. 地方各级人大及其常委会依法对"一府两院"监督

D. 法院对法律合宪性审查

考点 53 宪法的历史发展

222. （2014/1/21/单）

关于宪法的历史发展,下列哪一选项是不正确的?①

A. 资本主义商品经济的普遍化发展,是近代宪法产生的经济基础

B. 1787 年美国宪法是世界历史上的第一部成文宪法

C. 1918 年《苏俄宪法》和 1919 年德国《魏玛宪法》的颁布,标志着现代宪法的产生

D. 行政权力的扩大是中国宪法发展的趋势

223. （2008/1/13/单）

下列哪一个法律文件是中国近现代历史上第一部宪法性文件?②

A.《重大信条十九条》

B.《钦定宪法大纲》

C.《中华民国约法》

D.《中华苏维埃共和国宪法大纲》

考点 54 宪法的制定与修改

224. （法考回忆题/多）

序言是我国现行宪法的重要组成部分,在现行宪法的五次部分修改中,有四次对序言进行了修改。关于对宪法序言的修改,下列哪些说法是错误的?③

A. 1999 年宪法修正案序言部分把"我国正处于社会主义初级阶段"修改为"我国将长期处于社会主义初级阶段"

B. 2018 年宪法修正案在爱国统一战线中增加"社会主义事业的建设者"

C. 2004 年宪法修正案将我国的根本任务调整为"把我国建设成为富强民主文明和谐美丽的社会主义现代化强国,实现中华民族伟大复兴"

D. 2018 年宪法修正案将"中国共产党领导是中国特色社会主义最本质的特征"写入宪法序言

---

① D ② B ③ BCD

225. 〔2016/1/93/不定项〕

宪法修改是指有权机关依照一定的程序变更宪法内容的行为。关于宪法的修改,下列选项正确的是:①

  A. 凡宪法规范与社会生活发生冲突时,必须进行宪法修改

  B. 我国宪法的修改可由五分之一以上的全国人大代表提议

  C. 宪法修正案由全国人民代表大会公告公布施行

  D. 我国 1988 年《宪法修正案》规定,土地的使用权可依照法律法规的规定转让

226. 〔2014/1/22/单〕

关于我国宪法修改,下列哪一选项是正确的?②

  A. 我国修宪实践中既有对宪法的部分修改,也有对宪法的全面修改

  B. 经十分之一以上的全国人大代表提议,可以启动宪法修改程序

  C. 全国人大常委会是法定的修宪主体

  D. 宪法修正案是我国宪法规定的宪法修改方式

227. 〔2011/1/60/多〕

我国宪法第六至十八条对经济制度作了专门规定。关于《宪法修正案》就我国经济制度规定所作的修改,下列哪些选项是正确的?③

  A. 中华人民共和国实行依法治国,建设社会主义法治国家

  B. 国家实行社会主义市场经济

  C. 除第九、十二、十八条外,其他各条都进行过修改

  D. 农村中的生产、供销、信用、消费等各种形式的合作经济,是社会主义劳动群众集体所有制经济

228. 〔2010/1/23/单〕

关于我国宪法的修改,下列哪一说法是错误的?④

  A.《宪法》没有专章规定修改程序

  B.《宪法》规定的修宪机关是全国人民代表大会

  C.《立法法》规定,宪法修正案由国家主席令公布

  D.《全国人大议事规则》规定,宪法修改以投票方式表决

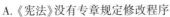

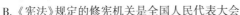

① BC ② A ③ BCD ④ C

229. 2009/1/60/单

关于我国《宪法》的修改，下列一选项是正确的？①

A. 1954 年《宪法》明确规定了宪法修改的提案主体

B. 1982 年《宪法》是对 1954 年《宪法》的全面修改

C. 我国现行宪法共进行了四次修改，通过了 31 条宪法修正案

D. "国家尊重和保障人权"是 2004 年《宪法修正案》规定的内容

考点55 宪法的效力与基本功能

230. 法考回忆题/单

关于宪法效力，有如下四种表述：①宪法的地位高于法律和行政法规等其他法律规范；②宪法具有最高的法律效力；③宪法规定了公民的基本权利和义务；④宪法精神深入贯彻在社会生活的各个方面。上述说法能够体现宪法根本法地位的是哪一项？②

A. ①②

B. ②③

C. ①②③

D. ①②③④

231. 2016/1/22/单

我国《立法法》明确规定："宪法具有最高的法律效力，一切法律、行政法规、地方性法规、自治条例和单行条例、规章都不得同宪法相抵触。"关于这一规定的理解，下列哪一选项是正确的？③

A. 该条文中两处"法律"均指全国人大及其常委会制定的法律

B. 宪法只能通过法律和行政法规等下位法才能发挥它的约束力

C. 宪法的最高法律效力只是针对最高立法机关的立法活动而言的

D. 维护宪法的最高法律效力需要完善相应的宪法审查或者监督制度

232. 2014/1/94/不定项

关于宪法效力的说法，下列选项正确的是：④

A. 宪法修正案与宪法具有同等效力

B. 宪法不适用于定居国外的公民

C. 在一定条件下，外国人和法人也能成为某些基本权利的主体

---

① D（原答案为CD）　② C　③ D　④ ACD

D. 宪法作为整体的效力及于该国所有领域

233. 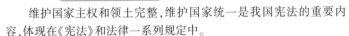 2012/1/89/不定项

维护国家主权和领土完整,维护国家统一是我国宪法的重要内容,体现在《宪法》和法律一系列规定中。

关于我国宪法对领土的效力,下列表述正确的是:①

A. 领土包括一个国家的陆地、河流、湖泊、内海、领海以及它们的底床、底土和上空(领空)

B. 领土是国家的构成要素之一,是国家行使主权的空间,也是国家行使主权的对象

C.《宪法》在国土所有领域的适用上无任何差异

D.《宪法》的空间效力及于国土全部领域,是由主权的唯一性和不可分割性决定的

234. 2011/1/23/单

宪法效力是指宪法作为法律规范所具有的约束力与强制性。关于我国宪法效力,下列哪一选项是不正确的?②

A. 侨居国外的华侨受中国宪法保护

B. 宪法的效力及于中华人民共和国的所有领域

C. 宪法的最高法律效力首先源于宪法的正当性

D. 宪法对法院的审判活动没有约束力

考点56 宪法规范、渊源与宪法的结构

235. 2016/1/21/单

综观世界各国成文宪法,结构上一般包括序言、正文和附则三大部分。对此,下列哪一表述是正确的?③

A. 世界各国宪法序言的长短大致相当

B. 我国宪法附则的效力具有特定性和临时性两大特点

C. 国家和社会生活诸方面的基本原则一般规定在序言之中

D. 新中国前三部宪法的正文中均将国家机构置于公民的基本权利和义务之前

---

① ABD ② D ③ D

236． 2015/1/21/单

宪法的渊源即宪法的表现形式。关于宪法渊源,下列哪一表述是错误的?①

A. 一国宪法究竟采取哪些表现形式,取决于历史传统和现实状况等多种因素

B. 宪法惯例实质上是一种宪法和法律条文无明确规定、但被普遍遵循的政治行为规范

C. 宪法性法律是指国家立法机关为实施宪法典而制定的调整宪法关系的法律

D. 有些成文宪法国家的法院基于对宪法的解释而形成的判例也构成该国的宪法渊源

237． 2015/1/61/多

我国《宪法》第三十八条明确规定:"中华人民共和国公民的人格尊严不受侵犯。"关于该条文所表现的宪法规范,下列哪些选项是正确的?②

A. 在性质上属于组织性规范

B. 通过《民法典》中有关姓名权的规定得到了间接实施

C. 法院在涉及公民名誉权的案件中可以直接据此作出判决

D. 与法律中的有关规定相结合构成一个有关人格尊严的规范体系

238． 2013/1/21/单

根据《宪法》的规定,关于宪法文本的内容,下列哪一选项是正确的?③

A.《宪法》明确规定了宪法与国际条约的关系

B.《宪法》明确规定了宪法的制定、修改制度

C. 作为《宪法》的《附则》,《宪法修正案》是我国宪法的组成部分

D.《宪法》规定了居民委员会、村民委员会的性质和产生,两者同基层政权的相互关系由法律规定

239． 2013/1/22/单

关于宪法规范,下列哪一说法是不正确的?④

A. 具有最高法律效力

B. 在我国的表现形式主要有宪法典、宪法性法律、宪法惯例和宪法判例

---

① C ② BD ③ D ④ B

C. 是国家制定或认可的、宪法主体参与国家和社会生活最基本社会关系的行为规范

D. 权利性规范与义务性规范相互结合为一体,是我国宪法规范的鲜明特色

240. 2011/1/22/单

宪法结构指宪法内容的组织和排列形式。关于我国宪法结构,下列哪一选项是不正确的?①

A. 宪法序言规定了宪法的根本法地位和最高法律效力

B. 现行宪法正文的排列顺序是:总纲、公民的基本权利和义务、国家机构以及国旗、国歌、国徽、首都

C. 宪法附则没有法律效力

D. 宪法没有附则

专题十五　国家的基本制度(上)

考点57 我国的政治、经济、文化、社会基本制度

241. 法考回忆题/多

1949年9月,中国人民政治协商会议制定了《中国人民政治协商会议共同纲领》。关于《中国人民政治协商会议共同纲领》,下列哪些说法是正确的?②

A.《中国人民政治协商会议共同纲领》是我国第一部正式颁行的社会主义宪法

B. 规定最高政权机关是中国人民政治协商会议

C. 规定国家政权属于人民,人民行使国家政权的机关是各级人大和政府

D. 规定公民有选举权和被选举权

242. 2017/1/91/不定项

我国宪法序言规定:"中国共产党领导的多党合作和政治协商制度将长期存在和发展。"关于中国人民政治协商会议,下列选项正确的是:③

A. 由党派团体和界别代表组成,政协委员由选举产生

B. 全国政协委员列席全国人大的各种会议

---

① C　② CD　③ C

C. 是中国共产党领导的多党合作和政治协商制度的重要机构

D. 中国人民政治协商会议全国委员会和各地方委员会是国家权力机关

243. 〔2017/1/92/不定项〕

人民代表大会制度是我国的根本政治制度。关于人民代表大会制度,下列表述正确的是:①

A. 国家的一切权力属于人民,这是人民代表大会制度的核心内容和根本准则

B. 各级人大都由民主选举产生,对人民负责,受人民监督

C. "一府两院"都由人大产生,对它负责,受它监督

D. 人民代表大会制度是实现社会主义民主的唯一形式

244. 〔2016/1/23/单〕

社会主义公有制是我国经济制度的基础。根据现行《宪法》的规定,关于基本经济制度的表述,下列哪一选项是正确的?②

A. 国家财产主要由国有企业组成

B. 城市的土地属于国家所有

C. 农村和城市郊区的土地都属于集体所有

D. 国营经济是社会主义全民所有制经济,是国民经济中的主导力量

245. 〔2016/1/62/多〕

我国的基本社会制度是基于经济、政治、文化、社会、生态文明五位一体的社会主义建设的需要,在社会领域所建构的制度体系。关于国家的基本社会制度,下列哪些选项是正确的?③

A. 我国的基本社会制度是国家的根本制度

B. 社会保障制度是我国基本社会制度的核心内容

C. 职工的工作时间和休假制度是我国基本社会制度的重要内容

D. 加强社会法的实施是发展与完善我国基本社会制度的重要途径

246. 〔2015/1/62/多〕

关于国家文化制度,下列哪些表述是正确的?④

A. 我国宪法所规定的文化制度包含了爱国统一战线的内容

B. 国家鼓励自学成才,鼓励社会力量依照法律规定举办各种教育事业

---

① ABC ② B ③ BCD ④ BD

C. 是否较为系统地规定文化制度,是社会主义宪法区别于资本主义宪法的重要标志之一

D. 公民道德教育的目的在于培养有理想、有道德、有文化、有纪律的社会主义公民

247． 2014/1/95/不定项

根据《宪法》规定,关于我国基本经济制度的说法,下列选项正确的是:①

A. 国家实行社会主义市场经济

B. 国有企业在法律规定范围内和政府统一安排下,开展管理经营

C. 集体经济组织实行家庭承包经营为基础,统分结合的双层经营体制

D. 土地的使用权可以依照法律的规定转让

248． 2013/1/23/单

近代意义宪法产生以来,文化制度便是宪法的内容。关于两者的关系,下列哪一选项是不正确的?②

A. 1787 年美国宪法规定了公民广泛的文化权利和国家的文化政策

B. 1919 年德国魏玛宪法规定了公民的文化权利

C. 我国现行宪法对文化制度的原则、内容等做了比较全面的规定

D. 公民的文化教育权、国家机关的文化教育管理职权和文化政策,是宪法文化制度的主要内容

249． 2012/1/23/单

关于宪法与文化制度的关系,下列哪一选项是不正确的?③

A. 宪法规定的文化制度是基本文化制度

B. 《魏玛宪法》第一次比较全面系统规定了文化制度

C. 宪法规定的公民文化教育权利是文化制度的重要内容

D. 保护知识产权是我国宪法规定的基本文化权利

250． 2012/1/60/多

根据《宪法》的规定,下列哪些选项是正确的?④

A. 社会主义的公共财产神圣不可侵犯

B. 社会主义的公共财产包括国家的和集体的财产

---

① AD　② A　③ D　④ ABD

C. 国家可以对公民的私有财产实行无偿征收或征用

D. 土地的使用权可以依照法律的规定转让

251. 〔2009/1/22/单〕

关于经济制度与宪法关系,下列哪一选项是错误的?①

A. 自德国魏玛宪法以来,经济制度便成为现代宪法的重要内容之一

B. 宪法对经济关系特别是生产关系的确认与调整构成一国的基本经济制度

C. 我国宪法修正案第十六条规定,法律范围内的非公有制经济是社会主义市场经济的重要组成部分

D. 私有财产神圣不可侵犯是我国宪法的一项基本原则

专题十六　国家的基本制度(下)

考点58　选举制度

252. 〔法考回忆题/单〕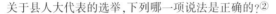

关于县人大代表的选举,下列哪一项说法是正确的?②

A. 由县人大主席团主持

B. 10 个选民联名有权提出县人大代表候选人

C. 代表候选人的人数应多于应选代表名额 1/5 至 1/2

D. 县人大代表的选举与罢免,均要求全体选民过半数同意

253. 〔2017/1/62/多〕

某省人大选举实施办法中规定:"本行政区域各选区每一代表所代表的人口数应当大体相等。各选区每一代表所代表的人口数与本行政区域内每一代表所代表的平均人口数之间相差的幅度一般不超过百分之三十。"关于这一规定,下列哪些说法是正确的?③

A. 是选举权的平等原则在选区划分中的具体体现

B. "大体相等"允许每一代表所代表的人口数之间存在差别

C. "百分之三十"的规定是对前述"大体相等"的进一步限定

D. 不保证各地区、各民族、各方面都有适当数量的代表

---

① D　② B　③ ABC

254． 2016/1/24/单

根据《选举法》和相关法律的规定,关于选举的主持机构,下列哪一选项是正确的?①

  A. 乡镇选举委员会的组成人员由不设区的市、市辖区、县、自治县的人大常委会任命

  B. 县级人大常委会主持本级人大代表的选举

  C. 省人大在选举全国人大代表时,由省人大常委会主持

  D. 选举委员会的组成人员为代表候选人的,应当向选民说明情况

255． 2015/1/63/多

甲市乙县人民代表大会在选举本县的市人大代表时,乙县多名人大代表接受甲市人大代表候选人的贿赂。对此,下列哪些说法是正确的?②

  A. 乙县选民有权罢免受贿的该县人大代表

  B. 乙县受贿的人大代表应向其所在选区的选民提出辞职

  C. 甲市人大代表候选人行贿行为属于破坏选举的行为,应承担法律责任

  D. 在选举过程中,如乙县人大主席团发现有贿选行为应及时依法调查处理

256． 2014/1/62/多

根据《选举法》的规定,关于选举制度,下列哪些选项是正确的?③

  A. 全国人大和地方人大的选举经费,列入财政预算,由中央财政统一开支

  B. 全国人大常委会主持香港特别行政区全国人大代表选举会议第一次会议,选举主席团,之后由主席团主持选举

  C. 县级以上地方各级人民代表大会举行会议的时候,三分之一以上代表联名,可以提出对由该级人民代表大会选出的上一级人大代表的罢免案

  D. 选民或者代表 10 人以上联名,可以推荐代表候选人

257． 2013/1/60/多

根据《宪法》和法律的规定,关于选举程序,下列哪些选项是正确的?④

  A. 乡级人大接受代表辞职,须经本级人民代表大会过半数的代表通过

  B. 经原选区选民 30 人以上联名,可以向县级的人民代表大会常务委员

---

① 　A　② 　ACD　③ 　BD　④ 　AB

会书面提出罢免乡级人大代表的要求

C. 罢免县级人民代表大会代表,须经原选区三分之二以上的选民通过

D. 补选出缺的代表时,代表候选人的名额必须多于应选代表的名额

258． 2012/1/24/单

关于各少数民族人大代表的选举,下列哪一选项是不正确的?①

A. 有少数民族聚居的地方,每一聚居的少数民族都应有代表参加当地的人民代表大会

B. 散居少数民族应选代表,每一代表所代表的人口数可少于当地人民代表大会每一代表所代表的人口数

C. 聚居境内同一少数民族的总人口占境内总人口数30%以上的,每一代表所代表的人口数应相当丁当地人民代表人会每一代表所代表的人口数

D. 实行区域自治人口特少的自治县,每一代表所代表的人口数可以少于当地人民代表大会每一代表所代表的人口数的1/2

259． 2011/1/25/单

根据《选举法》的规定,关于选举机构,下列哪一选项是不正确的?②

A. 特别行政区全国人大代表的选举由全国人大常委会主持

B. 省、自治区、直辖市、设区的市、自治州的人大常委会领导本行政区域内县级以下人大代表的选举工作

C. 乡、民族乡、镇的选举委员会受不设区的市、市辖区、县、自治县人大常委会的领导

D. 选举委员会对依法提出的有关选民名单的申诉意见,应在 3 日内作出处理决定

260． 2010/1/94/不定项

关于地方人大代表名额,下列说法正确的是:③

A. 省、自治区、直辖市的代表总名额不超过一千名

B. 设区的市、自治州的代表总名额不得超过六百五十名

C. 不设区的市、县、自治县人口不足五万的,代表总名额可以少于一百二十名

---

① D ② B ③ AB(原答案为 ABCD)

D. 乡、镇、民族乡人口不足二千的,代表总名额可以少于四十名

261． 2009/1/21/单

根据《宪法》和《选举法》规定,下列哪一选项是正确的?①

A. 选民登记按选区进行,每次选举前选民资格都要进行重新登记

B. 选民名单应在选举日的十五日以前公布

C. 对于公布的选民名单有不同意见的,可以向选举委员会申诉或者直接向法院起诉

D. 法院对于选民名单意见的起诉应在选举日以前作出判决

考点59 国家结构形式

262． 法考回忆题/单

某省调整行政规划,将甲地级市撤销,并入乙地级市。对此,下列哪一说法是正确的?②

A. 该行政规划调整需由国务院审批

B. 乙市人口增多,应当增选市人大代表,名额由市人大常委会确定

C. 因乙市行政区划发生变更,乙市市长应当暂停职务,等待本市人大召开会议确定人选

D. 甲市撤销后,市人大常委会主任职责自动终止

263． 2015/1/23/单

根据《宪法》和法律法规的规定,关于我国行政区划变更的法律程序,下列哪一选项是正确的?③

A. 甲县欲更名,须报该县所属的省级政府审批

B. 乙省行政区域界线的变更,应由全国人大审议决定

C. 丙镇与邻近的一个镇合并,须报两镇所属的县级政府审批

D. 丁市部分行政区域界线的变更,由国务院授权丁市所属的省级政府审批

264． 2014/1/96/不定项

根据《宪法》规定,关于行政建置和行政区划,下列选项正确的是:④

A. 全国人大批准省、自治区、直辖市的建置

B. 全国人大常委会批准省、自治区、直辖市的区域划分

---

① D ② A ③ D ④ AC

C. 国务院批准自治州、自治县的建置和区域划分

D. 省、直辖市、地级市的人民政府决定乡、民族乡、镇的建置和区域划分

265． 2013/1/24/单

根据《宪法》的规定，关于国家结构形式，下列哪一选项是正确的?①

A. 从中央与地方的关系上看，我国有民族区域自治和特别行政区两种地方制度

B. 县、市、市辖区部分行政区域界线的变更由省、自治区、直辖市政府审批

C. 经济特区是我国一种新的地方制度

D. 行政区划纠纷或争议的解决是行政区划制度内容的组成部分

266． 2013/1/62/多

根据《宪法》，关于中国人民政治协商会议，下列哪些选项是正确的?②

A. 中国人民政治协商会议是具有广泛代表性的统一战线组织

B. 中国人民政治协商会议是重要的国家机关

C. 中国共产党领导的多党合作和政治协商制度将长期存在和发展

D. 中国共产党领导的爱国统一战线将继续巩固和发展

267． 2013/1/90/不定项

根据《宪法》和法律的规定，关于国家机关组织和职权，下列选项正确的是:③

A. 全国人民代表大会修改宪法、解释宪法、监督宪法的实施

B. 国务院依照法律规定决定省、自治区、直辖市的范围内部分地区进入紧急状态

C. 省、自治区、直辖市政府在必要的时候，经国务院批准，可以设立若干派出机构

D. 地方各级检察院对产生它的国家权力机关和上级检察院负责

268． 维护国家主权和领土完整，维护国家统一是我国宪法的重要内容，体现在《宪法》和法律一系列规定中。请回答第(1)、(2)题。

———————————————

① D　② ACD　③ BD

（1）2012/1/90/不定项

关于我国的国家结构形式，下列选项正确的是：①

A. 我国实行单一制国家结构形式

B. 维护宪法权威和法制统一是国家的基本国策

C. 在全国范围内实行统一的政治、经济、社会制度

D. 中华人民共和国是一个统一的国际法主体

（2）2012/1/91/不定项

关于我国的行政区域划分，下列说法不成立的是：②

A. 是国家主权的体现　　　　B. 属于国家内政

C. 任何国家不得干涉　　　　D. 只能由《宪法》授权机关进行

考点60 国家标志

269. 法考回忆题/多

关于国歌、国旗和国徽，下列哪些说法是正确的？③

A. 国歌、国旗和国徽是我国的国家标志

B. 我国宪法2004年修正案新增了国歌条款

C. 宪法对国徽的图案作出了规定

D. 宪法宣誓仪式上应当悬挂国旗或国徽

考点61 民族区域自治制度

270. 法考回忆题/单

关于民族自治地方的国家机关领导人员的任职资格，下列哪一职位必须由实行区域自治的民族的公民担任？④

A. 人大常委会主任　　　　B. 自治州州长

C. 法院院长　　　　　　　D. 检察院检察长

271. 2017/1/23/单

根据我国民族区域自治制度，关于民族自治县，下列哪一选项是错误的？⑤

A. 自治机关保障本地方各民族都有保持或改革自己风俗习惯的自由

B. 经国务院批准，可开辟对外贸易口岸

C. 县人大常委会中应有实行区域自治的民族的公民担任主任或者副主任

① ABD　② D　③ ABCD　④ B　⑤ D

D. 县人大可自行变通或者停止执行上级国家机关的决议、决定、命令和指示

272． 2016/1/27/单

2015 年 10 月,某自治州人大常委会出台了一部《关于加强本州湿地保护与利用的决定》。关于该法律文件的表述,下列哪一选项是正确的?①

A. 由该自治州州长签署命令予以公布

B. 可依照当地民族的特点对行政法规的规定作出变通规定

C. 该自治州所属的省的省级人大常委会应对该《决定》的合法性进行审查

D. 与部门规章之间对同一事项的规定不一致不能确定如何适用时,由国务院裁决

273． 2015/1/24/单

根据《宪法》和法律的规定,关于民族自治地方自治权,下列哪一表述是正确的?②

A. 自治权由民族自治地方的权力机关、行政机关、审判机关和检察机关行使

B. 自治州人民政府可以制定政府规章对国务院部门规章的规定进行变通

C. 自治条例可以依照当地民族的特点对宪法、法律和行政法规的规定进行变通

D. 自治县制定的单行条例须报省级人大常委会批准后生效,并报全国人大常委会备案

274． 2014/1/63/多

根据《宪法》和法律的规定,关于民族区域自治制度,下列哪些选项是正确的?③

A. 民族自治地方法院的审判工作,受最高法院和上级法院监督

B. 民族自治地方的政府首长由实行区域自治的民族的公民担任,实行首长负责制

C. 民族自治区的自治条例和单行条例报全国人大批准后生效

---

① C　② D　③ AB

D. 民族自治地方自主决定本地区人口政策,不实行计划生育

275. 2013/1/63/多

根据《宪法》和法律的规定,关于自治和自治权,下列哪些选项是正确的?①

A. 特别行政区依照法律规定实行高度自治,享有行政管理权、立法权、独立的司法权和终审权

B. 民族区域自治地方的法院依法行使自治权

C. 民族乡依法享有一定的自治权

D. 村民委员会是基层群众性自治组织

276. 2011/1/87/不定项

根据《宪法》和《民族区域自治法》的规定,下列选项不正确的是:②

A. 民族区域自治以少数民族聚居区为基础,是民族自治与区域自治的结合

B. 民族自治地方的国家机关既是地方国家机关,又是自治机关

C. 上级国家机关应该在收到自治机关变通执行或者停止有关决议、决定执行的报告之日起 60 日内给予答复

D. 自治地方的自治机关依照国家规定,可以和外国进行教育、科技、文化等方面的交流

277. 2010/1/63/多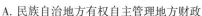

关于民族自治地方的自治权,下列哪些说法是正确的?③

A. 民族自治地方有权自主管理地方财政

B. 自治州人大有权制定自治条例和单行条例

C. 自治县政府有权自主安排本县经济建设事业

D. 自治区政府有权保护和整理民族的文化遗产

278. 2009/1/63/多

关于民族自治地方财政的说法,下列哪些选项符合《民族区域自治法》规定?④

A. 国家财政体制下属于民族自治地方的财政收入,由自治机关自主地安排使用

---

① AD　② BD　③ ABCD　④ AD

B. 民族自治地方的财政预算支出,按国家规定设机动资金,但预备费在预算中不得高于一般地区

C. 自治机关对本地方的各项开支标准、定员、定额,按照国家规定的原则,结合本地方的实际情况,可以制定补充规定和具体办法,并须分别报国务院、省、自治区、直辖市批准

D. 民族自治地方在全国统一的财政体制下,通过国家实行的规范的财政转移支付制度,享受上级财政的照顾

考点62 特别行政区制度

279. 法考回忆题/多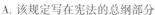

我国《宪法》规定:"在特别行政区内实行的制度按照具体情况由全国人民代表大会以法律规定"。对此,下列哪些说法是正确的?①

A. 该规定写在宪法的总纲部分

B. 该规定中的法律在香港地区指的是《香港特别行政区基本法》

C. 全国人大常委会有权决定特别行政区进入紧急状态

D. 全国性法律一般不在特别行政区内实施

280. 2017/1/24/单

根据《宪法》和《香港特别行政区基本法》规定,下列哪一项是正确的?②

A. 行政长官就法院在审理案件中涉及的国防、外交等国家行为的事实问题发出的证明文件,对法院无约束力

B. 行政长官对立法会以不少于全体议员 2/3 多数再次通过的原法案,必须在 1 个月内签署公布

C. 香港特别行政区可与全国其他地区的司法机关通过协商依法进行司法方面的联系和相互提供协助

D. 行政长官仅从行政机关的主要官员和社会人士中委任行政会议的成员

281. 2016/1/25/单

澳门特别行政区依照《澳门特别行政区基本法》的规定实行高度自治,享有行政管理权、立法权、独立的司法权和终审权。关于中央和澳门特别行政区的关系,下列哪一选项是正确的?③

① ABCD ② C ③ B

A. 全国性法律一般情况下是澳门特别行政区的法律渊源

B. 澳门特别行政区终审法院法官的任命和免职须报全国人大常委会备案

C. 澳门特别行政区立法机关制定的法律须报全国人大常委会批准后生效

D.《澳门特别行政区基本法》在澳门特别行政区的法律体系中处于最高地位,反映的是澳门特别行政区同胞的意志

282． 2014/1/23/单

根据《宪法》和法律的规定,关于特别行政区,下列哪一选项是正确的?①

A. 澳门特别行政区财政收入全部由其自行支配,不上缴中央人民政府

B. 澳门特别行政区立法会举行会议的法定人数为不少于全体议员的三分之二

C. 非中国籍的香港特别行政区永久性居民不得当选为香港特别行政区立法会议员

D. 香港特别行政区廉政公署独立工作,对香港特别行政区立法会负责

283． 2013/1/61/多

根据《香港特别行政区基本法》和《澳门特别行政区基本法》的规定,下列哪些选项是正确的?②

A. 对世界各国或各地区的人入境、逗留和离境,特别行政区政府可以实行入境管制

B. 特别行政区行政长官依照法定程序任免各级法院法官、任免检察官

C. 香港特别行政区立法会议员因行为不检或违反誓言而经出席会议的议员三分之二通过谴责,由立法会主席宣告其丧失立法会议员资格

D. 基本法的解释权属于全国人大常委会

284． 2011/1/26/单

根据我国宪法和港、澳基本法规定,关于港、澳基本法的修改,下列哪一选项是不正确的?③

A. 在不同港、澳基本法基本原则相抵触的前提下,全国人大常委会在全国人大闭会期间有权修改港、澳基本法

---

① A ② ACD ③ A

B. 港、澳基本法的修改提案权属于全国人大常委会、国务院和港、澳特别行政区

C. 港、澳特别行政区对基本法的修改议案,由港、澳特别行政区出席全国人大会议的代表团向全国人大会议提出

D. 港、澳基本法的任何修改,不得同我国对港、澳既定的基本方针政策相抵触

285． 2010/1/65/多　

关于特别行政区制度,下列哪些说法是不正确的?①

A. 香港特别行政区行政长官任职须年满四十五周岁

B. 香港特别行政区司法机关由其法院和检察院组成

C. 香港和澳门特别行政区的各级法院都有权解释本特别行政区基本法

D. 国务院有权对香港和澳门特别行政区的部分地区宣布进入紧急状态

286． 2008/1/16/单

香港特别行政区的下列哪一项职务可由特别行政区非永久性居民担任?②

A. 行政长官　　　　　　　B. 政府主要官员

C. 立法会议员　　　　　　D. 法院法官

考点 63 基层群众自治制度

287． 法考回忆题/多　

某村集体土地被征收,村民委员会制定了有关征地补偿费的使用和分配方案,但遭到了部分村民反对。关于该方案,下列哪些选项是正确的?③

A. 反对的村民可以申请乡政府予以撤销

B. 反对的村民可以申请法院予以撤销

C. 需要经过村民会议讨论决定

D. 可以经村民会议授权,由村民代表会议讨论决定

288． 2016/1/26/单

某乡政府为有效指导、支持和帮助村民委员会的工作,根据相关法律法规,结合本乡实际作出了下列规定,其中哪一规定是合法的?④

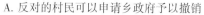

① ABD　② D　③ BCD　④ B

A. 村委会的年度工作报告由乡政府审议

B. 村民会议制定和修改的村民自治章程和村规民约,报乡政府备案

C. 对登记参加选举的村民名单有异议并提出申诉的,由乡政府作出处理并公布处理结果

D. 村委会组成人员违法犯罪不能继续任职的,由乡政府任命新的成员暂时代理至本届村委会任期届满

289. 2015/1/64/多

某村村委会未经村民会议讨论,制定了土地承包经营方案,侵害了村民的合法权益,引发了村民的强烈不满。根据《村民委员会组织法》的规定,下列哪些做法是正确的?①

A. 村民会议有权撤销该方案

B. 由该村所在地的乡镇级政府责令改正

C. 受侵害的村民可以申请法院予以撤销

D. 村民代表可以就此联名提出罢免村委成员的要求

290. 2014/1/25/单

根据《宪法》和法律的规定,关于基层群众自治,下列哪一选项是正确的?②

A. 村民委员会的设立、撤销,由乡镇政府提出,经村民会议讨论同意,报县级政府批准

B. 有关征地补偿费用的使用和分配方案,经村民会议讨论通过后,报乡镇政府批准

C. 居民公约由居民会议讨论通过后,报不设区的市、市辖区或者它的派出机关批准

D. 居民委员会的设立、撤销,由不设区的市、市辖区政府提出,报市政府批准

291. 2012/1/26/单

根据《村民委员会组织法》的规定,下列哪一选项是正确的?③

A. 村民委员会每届任期 3 年,村民委员会成员连续任职不得超过 2 届

B. 罢免村民委员会成员,须经投票的村民过半数通过

C. 村民委员会选举由乡镇政府主持

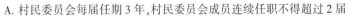

① ABCD ② A ③ D

D. 村民委员会成员丧失行为能力的,其职务自行终止

292. 2011/1/63/多

根据《宪法》和《村民委员会组织法》的规定,下列哪些选项是正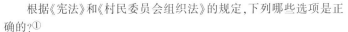确的?①

A. 村民会议由本村 18 周岁以上,没有被剥夺政治权利的村民组成

B. 乡、民族乡、镇的人民政府不得干预依法属于村民自治范围内的事项

C. 罢免村民委员会成员,须经参加投票的村民过半数通过

D. 村民委员会成员实行任期和离任经济责任审计

293. 2010/1/21/单

关于村民委员会,下列哪一说法是正确的?②

A. 村民委员会实行村务公开制度,涉及财务的事项至少每年公布一次

B. 村民委员会决定问题,采取村民委员会主任负责制

C. 村民委员会根据需要设人民调解、治安保卫、公共卫生委员会

D. 村民委员会由主任、副主任和村民小组长若干人组成

专题十七　公民的基本权利和义务

考点64 公民的基本权利

294. 2017/1/25/单

某市执法部门发布通告:"为了进一步提升本市市容和环境卫生整体水平,根据相关规定,全市范围内禁止设置各类横幅标语。"根据该通告,关于禁设横幅标语,下列哪一说法是正确的?③

A. 涉及公民的出版自由

B. 不构成对公民基本权利的限制

C. 在目的上具有正当性

D. 涉及宪法上的合理差别问题

295. 2017/1/61/多

我国《宪法》第 13 条规定:"公民的合法的私有财产不受侵犯。国家依照法律规定保护公民的私有财产权和继承权。"关于这一规定,下列哪些说法是正确的?④

---

① 　BD　② 　C　③ 　C　④ 　ABCD

A. 国家不得侵犯公民的合法的私有财产权

B. 国家应当保护公民的合法的私有财产权不受他人侵犯

C. 对公民私有财产权和继承权的保护和限制属于法律保留的事项

D. 国家保护公民的合法的私有财产权,是我国基本经济制度的重要内容之一

296. 〔2017/1/94/不定项〕

基本权利的效力是指基本权利规范所产生的拘束力。关于基本权利效力,下列选项正确的是:①

A. 基本权利规范对立法机关产生直接的拘束力

B. 基本权利规范对行政机关的活动和公务员的行为产生拘束力

C. 基本权利规范只有通过司法机关的司法活动才产生拘束力

D. 一些国家的宪法一定程度上承认基本权利规范对私人产生拘束力

297. 〔2016/1/63/多〕

张某对当地镇政府干部王某的工作提出激烈批评,引起群众热议,被公安机关以诽谤他人为由行政拘留 5 日。张某的精神因此受到严重打击,事后相继申请行政复议和提起行政诉讼,法院依法撤销了公安机关《行政处罚决定书》。随后,张某申请国家赔偿。根据《宪法》和法律的规定,关于本案的分析,下列哪些选项是正确的?②

A. 王某因工作受到批评,人格尊严受到侵犯

B. 张某的人身自由受到侵犯

C. 张某的监督权受到侵犯

D. 张某有权获得精神损害抚慰金

298. 〔2016/1/92/不定项〕

我国宪法明确规定:"国家为了公共利益的需要,可以依照法律规定对公民的私有财产实行征收或者征用并给予补偿。"关于公民财产权限制的界限,下列选项正确的是:③

A. 对公民私有财产的征收或征用构成对公民财产权的外部限制

B. 对公民私有财产的征收或征用必须具有明确的法律依据

C. 只要满足合目的性原则即可对公民的财产权进行限制

D. 对公民财产权的限制应具有宪法上的正当性

① ABD ② BCD ③ ABD

299. 〔2015/1/25/单〕

中华人民共和国公民在法律面前一律平等。关于平等权,下列哪一表述是**错误**的?①

A. 我国宪法中存在一个关于平等权规定的完整规范系统

B. 犯罪嫌疑人的合法权利应该一律平等地受到法律保护

C. 在选举权领域,性别和年龄属于宪法所列举的禁止差别理由

D. 妇女享有同男子平等的权利,但对其特殊情况可予以特殊保护

300. 〔2013/1/25/单〕

关于《宪法》对人身自由的规定,下列哪一选项是不正确的?②

A. 禁止用任何方法对公民进行侮辱、诽谤和诬告陷害

B. 生命权是《宪法》明确规定的公民基本权利,属于广义的人身自由权

C. 禁止非法搜查公民身体

D. 禁止非法搜查或非法侵入公民住宅

301. 〔2012/1/61/多〕

根据我国宪法规定,关于公民住宅不受侵犯,下列哪些选项是正确的?③

A. 该规定要求国家保障每个公民获得住宅的权利

B. 《治安管理处罚法》第 40 条规定,非法侵入他人住宅的,视情节给予不同时日的行政拘留和罚款。该条规定体现了宪法保障住宅不受侵犯的精神

C. 《刑事诉讼法》第 69 条规定,被取保候审的犯罪嫌疑人、被告人未经执行机关批准不得离开所居住的市、县。该条规定是对《宪法》规定的公民住宅不受侵犯的合理限制

D. 住宅自由不是绝对的,公安机关、检察机关为了收集犯罪证据、查获犯罪嫌疑人,严格依法对公民住宅进行搜查并不违宪

302. 〔2012/1/63/多〕

根据《宪法》和法律的规定,下列哪些选项是不正确的?④

A. 生命权是我国宪法明确规定的公民基本权利

B. 监督权包括批评建议权、控告检举权和申诉权

C. 《宪法》第 43 条第 1 款规定,中华人民共和国公民有休息的权利

---

① C ② B ③ BD ④ AC

D. 受教育既是公民的权利也是公民的义务

303. (2011/1/62/多)

公民基本权利也称宪法权利。关于公民基本权利,下列哪些选项是正确的?①

A. 人权是基本权利的来源,基本权利是人权宪法化的具体表现

B. 基本权利的主体主要是公民,在我国法人也可以作为基本权利的主体

C. 我国公民在行使自由和权利的时候,不得损害国家的、社会的、集体的利益和其他公民的合法的自由和利益

D. 权利和义务的平等性是我国公民基本权利和义务的重要特点

304. (2009/1/23/单)

关于文化教育权利是公民在教育和文化领域享有的权利和自由的说法,下列哪一选项是错误的?②

A. 受教育既是公民的权利,又是公民的义务

B. 宪法规定的文化教育权利是公民的基本权利

C. 我国公民有进行科学研究、文学艺术创作和其他文化活动的自由

D. 同社会经济权利一样,文化教育权利属于公民的积极收益权

305. (2008/1/17/单)

根据现行《宪法》规定,关于公民权利和自由,下列哪一选项是正确的?③

A. 劳动、受教育和依法服兵役既是公民的基本权利又是公民的基本义务

B. 休息权的主体是全体公民

C. 公民在年老、疾病或者未丧失劳动能力的情况下,有从国家和社会获得物质帮助的权利

D. 2004 年《宪法修正案》规定,国家尊重和保障人权

考点65 公民的基本义务

306. (2014/1/24/单)

王某为某普通高校应届毕业生,23 岁,尚未就业。根据《宪法》和法律的规定,关于王某的权利义务,下列哪一选项是正确的?④

A. 无需承担纳税义务

---

① ACD ② D ③ D ④ C

B. 不得被征集服现役

C. 有选举权和被选举权

D. 有休息的权利

307． 2012/1/62/多

根据《宪法》的规定,关于公民纳税义务,下列哪些选项是正确的?①

A. 国家在确定公民纳税义务时,要保证税制科学合理和税收负担公平

B. 要坚持税收法定原则,税收基本制度实行法律保留

C. 纳税义务直接涉及公民个人财产权,宪法纳税义务具有防止国家权力侵犯其财产权的属性

D. 履行纳税义务是公民享有其他权利的前提条件

专题十八　国家机构

考点 66 我国国家机构的组织和活动原则

308． 2009/1/65/多

根据《宪法》和法律规定,下列哪些选项是正确的?②

A. 中华人民共和国主席对全国人大及其常委会负责

B. 国务院对全国人大负责并报告工作,在全国人大闭会期间对全国人大常委会负责并报告工作

C. 最高人民法院、最高人民检察院对全国人大及其常委会负责

D. 中央军事委员会对全国人大负责并报告工作,在全国人大闭会期间对全国人大常委会负责并报告工作

考点 67 全国人大及其常委会

309． 法考回忆题/多

关于国家勋章和国家荣誉称号,下列说法哪些是正确的?③

A. 国家勋章和国家荣誉称号是国家最高荣誉

B. 国务院可以向全国人大常委会提出授予国家勋章和国家荣誉称号的议案

C. 国家勋章与国家荣誉称号由全国人大常委会决定授予

D. 国家勋章和国家荣誉称号可以由全国人大常委会决定撤销

310. 2017/1/26/单

根据《国家勋章和国家荣誉称号法》规定,下列哪一选项是正确的?①

A. 共和国勋章由全国人大常委会提出授予议案,由全国人大决定授予

B. 国家荣誉称号为其获得者终身享有

C. 国家主席进行国事活动,可直接授予外国政要、国际友人等人士"友谊勋章"

D. 国家功勋簿是记载国家勋章和国家荣誉称号获得者的名录

311. 2016/1/64/多

根据《宪法》和法律的规定,关于全国人大代表的权利,下列哪些选项是正确的?②

A. 享有绝对的言论自由

B. 有权参加决定国务院各部部长、各委员会主任的人选

C. 非经全国人大主席团或者全国人大常委会许可,一律不受逮捕或者行政拘留

D. 有五分之一以上的全国人大代表提议,可以临时召集全国人民代表大会会议

312. 2015/1/91/不定项

我国《宪法》第二条明确规定:"人民行使国家权力的机关是全国人民代表大会和地方各级人民代表大会。"关于全国人大和地方各级人大,下列选项正确的是:③

A. 全国人大代表全国人民统一行使国家权力

B. 全国人大和地方各级人大是领导与被领导的关系

C. 全国人大在国家机构体系中居于最高地位,不受任何其他国家机关的监督

D. 地方各级人大设立常务委员会,由主任、副主任若干人和委员若干人组成

313. 2013/1/26/单

根据《宪法》规定,关于全国人大的专门委员会,下列哪一选项是正确的?④

---

① C　② BD　③ AC　④ D

A. 各专门委员会在其职权范围内所作决议,具有全国人大及其常委会所作决定的效力

B. 各专门委员会的主任委员、副主任委员由全国人大及其常委会任命

C. 关于特定问题的调查委员会的任期与全国人大及其常委会的任期相同

D. 全国人大及其常委会领导专门委员会的工作

314. 2011/1/24/单

根据《宪法》和法律规定,关于人民代表大会制度,下列哪一选项是不正确的?①

A. 人民代表大会制度体现了一切权力属于人民的原则

R 地方各级人民代表大会是地方各级国家权力机关

C. 全国人民代表大会是最高国家权力机关

D. 地方各级国家权力机关对最高国家权力机关负责,并接受其监督

315. 2011/1/61/多

根据《宪法》和《立法法》规定,关于全国人大常委会委员长会议,下列哪些选项是正确的?②

A. 委员长会议可以向常委会提出法律案

B. 列入常委会会议议程的法律案,一般应当经 3 次委员长会议审议后再交付常委会表决

C. 经委员长会议决定,可以将列入常委会会议议程的法律案草案公布,征求意见

D. 专门委员会之间对法律草案的重要问题意见不一致时,应当向委员长会议报告

316. 2010/1/20/单 新法改编

在必要的时候,下列哪一机构有权决定全国人民代表大会会议秘密举行?③

A. 十个以上代表团联名

B. 全国人大常委会委员长会议

C. 全国人大主席团会议

D. 全国人大常委会和全国人大主席团

---

① D ② AD ③ C

317. `2010/1/64/多`

关于全国人大职权,下列哪些说法是正确的?①

A. 选举国家主席、副主席

B. 选举国务院总理、副总理

C. 选举最高人民法院院长、最高人民检察院检察长

D. 决定特别行政区的设立与建置

318. `2010/1/93/不定项`

关于全国人大及其常委会的质询权,下列说法正确的是:②

A. 全国人大会议期间,一个代表团可书面提出对国务院的质询案

B. 全国人大会议期间,三十名以上代表联名可书面提出对国务院各部的质询案

C. 全国人大常委会会议期间,常委会组成人员十人以上可书面提出对国务院各委员会的质询案

D. 全国人大常委会会议期间,委员长会议可书面提出对国务院的质询案

319. `2009/1/20/单`

根据《全国人大组织法》规定,下列关于全国人大代表团的哪一说法是正确的?③

A. 代表团团长、副团长由各代表团全体成员选举产生

B. 两个代表团以上可以向全国人大提出属于全国人大职权范围内的议案

C. 三个以上的代表团可以提出对于全国人大常委会的组成人员,国家主席、副主席,国务院和中央军事委员会的组成人员,最高人民法院院长和最高人民检察院检察长的罢免案

D. 一个代表团和三十名以上的代表可以联合提出对国务院及其各部、各委员会的质询案

320. `2008/1/63/多`

根据我国《立法法》的规定,下列哪些主体既可以向全国人民代表大会,也可以向全国人民代表大会常务委员会提出法律案?④

A. 国务院

B. 中央军事委员会

---

① AC ② ABC ③ C ④ ABC

C. 全国人民代表大会各专门委员会

D. 三十名以上全国人民代表大会代表联名

321. 2008/1/94/不定项

根据《宪法》和法律的规定，下列表述错误的是：①

A. 全国人大代表在全国人大各种会议上的活动不受法律追究

B. 在全国人大闭会期间，全国人大代表未经选举单位人大常委会批准，不受逮捕和刑事审判

C. 全国人大代表受原选举单位的监督

D. 全国人大代表在全国人民代表大会开会期间，有权提出对国务院或者国务院各部、各委员会的质询案

考点68 国家主席

322. 2011/1/86/不定项

根据《宪法》和《组织法》的规定，下列选项正确的是：②

A. 地方各级人大代表非经本级人大主席团许可，在大会闭会期间非经本级人大常委会许可，不受逮捕或刑事审判

B. 乡、民族乡、镇的人大主席、副主席不得担任国家行政机关的职务

C. 审计机关依照法律独立行使审计权，不受行政机关、社会团体和个人的干涉

D. 中华人民共和国主席根据全国人大常委会的决定，进行国事活动

考点69 中央军委

323. 2015/1/26/单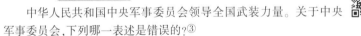

中华人民共和国中央军事委员会领导全国武装力量。关于中央军事委员会，下列哪一表述是错误的？③

A. 实行主席负责制

B. 每届任期与全国人大相同

C. 对全国人大及其常委会负责

D. 副主席由全国人大选举产生

① AB ② B ③ D

考点70 国务院

324． 2015/1/93/不定项

预算制度的目的是规范政府收支行为,强化预算监督。根据《宪法》和法律的规定,关于预算,下列表述正确的是:①

A. 政府的全部收入和支出都应当纳入预算

B. 经批准的预算,未经法定程序,不得调整

C. 国务院有权编制和执行国民经济和社会发展计划、国家预算

D. 全国人大常委会有权审查和批准国家的预算和预算执行情况的报告

325． 2010/1/61/多

根据《宪法》规定,关于国务院的说法,下列哪些选项是正确的?②

A. 国务院由总理、副总理、国务委员、秘书长组成

B. 国务院常务会议由总理、副总理、国务委员、秘书长组成

C. 国务院有权改变或者撤销地方各级国家行政机关的不适当的决定和命令

D. 国务院依法决定省、自治区、直辖市的范围内部分地区进入紧急状态

326． 2008/1/65/多

根据我国《宪法》和法律的规定,下列哪些人员是国务院组成人员?③

A. 外交部副部长

B. 国家发展和改革委员会主任

C. 国有资产监督管理委员会主任

D. 审计署审计长

考点71 地方各级人大与政府

327． 法考回忆题/多

在某县人大闭会期间,监察委主任张某辞职,副主任韩某接任代理主任。根据相关法律规定,下列哪些说法是正确的?④

A. 张某应当向县人大常委会提出辞职

B. 张某辞职应当由县人大常委会全体组成人员的过半数通过

C. 韩某应当由县人大常委会任命

---

① ABC ② BCD ③ BD ④ ABC

D. 韩某被任命后,应当报市监察委备案

328． 法考回忆题/多

关于区域协同立法与区域合作,下列哪些说法是正确的?①

A. 可以开展区域协同立法的主体限于省、自治区、直辖市的人民代表大会及其常委会

B. 区域协同立法不能同宪法、法律、行政法规相抵触

C. 县级以上人民政府可以共同建立跨行政区划的区域协同发展工作机制,加强区域合作

D. 上级人民政府领导下级人民政府的区域合作工作

329． 2016/1/66/多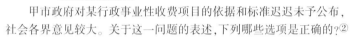

甲市政府对某行政事业性收费项目的依据和标准迟迟未予公布,社会各界意见较大。关于这一问题的表述,下列哪些选项是正确的?②

A. 市政府应当主动公开该收费项目的依据和标准

B. 市政府可向市人大常委会要求就该类事项作专项工作报告

C. 市人大常委会组成人员可依法向常委会书面提出针对市政府不公开信息的质询案

D. 市人大举行会议时,市人大代表可依法书面提出针对市政府不公开信息的质询案

330． 2014/1/26/单

根据《监督法》的规定,关于监督程序,下列哪一选项是不正确的?③

A. 政府可委托有关部门负责人向本级人大常委会作专项工作报告

B. 以口头答复的质询案,由受质询机关的负责人到会答复

C. 特定问题调查委员会在调查过程中,应当公布调查的情况和材料

D. 撤职案的表决采用无记名投票的方式,由常委会全体组成人员的过半数通过

331． 2014/1/60/多

根据《宪法》和法律的规定,关于国家机构,下列哪些选项是正确的?④

———————————————

① BC　② ABCD　③ C　④ AB

A. 全国人民代表大会代表受原选举单位的监督

B. 中央军事委员会实行主席负责制

C. 地方各级审计机关依法独立行使审计监督权,对上一级审计机关负责

D. 市辖区的政府经本级人大批准可设立若干街道办事处,作为派出机关

332. `2013/1/91/不定项`

根据《宪法》和《监督法》的规定,关于各级人大常委会依法行使监督权,下列选项正确的是:①

A. 各级人大常委会行使监督权的情况,应当向本级人大报告,接受监督

B. 全国人大常委会可以委托下级人大常委会对有关法律、法规在本行政区域内的实施情况进行检查

C. 质询案以书面答复的,由受质询的机关的负责人签署

D. 依法设立的特定问题调查委员会在调查过程中,可以不公布调查的情况和材料

333. `2011/1/88/不定项`

根据《宪法》和《监督法》的规定,下列选项正确的是:②

A. 县级以上地方各级政府应当在每年6月至9月期间,将上一年度的本级决算草案提请本级人大常委会审查和批准

B. 人大常委会认为必要时,可以对审计工作报告作出决议;本级政府应在决议规定的期限内,将执行决议的情况向常委会报告

C. 最高法院作出的属于审判工作中具体应用法律的解释,应当在公布之日起30日内报全国人大常委会备案

D. 撤职案的表决采取记名投票的方式,由常委会全体组成人员的过半数通过

334. `2010/1/22/单`

根据《宪法》和《地方组织法》规定,下列哪一选项是正确的?③

A. 县级以上的地方各级人民代表大会常务委员会由主任、副主任若干人,秘书长、委员若干人组成

B. 县级以上的地方各级人民代表大会常务委员会根据需要,可以设法制(政法)委员会等专门委员会

C. 县级以上的地方各级人民代表大会可以组织关于特定问题的调查委员会

---

① ACD　② ABC　③ C

D. 县级以上的地方各级人民代表大会会议由本级人民代表大会常务委员会召集并主持

335． 2009/1/61/多

关于撤职案的审议和决定,下列哪些选项符合《监督法》规定?①

A. 县长可以向县人大常委会提出撤销个别副县长职务的撤职案

B. 县级以上地方各级人大常委会主任会议可以依法向本级人大常委会提出撤职案

C. 撤职案应当写明撤职的对象和理由并提供有关材料

D. 撤职案由人大常委会全体组成人员的三分之二以上的多数通过

336． 2009/1/94/不定项

根据《地方组织法》规定,关于地方各级人民政府工作部门的设
立,下列选项正确的是?②

A. 县人民政府设立审计机关

B. 县人民政府工作部门的设立、增加、减少或者合并由县人大批准,并报上一级人民政府备案

C. 县人民政府在必要时,经上级人民政府批准,可以设立若干区公所作为派出机关

D. 县人民政府的工作部门受县人民政府统一领导,并且依照法律或者行政法规的规定受上级人民政府主管部门的业务指导或者领导

337． 2008/1/18/单

根据《各级人民代表大会常务委员会监督法》的规定,各级人大常务委员会对属于其职权范围内的事项,需要作出决议、决定,但对有关重大事实不清的,可以组织特定问题的调查委员会。关于特定问题的调查委员会,下列哪一选项是正确的?③

A. 经五分之一以上常务委员会组成人员书面联名提议或有关专门委员会提议,可以组织关于特定问题的调查委员会

B. 经调查委员会聘请,有关专家可以作为调查委员会的委员参加调查工作

C. 调查委员会在调查过程中,可以不公布调查的情况和材料

D. 调查委员会应当向有关专门委员会提出调查报告

① BC ② AD ③ C

338. 2008/1/93/不定项 新法改编

各级人民代表大会常务委员会有权审查和批准决算、听取预算的执行情况报告。根据《宪法》和《监督法》的规定,下列表述正确的是:①

A. 县级以上地方各级人民政府应当在每年六月至九月期间,将上一年度的本级决算草案提请本级人大常委会审查和批准

B. 国务院应当在每年六月至九月期间向全国人大常委会报告本年度上一阶段预算的执行情况

C. 预算安排的资金需要调减的,国务院和县级以上地方各级人民政府应当提请本级人大常委会审查和批准

D. 预算执行和其他财政收支的审计工作情况、审计查出问题整改情况,是地方各级人大常委会财政经济工作监督的内容之一

考点72 监察委员会

339. 法考回忆题/多

国家监察委员会为执行某法律的规定而制定了监察法规。关于该法规,下列哪些说法是正确的?②

A. 应当经国家监察委员会全体会议决定

B. 需报全国人大常委会批准

C. 需报全国人大常委会备案

D. 由国家监察委员会报全国人大常委会发布公告予以公布

340. 法考回忆题/多

关于国家监察机关,下列哪些说法是错误的?③

A. 国家监察委员会是最高国家监察机关,负责全国监察工作

B. 国家监察委员会对全国人大及其常委会负责并报告工作

C. 监察委员会依照法律规定独立行使监察权,不受任何机关的干涉

D. 监察机关办理职务违法和职务犯罪案件,应当与审判机关、检察机关、执法部门互相配合,互相制约

考点73 司法机关

341. 2017/1/27/单

某县人大闭会期间,赵某和钱某因工作变动,分别辞去县法院院

---

① ABCD　② AC　③ BC

长和检察院检察长职务。法院副院长孙某任代理院长,检察院副检察长李某任代理检察长。对此,根据《宪法》和法律,下列哪一说法是正确的?①

    A. 赵某的辞职请求向县人大常委会提出,由县人大常委会决定接受辞职

    B. 钱某的辞职请求由上一级检察院检察长向该级人大常委会提出

    C. 孙某出任代理院长由县人大常委会决定,报县人大批准

    D. 李某出任代理检察长由县人大常委会决定,报上一级检察院和人大常委会批准

专题十九　宪法的实施与监督

考点74 宪法实施、宪法解释与宪法监督

342. 〔法考回忆题/单〕

关于合宪性审查和备案审查,下列哪一项说法是正确的?②

A. 备案审查是指对规范性文件的事前审查

B. 全国人大常委会备案审查的对象包括行政法规、规章、司法解释

C. 合宪性审查的主体是全国人大宪法和法律委员会

D. 合宪性审查的对象包括规范性文件和具体行为

343. 〔法考回忆题/多〕

关于合宪性审查,下列哪些说法是正确的?③

A. 合宪性审查的对象是规范性法律文件,不涉及具体行为

B. 2018 年宪法修正案将"法律委员会"更名为"宪法和法律委员会",其在法律草案的审议中发挥着合宪性审查的功能

C. 我国合宪性审查的主体是全国人大及其常委会

D. 我国采取附带性审查的宪法监督制度

344. 〔2017/1/64/多〕

《全国人民代表大会常务委员会关于〈中华人民共和国民法通则〉第九十九条第一款、〈中华人民共和国婚姻法〉第二十二条的解释》规定:"公民依法享有姓名权。公民行使姓名权,还应当尊重社会公德,不得损害社会公共利益。"关于该解释,下列哪些选项是正确的?④

    A. 我国宪法明确规定了姓名权,故该解释属于宪法解释

    B. 与《民法通则》和《婚姻法》具有同等效力

C. 由全国人大常委会发布公告予以公布

D. 法院可在具体审判过程中针对个案对该解释进行解释

345. 2017/1/66/多

根据《立法法》，关于规范性文件的备案审查制度，下列哪些选项是正确的?①

A. 全国人大有关的专门委员会可对报送备案的规范性文件进行主动审查

B. 自治县人大制定的自治条例与单行条例应按程序报全国人大常委会和国务院备案

C. 设区的市市政府制定的规章应报本级人大常委会、市所在的省级人大常委会和政府、国务院备案

D. 全国人大宪法和法律委员会经审查认为地方性法规同宪法相抵触而制定机关不予修改的，应向委员长会议提出予以撤销的议案或者建议

346. 2016/1/94/不定项

根据《宪法》和法律，关于我国宪法监督方式的说法，下列选项正确的是:②

A. 地方性法规报全国人大常委会和国务院备案，属于事后审查

B. 自治区人大制定的自治条例报全国人大常委会批准后生效，属于事先审查

C. 全国人大常委会应国务院的书面审查要求对某地方性法规进行审查，属于附带性审查

D. 全国人大常委会只有在相关主体提出对某规范性文件进行审查的要求或建议时才启动审查程序

347. 2015/1/94/不定项

宪法解释是保障宪法实施的一种手段和措施。关于宪法解释，下列选项正确的是:③

A. 由司法机关解释宪法的做法源于美国，也以美国为典型代表

B. 德国的宪法解释机关必须结合具体案件对宪法含义进行说明

C. 我国的宪法解释机关对宪法的解释具有最高的、普遍的约束力

D. 我国国务院在制定行政法规时，必然涉及对宪法含义的理解，但无权解释宪法

---

① ABCD ② AB ③ ACD

348． 2012/1/22/单

关于宪法实施,下列哪一选项是不正确的?①

A. 宪法的遵守是宪法实施最基本的形式

B. 制度保障是宪法实施的主要方式

C. 宪法解释是宪法实施的一种方式

D. 宪法适用是宪法实施的重要途径

349． 2008/1/14/单

关于改变或者撤销法律、法规、自治条例和单行条例、规章的权 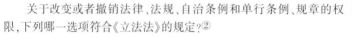 限,下列哪一选项符合《立法法》的规定?②

  A. 全国人民代表大会有权改变或者撤销全国人民代表大会常务委员会 批准的违背《宪法》和《立法法》相关规定的自治条例和单行条例

  B. 省、自治区、直辖市的人民代表大会有权改变或者撤销其常务委员会 制定的和批准的不适当的地方性法规

  C. 地方人民代表大会常务委员会有权改变或者撤销本级人民政府制定 的不适当的规章

  D. 授权机关有权改变被授权机关制定的超越授权范围或者违背授权目 的的法规

考点75 宪法宣誓

350． 2016/1/61/多

《全国人民代表大会常务委员会关于实行宪法宣誓制度的决定》 于 2016 年 1 月 1 日起实施。关于宪法宣誓制度的表述,下列哪些选项是正 确的?③

  A. 该制度的建立有助于树立宪法的权威

  B. 宣誓场所应当悬挂中华人民共和国国旗或者国徽

  C. 宣誓主体限于各级政府、法院和检察院任命的国家工作人员

  D. 最高法院副院长、审判委员会委员进行宣誓的仪式由最高法院组织

司法制度和法律职业道德

 扫一扫，"码"上做题　微信扫码，即可线上做题、看解析。
多种做题模式：章节自测、单科集训、
随机演练等。

专题二十　中国特色社会主义司法制度

考点76 中国特色社会主义司法制度概述

351. 法考回忆题/单

公正是法治的生命线,公正司法是维护社会公平正义的最后一道
防线。下列哪一论断符合公正司法的要求?①

A. 保障犯罪嫌疑人的辩护权利体现了司法的参与性

B. 法院杜绝不正之风体现了司法的公开性

C. 检察院禁止收受礼金体现了司法结果的正确性

D. 禁止司法人员与诉讼参与人私下接触体现了司法的中立性

352. 2017/1/98/不定项 改编

建立领导干部、司法机关内部人员过问案件记录和责任追究制
度,规范司法人员与当事人、律师、特殊关系人、中介组织接触交往行为,有利
于保障依法独立行使审判权和检察权。据此,下列做法正确的是:②

A. 某案承办检察官告知其同事可按规定为案件当事人转递涉案材料

B. 某法官在参加法官会议时,提醒承办法官充分考虑某案被告家庭现状

C. 某检察院副检察长依职权对其他检察官的在办案件提出书面指导性
意见

D. 某法官在参加研讨会中偶遇在办案件当事人的律师,拒绝其研讨案件
的要求并向法院纪检部门报告

---

　　① A　② ACD

353. 2016/1/45/单

司法活动的公开性是体现司法公正的重要方面,要求司法程序的每一阶段和步骤都应以当事人和社会公众看得见的方式进行。据此,按照有关文件和规定精神,下列哪一说法是正确的?①

A. 除依法不在互联网公布的裁判文书外,法院的生效裁判文书均应在互联网公布

B. 检察院应通过互联网、电话、邮件、检察窗口等方式向社会提供案件程序性信息查询服务

C. 监狱狱务因特殊需要不属于司法公开的范围

D. 律师作为诉讼活动的重要参与者,其制作的代理词、辩护词等法律文书应向社会公开

354. 2016/1/98/不定项

司法人员恪守司法廉洁,是司法公正与公信的基石和防线。违反有关司法廉洁及禁止规定将受到严肃处分。下列属于司法人员应完全禁止的行为是:②

A. 为当事人推荐、介绍诉讼代理人、辩护人

B. 为律师、中介组织介绍案件

C. 在非工作场所接触当事人、律师、特殊关系人

D. 向当事人、律师、特殊关系人借用交通工具

355. 2014/1/45/单

司法公正体现在司法活动各个方面和对司法人员的要求上。下列哪一做法体现的不是司法公正的内涵?③

A. 甲法院对社会关注的重大案件通过微博直播庭审过程

B. 乙法院将本院公开审理后作出的判决书在网上公布

C. 丙检察院为辩护人查阅、摘抄、复制案卷材料提供便利

D. 丁检察院为暴力犯罪的被害人提供医疗和物质救助

356. 2011/1/46/单

关于我国司法制度,下列哪一选项是错误的?④

A. 我国实行两审终审、人民陪审员、审判公开等审判制度,促进实现审判活动科学化、规范化

---

① A ② ABD ③ D ④ B

B. 基层法院除审判案件外,还处理不需要开庭审判的民事纠纷和轻微的刑事案件,但不能指导人民调解委员会的工作

C. 我国实行立案监督、侦查监督、审判监督等检察制度,实现对诉讼活动的法律监督

D. 检察官独立不同于"除了法律没有上司"的法官独立,要受到"检察一体化"的限制

357. 〔2011/1/84/多〕

关于司法公正及实体公正、程序公正问题的理解,下列哪些表述是正确的?①

A. 司法公正是法治的组成部分和基本内容,是民众对法制的必然要求,司法公正包括实体公正和程序公正两个方面

B. 追求实体公正,是我国司法制度和法律职业道德的基本准则,主要指努力发现案件事实真相和正确适用实体法律

C. 程序公正包括当事人平等地参与、严格遵循法定程序及法官的居中裁判等,保证当事人受到公平对待

D. 根据形势及效率需要,可在有关司法过程中将"类推"和"自由心证"作为司法公正的补充手段

358. 〔2010/1/47/单〕

关于司法功能的表述,下列哪一选项是错误的?②

A. 司法具有解决纠纷、调整社会关系的直接功能和解释、补充法律及形成公共政策、秩序维持、文化支持等间接功能

B. 司法要求司法活动的公开性、裁判人员的中立性、当事人地位的平等性、司法过程的参与性、司法活动的合法性、案件处理的正确性

C. 我国晋代刘颂认为应该严格区分君臣在实现司法公正方面的职责

D. 英国哲学家培根强调司法公正的重要性:"一次不公的判断比多次不平的举动为祸尤烈。因为这些不平的举动不过弄脏了水流,而不公的判断则把水源败坏了"

359. 〔2009/1/47/单〕

关于司法和司法制度,下列哪一选项是错误的?③

A. 现代社会,司法构成社会纠纷解决体系中最具普适性的方式,法院已

---

① ABC ② A ③ D

成为最主要的纠纷解决主体

B. 法官自由裁量应力求达到合法与合理高度统一,尽可能地减少法律适用过程中的不确定性,防止司法擅断与专横

C. 通过对不同的案件采用不同的诉讼费用分担机制,能够影响诉讼各方的行为方式,实现诉讼费用的"配置效率"

D. 司法机关特别是最高法院参与公共政策的制定,表现出司法权在国家权力配置与运作中的越位

360. 〔2009/1/48/单〕

效率与公正都是理想型司法追求的目标,同时也是理想型司法应具备的两个基本要素。关于两者的关系,下列哪一说法是错误的?①

A. 司法效率和司法公正是相辅相成的

B. 根据我国司法现状应当作出"公正优先、兼顾效率"的价值选择

C. 细化诉讼程序通常导致效率低下,效率和公正难以兼得

D. 司法工作人员提高业务水平,勤勉敬业,有利于促进司法公正和效率

361. 〔2008/1/47/单〕

关于司法和司法制度,下列哪一项是正确的?②

A. 效率是司法的内在要求和本质反映,是法治的灵魂和核心,强调的是尽可能地快速解决纠纷、多解决纠纷,尽可能地节省和充分利用各种司法资源

B. 从总体上看,司法具有解决纠纷的直接功能和调整社会关系、解释和补充法律、形成公共政策、秩序维持、文化支持等间接功能

C. 根据现代司法的特点,一切案件或纠纷,一旦进入司法程序,由司法机关依法作出生效的判决、裁定或决定,任何机关和个人都不应再作处理

D. 德国和法国虽然政治制度相同,但德国建立了联邦和州两套法院机构,法国则建立了全国统一的法院机构

考点77 法律职业道德

362. 〔2017/1/83/多〕

法律职业道德具有不同于一般职业道德的职业性、实践性、正式性及更高标准的特征。关于法律职业道德的表述,下列哪些选项是正确的?③

A. 法律职业人员专业水平的发挥与职业道德水平的高低具有密切联系

---

① C　② B　③ ABD

B. 法律职业道德基本原则和规范的形成,与法律职业实践活动紧密相连

C. 纵观伦理发展史和法律思想史,法律职业道德的形成与"实证法"概念的阐释密切相关

D. 法律职业道德基本原则是对每个法律从业人员职业行为进行职业道德评价的标准

363． 2016/1/83/多

法律在社会中负有分配社会资源、维持社会秩序、解决社会冲突、实现社会正义的功能,这就要求法律职业人员具有更高的法律职业道德水准。据此,关于提高法律职业道德水准,下列哪些表述是正确的?①

A. 法律职业道德主要是法律职业本行业在职业活动中的内部行为规范,不是本行业对社会所负的道德责任和义务

B. 通过长期有效的职业道德教育,使法律职业人员形成正确的职业道德认识、信念、意志和习惯,促进道德内化

C. 以法律、法规、规范性文件等形式赋予法律职业道德以更强的约束力和强制力,并加强道德监督,形成他律机制

D. 法律职业人员违反法律职业道德和纪律的,应当依照有关规定予以惩处,通过惩处教育本人及其他人员

364． 2014/1/85/多

根据有关规定,我国法律职业人员因其职业的特殊性,业外活动也要受到约束。下列哪些说法是正确的?②

A. 法律职业人员在本职工作和业外活动中均应严格要求自己,维护法律职业形象和司法公信力

B. 业外活动是法官、检察官行为的重要组成部分,在一定程度上也是司法职责的延伸

C.《律师执业行为规范》规定了律师在业外活动中不得为的行为

D.《公证员职业道德基本准则》要求公证员应当具有良好的个人修养和品行,妥善处理个人事务

365． 2013/1/45/单

关于法律职业道德,下列哪一表述是不正确的?③

A. 基于法律和法律职业的特殊性,法律职业人员被要求承担更多的社会

---

① BCD ② ABCD ③ B

义务,具有高于其他职业的职业道德品行

B. 互相尊重、相互配合为法律职业道德的基本原则,这就要求检察官、律师尊重法官的领导地位,在法庭上听从法官的指挥

C. 选择合适的内化途径和适当的内化方法,才能使法律职业人员将法律职业道德规范融进法律职业精神中

D. 法律职业道德教育的途径和方法,包括提高法律职业人员道德认识、陶冶法律职业人员道德情感、养成法律职业人员道德习惯等

366. 〔2012/1/46/单〕

关于法律职业道德的理解,下列哪一说法不能成立?①

A. 法律职业道德与其他职业道德相比,具有更强的公平正义象征和社会感召作用

B. 法律职业道德与一般社会道德相比,具有更强的约束性

C. 法律职业道德的内容多以纪律规范形式体现,具有更强的操作性

D. 法律职业道德通过严格程序实现,具有更强的外在强制性

367. 〔2012/1/47/单〕

法官、检察官、律师等法律职业主管机关就 3 个职业在诉讼活动中的相互关系,出台了一系列规定。下列哪一说法是正确的?②

A. 这些规定的目的是加强职业纪律约束,促进维护司法公正

B. 这些规定具有弥补履行职责上地位不平等,利于发挥各自作用的意义

C. 这些规定允许必要时适度突破职权限制、提高司法效率

D. 这些规定主要强调配合,不涉及互相制约关系的内容

368. 〔2010/1/49/单〕

关于司法制度与法律职业的表述,下列哪一选项不能成立?③

A. 为了客观、中立、公正地进行事实判断、解决纷争,在组织技术上,司法机关只服从法律,不受上级机关、行政机关的干涉

B. 根据检察权统一行使原则,我国各级检察机关构成不可分割的统一整体,其特点是在行使职权、执行职务时实行"上命下从";每个检察机关和检察官的活动是检察机关全部活动的有机组成部分,均需依照法律赋予的权力进行

C. 法律职业以法官、检察官、律师为代表,法律职业之间具备同质性而无

---

① D ② A ③ C

行业属性,因此多数国家规定担任法官、检察官、律师须通过专门培养和训练

D. 法律职业道德的基本原则是指法律职业道德的基本尺度、基本纲领和基本要求。法律职业道德的基本原则主要包括忠实执行宪法和法律、互相尊重互相配合、清正廉洁遵纪守法等方面

考点78 审判制度

369. **法考回忆题/多**

关于法官的惩戒,下列哪些项说法是正确的?①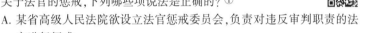

A. 某省高级人民法院欲设立法官惩戒委员会,负责对违反审判职责的法官进行惩戒

B. 法官惩戒委员会由法官代表、其他从事法律职业的人员和有关方面代表组成,其中法官代表不少于半数

C. 惩戒委员会依照有关规定对法官作出是否予以惩戒的决定,人民法院依照惩戒委员会的决定给予相应处理

D. 法官惩戒委员会审议惩戒事项时,当事人有权申请有关人员回避,有权进行陈述、举证、辩解

370. **法考回忆题/多**

孙某和钱某系夫妻,下列哪些说法是错误的?②

A. 孙某担任民一庭庭长,则钱某不得担任同一法院民二庭的审判员

B. 孙某担任甲市中级人民法院院长,则钱某不得担任甲市乙县人民法院的审判员

C. 孙某在钱某任职法官的人民法院辖区内的律师事务所担任合伙人,则钱某应当实行任职回避

D. 孙某在钱某任职法官的人民法院辖区内担任诉讼代理人,则钱某应当实行任职回避

371. **2017/1/47/单**

随着法院案件受理制度改革的落实,当事人诉权得到进一步保障。关于行政诉讼立案登记制的理解和执行,下列哪一选项是正确的?③

A. 立案登记制有助于实现司法效率,更有助于强化司法的应然功能

B. 对当事人提交的起诉状存在的欠缺和错误,法院应主动给予指导和释

---

① ABD ② ABD ③ B

明,并一次性告知需要补正的内容

C. 如不能当场判定起诉是否符合规定,法院应接收起诉状,并口头告知当事人注意接听电话通知

D. 对法院既不立案也不做出不予立案裁定的,当事人可以向上一级法院投诉,但不可向上一级法院起诉

372. 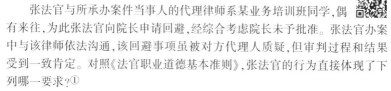 2017/1/48/单

张法官与所承办案件当事人的代理律师系某业务培训班同学,偶有来往,为此张法官向院长申请回避,经综合考虑院长未予批准。张法官办案中与该律师依法沟通,该回避事项虽被对方代理人质疑,但审判过程和结果受到一致肯定。对照《法官职业道德基本准则》,张法官的行为直接体现了下列哪一要求?①

A. 严格遵守审限　　　　　　B. 约束业外活动

C. 坚持司法便民　　　　　　D. 保持中立地位

373. 2016/1/84/多

法院的下列哪些做法是符合审判制度基本原则的?②

A. 某法官因病住院,甲法院决定更换法官重新审理此案

B. 某法官无正当理由超期结案,乙法院通知其三年内不得参与优秀法官的评选

C. 对某社会高度关注案件,当地媒体多次呼吁法院尽快结案,丙法院依然坚持按期审结

D. 因人身损害纠纷,原告要求被告赔付医疗费,丁法院判决被告支付全部医疗费及精神损害赔偿金

374. 2015/1/46/单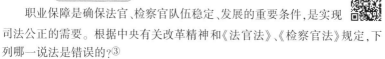

职业保障是确保法官、检察官队伍稳定、发展的重要条件,是实现司法公正的需要。根据中央有关改革精神和《法官法》《检察官法》规定,下列哪一说法是错误的?③

A. 对法官、检察官的保障由工资保险福利和职业(履行职务)两方面保障构成

B. 完善职业保障体系,要建立符合职业特点的法官、检察官管理制度

C. 完善职业保障体系,要建立法官、检察官专业职务序列和工资制度

---

① D　② ABC　③ A

D. 合理的退休制度也是保障制度的重要组成部分,应予高度重视

375. 2014/1/46/单

关于法官在司法活动中如何理解司法效率,下列哪一说法是不正确的?①

A. 司法效率包括司法的时间效率、资源利用效率和司法活动的成本效率

B. 在遵守审理期限义务上,对法官职业道德上的要求更加严格,应力求在审限内尽快完成职责

C. 法官采取程序性措施时,应严格依法并考虑效率方面的代价

D. 法官应恪守中立,不主动督促当事人或其代理人完成诉讼活动

376. 2013/1/46/单

关于法官任免和法官行为,下列哪一说法是正确的?②

A. 唐某系某省高院副院长,其子系该省某县法院院长。对唐某父子应适用任职回避规定

B. 楼法官以交通肇事罪被判处有期徒刑一年、缓刑一年。对其无须免除法官职务

C. 白法官将多年办案体会整理为《典型案件法庭审理要点》,被所在中级法院推广到基层法院,收效显著。对其应予以奖励

D. 陆法官在判决书送达后,发现误将上诉期15日写成了15月,立即将判决收回,做出新判决次日即交给当事人。其行为不违反法官职业规范规定

考点79 检察制度

377. 法考回忆题/多

关于法官、检察官的任职条件,下列哪些说法是错误的?③

A. 张律师的律师执业证书被注销,则张律师不得担任法官

B. 王法官可以担任仲裁员,但不得收取任何费用

C. 周检察官从检察院离任后2年内,任何情况下均不得担任原任职检察院办理案件的诉讼代理人或者辩护人

D. 郑检察官被辞退后,不得担任诉讼代理人或者辩护人,但是作为当事人的监护人或者近亲属代理诉讼或者进行辩护的除外

---

① D ② C ③ ABCD

378． 2016/1/47/单

检察一体原则是指各级检察机关、检察官依法构成统一的整体，下级检察机关、下级检察官应当根据上级检察机关、上级检察官的批示和命令开展工作。据此，下列哪一表述是正确的?①

A. 各级检察院实行检察委员会领导下的检察长负责制

B. 上级检察院可建议而不可直接变更、撤销下级检察院的决定

C. 在执行检察职能时，相关检察院有协助办案检察院的义务

D. 检察官之间在职务关系上可相互承继而不可相互移转和代理

379． 2015/1/47/单

根据中央司法体制改革要求及有关检察制度规定，人民监督员制度得到进一步完善和加强。关于深化人民监督员制度，下列哪一表述是错误的?②

A. 是为确保职务犯罪侦查、起诉权的正确行使，根据有关法律结合实际确定的一种社会民主监督制度

B. 重点监督检察机关查办职务犯罪的立案、羁押、扣押冻结财物、起诉等环节的执法活动

C. 人民监督员由司法行政机关负责选任管理

D. 参与具体案件监督的人民监督员，由选任机关从已建立的人民监督员信息库中随机挑选

380． 2014/1/84/多

《中共中央关于全面深化改革若干重大问题的决定》提出，应当改革司法管理体制，推动省以下地方检察院人财物统一管理，探索建立与行政区划适当分离的司法管辖制度。关于上述改革措施，下列哪些理解是正确的?③

A. 有助于检察权独立行使

B. 有助于检察权统一行使

C. 有助于检务公开

D. 有助于强化检察机关的法律监督作用

考点80 律师制度

381． 法考回忆题/单

关于法律从业人员的行为，下列哪一选项符合相关法律规定?④

A. 在一起民事诉讼中，由于本所另一律师是该案件中对方当事人的近亲

---

① C ② D ③ ABD ④ D

属,律师甲立即解除了与王某的委托代理关系

B. 乙未取得律师执业证书即以律师身份提供法律咨询服务,应由其所在县司法局予以警告处罚

C. 某县检察官丙被遴选为市检察院检察官,应参加统一职前培训

D. 经所在高校批准,丁教授可申请担任兼职律师

382. 2017/1/45/单

加强人权司法保障是司法机关的重要职责,也是保证公正司法的必然要求。下列哪一做法符合上述要求?①

A. 某公安机关第一次讯问犯罪嫌疑人时告知其有权委托辩护人,但未同时告知其如有经济困难可申请法律援助

B. 某省法院修订进入法庭的安检流程,明确"禁止对律师进行歧视性安检"

C. 某法官在一伤害案判决书中,对被告人及律师"构成正当防卫"的证据和意见不采信而未做回应和说明

D. 某法庭对辩护律师在辩论阶段即将结束时提出的"被告人庭前供述系非法取得"的意见及线索,未予调查

383. 2017/1/49/单

律师事务所应当建立健全执业管理和各项内部管理制度,履行监管职责,规范本所律师执业行为。根据《律师事务所管理办法》,某律师事务所下列哪一做法是正确的?②

A. 委派钟律师担任该所出资成立的某信息咨询公司的总经理

B. 合伙人会议决定将年度考核不称职的刘律师除名,报县司法局和律协备案

C. 对本所律师执业表现和遵守职业道德情况进行考核,报律协批准后给予奖励

D. 对受到6个月停止执业处罚的祝律师,在其处罚期满1年后,决定恢复其合伙人身份

384. 2017/1/85/多

律师在推进全面依法治国进程中具有重要作用,律师应依法执业、诚信执业、规范执业。根据《律师执业管理办法》,下列哪些做法是正确的?③

---

① B　② B　③ AB

A. 甲律师依法向被害人收集被告人不在聚众斗殴现场的证据,提交检察院要求其及时进行审查

B. 乙律师对当事人及家属准备到法院门口静坐、举牌、声援的做法,予以及时有效的劝阻

C. 丙律师在向一方当事人提供法律咨询中致电对方当事人,告知对方诉讼请求缺乏法律和事实依据

D. 丁律师在社区普法宣传中,告知群众诉讼是解决继承问题的唯一途径,并称其可提供最专业的诉讼代理服务

385. 〔2016/1/48/单〕

法院、检察院、公安机关、国家安全机关、司法行政机关应当尊重律师,健全律师执业权利保障制度。下列哪一做法是符合有关律师执业权利保障制度的?①

A. 县公安局仅告知涉嫌罪名,而以有碍侦查为由拒绝告知律师已经查明的该罪的主要事实

B. 看守所为律师提供网上预约会见平台服务,并提示律师如未按期会见必须重新预约方可会见

C. 国家安全机关在侦查危害国家安全犯罪期间,多次不批准律师会见申请并且说明理由

D. 在庭审中,作无罪辩护的律师请求就被告刑量问题发表辩护意见,合议庭经合议后当庭拒绝律师请求

386. 〔2016/1/49/单〕

某律师事务所律师代理原告诉被告买卖合同纠纷案件,下列哪一做法是正确的?②

A. 该律师接案时,得知委托人同时接触他所律师,私下了解他所报价后以较低收费接受委托

B. 在代书起诉状中,律师提出要求被告承担精神损害赔偿20万元的诉讼请求

C. 在代理合同中约定,如胜诉,在5万元律师代理费外,律师事务所可按照胜诉金额的一定比例另收办案费用

D. 因律师代理意见未被法庭采纳,原告要求律师承担部分诉讼请求损失,律师事务所予以拒绝

---

① C ② D

387. 2015/1/100/不定项

为促进规范司法,维护司法公正,最高检察院要求各级检察院在诉讼活动中切实保障律师依法行使执业权利。据此,下列选项正确的是:①

- A. 检察院在律师会见犯罪嫌疑人时,不得派员在场
- B. 检察院在案件移送审查起诉后律师阅卷时,不得派员在场
- C. 律师收集到犯罪嫌疑人不在犯罪现场的证据,告知检察院的,其相关办案部门应及时审查
- D. 法律未作规定的事项,律师要求听取意见的,检察院可以安排听取

388. 2013/1/48/单

下列哪一情形下律师不得与当事人建立或维持委托关系?②

- A. 律师与委托当事人系多年好友
- B. 接受民事诉讼一方当事人委托,同一律师事务所其他律师系该案件对方当事人的近亲属,但委托人知悉且同意
- C. 同一律师事务所不同律师同时担任同一民事案件争议双方当事人代理人
- D. 委托关系停止后二年,律师就同一法律业务接受与原委托人有利害关系的对方当事人委托

考点81 法律援助制度

389. 2017/1/100/不定项

来某县打工的农民黄某欲通过法律援助帮其讨回单位欠薪。根据《法律援助法》等规定,有关部门下列做法正确的是:③

- A. 县法律援助中心以黄某户籍不在本县为由拒绝受理其口头申请,黄某提出异议
- B. 县司法局受理黄某异议后函令县法律援助中心向其提供法律援助
- C. 县某律所拒绝接受县法律援助中心指派,县司法局对该所给予警告的行政处罚
- D. 县法院驳回了黄某以"未能指派合格律师、造成损失应予赔偿"为由对县法律援助中心的起诉

390. 2016/1/85/多

关于法律援助,下列哪些表述是正确的?④

---

① AC ② C ③ BD ④ CD

A. 区检察院提起抗诉的案件,区法院应当通知区法律援助中心为被告人甲提供法律援助

B. 家住 A 县的乙在邻县涉嫌犯罪被邻县检察院批准逮捕,其因经济困难可向 A 县法律援助中心申请法律援助

C. 县公安局没有通知县法律援助中心为可能被判处无期徒刑的丙提供法律援助,丙可向市检察院提出申诉

D. 县法院应当准许强制医疗案件中的被告丁以正当理由拒绝法律援助,并告知其可另行委托律师

391． 2015/1/49/单

某检察院对王某盗窃案提出二审抗诉,王某未委托辩护人,欲申请法律援助。对此,下列哪一说法是正确的?①

A. 王某申请法律援助只能采用书面形式

B. 法律援助机构应当严格审查王某的经济状况

C. 法律援助机构只能委派律师担任王某的辩护人

D. 法律援助机构决定不提供法律援助时,王某可以向该机构提出异议

392． 2014/1/50/单

某法律援助机构实施法律援助的下列做法,哪一项是正确的?②

A. 经审查后指派律师担任甲的代理人,并根据甲的经济情况免除其 80% 的律师服务费

B. 指派律师担任乙的辩护人以后,乙自行另外委托辩护人,故决定终止对乙的法律援助

C. 为未成年人丙指派熟悉未成年人身心特点但无律师执业证的本机构工作人员担任辩护人

D. 经审查后认为丁的经济状况较好,不符合法律援助的经济条件,故拒绝向其提供法律咨询

393． 2013/1/50/单 新法改编

下列关于法律援助的哪一说法是不能成立的?③

A. 在共同犯罪案件中,其他犯罪嫌疑人、被告人已委托辩护人的,法院可以通知法律援助机构指派律师为其提供辩护,无须进行经济状况审查

---

① C ② B ③ C

B. 律师事务所拒绝法律援助机构的指派,不安排本所律师办理法律援助案件的,由司法行政部门给予警告,责令改正

C. 我国的法律援助实行部分无偿服务、部分为"缓交费"或"减费"形式有偿服务的制度

D. 检察院发现法院在强制医疗案件中对被告人应当通知辩护而没有通知的,应当提出纠正意见

394. 〔2011/1/49/单〕

我国法律援助制度因其保障人权而体现司法正义,因其救助贫困而体现社会公平。关于该制度,下列哪一表述是不正确的?①

A. 我国法律援助是政府的一项重要职责,在性质上是一种社会保障制度

B. 实施法律援助的既有律师、法援机构,也有社会组织,形式上包括诉讼法律援助、非诉讼法律援助及公证、法律咨询

C. 对公民的法律援助申请和法院指派的法律援助案件,由法援机构统一受理、审查、指派、监督,必要时可以委托慈善机构协助受理事宜

D. 法援对象包括符合法定受援条件的经济困难者、残疾者、弱者,及符合规定的外国公民及无国籍人

395. 〔2010/1/90/多〕

根据司法制度的有关规定,下列哪些选项是正确的?②

A. 沈律师从 2003 年至今专职从事律师业务,未受过停止执业处罚,可成为律师事务所的设立人

B. 孙检察官工作勤奋,业务水平高,是检察院公认的业务骨干,虽然曾经为办案而违反有关警车、警械、警具管理规定,年终考核仍可得到优秀的考核结果

C. 郭法官认真总结审判经验,成果突出,对审判工作有指导作用,根据《法官法》的规定,他应受到奖励

D. 曾某为刑事被告人,四十六岁且有身孕,因经济困难未聘请辩护律师,可通过申请获得法律援助

考点82 公证制度

396. 〔法考回忆题/单〕

甲商场销售侵犯乙公司知识产权的假冒伪劣产品。为收集证据

---

① C　② ACD

以追究其法律责任,乙公司的代理律师亲自去甲商场购买侵权产品,并让公证机构派公证员全程录像后出具公证书。公证书提交法院后,甲商场认为该公证书不具有法律效力。对此,甲商场下列哪一理由可以成立?①

A. 公证事项超出了公证业务范围

B. 公证机构跨区域办理公证业务

C. 乙公司代理律师的行为违反律师职业道德,导致公证书无效

D. 甲商场提供的监控录像显示公证的时间内律师和公证员并未进入甲商场

397． 2017/1/50/单

公证制度是司法制度重要组成部分,设立公证机构、担任公证员具有严格的条件及程序。关于公证机构和公证员,下列哪一选项是正确的?②

A. 公证机构可接受易某申请为其保管遗嘱及遗产并出具相应公证书

B. 设立公证机构应由省级司法行政机关报司法部依规批准后,颁发公证机构执业证书

C. 贾教授在高校讲授法学 11 年,离职并经考核合格,可以担任公证员

D. 甄某交通肇事受过刑事处罚,因此不具备申请担任公证员的条件

398． 2016/1/50/单

关于公证制度和业务,下列哪一选项是正确的?③

A. 依据统筹规划、合理布局设立的公证处,其名称中的字号不得与国内其他公证处的字号相同或者相近

B. 省级司法行政机关有权任命公证员并颁发公证员执业证书,变更执业公证处

C. 黄某委托其子代为办理房屋买卖手续,其住所地公证处可受理其委托公证的申请

D. 王某认为公证处为其父亲办理的放弃继承公证书错误,向该公证处提出复议的申请

399． 2015/1/50/单

关于我国公证的业务范围、办理程序和效力,下列哪一选项符合《公证法》的规定?④

A. 申请人向公证机关提出保全网上交易记录,公证机关以不属于公证事

---

① D ② C ③ C ④ C

项为由拒绝

   B. 自然人委托他人办理财产分割、赠与、收养关系公证的,公证机关不得拒绝

   C. 因公证具有较强的法律效力,要求公证机关在办理公证业务时不能仅作形式审查

   D. 法院发现当事人申请执行的公证债权文书确有错误的,应裁定不予执行并撤销该公证书

400. 〔2011/1/50/单〕

甲病危,欲将部分财产留给保姆,咨询如何处理。下列哪一意见是正确的?①

   A. 甲行走不便,可由身为公证员的侄子办理公证遗嘱

   B. 甲提出申请,可由公证机构到医院办理公证遗嘱

   C. 公证机构无权办理甲的遗嘱文书及财产保管事务

   D. 甲如对该财产曾有其他形式遗嘱,以后公证的遗嘱无效

401. 〔2008/1/49/单〕

根据我国《公证法》规定,对下列哪一事项公证机关可予办理公证?②

   A. 马某拿着一份合同复印件到公证机关要求公证,经公证人员审查发现该合同有多处涂改痕迹

   B. 女青年李某 29 岁,至今未婚,到公证机关办理处女公证

   C. 张某与王某大学毕业工作多年,各自都有些积蓄,为避免婚后因财产问题发生纠纷,双方决定到公证机关办理婚前财产公证

   D. 杨父因正在读初中的儿子整天沉迷于网络游戏,多次劝说无效,遂决定与儿子解除父子关系,到公证机关申请公证

专题二十一　法官职业道德

考点83 法官职业道德

402. 〔法考回忆题/多〕

为了防止利益输送和利益勾连,切实维护司法廉洁和司法公正,

---

① B ② C

法官、检察官应杜绝与律师进行不正当的接触交往。据此,下列哪些行为不违反法律职业道德?①

- A. 陈检察官办理某未成年人犯罪案件,告知其监护人聘请熟悉未成年人心智的辩护律师

- B. 卢法官将同事吴法官的家庭住址、电话号码告知郑律师

- C. 赵律师代理某疑难案件,向其同学冯法官咨询,冯法官收取 1 万元咨询费

- D. 李法官、郑检察官和孙律师同堂培训后一起在食堂进行研讨

403． 2016/1/46/单

根据法官、检察官纪律处分有关规定,下列哪一说法是正确的?②

- A. 张法官参与迷信活动,在社会中造成了不良影响,可予提醒劝阻,其不应受到纪律处分

- B. 李法官乘车时对正在实施的盗窃行为视而不见,小偷威胁失主仍不出面制止,其应受到纪律处分

- C. 何检察官在讯问犯罪嫌疑人时,反复提醒犯罪嫌疑人注意其聘请的律师执业不足 2 年,其行为未违反有关规定

- D. 刘检察官接访时,让来访人前往国土局信访室举报他人骗取宅基地使用权证的问题,其做法是恰当的

404． 2015/1/84/多

法律职业人员在业内、业外均应注重清正廉洁,严守职业道德和纪律规定。下列哪些行为违反了相关职业道德和纪律规定?③

- A. 赵法官参加学术研讨时无意透露了未审结案件的内部讨论意见

- B. 钱检察官相貌堂堂,免费出任当地旅游局对外宣传的"形象大使"

- C. 孙律师在执业中了解到委托人公司存在严重的涉嫌偷税犯罪行为,未向税务机关举报

- D. 李公证员代其同学在自己工作的公证处申办学历公证

405． 2015/1/85/多

法律职业人员应自觉遵守回避制度,确保司法公正。关于法官、检察官、律师和公证员等四类法律职业人员的回避规定,下列哪些判断是正确的?④

---

① AD ② D ③ AD ④ CD

A. 与当事人(委托人)有近亲属关系,是法律职业人员共同的回避事由

B. 法律职业人员的回避,在其《职业道德基本准则》中均有明文规定

C. 法官和检察官均有任职回避的规定,公证员则无此要求

D. 不同于其他法律职业,律师回避要受到委托人意思的影响

406. 2015/1/99/不定项

关于我国法律职业人员的入职条件与业内、业外行为的说法:①法官和检察官的任职禁止条件完全相同;②被辞退的司法人员不能担任律师和公证员;③王某是甲市中院的副院长,其子王二不能同时担任甲市乙县法院的审判员;④李法官利用业余时间提供有偿网络法律咨询,应受到惩戒;⑤刘检察官提出检察建议被采纳,效果显著,应受到奖励;⑥张律师两年前因私自收费被罚款,目前不能成为律所的设立人。对上述说法,下列判断正确的是:①

A. ①⑤正确   B. ②④错误

C. ②⑤正确   D. ③⑥错误

407. 2012/1/48/单

根据《法官法》及《人民法院工作人员处分条例》对法官奖惩的有关规定,下列哪一选项不能成立?②

A. 高法官在审判中既严格程序,又为群众行使权利提供便利;既秉公执法,又考虑情理,案结事了成绩显著。法院给予其嘉奖奖励

B. 黄法官就民间借贷提出司法建议被采纳,对当地政府完善金融管理、改善服务秩序发挥了显著作用。法院给予其记功奖励

C. 许法官违反规定会见案件当事人及代理人,此事被对方当事人上网披露,造成不良影响。法院给予其撤职处分

D. 孙法官顺带某同学(律师)参与本院法官聚会,半年后该同学为承揽案件向聚会时认识的某法官行贿。法院领导严告孙法官今后注意

408. 2012/1/83/多

法院领导在本院初任法官任职仪式上,就落实法官职业道德准则中的"文明司法"和践行执法为民理念的"理性文明执法"提出要求。下列哪些选项属于"文明执法"范围?③

A. 提高素质和修养,遵守执法程序,注重执法艺术

---

① AD   ② C   ③ ABC

B. 仪容整洁、举止得当、言行文明

C. 杜绝与法官职业形象不相称的行为

D. 严守办案时限，禁止拖延办案

409. 2012/1/84/多

某非法吸收公众存款刑事案件，因涉及人数众多，影响面广，当地领导私下曾有"必须重判"的说法。①主审李法官听此说法即向院长汇报。②开庭时，李法官对律师提出的非法证据排除的请求不予理睬。③李法官对刘检察官当庭反驳律师无罪辩护意见、严斥该律师立场有问题的做法不予制止。④李法官几次打断律师用方言发言，让其慢速并重复。⑤律师对法庭上述做法提出异议，遭拒后当即退庭抗议。⑥刘检察官大声对律师说："你太不成熟，本地没你的饭吃了。"⑦律师担心报复，向当事人提出解除委托关系。⑧李法官、刘检察官应邀参加该律师所在律所的十周年所庆，该律师向李、刘赠送礼品。关于法律职业人员的不当行为，下列哪些选项是正确的？①

A. ①④⑤   B. ②③④

C. ②⑥⑦   D. ③⑦⑧

410. 2011/1/47/单

下列哪一选项属于违反法官职业道德规范的情形？②

A. 甲市中级法院陈法官的妹妹接到乙县法院开庭传票，晚上到哥哥家咨询开庭注意事项。陈法官只叮嘱其妹庭上发言要有针对性，不要滔滔不绝

B. 乙市某法学院针对甲市中级法院在审案件组织模拟法庭，乙市中级法院钱法官应邀担任审判长。庭审后，钱法官就该案件审理和判决向同学们谈了看法

C. 林法官担任某法学院兼职博士生导师，每年招收法学博士研究生 1 名

D. 某省高级法院朱院长担任法学会法律文书学研究会副会长

411. 2010/1/89/多

法官李某的下列哪些行为违反了法官职业道德规范？③

A. 庭审时，发现当事人高某聘请的律师赵某明显不负责任，提醒高某可另行委托律师钱某

---

① CD   ② B   ③ ACD

B. 办案时,发现原告律师程某系自己高中同学,主动提出回避申请

C. 庭审前,向所办案件当事人委托的张律师指出某一证据效力不足

D. 讲座时,提出司法腐败主要是当事人行贿所致

412. 〔2008/1/89/多〕

依据法官职业道德规范,关于法官行为,下列哪些评论是正确的?①

A. 徐法官在接待当事人的过程中,针对当事人对判决书提出的质疑,以不屑的口吻说:"你一个文盲加法盲,有什么资格来质问我?"评论:徐法官的行为不符合司法礼仪

B. 蓝法官在开庭调解时,为营造轻松和谐的气氛,身着便装,谈笑风生。评论:蓝法官的行为违反法庭规则

C. 周法官在当地出席大学同学私人投资的公司开业典礼,并在被公开介绍法官身份后登台致贺辞。评论:周法官的此行为违反了不得以职业、身份、声誉谋取利益的义务

D. 谢法官正在承办一宗合同纠纷案件。该案被告向谢法官的配偶林某任职的 A 公司表示,愿将一个工程项目发包给该公司,条件是让林某任该项目的主管。林某将此事告诉了谢法官,并提及发包人是该案的被告。谢法官听后未置一词。评论:谢法官的行为违反了约束家庭成员的义务

专题二十二　检察官职业道德

考点84 检察官职业道德

413. 〔法考回忆题/多〕

吕检察官办理未成年人卫某故意伤害案,主动向其阐明法律规定,积极劝说引导其认罪认罚,组织双方自愿达成和解。关于吕检察官的行为,体现了下列哪些检察官职业道德的基本要求?②

A. 担当 　　　　　　　 B. 忠诚

C. 为民 　　　　　　　 D. 公正

414. 〔2017/1/84/多〕

2016 年 10 月 20 日,《检察人员纪律处分条例》修订通过。关于

---

① ABD　② CD

规范检察人员的行为,下列哪些说法是正确的?①

A. 领导干部违反有关规定组织、参加自发成立的老乡会、校友会、战友会等,属于违反组织纪律行为

B. 擅自处置案件线索,随意初查或者在初查中对被调查对象采取限制人身自由强制措施的,属于违反办案纪律行为

C. 在分配、购买住房中侵犯国家、集体利益的,属于违反廉洁纪律行为

D. 对群众合法诉求消极应付、推诿扯皮,损害检察机关形象的,属于违反群众纪律行为

415． 2013/1/85/多

下列哪些行为违反了相关法律职业规范规定?②

A. 某律师事务所明知李律师的伯父是甲市中院领导,仍指派其到该院代理诉讼

B. 检察官高某在办理一起盗车并杀害车内行动不便的老人案件时,发现网上民愤极大,即以公诉人身份跟帖向法院建议判处被告死刑立即执行

C. 在法庭上,公诉人车某发现李律师发微博,当庭予以训诫,审判长怀法官未表明态度

D. 公证员张某根据甲公司董事长申请,办理了公司章程公证,张某与该董事长系大学同学

416． 2012/1/49/单

关于检察官的行为,下列哪一观点是正确的?③

A. 房检察官在同乡聚会时向许法官打听其在办案件审理情况,并让其估计判处结果。根据我国国情,房检察官的行为可以被理解

B. 关检察长以暂停工作要挟江检察官放弃个人意见,按照陈科长的判断处理某案。关检察长的行为与依法独立行使检察权的要求相一致

C. 容检察官在本地香蕉滞销,蕉农面临重大损失时,多方奔走将 10 万斤香蕉销往外地,为蕉农挽回了损失,本人获辛苦费 5000 元。容检察官没有违反有关经商办企业、违法违规营利活动的规定

D. 成检察官从检察院离任 5 年后,以律师身份担任各类案件的诉讼代理人或者辩护人,受到当事人及其家属的一致肯定。成检察官的行为符合《检察官法》的有关规定

---

① ABCD ② BC ③ D

417. `2011/1/48/单`

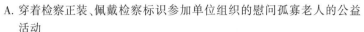

王检察官的下列哪一行为符合检察官职业道德的要求?①

A. 穿着检察正装、佩戴检察标识参加单位组织的慰问孤寡老人的公益活动

B. 承办一起两村械斗引起的伤害案,受害人系密切近邻,但为早日结案未主动申请回避

C. 参加朋友聚会,谈及在办案件犯罪嫌疑人梁某交代包养了4个情人,但嘱咐朋友不要外传

D. 业余时间在某酒吧任萨克斯管主奏,对其检察官身份不予否认,收取适当报酬

418. `2009/1/49/单`

关于检察官的行为,下列哪一选项是正确的?②

A. 甲检察官业余时间担任某中学法制辅导员,在推辞无效的情况下收下学校付给的每年 1000 元的酬金

B. 乙检察官办理余某涉嫌贪污案时,针对余某所在单位财务管理方面的问题以个人名义向该单位领导提出了改进建议

C. 丙检察官下班后未及换下检察官制服即赶往饭店宴请来访的外地检察院同学

D. 丁检察官办理一起交通肇事案件时,对不配合调查的目击证人周某实施了拘传

专题二十三　律师职业道德

考点85 律师职业道德

419. `法考回忆题/单`

秦律师在甲律师事务所执业期间,以乙法律服务中心的名义在某网络平台发布视频,配字"提供法律咨询、代写文书等服务",用于个人宣传。关于秦律师的行为,下列哪一评价是正确的?③

　A. 在网络平台进行业务推广,违反律师执业规范

　B. 干扰了正常的诉讼和仲裁活动

　C. 属于以不正当方式承揽业务

① A　② B　③ C

D. 以非律师身份宣传，并不违反律师执业规范

420． (法考回忆题/单)

甲公司因乙公司拖欠其工程款申请仲裁，委托某律师事务所的王律师担任诉讼代理人。后因无法挽回全部工程款，甲公司将律师事务所诉至法院，认为王律师在仲裁期间存在执业过错致其遭受损失。对此，王律师的下列哪一行为可支持甲公司的主张？①

A. 3 年前曾担任外地某检察院的检察官

B. 将其代理仲裁期间与甲公司的相关合同提交法院

C. 代理仲裁期间违规会见仲裁员被处以停止执业 1 年的行政处罚

D. 仲裁中未主张甲公司对工程款优先受偿，未告知甲公司任何风险

421． (2015/1/48/单)

王某和李某斗殴，李某与其子李二将王某打伤。李某在王某提起刑事自诉后聘请省会城市某律师事务所赵律师担任辩护人。关于本案，下列哪一做法符合相关规定？②

A. 赵律师同时担任李某和李二的辩护人，该所钱律师担任本案王某代理人

B. 该所与李某商定辩护事务按诉讼结果收取律师费

C. 该所要求李某另外预交办案费

D. 该所指派实习律师代赵律师出庭辩护

422． (2014/1/48/单)

某律师事务所一审代理了原告张某的案件。一年后，该案再审。该所的下列哪一做法与律师执业规范相冲突？③

A. 在代理原告案件时，拒绝与该案被告李某建立委托代理关系

B. 在拒绝与被告李某建立委托代理关系时，承诺可在其他案件中为其代理

C. 得知该案再审后，主动与原告张某联系

D. 张某表示再审不委托该所，该所遂与被告李某建立委托代理关系

423． (2009/1/50/单)

下列哪一法律职业人员的行为不违背相应职业纪律要求？④

———————————

① D　② C　③ D　④ D

A. 金法官向自己审理案件中受尽屈辱的原告推荐社会知名律师为其代理诉讼

B. 闻律师在办理无偿的法律援助案件后,收取受援人交通费

C. 公证员黄某在派发的名片上印有"法学硕士、法学副教授"的头衔

D. 曾律师发起举办了"金融危机下律师业的挑战"研讨会并邀请一些教授、法官、检察官、公证员朋友出席

424． 2009/1/88/多

刘律师出身建筑世家并曾就读建筑专业,现主要从事施工纠纷法律服务。开发商李某因开发的楼房倒塌被诉至法院,欲委托刘律师代理诉讼。关于接受委托和代理案件,刘律师的下列哪些做法符合律师职业有关规定?①

A. 接受委托,了解并运用建筑和房地产知识分析案件,寻求对李某有利的理由

B. 接受委托,告知李某楼房倒塌系建筑风水原因,使其接受败诉结果

C. 明知不懂房地产开发业务会影响代理效果,但为经济效益极力宣扬建筑世家背景并接受委托

D. 考虑到不懂房地产业务会影响代理效果,决定不接受委托

425． 2008/1/48/单

根据我国《律师法》的规定,下列哪一选项是正确的?②

A. 律师事务所变更名称、负责人、章程、合伙协议的,应当报原审核部门备案

B. 律师服务机构一般采用公司形式,但在经济社会发展欠发达地区仍可保留少数合作制律师事务所

C. 个人律师事务所实行无限责任,因此在成立条件上比合伙律师事务所要宽松

D. 律师事务所采用特殊的普通合伙形式的,当个别合伙人因故意或重大过失造成对外债务时,其他合伙人不承担对外责任

426． 2008/1/88/多

2007 年 10 月 28 日第十届全国人民代表大会常务委员会第三十次会议对《律师法》进行了修订。根据修订后的《律师法》,下列哪些选项是错误的?③

A. 受委托的律师自案件审查起诉之日起,有权查阅、摘抄和复制与案件

---

① AD ② D ③ ACD

有关的所有材料

B. 犯罪嫌疑人被侦查机关第一次讯问或者采取强制措施之日起,受委托的律师凭律师执业证书、律师事务所证明和委托书或者法律援助公函,有权会见犯罪嫌疑人、被告人并了解有关案件情况。律师会见犯罪嫌疑人、被告人,不被监听

C. 律师在法庭上发表的代理、辩护意见不受法律追究。但是,发表危害国家安全、恶意诽谤他人、严重扰乱法庭秩序、泄露商业秘密的言论除外

D. 律师是维护当事人合法权益、维护法律正确实施、维护社会公平和正义的国家法律工作人员

专题二十四　公证员职业道德

考点86 公证员职业道德

427. 2014/1/49/单

关于法律职业人员职业道德,下列哪一说法是不正确的?①

A. 法官职业道德更强调法官独立性、中立地位

B. 检察官职业道德是检察官职业义务、职业责任及职业行为上道德准则的体现

C. 律师职业道德只规范律师的执业行为,不规范律师事务所的行为

D. 公证员职业道德应得到重视,原因在于公证证明活动最大的特点是公信力

428. 2012/1/50/单

下列哪一选项属于违反律师或公证有关制度及执业规范规定的情形?②

A. 刘律师受当事人甲委托为其追索 1 万元欠款,因该事项与另一委托事项时间冲突,经甲同意后另交本所律师办理,但未告其支出增加

B. 李律师承办当事人乙的继承纠纷案,表示乙依法可以继承 2 间房屋,并作为代理意见提交法庭,未被采纳,乙仅分得万元存款

C. 林公证员对丙以贵重金饰用于抵押的事项,办理了抵押登记

D. 王公证员对丁代理他人申办合同和公司章程公证的事项,出具了公证书

---

① C ② A

429． 2011/1/85/多

法学院同学就我国法律职业道德规范进行讨论。

甲认为：①法律职业道德一般包括职业道德意识、职业道德行为和职业道德规范 3 个层次；②法官职业道德的核心是公正、廉洁、为民。乙认为：①如果缺乏无私奉献、敬业献身的精神，法律职业人员很容易进行"权力寻租"；②加强公证员职业道德建设是维护和增强公证公信力的保障。丙认为：①法律职业人员的社会义务和道德要求不应高于一般社会成员；②直接影响律师职业形象的执业外为受到律师职业道德的约束。对此，下列哪些选项是不能成立的？①

A. 甲①和乙②的说法均正确

B. 甲②和丙②的说法均错误

C. 甲①、乙①和丙①的说法均正确

D. 甲②、乙①和丙①的说法均错误

专题二十五　其他法律职业人员职业道德

考点87 其他法律职业人员职业道德

430． 法考回忆题/不定项

下列关于其他法律职业人员道德的表述，不正确的是：②

A. 法律顾问应当维护本单位的合法权益，因此无须保持独立

B. 对于从事行政处罚决定审核的公务人员，除涉及国家秘密、职业秘密或个人隐私外，其执法内容应一律向行政相对人和社会公开

C. 执法具有单方性，从事行政复议的公务人员无须听取行政相对人的辩解

D. 负责行政裁决的人员张某告知行政相对人，行政裁决属于终局裁决，不得提起行政复议

---

① BCD　② ACD

≥ 2025国家统一法律职业资格考试攻略

快刷题

随时 ~ 随地 ~ 随身练　　⑧ 三国法

拓朴法考　组编

中国法治出版社

CHINA LEGAL PUBLISHING HOUSE

图书在版编目（CIP）数据

2025 国家统一法律职业资格考试攻略. 快刷题. 8,
三国法 / 拓朴法考组编. -- 北京 ： 中国法治出版社,
2025. 4. -- ISBN 978-7-5216-4810-2

Ⅰ. D920.4

中国国家版本馆 CIP 数据核字第 20243KR686 号

责任编辑：李连宇（lilianyu@ zgfzs. com）　　　　　封面设计：拓　朴

—————————————————————————————————

2025 国家统一法律职业资格考试攻略. 快刷题. 8，三国法
2025 GUOJIA TONGYI FALÜ ZHIYE ZIGE KAOSHI GONGLÜE. KUAISHUATI. 8, SANGUOFA

组编／拓朴法考
经销／新华书店
印刷／河北翔驰润达印务有限公司
开本／787 毫米×1092 毫米　32 开　　　　　　　印张／3.25　字数／110 千
版次／2025 年 4 月第 1 版　　　　　　　　　　　2025 年 4 月第 1 次印刷

—————————————————————————————————

中国法治出版社出版
书号 ISBN 978-7-5216-4810-2　　　　　　　总定价：108.00 元（全八册）

北京市西城区西便门西里甲 16 号西便门办公区
邮政编码：100053　　　　　　　　　　　　传真：010-63141600
网址：http://www.zgfzs.com　　　　　　　编辑部电话：010-63141811
市场营销部电话：010-63141612　　　　　　印务部电话：010-63141606

（如有印装质量问题，请与本社印务部联系。）
本书二维码内容由拓朴法考提供，用于服务广大考生，有效期截至 2025 年 12 月 31 日。

≪CONTENTS 目 录

国 际 法

国际私法

国际经济法

国 际 法

 扫一扫,"码"上做题

微信扫码,即可线上做题、看解析。
多种做题模式:章节自测、单科集训、
随机演练等。

专题一　导　论

考点1 国际法的渊源

1．2007/1/77/多①

国际人道法中的区分对象原则(区分军事与非军事目标,区分战斗员与平民)是一项已经确立的国际习惯法原则,也体现在《1977年日内瓦四公约第一附加议定书》中。甲乙丙三国中,甲国是该议定书的缔约国,乙国不是,丙国曾是该议定书的缔约国,后退出该议定书。根据国际法的有关原理和规则,下列哪些选项是错误的?②

A. 该原则对甲国具有法律拘束力,但对乙国没有法律拘束力

B. 丙国退出该议定书后,该议定书对丙国不再具有法律拘束力

C. 丙国退出该议定书后,该原则对丙国不再具有法律拘束力

D. 该原则对于甲乙丙三国都具有法律拘束力

考点2 国际法的基本原则

2．2013/1/75/多

关于国际法基本原则,下列哪些选项是正确的?③

A. 国际法基本原则具有强行法性质

B. 不得使用威胁或武力原则是指禁止除国家对侵略行为进行的自卫行动以外的一切武力的使用

C. 对于一国国内的民族分离主义活动,民族自决原则没有为其提供任何国际法根据

---

① 指2007年/试卷一/第77题/多选——编者注。　② AC　③ ACD

D. 和平解决国际争端原则是指国家间在发生争端时,各国都必须采取和平方式予以解决

专题二　国际法的主体与国际法律责任

考点3 国家管辖权

3. 2011/1/33/单

甲国人张某侵吞中国某国企驻甲国办事处的大量财产。根据中国和甲国的法律,张某的行为均认定为犯罪。中国与甲国没有司法协助协定。根据国际法相关规则,下列哪一选项是正确的?①

A. 张某进入中国境内时,中国有关机关可依法将其拘捕

B. 中国对张某侵吞财产案没有管辖权

C. 张某乘甲国商船逃至公海时,中国有权派员在公海将其缉拿

D. 甲国有义务将张某引渡给中国

4. 2006/1/78/多

"恐龙国际"是一个在甲国以非营利性社会团体注册成立的组织,成立于1998年,总部设在甲国,会员分布在20多个国家。该组织的宗旨是鼓励人们"认识恐龙,回溯历史"。2001年,"恐龙国际"获得联合国经社理事会注册咨商地位。现该组织试图把活动向乙国推广,并准备在乙国发展会员。依照国际法,下列哪些表述是正确的?②

A. 乙国有义务让"恐龙国际"在乙国发展会员

B. 乙国有权依照其本国法律阻止该组织在乙国的活动

C. 该组织在乙国从事活动,必须遵守乙国法律

D. 由于该组织已获得联合国经社理事会注册咨商地位,因此,它可以被视为政府间的国际组织

考点4 国家主权豁免

5. 2014/1/75/多

甲国某公司与乙国驻甲国使馆因办公设备合同产生纠纷,并诉诸甲国法院。根据相关国际法规则,下列哪些选项是正确的?③

A. 如合同中有适用甲国法律的条款,则表明乙国放弃了其管辖的豁免

———————
① A　② BC　③ BC

B. 如乙国派代表出庭主张豁免,不意味着其默示接受了甲国的管辖

C. 如乙国在本案中提起了反诉,则是对管辖豁免的默示放弃

D. 乙国曾接受过甲国法院的管辖,甲国法院即可管辖本案

6. 2010/1/30/单

甲国政府与乙国 A 公司在乙国签订一份资源开发合同后,A 公司称甲国政府未按合同及时支付有关款项。纠纷发生后,甲国明确表示放弃关于该案的诉讼管辖豁免权。根据国际法规则,下列哪一选项是正确的?①

A. 乙国法院可对甲国财产进行查封

B. 乙国法院原则上不能对甲国强制执行判决,除非甲国明示放弃在该案上的执行豁免

C. 如第三国法院曾对甲国强制执行判决,则乙国法院可对甲国强制执行判决

D. 如乙国主张限制豁免,则可对甲国强制执行判决

考点5 国际法上的承认

7. 2010/1/29/单

甲乙二国建立正式外交关系数年后,因两国多次发生边境冲突,甲国宣布终止与乙国的外交关系。根据国际法相关规则,下列哪一选项是正确的?②

A. 甲国终止与乙国的外交关系,并不影响乙国对甲国的承认

B. 甲国终止与乙国的外交关系,表明甲国不再承认乙国作为一个国家

C. 甲国主动与乙国断交,则乙国可以撤回其对甲国作为国家的承认

D. 乙国从未正式承认甲国为国家,建立外交关系属于事实上的承认

考点6 国际法上的继承

8. 2008/1/33/单

甲国与乙国 1992 年合并为一个新国家丙国。此时,丁国政府发现,原甲国中央政府、甲国南方省,分别从丁国政府借债 3000 万美元和 2000 万美元。同时,乙国元首以个人名义从丁国的商业银行借款 100 万美元,用于乙国 1991 年救灾。上述债务均未偿还。甲乙丙丁四国没有关于甲乙两国合并之后所涉债务事项的任何双边或多边协议。根据国际法中有关原则和

---

① B ② A

规则,下列哪一选项是正确的?①

    A. 随着一个新的国际法主体丙国的出现,上述债务均已自然消除

    B. 甲国中央政府所借债务转属丙国政府承担

    C. 甲国南方省所借债务转属丙国政府承担

    D. 乙国元首所借债务转属丙国政府承担

考点7 联合国体系

9． 2016/1/32/单

    联合国会员国甲出兵侵略另一会员国。联合国安理会召开紧急会议,讨论制止甲国侵略的决议案,并进行表决。表决结果为:常任理事国4票赞成、1票弃权;非常任理事国8票赞成、2票否决。据此,下列哪一选项是正确的?②

    A. 决议因有常任理事国投弃权票而不能通过

    B. 决议因非常任理事国两票否决而不能通过

    C. 投票结果达到了安理会对实质性问题表决通过的要求

    D. 安理会为制止侵略行为的决议获简单多数赞成票即可通过

10． 2015/1/32/单

    联合国大会由全体会员国组成,具有广泛的职权。关于联合国大会,下列哪一选项是正确的?③

    A. 其决议具有法律拘束力

    B. 表决时安理会5个常任理事国的票数多于其他会员国

    C. 大会是联合国的立法机关,三分之二以上会员国同意才可以通过国际条约

    D. 可以讨论《联合国宪章》范围内或联合国任何机关的任何问题,但安理会正在审议的除外

11． 2009/1/31/单

    由于甲国海盗严重危及国际海运要道的运输安全,在甲国请求下,联合国安理会通过决议,授权他国军舰在经甲国同意的情况下,在规定期限可以进入甲国领海打击海盗。据此决议,乙国军舰进入甲国领海解救被海盗追赶的丙国商船。对此,下列哪一选项是正确的?④

    A. 安理会无权作出授权外国军舰进入甲国领海打击海盗的决议

----

    ① B ② C ③ D ④ C

　　B. 外国军舰可以根据安理会决议进入任何国家的领海打击海盗

　　C. 安理会的决议不能使军舰进入领海打击海盗成为国际习惯法

　　D. 乙国军舰为解救丙国商船而进入甲国领海属于保护性管辖

考点8　国际法律责任

12.　2011/1/32/单

　　甲国某核电站因极强地震引发爆炸后,甲国政府依国内法批准将核电站含低浓度放射性物质的大量污水排入大海。乙国海域与甲国毗邻,均为《关于核损害的民事责任的维也纳公约》缔约国。下列哪一说法是正确的?①

　　A. 甲国领土范围发生的事情属于甲国内政

　　B. 甲国排污应当得到国际海事组织同意

　　C. 甲国对排污的行为负有国际法律责任,乙国可通过协商与甲国共同解决排污问题

　　D. 根据"污染者付费"原则,只能由致害方,即该核电站所属电力公司承担全部责任

13.　2008/1/30/单

　　甲乙两国1990年建立大使级外交关系,并缔结了双边的《外交特权豁免议定书》。2007年两国交恶,甲国先宣布将其驻乙国的外交代表机构由大使馆降为代办处,乙国遂宣布断绝与甲国的外交关系。之后,双方分别撤走了各自驻对方的使馆人员。对此,下列哪一选项是正确的?②

　　A. 甲国的行为违反国际法,应承担国家责任

　　B. 乙国的行为违反国际法,应承担国家责任

　　C. 上述《外交特权豁免议定书》终止执行

　　D. 甲国可以查封没收乙国使馆在甲国的财产

14.　2008/1/32/单

　　克森公司是甲国的一家国有物资公司。去年,该公司与乙国驻丙国的使馆就向该使馆提供馆舍修缮材料事宜,签订了一项供货协议。后来,由于使馆认为克森公司交货存在质量瑕疵,双方产生纠纷。根据国际法的有关规则,下列哪一选项是正确的?③

　　A. 乙国使馆无权在丙国法院就上述事项提起诉讼

———————————

① C　② C　③ C

B. 克森公司在丙国应享有司法管辖豁免

C. 乙国使馆可以就该事项向甲国法院提起诉讼

D. 甲国须对克森公司的上述行为承担国家责任

专题三　国际法上的空间划分

考点9 领土制度

15. 2016/1/33/单

甲乙两国边界附近爆发部落武装冲突,致两国界标被毁,甲国一些边民趁乱偷渡至乙国境内。依相关国际法规则,下列哪一选项是正确的?①

A. 甲国发现界标被毁后应尽速修复或重建,无需通知乙国

B. 只有甲国边境管理部门才能处理偷渡到乙国的甲国公民

C. 偷渡到乙国的甲国公民,仅能由乙国边境管理部门处理

D. 甲乙两国对界标的维护负有共同责任

16. 2016/1/75/多

关于领土的合法取得,依当代国际法,下列哪些选项是正确的?②

A. 甲国围海造田,未对他国造成影响

B. 乙国屯兵邻国边境,邻国被迫与其签订条约割让部分领土

C. 丙国与其邻国经平等协商,将各自边界的部分领土相互交换

D. 丁国最近二十年派兵持续控制其邻国部分领土,并对外宣称拥有主权

17. 2011/1/75/多

甲国发生内战,乙国拟派民航包机将其侨民接回,飞机需要飞越丙国领空。根据国际法相关规则,下列哪些选项是正确的?③

A. 乙国飞机因接其侨民,得自行飞越丙国领空

B. 乙国飞机未经甲国许可,不得飞入甲国领空

C. 乙国飞机未经允许飞越丙国领空,丙国有权要求其在指定地点降落

D. 丙国军机有权在警告后将未经许可飞越丙国领空的乙国飞机击落

考点10 河流制度

18. 法考回忆题/单

碧水河为甲乙两国的界河,双方对界河的划界使用没有另行约

定,根据国际法的相关规则,下列哪一行为是合法的?①

  A. 甲国渔民在整个河面上捕鱼

  B. 甲国渔船遭遇狂风,为紧急避险可未经许可停靠乙国河岸

  C. 乙国可不经甲国许可在碧水河修建堤坝

  D. 乙国发生旱灾,可不经甲国许可炸开自己一方堤坝灌溉农田

19. 2011/1/74/多

甲河是多国河流,乙河是国际河流。根据国际法相关规则,下列哪些选项是正确的?②

  A. 甲河沿岸国对甲河流经本国的河段拥有主权

  B. 甲河上游国家可对自己享有主权的河段进行改道工程,以解决自身缺水问题

  C. 乙河对非沿岸国商船也开放

  D. 乙河的国际河流性质决定了其属于人类共同的财产

20. 2006/1/30/单

风光秀丽的纳列温河是甲国和乙国的界河。两国的边界线确定为该河流的主航道中心线。甲乙两国间没有其他涉及界河制度的条约。现甲国提议开发纳列温河的旅游资源,相关旅行社也设计了一系列界河水上旅游项目。根据国际法的相关原则和规则,下列哪一项活动不需要经过乙国的同意,甲国即可以合法从事?③

  A. 在纳列温河甲国一侧修建抵近主航道的大型观光栈桥

  B. 游客乘甲国的旅游船抵达乙国河岸停泊观光,但不上岸

  C. 游客乘甲国渔船在整条河中进行垂钓和捕捞活动

  D. 游客乘甲国游船在主航道上沿河航行游览

考点11 领海

21. 法考回忆题/单

根据《联合国海洋法公约》以及我国相关法律规定,下列哪一说法是正确的?④

  A. 甲国军舰可以无须事先征得许可而在我国领海无害通过

  B. 我国军舰可以从毗连区开始实施紧追权,到公海时紧追应终止

  C. 乙国有权在我国大陆架铺设电缆,但铺设线路计划需要取得我国同意

---

① B ② AC ③ D ④ C

D. 丙国商务飞机可以在我国领海上空无害通过

22. `2016/1/76/多`

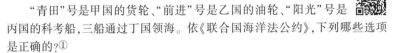

"青田"号是甲国的货轮、"前进"号是乙国的油轮、"阳光"号是丙国的科考船,三船通过丁国领海。依《联合国海洋法公约》,下列哪些选项是正确的?①

A. 丁国有关对油轮实行分道航行的规定是对"前进"号油轮的歧视

B. "阳光"号在丁国领海进行测量活动是违反无害通过的

C. "青田"号无须事先通知或征得丁国许可即可连续不断地通过丁国领海

D. 丁国可以对通过其领海的外国船舶征收费用

考点12　毗连区

23. `法考回忆题/单`

根据《联合国海洋法公约》和中国相关规则和实践,下列哪一选项是正确的?②

A. 甲国军用飞机须经我国同意方能飞越我国毗连区

B. 甲国潜水艇必须浮出水面并展示船旗才能通过我国毗连区

C. 甲国渔民在我国大陆架捕杀濒危海龟,依照我国刑法追究刑事责任

D. 联合国某专门机构的科考船在我国专属经济区科学考察,须经我国同意

24. `2011/1/97/不定项`

A 公司和 B 公司于 2011 年 5 月 20 日签订合同,由 A 公司将一批平板电脑售卖给 B 公司。A 公司和 B 公司营业地分别位于甲国和乙国,两国均为《联合国国际货物销售合同公约》缔约国。合同项下的货物由丙国 C 公司的"潇湘"号商船承运,装运港是甲国某港口,目的港是乙国某港口。在运输途中,B 公司与中国 D 公司就货物转卖达成协议。

"潇湘"号运送该批平板电脑的航行路线要经过丁国的毗连区。根据《联合国海洋法公约》,下列选项正确的是:③

A. "潇湘"号在丁国毗连区通过时的权利和义务与在丁国领海的无害通过相同

B. 丁国可在"潇湘"号通过时对毗连区上空进行管制

---

① BC　② D　③ D

C. 丁国可根据其毗连区领土主权对"潇湘"号等船舶规定分道航行

D. "潇湘"号应遵守丁国在海关、财政、移民和卫生等方面的法律规定

考点 13 专属经济区和大陆架

25. 法考回忆题/单

依据《联合国海洋法公约》,甲国在本国专属经济区的下列哪项行为符合公约?①

A. 击落上空的乙国无人机　　B. 击沉海面的丙国军舰

C. 在海上修建风力发电站　　D. 破坏丁国铺设的海底电缆

26. 2010/1/31/单

依据在其宣布的专属经济区水域某暗礁上修建了一座人工岛屿。乙国拟铺设一条通过甲国专属经济区的海底电缆。根据《联合国海洋法公约》,下列哪一选项是正确的?②

A. 甲国不能在该暗礁上修建人工岛屿

B. 甲国对建造和使用该人工岛屿拥有管辖权

C. 甲国对该人工岛屿拥有领土主权

D. 乙国不可在甲国专属经济区内铺设海底电缆

考点 14 群岛水域

27. 2014/1/33/单

甲国是群岛国,乙国是甲国的隔海邻国,两国均为《联合国海洋法公约》的缔约国。根据相关国际法规则,下列哪一选项是正确的?③

A. 他国船舶通过甲国的群岛水域必须经过甲国的许可

B. 甲国为连接其相距较远的两岛屿,其群岛基线可隔断乙国的专属经济区

C. 甲国因已划定了群岛水域,则不能再划定专属经济区

D. 甲国对其群岛水域包括上空和底土拥有主权

考点 15 公海和国际海底区域

28. 2012/1/97/不定项

甲国 A 公司向乙国 B 公司出口一批货物,双方约定适用 2020 年

---

① C　② B　③ D

《国际贸易术语解释通则》中 CIF 术语。该批货物由丙国 C 公司"乐安"号商船承运,运输途中船舶搁浅,为起浮抛弃了部分货物。船舶起浮后继续航行中又因恶劣天气,部分货物被海浪打入海中。到目的港后发现还有部分货物因固有缺陷而损失。

"乐安"号运送该货物的航行路线要经过丁国的领海和毗连区。根据《联合国海洋法公约》,下列选项正确的是:①

A. "乐安"号可不经批准穿行丁国领海,并在其间停泊转运货物

B. "乐安"号在丁国毗连区走私货物,丁国海上执法船可行使紧追权

C. "乐安"号在丁国毗连区走私货物,丁国海上执法机关可出动飞机行使紧追权

D. 丁国海上执法机关对"乐安"号的紧追权在其进入公海时立即终止

29. 〔2009/1/30/单〕

乙国军舰 A 发现甲国渔船在乙国领海走私,立即发出信号开始紧追,渔船随即逃跑。当 A 舰因机械故障被迫返航时,令乙国另一艘军舰 B 在渔船逃跑必经的某公海海域埋伏。A 舰返航半小时后,渔船出现在 B 舰埋伏的海域。依《联合国海洋法公约》及相关国际法规则,下列哪一选项是正确的?②

A. B 舰不能继续 A 舰的紧追

B. A 舰应从毗连区开始紧追,而不应从领海开始紧追

C. 为了紧追成功,B 舰不必发出信号即可对渔船实施紧追

D. 只要 B 舰发出信号,即可在公海继续对渔船紧追

考点16 南极法律制度

30. 〔2010/1/78/多〕

甲乙丙三国均为南极地区相关条约缔约国。甲国在加入条约前,曾对南极地区的某区域提出过领土要求。乙国在成为条约缔约国后,在南极建立了常年考察站。丙国利用自己靠近南极的地理优势,准备在南极大规模开发旅游。根据《南极条约》和相关制度,下列哪些判断是正确的?③

A. 甲国加入条约意味着其放弃或否定了对南极的领土要求

B. 甲国成为条约缔约国,表明其他缔约国对甲国主张南极领土权利的确认

---

① BC ② A ③ CD

C. 乙国上述在南极地区的活动,并不构成对南极地区提出领土主张的支持和证据

D. 丙国旅游开发不得对南极环境系统造成破坏

考点17 国际航空法律制度

31. 〔2017/1/32/单〕

乘坐乙国航空公司航班的甲国公民,在飞机进入丙国领空后实施劫机,被机组人员制服后交丙国警方羁押。甲、乙、丙三国均为1963年《东京公约》、1970年《海牙公约》及1971年《蒙特利尔公约》缔约国。据此,下列哪一选项是正确的?①

A. 劫机发生在丙国领空,仅丙国有管辖权

B. 犯罪嫌疑人为甲国公民,甲国有管辖权

C. 劫机发生在乙国航空器上,仅乙国有管辖权

D. 本案涉及国际刑事犯罪,应由国际刑事法院管辖

32. 〔2013/1/33/单〕

甲国某航空公司国际航班在乙国领空被乙国某公民劫持,后乙国将该公民控制,并拒绝了甲国的引渡请求。两国均为1971年《关于制止危害民用航空安全的非法行为的公约》等三个国际民航安全公约缔约国。对此,下列哪一说法是正确的?②

A. 劫持未发生在甲国领空,甲国对此没有管辖权

B. 乙国有义务将其引渡到甲国

C. 乙国可不引渡,但应由本国进行刑事审判

D. 本案属国际犯罪,国际刑事法院可对其行使管辖权

考点18 外层空间法律制度

33. 〔法考回忆题/多〕

甲国研发的气象卫星委托乙国代为发射,因天气的原因该卫星在丙国境内实际发射。发射过程中火箭碎片掉落,砸伤受邀现场观看发射的某丁国国民。由于轨道偏离,该气象卫星与丁国通信卫星相撞,丁国卫星碎片跌落砸坏戊国建筑并造成戊国人员伤亡。甲、乙、丙、丁、戊五国都是加入《空间物体造成损害的国际责任公约》(以下简称《责任公约》)的缔约国,下列哪些

---

① B ② C

判断是正确的?①

A. 丁国不对戊国财产和人员伤亡承担责任

B. 火箭碎片对某丁国国民造成的损害不适用《责任公约》

C. 甲、乙、丙、丁四国应对戊国的财产和人员伤亡承担绝对责任

D. 甲、乙、丙三国应对丁国卫星损害承担过错责任

考点19 国际环保法

34. 2008/1/34/单

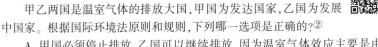

甲乙两国是温室气体的排放大国,甲国为发达国家,乙国为发展中国家。根据国际环境法原则和规则,下列哪一选项是正确的?②

A. 甲国必须停止排放,乙国可以继续排放,因为温室气体效应主要是由发达国家多年排放积累造成的

B. 甲国可以继续排放,乙国必须停止排放,因为乙国生产效率较低,并且对于环境治理的措施和水平远远低于甲国

C. 甲乙两国的排放必须同等地被限制,包括排放量、排放成份标准、停止排放时间等各方面

D. 甲乙两国在此问题上都承担责任,包括进行合作,但在具体排量标准、停止排放时间等方面承担的义务应有所区别

专题四　国际法上的个人

考点20 国籍的取得

35. 2015/1/75/多

中国公民王某与甲国公民彼得于2013年结婚后定居甲国并在该国产下一子,取名彼得森。关于彼得森的国籍,下列哪些选项是正确的?③

A. 具有中国国籍,除非其出生时即具有甲国国籍

B. 可以同时拥有中国国籍与甲国国籍

C. 出生时是否具有甲国国籍,应由甲国法确定

D. 如出生时即具有甲国国籍,其将终生无法获得中国国籍

---

① BCD　② D　③ AC

考点 21　国籍的丧失

36． 2017/1/75/多

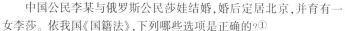

中国公民李某与俄罗斯公民莎娃结婚,婚后定居北京,并育有一女李莎。依我国《国籍法》,下列哪些选项是正确的?①

A. 如李某为中国国家机关公务员,其不得申请退出中国国籍

B. 如莎娃申请中国国籍并获批准,不得再保留俄罗斯国籍

C. 如李莎出生于俄罗斯,不具有中国国籍

D. 如李莎出生于中国,具有中国国籍

考点 22　中国人的出入境

37． 2014/1/34/单

王某是定居美国的中国公民,2013 年 10 月回国为父母购房。根据我国相关法律规定,下列哪一选项是正确的?②

A. 王某应向中国驻美签证机关申请办理赴中国的签证

B. 王某办理所购房产登记需提供身份证明的,可凭其护照证明其身份

C. 因王某是中国公民,故需持身份证办理房产登记

D. 王某回中国后,只要其有未了结的民事案件,就不准出境

考点 23　外国人的出入境

38． 法考回忆题/多

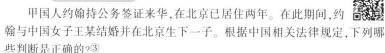

甲国人约翰持公务签证来华,在北京已居住两年。在此期间,约翰与中国女子王某结婚并在北京生下一子。根据中国相关法律规定,下列哪些判断是正确的?③

A. 只要约翰有尚未完结的民事诉讼就不得离境

B. 北京是约翰的经常居所地

C. 约翰利用周末假期在某语言培训机构兼职教课,属于非法就业

D. 约翰的儿子具有中国国籍

39． 2017/1/76/多

马萨是一名来华留学的甲国公民,依中国法律规定,下列哪些选项是正确的?④

A. 马萨入境中国时,如出入境边防检查机关不准其入境,可以不说明理由

① ABD　② B　③ CD　④ AC

B. 如马萨留学期间发现就业机会,即可兼职工作

C. 马萨留学期间在同学家中短期借住,应按规定向居住地的公安机关办理登记

D. 如马萨涉诉,则不得出境

40. 2013/1/76/多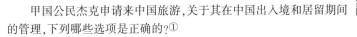

甲国公民杰克申请来中国旅游,关于其在中国出入境和居留期间的管理,下列哪些选项是正确的?①

A. 如杰克患有严重精神障碍,中国签证机关不予签发其签证

B. 如杰克入境后可能危害中国国家安全和利益,中国出入境边防检查机关可不准许其入境

C. 杰克入境后,在旅馆以外的其他住所居住或者住宿的,应当在入住后48小时内由本人或者留宿人,向居住地的公安机关办理登记

D. 如杰克在中国境内有未了结的民事案件,法院决定不准出境的,中国出入境边防检查机关有权阻止其出境

41. 2012/1/75/多

外国公民雅力克持旅游签证来到中国,我国公安机关查验证件时发现,其在签证已经过期的情况下,涂改证照,居留中国并临时工作。关于雅力克的出入境和居留,下列哪些表述符合中国法律规定?②

A. 在雅力克旅游签证有效期内,其前往不对外国人开放的地区旅行,不再需要向当地公安机关申请旅行证件

B. 对雅力克的行为县级以上公安机关可拘留审查

C. 对雅力克的行为县级以上公安机关可依法予以处罚

D. 如雅力克持涂改的出境证件出境,中国边防检查机关有权阻止其出境

42. 2009/1/80/多

甲国人彼得拟申请赴中国旅游。依我国相关法律规定,下列哪些选项是正确的?③

A. 甲国人彼得应向中国公安部门提出入境申请

B. 受理彼得入境申请的中国有关机关没有义务必须批准入境

C. 如彼得获准入境后发现适合他的工作,可以留在中国工作

D. 如彼得获准入境后前往不对外国人开放的地区旅行,必须向当地公安

---

① ABD ② BCD ③ BD

机关申请旅行证件

考点 24 外交保护

43． (2006/1/77/多)

甲国公民廖某在乙国投资一家服装商店,生意兴隆,引起一些从事服装经营的当地商人不满。一日,这些当地商人煽动纠集一批当地人,涌入廖某商店哄抢物品。廖某向当地警方报案。警察赶到后并未采取措施控制事态,而是袖手旁观。最终廖某商店被洗劫一空。根据国际法的有关规则,下列对此事件的哪些判断是正确的?①

A. 该哄抢行为可以直接视为乙国的国家行为

B. 甲国可以立即行使外交保护权

C. 乙国中央政府有义务调查处理肇事者,并追究当地警察的渎职行为

D. 廖某应首先诉诸于乙国行政当局和司法机构,寻求救济

考点 25 引渡

44． (法考回忆题/多)

甲国人罗德在乙国旅游期间,乙国经丙国的申请对罗德采取了强制措施,之后丙国请求乙国引渡罗德。根据国际法的相关规则和实践,下列哪些判断是正确的?②

A. 如果罗德是政治犯,乙国应当拒绝引渡

B. 如果罗德的行为在乙国和丙国都构成严重犯罪,乙国可以引渡

C. 如果罗德的行为只在丙国构成犯罪,乙国应当拒绝引渡

D. 因罗德为甲国公民,乙国无权将其引渡给丙国

45． (法考回忆题/多)

中国公民王某在甲国旅游期间被殴打致重伤后报警,犯罪嫌疑人李某逃至乙国。经查,李某为中国公民,甲乙两国无引渡条约,中国与甲乙两国均有引渡条约。依中国法律和国际法,下列哪些选项是正确的?③

A. 中国可以对王某进行外交保护

B. 如乙国将李某引渡给中国,甲国提出引渡的,中国应拒绝

C. 如甲国向乙国提出引渡,乙国无权拒绝

D. 鉴于李某正打算逃往他国,中国在未提出引渡前,可以通过外交途径请求乙国对李某采取强制措施

---

① CD ② ABC ③ BD

46. 2015/1/33/单

甲国公民汤姆于2012年在本国故意杀人后潜逃至乙国,于2014 年在乙国强奸一名妇女后又逃至中国。乙国于2015年向中国提出引渡请求。经查明,中国和乙国之间没有双边引渡条约。依相关国际法及中国法律规定,下列哪一选项是正确的?①

A. 乙国的引渡请求应向中国最高人民法院提出

B. 乙国应当作出互惠的承诺

C. 最高人民法院应对乙国的引渡请求进行审查,并由审判员组成合议庭进行

D. 如乙国将汤姆引渡回本国,则在任何情况下都不得再将其转引

47. 2013/1/97/不定项

甲国公民库克被甲国刑事追诉,现在中国居留,甲国向中国请求引渡库克,中国和甲国间无引渡条约。关于引渡事项,下列选项正确的是:②

A. 甲国引渡请求所指的行为依照中国法律和甲国法律均构成犯罪,是中国准予引渡的条件之一

B. 由于库克健康原因,根据人道主义原则不宜引渡,中国可以拒绝引渡

C. 根据中国法律,引渡请求所指的犯罪纯属军事犯罪的,中国应当拒绝引渡

D. 根据甲国法律,引渡请求所指的犯罪纯属军事犯罪的,中国应当拒绝引渡

48. 2012/1/76/多

甲国公民彼得,在中国境内杀害一中国公民和一乙国在华留学生,被中国警方控制。乙国以彼得杀害本国公民为由,向中国申请引渡,中国和乙国间无引渡条约。关于引渡事项,下列哪些选项是正确的?③

A. 中国对乙国无引渡义务

B. 乙国的引渡请求应通过外交途径联系,联系机关为外交部

C. 应由中国最高法院对乙国的引渡请求进行审查,并作出裁定

D. 在收到引渡请求时,中国司法机关正在对引渡所指的犯罪进行刑事诉讼,故应当拒绝引渡

49. 2009/1/32/单

中国人高某在甲国探亲期间加入甲国国籍,回中国后健康不佳,

---

① B ② ABCD ③ AB

也未申请退出中国国籍。后甲国因高某在该国的犯罪行为,向中国提出了引渡高某的请求,乙国针对高某在乙国实施的伤害乙国公民的行为,也向中国提出了引渡请求。依我国相关法律规定,下列哪一选项是正确的?①

　　A. 如依中国法律和甲国法律均构成犯罪,即可准予引渡

　　B. 中国应按照收到引渡请求的先后确定引渡的优先顺序

　　C. 由于高某健康不佳,中国可以拒绝引渡

　　D. 中国应当拒绝引渡

考点26　庇护

50． 2007/1/78/多

甲国人亨利持假护照入境乙国,并以政治避难为名进入丙国驻乙国的使馆。甲乙丙三国都是《维也纳外交关系公约》的缔约国,此外彼此间没有相关的其他协议。根据国际法的有关规则,下列哪些选项是正确的?②

　　A. 亨利目前位于乙国领土上,其身份为非法入境者

　　B. 亨利目前位于丙国领土内,丙国有权对其提供庇护

　　C. 丙国有义务将亨利引渡给甲国

　　D. 丙国使馆有义务将亨利交由乙国依法处理

51． 2007/1/29/单

甲国1999年发生军事政变未遂,政变领导人朗曼逃到乙国。甲国法院缺席判决朗曼10年有期徒刑。甲乙两国之间没有相关的任何特别协议。根据国际法有关规则,下列哪一选项是正确的?③

　　A. 甲国法院判决生效后,甲国可派出军队进入乙国捉拿朗曼,执行判决

　　B. 乙国可以给予朗曼庇护

　　C. 乙国有义务给予朗曼庇护

　　D. 甲国法院的判决生效后,乙国有义务将朗曼逮捕并移交甲国

专题五　外交关系法和领事关系法

考点27　使馆的特权与豁免

52． 法考回忆题/单

汤姆为甲国驻乙国大使馆的武官,甲乙都是《维也纳外交关系公

约》的缔约国,下列哪项判断是正确的?①

　　A. 甲国大使馆爆发恶性传染病,乙国卫生人员可直接进入使馆馆舍消毒

　　B. 乙国应为甲国大使馆提供必要的免税物业服务

　　C. 非经乙国许可,甲国大使馆不得装置使用无线设备

　　D. 汤姆杀死了两个乙国人,乙国司法部门不得对其进行刑事审判与处罚

53. 〔2010/1/79/多〕

　　甲乙二国建有外交及领事关系,均为《维也纳外交关系公约》和《维也纳领事关系公约》缔约国。乙国为举办世界杯足球赛进行城市改建,将甲国使馆区域、大使官邸、领馆区域均纳入征用规划范围。对此,乙国作出了保障外国使馆、领馆执行职务的合理安排,并对搬迁使领馆给予及时、有效、充分的补偿。根据国际法相关规则,下列哪些判断是正确的?②

　　A. 如甲国使馆拒不搬迁,乙国可采取强制的征用搬迁措施

　　B. 即使大使官邸不在使馆办公区域内,乙国也不可采取强制征用搬迁措施

　　C. 在作出上述安排和补偿的情况下,乙国可征用甲国总领馆办公区域

　　D. 甲国总领馆馆舍在任何情况下均应免受任何方式的征用

考点28 外交人员的特权与豁免

54. 〔法考回忆题/多〕

　　甲国公民杰克是甲国派驻乙国使馆的一名武官,关于其在乙国的行为,根据《维也纳外交关系公约》,下列哪些说法是正确的?③

　　A. 周末可以利用自己的特长参加专业技能方面的商业活动

　　B. 不得因为维护甲国利益而参与乙国反动组织的游行

　　C. 如涉及民事诉讼,可以书面放弃管辖豁免

　　D. 如参与刑事违法活动,需要承担责任

55. 〔法考回忆题/单〕

　　甲乙两国因政治问题交恶,甲国将其驻乙国的大使馆降级为代办处。后乙国出现大规模骚乱,某乙国公民试图翻越围墙进入甲国驻乙国代办处,被甲国随员汤姆开枪打死。根据国际法的相关规则和实践,关于本案,下列哪一选项是正确的?④

　　A. 因甲国主动将其驻乙国的大使馆降级为代办处,代办处不再享有使馆

---

　　① D　② BC　③ BD　④ D

的特权与豁免

B. 随员汤姆的行为是为了保护代办处的安全,因此不负任何刑事责任

C. 乙国可以因随员汤姆的开枪行为对其采取刑事强制措施

D. 若甲国明示放弃汤姆的外交豁免权,则乙国可以对汤姆采取刑事强制措施

56. 〔2017/1/33/单〕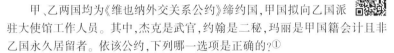

甲、乙两国均为《维也纳外交关系公约》缔约国,甲国拟向乙国派驻大使馆工作人员。其中,杰克是武官,约翰是二秘,玛丽是甲国籍会计且非乙国永久居留者。依该公约,下列哪一选项是正确的?①

A. 甲国派遣杰克前,无须先征得乙国同意

B. 约翰在履职期间参与贩毒活动,乙国司法机关不得对其进行刑事审判与处罚

C. 玛丽不享有外交人员的特权与豁免

D. 如杰克因参加斗殴意外死亡,其家属的特权与豁免自其死亡时终止

57. 〔2012/1/32/单〕

甲乙丙3国均为《维也纳外交关系公约》缔约国。甲国汤姆长期旅居乙国,结识甲国驻乙国大使馆参赞杰克,2人在乙国与丙国汉斯发生争执并互殴,汉斯被打成重伤。后,杰克将汤姆秘匿于使馆休息室。关于事件的处理,下列哪一选项是正确的?②

A. 杰克行为已超出职务范围,乙国可对其进行逮捕

B. 该使馆休息室并非使馆工作专用部分,乙国警察有权进入逮捕汤姆

C. 如该案件在乙国涉及刑事诉讼,杰克无作证义务

D. 因该案发生在乙国,丙国法院无权对此进行管辖

考点29 使馆和外交人员的义务

58. 〔2014/1/74/多〕

甲乙丙三国因历史原因,冲突不断,甲国单方面暂时关闭了驻乙国使馆。艾诺是甲国派驻丙国使馆的二秘,近日被丙国宣布为不受欢迎的人。根据相关国际法规则,下列哪些选项是正确的?③

A. 甲国关闭使馆应经乙国同意后方可实现

B. 乙国驻甲国使馆可用合法手段调查甲国情况,并及时向乙国作出报告

---

① B ② C ③ BD

C. 丙国宣布艾诺为不受欢迎的人,须向甲国说明理由

D. 在丙国宣布艾诺为不受欢迎的人后,如甲国不将其召回或终止其职务,则丙国可拒绝承认艾诺为甲国驻丙国使馆人员

考点30 领事关系法

59. 法考回忆题/单

根据《维也纳外交关系公约》和《维也纳领事关系公约》,下列哪一选项是正确的?①

A. 甲国驻乙国使馆有权在使馆内庇护涉嫌在乙国犯罪的丙国公民

B. 乙国有足够证据怀疑甲国驻乙国某领馆的邮袋内有爆炸物,若甲国领馆拒绝开拆,乙国可将该邮袋退回

C. 甲国有权声明乙国某外交人员为不受欢迎的人,但必须说明理由

D. 乙国驻甲国某领馆办公楼发生火灾,因为情况紧急,在乙国领馆馆长反对的情况下,甲国消防人员也可进入领馆

60. 2013/1/32/单

甲乙两国均为《维也纳领事关系公约》缔约国,阮某为甲国派驻乙国的领事官员。关于阮某的领事特权与豁免,下列哪一表述是正确的?②

A. 如犯有严重罪行,乙国可将其羁押

B. 不受乙国的司法和行政管辖

C. 在乙国免除作证义务

D. 在乙国免除缴纳遗产税的义务

考点31 特别使团

61. 2009/1/79/多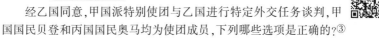

经乙国同意,甲国派特别使团与乙国进行特定外交任务谈判,甲国国民贝登和丙国国民奥马均为使团成员,下列哪些选项是正确的?③

A. 甲国对奥马的任命需征得乙国同意,乙国一经同意则不可撤销此项同意

B. 甲国特别使团下榻的房舍遇到火灾而无法获得使团团长明确答复时,乙国可以推定获得同意进入房舍救火

C. 贝登在公务之外开车肇事被诉诸乙国法院,因贝登有豁免权乙国法院

---

① B ② A ③ BD

无权管辖

D. 特别使团也适用对使馆人员的"不受欢迎的人"的制度

专题六　条约法

考点32 条约的缔结程序和方式

62. 2015/1/76/多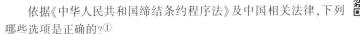

依据《中华人民共和国缔结条约程序法》及中国相关法律,下列哪些选项是正确的?①

A. 国务院总理与外交部长参加条约谈判,无需出具全权证书

B. 由于中国已签署《联合国国家及其财产管辖豁免公约》,该公约对我国具有拘束力

C. 中国缔结或参加的国际条约与中国国内法有冲突的,均优先适用国际条约

D. 经全国人大常委会决定批准或加入的条约和重要协定,由全国人大常委会公报公布

63. 2013/1/74/多

根据《维也纳条约法公约》和《中华人民共和国缔结条约程序法》,关于中国缔约程序问题,下列哪些表述是正确的?②

A. 中国外交部长参加条约谈判,无需出具全权证书

B. 中国谈判代表对某条约作出待核准的签署,即表明中国表示同意受条约约束

C. 有关引渡的条约由全国人大常委会决定批准,批准书由国家主席签署

D. 接受多边条约和协定,由国务院决定,接受书由外交部长签署

64. 2012/1/74/多

中国参与某项民商事司法协助多边条约的谈判并签署了该条约,下列哪些表述是正确的?③

A. 中国签署该条约后有义务批准该条约

B. 该条约须由全国人大常委会决定批准

C. 对该条约规定禁止保留的条款,中国在批准时不得保留

---

① AD　② ACD　③ BCD

D. 如该条约获得批准,对于该条约与国内法有不同规定的部分,在中国国内可以直接适用,但中国声明保留的条款除外

考点33 条约的保留

65. 法考回忆题/多

甲、乙、丙、丁都是某多边条约的缔约国,条约规定缔约国之间就该条约产生的纠纷应由国际法院管辖。甲国对此规定声明保留;乙国表示接受甲国的保留;丙国不仅反对甲国的保留,还反对条约在甲、丙两国之间生效;丁国仅反对甲国的保留,但不反对条约其他条款在甲、丁两国的适用。甲、乙、丙、丁都是《维也纳条约法公约》的缔约国,下列哪些判断是正确的?①

A. 甲、乙之间因该条约产生的纠纷应由国际法院管辖

B. 丙国可反对甲国的保留,但不能反对条约在甲、丙两国之间生效

C. 甲、丁之间条约有效,保留所涉及的条款在两国之间视为不存在

D. 乙、丁之间因该条约产生的纠纷应由国际法院管辖

66. 2014/1/76/多

甲乙丙三国为某投资公约的缔约国,甲国在参加该公约时提出了保留,乙国接受该保留,丙国反对该保留,后乙丙丁三国又签订了涉及同样事宜的新投资公约。根据《维也纳条约法公约》,下列哪些选项是正确的?②

A. 因乙丙丁三国签订了新公约,导致甲乙丙三国原公约失效

B. 乙丙两国之间应适用新公约

C. 甲乙两国之间应适用保留修改后的原公约

D. 尽管丙国反对甲国在原公约中的保留,甲丙两国之间并不因此而不发生条约关系

67. 2009/1/29/单

甲、乙、丙国同为一开放性多边条约缔约国,现丁国要求加入该条约。四国均为《维也纳条约法公约》缔约国。丁国对该条约中的一些条款提出保留,下列哪一判断是正确的?③

A. 对于丁国提出的保留,甲、乙、丙国必须接受

B. 丁国只能在该条约尚未生效时提出保留

C. 该条约对丁国生效后,丁国仍然可以提出保留

---

① CD　② BCD　③ D

D. 丁国的加入可以在该条约生效之前或生效之后进行

考点34 条约的登记和生效

68. (2014/1/32/单)

甲国分立为"东甲"和"西甲",甲国在联合国的席位由"东甲"继承,"西甲"决定加入联合国。"西甲"与乙国(联合国成员)交界处时有冲突发生。根据相关国际法规则,下列哪一选项是正确的?①

A. 乙国在联大投赞成票支持"西甲"入联,一般构成对"西甲"的承认

B. "西甲"认为甲国与乙国的划界条约对其不产生效力

C. "西甲"入联后,其所签订的国际条约必须在秘书处登记方能生效

D. 经安理会9个理事国同意后,"西甲"即可成为联合国的会员国

69. (2010/1/32/单)

中国拟与甲国就有关贸易条约进行谈判。根据我国相关法律规定,下列哪一选项是正确的?②

A. 除另有约定,中国驻甲国大使参加该条约谈判,无须出具全权证书

B. 中国驻甲国大使必须有外交部长签署的全权证书方可参与谈判

C. 该条约在任何条件下均只能以中国和甲国两国的官方文字作准

D. 该条约在缔结后应由中国驻甲国大使向联合国秘书处登记

考点35 条约的终止

70. (2008/1/98/不定项)

菲德罗河是一条依次流经甲乙丙丁四国的多国河流。1966年,甲乙丙丁四国就该河流的航行事项缔结条约,规定缔约国船舶可以在四国境内的该河流中通航。2005年底,甲国新当选的政府宣布:因乙国政府未能按照条约的规定按时维修其境内航道标志,所以甲国不再受上述条约的拘束,任何外国船舶进入甲国境内的菲德罗河段,均须得到甲国政府的专门批准。自2006年起,甲国开始拦截和驱逐未经其批准而驶入甲国河段的乙丙丁国船舶,并发生多起扣船事件。对此,根据国际法的有关规则,下列表述正确的是:③

A. 由于乙国未能履行条约义务,因此,甲国有权终止该条约

B. 若乙丙丁三国一致同意,可以终止该三国与甲国间的该条约关系

---

① A ② A ③ BC

C. 若乙丙丁三国一致同意,可以终止该条约

D. 甲乙两国应分别就其上述未履行义务的行为,承担同等的国家责任

专题七　国际争端的和平解决

考点36 国际争端的解决方式

71. 法考回忆题/单

甲、乙两国边界发生局部武装冲突,甲国封锁了乙国边境,丙国邀请两国到丙国谈判。按照现有国际法规则,以下哪一说法是正确的?①

A. 甲、乙两国元首到丙国前,两国可以通过网络秘密谈判

B. 甲、乙两国元首到丙国谈判时,丙国元首可以参加谈判

C. 甲、乙两国元首到丙国谈判时,丙国元首可以主持谈判

D. 甲国可派军舰封锁乙国海岸,禁止乙国海军前往乙国海峡

72. 2011/1/76/多

根据国际法相关规则,关于国际争端解决方式,下列哪些表述是正确的?②

A. 甲乙两国就界河使用发生纠纷,丙国为支持甲国可出面进行武装干涉

B. 甲乙两国发生边界争端,丙国总统可出面进行调停

C. 甲乙两国可书面协议将两国的专属经济区争端提交联合国国际法院,国际法院对此争端拥有管辖权

D. 国际法院可就国际争端解决提出咨询意见,该意见具有法律拘束力

考点37 国际法院

73. 法考回忆题/多

甲国国际法学者艾德拟参选联合国国际法院法官,安理会常任理事国乙国表示反对。关于相关的国际法规则,下列哪些说法是正确的?③

A. 艾德在联合国大会投票表决中获得2/3多数票即可当选

B. 若乙国投出否决票,则艾德不能当选

C. 若艾德当选,对涉及甲国的案件不需要申请回避

D. 若艾德未当选,在国际法院受理的涉及甲国的案件中,可以被选派为"专案法官"参加案件审理

---

74. 2016/1/34/单

关于国际法院,依《国际法院规约》,下列哪一选项是正确的?①

A. 安理会常任理事国对法官选举拥有一票否决权

B. 国际法院是联合国的司法机关,有诉讼管辖和咨询管辖两项职权

C. 联合国秘书长可就执行其职务中的任何法律问题请求国际法院发表咨询意见

D. 国际法院做出判决后,如当事国不服,可向联合国大会上诉

75. 2013/1/34/单

关于联合国国际法院的表述,下列哪一选项是正确的?②

A. 联合国常任理事国对国际法院法官的选举不具有否决权

B. 国际法院法官对涉及其国籍国的案件,不适用回避制度,即使其就任法官前曾参与该案件

C. 国际法院判决对案件当事国具有法律拘束力,构成国际法的渊源

D. 国际法院作出的咨询意见具有法律拘束力

76. 2011/1/34/单

甲乙两国协议将其边界领土争端提交联合国国际法院。国际法院作出判决后,甲国拒不履行判决确定的义务。根据《国际法院规约》,关于乙国,下列哪一说法是正确的?③

A. 可申请国际法院指令甲国国内法院强制执行

B. 可申请由国际法院强制执行

C. 可向联合国安理会提出申诉,请求由安理会作出建议或决定采取措施执行判决

D. 可向联大法律委员会提出申诉,由法律委员会决定采取行动执行判决

77. 2008/1/29/单

甲国是联合国的会员国。2006年,联合国驻甲国的某机构以联合国的名义,与甲国政府签订协议,购买了一批办公用品。由于甲国交付延期,双方产生纠纷。根据《联合国宪章》和有关国际法规则,下列哪一选项是正确的?④

A. 作为政治性国际组织,联合国组织的上述购买行为自始无效

B. 上述以联合国名义进行的行为,应视为联合国所有会员国的共同行为

---

① B　② A　③ C　④ D

C. 联合国大会有权就该项纠纷向国际法院提起针对甲国的诉讼,不论甲国是否同意

D. 联合国大会有权就该项纠纷请求国际法院发表咨询意见,不论甲国是否同意

考点38 国际海洋法法庭

78. （法考回忆题/多）

甲国是新独立的国家,成立后加入了《联合国海洋法公约》,但未加入联合国。乙国是甲国邻国,双方存在专属经济区划界争端。现乙国在争议海域对甲国船舶进行武装执法。甲国将此情况提请安理会审议,请求安理会关注这一事件可能带来的安全与和平风险。后两国谈判失败,甲国依《联合国海洋法公约》申请进入强制程序,并选择国际法院解决争端,乙国则选择《联合国海洋法公约》附件七的仲裁法庭解决。根据现有国际法相关规则,下列哪些说法是正确的?①

A. 应由仲裁法庭解决本争端

B. 经乙国同意,可选择国际法院解决本争端

C. 可依甲国请求,由国际海洋法法庭解决本争端

D. 甲国不是联合国成员,不能提请安理会审议争端

79. （2017/1/34/单）

甲、乙、丙三国对某海域的划界存在争端,三国均为《联合国海洋法公约》缔约国。甲国在批准公约时书面声明海洋划界的争端不接受公约的强制争端解决程序,乙国在签署公约时口头声明选择国际海洋法法庭的管辖,丙国在加入公约时书面声明选择国际海洋法法庭的管辖。依相关国际法规则,下列哪一选项是正确的?②

A. 甲国无权通过书面声明排除公约强制程序的适用

B. 国际海洋法法庭对该争端没有管辖权

C. 无论三国选择与否,国际法院均对该争端有管辖权

D. 国际海洋法法庭的设立排除了国际法院对海洋争端的管辖权

80. （2014/1/97/不定项）

甲乙两国就海洋的划界一直存在争端,甲国在签署《联合国海洋

---

① AB ② B

法公约》时以书面声明选择了海洋法法庭的管辖权,乙国在加入公约时没有此项选择管辖的声明,但希望争端通过多种途径解决。根据相关国际法规则,下列选项正确的是:①

A. 海洋法法庭的设立不排除国际法院对海洋活动争端的管辖

B. 海洋法法庭因甲国单方选择管辖的声明而对该争端具有管辖权

C. 如甲乙两国选择以协商解决争端,除特别约定,两国一般没有达成有拘束力的协议的义务

D. 如丙国成为双方争端的调停国,则应对调停的失败承担法律后果

81. (2012/1/33/单)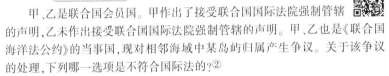

甲、乙是联合国会员国。甲作出了接受联合国国际法院强制管辖的声明,乙未作出接受联合国国际法院强制管辖的声明。甲、乙也是《联合国海洋法公约》的当事国,现对相邻海域中某岛屿归属产生争议。关于该争议的处理,下列哪一选项是不符合国际法的?②

A. 甲、乙可达成协议将争议提交联合国国际法院

B. 甲、乙可自愿选择将争议提交联合国国际法院或国际海洋法庭

C. 甲可单方将争议提交联合国国际法院

D. 甲、乙可自行协商解决争议

专题八　战争与武装冲突法

考点39　战争开始的法律后果

82. (法考回忆题/单)

甲乙两国发生战争,两国的共同邻国丙国宣布战时中立。根据国际法相关规则,下列哪一说法是正确的?③

A. 甲国可没收乙国的使馆财产

B. 甲国驻乙国大使馆的外交人员自两国宣战时起不再享有外交特权和豁免

C. 甲国不可没收乙国战俘的金钱与贵重财产

D. 为缩短后勤补给时间,甲国可借丙国领土运送军用物资

---

① AC　② C　③ C

83. 〔法考回忆题/单〕

甲、乙两国发生武装冲突。地区大国丙提出停火方案,并邀请甲、乙两国代表到丙国首都和谈。丙国参与和谈,三国随后以联合声明的方式发布停火协议。后因甲、乙两国对停火协议理解不同,再次发生武装冲突。以下哪一选项符合国际法的规定?①

A. 甲、乙两国宣战后,甲国可以没收乙国驻甲国大使馆的财产

B. 停火协议系经丙国调停

C. 甲、乙两国宣战后,甲国 A 公司与乙国 B 公司已经签订的商业合同自动废止

D. 丙国应对停火协议产生的争议承担法律责任

考点40 战时中立

84. 〔2012/1/34/单〕

甲、乙国发生战争,丙国发表声明表示恪守战时中立义务。对此,下列哪一做法不符合战争法?②

A. 甲、乙战争开始后,除条约另有规定外,二国间商务条约停止效力

B. 甲、乙不得对其境内敌国人民的私产予以没收

C. 甲、乙交战期间,丙可与其任一方保持正常外交和商务关系

D. 甲、乙交战期间,丙同意甲通过自己的领土过境运输军用装备

考点41 保护战时平民和战争受难者

85. 〔2009/1/78/多〕

甲乙两国因边境冲突引发战争,甲国军队俘获数十名乙国战俘。依《日内瓦公约》,关于战俘待遇,下列哪些选项是正确的?③

A. 乙国战俘应保有其被俘时所享有的民事权利

B. 战事停止后甲国可依乙国战俘的情形决定遣返或关押

C. 甲国不得将乙国战俘扣为人质

D. 甲国为使本国某地区免受乙国军事攻击可在该地区安置乙国战俘

---

① B ② D ③ AC

国际私法

 扫一扫,"码"上做题　　微信扫码,即可线上做题、看解析。
多种做题模式:章节自测、单科集训、
随机演练等。

专题九　国际私法概述

考点 42 国际私法的渊源和调整对象

86. (法考回忆题/不定项)

定居在上海的英国公民汤姆和定居在英国的中国公民张某波合
伙做中国文创产品出口生意。为了保证货源,张某波与定居在上海的中国公
民李某在巴黎签订了购买一批位于上海的手工艺品的合同。根据我国《涉外
民事关系法律适用法》及相关司法解释的规定,下列说法正确的是:①

　　A. 汤姆和张某波之间的合伙属于涉外民事关系

　　B. 张某波和李某之间的买卖合同不属于涉外民事关系

　　C. 如果这批手工艺品被市场监督管理部门扣押,张某波申请返还,则张
　　　　某波和市场监督管理部门之间构成涉外民事关系

　　D. 汤姆和李某之间的民事关系不应被认定为涉外民事关系,因他们都定
　　　　居在上海

专题十　国际私法的主体

考点 43 自然人经常居所地的确定

87. (2013/1/37/单)

张某居住在深圳,2008 年 3 月被深圳某公司劳务派遣到马来西
亚工作,2010 年 6 月回深圳,转而受雇于香港某公司,其间每周一到周五在香
港上班,周五晚上回深圳与家人团聚。2012 年 1 月,张某离职到北京治病,

---

① 　A

2013年6月回深圳,现居该地。依《涉外民事关系法律适用法》(不考虑该法生效日期的因素)和司法解释,关于张某经常居所地的认定,下列哪一表述是正确的?①

A. 2010年5月,在马来西亚　　B. 2011年12月,在香港

C. 2013年4月,在北京　　D. 2008年3月至今,一直在深圳

专题十一　冲突规范和准据法

考点44　冲突规范

88.　2011/1/38/单

《涉外民事关系法律适用法》规定:结婚条件,适用当事人共同经常居所地法律;没有共同经常居所地的,适用共同国籍国法律;没有共同国籍,在一方当事人经常居所地或者国籍国缔结婚姻的,适用婚姻缔结地法律。该规定属于下列哪一种冲突规范?②

A. 单边冲突规范

B. 重叠适用的冲突规范

C. 无条件选择适用的冲突规范

D. 有条件选择适用的冲突规范

考点45　准据法的确定

89.　2011/1/39/单

中国某法院受理一涉外民事案件后,依案情确定应当适用甲国法。但在查找甲国法时发现甲国不同州实施不同的法律。关于本案,法院应当采取下列哪一做法?③

A. 根据意思自治原则,由当事人协议决定适用甲国哪个州的法律

B. 直接适用甲国与该涉外民事关系有最密切联系的州法律

C. 首先适用甲国区际冲突法确定准据法,如甲国没有区际冲突法,适用中国法律

D. 首先适用甲国区际冲突法确定准据法,如甲国没有区际冲突法,适用与案件有最密切联系的州法律

---

① D　② D　③ B

90. 2010/1/33/单

关于冲突规范和准据法,下列哪一判断是错误的?①

A. 冲突规范与实体规范相似

B. 当事人的属人法包括当事人的本国法和住所地法

C. 当事人的本国法指的是当事人国籍所属国的法律

D. 准据法是经冲突规范指引、能够具体确定国际民事法律关系当事人权利义务的实体法

专题十二 适用冲突规范的制度

考点46 定性(识别)

91. 2002/1/20/单

一对夫妇,夫为泰国人,妻为英国人。丈夫在中国逝世后,妻子要求中国法院判决丈夫在中国的遗产归其所有。判断妻子对其夫财产的权利是基于夫妻财产关系的权利还是妻子对丈夫的继承权利的问题在国际私法上被称为什么?②

A. 二级识别　　　　　　B. 识别

C. 法律适用　　　　　　D. 先决问题

考点47 反致

92. 法考回忆题/单

新西兰人甲在中国某法院涉诉,其纠纷依中国法应适用新西兰法,依新西兰法应适用中国法。根据我国《涉外民事关系法律适用法》,下列哪项判断是正确的?③

A. 该纠纷应适用中国实体法

B. 该纠纷应适用新西兰实体法

C. 依最密切联系原则选择实体法

D. 因中国法和新西兰法冲突,法院应驳回起诉

93. 2002/1/21/单

塞纳具有甲国国籍,住所在乙国,于1988年死亡。塞纳的亲属要求继承其遗留在丙国的不动产并诉至丙国法院。丙国法院依照本国的冲突

① A　② B　③ B

规范应适用塞纳的本国法即甲国法;但依甲国冲突规范规定又应适用塞纳的住所地法即乙国法;而乙国冲突规范规定应适用不动产所在地法律即丙国法律。此时,丙国法院适用自己本国法律的行为属于下列哪一选项?①

A. 直接反致

B. 间接反致

C. 转致

D. 双重反致

考点48 外国法的查明

94． 2013/1/36/单

根据《涉外民事关系法律适用法》和司法解释,关于外国法律的查明问题,下列哪一表述是正确的?②

A. 行政机关无查明外国法律的义务

B. 查明过程中,法院应当听取各方当事人对应当适用的外国法律的内容及其理解与适用的意见

C. 无法通过中外法律专家提供的方式获得外国法律的,法院应认定为不能查明

D. 不能查明的,应视为相关当事人的诉讼请求无法律依据

95． 2011/1/35/单

在某涉外合同纠纷案件审判中,中国法院确定应当适用甲国法律。关于甲国法的查明和适用,下列哪一说法是正确的?③

A. 当事人选择适用甲国法律的,法院应当协助当事人查该国法律

B. 该案适用的甲国法包括该国的法律适用法

C. 不能查明甲国法的,适用中华人民共和国法律

D. 不能查明甲国法的,驳回当事人的诉讼请求

96． 2008/1/35/单

我国"协航"号轮与甲国"瑟皇"号轮在乙国领海发生碰撞。"协航"号轮返回中国后,"瑟皇"号轮的所有人在我国法院对"协航"号轮所属的船公司提起侵权损害赔偿之诉。在庭审过程中,双方均依据乙国法律提出请求或进行抗辩。根据这一事实,下列哪一选项是正确的?④

A. 因双方依据乙国法律提出请求或进行抗辩,故应由当事人负责证明

---

① B ② B ③ C ④ B(原答案为C)

乙国法律,法院无须查明

　B. 法院应依职权查明乙国法律,双方当事人无须证明

　C. 法院应依职权查明乙国法律,也可要求当事人证明乙国法律的内容

　D. 应由双方当事人负责证明乙国法律,在其无法证明时,才由法院依职权查明

考点49 法律规避

97． 2010/1/81/多

　　根据我国相关法律规定,关于合同法律适用问题上的法律规避,下列哪些选项是正确的?①

　A. 当事人规避中国法律强制性规定的,应当驳回起诉

　B. 当事人规避中国法律强制性规定的,不发生适用外国法律的效力

　C. 如果当事人采用明示约定的方式,则其规避中国法律强制性规定的行为将为法院所认可

　D. 当事人在合同关系中规避中国法律强制性规定的行为无效,该合同应适用中国法

考点50 公共秩序保留与直接适用的法

98． 2014/1/77/多

　　中国甲公司与巴西乙公司因合同争议在中国法院提起诉讼。关于该案的法律适用,下列哪些选项是正确的?②

　A. 双方可协议选择合同争议适用的法律

　B. 双方应在一审开庭前通过协商一致,选择合同争议适用的法律

　C. 因法院地在中国,本案的时效问题应适用中国法

　D. 如案件涉及中国环境安全问题,该问题应适用中国法

99． 2014/1/98/不定项

　　根据我国法律和司法解释,关于涉外民事关系适用的外国法律,下列说法正确的是:③

　A. 不能查明外国法律,适用中国法律

　B. 如果中国法有强制性规定,直接适用该强制性规定

　C. 外国法律的适用将损害中方当事人利益的,适用中国法

---

① 　BD　 ② 　AD　 ③ 　AB

D. 外国法包括该国法律适用法

100. 2013/1/35/单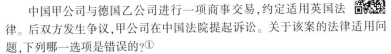

中国甲公司与德国乙公司进行一项商事交易,约定适用英国法律。后双方发生争议,甲公司在中国法院提起诉讼。关于该案的法律适用问题,下列哪一选项是错误的?①

  A. 如案件涉及食品安全问题,该问题应适用中国法

  B. 如案件涉及外汇管制问题,该问题应适用中国法

  C. 应直接适用的法律限于民事性质的实体法

  D. 法院在确定应当直接适用的中国法律时,无需再通过冲突规范的指引

专题十三　国际民商事关系的法律适用

考点51　意思自治原则在法律适用中的运用

101. 2015/1/77/多

在某合同纠纷中,中国当事方与甲国当事方协议选择适用乙国法,并诉至中国法院。关于该合同纠纷,下列哪些选项是正确的?②

  A. 当事人选择的乙国法,仅指该国的实体法,既不包括其冲突法,也不包括其程序法

  B. 如乙国不同州实施不同的法律,人民法院应适用该国首都所在地的法律

  C. 在庭审中,中国当事方以乙国与该纠纷无实际联系为由主张法律选择无效,人民法院不应支持

  D. 当事人在一审法庭辩论即将结束时决定将选择的法律变更为甲国法,人民法院不应支持

102. 2013/1/98/不定项

在涉外民事关系中,依《涉外民事关系法律适用法》和司法解释,关于当事人意思自治原则,下列表述中正确的是:③

  A. 当事人选择的法律应与所争议的民事关系有实际联系

  B. 当事人仅可在具有合同性质的涉外民事关系中选择法律

  C. 在一审法庭辩论终结前,当事人有权协议选择或变更选择适用的法律

---

① C　② AC　③ CD

D. 各方当事人援引相同国家的法律且未提出法律适用异议的,法院可以认定当事人已经就涉外民事关系适用的法律作出了选择

103. (2011/1/77/多)

根据我国有关法律规定,关于涉外民事关系的法律适用,下列哪些领域采用当事人意思自治原则?①

A. 合同
B. 侵权
C. 不动产物权
D. 诉讼离婚

考点52 自然人权利能力和行为能力的法律适用

104. (2012/1/35/单)

甲国公民琼斯的经常居所地在乙国,其在中国居留期间,因合同纠纷在中国法院参与民事诉讼。关于琼斯的民事能力的法律适用,下列哪一选项是正确的?②

A. 民事权利能力适用甲国法
B. 民事权利能力适用中国法
C. 民事行为能力应重叠适用甲国法和中国法
D. 依照乙国法琼斯为无民事行为能力,依照中国法为有民事行为能力的,其民事行为能力适用中国法

105. (2009/1/36/单)

中国籍人李某2008年随父母定居甲国,甲国法律规定自然人具有完全民事行为能力的年龄为21周岁。2009年7月李某19周岁,在其回国期间与国内某电脑软件公司签订了购买电脑软件的合同,合同分批履行。李某在部分履行合同后,以不符合甲国有关完全民事行为能力年龄法律规定为由,主张合同无效,某电脑软件公司即向我国法院起诉。依我国相关法律规定,下列哪一说法是正确的?③

A. 应适用甲国法律认定李某不具有完全行为能力
B. 应适用中国法律认定李某在中国的行为具有完全行为能力
C. 李某已在甲国定居,在中国所为行为应适用定居国法律
D. 李某在甲国履行该合同的行为应适用甲国法律

———————

① AB ② D ③ B

考点 53 宣告失踪和宣告死亡的法律适用

106． 2016/1/35/单

经常居所地同在上海的越南公民阮某与中国公民李某结伴乘新加坡籍客轮从新加坡到印度游玩。客轮在公海遇风暴沉没,两人失踪。现两人亲属在上海某法院起诉,请求宣告两人失踪。依中国法律规定,下列哪一选项是正确的?①

A. 宣告两人失踪,均应适用中国法

B. 宣告阮某失踪,可适用中国法或越南法

C. 宣告李某失踪,可适用中国法或新加坡法

D. 宣告阮某与李某失踪,应分别适用越南法与中国法

107． 2014/1/36/单

经常居住于中国的英国公民迈克,乘坐甲国某航空公司航班从甲国出发,前往中国,途经乙国领空时,飞机失去联系。若干年后,迈克的亲属向中国法院申请宣告其死亡。关于该案件应适用的法律,下列哪一选项是正确的?②

A. 中国法 　　　　　　　B. 英国法

C. 甲国法 　　　　　　　D. 乙国法

考点 54 法人权利能力和行为能力的法律适用

108． 法考回忆题/单

注册地在开曼群岛的甲公司,主营业地在中国上海,因公司部分股东主张股东会决议侵犯了其股东权利,提起诉讼,请求法院撤销该决议。关于本案的法律适用,下列哪一说法是正确的?③

A. 可以协议选择适用法律

B. 应当适用中国法

C. 可以适用开曼群岛法和中国法

D. 开曼群岛是英国海外领地,适用英国法

109． 2016/1/77/多

韩国公民金某在新加坡注册成立一家公司,主营业地设在香港地区。依中国法律规定,下列哪些选项是正确的?④

---

① A 　② A 　③ C 　④ AD

A. 该公司为新加坡籍

B. 该公司拥有韩国与新加坡双重国籍

C. 该公司的股东权利义务适用中国内地法

D. 该公司的民事权利能力与行为能力可适用香港地区法或新加坡法

110． 2014/1/35/单

德国甲公司与中国乙公司在中国共同设立了某合资有限责任公司,后甲公司以确认其在合资公司的股东权利为由向中国某法院提起诉讼。关于本案的法律适用,下列哪一选项是正确的?①

A. 因合资公司登记地在中国,故应适用中国法

B. 因侵权行为地在中国,故应适用中国法

C. 因争议与中国的联系更密切,故应适用中国法

D. 当事人可协议选择纠纷应适用的法律

111． 2011/1/36/单

甲国 A 公司和乙国 B 公司共同出资组建了 C 公司,C 公司注册地和主营业地均在乙国,同时在甲国、乙国和中国设有分支机构,现涉及中国某项业务诉诸中国某法院。根据我国相关法律规定,该公司的民事行为能力应当适用哪国法律?②

A. 甲国法   B. 乙国法

C. 中国法   D. 乙国法或者中国法

考点 55 时效的法律适用

112． 法考回忆题/单

中国甲公司与英国乙公司签订了商事合同,约定合同适用英国法。现甲、乙两公司因合同履行发生纠纷诉至中国某法院,根据我国法律和相关司法解释,下列哪一项说法是正确的?③

A. 若英国存在多个法域,该合同纠纷应适用伦敦所在的英格兰法

B. 若双方在一审法庭辩论时约定该纠纷的诉讼时效适用中国法,应从其约定

C. 若双方在一审法庭辩论时将合同适用的法律变更为苏格兰法,法院应予支持

D. 关于诉讼时效规定应适用英国法

---

① A   ② B   ③ C

113． 2017/1/79/多

中国甲公司与英国乙公司签订一份商事合同，约定合同纠纷适用英国法。合同纠纷发生 4 年后，乙公司将甲公司诉至某人民法院。英国关于合同纠纷的诉讼时效为 6 年。关于本案的法律适用，下列哪些选项是正确的？①

A. 本案的诉讼时效应适用中国法

B. 本案的实体问题应适用英国法

C. 本案的诉讼时效与实体问题均应适用英国法

D. 本案的诉讼时效应适用中国法，实体问题应适用英国法

考点56 信托的法律适用

114． 2017/1/77/多

新加坡公民王颖与顺捷国际信托公司在北京签订协议，将其在中国的财产交由该公司管理，并指定受益人为其幼子李力。在管理信托财产的过程中，王颖与顺捷公司发生纠纷，并诉至某人民法院。关于该信托纠纷的法律适用，下列哪些选项是正确的？②

A. 双方可协议选择适用瑞士法

B. 双方可协议选择适用新加坡法

C. 如双方未选择法律，法院应适用中国法

D. 如双方未选择法律，法院应在中国法与新加坡法中选择适用有利于保护李力利益的法律

考点57 仲裁协议的法律适用

115． 法考回忆题/多

中国甲公司和泰国乙公司签订买卖合同，合同约定因履行合同产生的纠纷适用德国法，合同纠纷可由北京仲裁委员会在新加坡仲裁，也可向中国法院起诉。后双方发生履约纠纷，中国甲公司诉至中国某法院，泰国乙公司则认为纠纷应通过仲裁解决。根据我国相关法律规定，下列哪些选项是错误的？③

A. 北京仲裁委员会只能在中国工作，合同约定仲裁地在新加坡，该仲裁条款无效

B. 因买卖合同选择了德国法，故应适用德国法来认定仲裁条款的效力

---

① BC ② ABC ③ ABCD

C. 对该仲裁条款的效力应由北京仲裁委员会作出决定

D. 应直接适用中国法认定该仲裁条款无效

考点58 物权的法律适用

116. （法考回忆题/单）

甲国一马戏团带着动物明星小狗皮皮来中国演出，因管理人员看管不力，小狗皮皮逃脱被中国公民王某抓获，王某在中国将小狗皮皮卖给甲国公民莉莉。现甲国马戏团在中国某法院起诉，要求莉莉归还小狗皮皮。根据我国《涉外民事关系法律适用法》，我国法院应如何认定本案动产物权的法律适用？①

A. 若当事双方协议选择乙国法，法院应不予适用

B. 应当适用双方共同国籍国的甲国法

C. 应当适用中国法或甲国法

D. 应当适用中国法

117. （法考回忆题/单）

经常居住在天津的德国公民托马斯家中名画失窃，该画后被中国公民李伟在韩国艺术品市场购得。托马斯得知李伟将画带回中国并委托拍卖公司在天津拍卖，欲通过诉讼要回该画作。根据我国《涉外民事关系法律适用法》，关于本案下列哪一说法是正确的？②

A. 托马斯的诉讼行为能力应适用德国法来判断

B. 关于该画作的物权问题，当事双方应当在与案件有实际联系的德国法、中国法以及韩国法中进行选择

C. 关于该画作的物权问题，当事双方不能就准据法的选择达成一致时，应适用韩国法

D. 关于该画作的物权问题，当事双方不能就准据法的选择达成一致时，应适用法院地法即中国法

118. （2015/1/36/单）

2014年1月，北京居民李某的一件珍贵首饰在家中失窃后被窃贼带至甲国。同年2月，甲国居民陈某在当地珠宝市场购得该首饰。2015年1月，在获悉陈某将该首饰带回北京拍卖的消息后，李某在北京某法院提起原物返还之诉。关于该首饰所有权的法律适用，下列哪一选项是正确的？③

① D ② C ③ D

 A. 应适用中国法

 B. 应适用甲国法

 C. 如李某与陈某选择适用甲国法,不应支持

 D. 如李某与陈某无法就法律选择达成一致,应适用甲国法

考点59 合同之债的法律适用

119. （法考回忆题/单）

 法国人皮埃尔与主营业地在深圳的旭日公司签订劳动合同,并根据劳动合同被派在尼日利亚的分公司工作。后皮埃尔被旭日公司解雇,诉至中国深圳某法院。法院应适用哪个国家的法律?①

 A. 法国法、中国法或尼日利亚法中对皮埃尔有利的法律

 B. 法国法,因为皮埃尔为法国籍

 C. 中国法,因为旭日公司主营业地在中国

 D. 尼日利亚法,因皮埃尔工作地在尼日利亚

120. （2015/1/35/单）

 沙特某公司在华招聘一名中国籍雇员张某。为规避中国法律关于劳动者权益保护的强制性规定,劳动合同约定排他性地适用菲律宾法。后因劳动合同产生纠纷,张某向中国法院提起诉讼。关于该劳动合同的法律适用,下列哪一选项是正确的?②

 A. 适用沙特法

 B. 因涉及劳动者权益保护,直接适用中国的强制性规定

 C. 在沙特法、中国法与菲律宾法中选择适用对张某最有利的法律

 D. 适用菲律宾法

121. （2014/1/38/单）

 甲国公民大卫被乙国某公司雇佣,该公司主营业地在丙国,大卫工作内容为巡回于东亚地区进行产品售后服务,后双方因劳动合同纠纷诉诸中国某法院。关于该纠纷应适用的法律,下列哪一选项是正确的?③

 A. 中国法   B. 甲国法

 C. 乙国法   D. 丙国法

---

 ① D ② B ③ D

122. 〔2010/1/35/单〕

甲国公司与乙国航运公司订立海上运输合同,由丙国籍船舶"德洋"号运输一批货物,有关"德洋"号的争议现在中国法院审理。根据我国相关法律规定,下列哪一选项是正确的?①

　　A. 该海上运输合同应适用船旗国法律

　　B. 有关"德洋"号抵押权的受偿顺序应适用法院地法律

　　C. 有关"德洋"号船舶优先权的争议应适用丙国法律

　　D. 除法律另有规定外,甲国公司与乙国航运公司可选择适用于海上运输合同的法律

考点60 侵权之债的法律适用

123. 〔法考回忆题/单〕

定居瑞士的英国明星大卫来中国旅游时,发现中国甲公司未经其同意在公司微信公众号中擅自使用其肖像宣传。大卫在中国某法院起诉甲公司,要求甲公司停止侵权并赔礼道歉。我国法院处理本案时应如何适用法律?②

　　A. 双方当事人协议选择中国法的,应当适用中国法

　　B. 适用大卫经常居所地的瑞士法

　　C. 因大卫是英国人,应当适用英国法

　　D. 因微信是在中国发行的软件,应当适用中国法

124. 〔2017/1/35/单〕

经常居所在广州的西班牙公民贝克,在服务器位于西班牙的某网络论坛上发帖诽谤经常居所在新加坡的中国公民王某。现王某将贝克诉至广州某法院,要求其承担侵害名誉权的责任。关于该纠纷的法律适用,下列哪一选项是正确的?③

　　A. 侵权人是西班牙公民,应适用西班牙法

　　B. 被侵权人的经常居所在新加坡,应适用新加坡法

　　C. 被侵权人是中国公民,应适用中国法

　　D. 论坛服务器在西班牙,应适用西班牙法

125. 〔2015/1/37/单〕

甲国游客杰克于 2015 年 6 月在北京旅游时因过失导致北京居民

孙某受重伤。现孙某在北京以杰克为被告提起侵权之诉。关于该侵权纠纷的法律适用,下列哪一选项是正确的?①

    A. 因侵权行为发生在中国,应直接适用中国法

    B. 如当事人在开庭前协议选择适用乙国法,应予支持,但当事人应向法院提供乙国法的内容

    C. 因本案仅与中国、甲国有实际联系,当事人只能在中国法与甲国法中进行选择

    D. 应在中国法与甲国法中选择适用更有利于孙某的法律

126. 2012/1/79/多

甲国公民 A 与乙国公民 B 的经常居住地均在中国,双方就在丙国境内发生的侵权纠纷在中国法院提起诉讼。关于该案的法律适用,下列哪些选项是正确的?②

    A. 如侵权行为发生后双方达成口头协议,就纠纷的法律适用做出了选择,应适用协议选择的法律

    B. 如侵权行为发生后双方达成书面协议,就纠纷的法律适用做出了选择,应适用协议选择的法律

    C. 如侵权行为发生后双方未选择纠纷适用的法律,应适用丙国法

    D. 如侵权行为发生后双方未选择纠纷适用的法律,应适用中国法

127. 2011/1/78/多

甲国人特里长期居于乙国,丙国人王某长期居于中国,两人在北京经营相互竞争的同种产品。特里不时在互联网上发布不利于王某的消息,王某在中国法院起诉特里侵犯其名誉权、肖像权和姓名权。关于该案的法律适用,根据我国相关法律规定,下列哪些选项是错误的?③

    A. 名誉权的内容应适用中国法律,因为权利人的经常居住地在中国

    B. 肖像权的侵害适用甲国法律,因为侵权人是甲国人

    C. 姓名权的侵害适用乙国法律,因为侵权人的经常居所地在乙国

    D. 网络侵权应当适用丙国法律,因为被侵权人是丙国人

128. 2009/1/83/不定项

甲国贸易公司航次承租乙国籍货轮"锦绣"号将一批货物从甲国运往中国,运输合同载有适用甲国法律的条款。"锦绣"号停靠丙国某港时与

    ① B   ② ABD   ③ BCD

丁国籍轮"金象"号相撞,有关货损和碰撞案在中国法院审理。关于该案的法律适用,下列哪些选项是正确的?①

A. 有关航次租船运输合同的争议应适用与合同有最密切联系的法律

B. 有关航次租船运输合同的争议应适用甲国法律

C. 因为"锦绣"号与"金象"号的国籍不同,两轮的碰撞纠纷应适用法院地法解决

D. "锦绣"号与"金象"号的碰撞应适用丙国法律

考点61 不当得利、无因管理的法律适用

129. 法考回忆题/单

经常居住地在巴黎的法国人玛丽在广州工作,2020年圣诞节玛丽回国后,其饲养的宠物猫从阳台跃入邻居李某家被后者收留和饲养。玛丽回广州后,李某归还并要求支付饲养费用,玛丽拒绝。李某向中国某法院起诉,下列哪一选项是正确的?②

A. 若李某和玛丽未选择法律,法院应在中国法和法国法中择一适用

B. 若李某和玛丽协议选择适用德国法,法院应予支持

C. 只能适用中国法

D. 李某和玛丽只能在中国法和法国法中选择其中之一适用

130. 法考回忆题/单

中国人潘某在泰国旅游期间生病晕倒,在泰国出差的德国人马克将潘某送入医院并垫付了医药费,潘某伤好出院后回国。马克向上海某法院起诉潘某,要求其偿还医药费。已知潘某和马克都定居上海,且双方没有选择法律,法院解决本案争端应适用哪国法?③

A. 中国法   B. 日本法

C. 泰国法   D. 最密切联系地法

131. 2016/1/36/单

英国公民苏珊来华短期旅游,因疏忽多付房费1000元,苏珊要求旅店返还遭拒后,将其诉至中国某法院。关于该纠纷的法律适用,下列哪一选项是正确的?④

A. 因与苏珊发生争议的旅店位于中国,因此只能适用中国法

B. 当事人可协议选择适用瑞士法

---

① BD ② B ③ A ④ B

C. 应适用中国法和英国法

D. 应在英国法与中国法中选择适用对苏珊有利的法律

考点62　商事关系的法律适用

132. 法考回忆题/单

法国甲公司在深圳向巴西乙公司出具汇票,汇票付款人为法国甲公司在深圳的分支机构。巴西乙公司在里约热内卢将汇票背书转让给了巴西丙公司,丙公司不慎丢失汇票。该汇票被经常居所地在广州的谢某拾得。后中国某法院受理有关该汇票的纠纷。关于本案,下列哪一说法是正确的?①

　　A. 乙公司对该汇票的背书行为,应适用中国法

　　B. 丙公司对乙公司行使汇票追索权的期限,应适用中国法

　　C. 丙公司请求保全汇票权利的程序,应适用巴西法

　　D. 谢某拾得汇票是否构成不当得利的问题,应适用巴西法

133. 2017/1/36/单

中国公民李某在柏林签发一张转账支票给德国甲公司用于支付货款,付款人为中国乙银行北京分行;甲公司在柏林将支票背书转让给中国丙公司,丙公司在北京向乙银行请求付款时被拒。关于该支票的法律适用,依中国法律规定,下列哪一选项是正确的?②

　　A. 如李某依中国法为限制民事行为能力人,依德国法为完全民事行为能力人,应适用德国法

　　B. 甲公司对该支票的背书行为,应适用中国法

　　C. 丙公司向甲公司行使票据追索权的期限,应适用中国法

　　D. 如丙公司不慎将该支票丢失,其请求保全票据权利的程序,应适用德国法

134. 2017/1/37/单

中国甲公司将其旗下的东方号货轮光船租赁给韩国乙公司,为便于使用,东方号的登记国由中国变为巴拿马。现东方号与另一艘巴拿马籍货轮在某海域相撞,并被诉至中国某海事法院。关于本案的法律适用,下列哪一选项是正确的?③

　　A. 两船碰撞的损害赔偿应适用中国法

　　B. 如两船在公海碰撞,损害赔偿应适用《联合国海洋法公约》

---

① B　② A　③ D

C. 如两船在中国领海碰撞,损害赔偿应适用中国法

D. 如经乙公司同意,甲公司在租赁期间将东方号抵押给韩国丙公司,该抵押权应适用中国法

135. (2010/1/38/单)

在中国法院审理的某票据纠纷中,与该票据相关的法律行为发生在中国,该票据付款人为甲国某州居民里斯。关于里斯行为能力的法律适用,根据我国相关法律规定,下列哪一判断是正确的?①

A. 应适用与该票据纠纷有最密切联系的法律

B. 应适用里斯住所地的法律

C. 如依据中国法里斯具有完全行为能力,则应认定其具有完全行为能力

D. 如关于里斯行为能力的准据法无法查明,则应驳回起诉

136. (2009/1/35/单)

甲国人罗得向希姆借了一笔款。罗得在乙国给希姆开具一张五万美元的支票,其记载的付款人是罗得开立账户的丙国银行。后丙国银行拒绝向持有支票的希姆付款。因甲国战乱,希姆和罗得移居中国经商并有了住所,希姆遂在中国某法院起诉罗得,要求其支付五万美元。关于此案的法律适用,下列哪一选项是正确的?②

A. 该支票的追索应适用当事人选择的法律

B. 该支票追索权的行使期限应适用甲国法律

C. 该支票的记载事项适用乙国法律

D. 该支票记载的付款人是丙国银行,罗得的行为能力应适用丙国法

考点63 知识产权的法律适用

137. (法考回忆题/多)

日本甲公司与中国三叶公司签订专利许可协议(协议约定适用日本法),授权中国三叶公司在中国范围内销售的手机上安装日本甲公司拥有专利的某款 APP。中国三叶公司在其销往越南的手机上也安装了该款 APP。现日本甲公司在中国法院起诉中国三叶公司违约并侵犯了其在越南获得的专利,下列哪些判断是正确的?③

A. 中国三叶公司主营业地在中国,违约和侵权纠纷都应适用中国法

B. 违约纠纷应适用日本法

---

① C ② C ③ BC

C. 侵权纠纷双方在开庭前可约定适用中国法

D. 侵权纠纷应适用日本法

138. `2016/1/79/多`

韩国甲公司为其产品在中韩两国注册了商标。中国乙公司擅自使用该商标生产了大量仿冒产品并销售至中韩两国。现甲公司将乙公司诉至中国某法院,要求其承担商标侵权责任。关于乙公司在中韩两国侵权责任的法律适用,依中国法律规定,下列哪些选项是正确的?①

A. 双方可协议选择适用中国法

B. 均应适用中国法

C. 双方可协议选择适用韩国法

D. 如双方无法达成一致,则应分别适用中国法与韩国法

139. `2014/1/78/多`

德国甲公司与中国乙公司签订许可使用合同,授权乙公司在英国使用甲公司在英国获批的某项专利。后因相关纠纷诉诸中国法院。关于该案的法律适用,下列哪些选项是正确的?②

A. 关于本案的定性,应适用中国法

B. 关于专利权归属的争议,应适用德国法

C. 关于专利权内容的争议,应适用英国法

D. 关于专利权侵权的争议,双方可以协议选择法律,不能达成协议,应适用与纠纷有最密切联系的法律

考点64 婚姻与夫妻关系的法律适用

140. `法考回忆题/多`

经常居所地同在上海的新加坡男性公民杰克与中国女性公民王某均刚满18周岁,因不满足中国法定结婚年龄,二人选择到伦敦结婚。一年后因感情不和,王某欲与杰克解除婚姻关系并分割财产。根据中国相关法律,下列哪些选项是正确的?③

A. 两人在伦敦结婚的行为,属于国际私法上的法律规避

B. 因伦敦是婚姻缔结地,两人的结婚条件应适用英国法

C. 二人的财产分割应根据夫妻财产关系法律适用规则

D. 因上海是两人共同经常居所地,两人的结婚条件应适用中国法

---

① AD ② AC ③ AD

141． 2016/1/37/单

经常居所在汉堡的德国公民贝克与经常居所在上海的中国公民李某打算在中国结婚。关于贝克与李某结婚,依《涉外民事关系法律适用法》,下列哪一选项是正确的?①

　　A. 两人的婚龄适用中国法

　　B. 结婚的手续适用中国法

　　C. 结婚的所有事项均适用中国法

　　D. 结婚的条件同时适用中国法与德国法

142． 2015/1/78/多

韩国公民金某与德国公民汉森自 2013 年 1 月起一直居住于上海,并于该年 6 月在上海结婚。2015 年 8 月,二人欲在上海解除婚姻关系。关于二人财产关系与离婚的法律适用,下列哪些选项是正确的?②

　　A. 二人可约定其财产关系适用韩国法

　　B. 如诉讼离婚,应适用中国法

　　C. 如协议离婚,二人没有选择法律的,应适用中国法

　　D. 如协议离婚,二人可以在中国法、韩国法及德国法中进行选择

143． 2013/1/77/多

中国人李某(女)与甲国人金某(男)2011 年在乙国依照乙国法律登记结婚,婚后二人定居在北京。依《涉外民事关系法律适用法》,关于其夫妻关系的法律适用,下列哪些表述是正确的?③

　　A. 婚后李某是否应改从其丈夫姓氏的问题,适用甲国法

　　B. 双方是否应当同居的问题,适用中国法

　　C. 婚姻对他们婚前财产的效力问题,适用乙国法

　　D. 婚姻存续期间双方取得的财产的处分问题,双方可选择适用甲国法

144． 2012/1/77/多

甲国公民玛丽与中国公民王某经常居住地均在中国,2 人在乙国结婚。关于双方婚姻关系的法律适用,下列哪些选项是正确的?④

　　A. 结婚手续只能适用中国法

　　B. 结婚手续符合甲国法、中国法和乙国法中的任何一个,即为有效

　　C. 结婚条件应适用乙国法

① A　② ABCD　③ BD　④ BD

D. 结婚条件应适用中国法

考点65 监护关系的法律适用

145. 2017/1/78/多

中国公民王某将甲国公民米勒诉至某人民法院,请求判决两人离婚、分割夫妻财产并将幼子的监护权判决给她。王某与米勒的经常居所及主要财产均在上海,其幼子为甲国籍。关于本案的法律适用,下列哪些选项是正确的?①

A. 离婚事项,应适用中国法

B. 夫妻财产的分割,王某与米勒可选择适用中国法或甲国法

C. 监护权事项,在甲国法与中国法中选择适用有利于保护幼子利益的法律

D. 夫妻财产的分割与监护权事项均应适用中国法

146. 2009/1/33/多

中国籍14岁少年曲某随父赴甲国读书。曲父在甲国购买住房后,因生意原因返回中国,行前安排乙国籍好友李某监护曲某在甲国期间学习生活。现有关曲某的监护问题在中国某法院涉诉。关于本案的法律适用,下列哪些选项是不正确的?②

A. 应适用甲国法律,因曲某在甲国有住所

B. 应适用中国法律,因曲某为中国籍

C. 应适用乙国法律,因监护人李某为乙国籍

D. 应适用与曲某有最密切联系的法律

考点66 收养关系的法律适用

147. 法考回忆题/单

久居上海的德国籍夫妇洛克和玛丽去年在贵州收养了中国女孩小丽。小丽的亲生父母就收养关系的解除向上海某法院起诉,下列关于法律适用的判断哪一项是正确的?③

A. 收养条件应适用德国法

B. 收养手续应适用中国法或德国法

C. 收养解除应适用中国法

---

① ABC ② ABCD(原答案为B) ③ C

D. 收养效力应适用德国法

148. 〔2014/1/37/单〕

经常居住于英国的法国籍夫妇甲和乙,想来华共同收养某儿童。对此,下列哪一说法是正确的?①

A. 甲、乙必须共同来华办理收养手续

B. 甲、乙应与送养人订立书面收养协议

C. 收养的条件应重叠适用中国法和法国法

D. 若发生收养效力纠纷,应适用中国法

149. 〔2012/1/36/单〕

某甲国公民经常居住地在甲国,在中国收养了长期居住于北京的中国儿童,并将其带回甲国生活。根据中国关于收养关系法律适用的规定,下列哪一选项是正确的?②

A. 收养的条件和手续应同时符合甲国法和中国法

B. 收养的条件和手续符合中国法即可

C. 收养效力纠纷诉至中国法院的,应适用中国法

D. 收养关系解除的纠纷诉至中国法院的,应适用甲国法

考点67 继承的法律适用

150. 〔法考回忆题/多〕

经常居所地在上海的甲国公民佩罗通过快猫短视频留下遗嘱。现佩罗遗产继承纠纷诉至中国某人民法院,依照中国相关法律规定,下列哪些选项是不正确的?③

A. 该遗嘱方式须符合中国法或甲国法,遗嘱才能成立

B. 如需适用甲国法解决本案纠纷,而双方当事人对甲国法内容有异议,人民法院应认定甲国法无法查明

C. 如佩罗立遗嘱时,甲国已禁止本国人使用快猫公司的短视频产品,则该遗嘱无效

D. 该遗嘱的效力可以适用中国法或甲国法

151. 〔2016/1/78/多〕

经常居所在上海的瑞士公民怀特未留遗嘱死亡,怀特在上海银行

---

① B ② A ③ ABC

存有 100 万元人民币,在苏黎世银行存有 10 万欧元,且在上海与巴黎各有一套房产。现其继承人因遗产分割纠纷诉至上海某法院。依中国法律规定,下列哪些选项是正确的?①

  A. 100 万元人民币存款应适用中国法

  B. 10 万欧元存款应适用中国法

  C. 上海的房产应适用中国法

  D. 巴黎的房产应适用法国法

专题十四　国际民商事争议的解决

考点 68　涉外仲裁协议

152. 2014/1/79/多

中国甲公司与外国乙公司在合同中约定,合同争议提交中国国际经济贸易仲裁委员会仲裁,仲裁地在北京。双方未约定仲裁规则及仲裁协议适用的法律。对此,下列哪些选项是正确的?②

  A. 如当事人对仲裁协议效力有争议,提请所选仲裁机构解决的,应在首次开庭前书面提出

  B. 如当事人将仲裁协议效力的争议诉至中国法院,应适用中国法

  C. 如仲裁协议有效,应适用中国国际经济贸易仲裁委员会的仲裁规则仲裁

  D. 如仲裁协议有效,仲裁中申请人可申请更改仲裁请求,仲裁庭不能拒绝

153. 2012/1/78/多

中国 A 公司与甲国 B 公司签订货物买卖合同,约定合同争议提交中国 C 仲裁委员会仲裁,仲裁地在中国,但对仲裁条款应适用的法律未作约定。后因货物质量问题双方发生纠纷,中国 A 公司依仲裁条款向 C 仲裁委提起仲裁,但 B 公司主张仲裁条款无效。根据我国相关法律规定,关于本案仲裁条款的效力审查问题,下列哪些判断是正确的?③

  A. 对本案仲裁条款的效力,C 仲裁委无权认定,只有中国法院有权审查

  B. 对本案仲裁条款的效力,如 A 公司请求 C 仲裁委作出决定,B 公司请求中国法院作出裁定的,由中国法院裁定

---

① ABCD　② ABC　③ BC

C. 对本案仲裁条款效力的审查,应适用中国法

D. 对本案仲裁条款效力的审查,应适用甲国法

154. 〔2009/1/38/单〕

某国甲公司与中国乙公司订立买卖合同,概括性地约定有关争议由"中国贸仲"仲裁,也可以向法院起诉。后双方因违约责任产生争议。关于该争议的解决,依我国相关法律规定,下列哪一选项是正确的?①

　A. 违约责任不属于可仲裁的范围

　B. 应认定合同已确定了仲裁机构

　C. 仲裁协议因约定不明而在任何情况下无效

　D. 如某国甲公司不服仲裁机构对仲裁协议效力作出的决定,向我国法院申请确认协议效力,我国法院可以受理

考点69 涉外仲裁程序

155. 〔2008/1/38/单〕

关于仲裁裁决的撤销,根据我国现行法律,下列哪一选项是正确的?②

　A. 我国法院可根据我国法律撤销一项外国仲裁裁决

　B. 我国法院撤销涉外仲裁裁决的法定理由之一是裁决事项超出仲裁协议范围

　C. 撤销涉外仲裁裁决的法定理由和撤销国内仲裁裁决的法定理由相同

　D. 对法院作出的不予执行仲裁裁决的裁定,当事人无权上诉

考点70 外国仲裁裁决的承认与执行

156. 〔2017/1/38/单〕

中国甲公司与日本乙公司的商事纠纷在日本境内通过仲裁解决。因甲公司未履行裁决,乙公司向某人民法院申请承认与执行该裁决。中日均为《纽约公约》缔约国,关于该裁决在中国的承认与执行,下列哪一选项是正确的?③

　A. 该人民法院应组成合议庭审查

　B. 如该裁决是由临时仲裁庭作出的,该人民法院应拒绝承认与执行

　C. 如该人民法院认为该裁决不符合《纽约公约》的规定,即可直接裁定

拒绝承认和执行

　　D. 乙公司申请执行该裁决的期间应适用日本法的规定

157. `2015/1/38/单`

　　2015 年 3 月,甲国公民杰夫欲向中国法院申请承认并执行一项在甲国境内作出的仲裁裁决。中国与甲国均为《承认与执行外国仲裁裁决公约》成员国。关于该裁决的承认和执行,下列哪一选项是正确的?①

　　A. 杰夫应通过甲国法院向被执行人住所地或其财产所在地的中级人民法院申请

　　B. 如该裁决系临时仲裁庭作出的裁决,人民法院不应承认与执行

　　C. 如承认和执行申请被裁定驳回,杰夫可向人民法院起诉

　　D. 如杰夫仅申请承认而未同时申请执行该裁决,人民法院可以对是否执行一并作出裁定

158. `2013/1/38/单`

　　法国某公司依 1958 年联合国《承认与执行外国仲裁裁决公约》,请求中国法院承认与执行一项国际商会国际仲裁院的裁决。依据该公约及中国相关司法解释,下列哪一表述是正确的?②

　　A. 法院应依职权主动审查该仲裁过程中是否存在仲裁程序与仲裁协议不符的情况

　　B. 该公约第 5 条规定的拒绝承认与执行外国仲裁裁决的理由是穷尽性的

　　C. 如该裁决内含有对仲裁协议范围以外事项的决定,法院应拒绝承认执行该裁决

　　D. 如该裁决所解决的争议属于侵权性质,法院应拒绝承认执行该裁决

159. `2010/1/39/单`

　　中国和甲国均为《承认与执行外国仲裁裁决公约》缔约国。现甲国某申请人向中国法院申请承认和执行在甲国作出的一项仲裁裁决。对此,下列哪一选项是正确的?③

　　A. 我国应对该裁决的承认与执行适用公约,因为该申请人具有公约缔约国国籍

　　B. 有关中国投资者与甲国政府间投资争端的仲裁裁决不适用公约

　　C. 中国有义务承认公约缔约国所有仲裁裁决的效力

---

① C ② B ③ B

D. 被执行人为中国法人的,应由该法人营业所所在地法院管辖

考点71 外国人的民事诉讼地位

160. 2015/1/39/单

英国人施密特因合同纠纷在中国法院涉诉。关于该民事诉讼,下列哪一选项是正确的?①

A. 施密特可以向人民法院提交英文书面材料,无需提供中文翻译件

B. 施密特可以委托任意一位英国出庭律师以公民代理的形式代理诉讼

C. 如施密特不在中国境内,英国驻华大使馆可以授权本馆官员为施密特聘请中国律师代理诉讼

D. 如经调解双方当事人达成协议,人民法院已制发调解书,但施密特要求发给判决书,应予拒绝

161. 2008/1/99/不定项

依据现行的司法解释,我国法院受理对在我国享有特权与豁免的主体起诉的民事案件,须按法院内部报告制度,报请最高人民法院批准。为此,下列表述正确的是:②

A. 在我国享有特权与豁免的主体若为民事案件中的第三人,该报告制度不适用

B. 若在我国享有特权与豁免的主体在我国从事商业活动,则对其作为被告的民事案件的受理无需适用上述报告制度

C. 对外国驻华使馆的外交官作为原告的民事案件,其受理不适用上述报告制度

D. 若被告是临时来华的联合国官员,则对其作为被告的有关的民事案件的受理不适用上述报告制度

考点72 涉外民商事案件的管辖权

162. 法考回忆题/多

中国国际商事法庭受理了中国甲公司和新西兰乙公司的国际货物买卖合同纠纷,审理过程中乙公司咨询能否通过视听传输技术等信息网络方式质证。根据《最高人民法院关于设立国际商事法庭若干问题的规定》,下列哪些选项是不正确的?③

---

① C ② C ③ ACD

A. 国际商事法庭的审限应为 6 个月

B. 当事人可就本案判决向国际商事法庭申请执行

C. 若双方当事人无异议,为方便外方当事人,国际商事法庭可以用英文制作判决书

D. 本案必须现场质证,不能通过网络方式质证

163. (法考回忆题/单)

希腊甲公司与中国乙公司签订许可协议,授权其在亚洲地区独占使用其某项发明专利,许可期限 10 年,标的额 3.68 亿元,协议选择中国最高人民法院国际商事法庭管辖。协议履行到第 5 年,因希腊甲公司又给予荷兰丙公司同样的独占许可,中国乙公司向国际商事法庭起诉希腊甲公司,下列哪项判断是正确的?①

A. 当事人对国际商事法庭作出的判决,可以在最高人民法院本部申请再审

B. 有丰富经验的希腊法学家西蒙可以被国际商事法庭遴选为法官参与本案的审理

C. 如果双方无异议,希腊甲公司提交的证据材料必须附中文译本

D. 在希腊获得的证据只要经公证和认证就可直接采用

164. (2016/1/38/单)

俄罗斯公民萨沙来华与中国公民韩某签订一份设备买卖合同。后因履约纠纷韩某将萨沙诉至中国某法院。经查,萨沙在中国境内没有可供扣押的财产,亦无居所;该套设备位于中国境内。关于本案的管辖权与法律适用,依中国法律规定,下列哪一选项是正确的?②

A. 中国法院没有管辖权

B. 韩某可在该套设备所在地或合同签订地法院起诉

C. 韩某只能在其住所地法院起诉

D. 萨沙与韩某只能选择适用中国法或俄罗斯法

165. (2013/1/78/多)

甲国某航空公司在中国设有代表处,其一架飞机从中国境内出发,经停甲国后前往乙国,在乙国发生空难。关于乘客向航空公司索赔的诉讼管辖和法律适用,根据中国相关法律,下列哪些表述是正确的?③

---

① A　② B　③ ABC

    A. 中国法院对该纠纷具有管辖权

    B. 中国法律并不限制乙国法院对该纠纷行使管辖

    C. 即使甲国法院受理了该纠纷,中国法院仍有权就同一诉讼行使管辖权

    D. 如中国法院受理该纠纷,应适用受害人本国法确定损害赔偿数额

166. 〔2012/1/38/单〕

    某外国公民阮某因合同纠纷在中国法院起诉中国公民张某。关于该民事诉讼,下列哪一选项是正确的?①

    A. 阮某可以委托本国律师以非律师身份担任诉讼代理人

    B. 受阮某委托,某该国驻华使馆官员可以以个人名义担任诉讼代理人,并在诉讼中享有外交特权和豁免权

    C. 阮某和张某可用明示方式选择与争议有实际联系的地点的法院管辖

    D. 中国法院和外国法院对该案都有管辖权的,如张某向外国法院起诉,阮某向中国法院起诉,中国法院不能受理

167. 〔2008/1/36/单〕

    朗文与戴某缔结了一个在甲国和中国履行的合同。履约过程中发生争议,朗文向甲国法院起诉戴某并获得胜诉判决。戴某败诉后就同一案件向我国法院提起诉讼。朗文以该案件已经甲国法院判决生效为由对中国法院提出管辖权异议。依据我国法律、司法解释以及我国缔结的相关条约,下列哪一选项是正确的?②

    A. 朗文的主张构成对我国法院就同一案件实体问题行使管辖权的有效异议

    B. 我国法院对戴某的起诉没有管辖权

    C. 我国法院对涉外民事诉讼案件的管辖权不受任何限制

    D. 我国法院可以受理戴某的起诉

考点73 域外文书送达

168. 〔2013/1/39/单〕

    中国某法院审理一起涉外民事纠纷,需要向作为被告的外国某公司进行送达。根据《关于向国外送达民事或商事司法文书和司法外文书公约》(海牙《送达公约》)、中国法律和司法解释,关于该案件的涉外送达,法院的下列哪一做法是正确的?③

---

① A ② D ③ D

A. 应首先按照海牙《送达公约》规定的方式进行送达

B. 不得对被告采用邮寄送达方式

C. 可通过中国驻被告所在国使领馆向被告进行送达

D. 可通过电子邮件方式向被告送达

考点74 域外调取证据

169. 2016/1/39/单

蒙古公民高娃因民事纠纷在蒙古某法院涉诉。因高娃在北京居住,该蒙古法院欲通过蒙古驻华使馆将传票送达高娃,并向其调查取证。依中国法律规定,下列哪一选项是正确的?①

A. 蒙古驻华使馆可向高娃送达传票

B. 蒙古驻华使馆不得向高娃调查取证

C. 只有经中国外交部同意后,蒙古驻华使馆才能向高娃送达传票

D. 蒙古驻华使馆可向高娃调查取证并在必要时采取强制措施

170. 2014/1/39/单

中国与甲国均为《关于从国外调取民事或商事证据的公约》的缔约国,现甲国法院因审理一民商事案件,需向中国请求调取证据。根据该公约及我国相关规定,下列哪一说法是正确的?②

A. 甲国法院可将请求书交中国司法部,请求代为取证

B. 中国不能以该请求书不属于司法机关职权范围为由拒绝执行

C. 甲国驻中国领事代表可在其执行职务范围内,向中国公民取证,必要时可采取强制措施

D. 甲国当事人可直接在中国向有关证人获取证人证言

171. 2010/1/36/单

中国和甲国均为《关于从国外调取民事或商事证据的公约》的缔约国。关于两国之间的域外证据调取,下列哪一选项是正确的?③

A. 委托方向另一缔约方请求调取的证据不限于用于司法程序的证据

B. 中国可以相关诉讼属于中国法院专属管辖为由拒绝甲国调取证据的请求

C. 甲国可以相关事项在甲国不能提起诉讼为由拒绝中国调取证据的请求

---

① A ② A ③ D

D. 甲国外交代表在其驻华执行职务的区域内，在不采取强制措施的情况下，可向甲国公民调取证据

172. 2008/1/82/多

在我国法院审理的一个涉外诉讼案件中，需要从甲国调取某些证据。甲国是《关于从国外调取民事或商事证据的公约》的缔约国。根据该公约，下列哪些选项是正确的？①

A. 赵律师作为中方当事人的诉讼代理人，可以依照上述公约请求甲国法院调取所需的证据

B. 调取证据的请求，应以请求书的方式提出

C. 请求书应通过我国外交部转交甲国的中央机关

D. 中国驻甲国的领事代表在其执行职务的区域内，可以在不采取强制措施的情况下向华侨取证

考点75 外国法院判决的承认与执行

173. 法考回忆题/单

甲国人朴某与中国人杨某在甲国诉讼离婚，朴某向杨某住所地的中国某法院申请承认和执行甲国法院的判决。中国和甲国之间没有关于法院判决承认和执行的双边协议，也没有相应的互惠关系，根据我国相关法律法规，下列哪一判断是正确的？②

A. 法院应依两国既无双边协议也无互惠关系，拒绝承认和执行甲国离婚判决

B. 若甲国离婚判决是在杨某缺席且未得到合法传唤情况下作出的，法院应拒绝承认

C. 若法院已经受理了朴某的申请，杨某向同一法院起诉离婚的，法院应当受理

D. 若法院已经受理了朴某的申请，朴某不得撤回其申请

174. 2012/1/39/单

当事人欲将某外国法院作出的民事判决申请中国法院承认和执行。根据中国法律，下列哪一选项是错误的？③

A. 该判决应向中国有管辖权的法院申请承认和执行

B. 该判决应是外国法院作出的发生法律效力的判决

① BD ② B ③ C

C. 承认和执行该判决的请求须由该外国法院向中国法院提出,不能由当事人向中国法院提出

D. 如该判决违反中国的公共利益,中国法院不予承认和执行

175. 2008/1/40/单

外国公民张女士与旅居该国的华侨王先生结婚,后因感情疏离,张女士向该国法院起诉离婚并获得对其有利的判决,包括解除夫妻关系,以及夫妻财产分割和子女抚养等内容。该外国与中国之间没有司法协助协定。张女士向中国法院申请承认该离婚判决,王先生随后在同一中国法院起诉与张女士离婚。根据我国法律和司法解释,下列哪一选项是错误的?①

A. 中国法院应依《最高人民法院关于中国公民申请承认外国法院离婚判决程序问题的规定》决定是否承认该判决中解除夫妻身份关系的内容

B. 中国法院应依前项司法解释决定是否执行该判决中解除夫妻身份关系之外的内容

C. 若张女士的申请被驳回,她就无权再提出承认该判决的申请,但可另行向中国法院起诉离婚

D. 中国法院不应受理王先生的离婚起诉

176. 2008/1/80/多

甲国秋叶公司在该国法院获得一项胜诉的判决,并准备向中国法院申请执行。根据我国现行法律,下列哪些选项是正确的?②

A. 该判决可以由当事人直接向我国有管辖权的法院申请执行

B. 该判决可以由甲国法院依照该国与我国缔结或共同参加的国际条约的规定向我国有管辖权的法院申请执行

C. 对外国法院判决效力的承认,我国采取裁定方式

D. 对与我国缔结司法协助条约的国家的法院判决,我国法院均应予以执行

考点76 外资非正常撤离的跨国追究与诉讼

177. 2009/1/37/单

甲国人格里为中国境内某中外合资企业的控股股东。2009年因金融危机该企业出现财务困难,格里于6月回国后再未返回,尚欠企业员工工资及厂房租金和其他债务数万元。中国与甲国均为《海牙取证公约》缔约国,依我国相关法律规定,下列哪一选项是正确的?③

---

① B ② ABC ③ C

A. 因格里已离开中国,上述债务只应由合资企业的中方承担清偿责任

B. 中国有关主管部门在立案后可向甲国提出引渡格里的请求

C. 中方当事人可在中国有管辖权的法院对格里申请立案

D. 中方当事人的诉讼代理人可请求甲国主管机关代为调取有关格里的证据

专题十五　区际法律问题

考点77　区际文书送达

178. 2012/1/37/单

居住于我国台湾地区的当事人张某在大陆某法院参与民事诉讼。关于该案,下列哪一选项是不正确的?①

A. 张某与大陆当事人有同等诉讼权利和义务

B. 确定应适用台湾地区民事法律的,受案的法院予以适用

C. 如张某在大陆,民事诉讼文书可以直接送达

D. 如张某在台湾地区地址明确,可以邮寄送达,但必须在送达回证上签收

179. 2011/1/79/多

香港地区甲公司与内地乙公司发生投资纠纷,乙公司诉诸某中级人民法院。陈某是甲公司法定代表人,张某是甲公司的诉讼代理人。关于该案的文书送达及法律适用,下列哪些选项是正确的?②

A. 如陈某在内地,受案法院必须通过上一级人民法院向其送达

B. 如甲公司在授权委托书中明确表明张某无权代为接收有关司法文书,则不能向其送达

C. 如甲公司在内地设有代表机构的,受案人民法院可直接向该代表机构送达

D. 同时采用公告送达和其他多种方式送达的,应当根据最先实现送达的方式确定送达日期

180. 2009/1/82/多

大陆甲公司与台湾地区乙公司签订了出口家具合同,双方在合同履行中产生纠纷,乙公司拒绝向甲公司付款。甲公司在大陆将争议诉诸法院。

---

① D　② BC

关于向台湾当事人送达文书,下列哪些选项是正确的?①

    A. 可向乙公司在大陆的任何业务代办人送达

    B. 如乙公司的相关当事人在台湾下落不明的,可采用公告送达

    C. 邮寄送达的,如乙公司未在送达回证上签收而只是在邮件回执上签收,可视为送达

    D. 邮寄送达未能收到送达与否证明文件的,满三个月即可视为已送达

考点78 区际调取证据

181. `2013/1/79/多`

内地某中级法院审理一起涉及澳门特别行政区企业的商事案件,需委托澳门特别行政区法院进行司法协助。关于该司法协助事项,下列哪些表述是正确的?②

    A. 该案件司法文书送达的委托,应通过该中级法院所属高级法院转交澳门特别行政区终审法院

    B. 澳门特别行政区终审法院有权要求该中级法院就其中文委托书提供葡萄牙语译本

    C. 该中级法院可以请求澳门特别行政区法院协助调取与该案件有关的证据

    D. 在受委托方法院执行委托调取证据时,该中级法院司法人员经过受委托方允许可以出席并直接向证人提问

考点79 区际法院判决的认可与执行

182. `2017/1/39/单`

中国香港甲公司与内地乙公司签订商事合同,并通过电子邮件约定如发生纠纷由香港法院管辖。后因履约纠纷,甲公司将乙公司诉至香港法院并胜诉。判决生效后,甲公司申请人民法院认可和执行该判决。关于该判决在内地的认可与执行,下列哪一选项是正确的?③

    A. 电子邮件不符合"书面"管辖协议的要求,故该判决不应被认可与执行

    B. 如乙公司的住所地与财产所在地分处两个中级人民法院的辖区,甲公司不得同时向这两个人民法院提出申请

    C. 如乙公司在内地与香港均有财产,甲公司不得同时向两地法院提出申请

---

    ①   BC   ②   CD(原答案为ACD)   ③   B

D. 如甲公司的申请被人民法院裁定驳回,它可直接向最高人民法院申请复议

183. 2015/1/79/多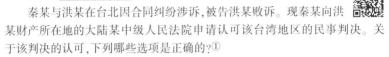

秦某与洪某在台北因合同纠纷涉诉,被告洪某败诉。现秦某向洪某财产所在地的大陆某中级人民法院申请认可该台湾地区的民事判决。关于该判决的认可,下列哪些选项是正确的?①

A. 人民法院受理秦某申请后,应当在 6 个月内审结

B. 受理秦某的认可申请后,作出裁定前,秦某要求撤回申请的,人民法院应当准许

C. 如人民法院裁定不予认可该判决,秦某可以在裁定作出 1 年后再次提出申请

D. 人民法院受理申请后,如对该判决是否生效不能确定,应告知秦某提交作出判决的法院出具的证明文件

184. 2011/1/37/单

台湾地区甲公司因合同纠纷起诉大陆乙公司,台湾地区法院判决乙公司败诉。乙公司在上海和北京均有财产,但未执行该判决。关于该判决的执行,下列哪一选项是正确的?②

A. 甲公司向上海和北京的中级人民法院申请认可该判决的,由最先立案的中级人民法院管辖

B. 该判决效力低于人民法院作出的生效判决

C. 甲公司申请财产保全的,人民法院可以要求其提供有效的担保;不提供担保的,视情况决定是否准予财产保全

D. 甲公司申请认可该判决的,应当在判决效力确定后 1 年内提出

185. 2010/1/37/单

关于内地与香港民商事案件判决的认可与执行,根据内地与香港的相关安排,下列哪一选项是正确的?③

A. 申请人向内地和香港法院提交的文件没有中文文本的,均应提交证明无误的中文译本

B. 当事人通过协议选择内地或香港法院管辖的,经选择的法院作出的判决均可获得认可与执行

---

① AD(原答案为 ABD) ② A ③ D

C. 当事人之间的合同无效,其中选择管辖法院的条款亦无效

D. 当事人对认可和执行与否的裁定不服的,在内地可向上一级法院申请复议,在香港可依其法律规定提出上诉

186. （2009/1/39/单）

香港甲公司与内地乙公司订立供货合同,约定由香港法院管辖。后双方因是否解除该合同及赔偿问题诉诸香港法院,法院判乙公司败诉。依相关规定,下列哪一选项是正确的?①

A. 如该合同被解除,则香港法院管辖的协议也随之无效

B. 如乙公司在内地两省均有财产,甲公司可向两省的有关法院申请认可和执行

C. 如甲公司向内地法院申请认可和执行判决,免除执行费用

D. 如甲公司向内地法院提交的文件无中文文本,应当提交证明无误的中文译本

187. （2009/1/81/多）

李某与王某在台湾地区因民事纠纷涉诉,被告王某败诉,李某向王某在福建的财产所在地的中级法院申请认可台湾地区的民事判决。下列哪些选项可以成为中级法院拒绝认可的理由?②

A. 案件为人民法院专属管辖

B. 人民法院已承认了某外国法院就相同案件作出的判决

C. 双方没有关于司法管辖的协议

D. 王某在本案中缺席且未给予合法传唤

考点80 区际仲裁裁决的认可与执行

188. （法考回忆题/多）

澳门甲公司和内地乙公司的合同争议由内地某仲裁机构审理,甲公司最终胜诉,向澳门法院申请认可和执行该仲裁裁决。据悉,乙公司在澳门的分公司拥有一座办公楼。对此,下列哪些说法是正确的?③

A. 该仲裁裁决应由澳门初级法院执行

B. 甲公司应向澳门中级法院提出认可仲裁裁决和执行的请求

C. 如果该仲裁裁决被人民法院依法裁定撤销,澳门法院应立即停止执行

D. 甲公司只能向内地和澳门两地法院之一申请认可仲裁裁决

---

① D ② ABD ③ AC

189. `2010/1/82/多`

澳门甲公司与内地乙公司的合同争议由内地一仲裁机构审理,甲公司最终胜诉。乙公司在广东、上海和澳门均有财产。基于这些事实,下列哪些选项是正确的?①

A. 甲公司可分别向广东和上海有管辖权的法院申请执行

B. 只有国务院港澳办提供的名单内的仲裁机构作出的裁决才能被澳门法院认可与执行

C. 甲公司分别向内地和澳门法院申请执行的,内地法院应先行执行清偿

D. 两地法院执行财产总额不得超过依裁决和法律规定所确定的数额

190. `2008/1/81/多`

上海甲公司作为卖方和澳门乙公司订立了一项钢材购销合同,约定有关合同的争议在中国内地仲裁。乙公司在内地和澳门均有营业机构。双方发生争议后,仲裁庭裁决乙公司对甲公司进行赔偿。乙公司未在规定的期限内履行仲裁裁决。关于甲公司对此采取的做法,下列哪些选项是正确的?②

A. 向内地有管辖权的中级人民法院申请执行该仲裁裁决

B. 向澳门特别行政区中级法院申请执行该仲裁裁决

C. 分别向内地有管辖权的中级人民法院和澳门特别行政区中级法院申请执行仲裁裁决

D. 向澳门特别行政区初级法院申请执行该仲裁裁决

---

① CD ② ABC

国际经济法

扫一扫,"码"上做题　　微信扫码,即可线上做题、看解析。
多种做题模式:章节自测、单科集训、
随机演练等。

专题十六　国际货物买卖

考点81 国际贸易术语①

191. 〔法考回忆题/多〕

中国甲公司和法国乙公司签订了国际货物买卖合同,由甲公司出售一批仪器给乙公司,双方选择的贸易术语是 FCA（国际贸易术语通则 2020）。甲公司在约定地点将仪器交给乙公司指定的承运人,后在运输过程中发生自然灾害,该批仪器推定全损。对此,下列哪些说法是不正确的?②

A. FCA 不可用于多式联运

B. 甲公司有义务为该批仪器办理保险

C. 风险发生后,保险公司应当接受被保险人的委付请求

D. 由于货物已经推定全损,乙公司可以免于支付货款

192. 〔法考回忆题/多〕

中国 M 公司向甲国 T 公司出售一批货物,双方约定采用 DPU（国际贸易术语通则 2020）规范当事人之间的合同。该批货物属于我国《出口管制法》中需要管制的货物。中国和甲都是《联合国国际货物销售合同公约》的缔约国。根据相关国际法规则,下列哪些说法是正确的?③

A. M 公司有购买保险的义务

B. M 公司应在运输终端交货

C. M 公司应该确保所交付的货物没有第三人的权利

D. T 公司在收到货物后不可以自行转卖给第三人

---

① 本考点试题中的《国际贸易术语解释通则》均随大纲更新至 2020 版,相关试题作了相应调整,并用 2020 版通则解读。　② ABCD　③ CD

193． 法考回忆题/不定项

甲国摩登公司和乙国森德公司签订合同出口一批瓷器,双方约定采用 CIF2020 术语规范双方之间的合同。该批瓷器运到乙国时恰逢该国内乱,导致部分瓷器受损。甲国和乙国均是《1980 年联合国国际货物销售合同公约》的缔约国。下列说法不正确的是:①

A. 森德公司无需支付该批损毁瓷器的货款

B. 鉴于乙国的环境,摩登公司有义务投保一切险和战争险

C. 在没有特别约定的情况下,摩登公司只需投保平安险

D. 森德公司在没有机会验货的情况下,可以不付款

194． 法考回忆题/不定项

中国甲公司和韩国乙公司签订电子产品进口合同,双方约定了 DPU2020 贸易术语,协议使用信用证作为支付工具,并由丙公司承担运输工作。途中因恶劣天气导致该批产品全损。已知中国和韩国都是《联合国国际货物销售合同公约》缔约国,下列说法正确的是:②

A. 作为卖方的乙公司有进行投保的义务,由保险公司承担损失

B. 该批货物在目的地卸货后转移风险,目的地不限于运输的终点

C. 由于货物已经全部灭失,因此甲公司可以向银行通知停止支付信用证下的款项

D. 承运人丙公司应该承担货物灭失的责任

195． 法考回忆题/多

营业地位于不同国家的甲公司和乙公司签订了一份货物买卖合同,约定采用 FCA2020 为交货条件。关于该术语,下列哪些说法是正确的?③

A. 该术语可以适用于任何方式,包括多式联运

B. 该术语只能用于海运运输合同

C. 卖方将货物交给第一承运人时即完成交货义务

D. 承运人自收到货物时,货物的风险由卖方转移到买方

196． 2014/1/41/单

中国甲公司向加拿大乙公司出口一批农产品,CFR 价格条件。货装船后,乙公司因始终未收到甲公司的通知,未办理保险。部分货物在途中因海上风暴毁损。根据相关规则,下列哪一选项是正确的?④

---

① ABD　② B　③ ACD　④ A

A. 甲公司在装船后未给乙公司以充分的通知,造成乙公司漏保,因此损失应由甲公司承担

B. 该批农产品的风险在装港船舷转移给乙公司

C. 乙公司有办理保险的义务,因此损失应由乙公司承担

D. 海上风暴属不可抗力,乙公司只能自行承担损失

考点82 《联合国国际货物销售合同公约》的适用范围

197. 〔2014/1/40/单〕

中国甲公司与法国乙公司商谈进口特种钢材,乙公司提供了买卖该种钢材的格式合同,两国均为 1980 年《联合国国际货物销售合同公约》缔约国。根据相关规则,下列哪一选项是正确的?①

A. 因两国均为公约缔约国,双方不能在合同中再选择适用其他法律

B. 格式合同为该领域的习惯法,对双方具有约束力

C. 双方可对格式合同的内容进行修改和补充

D. 如双方在合同中选择了贸易术语,则不再适用公约

198. 〔2009/1/40/单〕

甲国公司(卖方)与乙国公司订立了国际货物买卖合同,FOB 价格条件,采用海上运输方式。甲乙两国均为《联合国国际货物销售合同公约》(简称《公约》)缔约国,下列哪一选项是正确的?②

A. 货物的风险应自货物交第一承运人时转移

B. 因当事人已选择了贸易术语,《公约》整体不再适用该合同

C. 甲国公司应在装运港于约定日期或期限内将货物交至船上

D. 甲国公司在订立运输合同并装船后应及时通知乙国公司办理保险

考点83 要约承诺规则

199. 〔2008/1/42/单〕

2008 年 8 月 11 日,中国甲公司接到法国乙公司出售某种设备的发盘,有效期至 9 月 1 日。甲公司于 8 月 12 日电复:"如能将每件设备价格降低 50 美元,即可接受"。对此,乙公司没有答复。甲公司于 8 月 29 日再次致电乙公司表示接受其 8 月 11 日发盘中包括价格在内的全部条件。根据 1980 年《联合国国际货物销售合同公约》,下列哪一选项是正确的?③

① C ② C ③ D

A. 乙公司的沉默表明其已接受甲公司的降价要求

B. 甲公司 8 月 29 日的去电为承诺,因此合同已成立

C. 甲公司 8 月 29 日的去电是迟到的承诺,因此合同没有成立

D. 甲公司 8 月 29 日的去电是新要约,此时合同还没有成立

考点84 买卖双方的权利义务

200． 法考回忆题/多

中国天明公司从甲国科隆公司进口一批电子设备,合同中约定了设备规格,并选用了 2020 年《国际贸易术语解释通则》中的 DPU 术语。科隆公司制作好样品后,将样品邮寄至天明公司,请求确认并按照样品履行。天明公司收到样品后确认收到并回复:"请依合同履行。"设备到货后与样品相符,但与合同不符,中国天明公司要求科隆公司承担违约责任。中国和甲国都是《1980 年联合国国际货物销售合同公约》的缔约国,下列哪些选项是正确的?①

A. 科隆公司应承担违约责任,因其交付的设备不符合合同约定规格

B. 科隆公司不应承担违约责任,因其交付的设备与其提供的样品相符

C. 本案货物风险自货交第一承运人时转移

D. 科隆公司应在指定装运地的约定地点交货

201． 2015/1/40/单

中国甲公司与法国乙公司签订了向中国进口服装的合同,价格条件 CIF。货到目的港时,甲公司发现有两箱货物因包装不当途中受损,因此拒收,该货物在目的港码头又被雨淋受损。依 1980 年《联合国国际货物销售合同公约》及相关规则,下列哪一选项是正确的?②

A. 因本合同已选择了 CIF 贸易术语,则不再适用《公约》

B. 在 CIF 条件下应由法国乙公司办理投保,故乙公司也应承担运输途中的风险

C. 因甲公司拒收货物,乙公司应承担货物在目的港码头雨淋造成的损失

D. 乙公司应承担因包装不当造成的货物损失

202． 2013/1/40/单

某国甲公司向中国乙公司出售一批设备,约定贸易术语为"FOB（Incoterms 2020)",后设备运至中国。依《国际贸易术语解释通则》和《联合

国国际货物销售合同公约》,下列哪一选项是正确的?①

A. 甲公司负责签订货物运输合同并支付运费

B. 甲、乙公司的风险承担以货物在装运港越过船舷为界

C. 如该批设备因未按照同类货物通用方式包装造成损失,应由甲公司承担责任

D. 如该批设备侵犯了第三方在中国的专利权,甲公司对乙公司不承担责任

203. 2013/1/99/不定项

甲公司从国外进口一批货物,根据《联合国国际货物销售合同公约》,关于货物检验和交货不符合同约定的问题,下列说法正确的是:②

A. 甲公司有权依自己习惯的时间安排货物的检验

B. 如甲公司须再发运货物,没有合理机会在货到后加以检验,而卖方在订立合同时已知道再发运的安排,则检验可推迟到货物到达新目的地后进行

C. 甲公司在任何时间发现货物不符合同均可要求卖方赔偿

D. 货物不符合同情形在风险转移时已经存在,在风险转移后才显现的,卖方应当承担责任

204. 2011/1/100/不定项

A公司和B公司于2011年5月20日签订合同,由A公司将一批平板电脑售卖给B公司。A公司和B公司营业地分别位于甲国和乙国,两国均为《联合国国际货物销售合同公约》缔约国。合同项下的货物由丙国C公司的"潇湘"号商船承运,装运港是甲国某港口,目的港是乙国某港口。在运输途中,B公司与中国D公司就货物转卖达成协议。

如货物运抵乙国后,乙国的E公司指控该批平板电脑侵犯其在乙国取得的专利权,致使货物遭乙国海关扣押,B公司向A公司索赔。在下列选项中,A公司无须承担责任的情形是:③

A. A公司在订立合同时不知这批货物可能依乙国法属侵权

B. B公司在订立合同时知道这批货物存在第三者权利

C. A公司是遵照B公司提供的技术图样和款式进行生产的

D. B公司在订立合同后知道这批货物侵权但未在合理时间内及时通知A公司

---

① C ② BD ③ BCD

考点85 违约救济制度

205. 2016/1/40/单

中国甲公司与德国乙公司签订了进口设备合同,分三批运输。两批顺利履约后乙公司得知甲公司履约能力出现严重问题,便中止了第三批的发运。依《国际货物销售合同公约》,下列哪一选项是正确的?①

A. 如已履约的进口设备在使用中引起人身伤亡,则应依公约的规定进行处理

B. 乙公司中止发运第三批设备必须通知甲公司

C. 乙公司在任何情况下均不应中止发运第三批设备

D. 如甲公司向乙公司提供了充分的履约担保,乙公司可依情况决定是否继续发运第三批设备

206. 2010/1/40/单

甲公司(卖方)与乙公司于 2007 年 10 月签订了两份同一种农产品的国际贸易合同,约定交货期分别为 2008 年 1 月底和 3 月中旬,采用付款交单方式。甲公司依约将第一份合同项下的货物发运后,乙公司以资金周转困难为由,要求变更付款方式为货到后 30 天付款。甲公司无奈同意该变更。乙公司未依约付款,并以资金紧张为由再次要求延期付款。甲公司未再发运第二个合同项下的货物并提起仲裁。根据《联合国国际货物销售合同公约》,下列哪一选项是正确的?②

A. 乙公司应以付款交单的方式支付货款

B. 甲公司不发运第二份合同项下货物的行为构成违约

C. 甲公司可以停止发运第二份合同项下的货物,但应及时通知乙公司

D. 如乙公司提供了付款的充分保证,甲公司仍可拒绝发货

207. 2010/1/86/多

甲公司(卖方)与乙公司订立了国际货物买卖合同。由于甲公司在履约中出现违反合同的情形,乙公司决定宣告合同无效,解除合同。依据《联合国国际货物销售合同公约》,下列哪些选项是正确的?③

A. 宣告合同无效意味着解除了甲乙二公司在合同中的义务

B. 宣告合同无效意味着解除了甲公司损害赔偿的责任

C. 双方在合同中约定的争议解决条款也因宣告合同无效而归于无效

---

① B ② C ③ AD

D. 如甲公司应归还价款,它应同时支付相应的利息

208. 〔2010/1/87/多〕

甲公司(买方)与乙公司订立了一份国际货物买卖合同。后因遇到无法预见与不能克服的障碍,乙公司未能按照合同履行交货义务,但未在合理时间内将此情况通知甲公司。甲公司直到交货期过后才得知此事。乙公司的行为使甲公司遭受了损失。依《联合国国际货物销售合同公约》,下列哪些表述是正确的?①

A. 乙公司可以解除合同,但应把障碍及其影响及时通知甲公司

B. 乙公司解除合同后,不再对甲公司的损失承担赔偿责任

C. 乙公司不交货,无论何种原因均属违约

D. 甲公司有权就乙公司未通知有关情况而遭受的损失请求赔偿

考点86 国际货物买卖合同的风险转移

209. 〔2012/1/80/多〕

甲公司的营业所在甲国,乙公司的营业所在中国,甲国和中国均为《联合国国际货物销售合同公约》的当事国。甲公司将一批货物卖给乙公司,该批货物通过海运运输。货物运输途中,乙公司将货物转卖给了中国丙公司。根据该公约,下列哪些选项是正确的?②

A. 甲公司出售的货物,必须是第三方依中国知识产权不能主张任何权利的货物

B. 甲公司出售的货物,必须是第三方依中国或者甲国知识产权均不能主张任何权利的货物

C. 乙公司转售的货物,自双方合同成立时风险转移

D. 乙公司转售的货物,自乙公司向丙公司交付时风险转移

专题十七　国际货物运输与保险

考点87 提单和无单放货责任

210. 〔法考回忆题/多〕

中国甲公司向印度乙公司采购货物,合同约定交货时间不得晚于7月1日。因为生产延误,直到7月15日才将货物装船,乙公司出具保函换取

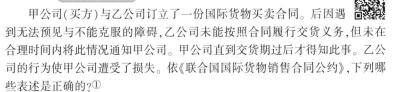

---

① AD　② AC

了承运人签发的注明 7 月 1 日完成装船的提单。甲公司因此主张信用证欺诈,向中国有管辖权的法院申请止付令。对此,下列哪些选项是正确的?①

A. 本案提单为预借提单

B. 本案提单为倒签提单

C. 即使存在保兑行并已经善意付款,法院仍可以作出中止支付的裁定

D. 如果存在保兑行并已经善意付款,则法院不应作出中止支付的裁定

211. 〔2013/1/81/多〕

中国甲公司从国外购货,取得了代表货物的单据,其中提单上记载"凭指示"字样,交货地点为某国远东港,承运人为中国乙公司。当甲公司凭正本提单到远东港提货时,被乙公司告知货物已不在其手中。后甲公司在中国法院对乙公司提起索赔诉讼。乙公司在下列哪些情形下可免除交货责任?②

A. 在甲公司提货前,货物已被同样持有正本提单的某公司提走

B. 乙公司按照提单托运人的要求返还了货物

C. 根据某国法律要求,货物交给了远东港管理当局

D. 货物超过法定期限无人向某国海关申报,被海关提取并变卖

212. 〔2011/1/40/单〕

中国甲公司通过海运从某国进口一批服装,承运人为乙公司,提单收货人一栏写明"凭指示"。甲公司持正本提单到目的港提货时,发现货物已由丙公司以副本提单加保函提取。甲公司与丙公司达成了货款支付协议,但随后丙公司破产。甲公司无法获赔,转而向乙公司索赔。根据我国相关法律规定,关于本案,下列哪一选项是正确的?③

A. 本案中正本提单的转让无需背书

B. 货物是由丙公司提走的,故甲公司不能向乙公司索赔

C. 甲公司与丙公司虽已达成货款支付协议,但未得到赔付,不影响甲公司要求乙公司承担责任

D. 乙公司应当在责任限制的范围内承担因无单放货造成的损失

213. 〔2009/1/41/单〕

甲公司依运输合同承运一批从某国进口中国的食品,当正本提单持有人乙公司持正本提单提货时,发现货物已由丙公司以副本提单加保函提

---

① BD ② ACD ③ C

走。依我国相关法律规定,下列哪一选项是正确的?①

A. 无正本提单交付货物的民事责任应适用交货地法律

B. 乙公司可以要求甲公司承担违约责任或侵权责任

C. 甲公司对因无正本提单交货造成的损失按货物的成本赔偿

D. 丙公司提走了货物,不能要求甲公司承担责任

考点88 海上货物运输承运人的责任与免责

214. 2010/1/45/单

一批货物由甲公司运往中国青岛港,运输合同适用《海牙规则》。运输途中因雷击烧毁部分货物,其余货物在目的港被乙公司以副本提单加保函提走。丙公司为该批货物正本提单持有人。根据《海牙规则》和我国相关法律规定,下列哪一选项是正确的?②

A. 甲公司应对雷击造成的货损承担赔偿责任,因损失在其责任期间发生

B. 甲公司可限制因无正本提单交货的赔偿责任

C. 丙公司可要求甲公司和乙公司承担连带赔偿责任

D. 甲公司应以货物成本加利润赔偿因无正本提单交货造成的损失

考点89 其他国际货物运输法律制度

215. 2017/1/40/单

中国伟业公司与甲国利德公司签订了采取铁路运输方式由中国出口一批货物的合同。后甲国法律发生变化,利德公司在收货后又自行将该批货物转卖到乙国,现乙国一公司声称该批货物侵犯了其知识产权。中国和甲国均为《国际货物销售合同公约》和《国际铁路货物联运协定》缔约国。依相关规则,下列哪一选项是正确的?③

A. 伟业公司不承担该批货物在乙国的知识产权担保义务

B. 该批货物的风险应于订立合同时由伟业公司转移给利德公司

C. 铁路运输承运人的责任期间是从货物装上火车时起至卸下时止

D. 不同铁路运输区段的承运人应分别对在该区段发生的货损承担责任

216. 2016/1/80/多

中国甲公司向波兰乙公司出口一批电器,采用 DAP 术语,通过几个区段的国际铁路运输,承运人签发了铁路运单,货到目的地后发现有部分损坏。

---

① B ② C ③ A

依相关国际惯例及《国际铁路货物联运协定》,下列哪些选项是正确的?①

- A. 乙公司必须确定损失发生的区段,并只能向该区段的承运人索赔
- B. 铁路运单是物权凭证,乙公司可通过转让运单转让货物
- C. 甲公司在指定目的地运输终端将仍处于运输工具上的货物交由乙公司处置时,即完成交货
- D. 各铁路区段的承运人应承担连带责任

考点90 国际海上货物运输保险

217. 　法考回忆题/多

中国甲公司向法国乙公司出口一批货物,双方协议选择 CIF(国际贸易术语通则 2020)规范当事人之间的合同货物,分两次运输。第二次运输中,由于船长驾驶不慎,和其他船舶发生碰撞。根据《海牙规则》和相关国际法规则,下列哪些说法是正确的?②

- A. 如果没有特殊约定,甲公司可以购买平安险
- B. 船舶碰撞不属于平安险的赔偿范围
- C. 对于货物损失,承运人可免责
- D. 对于货物损失,保险人应赔偿

218. 　法考回忆题/单

中国乙公司与西班牙甲公司签订合同进口一批货物,合同选用了《2020 年国际贸易术语解释通则》中的 CIF 术语,同时约定甲公司应为该批货物投保水渍险。甲公司将货物交承运人装船后,承运人签发了清洁提单(选用《海牙规则》)。在海运途中货物因遭遇恶劣天气部分毁损,中国和西班牙均为《联合国国际货物销售合同公约》缔约国。对此,下列哪一项说法是正确的?③

- A. 甲公司应为该批货物投保一切险
- B. 承运人应赔偿货物损失
- C. 保险公司应赔偿货物损失
- D. 因货物部分毁损,中国乙公司有权要求减价

219. 　2017/1/41/单

中国某公司进口了一批仪器,采取海运方式并投保了水渍险,提单上的收货人一栏写明"凭指示"的字样。途中因船方过失致货轮与他船相

---

① CD　② ACD　③ C

撞,部分仪器受损。依《海牙规则》及相关保险条款,下列哪一选项是正确的?①

A. 该提单交付即可转让

B. 因船舶碰撞是由船方过失导致,故承运人应对仪器受损承担赔偿责任

C. 保险人应向货主赔偿部分仪器受损的损失

D. 承运人的责任期间是从其接收货物时起至交付货物时止

220. 2015/1/41/单

青田轮承运一批啤酒花从中国运往欧洲某港,货物投保了一切险,提单上的收货人一栏写明"凭指示",因生产过程中水份过大,啤酒花到目的地港时已变质。依《海牙规则》及相关保险规则,下列哪一选项是正确的?②

A. 承运人没有尽到途中管货的义务,应承担物途中变质的赔偿责任

B. 因货物投保了一切险,保险人应承担货物变质的赔偿责任

C. 本提单可通过交付进行转让

D. 承运人对啤酒花的变质可以免责

221. 2014/1/81/多

两批化妆品从韩国由大洋公司"清田"号货轮运到中国,适用《海牙规则》,货物投保了平安险。第一批货物因"清田"号过失与他船相碰致部分货物受损,第二批货物收货人在持正本提单提货时,发现已被他人提走。争议诉至中国某法院。根据相关规则及司法解释,下列哪些选项是正确的?③

A. 第一批货物受损虽由"清田"号过失碰撞所致,但承运人仍可免责

B. 碰撞导致第一批货物的损失属于保险公司赔偿的范围

C. 大洋公司应承担第二批货物无正本提单放货的责任,但可限制责任

D. 大洋公司对第二批货物的赔偿范围限于货物的价值加运费

222. 2012/1/100/不定项

甲国 A 公司向乙国 B 公司出口一批货物,双方约定适用 2020 年《国际贸易术语解释通则》中 CIF 术语。该批货物由丙国 C 公司"乐安"号商船承运,运输途中船舶搁浅,为起浮抛弃了部分货物。船舶起浮后继续航行中又因恶劣天气,部分货物被海浪打入海中。到目的港后发现还有部分货物因固有缺陷而损失。

该批货物投保了平安险,关于运输中的相关损失的认定及赔偿,依《海牙

---

① C ② D ③ AB

规则》,下列选项正确的是:①

A. 为起浮抛弃货物造成的损失属于共同海损

B. 因恶劣天气部分货物被打入海中的损失属于单独海损

C. 保险人应赔偿共同海损和因恶劣天气造成的单独海损

D. 承运人对因固有缺陷损失的货物免责,保险人应承担赔偿责任

223. 〔2011/1/80/多〕

中国甲公司与某国乙公司签订茶叶出口合同,并投保水渍险,议定由丙公司"天然"号货轮承运。下列哪些选项属于保险公司应赔偿范围?②

A. 运输中因茶叶串味等外来原因造成货损

B. 运输中因"天然"号过失与另一轮船相撞造成货损

C. 运输延迟造成货损

D. 运输中因遭遇台风造成部分货损

224. 〔2010/1/42/多〕

甲国 A 公司(卖方)与中国 B 公司采用 FOB 价格条件订立了一份货物买卖合同,约定货物保质期为交货后一年。B 公司投保了平安险。货物在海运途中因天气恶劣部分损毁,另一部分完好交付,但在交货后半年左右出现质量问题。根据《联合国国际货物销售合同公约》和有关贸易惯例,下列哪些选项是不正确的?③

A. A 公司在陆地上将货物交给第一承运人时完成交货

B. 货物风险在装运港越过船舷时转移

C. 对交货后半年出现的货物质量问题,因风险已转移,A 公司不承担责任

D. 对海运途中损毁的部分货物,应由保险公司负责赔偿

225. 〔2009/1/43/单〕

中国甲公司以 CIF 价向某国乙公司出口一批服装,信用证方式付款,有关运输合同明确约定适用《海牙规则》。甲公司在装船并取得提单后,办理了议付。两天后,甲公司接乙公司来电,称装船的海轮在海上因雷击失火,该批服装全部烧毁。对于上述情况,下列哪一选项是正确的?④

A. 乙公司应向保险公司提出索赔

B. 甲公司应向保险公司提出索赔

---

① AB ② BD ③ ABCD(原答案为 B) ④ A

C. 甲公司应将全部货款退还给乙公司

D. 乙公司应向承运人提出索赔

专题十八　国际贸易支付

考点91 跟单托收

226. 2008/1/44/单

修帕公司与维塞公司签订了出口 200 吨农产品的合同,付款采用托收方式。船长签发了清洁提单。货到目的港后经检验发现货物质量与合同规定不符,维塞公司拒绝付款提货,并要求减价。后该批农产品全部变质。根据国际商会《托收统一规则》,下列哪一选项是正确的?①

A. 如代收行未执行托收行的指示,托收行应对因此造成的损失对修帕公司承担责任

B. 当维塞公司拒付时,代收行应当主动制作拒绝证书,以便收款人追索

C. 代收行应无延误地向托收行通知维塞公司拒绝付款的情况

D. 当维塞公司拒绝提货时,代收行应当主动提货以减少损失

考点92 信用证的种类、当事人及法律关系

227. 2010/1/100/不定项

中国甲公司(卖方)与某国乙公司签订了国际货物买卖合同,规定采用信用证方式付款,由设在中国境内的丙银行通知并保兑。信用证开立之后,甲公司在货物已经装运,并准备将有关单据交银行议付时,接到丙银行通知,称开证行已宣告破产,丙银行将不承担对该信用证的议付或付款责任。据此,下列选项正确的是:②

A. 乙公司应为信用证项下汇票上的付款人

B. 丙银行的保兑义务并不因开证行的破产而免除

C. 因开证行已破产,甲公司应直接向乙公司收取货款

D. 虽然开证行破产,甲公司仍可依信用证向丙银行交单并要求付款

考点93 信用证下银行的责任与免责

228. 2017/1/42/单

中国某公司进口了一批皮制品,信用证方式支付,以海运方式运

---

① C　② BD

输并投保了一切险。中国收货人持正本提单提货时发现货物已被他人提走。依相关司法解释和国际惯例,下列哪一选项是正确的?①

    A. 承运人应赔偿收货人因其无单放货造成的货物成本加利润损失

    B. 因该批货物已投保一切险,故保险人应对货主赔偿无单放货造成的损失

    C. 因货物已放予他人,收货人不再需要向卖方支付信用证项下的货款

    D. 如交单人提交的单证符合信用证的要求,银行即应付款

229. 〔2016/1/41/单〕

    中国甲公司与法国乙公司订立了服装进口合同,信用证付款,丙银行保兑。货物由"铂丽"号承运,投保了平安险。甲公司知悉货物途中遇台风全损后,即通知开证行停止付款。依《海牙规则》、UCP600 号及相关规则,下列哪一选项是正确的?②

    A. 承运人应承担赔偿甲公司货损的责任

    B. 开证行可拒付,因货已全损

    C. 保险公司应赔偿甲公司货物的损失

    D. 丙银行可因开证行拒付而撤销其保兑

230. 〔2014/1/80/多〕

    中国甲公司与德国乙公司签订了出口红枣的合同,约定品质为二级,信用证方式支付。后因库存二级红枣缺货,甲公司自行改装一级红枣,虽发票注明品质为一级,货价仍以二级计收。但在银行办理结汇时遭拒付。根据相关公约和惯例,下列哪些选项是正确的?③

    A. 甲公司应承担交货不符的责任

    B. 银行应在审查货物的真实等级后再决定是否收单付款

    C. 银行可以发票与信用证不符为由拒绝收单付款

    D. 银行应对单据记载的发货人甲公司的诚信负责

231. 〔2008/1/87/多〕

    根据国际商会《跟单信用证统一惯例》(UCP600)的规定,如果受益人按照信用证的要求完成对指定银行的交单义务,出现下列哪些情形时,开证行应予承付?④

    A. 信用证规定指定银行议付但其未议付

① D ② C ③ AC ④ ABCD

B. 信用证规定指定银行延期付款但其未承诺延期付款

C. 信用证规定指定银行承兑,指定行承兑但到期不付款

D. 信用证规定指定银行即期付款但其未付款

考点94 信用证欺诈及例外原则

232. （法考回忆题/多）

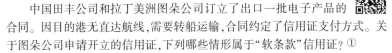

中国田丰公司和拉丁美洲图朵公司订立了出口一批电子产品的合同。因目的港无直达航线,需要转船运输,合同约定了信用证支付方式。关于图朵公司申请开立的信用证,下列哪些情形属于"软条款"信用证?①

A. 信用证规定"禁止转船"

B. 信用证要求提单为已装船提单

C. 信用证规定"开证行须在货物经检验合格后方可支付"

D. 信用证要求保兑

233. （2015/1/42/单）

依最高人民法院《关于审理信用证纠纷案件若干问题的规定》,出现下列哪一情况时,不能再通过司法手段干预信用证项下的付款行为?②

A. 开证行的授权人已对信用证项下票据善意地作出了承兑

B. 受益人交付的货物无价值

C. 受益人和开证申请人串通提交假单据

D. 受益人提交记载内容虚假的单据

234. （2013/1/100/不定项）

中国甲公司从某国乙公司进口一批货物,委托中国丙银行出具一份不可撤销信用证。乙公司发货后持单据向丙银行指定的丁银行请求付款,银行审单时发现单据上记载内容和信用证不完全一致。乙公司称甲公司接受此不符点,丙银行经与甲公司沟通,证实了该说法,即指示丁银行付款。后甲公司得知乙公司所发货物无价值,遂向有管辖权的中国法院申请中止支付信用证项下的款项。下列说法正确的是:③

A. 甲公司已接受不符点,丙银行必须承担付款责任

B. 乙公司行为构成信用证欺诈

C. 即使丁银行已付款,法院仍应裁定丙银行中止支付

D. 丙银行发现单证存在不符点,有义务联系甲公司征询是否接受不符点

---

① AC ② A ③ B

235. （2012/1/81/多）

根据《最高人民法院关于审理信用证纠纷案件若干问题的规定》,中国法院认定存在信用证欺诈的,应当裁定中止支付或者判决终止支付信用证项下款项,但存在除外情形。关于除外情形,下列哪些表述是正确的?①

　　A. 开证行的指定人、授权人已按照开证行的指令善意地进行了付款

　　B. 开证行或者其指定人、授权人已对信用证项下票据善意地作出了承兑

　　C. 保兑行善意地履行了付款义务

　　D. 议付行善意地进行了议付

236. （2009/1/46/单）

中国甲公司(买方)与某国乙公司签订仪器买卖合同,付款方式为信用证,中国丙银行为开证行,中国丁银行为甲公司申请开证的保证人,担保合同未约定法律适用。乙公司向信用证指定行提交单据后,指定行善意支付了信用证项下的款项。后甲公司以乙公司伪造单据为由,向中国某法院申请禁止支付令。依我国相关法律规定,下列哪一选项是正确的?②

　　A. 中国法院可以诈欺为由禁止开证行对外支付

　　B. 因指定行已善意支付了信用证项下的款项,中国法院不应禁止中国丙银行对外付款

　　C. 如确有证据证明单据为乙公司伪造,中国法院可判决终止支付

　　D. 丁银行与甲公司之间的担保关系应适用《跟单信用证统一惯例》规定

专题十九　对外贸易管理制度

考点95 对外贸易法

237. （2008/1/85/多）

根据我国 2004 年修订的《对外贸易法》的规定,关于对外贸易经营者,下列哪些选项是错误的?③

　　A. 个人须委托具有资格的法人企业才能办理对外贸易业务

　　B. 对外贸易经营者未依规定办理备案登记的,海关不予办理报关验放手续

　　C. 有足够的资金即可自动取得对外贸易经营的资格

---

① ABCD　② B　③ ABCD

D. 对外贸易经营者向国务院主管部门办妥审批手续后方能取得对外贸易经营的资格

考点96 出口管制法

238. 法考回忆题/单

中国甲公司向 F 国乙公司出口一批精密仪器(出口管制物资),分两批发货,采用 CIP 术语(国际贸易术语通则 2020)。第一批交货后,甲公司发现乙公司在其他交易中出现资金链断裂的情况,遂在通知对方后中止了第二批货物的交付。中国和 F 国均为《联合国国际货物销售合同公约》缔约国。对此,下列哪一说法是正确的?①

A. 因双方约定承运人装货后向甲公司签发已装船提单,故甲公司应在装运港完成交货

B. 如乙公司提供充分保证,甲公司应继续履行第二批货物的交付义务

C. 甲公司应当向中国出口管制管理部门提交由其出具的这批精密仪器的最终用户和最终用途证明文件

D. 无特殊约定下,甲公司应投保平安险

239. 法考回忆题/单

营业地在广州的中国甲公司与 T 国乙公司签订了出口某种两用物项的货物合同,合同约定适用 CFR 术语。双方约定货物运输前存放在甲公司位于广州的某仓库,乙公司为该批货物最终用户。对此,下列哪一说法是正确的?②

A. 广州某仓库为该批货物的交货地点

B. 甲公司应为该批货物的出口申请许可

C. 乙公司应为该批货物投保平安险

D. 乙公司收到货物后可向第三方转卖

240. 法考回忆题/多

中国人陈某和德凌公司均从事某种商品的出口贸易,该种商品在国外颇受欢迎,销量可观。后该种商品被列入我国出口管制清单。根据我国《对外贸易法》和《出口管制法》相关规定,下列哪些表述是正确的?③

A. 陈某作为个人不能从事对外贸易活动

B. 德凌公司只有经有关部门审批方能从事对外贸易活动

---

① B ② B ③ CD

C. 该种商品出口应申领出口许可证

D. 外国进口商不能擅自改变该种进口商品的最终用途

考点97 反倾销措施

241. 法考回忆题/单

甲乙丙三国企业均向中国出口钢材,中国钢材产业协会认为进口钢材价格过低,向商务部提出了反倾销调查申请。根据我国《反倾销条例》,下列哪一选项是正确的?①

A. 若申请人不提供真实信息,商务部应当终止调查

B. 商务部认为有必要出境调查时,必须通过司法协助途径

C. 商务部可以建议但不能强迫出口经营者作出价格承诺

D. 终裁决定确定的反倾销税额低于已付或应付临时反倾销税或担保金额的,差额部分不予退还

242. 2017/1/43/单

甲、乙、丙三国生产卷钢的企业以低于正常价值的价格向中国出口其产品,代表中国同类产业的8家企业拟向商务部申请反倾销调查。依我国《反倾销条例》,下列哪一选项是正确的?②

A. 如支持申请的国内生产者的产量不足国内同类产品总产量25%的,不得启动反倾销调查

B. 如甲、乙、丙三国的出口经营者不接受商务部建议的价格承诺,则会妨碍反倾销案件的调查和确定

C. 反倾销税的履行期限是5年,不得延长

D. 终裁决定确定的反倾销税高于已付的临时反倾销税的,差额部分应予补交

243. 2014/1/42/单

甲乙丙三国企业均向中国出口某化工产品,2010年中国生产同类化工产品的企业认为进口的这一化工产品价格过低,向商务部提出了反倾销调查申请。根据相关规则,下列哪一选项是正确的?③

A. 反倾销税税额不应超过终裁决定确定的倾销幅度

B. 反倾销税的纳税人为倾销进口产品的甲乙丙三国企业

C. 商务部可要求甲乙丙三国企业作出价格承诺,否则不能进口

---

① C ② A ③ A

    D. 倾销进口产品来自两个以上国家,即可就倾销进口产品对国内产业造成的影响进行累积评估

244． 2012/1/41/单

    部分中国企业向商务部提出反倾销调查申请,要求对原产于某国的某化工原材料进口产品进行相关调查。经查,商务部终局裁定确定倾销成立,决定征收反倾销税。根据我国相关法律规定,下列哪一说法是正确的?①

    A. 构成倾销的前提是进口产品对我国化工原材料产业造成了实质损害,或者产生实质损害威胁

    B. 对不同出口经营者应该征收同一标准的反倾销税税额

    C. 征收反倾销税,由国务院关税税则委员会作出决定,商务部予以执行

    D. 与反倾销调查有关的对外磋商、通知和争端事宜由外交部负责

245． 2010/1/44/单

    国内某产品生产商向我国商务部申请对从甲国进口的该产品进行反倾销调查。该产品的国内生产商共有 100 多家。根据我国相关法律规定,下列哪一选项是正确的?②

    A. 任何一家该产品的国内生产商均可启动反倾销调查

    B. 商务部可强迫甲国出口商作出价格承诺

    C. 如终裁决定确定的反倾销税高于临时反倾销税,甲国出口商应当补足

    D. 反倾销税税额不应超过终裁决定确定的倾销幅度

246． 2008/1/83/多

    在进口倾销对国内产业造成实质损害的情况下,反倾销税可以追溯征收。该反倾销税可适用于下列哪些产品?③

    A. 采取临时反倾销措施期间进口的产品

    B. 发起反倾销调查前 90 天内进口的产品

    C. 提起反倾销调查前 90 天进口的产品

    D. 实施临时反倾销措施之日前 90 天内进口的产品

考点98 反补贴措施

247． 法考回忆题/多

    中国某产业协会认为甲出口到中国的某商品构成政府补贴,侵

---

① A ② D ③ AD

害了中国企业的利益,为此提出反补贴调查申请。商务部终局裁定采取反补贴措施。根据中国相关立法和实践,下列哪些说法是正确的?①

A. 该项政府补贴应具有专向性

B. 甲国出口商对商务部的终局裁定不服,可以提交 WTO 争端解决

C. 甲国出口商对商务部的终局裁定不服,可以申请复议,也可以向人民法院提起诉讼

D. 若甲国出口商提起行政诉讼,对于其提供的在反补贴调查中拒不提供的证据,人民法院不予采纳

248． 2014/1/82/多

根据《中华人民共和国反补贴条例》,下列哪些选项属于补贴?②

A. 出口国政府出资兴建通向口岸的高速公路

B. 出口国政府给予企业的免税优惠

C. 出口国政府提供的贷款

D. 出口国政府通过向筹资机构付款,转而向企业提供资金

249． 2009/1/45/单

中国某化工产品的国内生产商向中国商务部提起对从甲国进口的该类化工产品的反补贴调查申请。依我国相关法律规定,下列哪一选项是正确的?③

A. 商务部认为必要时可以强制出口经营者作出价格承诺

B. 商务部认为有必要出境调查时,必须通过司法协助途径

C. 反补贴税税额不得超过终裁决定确定的补贴金额

D. 甲国该类化工产品的出口商是反补贴税的纳税人

考点99 保障措施

250． 2015/1/43/单

进口中国的某类化工产品 2015 年占中国的市场份额比 2014 年有较大增加,经查,两年进口总量虽持平,但仍给生产同类产品的中国产业造成了严重损害。依我国相关法律,下列哪一选项是正确的?④

A. 受损害的中国国内产业可向商务部申请反倾销调查

B. 受损害的中国国内产业可向商务部提出采取保障措施的书面申请

C. 因为该类化工产品的进口数量并没有绝对增加,故不能采取保障措施

---

① ACD　② BCD　③ C　④ B

D. 该类化工产品的出口商可通过价格承诺避免保障措施的实施

251. 2013/1/44/单

根据《中华人民共和国保障措施条例》,下列哪一说法是不正确的?①

A. 保障措施中"国内产业受到损害",是指某种进口产品数量增加,并对生产同类产品或直接竞争产品的国内产业造成严重损害或严重损害威胁

B. 进口产品数量增加指进口数量的绝对增加或与国内生产相比的相对增加

C. 终裁决定确定不采取保障措施的,已征收的临时关税应当予以退还

D. 保障措施只应针对终裁决定作出后进口的产品实施

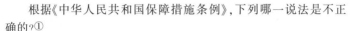

2011/25/241/单

进口到中国的某种化工材料数量激增,其中来自甲国的该种化工材料数量最多,导致中国同类材料的生产企业遭受实质损害。根据我国相关法律规定,下列哪一选项是正确的?②

A. 中国有关部门启动保障措施调查,应以国内有关生产者申请为条件

B. 中国有关部门可仅对已经进口的甲国材料采取保障措施

C. 如甲国企业同意进行价格承诺,则可避免被中国采取保障措施

D. 如采取保障措施,措施针对的材料范围应当与调查范围相一致

专题二十　世界贸易组织

考点100 WTO 基本制度

253. 2012/1/44/单

关于中国与世界贸易组织的相关表述,下列哪一选项是不正确的?③

A. 世界贸易组织成员包括加入世界贸易组织的各国政府和单独关税区,中国香港、澳门和台湾是世界贸易组织的成员

B.《政府采购协议》属于世界贸易组织法律体系中诸边贸易协议,该协议对于中国在内的所有成员均有约束力

C.《中国加入世界贸易组织议定书》中特别规定了针对中国产品的特定产品的过渡性保障措施机制

---

① D　② D　③ B

D.《关于争端解决规则与程序的谅解》在世界贸易组织框架下建立了统一的多边贸易争端解决机制

254. 2011/1/43/单

关于中国在世贸组织中的权利义务,下列哪一表述是正确的?①

A. 承诺入世后所有中国企业都有权进行货物进出口,包括国家专营商品

B. 对中国产品的出口,进口成员在进行反倾销调查时选择替代国价格的做法,在《中国加入世界贸易组织议定书》生效 15 年后终止

C. 非专向补贴不受世界贸易组织多边贸易体制的约束,包括中国对所有国有企业的补贴

D. 针对中国产品的过渡性保障措施,在实施条件上与保障措施的要求基本相同,在实施程序上相对简便

考点101 WTO 最惠国待遇原则

255. 2014/1/100/不定项

甲乙丙三国为世界贸易组织成员,丁国不是该组织成员。关于甲国对进口立式空调和中央空调的进口关税问题,根据《关税与贸易总协定》,下列违反最惠国待遇的做法是:②

A. 甲国给予来自乙国的立式空调和丙国的中央空调以不同的关税

B. 甲国给予来自乙国和丁国的立式空调以不同的进口关税

C. 因实施反倾销措施,导致从乙国进口的立式空调的关税高于从丙国进口的

D. 甲国给予来自乙丙两国的立式空调以不同的关税

考点102《与贸易有关的投资措施协议》

256. 法考回忆题/单

甲国某项投资法律要求外商投资企业必须购买东道国原材料作为生产投入,乙国认为该项措施违反了 WTO 的《与贸易有关的投资措施协议》,诉诸 WTO 争端解决机制。根据 WTO 相关规则,下列哪一选项是正确的?③

A. 甲国投资法的该项规定属于进口用汇限制

B.《与贸易有关的投资措施协议》适用于货物贸易、服务贸易和知识

---

① B ② D ③ D

　产权

C. WTO 争端解决机制仅适用于与贸易有关的投资措施等争端

D. 磋商是成立专家组之前的必经程序

257. 〔2015/1/44/单〕

为了促进本国汽车产业,甲国出台规定,如生产的汽车使用了 30%国产零部件,即可享受税收减免的优惠。依世界贸易组织的相关规则,关于该规定,下列哪一选项是正确的?①

A. 违反了国民待遇原则,属于禁止使用的与贸易有关的投资措施

B. 因含有国内销售的要求,是扭曲贸易的措施

C. 有贸易平衡的要求,属于禁止的数量限制措施

D. 有外汇平衡的要求,属于禁止的投资措施

258. 〔2009/1/84/多〕

针对甲国一系列影响汽车工业的措施,乙、丙、丁等国向甲国提出了磋商请求。四国均为世界贸易组织成员。关于甲国采取的措施,下列哪些是《与贸易有关的投资措施协议》禁止使用的?②

A. 要求汽车生产企业在生产过程中必须购买一定比例的当地产品

B. 依国产化率对汽车中使用的进口汽车部件减税

C. 规定汽车生产企业的外资股权比例不应超过 60%

D. 要求企业购买进口产品的数量不能大于其出口产品的数量

考点103 《服务贸易总协定》

259. 〔2013/1/42/单〕

根据世界贸易组织《服务贸易总协定》,下列哪一选项是正确的?③

A. 协定适用于成员方的政府服务采购

B. 中国公民接受国外某银行在中国分支机构的服务属于协定中的境外消费

C. 协定中的最惠国待遇只适用于服务产品而不适用于服务提供者

D. 协定中的国民待遇义务,仅限于列入承诺表的部门

---

① A ② ABD ③ D

260. 2012/1/40/单

《服务贸易总协定》规定了服务贸易的方式,下列哪一选项不属于协定规定的服务贸易?①

A. 中国某运动员应聘到美国担任体育教练

B. 中国某旅行公司组团到泰国旅游

C. 加拿大某银行在中国设立分支机构

D. 中国政府援助非洲某国一笔资金

考点104 WTO 争端解决机制

261. 2017/1/80/多

甲、乙、丙三国均为 WTO 成员国,甲国给予乙国进口丝束的配额,但没有给予丙国配额,而甲国又是国际上为数不多消费丝束产品的国家。为此,丙国诉诸 WTO 争端解决机制。依相关规则,下列哪些选项是正确的?②

A. 丙国生产丝束的企业可以甲国违反最惠国待遇为由起诉甲国

B. 甲、丙两国在成立专家组之前必须经过"充分性"的磋商

C. 除非争端解决机构一致不通过相关争端解决报告,该报告即可通过

D. 如甲国败诉且拒不执行裁决,丙国可向争端解决机构申请授权对甲国采取报复措施

262. 2015/1/80/多

甲、乙、丙三国均为世界贸易组织成员,甲国对进口的某类药品征收8%的国内税,而同类国产药品的国内税为6%。针对甲国的规定,乙、丙两国向世界贸易组织提出申诉,经裁决甲国败诉,但其拒不执行。依世界贸易组织的相关规则,下列哪些选项是正确的?③

A. 甲国的行为违反了国民待遇原则

B. 乙、丙两国可向上诉机构申请强制执行

C. 乙、丙两国经授权可以对甲国采取中止减让的报复措施

D. 乙、丙两国的报复措施只限于在同种产品上使用

263. 2013/1/43/单

关于世界贸易组织争端解决机制的表述,下列哪一选项是不正确的?④

---

① D　② CD　③ AC　④ C

A. 磋商是争端双方解决争议的必经程序

B. 上诉机构为世界贸易组织争端解决机制中的常设机构

C. 如败诉方不遵守争端解决机构的裁决,申诉方可自行采取中止减让或中止其他义务的措施

D. 申诉方在实施报复时,中止减让或中止其他义务的程度和范围应与其所受到损害相等

264． 2012/1/42/单

甲、乙均为世界贸易组织成员国。乙称甲关于影像制品的进口管制违反国民待遇原则,为此向世界贸易组织提出申诉,并经专家组和上诉机构审理。对此,下列哪一项是正确的?①

A. 甲、乙磋商阶段达成的谅解协议,可被用于后续争端解决审理

B. 专家组可对未在申请书中指明的诉求予以审查

C. 上诉机构可将案件发回专家组重审

D. 上诉案件由上诉机构7名成员中3人组成上诉庭审理

265． 2010/1/46/单

甲乙二国均为世贸组织成员国,乙称甲国实施的保障措施违反非歧视原则,并将争端提交世贸组织争端解决机构。对此,下列哪一选项是正确的?②

A. 对于乙国没有提出的主张,专家组仍可因其相关性而作出裁定

B. 甲乙二国在解决争端时必须经过磋商、仲裁和调解程序

C. 争端解决机构在通过争端解决报告上采用的是"反向一致"原则

D. 如甲国拒绝履行上诉机构的裁决,乙国可向争端解决机构上诉

266． 2009/1/44/单

甲乙两国均为世界贸易组织成员,甲国对乙国出口商向甲国出口轮胎征收高额反倾销税,使乙国轮胎出口企业损失严重。乙国政府为此向世界贸易组织提出申诉,经专家组和上诉机构审理胜诉。下列哪一选项是正确的?③

A. 如甲国不履行世贸组织的裁决,乙国可申请强制执行

B. 如甲国不履行世贸组织的裁决,乙国只可在轮胎的范围内实施报复

C. 如甲国不履行世贸组织的裁决,乙国可向争端解决机构申请授权报复

---

① D ② C ③ C

D. 上诉机构只有在对该案的法律和事实问题进行全面审查后才能作出裁决

专题二十一 国际经济法领域的其他法律制度

考点105 《保护工业产权巴黎公约》

267. 法考回忆题/单

甲国 A 公司在乙国投资设立 B 公司,并就该投资项目向多边投资担保机构投保货币汇兑险。A 公司的某项产品发明在甲国首次申请专利后,又在乙国提出同一主题的专利申请,同时要求获得优先权保护。甲、乙两国都是《多边投资担保机构公约》和《保护工业产权巴黎公约》的缔约国,下列哪一项说法是错误的?①

A. 乙国应为发展中国家

B. 若乙国进行外汇管制,该风险不属于货币汇兑险的承保范围

C. 乙国有权要求 A 公司委派乙国境内的本地专利代理机构申请专利

D. 即使 A 公司在甲国的专利申请被驳回,也不影响其在乙国申请的优先权

268. 2013/1/41/单

2011 年 4 月 6 日,张某在广交会上展示了其新发明的产品,4 月 15 日,张某在中国就其产品申请发明专利(后获得批准)。6 月 8 日,张某在向《巴黎公约》成员国甲国申请专利时,得知甲国公民已在 6 月 6 日向甲国就同样产品申请专利。下列哪一说法是正确的?②

A. 如张某提出优先权申请并加以证明,其在甲国的申请日至少可以提前至 2011 年 4 月 15 日

B. 2011 年 4 月 6 日这一时间点对张某在甲国以及《巴黎公约》其他成员国申请专利没有任何影响

C. 张某在中国申请专利已获得批准,甲国也应当批准他的专利申请

D. 甲国不得要求张某必须委派甲国本地代理人代为申请专利

269. 2009/1/42/单

根据《保护工业产权的巴黎公约》,关于优先权,下列哪一选项是正确的?③

A. 优先权的获得需要申请人于"在后申请"中提出优先权申请并提供有关证明文件

B. 所有的工业产权均享有相同期间的优先权

C. "在先申请"撤回,"在后申请"的优先权地位随之丧失

D. "在先申请"被驳回,"在后申请"的优先权地位随之丧失

考点106 《保护文学艺术作品伯尔尼公约》

270． 2017/1/44/单

甲国人迈克在甲国出版著作《希望之路》后 25 天内,又在乙国出版了该作品,乙国是《保护文学和艺术作品伯尔尼公约》缔约国,甲国不是。依该公约,下列哪一选项是正确的?①

A. 因《希望之路》首先在非缔约国出版,不能在缔约国享受国民待遇

B. 迈克在甲国出版《希望之路》后 25 天内在乙国出版,仍然具有缔约国的作品国籍

C. 乙国依国民待遇为该作品提供的保护需要迈克履行相应的手续

D. 乙国对该作品的保护有赖于其在甲国是否受保护

271． 2014/1/43/单

甲国人柯里在甲国出版的小说流传到乙国后出现了利用其作品的情形,柯里认为侵犯了其版权,并诉诸乙国法院。尽管甲乙两国均为《伯尔尼公约》的缔约国,但依甲国法,此种利用作品不构成侵权,另外,甲国法要求作品要履行一定的手续才能获得保护。根据相关规则,下列哪一选项是正确的?②

A. 柯里须履行甲国法要求的手续才能在乙国得到版权保护

B. 乙国法院可不受理该案,因作品来源国的法律不认为该行为是侵权

C. 如该小说在甲国因宗教原因被封杀,乙国仍可予以保护

D. 依国民待遇原则,乙国只能给予该作品与甲国相同水平的版权保护

272． 2012/1/82/多

李伍为惯常居所地在甲国的公民,满成为惯常居所地在乙国的公民。甲国不是《保护文学艺术作品伯尔尼公约》缔约国,乙国和中国是该公约的缔约国。关于作品在中国的国民待遇,下列哪些选项是正确的?③

A. 李伍的文章在乙国首次发表,其作品在中国享有国民待遇

---

① B　② C　③ ACD

B. 李伍的文章无论发表与否，其作品在中国享有国民待遇

C. 满成的文章无论在任何国家首次发表，其作品在中国享有国民待遇

D. 满成的文章无论发表与否，其作品在中国享有国民待遇

考点107《与贸易有关的知识产权协议》(TRIPS 协议)

273． 2010/1/41/单

关于版权保护，下列哪一选项体现了《与贸易有关的知识产权协议》对《伯尔尼公约》的补充？①

A. 明确了摄影作品的最低保护期限

B. 将计算机程序和有独创性的数据汇编列为版权保护的对象

C. 增加了对作者精神权利方面的保护

D. 无例外地实行国民待遇原则

274． 2009/1/86/多

中国甲公司发现有假冒"麒麟"商标的货物通过海关进口。依我国相关法律规定，甲公司可以采取下列哪些措施？②

A. 甲公司可向海关提出采取知识产权保护措施的备案申请

B. 甲公司可要求海关将涉嫌侵犯"麒麟"商标权的标记移除后再进口

C. 甲公司可向货物进出境地海关提出扣留涉嫌侵权货物的申请

D. 甲公司在向海关提出采取保护措施的申请后，可在起诉前就被扣留的涉嫌侵权货物向法院申请采取责令停止侵权行为的措施

275． 2008/1/43/单

根据《与贸易有关的知识产权协定》，关于商标所有人转让商标，下列哪一选项是正确的？③

A. 必须将该商标与所属业务同时转让

B. 可以将该商标与所属业务同时转让

C. 不能将该商标与所属业务同时转让

D. 可以通过强制许可形式转让

考点108 国际知识产权许可协议

276． 2016/1/43/单

中国甲公司与德国乙公司签订了一项新技术许可协议，规定在约

---

① B　② ACD　③ B

定期间内,甲公司在亚太区独占使用乙公司的该项新技术。依相关规则,下列哪一选项是正确的?①

 A. 在约定期间内,乙公司在亚太区不能再使用该项新技术

 B. 乙公司在全球均不能再使用该项新技术

 C. 乙公司不能再将该项新技术允许另一家公司在德国使用

 D. 乙公司在德国也不能再使用该项新技术

考点109 多边投资担保机构(MIGA)

277. (2016/1/44/单)

甲国T公司与乙国政府签约在乙国建设自来水厂,并向多边投资担保机构投保。依相关规则,下列哪一选项是正确的?②

 A. 乙国货币大幅贬值造成T公司损失,属货币汇兑险的范畴

 B. 工人罢工影响了自来水厂的正常营运,属战争内乱险的范畴

 C. 乙国新所得税法致T公司所得税增加,属征收和类似措施险的范畴

 D. 乙国政府不履行与T公司签订的合同,乙国法院又拒绝受理相关诉讼,属政府违约险的范畴

278. (2014/1/99/不定项)

甲国公司在乙国投资建成地热公司,并向多边投资担保机构投了保。1993年,乙国因外汇大量外流采取了一系列的措施,使地热公司虽取得了收入汇出批准书,但仍无法进行货币汇兑并汇出,甲公司认为已发生了禁兑风险,并向投资担保机构要求赔偿。根据相关规则,下列选项正确的是:③

 A. 乙国中央银行已批准了货币汇兑,不能认为发生了禁兑风险

 B. 消极限制货币汇兑也属于货币汇兑险的范畴

 C. 乙国应为发展中国家

 D. 担保机构一经向甲公司赔付,即代位取得向东道国的索赔权

279. (2013/1/80/多)

关于国际投资法相关条约,下列哪些表述是正确的?④

 A. 依《关于解决国家和他国国民之间投资争端公约》,投资争端应由双方书面同意提交给投资争端国际中心,当双方表示同意后,任何一方不得单方面撤销

 B. 依《多边投资担保机构公约》,多边投资担保机构只对向发展中国家

---

① A ② D ③ BCD ④ ABC

领土内的投资予以担保

C. 依《与贸易有关的投资措施协议》，要求企业购买或使用最低比例的当地产品属于协议禁止使用的措施

D. 依《与贸易有关的投资措施协议》，限制外国投资者投资国内公司的投资比例属于协议禁止使用的措施

280. 　2011/1/44/单

根据《多边投资担保机构公约》，关于多边投资担保机构（MIGA）的下列哪一说法是正确的？①

A. MIGA 承保的险别包括征收和类似措施险、战争和内乱险、货币汇兑险和投资方违约险

B. 作为 MIGA 合格投资者（投保人）的法人，只能是具有东道国以外任何一个缔约国国籍的法人

C. 不管是发展中国家的投资者，还是发达国家的投资者，都可向 MIGA 申请投保

D. MIGA 承保的前提条件是投资者母国和东道国之间有双边投资保护协定

考点110 国际投资争端解决中心（ICSID）

281. 　2017/1/81/多

甲国惊奇公司的创新科技产品经常参加各类国际展览会，该公司向乙国的投资包含了专利转让，甲、乙两国均为《巴黎公约》和《华盛顿公约》（公约设立的解决国际投资争端中心的英文简称为 ICSID）的成员。依相关规定，下列哪些选项是正确的？②

A. 惊奇公司的新产品参加在乙国举办的国际展览会，产品中可取得专利的发明应获得临时保护

B. 如惊奇公司与乙国书面协议将其争端提交给 ICSID 解决，ICSID 即对该争端有管辖权

C. 提交 ICSID 解决的争端可以是任何与投资有关的争端

D. 乙国如对 ICSID 裁决不服的，可寻求向乙国的最高法院上诉

282. 　2012/1/43/单

甲、乙均为《解决国家和他国公民间投资争端公约》缔约国。甲

---

① C ② AB

国 A 公司拟将与乙的争端提交根据该公约成立的解决国际投资争端中心。对此,下列哪一选项是不正确的?①

A. 该中心可根据 A 公司的单方申请对该争端行使管辖权

B. 该中心对该争端行使管辖权,须以 A 公司和乙书面同意为条件

C. 如乙没有特别规定,该中心对争端享有管辖权不以用尽当地救济为条件

D. 该中心对该争端行使管辖权后,可依争端双方同意的法律规则作出裁决

283． 2011/1/81/多

关于《解决国家和他国国民间投资争端公约》和依其设立的解决国际投资争端中心,下列哪些说法是正确的?②

A. 中心管辖直接因投资引起的法律争端

B. 中心管辖的争端必须是关于法律权利或义务的存在或其范围,或是关于因违反法律义务而实行赔偿的性质或限度的

C. 批准或加入公约本身并不等于缔约国承担了将某一特定投资争端提交中心调解或仲裁的义务

D. 中心的裁决对争端各方均具有约束力

考点111 特别提款权

284． 2009/1/85/多

关于特别提款权,下列哪些选项是正确的?③

A. 甲国可以用特别提款权偿还国际货币基金组织为其渡过金融危机提供的贷款

B. 甲乙两国的贸易公司可将特别提款权用于两公司间国际货物买卖的支付

C. 甲乙两国可将特别提款权用于两国政府间结算

D. 甲国可以将特别提款权用于国际储备

考点112 国际融资担保

285． 法考回忆题/单

中国某工程公司在甲国承包了一项工程,中国某银行对甲国的发包方出具了见索即付的保函,后甲国发包方以中国公司违约为由向中国某银

---

① A ② ABCD ③ ACD

行要求支付保函上的款项。根据我国相关法律规定,下列哪一选项是正确的?①

A. 如果该工程公司是我国政府独资的国有企业,则银行可以以此为由拒绝向受益人付款

B. 中国某银行可以主张保函受益人先向该工程公司求偿,待其拒绝后再履行保函义务

C. 中国某银行应对施工合同进行实质性审查后,方可决定是否履行保函义务

D. 只要保函受益人提交的书面文件之间相符,且与保函要求相符,银行就应当承担付款责任

286． `2017/1/82/多`

中国甲公司在承担中东某建筑工程时涉及一系列分包合同和买卖合同,并使用了载明适用《见索即付保函统一规则》的保函。后涉及保函的争议诉至中国某法院。依相关司法解释,下列哪些选项是正确的?②

A. 保函内容中与《见索即付保函统一规则》不符的部分无效

B. 因该保函记载了某些对应的基础交易,故该保函争议应适用我国《民法典》有关保证的规定

C. 只要受益人提交的单据与独立保函条款、单据与单据之间表面相符,开立人就须独立承担付款义务

D. 单据与独立保函条款之间表面上不完全一致,但并不导致相互之间产生歧义的,仍应认定构成表面相符

287． `2011/1/82/多`

甲国公司承担乙国某工程,与其签订工程建设合同。丙银行为该工程出具见索即付的保函。后乙国发生内战,工程无法如期完工。对此,下列哪些选项是正确的?③

A. 丙银行对该合同因战乱而违约的事实进行实质审查后,方履行保函义务

B. 因该合同违约原因是乙国内战,丙银行可以此为由不履行保函义务

C. 丙银行出具的见索即付保函独立于该合同,只要违约事实出现即须履行保函义务

D. 保函被担保人无须对甲国公司采取各种救济方法,便可直接要求丙银行履行保函义务

---

① D ② CD ③ CD

288． 2008/1/86/多

实践中,国际融资担保存在多种不同的形式,如银行保函、备用信用证、浮动担保等,中国法律对其中一些担保形式没有相应的规定。根据国际惯例,关于各类融资担保,下列哪些选项是正确的?①

- A. 备用信用证项下的付款义务只有在开证行对借款人的违约事实进行实质审查后才产生
- B. 大公司出具的担保意愿书具有很强的法律效力
- C. 见索即付保函独立于基础合同
- D. 浮动担保中用于担保的财产的价值是变化的

考点 113 国际贷款协议

289． 法考回忆题/不定项

某外国公司与我国甲银行(甲银行为牵头银行)等众多银行签了间接银团贷款合同,牵头银行将贷款份额转售给其他银行。对此,下列说法正确的是:②

- A. 所有参与贷款的银行之间负连带责任
- B. 甲银行作为牵头银行与该外国公司签订贷款协议
- C. 所有参与贷款的银行均需与该外国公司签订贷款协议
- D. 所有参与银行应按照统一的条件发放贷款

考点 114 国际税法

290． 法考回忆题/多

中国和新加坡都接受了《金融账户信息自动交换标准》中的"共同申报准则"(CRS)。定居在中国的张某在新加坡银行和保险机构均有账户,同时还在新加坡拥有房产和收藏品等,下列哪些说法是正确的?③

- A. 如中国未提供正当理由,新加坡无须向中国报送张某的金融账户信息
- B. 新加坡应向中国报送张某在特定保险机构的账户信息
- C. 新加坡可不向中国报送张某在新加坡的房产和收藏品信息
- D. 因张某为瑞士国籍,可以要求新加坡不向中国报送其在新加坡的金融账户信息

---

① CD ② BD ③ BC

291. (2016/1/82/多)

甲乙两国均为 WTO 成员,甲国纳税居民马克是甲国保险公司的大股东,马克从该保险公司在乙国的分支机构获利 35 万美元。依《服务贸易总协定》及相关税法规则,下列哪些选项是正确的?①

A. 甲国保险公司在乙国设立分支机构,属于商业存在的服务方式

B. 马克对甲国承担无限纳税义务

C. 两国均对马克的 35 万美元获利征税属于重叠征税

D. 35 万美元获利属于甲国人马克的所得,乙国无权对其征税

292. (2015/1/82/多)

为了完成会计师事务所交办的涉及中国某项目的财务会计报告,永居甲国的甲国人里德来到中国工作半年多,圆满完成报告并获得了相应的报酬。依相关法律规则,下列哪些选项是正确的?②

A. 里德是甲国人,中国不能对其征税

B. 因里德在中国停留超过了 183 天,中国对其可从源征税

C. 如中国已对里德征税,则甲国在任何情况下均不得对里德征税

D. 如里德被甲国认定为纳税居民,则应对甲国承担无限纳税义务

293. (2014/1/44/单)

甲国人李某长期居住在乙国,并在乙国经营一家公司,在甲国则只有房屋出租。在确定纳税居民的身份上,甲国以国籍为标准,乙国以住所和居留时间为标准。根据相关规则,下列哪一选项是正确的?③

A. 甲国只能对李某在甲国的房租收入行使征税权,而不能对其在乙国的收入行使征税权

B. 甲乙两国可通过双边税收协定协调居民税收管辖权的冲突

C. 如甲国和乙国对李某在乙国的收入同时征税,属于国际重叠征税

D. 甲国对李某在乙国经营公司的收入行使的是所得来源地税收管辖权

294. (2010/1/84/多)

目前各国对非居民营业所得的纳税普遍采用常设机构原则。关于该原则,下列哪些表述是正确的?④

A. 仅对非居民纳税人通过在境内的常设机构获得的工商营业利润实行征税

---

① AB ② BD ③ B ④ AC

B. 常设机构原则同样适用于有关居民的税收

C. 管理场所、分支机构、办事处、工厂、油井、采石场等属于常设机构

D. 常设机构必须满足公司实体的要求

295.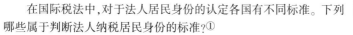

在国际税法中,对于法人居民身份的认定各国有不同标准。下列哪些属于判断法人纳税居民身份的标准?①

A. 依法人的注册成立地判断

B. 依法人的股东在征税国境内停留的时间判断

C. 依法人的总机构所在地判断

D. 依法人的实际控制与管理中心所在地判断

---

① ACD